ADMINISTRAÇÃO DE
SISTEMAS DE INFORMAÇÃO

O12a O'Brien, James A.
       Administração de sistemas de informação / James A.
       O'Brien, George M. Marakas ; tradução: Rodrigo Dubal ;
       revisão técnica: Armando Dal Colletto. – 15. ed. – Porto Alegre :
       AMGH, 2013.
       xxix, 590 p. : il. color. ; 28 cm.

       ISBN 978-85-8055-110-5

       1. Administração de empresas. 2. Sistemas de informação.
       I. Marakas, George M. II. Título.

                                                       CDU 658:004

Catalogação na publicação: Fernanda B. Handke dos Santos – CRB 10/2107

James A. O'Brien
College of Business Administration
Northern Arizona University

George M. Marakas
KU School of Business
University of Kansas

ADMINISTRAÇÃO DE SISTEMAS DE INFORMAÇÃO

15ª Edição

Tradução
Rodrigo Dubal

Revisão técnica
Armando Dal Colletto
Diretor Acadêmico da Business School São Paulo
Universidade Anhembi Morumbi

AMGH Editora Ltda.
2013

Obra originalmente publicada sob o título
Introduction to Information Systems, 15th Edition
ISBN 0073376779 / 9780073376776

Original edition copyright ©2010, The McGraw-Hill Companies, Inc., New York, New York 10020.
All rights reserved.

Capa: *Lara Vollmer*

Leitura final: *Carlos Villarruel* e *Jean Xavier*

Gerente editorial CESA: *Arysinha Jacques Affonso*

Coordenadora editorial: *Viviane R. Nepomuceno*

Assistente editorial: *Caroline L. Silva*

Editoração eletrônica: *Techbooks*

Reservados todos os direitos de publicação, em língua portuguesa, à
AMGH EDITORA LTDA., uma parceria entre GRUPO A EDUCAÇÃO S.A. e McGRAW-HILL EDUCATION
Av. Jerônimo de Ornelas, 670 – Santana
90040-340 – Porto Alegre – RS
Fone: (51) 3027-7000   Fax: (51) 3027-7070

É proibida a duplicação ou reprodução deste volume, no todo ou em parte, sob quaisquer
formas ou por quaisquer meios (eletrônico, mecânico, gravação, fotocópia, distribuição na web
e outros), sem permissão expressa da Editora.

Unidade São Paulo
Av. Embaixador Macedo Soares, 10.735 – Pavilhão 5 – Cond. Espace Center
Vila Anastácio – 05095-035 – São Paulo – SP
Fone: (11) 3665-1100   Fax: (11) 3667-1333

SAC 0800 703-3444 – www.grupoa.com.br

IMPRESSO NO BRASIL
PRINTED IN BRAZIL

Os autores

James A. O'Brien é professor-adjunto de sistemas de informação computadorizados no College of Business Administration da Northern Arizona University. Graduado pela University of Hawaii e pela Gonzaga University, titulou-se mestre e Ph.D. em administração de negócios pela University of Oregon. É professor e coordenador da área de sistemas de informação computadorizados na Northern Arizona University, professor de finanças corporativas e gerenciamento de sistemas de informação e chefe do Departamento de Administração da Eastern Washington University, e professor visitante na University of Alberta, na University of Hawaii e na Central Washington University.

A experiência em negócios do professor O'Brien inclui trabalhos no Programa de Administração de *Marketing* da IBM Corporation e como analista financeiro na General Electric Company. É graduado no Programa de Administração Financeira da General Electric, além de ter atuado como consultor de sistemas de informação para vários bancos e empresas de serviços em informática.

O foco da pesquisa de O'Brien está no desenvolvimento e nos testes de estruturas conceituais básicas utilizadas no gerenciamento de sistemas de informação. Ele escreveu oito livros, alguns dos quais possuem várias edições e também foram traduzidos para o chinês, holandês, francês, japonês e espanhol, além de ter contribuído para o campo dos sistemas de informação escrevendo muitos artigos em publicações acadêmicas e participando dessas associações acadêmicas e setoriais.

George M. Marakas é professor associado de sistemas de informação da Escola de Negócios da University of Kansas. Ministrou aulas de projeto e análise de sistemas, tomada de decisão apoiada por tecnologia, comércio eletrônico (*e-commerce*), gerenciamento de recursos de sistemas de informação, métodos de pesquisa do comportamento dos sistemas de informação e visualização de dados e apoio à decisão. George Marakas também é um pesquisador ativo em métodos de análise de sistemas, *data mining* e visualização, melhoria na criatividade, modelagem conceitual de dados e autoeficácia em computação.

O autor é Ph.D. em sistemas de informação pela Florida International University, em Miami, e cursou MBA na Colorado State University. Anteriormente à sua posição na University of Kansas, foi membro do corpo docente da University of Maryland, na Indiana University e na Helsinki School of Economics. Antes de ingressar no campo acadêmico, teve uma carreira de sucesso nas áreas bancária e imobiliária. Sua experiência empresarial inclui posições gerenciais seniores no Continental Illinois National Bank e na Federal Deposit Insurance Corporation. George Marakas atuou ainda por três anos como presidente e CEO no CMC Group Inc., uma importante prestadora de serviços de RTC (*Resolution Trust Corporation*), em Miami, Flórida. Em sua carreira acadêmica, o autor distinguiu-se tanto por sua atuação em pesquisas, como em sala de aula. Recebeu vários prêmios nacionais para professores, e suas pesquisas foram apresentadas nas principais publicações de sua área. Além deste livro, ele também é autor de três outros livros-texto líderes de mercado sobre sistemas de informação: *Decision support systems for the 21st Century, Systems Analysis and Design: An Active Approach,* and *Data Warehousing, Mining, and Visualization: Core Concepts.*

Além de sua atuação acadêmica, George Marakas também é um consultor ativo e tem atuado em várias organizações, como CIA, Brown & Williamson, o Departamento do Tesouro e o Departamento de Defesa Norte-americano, a University of Xavier, Citibank Ásia-Pacífico, Nokia Corporation, Professional Records Storage Inc., e United Information Systems, entre muitas outras. Suas atividades de consultoria estão concentradas basicamente em estratégias de *e-commerce*, projeto e implementação de estratégias globais de TI, reengenharia do fluxo de trabalho, estratégia de *e-Business* e integração de ERP e ferramentas CASE.

George Marakas também é membro ativo de várias organizações profissionais de sistemas de informação e um ávido jogador de golfe, faixa preta segundo grau em Taekwondo, mergulhador *master* PADI e membro do grupo de instrutores do IDC e da fraternidade Pi Kappa Alpha.

Para seu amor, felicidade e sucesso

O mundo dos sistemas de informação apresenta desafios novos e excitantes a cada dia. Criar um livro para captar esse mundo é uma tarefa formidável, sem dúvida. Este, a 15ª edição de *Administração de sistemas de informação*, representa o melhor que temos a oferecer. Temos orgulho de entregar esta nova edição para você e agradecemos a todos por sua fidelidade ao livro e pelas informações fornecidas, que foram fundamentais em seu desenvolvimento. Seu contínuo apoio nos enche de alegria, além de senso de realização e contribuição.

    Também estamos satisfeitos e animados por acolher um novo membro de nossa família de escritores. Miguel Aguirre-Urreta juntou-se a nós na criação dos materiais contidos aqui. Seu trabalho e esforço nos "Casos do mundo real" e nas caixas azuis serão visíveis à medida que apresentamos novos casos em cada capítulo do livro. Queiram juntar-se a nós no acolhimento de Miguel à nossa família.

    Em meu nome e em nome de Jim e Miguel, aceitem os nossos sinceros agradecimentos por seu apoio e por sua lealdade. Como sempre, esperamos que você goste e seja beneficiado por este livro.

Agradecimentos

Esta edição representa um esforço contínuo para aprimorar e adaptar este livro com o objetivo de atender as necessidades dos alunos e professores. Para esta revisão, recebemos sugestões de mais de cinquenta revisores ao longo de vários meses de trabalho. Agradecemos a todos a percepção e o aconselhamento,

Adeyemi A. Adekoya, *Virginia State University*
Hans-Joachim Adler, *University of Texas – Dallas*
Noushin Ashrafi, *University of Massachusetts – Boston*
Bruce Bellak, *New Jersey Institute of Technology*
Jongbok Byun, *Point Loma Nazarene University*
Ralph J. Caputo, *Manhattan College*
Kala Chand Seal, *Loyola Marymount University*
Yong S. Choi, *California State University – Bakersfield*
Carey Cole, *James Madison University*
Susan Cooper, *Sam Houston State University*
Jeffrey P. Corcoran, *Lasell College*
Subhankar Dhar, *San Jose State University*
Thomas W. Dillon, *James Madison University*
David Dischiave, *Syracuse University*
Roland Eichelberger, *Baylor University*
Ray Eldridge, *Freed-Hardeman University*
Dr. Juan Esteva, *Eastern Michigan University*
Warren W. Fisher, *Stephen F. Austin State University*
Janos T. Fustos, *Metropolitan State College of Denver*
Gerald Gonsalves, *College of Charleston*
Phillip Gordon, *Mills College*
Dr. Vipul Gupta, *Saint Joseph's University*
Dr. Arie Halachmi, *Tennessee State University*
Mary Carole Hollingsworth, *Georgia Perimeter College*
Dr. Judy D. Holmes, *Middle Tennessee State University*
Susan Hudgins, *East Central University*
Paramjit Kahai, *The University of Akron*
Betty Kleen, *Nicholls State University*
Kapil Ladha, *Drexel University*
Dr. Dick Larkin, *Central Washington University*
Robert Lawton, *Western Illinois University*
Diane Lending, *James Madison University*
David Lewis, *University of Massachusetts – Lowell*
Dr. Stan Lewis, *The University of Southern Mississippi*
Liping Liu, *The University of Akron*
Celia Romm Livermore, *Wayne State University*
Ronald Mashburn, *West Texas A&M University*
Richard McAndrew, *California Lutheran University*
Robert J. Mills, *Utah State University*

Cleamon Moorer, *Trinity Christian College*
Luvai F. Motiwalla, *University of Massachusetts – Lowell*
Fawzi Noman, *Sam Houston State University*
Magnus Nystedt, *Francis Marion University*
Sandra O. Obilade, *Brescia University*
Denise Padavano, *Pierce College*
Dr. Richard G. Platt, *University of West Florida*
Ram Raghuraman, *Joliet Junior College*
Steve Rau, *Marquette University*
Randy Ryker, *Nicholls State University*
William Saad, *University of Houston – Clear Lake*
Dolly Samson, *Hawai'i Pacific University*
Matthew P. Schigur, *DeVry University – Milwaukee*
Morgan M. Shepherd, *University of Colorado at Colorado Springs*
John Smiley, *Penn State University – Abington*
Toni M. Somers, *Wayne State University*
Cheickna Sylla, *New Jersey Institute of Technology*
Joseph Tan, *Wayne State University*
Nilmini Wickramasinghe, *Cleveland State University*
Jennifer Clark Williams, *University of Southern Indiana*
Mario Yanez Jr., *University of Miami*
James E. Yao, *Montclair State University*
Vincent Yen, *Wright State University*

Nossos agradecimentos também vão para Robert Lawton, da Western Illinois University, por sua contribuição nos exercícios de análise, e para Richard Perle, da Loyola Marymount University, por seus casos MBA utilizados em profusão por vários instrutores neste livro.

Muitos créditos devem ser dados para várias pessoas que tiveram um papel significativo neste projeto. Sendo assim, um agradecimento especial às equipes editorial e de produção da McGraw-Hill/Irwin: Paul Ducham, editor-executivo; Trina Hauger, editora de desenvolvimento; Natalie Zook, gerente de *marketing*; Bruce Gin, gerente de projeto; Lori Kramer, coordenador de fotos; e Mary Sander, designer. Suas ideias e seu trabalho intenso foram contribuições imensuráveis para a consecução bem-sucedida do projeto. A contribuição de muitos autores, editores e empresas no mercado de computação que forneceram material para os casos, ideias, ilustrações e fotografias utilizados neste livro é também reconhecida com nossos agradecimentos.

Reconhecer o mundo real dos negócios

Somos gratos pela contribuição única de centenas de empresas de negócios e outras organizações que utilizam computadores, assunto-chave nos "Casos do mundo real", exercícios e exemplos do livro. As situações da vida real encaradas por essas empresas e organizações fornecem aos leitores valiosas demonstrações dos benefícios e limitações do uso da internet e outras tecnologias da informação para permitir negócios e *e-commerce*, comunicação e colaboração na empresa, apoio nos processos de negócio, tomadas de decisão gerencial e vantagem competitiva estratégica da moderna empresa de negócios.

George M. Marakas
James A. O'Brien
Miguel Aguirre-Urreta

A abordagem de O'Brien e Marakas

Uma perspectiva gerencial e de negócios

Esta edição foi elaborada para estudantes de administração de negócios que são, ou serão em breve, profissionais em um mundo repleto de rápidas mudanças. O objetivo deste livro é auxiliá-los no aprendizado de como utilizar e gerenciar tecnologias da informação para inovar processos de negócios, melhorar as tomadas de decisão e obter vantagem competitiva. Dessa forma, é apresentado um estudo atualizado sobre papel essencial das tecnologias da internet no fornecimento de uma plataforma para negócios, comércio e processos de colaboração entre todos os envolvidos nos mercados empresariais e globais. Naturalmente, como em todas as obras de O'Brien, esta edição:

- Apresenta em seu texto **"Casos do mundo real"**, exemplos detalhados e oportunidades de aprender sobre pessoas e empresas reais do mundo dos negócios (**Atividades do mundo real, Questões do estudo de caso, Questões para discussão** e **exercícios de análise**).
- Organiza o texto em uma simples **estrutura com cinco áreas dos sistemas de informação** que um profissional de negócios precisa conhecer.
- Apresenta o **importante papel estratégico da tecnologia da informação** ao fornecer ferramentas e recursos aos profissionais de negócios para gerenciar operações, apoiar tomadas de decisão, permitir o trabalho colaborativo nas empresas e obter vantagem competitiva.

Estrutura modular do livro

O livro é organizado em módulos que refletem as cinco principais áreas estruturais para o conhecimento dos sistemas de informação. Dessa forma, cada capítulo é organizado em duas seções distintas para fornecer a melhor organização conceitual possível do texto e do capítulo. Essa organização aumenta a flexibilidade do professor na atribuição de material do curso, uma vez que estrutura o texto em níveis modulares (isto é, módulos, capítulos e seções).

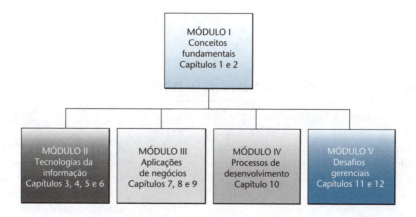

Estrutura para os sistemas de informação

Aplicações de negócios

Como as empresas utilizam a internet e outras tecnologias da informação para apoiar seus processos de negócios, iniciativas de negócio eletrônico e de comércio eletrônico (*e-commerce*), e tomadas de decisão (Capítulos 7, 8 e 9).

Desafios gerenciais

Os desafios das tecnologias e estratégias dos negócios/TI, incluindo desafios éticos e de segurança e gerenciamento global da TI (Capítulos 11 e 12).

Tecnologias da informação

Inclui os principais conceitos, desenvolvimentos e questões gerenciais envolvidos com *hardware* e *software* de computador, redes de telecomunicações, tecnologias de gerenciamento de recursos de dados e outras tecnologias (Capítulos 3, 4, 5 e 6).

Processos de desenvolvimento

Como desenvolver e implementar estratégias de negócios/TI e sistemas que utilizam várias abordagens de planejamento estratégico e de desenvolvimento de aplicações (Capítulo 10).

Conceitos fundamentais

Conceitos fundamentais dos sistemas de informação de negócios, como tendências, componentes e papéis dos sistemas de informação (Capítulo 1) e conceitos e aplicações sobre vantagem competitiva (Capítulo 2). Cobertura seletiva sobre conceitos relevantes comportamentais, gerenciais e técnicos.

Exemplos do mundo real

Casos do mundo real

Cada capítulo fornece três "Casos do mundo real" – exemplos detalhados que ilustram como negócios e organizações de destaque tentaram implementar os conceitos teóricos que o aluno acabou de aprender.

CASO DO MUNDO REAL 1 — Cogent Communications, Intel e outras empresas: as fusões são mais fáceis quando seus dados estão prontos

Quando a Cogent Communications deseja adquirir uma empresa, ela entra em modo de combate. Duas milhas ao norte do Pentágono, do outro lado do Rio Potomac, em Washington, a Cogent prepara a chamada "Sala de Guerra", onde se reúnem seus oito principais executivos para avaliar a empresa-alvo. Entre os que fazem parte do esquadrão, estão o diretor de SI e o gerente de infraestrutura de TI.

De acordo com a Cogent, uma prestadora de serviços para internet de médio porte, muitas empresas não entendem que: a capacidade de integração e, em alguns casos, adoção dos sistemas e operações de TI da empresa adquirida pode determinar o sucesso ou fracasso de uma fusão. Custos imprevistos de integração de TI podem compensar a economia da fusão. Imagine a perda de negócios quando as encomendas desaparecem, as contas a pagar não se transformam em receita e as informações sobre clientes somem de vista porque a empresa compradora deu pouca atenção ao desafio de TI.

À medida que 2006 chegava ao fim, os recordes no número de fusões e aquisições iam sendo quebrados, mas agora os gerentes de TI têm de fazer mais e certificar-se de que seus centros de dados podem ajudar a tornar os acordos realidade. "Um centro de dados bem gerido com redução da complexidade facilita imensamente o processo de fusões e aquisições", declarou Andi Mann, analista sênior da Enterprise Management Associates (EMA).

Mais de 11.700 negócios foram fechados. Especialistas e gestores de TI são da mesma opinião: à medida que a poeira baixar, as empresas sentirão o impacto total desse frenesi de fusão e aquisição (*merger and acquisition* – M&A) diretamente em seus centros de dados. Por isso eles aconselham as organizações a preparar-se agora ou correr o risco de falta de prazo se tiverem de providenciar a fusão de ativos vitais. "Hoje, o máximo de tempo de inatividade que as empresas podem aguentar para a infraestrutura do centro de dados vital é medido em minutos."

A infraestrutura resultante da fusão e aquisição "tem de estar disponível imediatamente", diz Ryan Osborn, da Afcom, uma associação norte-americana de gestores de centro de dados.

Observadores concordam que a chave para o sucesso de M&A a partir da perspectiva do centro de dados é o foco em virtualização, documentação e logística. Segundo Osborn, essas três áreas vão ajudar as empresas a ficar à frente do processo e transformar momentos de crise em oportunidades: "Você não vai gastar seu tempo apenas mudando a infraestrutura de um centro de dados para outro. Você pode realmente fazer uma atualização da tecnologia, obter novos equipamentos e sair na frente".

Para John Musilli, gerente de operações do centro de dados da Intel em Santa Clara, Califórnia, a parte mais importante é conhecer a logística de base: "Nem sempre tenho de saber o que faz um servidor, mas realmente tenho de saber como mantê-lo funcionando. Trata-se de mudar alguma coisa do ponto A para o ponto B, e não importa se a logística lida com a colocação de servidores em um caminhão ou com a transferência de dados através de uma linha".

Musilli participou de várias aquisições em seus oito anos na Intel e diz que considera o processo uma ciência: "Como parte da empresa compradora, é meu trabalho proporcionar o ambiente básico para aceitar ativos de qualquer empresa que chegam até nós". Assim, ele mantém uma boa quantidade de racks e cabos compatíveis, largura de banda extra na rede e alimentação elétrica genérica. "Prefiro o que seja compatível porque, provavelmente não vou saber de antemão quais serão servidores, a quantidade de slots ou o tipo de alimentação de que irei precisar. Com elementos compatíveis, posso configurar o que precisar em questão de minutos", diz ele.

Por exemplo, ele usa uma *busway* universal para não precisar se preocupar com as necessidades elétricas específicas dos equipamentos adquiridos: "Adquirimos uma empresa e precisávamos integrá-los em um curto período, pois seu contrato de locação estava vencido e eles tinham de desocupar as instalações". Uma equipe foi enviada na frente e passou um ano tentando identificar cada servidor em 30 a 40 racks. "Nenhum de seus aplicativos tinha compatibilidade com nossos sistemas operacionais", diz ele. Como o tempo se esgotava, Musilli disse-lhes para embalar todos os servidores e enviá-los para ele. "No final, levou dois dias de trabalho para apanhá-los – intactos –, levá-los e colocá-los para funcionar em nosso centro de dados", conta ele.

Quando as empresas começam a contemplar futuras fusões ou aquisições, devem examinar seus próprios processos e procedimentos. "Tão importante quanto a tecnologia é uma documentação de processos. Você tem de saber o que as pessoas estão fazendo com os sistemas", diz Mann, da EMA. Ele adverte que um dos primeiros obstáculos a uma fusão ou aquisição bem-sucedida é a confiança no que ele chama "conhecimento tribal". Empresas que possuem centros de dados onde os funcionários detêm todos os conhecimentos têm maiores dificuldades quando, após uma fusão ou aquisição, o pessoal é dispensado.

Fonte: McGraw-Hill Companies, Inc./John Flournoy, fotógrafo.

FIGURA 5.1 Problemas de integração e adoção de TI podem determinar o fracasso ou o sucesso de atividades de fusão e aquisição.

Continua →

Lições do mundo real

Use seu cérebro

Questões tradicionais de estudo de caso promovem e fornecem oportunidade para desenvolver o pensamento crítico e sugerir o debate em sala de aula.

"É preciso documentar o conhecimento dessas pessoas e descobrir como fazer funcionar os processos de trabalho com apenas uns poucos funcionários", diz ele. Mann recomenda a criação de um gráfico de fluxo de trabalho que defina quem é o responsável por cada setor do centro de dados. Ele sugere avaliar quem lida com gerenciamento de rede, de sistemas, de aplicativos e armazenamento. "Isso também ajudará a detectar capacidades em redundância ou áreas de habilidades onde haja falta no caso de fusão" diz ele. Segundo John Burke, analista sênior da Nemertes Research, em Minneapolis, além de saberem quem é o responsável, os grupos de TI devem saber que sistemas executam determinados processos.

"Você tem de ter informações muito boas sobre o que se passa no seu centro de dados em termos de sistemas e como eles interagem uns com os outros e com o negócio. Você sempre deve saber quais serviços oferece e quanto isso custa para você", diz Burke. Como parte desse esforço, muitas organizações utilizam um banco de dados de gerenciamento de configuração e uma ferramenta de gerenciamento de ativos para ajudar a rastrear os elementos nos centros de dados. De acordo com Burke: "Você precisa de uma visão clara e concisa do fluxo de dados dentro do centro de dados. Se não souber o que tem de ser igualmente transferido, você poderá causar uma desorganização dos negócios durante uma fusão ou aquisição".

As empresas também devem desenvolver diretrizes para a governança a serem seguidas durante a fusão. Por exemplo, se dois escritórios de advocacia estiverem se fundindo e tiverem clientes concorrentes, os grupos de TI deverão assegurar que os dados estejam protegidos e que haja suficiente controle dos acessos. Osborn, da Afcom, diz que boa documentação ajuda o processo de descoberta pelo qual as empresas passam antes de uma fusão ou aquisição: "Se a empresa que está sendo adquirida tiver boa documentação e bons processos, a aquisição será muito mais tranquila".

"Em alguns casos, você poderá reduzir os custos de *software* se usar um servidor mais robusto, com menos processadores, mas, se a licença do aplicativo não permitir isso, então você não poderá usá-lo", diz Osborn, antes de acrescentar: "A quantia em dinheiro que você terá de gastar para mesclar a tecnologia pode pesar na decisão de adquirir uma empresa". Burke, da Nemertes, sugere que um passo importante para o sucesso da M&A é se certificar de que seu centro de dados tem ferramentas de virtualização cuja execução seja possível em ambos os servidores e nas unidades de armazenamento.

A virtualização é importante não só para o dimensionamento do centro de dados, mas também para criar um ambiente de execução padronizado. "Com um centro de dados com boa virtualização, você pode ocultar o fato de que as coisas estão sendo transferidas por vários servidores e dispositivos de armazenamento", diz Burke. Rob Laurie, CEO da fornecedora de *softwares* de virtualização Dunes Technologies, em Stamford, Connecticut, diz que a virtualização é útil para empresas que querem testar a integração de aplicativos e infraestrutura antes de colocar os seus ativos incorporados ou adquiridos em produção. Também é útil para empresas que precisam integrar ativos que não podem ser transferidos fisicamente, diz ele. Ele adverte, no entanto, que, para a virtualização ser mais eficaz, as empresas que se fundem devem tomar uma decisão sobre uma plataforma única para o seu ambiente virtual: "Dessa forma, tudo que for virtualizado em uma empresa poderá ser executado no centro de dados da outra empresa sem problemas", afirma. Se não compartilharem do mesmo ambiente, deverão pelo menos ter um formato de dados compatível para obter algum benefício.

Musilli, da Intel, sugere que é a atenção natural da TI aos detalhes pode às vezes complicar assuntos simples. "Fusões e aquisições não são sempre tão difíceis quanto as pessoas fazem crer. Trata-se simplesmente da capacidade de assimilar dois ambientes quaisquer", diz ele. Fusões e aquisições criam estresse tanto para quem compra quanto para quem é comprado, mas o envolvimento da TI no estágio inicial pode minimizar o trauma. Caso contrário, você vai precisar fazer muito em muito pouco tempo. Como o guru do *software* de engenharia Frederick Brooks disse uma vez: "Você não pode fazer um bebê em um mês usando nove mulheres. Planeje com antecedência".

Fonte: Adaptado de Sandra Gittien. "Mergers Go Smoother with a Well-Prepped Data Center". *Computerworld*, 28 de julho de 2007; e Eric Chabrow. "IT Plays Linchpin Role in High-Stake M&As". *InformationWeek*, 26 de junho de 2006.

Use suas mãos

A seção "Atividades do mundo real", oferece a possibilidade de exploração e aprendizado colocando em prática todo o conceito apresentado.

QUESTÕES DO ESTUDO DE CASO

1. Coloque-se no papel do gerente de uma empresa que passa por uma fusão ou aquisição. Quais seriam as coisas mais importantes que os clientes esperariam de você durante o processo? Que papel a TI desempenha no atendimento dessas expectativas? Forneça pelo menos três exemplos.
2. Preste atenção no que diz Andi Mann sobre o chamado "conhecimento tribal". O que você acha que essa expressão quer dizer? Por que isso é tão importante para aquele processo? Que estratégias você sugere para as empresas que se deparam com a presença ostensiva dessa questão em uma organização adquirida? Forneça várias recomendações específicas.
3. A maioria da discussão sobre o caso é centrada em questões de *hardware* e *software*. No entanto, *hardware* e *software* são, essencialmente, dinamizadores dos processos negócios subjacentes desenvolvidos por cada uma das empresas envolvidas. Que diferentes alternativas têm as empresas para fundir seus processos de negócio? Que papel as TI desempenham no apoio a essas atividades? Preste atenção especial às questões de gerenciamento de dados e governança.

ATIVIDADES DO MUNDO REAL

1. O caso discute amplamente a ideia de "virtualização" e o papel que isso desempenha no processo de fusão. Faça uma pesquisa na internet sobre esse conceito e elabore um relatório sobre o que isso implica, como funciona, quais são suas vantagens e desvantagens, além de outras aplicações além daquelas especificadas no processo.
2. Busque na internet relatos de casos de fusão e aquisição em que as questões de TI desempenham um papel (positivo ou negativo) importante. Como diferentes organizações lidaram com assuntos relacionados à TI nas situações que você encontrou? Qual foi o resultado final do processo? Prepare um relatório e apresente suas descobertas para a turma.

Estratégia, ética...

Vantagem competitiva

O Capítulo 2 foca a utilização da TI como um caminho para ultrapassar o desempenho de seus concorrentes.

CAPÍTULO 2 — Competindo com a tecnologia da informação

Ética e segurança

O Capítulo 11 discute as questões a respeito desses tópicos e dos desafios que a TI enfrenta.

CASO DO MUNDO REAL 1 — Ética, dilemas morais e decisões difíceis: os vários desafios de trabalhar com TI

...e muito mais

Globalize com a TI

O Capítulo 12 apresenta uma visão profunda sobre a TI além das fronteiras.

FIGURA 12.11 A coerência entre diferentes funções empresariais, países, idiomas e processos envolvidos em implementações em todo o mundo é um dos mais importantes desafios enfrentados pelas organizações globais de hoje.

Aumente seu conhecimento

Exemplos detalhados de como empresas aplicam conceitos e teorias de SI.

Expanda seus horizontes

Ícones, como um desenho do globo terrestre, indicam exemplos com foco internacional, de tal maneira que seu conhecimento se torne realmente globalizado.

O que há de novo?

A 15ª edição inclui alterações significativas em relação ao conteúdo da anterior, que atualizaram e aumentaram sua cobertura, muitas delas sugeridas por um amplo processo de revisão. Os destaques das alterações mais importantes desta edição incluem:

- **Novos** "Casos do mundo real" que fornecem exemplos atuais, relevantes e detalhados da aplicação da teoria de SI. Uma combinação de "Questões de estudo de caso" e "Atividades do mundo real" permite ao aluno participar em vários níveis.

- **"Casos do mundo real"**, mais de dois terços dos casos são novos. Esses casos fornecem ao aluno exemplos detalhados de sucessos e fracassos de empresas que experimentaram a implementação dos conceitos de TI examinados em cada capítulo.

- O **Capítulo 3**, "*Hardware*", inclui um exame atualizado da Lei de Moore, além de uma análise mais detalhada e atualizada de dispositivos de acesso à informação, computação em nuvem e reconhecimento por voz, bem como tecnologia RFID e desafios de privacidade.

- O **Capítulo 4**, "*Software*", fornece mais informações sobre OpenOffice Suite e XML.

- O **Capítulo 5**, "Gerenciamento de recursos de dados", amplia o exame de registros e chaves primárias.

- O **Capítulo 7**, "Sistemas eletrônicos de negócios", inclui um novo exame da relação entre SCM, CRM e ERP em relação ao apoio da estratégia empresarial. Também fornece uma discussão ampliada de SCM como principal objetivo estratégico das empresas modernas e um novo exame do uso de anúncios digitais no *marketing* direcionado.

- O **Capítulo 8**, "Sistemas de *e-commerce*", examina com detalhes os fatores de sucesso do *e-commerce*, além de fornecer uma nova seção com o estudo da otimização de mecanismos de busca e novos dados sobre os principais *sites* de varejo e volume de vendas *on-line*.

- O **Capítulo 9**, "Sistemas de apoio à decisão", aborda o valor estratégico das atividades de inteligência de negócios na organização moderna, acrescenta o exame dos testes de CAPTCHA para evitar a intervenção da máquina em ambientes *on-line*, e amplia o estudo de Olap e o moderno uso de mecanismos de sistema especialista.

- O **Capítulo 10**, "Desenvolvendo soluções de negócios/TI" avalia os desafios de implementação de sistemas, a resistência do usuário e o desenvolvimento do usuário final, além de mostrar a relação entre modelos lógicos e físicos.

- O **Capítulo 11**, "Desafios éticos e de segurança", apresenta uma nova seção sobre ciberterrorismo. Além disso, oferece cobertura atualizada dos impactos econômicos da pirataria de *software*, um estudo mais abrangente do HIPAA e amplia o estado atual do direito cibernético.

- O **Capítulo 12**, "Gerenciamento global e na empresa de tecnologia da informação", examina em detalhes o Cobit e as estruturas de governança de TI nas organizações, bem como apresenta uma nova seção sobre as tendências em terceirização e *offshoring*.

Seções de apoio ao aluno

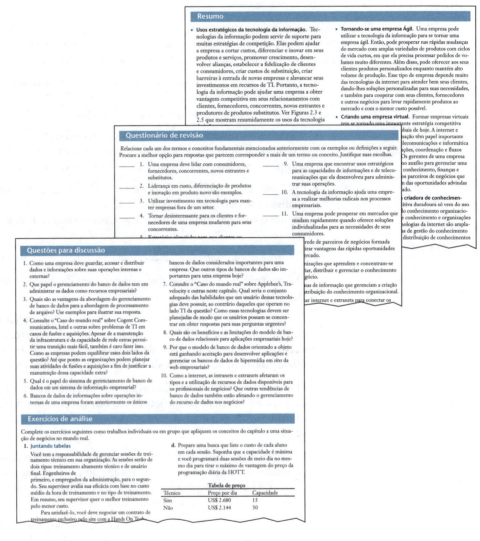

Cada capítulo contém *apoio pedagógico completo* na forma de:

- **Resumo.** Repassa os conceitos-chave em um breve resumo.
- **Termos e conceitos-chave.** Utiliza o número das páginas para indicar onde são discutidos no texto.
- **Questionário de revisão.** Fornece uma autoavaliação para os estudantes. Ideal para revisão antes de provas importantes.
- **Questões para discussão.** Atribuídas como lição de casa ou para debate em sala de aula, essas questões complexas ajudarão os alunos a desenvolver habilidades para o pensamento crítico.
- **Exercícios de análise.** Cada cenário inovador apresenta um problema de negócio, solicitando aos alunos que usem e testem seus conhecimentos de SI, por meio de habilidades analíticas, na web, com planilhas, e com bancos de dados.
- **Um estudo de caso para encerrar.** Reforça conceitos importantes com exemplos selecionados de negócios e organizações. Em cada estudo de caso, há questões para discussão e atividades para aplicação.

Lista de casos do mundo real

CAPÍTULO 1   Fundamentos dos sistemas de informação nos negócios

Caso do mundo real 1: eCourier, Cablecom e Bryan Cave: como agregar valor por meio da inteligência de negócios

Caso do mundo real 2: JetBlue e a administração de veteranos: a importância fundamental dos processos de TI

Caso do mundo real 3: Sew What? Inc.: o papel da tecnologia da informação no sucesso de pequenos negócios

CAPÍTULO 2   Competindo com a tecnologia da informação

Caso do mundo real 1: Líderes de TI: reinventando a TI como parceira estratégica de negócios

Caso do mundo real 2: Para empresas grandes e pequenas: administrando um negócio com smartphones

Caso do mundo real 3: Wachovia e outros: negociando títulos na velocidade da luz

CAPÍTULO 3   *Hardware*

Caso do mundo real 1: IBM, Wachovia e Paypal: a computação em grade torna o processo mais fácil e mais barato

Caso do mundo real 2: Apple, Microsoft, IBM e outras: a tela sensível ao toque atinge a maioridade

Caso do mundo real 3: Kimberly-Clark e Daisy Brands: segredos para o sucesso de RFID

CAPÍTULO 4   *Software*

Caso do mundo real 1: GE, H.B. Fuller Co., e outras empresas: implementação bem-sucedidas de *software* como serviço

Caso do mundo real 2: Distribuição de energia e aplicação da lei: recebendo os benefícios do compartilhamento de dados por meio de XML

Caso do mundo real 3: Wolf Peak International: fracasso e sucesso de *softwares* aplicativos para empresas de pequeno e médio portes

CAPÍTULO 5   Gerenciamento dos recursos de dados

Caso do mundo real 1: Cogent Communications, Intel e outras empresas: as fusões são mais fáceis quando seus dados estão prontos

Caso do mundo real 2: Applebee's, Travelocity e outras empresas: *data mining* para decisões de negócios

Caso do mundo real 3: Amazon, eBay e Google: abrindo e compartilhando bancos de dados de negócios

CAPÍTULO 6   Telecomunicações e redes

Caso do mundo real 1: Starbucks e outros: o futuro do Wi-Fi público

Caso do mundo real 2: Brain Saving Technologies Inc., e o T-Health Institute: medicina por videoconferência

Caso do mundo real 3: Metric & Multistandard Components Corp.: o valor para o negócio de uma rede segura autogerenciada em uma PME

CAPÍTULO 7 Sistemas de negócios eletrônicos

Caso do mundo real 1: NetSuite Inc., Berlin Packaging, Churchill Downs e outras: o segredo do CRM está nos dados

Caso do mundo real 2: OHSU, Sony, Novartis e outras: sistemas de informações estratégicas – é a vez do RH

Caso do mundo real 3: Perdue Farms e outras: a gestão da cadeia de suprimentos abastece o período de festas

CAPÍTULO 8 Sistemas de *e-commerce*

Caso do mundo real 1: KitchenAid e Royal Bank of Canada: você protege a sua marca na internet?

Caso do mundo real 2: LinkedIn, Umbria, Mattel e outras: levando a "manifestação" para a internet

Caso do mundo real 3: Entellium, Digg, Peerflix, Zappos e Jigsaw: sucesso dos não pioneiros no *e-commerce*

CAPÍTULO 9 Sistemas de apoio à decisão

Caso do mundo real 1: Hillman Group, Avnet e Quaker Chemical: transformação de processos por meio de implantações de inteligência de negócios

Caso do mundo real 2: Goodyear, JEA, Osumc e Monsanto: tecnologias legais levam à vantagem competitiva

Caso do mundo real 3: Harrah's Entertainment, LendingTree, DeepGreen Financial e Cisco Systems: sucesso e desafios da tomada de decisão automatizada

CAPÍTULO 10 Desenvolvendo soluções de negócios/TI

Caso do mundo real 1: PayPal: globalizando em todos os idiomas de uma só vez

Caso do mundo real 2: Blue Cross, Blue Shield e outras: a ciência por trás da mudança

Caso do mundo real 3: Infosys Technologies: os desafios de implementação de iniciativas de gestão de conhecimento

CAPÍTULO 11 Desafios éticos e de segurança

Caso do mundo real 1: Ética, dilemas morais e decisões difíceis: os vários desafios de trabalhar com TI

Caso do mundo real 2: Raymond James Financial, BCD Travel, Houston Texans e outras: preocupando-se com o que sai, não com o que entra

Caso do mundo real 3: Fraude cibernética: os quatro principais criminosos cibernéticos, quem são e o que fazem

CAPÍTULO 12 Gerenciamento global e na empresa de tecnologia da informação

Caso do mundo real 1: Toyota, Procter & Gamble, Hess Corporation e outras: CIOs prestes a se aposentar e a necessidade de planejamento de sucessão

Caso do mundo real 2: Reinsurance Group of America e Fonterra: unificando as operações globais

Caso do mundo real 3: IBM Corp.: competindo globalmente com funcionários de TI *offshore* e cessão de tecnologia

Sumário resumido

Módulo I Conceitos fundamentais

1. **Fundamentos dos sistemas de informação nos negócios** 1
   Seção I: Conceitos fundamentais: sistemas de informação nos negócios 2
   Seção II: Conceitos fundamentais: os componentes dos sistemas de informação 24

2. **Competindo com a tecnologia da informação** 41
   Seção I: Fundamentos da vantagem estratégica 42
   Seção II: Utilizando a tecnologia da informação para vantagem estratégica 54

Módulo II Tecnologias da informação

3. *Hardware* 71
   Seção I: Sistemas de computador: computação empresarial e por usuário final 72
   Seção II: Periféricos: tecnologias de entrada, saída e armazenamento de dados 91

4. *Software* 121
   Seção I: *Software* de aplicação para usuários finais 122
   Seção II: *Software* de sistema: gerenciamento de sistema de computador 138

5. **Gerenciamento dos recursos de dados** 167
   Seção I: Fundamentos técnicos do gerenciamento de base de dados 168
   Seção II: Como gerenciar recursos de dados 183

6. **Telecomunicações e redes** 205
   Seção I: A empresa em rede 206
   Seção II: Alternativas de redes de telecomunicações 223

Módulo III Aplicações de negócios

7. **Sistemas de negócios eletrônicos** 257
   Seção I: Sistemas empresariais de negócios 258
   Seção II: Sistemas funcionais de negócios 287

8. **Sistemas de *e-commerce*** 309
   Seção I: Fundamentos do *e-commerce* 310
   Seção II: Questões e aplicações do *e-commerce* 322

9. **Sistemas de apoio à decisão** 347
   Seção I: Apoio à decisão nos negócios 348
   Seção II: Tecnologia da inteligência artificial empresarial 376

Módulo IV Processos de desenvolvimento

10. **Desenvolvendo soluções de negócios/TI** 403
    Seção I: Desenvolvendo sistemas de negócios 404
    Seção II: Implementação de sistemas de negócios 424

Módulo V Desafios gerenciais

11. **Desafios éticos e de segurança** 451
    Seção I: Desafios éticos, sociais e de segurança da TI 452
    Seção II: Gerenciamento da segurança da tecnologia da informação 479

12. **Gerenciamento global e na empresa de tecnologia da informação** 501
    Seção I: Gerenciando a tecnologia da informação 502
    Seção II: Gerenciando uma TI Global 520

Referências selecionadas 541

Respostas dos questionários de revisão 551

Glossário 553

Índice de nomes 573

Índice de empresas 575

Índice 579

Sumário

Módulo I Conceitos fundamentais

Capítulo 1

Fundamentos dos sistemas de informação nos negócios   1

Seção I: Conceitos fundamentais: sistemas de informação nos negócios   2
O mundo real dos sistemas de informação   2
    O que é um sistema de informação?   2
Caso do mundo real 1: eCourier, Cablecom e Bryan Cave: como agregar valor por meio da inteligência de negócios   3
Os papéis fundamentais dos SI nos negócios   6
Tendências em sistemas de informação   8
O papel do e-Business nos negócios   10
Tipos de sistemas de informação   11
    Sistemas de suporte a operações   11
    Sistemas de apoio gerencial   12
    Outras classificações dos sistemas de informação   14
Desafios gerenciais da tecnologia da informação   14
    Sucesso e fracasso com TI   15
    Desenvolvimento de soluções de SI   16
    Desafios e ética em TI   18
    Desafios de carreiras de TI   19
    A função dos SI   22
Seção II: Conceitos fundamentais: os componentes dos sistemas de informação   24
Conceitos de sistema: uma fundação   24
    O que é um sistema?   24
Caso do mundo real 2: JetBlue e a administração de veteranos: a importância fundamental dos processos de TI   25
    Feedback e controle   27
    Outras características do sistema   27
Componentes de um sistema de informação   29
Recursos do sistema de informação   30
    Recursos humanos   30
    Recursos de *hardware*   30
    Recursos de *software*   31
    Recursos de dados   31
    Recursos de rede   32

Atividades do sistema de informação   33
    Entrada de recursos de dados   33
    Processamento de dados em informações   33
    Saída de produtos de informação   33
    Armazenamento de recursos de dados   34
    Controle de desempenho do sistema   34
Reconhecendo os sistemas de informação   34
Caso do mundo real 3: Sew What? Inc.: o papel da tecnologia da informação no sucesso de pequenos negócios   39

Capítulo 2

Competindo com a tecnologia da informação   41

Seção I: Fundamentos da vantagem estratégica   42
TI estratégica   42
Conceitos de estratégia competitiva   42
    Forças competitivas e estratégias   42
Caso do mundo real 1: Líderes de TI: reinventando a TI como parceira estratégica de negócios   43
Usos estratégicos da tecnologia da informação   46
    Outras iniciativas estratégicas   46
Construindo um negócio focado no cliente   50
A cadeia de valor e os SI estratégicos   52
    Exemplos de cadeia de valor   53
Seção II: Utilizando a tecnologia da informação para vantagem estratégica   54
Usos estratégicos da TI   54
Processos de reengenharia de negócios   54
    O papel da tecnologia da informação   54
Caso do mundo real 2: Para empresas grandes e pequenas: administrando um negócio com smartphones   55
Tornando-se uma empresa ágil   58
Criando uma empresa virtual   60
    Estratégias de empresas virtuais   60
Construindo uma empresa criadora do conhecimento   62
Sistema de gestão de conhecimento   63
Caso do mundo real 3: Wachovia e outros: negociando títulos na velocidade da luz   68

Módulo II Tecnologias da informação

Capítulo 3

Hardware 71

Seção I: Sistemas de computador: computação empresarial e por usuário final 72
Introdução 72
Breve histórico de *hardware* 72
Caso do mundo real 1: IBM, Wachovia e PayPal: a computação em grade torna o processo mais fácil e mais barato 73
Tipos de sistemas de informação 76
Sistemas de microcomputador 77
    Terminais de computador 77
    Computadores de rede 80
    Dispositivos de acesso à informação 80
Sistema de médio porte 81
Sistemas de grande porte 83
    Sistemas de supercomputadores 84
    A próxima onda de computação 86
Observação técnica: o conceito de sistema de computador 86
    Velocidades de processamento de computador 88
Lei de Moore: aonde vamos parar? 88
Seção II: Periféricos: tecnologias de entrada, saída e armazenamento de dados 91
Periféricos 91
Tecnologias de entrada 91
    Dispositivo indicador 91
Caso do mundo real 2: Apple, Microsoft, IBM e outras: a tela sensível ao toque atinge a maioridade 92
    Computação baseada em caneta 94
    Sistemas de reconhecimento de voz 95
    Digitalização óptica 97
    Tecnologias de entrada 99
Tecnologias de saída 99
    Saída de vídeo 100
    Saída impressa 100
Comparações de armazenamento 101
    Fundamentos de armazenamento em computador 102
    Acesso direto e sequencial 103
Memória semicondutora 104
Discos magnéticos 106
    Tipos de discos magnéticos 106
    Armazenamento Raid 107
Fita magnética 107
Discos ópticos 107
    Aplicações de negócio 109
Identificação por radiofrequência 109
    Questões específicas sobre RFID 110
Previsões para o futuro 112
Caso do mundo real 3: Kimberly-Clark e Daisy Brands: segredos para o sucesso de RFID 118

Capítulo 4

Software 121

Seção I: *Software* de aplicação para usuários finais 122
Introdução ao *software* 122
    O que é *software*? 122
    Tipos de *software* 122
    Software de aplicação para usuários finais 122
Caso do mundo real 1: GE, H.B. Fuller Co., e outras empresas: implementações bem-sucedidas de *software* como serviço 123
Software de aplicação empresarial 126
Suítes de *softwares* e pacotes integrados 127
Navegadores web e outros *softwares* 128
Correio eletrônico, mensagem instantânea e *blog* 128
Processamento de texto e editoração eletrônica 130
Planilhas eletrônicas 131
Apresentações gráficas 132
Gerenciador de informações pessoais 133
Groupware 133
Softwares alternativos 134
    Provedores de serviços de aplicativos 134
    Computação em nuvem 136
    Licenciamento de *software* 137
Seção II: *Software* de sistema: gerenciamento de sistema de computador 138
Visão geral do *software* de sistema 138
    Visão geral 138
Sistema operacional 138
    Funções do sistema operacional 138
Caso do mundo real 2: Distribuição de energia e aplicação da lei: recebendo os benefícios do compartilhamento de dados por meio de XML 139
    Microsoft Windows 142
    Unix 143
    Linux 144
    Software de código aberto 144
    OpenOffice.org 3 145
    Mac OS X 145
    Virtualização de aplicativo 146
Outros programas de gerenciamento de sistemas 147
Linguagem de programação 148
    Linguagem de máquina 148
    Linguagem "montadora" 149
    Linguagem de alto nível 149
    Linguagem de quarta geração 150
    Linguagem orientada a objetos 151
Serviços e linguagens da web 152
    HTML 152
    XML 153
    Java e .NET 155

Serviços na web 155
Software de programação 158
    Programas conversores de linguagem 158
    Ferramentas de programação 158
Caso do mundo real 3: Wolf Peak International: fracasso e sucesso de *softwares* aplicativos para empresas de pequeno e médio portes 164

Capítulo 5
Gerenciamento dos recursos de dados 167

Seção I: Fundamentos técnicos do gerenciamento de base de dados 168
Gerenciamento de banco de dados 168
Conceitos fundamentais de bancos de dados 168
    Caractere 168
    Campo 168
    Registro 168
Caso do mundo real 1: Cogent Communications, Intel e outras empresas: as fusões são mais fáceis quando seus dados estão prontos 169
    Arquivo 171
    Banco de dados 172
Estruturas de banco de dados 173
    Estrutura hierárquica 174
    Estrutura de rede 174
    Estrutura relacional 174
    Operações relacionais 175
    Estrutura multidimensional 175
    Estrutura orientada a objetos 175
    Avaliação de estruturas de bancos de dados 177
Desenvolvimento de banco de dados 178
    Planejamento de dados e projeto de dados 179
Seção II: Como gerenciar recursos de dados 183
Gerenciamento dos recursos de dados 183
Tipos de bancos de dados 183
    Bancos de dados operacionais 183
    Bancos de dados distribuídos 183
Caso do mundo real 2: Applebee's, Travelocity e outras empresas: *data mining* para decisões de negócios 184
    Bancos de dados distribuídos 187
    Bancos de dados hipermídia 187
Depósitos de dados e *data mining* 189
    Data mining 190
Processamento tradicional de arquivos 192
    Problemas de processamento de arquivos 193
Abordagem de gerenciamento de banco de dados 194
    Sistema de gerenciamento de banco de dados 194
    Pesquisa em banco de dados 196
    Manutenção de banco de dados 198
    Desenvolvimento de aplicação 198
Caso do mundo real 3: Amazon, eBay e Google: abrindo e compartilhando bancos de dados de negócios 203

Capítulo 6
Telecomunicações e redes 205

Seção I: A empresa em rede 206
A empresa em rede 206
O conceito de rede 206
    Lei de Metcalfe 206
Caso do mundo real 1: Starbucks e outros: o futuro do Wi-Fi público 207
Tendências das telecomunicações 209
    Tendências da indústria 209
    Tendências da tecnologia 210
    Tendência de aplicativos empresariais 211
    Internet2 211
O valor empresarial das redes de telecomunicações 212
A revolução da internet 213
    Provedores de internet 213
    Aplicações de internet 214
    Uso da internet para negócios 214
    Valor para o negócio da internet 215
O papel da intranet 217
    Valor para o negócio da intranet 217
O papel da extranet 220
Seção II: Alternativas de redes de telecomunicações 223
Alternativas de telecomunicações 223
Modelo de rede de telecomunicações 223
Caso do mundo real 2: Brain Saving Technologies Inc., e o T-Health Institute: medicina por videoconferência 224
Tipos de redes de telecomunicações 226
    WANs 226
    MANs 226
    LANs 227
    Redes privadas virtuais 227
    Rede cliente-servidor 229
    Computações em rede 230
    Rede par a par 231
Sinais digital e analógico 232
Meios de telecomunicações 233
Tecnologias com fio 234
    Pares de fios trançados 234
    Cabo coaxial 234
    Fibra óptica 234
    O problema da "última milha" (ou do último quilômetro) 234

Tecnologias sem fio   235
    Micro-onda terrestre   235
    Satélites de comunicações   235
    Sistemas de celular e PCs   236
    LANs sem fio   237
    Bluetooth   237
    Internet sem fio   237
Processadores de telecomunicações   239
    Modems   239
    Processadores inter-redes   240
    Multiplexadores   240
Software de telecomunicações   241
    Gerenciamento de rede   241
Topologias de rede   242
Arquiteturas e protocolos de rede   243
    Protocolos   243
    Arquiteturas de rede   243
    Modelo OSI   243
    TCP/IP da internet   245
    Voz sobre IP   246
Alternativas de largura de banda   247
Alternativas de comutação   248
Interoperabilidade de rede   249
Caso do mundo real 3: Metric & Multistandard Components Corp.: o valor para o negócio de uma rede segura autogerenciada em uma PME   254

Módulo III   Aplicações de negócios

Capítulo 7

Sistemas de negócios eletrônicos   257

Seção I: Sistemas empresariais de negócios   258
Introdução   258
Aplicativos interfuncionais para empresas   258
    Arquitetura de aplicação empresarial   258
Caso do mundo real 1: NetSuite Inc., Berlin Packaging, Churchill Downs e outras: o segredo do CRM está nos dados   259
Colocando todos os gansos em fila: gerenciamento em nível empresarial   262
Gestão do relacionamento com o cliente: o foco da empresa   263
O que é CRM?   264
    Gestão de contas e contatos   264
    Vendas   264
    Marketing e atendimento   265
    Suporte e serviços ao cliente   265
    Programas de fidelidade e retenção   265
As três fases do CRM   266

Benefícios e desafios do sistema CRM   267
    Falhas de CRM   268
ERP: a espinha dorsal da empresa   269
O que é ERP?   269
Benefícios e desafios do ERP   271
    Os custos do ERP   271
    Causas das falhas de ERP   273
Gestão da cadeia de suprimentos: a rede da empresa   274
O que é SCM?   274
    Intercâmbio eletrônico de dados (EDI)   277
Função do SCM   277
Benefícios e desafios do SCM   278
Integração de aplicações empresariais   279
Sistemas de processamento de transações   281
    O ciclo de processamento de transações   283
Sistemas de colaboração empresarial   284
    Ferramentas para colaboração empresarial   284
Seção II: Sistemas funcionais de negócios   287
TI nos negócios   287
Sistemas de *marketing*   287
    Marketing interativo   287
Caso do mundo real 2: OHSU, Sony, Novartis e outras: sistemas de informações estratégicas – é a vez do RH   288
    Marketing direcionado   291
    Automação da equipe de vendas   292
Sistemas de produção   292
    Produção integrada por computador (CIM)   293
Sistemas de recursos humanos   295
    HRM e internet   295
    HRM e intranets corporativas   295
Sistemas de contabilidade   298
    Sistemas de contabilidade *on-line*   298
Sistemas de gerenciamento financeiro   299
Caso do mundo real 3: Perdue Farms e outras: a gestão da cadeia de suprimentos abastece o período de festas   306

Capítulo 8

Sistemas de *e-commerce*   309

Seção I: Fundamentos do *e-commerce*   310
Introdução ao *e-commerce*   310
O escopo do *e-commerce*   310
    Tecnologias para o *e-commerce*   310
Caso do mundo real 1: KitchenAid e Royal Bank of Canada: você protege a sua marca na internet?   311
    Categorias de *e-commerce*   314
Processos essenciais do *e-commerce*   315
    Controle de acesso e segurança   316
    Definição de perfil e personalização   316
    Gerenciamento de busca   316
    Gestão de conteúdo e catálogo   316
    Gestão do fluxo de trabalho   318

Notificação de eventos 319
Colaboração e comércio 319
Processos de pagamento eletrônico 320
Processos de pagamento via web 320
Transferência eletrônica de fundos 320
Segurança em pagamentos eletrônicos 321
Seção II: Questões e aplicações do *e-commerce* 322
Tendências de *e-commerce* 322
E-commerce empresa-consumidor (B2C) 322
Caso do mundo real 2: LinkedIn, Umbria, Mattel e outras: levando a "manifestação" para a internet 323
Fatores de sucesso do *e-commerce* 325
Requisitos de uma loja virtual 329
Criando uma loja virtual 329
Como os clientes vão encontrá-lo 330
Atendendo seus clientes 331
Gerenciando uma loja virtual 332
E-commerce empresa-empresa (B2B) 333
Mercados de *e-commerce* 334
Clicks and bricks no *e-commerce* 336
Integração do *e-commerce* 336
Outras estratégias *clicks and bricks* 338
Opções de canais de *e-commerce* 339
Caso do mundo real 3: Entellium, Digg, Peerflix, Zappos e Jigsaw: sucesso dos não pioneiros no *e-commerce* 345

Capítulo 9

Sistemas de apoio à decisão 347

Seção I: Apoio à decisão nos negócios 348
Introdução 348
Informações, decisões e gerenciamento 348
Qualidade da informação 348
Caso do mundo real 1: Hillman Group, Avnet e Quaker Chemical: transformação de processos por meio de implantações de inteligência de negócios 349
Estrutura de decisão 352
Tendências de apoio à decisão 352
Sistemas de apoio à decisão (DSS) 355
Exemplo 355
Componentes do sistema de apoio à decisão 355
Sistemas de informação gerencial (MIS) 357
Alternativas de relatórios para gerenciamento 358
Processamento analítico *on-line* 359
Exemplos de Olap 360
Sistemas de informação geográfica e de visualização de dados 362
Utilização dos sistemas de apoio à decisão 365
Análise "e se..." 365
Análise de sensibilidade 366
Análise por busca de objetivos 366
Análise de otimização 367

Data mining para decisões de negócios 367
Sistemas de informação executiva (EIS) 370
Recursos dos EIS 370
Portais empresariais e apoio à decisão 372
Portal de informações de empresa 372
Sistemas de gestão do conhecimento 374
Seção II: Tecnologia da inteligência artificial empresarial 376
Negócios e inteligência artificial 376
Visão geral sobre inteligência artificial 376
Caso do mundo real 2: Goodyear, JEA, Osumc e Monsanto: tecnologias legais levam à vantagem competitiva 377
Domínios da inteligência artificial 379
Sistemas especialistas 382
Componentes de um sistema especialista 382
Aplicações de sistemas especialistas 383
Vantagens de sistemas especialistas 384
Limitações de sistemas especialistas 384
Desenvolvimento de sistemas especialistas 386
Engenheiro do conhecimento 387
Redes neurais 388
Sistemas de lógica *fuzzy* 389
Lógica *fuzzy* nos negócios 390
Algoritmos genéticos 390
Realidade virtual 392
Aplicações de realidade virtual 392
Agentes inteligentes 393
Caso do mundo real 3: Harrah's Entertainment, LendingTree, DeepGreen Financial e Cisco Systems: sucesso e desafios da tomada de decisão automatizada 400

Módulo IV Processos de desenvolvimento

Capítulo 10

Desenvolvendo soluções de negócios/TI 403

Seção I: Desenvolvendo sistemas de negócios 404
Desenvolvimento de sistemas de informação 404
Abordagem sistêmica 404
Pensamento sistêmico 404
Caso do mundo real 1: PayPal: globalizando em todos os idiomas de uma só vez 405
Análise e projeto de sistemas 407
O ciclo de desenvolvimento de sistemas 407
Iniciando o processo de desenvolvimento de sistemas 408
Estudo de viabilidade 408
Viabilidade operacional 409
Viabilidade econômica 410

Viabilidade técnica 410
Viabilidade de fatores humanos 411
Viabilidade política/legal 411
Análise de sistemas 412
Análise organizacional 412
Análise do sistema atual 412
Análise lógica 413
Análise e determinação de requisitos funcionais 413
Projeto de sistemas 414
Prototipagem 414
O processo de prototipagem 415
Projeto de interface de usuário 416
Especificações de sistema 418
Desenvolvimento pelo usuário final 418
Foco em atividades de SI 418
Desenvolvimento pelo usuário final 419
Observação técnica: visão geral de análise e projeto orientados a objeto 421

Seção II: Implementação de sistemas de negócios 424
Implementação 424
Implementação de novos sistemas 424
Caso do mundo real 2: Blue Cross, Blue Shield e outras: a ciência por trás da mudança 426
Gerenciamento de projetos 428
O que é um projeto? 428
O processo de gerenciamento de projeto 428
Avaliando *hardware*, *software* e serviços 430
Fatores de avaliação de *hardware* 431
Fatores de avaliação de *software* 432
Avaliação de serviços de SI 432
Outras atividades de implementação 433
Testes 433
Conversão de dados 433
Documentação 434
Treinamento 435
Estratégias de conversão de sistema 435
Atividades de pós-implementação 437
Manutenção de sistemas 437
Revisão de pós-implementação 438
Desafios de implementação 439
Resistência e envolvimento do usuário 439
Gerenciamento de mudanças 440
Processo de gerenciamento de mudança 441
Caso do mundo real 3: Infosys Technologies: os desafios de implementação de iniciativas de gestão de conhecimento 448

Módulo V Desafios gerenciais

Capítulo 11

Desafios éticos e de segurança 451

Seção I: Desafios éticos, sociais e de segurança da TI 452
Introdução 452
Ética, sociedade e segurança nos negócios 452
Responsabilidade ética dos profissionais de negócios 452
Ética nos negócios 452
Caso do mundo real 1: Ética, dilemas morais e decisões difíceis: os vários desafios de trabalhar com TI 453
Ética tecnológica 456
Diretrizes éticas 456
Crime em informática 458
Hacking e *cracking* 459
Roubo cibernético 461
Ciberterrorismo 461
Uso não autorizado no trabalho 463
Pirataria de *software* 464
Furto de propriedade intelectual 465
Vírus de computador e *worms* 466
Adware e *spyware* 468
Questões de privacidade 470
Privacidade na internet 471
Associação por computador 472
Leis de privacidade 472
Difamação e censura na informática 474
O estado atual das leis cibernéticas 474
Outros desafios 475
Desafios de emprego 475
Monitoramento por computador 475
Desafios nas condições de trabalho 476
Desafios à individualidade 476
Questões de saúde 477
Ergonomia 477
Soluções sociais 477

Seção II: Gerenciamento da segurança da tecnologia da informação 479
Introdução 479
Ferramentas de gerenciamento de segurança 479
Caso do mundo real 2: Raymond James Financial, BCD Travel, Houston Texans e outras: preocupando-se com o que sai, não com o que entra 480
Defesas de segurança interligadas na rede 482

Criptografia 483
Firewalls 484
Ataques de negativas de serviços 485
Monitoramento de *e-mail* 487
Defesas contra vírus 487
Outras medidas de segurança 489
Códigos de segurança 489
Arquivos de *backup* 489
Monitores de segurança 490
Segurança biométrica 490
Controle de falhas do computador 491
Sistemas tolerantes a falhas 491
Recuperação de desastres 493
Controles de sistemas e auditorias 493
Controles de Sistemas de Informações 493
Auditoria da segurança de TI 494
Caso do mundo real 3: Fraude cibernética: os quatro principais criminosos cibernéticos, quem são e o que fazem 499

Capítulo 12

Gerenciamento global e na empresa de tecnologia da informação 501

Seção I: Gerenciando a tecnologia da informação 502
Negócios e TI 502
Gerenciando a tecnologia da informação 502
Caso do mundo real 1: Toyota, Procter & Gamble, Hess Corporation e outras: CIOs prestes a se aposentar e a necessidade de planejamento de sucessão 503
Planejamento de negócios/TI 505
Arquitetura da tecnologia da informação 506
Gerenciando a função da TI 507
Organização da TI 508
Gerenciando o desenvolvimento de aplicação 508
Gerenciando operações de SI 509
Planejamento de pessoal da TI 510
O CIO e outros executivos de TI 510
Gerenciamento de tecnologia 511
Gerenciamento de serviços ao usuário 511
Terceirização e *offshoring* de TI e SI 512
Terceirização 512
Offshoring 513
Tendências em tercerização e *offshoring* 514
Falhas no gerenciamento de TI 515
Envolvimento da gerência 516
Governança de TI 516
Seção II: Gerenciando uma TI Global 520
A dimensão internacional 520
Gerenciamento global da TI 520
Desafios culturais, políticos e geoeconômicos 521
Caso do mundo real 2: Reinsurance Group of America e Fonterra: unificando as operações globais 523
Estratégias globais de negócios/TI 525
Aplicações globais de negócios/TI 526
Plataformas globais da TI 528
A internet como plataforma de TI global 529
Questões do acesso global aos dados 530
Questões de acesso à internet 532
Desenvolvimento global de sistemas 533
Estratégias de desenvolvimento de sistemas 533
Caso do mundo real 3: IBM Corp.: competindo globalmente com funcionários de TI *offshore* e cessão de tecnologia 539

Referências selecionadas 541

Respostas dos questionários de revisão 551

Glossário 553

Índice de nomes 573

Índice de empresas 575

Índice 579

MÓDULO I
Conceitos fundamentais

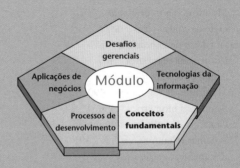

Por que estudar sistemas de informação? Por que as empresas precisam da tecnologia da informação? O que você precisa saber sobre o uso e o gerenciamento das tecnologias da informação nos negócios? Os primeiros capítulos do Módulo I são projetados para responder a essas questões fundamentais.

- O **Capítulo 1**, "Fundamentos dos sistemas de informação nos negócios", apresenta uma visão geral das cinco áreas básicas do conhecimento dos sistemas de informação necessárias aos profissionais de negócios, incluindo componentes conceituais de sistema e principais tipos de sistemas de informação. Apresenta também as tendências e uma visão geral dos desafios gerenciais associados aos sistemas de informação.

- O **Capítulo 2**, "Competindo com a tecnologia da informação", introduz os conceitos fundamentais da vantagem competitiva por meio da tecnologia da informação e ilustra as principais aplicações estratégicas dos sistemas de informação.

Com a leitura completa dessas partes introdutórias você estará preparado para estudar os capítulos sobre tecnologias da informação (Módulo II), aplicações de negócios (Módulo III), processos de desenvolvimento de sistemas (Módulo IV) e desafios gerenciais dos sistemas de informação (Módulo V).

CAPÍTULO 1
Fundamentos dos sistemas de informação nos negócios

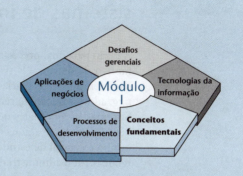

Destaques do capítulo

Seção I
Conceitos fundamentais: sistemas de informação nos negócios
O mundo real dos sistemas de informação
"Caso do mundo real 1": eCourier, Cablecom e Bryan Cave: como agregar valor por meio da inteligência de negócios
Os papéis fundamentais dos SI nos negócios
Tendências em sistemas de informação
O papel do e-Business nos negócios
Tipos de sistemas de informação
Desafios gerenciais da tecnologia da informação

Seção II
Conceitos fundamentais: os componentes dos sistemas de informação
Conceitos de sistema: uma fundação
"Caso do mundo real 2": JetBlue e a administração de veteranos: a importância fundamental dos processo de TI
Componentes de um sistema de informação
Recursos do sistema de informação
Atividades do sistema de informação
Reconhecendo os sistemas de informação
"Caso do mundo real 3": Sew What? Inc. o papel da tecnologia da informação no sucesso de pequenos negócios

Objetivos de aprendizagem

1. Entender o conceito de um sistema e como ele se relaciona com os sistemas de informação.
2. Explicar por que o conhecimento dos sistemas de informação é importante para os profissionais de negócios e identificar cinco áreas do conhecimento dos sistemas de informação de que eles precisam.
3. Fornecer exemplos para ilustrar como as aplicações empresariais dos sistemas de informação podem apoiar os processos de negócios, a tomada de decisão administrativa e as estratégias para vantagem competitiva de uma empresa.
4. Fornecer exemplos de diversos tipos principais de sistemas de informação com base em suas experiências com organizações empresariais no mundo real
5. Identificar os vários desafios que um gerente empresarial poderia enfrentar ao administrar o desenvolvimento próspero e ético, e o uso da tecnologia da informação em um negócio.
6. Fornecer exemplos de componentes de sistemas de informação do mundo real. Mostrar como as pessoas usam *hardware*, *software*, dados e redes em um sistema de informação como recursos para executar entrada, processamento, saída, armazenamento e controle de atividades que transformam recursos de dados em produtos de informação.
7. Habituar-se às várias oportunidades de carreira em sistemas de informação.

Seção I — Conceitos fundamentais: sistemas de informação nos negócios

A razão pela qual precisamos estudar sistemas e tecnologias de informação transformou-se em motivo de debate. Os sistemas de informação tornaram-se parte integrante de nossas atividades empresariais diárias, como contabilidade, finanças, gerenciamento de operações, *marketing*, administração de recursos humanos ou qualquer outra importante função administrativa. Sistemas e tecnologias de informação são componentes essenciais de negócios e organização bem-sucedidos, e alguns diriam que se trata de imperativos de negócios. Assim, constituem um campo essencial de estudo na administração e no gerenciamento de negócios. Já que você pretende ser um administrador, empreendedor ou profissional de negócios, ter um conhecimento básico de sistemas de informação é tão importante quanto conhecer todas as áreas funcionais da administração.

As tecnologias da informação, incluindo sistemas de informação com base na internet, têm hoje papel vital e crescente na administração. A tecnologia da informação é capaz de auxiliar todos os tipos de negócios a aprimorar a produtividade e a eficácia de seus processos administrativos, a tomada de decisão gerencial e a colaboração de grupos de trabalho, reforçando suas posições competitivas em um mercado de mudanças rápidas, independentemente de a tecnologia da informação ser usada para apoiar grupos de desenvolvimento de produto ou processos de atendimento ao cliente, transações de comércio eletrônico (*e-commerce*) ou qualquer outra atividade comercial. Os sistemas e as tecnologias da informação são, portanto, um ingrediente indispensável para o sucesso dos negócios no ambiente global dinâmico de hoje.

O mundo real dos sistemas de informação

Vamos dedicar um instante para inserir o mundo real em nossa discussão sobre a importância dos sistemas de informação (SI) e da tecnologia da informação (TI). Ver Figura 1.1 e leia o "Caso do mundo real 1" sobre o uso da tecnologia da informação para a melhor compreensão e satisfação das necessidades do cliente.

Para entendermos os sistemas de informação e suas funções, primeiro precisamos compreender o conceito de um sistema. Em sua forma mais simples, um sistema é um conjunto de componentes relacionados, com limites bem definidos, trabalhando em conjunto para alcançar uma série de objetivos comuns. A partir dessa definição, torna-se fácil perceber que praticamente tudo em que você pode pensar será um sistema – e que um sistema pode ser feito de outros sistemas ou ser parte de um sistema maior. Ampliaremos esse conceito na próxima seção, mas, por enquanto, essa definição nos dará um bom fundamento para a compreensão do foco deste livro: sistemas de informação.

O que é um sistema de informação?

Começaremos por uma definição simples que será posteriormente expandida no capítulo. Um **sistema de informação** (SI) pode ser qualquer combinação organizada de pessoas, *hardware*, *software*, redes de comunicação, recursos de dados e políticas e procedimentos que armazenam, restauram, transformam e disseminam informações em uma organização. As pessoas contam com modernos sistemas de informação para se comunicar umas com as outras, usando uma variedade de dispositivos físicos (*hardware*), procedimentos e instruções de processamento de informação (*software*), canais de comunicação (redes) e dados armazenados (recursos de dados). Embora o senso comum diga que os sistemas de informação atuais estejam em geral relacionados a computadores, nós os temos utilizado desde os primórdios da civilização, e hoje em dia também fazemos uso regular de sistemas de informação que nada têm a ver com computadores. Pense em alguns dos seguintes sistemas de informação:

- **Os sinais de fumaça para comunicação** provavelmente foram utilizados desde a descoberta humana do fogo. O padrão da fumaça transmitia informações valiosas para outros que estivessem muito distantes.
- **As fichas de uma biblioteca** são feitas para armazenar dados a respeito de livros de maneira organizada, de modo a permitir que um livro específico seja localizado por título, nome do autor, assunto ou várias outras informações.

CASO DO MUNDO REAL 1

eCourier, Cablecom e Bryan Cave: como agregar valor por meio da inteligência de negócios

Os visitantes do *site* da eCourier são recebidos com a seguinte proposta: "O quanto você é feliz? Faça o Teste de Felicidade eCourier hoje!" No divertido *site* púrpura, essa proposta representa o foco da empresa na satisfação do cliente, e a chave para a empresa alcançar a felicidade é por seu foco em inteligência operacional de negócios.

A inteligência de negócios está saindo da torre de marfim de analistas especializados e movendo-se em direção à linha de frente. No caso da eCourier, cujos mensageiros transportam 2 mil pacotes em toda a cidade de Londres a cada dia, a inteligência operacional de negócios permite à empresa manter em tempo real o foco na satisfação do cliente. "Este é um diferencial fundamental no competitivo mercado de malotes para entregas no mesmo dia em Londres, onde os clientes estão muito mais propensos a trocar de fornecedor do que em relatar um problema para sua empresa atual", diz Jay Bregaman, diretor-chefe de tecnologia e cofundador da empresa.

Apenas o serviço virtual de classificados London On-line mostra cerca de 350 anúncios de serviços de entregas.

Antes da implementação da inteligência operacional de negócios, a eCourier tratou de definir a TI como um diferencial decisivo. Bregman e Tom Allason, também cofundandor e CEO da eCourier, abandonaram a ideia de atendentes de telefone e, em vez disso, forneceram a seus mensageiros dispositivos portáteis com GPS, de modo que eles pudessem ser rastreados e os pedidos fossem comunicados por via eletrônica. Eles também investiram em aplicativos de fácil utilização: Os clientes podem rastrear pela internet o local exato onde está seu pacote, eliminando as dúvidas sobre a entrega da encomenda.

Atualmente, 95% das entregas são encomendadas pela internet, o que significa que a eCourier precisa de uma equipe bastante reduzida para monitorar, rastrear e despachar os pedidos, o que, por sua vez, torna a empresa mais expansível. Bregman afirma que isso é significativo em um mercado em que a maioria das empresas se vale de atendimento por telefone e não pode informar com certeza a localização dos mensageiros. A automação dos pedidos e do rastreamento, embora seja uma inovação, não é tudo para a satisfação do cliente. Sem inteligência de negócios de ponta, os gerentes de conta poderiam enfrentar os mesmos problemas de outros serviços de entregas: atrasos, mensageiros mal treinados, ou ainda um aumento inesperado de entregas. "Dependemos apenas de uma entrega antes que alguém possa decidir usar uma outra empresa", afirma Bregaman.

Por isso, a eCourier começou a utilizar o *software* de uma empresa chamada SeeWhy na tentativa de gerar com mais rapidez dados sobre os clientes. "O diferencial da SeeWhy," diz Bregman, "é a capacidade de informar o que está acontecendo com os clientes intantaneamente". Quando um novo pedido entra na base de dados da eCourier, a informação é duplicada e salva em um repositório da SeeWhy. Em seguida, o *software* interpreta os dados por meio de comparações com as informações e tendências anteriores; se alguma anomalia for detectada, o programa entrará em ação. Se um cliente costuma fazer um pedido para a eCourier toda quinta-feira entre 9h30 e 10h e não houver contato naquele horário, a equipe de gestão de relacionamento com o cliente receberá um alerta logo após as 10 horas em que estará incluído o histórico do cliente e a quantidade de pedido que ele costuma fazer por dia. Segundo Bregman, há uma quantidade razoável de ajustes para se conseguir a medida correta. Por exemplo, a empresa teve de ajustar o sistema para reconhecer mudanças esperadas em atividade e assim evitar o envio de uma série de avisos, uma vez que a queda nos negócios após o Natal costuma ocorrer. Obter o equilíbrio perfeito do período de envio de alertas e do melhor meio de otimizar o sistema é um processo contínuo, diz ele.

O *software* da SeeWhy é projetado para estabelecer um padrão "normal" de encomendas do cliente a partir da primeira utilização, o que depende de cada pedido posterior. Queda acentuada dos pedidos, aumento de pedidos ou mudança na atividade de uma conta inativa geram alertas enviados ao gerente de conta do cliente, que usa a oportunidade para resolver o problema ou, no caso de aumento de atividade, atualizar o tipo de serviço para, por exemplo, serviços noturnos ou internacionais. "Esses recursos renderam um grande lucro", afirma Bregman. Ele também acredita que o sistema gera economia para sua empresa, evitando a contratação de pessoal para monitorar "quem está feliz e quem não está". Segundo Bregman, "estamos em condições de fazer muito mais para nossos clientes com muito menos".

Há, contudo, outras abordagens para avaliar a falta de satisfação dos clientes. A Cablecom, uma empresa de telecomunicação da Suíça, utilizava o *software* estatístico da SPSS para obter dados de clientes, principalmente a partir da identificação de problemas – como a duração média de um problema ou quantos pedidos de solução de problemas foram feitos por um cliente ao longo de um período específico – e assim construir um modelo que indicasse o alto risco de um cliente abandonar o serviço. "Mas o modelo comprovou ter apenas 70% de exatidão", informa Federico Cesconi, diretor de retenção do cliente.

Desse modo, Cesconi utilizou o *software* de pesquisa de opinião Dimensions da SPSS para criar uma pesquisa *on-line* do cliente, a partir da qual ele foi capaz de determinar que a insatisfação do cliente começa por volta do nono mês de serviço, com a maior parte das perdas de clientes acontecendo entre os meses 12 e 14. Cesconi, em seguida, criou outra pesquisa que agora é oferecida aos clientes no sétimo mês de serviço e

Fonte: © Digital Vision/Alamy.

FIGURA 1.1 Acesso a informações de qualidade sobre clientes auxiliam as empresas a ter êxito em valorizar as partes interessadas.

Continua ↦

inclui um campo no qual eles podem informar tipos de queixas e problemas específicos. "A Cablecom entrou em contato com os cliente 24 horas após o término da pesquisa", diz Cesconi. "As duas abordagens juntas forneceram o melhor panorama do clientes prontos a abandonar o serviço, bem como o melhor modo de fazer com que ficassem."

Em 2002, o escritório mundial de advocacia Bryan Cave ficou diante da pergunta de um milhão de dólares: "Como obter o máximo lucro com seus recursos e, ao mesmo tempo, fornecer o mais alto valor do cliente?". O problema era urgente. Os clientes da Bryan Care, que atualmente conta com 800 advogados em 15 escritórios no mundo todo, exigiam alternativas à tradicional estrutura de honorários. Eles queriam novos modelos, como um preço fixo e ajuste de valores durante um projeto.

Mas obter lucro a partir dessas novas estratégias de cobrança exigia um delicado equilíbrio entre recursos humanos e preços.

Projetos que demandassem demasiada dedicação de um sócio seriam caros (para o escritório de advocacia) e teriam menor chance de dar lucro e dedicar pouco tempo dos sócios faria com que os clientes se sentissem pouco valorizados. Otimizar o lucro e valor percebido era algo a ser atingido por meio da difusão do tempo dos sócios ao longo de vários casos e da divisão proporcional dos recursos necessários restantes para casos com honorários mais baratos de sócios e técnicos jurídicos. "É mais provável que os clientes permaneçam com você se houver o equilíbrio exato", afirma John Alber, diretor de informática da Bryan Cave.

O método tradicional do escritório de advocacia para análise de honorários recebidos e lucro utilizava uma planilha complicada e que demandava tempo demais para consulta. "As planilhas fornecem detalhes cujo nível pode ser valioso para analistas", diz Alber, "mas as informação que contêm podem ser confusas e de difícil manuseio". Alber diz que decidiu que era melhor construir uma interface fácil de entender utilizando ferramentas de inteligência de negócios; embora a empresa não divulgue números específicos, Alber diz que, desde que a empresa implementou a sua primeira ferramenta de inteligência de negócios em 2004, a rentabilidade e as horas alavancadas – as horas trabalhadas por todos os sócios participantes e todos os demais assalariados da empresa – aumentaram substancialmente.

As ferramentas também permitem que os advogados acompanhem os orçamentos em tempo real, tornando possível fazer ajustes rapidamente. As ferramentas de inteligência de negócios fornecem um quadro de diversidade, que acompanha a combinação de mulheres e grupos minoritários trabalhando nos casos da empresa – um recurso que a empresa irá licenciar à Redwood Analytics para venda a outros escritórios de advocacia. A empresa desenvolveu essa ferramenta de diversidade para dar transparência ao processo de informação de diversidade exigido por muitos clientes. Em outras palavras, as ferramentas deram à Bryan Cave um método de padronizar seus honorários e auxiliar seus clientes por meio de um melhor entendimento do que eles recebiam pelo que pagavam.

Como exemplo, Alber aponta o preço sob medida que um advogado informou a um cliente imobiliário. "Desenvolvedores raciocinam em termos de metros quadrados", diz Alber, "e este cliente não conseguia entender por que os honorários legais relativos a uma construção de 400 mil metros quadrados eram os mesmos de outra com 4 mil metros quadrados, uma vez que demandavam o mesmo tempo de trabalho do advogado". Assim, o advogado utilizou as ferramentas de planejamento de preços e recursos humanos, e as ferramentas de análise de histórico para determinar se fazia sentido para o escritório de advocacia cobrar os clientes de acordo com o tamanho dos projetos.

Ele descobriu que, embora houvesse risco de subavaliação de grandes construções, o volume de negócio em edifícios pequenos compensava o risco para o escritório de advocacia. Esse resultado tornou possível o estabelecimento de preços por metro quadrado.

"Pode ser possível que alguém com força de vontade ou recursos humanos suficientes possa fazer isso por meio de análise tradicionais", diz Alber, "mas o advogado disponibilizou a informação para o cliente no mesmo instante". A inteligência de negócios permite que "fiquemos em contato com os clientes e mudemos as coisas de acordo com as solicitações deles", diz Alber. Adotar novos e melhores métodos de gerenciamento de projetos, avaliação e serviços ao cliente exige planejamento, ritmo apropriado e comprometimento do usuário.

"No ambiente atual, você não pode fazer inovação de valor sem entender o modelo econômico de sua empresa, entender onde ganha e onde não ganha dinheiro – e é isso o que as ferramentas de inteligência de negócios fazem", diz Alber. "Nosso objetivo é construir o melhor relacionamento de longo prazo do mundo."

Fonte: Adaptado de Diann Daniel. "Delivering Customer Happiness Through Operational Business Intelligence". *CIO Magazine*, 6 de dezembro de 2007; Diann Daniel. "How a Global Law Firm Used Business Intelligence to Fix Customer Billing Woes". *CIO Magazine*, 8 de janeiro de 2008; e Mary Weier. "Dear Customer: Please Don't Leave". *InformationWeek*. 18 de junho de 2007.

QUESTÕES DO ESTUDO DE CASO

1. Como as tecnologias da informação contribuem para o sucesso dos negócios da empresa estudada no caso? Dê um exemplo de cada empresa e explique como a tecnologia adotada levou a uma melhora do desempenho.
2. No caso do escritório de advocacia Bryan Cave, o uso de tecnologia de inteligência de negócios para aprimorar a disponibilidade, o acesso e a apresentação de informações existentes permitiu o fornecimento de serviços sob medida e inovadores a seus clientes. Que outros profissionais poderiam se beneficiar de um uso semelhante dessas tecnologias? Como isso aconteceria? Desenvolva duas possibilidades diferentes.
3. A Cablecom desenvolveu um modelo de previsão para identificar com mais precisão os riscos que poderiam mudar para outra empresa em um futuro próximo. Além das ações vistas no caso, que outras poderiam ser realizadas se a informação estivesse disponível? Dê alguns exemplos dessas ações. Você pensaria em deixar que alguns clientes abandonassem a empresa? Por quê?

ATIVIDADES DO MUNDO REAL

1. Use a internet para pesquisar as mais recentes ofertas de tecnologias de inteligência de negócios e seus uso pelas empresas. Que diferenças você encontrou em relação às tecnologias vistas no caso? Elabore um relatório para resumir o que encontrou e mostrar usos novos e inovadores dessas tecnologias.
2. Por que algumas companhias de determinada indústria, como a eCourier, adotam e implementam tecnologias inovadoras, ao passo que outras do mesmo tipo de negócio não o fazem? Forme pequenos grupos com seus colegas para discutir quais características das empresas podem influenciar a decisão de inovar com o uso de tecnologias da informação.

FIGURA 1.2 Uma estrutura que mostra as principais áreas de conhecimento dos sistemas de informação necessário por profissionais de negócios.

- **Sua mochila, a agenda, os cadernos e as pastas fazem parte** de um sistema de informação projetado para auxiliá-lo na organização de informações fornecidas para você por meio de folhetos, conferências, apresentações e discussões. Esses materiais também ajudam você a transformar essas informações em resultados úteis: a lição de casa e boas notas em provas.
- **A caixa registradora de sua lanchonete favorita** é parte de um grande sistema de informação que registra os produtos vendidos, o horário de uma venda, os níveis de estoque, o montante do dinheiro na gaveta do caixa e contribui para a análise de vendas do produto em qualquer combinação de locais de qualquer parte do mundo.
- **Um livro de contabilidade em papel,** usado antes do advento dos sistemas de contabilidade baseados em computador, é um modelo de sistema de informação. As empresas utilizaram esse tipo de sistema durante séculos para registrar as transações diárias, bem como os saldos de seus negócios e as contas de clientes.

A Figura 1.2 mostra uma estrutura conceitual útil que organiza as informações apresentadas neste texto e ressalta as áreas do conhecimento que você tem de conhecer sobre sistemas de informação A figura ressalta as cinco áreas do conhecimento de SI apresentadas a seguir, nas quais você deve concentrar os seus esforços:

- **Conceitos fundamentais.** Conceitos comportamentais, técnicos, de negócios e administrativos fundamentais sobre os componentes e papéis dos sistemas de informação. Os exemplos incluem conceitos básicos de sistemas de informação derivados da teoria geral de sistemas ou conceitos de estratégia competitiva usados para desenvolver aplicações de negócios da tecnologia da informação para vantagem competitiva Os Capítulos 1 e 2 e outros capítulos do livro também abordam essa área do conhecimento dos SI.
- **Tecnologias da informação.** Conceitos principais, desenvolvimentos e aspectos de gerenciamento de tecnologia da informação – isto é, *hardware*, *software*, redes, gerência de dados e várias tecnologias baseadas na internet. Os Capítulos 3 e 4 fornecem um resumo das tecnologias de *hardware* e *software* de computadores, e os Capítulos 5 e 6 tratam do gerenciamento dos principais recursos de dados e de tecnologias de rede de telecomunicações para negócios.
- **Aplicações de negócios.** Os principais usos de sistemas de informação para operações, gerenciamento e vantagem competitiva de um negócio. O Capítulo 7 discute as aplicações da tecnologia da informação nas áreas funcionais da empresa, como *marketing*, produção e contabilidade O Capítulo 8 enfoca as aplicações do *e-commerce* que a maioria das empresas está usando para comprar e vender produtos na internet, e o Capítulo 9 examina a utilização de sistemas e tecnologias da informação para apoiar a tomada de decisão na empresa.
- **Processos de desenvolvimento.** Como profissionais de negócios e especialistas de informação planejam, desenvolvem e implementam sistemas de informação para encontrar oportunidades de negócios. Várias metodologias de desenvolvimento são explora-

FIGURA 1.3 Os três papéis fundamentais das aplicações de negócios dos sistemas de informação. Sistemas de informação dão suporte aos processos, às operações, às tomadas de decisão e às estratégias para vantagem competitiva dos negócios de uma organização.

das no Capítulo 10, inclusive o ciclo de vida do desenvolvimento de sistemas e a criação de protótipos para o desenvolvimento de aplicação empresarial.

- **Desafios gerenciais.** Os desafios do gerenciamento eficaz e ético da tecnologia da informação nos âmbitos de usuário final, na empresa e nos níveis globais de um negócio. Assim, o Capítulo 11 concentra-se em desafios de segurança e questões de gerenciamento de segurança no uso da tecnologia da informação, ao passo que o Capítulo 12 cobre alguns métodos-chave que os gerentes de negócio podem utilizar para administrar as funções do sistema de informação em uma companhia com operações de negócios globais.

Os papéis fundamentais dos SI nos negócios

Embora na prática haja inúmeras aplicações de *software*, há três razões fundamentais comuns a todas as aplicações empresarias da tecnologia da informação, as quais são encontradas nos três papéis vitais que os sistemas de informação podem exercer em uma empresa:

- Suporte de processos e operações de negócios.
- Suporte da tomada de decisão pelos seus empregados e gerentes.
- Suporte das suas estratégias para vantagem competitiva.

A Figura 1.3 ilustra como os papéis fundamentais interagem em uma organização normal. A qualquer momento, os sistemas de informação planejados para apoiar processos e operações de negócios também podem fornecer dados para sistemas com foco na tomada de decisão de negócios ou no alcance da vantagem competitiva ou receber dados desses processos. O mesmo ocorre com os outros dois papéis fundamentais dos SI. As empresas atuais se esforçam constantemente para realizar a integração dos seus sistemas a fim de permitir o livre fluxo de informação, acrescentando flexibilidade e suporte de negócios ainda maiores do que aqueles que quaisquer outros papéis de sistemas individuais pudessem prover.

Vamos dar uma olhada em uma típica loja de varejo que é um bom exemplo de como esses **papéis do SI em negócios** podem ser implementados.

Os papéis fundamentais dos SI nos negócios

Suporte de processos e operações de negócios. Como consumidor, você regularmente encontra sistemas de informação que dão suporte aos processos e às operações de negócios em muitas lojas de varejo onde você faz compras. Por exemplo, a maior parte de lojas de varejo, atualmente, usa sistemas de informação baseados em computador para ajudar seus funcionários a registrar compras dos clientes, manter o estoque atualizado, pagar aos funcionários, comprar mercadorias novas e avaliar tendências comerciais. As operações dessas lojas estagnariam sem o suporte desses sistemas de informação.

Suporte à tomada de decisões. Os sistemas de informação também ajudam os gerentes e outros profissionais de negócios a tomar melhores decisões. Por exemplo, as decisões sobre quais linhas de mercadorias têm de ser acrescentadas ou descontinuadas, ou qual o tipo de investimento de que necessitam, são geralmente tomadas depois de uma análise fornecida por sistemas de informação baseados em computador. Isso não só dá suporte à tomada de decisão de gerentes, compradores e outros, mas também os ajuda a procurar modos de obter vantagens sobre outros varejistas na conquista de clientes.

Suporte a estratégias que buscam vantagem competitiva. Conseguir uma vantagem estratégica sobre concorrentes exige a aplicação inovadora de tecnologias da informação. Por exemplo, a gerência de uma loja poderia tomar uma decisão de instalar terminais de autoatendimento em todas as suas lojas, com conexões ao seu *site* de *e-commerce* para compras *on-line*. Isso poderia atrair novos clientes e resultar em fidelidade do cliente por causa da facilidade fornecida por esses sistemas de informação para pesquisar e comprar mercadorias. Assim, os sistemas de informação estratégicos podem ajudar a fornecer produtos e serviços que dão a um negócio uma vantagem competitiva sobre seus concorrentes.

Welch's: equilibrando carga de caminhões com inteligência de negócios

Dadas as flutuações nos preços de combustível, não é nenhuma surpresa que as empresas queiram encontrar formas de reduzir custos de transporte. Uma empresa em busca de sucesso nesse empreendimento é a Welch's, conhecido fornecedor de alimentos e produtos de consumo embalados. A empresa está aproveitando o poder da inteligência de negócios para adquirir uma melhor percepção das suas operações de cadeia de suprimentos, o que pode ajudar a manter os custos de transporte em patamares aceitáveis. A Welch's, a fabricante de US$ 654 milhões conhecida por suas geleias, suas compotas e seus sucos instalou recentemente um aplicativo de inteligência de negócios sob demanda da Oco.

Uma maneira de a Welch's alavancar seu aplicativo de inteligência de negócios da Oco é garantir que suas entregas de mercadoria feitas pelas transportadoras operem na capacidade máxima.

A ideia é que os clientes já pagam pelo carregamento completo, mesmo que a carga seja de apenas metade ou tês quartos da capacidade. No entanto, com o sistema de inteligência de negócios, a Welch's pode saber se o envio para um comprador está abaixo da plena capacidade e ajudá-lo a descobrir o que mais pode ser enviado naquela remessa, poupando custos de um envio futuro.

"A Welch's pode dizer ao cliente: 'Você está pedindo esta quantidade. Por que não completar a carga com outros produtos de que você precisa? Vai ficar bem mais barato para você'", afirma Bill Copaciono, presidente e CEO da Oco. "Se você conseguir colocar 2 toneladas a mais em um carregamento de 18 toneladas, é como conseguir um desconto de 10% nos custos de transporte", acrescenta.

"Estamos basicamente capturando cada elemento – desde pedidos de cliente recebidos a conhecimentos de embarque de cada remessa feita, bem como todos os elementos de dados em cada nota de frete que pagamos", diz Bill Coyne, diretor de compras e logística da Welch's. "Colocamos tudo em um armazém de dados [mantido pela Oco] e podemos misturar e combinar e destrinchar os dados da maneira que quisermos." Cone afirma que a Welch's tenta enviar seus produtos cinco dias por semana a partir de seu centro de distribuição. "Mas ficamos completamente sobrecarregados nas sextas-feiras", diz ele. "Poderíamos reclamar: 'como há tantos pedidos na sexta-feira!'"

Agora, o novo sistema ajuda a Welch's a melhor distribuir suas entregas diárias, já que usa aproximadamente o mesmo número de caminhões, sem a necessidade de contratação de sete caminhões na segunda-feira, cinco na terça, oito na quarta, e assim por diante.

Como utiliza um número estável de caminhões diariamente, a empresa economiza combustível, "já que a capacidade não oscila", diz Copacino.

"Estamos ganhando maior visibilidade em oportunidades de redução de custos, o que é especialmente importante à luz do aumento dos custos de combustível e transporte", afirma Coyne. A Welch gasta mais de US$ 50 milhões por ano em despesas de transporte, e os recursos de relatório e aplicação de inteligência de negócios da Oco tornaram-se decisivos em curto período de tempo. "Literalmente não podemos mais viver sem saber dessas coisas", diz Coyne.

Fonte: Adaptado de Ted Samson. "Welch's Leverages BI to Reduce Transport Costs". *InfoWorld*, 16 de outubro de 2008; e Thomas Wailgum. "Business Intelligence and On-Demand: The Perfect Marriage?". *CIO Magazine*, 27 de março de 2008.

Tendências em sistemas de informação

As aplicações empresariais de sistemas de informação expandiram-se significativamente ao longo dos anos. A Figura 1.4 mostra um resumo dessas modificações.

Até os anos 1960, o papel da maior parte dos sistemas de informação era simples: processamento de transações, registro de dados, contabilidade e outras aplicações de processamento eletrônico de dados (*electronic data processin* – EDP). Posteriormente outro papel foi acrescentado: o processamento de todos esses dados em relatórios informativos aproveitáveis. Assim se concebeu o conceito de sistemas de informações gerenciais (*management information system* – MIS). Esse novo papel concentrou-se em desenvolver aplicações empresariais que forneciam aos usuários administrativos finais relatórios de gestão predefinidos, os quais continham a informação necessária para que os gerentes pudessem tomar decisões importantes.

Nos anos 1970, ficou evidente que os produtos da informação pré-especificada produzidos por esses sistemas de informação gerencial não atendiam apropriadamente a muitas das necessidades de tomada de decisão da gerência; consequentemente, o conceito de sistemas de apoio à decisão (*decision support system* – DSS) foi criado. O novo papel dos sistemas de informação era fornecer aos usuários administrativos finais o suporte *ad hoc* e interativo dos seus processos de tomada de decisão. Esse suporte seria adaptado às decisões exclusivas e aos estilos de tomada de decisão de gerentes à medida que eles confrontassem problemas específicos do mundo real.

Nos anos 1980, surgiram vários novos papéis para os sistemas de informação. Primeiramente, o rápido desenvolvimento da capacidade de processamento dos microcomputadores, de pacotes de *software* de aplicação e das redes de telecomunicações deram início ao fenômeno da computação de usuário final. Os usuários finais podiam usar, a partir desse momento, os seus próprios recursos de computação para dar suporte às exigências do seu trabalho, em vez de esperar pelo suporte indireto dos departamentos corporativos de serviços de informação.

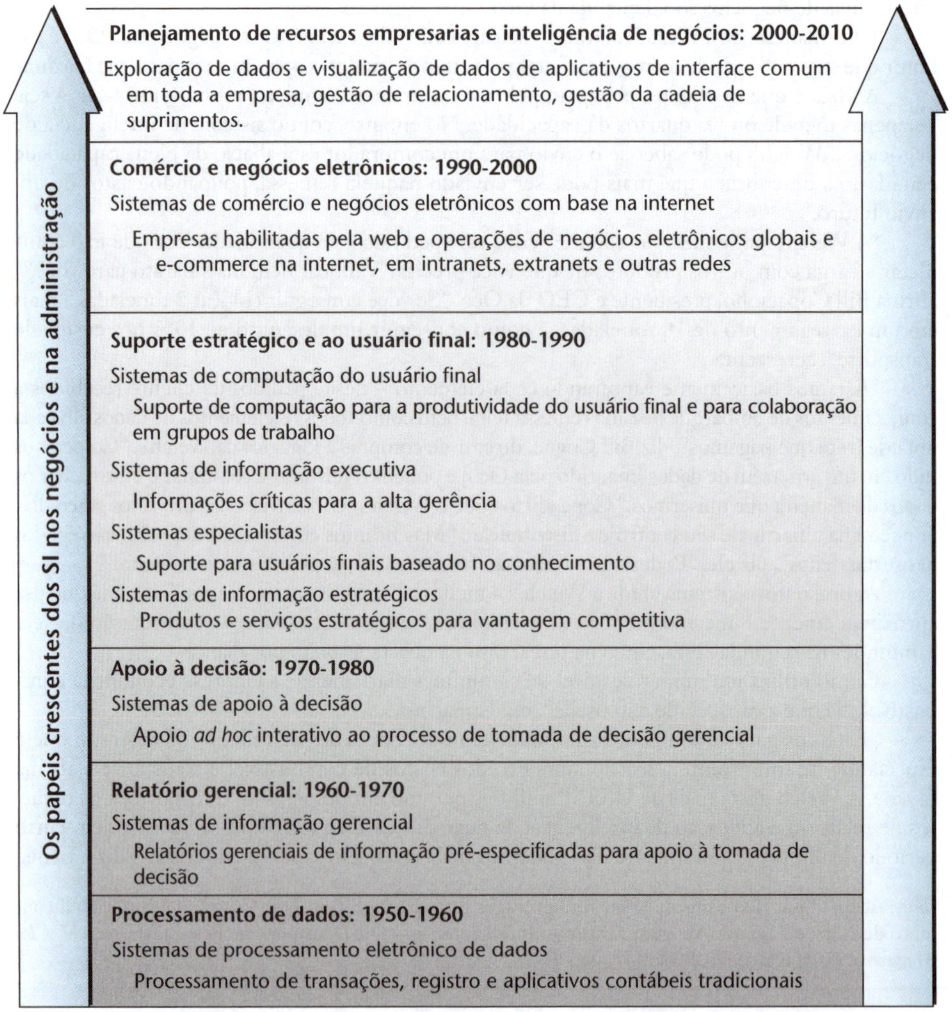

FIGURA 1.4 Os papéis abrangentes das aplicações empresariais dos sistemas de informação. Observe como os papéis dos sistemas de informação com base em computador expandiram-se ao longo do tempo. Note também o impacto dessas mudanças sobre os usuários finais e administradores de uma organização.

Os papéis crescentes dos SI nos negócios e na administração:

Planejamento de recursos empresarias e inteligência de negócios: 2000-2010
Exploração de dados e visualização de dados de aplicativos de interface comum em toda a empresa, gestão de relacionamento, gestão da cadeia de suprimentos.

Comércio e negócios eletrônicos: 1990-2000
Sistemas de comércio e negócios eletrônicos com base na internet
Empresas habilitadas pela web e operações de negócios eletrônicos globais e e-commerce na internet, em intranets, extranets e outras redes

Suporte estratégico e ao usuário final: 1980-1990
Sistemas de computação do usuário final
Suporte de computação para a produtividade do usuário final e para colaboração em grupos de trabalho
Sistemas de informação executiva
Informações críticas para a alta gerência
Sistemas especialistas
Suporte para usuários finais baseado no conhecimento
Sistemas de informação estratégicos
Produtos e serviços estratégicos para vantagem competitiva

Apoio à decisão: 1970-1980
Sistemas de apoio à decisão
Apoio *ad hoc* interativo ao processo de tomada de decisão gerencial

Relatório gerencial: 1960-1970
Sistemas de informação gerencial
Relatórios gerenciais de informação pré-especificadas para apoio à tomada de decisão

Processamento de dados: 1950-1960
Sistemas de processamento eletrônico de dados
Processamento de transações, registro e aplicativos contábeis tradicionais

Depois, ficou evidente que a maioria dos altos executivos corporativos não usava diretamente os relatórios de sistemas de informação gerencial ou as capacidades de modelagem analíticas dos sistemas de suporte de decisão; por isso, o conceito de sistemas de informação executiva (*executive information systems* – EIS) foi desenvolvido. Esses sistemas de informação foram criados para dar aos altos executivos um modo fácil de obter a informação crítica de que precisavam, quando necessário, de acordo com suas preferências.

Finalmente, ocorreram avanços no desenvolvimento e na aplicação das técnicas da inteligência artificial (*artificial intelligence* – AI) nos sistemas de informação empresariais. Os sistemas atuais incluem agentes de *software* inteligentes que podem ser programados e implementados dentro de um sistema para atuar em nome do seu proprietário, funções de sistema que podem adaptar-se de acordo com as necessidades imediatas do usuário, aplicativos de realidade virtual, robótica avançada, processamento de linguagem natural e uma variedade de aplicações nas quais a inteligência artificial pode substituir a necessidade da intervenção humana e permitir que funcionários mais experientes dediquem-se a tarefas mais complexas. Os sistemas especialistas (*expert systems* – ES) e outros sistemas baseados no conhecimento também forjaram um novo papel para os sistemas de informação. Atualmente, os sistemas especialistas podem servir de consultores a usuários, fornecendo recomendações especializadas para áreas determinadas.

Um novo papel importante para os sistemas de informação surgiu na década de 1980 e prolongou-se pelos anos 1990: o conceito do papel estratégico para os sistemas de informação, às vezes chamado sistemas de informação estratégicos (*strategic information systems* – SIS). De acordo com esse conceito, a tecnologia da informação se torna um componente de processos, produtos e serviços de negócios que ajudam a companhia a obter uma vantagem competitiva no mercado global.

Na segunda metade da década de 1990, surgiu o revolucionário do sistema integrado de gestão (*enterprise resource planning* – ERP). Esse formato específico de organização de um sistema de informação estratégico integra todas as facetas de uma empresa, como planejamento, produção, vendas, administração de recursos, relacionamento com os clientes, controle de estoque, rastreamento de pedidos, administração financeira, recursos humanos e *marketing* – praticamente todas as funções empresariais. As vantagens principais dos ERP são sua interface comum para todas as funções organizacionais baseadas no computador, integração e compartilhamento ajustado de dados, elementos necessários para a tomada de decisão estratégica de forma flexível. Exploraremos com mais detalhes o ERP e suas funções associadas no Capítulo 7.

Também estamos entrando na era em que um papel fundamental para os SI é a Inteligência de negócios (*business intelligence* – BI), que se refere a todos os aplicativos e tecnologias da organização que têm seu foco na reunião e análise de dados e informações que podem ser utilizados na condução das decisões estratégicas de negócios. Por meio do uso das tecnologias e dos processos de BI, as organizações podem compreender elementos e fatores fundamentais – internos e externos – que afetam seus negócios e sua competitividade no mercado. O BI baseia-se em parâmetros e análises sofisticados para "enxergar dentro dos dados" e encontrar relacionamentos e oportunidades que podem ser transformados em benefícios. Examinaremos o BI atentamente no Capítulo 9.

Por último, o crescimento rápido, na década de 1990, da internet, das intranets, extranets e de outras redes globais interligadas alterou de maneira drástica as capacidades dos sistemas de informação dos negócios no início do século XXI. Além disso, ocorreu uma mudança fundamental no papel dos sistemas de informação. Empresas baseadas na internet e habilitadas na web e sistemas de comércio e negócios eletrônicos globais estão se tornando comuns nas operações e no gerenciamento das empresas de hoje. Os sistemas de informação estão atualmente colocados de maneira sólida como recursos estratégicos das modernas organizações.

O exame atento da Figura 1.4 sugere que, enquanto expandimos as nossas capacidades de utilização de sistemas de informação para dirigir os negócios, os sistemas de informação de hoje ainda fazem as mesmas coisas básicas de 50 anos atrás. Ainda temos de processar transações, manter registros, fornecer relatórios úteis e informativos à gerência e dar suporte aos sistemas da contabilidade básica e aos processos da organização. O que mudou, contudo, é que agora usufruímos de um nível muito mais alto de integração das funções de sistema nas aplicações, de maior conectividade entre componentes de sistema – semelhantes ou diversos – e da capacidade de realocar tarefas computacionais críticas, como armazenamento, processamento e apresentação de dados para tirar a máxima vantagem das oportunidades estratégicas e de negócios. Por

FIGURA 1.5 Os negócios hoje dependem da internet, de intranets e de extranets para implementar e administrar aplicações de negócio eletrônico inovadoras.

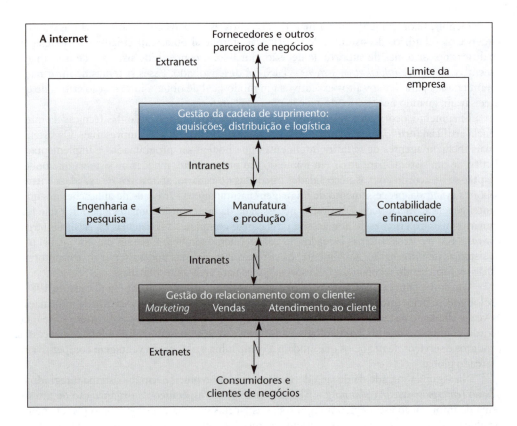

conta dessas capacidades aumentadas, os sistemas do futuro terão seu foco no aumento da velocidade e do alcance dos nossos sistemas para fornecer até mesmo uma integração mais ajustada, combinada com maior flexibilidade.

O papel do e-Business nos negócios

A internet e as tecnologias e aplicações relacionadas mudaram a maneira como os negócios são operados e como as pessoas trabalham, além do modo como os sistemas de informação apoiam os processos de negócios, a tomada de decisão e a vantagem competitiva Assim, muitos negócios atuais estão usando as tecnologias da internet para habilitar seus processos com a web e para criar **aplicações de negócio eletrônico** inovadoras (ver Figura 1.5).

Neste livro, definimos **negócio eletrônico** como o uso das tecnologias da internet para trabalhar e fortalecer os processos de negócio, o *e-commerce* e a colaboração empresarial tanto interna de uma companhia, quanto com seus clientes, fornecedores e outros participantes nos negócios. Essencialmente, o negócio eletrônico pode ser considerado preferencialmente *uma troca de valores em tempo real*. Qualquer intercâmbio de informações, transação de dinheiro, recursos, serviços em tempo real – ou qualquer combinação desse elementos – é compreendido pelo conceito de negócio eletrônico. A internet e redes semelhantes – dentro da empresa **(intranet)** e entre uma empresa e seus parceiros de negócio **(extranet)** – tornaram-se a infraestrutura da tecnologia da informação que suporta as aplicações de negócio eletrônico de muitas companhias, as quais confiam nessas aplicações para: (1) reformular os processos de negócios internos; (2) implementar os sistemas de *e-commerce* com seus clientes e fornecedores; e (3) promover a cooperação entre grupos de negócios e de trabalho.

Os **sistemas de colaboração empresarial** implicam o uso de ferramentas de *software* para dar suporte à comunicação, coordenação e colaboração entre os membros de equipes interligadas e grupos de trabalho. Uma empresa pode usar intranets, a internet, extranets e outras redes para implementar esses sistemas. Funcionários e consultores externos podem, por exemplo, formar uma equipe virtual que utilize a intranet corporativa e a internet para correio eletrônico, videoconferência, grupos de discussão eletrônica e páginas web contendo informação do trabalho em desenvolvimento para colaborar com os projetos da empresa.

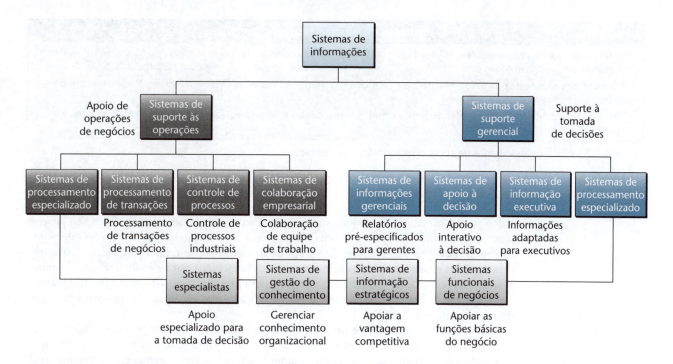

FIGURA 1.6 Classificações gerenciais e operacionais dos sistemas de informação. Observe como esse resumo conceitual acentua os propósitos principais dos sistemas de informação que dão suporte às operações de negócios e à tomada de decisão gerencial.

O *e-commerce* é constituído de compra, venda, *marketing* e atendimento de produtos, serviços e informações por meio de várias redes de computador. Muitos empreendimentos atualmente usam internet, intranets, extranets e outras redes para dar suporte a cada etapa do processo comercial. Isso inclui tudo – de propaganda, vendas e suporte ao cliente pela rede mundial de computadores (World Wide Web) à segurança da internet e aos mecanismos de pagamento que asseguram a realização da entrega e os processos de pagamento. Sistemas de *e-commerce*, por exemplo, incluem *sites* para vendas *on-line*, acesso por extranets aos bancos de dados de estoques por grandes clientes e o uso de intranets corporativas por representantes comerciais para acessar registros de cliente para a gestão de relacionamento com o cliente.

Conceitualmente, as aplicações de sistemas de informação que são implementados no mundo de negócios de hoje podem ser classificadas de vários modos diferentes. Por exemplo: vários **tipos de sistemas de informação** são classificados como sistemas operacionais ou de informação gerencial. A Figura 1.6 ilustra o conceito dessa classificação de aplicações dos sistemas de informação, que são categorizados dessa forma para destacar os papéis principais que cada um exerce nas operações e na gerência de um negócio. Vejamos rapidamente alguns exemplos dessas categorias.

Os sistemas de informação sempre foram necessários para processar dados gerados e usados nas operações de negócios. Esses **sistemas de suporte às operações** produzem uma variedade de resultados de informação para uso interno e externo. Entretanto, sua ênfase não recai nos produtos de informação que possam ser mais bem usados pelos gerentes. Geralmente é necessário o processamento adicional pelos sistemas de informação gerencial. O papel dos sistemas de apoio operacional de uma empresa é processar eficientemente as transações de negócios, controlar os processos industriais, apoiar as comunicações e a colaboração, e atualizar bancos de dados corporativos (ver Figura 1.7).

Os **sistemas de processamento de transação** são um exemplo importante de sistemas de suporte de operações que registram e processam os dados que resultam de transações de

Tipos de sistemas de informação

Sistemas de suporte a operações

> **Sistemas de suporte às operações**
>
> - **Sistemas de processamento de transações.** Processam os dados resultantes das transações de negócios, atualizam bancos de dados operacionais e produzem documentos de negócios. Exemplos: sistemas de processamento de vendas e estoque e de contabilidade.
> - **Sistemas de controle de processos.** Monitoram e controlam o processo industrial. Exemplos: refino de petróleo, geração de energia e sistemas de produção de aço.
> - **Sistemas de colaboração empresarial.** Suporte à comunicação e colaboração para equipe, grupos de trabalho e empresa. Exemplos: sistemas de *e-mail*, *chat* e videoconferência.

FIGURA 1.7 Resumo dos sistemas de apoio operacional com exemplos.

negócios. Esses sistemas processam transações de dois modos básicos. No *processamento de lote* (*batch processing*), os dados das transações são acumulados durante um período e processados periodicamente. No processamento em tempo real (ou *on-line*), os dados são processados imediatamente depois que uma transação ocorre. Por exemplo: os sistemas de ponto de venda (PDV) de muitas lojas de varejo usam terminais de registro de caixa eletrônicos para capturar e transmitir eletronicamente dados comerciais por meio de *links* de telecomunicação com centros de computação regionais para processamento imediato (tempo real) ou à noite (lote). A Figura 1.8 é um exemplo de *software* que automatiza o processamento de transação contábil.

Os **sistemas de controle de processo** monitoram e controlam processos físicos. Uma refinaria de petróleo, por exemplo, utiliza sensores eletrônicos ligados a computadores para monitorar constantemente os processos químicos e fazer ajustes instantâneos (em tempo real) que controlam o processo da refinaria. Os **sistemas de colaboração empresarial** aprimoram as comunicações e a produtividade da equipe e de grupos de trabalho e incluem aplicações que são por vezes chamadas *sistemas de automação de escritório*. Por exemplo: trabalhadores do conhecimento em uma equipe de projeto podem usar o correio eletrônico para enviar e receber mensagens eletrônicas e usar videoconferência para manter reuniões eletrônicas para coordenar as suas atividades.

Sistemas de apoio gerencial

As aplicações do sistema de informação, quando se concentram em fornecer informações e dar suporte para a tomada de decisão eficaz por parte da gerência, são denominadas **sistemas de apoio gerencial**. O fornecimento de informações e suporte para a tomada de decisão por todos os tipos de gerentes e profissionais de negócios é uma tarefa complexa. Conceitualmente, são muitos os principais tipos de sistemas de informação que dão suporte a diversas responsabilidades de tomada de decisão: (1) sistemas de informação gerencial (2) de suporte de decisão e (3) de informações executivas (ver Figura 1.9).

Os **sistemas de informação gerencial** (MIS) fornecem informação na forma de relatórios e exibições em tela para gerentes e muitos profissionais de negócios. Os gerentes de vendas, por

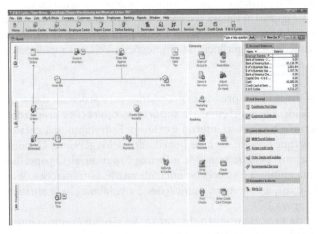

FIGURA 1.8 QuickBooks é um pacote de contabilidade popular que automatiza o processamento de transações contábeis de um pequeno negócio, fornecendo aos proprietários relatórios gerenciais dos negócios.

Fonte: Cortesia da QuickBooks.

Sistemas de suporte gerencial

- **Sistemas de informação gerencial.** Fornecem a informação na forma de relatórios e telas pré-especificados para dar suporte à tomada de decisão de negócios. Exemplos: sistemas de relatórios de análise de vendas, desempenho da produção e tendência de custo.
- **Sistemas de suporte de decisão.** Dão suporte *ad hoc* interativo aos processos de tomada de decisão de gerentes e outros profissionais de negócios. Exemplos: sistemas de cálculo de preço de produto, previsão de rentabilidade e análise de riscos.
- **Sistemas de informação executiva.** Fornecem informação fundamental de MIS, DSS e outras fontes adaptadas às necessidades de informação dos executivos. Exemplos: sistemas de fácil acesso às análises do desempenho dos negócios, às ações dos concorrentes e aos desenvolvimentos econômicos para dar suporte ao planejamento estratégico.

FIGURA 1.9 Resumo dos sistemas de apoio gerencial com exemplos.

exemplo, podem usar os seus computadores em rede e navegadores web para obter informações instantâneas sobre os resultados comerciais dos seus produtos e acessar a sua intranet corporativa para consultar relatórios de análises de vendas diárias que avaliam as vendas feitas por cada vendedor. Os **sistemas de suporte de decisão** (*decision support systems* – DSS) dão suporte direto do computador aos gerentes durante o processo de tomada de decisão: um gerente de publicidade pode usar um DSS para realizar uma análise do tipo "e se" como parte de uma decisão para determinar onde investir o orçamento da publicidade; já um gerente de produção pode usar um DSS para decidir a quantidade de produtos a fabricar de acordo com a expectativa de vendas associadas a uma futura promoção e na localização e disponibilidade das matérias-primas necessárias para a fabricação do produto. Os **sistemas de informação executiva** (*executive information systems* – EIS) fornecem aos executivos e gerentes informações fundamentais a partir de uma ampla variedade de fontes internas e externas em exibições em tela de fácil utilização. Por exemplo: os altos executivos podem usar terminais com tela sensível ao toque para examinar instantaneamente textos e gráficos destacando áreas-chave do desempenho organizacional e competitivo. A Figura 1.10, é um exemplo de exibição de relatório de um MIS.

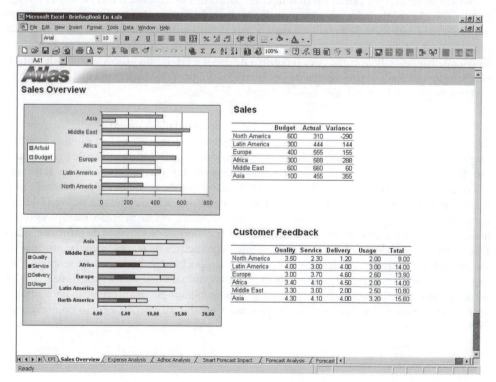

FIGURA 1.10 Os sistemas de informação gerencial fornecem informação aos profissionais de negócios em uma variedade de formatos amigáveis.

Fonte: Cortesia da Infor.

> **Outras categorias de sistemas de informação**
>
> - **Sistemas especialistas.** Baseiam-se no conhecimento que fornecem assessoria abalizada e agem como consultores técnicos a usuários. Exemplos: conselheiro de aplicação de crédito, monitor de processo e sistemas de diagnósticos em manutenção.
> - **Sistemas de gestão de conhecimento.** Baseiam-se em conhecimento e dão suporte à criação, organização e disseminação do conhecimento dos negócios dentro da empresa. Exemplos: acesso via intranet às melhores práticas de negócios, estratégias de propostas comerciais e sistemas de resolução de problemas de clientes.
> - **Sistemas de informação estratégica.** Dão suporte a operações ou processos de gerência que fornecem a uma empresa produtos e serviços estratégicos e condições para a vantagem competitiva. Exemplos: pregão eletrônico, rastreamento de embarque e sistemas de *e-commerce* na web.
> - **Sistemas funcionais do negócio.** Dão suporte a várias aplicações operacionais e gerenciais das funções básicas do negócio de uma companhia. Exemplos: os sistemas de informação que dão suporte a aplicações contábeis, financeiras, de *marketing*, de gerenciamento de operações e de gerenciamento de recursos humanos.

FIGURA 1.11 Resumo de outras categorias de sistemas de informação com exemplos.

Outras classificações dos sistemas de informação

Várias outras categorias de sistemas de informação podem dar suporte às aplicações operacionais ou gerenciais. **Os sistemas especialistas**, por exemplo, podem fornecer recomendações adequadas a pequenas tarefas operacionais, como diagnóstico de equipamento, ou a decisões administrativas, como gerenciamento da carteira de empréstimos. Os **sistemas de gestão de conhecimento** baseiam-se no conhecimento e apoiam a criação, organização e disseminação do conhecimento de negócios para empregados e gerentes em toda a empresa. Os sistemas de informação que se concentram em aplicações operacionais e administrativas em apoio a funções básicas de negócios – como contabilidade ou *marketing* – são conhecidos como **sistemas funcionais de negócios**. Finalmente, os **sistemas de informação estratégica** aplicam a tecnologia da informação a produtos, serviços ou processos de negócios de uma empresa para ajudá-la a obter vantagem estratégica sobre seus concorrentes (ver Figura 1.11).

É igualmente importante perceber que as aplicações de negócios dos sistemas de informação no mundo real geralmente são combinações integradas dos vários tipos desses sistemas que acabamos de mencionar. É por isso que as classificações conceituais dos sistemas de informação são projetadas para enfatizar os diferentes papéis dos sistemas de informação. Na prática, esses papéis são combinados em **sistemas de informação integrados ou interfuncionais** que fornecem uma variedade de funções. Assim, a maioria dos sistemas de informação é projetada para produzir a informação e dar suporte à tomada de decisão em vários níveis de gerência e funções de negócios, bem como para o registro de dados e tarefas do processamento de transação. Sempre que analisar um sistema de informação, você provavelmente verá que ele fornece a informação para vários níveis gerenciais e funções de negócios.

Desafios gerenciais da tecnologia da informação

A Figura 1.12 ilustra o alcance dos desafios e das oportunidades enfrentados pelos gerentes de negócios e profissionais para gerenciar efetivamente os sistemas e as tecnologias da informação. O sucesso no dinâmico ambiente de negócios de hoje depende muito de maximizar o uso de tecnologias baseadas na internet e em sistemas de informação via web para satisfazer as necessidades de clientes, fornecedores e outros parceiros de negócios de um mercado global. A Figura 1.12 também ressalta que os sistemas de informação e as suas tecnologias devem ser dirigidos para dar suporte a estratégias do negócio, processos de negócio, estruturas organizacionais e cultura de uma empresa de negócios. Isso porque os sistemas da informação baseados em computador, embora tremendamente dependentes de tecnologias da informação, são projetados, operados e utilizados por pessoas em aspectos organizacionais e ambientes de negócios bastante variados. O objetivo de muitas companhias atualmente é maximizar o valor do seu cliente e do negócio por meio da utilização de tecnologia da informação para auxiliar seus funcionários na implementação de processos colaborativos de negócio com clientes, fornecedores e outros.

Negócio/Desafios de TI
- Requisitos de velocidade e flexibilidade dos ciclos de desenvolvimento de produtos, produção e entrega.
- Reengenharia e integração interfuncional de processos de negócios que usam as tecnologias de internet.
- Integração de negócio eletrônico e *e-commerce* nas estratégias, nos processos, na estrutura e na cultura de uma organização.

Negócio/Desenvolvimentos de TI
- Uso de internet, intranets, extranets e da web como infra-estrutura básica da TI.
- Difusão de tecnologia da web a funcionários, clientes e fornecedores remotos.
- Computação global em rede, colaboração e sistemas de apoio à decisão.

Negócio/Objetivos de TI
- Dar aos clientes o que eles querem, quando e como querem, pelo menor custo.
- Coordenação da produção e dos processos do negócio com fornecedores e clientes.
- Parcerias em canais de *marketing* com fornecedores e distribuidores.

FIGURA 1.12 Exemplos de desafios e oportunidades que gerentes de negócios enfrentam no gerenciamento dos sistemas e tecnologias da informação para alcançar os objetivos do negócio.

Neste ponto, você deve ser capaz de perceber que o êxito de um sistema de informação não deveria ser medido apenas por sua *eficiência* em termos de minimização de custos, tempo e uso de recursos da informação, mas também pela eficácia da tecnologia da informação em dar suporte a estratégias de negócio de uma organização, tornando possíveis os seus processos, aprimorando suas estruturas e sua cultura organizacionais, e aumentando o valor do cliente e do negócio da empresa.

Contudo, é importante notar que a tecnologia da informação e os sistemas de informação podem ser mal administrados e mal empregados, de tal modo que os problemas de desempenho dos SI gerem fracasso tanto tecnológico como comercial. Vejamos um exemplo de como a tecnologia da informação contribuiu para o fracasso e o êxito do negócio em algumas corporações de grande porte.

Sucesso e fracasso com TI

Projetos de grande escala: sucesso e fracasso com TI

Determinadas iniciativas de TI caem na categoria "apostar a empresa". Instalar um sistema ERP[1] baseado em SAP[2] é uma escolha desse tipo. Esse projeto complexo apresenta oportunidades maiores e, igualmente, riscos maiores do que outros projetos de *software* de empresas. Executada corretamente, uma implantação SAP pode transformar uma organização por meio de racionalização de operações, corte de custos e abertura de novas oportunidades de negócios. Feito da maneira incorreta, esse processo pode se transformar em um pesadelo plurianual.

Para a BWXT Y-12, que administra o Complexo de Segurança Nacional Y-12 do Departamento de Energia dos Estados Unidos de Oak Ridge, Tennessee, a conversão de sistemas legados para o SAP tem sido um projeto de uma década. Esse projeto começou em 1996 como um modo de lidar com as questões Y2k, e partes da organização ainda continuaram a ser migra-

---

[1]Lembre-se de que o "ERP" significa *enterprise resource planning* (sistema integrado de gestão). Esse tipo de sistema de informação permite à organização executar basicamente todas as funções do seu negócio pela interface comum, dados em comum e total conectividade por meio de funções. Abordaremos o ERP com mais detalhes no Capítulo 8.

[2]SAP é uma empresa alemã especializada em desenvolvimento de *software* de ERP.

das para o sistema ERP até o ano 2000, mesmo que cada etapa concluída tenha produzido um benefício real.

Nem todas as implementações, contudo, se desenrolam tão bem, e o SAP estabeleceu uma reputação de ser difícil de implementar. Várias implementações malsucedidas viraram notícia ao longo dos últimos anos. A Hershey Co. iniciou uma implementação de *software* SAP, Siebel Systems e Manugistics no valor de US$ 115 milhões em 1997. Dois anos depois, a empresa teve imensos problemas de distribuição, que acabaram com seus lucros. Em agosto de 2004, a Hewlett-Packard informou que atrasos e perda de receita resultante de uma implementação SAP para servidores coporativos custou 160 milhões. A Whirlpool Corporation e a Nike passaram por situações semelhantes. O que não aparece no noticiário é que esses projetos acabaram funcionando no final.

No entanto, mesmo quando os projetos finalmente produzem resultados, é preciso muito trabalho para chegar a esse ponto. As empresas descobriram que o SAP parece demandar mais investimento em customização, em treinamento e mais tempo e custo para sair do chão do que várias outras soluções. A chave, segundo analistas, é evitar a compra excessiva. Muitas empresas vão comprar três soluções e tentar implementá-las ao mesmo tempo; comprar um módulo de cada vez parece ser uma estratégia melhor.

A maior parte da implantação do SAP, ou de qualquer outro sistema ERP, não é o *software* em si, mas os dados e processos. A conversão de dados, especificamente, pode ser a chave do sucesso – ou do fracasso – de qualquer projeto. "A conversão de dados tem sido um grande desafio técnico", afirma Brian Barton, da BWXT. Em sua empresa, os sistemas precisavam ser "limpos" para que os dados ruins não fossem transferidos para os novos sistemas, e boa parte do trabalho teve de ser feita manualmente. "É fácil acumular uma grande quantidade de dados ruins ao longo dos anos, particularmente com os sistemas produzidos internamente, que têm uma arquitetura mais flexível de dados e verificações de validade menos rigorosas."

Uma vez que os objetivos iniciais foram alcançados, recursos adicionais podem ser adicionados, ou o sistema pode ser usado de novas maneiras; o SAP também tem uma série de recursos que podem ser instalados um de cada vez. A chave é olhar para os ERPs como uma estratégia de investimento em curso, em vez de uma implementação que será feita uma única vez.

Fonte: Adaptado de Drew Robb. "SAP Deployments: Pain for Gain". *Computerworld*, 4 de setembro de 2006.

Desenvolvimento de soluções de SI

Desenvolver soluções de sistemas de informação de sucesso voltadas para o negócio é um grande desafio para gerentes e profissionais de hoje. Como profissional de negócios, você será responsável por propor ou desenvolver aprimoramentos ou novos usos das tecnologias da informação para sua empresa. Frequentemente também administrará os trabalhos de desenvolvimento dos especialistas de sistemas de informação e outros usuários finais da empresa

A maior parte dos sistemas de informação baseados em computador é concebida, projetada e implementada usando alguma forma de processo de desenvolvimento sistemático. A Figura 1.13 mostra que várias atividades principais devem ser realizadas e gerenciadas em um ciclo completo de desenvolvimento do SI. Nesse processo de desenvolvimento, os usuários finais e os especialistas *projetam* as aplicações do sistema de informação com base em uma análise das necessidades do negócio de uma organização. Exemplos de outras atividades incluem *investigar* a viabilidade econômica ou técnica de um aplicativo proposto, adquirir e aprender a usar qualquer *software* necessário para *implementar* o novo sistema, além da promoção de melhorias para *manter* o valor de um sistema para o negócio.

Discutiremos os detalhes do processo do desenvolvimento de sistemas de informação no Capítulo 10. Muitos dos desafios administrativos e empresariais que surgem no desenvolvimento e na implementação dos novos usos da tecnologia da informação serão explorados nos Capítulos 11 e 12. Esse exemplo enfatiza como as práticas de desenvolvimento de sistemas são importantes para as necessidades de um negócio.

FIGURA 1.13 O desenvolvimento de soluções de sistemas de informação para problemas de negócios pode ser implementado e gerenciado como um processo ou ciclo de múltiplas etapas.

Desenvolvimento Ágil de sistemas na Con-Way

Nos velhos tempos, as companhias poderiam passar meses planejando um projeto de tecnologia e, em seguida, meses ou mesmo anos fazendo sua implementação. Mas isso já não ocorre mais, pois as estratégias são muito mais dinâmicas, em especial porque as empresas reagem aos desafios econômicos atuais.

Quando alguém tem uma boa ideia, deseja obter resultados imediatamente. Na empresa de transporte Con-Way, fundada em 1929, com mais de 26 mil funcionários e receitas de US$ 5 bilhões em 2008, quase todas as boas ideias exigem tecnologia para serem implementadas. No entanto, historicamente, as ideias perdem força enquanto passam por comitês de TI, reuniões de planejamento e revisões de projeto. Assim, a Con-Way transformou-se em uma empresa ágil, ou seja, adotou as práticas de desenvolvimento Ágil.

Com elas, o desenvolvimento de *software* já não é realizado por meio de projetos morosos. Em vez disso, o conceito geral do sistema desejado é definido antecipadamente em um nível alto e, em seguida, desenvolvido em iterações breves. Uma iteração dura, geralmente, menos de um mês, e o *software* é liberado para uso após cada iteração. Enquanto o *software* é utilizado, os usuários determinam quais recursos devem ser acrescentados, fornecendo um *feedback* que resulta na funcionalidade de maior prioridade para produção. Uma grande mudança em relação à TI é que, com Desenvolvimento Ágil, há sempre uma data de implementação iminente: nunca há um sentimento de relaxamento em um projeto. Enquanto isso, os desenvolvedores, acostumados à privacidade, podem sentir que seu espaço é violado por causa da "programação em par" – que coloca dois desenvolvedores para fazer o mesmo pedaço de código ao mesmo tempo – e ao "compartilhamento de localização" (*colocation*, em inglês) – que dispõe os membros da equipe sentados o mais próximo possível. Com relação aos usuários de negócios, Desenvolvimento Ágil os obriga a ter um papel muito mais ativo durante todo o processo. Eles devem trabalhar em conjunto com a TI para determinar as prioridades de cada iteração e devem orientar diariamente a TI sobre as necessidades do recurso que está sendo desenvolvido.

"Fiz o processo de mudança em TI explicando como a empresa se beneficiará se proporcionarmos a funcionalidade de mais alta prioridade mais rapidamente. Também continuei a repetir os benefícios – e havia um monte", diz Jackie Barretta, vice-presidente e diretor de informática da empresa. "Ao mesmo tempo, expliquei o processo de mudança para o negócio, preparando um sólido demonstrativo de retorno do investimento que quantificou os benefícios do aumento de eficiência dos processos de desenvolvimento, fornecendo a funcionalidade certa de forma mais rápida e reduzindo o montante global do trabalho em andamento".

O esforço de mudança valeu a pena: depois de nove meses, o Desenvolvimento Ágil está cumprindo suas promessas. A abordagem interativa para o desenvolvimento de *software* é fornecer um *feedback* que resulte no desenvolvimento da funcionalidade correta. "Não temos mais o problema de desperdício que era inerente ao antigo modelo em cascata. Criamos um maior alinhamento entre TI e negócios por causa da interação constante e diária – e porque as técnicas auxiliam o pessoal de TI a entender o negócio melhor", afirma Barretta. "No entanto, como tudo o que realmente vale a pena, o Desenvolvimento Ágil é uma mudança enorme para a TI e para a comunidade de usuários".

Fonte: Adaptado de Jackie Barretta. "How to Instill Agile Development Practices Among Your IT Team." *CIO Magazine*, 14 de janeiro de 2009.

Desafios e ética em TI

Como gerente, profissional de negócios ou trabalhador do conhecimento, você será desafiado pelas **responsabilidades éticas** geradas pelo uso da tecnologia da informação. Por exemplo, que usos da tecnologia da informação poderiam ser considerados impróprios, irresponsáveis ou perigosos a outros indivíduos ou à sociedade? Qual é o uso apropriado da internet nos negócios e dos recursos da TI de uma organização? O que é preciso para ser um **usuário final responsável** da tecnologia da informação? Como você pode proteger-se do crime eletrônico e de outros riscos da tecnologia da informação? Essas são algumas perguntas que expõem as dimensões éticas dos sistemas de informação que discutiremos e ilustraremos com "Casos do mundo real" neste livro. A Figura 1.14 traça alguns riscos éticos que podem surgir no uso de várias aplicações principais da tecnologia da informação. O exemplo a seguir ilustra alguns desafios de segurança associados à condução de negócio pela internet.

Hannaford Bros.: a importância da segurança dos dados dos clientes

A Hannaford Bros. pode ter iniciado suas atividades como uma barraca de frutas e verduras em 1883, mas expandiu suas raízes no Maine para se tornar uma rede de luxo com mais de 160 lojas em Maine, Massachusetts, New Hampshire, Nova York e Vermont. Em março de 2008, a cadeia de supermercados revelou uma quebra de segurança de dados: a Hannaford anunciou, em uma nota aos clientes publicada em seu *site*, que intrusos desconhecidos haviam tido acesso aos seus sistemas e roubado cerca de 4,2 milhões de números de cartões de crédito e débito entre 7 de dezembro e 10 de março. A violação afetou todas as 165 lojas Hannaford da Nova Inglaterra e

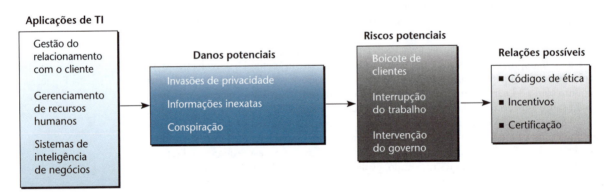

FIGURA 1.14 Exemplos de alguns desafios éticos que devem ser enfrentados por gerentes de negócios que implementam as principais aplicações da tecnologia da informação.

Nova York, bem como 106 lojas operadas sob o nome Sweetbay na Flórida e 23 mercados administrados independentemente que vendem produtos Hannaford.

Naquilo que foi, provavelmente, um precursor do que ainda estava por vir, duas ações judiciais coletivas foram apresentadas contra a empresa em uma semana. Os queixosos argumentaram que a inadequada segurança dos dados da Hannaford resultou no comprometimento de dados financeiros pessoais dos consumidores, expondo-os ao risco de fraudes. Alegaram ainda que a rede também parece não ter divulgado a violação ao público com rapidez suficiente depois de descobri-la.

Mesmo que a violação da Hannaford seja relativamente pequena se comparada com alguns outros problemas de segurança corporativa, é provável que resulte em novos pedidos de regulamentações mais rígidas a serem impostas às empresas que não conseguem proteger os dados dos consumidores. Além de enfrentarem o risco de ações judiciais de consumidores, os varejistas que sofrem violações têm de lidar com bancos e cooperativas de crédito, que estão ficando cada vez mais impacientes porque têm que desembolsar dezenas de milhares de dólares para pagar o custo de notificar os seus clientes e reemitir cartões de crédito e de débito.

Os varejistas, por sua vez, têm argumentado que as comissões que pagam às empresas de cartão por cada operação servem supostamente para cobrir os custos relacionados a fraudes, fazendo de qualquer pagamento adicional uma dupla penalização. Eles também afirmam que armazenam os dados dos cartões usados no pagamento por causa das exigências que lhes são impostas pelas grandes empresas de cartão de crédito.

Embora o impacto final dessas e de outras violações de segurança possa ser difícil de quantificar, isso representa um dos desafios mais importantes decorrentes do uso onipresente de processamento de transações eletrônicas e redes de telecomunicações na empresa moderna interconectada – um uso que provavelmente deve continuar a crescer diariamente. A segurança do cliente e de outros dados confidenciais também representa uma das principais preocupações dos profissionais de TI.

Fonte: Adaptado de Jaikumar Vijayan. "Hannaford Hit by Class-Action Lawsuits in Wake of Data-Breach Disclosure". *Computerworld*, 20 de março de 2008.

Desafios de carreiras de TI

Tanto a tecnologia da informação quanto os vários sistemas de informação suportados por TI criaram interessantes oportunidades de carreira desafiantes e lucrativas para milhões de pessoas em todo o mundo. Desse ponto da sua vida, você ainda pode estar incerto sobre o caminho da carreira que deseja seguir; consequentemente, aprender mais sobre a tecnologia da informação pode ajudá-lo a decidir se quer dedicar-se a uma carreira relacionada com a TI. Nos últimos anos, os declínios econômicos afetaram todos os setores de emprego, inclusive aqueles relacionados à TI e, além disso, os crescentes custos do trabalho na América do Norte, no Canadá e na Europa resultaram em um movimento de larga escala para terceirizar as funções de programação básicas do *software* para Índia, Oriente Médio e países no Pacífico Asiático. Apesar dessa tendência, as oportunidades de emprego no campo de sistemas de informação continuam sólidas, com novas e animadoras funções que surgem a cada dia conforme as organizações expandem o uso da tecnologia da informação. Além do mais, esses novos empregos impõem constantemente desafios de gerenciamento de recursos humanos a todas as organizações por causa da frequente falta de pessoal qualificado em sistemas de informação. As mudanças constantes das competências nessa área em decorrência dos desenvolvimentos dinâmicos nos negócios e nas tecnologias da informação assegurarão que o panorama de empregos a longo prazo na TI permaneça positivo e empolgante.

Além da frequente afirmação de que não há empregos para profissionais de TI (desmentiremos isso mais adiante!), outro mito recorrente é o de que esses profissionais são *nerds* que vivem em cubículos. Mais uma vez, nada poderia estar mais distante da verdade! O atual profissional de TI deve ter grande habilidade de comunicação, saber lidar com as pessoas e, acima de tudo, articular os princípios do negócio. O mercado exige um *tecnólogo de negócios* com "T" e "N" maiúsculos. O mundo do profissional de SI é feito de constantes desafios, variedade, interações sociais e tomada inovadora de decisõe se não há espaço para mesas e cubículos aqui. Se você está à procura de ação, encontrou.

Um grande recrutador de profissionais de TI é a sua própria indústria. Milhares de companhias desenvolvem, produzem, comercializam e prestam serviço em *hardware*, *software*, dados e produtos, e serviços de rede. A indústria também é capaz de fornecer aplicações e serviços de negócios e *e-commerce*, treinamentos do usuário final ou consultoria para sistemas de negócios, contudo, a maior necessidade de pessoal qualificado vem de milhões de negócios, agências do governo e outras organizações que usam a tecnologia da informação. Essas organizações precisam de vários tipos de profissionais de SI, como analistas de sistemas, desenvolvedores de *software* e gerentes de rede, para ajudá-las a planejar, desenvolver, implementar e administrar as aplicações de negócios baseados na internet e aplicações de TI na web.

A indústria da contabilidade é a mais recente grande recrutadora de profissionais de TI. Um recente lei de 2002, chamada Lei Sarbanes-Oxley, instituiu a necessidade de grandes mudanças com relação às práticas de contabilidade de empresas públicas e processos de controle interno de organizações com ações em bolsas de todos os tamanhos e de todas as indústrias. Muitas dessas mudanças afetam diretamente as práticas de TI/SI de todas as partes envolvidas, e para facilitar o atendimento às cláusulas dessa lei, a indústria da contabilidade está em processo ativo de recrutamento de diplomados em programas de contabilidade com especial ênfase em aprendizado de SI. Além disso, a indústria esforça-se igualmente para recrutar profissionais de SI/TI para trabalho interno. Em ambos os casos, o resultado é um aumento significativo na demanda por diploma com prática ou ênfase em SI/TI. A Figura 1.15 enumera apenas alguns dos muitos papéis de carreira disponíveis ao moderno profissional de TI.

De acordo com recentes relatórios do Ministério do Trabalho dos Estados Unidos, analistas de sistema de computador, administradores de banco de dados e outras posições de nível administrativo de SI devem estar entre as ocupações de mais rápido crescimento até 2012, e espera-se um crescimento de postos de emprego superior a 36% (muito maior que a média) para profissionais de SI em todas as ocupações enquanto as organizações continuarem a adotar e integrar tecnologias cada vez mais sofisticadas. Os aumentos de emprego serão dirigidos pelo crescimento vertiginoso em projetos de sistemas de computador e serviços relacionados, o que torna a TI uma

FIGURA 1.15 As carreiras nos SI são tão diversas e excitantes quantas as tecnologias usadas neles. Os profissionais dessa área têm oportunidades de carreira em qualquer ambiente e atividade de negócios, em todo o mundo.

Analista de sistemas	Consultor de sistemas	Consultor em aplicações empresariais
Diretor de TI (CIO)	Operador de computador	Técnico de computador
Administrador de rede	Especialista em dicionário de dados	Gerente de rede
Administrador de banco de dados	Analista de banco de dados	Especialista em documentação
Auditor de SI	Gerente de computador – usuário final	Representante de fabricante de equipamento
Representante de vendas de computadores pessoais	Programador	Bibliotecário de programa
Gerente de projetos	Gerente de registros	Representante de vendas de *hardware*
Controlador e programador	Gerente de segurança	Especialista em automação de escritório
Líder de projeto sênior	Representante de vendas de serviços	Representante de vendas de *software*
Analista técnico	Avaliador da qualidade de *software*	Redator técnico
Especialista em telecomunicações	Gerente de padrões e treinamentos	Especialista de interface de usuário

das indústrias de mais rápido crescimento na economia norte-americana. Além do mais, muitas ofertas de emprego surgirão anualmente a partir da necessidade de substituição de funcionários que são promovidos a posições administrativas ou outras ocupações ou por conta da rotatividade da força de trabalho.

Apesar do declínio econômico recente entre empresas de tecnologia da informação, os profissionais de SI ainda desfrutam de perspectivas de emprego favoráveis. A demanda de redes de comunicação para facilitar o compartilhamento da informação, a expansão de ambientes de cliente/servidor e a necessidade de especialistas que utilizem seus conhecimentos e suas habilidades para solução de problemas serão os fatores principais na exigência crescente de analistas de sistemas de computador, administradores de banco de dados e outros profissionais de SI. Além disso, os preços decrescentes de *hardware* e *software* devem continuar fazendo que mais negócios expandam suas operações por computador e a integração de novas tecnologias. Para manterem uma margem competitiva e funcionarem mais eficientemente, as empresas continuarão exigindo profissionais que estejam informados sobre as últimas tecnologias e sejam capazes de aplicá-las para atender às necessidades do negócio.

Talvez tenha chegado a hora de anunciar esta mensagem: *o campo de sistemas de informação está crescendo a passos cada vez mais largos e não há perigo de desemprego nesse setor!* As preocupações quanto à insuficiência de vagas relacionadas a TI/SI são insufladas pela imprensa e, atualmente, não têm fundamento. Há manchetes proclamando a morte dos SI e a falta de empregos nos Estados Unidos por causa da terceirização e do *offshoring*. Os empregos perdidos para o exterior eram reais, sem dúvida, mas não se tratava, no entanto, de empregos que seus colegas de universidades norte-americanas estivessem dispostos a ter durante o curso – a menos, é claro, que a sua aspiração fosse a de ser uma voz anônima de *call center*. São empregos relacionados a serviços que, embora vitais, não são de nível gerencial ou posições de criativos tecnólogos de negócios para os quais as faculdades e universidades costumam educar e incentivar seus alunos. O verdadeiro problema enfrentado atualmente pelo campo de SI é a falta de mão de obra qualificada! Os alunos estão escolhendo outras profissões por causa do medo de baixos salários e de desemprego, ao passo que os recrutadores estão ao mesmo tempo implorando por mais pessoas formadas para saciar o apetite voraz de sua área por mais profissionais de SI. Se você escolher outra carreira que não aquelas relacionadas a sistemas de informação, isso não acontecerá por falta de empregos, por causa das pessoas ou por causa da falta de diversão. Ao longo da leitura deste livro, vamos mostrar, com sólidos indícios, tudo sobre esses rumores e mitos, e vamos começar com alguns fatos relacionados ao primeiro.

A Agência de Estatísticas Trabalhistas norte-americana apresenta algumas evidências a favor de uma carreira em sistemas de informação:

> *As perspectivas para gerentes qualificados de sistemas de computador e de informações devem ser* excelentes. O crescimento ocupacional acelerado e a oferta limitada de trabalhadores técnicos resultarão num manancial de oportunidades para indivíduos qualificados. Embora os trabalhadores técnicos permaneçam relativamente escassos nos Estados Unidos, a demanda por eles continua a crescer. Essa situação foi exacerbada pela crise econômica no início dos anos 2000, quando muitos profissionais técnicos perderam seus empregos. Desde então, muitos trabalhadores decidiram evitar esse tipo de trabalho por conta das perspectivas limitadas oferecidas.
>
> *O pessoal com habilidade em gerenciamento e conhecimento das práticas e dos princípios de negócios terá excelentes oportunidades, uma vez que as empresas procuram cada vez mais por tecnologia para orientar suas receitas. (Bureau of Labor Statistics Occupational Outlook Handbook, 2008-2009)*

Progressivamente, está sendo implementada tecnologia mais sofisticada e complexa em todas as organizações, as quais devem continuar a estimular a demanda das ocupações relacionadas à informática. A demanda por analistas de sistema que ajudem as empresas a maximizar a sua eficiência com a disponibilidade de tecnologia continua crescente. A expansão do *e-commerce* – a realização de negócio na internet – e a necessidade contínua de construir e manter bancos de dados que armazenem informações fundamentais sobre clientes, estoques e projetos estão alimentando a demanda por administradores de banco de dados familiarizados com as mais recentes tecnologias. Além disso, a importância crescente colocada "na segurança cibernética" – a proteção da informação eletrônica – resultará em uma necessidade de funcionários capacitados para trabalhar com segurança de informações. Vejamos o papel emergente dos analistas de negócios como ligações entre especialistas de TI e seus clientes de negócios.

> ### O papel decisivo dos analistas de negócio
>
> Por duas décadas, o gerente de informação foi visto como o elo entre as funções de negócios e tecnologia. Enquanto essa talvez seja uma percepção exata da sala da diretoria, nos bastidores, os analistas de negócios (*business analyst* – BA) têm sido os responsáveis por casos de negócios para desenvolvimento de aplicações de TI no processo de facilitação das relações entre concorrentes e impulsionando projetos.
>
> O analista de negócios do século XXI é um elo, uma ponte, um diplomata que equilibra a oferta muitas vezes incongruente dos recursos de TI e as demandas do negócio. Um recente relatório da Forrester Research descobriu que os analistas de negócios mais bem-sucedidos foram aqueles que conseguiram "comunicar, facilitar e analisar". O analista de negócios é uma *commodity* em alta no momento por causa da dependência dos negócios em tecnologia, de acordo com Jim McAssey, diretor da empresa de consultoria The W Group. "As capacidades de distribuição global da tecnologia atualmente tornam os desafios de preencher de forma bem-sucedida a lacuna existente entre negócios e TI ainda mais difíceis", diz ele.
>
> "As empresas não costumam investir em um projeto de TI sem uma sólida justificativa econômica", diz Jeff Miller, vice-presidente sênior da Aetea, empresa de alocação de pessoal e consultoria de TI.
>
> Um bom analista de negócios é capaz de criar uma solução para um problema empresarial específico e agir como uma ponte para os tecnólogos, que podem colocar a solução em prática. Sem o papel do analista de negócios, os CIOs correm o risco significativo de seus projetos não resolverem o problema do negócios a que se destinam", afirma Miller.
>
> O candidato ideal deverá ter de cinco a dez anos de experiência ou mais (de preferência em uma indústria específica), um curso de graduação técnica e um MBA.
>
> Sólidas habilidades de avaliação de risco, negociação e resolução de problemas são fundamentais, bem como a experiência prática. Os analistas de negócios devem ser orientados pelo processo e capazes de ver um projeto através do conflito e da mudança, do início ao fim. "O analista de negócios também deve ter a capacidade de aprender novos processos", diz Miller. "Um bom analista de negócios aprende conceitos de negócio e pode rapidamente relacioná-los às necessidades específicas do projeto."
>
> No final, quanto mais analistas de tecnologia empresarial estiverem trabalhando no negócio, melhor será para o CIO e para a função de TI – não importando se os analistas de tecnologia empresarial estejam se reportando à equipe de TI ou à equipe de negócios, porque os analistas de TI experientes, que terão um entendimento mais profundo e mais experiência em tecnologias, irão, "em última instância, ajudar a empresa a tomar melhores decisões quando se trata de suas interações com a TI", sustentam os analistas da Forrester. E "os CIOs contarão com novos aliados no negócio". Os salários variam de US$ 45.000 (básico) a US$ 100.000 (analista de negócios sênior) por ano.
>
> *Fonte*: Adaptado de Thomas Wailgum. "Why Business Analysts Are So Important for IT and CIOs". *CIO Magazine*, 16 de abril de 2008; e Katherine Walsh. "Hot Jobs: Business Analyst". *CIO Magazine*, 19 de junho de 2007.

A função dos SI

O gerenciamento bem-sucedido de sistemas e tecnologias de informação apresenta grandes desafios para administradores e profissionais de negócios. Assim, a função dos sistemas de informação representa:

- Uma importante área funcional do negócio – igualmente tão importante para o êxito dos negócios quanto as funções de contabilidade, finanças, gerência de operações, *marketing* e gerência de recursos humanos

- Um contribuidor importante para a eficiência operacional, produtividade e moral do empregado e atendimento e satisfação do cliente.
- Uma reconhecida fonte de valor para a empresa.
- Uma grande fonte de informações e suporte necessários para promover a tomada de decisão eficaz por parte de gerentes e profissionais de negócios.
- Um ingrediente vital no desenvolvimento de produtos competitivos e serviços que dão a uma organização uma vantagem estratégica no mercado global.
- Uma oportunidade de carreira dinâmica, recompensadora e desafiante para milhões de homens e mulheres.
- Um componente decisivo de recursos, infraestrutura e capacidades das atuais empresas de negócios interligadas.
- Um recurso estratégico.

Seção II — Conceitos fundamentais: os componentes dos sistemas de informação

Conceitos de sistema: uma fundação

Os conceitos de sistema são a base de todos os processos de negócios, bem como da nossa compreensão de sistemas e tecnologias da informação. Por isso, temos de discutir como os conceitos genéricos de sistema se aplicam a empresas de negócios e aos componentes e às atividades dos sistemas de informação. Compreender os conceitos de sistema será de grande valia para entender muitos outros conceitos de tecnologia, aplicações, desenvolvimento e gerenciamento dos sistemas de informação que discutiremos neste livro. Por exemplo, os conceitos de sistema nos ajudam a entender:

- **Tecnologia.** As redes de computador são componentes dos sistemas de processamento da informação que usam uma variedade de tecnologias de *hardware*, *software*, gerenciamento de dados e rede de telecomunicações.
- **Aplicações.** As **aplicações de negócios eletrônicos** e de *e-commerce* envolvem sistemas de informação de negócios interconectados.
- **Desenvolvimento.** O desenvolvimento de meios de utilização da tecnologia da informação nos negócios inclui projetar os componentes básicos dos sistemas de informação.
- **Gerenciamento.** O gerenciamento da tecnologia da informação enfatiza a qualidade, o valor estratégico para os negócios e a segurança de sistemas de informação de uma organização.

Leia o "Caso do mundo real 2" sobre problemas de larga escala envolvendo sistemas de informação, pois a partir dele podemos aprender muito sobre o papel crucial dos bons processos de TI (ver Figura 1.16).

O que é um sistema?

Já usamos o termo *sistema* centenas de vezes e o usaremos mais de mil vezes antes do final. Portanto, parece razoável concentrar nossa atenção exatamente no que um **sistema** é. Como discutimos no início do capítulo, um sistema é definido como um *conjunto de componentes inter-relacionados com limites claramente definidos, que colaboram para a realização de um conjunto comum de objetivos, admitindo subsídios e produzindo resultados em um processo de transformação organizado*. Muitos exemplos de sistemas podem ser encontrados nas ciências físicas e biológicas, na tecnologia moderna e na sociedade humana. Assim, podemos falar do sistema físico do Sol e de seus planetas, do sistema biológico do corpo humano, do sistema tecnológico de uma refinaria de óleo e do sistema socioeconômico de uma organização empresarial.

Os sistemas têm três funções básicas:

- A **entrada**, ou subsídio, envolve a captura e a montagem dos elementos que entram no sistema para serem processados. Por exemplo, a matéria-prima, a energia, os dados e o esforço humano devem ser reunidos e organizados para o processamento.
- O **processamento** abrange os processos de transformação que convertem a entrada no resultado. Temos como exemplos o processo de fabricação, o processo humano de respiração ou os cálculos matemáticos.
- O **resultado** (ou saída) envolve a transferência dos elementos que foram produzidos por um processo de transformação ao seu destino final. Por exemplo, os produtos acabados, os serviços humanos e o gerenciamento de informação devem ser transmitidos a seus usuários humanos.

Exemplo: Um sistema de fabricação aceita matérias-primas como entrada e produz mercadorias acabadas como resultado. Um sistema de informação é um sistema que aceita recursos (dados) como entrada e os transforma em produtos (informação) como resultado. Uma organização de negócios é um sistema no qual os recursos humanos e econômicos são transformados por vários processos de negócios em mercadorias e serviços.

CASO DO MUNDO REAL 2
JetBlue e a administração de veteranos: a importância fundamental dos processos de TI

Quando a maioria das pessoas pensa em tecnologia da informação, imediatamente lhe vêm à mente *software* e *hardware*. Embora certamente sejam componentes importantes, bons processos de TI, especialmente aqueles que precisam entrar em operação durante uma situação de catástrofe, também são decisivos. Mais importante: processos de TI devem estar no lugar antes – e não depois – de se tornarem necessários. Voltemos a fevereiro de 2007, por exemplo, quando a JetBlue Airways foi obrigada a cancelar mais de mil voos depois de uma tempestade de neve.

"Por um lado, nós não tínhamos um número suficiente de funcionários treinados em nosso sistema de reservas, então, enquanto estávamos enviando pessoal para ajudar nos aeroportos – e era bastante gente, eles não tinham a habilidade necessária para realmente utilizar o sistema de computador. Assim, hoje estamos passando por um processo em que treinamos ativamente os membros da empresa", afirmou o porta-voz da JetBlue, Eric Brinker. A companhia aérea, conhecida por seus descontos, também está em processo de expansão das capacidades dos seus funcionários da central de reservas, para que estes possam receber mais chamadas. "Nós basicamente atingimos o pico da capacidade", disse Brinker. "Estamos trabalhando em um sistema capaz de enviar notificação automática de uma maneira melhor do que chamadas telefônicas."

No meio da crise, o departamento de TI da JetBlue desenvolveu um banco de dados que permitiu à equipe de escala de pessoal melhorar a capacidade multitarefa. "A equipe estava recebendo toneladas de telefonemas dos nossos colaboradores, e nós criamos um banco de dados para informar o paradeiro dos membros da tripulação da companhia. Em seguida, essas informações eram sincronizadas com as informações sobre os membros da tripulação que estava no sistema principal", afirmou Brinker. "Agora, no caso de um problema meteorológico, nossas equipes de voo e de apoio podem ligar para nós e nos dar sua localização, e podemos começar a remontar a linha aérea imediatamente com o uso dessa ferramenta. Fazemos isso pelo cruzamento da informação de localização dada pelos membros da tripulação e a mesma informação dada pelo computador – informações que nem sempre estavam em sincronia."

Brinker afirmou que a companhia nunca havia experimentado um colapso completo, por isso não teve necessidade de usar esse tipo de banco de dados. "O sistema, que foi desenvolvido em 24 horas e implementado em meio à crise da JetBlue, agora funciona como um sistema de tempo integral", disse ele. "É uma melhoria real da retaguarda, tanto para os membros da nossa tripulação quanto para nossos clientes", afirmou. A JetBlue também está melhorando a forma como se comunica com seus clientes, inclusive com o envio de alertas automáticos de voo para os clientes via *e-mail* e mensagens de texto.

Mesmo aparentemente menores e menos decisivos, os processos podem ter ramificações de grande magnitude no mundo interligado em que vivemos. Em setembro de 2007, durante uma audiência do Comitê sobre Assuntos dos Veteranos, os legisladores souberam que houve uma falha não programada no sistema que desabilitou as aplicações mais importantes em 17 unidades medicas da Administração de Veteranos (VA) por um dia. Ben Davoren, diretor de informática clínica do San Francisco VA Medical Center, caracterizou a falha como "a ameaça tecnológica mais significativa para a segurança dos pacientes que a Administração dos Veteranos já teve". No entanto, a falha surgiu de uma simples mudança no procedimento de gestão que não foi seguida corretamente. A pequena e imperceptível variação acabou derrubando as aplicações primárias dos pacientes em 17 centros médicos da VA no norte da Califórnia.

A falha mostrou o quão desafiador é realizar de fato alterações substanciais em uma organização complexa do tamanho do VA Office of Information & Technology (OI&T). Iniciada em outubro de 2005 e prevista originalmente para ser concluída até outubro de 2008, a "reforma" da organização de TI na VA envolveu várias metas importantes. Como parte do esforço de reforma, a VA teve de mudar o controle local das operações de infraestrutura de TI para centros regionais de processamento de dados.

Historicamente, cada um dos cerca de 150 centros de saúde administrado pela VA tinha o seu próprio serviço de TI, autoridade orçamentária própria e sua própria equipe, bem como independência a respeito de como a infraestrutura de TI evoluiu, e todas as decisões relativas à TI foram feitas entre agente de liderança de TI local e o diretor do centro médico específico. Embora a equipe interna de TI atendesse às necessidades locais, essa situação fazia que a padronização entre os locais fosse praticamente impossível em áreas como segurança, administração e manutenção de infraestrutura e recuperação de desastres.

Na manhã de 31 de agosto de 2007, os funcionários dos centros médicos do norte da Califórnia que estavam no início de sua jornada de trabalho rapidamente descobriram que não podiam acessar seus sistemas de pacientes, uma vez que as aplicações primárias de pacientes, Vista e CPRs repentinamente se tornaram indisponíveis. Vista, que é a sigla de Veterans Health Information Systems and Technology Architecture (Arquitetura de Sistemas de Informação e Tecnologia de Saúde de Veteranos), é o sistema da VA para a manutenção de registros eletrônicos de saúde. CPRS, ou Computerized Patient Record System (Sistema Computadorizado de Registro de Pacientes), é uma suíte de

Fonte: Getty Images.

FIGURA 1.16 Bom processos de TI são tão importantes quanto o *hardware* e *software* quando se trata de criar valor de negócio por meio do uso da tecnologia.

Continua ↦

aplicativos clínicos que fornece uma visão completa do registro de saúde de cada veterano e inclui um sistema de controle de pedido em tempo real, um sistema de notificação para alertar os clínicos sobre acontecimentos significativos e um sistema de lembretes clínicos. Sem acesso ao Vista, médicos, enfermeiros e outros funcionários não foram capazes de consultar os registros dos pacientes.

"Havia muita atenção quanto aos sinais e sintomas do problema, e muito pouca atenção para o que é, muitas vezes, o primeiro passo que você deve dar na triagem de um incidente de TI: 'Qual foi a última coisa que mudou neste ambiente?'", afirmou o diretor Eric Raffin.

As instalações médicas afetadas imediatamente implementaram seus planos de contingência locais, que consistem em três níveis: o primeiro deles é uma transferência automática por falha do Centro de Dados de Sacramento para o Centro de Dados de Denver, de acordo com Bryan D. Volpp, diretor-associado de pessoal e de informática clínica. Volpp pensou que o Centro de Dados de Sacramento passaria para o primeiro nível de *backup* – mudando para o Centro de Dados de Denver, mas isso não aconteceu.

Naquele dia, o *site* de Denver não foi minimamente afetado pela interrupção. Os 11 *sites* em operação naquela região mantiveram suas operações normais durante o dia, então, por que a equipe de Raffin não tomou a decisão de fazer a transmissão automática por falha para Denver? "O que a equipe de Sacramento queria evitar era pôr em risco os 11 *sites* restantes do ambiente de Denver, instalações que ainda estavam operando sem falhas. O problema poderia estar relacionado ao *software*", diz Raffin, e nesse caso, o problema também poderia ter se espalhado para as instalações da VA de Denver. Uma vez que o grupo Sacramento não era capaz de identificar o problema, ele tomou a decisão de não efetuar a transferência automática por falha.

Greg Schulz, analista sênior do The Storage I/O Group, disse que a principal vulnerabilidade com espelhamento (*mirroring*) é exatamente o que temia Raffin. "Se minha cópia primária for corrompida, então o espelho (*mirror*) será corrompido. Se eu tiver uma cópia em St. Louis e uma cópia em Chicago e ambas estiverem replicando em tempo real, as duas estarão corrompidas e serão excluídas." É por isso que uma cópia pontual (*point-in-time copy*) é necessária", continuou Schulz. "Eu tenho tudo de que preciso para voltar a um estado conhecido."

De acordo com Volpp, "a ruptura interferia gravemente em nossa operação normal, especialmente com internação e alta de pacientes e farmácia", pois a falta de registros eletrônicos impediu que os residentes em seus turnos acessassem os prontuários dos pacientes para analisar os resultados do dia anterior ou acrescentar pedidos. As enfermeiras não podiam passar de um turno para outro pelo Vista, como estavam acostumadas, e as altas tiveram de ser feitas à mão; assim, os pacientes não receberam as listas normais de instruções ou medicamentos que geralmente eram produzidas eletronicamente.

Volpp disse que cerca de duas horas após a falha, "a maioria dos usuários começou a registrar sua documentação em papel", incluindo prescrições, exames de laboratório, formulários de autorização, sinais vitais e exames. Os cardiologistas não conseguiam examinar os eletrocardiogramas, uma vez que estes eram geralmente vistos *on-line*, nem podiam solicitar, atualizar consultas ou responder a elas.

Em Sacramento, o grupo finalmente conseguiu entender o que havia acontecido para causar a interrupção. "Uma equipe fez uma alteração que havia sido solicitada por outra equipe", disse Raffin. Tratava-se de uma configuração de porta de rede, mas apenas um pequeno número de pessoas sabia disso. O mais importante, segundo Raffin, foi que "a solicitação de alteração apropriada não foi concluída". A questão processual foi o cerne do problema. "Nós não tínhamos a documentação que deveríamos ter tido", disse ele. Se aquela documentação para a mudança da porta existisse, Raffin observou, "isso teria nos levado a pensar muito rapidamente em alguma correlação de eventos: verificar o relógio, verificar quando o sistema começou a se degradar e depois parar e perceber que o que realmente precisávamos era desfazer essas mudanças e o sistema provavelmente teria se restabelecido em um curto espaço de tempo".

De acordo com Evelyn Hubbert, analista da Forrester Research Inc., a falha que atingiu a VA não é incomum. "Esses problemas não aparecem nas primeiras páginas dos jornais porque isso é embaraçoso." Então, quando acontece alguma coisa, diz ela, "é um completo efeito dominó. Algo cai e algo mais também cai. Infelizmente, isso é comum para muitas organizações". Schulz concorda com isso. Você pode ter o melhor *software*, o melhor *hardware*, a maior disponibilidade, as melhores pessoas", diz Schulz. "No entanto, se você não seguir as melhores práticas, você pode fazer com que tudo isso seja inútil."

Fonte: Adaptado de Linda Rosencrance. "Overwhelmed IT Systems Partly to Blame for JetBlue Meltdown." *Computerworld*, 20 de fevereiro de 2007; e Dian Schaffhauser. "The VA's Computer Systems Meltdown: What Happened and Why". *Computerworld*, 20 de novembro de 2007.

QUESTÕES DO ESTUDO DE CASO

1. Eric Brinker, da JetBlue, observou que o banco de dados desenvolvido durante a crise não havia sido necessário antes, porque a empresa nunca havia sofrido um colapso. Quais são os riscos e benefícios associados a essa abordagem de planejamento de TI? Dê alguns exemplos de riscos e benefícios.

2. Em retrospectiva, agora sabemos que a decisão tomada por Eric Raffin de que a VA não executasse a transferência automática em caso de falha para o *site* de Denver foi correta. No entanto, isso envolveu não seguir os procedimentos de *backup* estabelecidos. Com as informações disponíveis na época, que outras alternativas ele poderia ter considerado? Explique pelo menos duas delas.

3. Uma pequena e imperceptível variação resultou no colapso do sistema da VA, em grande parte por causa da alta inter-relação entre seus aplicativos. Qual é o lado positivo desse alto grau de interconexão e como isso beneficia os pacientes? Dê exemplos do caso para justificar a sua resposta.

ATIVIDADES DO MUNDO REAL

1. Faça uma pesquisa na internet em busca de relatos sobre as consequências desses dois casos. Que consequências – financeiras e de outros tipos – as duas organizações enfrentaram? Foram implementadas alterações como resultado desses problemas? Em caso positivo, quais foram elas? Prepare um relatório e apresente suas descobertas para a turma.

2. Pesquise na internet para obter exemplos de problemas que empresas tiveram com seus processos de TI. Forme pequenos grupos com seus colegas de turma para discutir suas descobertas e quais as soluções que vocês podem propor para ajudar as organizações a evitar os problemas que vocês descobriram.

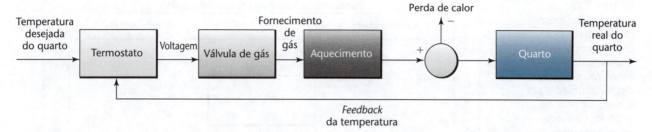

FIGURA 1.17 Um sistema cibernético típico é um sistema de controle de temperatura doméstico. O termostato aceita como entrada a temperatura desejada no quarto e envia a voltagem para abrir a válvula de gás, que aciona o aquecedor. O ar quente resultante entra no quarto, e o termômetro do termostato fornece o *feedback* para desligar o sistema quando a temperatura desejada for atingida.

O conceito de sistema torna-se ainda mais útil pela inclusão de dois elementos adicionais: *feedback* e controle. Às vezes, um sistema com *feedback* e funções de controle é chamado sistema cibernético, isto é, um sistema de automonitoramento, de autorregulagem.

Feedback e controle

- **Feedback** refere-se aos dados sobre o desempenho de um sistema. Por exemplo, os dados sobre o desempenho comercial são o *feedback* para um gerente de vendas. Os dados de velocidade, altitude, posição e direção de um avião são o *feedback* para o piloto do avião ou piloto automático.

- **Controle** implica o monitoramento e a avaliação do *feedback* para determinar se um sistema está movendo-se na direção da realização do seu objetivo. A função do controle então faz o ajuste necessário nos componentes de entrada e de processamento de um sistema para assegurar que ele produza o resultado desejado. Por exemplo, um gerente de vendas exerce controle redistribuindo os vendedores a novos territórios comerciais depois de avaliar o *feedback* sobre o seu desempenho comercial. Um piloto de companhia aérea – ou o piloto automático do avião – faz ajustes minúsculos depois de avaliar o *feedback* dos instrumentos para assegurar que a aeronave esteja exatamente onde ele deseja.

Exemplo: A Figura 1.17 ilustra um exemplo comum de um sistema de aquecimento controlado por termostato, autorregulado e automonitorado, encontrado em muitas casas; automaticamente, ele se automonitora e autorregula para manter a temperatura desejada. Outro exemplo é o corpo humano, que pode ser considerado um sistema cibernético que automaticamente monitora e ajusta muitas de suas funções, como a temperatura, os batimentos cardíacos e a respiração. Um negócio também tem muitas atividades de controle: os computadores podem monitorar e controlar os processos de fabricação, os procedimentos contábeis ajudam a controlar os sistemas financeiros, as telas de entrada de dados fornecem o controle de atividades de entrada de dados, e as cotas e os bônus de vendas servem para controlar o desempenho comercial.

A Figura 1.18 usa uma organização de negócios para mostrar os componentes fundamentais de um sistema, assim como várias outras características de sistema. Observe que um sistema não existe em um vácuo; preferencialmente, ele existe e funciona em um *ambiente* que contém outros sistemas. Se um sistema for um dos componentes de um sistema maior, ele será um *subsistema*, e o sistema maior será o seu ambiente.

Outras características do sistema

Vários sistemas podem compartilhar do mesmo ambiente, e alguns deles podem ser conectados uns aos outros por meio de uma *interface*. A Figura 1.18 também ilustra o conceito de um *sistema aberto*, isto é, que interage com outros sistemas no seu ambiente. Nesse diagrama, o sistema troca entradas e resultados com o seu ambiente, e, portanto, podemos dizer que ele está conectado ao seu ambiente por interfaces de entrada e saída. Por fim, um sistema que tem a capacidade de mudar a si próprio ou o seu ambiente para sobreviver é um *sistema adaptável*.

FIGURA 1.18 Um negócio é um exemplo de um sistema organizacional em que os recursos econômicos (entrada) são transformados por vários processos de negócios (processamento) em mercadorias e serviços (saída). Os sistemas de informação fornecem à gerência a informação (*feedback*) sobre as operações do sistema para a direção e a manutenção do sistema (controle) enquanto troca entradas e saídas com o seu ambiente.

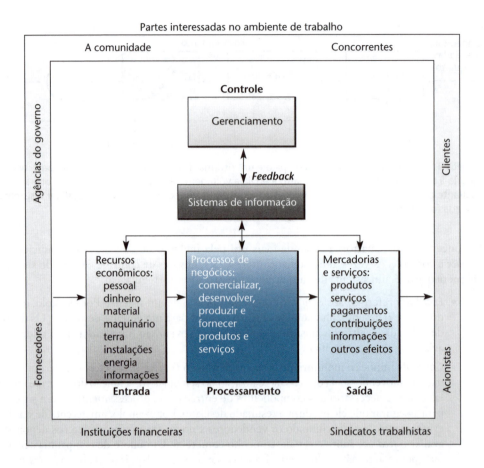

Exemplo: Organizações, como de negócios ou agências governamentais, são bons exemplos de sistemas na sociedade, que é seu ambiente. A sociedade contém uma multidão de tais sistemas, incluindo os indivíduos e suas instituições sociais, políticas e econômicas. As próprias organizações compõem-se de muitos subsistemas, como departamentos, divisões, equipes de processos e outros grupos de trabalho. As organizações são exemplos de sistemas abertos, porque interligam outros sistemas no seu ambiente e interagem com eles. Finalmente, as organizações são exemplos de sistemas adaptáveis, já que podem modificar-se para atender às exigências de um ambiente que se modifica.

Se aplicarmos nossos conhecimentos de conceitos gerais de sistema aos sistemas de informação, será muito simples ver os pontos comuns:

Os sistemas de informação são feitos de componentes inter-relacionados:

- Pessoas, *hardware*, *software*, periféricos e redes.

Eles têm limites claramente estabelecidos:

- Funções, módulos, tipo de aplicação, departamento ou grupo de usuário final.

Todos os componentes inter-relacionados operam conjuntamente para alcançar um objetivo comum, aceitando entradas e produzindo saídas em um processo de transformação organizado:

- Usar matéria-prima, contratar pessoas novas, fazer produtos para vender e propagar informação a outros.

Os sistemas de informação fazem uso extensivo do *feedback* e do controle para aprimorar sua eficiência:

- Mensagens de erro, caixas de diálogo, senhas e gerenciamento de direitos de uso.

Muitos sistemas de informação são projetados para mudar em relação ao ambiente e são adaptáveis:

- Agentes de *software* inteligentes, sistemas especialistas e sistemas de suporte à decisão altamente especializados.

Sistemas de informação são sistemas como quaisquer outros, mas seu valor para a organização moderna, contudo, é diferente de qualquer sistema jamais criado.

Componentes de um sistema de informação

Um sistema de informação aceita recursos (dados) como entrada e os transforma em produtos (informação) como resultado. Como um sistema de informação realiza essa tarefa? Quais componentes e atividades de sistemas estão envolvidos?

A Figura 1.19 ilustra o **modelo de um sistema de informação** que mostra uma estrutura conceitual fundamental para os principais componentes e atividades dos sistemas de informação. Um sistema de informação depende de recursos de pessoas (usuários finais e especialistas de SI), *hardware* (máquinas e meios de armazenamento de dados), *software* (programas e procedimentos), dados (bases de dados e conhecimento) e redes (meios de comunicação e suporte de rede) para realizar entrada, processamento, saída, armazenamento e para controlar as atividades que convertem os recursos de dados em produtos de informação.

Esse modelo de sistema de informação destaca as relações entre os componentes e as atividades dos sistemas de informação, além de fornecer uma estrutura que enfatiza os quatro mais conceitos importantes que podem ser aplicados a todos os tipos de sistemas de informação:

- Pessoas, *hardware*, *software*, dados e redes são os cinco recursos básicos dos sistemas de informação.
- Os recursos de pessoas incluem usuários finais e especialistas de SI; recursos de *hardware* consistem em máquinas e meios de armazenamento; os recursos de *software* incluem programas e procedimentos; os recursos de dados podem incluir bases de dados e bases de conhecimento; e os recursos de rede incluem meios de comunicação e redes.

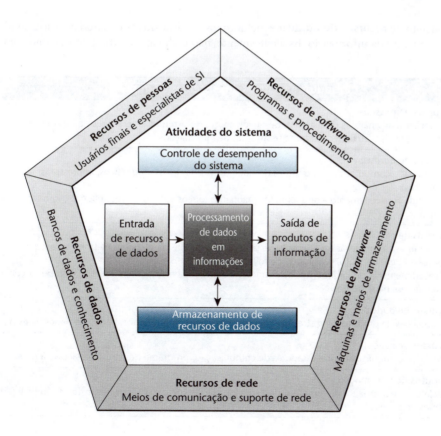

FIGURA 1.19 Componentes de um sistema de informação. Todos os sistemas de informação usam pessoas, *hardware*, *software*, dados e recursos de rede para realizar atividades de entrada, processamento, saída, armazenamento e controle que transformam recursos de dados em produtos de informação.

- Os recursos de dados são transformados pelas atividades de processamento da informação em uma variedade de produtos de informação para usuários finais.
- O processamento das informações consiste nas atividades de sistema de entrada, processamento, saída, armazenamento e controle.

Recursos do sistema de informação

O nosso modelo básico de SI mostra que um sistema de informação é composto de cinco recursos principais: pessoas, *hardware*, *software*, dados e redes. Discutiremos brevemente vários conceitos básicos e exemplos dos papéis que esses recursos desempenham como componentes fundamentais de sistemas de informação. Você deve ser capaz de reconhecer no trabalho esses cinco componentes em qualquer tipo do sistema de informação que encontre no mundo real. A Figura 1.20 mostra vários exemplos de recursos e produtos típicos de sistema de informação.

Recursos humanos

As pessoas são componentes essenciais para a operação bem-sucedida de todos os sistemas de informação. Os **recursos humanos** incluem usuários finais e especialistas de SI.

- **Usuários finais** (também chamados usuários ou clientes) são as pessoas que usam um sistema de informação ou a informação que este produz. Podem ser consumidores, vendedores, engenheiros, funcionários, contadores ou gerentes, e são encontrados em todos os níveis de uma organização. Na verdade, a maioria de nós é usuária final de sistema de informação, e a maioria dos usuários finais em negócios é composta de **trabalhadores do conhecimento**, isto é, pessoas que passam a maior parte do seu tempo comunicando e colaborando em equipes e grupos de trabalho, criando, usando e distribuindo informação.

- **Especialistas de SI** são pessoas que desenvolvem e operam sistemas de informação, o que inclui analistas de sistemas, desenvolvedores de *software*, operadores de sistemas e outras pessoas de SI de cunho gerencial, técnico e administrativo. Em suma, os analistas de sistemas projetam o sistema de informação com base nas exigências de informações de usuários finais; os desenvolvedores de *software* criam programas de computador baseados nas especificações de analistas de sistemas; e os operadores de sistema ajudam a controlar e fazer funcionar grandes sistemas de computador e redes.

Recursos de *hardware*

O conceito de **recursos de *hardware*** inclui todos os dispositivos e materiais físicos usados no processamento da informação. Especificamente, não inclui apenas **máquinas**, como computa-

FIGURA 1.20 Exemplos de recursos e produtos de sistema de informação.

Produtos e recursos dos sistemas de informação
Recursos de pessoas   • Especialistas – analistas de sistemas, desenvolvedores de sistemas, operadores de sistema.   • Usuários finais – qualquer um que use sistemas de informação.
Recursos de *hardware*   • Máquinas – computadores, monitores de vídeo, drives de discos magnéticos, impressoras, scanners ópticos.   • Meios de armazenamento – disquetes, fita magnética, discos ópticos, cartões plásticos, formulários de papel.
Recursos de *software*   • Programas – programas de operação de sistema, programas de planilhas eletrônicas, programas processadores de texto, programas de folhas de pagamento.   • Procedimentos – procedimentos de entrada de dados, de correção de erros e de distribuição de cheques de pagamento.
Recursos de dados   • Descrições de produtos, registros de clientes, arquivos de empregados, banco de dados de estoque.
Recursos de rede   • Meio de comunicação, processadores de comunicação, programa de controle e acesso à rede.
Produtos de informação   • Relatórios gerenciais e documentos de negócios usando texto e gráficos, respostas de áudio e formulários de papel.

dores ou outros equipamentos, mas também todo **meio de armazenamento** de dados, isto é, objetos tangíveis nos quais os dados são gravados, de folhas de papel a discos ópticos ou magnéticos. São exemplos de *hardware* em **sistema de informação baseado em computador**:

- **Sistemas de computador,** os quais são formados por unidades centrais de processamento que contêm microprocessadores e por uma variedade de dispositivos periféricos interligados, como impressoras, scanners, monitores etc. Como exemplo, temos sistemas para palm-top, laptop, tablet ou desktop, sistemas de computador de médio porte e sistemas de computador de grande porte.
- **Periféricos de computador,** que são dispositivos, como teclado, mouse eletrônico, trackball (mouse com bolinha) ou caneta de entrada de dados e comandos, uma tela de vídeo ou impressora para a produção de informação, e disco magnético ou drive de disco óptico para o armazenamento de recursos de dados.

O conceito de **recursos de** *software* inclui todos os conjuntos de instruções de processamento de informação. Esse conceito genérico de *software* inclui não apenas os conjuntos de instruções operacionais chamados **programas**, que controlam diretamente o *hardware* do computador, mas também os conjuntos de instruções de processamento de informação denominados **procedimentos** de que as pessoas necessitam.

Recursos de *software*

É importante compreender que até mesmo os sistemas de informação que não usam computadores têm um componente de recurso de *software*, o que vale tanto para os sistemas de informação dos tempos antigos, quanto para os sistemas manuais ou suportados por máquinas calculadoras ainda usados no mundo. Todos eles requerem recursos de *software* na forma de instruções de processamento de informação e procedimentos, de modo a capturar, processar e disseminar apropriadamente a informação aos seus usuários.

São exemplos de recursos de *software*:

- ***Software* de sistema,** como o programa de sistema operacional, o qual controla e suporta as operações de um sistema de computador. Microsoft Windows e Unix são apenas dois exemplos de sistemas operacionais comuns de computadores.
- ***Software* de aplicação,** que são programas que orientam o processamento de determinado uso de computadores por usuários finais. Como exemplo, temos programas de análise de vendas, de folha de pagamento e de processamento de texto.
- **Procedimentos,** que são instruções de operação para as pessoas que usarão um sistema de informação. Exemplos disso são as instruções para o preenchimento de um formulário ou uso de um pacote de *software*.

Os dados são mais do que a matéria-prima dos sistemas de informação, e o conceito de **recurso de dados** tem sido expandido por administradores e profissionais dos sistemas de informação, os quais sabem que os dados constituem recursos organizacionais valiosos. Assim, você poderia visualizar os dados da mesma forma que qualquer recurso organizacional que deva ser gerenciado efetivamente para benefício de cada parte interessada na organização.

Recursos de dados

O conceito de dados como um recurso organizacional resultou em várias mudanças na organização moderna. Os dados capturados primeiramente por meio de uma transação comum são agora armazenados, processados e analisados por aplicativos de *software* sofisticados capazes de revelar relações complexas sobre vendas, clientes, concorrentes e mercados. No mundo atual em que tudo está interligado, os dados para criar uma lista simples de clientes de uma organização são protegidos com o mesmo empenho que o dinheiro em uma caixa-forte bancária. Esses dados são o princípio vital das organizações atuais, e a administração eficaz e eficiente dos dados é considerada parte integrante de estratégia organizacional.

Os dados podem se apresentar por meio de vários formatos, inclusive os tradicionais dados alfanuméricos, compostos por números, letras e outros caracteres que descrevem as transações de negócios e outros eventos e entidades; dados textuais, que consistem em frases e parágrafos usados na comunicação escrita; dados de imagem, como figuras gráficas e imagens em foto ou vídeo; e dados de áudio, como a voz humana e outros sons.

Os recursos de dados dos sistemas de informação geralmente são organizados, armazenados e acessados por uma variedade de tecnologias gerenciais de recursos de dados em:

- Bancos de dados que armazenam dados processados e organizados.
- Bases que guardam o conhecimento em uma variedade de formas, como fatos, regras e exemplos de casos a respeito de práticas de negócios bem-sucedidas.

Por exemplo, os dados sobre as transações de venda podem ser acumulados, processados e armazenados em uma base de dados via web, a qual pode ser acessada para relatórios de análise de vendas pelos gerentes e profissionais de *marketing*. As bases de conhecimento são usadas por sistemas gerenciais de conhecimento e sistemas especialistas para compartilhar o conhecimento ou dar recomendação especializada sobre assuntos específicos. Exploraremos mais esses conceitos em capítulos posteriores.

Dados *versus* **Informações.** A palavra **"dado"** é derivada da palavra latina no plural *datum*, que significa "dados". Os dados são fatos ou observações brutas, em geral sobre fenômenos físicos ou transações de negócios. Por exemplo, um lançamento de uma nave espacial ou a venda de um automóvel gerariam muitos dados que descrevem esses eventos. Mais especificamente, os dados são medições objetivas dos atributos (as características) de entidades (gente, lugares, coisas, eventos).

Exemplo: transações comerciais, como a compra de um carro ou de uma passagem aérea, podem produzir uma porção de dados. Pense apenas nas centenas de fatos necessários para descrever as características do carro que você quer e seu financiamento, ou na especificidade de detalhes necessários para fazer até mesmo a mais simples reserva de passagem aérea.

As pessoas em geral usam os termos dados e informações alternadamente, entretanto, é melhor considerar dados como recurso de matéria-prima que é transformado em produtos acabados de informação. Assim, é possível definir **informação** como dados que foram convertidos em um contexto útil e significativo para determinados usuários finais. Assim, os dados são normalmente submetidos a um processo de agregação de valor (*processamento de dados ou de informação*) em que (1) a sua forma é agregada, manipulada e organizada; (2) o seu conteúdo é analisado e avaliado; e (3) são colocados em um contexto apropriado para um usuário humano.

A questão do contexto está no núcleo da compreensão da diferença entre informação e dados. Pode-se pensar em dados como independentes de contexto: uma lista de números ou nomes, por si só, não fornece nenhuma compreensão do contexto no qual foi registrada. De fato, a mesma lista poderia ser registrada a partir de vários contextos. No entanto, para os dados tornarem-se informação tanto o contexto dos dados, como a perspectiva da pessoa que os acessa são essenciais. Os mesmos dados podem ser considerados informação valiosa para uma pessoa e completamente inaplicáveis para outra. Pense em dados como algo potencialmente valioso para todas as pessoas – e na informação como valiosa de acordo com o seu usuário.

Exemplo: Nomes, quantidades e quantias em dinheiro registrados em formulários de vendas representam dados de transações de vendas, contudo, um gerente de vendas pode não considerar isso informação. Somente após tais fatos serem propriamente organizados e manipulados é que as informações significativas de vendas podem ser fornecidas, especificando, por exemplo, a quantidade de venda por tipo de produto, território de vendas ou vendedor.

Recursos de rede

As tecnologias de telecomunicações e redes, como internet, intranets e extranets, são essenciais para o êxito de negócios eletrônicos e das operações comerciais eletrônicas de todos os tipos de organizações e de seus sistemas de informação baseados em computador. As redes de telecomunicações são formadas por computadores, processadores de comunicações e outros dispositivos interligados por meios de comunicações e controlados por *software* de comunicações. O conceito de **recursos de rede** enfatiza que as tecnologias e redes de comunicações são um componente fundamental de todo sistema de informação, e incluem:

- **Meios de comunicações.** Como cabo paralelo-trançado, cabos coaxiais e de fibra óptica, micro-ondas, celular e tecnologias de satélite sem fios.

Atividades do sistema de informação
• **Entrada**. Leitura óptica das etiquetas de código de barras em mercadorias. • **Processamento**. Cálculo de pagamento a empregado, taxas e outros abatimentos de folha de pagamento. • **Saída**. Produção de relatórios e exposições sobre o desempenho de vendas. • **Armazenamento**. Manutenção de registros de clientes, empregados e produtos. • **Controle**. Geração de sinais audíveis para indicar a correta entrada dos dados de vendas.

FIGURA 1.21 Exemplos nos negócios das atividades básicas dos sistemas de informação.

- **Infraestrutura de rede.** Essa categoria genérica destaca que muitos *hardware*s, *software* e tecnologias de dados são necessários para dar suporte a operação e uso de uma rede de comunicações. Exemplos incluem processadores de comunicações, como modens e processadores inter-redes, e *software* de controle de comunicações, como sistema operacional de rede e programas navegadores para internet.

Atividades do sistema de informação

Sem levar em conta o tipo de sistema de informação, as mesmas **atividades do sistema de informação** básicas ocorrem. Vejamos mais de perto cada uma das atividades básicas de **processamento de informação** (ou de processamento de dados). Você deve ser capaz de reconhecer a entrada, o processamento, a saída, o armazenamento e as atividades de controle que ocorrem em qualquer sistema de informação que estiver estudando. A Figura 1.21 enumera exemplos de negócios que ilustram cada uma dessas atividades do sistema de informação.

Entrada de recursos de dados

Os dados de transações de negócio e outros eventos devem ser capturados e preparados para o processamento pela atividade de **entrada**, que geralmente se configura na forma de atividades de *entrada de dados*, como gravação e edição. Os usuários finais inserem os dados diretamente no sistema de computador ou gravam os dados de transações em algum meio físico, como formulários de papel, o que inclui uma série de atividades de edição para assegurar que os dados foram corretamente registrados. Uma vez inseridos, os dados podem ser transferidos para um meio de armazenamento que possa ser lido por máquina, como um disco magnético, e possibilitar o posterior processamento.

Por exemplo, os dados sobre transações comerciais podem ser registrados em um documentos-fonte, como formulários de pedidos em papel. (Um **documento-fonte** é o registro formal original de uma transação.) Como maneira alternativa, o pessoal de vendas pode capturar dados das vendas usando teclados de computador ou dispositivos de leitura óptica; por meio da informação visual, os dados são informados corretamente por telas de vídeo. Esse método fornece uma **interface de usuário** mais conveniente e eficiente – ou seja, métodos de entrada e saída para o usuário final de sistema de computador. Métodos como leitura óptica, apresentação de menus, *prompts* e formulários para preenchimento permitem que os usuários finais possam inserir corretamente os dados em um sistema de informação.

Processamento de dados em informações

Os dados são submetidos à atividades de **processamento**, como cálculo, comparação, ordenação, classificação e resumo. Essas atividades organizam, analisam e manipulam os dados, convertendo-os, assim, em informação para os usuários finais. A qualidade de quaisquer dados armazenados em um sistema de informação deve ser também mantida por um processo contínuo de atividades de correção e atualização.

Exemplo: Os dados recebidos sobre uma compra podem ser (1) *acrescentados* a um total de resultado de vendas, (2) *comparados* com um padrão para determinar a qualificação de um desconto comercial; (3) *ordenados* de forma numérica com base nos códigos de identificação do produto; (4) *classificados* em categorias de produtos (como itens alimentícios e não alimentícios); (5) *resumidos* para fornecer a um gerente de vendas a informação sobre várias categorias de produto; e, por fim, (6) usados para *atualizar* os registros de vendas.

Saída de produtos de informação

A informação em diversos formatos é transmitida aos usuários finais e disponibilizada na atividade de **saída**, e o objetivo dos sistemas de informação é a obtenção de **produtos de informação** apropriados aos usuários finais. Produtos de informação comuns incluem mensagens, relatórios, formulários e imagens gráficas, que podem ser fornecidos por telas de vídeo, respostas em áudio, produtos de papel e multimídia. Rotineiramente, usamos a informação fornecida por esses produtos, uma vez que trabalhamos em organizações e vivemos em sociedade. Por exemplo, um gerente de vendas pode assistir à uma exibição em vídeo para verificar o desempenho de um vendedor, aceitar uma mensagem de voz produzida por computador ao telefone e receber uma impressão em papel dos resultados mensais de vendas.

Armazenamento de recursos de dados

O **armazenamento** é um componente básico de um sistema de informação. Trata-se de atividade do sistema de informação na qual os dados são retidos de maneira organizada para uso posterior. Por exemplo, da mesma forma como um material escrito é organizado em palavras, frases, parágrafos e documentos, os dados armazenados geralmente são organizados em uma variedade de elementos de dados e de bancos de dados, o que facilita seu uso posterior no processamento ou na recuperação como saída quando necessários aos usuários de um sistema. Esses elementos de dados e de banco de dados são discutidos mais detalhadamente no Capítulo 5.

Controle de desempenho do sistema

Uma atividade importante de um sistema de informação é o **controle** do seu desempenho. Um sistema de informação deve fornecer *feedback* sobre as atividades de entrada, processamento, saída e armazenamento. Esse *feedback* deve ser controlado e avaliado para determinar se o sistema está atingindo os padrões de desempenho estabelecidos, e, a partir daí, certas atividades do sistema devem ser ajustadas de modo que produtos de informação apropriados sejam produzidos para os usuários finais.

Por exemplo, um gerente pode descobrir que determinado subtotal de vendas não está sendo considerado no total das vendas de um relatório, o que pode significar que os dados de entrada ou os procedimentos de processamento não estão corretos. Desse modo, teriam de ser feitas mudanças para assegurar que todas as transações de vendas fossem adequadamente capturadas e processadas pelo sistema de informação de vendas.

Reconhecendo os sistemas de informação

Como um profissional de negócios, você deve ser capaz de reconhecer os componentes fundamentais dos sistemas de informação que encontrar no mundo real. Isso significa que você deve ser capaz de identificar:

- Recursos humanos, *hardware*, *software*, dados e redes utilizados.
- Os tipos de produtos de informação obtidos.
- O modo como atividades de entrada, de processamento, de saída, de armazenamento e de controle são realizadas.

Esse tipo de compreensão vai ajudá-lo a ser um usuário, desenvolvedor e administrador de sistemas de informação mais capacitado. E, como indicamos neste capítulo, isso é importante para o seu futuro êxito como um gerente, empresário ou profissional de negócios.

Resumo

- **Estrutura de SI para profissionais de negócios.** O conhecimento de SI de que um gerente ou profissional de negócios necessita está ilustrado na Figura 1.2 e explicado por este capítulo e pelo livro. Isso inclui (1) *conceitos fundamentais*: de comportamento, técnicos, comerciais e gerenciais, como componentes e funções de sistema, ou estratégias competitivas; (2) *tecnologias da informação*: conceitos, desenvolvimentos ou questões de gerência sobre *hardware*, *software*, gerência de dados, redes e outras tecnologias; (3) *aplicações empresariais*: principais usos da TI para processos, operações, tomada de decisão e vantagem estratégica/competitiva para os negócios; (4) *processos de desenvolvimento*: como usuários finais e especialistas de SI desenvolvem e implementam os negócios/soluções de TI para problemas e oportunidades que surgem nos negócios; e (5) *desafios gerenciais*: como administrar efetiva e eticamente a função do SI e os recursos da TI para alcançar o melhor desempenho e valor para o negócio no suporte às estratégias de negócios da empresa.

- **A função empresarial dos sistemas de informação.** Os sistemas de informação executam três papéis vitais em empresas de negócios: as aplicações de negócios de SI apoiam os processos e as operações de negócios de uma organização, a tomada de decisão de negócios e a vantagem competitiva estratégica. As principais categorias de aplicação de sistemas de informação incluem sistemas de suporte às operações, como sistemas de processamento de transação, sistemas de controle do processo, sistemas de colaboração da empresas, além de sistemas de suporte gerencial, como sistemas de informação gerencial, sistema de suporte à decisão e sistemas de informação executiva. Outras categorias principais são sistemas especialistas, de gestão do conhecimento, de informações estratégicas e funcionais do negócio. Entretanto, no mundo real, muitas categorias de aplicação são combinadas em sistemas interfuncionais de informação que fornecem informação e suporte para a tomada de decisão e também desempenham atividades de processamento de informação operacional. Consulte as Figuras 1.7, 1.9 e 1.11 para resumos das principais categorias de aplicações dos sistemas de informação.

- **Conceitos de sistema.** Um sistema é um grupo de componentes interligados, com um limite bem definido, que trabalha para a realização de um objetivo comum, aceitando entradas e produzindo saídas em um processo de transformação organizado. *Feedback* refere-se aos dados sobre o desempenho de um sistema, e o controle é o componente que controla e avalia o *feedback* e faz qualquer ajuste necessário aos componentes de processamento e entrada para assegurar que a saída adequada seja obtida.

- **Modelo de sistema de informação.** Um sistema de informação usa recursos de pessoas, *hardware*, *software*, dados e redes para realizar as atividades de entrada, processamento, saída, armazenamento e controle que convertem os recursos de dados em produtos de informação. Os dados são inicialmente coletados e convertidos em um formato que seja compatível com o processamento (entrada). Em seguida, são manipulados e convertidos em informação (processamento), armazenados para uso futuro (armazenamento) ou comunicados ao seu usuário final (saída) de acordo com os procedimentos corretos de processamento (controle).

- **Produtos e recursos dos SI.** Os recursos de *hardware* incluem maquinário e meios de armazenamento usados no processamento da informação. Recursos de *software* incluem instruções computadorizadas (programas) e instruções para as pessoas (procedimentos). Os recursos de pessoas incluem especialistas em sistemas de informação e usuários. Os recursos de dados incluem dados alfanuméricos, texto, imagem, vídeo, áudio e em outros formatos. Os recursos de dados incluem dados alfanuméricos, texto, imagem, vídeo, áudio e em outros formatos. Os resultados produzidos pelo sistema de informação podem assumir uma variedade de formatos, incluindo relatórios em papel, exibições visuais, documentos multimídia, mensagens eletrônicas, imagens gráficas e respostas de áudio.

Termos e conceitos-chave

Estes são os termos e conceitos-chave abordados neste capítulo. O número entre parênteses refere-se à página em que consta a explicação inicial.

1. Aplicações de negócio eletrônico (24)
2. Atividades do sistema de informação (33)
    a. Entrada (33)
    b. Processamento (33)
    c. Saída (33)
    d. Armazenamento (34)
    e. Controle (34)
3. Controle (27)
4. Dado (32)
5. Desenvolver soluções de sistemas de informação de sucesso (16)
6. *E-commerce* (11)
7. Extranet (10)
8. *Feedback* (27)
9. Informação (32)
    a. Produtos de informação (33)
10. Intranet (10)
11. Modelo de um sistema de informação (29)
12. Negócio eletrônico (10)
13. Papéis do SI em negócios (6)
    a. Suporte de processos e operações de negócios (6)
    b. Suporte à tomada de decisões (6)
    c. Suporte a estratégias que buscam vantagem competitiva (7)
14. Processamento de informação (33)
15. Recursos de dados (31)
16. Recursos de *hardware* (30)
    a. Máquinas (30)
    b. Meio de armazenamento (31)
17. Recursos de rede (32)
18. Recursos de *software* (31)
    a. Programas (31)
    b. Procedimentos (31)
19. Recursos humanos (30)
    a. Especialistas de SI (30)
    b. Usuários finais (30)
20. Sistema (24)
    a. Entrada (24)
    b. Processamento (24)
    c. Resultado (24)
21. Sistema de informação (2)
22. Sistema de informação baseado em computador (31)
23. Sistemas de colaboração empresarial (10)
24. Sistemas de informação gerencial (12)
25. Tipos de sistemas de informação (11)
    a. Sistemas de informação integrados ou interfuncionais (14)
    b. Sistemas de apoio gerencial (14)
    c. Sistemas de suporte às operações (11)
    d. Sistemas funcionais de negócios (14)
    e. Sistemas de processamento de transação (11)
    f. Sistemas de controle de processo (12)
    g. Sistemas de colaboração empresarial (12)
26. Trabalhadores do conhecimento (30)

Módulo I • Conceitos fundamentais

Questionário de revisão

Relacione um dos termos e conceitos-chave mencionados anteriormente com os seguintes exemplos ou definições. Procure a melhor opção para respostas que parecem corresponder a mais de um termo ou conceito. Justifique suas escolhas.

_____ 1. Pessoas que passam a maior parte do seu dia de trabalho criando, usando e distribuindo informação.

_____ 2. *Hardware* e *software* de computador, redes, gerenciamento de dados e outras tecnologias.

_____ 3. Sistemas de informação apoiam processos, operações, tomadas de decisão e estratégias para vantagem competitiva dos negócios de uma organização.

_____ 4. Usar a TI para redefinir os processos de negócios e dar suporte a operações do negócio eletrônico.

_____ 5. Usar sistemas de suporte à decisão baseados na web para apoiar os gerentes de vendas.

_____ 6. Usar a tecnologia da informação de *e-commerce* para conseguir vantagem estratégica sobre os concorrentes.

_____ 7. Um sistema que usa pessoas, *hardware*, *software* e recursos de rede para coletar, transformar e disseminar a informação dentro de uma organização.

_____ 8. Um sistema de informação que usa computadores e seus *hardware*s e *software*.

_____ 9. Qualquer um que use sistema de informação ou a informação que o sistema produz.

_____ 10. Aplicações usando internet, intranets corporativas e extranets interorganizacionais para as operações de negócio eletrônico, *e-commerce* e colaboração empresarial.

_____ 11. Compras, vendas, *marketing* e produtos e serviços por internet e outras redes.

_____ 12. Ferramentas de *groupware* para dar suporte à colaboração entre equipes de trabalho.

_____ 13. Um grupo de componentes inter-relacionados com limites claramente definidos operando juntos para alcançar um objetivo comum.

_____ 14. Dados sobre desempenho de um sistema.

_____ 15. Fazer ajustes no componente de um sistema de modo que funcione corretamente.

_____ 16. Fatos ou observações.

_____ 17. Dados que foram colocados em um contexto significativo para um usuário final.

_____ 18. Conversão de dados em informação é uma modalidade desse tipo de atividade.

_____ 19. Um sistema de informação usa pessoas, *hardware*, *software*, rede e recursos de dados para executar entrada, processamento, saída, armazenamento e atividades de controle que transformam recursos de dados em produtos de informação.

_____ 20. Máquinas e meios de armazenamento.

_____ 21. Computadores, drives de disco, monitores de vídeo e impressoras são exemplos.

_____ 22. Discos magnéticos, discos ópticos e formulários em papel são exemplos.

_____ 23. Programas e procedimentos.

_____ 24. Um conjunto de instruções para um computador.

_____ 25. Um conjunto de instruções para pessoas.

_____ 26. Usuários finais e profissionais de sistemas de informação.

_____ 27. Utilizar o teclado de um computador para informar dados.

_____ 28. Calcular pagamentos de empréstimos.

_____ 29. Imprimir uma carta que você digitou usando um computador.

_____ 30. Salvar uma cópia da carta em um disco magnético.

_____ 31. Ter um recibo de vendas como prova de uma compra.

_____ 32. Sistemas de informação podem ser classificados em operacionais, gerenciais e outras categorias.

_____ 33. Inclui processamento de transação, controle de processo e sistemas de colaboração de usuário final.

_____ 34. Inclui informação gerencial, suporte à decisão e sistema de informação executiva.

_____ 35. Sistemas de informação que executam o processamento de transação e fornecem informação à gerência cruzando os limites de áreas funcionais de negócios.

_____ 36. Redes semelhantes à internet e *sites* dentro de uma empresa.

_____ 37. Redes interorganizacionais semelhantes à internet entre empresas parceiras de negócios.

_____ 38. Usar internet, intranets e extranets para reforçar operações de negócio internas, *e-commerce* e colaboração empresarial.

_____ 39. Sistemas de informação que se concentram em aplicações operacionais e administrativas em apoio às funções básicas de negócios, como contabilidade ou *marketing*.

_____ 40. Isso sugere que os dados poderiam ser visualizados da mesma forma que qualquer recurso organizacional a ser administrado de maneira eficaz em benefício de todos os interessados na organização.

_____ 41. O maior desafio para administradores e profissionais de negócios de hoje é solucionar problemas de negócios.

_____ 42. Como exemplo, é possível citar mensagens, relatórios, formulários e imagens gráficas, que podem ser fornecidos por telas de vídeo, respostas de áudio, produtos em papel e multimídia.

_____ 43. Isso inclui meios de comunicações e infraestrutura de rede.

_____ 44. Pessoas que desenvolvem e operam sistemas de informação.

_____ 45. A realização de um conjunto de atividades para a conversão de dados em informação.

_____ 46. Sistemas implementados para os processos de conversão física direta, como o refino de petróleo.

_____ 47. A segunda etapa da evolução dos sistemas de informação, concentrados em fornecer aos usuários administrativos informação para a tomada de decisão em formulários de relatórios predefinidos.

_____ 48. Um tipo de sistemas de suporte à operação orientado para o registro e processamento de dados capturados como resultado de transações de negócio.

_____ 49. Um tipo de sistema de suporte a operações que aprimora a comunicação e a produtividade da equipe e do grupo de trabalho.

Questões para discussão

1. Como a tecnologia da informação pode dar suporte aos processos de negócios de uma empresa e à tomada de decisão e promover uma vantagem competitiva? Dê exemplos para ilustrar a sua resposta.

2. Como o uso de internet, intranets e extranets por empresas atualmente dá suporte aos seus processos e às suas atividades de negócios?

3. Consulte o "Caso do mundo real 1" da Continental Airlines neste capítulo. Jay Bregman, CTO e cofundador da eCourier, observa que a companhia espera que o uso inovador de tecnologia se torne um diferencial em seu competitivo mercado. De forma geral, qual é o alcance de determinadas tecnologias no auxílio que prestam a empresas para conseguir uma vantagem sobre os competidores? Quais seriam as facilidades/dificuldades em imitar essas vantagens?

4. Por que as grandes companhias ainda são malsucedidas no uso da tecnologia da informação? O que elas deveriam fazer diferente?

5. Como um gerente pode demonstrar que é um usuário final responsável de sistemas de informação? Dê vários exemplos.

6. Consulte o "Caso do mundo real 2" sobre a JetBlue e VA neste capítulo. De que modo um processo poderia ser planejado para que o efeito dominó fosse evitado ou parcialmente controlado? Justifique suas escolhas.

7. Quais são alguns dos mais difíceis desafios gerenciais no desenvolvimento de soluções da TI para resolver problemas de negócio e encontrar novas oportunidades de negócios?

8. Por que há tantas classificações conceituais de sistemas de informação? Por que essas classificações geralmente se integram aos sistemas de informação encontrados no mundo real?

9. Quais as principais formas por meio das quais os sistemas de informação nos negócios mudaram nos últimos 40 anos? Que mudança importante acontecerá nos próximos dez anos? Consulte a Figura 1.4 para ajudá-lo a responder.

10. Consulte o exemplo do mundo real sobre ERPs neste capítulo. As falhas e o êxito descritos se devem a desafios gerenciais ou tecnológicos? Explique.

Exercícios de análise

Faça os exercícios a seguir como trabalhos individuais ou em grupo que apliquem os conceitos deste capítulo a situações de negócios no mundo real.

1. Compreendendo o sistema de informação

A biblioteca como sistema de informação

Uma biblioteca fornece um excelente modelo de sistemas de informação. Funciona como uma instalação enorme de armazenamento de informações, com arquivos de dados em texto, áudio e vídeo. Dê uma olhada nas definições de cada termo listado a seguir e explique brevemente os seus equivalentes em uma biblioteca.
  a. Entrada
  b. Processamento
  c. Saída
  d. Armazenamento
  e. Controle
  f. *Feedback*

2. Pesquisa de carreiras na web

Comparação de fontes de informação

Selecione um tipo de cargo que você gostaria de seguir como estagiário ou recém-formado. Forneça um exemplo do mundo real para cada elemento da Figura 1.19. Talvez seja necessária uma entrevista com alguém familiarizado com o cargo para descobrir as informações de que você necessita.

3. Skydive Chicago: eficiência e *Feedback*
Dados digitais

A Skydive Chicago (www.SkydiveChicago.com) é uma das primeiras escolas de paraquedismo dos Estados Unidos, orientando alunos de diversos níveis, que vão de iniciantes a equipes de competição internacionais de voo livre.

Cada aluno no programa de treinamento da Skydive Chicago faz uma série de saltos de treinamentos progressivo sob a supervisão direta de um *jumpmaster* (mestre de salto) habilitado pela United States Parachute Association (Uspa). O programa de treinamento adapta cada salto da série para ensinar uma ou duas novas habilidades, e o *jumpmasters* filmam os saltos de seus alunos, os quais usam o *feedback* fornecidos pelos vídeos para identificar erros. Eles geralmente fazem uma cópia dos vídeos para futura consulta.

Os *jumpmasters* também copiam os saltos bem executados pelo aluno para a fitoteca da escola. Todos os alunos têm acesso à sala de treinamento da área de salto e são estimulados a assistir aos vídeos e a se preparar para o próximo salto nas séries de treinamento. Essa etapa poupa um tempo considerável aos *jumpmasters*, que são pagos por salto. Eles também usam os vídeos para avaliar a eficácia de seus métodos de treinamento.

a. Como esse sistema de informação beneficia o estudante de paraquedismo?
b. Como esse sistema de informação beneficia a Skydive Chigago?
c. Desenhe um modelo de sistemas de informação (ver Figura 1.19). Preencha seu diagrama com informações sobre pessoal, *hardware*, *software* e outros recursos deste exercício.

4. Os livros didáticos estão ultrapassados?
Tendências em sistemas de informação

A disponibilidade de informações gratuitas via internet continua a crescer a taxas incríveis, sem contar que mecanismos de busca como o Google facilitam a localização de informações úteis. Este livro didático analisa o impacto da internet em várias indústrias – e a indústria do livro didático não é exceção. É possível que o conteúdo gratuito da internet substitua o livro didático algum dia?

a. Vá até o *site* www.google.com e use a caixa de pesquisa para localizar "usuário final". Entre os cinco primeiros resultados da busca no Google, há algum que seja útil para este curso?
b. Vá até o *site* www.wikipedia.org.br e use a caixa de pesquisa para localizar "trabalhador do conhecimento". Compare o artigo da Wikipédia com a informação fornecida neste livro. Qual fonte você considera mais fácil de usar? Quais são as vantagens da Wikipedia? Quais são as vantagens deste livro?
c. Google, Wikipédia ou este livro fornecem as informações mais úteis sobre "intranets"? Por quê?

5. Carreiras de SI
Recuperação de desastres

"Qual é a importância dos seus dados para você?" "O que aconteceria se..." Enquanto os gerentes de negócios se concentram em resolver problemas e determinar o que seus sistemas de informação devem fazer, os consultores de recuperação de desastres imaginam o que aconteceria se as coisas dessem errado.

Por meio de um cuidadoso planejamento avançado, os especialistas de recuperação de desastres ajudam seus clientes a evitar calamidades. Embora este tópico trate de uma ampla gama de problemas de *software*, de configuração de instalação e de ameaças de segurança, o exame dos erros frequentes do usuário final também pode ser útil. Os erros frequentes incluem:

- Falhas frequentes em salvar o trabalho antes de sua finalização.
- Falhas em providenciar uma cópia de segurança.
- Falhas ao armazenar arquivos originais e cópias de segurança em locais diferentes.

Para cada um desses erros frequentes de usuários finais, responda às questões a seguir.

a. De que modo o erro pode resultar em perda de dados?
b. Que procedimentos devem ser seguidos para impedir esse risco?

CASO DO MUNDO REAL 3: Sew What? Inc.: o papel da tecnologia da informação no sucesso de pequenos negócios

O que Sting, Elton John e Madonna têm em comum? Além de serem estrelas de rock internacionais, todos eles usam cenários teatrais desenvolvidos e fabricados pela fabricante de tecidos personalizados Sew What? Inc. Com sede em Rancho Dominguez, Califórnia, a Sew What? fornece cortinas e tecidos personalizados para palcos, shows, desfiles e eventos especiais em todo o mundo e tornou-se líder da indústria em eventos de rock.

Fundada em 1992 pela australiana Megan Duckett, a Sew What? Passou de uma pequena empresa de fundo de quintal para uma companhia multimilionária, graças à abordagem de nunca dizer não para satisfazer os clientes. "Quando percebo um problema, não recuo. Encontro uma maneira de superá-lo e faço que todos àqueles que conheço me ajudem", diz Duckett.

O que tornou possível o negócio de uma única mulher, que começou em uma cozinha, evoluir e tornar-se uma empresa multimilionária com 35 funcionários? Megan Duckett atribui seu sucesso ao trabalho duro, à qualidade da mão de obra e, sobretudo, à tecnologia da informação.

A Sew What? teve um crescimento vertiginoso nos últimos anos, atingindo vendas anuais no valor de US$ 4 milhões até o final de 2006. Duckett, a presidente da companhia, atribui boa parte do rápido crescimento de sua empresa à sua capacidade de alavancar a tecnologia da informação e à internet para impulsionar as vendas. "Antes de lançarmos nosso *site*, sewwhatinc.com, quase todo nosso negócio era local", afirma, Duckett. "Mas, após o lançamento do *site*, há três anos, conseguimos clientes em todo o mundo. De fato, no ano passado a receita cresceu 45% sobre as vendas do ano anterior, e este ano temos a meta de atingir um aumento de 65% sobre as vendas de 2005. E quase todo o crescimento se deve às vendas realizadas pelo *site*."

Embora o *site* da empresa possa ser considerado o maior responsável, a gestão de todos os negócios que ele proporciona requer um grande esforço nos bastidores. Duckett depende especificamente de uma sólida infraestrutura de TI para ajudar a manter a empresa funcionando sem problemas. "Somos uma empresa centrada no cliente", observa. "É vital que tenhamos uma excelente tecnologia da informação de retaguarda para gerenciar os negócios e proporcionar ótimos serviços aos nossos clientes."

A Sew What? administra a maioria de seus negócios com o *software* QuickBooks Enterprise Solutions Manufacturing and Wholesale, da Intuit, e o sistema operacional Windows Server, da Microsoft, instalado em um servidor Dell PowerEdge 860, que funciona com processador Intel Xeon e 146 *gigabytes* de capacidade de disco. Segundo Duckett, "administrar nosso negócio exige muita capacidade de armazenamento. Além de informações de clientes e arquivos QuickBooks operacionais e financeiros importantes, precisamos armazenar milhares de arquivos de fotos de cortinas e tecidos, arquivos com instruções dos clientes e outros tipos de dados." O suporte de informática extra da Sew What? inclui um servidor Dell Power Edge-servidor 500 mais antigo dedicado a alguns aplicativos mais leves e uma variedade de sistemas de computadores pessoais da Dell para os funcionários.

A Sew What? começou em 1992 como uma atividade de meio período, com Duckett cortando e costurando tecido em sua mesa da cozinha. Ela dedicou-se integralmente a partir de 1997 e fundou a empresa em 1998. O importante papel que a tecnologia desempenha na administração de um pequeno negócio bem-sucedido tornou-se patente quando Megan perdeu um grande contrato. O cliente em potencial disse que, sem um *site*, "faltava credibilidade" à empresa de Megan. "Antes de perder aquele contrato, pensei: 'Dirijo um negócio de costura, um artesanato. Não preciso de um *site*'". Duckett admite ter sido bastante arrogante, principalmente porque ela havia transformado seu negócio em algo "muito bom" graças somente ao efeito de boca em boca. "Rapidamente compreendi que aquele conceito estava errado. Você não pode ter uma atitude como aquela e ficar por isso mesmo", reconhece.

Perder o contrato também coincidiu com um período de baixo crescimento entre 2001 e 2002. Foi quando Duckett decidiu adotar a tecnologia. Ela projetou e construiu seu próprio *site* usando o Microsoft Publisher. "Você descobre e aprende como fazer as coisas sozinho quando os orçamentos são baixos", admite ela.

Duckett continuou trabalhando para melhorar o *site* e torná-lo melhor para seus clientes. Um ano depois, sentindo que o *site* precisava ser renovado, ela se inscreveu em um curso do *software* Dreamweaver com duração de 10 semanas e refez o *site* completamente. Assim, a reconstrução do *site* ajudou a Sew What? a tornar-se uma empresa com consumidores em todo o mundo e uma clientela que inclui astros internacionais do rock, a Gucci e a revista *Rolling Stone*.

Em 2005, Duckett decidiu que precisava melhorar a navegação do *site*, porque "eu queria que fosse elegante e também proporcionasse ao cliente uma ótima experiência. Aquilo estava além das minhas capacidades, por isso, contratamos uma empresa de consultoria de *web marketing* para produzir um sistema de navegação personalizada para o *site*".

Ela trabalhou com especialistas para desenvolver *branding*, otimização do mecanismo de pesquisa, design geral e layout do *site*, mas continua a fornecer todo o conteúdo, incluindo textos e imagens. Há também uma versão em espanhol do *site*, e profissionais aprimoram as funcionalidades de busca principal para incluir variantes ortográficas para os diferentes países de língua inglesa. Por exemplo, você pode procurar a grafia americana de theater (teatro) ou a versão britânica e australiana, theatre.

O *site* também permite que clientes potenciais vejam todos os tipos de amostras de cores e os ensina a calcular de modo preciso as medidas para seus projetos. Também apresenta as diferenças entre uma tela de algodão, uma tapadeira e uma cortina, além de dar dicas sobre cuidados e precauções para lidar com vários tipos de materiais de tapeçaria – e muito mais.

Certo dia, enquanto visitava o *site* da Dell web, Duckett viu uma reportagem sobre o Prêmio Dell/NFIB de Excelência para Pequenas Empresas (Dell/NFIB Small Business Excellence Award). A Federação Nacional de Empresas Independentes (National Federation of Independent Business – NFIB) e a Dell oferecem esse prêmio anual para uma empresa de pequeno porte em reconhecimento ao uso inovador de tecnologia para melhorar a experiência dos clientes. O vencedor recebe o correspondente a US$ 30.000 em produtos e serviços

Continua →

da Dell, associação vitalícia à NFIB e uma visita de um dia à sede da Dell, com a presença de Michael Dell e outros executivos seniores.

Duckett percebeu que "a descrição dos tipos de empresas que eles estavam procurando descrevia perfeitamente a Sew What?". "Havíamos feito tudo o que eles estavam procurando, então resolvi participar. Meu marido (e parceiro de negócios) riu e me lembrou de que eu nunca havia ganhado nada." Escrever o artigo para o concurso fez Duckett refletir sobre tudo o que ela e seus funcionários haviam alcançado ao longo dos anos: "Podíamos relaxar e sentir muito orgulho de nós mesmos, e isso foi suficiente para que todos se sentissem revigorados em nossas reuniões semanais de produção."

Os juízes do concurso também reconheceram o comprometimento apaixonado de Megan Duckett em buscar a satisfação do cliente e a utilização de tecnologia da informação para o sucesso do negócio. Assim, eles deram à Sew What? o Prêmio de Excelência para Pequenas Empresas. Ganhar o prêmio foi uma experiência emocionante. Olhando para o calibre e as realizações dos outros nove finalistas, Duckett se perguntava se a Sew What? conseguiria ficar entre as dez finalistas: "Eu não podia acreditar que uma grande empresa como a Dell, tão empreendedora e avançada em todos os sentidos, prestaria atenção em nossa pequena empresa e mostrar algum reconhecimento".

Assim como outros donos de pequenos negócios, Duckett coloca uma enorme quantidade de energia física e emocional em seu trabalho. "Ganhar esse prêmio é, pessoalmente, muito lisonjeiro", afirma ela. "Este negócio faz parte de cada cada célula do meu corpo, e ter alguém dizendo 'Belo trabalho'... bem, em uma pequena empresa, ninguém diz esse tipo de coisa para você."

Isso pode ter sido verdade anteriormente, mas a liderança em tecnologia e o sucesso nos negócios da Sew What? continuam a ganhar reconhecimento. Em março de 2007, a empresa recebeu o Stevie Award for Women in Business (Prêmio Stevie para Mulheres de Negócios) como "empresa mais inovadora do ano" entre aquelas com até cem empregados. Poucos meses antes, a Sew What? havia recebido um SMB 20 Award da *PC Magazine*, que homenageia as vinte pequenas e médias empresas mais tecnologicamente inovadoras a cada ano. "As pequenas e médias empresas são o norte da economia de hoje, no entanto, muitas vezes não recebem a atenção e o reconhecimento que merecem", afirma Jim Louderback, editor-chefe da *PC Magazine*. "Queremos destacar o trabalho duro, a liderança tecnológica e o espírito inovador de milhares de pequenas e médias empresas em todo o mundo."

Duckett planeja usar seu prêmio para adicionar um sistema de código de barras capaz de acompanhar o processo de fabricação no depósito da empresa. No negócio de cortinas, os tecidos são armazenados em rolos no depósito e depois passam por diferentes fases: recebimento, corte, costura, expedição, e assim por diante. O processo de leitura dos códigos de barra permitirá à equipe de Duckett controlar quanto tempo o tecido permanece em determinada fase. Esses dados proporcionarão uma ideia mais precisa sobre os custos, o que os ajudará a estabelecer listas de preços mais exatas.

"Não precisamos cobrar uma hora e meia de trabalho no caso de um corte que leva apenas uma hora e 15 minutos", observa Duckett. Atualmente, a empresa utiliza um sistema manuscrito com registros do início e do fim de sessão que, segundo ela, é muito demorado e apresenta muitos erros. "O novo sistema também nos permitirá acompanhar o andamento dos pedidos individuais", promete ela. "Vamos ser capazes de oferecer um serviço melhor ao manter o cliente atualizado."

Fonte: Adaptado de Lauren Simonds. "Pay Attention to the Woman -Behind the Curtain". *Small BusinessComputing.com*, 21 de julho de 2006.

QUESTÕES DO ESTUDO DE CASO

1. Como as tecnologias da informação contribuem para o sucesso dos negócios da Sew What? Dê alguns exemplos do caso sobre o valor para o negócio da tecnologia da informação que demonstrem essa conclusão.
2. Se você fosse um consultor de gestão de Sew What? quais seriam as recomendações para que a empresa fosse ainda mais bem-sucedida atualmente? Que papel desempenham as tecnologias da informação nas suas propostas? Forneça várias recomendações específicas.
3. Como aumentar a utilização da tecnologia da informação ajuda um pequeno negócio que você conhece a ser mais bem-sucedido? Dê alguns exemplos para ilustrar a sua resposta.

ATIVIDADES DO MUNDO REAL

1. Faça uma pesquisa na internet para ajudar a avaliar o desempenho comercial da Sew What? e de seus concorrentes neste momento. Quais conclusões você pode tirar de suas pesquisas sobre as perspectivas de futuro da empresa? Faça um relatório para a turma sobre suas conclusões e recomendações para que a Sew What? continue a ter sucesso empresarial.
2. Pequenas empresas têm sido mais lentas do que grandes ao integrarem a tecnologia da informação em suas operações. Forme pequenos grupos com seus colegas de turma para discutir as razões disso, identificando as várias soluções de TI possíveis e seus benefícios empresariais que poderiam ajudar as pequenas empresas a se tornar mais bem-sucedidas.

CAPÍTULO 2
Competindo com a tecnologia da informação

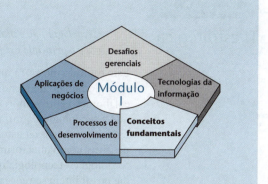

Destaques do capítulo

Seção I
Fundamentos da vantagem estratégica
TI estratégica
Conceitos de estratégia competitiva
"Caso do mundo real 1": Líderes de TI: reinventando a TI como parceira estratégica de negócios
Usos estratégicos da tecnologia da informação
Construindo um negócio focado no cliente
A cadeia de valor e os SI estratégicos

Seção II
Utilizando a tecnologia da informação para vantagem estratégica
Usos estratégicos da TI
Processos de reengenharia de negócios
"Caso do mundo real 2": Para empresas grandes e pequenas: administrando um negócio com smartphones
Tornando-se uma empresa ágil
Criando uma empresa virtual
Construindo uma empresa criadora do conhecimento
Sistema de gestão de conhecimento
"Caso do mundo real 3": Wachovia e outros: negociando títulos na velocidade da luz

Objetivos de aprendizagem

1. Identificar várias estratégias competitivas básicas e explicar como elas podem utilizar tecnologias da informação para confrontar as forças competitivas de um negócio.

2. Identificar vários usos estratégicos das tecnologias da internet e apresentar exemplos de como eles podem proporcionar vantagens competitivas em um negócio.

3. Dar exemplos de como o fato de reorganizar o processo do negócio frequentemente envolve o uso estratégico das tecnologias da internet.

4. Identificar o valor para o negócio de utilizar as tecnologias da internet para tornar-se um competidor ágil ou constituir uma empresa virtual.

5. Explicar como sistemas de gestão do conhecimento podem ajudar o negócio a ganhar vantagens estratégicas.

Seção I — Fundamentos da vantagem estratégica

TI estratégica

Tecnologia não é mais um tema secundário quando se trata de estratégia nos negócios: tecnologia é o princípio e a força motriz da estratégia de negócios.

Este capítulo mostrará que é importante ver os sistemas de informação como algo mais do que um aglomerado de tecnologias que dão suporte a operações de negócios, grupos de trabalho e colaboração entre empresas eficientes ou a tomadas de decisões empresariais eficazes, uma vez que a tecnologia da informação pode mudar a maneira como a empresa compete. É preciso também enxergar os sistemas de informação estrategicamente, ou seja, como redes vitais e competitivas, como uma forma de renovação organizacional e como um investimento necessário em tecnologia – tecnologia que ajuda a empresa a adotar estratégias e processos empresariais que lhe possibilitem se reorganizar ou se reinventar para sobreviver e ter sucesso no dinâmico meio empresarial da atualidade.

A Seção I deste capítulo introduz conceitos fundamentais de estratégias competitivas que fundamentam o uso dos sistemas de informação. A Seção II aborda diversas e importantes aplicações estratégicas da tecnologia da informação utilizada por muitas empresas hoje em dia.

Leia o "Caso do mundo real 1" sobre a vantagem competitiva da TI. Com esse caso, pode-se aprender muito sobre os usos estratégicos das tecnologias da informação nos negócios (ver Figura 2.1).

Conceitos de estratégia competitiva

No Capítulo 1, enfatizamos que o papel importante das aplicações dos sistemas de informação nos negócios é fornecer um suporte eficiente às estratégias de uma empresa para obter vantagem competitiva. Esse papel estratégico dos sistemas de informação envolve o uso da tecnologia da informação para desenvolver produtos, serviços e recursos que forneçam para a empresa importantes vantagens sobre as forças competitivas que ela enfrenta no mercado global.

Isso é realizado por meio de uma estratégica arquitetura de informação – um conjunto de **sistemas de informação estratégicos** que dão suporte ou forma à posição competitiva e à estratégia de uma empresa. Portanto, um sistema de informação estratégico pode ser qualquer tipo de sistema (TPS, MIS, DSS etc.) que use tecnologia da informação para ajudar uma organização a obter vantagem competitiva, reduzir a desvantagem competitiva ou atingir outros objetivos estratégicos de uma empresa.

A Figura 2.2 mostra as várias forças competitivas que um negócio pode encontrar, bem como as estratégias competitivas que podem ser adotadas para enfrentar essas forças. É importante notar que a figura sugere que qualquer uma das principais estratégias pode ser considerada útil contra quaisquer das forças competitivas comuns, e, embora seja raro e pouco provável que uma única empresa seja capaz de usar todas as estratégias simultaneamente, cada uma delas tem seu valor em certas circunstâncias. Por enquanto, é importante apenas que você fique familiarizado com as abordagens estratégicas disponíveis. Vamos analisar diversos conceitos básicos que caracterizam o papel da estratégia competitiva aplicada aos sistemas de informação.

Forças competitivas e estratégias

Como um profissional de negócios deveria imaginar estratégias competitivas? Como as estratégias podem ser aplicadas com o uso dos sistemas de informação por uma empresa? A Figura 2.2 ilustra uma importante estrutura conceitual por meio da qual se podem compreender as forças de competição e as várias estratégias competitivas utilizadas para equilibrá-las.

Uma empresa pode sobreviver e ter sucesso por um longo período somente se tiver êxito em desenvolver estratégias que confrontem as cinco **forças competitivas** que formam a estrutura da competição em seu setor. No clássico modelo de competição de Michael Porter, qualquer empresa que deseja sobreviver e ter sucesso deve desenvolver e implementar estratégias para efetivamente opor-se (1) *à rivalidade dos concorrentes dentro do setor*, (2) *à ameaça de novos concorrentes no setor e no mercado*, (3) *à ameaça causada por produtos substitutos que possam capturar uma porção do mercado*, (4) *ao poder de barganha dos clientes* e (5) *ao poder de barganha dos fornecedores*.

CASO DO MUNDO REAL 1 — Líderes de TI: reinventando a TI como parceira estratégica de negócios

O gerente de informação Steve Olive não está distribuindo estrelas douradas para a TI por fornecer um bom suporte de PC ou serviços de rede na Raytheon Integrated Defense Systems. "Serviços de TI permanentemente confiáveis e excelentes devem ser a norma", afirma Olive. "O que as empresas precisam – e a TI deve fornecer – são soluções inovadoras para os desafios do negócio." Isso significa aplicar a tecnologia de forma criativa para produzir bens mais eficientes e com menor custo, para vender mais e prestar mais serviços e, com isso, obter as maiores margens de lucro.

De acordo com Darryl Lemecha, gerente de informação da ChoicePoint Inc., isso significa também utilizar a TI para criar novos produtos e serviços e até mesmo modelos de negócios completamente novos. Como a tecnologia está inserida em praticamente tudo que uma empresa faz, a "estratégia de tecnologia e a empresarial são, na verdade, a mesma estratégia". Kathleen McNulty, gerente de informação da The Schwan Food Co., apresenta a questão desta forma: "Não se trata mais de a TI automatizar o negócio. Trata-se de inovar o negócio, aprimorando-o". Por isso, esqueça isso de a TI dar suporte ao negócio, pois os líderes de TI estão focados na reinvenção da empresa, começando com a organização da tecnologia.

A oportunidade não poderia ser melhor. De acordo com a Gartner Inc., no prazo de cinco anos, 60% dos executivos farão que seus gerentes de informação sejam responsáveis por usar a informação como ativo estratégico (leia-se: geração de receita). A Gartner também prevê que 40% dos CEOs farão que seus gerentes de informação sejam responsáveis pela inovação do modelo de negócios.

Executivos de TI, como John Hinkle, da Trans World Entertainment Corp., Patrick Bennett, da E! Entertainment Television Inc., e Filippo Passerini, da Procter & Gamble, já adotaram essa tendência. Eles estão transformando completamente suas organizações de TI, e tudo é motivo para mudanças radicais, desde o modo e o local onde a TI está inserida em suas empresas até a designação dos cargos. As obrigações de TI envolvem cada vez mais responsabilidade para os processos de negócio, bem como a tecnologia que lhes dá suporte, e também haverá uma reinvenção da maneira como o valor da TI é medido.

Fonte: Getty Images.

FIGURA 2.1 As organizações de TI estão sendo convocadas a inovar e aprimorar os processos de negócios como parceiras iguais.

"Se você deseja propiciar uma quantidade significativa de mudanças de comportamento em uma organização, saiba que haverá algumas grandes mudanças", afirma Hinkle. "Talvez isso indique uma importantíssima mudança estrutural ou uma mudança naquilo que as pessoas fazem". Na Trans World, ambas ocorreram.

Quando Hinkle chegou a Trans World, vindo da General Electric, aboliu o título de analista e deslocou o pessoal que desempenhava essa função para o escritório de gerenciamento de projetos (*project management office* – PMO), que supervisiona todos os projetos de tecnologia e negócios, bem como todas as mudanças no processo de negócios para as 800 lojas de música da empresa. Os gerentes de projeto têm desenvolvido conhecimentos e um relacionamento especial com as funções do negócio a que são dedicados. Novos projetos e até mesmo alterações dos sistemas passam pelo PMO, que utiliza os processos de gestão de projetos Seis Sigma.

Como gerente de informação, Hinkle supervisiona o PMO, é membro do conselho executivo da empresa e está profundamente envolvido em todas as decisões empresariais. "Estou envolvido em merchandising, planejamento de lojas e em todas estratégias centrais da empresa", diz Hinkle. "Esperam que eu saiba muito sobre essas coisas, e eu também espero saber responder a outras questões além daquelas que envolvem a TI. Faço parte do *brainstorming* da estratégia."

Hinkle espera que sua equipe de TI seja igualmente conhecedora dos processos de negócio, razão pela qual cada membro da equipe passa, no mínimo, três dias do ano trabalhando em uma loja, um armazém ou departamento, como finanças ou da folha de pagamento. "Dessa forma, eles ficam sabendo do que a empresa realmente necessita e como ajudar", diz ele. "Não há um sistema de cadeia de suprimentos ou sistema financeiro que funcione isolado ou sistema de ponto de venda que apenas aceite dinheiro. Atualmente, o fluxo de dados é altamente integrado, e cada projeto requer a compreensão de todos os sistemas e de todas as áreas de negócio." Ao conhecerem o negócio, "eles entendem melhor por que podem receber uma chamada para apoio durante a madrugada", acrescenta Hinkle.

Na ChoicePoint, Lemecha criou uma estrutura com dois tipos de posições de TI: um para os trabalhadores técnicos que possuem o título de arquiteto de TI outro para os gerentes que possuem o título de agente de informação de negócios (*business information officer* – BIO). "Acreditamos em duas carreiras independentes. Só porque você não gerencia pessoas não significa que sua carreira na empresa deva ser limitada", diz ele.

Os BIOs são incorporados em cada um dos negócios da ChoicePoint e atuam como gerentes de informação locais. "Eles entendem as questões operacionais, sabem tudo sobre o pessoal e passam 100% do seu tempo nas unidades de negócios", onde podem influenciar diretamente o alinhamento dos negócios TI, afirma Lemecha. "Eles sabem e entendem do negócio porque vivem no negócio", diz ele. A principal vantagem desse arranjo é que, "quando você corrige os problemas de alinhamento, acerta os projetos de TI e, então, gera um impacto na receita e obtém um melhor serviço para cliente", afirma Lemecha. O constante crescimento de receita da ChoicePoint, que variou de 5% a 15% ao ano durante os últimos anos, não é coincidência.

Continua →

Na Procter & Gamble (P&G), o projeto de TI mais importante da empresa nos últimos três anos tem sido reinventar a própria TI segundo um plano de alinhamento estratégico de quatro anos. "No ano passado, fizemos uma remodelação, mudamos os nomes e o foco, e começou um novo treinamento das 2.500 pessoas que fazem parte da nossa equipe de TI", diz Passerini, diretor de serviços globais de negócios e gerente de informação. O departamento de TI foi rebatizado de Soluções de Informações e Decisões (*Information & Decision Solutions* – IDS). O novo grupo IDS foi então incorporado à organização de serviços compartilhados dos Serviços Globais da P&G, que é também a sede de recursos humanos, finanças, planejamento estratégico e funções de transferência. Os funcionários do IDS concentram-se exclusivamente em projetos empresariais de alto nível viabilizadas por TI; as tarefas rotineiras de TI são terceirizadas para a Hewlett-Packard, de acordo com um contrato de 10 anos no valor de US$ 3 bilhões, assinado em 2003.

Passerini encarregou o IDS com os mesmos três objetivos de negócios de todas as outras unidades de negócios da P&G: aumentar os lucros, a participação no mercado e o volume de vendas. Para isso, o IDS se concentra em três táticas principais: obtenção e divulgação de dados de forma mais rápida, inovação e aceleração das maneiras pelas quais a P&G leva os produtos ao mercado e aplicação de técnicas "favoráveis ao consumidor" para fornecer novos produtos e serviços para a base de usuários internos da P&G. Por exemplo, o IDS desenvolveu um processo de modelagem virtual e técnicas de simulação que permitem planejamento de embalagem, testes de consumo, testes de produtos e até mesmo novas técnicas de fabricação a serem desenvolvidas e testadas em um ambiente totalmente virtual, acelerando drasticamente o tempo de ciclo de novos produtos.

"Quando temos novos produtos, podemos construir prateleiras virtuais de vendas e até mesmo mostrar os produtos de nossos concorrentes alinhados. Mais importante: podemos construir nossos produtos de acordo com a escala das prateleiras de diferentes lojas, e fazemos tudo isso para aumentar a capacidade de negócio da P&G", diz Passerini. "A ideia geral é administrar a TI como um negócio, mas não necessariamente usando medidas financeiras tradicionais, de retorno sobre o investimento, para quantificar o valor da TI", afirma. "No final, ninguém acredita naqueles números, de qualquer maneira. Os números que você quer são lucros, participação de mercado e volume de venda maiores. Na realidade, tudo gira em torno da relevância da contribuição da TI para o negócio", acrescenta Passerini. É assim que o valor da TI é medido na P&G.

A E! Entertainment Television, em Los Angeles, afastou-se radicalmente do seu modelo tradicional de separar as operações de TI das operações de transmissão de televisão. A mudança coincide com a mudança de tecnologia das fitas magnéticas para a tecnologia digital. Antes, vice-presidentes distintos supervisionavam as operações *on-line*, de rede de televisão e de TI. Agora há um único vice-presidente sênior de tecnologia e operações, e ideias, designs, tecnologia e projetos são compartilhados entre as três operações.

"Por exemplo, o pessoal de TI for envolvido no projeto de conteúdo *on-line* da E! a partir do momento em que o *site* foi lançado, em outubro de 2006", observa Bennett, diretor-executivo de aplicações empresariais. "Se isso acontecesse antes, teríamos recebido especificações e construído, como faz um empreiteiro", diz ele. "Mas agora a TI esteve nas discussões sobre *branding* e grupos de foco de audiência desde o início. O que fizemos foi nivelar os processos mais formais (de desenvolvimento de *software*) e torná-los mais pessoais", como uma forma de desenvolver produtos e serviços mais rapidamente em todas as mídias, afirma Bennett. "À medida que interagimos com executivos e usuários e lançamos *software* de maneira iterativa, também estamos ganhando mais conhecimento de domínio sobre o negócio", observa.

Há pouco tempo, a equipe de TI participou de uma discussão sobre o oferecimento de um recurso *on-line* que permitiria aos visitantes do *site* da E! votar nas celebridades mais "quentes" do tapete vermelho nas premiações do Globo de Ouro e do Oscar. "Isso não seria uma discussão ou conversa tradicional que você teria com a TI", observa Bennett, ironicamente, "mas agora estamos pensando sobre esse tipo de coisa em toda a mídia". Sob a nova estrutura organizacional, "há interação e troca de informações constantes, além de ideias por meio do contato humano. Ao contrário do que costumava ser atribuição de um departamento de usuários, a TI está em constante interação com as mídias", diz ele. "Você é mais do que um parceiro do negócio. Você também está criando produtos, juntos. A TI está definitivamente saindo das sombras dos sistemas corporativos de retaguarda."

"É, principalmente, uma mentalidade diferente", diz Olive, da Raytheon, cuja organização de TI renovada inclui agora gestores de relacionamentos com os clientes que estão por dentro do negócio, além de 10 equipes de profissionais técnicos que dão suporte às estruturas de TI, como infraestrutura, suporte a aplicativos e serviços de help desk. A grande maioria dos profissionais técnicos é "de casa" e atua em equipes multifuncionais que trabalham em projetos trazidos pelos gerentes de relacionamento com o cliente, observa ele.

"Demorou dois anos para este modelo realmente tomar forma. No início, houve um pouco de tensão, e não se sabia direito sobre a clareza dos papéis e das responsabilidades", reconhece Olive. "Mas, uma vez que os papéis e as responsabilidades foram definidos, melhorou o moral e surgiu uma força de trabalho altamente motivada, já que estávamos fazendo contribuições de nível superior para o negócio."

Fonte: Adaptado de Julia King. "How IT Is Reinventing Itself as a Strategic Business Partner". *Computerworld*, 19 de fevereiro de 2007.

QUESTÕES DO ESTUDO DE CASO

1. Que desafios empresariais e políticos podem ocorrer como resultado da transformação da TI, que deixa de ser apenas uma atividade de apoio e passa a ter uma função de parceiro? Dê exemplos do caso para justificar a sua resposta.
2. Quais as implicações dessa mudança na visão estratégica da TI para os trabalhadores tradicionais de TI e para as instituições educacionais responsáveis por sua formação? Como isso altera a ênfase sobre o conhecimento e as habilidades que o profissional de TI do futuro deve ter?
3. Até que ponto você concorda com a ideia de que a tecnologia está inserida em praticamente tudo que uma companhia faz? Dê exemplos, com exceção dos incluídos no caso, de lançamentos recentes de produtos que não teriam sido possíveis sem uma forte dependência na TI.

ATIVIDADES DO MUNDO REAL

1. Faça uma pesquisa na internet para encontrar informações sobre outras empresas que transformaram suas organizações de TI e o papel do gerente de informação na estrutura de governança da organização. Que benefícios essas organização têm sido capazes de tirar dessas mudanças? Prepare um relatório e apresente suas descobertas para a turma.
2. Pense nas tecnologias de realidade virtual utilizadas pela Procter & Gamble e descritas neste caso. Forme pequenos grupos com seus colegas e façam sessões de *brainstorming* sobre esses tipos de tecnologias para empresas em setores que não os analisados nesse caso.

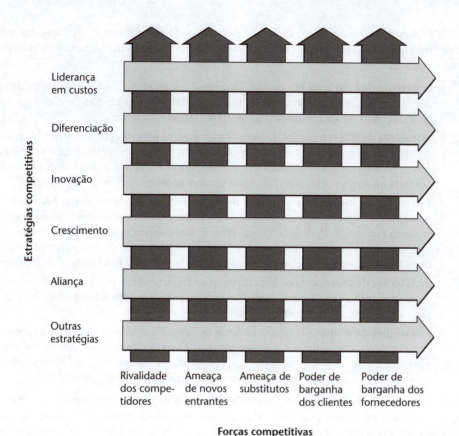

FIGURA 2.2 Empresas podem desenvolver estratégias competitivas para conter as ações das forças competitivas que elas enfrentam no mercado.

Competição é uma característica positiva nos negócios, e competidores compartilham de uma natural – e geralmente saudável – rivalidade. Essa rivalidade encoraja e às vezes demanda esforço constante para a obtenção da vantagem competitiva no mercado. Essa força competitiva sempre presente requer recursos significativos por parte da empresa.

Precaver-se contra a ameaça dos novos "competidores" também demanda significativos recursos organizacionais, uma vez que as empresas não precisam somente competir com as outras no mercado, mas também trabalhar para criar barreiras reais a fim de evitar a entrada de novos competidores. Essa força competitiva sempre foi difícil de gerenciar, e hoje em dia é ainda mais difícil fazer isso. A internet tem criado muitas maneiras para um novo empreendedor entrar rapidamente no mercado e com um custo relativamente baixo. No mundo da internet, o maior competidor em potencial de uma empresa pode ser algo que ainda não está no mercado, mas que é capaz de surgir do dia para a noite.

A ameaça de substitutos é outra força competitiva confrontando a empresa. O efeito dessa força é quase diário em uma grande variedade de indústrias e, com frequência, mais forte em períodos de elevação de custos ou inflação. Quando os preços praticados pelas companhias aéreas ficam muito elevados, as pessoas substituem o avião pelo carro nas férias, e quando o preço do bife sobe, as pessoas comem frango. A maioria dos produtos dispõe de algum tipo de substituto disponível para o consumidor.

Por fim, uma empresa deve resguardar-se das forças de oposição geradas pelo poder de barganha dos clientes e fornecedores, pois, se o poder de barganha dos clientes fica muito forte, eles podem forçar os preços para baixo ou simplesmente se recusar a comprar o produto ou serviço. Todavia se o poder de barganha de um importante fornecedor fica muito forte, ele pode aumentar o preço ou enfraquecer a empresa mediante o controle do fluxo de peças ou matérias-primas essenciais para a produção do produto.

A Figura 2.2 também mostra que as empresas podem combater as ameaças das forças competitivas que estão enfrentando se implementarem uma ou mais das cinco **estratégias competitivas** básicas.

- **Estratégia de liderança em custos.** Tornar-se um produtor com custos baixos de produtos e serviços ou encontrar uma forma de ajudar seus fornecedores e clientes a reduzir seus custos ou mesmo aumentar os custos dos concorrentes.
- **Estratégia de diferenciação.** Desenvolver maneiras para diferenciar os produtos e serviços de uma empresa dos seus competidores ou reduzir a vantagem de diferenciação dos concorrentes. Isso permitirá que a empresa com foco em seus produtos e serviços obtenha uma vantagem competitiva em um segmento particular do mercado.
- **Estratégia de inovação.** Encontrar novas maneiras de fazer negócios. Isso pode significar desenvolver produtos e serviços exclusivos ou entrar em mercados ou nichos também exclusivos. Pode igualmente ser útil para mudanças drásticas nos processos de produção ou distribuição de produtos ou serviços, tornando-os bem diferentes da maneira usual a ponto de causar uma modificação da estrutura fundamental da indústria.
- **Estratégias de crescimento.** Fazer com que a capacidade de produzir produtos ou serviços da empresa cresça significativamente, expandir para o mercado global, diversificar produtos e serviços ou integrar produtos e serviços afins.
- **Estratégias de aliança.** Estabelecer novas uniões e alianças com clientes, fornecedores, competidores, consultores e outras empresas. Essas associações podem incluir fusões, aquisições, associações, criação de "empresas virtuais" ou outros acordos de *marketing*, produção ou distribuição entre a empresa e seus parceiros de negócio.

Outro aspecto com relação às estratégias citadas é que elas não são incompatíveis – ou seja, uma empresa pode utilizar uma, algumas ou todas as estratégias, em diversos graus, para gerenciar as forças de competição; por isso, uma atividade pode precisar de uma ou mais das categorias de estratégia competitiva mostradas aqui. Por exemplo, implementar um sistema que permita aos clientes rastrear suas encomendas ou seus pedidos *on-line* poderá ser considerado um diferencial se outras empresas no mercado não oferecerem esse serviço. Caso elas o ofereçam, esse sistema não será um diferencial.

Se uma empresa oferece um sistema de rastreamento *on-line* de encomendas que permita ao cliente acessar informações de envio não apenas pelo computador, mas também pelo celular, a estratégia pode ser considerada um diferencial e uma inovação. Veja dessa maneira: nem tudo que é inovador servirá para diferenciar uma empresa de outra. Da mesma maneira, nem tudo o que diferencia as empresas é, necessariamente, visto como inovador. Essas observações são válidas para qualquer combinação de estratégias; sendo assim, é melhor considerá-las complementares em vez de mutuamente excludentes.

Usos estratégicos da tecnologia da informação

Como os gerentes podem utilizar os investimentos em tecnologia da informação para dar suporte às estratégias competitivas de uma empresa? A Figura 2.3 responde à essa pergunta com um quadro das várias maneiras de como a tecnologia da informação pode auxiliar uma empresa a implementar as cinco estratégias competitivas básicas. A Figura 2.4 exemplifica como certas empresas têm usado os sistemas estratégicos de informação para implementar cada uma das cinco estratégias básicas de vantagem competitiva. Observe que a principal utilização de tecnologias da internet se dá para aplicações de comércio eletrônico (*e-commerce*) e de negócios eletrônicos. No restante do capítulo, vamos discutir e exemplificar muitos usos estratégicos da tecnologia da informação.

Outras iniciativas estratégicas

Há muitas outras iniciativas estratégicas além das cinco básicas de liderança de custos, diferenciação, inovação, crescimento e aliança. Vamos abordar outras estratégias decisivas que também podem ser implementadas com a tecnologia da informação, as quais incluem fidelização de clientes e fornecedores, custos da substituição, criação de barreiras para a entrada de novos concorrentes e **alavancagem de investimentos em tecnologia da informação.**

Investimentos em tecnologia da informação promoverão a **fidelização de clientes e fornecedores** (e o consequente impedimento de entrada de concorrentes) se forem criados novos

Estratégias básicas de uso empresarial da tecnologia da informação
Reduzir custos • Utilizar a TI para reduzir substancialmente os custos dos processos empresariais. • Utilizar a TI para baixar os custos para os clientes ou fornecedores.
Diferenciar • Desenvolver novos atributos da TI para diferenciar produtos e serviços. • Utilizar os atributos da TI para reduzir as vantagens de diferenciação dos concorrentes. • Utilizar os atributos da TI para direcionar produtos e serviços para nichos de mercado selecionados.
Inovar • Criar novos produtos e serviços que incluam componentes da TI. • Desenvolver novos e exclusivos mercados ou nichos de mercados com o auxílio da TI. • Realizar mudanças radicais nos processos empresariais com a TI que reduzam drasticamente os custos e melhorem a qualidade, a eficiência ou o atendimento ao consumidor – ou reduzam o tempo de lançamento de um produto.
Promover crescimento • Utilizar a TI para gerenciar a expansão regional e global da empresa. • Utilizar a TI para diversificar e integrar outros produtos e serviços.
Desenvolver alianças • Utilizar a TI para criar parcerias virtuais. • Desenvolver sistemas de informação de empresas interligadas utilizando a internet e a extranet para dar suporte a relacionamentos estratégicos com clientes, fornecedores, empresas terceirizadas e outros.

FIGURA 2.3 Um resumo de como a tecnologia da informação pode ser usada para implementar as cinco estratégias básicas da competitividade. Muitas empresas estão utilizando as tecnologias da internet como base para tais estratégias.

Estratégia	Empresa	Tecnologia da informação	Benefícios empresariais
Liderança em custos	Dell Computer	Pedidos sob medida *on-line*	Produtor com menor custo
	Priceline.com	Pregão *on-line*	Preço ajustado ao comprador
	eBay.com	Leilões *on-line*	Preço de acordo com o leilão
Diferenciação	AVNET Marshall	*E-commerce* entre cliente e fornecedor	Aumento da participação no mercado
	Moen Inc.	Projeto do cliente *on-line*	Aumento da participação no mercado
	Consolidated Freightways	Serviço de rastreamento das encomendas *on-line*	Aumento da participação no mercado
Inovação	Charles Schwab & Co.	Negócios *on-line* de ações	Liderança do mercado
	Federal Express	Rastreamento de pacotes e gerenciamento de voo *on-line*	Liderança do mercado
	Amazon.com	Sistemas de atendimento ao cliente *on-line*	Liderança do mercado
Crescimento	Citicorp	Intranet global	Aumento do mercado global
	Walmart	Pedido de produtos pela rede global via satélite	Liderança do mercado
	Toys 'R' Us Inc.	Rastreamento do estoque via "ponto de venda"	Liderança do mercado
Aliança	Walmart/Procter & Gamble	Reposição automática do estoque pelo fornecedor	Redução dos custos de estoque e aumento das vendas
	Cisco Systems	Alianças virtuais de produção	Liderança de mercado ágil
	Staples Inc. and Partners	Ponto único de compras *on-line* com parceiros	Aumento da participação no mercado

FIGURA 2.4 Exemplos de como as empresas têm utilizado a tecnologia da informação para implementar as cinco estratégias competitivas para conseguir vantagem estratégica.

Outros usos estratégicos da tecnologia da informação

- Desenvolver sistemas de informação entre empresas cuja conveniência e eficiência criem custos de substituições, mantendo os consumidores e fornecedores.
- Fazer grandes investimentos em aplicações avançadas de TI para criar barreiras à entrada contra os concorrentes e aqueles que estão de fora.
- Incluir componentes da TI em produtos e serviços para dificultar a sua substituição.
- Alavancar investimentos em pessoal de SI, *hardware*, *software*, bancos de dados e redes, passando de usos operacionais para aplicações estratégicas.

FIGURA 2.5 Outras maneiras de usar a tecnologia da informação para implementar estratégias competitivas.

e valiosos relacionamentos com eles. Essas relações entre negócios podem tornar-se tão valiosas para os clientes e fornecedores a ponto de impedi-los de trocar a empresa pela concorrente ou de pressioná-los a aceitar um acordo que possibilite um ganho menor. Nessas relações, as primeiras tentativas para utilizar a tecnologia de sistemas de informação focaram a melhoria da qualidade do serviço para os clientes e fornecedores nas atividades de distribuição, *marketing*, vendas e serviços de uma empresa. Projetos mais recentes mostram uma tendência para usos mais inovadores de tecnologia da informação.

Uma grande ênfase nos sistemas de informação estratégicos tem sido encontrar maneiras de **criar custos de substituições** nas relações entre a empresa e seus consumidores e fornecedores. Isso quer dizer investimentos em sistemas de informação, como aqueles mencionados no exemplo da Timex, que possam tornar os consumidores e fornecedores dependentes do contínuo uso inovador e mutuamente benéfico de sistemas de informação entre as empresas. Sendo assim, eles relutam em despender tempo, dinheiro e esforços – além da inconveniência – para tornarem-se clientes dos competidores de uma empresa.

Se uma empresa investir em tecnologia da informação para melhorar sua operacionalidade ou promover inovações, ela poderá também **criar barreiras à entrada** que desencorajam ou atrasam as outras empresas que desejam entrar no mercado. Em geral, isso acontece com o aumento da quantidade de investimentos ou com a complexidade da tecnologia necessária para competir em um setor ou segmento do mercado. Essas atitudes poderiam desencorajar as empresas que já estão no mercado e deter a entrada das que estão fora.

Investir em tecnologia da informação permite a uma empresa criar capacidades estratégicas de TI que possibilitam tirar vantagens das oportunidades estratégicas que surgem. Em muitos casos, isso acontece quando uma empresa investe em avançados sistemas de informação computadorizados para melhorar a eficiência de seus próprios processos empresariais. Então, munida dessa plataforma de tecnologia estratégica, a empresa pode alavancar investimentos em tecnologia da informação por meio da criação de novos produtos e serviços que não seriam possíveis sem uma forte capacidade de TI. Um exemplo atual importante é o desenvolvimento de intranets e extranets por muitas companhias, o que lhes permite alavancar seus investimentos anteriores em navegadores para internet, computadores pessoais e redes para clientes/servidores. A Figura 2.5 resume os usos estratégicos adicionais da TI que acabamos de examinar.

Timex: ditando o ritmo com *software* para inovação de produtos

Para não parar no tempo, a Timex remodelou a forma como desenvolve relógios de pulso por meio de *software* de inovação de produto capaz de ajudar a empresa a adaptar rapidamente novos produtos a um mercado em rápida mudança. Durante boa parte de seus 152 anos, a indústria de relógios preocupava-se mais com estilo do que com engenharia, afirma Bernd Becker, vice-presidente de desenvolvimento de produtos da Timex. Mas, nos "últimos 10 anos, a inovação tornou-se a palavra de ordem da indústria, uma vez que os consumidores exigem novos recursos em seus relógios". Manter o controle sobre essas inovações e torná-las mais fáceis de ser incorporadas aos produtos é, atualmente, a chave para manter a competitividade.

Para essa finalidade, a empresa adotou uma abordagem de "estágios e pontos de decisão" da empresa de *software* Sopheon PLC, que utiliza marcos ou pontos de decisão em cada etapa do processo de inovação. Isso permite a análise de discussões, opiniões, planejamento e decisões por todo o pessoal, de designers e engenheiros funcionários de comercialização do produto. O produto escolhido, Accolade, reúne membros da equipe multifuncional, desde gerentes de marca a engenheiros da equipe de produção e especialistas financeiro, em um projeto global de produção. O *software* ajuda a organizar as informações em um banco de dados central, de modo que podem ser tomadas decisões sobre a possibilidade de cultivar ou interromper um projeto, e esse tipo de aspecto da tomada de decisões do *software* é um dos principais meios pelos quais a Timex aumenta os retornos em inovação.

"No desenvolvimento do produto, você tem sempre uma grande dose de incerteza com que lidar", afirma o analista de desenvolvimento Vasco Drecun. "O problema é que a maioria das empresas utiliza todos aqueles métodos desenvolvidos na Era Industrial, quando as coisas eram mais previsíveis. Essas coisas pertencem ao passado."

Um melhor conhecimento sobre produtos, demanda do mercado, exigências de produção e outras variáveis é essencial para uma empresa se manter competitiva. "O conhecimento ajuda a gerenciar o risco", afirma Drecun. A utilização de aplicativos como o Accolade ajuda as empresas a manter um nível de inovação elevado em seu portfólio.

Fonte: Adaptado de Todd Weiss. "Timex Ticking with New Product Innovation *Software*". *Computerworld*, 20 de junho de 2006.

Vantagem competitiva e necessidade competitiva

A constante luta para alcançar uma vantagem competitiva mensurável em uma empresa ou no mercado ocupa uma significativa porção do dinheiro e do tempo de uma empresa. Processos criativos e inovadores de *marketing*, pesquisa e desenvolvimento, e reorganização de processos, entre outros, são utilizados para obter aquela fugaz e, por vezes, indescritível vantagem competitiva sobre as empresas rivais.

A expressão *vantagem competitiva* é frequentemente usada para se referir a uma empresa que está liderando a indústria de alguma forma identificável, como em vendas, receitas ou novos produtos. Na verdade, a definição da expressão sugere uma única condição em que a vantagem competitiva pode existir: *quando uma empresa sustenta os lucros que excedem a média de sua indústria, afirma-se que ela possui uma vantagem competitiva sobre suas rivais*. Em outras palavras, a vantagem competitiva diz respeito aos lucros. Concessões, vendas, faturamento, gestão de custos e novos produtos – tudo isso contribui de alguma maneira para os lucros, mas, a menos que resultem em lucros sustentados acima da média para a indústria, não se pode afirmar que há vantagem competitiva mensurável. Entretanto, a vantagem competitiva tem, em geral, curta duração e não é sustentável a longo prazo. A Figura 2.6 mostra esse ciclo. Uma vez que a empresa descobre como ganhar uma vantagem sobre seus concorrentes (normalmente por meio de algum tipo de inovação), os competidores descobrem como isso foi feito por meio de um processo referido como aprendizagem organizacional. Para combater a vantagem competitiva, adotam a mesma inovação – ou uma inovação semelhante e, quando isso ocorre, todos na indústria estão fazendo o que todo o restante está fazendo, e o que antes era uma vantagem competitiva torna-se agora uma necessidade competitiva. Uma vez que uma estratégia ou ação se torna uma necessidade competitiva, ela passa a ser apenas necessidade e não cria vantagem. E quando isso acontece, alguém tem de descobrir uma nova maneira de alcançar a vantagem competitiva, reiniciando novamente o ciclo.

Todas as organizações procuram uma maneira de conseguir a vantagem competitiva, e muitas têm tido sucesso em usar sistemas de informação estratégicos para ajudá-las a obtê-la. Um aspecto é fundamental nesse processo: a vantagem competitiva não dura para sempre. Arie de Geus, encarregado em planejar estratégias para a Royal Dutch Shell, acredita que possa haver uma maneira de sustentá-la: "A habilidade de descobrir mais rápido que seus concorrentes pode ser a única vantagem competitiva do futuro".

FIGURA 2.6 A mudança da inovação para a vantagem competitiva torna-se rapidamente necessidade competitiva quando outras empresas aprendem a reagir de forma estratégica.

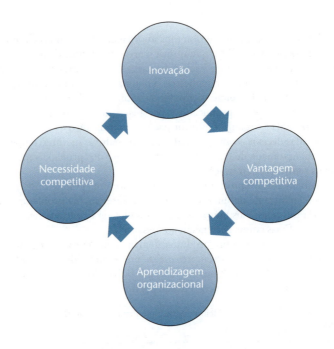

Construindo um negócio focado no cliente

A força motriz por trás do crescimento econômico do mundo mudou, passando do volume de produção para a expansão do valor do cliente. Como resultado, o fator-chave para muitas empresas é maximizar o valor do cliente.

Para muitas companhias, o grande valor de se tornar uma empresa que foca o consumidor está na sua habilidade de manter os consumidores leais, antecipar suas necessidades futuras, atender às suas preocupações e fornecer um serviço de alta qualidade ao cliente. Esse foco estratégico na **valorização do consumidor** reconhece que a qualidade, mais que o preço, tornou-se uma prioridade determinante na percepção de valor do consumidor. Empresas que realmente oferecem o melhor valor pela perspectiva do consumidor são aquelas que estão sempre acompanhando as preferências de seu consumidor, seguindo as tendências de mercado, fornecendo produtos, serviços e informação a qualquer momento, em qualquer lugar, além de oferecerem serviços personalizados de acordo com as necessidades individuais de seus consumidores. Por isso, as tecnologias da internet têm criado uma oportunidade estratégica para as empresas grandes ou pequenas oferecerem produtos e serviços personalizados, rápidos e que atenda às preferências individuais dos consumidores.

Tecnologias da internet podem transformar os consumidores em foco de aplicações de gestão do relacionamento com o cliente (*customer relationship management* - CRM) e de negócio eletrônico. Os sistemas de CRM, e a internet, a intranet e os *sites* da extranet criam novos canais para comunicações interativas dentro de uma empresa, com os consumidores e com os fornecedores, parceiros e outros no ambiente externo. Isso possibilita interação contínua com os consumidores por meio da maioria das funções empresariais e encoraja a colaboração interfuncional com os consumidores para desenvolvimento do produto, *marketing*, entrega, serviços e suporte técnico. Discutiremos os sistemas de CRM no Capítulo 8.

De modo geral, os consumidores utilizam a internet para questionar, reclamar, avaliar produtos, pedir suporte, fazer compras e rastrear pedidos. Ao utilizarem a internet e intranets corporativas, especialistas em funções empresariais de toda a empresa podem contribuir para uma resposta efetiva. Isso encoraja a criação de grupos de discussão interfuncionais e equipes para resolução de problemas dedicados ao envolvimento, serviço e apoio ao consumidor. Até as conexões de internet e extranet com fornecedores e parceiros podem ser utilizadas para atraí-los para uma forma de fazer negócios que garanta entrega imediata de componentes e serviços de qualidade que atendam aos compromissos da empresa com seus consumidores. É dessa maneira que uma empresa demonstra seu foco na valorização do cliente.

A Figura 2.7 ilustra as inter-relações de uma empresa cujo foco é o cliente. Intranet, extranets, *sites* comerciais e processos de negócios internos via web formam a plataforma invisível da

CAPÍTULO 2 • Competindo com a tecnologia da informação   51

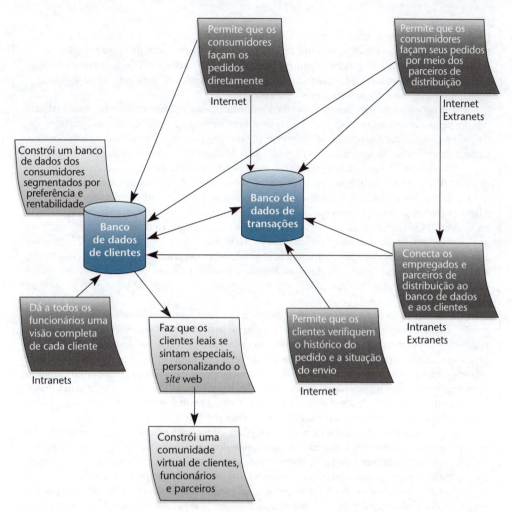

FIGURA 2.7 Como uma empresa focada no cliente constrói o valor e a fidelidade do consumidor utilizando as tecnologias da internet.

TI, que dá suporte ao modelo de negócio eletrônico. Isso possibilita à empresa orientar-se nos tipos de consumidores de que ela realmente necessita e "ganhar" a experiência total de negócios do consumidor com a empresa. Uma empresa bem-sucedida moderniza todos os processos empresariais que causam impacto em seus clientes e desenvolve sistemas de gestão do relacionamento com o consumidor que fornecem uma visão completa de cada cliente a seus funcionários, para que estes tenham a informação necessária para oferecer aos clientes um serviço personalizado de alta qualidade. Uma companhia com foco no cliente ajuda seus clientes de *e-commerce* a se autoajudar enquanto também os ajuda em suas atividades profissionais. Por fim, uma empresa bem-sucedida promove uma comunidade de clientes, empregados e parceiros *on-line* que cria uma grande fidelidade por parte dos consumidores enquanto estimula a colaboração para oferecer uma formidável experiência ao consumidor. Vamos examinar um exemplo do mundo real.

Universal Orlando: decisões de TI direcionadas pelos dados dos clientes

Além de CIO da Universal Orlando Resort, Michelle McKenna é mãe de dois filhos e a responsável pelo planejamento das férias da família.

Na verdade, ela pensa em si mesma primeiramente como cliente de um parque temático, em seguida como líder sênior da Universal e, finalmente, como gerente de informação da companhia. "Recentemente fizemos um *brainstorming* sobre novos eventos que trariam mais moradores da Flórida para nossos parques temáticos durante os períodos de baixa estação. Nosso grupo interno de *marketing* estava dando propostas, e mencionei a ideia de uma competição de Guitar Hero. Todos adoraram. Mas essa ideia não surgiu porque sou uma gerente de informação – surgiu porque sou mãe de dois filhos", diz ela.

"Pensar como nossos clientes e com foco nos mercados de nossa empresa é fundamental para que possamos cumprir nossa responsabilidade de contribuir para a tomada de decisão bem informada", afirma McKenna. Em termos de progresso, para os gerentes de informação é mais importante estudar as tendências do mercado e encontrar formas de maximizar as oportunidades de negócios.

A Universal Orlando é uma das várias marcas da indústria de viagens e entretenimento que competem pelos caprichosos dólares gastos por consumidores durante seus momentos de lazer e férias. Naturalmente, a competição se resume ao mercado do consumidor individual. Muitas vezes as pessoas pensam que, por causa do volume elevado de visitantes, a experiência na Universal Orlando tem de ser voltada para as massas, mas agora a tecnologia digital permite aos clientes personalizar a sua experiência. Por exemplo, a nova montanha-russa Hollywood Rip Ride Rockit permitirá aos visitantes personalizar sua experiência do passeio, escolhendo a música que irá tocar durante o trajeto. Quando o passeio termina, os clientes serão capazes de editar um vídeo daquela experiência em um clipe para guardar, partilhar com os amigos ou postar na internet.

Qualquer CIO pode ter um pouco de iniciativa para conhecer o mercado. A equipe de gestão obtém dados semanais sobre o que acontece no parque e quais são as tendências de gastos por pessoa. Os gerentes de informação devem receber todos os relatórios desse tipo, estudá-los e procurar identificar padrões. "Não tenha medo de fazer perguntas sobre isso; seja uma pessoa de negócios inteligente (e curiosa). Quando ingressei na empresa e comecei a fazer perguntas sobre questões de mercado, as pessoas olhavam para mim e pensavam: 'Por que ela quer saber disso? Esse assunto não tem nada a ver com tecnologia'. Com o tempo, perceberam que eu precisava compreender nossos dados para conseguir fazer o meu trabalho", diz McKenna.

O conhecimento dos dados de mercado ajuda a Universal Orlando a entender detalhadamente o que realmente está acontecendo no mundo dos negócios. Por exemplo, as tendências indicam que os portadores de passe anual – moradores da Flórida, principalmente – gastam menos com alimentos, mercadorias e outros itens do que aqueles que passam um dia.

Acontece que alguns portadores do passe anual gastam o equivalente aos frequentadores que passam o dia, especialmente quando participam de eventos especiais, como o Mardi Grass e as Halloween Horror Nights. "Essa análise mostrou que precisávamos segmentar os portadores de passe anual mais profundamente a fim de melhor compreendê-los e vender para eles. Então, estamos preparando um novo depósito de dados e novas ferramentas de inteligência de negócios que irão calcular os gastos por hora e tipo de passe. A iniciativa começou na TI, e poderemos encontrar muitas oportunidades semelhantes se olharmos para os detalhes de mercado e fizermos perguntas", afirma McKenna.

Fonte: Adaptado de Michelle McKenna. "Customer Data Should Drive IT Decisions". CIO *Magazine*, 2 de junho de 2008.

A cadeia de valor e os SI estratégicos

Vamos ver outro importante conceito que pode ajudar a identificar oportunidades para sistemas de informação estratégicos. O conceito de **cadeia de valor** foi desenvolvido por Michael Porter e está ilustrado na Figura 2.8. Ele considera uma empresa uma série, cadeia ou rede de atividades básicas que adicionam valor aos seus produtos e serviços e, desse modo, adicionam uma margem de valor para a empresa e seus clientes. Na estrutura conceitual da cadeia de valor, algumas atividades empresariais são processos primários; outras, processos de apoio. *Processos primários* são aquelas atividades diretamente relacionadas à fabricação dos produtos ou à entrega do serviço ao cliente. Por sua vez, *processos de apoio* referem-se às atividades que contribuem para o funcionamento do dia a dia, e, indiretamente, com os produtos ou serviços de uma organização. Essa estrutura destaca onde as estratégias competitivas podem ser mais bem aplicadas na empresa. Sendo assim, gerentes e profissionais de negócios deveriam tentar desenvolver uma variedade de usos estratégicos da internet e de outras tecnologias para aqueles processos básicos que adicionam o maior valor para os produtos e serviços da empresa e, consequentemente, aumentam seu valor global.

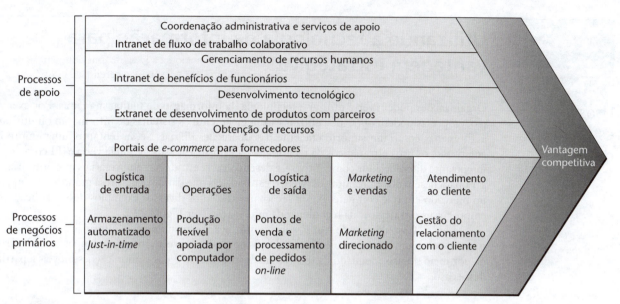

FIGURA 2.8 A cadeia de valor de uma empresa. Perceba os exemplos da variedade dos sistemas de informação estratégicos que podem ser aplicados nos processos empresariais básicos de uma empresa para vantagem competitiva.

A Figura 2.8 nos dá um exemplo de como e onde as tecnologias da informação podem ser aplicadas nos processos de negócios básicos utilizando a estrutura de cadeia de valor. Por exemplo, a figura mostra que um fluxo de trabalho colaborativo pela intranet pode aumentar as comunicações e colaborações necessárias para melhorar significativamente a coordenação administrativa e os serviços de suporte. A função "benefícios dos empregados pela intranet" pode ajudar a função "gerenciamento de recursos humanos", pois permite que os próprios empregados tenham um fácil acesso a informações sobre seus benefícios. Extranets capacitam uma empresa e seus parceiros de negócios globais a utilizar a web para projetarem juntos produtos e processos. Finalmente, os portais de *e-commerce* podem melhorar a obtenção de recursos oferecendo mercados *on-line* para os fornecedores de uma empresa.

Exemplos de aplicações estratégicas da tecnologia de sistemas de informação nos processos de negócios primários são também identificados pelo modelo de cadeia de valor na Figura 2.8. Estes incluem os sistemas automatizados de armazenamento *just-in-time* para apoiar os processos de logística de saída que envolvem armazenamento do estoque, sistemas de produção flexíveis apoiados por computador para operações de manufatura e sistemas de pontos de venda e processamento de pedidos *on-line* para melhorar os processos de logística de saída que lidam com pedidos de clientes. Sistemas de informação também podem ajudar nos processos de venda e *marketing* ao desenvolverem uma capacidade interativa de *marketing* direcionado na internet e na web. Por fim, o atendimento ao consumidor pode melhorar significativamente por meio de um sistema coordenado e integrado de gestão do relacionamento com o cliente.

Portanto, o conceito de cadeia de valor pode ajudar a identificar onde e como aplicar as capacidades estratégicas da tecnologia da informação, pois mostra como diversas formas de tecnologias da informação podem ser aplicadas em processos específicos de negócios para ajudar uma empresa a obter vantagem competitiva no mercado.

Exemplos de cadeia de valor

Seção II — Utilizando a tecnologia da informação para vantagem estratégica

Usos estratégicos da TI

Organizações podem ver e utilizar a tecnologia da informação de muitas maneiras. Por exemplo, empresas podem optar por utilizar estrategicamente os sistemas de informação ou utilizar a TI apenas como um suporte eficiente das operações diárias. Se, no entanto, uma empresa enfatizasse os usos estratégicos da tecnologia da informação, sua gerência veria a TI como um importante diferenciador competitivo – e desenvolveria estratégias empresariais que utilizariam a TI para desenvolver produtos, serviços e capacidades que dariam à empresa grandes vantagens no mercado em que compete. Nesta seção, mostraremos diversos exemplos dessas aplicações empresariais estratégicas da tecnologia da informação (ver Figura 2.9).

Leia o "Caso do mundo real 2" sobre a utilização da tecnologia da informação para revisar o modo como um negócio funciona. Podemos aprender sobre a vantagem competitiva adquirida por meio do uso adequado da tecnologia da informação e das comunicações móveis a partir desse caso.

Processos de reengenharia de negócios

Uma das mais importantes implementações das estratégias competitivas é a **reengenharia de processos de negócio** (*business process reengineering* – BPR), geralmente chamada apenas *reengenharia*. Reengenharia é uma reavaliação fundamental e uma radical reprogramação dos processos empresariais para alcançar grandes melhorias em custos, qualidade, velocidade e atendimento. A BPR combina a estratégia de promover inovação de negócio com a estratégia de fazer melhorias nos processos para que a empresa possa se tornar um concorrente muito mais forte e vitorioso no mercado.

Entretanto, como indica a Figura 2.10, se o benefício potencial da reengenharia é alto, o risco de falhar e levar a uma ruptura do ambiente organizacional também o é. Implementar mudanças radicais para melhorar significativamente a eficiência e a eficácia não é uma tarefa fácil. Por exemplo, muitas empresas têm utilizado o sistema integrado de gestão (*enterprise resource planning* – ERP) para reorganizar, automatizar e integrar seus processos de produção, distribuição, finanças e recursos humanos. Enquanto muitas empresas têm relatado grandes ganhos com os projetos de reengenharia com o ERP, outras experimentaram grandes fracassos ou não conseguiram alcançar as melhorias que procuravam.

Muitas empresas descobriram que as *abordagens de redesenho organizacional* são um importante facilitador para a reengenharia, juntamente com o uso da tecnologia da informação. Por exemplo, uma abordagem comum é o uso de *equipes de processos* autodirecionadas, multidisciplinares ou interfuncionais. Os funcionários de diversos departamentos ou especialidades, incluindo engenharia, *marketing*, atendimento ao consumidor e produção, podem trabalhar em equipe no processo de desenvolvimento do produto. Outro exemplo é o uso de *gestores de casos*, que lidam com quase todas as tarefas no processo em vez de dividi-las com muitos especialistas diferentes.

O papel da tecnologia da informação

A tecnologia da informação tem papel muito importante na reengenharia de processos de negócio. A velocidade, as capacidades de processar informação e a conectividade dos computadores e das tecnologias da internet podem aumentar substancialmente a eficiência dos processos empresariais, bem como as comunicações e colaborações entre as pessoas responsáveis por sua operação e seu gerenciamento. Por exemplo, o processo de gerenciamento de pedidos ilustrado na Figura 2.11 é vital para o sucesso da maioria das empresas, e a maioria delas está reformulando esse processo com *software* ERP e sistemas de comércio e negócios eletrônicos baseados na web, conforme explicado na Figura 2.12. Vamos examinar um exemplo.

CASO DO MUNDO REAL 2
Para empresas grandes e pequenas: administrando um negócio com smartphones

No início de 2006, a CPS Energy – sediada em San Antonio, no Texas, e maior empresa municipal fornecedora de energia dos Estados Unidos – estava, sem dúvida, no caminho da riqueza. A empresa ostentava as melhores classificações de risco entre as prestadoras de serviço público do seu tipo, e sua força de trabalho e a base de clientes estavam, em geral, satisfeitas. E o mais importante: era uma empresa lucrativa. Em outras palavras, não havia sinais externos de que a empresa estava prestes a lançar um programa de tecnologia que redefiniria sua forma de fazer negócios e reformular sua força de trabalho em cerca de 4 mil postos.

Não havia sinais externos, mas para aqueles que a conheciam, incluindo Christopher Barron, vice-presidente e CIO da CPS Energy, não poderia ter havido sinais mais claros de que uma mudança era iminente e de que o futuro da empresa podia depender daquilo.

"Tínhamos uma força de trabalho muito maior do que uma empresa do nosso tamanho deveria ter", afirma Barron.

Barron examinou outras companhias com grandes contingentes de mão de obra móvel como a sua própria – como a UPS e a FedEx – e percebeu uma enorme disparidade na forma como sua empresa estava operando. Por exemplo, determinados trabalhadores da CPS tinham pouco ou nenhum acesso aos sistemas e recursos de TI quando estavam fora do escritório ou do depósito. Eram muitas vezes obrigados a visitar os locais de trabalho ou sedes de clientes para diagnosticar problemas ou sugerir correções antes de enviarem de volta seus relatórios para os departamentos competentes, o que, em seguida, daria início à próxima etapa do processo de resolução. Isso poderia significar o envio de novos trabalhadores, e aquela provação toda poderia levar dias.

"Se continuássemos com a quantidade de trabalho manual exigida para realizar aquelas tarefas, não estaríamos em condições de ser competitivos no futuro", afirma Barron. A partir dessa constatação, a empresa Magellan Program nasceu.

Fonte: © The McGraw-Hill Companies Inc./John Flournoy.

FIGURA 2.9 Empresas de todos os tamanhos podem se beneficiar do uso de smartphones para o aprimoramento de seus processos de negócios.

A Magellan Program foi idealizada por Barron e seus colegas como uma forma de melhor mobilizar e conectar sua tradicional mão de obra organizada em silos às pessoas e aos sistemas de que necessitavam para realizar seus trabalhos. As metas do programa: ampliar a infraestrutura de redes da CPS, estabelecer suas próprias redes Wi-Fi seguras nos escritórios e depósito, e implementar smartphones e aplicativos móveis personalizados para todos os funcionários da CPS que não possuíssem laptop ou outro dispositivo móvel. Para Barron, o primeiro e mais significativo desafio na implantação de smartphones em tamanha base de usuários era obter apoio executivo.

"Uma das nossas maiores dores de cabeça tem sido, e continua a ser, a impressão de que a tecnologia pouco representa pouco mais do que *e-mails* e custa muito", diz Barron.

"Pode levar uma eternidade até que um gerente de informação consiga eliminar completamente a resistência de um alto executivo", afirma ele. "Então, em vez de tentar chegar até os executivos e acalmar todos os seus receios quanto a uso, ao custo e à segurança, nós nos dirigimos a grupos específicos – engenheiros, funcionários de linha de produção, trabalhadores de escritório – e conseguimos, graças ao custo reduzido, entregar os dispositivos em 'caráter experimental'. Há muito valor nesses dispositivos portáteis, e dois ou três aplicativos demonstram isso", afirma. "Você precisa apenas deixá-los nas mãos das pessoas que realmente necessitam deles para demonstrar isso."

Três maneiras inovadoras pelas quais os funcionários da CPS utilizam seus smartphones são como câmeras digitais em locais de trabalho, mecanismos de rastreamento GPS e receptores de notificações de emergência. No passado, a CPS talvez tivesse de enviar um pequeno grupo de funcionários "generalistas" para uma chamada de serviço a fim de garantir que a pessoa correta chegasse lá. Hoje, um único trabalhador pode visitar um local, tirar uma foto da parte danificada de um equipamentos ou da infraestrutura e, em seguida, enviar a imagem para a sede ou o escritório.

Em seguida, um especialista diagnostica o problema e envia instruções para o conserto ou encaminha o funcionário adequado – que está imediatamente disponível por meio de correio de voz e mensagem de texto pelo smartphone.

"A Magellan Program, por meio do uso de smartphones e outras tecnologias, capacitou ou vai capacitar todos os funcionários, não importa o trabalho que executem, para se tornarem parte da abrangente 'rede de ideias da empresa', afirma Barron. "Cada pessoa é como se fosse um ponto de interconexão da nossa rede." A empresa também está auferindo ganhos significativos na eficiência da cadeia de suprimentos relacionada com a Magellan e a implantação de smartphones, diz ele. Por exemplo, os smartphones ajudam a acelerar os processos de pedido de compra, já que, anteriormente, deveria haver uma pessoa em particular ou um grupo específico de pessoas no local para aprovar pedidos. Atualmente, os responsáveis pela aprovação podem estar em praticamente qualquer lugar com cobertura de celular. Os compradores da cadeia de suprimentos da empresa também podem visitar depósitos para trabalhar com as pessoas que realmente fazem pedidos de peças, acelerando o processo de compra e levando a uma gestão da cadeia de suprimentos

Continua →

mais proativa. Em apenas um ano, o tempo necessário para fechar contratos de compra e aquisição diminuiu mais de 65%, e, além disso, os níveis de estoques foram reduzidos em mais de US$ 8 milhões desde o início do Magellan Program.

Além disso, os níveis de satisfação dos funcionários e dos clientes estão altos, observa Barron, porque os funcionários têm agora mais acesso aos sistemas corporativos e à informação, e se sentem mais próximos do negócio. A CPS atualmente é capaz de resolver mais problemas de clientes com menos processos, o que faz os funcionários diminuírem o tempo necessário para completar a maioria das chamadas de serviço – o que, por sua vez, resulta em clientes mais felizes. Na verdade, a empresa recebeu a mais alta nota da pesquisa de satisfação do consumidor doméstico de gás de 2007 da J. D. Power and Associates.

A tecnologia, entretanto, já não é mais competência exclusiva das grandes empresas com grandes orçamentos de TI – pelo menos não mais. A Lloyd's Construction, de Eagan, em Minnesota, pode não parecer uma empresa que necessite de um vistoso *software* de telefonia. A empresa de demolição e transporte, cuja renda anual é de US$ 9 milhões, tem sido gerida pela mesma família ao longo dos últimos 24 anos. A Lloyd's cuida da demolição de construções comerciais e residenciais e depois se encarrega de transportar os entulhos. O que poderia ser mais simples? Quer dizer, se lidar com 100 funcionários, 30 caminhões e mais de 400 caçambas pode ser chamado de simples. Coordenar essas partes móveis é fundamental para o crescimento dos negócios – e para salvar a sanidade de Stephanie Lloyd, 41 anos, que esteve administrando a empresa nos últimos quatro anos. Até pouco tempo atrás, a Lloyd's utilizava uma mistura de planilhas, livros contábeis e *software* de contabilidade nos computadores da empresa para manter o controle de seus funcionários e equipamentos. Para piorar a situação, a empresa utilizava rádios na coordenação com os seus funcionários durante o trabalho – e quanto mais torres de telefonia celular entravam em serviço em Minnesota, pior ficava a recepção de rádio da Lloyd's. Era o momento de levar a empresa ao mundo de smartphones do século XXI.

A Lloyd's examinou uma meia dúzia de pacotes de *software* de produtividade móvel antes de se decidir pelo eTrace, de uma companhia chamada GearWorks, cuja sede ficava do outro lado da cidade. A vantagem da GearWorks não era apenas a de ser uma empresa local: seu *software* funcionava nos telefones i560 e i850 da Sprint Nextel, destinados à indústria da construção. A Lloyd's já havia começado a comprar esses telefones *push-to-talk* para afastar os funcionários de seus rádios moribundos, e imediatamente houve problemas com o pessoal tecnofóbico. Os funcionários tiveram de passar por um duro aprendizado a fim de dominar até mesmo os recursos básicos de seus novos telefones. Durante 18 meses, os dois sistemas correram lado a lado: o eTrace dava os primeiro passos, enquanto o velho sistema de papel e lápis se aproximava da extinção. Rapidamente surgiram sinais de inconsistência na contabilidade.

E o eTrace deu origem a um delicado problema de trabalho. O *software* tinha recursos de mapeamento integrado e dados de viagem que revelaram a localização em tempo real de todos os ativos da empresa. Para seu desgosto, a Lloyd's descobriu que esses ativos estavam gastando muito tempo em estacionamentos ao lado dos locais de almoço, mesmo aqueles que não estavam no itinerário. Lloyd era compreensiva quanto às necessidades de descanso dos trabalhadores– "todos nós trabalhamos com demolição por aqui", diz ela –, mas rapidamente apertou o cerco contra paradas não autorizadas.

O CEO da GearWorks diz que os desafios enfrentados pela Lloyd's devem ser esperados. "Todos estes produtos funcionam sob o ameaçador pêndulo de desafios e oportunidades", diz Todd Krautkremer, 47 anos. "Mas o nosso *software* faz um bom trabalho ao deixar o cliente no controle da taxa de mudança do negócio."

Quando a poeira da implementação havia baixado, a economia tornou-se cristalina. A empresa emprega 12 motoristas, 22 capatazes e 7 funcionários de escritórios, que usam 41 telefones com o eTrace. A empresa paga por um pacote de dados ilimitado para cada telefone, o que totaliza cerca de US$ 4 mil por mês. Adicione outras taxas de rede e Lloyd's gasta cerca de US$ 50 mil por ano por uma solução total de negócios, contabilidade e comunicações.

Antes do eTrace, a empresa pagava por 40 horas de serviço semanais de um contador para lidar com os livros, mas agora que o profissional está presente um dia por semana, durante 6 horas, a economia é de cerca de US$ 1.000 por semana.

A entrada de dados e o registro de tarefas feitos pelo expedidor e pelos capatazes, segundo Lloyd, são aproximadamente uma vez e meia mais rápidos do que o método de papel e rádio. A elaboração de rotas de modo mais eficiente cortou custos de combustível em cerca de 30%, e os funcionários não fazem mais paradas não autorizadas. Lloyd estima uma melhoria geral do desempenho de 10 a 12%, ou cerca de US$ 1 milhão para 2007 – o que não é um mau retorno para o investimento de US$ 50 mil.

"Funciona mesmo", diz ela.

Fonte: Adaptado de Jonathan Blum, "Running an Entire Business from Smartphones," *FORTUNE Small Business*, 12 de março de 2008; e Al Sacco, "How Smartphones Help CPS Energy Innovate and Boost the Bottom Line," *CIO Magazine*, 11 de julho de 2008.

QUESTÕES DO ESTUDO DE CASO

1. De que maneira os smartphones ajudam a aumentar a rentabilidade dessas empresas? Até que ponto as melhorias no desempenho são provenientes do aumento de receita ou da redução de custos? Forneça exemplos a partir do caso.

2. As empresas descritas no caso encontraram uma quantidade razoável de resistência dos funcionários quando da introdução de tecnologias de smartphones. Por que isso aconteceu? O que as empresas poderiam fazer para melhorar o acolhimento dessas iniciativas? Desenvolva duas possibilidades diferentes.

3. A CPS Energy e a Lloyd's Construction utilizaram smartphones para aumentar a eficiência dos processos existentes. Como elas poderiam ter usado a tecnologia para criar novos produtos e serviços para seus clientes? Inclua pelo menos uma recomendação para cada organização.

ATIVIDADES DO MUNDO REAL

1. Além das empresas incluídas no processo, outras, como a FedEx e a UPS, que têm grandes quantidade de mão de obra móvel, utilizam muito tecnologias de comunicação móvel. Que outras empresas poderiam se beneficiar dessas inovações?

2. Faça uma pesquisa na internet sobre os usos de smartphones em indústrias diferentes daquelas aqui analisadas. Prepare um relatório para mostrar suas descobertas.

3. Use a internet para pesquisar os mais recentes desenvolvimentos tecnológicos em smartphones e discuta como esses desenvolvimentos poderiam ser usados pelas empresas para agregar valor a clientes e acionistas.

	Melhorias empresariais	Reengenharia de processos de negócios
Grau de mudança	Incremental	Radical
Processo de mudança	Versão nova e melhorada do processo	Processo completamente novo
Ponto de partida	Processos existentes	Zero
Frequência de mudança	Uma vez ou contínua	Mudança periódica
Tempo necessário	Curto	Longo
Abrangência	Pequena, dentro das funções	Grande e interfuncional
Horizonte	Passado e presente	Futuro
Participação	De baixo para cima	De cima para baixo
Modo de execução	Cultural	Cultural e estrutural
Habilitador primário	Controle estatístico	Tecnologia da informação
Risco	Moderado	Alto

Fonte: Adaptado de Howard Smith e Peter Fingar. *Business Process Management: The Third Wave.* Tampa, FL: Meghan-Kiffer Press, 2003, p. 118.

FIGURA 2.10 Algumas maneiras nas quais a reengenharia de processos de negócio difere da melhoria empresarial.

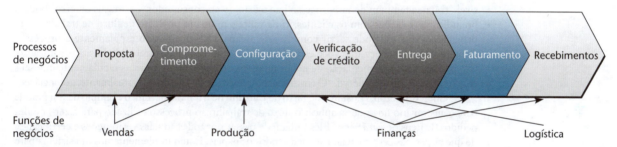

FIGURA 2.11 O processo de gerenciamento do pedido consiste em diversos processos de negócio e ultrapassa os limites das funções empresariais tradicionais.

Reengenharia do gerenciamento dos pedidos
• Sistemas de gestão do relacionamento do cliente que utilizam intranets corporativas e internet.
• Sistemas de inventário gerenciado pelo fornecedor que utilizam a internet e extranets.
• *Software* ERP interfuncional para integrar os processos de produção, distribuição, finanças e recursos humanos.
• *Sites* web de *e-commerce* acessíveis ao consumidor para fazer pedidos, acompanhamento, pagamento e atendimento.
• Bancos de dados sobre os clientes, os produtos e a situação dos pedidos acessíveis aos empregados e fornecedores via intranets e extranets.

FIGURA 2.12 Exemplos de tecnologias da informação que apoiam a reengenharia do processo de gerenciamento dos pedidos.

Fazer o fluxo de trabalho funcionar e fluir não é a coisa mais difícil do mundo

A partir da perspectiva empresarial, fluxo de trabalho é uma forma de fazer que pessoal, informações e computadores funcionem conjuntamente de forma consistente e eficiente para produzir os resultados de que a empresa necessita. Com efeito, o fluxo de trabalho se vale do equivalente da análise de sistemas para o processo inteiro, não apenas para a parte feita em uma máquina. Da perspectiva básica, agregar o fluxo de trabalho a um processo economiza dinheiro, aumenta a satisfação do cliente, promove resultados mais rápidos e diminui, em grande parte, a chance de perder coisas em meio à confusão. Do ponto de vista de um administrador, os benefícios mais importantes para o fluxo de trabalho são a economia de custo e de tempo.

Como exemplo de um fluxo de trabalho típico, Ederyd Wilhelm, gerente técnico de projetos da Bonver, uma grande distribuidora escandinava de produtos de entretenimento doméstico, cita a elaboração do serviço de suporte a indivíduos e empresas que contratam serviços de banda larga por meio da internet, do correio e via *e-mail*. "Este processo pode ser bastante complexo, com a necessidade de interação entre sistemas e pessoal de forma eficiente, a fim de tornar o processo fácil e agradável para o cliente", explica Ederyd. Você pode imaginar o fluxo de trabalho como uma análise de sistemas que mistura seres humanos, máquinas, documentos e outras informações.

No caso de Ederyd, ele elaborou o processo de pedido e instalação da conexão de banda larga para os clientes. Normalmente, isso indica, dada toda uma série de requisitos de negócios geradas por outros, o funcionamento do processo desde o contato inicial do cliente até a instalação real.

O exemplo de Ederyd é um caso clássico: um processo bastante complexo em várias etapas, em que os computadores e as pessoas têm de interagir da forma mais harmoniosa e eficiente possível. Trata-se também de um processo que é exibido ao consumidor – e atrasos ou erros podem prejudicar as relações com os clientes. Uma vantagem de um processo de fluxo de trabalho bem projetado é que ele pode servir como modelo capaz de ser aplicado rapidamente a processos semelhantes. "Uma vez que você estiver satisfeito com o fluxo de trabalho de sua organização, isso permitirá a implementação de novos modelos de negócio muito mais rapidamente que seus concorrentes", afirma Ederyd. "O custo e a complexidade de fazer isso é, atualmente, gerenciável."

Craig Cameron, consultor de fluxo de trabalho de Melbourne, cita o exemplo de um grande banco australiano que queria aplicar o fluxo de trabalho ao processo utilizado para fazer grandes pedidos de itens de *hardware*: "Eles tinham de passar por todas aquelas verificações e certificar-se de que as pessoas certas haviam assinado todos os papéis. Então implementamos um sistema para fazer essa tarefa". Tudo correu muito bem até que as outras divisões do banco descobriram o novo processo. "Descobrimos mais tarde que havíamos criado um sistema para apenas três ou quatro equipes, e, de repente, outros quinze grupos queriam estar envolvidos", afirma Cameron. "Em vez de ter de fazer um reinício completo, estamos extraindo o que já fizemos e cortando e colando em um novo sistema. Em seguida, apertamos um botão para criar a interface do usuário final."

O fluxo de trabalho não é a coisa mais difícil do mundo, mas também não é mágica. Embora possa proporcionar grandes melhorias na forma como uma organização funciona, o fluxo de trabalho só poderá fazer isso se os princípios forem corretamente aplicados. Fundamentalmente, fazer o fluxo de trabalho funcionar para você se resume a compreender os processos que fazem seu negócio funcionar.

Fonte: Adaptado de Rick Cook. "Making Workflow Work and Flow for You". CIO *Magazine*, 23 de outubro de 2007.

Tornando-se uma empresa ágil

Estamos mudando de um ambiente competitivo no qual os produtos e serviços do mercado de massa, antes padronizados, de vida longa, com pouca informação e comercializados em transações únicas, passam para um ambiente no qual empresas competem globalmente com produtos e serviços de nicho de mercado, os quais são personalizados, de vida curta, com muita informação e comercializados em uma base contínua com os clientes.

A agilidade no desempenho empresarial é a habilidade de uma empresa em prosperar em situações de mudanças rápidas e contínua fragmentação dos mercados globais em busca de melhor qualidade, alto desempenho, oferta de produtos e serviços configurados de acordo com o cliente. Uma **empresa ágil** consegue produzir lucros no mercado com grande variedade de produtos, em curtos ciclos de vida de produto, além de conseguir produzir pedidos individualmente e em diferentes quantidades. Ela permite a *personalização em massa* ao oferecer produtos personalizados e, ao mesmo tempo, alto volume de produção. Empresas ágeis dependem muito das tecnologias da internet para integrar e gerenciar processos empresariais, enquanto disponibilizam o poder de processamento da informação para tratar massas de consumidores como indivíduos.

Para ser uma empresa ágil, é necessário implementar quatro estratégias básicas. Em primeiro lugar, os consumidores devem ver o produto ou serviço de uma empresa ágil como soluções para seus problemas individuais. Desse modo, os produtos podem ter seus preços baseados no valor da solução, não no valor do custo de produção. Em segundo lugar, uma empresa ágil se associa a seus consumidores, fornecedores e outras empresas, até mesmo com seus concorrentes, o que lhe permite levar os produtos para o mercado o mais rapidamente e com o melhor custo possível; não é importante onde estão os recursos ou quem os possui. Em terceiro lugar, uma empresa ágil é tão organizada que cresce na mudança e na incerteza, uma vez que utiliza estruturas organizacionais flexíveis direcionadas para aproveitar as oportunidades que surgem das necessidades de diferentes e constantes mudanças do consumidor. E, por fim, uma empresa ágil alavanca o impacto do seu pessoal e o conhecimento que ele possui. Ao nutrir um espírito empreendedor, uma empresa ágil fornece poderosos incentivos para a responsabilidade, a adaptação e a inovação por parte de seus empregados.

A Figura 2.13 resume outra maneira de ver a agilidade nos negócios, a qual enfatiza os papéis que os consumidores, os parceiros e a tecnologia da informação podem ter em desenvolver e manter a agilidade estratégica de uma empresa. Perceba como a tecnologia da informação consegue capacitar uma empresa a desenvolver relacionamentos com seus consumidores nas

Tipo de agilidade	Descrição	Papel da TI	Exemplo
Cliente	Habilidade para cativar os clientes na exploração de oportunidades inovadoras • como fontes de ideias inovadoras • como cocriadores de inovações • como usuários para testar ideias ou ajudar outros usuários a conhecer a ideia	Tecnologias para construir e melhorar comunidades de clientes virtuais para projeto de produto, avaliações e testes	Os consumidores do eBay são suas verdadeiras equipes de inventores de produtos, porque enviam uma média de 10 mil mensagens toda semana para dar dicas, indicar defeitos e pedir modificações
Parceria	Habilidade para alavancar recursos, conhecimentos e competências dos fornecedores, distribuidores, produtores contratados e fornecedores de logística na exploração e utilização de oportunidades inovadoras	Tecnologias que facilitem a colaboração entre empresas, como plataformas e portais colaborativos, sistemas de cadeia de suprimentos etc.	O Yahoo! tem conseguido uma significativa transformação dos seus serviços, passando de uma fonte de pesquisa para um portal ao iniciar inúmeras parcerias para prover conteúdo e outros serviços do seu *site*
Operacional	Habilidade para obter velocidade, exatidão e custo econômico na exploração de oportunidades inovadoras	Tecnologias para a estruturação e integração dos processos empresariais	A Ingram Micro, atacadista global de TI, implementou um sistema de negociação integrada que permite que seus clientes e fornecedores se conectem diretamente a seus sistemas de compras e de ERP

Fonte: Adaptado de V. Sambamurthy, Anandhi Bhaharadwaj e Varun Grover. "Shaping Agility Through Digital Options: Reconceptualizing the Role of Information Technology in Contemporary Firms". *MIS Quarterly*, Junho de 2003, p. 246.

FIGURA 2.13 Como a tecnologia da informação pode auxiliar uma empresa a ser uma competidora ágil com a ajuda dos clientes e parceiros de negócios.

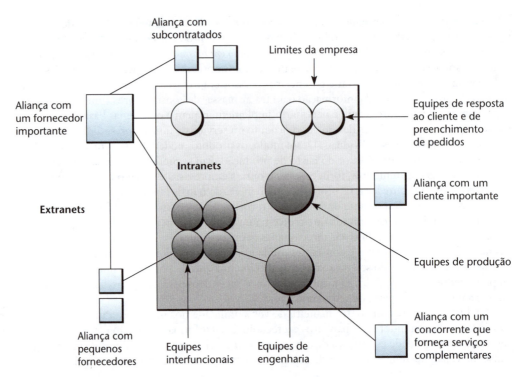

FIGURA 2.14 Uma empresa virtual utiliza internet, intranets e extranets para formar um grupo de trabalho virtual e para dar suporte a alianças com empresas parceiras.

comunidades virtuais que a ajudam a ser ágil e inovadora. E, como veremos várias vezes neste livro, as tecnologias da informação capacitam a empresa a tornar-se parceira de seus fornecedores, distribuidores, fabricantes e outros por meio de portais colaborativos e outros sistemas da cadeia de suprimentos com base na web, que agilizam significativamente as oportunidades de explorar negócios inovadores.

Criando uma empresa virtual

No ambiente de negócios dinâmico e global de hoje, criar uma **empresa virtual** pode ser um dos mais importantes usos estratégicos da tecnologia da informação. Uma empresa virtual (também chamada *corporação virtual* ou *organização virtual*) é uma organização que utiliza a tecnologia da informação para conectar pessoas, organizações, ativos e ideias.

A Figura 2.14 mostra que empresas virtuais em geral formam grupos de trabalho ou alianças virtuais com parceiros que estão interligados por internet, intranets e extranets. Perceba que essa empresa vem, organizando-se internamente em equipes interfuncionais ligadas pelas intranets. Ela também tem desenvolvido alianças e ligações extranets que formam **sistemas de informação interempresas** com fornecedores, consumidores, subcontratados e concorrentes. Dessa forma, empresas virtuais criam alianças e grupos de trabalho flexíveis e adaptáveis direcionados ao aproveitamento de oportunidades de negócio dinâmicas.

Estratégias de empresas virtuais

Por que as pessoas estão formando empresas virtuais? Porque é a melhor maneira de implementar importantes estratégias de negócios e alianças capazes de garantir o sucesso no turbulento clima atual dos negócios. Diversas e importantes razões surgem e estão resumidas na Figura 2.15.

Por exemplo, ao tentar explorar rapidamente uma nova oportunidade do mercado, uma empresa pode não ter o tempo ou os recursos para desenvolver a infraestrutura de produção e distribuição, as competências pessoais ou a tecnologia da informação necessárias. Somente ao formar rapidamente uma empresa virtual por meio de alianças estratégicas de vários parceiros, é possível reunir os componentes necessários para fornecer uma solução universal para os

Estratégias de empresas virtuais
• Compartilhar infraestruturas e riscos com os parceiros.
• Unir núcleos de competências.
• Reduzir o tempo entre conceber e vender por meio do compartilhamento.
• Aumentar a cobertura do mercado e das instalações.
• Obter acesso a novos mercados e compartilhar mercados ou fidelidade de clientes.
• Migrar da venda de produtos para a venda de soluções.

FIGURA 2.15 Estratégias de negócio básicas das empresas virtuais.

consumidores e aproveitar a oportunidade do mercado. É óbvio que, hoje em dia, a internet, as intranets, as extranets e uma variedade de outras tecnologias da internet são componentes vitais para criar essas soluções vitoriosas.

National Rail Enquiries do Reino Unido: tudo está terceirizado

A tecnologia feita em casa não é mais um requisito operacional, graças à terceirização. *Software*, servidores, conectividade com a internet e até mesmo tarefas inteiras como folha de pagamento e recursos humanos podem ser prestados por terceiros. Desse modo, nem clientes nem funcionários da empresa precisam sequer conhecer os mecanismos que ficam fora do quartel-general da empresa.

Dito isto, deve-se acrescentar que o serviço de informações ferroviárias do Reino Unido, o National Rail Enquiries (NRE), prestou serviços a 55 milhões de clientes somente no ano passado e conta com vastos canais de serviços de autoatendimento e centros de contato, mesmo contando com apenas 21 pessoas no núcleo da empresa – o que não deixa de ser um grande feito. "O NRE tem cerca de 22 fornecedores de diversos serviços. Tudo que fazemos é terceirizado. Temos 1.500 pessoas somente em *call centers*, e todas trabalham para o NRE", diz Chris Scoggins, CEO do NRE. O serviço de informações telefônicas do NRE nasceu da criação da organização em 1996, com a privatização da British Rail. Desde então, a empresa tem se expandido para incluir serviços telefônicos automatizados, além de um serviço *on-line* de planejamento de horários de trens e viagens em tempo real de grande sucesso.

De acordo com Scoggins, o NRE tem como estratégia a manutenção de determinada quantidade de fornecedores a fim de fazer que eles de fato disputem entre si e, dessa forma, haja um aumento das apostas em termos de demonstrar a excelência do serviço. "Nós temos o número máximo de fornecedores que podemos gerir de maneira eficaz. Além disso – e talvez seja o elemento mais importante –, é preciso o número certo de fornecedores para manter a competitividade do mercado de serviços que eles executam. Em algumas áreas, temos uma estratégia de acumular uma quantidade de participantes do nicho no mercado; caso contrário, estaríamos confiando em um único fornecedor."

"O que estamos tentando fazer é alcançar um número de relacionamentos de longo prazo com os parceiros em que confiamos e dar mais trabalho para eles", afirma Scoggins. "Os contratos estão alinhados aos incentivos relacionados à realização dos objetivos de nosso negócio, e cabe ao fornecedor superar o padrão mínimo. Se ele demonstrar que pode fazer mais e melhor, receberá mais trabalho." Apesar de chefiar uma grande empresa virtual, Scoggins afirma que há ainda pressão para melhorar o negócio: "Quando entrei, não havia de fato um serviço de autoatendimento para o cliente. O NRE era um enorme *call center* terceirizado, com praticamente nenhuma outra fonte para encontrar informações. Vi isso como uma grande oportunidade impulsionada por duas coisas: a primeira era que as necessidades dos clientes devem ser atendidas por qualquer canal que seja mais conveniente para eles; e a segunda era o nosso *call center*, que conta com os volumes mais voláteis da Europa".

O NRE está sempre procurando ser proativo e fazer coisas novas, como a tecnologia de reconhecimento de voz usada com o serviço telefônico TrainTracker. "É o mais sofisticado serviço de reconhecimento de voz do mercado de massa do mundo", observa Scoggins. E acrescenta: "Considero nossos fornecedores terceirizados como parte de nossa equipe, e meu trabalho é fazer que minha equipe fique animada e se sinta encorajada a fazer o trabalho".

Fonte: Adaptado de Miya Knights, "Everything We Do Is Outsourced", *CIO Magazine*, 13 de junho de 2007.

Construindo uma empresa criadora do conhecimento

Em uma economia na qual a única certeza é a incerteza, uma fonte segura de vantagem competitiva é o conhecimento. Quando os mercados se modificam, proliferam tecnologias, multiplicam-se competidores e produtos se tornam obsoletos praticamente do dia para a noite, empresas bem-sucedidas são aquelas que constantemente criam novos conhecimentos, distribuem-nos pela organização e os incorporam rapidamente a novos produtos e tecnologias. Essas atividades definem a empresa "criadora de conhecimento", cujo único negócio é a inovação contínua.

Para muitas empresas de hoje, uma vantagem competitiva duradoura pode somente ser alcançada se elas se tornarem empresas criadoras de conhecimento ou organizações que aprendem. Isso significa criar sempre novos conhecimentos empresariais, distribui-los por toda a empresa e rapidamente incorporar esse novo conhecimento a produtos e serviços.

Empresas criadoras de conhecimento exploram dois tipos de conhecimento. Um é o *conhecimento explícito*: dados, documentos e coisas escritas ou armazenadas no computador. O outro tipo é o *conhecimento tácito*: os "como fazer" do conhecimento, que estão nos empregados O conhecimento tácito pode, em geral, representar algumas das mais importantes informações dentro de uma organização. Empregados antigos de uma empresa "sabem" muitas coisas sobre como produzir um produto, entregar o serviço, lidar com um vendedor em particular ou operar equipamentos essenciais. Esse conhecimento tácito não está gravado ou codificado em lugar nenhum, pois evoluiu na mente do empregado com os anos de experiência. Além disso, muito desse conhecimento tácito jamais é compartilhado com alguém que possa estar na posição de gravá-lo em um modo mais formal, porque normalmente há pouco incentivo para fazê-lo ou porque simplesmente "ninguém nunca perguntou".

Como mostra a Figura 2.16, um sistema bem-sucedido de gestão do conhecimento cria técnicas, tecnologias, sistemas e recompensas para que o empregado compartilhe o que sabe para fazer melhor uso do conhecimento acumulado do trabalho e da empresa. Dessa maneira, os funcionários de uma companhia estarão aumentando o conhecimento enquanto fazem seus próprios trabalhos.

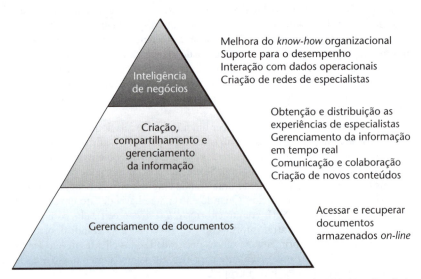

Fonte: Adaptado de Marc Rosenberg. *e. Learning: Strategies for Delivering Knowledge in the Digital Age*. New York: McGraw-Hill, 2001, p. 70.

FIGURA 2.16 A gestão do conhecimento pode ser vista como três níveis de técnicas, tecnologias e sistemas que promovem reunião, organização, acesso, compartilhamento e uso do conhecimento do lugar de trabalho e da empresa.

Tornar o conhecimento pessoal disponível para outros é a atividade central da empresa criadora de conhecimento. Acontece continuamente e em todos os níveis da organização.

Sistema de gestão de conhecimento

A gestão do conhecimento tem, portanto, se tornado um dos maiores usos estratégicos da tecnologia da informação. Muitas empresas estão criando **sistemas de gestão do conhecimento** (*knowledge management systems* - KMS) para administrar o aprendizado organizacional e o *know-how* do negócio O objetivo de tais sistemas é ajudar os trabalhadores a criar, organizar e disponibilizar importantes conhecimentos da empresa, onde e quando esses conhecimentos se fizerem necessários na organização. Isso inclui processos, procedimentos, patentes, trabalhos de referência, fórmulas, "melhores práticas", prognósticos e soluções. Como veremos no Capítulo 10, os *sites* da internet e da intranet, *growpware*, *data mining*, bases de conhecimento e os grupos de discussão em tempo real são algumas tecnologias-chave que podem ser usadas pelos KMS.

Sistemas de gestão do conhecimento facilitam o aprendizado organizacional e a criação de conhecimento, e são projetados para fornecer respostas rápidas aos trabalhadores do conhecimento, encorajar mudanças na atitude dos funcionários e melhorar o desempenho dos negócios. Como o processo de aprendizagem organizacional continua e sua base de conhecimento expande-se, a empresa criadora de conhecimento trabalha para integrar esse conhecimento aos processos empresariais, produtos e serviços. Essa integração ajuda a empresa a se tornar uma fornecedora ágil e inovadora de produtos e serviços de alta qualidade ao cliente, além de uma formidável competidora no mercado. Agora vamos encerrar este capítulo com um exemplo de estratégias de gestão do conhecimento no mundo real.

Intec Engineering: cada vez melhor

É difícil atribuir um valor aos sistemas de gestão do conhecimento. Sua capacidade de gerar renda é muitas vezes medida de forma indireta, e sua ligação com a economia de custos frequentemente parece tênue. O retorno sobre o investimento é difícil de quantificar. Com demasiada frequência, o caso da implementação de um sistema de alavancagem de capital intelectual e experiência se baseia principalmente na intuição: parece uma boa ideia. Mas a intuição não era o suficiente para os executivos da Intec Engineering Partnership Ltd., uma empresa cujo zelo pela economia somente é superado por sua paixão pelo compartilhamento do conhecimento.

A Intec é uma empresa de engenharia que atende ao setor de petróleo e gás. Sua sede fica em Houston, e a companhia tem escritórios em todo o mundo. À medida em que a Intec crescia por meio da expansão e de aquisições internacionais, tornava-se mais difícil controlar e acessar informações. Na verdade, de acordo com a KPMG International, seis entre dez funcionários afirmam que as dificuldades de acesso ao conhecimento não documentado são um grande problema. Um grupo de engenheiros da Intec se ofereceu para tentar resolver o problema de como reter de forma mais eficaz as lições aprendidas e compartilhar conhecimento entre eles. Eles fizeram um diagrama mostrando como resolviam problemas de engenharia e imaginaram o que seria um processo ideal: um engenheiro com uma pergunta consulta um banco de dados de conhecimento que fornece uma resposta ou o encaminha para um especialista, e todos os novos conhecimentos serão automaticamente capturados e armazenados no banco de dados. A Intec pesquisou e selecionou o *software* da AskMe Corp como o produto mais capaz de facilitar o modelo de resolução de problemas da empresa.

O piloto, chamado AskIntec, começou em maio de 2002. Três meses depois, havia ultrapassado todas as medidas de desempenho e de usuário, e os cálculos de retorno sobre investimento resultaram em uma previsão de rendimento anual de 133%. Após quase um ano, o que o sistema está alcançando é quase exatamente o previsto. "Nossos números estavam absolutamente corretos, mas eles continuam subindo", afirma o gerente de informação Fran Steele, observando que a empresa estima um retorno de 50% a mais no próximo ano com a inclusão de funcionários não ligados à engenharia e a incorporação do sistema na cultura da empresa.

"Parte do retorno sobre a informação não é avaliada pelo fato de ser possível fazer algo rapidamente, mas porque você pode realmente fazê-lo", diz Steele. No final, os clientes lucram com o investimento em gestão do conhecimento da Intec. "Se podemos reduzir uma semana de um projeto e ajudar os clientes a ter suas instalações prontas mais cedo, eles podem atender ao mercado antes e obter seus lucros antecipadamente", diz ela. Isso é o maior valor.

Fonte: Adaptado de Kathleen Melymuka. "Knowledge Management Helps Intec Get Smarter by the Hour". *Computerworld*, 23 de junho de 2003.

Resumo

- **Usos estratégicos da tecnologia da informação.** Tecnologias da informação podem servir de suporte para muitas estratégias de competição. Elas podem ajudar a empresa a cortar custos, diferenciar e inovar em seus produtos e serviços, promover crescimento, desenvolver alianças, estabelecer a fidelização de clientes e consumidores, criar custos de substituição, criar barreiras à entrada de novas empresas e alavancar seus investimentos em recursos de TI. Portanto, a tecnologia da informação pode ajudar uma empresa a obter vantagem competitiva em seus relacionamentos com clientes, fornecedores, concorrentes, novos entrantes e produtores de produtos substitutos. Ver Figuras 2.3 e 2.5 que mostram resumidamente os usos da tecnologia da informação para vantagem estratégica.

- **Construindo um negócio focado no cliente.** Um uso estratégico das tecnologias da internet é construir uma empresa que desenvolva seu valor de negócio ao tornar o valor do cliente seu foco estratégico. Empresas focadas no consumidor utilizam os *sites* web de *e-commerce* e serviços da internet, intranet e extranet para que possam se manter informadas sobre as preferências de seus clientes, para fornecer produtos, serviços e informações a qualquer hora, em qualquer lugar, e fornecer serviços personalizados para as necessidades individuais de seus clientes.

- **Processos de reengenharia de negócios.** A tecnologia da informação é o ingrediente decisivo para redesenhar as operações de negócios, pois ela possibilita mudanças radicais nos processos que aumentam significativamente sua eficiência e eficácia. As tecnologias da internet podem ter importante papel em apoiar as mudanças inovadoras em fluxos de trabalho, competências dos cargos e estruturas organizacionais de uma empresa.

- **Tornando-se uma empresa Ágil.** Uma empresa pode utilizar a tecnologia da informação para se tornar uma empresa ágil. Então, pode prosperar nas rápidas mudanças do mercado com amplas variedades de produtos com ciclos de vida curtos, em que ela precisa processar pedidos de volumes muito diferentes. Além disso, pode oferecer aos seus clientes produtos personalizados enquanto mantém alto volume de produção. Esse tipo de empresa depende muito das tecnologias da internet para atender bem seus clientes, dando-lhes soluções personalizadas para suas necessidades, e também para cooperar com seus clientes, fornecedores e outros negócios para levar rapidamente produtos ao mercado e com o menor custo possível.

- **Criando uma empresa virtual.** Formar empresas virtuais tem se tornado uma importante estratégia competitiva nos dinâmicos mercados globais de hoje. A internet e outras tecnologias de informação têm papel importante em promover recursos de telecomunicações e informática para dar suporte a comunicações, coordenação e fluxos de informação necessários. Os gerentes de uma empresa virtual dependem da TI como auxílio para gerenciar uma rede de recursos de pessoal, conhecimento, finanças e físicos fornecidos pelos vários parceiros de negócios que rapidamente tiram vantagem das oportunidades advindas da rápida mudança do mercado.

- **Construindo uma empresa criadora de conhecimento.** Hoje, vantagem competitiva duradoura só vem do uso e gerenciamento inovador do conhecimento organizacional de empresas criadoras de conhecimento e organizações capazes de aprender. As tecnologias da internet são amplamente utilizadas nos sistemas de gestão do conhecimento para dar suporte à criação e distribuição de conhecimentos dos negócios e à sua integração a novos produtos, serviços e processos.

Termos e conceitos-chave

Estes são os termos e conceitos-chave abordados neste capítulo. O número entre parênteses refere-se à página em que consta a explicação inicial.

1. Alavancagem de investimentos em tecnologia da informação (46)
2. Cadeia de valor (52)
3. Criar barreiras à entrada (48)
4. Criar custos de substituições (48)
5. Empresa ágil (59)
6. Empresa virtual (60)
7. Empresas criadoras de conhecimento (62)
8. Estratégias competitivas (46)
9. Fidelização de clientes e fornecedores (46)
10. Forças competitivas (42)
11. Reengenharia de processos de negócios (54)
12. Sistemas de gestão do conhecimento (63)
13. Sistemas de informação estratégicos (42)
14. Sistemas de informação interempresas (60)
15. Valorização do consumidor (50)

Questionário de revisão

Relacione cada um dos termos e conceitos-chave mencionados anteriormente com os exemplos ou definições a seguir. Procure a melhor opção para respostas que parecem corresponder a mais de um termo ou conceito. Justifique suas escolhas.

_____ 1. Uma empresa deve lidar com consumidores, fornecedores, concorrentes, novos entrantes e substitutos.

_____ 2. Liderança em custo, diferenciação de produtos e inovação em produto novo são exemplos.

_____ 3. Utilizar investimento em tecnologia para manter empresas fora de um setor.

_____ 4. Tornar desinteressante para os clientes e fornecedores de uma empresa mudarem para seus concorrentes.

_____ 5. Estratégias planejadas para que clientes ou fornecedores despendam tempo, dinheiro e esforços com concorrentes da empresa.

_____ 6. Sistemas de informação que reorganizem os processos de negócio ou promovam inovação são exemplos.

_____ 7. Esse foco estratégico reconhece que a qualidade no lugar do preço tem se tornado o principal determinante na escolha do produto ou serviço pelo cliente.

_____ 8. Destaca como os sistemas de informação estratégicos podem ser aplicados em processos e atividades de suporte em uma empresa para obter vantagem competitiva.

_____ 9. Uma empresa que encontrar usos estratégicos para as capacidades de informações e de telecomunicações que ela desenvolveu para administrar suas operações.

_____ 10. A tecnologia da informação ajuda uma empresa a realizar melhorias radicais nos processos empresariais.

_____ 11. Uma empresa pode prosperar em mercados que mudam rapidamente quando oferece soluções individualizadas para as necessidades de seus consumidores.

_____ 12. Uma rede de parceiros de negócios formada para tirar vantagens das rápidas oportunidades do mercado.

_____ 13. Organizações que aprendem e concentram-se em criar, distribuir e gerenciar o conhecimento do negócio.

_____ 14. Sistemas de informação que gerenciam a criação e a distribuição do conhecimento organizacional.

_____ 15. Utilizar internet e extranets para conectar os sistemas de informação da empresa aos de seus consumidores e fornecedores.

Questões para discussão

1. Imagine que você é um gerente de uma empresa e lhe peçam para desenvolver aplicações baseadas em computação a fim de obter vantagem competitiva em um importante mercado para sua empresa. Quais restrições você poderia ter para esse trabalho? Por quê?

2. Como uma empresa pode utilizar a tecnologia da informação para incrementar os custos de substituição e manter seus clientes e fornecedores? Utilize um exemplo empresarial para sustentar a sua resposta.

3. Como uma empresa pode aumentar seus investimentos em tecnologia da informação para criar habilidades de TI estratégicas que servem como barreiras a novos entrantes no mercado?

4. Consulte o "Caso do mundo real 1" sobre líderes de TI e reinvenção da TI neste capítulo. Como as ideias sobre posicionamento estratégico de TI aplicam-se a uma pequena empresa? As pequenas empresas têm dificuldade ou facilidade para alinhar seu negócio com as organizações de TI? Utilize um exemplo para ilustrar sua resposta.

5. Que papel estratégico a informação pode ter no processo de reengenharia de negócio?

6. Como as tecnologias da internet podem ajudar uma empresa a formar alianças estratégicas com seus clientes, fornecedores e outros?

7. Como uma empresa poderia utilizar as tecnologias da internet para formar uma empresa virtual ou se tornar um competidor ágil?

8. Consulte o "Caso do mundo real 2" sobre as empresas que utilizam smartphones neste capítulo. Empresas menores, como a Lloyds Construction, estão preparadas para implementação em larga escala de tecnologia em seus negócios? O que elas poderiam fazer para se preparar para essas implementações? Dê exemplos para ilustrar a sua resposta.

9. Tecnologia da informação, na verdade, não pode dar a uma empresa uma vantagem estratégica, porque a maioria delas não dura mais que alguns anos e logo se transforma em necessidades estratégicas que só aumentam a dimensão do jogo. Discuta essa afirmação.

10. Segundo Peter Keen, autor e consultor do MIS: "Descobrimos que não é a tecnologia que cria a vantagem competitiva, mas o processo de gerenciamento que a explora". O que ele quer dizer com isso? Você concorda ou discorda? Por quê?

Exercícios de análise

1. Computação de usuário final
Avaliação de habilidade

Nem todos os programas são escritos por programadores dedicados. Muitos trabalhadores do conhecimento codificam seu próprio *software* usando ferramentas conhecidas de processamento de texto, planilhas, apresentação e banco de dados. Este livro contém exercícios de computação de usuário final que representam um desafio de programação do mundo real, e o primeiro deles vai permitir que o instrutor do curso seja capaz de avaliar a turma. Faça uma avaliação de suas habilidades em cada uma das seguintes áreas:

a. Processamento de texto: você é capaz de digitar quantas palavras por minuto aproximadamente? Você usa estilos de gerenciar a formatação do documento? Alguma vez você já criou seu próprio modelo de mala-direta e fonte de dados? Você criou suas próprias macros para lidar com tarefas repetitivas? Alguma vez você já acrescentou lógica de ramificação ou de loop em seus programas macro?

b. Planilhas: você conhece a ordem das operações que seu programa de planilha eletrônica utiliza ("=5*2^2-10" é igual a quê)? Você sabe como classificar automaticamente os dados em uma planilha? Você sabe como criar gráficos e tabelas a partir dos dados de uma planilha? É possível construir tabelas dinâmicas a partir de dados da planilha? Você sabe a diferença entre uma referência de célula variável e uma referência de célula fixa? Sabe utilizar as funções de equações em sua planilha? Sabe utilizar a função SE? Já criou suas próprias macros para lidar com tarefas repetitivas? Alguma vez você já acrescentou lógica de ramificação ou de loop em seus programas macro?

c. Apresentações: você já usou *software* de apresentação para criar estruturas de apresentação? Alguma vez produziu pessoalmente conteúdo multimídia para uma apresentação? Sabe como adicionar gráficos e tabelas a partir de *software* de planilha eletrônica em suas apresentações de modo que esses elementos sejam automaticamente atualizados quando houver mudança de dados na planilha?

d. Banco de dados: alguma vez você já importou elementos para um banco de dados a partir de um arquivo de texto? Já programou consultas para classificar ou filtrar os dados armazenados em uma tabela do banco de dados? Você fez relatórios para formatar seus dados para saída? Já criou fomulários para auxiliar a entrada manual de dados? Elaborou funções ou programas para manipular dados armazenados em tabelas de banco de dados?

2. *Marketing*: inteligência competitiva
Marketing estratégico

Os profissionais de *marketing* utilizam sistemas de informação para coletar e analisar informações sobre seus concorrentes. Eles usam essa informação para avaliar a posição relativa de seus produtos em relação à competição e para tomar decisões estratégicas de *marketing* sobre seus produtos, o preço, a distribuição (local) e a melhor forma de gerir a sua promoção desse mesmo produto. Michael Bloomberg, fundador da Bloomberg (www.bloomberg.com), e outros ficaram ricos com a coleta e a venda de dados sobre empresas. Os profissionais de *marketing* obtêm informações sobre indústria, locais, funcionário, produtos, tecnologias, receitas e participação de mercado de um negócio – dados que são úteis para o planejamento de ações de *marketing*.

Durante seu último ano do curso, você vai encontrar uma concorrência acirrada por empregos. Você pode ter a mesma abordagem inteligente de reunir informações usada por profissionais de *marketing* quando planejar o modo de vender suas próprias habilidades. Use as seguintes perguntas ao se preparar para procurar um emprego:

a. Produto: quais são os principais negócios que atualmente apresentam a maior demanda por parte dos empregadores? Utilize os salários de nível iniciante como principal indicador para a demanda.

b. Produto: quais faculdades ou universidades de sua região representam a maior ameaça competitiva para alunos com a sua formação?

c. Preço: qual é o salário médio inicial dos funcionários em sua principal região geográfica? O salário é a sua principal preocupação? Por que sim ou por que não?

d. Local: quais são as áreas do país em que atualmente há o maior crescimento de emprego?

e. Promoção: qual é o seu plano de *marketing*? Descreva o modo como você pretende que o seu nome e as suas qualificações sejam apresentados a potenciais empregadores. Como a internet pode ajudar você a se promover?

3. Competir contra o que é gratuito
A Wikipédia encara a Enciclopédia Britânica

As indústrias musical e cinematográfica não são as únicas afetadas pelo livre acesso a seus produtos. A Enciclopédia Britânica enfrenta o desafio imposto por um concorrente sem fins lucrativos, que presta seus serviços sem cobranças ou publicidade – a Wikipédia.org. A Wikipédia depende de voluntários para criar e editar conteúdo original, sob a condição de o contribuinte fornecer o seu trabalho sem direitos autorais.

Quem trabalharia de graça? Durante a criação do Dicionário de inglês Oxford, no século XIX, os editores solicitaram definições e referências de palavras ao público em geral. No século XX, a AOL.com teve a ajuda de milhares de voluntários para monitorar suas salas de bate-papo. A Amazon.com convenceu mais de 100 mil leitores a publicar resenhas de livros em seu *site* de vendas. Ultrapassando todos eles no século XXI, a Wikipédia publicou o seu milionésimo artigo em inglês no mês de março de 2006. A Wikipédia conta com mais de dois milhões de artigos em mais de 200 línguas, todos criados e editados por mais de um milhão de usuários.

A Wikipédia pode competir em qualidade? Wikipédia oferece aos seus usuários ferramentas de edição e monitoramento, o que permite aos usuários exercer controle sobre o que fazem. Ela também se utiliza de administradores voluntários que impedem o acesso de vândalos, protegem temporariamente os artigos e gerenciam processos de arbitragem quando surgem disputas. Um artigo publicado pela revista *Nature* em dezembro de 2005 avaliou 50 artigos da Wikipédia e encontrou uma média de quatro erros factuais por artigo, em comparação com uma média de três erros por artigo na Enciclopédia Britânica. De modo bastante significativo, os wikipedistas (nome escolhido pelos próprios voluntários) corrigiram cada erro até janeiro de 2006. A Alexa.com classificou o Wikipédia.org como o 17º *site* mais visitado da internet, enquanto o Britannica.com ficou em 2.858º lugar (o Yahoo! e o Google foram classificados em 1º e 2º lugares).

A Wikipédia já conseguiu estabelecer seu sucesso. Além de oferecer enciclopédias em outras línguas, o *site* também fornece um arquivo de mídia geral (commons.wikimedia.org), um dicionário multilíngue (www.wiktionary.org) e um serviço de notícias (www.wikinews.org).

a. De que modo a Wikimedia Foundation corresponde aos critérios de uma empresa "ágil"?
b. De que modo a Wikimedia Foundation corresponde aos critérios de uma empresa "virtual"?
c. De que modo a Wikimedia Foundation corresponde aos critérios de uma empresa de "criação de conhecimento"?
d. O que você recomendaria para que a Enciclopédia Britânica se adaptasse a essa nova ameaça?

4. **Gestão do conhecimento**

Saber o que se sabe

Nas grandes organizações, os empregados frequentemente recebem uma grande quantidade de informações desestruturadas em forma de *e-mails*. Podem receber, por exemplo, avisos de políticas da empresa, anúncios e informações operacionais diárias. Entretanto, os sistemas de *e-mail* normalmente oferecem sistemas de gestão do conhecimento improdutivos. Novos empregados não têm acesso aos *e-mails* anteriores às suas contratações, e os empregados normalmente não têm permissão para pesquisar outros arquivos de *e-mail* para buscar informações de que precisam. As organizações perdem em produtividade quando cada empregado desperdiça tempo revisando e organizando seus arquivos de *e-mail*. Além disso, a mesma informação pode ser salva em milhares de diferentes arquivos, fazendo que o espaço de armazenamento de *e-mail* cresça desproporcionalmente.

O Exchange Server da Microsoft, o Domino Server da IBM e o WorkSite da iManage, juntamente com uma grande variedade de produtos de padrão aberto baseados na web, têm o objetivo de começar a solucionar uma necessidade da organização de compartilhar informações desestruturadas. Esses produtos fornecem "depósitos" comuns para várias categorias de informação desestruturada. Por exemplo, a gerência pode usar uma pasta chamada "Política" no Microsoft Exchange para armazenar todas as decisões relacionadas às suas políticas. Da mesma forma, os representantes de venda podem usar uma pasta chamada "Inteligência Competitiva" do Domino Server para armazenar informações obtidas durante o processo de venda de produtos, preços do concorrente ou rumores do mercado. Os usuários do WorkSite classificam e armazenam todos os documentos eletrônicos em um depósito comunitário grande e seguro, disponível para pesquisa. As organizações que utilizam esses sistemas podem protegê-los, lidar com eles e torná-los disponíveis para os funcionários apropriados, e os gerentes também podem indicar que alguns dos empregados específicos com pouca experiência técnica lidem com o conteúdo.

Entretanto, esses sistemas não poderão beneficiar uma organização se seus empregados não contribuírem com seus conhecimentos, se não conseguirem usar o sistema para recuperar informações ou se o sistema simplesmente não estiver disponível no local ou no momento necessários. Para auxiliar os gerentes a entender melhor como os empregados utilizam esses sistemas, os sistemas de gestão do conhecimento incluem usos estatísticos, como data/hora, nome no usuário, leitura, escrita e até informação de acesso a um documento específico.

Para cada um dos produtos listados, responda às questões a seguir.

a. Que passos um gerente deve dar para encorajar seus funcionários a utilizar o sistema de gestão do conhecimento de uma organização?
b. Os gerentes devem estipular cotas mínimas de uso do sistema para cada funcionário? Por que sim ou por que não?
c. Além de estipular as cotas dos funcionários, como uma organização pode se beneficiar das estatísticas de uso?

CASO DO MUNDO REAL 3
Wachovia e outros: negociando títulos na velocidade da luz

A negociação de títulos é uma das poucas atividades em que o atraso de um segundo pode custar uma fortuna para uma empresa. A Wachovia Corporate and Investment Bank está tratando da crescente pressão competitiva para a transação instantânea com uma ampla revisão dos sistemas. Em um projeto que custou mais de US$ 10 milhões até agora, a Wachovia está acabando com seus sistemas de silos e os substituindo por uma infraestrutura que se estende perfeitamente por todos os vários produtos de investimento e funções de negócios da empresa.

"A vantagem competitiva vem das contas, do fluxo de trabalho e dos processos por meio dos sistemas. O processamento direto das transações (*straight-trough processing* – STP) é o desafio utópico para as empresas de Wall Street", afirma Tony Bishop, vice-presidente sênior e diretor de arquitetura e engenharia. A primeira etapa do projeto, segundo Bishop, era preparar uma matriz que fizesse referências cruzadas de todas as funções principais (como pesquisa, gerenciamento de risco, venda, negociação, compensação, liquidação, pagamento e relatórios) de cada produto principal (produtos de dívida e patrimônio, finanças cobertas por ativos, derivativos e assim por diante). A equipe do projeto teve então de examinar criticamente os sistemas existentes em cada célula. "Olhamos para os sistemas atuais e dissemos: 'Onde é que podemos construir estruturas, componentes e serviços padronizados que nos permitam, em vez de fazer isso quatro vezes diferentes nos silos, fazê-lo uma vez e estendê-lo em uma plataforma comum de vendas, uma plataforma de negociação comum, e assim por diante?'"

A Service Oriented Enterprise Platform resultante está conectada a uma rede de 10 mil processadores que utiliza o GridServer e o FabricServer, da DataSynapse Inc.

Em seus centros de dados, a Wachovia apresentou o BladeRacks, da Verari Systems Inc., com processadores Intel quad-core. Bishop diz que está criando um "centro de dados em uma caixa", porque a Verari também faz placas de armazenamento que podem ser fortemente acopladas a placas de processamento no mesmo rack. A carga de processamento do banco envolve uma grande dose de leitura e gravação de arquivos temporários, e a conexão íntima de nós de computação e armazenamento torna o processo extremamente eficiente.

"Agora fazemos a fixação de preços em milissegundos, não em segundos, para proteção ou para o aumento de receita", afirma Bishop. A avançada infraestrutura triplicou a capacidade de processamento por um terço do custo, para um retorno financeiro nove vezes maior, acrescenta Bishop. A geração de relatórios, que costumava levar 16 horas, agora é feita em 15 minutos. "É aqui que a TI se torna o ativador de novos recursos de negócios", diz ele.

A execução de estratégias complexas baseadas em fórmulas matemáticas enigmáticas e sistemas algorítmicos de negociação gera milhares de ordens de compra e venda a cada segundo, muitas das quais são canceladas e substituídas por encomendas posteriores, às vezes com apenas alguns segundos de intervalo. O objetivo desses operadores de computador é lucrar a partir de anomalias de preço instantâneas e flutuantes, e mascarar suas intenções por meio de "*time slicing*" ("fração de tempo", ou interrupção temporária da tarefa do sistema computacional), ou fracionar grandes transações em lotes menores, para não inflacionar o mercado. A vantagem de um milissegundo em aplicações comerciais pode valer US$ 100 milhões por ano para uma grande corretora, segundo estimativas.

Os sistemas mais rápidos, comandados a partir dos escritórios de operadores para centros de intercâmbio de dados, podem executar operações em poucos milissegundos – tão rápido, na verdade, que a distância física entre dois computadores que processam uma transação pode retardar a velocidade com que o processo acontece. Esse problema é chamado de latência de dados – atrasos medidos em frações de segundo. Para superá-lo, muitos operadores algorítmicos de alta frequência estão movendo seus sistemas para o mais próximo possível das transações de Wall Street.

A busca de Wall Street por velocidade não trata apenas de se livrar dos *floor traders*, mas também de abrir espaço para novas redes alternativas de intercâmbio e de redes de comunicações eletrônicas, que competem com bolsas de valores. O *e-commerce* global tem reduzido a volatilidade dos mercados de ações porque ela é um produto de compra e venda geral, e o *e-commerce* – ao reagir instantaneamente às pequenas flutuações de preço – tende a suavizar o comportamento de massa. Além disso, permite às bolsas tradicionais novas oportunidades de receita, como serviços de colocação para empresas que desejam colocar seus servidores em proximidade física direta com sistemas de negociação. O *e-commerce* também criou oportunidades para uma nova classe de fornecedores – empresas de serviços de execução e integradores de sistemas que prometem tempos de transação mais rápidos.

Em seu nível mais abstrato, a corrida da latência de dados representa a ponta de lança do movimento global para erradicar barreiras – geográficas, técnicas e psicológicas – para mercados justos e transparentes. "Qualquer mercado justo vai selecionar o melhor preço do comprador ou do vendedor que receber a ordem deles [sic] primeiro", afirma Alistair Brown, fundador do Lime Brokerage, uma das corretoras de vanguarda que usa servidores Linux personalizados para o comércio de cerca de 200 milhões de ações por dia. "Nesse ponto, a velocidade torna-se definitivamente um problema. Se todos tiverem acesso às mesmas informações, quando o mercado se mover, você vai querer ser o primeiro, e as pessoas que são muito lentas vão ficar para trás."

Valor em milissegundos

No lado de Nova Jersey do Túnel Lincoln, em um prédio anônimo de três andares está um dos mais importantes centros de dados do mundo financeiro. Apertar a campainha na entrada principal sem identificação não faz ninguém entrar. É apenas uma fachada – a entrada real é difícil de encontrar.

Os servidores de cinco bolsas eletrônicas estão localizados nesse centro de dados, juntamente com os computadores pertencentes a dezenas de empresas de comércio. Operada pela empresa de hospedagem Savvis, a instalação Weehawken é o lar de algumas das mais avançadas tecnologias de negociação que existem. Grande parte do crescimento da Savvis pode ser ligada à disseminação do que é conhecido como acesso direto ao mercado. No passado, os comerciantes usavam *feeds* consolidados, que são atualizações de dados de mercado, como os fornecidos pela Reuters e Thomson. A distribuição dos feeds, no entanto, pode levar até 500 milissegundos, muito tempo para a negociação automatizada de hoje.

"Atualmente há um sem número de provedores e fornecedores de dados de mercado que têm conectividade bolsa-*feed* direta", afirma Varghese Thomas, vice-presidente para mercados financeiros da Savvis. A Savvis fornece conectividade a partir da bolsa diretamente para o cliente sem ter que passar por um sistema consolidado. As bolsas também estão se beneficiando da demanda por espaço no servidor em proximidade física com os mercados. Mesmo nas redes mais rápidas, leva sete milésimos de segundo para os dados viajarem entre os mercados de Nova York e servidores com sede em Chicago e 35 milésimos de segundo entre as costas Leste e Oeste.

Muitas corretoras e empresas de execução de serviços estão pagando prêmios para colocar seus servidores dentro dos centros de dados da Nasdaq e da Bolsa de Valores de Nova York.

Cerca de cem empresas têm atualmente colocação de seus servidores com os servidores da Nasdaq, segundo Brian Hyndman, vice-presidente sênior para serviços de transação da Nasdaq, a uma taxa mensal de cerca de US$ 3.500 por rack. A Nasdaq registrou um aumento anual de 25% em colocalização, nos últimos dois anos.

A colocalização física elimina os inevitáveis atrasos, inerentes até mesmo às mais rápidas redes de área ampla. Servidores em centros de dados compartilhados são normalmente ligados por rede Gigabit Ethernet, com a estrutura de comutação de velocidade ultra-alta chamada InfiniBand, cada vez mais utilizada para o mesmo propósito, afirma Yaron Haviv, CTO da Voltaire, um fornecedor de sistemas que podem alcançar latências de menos de um microssegundo – ou um milionésimo de segundo. Ainda este ano, o Nasdaq fechará seu centro de dados em Trumbull, Connecticut, e levar todas as operações para o centro aberto no ano anterior em Nova Jersey, com uma estação de *backup* na região do Meio-Atlântico, diz Hyndman. (As empresas de comércio e as Bolsas estão relutantes em divulgar a exata localização de seus centros de dados.)

A Bolsa de Valores de Nova York vai começar a reduzir seus dez centros de dados para dois nos próximos anos, afirma o CTO Steve Rubinow. A colocação, segundo Rubinow, não só garante transações rápidas, mas também previsíveis. "Se você tiver algumas transações acontecendo a 10 milissegundos e outras a 1 milissegundo, isso será um problema". "Nossos clientes não gostam de variação".

Um dos maiores clientes de colocalização é a Credit-Suisse, que cuida de cerca de 10% de todos os negócios acionários dos Estados Unidos diariamente e que ajudou nos pioneiros sistemas de comércio *black-box*, com algoritmos exóticos que atendem por alcunhas como Sniper, Guerrilla, e Inline. A Credit Suisse mantém os servidores em lâmina Sol e Egenera – alguns rodando Linux, e outros, Windows – em todos os principais mercados norte-americanos, diz Guy Cirillo, gerente de canais de vendas globais da unidade Advanced Execution Services (AES) da Credit Suisse, que atende aos principais fundos hedge e outros clientes *buy-side*.

O mecanismo de negociação da AES na sede do Credit Suisse, em Manhattan, é replicado em Londres, Hong Kong e Tóquio.

Os tempos de transação garantidos para os clientes da AES, a partir do momento que a ordem é recebida no sistema da Credit Suisse até receber reconhecimento da bolsa, da rede comunicações eletrônica ou da "crossing network", caiu de 15 para 8 milissegundos nos últimos ano, diz Cirillo. O tempo total de execução também inclui todos os atrasos na bolsa ou no próprio "ponto de liquidez", uma variável de latência sobre a qual a Credit Suisse não tem controle.

"Esse tempo de resposta é algo pelo qual as ECNs [redes de comunicações eletrônicas] e as bolsas também competem", afirma Cirillo. "A latência, o tempo de resposta e infraestrutura fazem parte do jogo eletrônico."

Fonte: Adaptado de Gary Anthes. "Split Second Securities Trading at -Wachovia". *Computerworld*, 21 de maio de 2007; e Richard Martin. "Wall Street's Quest to Process Data at the Speed of Light". *Information Week*, 21 de abril de 2007.

QUESTÕES DO ESTUDO DE CASO

1. Quais são as vantagens competitivas que as empresas descritas no caso podem derivar da utilização de tecnologia mais rápida e colocalização de servidores com as bolsas? Na sua opinião, quais são sustentáveis e quais são temporárias ou facilmente imitáveis? Justifique sua resposta.

2. Tom Bishop, da Wachovia, disse que "a vantagem competitiva vem das contas, do fluxo de trabalho e dos processos através dos sistemas". Com base no que aprendeu neste capítulo, desenvolva pontos de vista opostos sobre o papel da TI, se for o caso, no desenvolvimento de vantagem competitiva. Dê exemplos do caso para justificar a sua resposta.

3. Quais empresas de outros setores, além do comércio de títulos poderiam se beneficiar de tecnologias que se concentram na redução dos tempos de processamento de transações? Dê vários exemplos.

ATIVIDADES DO MUNDO REAL

1. A maior parte das discussões do caso foi feita a partir da perspectiva das empresas de comércio e do valor que estas tecnologias acrescentam a elas e a seus clientes. No entanto, o caso também menciona as medidas tomadas pelas bolsas para melhorar seu processamento de transações e transformar essas necessidades em um ativo de geração de receita. Pesquise as recentes tecnologias que foram aplicadas pelas principais bolsas de valores como a bolsa de valores de Nova York e a Nasdaq e prepare um relatório detalhando os benefícios que têm ocorrido como resultado.

2. As tecnologias descritas no caso representam um exemplo de como diferentes barreiras ao fluxo de mercadorias e de informações estão sendo superadas pelo uso da TI. Em grupos pequenos, escolha uma indústria que não seja a descrita no caso e faça um *brainstorming* sobre que barreiras ao comércio você vê por aí e como a TI pode ajudar a acabar com elas.

MÓDULO II
Tecnologias da informação

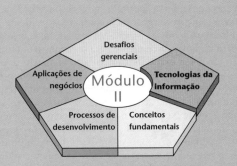

Quais são os desafios impostos pelas tecnologias de sistemas de informação aos profissionais corporativos? Que noções básicas fundamentais o profissional deve ter sobre tecnologia da informação? Os quatro capítulos deste módulo apresentam uma visão geral sobre *hardware*, *software* e tecnologias de gerenciamento de recursos de dados e de rede de telecomunicações utilizados nos sistemas de informação, e a influência desses desenvolvimentos tecnológicos no cotidiano dos gerentes e profissionais de negócios.

- O **Capítulo 3**, "*Hardware*", apresenta uma visão da história, das tendências e da evolução dos sistemas de computação de pequeno, médio e grande portes, os conceitos básicos dos sistemas de computação e os principais tipos de tecnologia usados nos periféricos de entrada, saída e armazenamento de dados.

- O **Capítulo 4**, "*Software*", analisa as características básicas e as tendências dos principais tipos de *software* de aplicação e de sistemas para computadores corporativos e de usuário final.

- O **Capítulo 5**, "Gerenciamento dos recursos de dados", ressalta o gerenciamento de recursos de dados por organizações usuárias de sistemas de informática e analisa as aplicações e os conceitos básicos de gerenciamento de banco de dados dos sistemas de informação corporativos.

- O **Capítulo 6**, "Telecomunicações e redes", apresenta uma visão geral da internet e de outras redes de telecomunicações, aplicações empresariais, além de tendências e análises de alternativas técnicas em telecomunicações.

CAPÍTULO 3
Hardware

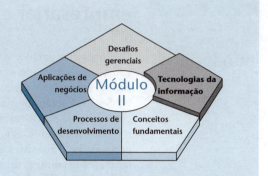

Destaques do capítulo

Seção I
Sistemas de computador: computação empresarial e por usuário final
Introdução
Breve histórico de *hardware*
"Caso do mundo real 1": IBM, Wachovia e PayPal: a computação em grade torna o processo mais fácil e mais barato
Tipos de sistemas de informação
Sistemas de microcomputador
Sistema de médio porte
Sistemas de grande porte
Observação técnica: o conceito de sistema de computador
Lei de Moore: aonde vamos parar?

Seção II
Periféricos: tecnologias de entrada, saída e armazenamento de dados
Periféricos
Tecnologias de entrada
"Caso do mundo real 2": Apple, Microsoft, IBM e outras: a tela sensível ao toque atinge a maioridade
Tecnologias de saída
Comparações de armazenamento
Memória semicondutora
Discos magnéticos
Fita magnética
Discos ópticos
Identificação por radiofrequência
Previsões para futuro
"Caso do mundo real 3": Kimberly-Clark e Daisy Brands: segredos para o sucesso de RFID

Objetivos de aprendizagem

1. Compreender a história e a evolução do *hardware*.
2. Identificar os principais tipos e usos de sistemas de computação de pequeno, médio e grande portes.
3. Ressaltar as principais tecnologias e usos de periféricos para entrada, saída e armazenamento de dados.
4. Identificar e dar exemplos de componente e funções de um sistemas de computador.
5. Identificar, para fins de aquisição ou recomendação, sistemas de computação e periféricos para uma aplicação corporativa específica e justificar as escolhas e recomendações.

Seção I

Sistemas de computador: computação empresarial e por usuário final

Introdução

Qualquer computador consiste em um sistema de componentes de entrada, processamento, saída, armazenamento e controle de dados. Nesta seção, serão discutidos o histórico, as tendências, as aplicações e alguns conceitos básicos de vários tipos de sistemas de computação atuais. Na Seção II, serão abordados os constantes avanços tecnológicos dos dispositivos periféricos de entrada, saída e armazenamento dos modernos sistemas de computação.

A leitura do "Caso do mundo real 1" mostrará os benefícios e desafios aos negócios proporcionados pelos sistemas de computação em grade. A partir desse caso, poderemos aprender muito sobre como as diversas organizações utilizam aplicações em larga escala da computação em grade (ver Figura 3.1).

Breve histórico de *hardware*

Hoje, testemunhamos rápidas mudanças tecnológicas em grande escala. No entanto, a evolução da tecnologia levou séculos até atingir nível suficiente para a criação do computador, uma vez que, sem ele, muitos avanços tecnológicos do passado não seriam possíveis. Entretanto, para avaliar corretamente a contribuição do computador, é necessário conhecer a sua história e evolução. O escopo deste texto não comporta uma discussão completa da história do computador, mas permite uma breve descrição da sua evolução. Vamos dar uma olhada rápida no desenvolvimento do computador.

Nos primórdios dos conceitos humanos sobre números, os dedos das mãos e dos pés eram utilizados para realizar cálculos matemáticos básicos. Nossos ancestrais, então, perceberam que, usassem alguns objetos para representar os dígitos, conseguiriam fazer mais cálculos, ultrapassando o limite imposto pelos dedos das mãos e dos pés. Você é capaz de imaginar uma caverna cheia de homens pré-históricos realizando algum tipo de contabilidade com dedos, paus e pedras? Embora seja uma cena engraçada, trata-se de um retrato preciso do que acontecia.

Eles passaram a usar conchas, pequenos ossos de galinha ou alguns outros objetos; porém, o fato de a palavra *calcular* derivar de *calculus*, palavra latina que significa "pedra pequena", indica que pequenas contas ou pedras de cristais serviram para criar o conhecido ábaco, provavelmente o primeiro dispositivo de computação desenvolvido pelo homem. Usando as contas com alguma prática e habilidade, era possível realizar os cálculos com certa rapidez.

O matemático francês Blaise Pascal inventou, em 1642, o que se acredita ser a primeira máquina mecânica de somar, que adotava, em parte, os princípios do ábaco, abolindo, entretanto, totalmente o uso das mãos para manipular as contas e os contadores. Em vez disso, Pascal utilizava uma espécie de anel para mover os contadores. O princípio da máquina de Pascal é usado até hoje, por exemplo, nos contadores de gravadores e odômetros. Em 1674, Gottfried Wilhelm von Leibnitz aperfeiçoou a máquina de Pascal, acrescentando, além das operações de subtração e adição já existentes, a multiplicação e a divisão.

Quando a era da industrialização tomou conta da Europa, as máquinas tornaram-se peças fundamentais tanto no setor produtivo como no agrícola. Uma invenção que mudou profundamente a história da industrialização – e a dos computadores – foi o tear mecânico inventado pelo francês Joseph Jacquard. Com cartões perfurados, esse tear fiava tecidos de diversos padrões. O tear de Jacquard era controlado por um programa codificado em cartões perfurados, e, uma vez que o programa fosse criado pelo operador, era possível duplicá-lo várias vezes de modo consistente e preciso.

A ideia de usar cartões perfurados para armazenar um padrão predeterminado de fiação do tecido ecoou na mente de Charles Babbage, matemático inglês que viveu no século XIX. Assim, ele idealizou uma máquina com capacidade para realizar todos os cálculos matemáticos, armazenar os valores na memória e executar comparações lógicas entre esses valores. Babbage chamou o equipamento *máquina analítica*. Entretanto, ela jamais saiu do papel, pois faltava-lhe um item – a eletrônica. Herman Hollerith acabou adotando o conceito do cartão perfurado de Jacquard para registrar os dados do censo no final da década de 1880. Esses dados foram trans-

CASO DO MUNDO REAL 1
IBM, Wachovia e PayPal: a computação em grade torna o processo mais fácil e mais barato

Pesquisadores da IBM e uma equipe de médicos estão construindo um banco de dados de imagens digitais que permitirá a oncologistas diagnosticar e tratar pacientes de câncer com maior rapidez e sucesso. Os pesquisadores do Instituto do Câncer de Nova Jersey digitalizaram tomografias computadorizadas, imagens de ressonância magnética e outras imagens usando um sistema de alta *performance* e tempo computacional do World Community Grid, a maior grade de computação pública do mundo.

"A digitalização de imagens deve permitir que os médicos façam o diagnóstico do câncer mais cedo e acompanhem seu crescimento ou diminuição mais precisamente durante o tratamento", afirma Robin Willner, vice-presidente de iniciativas da comunidade global da IBM. "Atualmente, o médico basicamente faz um exame visual durante a biópsia e a análise dos tecidos, para tentar descobrir o tipo de câncer e se houve progressos durante o tratamento. Com a digitalização da imagem, é possível comparar números, uma vez que a imagem é transformada em bits e bytes. Agora a comparação é muito mais precisa."

Os pesquisores estão utilizando a grade para converter centenas de milhares de imagens de tecidos e células cancerosas em imagens digitais. Depois que as imagens são digitalizadas, a grade pode verificar a veracidade das informações digitais para garantir que os bits e bytes estão se convertendo em diagnósticos reais. O World Community Grid atua como um supercomputador virtual que se baseia em milhares de voluntários que doam o período ocioso de seus computadores. "Se pudermos melhorar o tratamento e diagnóstico de câncer, isso será excelente para todos", diz Willner. "Não poderia haver um melhor aproveitamento para a grade."

A próxima fase do projeto é construir um banco de dados que armazenará centenas de milhares, senão milhões, dessas imagens. Uma doação de US$ 2,5 milhões do National Institutes of Health (NIH) permitirá que o Instituto do Câncer de Nova Jersey, a Rutgers University e centros de câncer em todo o país reúnam suas imagens digitais no banco de dados. De acordo com Willner, o banco de dados permitirá que os médicos comparem as imagens de novos pacientes com aquelas que já estão no banco de dados, auxiliando o diagnóstico do câncer e a descoberta da melhor maneira de tratamento. Os médicos devem ser capazes de usar o banco de dados para personalizar tratamentos para pacientes com câncer de acordo com o modo como outros pacientes com assinaturas de expressão de proteínas e casos de câncer similares reagiram a vários tratamentos.

"O objetivo primordial da nova doação do NIH é expandir a biblioteca para incluir assinaturas de uma maior gama de enfermidades e disponibilizá-la, com a tecnologia de apoio à decisão, às comunidades de pesquisa e clínica como *software* implantado em grade", afirma David J. Foran, diretor do Instituto do Câncer de Nova Jersey. "Esperamos implantar essas tecnologias em outros centros de pesquisa do câncer do país."

Não se trata realmente da primeira incursão da IBM na área médica. A empresa também se uniu com a Mayo Clinic para desenvolver um centro de pesquisa para avanço do armazenamento de imagens médicas. Os investigadores da Mayo Clinic e da IBM estão trabalhando no novo Medical Imaging Informatics Innovation Center, em Rochester, Minnesota. Segundo Bradley Erickson, presidente de radiologia da Mayo Clinic, uma equipe já está trabalhando para encontrar maneiras de utilizar o chip Cell – mais conhecido pela presença no videogame PlayStation 3 – em um sistema de imagem médica. Erickson disse que a tecnologia poderia reduzir o trabalho que agora leva alguns minutos para apenas alguns segundos, ou o trabalho que agora leva horas para questão de minutos.

A computação em grade, porém, não se limita às instituições sem fins lucrativos. A empresa de serviços financeiros Wachovia Corp. liberou algumas de suas aplicações baseadas em Java a partir de servidores dedicados e está permitindo que esses aplicativos de transação retirem a capacidade de computação de um conjunto de 10 mil CPUs em servidores espalhados por cidades dos Estados Unidos e em Londres. A Wachovia está mobilizando poder de computação disponível em outros sistemas para executar o trabalho, o que permite às empresas evitar os custos de *hardware* dedicado e fazer melhor uso do *hardware* subutilizado.

De acordo com Tony Bishop, vice-presidente sênior e diretor de gerenciamento de produto da Wachovia, a utilização de sistemas dedicados como uma alternativa seria "três vezes o custo em termos de capitais e de pessoas para dar suporte de outra forma". A Wachovia tem oito aplicativos rodando em sua grade que são usados em operações internas, como gerenciamento de pedidos. Os servidores estão em Nova York, Filadélfia, Londres e na sede social da empresa, em Charlotte, Carolina do Norte. Jamie Bernardin, diretor de tecnologia da DataSynapse, empresa que desenvolveu a tecnologia, disse que, para melhorar as velocidades de operação, o aplicativo de transação é capaz de crescer e se ajustar, se necessário.

Fonte: ©Comstock/Punchstock

FIGURA 3.1 As tecnologias de computação em grade evitam a necessidade de *hardware* caro e dedicado, distribuindo a carga de processamento entre os equipamentos com preço de *commodity*.

Continua ↪

Uma vez que o sistema pode fornecer recursos de acordo com a necessidade dos aplicativos, Bishop afirma que o desempenho melhorou em até cinco vezes em algumas transações: "Essa capacidade de velocidade de processamento significa que as decisões e os serviços podem ser feitos e entregues mais rapidamente. Como as coisas se tornam mais e mais automatizadas e cada vez mais em tempo real, o diferencial do negócio será a TI", diz Bishop.

Uma grade Linux é o poderio por trás do sistema de pagamento do PayPal, capaz até mesmo de converter um entusiasta do *mainframe*. Scott Thompson, o ex-vice-presidente executivo de soluções de tecnologia da Inovant, gerenciou a filial da Visa responsável pela execução das transações com cartão de crédito Visa em todo o mundo. O sistema VisaNet foi cuidadosamente baseado em *mainframes* IBM.

Em fevereiro de 2005, Thompson tornou-se diretor de tecnologia do PayPal, a empresa de pagamentos do eBay, onde enfrentou uma jovem organização de internet que construía toda sua infraestrutura de processamento de transações com o código-fonte aberto Linux e servidores de baixo custo. "Vim do Visa, onde era responsável pelo VisaNet. Era um sistema de processamento fabuloso, muito grande e completamente global. Fiquei intrigado com o PayPal. Como usar o Linux para processamento de pagamentos e nunca estar errado, nunca perder as mensagens, nunca ficar para trás do ritmo das transações?", pensou Thompson.

Ele agora controla o sistema de processamento de pagamentos eletrônicos PayPal, que é menor do que a VisaNet em volume e valor total de dólares em transações, mas está crescendo rápido. O sistema processa atualmente US$ 1.571 em transações por segundo, em 17 moedas diferentes. Em 2006, a empresa de pagamentos-*on-line*, que começou com uma padaria em Palo Alto, processou um total de US$ 37,6 bilhões em transações, e se encaminha para processar US$ 50 bilhões muito em breve.

Atualmente localizado em San Jose, o PayPal concede a seus associados opções de métodos de pagamento: cartões de crédito, de débito ou diretamente a partir de uma conta bancária. Tem 165 milhões de titulares de conta no mundo inteiro e, recentemente, adicionou empresas como Northwest Airlines, Southwest Airlines, U. S. Airways e Overstock.com, que agora permitem pagamentos via PayPal em seus *sites*.

Thompson supervisiona um sistema de pagamento que opera com cerca de 4 mil servidores rodando Red Hat Linux da mesma forma que o eBay e o Google dirigem seus negócios em cima de uma grade de servidores Linux. "Tenho sido agradavelmente surpreendido com o quanto temos sido capazes de fazer com essa abordagem. O sistema funciona como um *mainframe*".

À medida que o PayPal cresce, é muito mais fácil fazer crescer a rede com servidores baseados em Intel do que seria fazer a atualização de um *mainframe*. De acordo com Thompson: "O custo previsto para aumentar a capacidade em 15% ou 20% em um ambiente de *mainframe* é enorme. Poderia ser na casa das dezenas de milhões para um pequeno passo. No mundo do PayPal, adicionamos centenas de servidores ao longo de algumas noites, e os custos são por volta de milhares – e não milhões – de dólares".

O PayPal pega o Red Hat Enterprise Linux e retira todos os recursos desnecessários para o seu negócio. Em seguida, adiciona extensões proprietárias na segurança. Outra virtude da grade é que os 800 engenheiros do PayPal podem obter uma cópia desse sistema personalizado em desktops de desenvolvimento e executar testes em seus *softwares* enquanto trabalham e desenvolvem as necessidades do PayPal mais rapidamente porque estão trabalhando no ambiente real. Isso é difícil de fazer quando o núcleo do centro de dados consiste em *mainframes*. Não é barato, em qualquer caso, instalar duplicatas de ambiente para os desenvolvedores.

Fonte: Adaptado de Sharon Gaudin. "IBM Uses Grid to Advance Cancer -Diagnosis and Treatment". *Computerworld*, 28 de janeiro de 2008; Patrick Thibodeau. "Wachovia Uses Grid Technology to Speed Up Transaction Apps". *Computerworld*, 15 de maio de 2006; e Charles Babcock. "PayPal Says Linux Grid Can -Replace *Mainframes*". *Information Week*, 28 de maio de 2007.

QUESTÕES DO ESTUDO DE CASO

1. As aplicações para computação em grade, nesse caso, incluem diagnósticos médicos e processamento de transações financeiras. Que outras áreas seriam adequada para o uso da computação em grade? Por quê? Dê mais exemplos de outras organizações não incluídas nesse caso.

2. O esforço conjunto da IBM e do Instituto do Câncer de Nova Jersey se orienta para a digitalização de diagnósticos médicos no World Community Grid (WCG). Quais são as vantagens e desvantagens de se basear em uma rede que funciona a partir de trabalho voluntário como essa? Dê alguns exemplos das vantagens e desvantagens. Visite o *site* do WCG para elaborar a sua resposta.

3. A IBM, Wachovia e PayPal são, sem dúvida, organizações de grande porte. No entanto, vários fornecedores começaram a oferecer poderio de computação às pequenas empresas, usando os princípios de computação em grade. Como pequenas e médias empresas poderiam se beneficiar dessas tecnologias? Pesquise esse tipo de oferta na internet para ajudar na elaboração de sua resposta.

ATIVIDADES DO MUNDO REAL

1. A tecnologia de computação em grade está se tornando cada vez mais popular e recebeu recentemente o apoio de gigantes, como IBM, Sun e Oracle. Visite os *sites* dessas empresas (www.ibm.com, www.sun.com e www.oracle.com) e veja as ofertas atuais desse tipo. Como comparar os produtos das empresas? Prepare um relatório e apresente suas descobertas para a turma.

2. Um dos principais benefícios da computação em grade é oriundo da possibilidade de substituição de *hardware* caro, como *mainframes* ou supercomputadores, por servidores com preço de *commodity* e até mesmo de computadores pessoais. E quanto ao custo de administrar tantos servidores diferentes e de consumo de energia associados a eles? Faça uma pesquisa na internet para obter informações que permitam comparar a computação em grade e as alternativas mais tradicionais baseadas em *mainframe*. Prepare um relatório para mostrar suas descobertas.

formados em uma série de orifícios perfurados no cartão para representar os dígitos e as letras do alfabeto. Em seguida, o cartão era introduzido em uma máquina composta por uma série de contatos elétricos que eram desligados ou acionados de acordo com os orifícios existentes no cartão. As diferentes combinações da ação de desligar/ligar os contatos elétricos eram registradas pela máquina e representavam uma forma de tabular o resultado do censo. A máquina de Hollerith foi um grande sucesso, uma vez que reduziu em dois terços o tempo gasto para tabular o resultado do censo e rendeu muito lucro à empresa que a produziu. Em 1911, essa companhia uniu-se à concorrente para formar a International Business Machines (IBM).

O Computador e Integrador Numérico Eletrônico (Eletronic Numerical Integrator Computer – Eniac) foi o primeiro computador digital eletrônico. Finalizado em 1946 na Moore School of Electrical Engineering, da Universidade da Pensilvânia, não tenha peças móveis, era programável e tinha capacidade para armazenar problemas de cálculo com a utilização de válvulas eletrônicas (cerca de 18 mil).

Qualquer computador que utilize tecnologia de válvula eletrônica é denominado computador de primeira geração. A capacidade de cálculo do Eniac era de 0,2 milissegundo por operações, ou seja, de 5 mil cálculos por segundo, e as suas principais desvantagens eram o tamanho e a capacidade de processamento. Ele ocupava uma área equivalente a cerca de 140 m^2 e processava apenas um programa ou problema por vez. Além disso, a energia necessária para o Eniac era tamanha que fazia oscilar a iluminação das áreas adjacentes ao computador no acionamento e durante os ciclos de cálculo. A Figura 3.2 mostra o complexo Eniac.

Na década de 1950, a Remington Rand produziu a Calculadora Automática Universal (Universal Automatic Calculator – Univac I). A velocidade desse equipamento era de 10 mil cálculos por segundo. Em 1957, a IBM desenvolveu o IBM 704, com capacidade para realizar 100 mil cálculos por segundo.

No final da década de 1950, foi inventado o transistor, que rapidamente substituiu as milhares de válvulas dos computadores eletrônicos. A capacidade de cálculo do computador baseado no transistor era de quase 200 a 250 mil cálculos por segundo. O computador transistorizado representa a segunda geração de computadores, e a terceira geração surgiu somente em meados da década de 1960. Esses equipamentos adotavam tecnologia de estado sólido e circuitos integrados de dimensões diminutas.

Não seria possível contar a história da computação eletrônica sem mencionar Jack Kilby. Ele recebeu o Nobel de Física em 2000 pela invenção do circuito integrado em 1958, quando trabalhava na Texas Instrument (TI). Ele também é o inventor da calculadora portátil e da impressora térmica. Sem o trabalho de Kilby, que produziu a patente de um "circuito sólido feito

FIGURA 3.2 O Eniac foi o primeiro computador digital. É fácil observar o quanto avançamos em termos de evolução dos computadores.

Fonte: Foto do Exército dos Estados Unidos.

de germânio", nossa realidade – e provavelmente nossos computadores – seria bastante diferente e menos produtiva do que é hoje.

Em 1971, a quarta geração de computadores era composta de circuitos de dimensões ainda menores, dotada de multiprogramação aperfeiçoada e memória de armazenamento virtual. Na década de 1980, a quinta geração de computadores operava a uma velocidade de 3 a 5 milhões de cálculos por segundo (nos computadores de pequeno porte) e de 10 a 15 milhões de instruções por segundo (nos computadores de grande porte).

A era do microcomputador teve início em 1975, quando a empresa MITS introduziu o Altair 8800. A programação do computador era feita por meio de chaves de contato instaladas no painel frontal. O computador era fornecido em forma de um *kit* de montagem com solda e não utilizava *software*. Mesmo assim, esse equipamento era um computador pessoal acessível ao consumidor por alguns milhares de dólares, ao passo que a maioria dos equipamentos de outros fabricantes custava dez vezes mais. Em 1977, as empresas Commodore e Radio Shack anunciaram que iriam produzir computadores pessoais – e assim fizeram. Contudo, seguindo a mesma trilha, estavam Steve Jobs e Steve Wozniak, que inventaram seu computador no fundo de uma garagem quando ainda cursavam a universidade. A produção em massa da Apple começou em 1979, e, no final de 1981, seus computadores pessoais eram os mais vendidos. Em agosto de 1982, surge o computador pessoal da IBM, e, com ele, muitos afirmam que o mundo mudou para sempre.

Depois da apresentação do computador pessoal no início da década de 1980, o conhecimento sobre redes de computador adquirido nos primeiros anos de criação dos computadores foi aliado às tecnologias inovadoras para criar redes em massa de pessoas, de computadores e de dados em que todos conseguem encontrar praticamente qualquer tipo de informação: a internet. Ainda hoje são surpreendentes os avanços observados na tecnologia da informação.

Por ora, esse breve histórico é suficiente. A seguir, será apresentada uma análise atualizada sobre *hardware*.

Tipos de sistemas de informação

Hoje, os sistemas de computação são de diversos tamanhos e formatos e dotados de diversos recursos. Os rápidos avanços nos *hardwares* e *software* e as mudanças das necessidades dos usuários finais continuam a impulsionar o surgimento de novos modelos de computadores, dos menores modelos integrando telefones celulares e assistentes digitais pessoais de mão até os maiores *mainframes* corporativos com múltiplas CPUs (ver Figura 3.3).

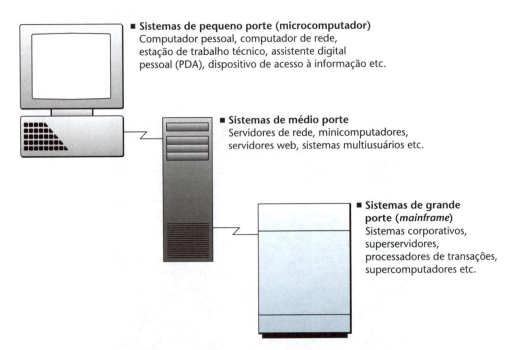

FIGURA 3.3 Exemplos de categorias de sistemas de computação.

A classificação em categorias como sistemas de *pequeno porte* (microcomputadores), *médio porte* (minicomputadores) e *grande porte* (*mainframes*) ainda ajuda a distinguir a relativa potência de processamento e o número de usuários suportado pelos diferentes tipos de computadores. No entanto, essas classificações não são precisas e, muitas vezes, acabam se sobrepondo. Assim, para destacar o principal uso de determinado tipo de computador, muitas vezes, outros nomes geralmente são usados. Por exemplo, computador pessoal, servidor de rede, computador de rede e estações de trabalho técnico.

Além disso, os especialistas continuam a prever a fusão ou o desaparecimento de diversas categorias de computadores. Percebem, por exemplo, que muitos sistemas de médio e grande portes tornaram-se obsoletos por causa da potência e versatilidade das redes constituídas de microcomputadores e servidores. Outros especialistas do setor preveem que, com o surgimento dos computadores de rede e *dispositivos de acesso à informação* para aplicação na internet e nas intranets corporativas, muitos computadores pessoais deixarão de ser usados, principalmente nas grandes organizações e no mercado de computadores domésticos. Outros ainda sugerem que o conceito de *nanocomputadores* (dispositivos menores do que os microcomputadores) dominará toda a percepção que temos de computadores pessoais. Somente o tempo dirá se essas previsões se concretizarão.

> *Todo o centro de gravidade da computação foi transferido. Para milhões de consumidores e usuários corporativos, a principal função do computador pessoal é servir como uma janela de acesso à internet. Hoje, os computadores são dispositivos de comunicação, e os consumidores desejam os equipamentos mais baratos.*

Sistemas de microcomputador

O **microcomputador** compõe a categoria mais importante dos sistemas de computação tanto para consumidores em geral, como para os empresários. Apesar de normalmente ser chamado *computador pessoal*, ou PC, o microcomputador representa muito mais que um pequeno computador usado por um indivíduo. A potência do microcomputador hoje supera a dos *mainframes* das gerações mais antigas por uma fração do custo. Assim, conectado em rede, ele compõe poderosas *estações de trabalho profissionais* para uso corporativo.

Pense na capacidade de processamento do computador da espaçonave *Apollo 11*. Levar o homem até a Lua e trazê-lo de volta à Terra em segurança era indubitavelmente uma façanha extraordinária. O computador utilizado nessa proeza como suporte a todas as tarefas – da navegação ao monitoramento dos sistemas – era igualmente extraordinário. A *Apollo 11* tinha uma CPU de 2.048 MHz construída pelo MIT. Os padrões atuais podem ser conferidos a partir dos 4 GHz de vários PCs domésticos (o MHz equivale a 1 milhão de ciclos de computação por segundo, e o GHz é a medida de 1 bilhão de ciclos de computação por segundo). Além disso, o computador da *Apollo 11* pesava mais de 30 kg, ao passo que os poderosos *laptops* atuais chegam a pesar apenas meio quilo. Isso é progresso, sem dúvida.

O microcomputador apresenta tamanho e formato variados e, destina-se a diversos fins, como mostra a Figura 3.4 Existem vários modelos de computador pessoal, como *handheld* (de mão), *notebook*, *laptop*, *tablet* (no formato de prancheta), portátil, desktop (de mesa) e chão. Ou, conforme sua aplicação, o sistema pode ser doméstico, pessoal, profissional, estação de trabalho ou multiusuário. A maioria dos microcomputadores é composta por *desktops* adequados para uso sobre a mesa do escritório ou por *laptops* para as pessoas que desejam um computador pessoal pequeno e portátil. A Figura 3.5 aponta algumas das características principais que devem ser analisadas quando da aquisição de uma estação de trabalho profissional de ponta, um PC multimídia ou um sistema para iniciantes. Essas informações proporcionam uma noção da variedade de recursos disponíveis nos microcomputadores atuais.

Alguns microcomputadores são potentes **computadores de estação de trabalho** (estação de trabalho técnico) que suportam aplicativos pesados em termos de cálculos matemáticos e exibição gráfica, como projeto apoiado por computador (*Computer-Aided Design - CAD*) para engenheiros, ou aplicativos de análise de carteira e investimentos para o setor financeiro. Outros microcomputadores são usados como **servidores de rede**. Normalmente, são equipamentos mais potentes para coordenar a capacidade de telecomunicações e o compartilhamento de recursos em pequenas redes locais (LAN) e em *sites* de internet ou intranets.

Os **terminais de computador** – basicamente qualquer dispositivo com acesso ao computador – estão sendo convertidos em computadores de rede. Os *terminais burros*, ou seja, dispositivos

Terminais de computador

a. Notebook.
Fonte: Cortesia da Hewlett-Packard.

b. Microcomputador como estação de trabalho profissional.
Fonte: © Royalty Free/Corbis.

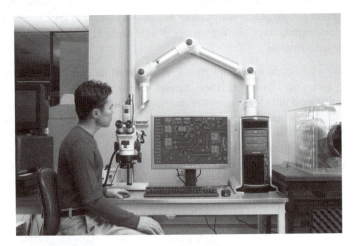

c. Microcomputador como estação de trabalho técnico.
Fonte: Cortesia da Hewlett-Packard.

FIGURA 3.4 Exemplos de sistemas de pequeno porte.

Profissional corporativo	Usuários multimídia ou jogadores	Iniciante
Para pesquisar produtos, clientes e desempenho de vendas, é necessário mais que uma máquina rápida:	Profissionais dos meios de comunicação e jogadores dedicados desejam, no mínimo, um Mac G4 ou um microprocessador Intel dual-core de 2-3 GHz e:	Uma boa economia seria a aquisição de um equipamento com processador Celeron na faixa de 2 a 3 GHz, além de:
• Processador dual-core de 3 a 4 GHz	• 4 a 8 GB de RAM	• 2 GB de RAM
• 4 a 8 GB de RAM	• Disco rígido de 250$^+$ GB	• Disco rígido de 120 a 160 GB
• Disco rígido de 500 GB	• Monitor de tela plana de 19 polegadas ou superior	• Monitor de tela plana de 15 a 17 polegadas
• Monitor de tela plana de 19 polegadas	• Unidade de DVD-RW de 16X ou superior	• Unidades CD-RW ou DVD
• Unidades CD-RW ou DVD-RW	• Placas de video (tão rápidas e poderosas quanto o orçamento permitir)	• Porta USB
• Placa de interface de rede	• Placas de som	• Impressora a jato de tinta
• Impressora a laser colorida	• Impressora a laser (colorida ou P&B)	

FIGURA 3.5 Exemplos de recursos recomendados para três tipos de usuários de computador pessoal. Observação: www.dell.com e www.gateway.com são boas fontes de referência para obter informações sobre os mais recentes recursos de PC disponíveis.

> ### Critérios para aquisição de PC corporativo
>
> O que uma pessoa deseja quando procura um novo sistema de computador pessoal? Uma tela clara e ampla? Um novo processador de grande desempenho? Uma unidade de disco rígido com muita capacidade? Bastante memória RAM? Nada disso, nenhum desses itens é a principal preocupação do comprador de PC corporativo. Inúmeros estudos mostram que o preço de um novo computador é apenas uma pequena parte do custo total de propriedade. Suporte, manutenção e outros fatores intangíveis contribuem muito mais na avaliação total da aquisição. Vejamos três critérios básicos.
>
> **Desempenho sólido a preço razoável.** O comprador corporativo sabe que seus usuários não fazem mapeamento do genoma humano nem traçam trajetórias para Saturno. Eles digitam textos, preenchem pedidos de compra, controlam os contatos de vendas e realizam outras tarefas profissionais básicas. Portanto, precisam de uma máquina robusta e competente a um preço razoável, e não o último lançamento mais potente do mercado.
>
> Muitas organizações estão adotando uma estratégia de laptop em vez de uma de desktop. Usando essa abordagem, o empregado usa seu laptop no escritório e fora dele. Com a proliferação do acesso sem fio à internet, essa estratégia permite que os funcionários levem consigo o trabalho para onde quiserem – escritório, sala de conferência, reunião fora da empresa ou quarto de hotel em outro país.
>
> Um dos resultados dessa estratégia é o desenvolvimento e aquisição de computadores portáteis mais potentes, com telas maiores e de maior qualidade. Essa demanda representa um desafio para os fabricantes de laptops para proporcionar maior qualidade e continuar a fabricar um equipamento leve e portátil.
>
> **Sistema operacional pronto.** A troca do sistema operacional de um computador é a tarefa de atualização mais incômoda para a empresa. Essa é a razão por que muitos compradores corporativos preferem máquinas compatíveis com os sistemas operacionais já existentes e com as atualizações previstas. Algumas empresas adotam o Windows XP ou o Vista, ao passo que outras continuam a utilizar sistemas operacionais mais antigos. Em última análise, essas empresas deverão ser capazes de fazer a transição para o Windows 7 (o novo sistema da Microsoft) e até para versões do sistema operacional esperadas para daqui a três a cinco anos. Isso significa, basicamente, decidir o tamanho necessário de disco rígido e RAM.
>
> **Conectividade.** Equipamentos conectados em rede são indispensáveis na vida corporativa, e máquinas prontas para acesso à internet também estão se tornando obrigatórias. Os compradores precisam de máquinas equipadas com placas de rede ou até mesmo com capacidade para conexão sem fio. Com menos cabos conectores, as redes sem fio, principalmente quando usadas com *laptops*, proporcionam flexibilidade no ambiente de trabalho e simplicidade no uso do PC. Muitas organizações planejam a adoção de aplicativos baseados na internet e precisam de máquinas prontas para conexões rápidas, seguras e confiáveis.
>
> **Equipamento com segurança.** A maioria dos dados processados por estações de trabalho em rede em um ambiente corporativo moderno pode ser considerado proprietário – se não, essencial para o desempenho. Um critério importante para a compra corporativa é o grau em que o dispositivo pode aceitar ou trabalhar de acordo com a grande quantidade de medidas de segurança em uso na organização. Pode aceitar um dispositivo USB, leitor de smart card, dispositivo de acesso biométrico, e assim por diante? Abordaremos esse aspecto com maior detalhe no Capítulo 13.

com teclado e monitor de vídeo com capacidade limitada de processamento, estão sendo substituídos por *terminais inteligentes*, isto é, por PCs modificados e conectados em rede ou computadores de rede. Nesse processo, estão também os **terminais de rede,** que podem ser *terminais Windows*, dependentes de servidores de rede para Windows, com capacidade de processamento e de armazenamento dos servidores de rede, ou *terminais de internet*, dependentes do sistemas operacionais e aplicativos dos servidores de *sites* da internet ou intranet.

Os terminais inteligentes assumem diversas formas e realizam, de modo independente, entrada de dados e algumas tarefas de processamento de informações. Isso inclui o uso amplo de **terminais de transação** para bancos, lojas, fábricas e outros locais de trabalho, como caixas automáticos (ATM), registradores de produção de fábricas e terminais de pontos de venda (PDV).

Esses terminais inteligentes usam teclado numérico, tela sensível ao toque, leitora de código de barras e outros métodos de entrada de informações para capturar os dados e interagir com o usuário final durante a transação, e dependem dos servidores e de outros computadores de rede para processamento adicional das transações.

Computadores de rede

Os **computadores de rede** estão na categoria dos computadores de pequeno porte destinados a permitir o acesso à internet e à intranet de funcionários administrativos, trabalhadores operacionais e empregados especializados com aplicações de computação restritas ou especializadas. Esses equipamentos são de pequeno porte, baratos e selados, com mínima ou nenhuma capacidade de armazenamento de dados e ficam conectados em rede. Os usuários dos computadores de rede dependem basicamente dos servidores para acessar o sistema operacional e navegador web, sistemas aplicativos e acesso e armazenamento de dados.

Um dos principais atrativos do computador de rede é o seu baixo custo total de propriedade (ou seja, os custos totais associados à aquisição, instalação, operação e manutenção do computador). Os custos de aquisição de atualizações, manutenção e suporte são bem inferiores ao de um PC completo. Outras vantagens para a empresa são a facilidade de distribuição e licenciamento do *software*, padronização da plataforma do computador, necessidade reduzida de suporte ao usuário final e facilidade de manuseio propiciado pela gestão centralizada e pelo controle dos recursos da rede de computadores no âmbito geral da empresa.

Dispositivos de acesso à informação

Os PCs não são a única opção: inúmeros equipamentos inteligentes e dispositivos de acesso à informação – de telefones celulares até pagers, PCs de mão e jogos eletrônicos baseados na web – oferecem acesso à internet e recursos para executar tarefas básicas de computação.

Os dispositivos portáteis do tamanho da palma da mão *(handhelds)* conhecidos como assistentes digitais pessoais *(personal digita assistant* - PDA) estão entre os recursos mais populares na categoria dos **dispositivos de acesso à informação**. Esses assistentes com capacidade de acesso à web usam tela sensível ao toque, recurso de reconhecimento de texto manuscrito ou teclado numérico que permite ao trabalhador móvel enviar correio eletrônico, acessar a web e trocar informações, como compromissos agendados, relação de tarefas a serem realizadas e contatos de vendas, com os desktops ou servidores web.

Um dos lançamentos mais recentes em termos de tecnologia de PDA é o RIM BlackBerry, pequeno dispositivo do tamanho de um *pager* capaz de executar todas as funções de um PDA comum e ainda funcionar com toda a capacidade de um telefone móvel. O que distingue esse dispositivo das demais soluções de PDAs sem fio é a conexão ininterrupta. O usuário do BlackBerry não precisa baixar o *e-mail* – este vai ao seu encontro. Por causa dessa funcionalidade, não é preciso discar um número ou iniciar uma conexão. O BlackBerry nem mesmo possui antena visível. Quando o usuário deseja enviar ou responder a um *e-mail*, pode digitar o texto no pequeno teclado do equipamento. Assim como o telefone celular, o BlackBerry destina-se a permanecer sempre ligado e continuamente conectado com a rede sem fio, permitindo transferência de *e-mail* quase em tempo real. Além disso, como o BlackBerry usa a mesma rede da maioria dos serviços de telefonia móvel, a unidade pode ser utilizada em qualquer local acessível ao celular.

Um operador relativamente novo para esse campo (apesar de avançar rapidamente) é o iPhone da Apple (ver Figura 3.6). O iPhone essencialmente combina três produtos: um telefone móvel revolucionário, um iPod com tela wide-screen que toca música e vídeo com controles sensíveis ao toque, além de um dispositivo inovador de acesso à internet com *e-mail*, navegação na web, mapas e mecanismo de busca – tudo isso em um pequeno e dispositivo portátil e leve. O iPhone apresenta também uma nova interface de usuário baseada em uma tela multitoque de grande porte e um novo *software*, o que permite aos usuários controlar tudo apenas com os dedos.

A gênese do iPhone começou com a orientação do CEO da Apple, Steve Jobs, para que os engenheiros da Apple pesquisassem telas sensíveis ao toque. A Apple criou o dispositivo durante uma colaboração secreta e sem precedentes com a AT&T Mobility – chamada Cingular Wireless durante a criação do telefone – a um custo de desenvolvimento de US$ 150 milhões, segundo estimativas. Durante o desenvolvimento, o iPhone foi apelidado de "Purple 2". A empresa rejeitou um "projeto em equipe" anterior feito com a Motorola e preferiu a elaboração de sistema de operação, interface e *hardware* personalizados.

CAPÍTULO 3 • *Hardware* 81

FIGURA 3.6 O iPhone da Apple. Um dispositivo revolucionário no mercado de aparelhos de informação e PDAs.

Fonte: Laurens Smak/Alamy.

O iPhone foi colocado à venda em 29 de junho de 2007. A Apple fechou suas lojas às 14 horas (horário local) para se preparar para o lançamento do iPhone às 18 horas, enquanto centenas de clientes formavam filas em lojas de todo o país. Foram vendidos 270 mil iPhones nas primeiras 30 horas, no final de semana de lançamento.

Na Alemanha, 70 mil clientes do iPhone se inscreveram na Deutsche Telekom durante um período de 11 semanas, entre 9 de novembro de 2007 e 26 de janeiro de 2008. No Reino Unido, estima-se que 190 mil clientes tenham assinado o serviço com a O2 durante um período de oito semanas, a partir da data de lançamento de 9 novembro de 2007 e 9 de janeiro de 2008.

A nova geração do iPhone é o 3G. Essa versão acessa os dados da rede 3G muito mais rápido e fornece a transferência de literalmente milhares de aplicativos, que permitem ao iPhone executar tarefas que vão desde o acesso a serviços bancários *on-line* até a capacidade de agir como um sofisticado dispositivo de nivelamento e muito mais.

O iPhone realmente inaugurou uma era de *software* e de sofisticação nunca antes vista em um dispositivo móvel, redefinindo completamente o que as pessoas podem fazer com telefones móveis. Podemos esperar para ver dispositivos móveis do tipo PDA ainda mais sofisticados no futuro enquanto prevalecer a Lei de Moore e o mercado continuar a exigir mais funcionalidades (ver a discussão sobre a Lei de Moore no final da Seção I para mais detalhes sobre esse conceito).

Os dispositivos de acesso à informação também assumem a forma de consoles de videogame e outros dispositivos de conexão com a TV doméstica. Esses equipamentos permitem navegar na web ou enviar e receber *e-mail* e, ao mesmo tempo, assistir à programação da TV ou jogar videogames. Outros dispositivos desse tipo são os assistentes digitais pessoais sem fio e telefones celulares e PCS (sistema de comunicações pessoal) com acesso à internet, além dos equipamentos domésticos que usam a conexão telefônica fixa para envio e recebimento de *e-mail* e acesso à web.

O **sistema de médio porte** é composto principalmente de grandes servidores de rede e outros tipos de servidores com capacidade para processamento em grande escala de muitas aplicações empresariais. Embora não tão potentes quanto os *mainframes*, sua aquisição, operação e manutenção custam menos do que os sistemas de grande porte e, assim, preenchem as necessidades de computação de muitas organizações (ver Figura 3.7).

Sistema de médio porte

> *As necessidades cada vez mais crescentes de armazenamento de dados e dos aplicativos relacionados, como de exploração de dados e processamento analítico* on-line, *estão forçando os fornecedores de tecnologia da informação a aumentar cada vez mais o nível da configuração*

FIGURA 3.7 Os sistemas de computação de médio porte têm capacidade de processamento em grande escala sem o alto custo ou os problemas de espaço dos *mainframes* de grande porte.

Fonte: China Foto Press/Getty Images.

dos servidores. Do mesmo modo, os aplicativos baseados na internet, como servidores web e de comércio eletrônico (e-commerce), *estão forçando os gestores de tecnologia da informação a aumentar a velocidade de processamento e a capacidade de armazenamento, e outras aplicações [empresariais], alimentando o crescimento dos servidores maiores.*

Os sistemas de médio porte tornaram-se populares como potentes servidores de rede (computadores usados para coordenar as comunicações e gerenciar o compartilhamento de recursos nos ambientes em rede) para auxiliar no gerenciamento de *sites* da internet, intranet corporativa, extranet e redes de outros tipos. Além das funções da internet, existem outras aplicações comuns do servidor de topo de linha, como aplicações as integradas para as funções de produção, distribuição e finanças empresariais. Outras aplicações, como o gerenciamento do armazém de dados, a exploração de dados e o processamento analítico *on-line* (que serão abordados nos Capítulos 5 e 10), estão contribuindo para aumentar a demanda desses sistemas servidores.

Inicialmente, os sistemas de médio porte eram conhecidos como **minicomputadores** destinados a pesquisas científicas, sistemas de instrumentação, análises de engenharia e monitoramento e controle de processos industriais. Os minicomputadores eram capazes de manipular facilmente essas aplicações, porque elas são de escopo limitado e não demandam a versatilidade de processamento dos sistemas de grande porte. Hoje, os sistemas de médio porte incluem os servidores usados no controle do processo industrial nas fábricas, onde exercem papel fundamental na produção apoiada por computador (CAM). Eles também assumem a forma de potentes estações de trabalho técnico para projetos apoiados por computadores (CAD) e outros aplicativos gráficos e de computação de uso intensivo. Os sistemas de médio porte também são usados como *servidores front-end* para auxiliar computadores de grande porte no processamento de telecomunicações e gerenciamento de rede.

E o Oscar vai para... Pinguins e 2 mil servidores em lâmina

Uma aplicação inicial de 500 servidores em lâmina logo aumentou para 2 mil a fim de atender às necessidades de capacidade de processamento para criar o filme Happy Feet - o pinguim, vencedor do Oscar de animação. A animação de 108 minutos gerada por computador, que ganhou um Oscar em 2006, foi elaborada pela empresa de produção digital The Animal Logic Group.

"Precisávamos de um grande número de processadores em fator de forma e nível de preços que funcionassem para o nosso negócio", afirma Xavier Desdoigts, diretor de operações técnicas. "Tínhamos de renderizar 140 mil quadros, e cada quadro poderia levar várias horas nesse processo. A aparência de realismo fotográfico do filme fez que nossas necessidades computacionais atingissem novos patamares."

Mumble, o personagem principal do filme, por exemplo, tinha 6 milhões de penas. "Havia seis tomadas no filme que contaram com mais de 400 mil pinguins em cada uma", esclarece Desdoigts. O que perfaz mais de 17 mil milhões de horas de utilização de CPU ao longo dos últimos nove meses de produção de Happy Feet. "Inicialmente, estávamos preocupados com a nossa capacidade para montar e manejar uma montar de processamento dessa escala."

A Animal Logic e a IBM construíram um *farm* de servidores de renderização usando servidores em lâmina BladeCenter HS20, cada um com dois servidores Intel Xeon. A renderização foi concluída em outubro de 2006, e o filme foi lançado no mês seguinte nos Estados Unidos. As ferramentas de gestão para implementar e controlar os servidores durante a produção incluíam um pacote de código aberto para administração dos clusters de computação. Para a Animal Logic, o maior sinal de sucesso a partir de uma perspectiva de TI foi que o farm de servidores foi gerido por uma única pessoa.

"Temos de ter certeza que optamos por soluções que não são demasiado complexas para configurar ou administrar, o que faz que nosso foco possa se manter em perceber as visões criativas de nossos clientes", diz Desdoigts. Happy Feet rapidamente se tornou um dos maiores sucessos de bilheteria da indústria cinematográfica australiana, permanecendo em primeiro lugar nos Estados Unidos por três semanas consecutivas. O filme fez mais de US$ 41 milhões na semana de estreia e foi exibido em 3.800 salas de cinema.

Fonte: Adaptado de Sandra Rossi. "And the Oscar Goes to... Jovial Penguins and 2,000 Blade Servers". *Computerworld Australia*, 6 de março de 2007.

Sistemas de grande porte

Anos depois dos anúncios desastrosos sobre a morte dos computadores de grande porte, a verdade hoje é totalmente contrária: a utilização de computadores de grande porte está, na realidade, em ascensão. E não se trata de uma tendência momentânea. Um dos fatores que impulsionaram a venda dos mainframes *é a redução (de 35% ou mais) nos custos, mas a redução do preço não é o único fator contribuinte nas aquisições de* mainframe. *As organizações provedoras de serviços de internet estão realizando inovações, colocando os* mainframes *no centro do palco de aplicações emergentes, como na exploração e no armazenamento de dados, suporte à decisão e diversas aplicações baseadas na internet, com destaque para o e-commerce.*

Os *mainframes* são sistemas de computação de grande porte, potentes e rápidos. Por exemplo, a capacidade de processamento do *mainframe* é de milhões de instruções por segundo (MIPS). Eles também são dotados de grande capacidade de memória. A capacidade de armazenamento primário da memória principal varia de centenas de gigabytes a muitos terabytes. Nos últimos anos, a dimensão dos *mainframes* diminuiu consideravelmente, reduzindo muito as necessidades de ar-condicionado, consumo de energia elétrica e espaço físico – uma redução, portanto, dos custos de aquisição e operação. Grande parte dessas melhorias decorre da substituição do *mainframe* resfriado a água por uma tecnologia mais recente de resfriamento a ar para sistemas de grande porte (ver Figura 3.8).

Desse modo, os computadores de grande porte continuam a atender às necessidades de processamento de informação das grandes corporações e dos órgãos governamentais com grandes volumes de processamento de transações ou de problemas complexos de cálculos. Por exemplo, os bancos, as companhias aéreas e petrolíferas de grande porte e outras grandes corporações processam milhares de transações de vendas e pedidos de clientes diariamente com a ajuda dos sistemas de computação de grande porte. Os *mainframes* até hoje são usados em aplicações de cálculos intensivos e complexos para análise de dados sísmicos em explorações de campos de petróleo ou em simulações de voo em projetos de fabricação de aeronaves. Também são utilizados como *superservidores* em grandes redes de cliente/servidor e *sites* da internet de grande volume das grandes companhias. Como já foi mencionado, os *mainframes* estão se tornando-se uma plataforma comum de computadores empresariais para aplicações de armazenamento e exploração de dados e de *e-commerce*.

FIGURA 3.8 Os sistemas de computador de grande porte são potentes propulsores da computação corporativa.

Fonte: © Royalty Free/Corbis.

Sistemas de supercomputadores

Os supercomputadores tornaram-se "servidores escaláveis", no topo da linha de produtos que começa com as estações de trabalho de mesa. O enfoque das companhias voltadas ao mercado, como Silicon Graphics, Hewlett-Packard e IBM, não se restringe à criação do computador mais rápido do mundo; e hoje, mais do que nunca, o software do desktop tem muito mais em comum com o do supercomputador, porque ambos são criados com base nos mesmos microprocessadores baseados em cache.

O termo **supercomputador** descreve uma categoria de sistema de computação muito potente e projetado especificamente para aplicações científicas, de engenharia e de negócios que exijam velocidade altíssima para cálculos numéricos complexos. O mercado de supercomputadores inclui órgãos de pesquisa governamentais, importantes universidades e grandes corporações, entidades que usam supercomputadores em aplicações como previsão do tempo global, sistemas de defesa militar, astronomia e cosmologia computacional, pesquisa e projeto de microprocessadores, exploração de dados em larga escala, e assim por diante.

Os supercomputadores adotam arquitetura de *processamento paralelo* de microprocessadores interconectados (com capacidade de execução simultânea em paralelo de muitas instruções). Esses equipamentos executam facilmente cálculos aritméticos com velocidade de bilhões de operações de pontos flutuantes por segundo *(gigaflops)*. Hoje, existem supercomputadores com capacidade de cálculo de teraflops (trilhões de operações de pontos flutuantes por segundo), que usam projetos de processamento paralelo massivo (MPP) de milhares de microprocessadores. O preço de compra do supercomputador de grande porte varia de US$ 5 a US$ 50 milhões.

No entanto, o uso de multiprocessamento simétrico (SMP) e de memória compartilhada distribuída (DSM) com menos microprocessadores interconectados deu origem a uma linha de *minissupercomputadores* com preços iniciais de centenas de milhares de dólares. Por exemplo, o RS/6000 SP da IBM tem um custo de US$ 150 mil para um computador SMP com um nó de processamento. Entretanto, ele pode ser expandido para centenas de nós de processamento, elevando, assim, o preço para dezenas de milhões de dólares.

O sistema de supercomputador ASCI White, mostrado na Figura 3.9, é composto de três sistemas RS/6000 SP da IBM: White, Frost e Ice. O White, o maior entre esses sistemas, é um supercomputador de multiprocessador simétrico (SMP) de 16 vias e 512 nós com pico de desempenho de 12,3 teraflops. O Frost é um sistema SMP de 16 vias e 68 nós, e o Ice, um sistema

FIGURA 3.9 Sistema de supercomputador ASCI White da Lawrence Livermore National Laboratory de Livermore, Califórnia.

Fonte: Cortesia de Silicon Graphics, Inc.

 O auxílio dos supercomputadores no lançamento de satélites

Os lançamentos de satélite são um caso ruidoso, especialmente para o satélite no topo do foguete. A vibração e o ruído, a não ser que sejam compensados, podem inutilizá-lo antes de atingir a órbita. Por conta disso, pesquisadores passam muito tempo em complexas simulações computacionais que ajudam a isolar o delicado aparato. Agora, essas simulações estão prestes a ficar muito mais precisas, graças a um novo supercomputador que recentemente começou a funcionar no Japão.

O computador Fujitsu FX1 foi inaugurado em 2009 pela Japan Aerospace Explorations Agency (JAXA) e conta com 3.008 nós, cada um dos quais com um microprocessador Sparc64 VII de quatro núcleos. A máquina tem 94 terabytes de memória e um desempenho máximo teórico de 120 teraflops. Em execuções-padrão de programa, o dispositivo obteve um desempenho máximo de 110,6 teraflops, o que o coloca não só como a máquina mais poderosa do Japão, mas também como o supercomputador mais eficiente do mundo. Seu desempenho máximo representa 91,2% do seu desempenho teórico e supera o recorde anterior, de uma máquina do Leibniz Rechenzentrum, em Munique. Classificada logo atrás do computador alemão está outra máquina da JAXA. "O desempenho é cerca de 15 vezes maior do que o sistema que tínhamos antes", afirmou Kozo Fujii, diretor do Centro de Inovação em Engenharia Digital da JAXA.

Duas fileiras de racks de computador compõem o sistema principal e uma terceira fila ao lado é uma segunda máquina FX1 menos potente. Em uma sala ao lado, fica um computador vetorial NEC SX-9 para a execução de tarefas especializadas e para a armazenagem que aumenta todo o sistema. No total, um *petabyte* de espaço de armazenamento em disco e 10 *petabytes* de armazenamento em fita estão conectados ao sistema (um *petabyte* é um milhão de gigabytes). E, na área, há vários grandes aparelhos de ar condicionado industrial para manter o ambiente arejado e extrair o calor gerado por essa massa de *hardware*.

A JAXA pretende colocá-lo para funcionar em simulações, como a de interferência acústica experimentada por um satélite no lançamento, explica Fujii. "Há uma ampla faixa de frequências, e as frequências de pico geralmente estão localizadas entre 60 e 100 Hertz, limites que podemos captar. Mas esperamos que com o novo computador seja possível captar frequências de 150 ou 200 Hz, que são difíceis para o computador atual."

Fonte: Adaptado de Martyn Williams. "World's Most Efficient Supercomputer Gets to Work". *CIO Magazine*, 2 de abril de 2009.

SMP de 16 vias e 28 nós. Supercomputadores como esses continuam a evoluir em termos de tecnologia de ponta em toda a indústria da informática.

A próxima onda de computação

Interconectar microprocessadores para criar minissupercomputadores é uma realidade, como visto na seção anterior. A próxima onda é aproveitar a quantidade quase infinita de poder de computação não utilizado que existe na miríade de desktops e laptops, nos limites de uma organização moderna.

Computação distribuída ou *em grade* é um tipo especial de computação paralela, que conta com computadores completos (com CPU, memória, fonte de alimentação e interface de rede integrados, e assim por diante) conectado a uma rede (privada, pública ou a internet) por um interface de rede convencional. Esse tipo funciona de modo contrário ao supercomputador, que possui vários processadores conectados a uma única máquina. A computação em grade pode ser formada com o aproveitamento da potência de CPU não utilizada em todos os desktops e laptops de uma única divisão da empresa (ou, para aquele fim, em toda a empresa).

A principal vantagem da computação distribuída é que cada nó pode ser adquirido como uma *commodity* de *hardware*; quando combinado, pode produzir recursos de computação similares aos de um supercomputador com vários processadores, mas a um custo significativamente menor. Isso se deve às economias de escala de produção de desktops e laptops, em comparação com a menor eficiência de projetar e construir um pequeno número de supercomputadores personalizados.

Uma característica das redes de distribuição é que elas podem ser formadas a partir de recursos computacionais pertencentes a vários indivíduos ou organizações (conhecidos como domínios administrativos múltiplos), o que pode facilitar transações comerciais ou a reunião de redes de computação voluntárias.

Uma desvantagem desse recursos é que os computadores que executam os cálculos podem não ser totalmente confiáveis. Os projetistas do sistema podem, contudo, introduzir medições para impedir mau funcionamento ou que participantes maliciosos produzam resultados falsos, confusos ou errôneos, além de evitar o uso do sistema como plataforma para ações de *hackers*. Isso geralmente envolve o envio de tarefas de modo aleatório para nós diversos (com proprietários diferentes, presumivelmente) e a verificação de que dois diferentes nós enviem a mesma resposta para uma dada unidade de trabalho. As discrepâncias irão identificar o mau funcionamento e os nós maliciosos.

Outro desafio é que, em razão da ausência de controle central sobre o *hardware*, não há maneira de garantir que os computadores não serão desconectados da rede em algum momento. Alguns nós (como os de clientes com laptops ou com conexão discada à internet) podem estar disponíveis para computação mas não para comunicações por rede durante períodos imprevistos. Essas variações podem ser ajustadas por meio da atribuição de grandes unidades de trabalho (que assim reduzem a necessidade de conectividade contínua em rede) e da suspensão de unidades de trabalho quando determinados nós não dão os resultados esperados.

Apesar desses desafios, a computação em grade está se tornando um método popular de obter o máximo dos recursos de computação de uma organização.

Observação técnica: o conceito de sistema de computador

O profissional de negócios não necessita de conhecimento técnico detalhado sobre computadores, no entanto, precisa conhecer alguns conceitos básicos sobre sistemas de computação; desse modo, ele será um usuário informado e produtivo no uso de recursos dos sistemas de computação.

O computador não é apenas um conjunto de dispositivos eletrônicos de alta capacidade que executa diversas tarefas de processamento de informação, mas sim um *sistema*, uma combinação inter-relacionada de componentes que executa funções básicas do sistema, como entrada, processamento, saída, armazenamento e controle, oferecendo, assim, ao usuário final uma ferramenta poderosa de processamento de dados. Entender o computador como um **sistema de computação** é fundamental para o seu uso e gerenciamento eficazes. O profissional de negócios deve enxergar dessa maneira qualquer computador, do menor dispositivo de um microcomputador a uma grande rede de computadores com componentes interconectados em rede de telecomunicações por todo um complexo empresarial ou por qualquer extensão geográfica.

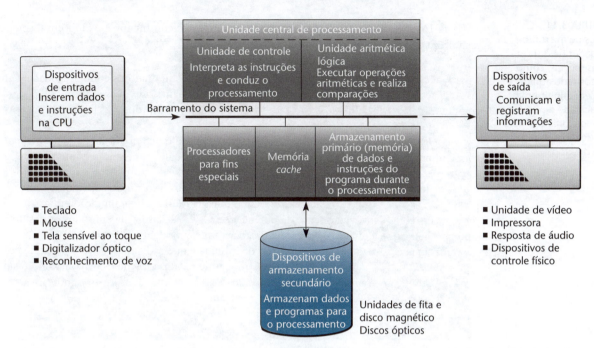

FIGURA 3.10 Conceito de sistemas de computação. O computador é um sistema de componentes e funções de *hardware*.

A Figura 3.10 mostra o computador como um sistema de *hardware* organizado de acordo com as seguintes funções:

- **Entrada.** Entre os dispositivos de entrada de um sistema de computação estão o teclado, telas sensíveis ao toque, canetas, mouse eletrônico, digitalizador óptico e outros. Esses dispositivos convertem os dados em formato eletrônico para entrada direta ou por meio de rede de telecomunicações em um sistema de computação.

- **Processamento.** A **unidade central de processamento** (CPU) é o principal componente de processamento do sistema de computação. (Nos microcomputadores, é o *microprocessador* principal (ver Figura 3.11). Conceitualmente, os circuitos de uma CPU podem ser subdivididos em duas subunidades principais: unidade aritmética lógica e de controle. São os circuitos eletrônicos (conhecidos como *registradores*) da *unidade aritmética lógica* que realizam as funções de aritmética e lógica necessárias para executar as instruções do *software*.

- **Saída.** Os dispositivos de saída de um sistema de computação incluem unidade de vídeo, impressora, unidade de resposta de áudio e outros. Esses dispositivos convertem as informações produzidas pelo sistema de computação em formato inteligível para os seres humanos, para apresentação ao usuário final.

- **Armazenamento.** A função de armazenamento de um sistema de computação ocorre nos circuitos de armazenamento da unidade de **armazenamento primário** do computador – ou *memória* –, auxiliada por dispositivos de **armazenamento secundário**, como disco magnético e unidades de disco óptico. Esses dispositivos armazenam dados e instruções do *software* necessários para o processamento. Os processadores do computador também incluem circuitos de armazenamento denominados *memória cache* para armazenamento temporário de alta velocidade de instruções e elementos de dados.

- **Controle.** A unidade de controle de uma CPU é o componente de controle de um sistema de computação. Seus registros e outros circuitos interpretam as instruções do *software* e transmitem orientações para controlar as atividades de outros componentes do sistema de computação.

Na próxima seção deste capítulo, serão discutidos vários dispositivos de *hardware* associados a cada uma dessas funções do sistema.

FIGURA 3.11 Os chips de microprocessador de dispositivos móveis, como o mostrado aqui, podem atingir uma velocidade de 3 GHz e proporcionar a potência de um computador desktop.

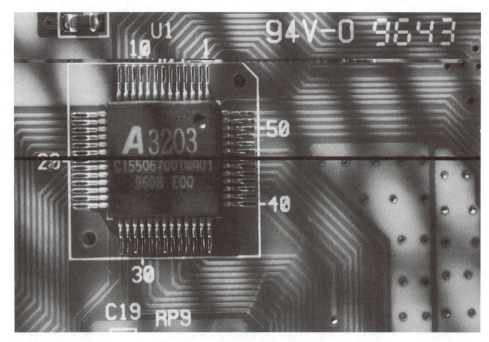

Fonte: © Getty Images.

Velocidades de processamento de computador

Qual é a velocidade de processamento dos sistemas de computação? As primeiras medições de **velocidade de processamento** do computador eram em **milissegundos** (milésimos de segundos) e **microssegundos** (milionésimos de segundos). Hoje, os computadores operam na faixa de **nanossegundos** (bilhonésimos de segundos), com alguns equipamentos chegando a operar em velocidades de **picossegundos** (trilhonésimos de segundos), velocidades parecem incompreensíveis. Por exemplo, uma pessoa que caminhasse a uma velocidade de nanossegundo circularia, a cada passo, a Terra cerca de 20 vezes em um segundo!

Como já citado, alguns supercomputadores chegam a velocidades de teraflop. No entanto, atualmente, a maioria dos computadores processa instruções de programa a velocidades de **milhões de instruções por segundo (MIPS)**. Outra medida de velocidade de processamento é o *megahertz* (MHz), ou milhões de **ciclos por segundo**, e o *gigahertz* (GHz), ou bilhões de ciclos por segundo. Essa classificação normalmente é denominada *velocidade do clock* do microprocessador, já que é utilizada para classificar o processador com base na velocidade dos circuitos de temporização ou no relógio interno, e não no número de instruções processadas por segundo.

Contudo, essa classificação pode não ser um indicativo muito preciso da velocidade dos microprocessadores e de sua *taxa de desempenho*, ou seja, da capacidade de executar cálculos válidos ou tarefas de processamento de dados em um período específico. Isso ocorre porque a velocidade de processamento depende de diversos fatores, incluindo o tamanho das vias dos circuitos ou dos *barramentos*, que interconectam os componentes do microprocessador; capacidade dos *registradores* de processamento de instruções; uso de memória *cache*; e uso de microprocessadores especializados; coprocessador matemático para realizar com mais rapidez cálculos aritméticos.

Lei de Moore: aonde vamos parar?

Será que os computadores ficarão ainda mais velozes? Será que os computadores do futuro serão viáveis financeiramente? Essas perguntas podem ser respondidas pela **Lei de Moore**. Gordon Moore, cofundador da Intel Corp., fez uma declaração interessante em 1965, apenas quatro anos depois da comercialização do primeiro circuito integrado. A imprensa batizou essa declaração de "Lei de Moore" e, a partir de então, ela ficou assim conhecida. Em termos de forma, Moore observou um crescimento exponencial (dobrando a cada 18-24 meses) no número de transistores por circuito integrado e previu a continuidade dessa tendência. Por causa dos inúmeros avanços tecnológicos, a Lei de Moore, ou seja, a duplicação de transistores a cada período de alguns anos, e continua válida até hoje. A Figura 3.12 mostra a evolução da potência dos computadores.

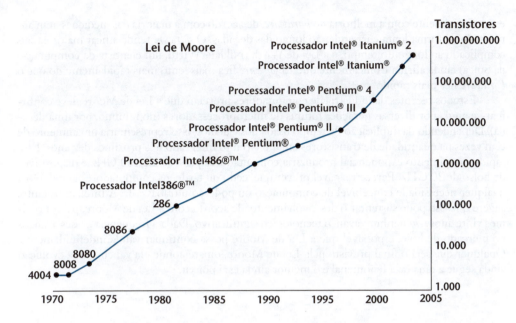

FIGURA 3.12 A Lei de Moore sugere a duplicação da potência do computador a cada período de 18 a 24 meses. Até o momento, essa tendência está se confirmando.

Apesar do uso do crescimento exponencial para a previsão do futuro – particularmente o futuro da tecnologia –, o ser humano geralmente não costuma entender o que significa exatamente o crescimento exponencial. Para entender melhor esse assunto, vamos examinar os efeitos da Lei de Moore quando aplicada em algo além do número de transistores de um chip de computador.

- De acordo com a Lei de Moore, o número estimado de transistores em 2003 seria de 10^{18}, o equivalente a cerca de cem vezes a quantidade estimada de formigas no planeta.
- Em 1978, um voo comercial entre Nova York e Paris custava cerca de US$ 900 e demorava aproximadamente sete horas. Se a Lei de Moore pudesse ser aplicada à aviação comercial, esse mesmo voo custaria alguns centavos e demoraria menos de um segundo hoje em dia.

Ao longo dos anos, a Lei de Moore foi interpretada e reinterpretada de modo que hoje sua definição é, no geral, mais ampla do que inicialmente definida. Mesmo assim, sua aplicação e sua relativa precisão são valiosas para entender a evolução passada e futura dos computadores. Por exemplo, uma previsão comum da Lei de Moore é a da redução pela metade dos custos, a cada período de cerca de 18 a 24 meses, para determinado nível de potência do computador. Se, de um lado, Moore não previu especificamente esse efeito, de outro demonstrou precisão relativamente coerente, afirmação que é verdadeira também em termos de custo de armazenamento (esse assunto será discutido na próxima seção).

Embora a Lei de Moore tenha sido apresentada no início como de uma observação e previsão, quanto mais aceita, mais tem servido de meta para todo o setor – impulsionando tanto o departamento de engenharia como o de *marketing* das indústrias de semicondutores para concentrarem mais energia na busca de aumento específico na potência de processamento, que, supostamente, um ou mais concorrentes rapidamente acabam atingindo. Expressa como "duplicação a cada período de cerca de 18 a 24 meses", a Lei de Moore indica o avanço fenomenal da tecnologia nos últimos anos. Expressa em uma escala de tempo menor, no entanto, a Lei de Moore se equipara à melhoria no desempenho médio da indústria como um todo de mais de 1% *por semana*. Para um fabricante que compete no mercado de processadores, armazenamento ou memória, se um novo produto cuja expectativa de desenvolvimento seria de três anos sofrer um atraso de apenas dois ou três meses, esse tempo representará uma desvantagem de 10 a 15% em relação aos produtos do concorrente direto, dificultando, assim, a sua venda.

Uma questão às vezes incompreendida é que o *hardware* exponencialmente aprimorado não implica necessariamente que o desempenho do *software* também seja exponencialmente melhorado. A produtividade dos desenvolvedores de *software* com toda a certeza não aumenta exponencialmente com a melhoria no *hardware*; de acordo com a maioria das medições, tem aumentado de forma lenta e irregular ao longo das décadas. O *software* tende a ficar maior e mais complicado ao longo do tempo, e a Lei de Wirth (Niklaus Wirth, um cientista da computação da Suíça) ainda afirma ironicamente que "o *software* fica mais lento mais rapidamente do que o *hardware* fica mais rápido".

Estudos recentes da indústria de computadores preveem que a Lei de Moore deve confirmar-se ainda por diversas gerações futuras de microprocessadores (no mínimo, por uma década). Dependendo da duplicação de tempo usada nos cálculos, isso representaria um aumento de cem vezes na quantidade de transistores em um circuito integrado nos próximos dez anos. Esse rápido crescimento exponencial produziria computadores pessoais de 100 GHz e dispositivos de bolso de 20 GHz. Parece razoável prever que, cedo ou tarde, os computadores atenderão a qualquer necessidade concebível de computação ou poderão ultrapassá-la. A Intel, entretanto, sugere que isso pode sustentar o desenvolvimento, de acordo com a Lei de Moore, pelos próximos vinte anos *sem* nenhum avanço tecnológico significativo. Dada a frequência desses avanços no mercado de hoje, é possível que a Lei de Moore possa continuar válida indefinidamente. Qualquer que seja o final previsto pela Lei de Moore, ou até aonde ela vai chegar, a evolução ainda segue a uma taxa fenomenal e o melhor ainda está por vir.

Periféricos: tecnologias de entrada, saída e armazenamento de dados

Seção II

A escolha dos periféricos corretos faz toda a diferença na experiência com computação. Um monitor de alta qualidade oferece mais conforto aos olhos – e pode alterar o modo de trabalhar. Um digitalizador consegue aproximar o usuário de uma meta difícil de alcançar: o escritório sem papel. Sistemas de armazenamento de cópias de segurança oferecem segurança similar à de um cofre de um banco contra a perda de um trabalho. As unidades de CD e DVD tornaram-se fundamentais para muitas aplicações. Portanto, a escolha correta dos periféricos faz efetivamente muita diferença.

Leia o "Caso do mundo real 2" sobre telas sensíveis ao toque. É possível aprender muito sobre o futuro das fronteiras entre o ser humano e o computador e suas aplicações comerciais a partir desse caso (ver Figura 3.13).

Periférico é um nome genérico dado a qualquer dispositivo de entrada, saída e armazenamento secundário, parte de um sistema de computação, mas não da CPU. Os periféricos dependem de conexões diretas ou ligações de telecomunicações com a unidade central de processamento de um sistema de computação. Portanto, todo periférico é um dispositivo **on-line**, ou seja, ele é separado da CPU, mas pode estar eletronicamente conectado a ela ou ser controlado por ela. (Ele é o oposto do dispositivo **off-line**, que é separado da CPU e não é controlado por ela.) Nesta seção, serão discutidos os principais tipos de periféricos e de meios de armazenamento que compõem um sistema de computação (ver Figura 3.14).

Periféricos

Atualmente, as tecnologias de entrada oferecem aos usuários de computadores uma **interface natural do usuário**, e permitem a inserção direta e fácil de dados e comandos no sistema de computação por meio de dispositivo indicador, como o mouse eletrônico e surpefície sensível ao toque *(touchpad)*, e com tecnologias, como a de digitalização óptica, de reconhecimento de texto manuscrito e de voz. Esses produtos eliminaram a necessidade de registro de dados em *documentos-fonte* (como formulários de pedido de compra), abolindo, assim, a etapa adicional de digitação dos dados no computador. No futuro, o aperfeiçoamento do recurso de reconhecimento de voz e de outras tecnologias propiciará uma interface do usuário ainda mais natural.

Tecnologias de entrada

O teclado ainda é o dispositivo mais usado para digitar dados e textos nos sistemas de computação. No entanto, o **dispositivo indicador** é a melhor alternativa para emitir comandos, fazer seleções e responder às mensagens de comando exibidas na tela do computador. Ele trabalha em conjunto com a **interface gráfica do usuário** (*graphical user interface* – GUI), que exibe ícones, menus, janelas, botões, barras etc. Dispositivos indicadores, como o mouse eletrônico, o *trackball* e superfície sensível ao toque, facilitam a seleção nos menus e ícones exibidos usando métodos de apontar e clicar ou apontar e arrastar (ver Figura 3.15).

Dispositivo indicador

O **mouse eletrônico** é o dispositivo indicador mais conhecido, utilizado para mover o cursor na tela, além de emitir comandos e selecionar ícones e menus. Quando se move o mouse sobre a mesa ou *pad*, é possível mover o cursor até o ícone exibido na tela. Quando se pressionam os botões do mouse, podem-se iniciar várias atividades representadas pelos ícones selecionados.

Trackball, *pointing stick* e *touchpad* são alguns dispositivos indicadores mais usados em lugar do mouse. **Trackball** é uma esfera fixa com funcionamento equivalente ao do mouse, e, para mover o cursor na tela, basta rolar a parte esférica exposta do dispositivo. **Pointing stick** (também chamado *trackpoint*), é um pequeno dispositivo parecido com um botão, às vezes parecido com a cabeça de borracha de um lápis. Ele normalmente fica no meio da fileira de teclas acima da barra de espaçamento do teclado. O cursor se move na direção pressionada no dispositivo. **Touchpad** é uma pequena superfície retangular sensível ao toque normalmente instalada na parte inferior do teclado. O cursor se move na direção indicada pelo toque do dedo na superfície do dispositivo. Para os usuários de computadores portáteis, dispositivos como *trackball*,

CASO DO MUNDO REAL 2

Apple, Microsoft, IBM e outras: a tela sensível ao toque atinge a maioridade

A interação homem-computador pode não ter um nome atraente (Wimp), mas os dispositivos Windows (Janelas), Icons (Ícones), Menus (Menus) e Pointing (Dispositivo Apontador ou Mouse) – que formam a sigla Wimp – dominaram a computação por cerca de quinze anos. O teclado, o mouse e o monitor têm servido extraordinariamente bem aos usuários.

Agora, a hegemonia do Wimp pode estar chegando ao fim, segundo os desenvolvedores de tecnologias baseadas em toques e gestos humanos. Como prova, considere apenas o iPhone da Apple. Do um ponto de vista da interface humana, as capacidades de exibição e de entrada da tela do iPhone, que pode ser manipulada por vários dedos em uma variedade de toques e gestos intuitivos, são nada menos que uma revolução.

O iPhone não é o único dispositivo comercial que leva a interação entre as pessoas e o computador a um novo nível. O computador Microsoft Surface coloca dispositivos de entrada e saída em um grande dispositivo de mesa que se ajusta a toques e gestos e até reconhece objetos físicos dispostos sobre ele. Também há o DiamondTouch Table da Mitsubishi, que é uma tela sensível ao toque e a gestos que suporta colaboração em pequenos grupos. O aparelho é até mesmo capaz de dizer quem o está tocando.

Esses dispositivos são indicativos de uma era de interação mais natural e intuitiva entre homem e máquina. De acordo com Robert Jacob, professor de ciência da computação da Tufts University, o toque é apenas um componente de um novo campo de pesquisa sobre interfaces que sucedem o Wimp – uma ampla coalizão de tecnologias que ele chama interação baseada em realidade. Essas tecnologias incluem realidade virtual, computação contextual, computação perceptiva e afetiva e interação tangível, em que objetos físicos são reconhecidos diretamente por um computador.

"Essas interfaces têm em comum o fato de serem mais parecidas com o mundo real", observa Jacob. O iPhone, por exemplo, "é baseado em gestos que você sabe fazer prontamente", como tocar em uma imagem ou um aplicativo com dois dedos e, em seguida, afastá-los para ampliar ou juntá-los para reduzir. Essas ações também estão presentes no iPod Touch e no *track pad* do novo MacBook Air. "Pense nas células cerebrais que você não precisa usar para se lembrar da sintaxe da interface do usuário. Você pode dedicar essas células cerebrais ao trabalho que está tentando fazer." Em especial, segundo Jacob, a capacidade do iPhone de lidar com múltiplos toques de uma só vez representa um enorme avanço em relação à tecnologia de um único toque que domina as aplicações de toque tradicionais, como os caixas automáticos.

Apesar de ainda não terem obtido muita aderência no mercado, tecnologias de toque avançadas da IBM podem indicar o caminho do futuro. Em seu Everywhere Displays Project, a IBM instala projetores em um ou mais locais de um quarto normal e projeta imagens de "telas de toque" sobre superfícies comuns, como mesas, paredes ou chão. Câmeras de vídeo capturam imagens de usuários tocando em várias partes da superfície e enviam essa informação para ser interpretada por um computador. As telas de toque não contêm nenhum componente eletrônico – na verdade, nenhum componente de computador – e por isso podem ser facilmente movidas e reconfiguradas.

Uma variante desse conceito foi implementada por uma loja de vinhos na Alemanha, conta Claudio Pinhanez, da IBM Research. A METRO Future Store, em Rheinberg, tem um quiosque que permite aos clientes obter informações sobre os vinhos que a loja tem em estoque. "Mas o estoque da loja era tão grande que os clientes muitas vezes tinham dificuldade para encontrar na prateleira o vinho específico que queriam. Com frequência, acabavam comprando um vinho barato em uma prateleira de promoções", recorda Pinhanez. Agora o quiosque contém um botão *"show me"* que, quando pressionado, faz brilhar uma luz no chão, diante do item escolhido.

A IBM também está trabalhando em um protótipo de sistema para supermercados que poderá, por exemplo, iluminar um círculo no chão que pergunta: "Você quer dar os primeiros passos em direção a pôr mais fibra na sua dieta?". Se o cliente toca em "sim" com o pé, o sistema projeta as pegadas nos produtos apropriados – por exemplo, cereais com alta concentração de fibras. "Depois, você poderia tornar a própria caixa de cereais interativa", explica Pinhanez. "Você tocaria na caixa e o sistema projetaria informações sobre ela em um painel acima da prateleira". Indagado se as caixas de cereais interativas seriam uma solução em busca de um problema, Pinhanez responde: "A questão principal é que com a tecnologia de projeção e câmera você pode transformar qualquer objeto cotidiano em uma tela de toque". De acordo com Pinhanez, as alternativas discutidas com mais frequência – um sistema para loja que fala com os clientes por meio dos seus handhelds, por exemplo – são difíceis de implementar por causa da falta de padrões para os dispositivos.

A Microsoft está trabalhando com vários parceiros comerciais, incluindo Starwood Hotels & Resorts, que possui as prestigiadas marcas Sheraton, W, Westin e Meridien, entre outras, para apresentar o Surface. Sua meta inicial será lazer,

Fonte: McGraw-Hill Companies, Inc./John Flournoy (fotógrafo).

FIGURA 3.13 As novas tecnologias para conexão prometem revolucionar o modo como interagimos com computadores.

entretenimento e aplicações de varejo, diz Mark Bolger, diretor de *marketing* da Surface Computing. Como exemplo, diz ele, pode-se imaginar um hóspede do hotel usando um *concierge* virtual em um computador Surface no *lobby* para manipular mapas, fotos, cardápios de restaurantes e informações culturais.

Alguns pesquisadores dizem que uma extensão lógica da tecnologia de toque é o reconhecimento de gestos – um sistema reconhece os movimentos da mão ou do dedo em uma tela ou próximo a ela sem requerer um toque real. "Nossa tecnologia já percorreu metade do caminho", comemora Pinhanez, da IBM, "porque reconhecemos o gesto de tocar em vez da oclusão de uma determinada área. Você pode passar por cima de botões sem acioná-los."

Patrick Baudisch, da Microsoft Research, diz que os protótipos da Microsoft já podem reagir aos gestos dos dedos, reconhecendo posições e movimentos dos dedos e entendendo o significado de diferentes números de dedos. O movimento de um dedo, por exemplo, é visto como equivalente a um movimento do mouse, um toque do dedo é interpretado como um clique e o toque e o movimento de dois dedos representam um comando de rolagem.

A tecnologia de toque em suas muitas variantes é uma ideia que amadureceu. "Ela existe há muito tempo, mas, tradicionalmente, está em nichos de mercado. A tecnologia era mais cara e havia problemas ergonômicos", conta. "Agora tudo está se resolvendo", declara. O crescimento de dispositivos móveis é um grande catalisador, diz ele, com os dispositivos ficando menores e suas telas, maiores. Quando uma tela cobre todo o dispositivo, não há espaço para botões convencionais, o que torna necessário haver outros tipos de interação, como voz.

Mas é claro que pesquisadores e inventores já vislumbraram monitores sensíveis ao toque ainda maiores, incluindo paredes interativas de ponta a ponta. Uma rápida pesquisa sobre "parede *multitouch*" no YouTube revela que muitos desses dispositivos fascinantes alcançaram a fase de protótipos e estão extasiando multidões em conferências de tecnologia. Os especialistas preveem que esse é só o começo.

Pradeep Khosla, professor de engenharia elétrica, engenharia de computadores e robótica da Carnegie Mellon University, em Pittsburgh, acredita que a tecnologia de toque vai proliferar, mas não sozinha. "Quando conversamos frente a frente, gesticulo com os olhos, o rosto, as mãos e, de alguma forma, você interpreta todos os meus gestos para compreender o que estou dizendo. Acho que caminhamos nesta direção", diz Khosla. "Há espaço para todas essas coisas, e os gestos multimodais serão o futuro."

Bill Buxton, pesquisador da Microsoft, também prevê uma fusão de diferentes tecnologias de interação. "A tecnologia de toque talvez esteja agora onde o mouse estava por volta de 1983", argumenta Buxton. "As pessoas entendem que aqui há algo interessante e diferente. Mas acho que ainda não sabemos aonde essa diferença poderá levar. Até um ou dois anos atrás, havia uma real separação entre dispositivos de entrada e dispositivos de saída. Um monitor era um monitor e um mouse era um mouse."

"Existe a noção de que menos é mais – tentar ter cada vez menos coisas para reduzir a complexidade", aponta. "Mas também há essa outra visão de que mais é, na realidade, menos – com mais coisa certa no lugar certo, a complexidade desaparece." No escritório do futuro, os computadores *deskop* talvez sejam praticamente como são hoje. "Mas, com um *mouse* ou um gesto, você pode simplesmente jogar coisas sobre uma parede ou um quadro branco e, depois, trabalhar nelas ali mesmo, de pé, com o toque e o gesto das mãos. Em seguida, você puxa essas coisas até o seu celular e tem essa superfície na mão. Celular, parede, desktop – tudo é adequado para diferentes finalidades."

Será o fim da interface Wimp? Jacob, da Tufts University, aconselha os usuários a não descartarem teclado e mouse por enquanto. "Eles são ótimos", argumenta. "O Wimp desbancou quase totalmente a interface de linha de comando. A interface Wimp foi uma invenção tão boa que as pessoas pararam por aí, embora eu não consiga acreditar que esse seja o fim do caminho para sempre."

Buxton concorda: "O Wimp é a interface padrão há mais de 20 anos e todos os aplicativos foram desenvolvidos em torno dela". "O desafio é, sem agir precipitadamente, colher os benefícios dessas novas abordagens e, ao mesmo tempo, preservar a melhor parte daquilo que existe."

Fonte: Adaptado de Gary Anthes, "Give Your Computer the Finger: Touch-Screen Tech Comes of Age", *Computerworld*, 1º de fevereiro de 2008.

QUESTÕES DO ESTUDO DE CASO

1. Que benefícios Starwood Hotels pode esperar desde a introdução da tecnologia de tela sensível ao toque, como observado no caso? Que possíveis problemas podem ocorrer como resultado? Dê alguns exemplos de riscos e benefícios.
2. Bill Buxton da Microsoft afirmou que "a tecnologia de toque talvez esteja agora onde o mouse estava por volta de 1983". O que você acha desse comentário? E o que você acha que levaria a tecnologia de toque a substituir a interface Wimp? Justifique sua resposta.
3. A tecnologia de tela sensível ao toque é realmente uma solução em busca de um problema? Você concorda com essa afirmação? Por que sim ou por que não?

ATIVIDADES DO MUNDO REAL

1. A maior parte do iPhone resultou de aplicativos individuais para o usuário final. Como poderiam as empresas usar o iPhone como uma plataforma para uso comercial? Forme pequenos grupos para debater alguns dos possíveis usos da tecnologia, bem como os benefícios que organizações poderiam receber a partir disso. Prepare um relatório e apresente suas descobertas para a turma.
2. Os avanços da tecnologia da informação acontecem rapidamente, e tela sensível ao toque não é exceção. Faça uma pesquisa na internet em busca de desenvolvimentos mais recentes do que os citados no caso. Quais são os novos aplicativos de grande escala (do tamanho de uma parede, por exemplo) que você encontrou? Prepare um relatório comparando novos desenvolvimentos com os exemplos mencionados aqui.

Lista de Periféricos
• **Monitores.** Quanto maior, melhor a visualização no computador. Avalie a possível escolha de um monitor CRT tela plana de 19 ou 21 polegadas de alta definição, ou um LCD tela plana. Essa opção oferece mais espaço para exibir planilhas, páginas web, linhas de texto, janelas abertas etc. Uma configuração cada vez mais comum é a com dois monitores para permitir a execução simultânea de múltiplos aplicativos.
• **Impressoras.** A escolha deve ser entre a impressora a laser e a jato de tinta. A impressora à laser é mais adequada para grande volume de impressões. A impressora a jato de tinta colorida tem um preço razoável e imprime imagens de boa qualidade, além de ser adequada para reprodução de fotos.
• **Digitalizador.** A escolha deve ser entre um digitalizador compacto de rolo ou do tipo plano. O digitalizador de rolo ocupa menos espaço, enquanto o modelo do tipo plano oferece maior resolução e velocidade.
• **Unidade de disco rígido.** Quanto maior, melhor; assim como o espaço de um armário, sempre é possível usar a capacidade extra. Portanto, a escolha deve ser de, no mínimo, 160 GB ou mais.
• **Unidade de CD e DVD.** As unidade de CD ou DVD são fundamentais para a instalação do *software* e de aplicativos multimídia. Hoje, é comum uma unidade de CD-RW/DVD tanto para leitura como para gravação de CD e reprodução de DVD.
• **Sistema de cópia de segurança (*backup*).** É fundamental. Não execute nada no computador sem ele. Tanto a unidade de disco magnético como a unidade de CD-RW e DVD-RW são convenientes e versáteis para fazer uma cópia de segurança do conteúdo do disco rígido.

FIGURA 3.14 Algumas recomendações de periféricos para um PC corporativo.

pointing stick e *touchpad* são mais fáceis de utilizar do que o mouse, por isso eles vêm embutidos no teclado da maioria dos *notebooks*.

Touchscreen (tela sensível ao toque) é um dispositivo que permite usar o computador apenas com o toque dos dedos na tela. Algumas telas sensíveis ao toque emitem pequenos feixes de raio infravermelho, ondas sonoras ou leves correntes elétricas, que são interrompidas quando a tela é tocada. O computador capta o ponto em que ocorre essa interrupção e responde executando a ação apropriada. Por exemplo, é possível selecionar uma opção no menu apenas tocando ao lado do item do menu na tela.

Computação baseada em caneta

Os sistemas de reconhecimento de texto manuscrito convertem com rapidez escritos e identificam bem qualquer tipo de caligrafia cursiva ou em letras de forma. A caneta é mais poderosa que o teclado em muitos setores. Um bom exemplo é a popularidade desses dispositivos nos setores de serviços públicos e atividades médicas.

Fonte: (da esquerda para a direita) Cortesia de Logitech, Microsoft®, IBM e © AP/Wide World Photos.

FIGURA 3.15 Existem muitos dispositivos indicadores, incluindo *trackball*, mouse, *pointing stick* e touchscreen.

FIGURA 3.16 Muitos PDAs (assistentes digitais pessoais) aceitam entrada baseada em caneta.

Fonte: © Comstock/PunchStock.

A tecnologia da **computação baseada em caneta** está sendo usada em muitos computadores portáteis e assistentes digitais pessoais. Apesar da popularidade das tecnologias de telas sensíveis ao toque, muitos ainda preferem usar uma caneta do que a ponta dos dedos. Os *tablets* PCs e os PDAs contêm processadores velozes e *softwares* capazes de reconhecer e digitalizar textos manuscritos, letras de forma e desenhos feitos à mão. Esses equipamentos têm uma camada sensível à pressão, semelhante à da tela sensível ao toque, sob o visor de cristal líquido (LCD). Em vez de escrever em um bloco de papel fixado em uma prancheta ou usar um teclado, o usuário escolhe as opções, envia *e-mail* e escreve os dados diretamente no computador (ver Figura 3.16).

Existem variados tipos de dispositivos baseados em caneta, entre os quais a *caneta digitalizadora* e a *mesa gráfica digitalizadora*. A caneta digitalizadora pode ser usada como dispositivo indicador ou para desenhar ou escrever na superfície sensível à pressão da mesa gráfica digitalizadora. O texto escrito ou o desenho feito à mão é digitalizado pelo computador, aceito como entrada, exibido no visor e inserido no aplicativo.

O sistema de reconhecimento de voz está se tornando popular no universo corporativo entre as pessoas não acostumadas com digitação, pessoas com necessidades especiais e viajantes a negócios, e está sendo mais usado para ditados de textos, navegação entre as telas e pesquisas na web.

Sistemas de reconhecimento de voz

O sistema de **reconhecimento de voz** pode ser o futuro da inserção de dados e certamente promete ser o método mais fácil de processamento de texto, navegação nos aplicativos e computação conversacional, já que a fala é o meio mais fácil e natural de comunicação humana. Hoje em dia, a entrada desse tipo de sistema está mais viável tecnológica e financeiramente para diversas aplicações. Os primeiros produtos com essa tecnologia usavam *reconhecimento de voz discreta*, em que era necessária uma pausa entre cada palavra pronunciada. O novo *software* de *reconhecimento de voz contínua* (CSR) reconhece falas de conversas contínuas (ver Figura 3.17).

O sistema de reconhecimento da voz digitaliza, analisa e classifica a voz e seus padrões sonoros. O *software* compara os padrões de voz do usuário com os armazenados em um banco de dados e transfere as palavras reconhecidas para o *software* do aplicativo. Normalmente, para atingir alto nível de precisão, o sistema instalado no computador deve ser treinado para reconhecer a voz e os padrões sonoros do usuário. O treinamento do sistema consiste na repetição de diversas palavras e frases e no uso frequente do recurso.

FIGURA 3.17 Utilização da tecnologia de reconhecimento da voz para processamento de texto.

Fonte: © Tim Pennell/Corbis.

Os produtos de *software* de reconhecimento de voz contínua como Dragon Naturally Speaking e ViaVoice da IBM possuem vocabulário composto de até 300 mil palavras. O treinamento para atingir uma precisão de 95% pode levar horas. Muitas horas de uso, processadores velozes e mais memória propiciam uma precisão de até 99%. Além disso, tanto o Microsoft Office Suite 2003 como o XP trazem embutido um sistema de reconhecimento da voz para ditados e comandos de voz para utilização do *software*.

Em situações de trabalho, os dispositivos de reconhecimento da voz permitem ao operador inserir dados sem o uso das mãos para digitar informações ou instruções e proporcionam entrada mais precisa de dados. Por exemplo, as indústrias usam esse tipo de sistema em atividades de inspeção, no estoque e no controle de qualidade de diversos produtos; e as companhias aéreas e de entrega de encomendas, em atividades como separação de bagagens e pacotes. O reconhecimento da voz também ajuda na operação do sistema operacional e dos pacotes de *software* do computador mediante a entrada de dados e comandos por voz. Por exemplo, esse tipo de *software* pode ser ativado por comando de voz para enviar *e-mail* e navegar na web.

Cada vez mais aplicações e mais produtos estão embutindo sistemas de reconhecimento de voz *independentes do interlocutor*, que permitem ao computador reconhecer algumas palavras de uma voz totalmente desconhecida. Por exemplo, o *computador de mensagem de voz* usa *software* de reconhecimento de voz e resposta sonora para dirigir oralmente o usuário final em diversas etapas de várias atividades. Normalmente, esse sistema permite ao computador responder à entrada verbal ou do tom de toque telefônico. Entre os exemplos desse tipo de aplicação, estão as centrais de atendimento telefônico computadorizado ou de telemarketing, os serviços bancários de pagamento de contas por telefone, os serviços de cotação de ações, os sistemas de matrícula de universidades e as consultas de saldos de contas bancárias e de crédito de clientes.

Um dos mais recentes exemplos dessa tecnologia é o Ford Sync, que é um sistema de comunicações e entretenimento para automóveis instalado na fábrica. O dispositivo foi desenvolvido pela Ford Motor Company e pela Microsoft. O sistema foi oferecido em doze modelos diferentes de Ford, Lincoln e Mercury na América do Norte nos modelos 2008, e está disponível na maior parte dos carros Ford 2009.

O Ford Sync permite ao motorista instalar praticamente qualquer telefone celular ou aparelho reprodutor de mídia digital no veículo e operá-lo por meio de comando de voz, do volante ou de controles manuais do rádio. O sistema também é capaz de receber e ler mensagens de texto usando uma voz feminina digitalizada chamada "Samantha". O Sync é capaz de interpretar cerca de uma centena de mensagens taquigrafadas – como RMA para "rindo muito alto" – e também pode ler palavrões, embora não vá decifrar acrônimos obscenos. O reconhecimento da voz é atualmente comum no carro, em casa e no trabalho.

Poucas pessoas conseguem dimensionar a facilidade de trabalho e a melhoria do sistema de computação proporcionadas pelo uso do digitalizador. A sua função é transferir documentos para o computador com o mínimo de tempo e inconveniências, transformando praticamente tudo o que esteja em papel – carta, logotipo ou foto – em formato digital reconhecido pelo computador. O digitalizador pode ser uma ótima ajuda para tirar a pilha de papéis de cima da mesa e transferi-la para o computador.

Digitalização óptica

O dispositivo de **digitalização óptica** lê o texto ou os gráficos e os converte em entrada digital para o computador. Assim, a digitalização óptica permite a entrada direta, no sistema do computador, de dados de documentos originais. Por exemplo, um digitalizador compacto de mesa pode ser usado para digitalizar páginas de texto e gráficos, e transferi-los aos aplicativos do computador, para editoração e publicação na web. Também pode ser usado para digitalizar qualquer tipo de documento e transferi-lo para o sistema a fim de organizá-lo em pastas, como parte do sistema de biblioteca de *gerenciamento de documentos*, facilitando a consulta e a recuperação dos dados (ver Figura 3.18).

Existem muitos tipos de digitalizadores ópticos, porém todos utilizam dispositivos fotoelétricos para digitalizar os caracteres lidos. Os padrões de luz refletidos dos dados são convertidos em impulsos eletrônicos e aceitos, então, como entrada no sistema do computador. Os digitalizadores compactos de mesa tornaram-se bastante populares por causa do baixo custo e da facilidade de uso com os sistemas de computadores pessoais. No entanto, maiores e mais caros, os *digitalizadores do tipo plano (scanners de mesa)* são mais velozes e oferecem maior resolução na digitalização colorida.

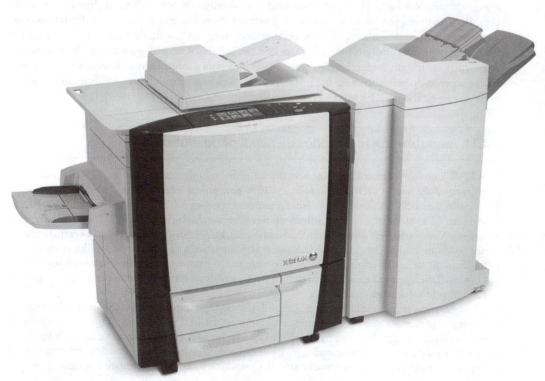

FIGURA 3.18
Um sistema moderno de gerenciamento de documentos pode servir como digitalizador óptico, copiadora, fax e impressora.

Fonte: Cortesia da Xerox.

FIGURA 3.19 Utilização de um bastão de digitalização óptica para ler o código de barras com os dados de estoque.

Fonte: © Jeff Smith/The Image Bank/Getty Images.

Há outra tecnologia de digitalização óptica denominada **reconhecimento óptico de caracteres** (*optical character recognition* - OCR). Os digitalizadores OCR têm capacidade para ler caracteres e códigos de etiquetas de mercadorias, rótulos de produtos, recibos de cartões de crédito, contas de luz, água etc., prêmios de seguro, passagens aéreas e outros documentos. Os digitalizadores OCR também são usados para classificar automaticamente a correspondência, contar pontos de testes e processar diversos tipos de formulários de empresas e órgãos governamentais.

Dispositivos como os **bastões** de mão para digitalização óptica em geral são utilizados na leitura de *códigos de barras*. Um exemplo comum é o código de barra UPC (código universal de produto) usado em praticamente todos os produtos vendidos. Por exemplo, os digitalizadores automáticos utilizados em caixas de supermercados fazem a leitura do código de barra UPC. Esses equipamentos emitem feixes de laser que são refletidos no código, e a imagem refletida é convertida em impulsos eletrônicos que são enviados para o computador da loja, a fim de identificar o preço do produto. Essa informação retorna para o terminal e é visualmente exibida e impressa no recibo do cliente (ver Figura 3.19).

CSK Auto substitui formulários de papel por dados digitais

A CSK Auto Corp está colhendo os benefícios de um novo sistema de comprovação de remessa (*proof-of-delivery* - POD), implantado em 2005 para ajudar a empresa de varejo de peças de automóvel de US$ 1,6 bilhão a impulsionar seu desempenho. A CSK Auto possui mais de 1.100 lojas em 22 Estados que operam sob os nomes Checker Auto Parts, Schuck's Auto Supply, e Kragen Auto Parts, bem como um negócio por atacado. A CSK Auto, que transporta quase 20 mil produtos automotivos, tinha de providenciar a impressão de centenas de milhares de formulários de várias vias enquanto motoristas entregavam autopeças aos seus clientes de atacado. Os formulários precisavam ser armazenados em vários locais e às vezes eram extraviados, o que resultava em sobrecarga dispendiosa.

Para resolver o problema, a empresa desenvolveu e implantou um aplicativo de comprovação de remessa que roda em um computador portátil HHP Dolphin 2D, que inclui uma câmera digital integrada. Quando um motorista conclui uma entrega, o recebimento de informações é capturado eletronicamente a partir de um código de barras, e o motorista tira uma foto digital da assinatura no momento da entrega. Quando os motoristas retornam aos escritórios e devolvem as unidades portáteis, e os dados são transmitidos a um servidor da loja. Os clientes podem ver as informações de entrega no *site* seguro da empresa.

A CSK Auto investiu US$ 1 milhão no sistema de comprovação de remessa, mas espera uma grande economia, uma vez que estava gastando cerca de US$ 500 mil anualmente no sistema baseado em papel. "Um dos interessantes e inesperados *benefícios* do sistema é que os departamentos de contas a pagar de nossas maiores empresas agora nos pagam *mais rapidamente, já que a informação está mais facilmente disponível para eles*", diz Larry Buresh, vice-presidente-sênior e gerente de tecnologia.

Fonte: Adaptado de George Hulme. "CSK Auto Replaces Paper Forms with Digital Data". *Information Week*, 26 abril de 2005.

Tecnologias de entrada

A tecnologia da **tarja magnética** é uma forma conhecida de entrada de dados que faz a leitura dos cartões de crédito. A camada da tarja magnética no verso desses cartões tem capacidade para armazenar até 200 *bytes* de informações. É nessa tarja que fica gravado o número da conta do cliente, o qual pode ser lido por caixas automáticos de bancos, terminais de autorização de cartões de crédito e vários outros tipos de leitores de tarja magnética.

Os **cartões inteligentes** (*smart cards*) com microprocessador e diversos quilobytes de memória embutidos em cartões de débito, crédito e outros são comuns na Europa e estão cada vez mais disponíveis nos Estados Unidos. A Holanda serve de exemplo: milhões de cartões de débito inteligentes são emitidos pelos bancos do país. Esses cartões de débito armazenam um saldo em dinheiro e permitem transferir eletronicamente qualquer montante a outras pessoas para pagamento de pequenos itens e serviços. O saldo do cartão pode ser reabastecido nos caixas automáticos ou em qualquer outro terminal. Os cartões de débito inteligentes usados na Holanda têm um microprocessador e memória de 8 ou 16 KB, mais a tarja magnética comum. Os cartões inteligentes são muito usados para pagamentos em parquímetros, máquinas de venda de itens variados, bancas de jornais, telefones e lojas.

As **câmeras digitais** representam outro conjunto de tecnologia de entrada em franco crescimento. As câmeras digitais de fotos ou de vídeo permitem capturar, armazenar e carregar fotos ou vídeos com movimento pleno e com áudio no computador. Essas imagens digitalizadas podem ser editadas ou melhoradas por meio de *software* de edição de imagem, e inseridas em jornais, relatórios, apresentações multimídia e páginas web. Os telefones celulares comuns de hoje também incluem o recurso de câmera de vídeo.

Os sistemas de computação dos bancos fazem a leitura magnética de cheques e recibos de depósito usando a tecnologia de **reconhecimento de caracteres em tinta magnética** (*magnetic ink character recongnition* - MICR). Os computadores têm capacidade, portanto, para separar e depositar os cheques nas contas corretas. Esse processamento é possível por causa do número de identificação do banco e da conta do cliente impressa na parte inferior da folha de cheque com uma tinta à base de óxido de ferro. O primeiro banco a receber o cheque emitido deve codificar o valor em tinta magnética impresso no canto inferior direito do cheque. O sistema MICR utiliza 14 caracteres (os dez dígitos decimais e quatro símbolos especiais) de formato padronizado. O equipamento *leitor-classificador* faz a leitura do cheque inicialmente magnetizando os caracteres impressos em tinta magnética para, depois, captar o sinal emitido por caracteres e transferi-lo para o cabeçote de leitura. Desse modo, os dados são capturados eletronicamente pelos sistemas de computadores do banco.

Tecnologias de saída

O computador fornece as informações em diversos formatos. Documentos impressos e exibidos na tela sempre foram, e ainda são, as formas mais comuns de saída dos sistemas de computação. No entanto, outras tecnologias de saída naturais e atraentes, como sistemas de resposta de voz e saídas multimídia, são cada vez mais usadas em aplicações corporativas.

Por exemplo, vários produtos de consumo produzem saída de voz e áudio gerada por microprocessadores de áudio e fala. Os *softwares* de mensagem de voz permitem aos sistemas de mensagens e correio de voz de PCs e servidores interagir com os usuários por meio de **resposta de voz**, e, evidentemente, saídas multimídia são comuns em *sites* da internet e das intranets corporativas.

FIGURA 3.20 O monitor LCD de tela plana está efetivamente se tornando padrão do sistema de computador de mesa.

Fonte: Cortesia da Hewlett-Packard.

Saída de vídeo

As telas são o tipo mais comum de saída de computador. Muitos computadores de mesa ainda usam **monitores de vídeo** com *tubo de raios catódicos* (*cathode ray tube* - CRT) semelhantes aos usados nos antigos televisores domésticos. Normalmente, a qualidade da imagem da tela depende do tipo de monitor usado e da placa de circuito gráfico instalado no computador, os quais oferecem variados modos gráficos de grande capacidade. Para usuários que passam muito tempo visualizando programas multimídia de CD ou na web, ou imagens gráficas complexas de diversos pacotes de *software*, é fundamental possuir um monitor de alta resolução e livre de distorções.

O principal uso dos **monitores de cristal líquido** (LCD) tem sido melhorar a capacidade de visualização de microcomputadores portáteis e PDAs. Contudo, o uso de monitor LCD de "tela plana" em computadores de mesa tem-se popularizado em virtude da redução do seu custo (ver Figura 3.20). O monitor LCD consome bem menos energia elétrica, além de a tela ser plana e fina. Avanços na tecnologia, por exemplo, com os recursos de *matriz ativa e feixe duplo*, têm melhorado as cores e a nitidez desse tipo de monitor e, além disso, monitores e TVs de tela plana e alta definição com tecnologia de display de *plasma* estão se tornando cada vez mais comuns para visualização em telas grandes (de 42 a 80 polegadas).

Saída impressa

Depois dos monitores, a informação impressa no papel ainda é a forma de saída mais comum. Portanto, a maioria dos sistemas de computadores pessoais depende de impressora jato de tinta ou laser para produzir saída permanente (cópia física) em forma impressa de alta qualidade. A saída impressa ainda é uma forma de comunicação comercial comum e, frequentemente, é um requisito de documentação legal. Os computadores podem produzir relatórios e correspondências impressos, como faturas de vendas, contracheques de salário dos funcionários, extratos bancários e versões impressas de imagens gráficas (ver Figura 3.21).

As impressoras a jato de tinta, que lançam o jato de tinta na página, são as mais populares e mais baratas usadas nos sistemas de microcomputadores. Elas são silenciosas, produzem diversas páginas de alta qualidade por minuto e imprimem tanto em preto e branco como em cores de alta qualidade. As impressoras a laser usam um processo eletrostático semelhante ao da máquina fotocopiadora para produzir muitas páginas por minuto em preto e branco de alta qualidade. Outras opções para uso em escritórios são as impressoras coloridas a laser, mais caras, e a jato de tinta multifuncional e outros modelos a laser com recursos de impressão, fax, digitalização e cópia.

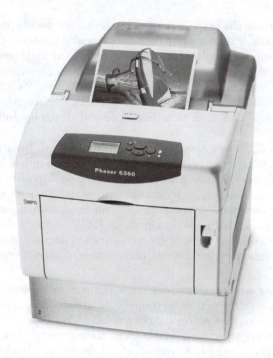

FIGURA 3.21 As modernas impressoras a laser produzem cópias coloridas de alta qualidade com muita velocidade.

Fonte: Cortesia da Xerox.

Comparações de armazenamento

Os dados e as informações devem ser armazenados pelo tempo necessário por meio de diversos métodos de armazenamento. Muitas pessoas e organizações ainda utilizam arquivos físicos como principal método de armazenamento de documentos impressos. No entanto, a maioria dos usuários provavelmente depende mais dos circuitos de memória e dos dispositivos secundários de armazenamento dos sistemas de computação para atender às suas necessidades. A evolução da integração em escala muito grande (*very-large scale integration* – VLSI), que compacta milhões de elementos do circuito de memória em um pequeno circuito integrado de memória semicondutora, é responsável pelo contínuo crescimento da capacidade da memória principal do computador. A capacidade da memória secundária também vem aumentando em bilhões e trilhões de caracteres, por causa da evolução dos meios óptico e magnético.

Existem variados meios e dispositivos de armazenamento. A Figura 3.22 mostra a velocidade, a capacidade e as relações de custo entre os diversos meios alternativos de armazenamento primário e secundário. Observe a alternância de custo/velocidade/capacidade conforme você vai passando da memória semicondutora para o disco magnético, o disco óptico e a fita magnética.

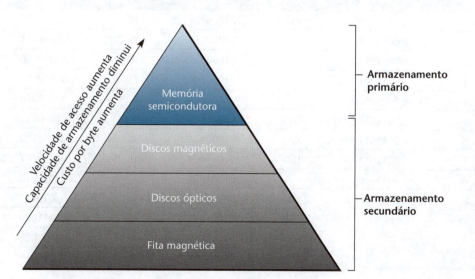

FIGURA 3.22 Comparativo de custo, velocidade e capacidade dos meios de armazenamento. Observe como os custos aumentam quanto maior a velocidade de acesso, e diminuem quanto maior a capacidade do meio de armazenamento.

Meios de armazenamento de alta velocidade têm um custo mais elevado por byte e oferecem menos capacidade. Meios de armazenamento de maior capacidade custam menos por byte, mas são mais lentos, o que justifica a existência de diferentes tipos de meio de armazenamento.

Entretanto, a velocidade e a capacidade de todos esses meios, principalmente do circuito integrado de memória e dos discos magnéticos, continuam aumentando, com redução contínua dos custos. Desenvolvimentos, como conjuntos robotizados de fitas magnéticas de alta velocidade, têm agilizado o tempo de acesso; além disso, a velocidade das unidades de disco óptico continua aumentando.

Observe na Figura 3.22 que a memória semicondutora é usada basicamente para armazenamento primário, embora algumas vezes seja usada como dispositivo de armazenamento secundário de alta velocidade. O disco e a fita magnética, e os dispositivos de disco óptico, entretanto, são usados como unidade de armazenamento secundário para aumentar a capacidade de armazenamento do sistema de computação. Além disso, como a maioria dos circuitos de armazenamento primário usa circuito integrado de RAM (memória de acesso aleatório), que perde o conteúdo quando há queda de energia elétrica, o dispositivo de armazenamento secundário é um tipo de meio mais permanente, pois mantém o conteúdo mesmo sem energia.

Fundamentos de armazenamento em computador

Os dados são processados e armazenados no sistema do computador mediante a presença ou ausência de sinais eletrônicos ou magnéticos no conjunto de circuitos do computador ou no meio de armazenamento utilizado. Esse processo é denominado "dois estados" ou **representação binária** dos dados, já que o computador e o meio apresentam apenas dois estados ou duas condições possíveis, muito semelhante ao interruptor de energia elétrica – ligado (on) ou desligado (off). Por exemplo, os transistores e outros circuitos semicondutores ficam em estado condutor ou não condutor, ao passo que os meios de armazenamentos, como discos e fitas magnéticas, indicam esses dois estados com pontos magnetizados cujos campos magnéticos apresentam duas direções distintas, ou polaridades. Essa característica binária do conjunto de circuitos e dos meios de armazenamento do computador é o que torna o sistema numérico binário a base para a representação de dados no computador. Portanto, nos circuitos eletrônicos, o estado condutor (on) representa o número 1, ao passo que o estado não condutor (off) representa o número 0. No caso do meio magnético, o campo magnético de um ponto magnetizado em uma direção representa o número 1, ao passo que o magnetismo em outra direção representa o 0.

O menor elemento do dado é denominado **bit**, sigla para dígito binário, que tem valor zero ou 1. A capacidade do circuito integrado de memória é normalmente expressa em bits. **Byte** é um conjunto de bits operado pelo computador como unidade única, e normalmente consiste em oito bits e representa um caractere de dado na maioria dos esquemas de codificação dos computadores. Assim, a capacidade de memória e dos dispositivos de armazenamento secundário de

FIGURA 3.23 Exemplos de código ASCII usados no computador para representar números e letras.

Caractere	Código ASCII	Caractere	Código ASCII	Caractere	Código ASCII
0	00110000	A	01000001	N	01001110
1	00110001	B	01000010	O	01001111
2	00110010	C	01000011	P	01010000
3	00110011	D	01000100	Q	01010001
4	00110100	E	01000101	R	01010010
5	00110101	F	01000110	S	01010011
6	00110110	G	01000111	T	01010100
7	00110111	H	01001000	U	01010101
8	00111000	I	01001001	V	01010110
9	00111001	J	01001010	W	01010111
		K	01001011	X	01011000
		L	01001100	Y	01011001
		M	01001101	Z	01011010

2^7	2^6	2^5	2^4	2^3	2^2	2^1	2^0
128	64	32	16	8	4	2	1
0 ou 1	0 ou 1	0 ou 1	0 ou 1	0 ou 1	0 ou 1	0 ou 1	0 ou 1

Para representar qualquer número decimal usando o sistema binário, para cada casa é simplesmente atribuído um valor 0 ou 1. Para converter o sistema binário em decimal, basta adicionar o valor para cada casa.

Exemplo:

2^7	2^6	2^5	2^4	2^3	2^2	2^1	2^0
1	0	0	1	1	0	0	1
128	0	0	16	8	0	0	1
128 +	0 +	0 +	16 +	8 +	0 +	0 +	1 = 153

10011001 = 153

FIGURA 3.24 Os computadores usam sistema binário para armazenar e calcular números.

um computador normalmente é expressa em *bytes*. Os códigos do computador, como o American Standard Code for Information Exchange – ASCII (código-padrão norte-americano para troca de informações) usam diversas combinações de bits para formar *bytes* que representem os números de 0 a 9, as letras do alfabeto e muitos outros caracteres (ver Figura 3.23).

Desde a infância, as pessoas aprendem a fazer contas usando números de 0 a 9, dígitos do sistema decimal. Para os cálculos comuns, dez dígitos são suficientes no entanto o computador não pode se dar a esse luxo. Cada processador do computador é feito de milhões de minúsculas chaves que podem ser ligadas ou desligadas, e como essas chaves têm apenas dois estados, faz sentido, para o computador, realizar os cálculos com um sistema numérico composto de apenas dois dígitos: o **sistema numérico binário**. Os dígitos 0 e 1 correspondem às posições ligar/desligar das chaves do processador. Com apenas esses dois dígitos, o computador consegue executar todos os cálculos que as pessoas fazem com dez dígitos. A Figura 3.24 mostra o conceito básico do sistema binário.

O sistema binário é baseado na noção de exponenciação (elevar o número a alguma potência). Ao contrário do mais conhecido sistema decimal, em que cada casa representa o número 10 elevado a uma potência (primeira, décima, centésima, milésima etc.), cada casa no sistema binário representa o número 2 elevado a potências sucessivas ($2^0, 2^1, 2^2$ etc.). Como mostra a Figura 3.24, o sistema binário pode ser usado para expressar qualquer número inteiro usando apenas 0 e 1.

A **capacidade de armazenamento** normalmente é medida em **quilobytes** (KB), **megabytes** (MB), *gigabytes* (GB) ou *terabytes* (TB). Embora *quilo* represente 1.000 no sistema métrico, a indústria de computadores usa *K* para representar 1.024 (ou 2^{10}) posições de armazenamento. Por exemplo, a capacidade de 10 megabytes é, na verdade, 10.485.760 posições de armazenamento, e não de 10 milhões de posições. Entretanto, essas diferenças normalmente são ignoradas para simplificar a descrição da capacidade de armazenamento. Portanto, um megabyte equivale a aproximadamente 1 milhão de *bytes* de armazenamento, um gigabyte é cerca de 1 bilhão de *bytes* e um terabyte representa cerca de 1 trilhão de *bytes*, ao passo que um **petabyte** é mais de 1 quadrilhão de *bytes*.

Para ter uma noção dessas capacidades de armazenamento, pense no seguinte: um terabyte equivale a aproximadamente 20 milhões de páginas digitadas, e calcula-se que o tamanho total de todos os livros, fotografias, gravações de vídeo e áudio e mapas da biblioteca do congresso norte-americano seja de aproximadamente 3 petabytes (3 mil *terabytes*).

Meios de armazenamento como os circuitos integrados de memória semicondutora são denominados memória de **acesso direto** ou de acesso aleatório (RAM). As unidades magnéticas em geral são chamadas dispositivo de armazenamento de acesso direto (*direct access storage devices* – DASDs). Por sua vez, meios como o cartucho de fita magnética são conhecidos como dispositivos de **acesso sequencial**.

As designações *acesso direto* e *acesso aleatório* descrevem o mesmo conceito, isto é, indicam que qualquer elemento de dados ou de instruções (um byte ou uma palavra) pode ser armazena-

Acesso direto e sequencial

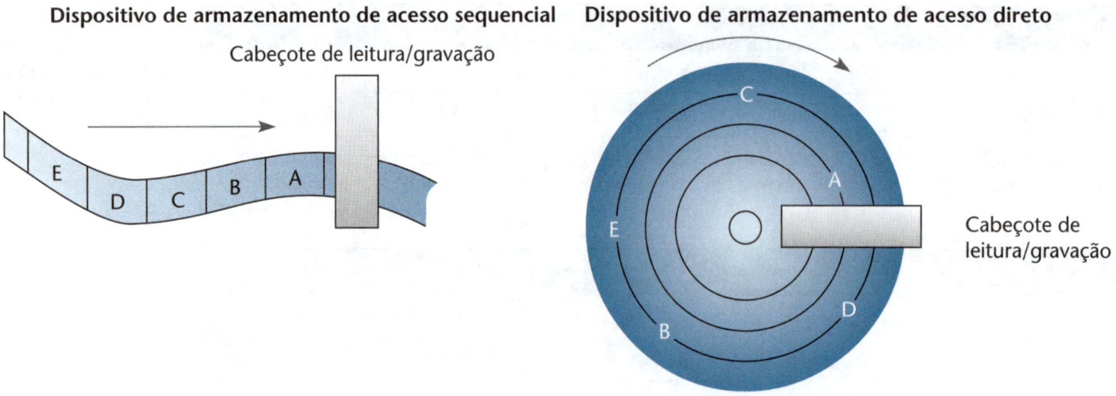

FIGURA 3.25 Comparação entre armazenagem de acesso direto e sequencial. A fita magnética é um meio típico de acesso sequencial. Os discos magnéticos são dispositivos típicos de armazenamento de acesso direto.

do e recuperado diretamente mediante a seleção e o uso de qualquer local no meio de armazenamento. Também significam que cada posição de armazenamento (1) tem endereço exclusivo e (2) que o tempo de acesso a cada posição é aproximadamente igual, por não haver necessidade de realizar uma busca em outras posições. Por exemplo, o tempo de identificação ou alteração de cada célula de memória de um circuito integrado microeletrônico de RAM semicondutora é igual, e, além disso, o acesso a qualquer registro de dados armazenado em um disco magnético ou óptico é direto e em tempo aproximadamente igual (ver Figura 3.25).

Os meios de armazenamento de acesso sequencial, como as fitas magnéticas, não possuem endereços exclusivos de acesso direto. Ao contrário, nesse tipo de meio, os dados devem ser armazenados e recuperados por um processo sequencial ou serial. Os dados são gravados um após o outro no meio de armazenamento, em sequência predeterminada (por exemplo, em ordem numérica). Para localizar um dado específico, é necessário realizar uma busca sequencial até localizá-lo entre os dados gravados na fita.

Memória semicondutora

A memória é o "carvoeiro" da locomotiva da CPU: para obter máximo desempenho do PC, ela deve alimentar constantemente o processador com instruções. Quanto mais rápidas as CPUs, mais rápidas e maiores são as memórias, tanto a memória cache *para o armazenamento temporário dos dados e das instruções quanto a memória principal.*

O armazenamento primário (memória principal) do computador consiste em circuitos integrados microeletrônicos de **memória semicondutora**, a qual armazena as informações necessárias para o computador processar os aplicativos. Placas adicionais de circuito de memória, com circuitos integrados de 256 MB ou mais, podem ser instaladas no computador para aumentar a capacidade da memória. Uma memória especializada pode melhorar o desempenho do computador. Por exemplo, o uso de memória *cache* externa de 512 KB aumenta a velocidade do microprocessador, e a instalação de uma placa gráfica aceleradora com 64 MB ou mais de RAM torna o vídeo mais rápido e nítido. Dispositivos menores – do tamanho de um cartão de crédito – e removíveis de RAM de "memória instantânea", como o *jump drive* ou o cartão de memória, também oferecem a PCs, PDAs ou câmeras digitais centenas de megabytes de armazenamento de acesso direto apagável.

Alguns dos principais atrativos da memória semicondutora são o reduzido tamanho, a alta velocidade e a boa resistência contra choques e altas temperaturas. A maior desvantagem desse tipo de memória é a **volatilidade**, visto que esse tipo requer alimentação ininterrupta de energia elétrica para não perder nenhum conteúdo. Portanto, para manter os dados em segurança, é necessário utilizar algum dispositivo emergencial de transferência ou de reserva de energia elétrica (bateria ou gerador de emergência). Outra alternativa é "gravar" permanentemente o conteúdo do dispositivo semicondutor para que ele não seja apagado pela queda de energia.

Portanto, existem dois tipos básicos de memória semicondutora: **memória de acesso aleatório (RAM)** e **memória somente de leitura (ROM)**.

- **RAM: memória de acesso aleatório.** Esse circuito integrado de memória é utilizado principalmente nos meios de armazenamento primário. Cada posição da memória tanto pode ser identificada (lida) como alterada (gravada), portanto é denominada memória de leitura/gravação. Trata-se de uma memória volátil.
- **ROM: memória somente de leitura.** O circuito integrado de memória de acesso aleatório não volátil é utilizado para armazenamento permanente dos dados. As instruções de controle usadas com mais frequência nos programas e na unidade de controle de armazenamento primário (por exemplo, partes do sistema operacional) podem ser gravadas permanentemente nas células de armazenamento durante a fabricação do equipamento – esse processo geralmente é denominado *firmware*. As variações são a Prom (memória somente de leitura programável) e a Eprom (memória somente de leitura programável e apagável), que permitem programação permanente ou temporária depois da fabricação.

Uma das formas mais atuais e inovadoras de armazenamento com o uso de memória semicondutora é a *unidade de memória instantânea* (*flash drive*, às vezes denominada *jump drive*). A Figura 3.26 mostra uma unidade de memória instantânea comum.

A memória instantânea usa um pequeno circuito integrado que contém milhares de transistores programáveis para armazenar dados por tempo praticamente ilimitado sem energia, e essas pequenas memórias podem ser facilmente levadas no bolso e são duráveis. Atualmente, a capacidade de armazenamento chega a 20 GB, mas as tecnologias mais recentes as memória instantânea estão viabilizando memórias de maior capacidade.Os atuais cartões de memória do tamanho de cartões de crédito e as tecnologias de armazenamento de dimensões ainda mais reduzidas fazem que o usuário consiga levar consigo cada vez mais dados a cada dia.

Fonte: Cortesia da Lexar Media.

FIGURA 3.26 Unidade USB de memória flash.

Nanochip Inc.: novo processo de memória pode superar barreiras tradicionais

Um novo tipo de tecnologia de memória flash com capacidade e durabilidade potencialmente maiores, baixo consumo de energia e o mesmo design da memória flash está pronto para desafiar os produtos de disco em estado sólido de hoje. A Nanochip Inc., com sede em Fremont, Califórnia, afirma ter feito avanços em suas pesquisas de memória baseada em *array* que lhe permitirão apresentar protótipos em funcionamento para possíveis parceiros de fabricação até 2009.

O conceito atual é que a memória flash pode atingir o seu limite em torno de 32-45 nanômetros. Isso descreve a menor largura possível de uma linha de metal no circuito ou a quantidade de espaço entre essa linha e a seguinte. A capacidade de um circuito integrado é limitada pela capacidade de imprimir em um plano de duas dimensões cada vez menor, o que também é conhecido como litografia. É aí exatamente onde a tecnologia da Nanochip faz sucesso.

"A cada dois anos, você precisará comprar uma nova máquina que permita a impressão de algo que é menor e mais fino", diz Stefan Lai, da Nanochip. A memória baseada em *array* usa uma grade de sondas microscópicas de ler e gravar no material de armazenamento. A área de armazenamento não é definida pela litografia, mas pelo movimento das sondas. "Se a Nanochip puder mover, por exemplo, as sondas um décimo da distância, será obter 100 vezes a densidade com nenhuma mudança na litografia", afirma Lai. "Você não terá que comprar todas essas novas máquinas." A IBM está trabalhando em uma tecnologia semelhante há anos.

Lai acredita que a nova memória poderá trazer avanços para dispositivos móveis e biotecnologia. "Agora você precisa de toda sua história de vida guardada no seu dispositivo móvel". "Se quiser algo onde guardar seu genoma, isso pode requerer muito capacidade de memória, e você vai querer ter isso sempre com você." A grande questão que permanece para a Nanochip é saber se a empresa pode criar protótipos funcionais com as vantagens de custo que a tecnologia baseada em *array* deve oferecer em relação às formas convencionais de memória.

O desafio para a adoção de qualquer novo tipo de memória é que a memória flash não está inerte. "Em 2010, vai ser US$ 1 por gigabyte... por isso espero que o custo por gigabyte [do *array* baseado em sonda] seja baixo."

Fonte: Adaptado de Dian Schaffhauser. "A Storage Technology That Breaks Moore's Law". *Computerworld*, 19 de março de 2008.

Discos magnéticos

Unidades de disco magnético de multigigabytes não são uma extravagância, tendo em vista arquivos de vídeos e filmes, trilhas sonoras e imagens com qualidade fotográfica que rapidamente consomem espaços imensos do disco.

Os **discos magnéticos** são a forma de armazenamento secundário mais usada nos computadores. Essa utilização deve-se à capacidade de acesso rápido e de grande armazenamento por um custo razoável. As unidades de disco magnético contêm discos de metal revestidos em ambos os lados por um material de gravação de óxido de ferro. Diversos discos são montados em um eixo vertical, que normalmente gira os discos a uma velocidade de 3.600 a 7.600 rotações por minuto (rpm). Cabeçotes eletromagnéticos de leitura/gravação são posicionados por braços de acesso entre os discos levemente separados para ler e gravar os dados em trilhas circulares e concêntricas. Os dados são gravados nas trilhas em minúsculos pontos magnetizados para formar os dígitos binários dos códigos dos computadores. Cada trilha comporta a gravação de milhares de *bytes*, e existem centenas de trilhas de dados em cada superfície do disco, proporcionando, assim, bilhões de posições de armazenamento do *software* e dos dados (ver Figura 3.27).

Tipos de discos magnéticos

Existem diversos tipos de arranjos de disco magnético, inclusive cartuchos de discos removíveis e unidades fixas. Os dispositivos removíveis são populares porque podem ser transportados e usados para armazenar cópias de segurança dos dados, que podem ser guardados em outro local por questões de conveniência e segurança.

- **Discos flexíveis,** ou disquetes magnéticos, consistem em discos de filme de poliéster cobertos por um composto de óxido de ferro. Um único disco é montado e gira livremente dentro de uma capa plástica dura ou flexível, com aberturas de acesso para acomodar o cabeçote de leitura/gravação de uma unidade de disco. O disco flexível de 3,5 polegadas, com capacidade de 1,44 MB, é a versão mais usada com uma tecnologia de superdisco, oferecendo até 120 MB de armazenamento. A unidade de disco compacto, ou ZIP drive, utiliza uma tecnologia semelhante à do disco flexível para fornecer capacidade de até 750 MB de armazenamento em disco portátil. Os computadores de hoje têm de tudo, mas eliminaram a inclusão de um drive para leitura de discos flexíveis, embora esses drives possam ser encontrados em caso de necessidade.

Fonte: © Royalty Free/Corbis.

Fonte: © Stockbyte/PunchStock.

FIGURA 3.27 Unidade de disco rígido magnético e unidade de disco flexível de 3,5 polegadas.

- As unidades de **disco rígido** combinam discos magnéticos, braços de acesso e cabeçotes de leitura/gravação em apenas um módulo selado, o qual proporciona um ambiente mais estável, com velocidades maiores, densidades maiores de gravação de dados e tolerâncias mais críticos. Estão disponíveis versões de cartuchos de disco fixas ou removíveis. A capacidade das unidades de disco rígido varia de algumas centenas de megabytes a centenas de *gigabytes* de armazenamento.

Equipamentos de armazenamento de computador com arranjo redundante de discos independentes (Raid) – caixas enormes, do tamanho de uma geladeira, repletas de dezenas de discos magnéticos interconectados, com capacidade para armazenar o equivalente a 100 milhões de formulários de imposto de renda – raramente ficam congestionados – mas poderiam ficar. Uma rede tão veloz e tão confiável abriu caminho para o ciberespaço e o e-commerce, sendo o armazenamento de dados cada vez mais "turbinado" a base fundamental da internet.

Armazenamento Raid

Arranjos de unidades de disco rígido de microcomputadores interconectados substituíram as unidades de grande porte e alta capacidade, e oferecem armazenamento direto praticamente ilimitado. Conhecidos como **Raid (arranjo redundante de discos independentes)**, eles combinam de seis a mais de cem pequenas unidades de disco rígido e microprocessadores de controle em uma única unidade. As unidades de Raid proporcionam enormes capacidades (de 1 a 2 *terabytes* ou mais) com alta velocidade de acesso, porque os dados são acessados paralelamente por diversos caminhos e a partir de vários discos. Essas unidades também propiciam capacidade de *tolerância contra falhas*, já que o formato redundante permite múltiplas cópias dos dados em diversos discos. Se um disco falhar, os dados poderão ser recuperados das cópias de reserva automaticamente armazenadas em outros discos. Redes de armazenamento (SANs) são redes locais de *canais de fibra* de alta velocidade que interconectam muitas unidades de Raid e, assim, por meio dos servidores de redes, compartilham com vários usuários sua capacidade combinada.

Há várias classificações de Raid, e as novas implementações incluem não apenas versões de *hardware*, mas também métodos de *software*. Os aspectos técnicos do Raid ultrapassam o escopo deste livro e provavelmente também as necessidades dos modernos tecnólogos de negócios. É suficiente notar que os mecanismos de armazenamento nas organizações modernas provavelmente se utilizam de algum tipo de tecnologia Raid. Em caso de interesse mais aprofundado nessa tecnologia e no seu modo de funcionamento, há uma grande variedade de recursos de internet disponíveis.

O armazenamento em fita não se restringe mais apenas a cópias de reserva. Os subsistemas do disco oferecem tempo de resposta mais rápido para os dados de missão crítica. No entanto, o montante absoluto de dados que os usuários precisam acessar hoje em dia como parte das grandes aplicações empresariais, como para data warehouses, exige o uso de unidades de fitas magnéticas, mais acessíveis financeiramente.

Fita magnética

A **fita magnética** ainda é usada como meio de armazenamento secundário nas aplicações empresariais. Os cabeçotes de leitura/gravação das unidades de fita magnética gravam dados na forma de pontos magnetizados na camada de óxido de ferro da fita de plástico. Os dispositivos de fita magnética incluem cartuchos e carretéis de fita para sistemas de médio e grande portes, e pequenas fitas cassete ou cartuchos para PCs. Os cartuchos de fita magnética substituíram os carretéis em muitas aplicações e têm capacidade para conter mais de 200 MB.

Uma aplicação crescente da fita magnética nas corporações envolve o uso de cartuchos de fita magnética de alta velocidade e 36 trilhas em unidade robotizada com vários drivers de leitura/gravação, o que permite o acesso direto a centenas de cartuchos. Esses dispositivos oferecem armazenamento de baixo custo como complementação dos discos magnéticos e atendem à enorme necessidade de espaço para os dados e outras necessidades de acesso da empresa. Outras grandes aplicações da fita magnética são o armazenamento de *arquivos* de longo prazo e de cópias de segurança para PCs e outros sistemas.

A tecnologia do disco óptico tornou-se uma necessidade, pois a maioria das empresas de software distribui seus volumosos programas em CD-ROM. Hoje em dia, muitas corporações estão lançando seus próprios CDs para distribuição de produtos e informações corporativas antes mantidas em estantes.

Discos ópticos

FIGURA 3.28 Comparação entre as capacidades das unidades de disco óptico.

Capacidades das unidades de disco óptico
• **CD-ROM** A unidade de CD-ROM é uma forma econômica de ler os arquivos de dados e carregar o *software* no computador, além de executar CDs de música.
• **CD-RW** A unidade de CD-RW permite ao usuário criar seu próprio CD com dados personalizados para manter cópias de segurança ou transferir dados. Também permite compartilhar arquivos de vídeo, grandes arquivos de dados e de fotos digitais e outros arquivos volumosos com outros usuários que tenham uma unidade de CD-ROM. Quaisquer unidades de CD-ROM possuem a mesma capacidade, ou seja, toda unidade lê qualquer CD-ROM, CD de áudio e CD criado no gravador de CD.
• **CD-RW/DVD** Uma combinação de CD-RW/DVD com todas as vantagens do CD-RW, CD-ROM e DVD-ROM em uma única unidade. A unidade combinada de CD-RW/DVD permite a leitura de discos de DVD-ROM e CD-ROM, a criação de CDs personalizados.
• **DVD-ROM** A unidade de DVD-ROM permite a leitura de DVD de vídeo com cor e imagem cristalina e som claro no computador pessoal. Com ela, o usuário está preparado para executar futuros *softwares* e arquivos volumosos de dados que serão lançados em DVD-ROM. Uma unidade de DVD-ROM também consegue ler discos de CD-ROM, oferecendo efetivamente ao usuário completa capacidade de leitura óptica em apenas um dispositivo.
• **DVD+RW/+R com CD-RW** Uma unidade de DVD+RW/+R com CD-RW contém todas as tecnologias em um único dispositivo, permitindo gravar discos de DVD+RW ou DVD+R e CD, além de ler DVD e CD. Ela permite a criação de DVD para armazenar cópias de segurança e arquivos de dados de até 4,7 GB (isso representa até sete vezes a capacidade do CD padrão de 650 MB) e até duas horas de vídeo digital MPEG2.

Fonte: Adaptado de "Learn More – Optical Drives", www.dell.com.

Os **discos ópticos**, meio de armazenamento em franco crescimento, usam diversas tecnologias alternativas (ver Figura 3.28). Uma das versões é o chamado **CD-ROM** (disco compacto com memória somente de leitura). A tecnologia do CD-ROM utiliza discos compactos (CDs) de 12 centímetros (4,7 polegadas) semelhantes aos usados em sistemas de áudio estereofônico. Cada disco tem capacidade para armazenar mais de 600 MB, o que equivale a mais de 400 discos flexíveis de 1,44 MB ou mais de 300 mil páginas de texto digitado em espaço duplo. O laser registra os dados gravando permanentemente pontos microscópicos em uma trilha espiral no disco-mestre que serve de base para a produção em massa de CDs. Depois, as unidades de CD--ROM usam um dispositivo de laser para ler os códigos binários formados por esses pontos.

Outra tecnologia conhecida de disco óptico é o **CD-R** (disco compacto gravável). As unidades de CD-R ou *gravadores* de CD são usados para gravar os dados de forma definitiva no CD. A principal limitação tanto do CD-ROM como do CD-R é a impossibilidade de apagar os dados gravados. No entanto, as unidades **CD-RW** (disco compacto regravável) gravam e apagam os dados usando o raio laser para aquecer o ponto microscópico na superfície do disco. Nas versões CD-RW de tecnologia óptico-magnética, uma bobina magnética muda as propriedades reflexivas do ponto de uma direção a outra, gravando, assim, o código binário 1 ou 0. Um dispositivo a laser consegue ler os códigos binários do disco captando a direção da luz refletida.

A tecnologia do DVD tem aumentado muito a capacidade e os recursos do disco óptico. Os discos ópticos com tecnologia de DVD (videodisco digital ou disco versátil digital) tem capacidade de armazenar de cada lado do disco de 3 a 8,5 GB de dados de multimídia. Espera-se que, com a alta capacidade e qualidade audiovisual, a tecnologia do DVD substitua a tecnologia do CD para armazenamento de dados e acelere o uso de unidades de DVD para produtos multimídia tanto de entretenimento doméstico como de computadores pessoais. Assim, os discos de **DVD-ROM** vêm substituindo cada vez mais os videocassetes de fita magnética para filmes e outros produtos multimídia, ao passo que os discos de **DVD-RW** estão sendo usados para armazenar cópias de segurança e grandes arquivos de dados e multimídia (ver Figura 3.29).

FIGURA 3.29 O armazenamento em disco óptico inclui tecnologia de CD e DVD.

Fonte: Photodisc/Getty Images.

O **processamento de imagens** é a principal aplicação dos discos ópticos nos sistemas de médio e grande portes, já que permite o armazenamento prolongado de arquivos históricos de imagem de documentos. Instituições financeiras, entre outras, utilizam digitalizadores ópticos para capturar imagens de documentos digitalizados e armazená-las em discos ópticos como meio alternativo para a microfilmagem.

Uma das principais aplicações empresariais dos discos de CD-ROM em computadores pessoais é como meio de publicação, para permitir rápido acesso a materiais de referência de forma compacta e conveniente. Entre esses materiais estão catálogos, listas telefônicas, manuais, resumos periódicos, listas de peças e banco de dados estatísticos de atividades econômicas e comerciais. As aplicações de multimídia interativa nas atividades empresariais, educacionais e de entretenimento também utilizam bastante os discos ópticos. A grande capacidade de armazenamento dos discos de CD e DVD é escolha natural para videogames, vídeos educativos, enciclopédias de multimídia e apresentações publicitárias para computador.

Aplicações de negócio

Uma das tecnologias de armazenamento mais recentes e que mais cresce é a **identificação por radiofrequência** (*radio frequency identification* - **RFID**). A RFID é um sistema de etiquetagem e identificação de objetos móveis, como mercadorias de estoque, pacotes postais e, algumas vezes, até mesmo de organismos vivos (como animais de estimação). Por meio de um dispositivo especial denominado leitora de identificação por radiofrequência, o sistema RFID permite identificar os objetos e rastreá-los conforme eles se movimentam.

O sistema de RFID utiliza uma minúscula (às vezes menor que um grão de areia) peça de *hardware* denominada **circuito integrado de RFID**, o qual possui uma antena para transmitir e receber sinais de rádio. Atualmente, existem dois tipos gerais desse circuito: *passivo* e *ativo*. O circuito de **RFID passivo** não possui gerador de energia e tem de extraí-la do sinal enviado da leitora, ao passo que o circuito de **RFID ativo** gera energia própria e não precisa estar perto da leitora para transmitir os sinais. O circuito de RFID pode ser fixado em objetos ou, no caso de alguns sistemas de RFID passivos, introduzido nos objetos. Um uso recente dessa tecnologia é para a identificação de animais de estimação, como cães e gatos. Com um minúsculo circuito injetado sob a pele, os animais podem facilmente ser identificados caso se percam, pois esse tipo de circuito contém informações do proprietário do animal para um eventual contato. Seguindo adiante nessa linha, o Departamento de Administração de Segurança nos Transportes dos Estados Unidos está avaliando a possibilidade de embutir identificações de RFID nos cartões de embarque das companhias aéreas para acompanhar a movimentação dos passageiros.

Sempre que a leitura dentro de um perímetro enviar sinais apropriados a um objeto, o circuito de RFID associado responde oferecendo as informações solicitadas, como o número

Identificação por radiofrequência

de identificação ou a data de um produto. A leitora, por sua vez, exibe os dados da resposta a um operador. As leitoras também encaminham os dados a um sistema central de computadores conectados em rede. Em geral, os sistemas de RFID têm capacidade tanto para armazenar dados nos circuitos como para apenas ler as informações.

Esses sistemas foram criados como uma alternativa para os códigos de barra comuns. Em comparação com os códigos de barra, o sistema de RFID permite a leitura dos objetos a uma distância maior, tem capacidade de armazenamento de dados e permite o rastreamento de mais informações por objeto.

Recentemente, o sistema de RFID suscitou algumas discussões sobre por causa da natureza invisível do sistema e de sua capacidade de transmitir mensagens relativamente sofisticadas. Assim que essas questões forem resolvidas, a expectativa é de que quase qualquer tipo de aplicação migre para essa tecnologia.

Questões específicas sobre RFID

Como você se sentiria se, por exemplo, um dia percebesse que seu paradeiro pudesse ser determinado por sua roupa de baixo? – Debra Bown, senadora da Califórnia, em uma audiência de 2003 sobre questões de privacidade do sistema de RFID.

O uso da tecnologia RFID tem causado controvérsia considerável e até mesmo boicotes a produtos dos defensores da privacidade dos consumidores, que se referem às etiquetas RFID como *spychips*. As duas principais preocupações de privacidade em relação a RFID são:

- Como o proprietário de um item não estará necessariamente ciente da presença de uma etiqueta RFID, esta pode ser lida a distância sem o conhecimento do indivíduo, torna-se possível recolher dados delicados sobre uma pessoa sem o seu consentimento.
- Se um cliente paga por um item etiquetado com cartão de crédito ou com uma combinação com um cartão de fidelidade, isso significa que seria possível deduzir a identidade do comprador indiretamente por meio da leitura da ID exclusiva global do item (contida na etiqueta RFID).

A maioria das preocupações gira em torno do fato de que as etiquetas RFID fixadas nos produtos permanecem funcionais mesmo após o produto ter sido adquirido e levado para casa; assim, essas etiquetas podem ser usadas para vigilância e outros propósitos não relacionados às suas funções de estoque da cadeia de suprimentos.

O alcance de leitura, porém, é uma função tanto do leitor quanto da própria etiqueta. Melhorias tecnológicas podem aumentar o alcance de leitura das etiquetas. A presença de leitores muito perto das etiquetas torna as etiquetas de curto alcance legíveis e, geralmente o alcance de leitura de uma etiqueta é limitado à distância do leitor sobre a qual a etiqueta pode extrair energia suficiente do campo do leitor para energizar a etiqueta. As etiquetas podem ser lidas em intervalos mais longos graças ao aumento da capacidade do leitor, e o limite de distância de leitura torna-se então a relação sinal-ruído do sinal refletido de volta da etiqueta para o leitor. Pesquisadores, em duas conferências de segurança, têm demonstrado que as etiquetas passivas UHF RFID (não o tipo HF usado nos passaportes dos Estados Unidos), normalmente lidas com alcance de até 9 metros, podem ser lidas com alcance de 15 a 21 metros utilizando equipamento adequado. Muitos outros tipos de sinais de etiquetas podem ser interceptados, em boas condições, a cerca de 10 metros, e o sinal do leitor pode ser detectado a quilômetros de distância, se não houver obstruções.

O potencial de violações de privacidade com a tecnologia RFID foi demonstrado pela sua utilização em um programa piloto da Gillette Company, que realizou um teste *smart shelf* na Tesco, em Cambridge, Inglaterra. Compradores que retiravam aparelhos de barbear etiquetados com RFID das prateleiras eram fotografados automaticamente para ver se a tecnologia poderia ser usada para intimidar os pequenos furtos. O experimento resultou no boicote de consumidores contra a Gillette e a Tesco. Em outro incidente, descoberto pelo jornal *Chicago Sun-Times*, prateleiras de um Walmart em Broken Arrow, Oklahoma, foram equipadas com leitores para acompanhar as embalagens de batom Lipfinity, da Max Factor. As imagens da webcam das prateleiras eram vistas a 1.200 quilômetros de distância por pesquisadores da Procter & Gamble, em Cincinnati, Ohio, que podiam dizer quando batons eram retirados das prateleiras e observar os clientes em ação.

A polêmica em torno da utilização das tecnologias RFID continuou com a exposição acidental das propostas de uma campanha de relações públicas para autoidentificação que foi projetada para "neutralizar a oposição" e levar os consumidores a "resignar-se à inevitabilidade da identificação" enquanto apenas fingia levar em consideração as suas preocupações. Durante a Cúpula Mundial sobre a Sociedade da Informação (CMSI) da ONU, realizada entre 16 e 18 de novembro de 2005, Richard Stallman, fundador do movimento "*Software* livre", protestou contra a utilização de cartões de segurança RFID. Durante a primeira reunião, foi acordado que cartões de RFID não seriam utilizados em futuras reuniões. Após a descoberta de que essa garantia havia sido quebrada, Stallman cobriu o seu cartão com papel alumínio e disse que iria descobri-lo apenas nos postos de segurança, protesto este que causou uma preocupação considerável ao pessoal de segurança. Alguns não permitiram que Stallman saísse de uma sala de conferência na qual ele havia sido o orador principal e depois o impediram de entrar em outra sala de conferências, onde ele deveria falar.

A Food and Drug Administration dos Estados Unidos aprovou o uso de chips RFID em seres humanos. Alguns estabelecimentos comerciais também começaram a usar o chip em clientes, como o Baja Beach Nightclub, em Barcelona, o que tem provocado preocupações sobre a privacidade das pessoas, uma vez é possível saber por onde alguém anda por meio de um identificador exclusivo para cada pessoa. Há preocupações de que isso possa resultar em abusos por parte de um governo autoritário ou levar à destituição de outras liberdades.

Em julho de 2006, a Reuters informou que Newitz e Westhues, dois *hackers*, revelaram em uma conferência em Nova York, que poderiam clonar o sinal de um chip RFID implantado em seres humanos, o que provou que o chip não é à prova de *hackers*, como anteriormente se acreditava.

Todos esses exemplos têm algo em comum e mostram que tudo que pode ser codificado também pode ser decodificado. A tecnologia RFID tem potencial para uma tremenda eficiência e redução de custos. Também apresenta desafios significativos à segurança e privacidade, e, a que essas questões sejam resolvidas, muita controvérsia continuará a cercar as tecnologias RFID.

> ### Revistas baseadas em RFID: identificando os padrões de leitura
>
> Um dos problemas mais preocupantes para os editores de revista é tentar descobrir exatamente quantas pessoas leem os exemplares impressos. Outras perguntas têm sido feitas desde os primórdios da imprensa: "Quanto tempo e com que frequência os leitores passam lendo?" "Os leitores deixam de ler alguns artigos e passam para outros? Leem na ordem normal ou de trás para a frente?", "E alguém presta atenção nos anúncios de publicidade?" Trata-se de perguntas sem respostas, deixadas para estimativas e suposições. Mas uma empresa de pesquisa de *marketing*, a Mediamark Research & Intelligence (RM), está fazendo testes com a tecnologia de identificação por radiofrequência (RFID) para medir o número de leitores da revista em locais públicos.
>
> O teste do mundo real teve um ano de testes em laboratório. Jay Mattlin, vice-presidente sênior de novos empreendimentos da MRI, aponta que o sistema precisa ser testado "em um cenário natural para determinar o quão bem ele se sustenta em um importante ambiente de leitura".
>
> O objetivo do projeto é determinar se o sistema de monitoramento passivo de impressão orientado por RFID "pode medir confiavelmente – na configuração de uma sala de espera – o tempo total gasto com uma matéria específica de uma revista, o número de ocasiões de leitura individuais e, potencialmente, a exposição do leitor a páginas individuais da revista", de acordo com uma declaração da MRI.
>
> Para os testes de laboratório, a MRI criou uma revista "inteligente", que contém o protótipo de sistema de medição passiva de impressão, que controla a atividade de leitor em páginas indicadas. "Essencialmente, uma etiqueta RFID anexada à revista envia um sinal para um leitor de etiquetas cada vez que os assuntos de teste correspondem a uma das páginas indicadas da revista", observa a MRI. "O sistema registra os horários de abertura e fechamento de páginas designadas, bem como a abertura e fechamento da própria revista."
>
> Mattlin informou que o sistema identificou as aberturas e os fechamentos da revista com uma média de 95% de acerto durante o tempo em testes internos.
>
> "Aprendemos muito até agora em nosso ambiente controlado", observa Mattlin. "Mas considerando a complexidade de tentar medir um meio não eletrônico como revistas com sinais eletrônicos, vai demorar um pouco mais antes de termos um bom indicativo sobre o potencial do RFID em relação à medição de audiência da revista."

E, é claro, a coisa mais interessante a se notar sobre essa história é o *timing*: quanto vale resolver o antigo problema de audiência de leitura uma vez que a impressão de revistas continua a diminuir e os editores já mudaram a maioria do foco e conteúdo *on-line* de seus títulos?

Fonte: Adaptado de Thomas Wailgum. "RFID Chips in Your Magazines". *CIO Magazine*, 12 de dezembro de 2007.

Previsões para o futuro

Se a Lei de Moore prevalecer e o avanço tecnológico continuar, podemos esperar para ver nossa vida mudar de forma notável e inimaginável. Embora não possamos realmente prever o futuro, é interessante e divertido ler as previsões alarmistas dos "futuristas" – pessoas cujo trabalho é pensar sobre o que o futuro pode trazer. A seguir, apresentamos a perspectiva de alguém sobre o que a tecnologia de computação pode fazer para mudar nossa vida nas próximas décadas.

Os computadores farão as pessoas viver para sempre

Em apenas 15 anos, vamos começar a ver a fusão da inteligência humana e do computador que, finalmente, vai permitir que as pessoas vivam para sempre. Pelo menos essa é a predição do autor e futurista Ray Kurzweil.

Kurzweil sugere que os nanorrobôs vagarão por nossa corrente sanguínea, curando órgãos doentes ou envelhecidos, enquanto os computadores farão um *backup* de nossas memórias humanas e rejuvenescer nosso corpo, mantendo-nos jovens em aparência e saúde.

Autor do livro *The singularity is near*, Kurzweil diz que, em 25 anos, a inteligência não biológica vai igualar o alcance e a sutileza da inteligência humana. Ele prevê que isso elevará a capacidade humana anterior por causa da aceleração contínua de tecnologias baseadas em informação e da capacidade das máquinas de compartilhar seus conhecimentos instantaneamente.

Kurzweil prevê que as pessoas e os computadores vão misturar-se com *nanobots*, robôs do tamanho de células sanguíneas que serão integrados a partir de nossas roupas até nossos corpos e cérebros. As pessoas simplesmente precisam ficar vivas por tempo suficiente – mais de 15 a 30 anos – para viver eternamente. Pense nisso como a substituição do "corpo humano versão 1.0" de todo mundo com nanotecnologia que irá reparar ou substituir tecido doente ou envelhecido, diz ele. As peças serão facilmente substituíveis.

"Um valor de mil dólares da computação na década de 2020 será mil vezes mais potente que o cérebro do homem", diz Kurzweil, acrescentando que, em 25 anos, teremos o nosso poder computacional um bilhão de vezes maior. "Daqui a 15 anos, o mundo vai ser muito diferente. Vamos ter curado o câncer e doenças cardíacas, ou, pelo menos, vamos ter transformado essas doenças em condições crônicas que não serão fatais. Vamos chegar ao ponto em que poderemos parar o processo de envelhecimento e evitar a morte."

Na verdade, vamos atingir um ponto em que a inteligência humana simplesmente não conseguirá acompanhar, ou mesmo seguir, o progresso que os computadores farão, de acordo com Kurzweil. Ele espera que a inteligência não biológica irá ter acesso a seus próprios planos de *design* e será capaz de se aprimorar rapidamente. A inteligência artificial, ou não biológica, criada no ano de 2045 será um bilhão de vezes mais poderosa do que toda a inteligência humana hoje.

"A supercomputação está por trás do progresso em todas essas áreas", afirma Kurzweil, acrescentando que um pré-requisito para a inteligência não biológica é a biologia de engenharia reversa e o cérebro humano, o que dará aos cientistas um "conjunto de ferramentas técnico" para aplicar no desenvolvimento de computadores inteligentes. Em um relatório, ele afirmou que "não vamos experimentar 100 anos de avanço tecnológico no século XXI – assistiremos a 20 mil anos de progresso, ou cerca de mil vezes mais do que foi alcançado no século XX".

Segundo Kurzweil, eis o que podemos esperar em um futuro não tão distante:

- Até 2030, os médicos serão capazes de fazer um *backup* das nossas memórias.
- Até o final de 2020, os médicos estarão infiltrando robôs inteligentes, ou *nanobots*, em nossa corrente sanguínea para nos manter saudáveis e em nosso cérebro para nos manter jovens.

- Em 15 anos, a longevidade humana será muito maior. Até a década de 2020, teremos um ano ou mais de longevidade acrescido para cada ano que passa.
- No mesmo período, estaremos com frequência em ambientes de realidade virtual. Em vez de fazer uma chamada de celular, poderemos "encontrar" alguém em um mundo virtual e fazer uma caminhada na praia e conversar virtualmente. As reuniões de negócios e conferências serão realizadas em locais virtuais inspiradores e tranquilos.
- Quando você estiver andando na rua e vir alguém conhecido, as informações sobre essa pessoa aparecerão em seus óculos ou no seu campo de visão.
- Em vez de você passar horas na frente de um computador, ele estará mais integrado ao nosso meio ambiente. Os monitores de computador, por exemplo, poderão ser substituído por projeções em nossas retinas ou por telas virtuais pairando no ar.
- Os cientistas serão capazes de rejuvenescer todos os tecidos e órgãos do corpo de uma pessoa, transformando as suas células da pele em versões juvenis de outros tipos celulares.
- Precisando de uma forcinha? Kurzweil afirma que os cientistas serão capazes de regenerar nossas próprias células, tecidos e até órgãos inteiros, e depois introduzi-los em nossos corpos, tudo isso sem cirurgias. Como parte do que ele chama "campo emergente da medicina do rejuvenescimento", novos tecidos e órgãos serão construídos de células mais jovens previamente produzidas.
- Você tem problemas de coração? De acordo com Kurzweil. "Seremos capazes de criar novas células cardíacas de células da pele e introduzi-las em seu sistema através da corrente sanguínea. Com o tempo, as células do coração serão substituídas por essas novas células, e o resultado é um coração rejuvenescido e jovem com seu próprio DNA".
- Um truque que vamos ter de controlar é ficar um passo à frente dos acontecimentos. Kurzweil alerta que, obviamente, os terroristas poderiam utilizar essa mesma tecnologia contra nós. Poderiam, por exemplo, criar e espalhar um vírus biológico feito por meio de bioengenharia, altamente poderoso e secreto.

Segundo Kurzweil, não estamos muito distante de resolver um problema de saúde que tem atormentado cientistas e médicos por bastante tempo até hoje: o simples resfriado. Ele observa que, embora a nanotecnologia possa entrar em nossa corrente sanguínea e expulsá-lo antes mesmo de chegar a essa fase, em dez anos a biotecnologia deverá ser capaz de curar o resfriado.

Fonte: Adaptado de Sharon Gaudin. "Kurzweil: Computers Will Enable People to Live Forever". *InformationWeek*, 21 de novembro de 2006.

Resumo

- **Sistemas de computação.** A Figura 3.3 mostra resumidamente os principais tipos de sistemas de computação. Os microcomputadores são utilizados como computadores pessoais, computadores de rede, assistentes digitais pessoais, estações de trabalho técnico e dispositivos de acesso à informação. Os sistemas de médio porte estão sendo usados cada vez mais como servidores potentes de rede e para diversas aplicações científicas e corporativas de processamento de dados empresariais multiusuários. Os computadores *mainframes* são maiores e mais potentes que a maioria dos sistemas de médio porte. Normalmente, são mais velozes, têm mais capacidade de memória e comportam mais usuários em rede e dispositivos periféricos. Eles são projetados para manipular o processamento de informações de grandes organizações com altos volumes de transações ou com problemas de cálculos complexos. Os supercomputadores são uma categoria especial de potentes sistemas de computação de grande porte projetados para execução de cálculos maciços.
- **Conceito de sistemas de computação.** Um computador é um sistema constituído de componentes para processamento de informações que realizam funções de entrada, processamento, saída, armazenamento e controle. Entre seus componentes de *hardware*, estão os dispositivos de entrada e saída, uma unidade central de processamento (CPU) e dispositivos de armazenamento primário e secundário. A Figura 3.10 indica resumidamente as principais funções e o *hardware* de um sistema de computação.
- **Dispositivos periféricos.** Consulte as Figuras 3.14 e 3.22 para rever as capacidades dos periféricos de entrada, saída e armazenamento discutidos neste capítulo.

Termos e conceitos-chave

Estes são os termos e conceitos-chave abordados neste capítulo. O número entre parênteses refere-se à página em que consta a explicação inicial.

1. Acesso direto (103)
2. Acesso sequencial (103)
3. Armazenamento primário (87)
4. Armazenamento secundário (87)
5. Capacidade de armazenamento (103)
    a. Bit (102)
    b. Byte (102)
    c. Gigabyte (103)
    d. Megabyte (103)
    e. Petabyte (103)
    f. Quilobyte (103)
    g. Terabyte (103)
6. Ciclos por segundo (88)
7. Computadores de estação de trabalho (77)
8. Computadores de rede (80)
9. Digitalização óptica (97)
10. Discos magnéticos (106)
    a. Discos flexíveis (106)
    b. Disco rígido (107)
    c. Raid (arranjo redundante de discos independentes) (107)
11. Discos ópticos (108)
12. Dispositivo indicador (91)
13. Dispositivos de acesso à informação (80)
14. Fita magnética (107)
15. Interface gráfica do usuário (91)
16. Lei de Moore (88)
17. Sistemas *mainframe* (83)
18. Memória semicondutora (104)
    a. RAM (memória de acesso aleatório) (104)
    b. ROM (memória somente de leitura) (104)
19. Microcomputador (77)
20. Minicomputadores (82)
21. Mips (milhões de instruções por segundo) (88)
22. *Off-line* (91)
23. *On-line* (91)
24. Periférico (91)
25. Reconhecimento de voz (95)
26. Representação binária (102)
27. RFID (identificação por radiofrequência) (109)
28. Servidores de rede (77)
29. Sistema de computação (86)
30. Sistema de médio porte (81)
31. Supercomputador (84)
32. Tarja magnética (99)
33. Terminais de computador (77)
34. Terminais de rede (79)
35. Unidade central de processamento (87)
36. Velocidade de processamento (88)
    a. Microssegundos (88)
    b. Milissegundos (88)
    c. Nanossegundos (88)
    d. Picossegundos (88)
37. Volatilidade (104)

Questionário de revisão

Relacione um dos termos e conceitos-chave mencionados anteriormente com os seguintes exemplos ou definições. Procure a melhor opção para respostas que parecem corresponder a mais de um termo ou conceito. Justifique suas escolhas.

_____ 1. Um computador é uma combinação de componentes que executa funções de entrada, processamento, saída, armazenamento e controle.

_____ 2. Principal componente de processamento de um sistema de computação.

_____ 3. Medida de velocidade do computador em termos de ciclos do processador.

_____ 4. Dispositivos para o usuário acessar a internet.

_____ 5. Memória de um computador.

_____ 6. Discos e fitas magnéticas e discos ópticos desempenham essa função.

_____ 7. Dispositivos de armazenamento e de entrada/saída de um sistema de computação.

_____ 8. Conectado a uma CPU e controlado por ela.

_____ 9. Separado da CPU e não controlado por ela.

_____ 10. Resultantes da presença, ou ausência de, ou mudança na direção de corrente elétrica, campos magnéticos ou raios de luz nos circuitos e nos meios de armazenamento do computador.

_____ 11. Interface comum de computador que usa ícones e o sentido metafórico de mesa (desktop).

_____ 12. Pode ser um computador de mesa/laptop ou portátil.

_____ 13. Categoria de computador entre microcomputador e *mainframe*.

_____ 14. Disco magnético pequeno e portátil encapsulado em uma fina capa de plástico.

_____ 15. Disco de grande capacidade normalmente encontrado nos sistemas de computação.

_____ 16. Microcomputadores de baixo custo para uso com internet e intranets corporativas.

_____ 17. Arranjo redundante de unidades de disco rígido independentes.

_____ 18. Terminal que depende da potência dos servidores de rede para processamento e utilização do *software*.

_____ 19. Computador que gerencia as comunicações e os recursos de rede.

_____ 20. Tipo de computador mais potente.

_____ 21. Tecnologia de fita magnética usada nos cartões de crédito.
_____ 22. Um bilionésimo de segundo.
_____ 23. Aproximadamente um bilhão de caracteres de armazenamento.
_____ 24. Inclui mouse eletrônico, *trackball*, *pointing stick* e *touchpad*.
_____ 25. Primeiros sistemas de médio porte para processamento de aplicações intensivas, como pesquisa científica e análise de engenharia.
_____ 26. O maior dentre os três tipos de computador.
_____ 27. Potência do processador medida em termos de número de instruções processadas.
_____ 28. Previsão de que a potência do computador deverá dobrar aproximadamente a cada 18 a 24 meses.
_____ 29. Promete ser a maneira mais fácil e natural de comunicar com computadores.
_____ 30. Captura os dados processando a luz refletida de imagens.
_____ 31. Velocidade de um computador.
_____ 32. Um milionésimo de segundo.
_____ 33. 1.024 *bytes*.
_____ 34. Um exemplo típico é o dispositivo com teclado e tela conectado em rede com um computador.
_____ 35. Capacidade de armazenamento de dados de um dispositivo.
_____ 36. Computador pessoal usado como estação de trabalho técnico.
_____ 37. A menor unidade de armazenamento de dados.
_____ 38. Um trilhão de *bytes*.
_____ 39. O conteúdo desse circuito de armazenamento não pode ser apagado.
_____ 40. A memória da maior parte dos computadores é composta desses circuitos de armazenamento.
_____ 41. A propriedade que determina se os dados serão perdidos ou mantidos caso haja queda de energia.
_____ 42. O tempo de acesso de cada posição de armazenamento é aproximadamente igual.
_____ 43. O acesso a cada posição de armazenamento segue uma ordem predeterminada.
_____ 44. Microprocessadores de memória em circuitos integrados de silício.
_____ 45. Usa pontos magnéticos em discos de metal ou plástico.
_____ 46. Usa pontos magnéticos em fita de plástico.
_____ 47. Usa laser para ler pontos microscópicos em discos de plástico.
_____ 48. Um milionésimo de segundo.
_____ 49. Um trilionésimo de segundo.
_____ 50. Grupo de oito *bits* que representa uma letra ou caractere especial.
_____ 51. Tecnologia sem fio de curto alcance mais comumente usada para rotular, rastrear e identificar objetos.
_____ 52. Cerca de um milhão de *bytes* – mais precisamente, 2 elevado a 20ª potência.
_____ 53. Unidade de informação ou armazenamento do computador igual a um quadrilhão de *bytes*, ou 1.024 *terabytes*.

Questões para discussão

1. Quais são as tendências atuais no desenvolvimento e no uso dos principais tipos de sistemas de computação?
2. A convergência de PDAs, PCs subnotebooks e telefones celulares produzirá um dispositivo de acesso à informação que tornará obsoletas todas essas categorias de equipamentos? Por que sim ou por que não?
3. Consulte o "Caso do mundo real 1" sobre computação em grade no início deste capítulo. Dada a presença cada vez maior de computadores em cada mesa, você acha que as abordagens de computação em grade substituirão as alternativas mais centralizadas (por exemplo, baseadas em *mainframe*)? As preocupações de segurança desempenharão algum papel nessa decisão? Dê exemplos para ilustrar a sua resposta.
4. Você acha que os dispositivos de acesso à informação como os PDAs substituirão os computadores pessoais nas aplicações empresariais? Explique.
5. Será que as redes de PCs e servidores estão tornando os *mainframes* obsoletos? Explique.
6. Consulte o "Caso do mundo real 2" sobre tecnologia de tela sensível ao toque neste capítulo. Que outras aplicações dessa tecnologia poderiam ser previstas? Na sua opinião, qual será o próximo passo na comunicação por meio de computadores? Dê exemplos que ilustrem sua resposta.
7. Quais são as diversas tendências atuais em termos de periféricos? Como elas afetam o uso dos computadores nos negócios?
8. Na sua opinião, quais serão os importantes desenvolvimentos em termos de *hardware* nos próximos dez anos? Como essas tendências afetam o uso dos computadores nos negócios?
9. Quais seriam os requisitos em termos de capacidade de processamento, memória, armazenamento em disco magnético e vídeo necessários para um computador pessoal usado nos negócios? Justifique suas escolhas.
10. Que outros periféricos e recursos seriam recomendáveis para esse PC? Justifique suas escolhas.

Exercícios de análise

1. Custos de *hardware*
Compra de sistemas de computação para seu grupo de trabalho

Foi solicitado que você obtivesse uma estimativa de preço para uma possível compra de PCs para os membro do seu grupo de trabalho. Na internet, pesquise os preços de equipamentos da Dell e da Hewlett-Packard. Procure modelos desktop de ponta para escritório.

A tabela a seguir contém as especificações do sistema básico e das possíveis atualizações de recursos para os quais você deve obter uma cotação de preços. Prepare uma lista separada de preços tanto do sistema básico como das atualizações.

Componente	Unidade básica	Atualização
CPU (gigahertz)	2,8	3,4
Unidade de disco rígido (*gigabytes*)	160	500
RAM (*gigabytes*)	1	2
Meio de armazenamento removível	16× DVD+R/W	483 DVD+R/W
Monitor	Tela plana de 17 polegadas tela	Tela plana de 19 polegadas tela

Selecione as licenças de *software* padrão; seu departamento de TI instalará o *software* necessário para o seu grupo de trabalho. Adquira uma garantia de dois anos e a cobertura de suporte oferecidas por fornecedor. Se o fabricante não oferecer dois anos de garantia, escolha a que mais se aproxime.

a. Prepare uma planilha eletrônica que resuma essas informações de preço e mostre os custos de cada fornecedor referentes a essas opções: (1) unidades com configuração básica, (2) custo incremental de cada atualização separadamente e (3) custo da atualização completa da unidade. Caso não consiga encontrar os recursos correspondentes exatamente com os descritos, use um padrão superior mais aproximado para comparação e faça uma observação sobre as diferenças.

b. Prepare um conjunto de slides em PowerPoint ou algum outro tipo de material de apresentação similar com os resultados. Inclua uma discussão sobre as garantias e as opções de contrato de suporte oferecidas por fabricante.

2. Tendências de preços e desempenho do *hardware*
Análise de *hardware*

A tabela a seguir mostra uma série de informações de preços e capacidade de componentes comuns de computadores pessoais. Ela contém os preços normais de microprocessadores, memória de acesso aleatório (RAM) e unidades de disco rígido.

Ao longo dos anos, o desempenho geral dos componentes tem melhorado significativamente, portanto, a tabela também mostra a velocidade (do microprocessador) ou a capacidade (dos dispositivos de armazenamento). Embora haja melhorias nesses componentes que não estão refletidas nessas medidas de capacidade, é interessante analisar as tendências dessas características mensuráveis.

a. Crie uma planilha eletrônica baseada nas informações dadas e inclua uma nova coluna para cada componente que mostre o preço por unidade de capacidade (custo por megahertz de velocidade do microprocessador e por megabyte de armazenamento da RAM e das unidades de disco rígido).

b. Crie um conjunto de gráficos que demonstre seus resultados e ilustre as tendências em termos de preço por unidade de desempenho (velocidade) ou capacidade.

c. Prepare um breve relatório com as tendências observadas. Por quanto tempo você acha que essa tendência deve persistir? Por quê?

d. Prepare uma breve apresentação, ressaltando os principais pontos de seu relatório (acima). Certifique-se de conectar sua planilha eletrônica à apresentação em slide para que qualquer mudança de dados na planilha seja atualizada automaticamente.

3. Será que os computadores conseguem "pensar" como as pessoas?
Teste de Turing

O "teste de Turing" consiste em um teste hipotético para verificar se o sistema do computador atinge nível de "inteligência artificial". Se o computador conseguir induzir uma pessoa a achar que ele, o computador, é outra pessoa, então tem inteligência artificial. Com exceção de algumas áreas muito limitadas, até hoje nenhum computador passou no teste.

	1991	1993	1995	1997	1999	2001	2003	2005
Processador (megahertz)	25	33	100	125	350	1.000	3.000	3.800
Custo (US$)	$ 180	$ 125	$ 275	$ 250	$ 300	$ 251	$ 395	$ 549
Megabytes por circuito integrado de RAM	1	4	4	16	64	256	512	2.000
Custo	$ 55	$ 140	$ 120	$ 97	$ 125	$ 90	$ 59	$ 149
Gigabyte por disco rígido	0,105	0,250	0,540	2,0	8,0	40,0	160,0	320
Custo	$ 480	$ 375	$ 220	$ 250	$ 220	$ 138	$ 114	$ 115

Os provedores gratuitos de acesso à internet, como Hotmail ou Yahoo!, tiram proveito desse fato. Eles precisam distinguir entre novas contas registradas por uma pessoa e as geradas por *software* de spam. Por quê? Esses *softwares* são capazes de criar milhares de contas de correio eletrônico para enviar milhões de *e-mails*. Para isso, eles utilizam ferramentas automáticas geradoras de contas. O Hotmail combate essa prática exigindo que as pessoas cadastradas digitem corretamente um código alfanumérico oculto em uma pequena figura. Os *softwares* de spam têm dificuldades para ler o código, mas a maioria dos seres humanos, não. Com esse teste de Turing – também chamado *captcha*, um acrônimo da expressão *completely automated public turing test to tell computers and humans apart* (Teste de turing público completamente automatizado para diferenciação entre computadores e humanos), o Hotmail consegue distinguir entre pessoa e programa, autorizando, assim, o cadastro apenas de pessoas. Consequentemente, esses *softwares* de *spam* precisam procurar outras contas gratuitas.

a. Além do cadastro de provedores de internet, em que outras aplicações seria interessante fazer a distinção entre seres humanos e computadores?
b. Descreva um teste de Turing em que um deficiente visual passaria, mas o computador não.
c. Pesquise o termo captcha na internet e descreva seus pontos fortes e fracos.

4. **Identificação por radiofrequência**

Dispositivo de entrada ou invasão de privacidade?
Cartões perfurados, teclados, scanners de código de barras – a tendência é clara. Os dispositivos de entrada têm contribuído para a entrada de dados de modo mais rápido e preciso. A chave para esse avanço é a captura de dados na sua fonte, e nenhuma ferramenta faz isso melhor do que a identificação por radiofrequência (RFID). Um transmissor de RFID envia um sinal de rádio codificado, e uma etiqueta RFID é alterada e "reflete" esse sinal para uma antena. O sistema RFID pode ler o padrão exclusivo de reflexão e gravá-lo em um banco de dados. Dependendo do sistema, esse padrão pode estar associado a uma linha de produtos, uma ordem de envio ou até mesmo uma pessoa. Embora o alcance de um sistema RFID seja limitado a alguns metros, essa abordagem permite o rastreamento de estoque que não depende de esforço humano para interação via teclado ou digitalização. Exceto pela presença de uma etiqueta RFID de cinco centímetros quadrados, os seres humanos podem não ter a menor ideia de que um sistema RFID está em operação.

Na verdade, isso pode ser parte do problema. Os consumidores têm expressado preocupação com o fato de que os chips RFID que vêm junto com os produtos adquirido possam ser utilizados para tentativas de controle. Outros temem que o governo possa exigir que chips RFID sejam incorporados como forma de identificação pessoal e de rastreamento. O que começou como um novo e aprimorado dispositivo de entrada transformou-se em uma questão de política pública.

a. Como você se sentiria se sua universidade utilizasse etiquetas RFID embutidas em identificações estudantis para substituir a tarja? Em um *campus*, as etiquetas RFID poderiam ser usadas para controlar acesso a edifícios, gerenciar o acesso a computadores ou mesmo controlar automaticamente a frequência nas aulas.
b. Digite "RFID" em uma página de busca na internet e resuma os resultados da pesquisa. Dos 20 principais resultados, quantos foram positivos, negativos ou neutros?
c. Digite "RFID" e "privacidade" em uma página de busca na internet, selecione um resultado que mostre preocupações sobre a privacidade e resuma essas preocupações em um breve texto. Você acha que essas preocupações são importantes?

CASO DO MUNDO REAL 3

Kimberly-Clark e Daisy Brands: segredos para o sucesso de RFID

A Kimberly-Clark tem marcado presença por muito tempo – 135 anos, para ser exato. Embora possa não ser um nome familiar, a lista de produtos e marcas da Kimberly-Clark certamente é: Kleenex, Scott, Huggies e Pull-Ups, só para citar alguns. Segundo a empresa, 1,3 bilhão de pessoas usam os seus produtos a cada dia, contribuindo para o montante de US$ 19,42 bilhões em vendas em 2008.

Por trás das imagens protetoras e acolhedoras dessas influentes marcas, está uma empresa com operações em 37 países e uma cadeia de suprimentos global que permite à Kimberly-Clark vender suas mercadorias em 150 países.

Como um dos principais fornecedores do Walmart, a Kimberly-Clark embarcou cedo na revolução da RFID e tem sido uma das mais ardentes defensoras dessa tecnologia. "Nosso objetivo é fazer evoluir as capacidades da nossa cadeia de suprimentos para uma rede de abastecimento orientada pela demanda. Uma das chaves para alcançar essa visão é ter um conjunto altamente integrado de sistemas de cadeia de suprimentos que deem visibilidade de ponta a ponta e estejam tão próximos da informação em tempo real quanto possível", afirma Mark Jamison, vice-presidente de gestão de clientes da cadeia de suprimentos da Kimberly-Clark.

Há cerca de quatro anos, a Kimberly-Clark começou a redesenhar seus processos de negócios da cadeia de suprimentos e a integrar seus sistemas para esse fim. O primeiro processo de negócio redesenhado foi a previsão para estoque. A seguir, aconteceu a revisão dos processos de negócio *order-to-cash* (do pedido ao pagamento); a empresa escolheu a solução SAP para ambos os sistemas.

"Quando implementarmos o nosso novo sistema *order-to-cash*, teremos um conjunto integrado de sistemas, e todos os nossos usuários estarão trabalhando com a mesma informação o mais próximo possível do tempo real. Além disso, estamos desenvolvendo estratégias para melhor aproveitamento de dados recebidos em nossos processos de negócios para a cadeia de suprimentos, gestão de categorias e *insights* do consumidor", diz Jamison.

Para muitas empresas, a integração da cadeia de suprimentos com outros sistemas empresariais é o Santo Graal para fazer valer essas iniciativas. A Kimberly-Clark não é exceção. "Foi um fator-chave, mas não foi o único condutor. Historicamente, nossos processos de negócios eram geridos com o que se poderia chamar 'colcha de retalhos" de sistemas. Havia um monte de manipulação da informação por toda a cadeia de suprimentos", explica Jamison. "Nem todos estavam trabalhando com a mesma informação – e a informação estava distante de ser disponibilizada em tempo real. E aquilo indicaria uma tendência, na cadeia de suprimentos, de surpresas, inconstância e desperdício. Acreditamos que chegar ao estado final de integração de alto nível nos permitirá ter uma cadeia de suprimentos mais contingente e também ajudará a controlar essa inconstância e acabar com o desperdício."

Dados em tempo real melhoram a capacidade de perceber o que está acontecendo no mercado e entender, de maneira muito oportuna, o que está acontecendo com as promoções e o que está acontecendo com um produto em produção. E isso permite que as empresas reajam, a partir da perspectiva da cadeia de suprimentos, de forma mais rentável – e de uma forma capaz de auxiliar o aumento dos níveis de estoque e, assim, manter as prateleiras abastecidas. Isso, no entanto, não significa que as empresas precisem de dados em tempo real a cada hora. Mas, na Kimberly-Clark, os gerentes querem fazer consultas em *buckets* de 8 a 16 horas, de modo que possam realizar uma leitura muito oportuna do que está acontecendo no mercado.

"Nossa estratégia em relação a RFID tem sido focar os processos de negócios e desenvolver processos de negócio escaláveis e repetitivos que sejam ativados pela tecnologia. A tecnologia em si não vai agregar valor à cadeia de suprimentos. O valor à cadeia de suprimentos vem de reengenharia de seus processos de negócios e da habilitação dos novos processos de negócio para trabalhar com a tecnologia", observa Jamison.

A Kimberly-Clark tem se concentrado revisão dos processos de negócio e em encontrar uma maneira de a tecnologia dar suporte a esses processos. Um exemplo perfeito disso é o que tem sido feito na área de execução de promoções. Os gerentes constataram que em apenas 55% das vezes, que seus *displays* promocionais eram expostos a tempo de cumprir as datas de promoção ou publicidade. E isso significava desperdiçar uma oportunidade real para mostrar esse produto para clientes juntamente com os parceiros comerciais. "Então revisamos o processo de negócio que controla a execução dos nossos *displays* nas lojas. Desenvolvemos relatórios diários, com base em dados em tempo real, e incluímos nosso pessoal de operações de varejo no processo, de modo que podemos identificar diariamente as lojas que não tenham executado as promoções", diz Jamison.

O pessoal das operações de varejo pode ser enviado para as lojas dos parceiros de varejo e colocar o display e o produto em exibição imediatamente no estabelecimento. Pouco depois da implementação do novo processo possível graças à tecnologia, a Kimberly-Clark viu a sua execução de displays promocionais melhorar de 55% para mais de 75%. A empresa também viu um aumento correspondente no ponto de venda. "Então, enquanto vimos a execução melhorar, vimos também o aumento das vendas a uma taxa correspondente. E eu acho que é um excelente exemplo de como a RFID, em combinação com a revisão de um processo de negócio, pode ter grande efeito sobre a cadeia de suprimentos", observa Jamison. Outra área em que eles estão começando é a gestão de *trailers*. Em seu grande centro de distribuição, a empresa tem cerca de 500 a 700 trailers estacionados no pátio. A empresa está pesquisando um processo em que seja possível rastrear a localização e a identificação dos trailers. Quando um trailer estiver no local, receberá uma etiqueta RFID. A empresa acredita que será capaz de melhorar a precisão das informações e diminuir a quantidade de tempo que leva para acompanhar os trailers no pátio.

"Na cadeia de suprimentos, seria possível levar de volta a RFID aos ambientes de produção e rastrear as matérias-primas. Descobrimos que o maior retorno em curto prazo para nós foi a redução de estoque nas prateleiras. Mas acreditamos que há muito mais oportunidades com a RFID", afirma Jamison.

Daisy Brands, que vende creme de leite e queijo *cottage* em lojas de varejo em todo o mundo, aderiu rapidamente à adoção de RFID do Walmart para evitar a correria das empresas clamando por ajuda com produtos, certificação e serviços RFID.

Enquanto outros têm hesitado, Daisy diz que seus investimentos em RFID tem sido uma bênção, pois o sistema ajuda a empresa a gerenciar melhor o fluxo de seus produtos perecíveis nas lojas Walmart e garantir que as promoções de *marketing* ocorram conforme o planejado, de acordo com Kevin Brown, gerente de informações de sistemas da empresa. O processo também permite que outros clientes da Daisy, incluindo aqueles que não utilizam RFID, controlem melhor os seus pedidos.

Em 2003, o Walmart anunciou a seus 100 fornecedores principais que daria início à implementação da RFID. A Daisy Brands foi uma das 30 empresas que também se ofereceram. "Queríamos um relacionamento com os parceiros e fornecedores adequados para fazer isso", diz Brown. "Francamente, eu não queria ficar na fila".

"Realmente nunca foi um projeto de retorno do investimento para nós", diz ele. "Trata-se de ser um bom parceiro". Isso inclui não apenas trabalhar mais próximo do Walmart, mas da melhoria dos serviços de rastreamento para seus outros clientes. "É como ir até a FedEx para rastrear um pacote", diz Brown. "Nossos clientes podem entrar no nosso portal e ver o que foi recolhido e por quem." Brown acrescenta que a Daisy está começando a trabalhar mais estreitamente com o Sam's Club nos esforços de crescimento da RFID.

Pelo *site* Retail *Link* web do Walmart para fornecedores, Brown pode acompanhar, por número de lote, a rapidez com que os pallets de produtos chegam às lojas e quando são desembalados (o Walmart tem leitores nas entradas dos galpões e em seus compactadores de papelão) ou passam pelo sistema de ponto de venda baseado em seus códigos de barra de uma loja. Os sistemas próprios de ERP da Daisy têm informações sobre fabricação e validade de todas as caixas e pallets enviados. Se o transporte do produto for muito lento, indicando um possível problema com sua validade, a Daisy pode enviar alguém até a loja para investigar. A informação também fornece à empresa uma visão sobre as tendências e comportamentos entre os diferentes tipos de lojas. A RFID é muito superior ao códigos de barras, segundo Brown, porque não exige uma linha de visão de um leitor.

Brown também está usando as informações para acompanhar o sucesso das promoções. Se uma loja Walmart, por exemplo, estiver programada para executar uma promoção "dois por um" de creme de leite, os itens geralmente estarão dispostos em um balcão refrigerado de altura média (nível da cintura) e de fácil acesso. Se a Daisy não verificar que um número proporcionalmente maior de caixas de papelão está sendo reciclada pelo compactador – que acontece quando uma loja supre de produtos os balcões refrigerado –, poderá saber que a promoção pode não estar ocorrendo como o planejado. "Precisamos saber que o produto vai sair do armazém para os balcões refrigerados", afirma Brown. "Será que a loja estará pronta? E quando os cupons de promoção forem entregues, o produto vai estar lá? Realizamos promoções apenas antes dos feriados, quando há muita atividade nas cozinhas, e queremos ter certeza de que o estoque dos armazéns está realmente chegando às lojas."

"Há mais benefícios no longo prazo quando se utiliza RFID internamente do que apenas a flexibilidade", diz Brown. "Uma coisa é dar aos clientse um pedido e uma fatura, e outra, dar a eles uma ideia de como procedemos com tudo isso".

Fonte: Adaptado de Thomas Wailgum, "Kimberly-Clark's Secrets to RFID Success", *CIO Magazine*, 30 de julho de 2007; e Mary Hayes Weier, "Dairy Company Lends Insight into Wal-Mart's RFID Mandate", *InformationWeek*, 14 de janeiro de 2008.

QUESTÕES DO ESTUDO DE CASO

1. Mark Jamison, da Kimberly-Clark, nota que são os processos de negócio, e não a tecnologia (a RFID, por exemplo) em si, que agregam valor à cadeia de suprimentos. O que ele quer dizer com isso? Quais são as implicações para empresas que buscam aprender a partir das preferências da Kimberly-Clark e da Daisy Brands?

2. Ambas as empresas estudadas no caso perceberam que estão apenas começando com a RFID. Que outros usos da tecnologia seriam adequados para essas organizações? Como elas poderiam se beneficiar desses usos? Desenvolva algumas alternativas.

3. Apesar de a etiquetagem por RFID parecer ser muito atraente para várias empresas, os códigos de barras têm sido usados por muito tempo e são uma tecnologia muito eficiente, simples e aceita. Você espera que a RFID substitua completamente o código de barras em breve? Isso aconteceria com alguns setores ou produtos, mas não para outros? Justifique sua resposta.

ATIVIDADES DO MUNDO REAL

1. Kimberly-Clark e Daisy Brands foram empresas pioneiras na utilização da tecnologia RFID por meio de sua relação com o Walmart. Como foi essa iniciativa desde seu anúncio? Faça uma pesquisa na internet sobre os desenvolvimentos mais recentes. Prepare um relatório para destacar os sucessos e fracassos na implementação uma cadeia de suprimentos totalmente equipada com RFID por parte de um gigante do varejo.

2. Por que é importante ter acesso a informações em tempo real (ou quase em tempo real) sobre vendas e estoques? Há algum perigo em ter essa capacidade, como uma reação exagerada às tendências de curto prazo? Divida a turma em grupos e discuta o assunto com seus colegas.

CAPÍTULO 4
Software

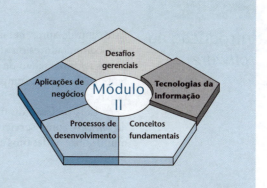

Destaques do capítulo

Seção I
***Software* de aplicação para usuários finais**
Introdução ao *software*
"Caso do mundo real 1": GE, H.B. Fuller Co., e outras empresas: implementações bem-sucedidas de *software* como serviço
Software de aplicação empresarial
Suítes de *softwares* e pacotes integrados
Navegadores web e outros *softwares*
Correio eletrônico, mensagem instantânea e *blog*
Processamento de texto e editoração eletrônica
Planilhas eletrônicas
Apresentações gráficas
Gerenciador de informações pessoais
Groupware
Softwares alternativos

Seção II
***Software* de sistema: gerenciamento de sistema de computador**
Visão geral do *software* de sistema
Sistema operacional
"Caso do mundo real 2": Distribuição de energia e aplicação da lei: recebendo os benefícios do compartilhamento de dados por meio de XML
Outros programas de gerenciamento de sistemas
Linguagem de programação
Serviços e linguagens da web
Software de programação
"Caso do mundo real 3": Wolf Peak International: fracasso e sucesso de *softwares* aplicativos para empresas de pequeno e médio portes

Objetivos de aprendizagem

1. Descrever as diversas tendências importantes em termos de *software*.
2. Exemplificar os principais tipos de *software* de sistema e de aplicação.
3. Explicar a finalidade dos diversos pacotes populares de *software* para a produtividade do usuário final e para a atividade de computação colaborativa.
4. Definir e descrever as funções de um sistema operacional.
5. Descrever as principais utilizações de *softwares*, ferramentas e linguagens de programação.
6. Descrever os problemas relacionados a *software* de código aberto.

Seção I — *Software* de aplicação para usuários finais

Introdução ao *software*

Este capítulo apresenta uma visão geral dos principais tipos de *software* utilizados para trabalhar com computadores ou acessar redes de computação. Ele aborda as características e finalidades desses *softwares*, além de apresentar exemplos de uso. Antes de iniciar o capítulo, seria interessante analisar um exemplo característico da mudança contínua do universo do *software* corporativo.

Leia o "Caso do mundo real 1" sobre as implementações inovadoras e bem-sucedidas do *software* como serviço (*software-as-a-Service* SaaS). Com esse exemplo, é possível aprender muito sobre os desafios e as oportunidades do mercado de pequenos *softwares* corporativos (ver Figura 4.1).

O que é *software*?

Para compreender bem a necessidade e o valor da ampla variedade de *softwares* existentes, é necessário entender corretamente o que é *software*. **Software** é um termo genérico referente a vários tipos de programas usados para operar e manipular computadores e seus periféricos. Uma forma simples de distinguir *hardware* de *software* é enxergar o primeiro como a parte invariável do computador e o segundo como a parte variável. Existem diversos tipos e categorias de *software*. Neste capítulo, será dada ênfase aos diferentes tipos de *software* e seus variados usos.

Tipos de *software*

A análise inicial sobre *software* abordará os principais tipos e as funções básicas do ***software* de aplicação** e do ***software* de sistema** disponíveis para os usuários do computador, como mostra a Figura 4.2, que resume as principais categorias dos *softwares* de sistema e aplicação discutidos neste capítulo. Evidentemente, trata-se de uma ilustração conceitual. Os tipos de *software* disponíveis dependem sobretudo dos tipos de computadores e das redes utilizados e das tarefas específicas realizadas. Nesta seção, serão abordados os *softwares* de aplicação e, na Seção II, os principais tipos de *software* de sistema.

***Software* de aplicação para usuários finais**

A Figura 4.2 mostra que, entre os ***softwares* de aplicação**, estão diversos programas que podem ser subdivididos em categorias de aplicação para fins gerais e para funções específicas. Os **programas de aplicação** para fins gerais são aqueles que executam tarefas comuns de processamentos de dados de usuários finais. Por exemplo, os programas de processamento de texto, planilha eletrônica, gerenciamento de banco de dados e editoração eletrônica são comumente utilizados pelos usuários para fins domésticos, educacionais, empresariais, científicos, entre outros. Por causa do significativo aumento de produtividade proporcionado por esses programas, às vezes eles são conhecidos como *pacotes de produtividade*. Alguns outros exemplos são os programas de navegação na web, correio eletrônico e *groupware*, que facilitam a comunicação e a colaboração entre equipes e grupos de trabalho.

Outra forma comum de classificar o *software* é com base no método de desenvolvimento. **Software sob medida** (customizado) é a expressão usada para identificar aplicações de *software* desenvolvidas dentro da organização, para uso próprio; isto é, a organização que cria o código do programa também é a que adota a aplicação final do *software*. Por outro lado, **software Cots** (acrônimo de *commercial off-the-shelf*, ou seja, pronto para comercialização) é aquele desenvolvido para ser comercializado em diversas cópias (e, em geral, com o objetivo de obter lucros comerciais). Nesse caso, a organização que cria o *software* não é o público-alvo desse produto.

Há diversas características importantes na descrição do *software* Cots. A primeira, como descrita na definição, é a venda do produto em várias cópias com mínimas mudanças, além das versões de atualização já programadas. Os consumidores do *software* Cots geralmente não têm controle sobre especificações, programação, evolução, ou acesso ao código-fonte ou à documentação interna. O produto Cots é vendido, alugado ou licenciado para o público em geral, mas, em quase todos os casos, o fornecedor do produto mantém os direitos de propriedade intelectual do *software*. O *software* sob medida, porém, é de propriedade da organização que o desenvolveu (ou pagou para que fosse desenvolvido), e as especificações, funcionalidades e propriedade do produto final são controladas ou mantidas pela organização que o criou.

CASO DO MUNDO REAL 1

GE, H.B. Fuller Co., e outras empresas: implementações bem-sucedidas de *software* como serviço

A cadeia de suprimentos da General Eletric não é simplesmente descomunal. É uma rede bizantina de parceiros de abastecimento, alcançando todos os cantos do mundo: 500 mil fornecedores em mais de 100 países com 14 diferentes idiomas. A cada ano, a GE gasta cerca de US$ 55 bilhões com sua vasta base de fornecedores.

Há muito tempo no cargo de CIO da GE, Gary Reiner conhece esse problema muito bem, uma vez que, entre suas outras funções, ele é responsável por como o conglomerado de US$ 173 bilhões gasta aqueles US$ 55 bilhões, utilizando as práticas Seis Sigma da GE e aproveitando seu robusto poder de compra. A GE, por exemplo, gasta US$ 150 milhões em desktops e laptops a cada ano com um único fornecedor, a Dell – "por um preço muito baixo", afirma Reiner.

Durante anos, o Global Procurement Group da GE enfrentou uma realidade desafiadora: tentar controlar com precisão e dar sentido a todas as interações da cadeia de suprimentos com meio milhão de fornecedores, contratos, iniciativas de conformidade, certificações e outros dados críticos que precisavam ser armazenados, gerenciados e disponibilizados centralmente a milhares em todo o globo. A GE estava usando a chamada Global Supplier Library, um sistema doméstico que, segundo Reiner, tinha uma "capacidade rudimentar". Reiner e sua equipe sabiam que a GE precisava de algo melhor, mas eles não queriam fazê-lo. Eles queriam um sistema de informações de fornecedor que fosse fácil de usar e instalar, pudesse unir o império de terceirização da GE em um repositório central, tivesse capacidade multilíngue e que também oferecesse funcionalidades de autoatendimento, de modo que cada um de seus fornecedores fosse capaz de gerir seus próprios dados.

O propósito era óbvio: obter uma visão comum de sua base de fornecedores e uma única versão de todos esses dados – um objetivo que atormenta quase toda empresa hoje em dia. Mas, para chegar lá, Reiner e suas equipes de TI e contratos tomaram uma rota diferente. Em 2008, a GE adquiriu o aplicativo de um fornecedor pouco conhecido de *software* como serviço (SaaS), que acabaria por se tornar a maior implantação de SaaS até agora.

"Quando avaliamos uma solução, somos indiferentes ao fato de que é hospedado pelo fornecedor ou por nós", diz Reiner. "Examinamos a funcionalidade da solução e o preço." E foi assim que a empresa sempre operou. De acordo com Reiner seu grupo não vê uma grande diferença de custo e capacidades entre os produtos locais e SaaS. "Devo enfatizar", acrescenta ele, "que não vemos uma grande diferença no preço tanto do ponto de vista dos custos de operação quanto dos custos de transição". Além disso, com relação aos custos de implementação, "eles giram principalmente em torno de interface com os sistemas existentes, mudanças de processo e limpeza de dados", afirma. "Essas três despesas existirão quer a GE hospede o aplicativo ou se isso for tarefa do fornecedor".

A plataforma de tecnologia Aravo, que não foi testada conforme os requisitos da GE, e apenas com cerca de 20 clientes, juntamente com a escala das necessidades da GE, realmente não foi motivo de preocupação para Reiner. "Poderíamos ter ficado preocupados com isso", admite ele. "Mas também seria uma preocupação se tivéssemos o *software* hospedado em nossos servidores. Sabíamos que a Aravo poderia lidar com isso." Além disso, Reiner diz que nenhum fornecedor da cadeia de suprimentos ofereceu o tipo de funcionalidade que o produto SIM da Avaro ofereceu. Por isso, Reiner e sua equipe argumentaram que era muito mais barato comprar do que desenvolver. "Preferimos trabalhar com ele", diz, "a desenvolvê-lo por conta própria". Um gerente de fornecimento da GE disse à Aravo que o retorno do investimento da GE no projeto não é apenas positivo, mas "altamente positivo".

"Eles estão usando SaaS para 100 mil usuários e 500 mil fornecedores em seis idiomas: isso é uma mudança importante na implantação de tecnologia", diz Mickey North Rizza, diretora de pesquisa da AMR Research. Segundo Rizza, que o volume de transações, combinado com o fato de a cadeia de suprimentos e os funcionários de contratos da GE em todo o mundo agora serem capazes de acessar as mesmas informações de parceiros de fornecimento do mesmo ponto central, é significativo não só para o espaço de gestão da cadeia de suprimentos, mas também para o mundo do SaaS e da computação em nuvem. "Finalmente, temos um grande companhia abordando a questão da transparência de dados por meio da utilização de um produto de SaaS", diz North Rizza. "É um grande negócio."

Fonte: ©Chuck Savage/Corbis.

FIGURA 4.1 O *software* como serviço está por trás de uma das maiores e mais impressionantes cadeias de suprimentos do mundo.

Continua →

Até agora, a espinhosa questão da qualidade de dados com relação aos dados de fornecedores da GE foi aprimorada, porque os fornecedores utilizam agora as capacidades de autoatendimento no sistema SaaS para gerenciar seus próprios dados. A GE tem 327 mil funcionários no mundo, e seus sistemas de abastecimento contam com mais de 100 mil usuários. Ainda há muito trabalho a fazer para a plataforma SIM – por exemplo, os empregados terceirizados da GE adicionarão mais fluxos de trabalho e novas consultas no sistema, e mais idiomas também poderão ser adicionados (seis estão em operação agora).

De acordo com Reiner, a GE está comprometida em trabalhar com a Aravo a longo prazo, pois o sistema teve um bom desempenho até o momento. E o SaaS, como um mecanismo de entrega de aplicativos, parece ter um futuro brilhante na GE.

Quando Steven John assumiu o cargo de CIO da fabricante química H. B. Fuller Co., ele herdou uma implementação do sistema de folha de pagamento da North American, que era caro e não levava a lugar nenhum. As unidades de negócios não tinham participado da decisão sobre a tecnologia, e o projeto estava inerte por questões de adaptação e outras preocupações. John optou por abandonar o controle do *software* de folha de pagamento e migrou para o SaaS.

"Eu queria realizar uma implementação que fosse simples e direta – para configurar, mas não personalizar – e ver os benefícios de uma plataforma padrão e geral", diz John. "Foi uma maneira de ensinar, economizar dinheiro e terceirizar um sistema que não era essencial." Abrir mão do controle era um dilema fácil de resolver em comparação com as dores de cabeça que John enfrentaria para tentar corrigir o *software* existente.

"Você está recebendo muito mais inovação", afirma Ray Wang, analista da Forrester Research Inc. "Os produtos são muito mais configuráveis do aqueles que a maioria das pessoas têm em seus próprios aplicativos. Você pode alterar campos, renomear coisas e mover atributos e fluxos de trabalho. Portanto, há um bom nível de controle."

Além do mais, as opções de configuração são mais refinadas e bem pensadas, dando aos usuários algumas boas escolhas, em vez de inúmeras opções. John descobriu que a configuração em vez da personalização permite à H. B. Fuller manter o seu "núcleo enxuto". "Acredito que mais padronização leva a uma maior agilidade". "O SaaS permite-nos dizer: 'isso é bom o suficiente... para nossas necessidades'. Então, não é necessário enfrentar aquelas situações horríveis em que você tem sistemas altamente personalizados. Usamos as opções de configuração A, B ou C. Se uma das três não atende à nossa necessidade, podemos tentar influenciar a próxima versão. Mas, na maioria dos casos, A, B ou C serão o suficiente."

Na H.B. Fuller, mudança para o SaaS nas ferramentas de recursos humanos permitiu à empresa fortalecer seu pessoal. "Posso fazer uma reorganização e ter isso refletido dentro de minutos, e não tenho que ligar para alguém do RH para atualizar tudo", diz John. "Também posso acessar organogramas de outras áreas da organização e ver onde as pessoas estão e o que estão fazendo e compreender melhor a empresa."

Quando se trata da gestão do SaaS, nem o departamento de TI, nem a unidade de negócios que utiliza o *software* parecem ansiosos para abrir mão do controle. "As decisões de compra estão mudando da TI para os líderes empresariais", que muitas vezes optam por taxar o *software* como um gasto e não esperar pela aprovação do comitê de investimento, diz Wang. Ainda assim, acrescenta, "é muito importante fazer a TI participar dessas decisões sobre SaaS, uma vez que há arquiteturas e projetos de TI gerais a serem considerados. Torna-se muito caro quando aplicativos não se integram, ou não interagem, bem uns com os outros.

"É bom ter pelo menos alguns parâmetros e políticas de forma que as pessoas saibam que tipo de aplicativo funcionará melhor no ambiente e qual será mais barato para compartilhar informações e dados", diz Wang.

Um dos problemas com o SaaS é que, se o fornecedor for à falência, tudo deixará de funcionar. Você não é dono do *software*. É uma operação de *leasing*. A pergunta, portanto, é: "O que você possui?" Se o fornecedor não tiver uma opção de implantação local, "você precisará ser capaz de extrair dados transacionais, informações de arquivo-mestre, usando qualquer tipo de programas de migração, e, assim, poderá convertê-los em uma alternativa local se precisar", diz Wang.

A longo prazo, Wang prevê uma cultura de TI em que o *software* como serviço seja comum: "Poderemos viver em um mundo onde tudo será configurado. Todos os nossos aplicativos não permanecem no local, e os líderes empresariais estão em busca de aplicativos externos". "As equipes de TI estão fazendo testes para se certificar de que os aplicativos funcionam bem no ambiente, assegurando que não haja erros ou vírus e que a integração funcione – basicamente, a equipe de TI vai passar o tempo fornecendo serviços e implementando, integrando e fazendo instalações. É assim que prevemos o mercado em 2020."

Fonte: Adaptado de Thomas Wailgum. "GE CIO Gets His Head in the Cloud for New SaaS Supply Chain App". *CIO Magazine*, 22 de janeiro de 2009; e Stacy Collett. "SaaS Puts Focus on Functionality". *Computerworld*, 23 de março de 2009.

QUESTÕES DO ESTUDO DE CASO

1. Que fatores as empresas devem considerar ao decidir entre desenvolver seus próprios aplicativos, comprá-los de um fornecedor ou trilhar o caminho do SaaS, como discutido aqui? Faça uma lista de fatores e discuta sua importância para essa decisão.

2. Que riscos a GE corre ao contratar um fornecedor de pequeno porte e menos experiente? Que medidas poderiam ter sido postas em prática para evitar o surgimento de problemas? Dê vários exemplos.

3. O que as empresas devem fazer se nenhuma das "opções de configuração" se adapta perfeitamente às suas necessidades? Deveriam tentar uma adaptação ou selecionar o alternativa "menos pior"? Quando deveriam fazer uma coisa ou outra?

ATIVIDADES DO MUNDO REAL

1. O caso mostra que a implementação de SaaS da GE foi, até o momento, a maior expansão da tecnologia no mundo. Que outras empresas começaram a utilizar o SaaS amplamente desde esse acontecimento? Faça uma pesquisa na internet sobre as implementações mais recentes. Quais são as diferenças da experiência da GE? Prepare um relatório para mostrar suas descobertas.

2. Ao implementarem sistemas baseados em SaaS, as empresas estão abrindo mão do controle sobre a propriedade da tecnologia e permitindo que terceiros tenham acesso a dados valiosos. Quais são os perigos dessa atitude? Como as empresas poderiam se prevenir? Divida a turma em pequenos grupos para discutir essas questões e dê algumas sugestões e recomendações.

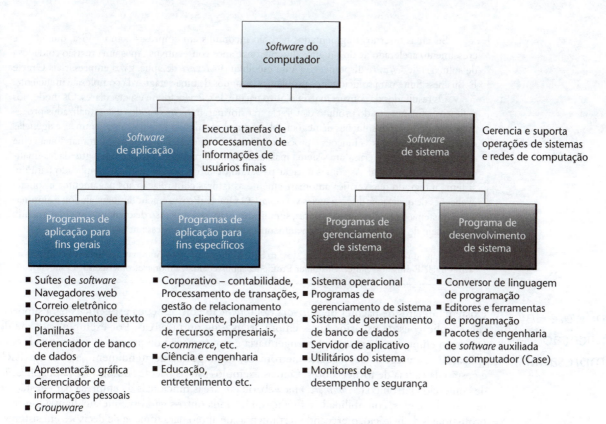

FIGURA 4.2 Visão geral do *software* de um computador. Observe os principais tipos e exemplos de *software* de aplicação e de sistema.

A mais recente inovação no desenvolvimento de *software* é denominada *software* de código aberto. Nessa abordagem, os desenvolvedores colaboram no desenvolvimento de uma aplicativo utilizando padrões de programação que permitem a qualquer pessoa contribuir para o *software*. Além disso, à medida que cada desenvolvedor conclui seu projeto, o código para a aplicação torna-se disponível e gratuito para qualquer pessoa que deseje utilizá-lo. Vamos discutir essa nova abordagem para o desenvolvimento de *software* com maiores detalhes na Seção II deste capítulo.

 Visa Internacional: implementando uma suíte de negócios eletrônicos

A Visa International é muito conhecida e respeitado em todo o mundo pelas inovações que trouxe para o comércio global com seu sofisticado sistema de processamento de pagamentos do consumidor. Até recentemente, porém, a Visa tinha muitos sistemas ultrapassados na gestão de alguns dos seus mais importantes processos de negócios internos. Após uma análise feita pela KPMG em 1999, determinou-se que muitos dos sistemas internos da Visa estavam se tornando um risco para a organização.

A análise da KPMG constatou que os sistemas internos da Visa eram desnecessariamente complexos e subutilizavam algumas das vantagens que a tecnologia podia trazer para a empresa. A infraestrutura de administração financeira da Visa era fragmentada, complexa e de manutenção dispendiosa. Muitas vezes, os dados não eram padronizados, resultando em várias bases de dados diferentes que geravam interpretações díspares dos dados de negócios. Ainda mais surpreendente era o fato de que compras corporativas, contas a pagar e funções de gerenciamento de ativos da empresa ainda estavam sendo gerenciadas manualmente, resultando em atrasos e discrepâncias.

> Sistemas internos fragmentados não são incomuns em empresas como a Visa, que obteve crescimento acelerado de dois dígitos durante onze anos consecutivos. Após uma revisão cuidadosa de soluções de *software* disponíveis, a Visa escolheu o *software* de aplicativos empresariais Oracle E-Business Suite para solucionar os problemas oriundos de uma retaguarda complexa e ineficiente.
>
> Os resultados da conversão para o novo pacote de *software* foram espetaculares. Os modernos aplicativos financeiros do produto da Oracle transformaram os incômodos e desatualizados procedimentos da Visa em soluções de negócio eletrônico baseadas na web que atenderam às exigências da empresa para todas as funções e processos. Oracle Financials, por exemplo, automatizou a velha organização da Visa e criou um sistema mais ágil capaz de registrar o impacto das atividades financeiras em escala global. As contas a pagar passaram de um processo manual complicado para um sistema integrado que verifica automaticamente as faturas com relação aos pagamentos e solicita avaliações de quaisquer discrepâncias via *e-mail*. O Oracle iProcurement também ajudou a automatizar o sistema de requisição e compras, simplificando todo o processo de compra e implementando um modelo de autoatendimento para aumentar a eficiência de processamento.
>
> *Fonte*: Adaptado de Oracle Corporation, "Visa to Save Millions a Year by Automating Back-Office Processes with Oracle E-Business Suite," Customer Profile. Disponível em: www.oracle.com. Acesso: 13 set 2002.

Software de aplicação empresarial

Existem milhares de pacotes de **software de aplicação com funções específicas** para suportar certas aplicações de usuários finais empresariais e de outras áreas. Por exemplo, *software* de aplicação empresarial auxiliam a reengenharia e a automação de processos empresariais com aplicações estratégicas de negócios eletrônicos, como gestão de atendimento ao cliente, ERP e gestão da cadeia de fornecedores. Outros exemplos são os pacotes de *software* para aplicação de comércio eletrônico (*e-commerce*) na web, ou em áreas funcionais da empresa para gestão de recursos humanos, contabilidade e finanças. Há ainda outros *softwares* que auxiliam gerentes e profissionais de negócio, oferecendo ferramentas de apoio para tomada de decisões em sistemas de exploração de dados, portais de informações empresariais ou de gestão de conhecimento.

Essas aplicações e ferramentas de *software* empresariais serão discutidas em mais detalhes nos próximos capítulos. Por exemplo, as aplicações de depósito e de exploração de dados serão abordadas nos Capítulos 5 e 9; as aplicações de contabilidade, *marketing*, produção, gestão de recursos humanos e financeira serão discutidas nos Capítulos 7 e 8. O Capítulo 7 também discutirá a aplicação de gestão de relacionamento com o cliente, ERP e gestão da cadeia de suprimentos. O *e-commerce* será analisado no Capítulo 8, e as aplicações de apoio à tomada de decisões e de análise de dados serão exploradas no Capítulo 9. A Figura 4.3 mostra alguns dos vários tipos de *software* de aplicação empresarial disponíveis no Mercado. Essas aplicações, em particular, estão integradas na E-Business Suite da Oracle Corp.

ORACLE E-BUSINESS SUITE

Planejamento avançado	Inteligência de negócios	Contratos
E-commerce	Gerenciamento de ativo empresarial	Câmbios
Finanças	Recursos humanos	Central de interação
Produção	*Marketing*	Preenchimento de pedidos
Requisição e compras	Desenvolvimento de produto	Automação de serviços profissionais
Projetos	Vendas	Serviços
Treinamento	Tesouraria	

Fonte: Adaptado de Oracle Corp., "E-Business Suite: Manage by Fact with Complete Automation and Complete Information", Oracle.com, 2002.

FIGURA 4.3 Aplicações empresariais do Oracle E-Business Suite ilustram um dos vários tipos de *softwares* de aplicação empresarial disponíveis.

Suítes de *softwares* e pacotes integrados

A discussão inicial deste capítulo será focada nos *softwares* de aplicação para fins gerais baseados em **suítes de *software***. Esse enfoque deve-se ao fato de a maioria dos pacotes de produtividade mais usados ser comercializada na forma de suítes de *softwares*, como Microsoft Office, Lotus SmartSuite, Corel WordPerfect Office, Sun StarOffice, e a respectiva versão aberta, o OpenOffice. Uma análise dos componentes desses pacotes proporciona uma visão geral das importantes ferramentas de *software* disponíveis para melhorar a produtividade.

A Figura 4.4 compara os programas básicos componentes nos quatro principais conjuntos de *software*. Observe que cada conjunto integra pacotes de *software* de processamento de texto, planilha eletrônica, apresentação gráfica, gerenciamento de banco de dados e gerenciamento de informações pessoais. Microsoft, Lotus, Corel e Sun oferecem, dependendo da versão escolhida, outros progrmamas juntamente com seus pacotes. Por exemplo, programas de acesso à internet, correio eletrônico, publicação na web, editoração eletrônica, reconhecimento de voz, gestão financeira, enciclopédia eletrônica, e assim por diante.

O custo de uma suíte de *software* é muito inferior ao custo total de compra de cada programa individual. Outra vantagem é que todos os programas do mesmo pacote usam ícones, ferramentas e barras de *status*, menus e outros recursos com a mesma *interface gráfica do usuário* (GUI), produzindo, assim, a mesma aparência e sensação, facilitando a aprendizagem e a utilização dos recursos. Os *softwares* da suíte também compartilham as mesmas ferramentas, como verificador ortográfico e assistente de ajuda, o que os torna mais eficientes. Outra grande vantagem das suítes é que os *softwares* são programados para ser totalmente compatíveis, facilitando, por exemplo, a importação de arquivos entre si, independentemente do programa em execução no momento. Esses recursos os tornam mais eficientes e mais fáceis de usar do que se forem utilizados diversos programas individuais de pacotes diferentes.

É claro que inserir tantos programas e recursos em apenas um grande pacote também tem suas desvantagens. Os críticos do setor argumentam que muitos recursos desses pacotes não são totalmente aproveitados pela maioria dos usuários finais, pois os pacotes tomam muito espaço no disco rígido (muitas vezes, mais de 250 MB), dependendo das versões ou funções instaladas. Por causa do seu tamanho, os conjuntos de *software* às vezes são pejorativamente chamados pelos críticos *bloatware*. O custo desses conjuntos varia de US$ 100 para uma atualização de uma versão a mais de US$ 700 para uma versão completa de algumas dessas suítes.

Esses prós e contras justificam, em parte, o uso dos **pacotes integrados** como Microsoft Works, Lotus eSuite WorkPlace, AppleWorks e outros. Os pacotes integrados combinam algumas das funções de diversos programas – como processamento de texto, planilha eletrônica, apresentação gráfica e gerenciador de banco de dados – em um único pacote de *software*.

Como os pacotes integrados não incluem muitos dos recursos e das funções existentes nos pacotes individuais e nas suítes de *software*, eles são considerados menos potentes. Essa limitação de funcionalidade, no entanto, exige muito menos espaço do disco rígido (menos de 10 MB), custa menos de US$ 100 e, muitas vezes, vem pré-instalada em muitos microcomputadores menos sofisticados. Os pacotes integrados oferecem funções e recursos suficientes para muitos usuários de computador, além de fornecerem em um pacote menor, algumas das vantagens das suítes de *software*.

Programas	Microsoft Office	Lotus SmartSuite	Corel WordPerfect Office	Sun Open Office
Processamento de texto	Word	WordPro	WordPerfect	Writer
Planilha eletrônica	Excel	1-2-3	Quattro Pro	Calc
Apresentação gráfica	PowerPoint	Freelance	Presentations	Impress
Gerenciado de banco de dados	Access	Approach	Paradox	Base
Gerenciador de informações Pessoais	Outlook	Organizer	Corel Central	Schedule

FIGURA 4.4 Componentes básicos de programas de quatro principais suítes de *software*. Outros programas podem ser incluídos, dependendo da edição do pacote selecionada.

FIGURA 4.5 Usando o Microsoft Internet Explorer para acessar o Google e outros mecanismos de busca no *site* Netscape.com.

Fonte: Conteúdo da Netscape © 2009. Usado com permissão.

Navegadores web e outros *softwares*

Atualmente, o *software* mais importante para muitos usuários de computador é o – outrora simples e limitado, hoje potente e cheio de recursos – **navegador web**. Navegadores, como Microsoft Explorer, Netscape Navigator, Firefox, Opera ou Mozilla, são aplicações de *software* destinadas à navegação, utilizando os recursos de apontar com o mouse e clicar nos *hiperlinks* da World Wide Web e do restante da internet, e também das intranets e extranets corporativas. Apesar de limitados à navegação na web, os navegadores estão se tornando plataforma universal de *software* da qual os usuários finais realizam pesquisas, enviam *e-mail*, transferem arquivos multimídia, formam grupos de discussões e realizam muitas outras atividades baseadas na internet.

A Figura 4.5 mostra o Microsoft Internet Explorer utilizado para acessar mecanismos de busca no *site* Netscape.com. O Netscape utiliza como padrão o Google, um dos melhores mecanismos de busca, e também oferece *links* para outras ferramentas conhecidas de pesquisa, inclusive Ask Jeeves, Look Smart, Lycos e Overture. Os mecanismos de busca para localização de informações tornaram-se parte indispensável das aplicações empresariais e pessoais de internet, intranet e extranet.

Os especialistas do setor preveem que, no futuro, o navegador web será modelo de como a maioria das pessoas utilizará computadores conectados em rede. Mesmo hoje, caso o usuário queira assistir a um vídeo, fazer uma ligação telefônica, carregar algum *software*, realizar uma videoconferência, verificar o *e-mail* ou trabalhar em uma planilha eletrônica do planejamento de negócios da sua equipe, ele poderá usar o navegador para iniciar a tarefa e utilizá-lo como aplicação principal. Por isso, o navegador às vezes é chamado *cliente universal*, ou seja, é o componente de *software* instalado em todos os dispositivos de comunicação e computação de rede dos clientes (usuários) de toda a empresa. Podemos também dizer que este livro foi revisado e editado em um programa de criação baseado em navegador chamado PowerXEditor (vamos aprender mais sobre ele mais adiante neste capítulo).

Correio eletrônico, mensagem instantânea e *blog*

No mundo todo, a primeira atividade de muitas pessoas no trabalho é verificar o correio eletrônico. O *e-mail* mudou a forma de comunicação e de trabalho, e hoje em dia, milhões de usuários dependem de um *software* de correio eletrônico para se comunicar com outras pessoas, enviando e recebendo mensagens eletrônicas e arquivos anexos via internet ou pelas intranets ou extranets das organizações. O *e-mail* fica armazenado no servidor de correio eletrônico da rede até que o usuário o baixe. Sempre que o usuário quiser, poderá ler o *e-mail*, exibindo-o na estação de trabalho. Assim, com apenas alguns minutos de esforço (e alguns microssegundos de transmissão), uma mensagem para um ou vários indivíduos pode ser redigida, enviada e recebida.

Como já mencionado, o *software* de correio eletrônico atualmente é um componente obrigatório dos principais conjuntos de *software* e navegadores web. Pacotes gratuitos de *e-mail*, como Microsoft HotMail, Yahoo! e Netscape WebMail, são oferecidos aos usuários por meio de serviços *on-line* e por provedores de internet. A maioria dos *softwares* de correio eletrônico, como o Microsoft Outlook Express ou o Netscape Messenger, encaminha mensagens a vários usuários finais com base em uma lista de endereços predefinida e oferece segurança de senha, encaminhamento automático de mensagens e acesso remoto do usuário. Também permite o armazenamento de mensagens em pastas e facilita o envio de arquivos da web anexados ao *e-mail*. Os pacotes de correio eletrônico também permitem editar e enviar – além de arquivos de texto – gráficos e multimídia, e oferecem recursos de conferência por computador. Por fim, o *software* de correio eletrônico possui recurso para filtrar e classificar automaticamente as mensagens recebidas (até mesmo os novos itens, a partir de serviços *on-line*) e encaminhá-las às caixas de mensagens e pastas dos respectivos usuários. Por fim, muitos *softwares* de correio eletrônico também oferecem funções de calendário e gerenciamento de contatos.

A **mensagem instantânea** consiste em uma tecnologia mista de correio eletrônico e conferência por computador que tem evoluído tão rapidamente que se tornou método-padrão de mensagem eletrônica de milhões de usuários de internet no mundo todo. Com o programa de mensagem instantânea, grupos de profissionais de negócios ou amigos e colegas enviam e recebem instantaneamente mensagens eletrônicas e, assim, comunicam-se e colaboram uns com os outros em tempo real, quase como em uma conversa pessoal. As mensagens são exibidas instantaneamente na janela do programa na tela do computador de todos os componentes do grupo de trabalho ou de amigos que constem da "lista de colegas" do *software* e estejam *on-line*, independentemente das tarefas que executem no momento. O *software* de mensagem instantânea pode ser adquirido por download, e os serviços podem ser complementados mediante a adesão a vários sistemas de mensagem instantânea conhecidos, incluindo Instant Messenger e ICQ da AOL, MSN Messenger e Yahoo Messenger (ver Figura 4.6).

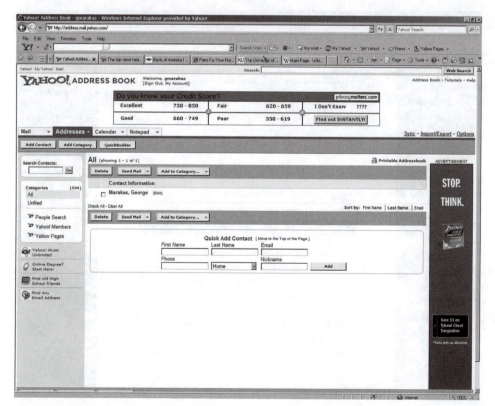

FIGURA 4.6 Utilização de recursos de correio eletrônico do sistema de mensagem instantânea do Yahoo!.

Fonte: ©Reproduzido com permissão do Yahoo! Inc.

Weblog (algumas vezes abreviado como ***blog*** ou escrito como "web log" ou "Weblog") é um ***site*** **web** pessoal ou não comercial que utiliza formato de registro por data, atualizado diária ou frequentemente com novas informações sobre um assunto particular ou diversos temas diferentes. A informação pode ser escrita pelo proprietário do *site*, compilada de outro *site* ou de outras fontes, ou recebida como contribuição por *e-mail*.

O *blog*, muitas vezes, possui a característica de ser uma espécie de "registro da nossa época" de um ponto de vista específico. Em geral, os *blogs* são dedicados a um ou diversos assuntos ou temas de interesse normalmente específico, e servem para gerar comentários, individuais ou coletivos, sobre temas particulares, e podem constituir-se de ideias registradas de uma pessoa (uma espécie de diário) ou de uma colaboração complexa aberta a qualquer pessoa. A maioria dos *blogs* abertos consiste em *discussões com moderador*.

Como existem diversas variações dessa ideia e novas podem ser facilmente inventadas, o significado desse termo está sujeito a adquirir mais conotações com o passar do tempo. Como abordagem de formato e conteúdo de *site*, o *blog* aparentemente é popular porque o usuário sabe que o conteúdo muda todo dia, o ponto de vista é pessoal (em vez de comercial) e alguns *sites* e participantes estão abertos a contribuições e permitem estabelecer uma espécie de diálogo.

Processamento de texto e editoração eletrônica

O *software* **de processamento de texto** transformou o processo de escrita. Os pacotes de processamento de texto informatizaram a criação, edição, revisão e impressão de *documentos* (como cartas, memorandos e relatórios), processando eletronicamente os *dados do texto* (palavras, frases, sentenças e parágrafos). Os recursos de editoração eletrônica dos principais pacotes de processamento de texto, como Microsoft Word, Lotus WordPro e Corel WordPerfect, permitem a criação de ampla variedade de documentos impressos com visual atraente. Esses pacotes também possibilitam converter documentos em formato HTML para publicação como página web em intranets corporativas ou na World Wide Web.

Os pacotes de processamento de texto oferecem outros recursos valiosos. Por exemplo, a ferramenta de *verificação ortográfica* identifica e corrige erros de digitação, e o *dicionário de sinônimos* ajuda a escolher uma palavra melhor para expressar a ideia. Existem, ainda, funções

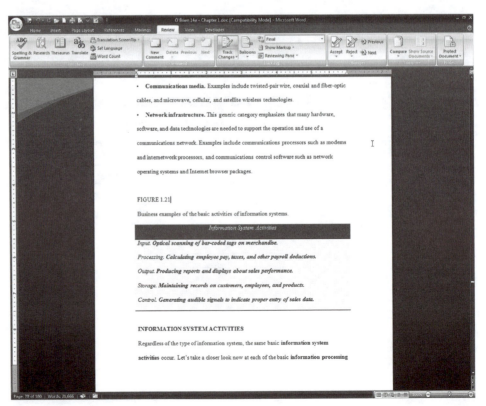

FIGURA 4.7 Utilização do pacote de processamento de texto Microsoft Word. Observe o uso do recurso que permite a inserção de tabela no texto.

Fonte: Cortesia da Microsoft®.

de gramática e verificação de estilo que permitem identificar e corrigir erros de pontuação e de gramática, e melhorar o estilo de redação. Além de converter documentos em formato HTML, o usuário pode utilizar programas desses pacotes para desenhar e criar páginas web para publicação na internet ou intranet (ver Figura 4.7).

O *software* de **editoração eletrônica** permite que os usuários ou organizações produzam seu próprio material impresso com aparência de publicação profissional, ou seja, o programa permite criar e imprimir jornais, catálogos, manuais e livros com diversos estilos de fonte, gráficos, fotos e cores em cada página. Os pacotes de processamento de texto e de editoração eletrônica, como Adobe InDesign, Adobe PageMaker, Microsoft Publisher e QuarkXPress são usados para editoração eletrônica. Normalmente, o material de texto e os gráficos podem ser gerados no processador de texto e nos pacotes gráficos, e importados como arquivos de texto e gráfico. O texto e os gráficos de material impresso podem ser inseridos mediante digitalização óptica, e também é possível utilizar arquivos de clipart, que são ilustrações gráficas-padrão fornecidas com o pacote de *software* ou obtidas de outras fontes.

Os pacotes de **planilha eletrônica**, como Lotus 1-2-3, Microsoft Excel, OpenOffice Calc e Corel QuattroPro, são usados por praticamente qualquer empresa para análise, planejamento e modelagem matemática. Esses programas permitem criar uma *planilha eletrônica*, que consiste em uma planilha com linhas e colunas e que pode ser armazenada no computador ou no servidor de rede, ou convertida em formato HTML e armazenada como página web ou *planilha* na World Wide Web. Construir uma planilha eletrônica requer definição do seu formato e criação das relações (fórmulas) para sua utilização. Com base nos dados inseridos, o computador realiza os cálculos necessários com base nas fórmulas definidas na planilha e exibe os resultados imediatamente, seja na estação de trabalho, seja no *site* web. A maioria dos pacotes também possibilita criar gráficos ou representação gráfica dos resultados da planilha (ver Figura 4.8).

Por exemplo, o usuário pode criar uma planilha para registrar e analisar o desempenho publicitário passado e atual de uma empresa, bem como também pode criar *hiperlinks* para uma planilha eletrônica publicada no *site* da equipe de *marketing* na intranet. Portanto, quando ele

Planilhas eletrônicas

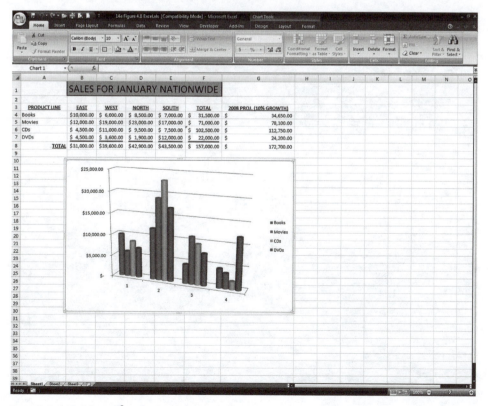

FIGURA 4.8 Utilização da planilha eletrônica Microsoft Excel. Observe o uso dos gráficos.

Fonte: Cortesia da Microsoft®.

tiver de tomar alguma decisão sobre publicidade, contará com uma ferramenta de apoio para ajudá-lo a responder a algumas *questões do tipo "e-se"*. Por exemplo, "O que aconteceria com a participação de mercado se os gastos publicitários aumentassem 10%?". Para responder a essa pergunta, o usuário apenas altera a fórmula dos gastos na planilha de desempenho publicitário criada por ele. O computador recalcula os números afetados e produz novos dados de participação do mercado e um novo gráfico. Desse modo, o usuário tem uma visão geral do efeito das decisões publicitárias na participação de mercado e pode compartilhar essa visão inserindo uma nota na planilha eletrônica publicada no *site* da equipe de trabalho na intranet.

Apresentações gráficas

Os **programas de apresentação gráfica** convertem dados numéricos em representações gráficas, com em gráficos de linha, de barras, de "pizza" e muitos outros tipos. A maioria dos pacotes principais também permite criar apresentações multimídia de gráficos, fotos, animação e videoclipes, incluindo publicação na World Wide Web. Não apenas as apresentações gráficas e multimídia são mais fáceis de compreender e comunicar do que a simples apresentação de dados numéricos, como também a exibição multicolorida e em diversas mídias ajuda ressaltar os pontos principais, as diferenças estratégicas e as tendências importantes dos dados. As apresentações gráficas comprovadamente são mais eficazes que a apresentação de dados numéricos em tabelas exibidas e comunicadas em meios publicitários, relatórios de administração ou em outras apresentações empresariais (ver Figura 4.9).

Os pacotes de apresentação gráfica, como Microsoft PowerPoint, Lotus Freelance, Open Office Impress ou Corel Presentations, oferecem recursos de fácil utilização que incentivam o uso das apresentações gráficas. Por exemplo, a maioria dos pacotes permite criar e controlar *apresentações de slides* geradas e apresentadas pelo computador, contendo diversas exibições gráficas e multimídia integradas. Além disso, o usuário pode selecionar um dos *modelos* de apresentação profissional predefinidos preparar e editar a estrutura e as notas, e controlar o uso de arquivos multimídia de gráficos, fotos, sons e videoclipes. E, evidentemente, os principais pacotes possibilitam criar apresentações gráficas e multimídia personalizadas que podem ser transferidas em formato HTML para os *sites* de intranets corporativas ou da World Wide Web.

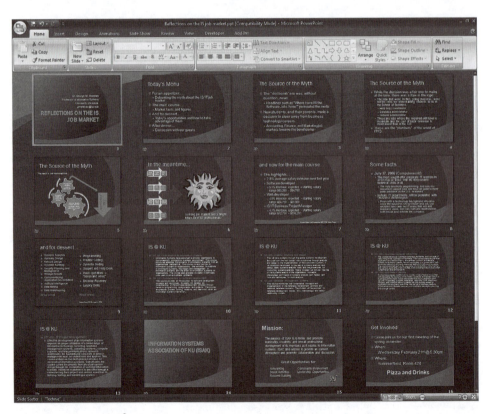

FIGURA 4.9 Utilização do recurso de pré-visualização de slides do pacote de apresentação gráfica Microsoft PowerPoint.

Fonte: Cortesia da Microsoft®.

CAPÍTULO 4 • *Software* 133

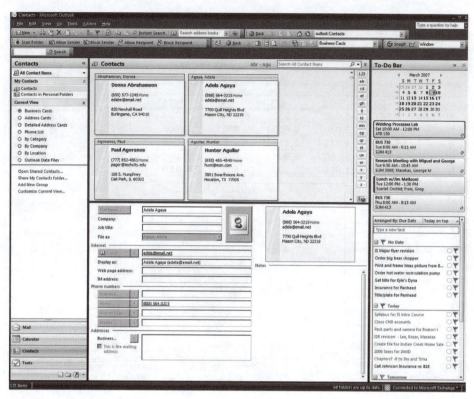

FIGURA 4.10 Utilização de um gerenciador de informações pessoais (PIM): Microsoft Outlook.

Fonte: Cortesia da Microsoft®.

Gerenciador de informações pessoais (*personal information managem - PIMs*) é um programa conhecido que propicia ao usuário final produtividade e trabalho em conjunto, além de ser uma aplicação popular para dispositivos portáteis do tipo assistente digital pessoal (PDA). Gerenciadores de informações pessoais, como Lotus Organizer e Microsoft Outlook, permitem ao usuário armazenar, organizar e recuperar informações sobre clientes atuais e potenciais ou programar e controlar compromissos, reuniões e tarefas. Esse tipo de programa organiza os dados inseridos e recupera as informações de diversas formas, dependendo do estilo e da estrutura do *software* e das informações desejadas. Por exemplo, os dados podem ser recuperados no formato de calendário eletrônico ou de relação de compromissos, reuniões ou outras atividades a serem realizadas, como cronograma de um projeto ou apresentação dos fatos importantes e dados financeiros de clientes atuais ou de perspectivas de vendas. Hoje, a maioria desses programas inclui capacidade de acesso à internet e oferece ferramenta de correio eletrônico. Além disso, alguns gerenciadores de informações pessoais usam recursos de internet e correio eletrônico como apoio para o trabalho em equipe, possibilitando o compartilhamento de informações, como listas de contatos e de tarefas, e agendamento com outros usuários conectados em rede (ver Figura 4.10).

Gerenciador de informações pessoais

Groupware é um *software* que permite a colaboração entre grupos de trabalho e equipes a fim de cumprir as atribuições coletivas. Essa é uma categoria de *software* de aplicação para fins gerais que combina diversos recursos e funções de *softwares* facilitadores do trabalho em conjunto. Por exemplo, produtos de *groupware* como Lotus Notes, Novell GroupWise e Microsoft Exchange facilitam o trabalho em conjunto por meio de correio eletrônico, grupos de discussão e banco de dados, agendamento, gerenciamento de tarefas, dados, áudio e videoconferência, e assim por diante.

Para viabilizar o trabalho em conjunto em escala global de *equipes virtuais* localizadas geograficamente em áreas distintas, os produtos de *groupware* dependem da internet e das intranets e extranets corporativas. Por exemplo, os componentes das equipes podem usar a internet para enviar mensagens eletrônicas globais, promover fóruns de discussões e criar em conjunto páginas web. Além disso, podem utilizar intranets corporativas para publicar novos projetos e relatórios de andamento do trabalho, e trabalhar juntos em documentos armazenados nos servidores web (ver Figura 4.11).

Groupware

FIGURA 4.11 O Lotus Sametime permite que os grupos de trabalho e as equipes de projeto compartilharem planilhas eletrônicas e outros documentos em um processo conjunto *on-line*.

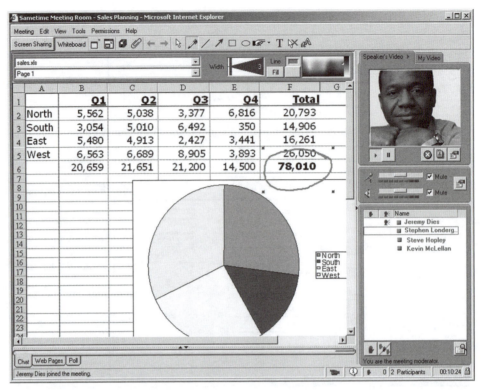

Fonte: Cortesia da IBM.

Esses recursos facilitadores do trabalho em conjunto também estão sendo inseridos em outros *softwares* para dar aspecto de *groupware*. Por exemplo, no pacote Microsoft Office, o Microsoft Word mantém registro do usuário que revisou cada documento; o Excel, o registro de todas as alterações realizadas, e o Outlook, das tarefas delegadas a outros componentes da equipe. Há pouco tempo, foram incluídas no pacote Microsoft Office funções que permitem que vários usuários trabalhem ao mesmo tempo em um documento ou editem-no. Com esse recurso, se algum membro da equipe alterar o documento, essa alteração poderá ser vista imediatamente pelos demais componentes.

Dois lançamentos recentes no mercado de *software* de trabalho em conjunto são o Windows SharePoint Services, da Microsoft, e o WebSphere, da IBM. Ambos os produtos permitem que as equipes criem rapidamente *sites* sofisticados da web para compartilhamento de informações e documentos. Além disso, as empresas podem utilizar esses produtos como plataforma de desenvolvimento para facilitar a criação efetiva de portais empresariais e aplicações de processamento de transações baseados na web. Os *sites* web criados com ferramentas de desenvolvimento de trabalho em conjunto permitem integrar ampla variedade de aplicações individuais que ajudam a aumentar a produtividade tanto individual como coletiva.

Softwares alternativos

Muitas empresas estão buscando alternativas para adquirir, instalar e manter *softwares* de aplicação empresarial de outros fornecedores ou para desenvolver e manter seu próprio programa internamente, contando com funcionários desenvolvedores de *software*. Por exemplo, como será abordado no Capítulo 12, muitas grandes companhias estão *terceirizando* o desenvolvimento e a manutenção de *softwares* mediante a *contratação de* empresas *de programação* e outras companhias de desenvolvimento de *software*, inclusive de desenvolvedores *estrangeiros*, os quais utilizam a internet para comunicar, trabalhar em conjunto e controlar os projetos de desenvolvimento de *software*.

Provedores de serviços de aplicativos

Um número cada vez mais crescente de companhias está buscando **provedores de serviços de aplicativos**, em vez de desenvolver ou adquirir *softwares* de aplicação de que necessita para administrar os negócios. Os provedores de serviços de aplicativos são companhias que possuem,

FIGURA 4.12 A Salesforce.com. é um importante provedor de serviços de aplicativos de gestão de vendas e gestão de atendimento ao cliente baseados na web que atende pequenas e grandes empresas.

Fonte: Cortesia de Salesforce.com.

operam e mantêm *software* de aplicação e recursos de sistema de computação (servidores, *software* de sistema, redes e pessoal de TI) necessários para oferecer a utilização do *software* de aplicação mediante o pagamento de uma taxa, assim como o serviço oferecido pela internet. A base para pagamento desses provedores pode ser por utilização ou por uma taxa mensal ou anual estabelecida.

Em vez de possuírem e manterem *software* próprio, as empresas estão utilizando os provedores de serviços de aplicativos por diversas razões. Uma das principais vantagens é o baixo custo do investimento inicial e, em muitos casos, o pouco tempo necessário para ter a aplicação baseada na web instalada e em funcionamento. A estrutura de pagamento por utilização da aplicação normalmente produz um custo do *software* bem inferior ao de desenvolvimento ou aquisição, ou mesmo de execução e manutenção, do *software*. Além disso, a utilização desse serviço elimina ou reduz significativamente a necessidade de uma grande infraestrutura de TI (servidores, *software* de sistema e pessoal) que seria necessária para adquirir e manter um *software* de aplicação, incluindo os desafios constantes da distribuição e do controle das atualizações e correções de toda a companhia. Consequentemente, nos próximos anos, espera-se uma aceleração no uso de provedores de serviços de aplicativos por empresas e outras organizações (ver Figura 4.12).

A grande aposta da Salesforce.com: o *software* como serviço

O CEO da Salesforce.com, Marc Benioff, imagina sua empresa como o impulso por trás de uma nova era no desenvolvimento de aplicativos, eliminando qualquer dúvida remanescente de que ele está se esforçando para substituir os vendedores dominantes de hoje com o modelo de *software* como um serviço da Salesforce. "Se não o fizermos, então venho fazendo a coisa errada durante os últimos cinco anos e meio", diz Benioff. "Queremos ser os substitutos da SAP, Siebel e Peoplesoft. Alguém precisa fazer isso, e nós podemos ser esse alguém."

A partir disso, a empresa lançou duas ofertas: uma ferramenta de personalização chamada *Customforce*, desmembrada da sua plataforma de desenvolvimento de aplicativos *sforce*, e On-Demand Marketplace, uma coleção de aplicativos, ferramentas e serviços de terceiros criada por mais de 60 parceiros certificados usando serviços de APIs *sforce* da empresa. Os clientes podem usar a combinação de *sforce* e *Customforce* para remanejar seus aplicativos Salesforce, a fim de atender às suas necessidades, ou, se esses recursos já tiverem sido desenvolvidos por um dos parceiros da Salesforce, podem comprá-los a partir do On-Demand Marketplace, que possui ferramentas para tudo, desde armazenamento de dados e planejamento de recursos empresariais a gerenciamento de projetos e extensões sem fio.

O modelo de *software* como serviço da Salesforce está fazendo que as empresas revejam a maneira como adquirem e utilizam aplicativos. O modelo é frequentemente imitado, especialmente pela arquirrival Siebel Systems, que praticamente criou o mercado de gestão de relacionamento com clientes e agora, às vezes, parece reagir ao que Salesforce faz – e não o contrário.

A abordagem de Benioff poderia impulsionar o modelo ASP (*application-service-provider*) em geral. Os ASPs da década de 1990 ofereciam aplicativos que não podiam ser personalizados, mas avanços como HTML aprimorada, conectividade de banda larga generalizada e o aumento de serviços da web permitiram que prestadores de serviços – em especial a Salesforce – desenvolvessem aplicativos especificamente como serviços hospedados e fornecessem a personalização desses aplicativos. O modelo sob demanda da Salesforce permite que essas personalizações sejam transferidas quando um aplicativo hospedado é atualizado, superando um dos principais motivos pelos quais os gerentes de tecnologia evitam a atualização dos principais aplicativos de negócios dos estabelecimentos comerciais.

É muito cedo para dizer qual será a repercussão da visão de Benioff, especialmente em grandes empresas. Algumas, como a Cisco Systems e a Automatic Data Processing Inc., têm milhares de aplicativos licenciados da Salesforce, mas a maioria dos clientes da empresa são pequenas e médias empresas que não podem pagar implantações locais de pacotes de *software* de gestão de relacionamento com o cliente. Ainda assim, a Salesforce tem influenciado a indústria de *software* de forma desproporcional à sua dimensão e continuará a fazê-lo. "Este é o pontapé inicial para um importante ponto de mudança", afirma Denis Pombriant, analista do Beagle Research Group. "Eles eram um aplicativo revolucionário. Agora são um serviço e uma plataforma revolucionários".

Benioff está comprometido com sua visão, apostando que, apesar de sua ideia de "sem *software*" ser curiosa agora, ela acabará por revelar-se uma previsão exata de um futuro em que a qualidade do serviço – e não da sofisticação de programação – determinará quais os vendedores prosperarão. "O que oferecemos aos clientes não é tecnologia". "É sucesso", diz Benioff.

Fonte: Adaptado de Tony Kontzer. "Benioff's Big Bet". *InformationWeek*, 8 de novembro de 2004.

Computação em nuvem

Um dos mais recentes avanços na oferta de computação e de *software* é chamado **computação em nuvem**, que é um estilo de computação no qual o *software* e, em alguns casos, os recursos de *hardware* virtualizados são fornecidos como um serviço por meio da internet. Os usuários não precisam ter conhecimento, experiência ou controle sobre a infraestrutura de tecnologia "na nuvem" que lhes dá suporte. O termo nuvem é usado como uma metáfora para a internet, baseado em como esta é muitas vezes representada nos diagramas de rede de computadores.

O conceito incorpora as tendências tecnológicas que têm em comum a confiança na internet para satisfazer as necessidades de computação dos usuários. Exemplos de fornecedores que prestam serviços em nuvem incluem SAP Business ByDesign, "iTrent as a Service" da MidlandHR, Salesforce.com e Google Apps, que oferecem aplicativos de negócios comuns *on-line* que são acessados a partir de um navegador web, ao passo que o *software* e os dados são armazenados no servidores.

A computação em nuvem é muitas vezes confundida com a computação em grade (lembre-se do conceito do Capítulo 3, em que o poder de processamento de vários computadores deve ser aproveitado para atuar como um grande computador quando necessário). De fato, muitas implementações de computação em nuvem dependem de grades, mas ela pode ser vista como a próxima etapa natural do modelo de grade. A maioria das infraestruturas de computação em nuvem é constituída por serviços confiáveis entregues por meio de centros de dados e desenvolvidos em servidores com diferentes níveis de tecnologias de virtualização, os quais são acessíveis em qualquer lugar em que haja acesso à infraestrutura de rede. A nuvem aparece como um ponto único de acesso para todas as necessidades de computação dos consumidores.

Como muitos usuários do *software* geralmente não possuem a própria infraestrutura, eles podem evitar as despesas de capital e consumir os recursos como um serviço, pagando, então, pelo que usam. Se isso parece bastante com o modo como você paga por sua eletricidade ou gás natural, é porque o mesmo modelo básico foi adotado. Muitas ofertas de computação em nuvem adotaram o modelo de *utility computing* (computação como serviço público), que é análogo ao modo como serviços tradicionais, como o fornecimento de energia elétrica, são consumidos, ao passo que outros são oferecidos por meio de assinaturas. Compartilhar o potencial de computação "perecível e intangível" entre vários usuários ou empresas pode melhorar as taxas de utilização, uma vez que servidores permanecem ociosos com menos frequência, porque mais pessoas acessam e utilizam os recursos de computação. Por meio dessa abordagem, podem ser realizadas reduções significativas de custos enquanto a velocidade global de desenvolvimento de aplicativos aumenta. Um efeito colateral dessa abordagem é que a capacidade de computação de um determinado usuário ou empresa pode ser aumentada quase instantaneamente, quando necessário, mesmo que não haja infraestrutura projetada para picos de carga de curto prazo. A computação em nuvem tem sido disponibilizada por um grande aumento na largura de banda disponível comercialmente, o que torna possível obter os mesmos tempos de resposta da infraestrutura centralizada em outros locais.

O benefício real para a organização vem da redução de custos. Os usuários da computação em nuvem podem evitar despesas de capital em *hardware*, *software* e serviços simplesmente pagando ao fornecedor apenas pelo que usam. Como já mencionado, o consumo é cobrado como um serviço público (recursos utilizados, como energia elétrica) ou assinatura (de acordo com determinado período de tempo, como a assinatura de um jornal), com pouco ou nenhum custo inicial. Outros benefícios dessa abordagem no estilo de *time-sharing* são as baixas barreiras de entrada, infraestrutura e custos compartilhados, despesas gerais de gerenciamento pequenas e acesso imediato a um amplo leque de aplicativos. Os usuários podem também rescindir o contrato a qualquer momento, e os serviços são frequentemente cobertos por acordos de nível de serviço com sanções pecuniárias no caso de não cumprimento dos níveis de serviço. Há expectativa de que, um dia, todo mundo vai computar "na nuvem".

Por aquisição de *software* Cots ou por acesso via provedor de serviço de aplicativo, o *software* deve ser licenciado. A licença do *software* é um assunto complexo que envolve considerações das características especiais do programa no contexto dos direitos básicos de propriedade intelectual, incluindo *copyright*, marca registrada e segredos comerciais, além da legislação contratual tradicional, incluindo o Código Comercial Uniforme (Uniform Commercial Code - UCC) adotado por alguns estados norte-americanos.

Licenciamento de *software*

Quando uma pessoa física ou jurídica adquire uma aplicação de *software*, não detém os direitos exclusivos. Na verdade, ela adquire uma licença para utilizar o *software* de acordo com os termos do contrato de licenciamento do produto. O *software* é licenciado para proteger melhor os direitos intelectuais exclusivos do fornecedor. A licença, muitas vezes, proíbe engenharia reversa, modificação, divulgação ou transferência do *software*. Na maioria dos casos, a licença também concede ao comprador permissão para vender ou se desfazer dos direitos concedidos pela licença, mas não para copiar ou revender diversas cópias do *software*.

A licença também é exigida quando a permissão de uso do *software* é adquirida por meio de um provedor de serviços de aplicativo. Nesse caso, a licença que autoriza o uso, e é concedida ao provedor por vários fornecedores de *software*, e, por sua vez, o provedor concorda em pagar a esse fornecedor *royalties* pela quantidade de contas de usuários aos quais ele revendeu os direitos.

Os fornecedores de *software* dedicam um enorme esforço para facilitar a concessão de licenças e o acesso a seus produtos, e evitam, ao mesmo tempo, a pirataria que serve apenas para aumentar o custo final do produto.

Na próxima seção, será apresentada uma visão totalmente inovadora de licença de *software*: o *software* livre.

Seção II — *Software* de sistema: gerenciamento de sistema de computador

Visão geral do *software* de sistema

Software de sistema consiste em um programa de gerenciamento e suporte de sistema de computador e das atividades de processamento de informações. Por exemplo, sistemas operacionais e programas de gerenciamento de rede servem como *interface de software* fundamental entre *hardware* e redes de computadores e programas de aplicação para usuários finais.

Leia o "Caso do mundo real 2" sobre o uso de XML por grandes organizações. Esse exemplo oferece muitas informações sobre o valor comercial do uso de *software* para compartilhar dados (ver Figura 4.13).

Visão geral

Os *softwares* de sistema podem ser divididos em duas categorias (ver Figura 4.14):

- **Programas de gerenciamento de sistema.** Programas que gerenciam os recursos de *hardware*, *software*, rede e dados dos sistemas de computador durante a execução das várias tarefas de processamento de informações dos usuários. São exemplos importantes de programas desse tipo o sistema operacional, programas de gerenciamento de rede, sistemas de gerenciamento de banco de dados e utilitários do sistema.
- **Programa de desenvolvimento do sistema.** Programas que ajudam o usuário a criar procedimentos e programas de sistema de informação, e a preparar programas de usuário para processamento no computador. Os principais programas de desenvolvimento são os editores e conversores de linguagem de programação, e diversos produtos de engenharia de *software* auxiliada por computador (*computer-aided software engineering* – Case) e outras ferramentas de programação. As ferramentas Case serão analisadas adiante neste capítulo.

Sistema operacional

Principal pacote de *software* de sistema de qualquer computador, o **sistema operacional** é um sistema integrado de programas que gerencia as operações da CPU, controla os recursos de entrada, saída e armazenamento, e as atividades do sistema de computador, além de oferecer vários serviços auxiliares à medida que o equipamento vai executando os programas de aplicação do usuário.

A principal finalidade do sistema operacional é maximizar a produtividade do sistema de um computador, operando-o com a máxima eficácia. O sistema operacional minimiza o nível de intervenção humana necessário durante o processamento. Ele ajuda os programas de aplicação a executar operações comuns, como acessar a rede, inserir dados, salvar e recuperar arquivos e imprimir ou exibir uma saída. Qualquer usuário com algum tipo de experiência com computadores sabe que o sistema operacional deve ser carregado e ativado antes de realizar outras tarefas. Essa característica mostra que o sistema operacional é o componente mais indispensável da interface de *software* entre usuários e *hardware* dos sistemas de computador.

Funções do sistema operacional

Qualquer sistema operacional executa cinco funções básicas na operação do sistema de um computador: serve como interface do usuário, gerenciador de recursos, gerenciador de tarefas, gerenciador de arquivos e utilitários, além de oferecer serviços de suporte (ver Figura 4.15).

Interface do usuário. Parte do sistema operacional que permite a comunicação com o usuário para que ele possa carregar os programas, acessar arquivos e realizar outras tarefas. São três os tipos principais: *interface orientada a comandos*, *orientada a menu* e *interface gráfica do usuário*. A tendência das interfaces do usuário dos sistemas operacionais e de outros *softwares* é deixar de servir apenas para entrada de rápidos comandos do usuário final ou de escolhas feitas por opções de menu. Hoje, a maioria dos *softwares* oferece interface gráfica do usuário (*graphical user interface - GUI*) de fácil utilização, com ícones, barras, botões, caixas e outras imagens. Essas interfaces gráficas dependem dos dispositivos indicadores, como o mouse eletrônico ou a tela sensível ao toque, para fazer as seleções e executar as tarefas. Atualmente, a interface mais comum e mais reconhecida é a área de trabalho do Microsoft Windows.

CASO DO MUNDO REAL 2

Distribuição de energia e aplicação da lei: recebendo os benefícios do compartilhamento de dados por meio de XML

Um consórcio de energia que distribui um mix de eletricidade "ecológica" e convencional está implementando um sistema de pagamento baseado em XML que diminuiu os custos de distribuição de energia. A Northern California Power Agency (NCPA) é uma das várias coordenadoras certificadas pelo Estado da Califórnia que agenda a distribuição de energia ao sistema elétrico desse estado e, em seguida, estabelece o pagamento devido aos fornecedores. A NCPA vende a energia gerada pelas cidades de Palo Alto e Santa Clara, bem como das fontes hídricas e geotérmicas mais ao norte.

Os acordos de energia elétrica são um processo tremendamente regulamentado e complicado. Cada termo de acordo contém a quantidade de energia fornecida por determinada empresa e a quantidade utilizada por clientes comerciais em relação aos residenciais, e os dois têm diferentes taxas de pagamento.

Os pagamentos são complicados porque os medidores de eletricidade são lidos apenas uma vez a cada 90 dias, e muitas contas se baseiam em uma estimativa do consumo, que é revisto à medida que as leituras ocorrem.

Por um fornecedor, a NCPA pode reclamar que as taxas de transmissão não foram corretamente calculadas, e a disputa requer uma revisão de todos os dados pertinentes. É corriqueiro receber de forma errônea um ou mais desses fatores. "Os acordos de energia nunca são completamente resolvidos", afirma Bob Caracristi, gerente de acordos de energia da NCPA. "As negociações sobre os detalhes ainda podem estar em andamento um ou dois anos depois do fornecimento da energia."

Além disso, "a grande quantidade de dados" exigiu, no passado, um fornecedor especializado para criar um *software* para analisar os extensos termos do acordo produzido pela administração da rede elétrica, a California Independent System Operator. A NCPA pediu orçamentos para esse fornecedor há três anos e recebeu respostas que informavam valores de "várias centenas de milhares de dólares por ano em taxas de licenciamento e manutenção permanente", comenta Caracristi. A necessidade de serviços personalizados a partir desses sistemas aumenta o custo do consumo de energia para todos os consumidores da Califórnia.

Confrontada com uma despesa anual tão grande, a NCPA procurou lidar com os acordos em vez de desenvolver um sistema interno. O analista de programação sênior Carlo Tiu e sua equipe da NCPA utilizaram os recursos de execução de XML da Oracle para desenvolver um esquema para lidar com os dados e um arquivo de configuração com as regras para determinar o pagamento do fornecedor a partir dos dados. Esse arquivo pode ser atualizado regularmente, sem necessidade de modificar os dados XML. Ao fazer isso, a NCPA avançou em relação ao restante da indústria, enquanto o Califórnia Independent System Operator começou a exigir que todos os seus fornecedores enviassem os dados de distribuição de energia e de faturamento no formato de arquivos XML. A NCPA já testou a sua capacidade de processamento de instruções de pagamento em XML automaticamente e aumentou o seu sistema Oracle em dez vezes "sem estrangulamentos", diz Tiú.

Ser capaz de processar as contas do Independent System Operator automaticamente vai representar uma grande economia para NCPA, de acordo com o gerente de SI, Tom Breckon. "A partir da entrada dos acordos de distribuição", diz Breckon, "a NCPA tem oito dias úteis para determinar onde pode haver algum erro. Se não conseguirmos responder [ao California Independent System Operator], perderemos nossa chance de recuperar o dinheiro de correções". No entanto, reconhece ele, "não podemos inspecionar esse volume de dados manualmente".

Ganhar experiência para lidar com os acordos em formato de dados XML tem custado à NCPA nos últimos três anos o equivalente à despesa de um ano de salário de um gerente. Enquanto isso, a NCPA se posicionou para se tornar seu próprio processador e analista de acordos, submeter os litígios ao California Independent System Operator para correções e enviar o máximo desses pagamentos para os membros corrigidos em tempo hábil. "Na minha opinião", diz Breckon, "todos estarão fazendo isso dessa forma daqui a cinco anos, o que reduzirá os custos para todos os tipos de cliente".

No Estado de Ohio, quase mil departamentos de polícia encontraram novas ferramentas de combate ao crime pelo acesso aos registros digitais mantidos por agências legais vizinhas. O Ohio Law Enforcement Gateway Search Engine é uma ferramenta baseada na internet que pode pesquisar com segurança numerosas bases de dados criminais utilizando um único login e consulta, tornando mais fácil usar as bases de dados de criminalidade do que fazer isso de modo separado. Para os policiais, buscar informações sobre um suspeito ou uma onda de crimes costuma exigir o login manual em vários bancos de dados criminais separadamente, o que pode levar horas. Agora eles podem, mesmo em comunidades pequenas, fazer login apenas uma vez e rapidamente ter acesso a informações sobre crimes.

Fonte: © BananaStock/PictureQuest.

FIGURA 4.13 O XML se torna cada vez mais popular como padrão aberto para compartilhamento de dados entre organizações.

Continua →

O projeto, que começou em 2003, enfrentou um grande obstáculo: encontrar uma maneira de fazer que os diferentes sistemas de informações criminais interagissem entre si. "Todo mundo quer compartilhar, mas ninguém quer usar o mesmo produto", diz o delegado Gary Vest, do Departamento de Polícia de Powell, Ohio, próximo a Columbus. Em uma grande área metropolitana de Ohio, pode haver 30 departamentos de polícia diferentes, cada um com diferentes produtos que não estão conectados entre si, diz ele. "Isso tornou difícil para os departamentos locais fazer a ligação entre suspeitos e crimes de jurisdições vizinhas."

Para tornar os sistemas compatíveis, os fornecedores de gerenciamento de registros criminais reescreveram seus *softwares* para que os dados dos departamentos participantes pudessem ser convertidos no formato de gateway e facilitar o compartilhamento de dados. Os fornecedores utilizaram um Global Justice XML Data Model especial com orientação a objetos e padrões de interoperabilidade desenvolvidos pelo Departamento de Justiça dos Estados Unidos para esses propósitos específicos. O que torna esse projeto diferente dos outros programas de interoperabilidade da polícia sem experiência nos Estados Unidos é o fato de se tratar de um sistema baseado em padrões. "Você não tem de descartar seu fornecedor para participar", observa Vest.

Até agora, a polícia de Ohio não é capaz de fazer uma pesquisar criminal sobre o M.O. (*modus operandi*), mas esse recurso está sendo desenvolvido. Ao vasculharem os registros da polícia local, os policiais podem procurar o nome de um suspeito, mesmo antes que conste nos bancos de dados nacionais ou em outros repositórios de dados maiores, diz Vest. "Você fica um passo à frente". Outros projetos de interoperabilidade regional de polícia estão em andamento em todo o país, mas esse é considerado o primeiro esforço estadual.

Em San Diego, os departamentos de polícia têm compartilhado dados criminais há 25 anos usando um programa personalizado chamado Automated Regional Justice Information System (Arjis). Barbara Montgomery, gerente de projetos do Arjis, diz que o programa difere da iniciativa de Ohio porque é baseado em *mainframe* e todos os órgãos de polícia têm de usar o mesmo *software* de acesso à informação. Esses programas de compartilhamento de dados não estão muito difundidos nos Estados Unidos por causa do custo, especialmente para pequenos departamentos de polícia, diz ela. Na verdade, o Arjis só foi possível após uma série de contribuições em dinheiro dos departamentos.

"Nenhum departamento de polícia sozinho teria recursos para pagar um grupo de programadores de computador [pelo *hardware* e por seu desenvolvimento], então o processo teve uma abordagem 'unidos venceremos, divididos cairemos' de verdade, diz Montgomery. "A próxima geração do Arjis está sendo planejado agora, e o sistema deverá evoluir ao longo dos próximos anos a partir de suas raízes de *mainframe* para uma arquitetura corporativa baseada em servidor, para obter mais flexibilidade", diz Montgomery.

Na mesma linha, o Florida Department of Law Enforcement começará a trabalhar em um projeto de U$S 15 milhões para integrar os sistemas de *back-end* dos quinhentos departamentos de polícia de todo o Estado. Em muitos casos, os investigadores em escritórios de polícia da Flórida atualmente reúnem informações de outros departamentos do Estado por telefone ou *e-mail*. O projeto Florida Law Enforcement Exchange promete acesso a dados estaduais de polícia com uma única consulta, diz a CIO do Estado, Brenda Owens, cuja unidade de TI está supervisionando o projeto.

"Nosso objetivo é proporcionar acesso facilitado a dados em todo o Estado", afirma Owens. "O operador sentado em um PC de um departamento de polícia não sabe ou se importa com o que os dados parecem: podem informar o inquérito e receber as informações."

Grandes projetos de integração como esse muitas vezes encontram dificuldades, porque é difícil fazer com que diferentes grupos cheguem a um acordo sobre os tipos de metadados. "A gestão de metadados ou a compreensão dos elementos comuns é uma grande parte [do projeto de integração]", diz Ken Vollmer, analista da Forrester Research. "Tentar combinar informações de duas agências é difícil o suficiente. Na Flórida, você está falando de 500 departamentos, e eles têm de ter algum *software* para ajudá-los a determinar quais os elementos de dados comuns."

Fonte: Adaptado de Charles Babcok. "Electricity Costs Attacked through XML". *InformationWeek*, 26 de dezembro de 2007; Todd Weiss. "Ohio Police Use Specialized *software* to Track Data (and Bad Guys)". *Computerworld*, 23 de junho de 2006; e Heather Havenstein. "Florida Begins Linking Its Law Enforcement Agencies". *Computerworld*, 13 de fevereiro de 2006.

QUESTÕES DO ESTUDO DE CASO

1. Qual é o valor comercial do XML para as organizações descritas no caso? Como elas são capazes de obter esses grandes retornos sobre o investimento?
2. Quais são as outras maneiras em que XML pode ser utilizado pelas organizações para agregar valor e compartilhar dados? Procure exemplos que envolvam organizações com fins lucrativos para obter uma perspectiva mais completa sobre o assunto.
3. Quais são os elementos importantes para o sucesso de projetos contando com amplo uso de XML nas organizações? Por quê? Faça uma pesquisa sobre o conceito de metadados para dar sua resposta.

ATIVIDADES DO MUNDO REAL

1. A sigla XBRL significa eXtensible Business Reporting Language, e é um tipo da família de linguagens XML que está se tornando padrão para a comunicação de negócios entre as empresas. Entre outros usos, a Comissão de Valores Mobiliários tem executado um programa voluntário de arquivamento XBRL desde 2005. Faça uma pesquisa na internet sobre o status atual de implementação e adoção de XBRL, incluindo exemplos de empresas que já o usam para fins comerciais. Prepare um relatório para mostrar suas descobertas.
2. Investigue outras implementações de XML em sistemas completos de grande escala, como descrito no caso envolvendo o California Independent System Operator. Prepare uma apresentação com os custos propostos ou realizados e os benefícios dos esforços, e mostre suas descobertas para a turma.

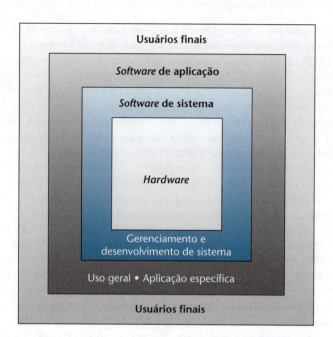

FIGURA 4.14 Interface do *software* de aplicação e de sistema entre usuários finais e *hardware*.

Gerenciamento de recursos. O sistema operacional utiliza diversos programas de **gerenciamento de recursos** para controlar os recursos de *hardware* e de rede do sistema de computador, incluindo CPU, memória, dispositivos de armazenamento secundário, processadores de telecomunicações e periféricos de entrada e saída. Por exemplo, os programas de gerenciamento de memória registram o local em que os dados e os programas ficam armazenados, e também subdividem a memória em inúmeras seções e transferem partes dos programas e dados para os discos magnéticos ou outros dispositivos de armazenamento secundário. Esse procedimento proporciona ao sistema de computador capacidade de **memória virtual** bem mais ampla do que a capacidade real dos circuitos de armazenamento primário. Desse modo, o computador com capacidade de memória virtual consegue processar programas maiores e mais quantidade de dados do que normalmente permitiriam seus circuitos de memória.

Gerenciamento de arquivos. O sistema operacional contém programas de gerenciamento de arquivos que controlam a criação e exclusão de arquivos de dados e programas, bem como o acesso a eles. O gerenciamento de arquivos também permite identificar a localização física dos arquivos nos discos magnéticos e em outros dispositivos de armazenamento secundário. Desse modo, o sistema operacional mantém listas de informações com a localização e as características dos arquivos armazenados nos dispositivos de armazenamento secundário do sistema de computador.

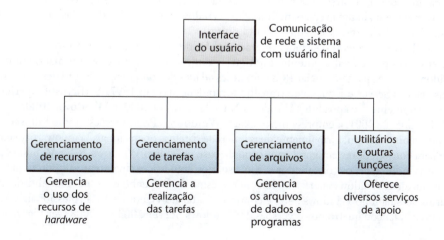

FIGURA 4.15 As funções básicas do sistema operacional incluem interface do usuário, gerenciamento de recursos, gerenciamento de tarefas, gerenciamento de arquivos, utilitários, entre outros.

Gerenciamento de tarefas. Os programas de **gerenciamento de tarefas** do sistema operacional gerenciam a realização das tarefas dos usuários finais. Esses programas determinam quais tarefas acessam a CPU e o seu tempo de acesso. As funções de gerenciamento de tarefas alocam intervalos específicos de tempo da CPU para determinada tarefa e a interrompem a qualquer momento para substituí-la por uma mais prioritária. Existem diversas formas de gerenciar tarefas, cada uma com vantagens em determinadas situações.

O gerenciamento **multitarefa** (às vezes denominado *multiprogramação* ou *compartilhamento de tempo*) permite a execução de diversas tarefas no computador de modo aparentemente simultâneo. Na realidade, o gerenciamento multitarefa atribui apenas uma tarefa por vez à CPU, mas ele passa de um programa a outro com muita rapidez, dando a impressão de executar todos os programas ao mesmo tempo. Existem dois tipos básicos de multitarefa: preferencial e cooperativa. Na multitarefa preferencial, a função de gerenciamento de tarefas atribui *intervalos de tempo* da CPU a cada programa. Em compensação, na multitarefa cooperativa, cada programa controla a CPU pelo tempo que precisar. Se um programa não estiver utilizando a CPU, outro programa poderá utilizá-la temporariamente. A maioria dos sistemas operacionais baseados no Windows e no Unix usa multitarefa preferencial, a maioria das plataformas do estilo Macintosh utiliza *multitarefa* cooperativa. Embora os termos multitarefa e *multiprocessamento* muitas vezes tenham o mesmo significado, na verdade são conceitos diferentes, baseados na quantidade utilizada de CPUs. No multiprocessamento, mais de uma CPU é acessada, e na multitarefa, apenas uma.

A maioria dos computadores usa algum tipo de multitarefa. Nos microcomputadores modernos, a multitarefa é viabilizada por processadores potentes e por sua capacidade de utilizar diretamente capacidade de memória muito maior. Desse modo, o armazenamento primário pode ser subdividido em diversas partições maiores, cada uma utilizada por uma aplicação de *software* diferente.

Na verdade, um único computador pode funcionar como se fosse diversos equipamentos, ou *máquinas virtuais*, já que cada programa de aplicação está sendo executado de forma independente e simultânea. A quantidade de programas possível de ser executada ao mesmo tempo depende do tamanho da memória disponível e da capacidade de processamento exigida por tarefa. Isso porque o microprocessador (ou a CPU) pode ficar sobrecarregado com tantas tarefas e tornar-se lento demais para responder. Contudo, se as capacidades de memória e de processamento forem adequadas, a multitarefa permitirá ao usuário passar facilmente de um programa a outro, compartilhar arquivos de dados entre as aplicações e processar algumas aplicações *background*. Em geral, as tarefas executadas em segundo plano são longos trabalhos de impressão, cálculos matemáticos volumosos ou sessões de telecomunicações.

Microsoft Windows

Durante muitos anos, o MS-DOS (Microsoft Disk Operating System) foi o sistema operacional mais utilizado nos microcomputadores. Trata-se de um sistema operacional de usuário único e de tarefa única, mas, combinado com o Microsoft **Windows**, recebeu uma interface gráfica do usuário e recursos limitados de multitarefa. A Microsoft começou a substituir essa combinação DOS/Windows em 1995, lançando o sistema operacional Windows 95, com uma interface gráfica do usuário, recursos reais de multitarefa, rede, multimídia, entre outros. Em 1998, a Microsoft introduziu uma versão melhorada, o Windows 98, e, em 2000, um sistema para PC de consumidor, o Windows Me (Millennium Edition).

A Microsoft lançou o sistema operacional **Windows NT** (New Technology) em 1995. Esse sistema operacional é potente, multitarefa multiusuário e pode ser instalado em muitos servidores de rede para gerenciar PCs com necessidades de computação de alto desempenho. As novas versões Server e Estação de trabalho foram lançadas em 1997. A Microsoft aperfeiçoou significativamente seus produtos Windows NT e lançou, em 2000, o **Windows 2000**.

No final de 2001, a empresa introduziu o **Windows XP** nas versões Home Edition e Professional, unindo, assim, formalmente duas linhas de sistemas operacionais Windows, para empresas e para consumidores em geral, em torno da base de código Windows NT e Windows 2000. Com o Windows XP, os consumidores e os usuários domésticos finalmente adquirem um sistema operacional Windows aperfeiçoado com o mesmo desempenho e mesma estabilidade que os usuários possuíam no Windows 2000 e continuam a ter no Windows XP Professional. A Microsoft também lançou quatro novas versões do **Windows Server 2003** em 2008 (ver Figura 4.16).

> **Comparações do Microsoft Windows Server 2008**
>
> - **Windows Server 2008, Standard Edition**
>   Para aplicações de servidores menores, incluindo compartilhamento de arquivos e impressão, conectividade com internet e intranet, e execução centralizada de aplicações.
> - **Windows Server 2008, Enterprise Edition**
>   Para aplicações corporativas maiores, suporte de serviços XML da web, trabalho colaborativo e de rede corporativa.
> - **Windows Server 2008, Datacenter Edition**
>   Para aplicações corporativas e de missões críticas que exijam os níveis mais altos de escalabilidade e disponibilidade.
> - **Windows Server 2008, Web Edition**
>   Para hospedar páginas e oferecer serviços na web, fornece uma plataforma para desenvolvimento e a utilização de aplicações e serviços na web.

FIGURA 4.16 Comparação entre finalidades das quatro versões do sistema operacional Microsoft Windows Server 2008.

Em 2006, a Microsoft lançou seu mais novo sistema operacional: chamado Windows Vista. O Vista tem centenas de novas funcionalidades, e algumas das mais significativas incluem uma interface gráfica do usuário e estilo visual atualizados apelidada de Windows Aero, recursos de pesquisa aprimorados, novas ferramentas de criação multimídia, como o Windows DVD Maker, e subsistemas de rede, impressão, áudio e vídeo totalmente replanejados. O Vista também tem como objetivo aumentar o nível de comunicação entre máquinas de uma rede doméstica usando a tecnologia *peer-to-peer*, o que facilita o compartilhamento de arquivos e mídia digital entre computadores e dispositivos.

Para os desenvolvedores, o Vista apresentou a versão 3.0 do .NET Framework, que visa tornar muito mais fácil para desenvolvedores escrever aplicativos de alta qualidade do que com as versões anteriores do Windows.

O principal objetivo da Microsoft com o Vista, porém, tem sido melhorar o estado de segurança do sistema operacional Windows. Uma das críticas mais comuns ao Windows XP e a seus predecessores são suas vulnerabilidades de segurança constantemente exploradas e a total suscetibilidade a malwares, vírus e transbordamento de dados (*buffer overflow*). Por conta dessas queixas, o então presidente da Microsoft, Bill Gates, anunciou no início de 2002 uma "Iniciativa de Computação Confiável" em toda a empresa para incorporar a segurança no trabalho em todos os aspectos do desenvolvimento de *software* na companhia. A Microsoft alegou que priorizou a melhoria da segurança do Windows XP e Windows Server 2003, em vez de terminar o Windows Vista, o que atrasou significativamente a conclusão deste.

Em 2008, surgiu um novo produto para servidor, chamado (muito apropriadamente) Windows Server 2008, que foi desenvolvido a partir do mesmo código básico do Windows Vista e, portanto, partilha grande parte da mesma arquitetura e funcionalidade. Uma vez que o código base é comum, ele está automaticamente presente na maioria dos novos recursos técnicos, de segurança e de administração para o Windows Vista, tais como os processos de rede reescrito (IPv6 nativo, *wireless* nativo, velocidade e melhorias de segurança); instalação baseada em imagem, implantação e recuperação aprimoradas; melhores ferramentas de diagnóstico, monitoramento, registro de eventos e comunicação; novos recursos de segurança; *Firewall* do Windows melhorados com configuração padrão segura; tecnologias .NET Framework 3.0; e aperfeiçoamento de núcleo central, memória e sistema de arquivos. Os processadores e dispositivos de memória são modelados como dispositivos Plug and Play para permitir sua conexão automática.

O Windows Server 2008 já está na versão 2, com diversos aprimoramentos de desempenho e segurança em sua atualização.

Originalmente criado pela AT&T, hoje o sistema **Unix** também é oferecido por outros fornecedores, incluindo o Solaris, da Sun Microsystems, e o AIX, da IBM. Unix é um sistema operacional multitarefa, multiusuário e gerenciador de redes cuja portabilidade permite a sua execução em computadores de pequeno, médio e grande portes. Esse sistema ainda é uma escolha comum para a web e outros servidores de rede.

Unix

Linux

Linux é um sistema operacional parecido com o Unix, de baixo custo, potente e confiável, que está rapidamente ganhando o mercado dos servidores Unix e Windows, sendo um sistema operacional de alto desempenho para servidores de rede e da web tanto em pequenas como em grandes redes. O Linux foi criado como *software* livre, ou *shareware* de baixo custo, ou *software de código-fonte aberto* com base na internet, na década de 1990, pelo finlandês Linus Torvald e milhões de programadores espalhados pelo mundo. O Linux ainda vem sendo aperfeiçoado dessa maneira, mas é vendido com recursos adicionais e serviços de suporte por fornecedores de *software*, como Red Hat, Caldera e Suse Linux. Também existem versões para PC compatíveis com pacotes de *software* de escritório, navegadores web e outros *softwares* de aplicação.

Software de código aberto

O conceito de ***software* de código aberto** vem-se ampliando além do sistema operacional Linux. A ideia básica por trás do código aberto é bem simples: se os programadores puderem ler, redistribuir e modificar o código-fonte de uma parte do *software*, este evoluirá. As pessoas o melhoram, adaptam e consertam as falhas, e isso pode ocorrer a uma velocidade que, para uma pessoa acostumada com o ritmo lento do desenvolvimento convencional de um *software*, parece surpreendente. A comunidade de desenvolvedores de *software* de código aberto descobriu que esse rápido processo evolutivo produz um modelo de *software* melhor do que o comercial tradicional (fechado), em que apenas alguns poucos programadores têm acesso ao código-fonte. O conceito de código aberto é, reconhecidamente, contrário ao universo altamente comercial (e proprietário) do tradicional desenvolvimento de *software*. Mesmo assim, um número cada vez maior de desenvolvedores tem abraçado o conceito do código aberto e tem percebido que o sistema de desenvolvimento proprietário de *software* envolve custos ocultos que, muitas vezes, suplantam seus benefícios.

Desde 1998, o movimento do *software* livre tornou-se uma revolução no desenvolvimento de *software*. No entanto, é possível ver as raízes dessa revolução em acontecimento de mais de 30 anos atrás. Normalmente, na era do PC, o *software* de computador era vendido apenas como um produto acabado, também chamado binário pré-compilado, instalado no computador de um usuário por meio da cópia de arquivos para os diretórios ou pastas apropriadas. Para mudar para uma nova plataforma de computador (de Windows para o Macintosh, por exemplo), geralmente era necessária a aquisição de uma nova licença. No caso de a empresa ter saído do negócio ou descontinuado o suporte a um produto, os usuários desse produto ficavam sem nenhum recurso. A correção de bugs era completamente dependente da organização que vendeu o *software*. Entretanto, o *software* de código aberto é licenciado para garantir o livre acesso à programação por trás do pré-compilado, também chamado código-fonte. Esse acesso permite ao usuário instalar o *software* em uma nova plataforma sem a compra adicional e obter suporte (ou criar um consórcio de suporte com outros usuários) para um produto cujo suporte não é mais oferecido pelo desenvolvedor. Aqueles que são tecnicamente capacitados podem corrigir erros por conta própria e não precisam esperar que alguém o faça. Geralmente, existe um mecanismo central de distribuição que permite aos usuários obter o código-fonte, bem como os pré-compilados, em alguns casos. Há também mecanismos pelos quais os usuários podem pagar uma taxa para obter o *software*, como em um CD-ROM ou DVD, que também pode incluir algum tipo de suporte técnico. Uma variedade de licenças são utilizadas para garantir que o código-fonte permaneça disponível sempre que seja efetivamente utilizado.

Para ser claro, existem várias coisas que o código aberto não é: não é *shareware*, *software* de domínio público, freeware ou *software* que visualizadores e leitores disponibilizam gratuitamente, sem acesso ao código fonte. O *shareware*, independentemente de ser registrado e ter ou não sua licença paga pelo usuário, normalmente não permite acesso ao código-fonte. Ao contrário de freeware e *software* de domínio público, o *software* de código aberto é protegido por direitos autorais e distribuído com os termos de licença destinados a garantir que o código-fonte sempre esteja disponível. Embora uma taxa possa ser cobrada por embalagem, distribuição ou suporte do *software*, o pacote completo necessário para criar arquivos é incluído, e não simplesmente uma parte necessária para visualizar arquivos criados em outro lugar.

A filosofia do código aberto é baseada em uma variedade de modelos que por vezes entram em conflito; na verdade, muitas vezes parece haver tantas filosofias e modelos para desenvolvimento e gestão do *software* de código livre quanto a quantidade dos principais produtos. Em 1998, um pequeno grupo de entusiastas do código livre decidiu que era hora de formalizar algumas coisas. O grupo recém-formado se cadastrou na internet no endereço www.open-source.org e iniciou o processo de definir exatamente o que é e o que não é *software* de código aberto. De acordo com a norma atual, o licenciamento de código aberto é definido pelas seguintes características:

- A licença não deve restringir de nenhuma maneira a venda ou distribuição do programa gratuitamente, como componente de outro programa ou não.
- O programa deve incluir seu código-fonte e permitir a sua distribuição também na forma compilada.
- A licença deve permitir modificações e trabalhos derivados e deve permitir que eles sejam distribuídos sobre os mesmos termos da licença original.
- A licença pode restringir o código-fonte de ser distribuído em uma forma modificada apenas se a licença permitir a distribuição de arquivos *patch* (de atualização) com o código-fonte para o propósito de modificar o programa no momento de sua construção.
- A licença não pode ser discriminatória contra qualquer pessoa ou grupo de pessoas.
- A licença não deve restringir qualquer pessoa de usar o programa em um ramo específico de atuação.
- Os direitos associados ao programa devem ser aplicáveis para todos aqueles cujo programa é redistribuído, sem a necessidade da execução de uma licença adicional para essas partes.
- A licença não deve ser específica a um produto.
- A licença não pode colocar restrições em outros programas que são distribuídos com o programa licenciado.

Essa abordagem radical para o desenvolvimento e a distribuição de *software* não está livre de detratores – sobretudo a Microsoft. No entanto, o movimento de código aberto é crescente e permanece com o propósito de continuar a revolucionar a maneira como pensamos o desenvolvimento de *software*.

Um produto recém-chegado à cena do código livre é uma suíte de aplicativos administrativos completa oferecida pela Sun Microsystems, chamada OpenOffice.org 3. Esse produto, desenvolvido a partir dos padrões de código aberto descritos anteriormente, é uma suíte completa e integrada que oferece todas as aplicações comuns, incluindo processamento de texto, planilha, apresentação gráfica e gerenciamento de banco de dados. É capaz de armazenar e recuperar arquivos em uma ampla variedade de formatos de dados, incluindo todos os formatos de arquivo associados com os outros principais aplicativos de mesmo tipo do mercado.

OpenOffice.org 3

O melhor de tudo é que o OpenOffice.org 3 pode ser baixado e usado *de modo completamente livre, sem nenhuma taxa de licenciamento*. O OpenOffice.org 3 foi lançado com a licença LGPL, que significa que é possível utilizá-lo para qualquer finalidade: doméstica, comercial, educativa ou, na administração pública. É possível instalá-lo em quantos computadores for necessário e também fazer cópias e distribuir para família, amigos, alunos, funcionários – qualquer pessoa interessada.

O Mac OS X é o sistema operacional mais recente da Apple para o iMac e outros microcomputadores Macintosh. A versão 10.2 Jaguar do Mac OS X possui uma interface gráfica de usuário avançada e funcionalidade multitarefa e multiusuário, além de recursos integrados de navegador web, correio eletrônico, mensagem instantânea, mecanismo de busca, tocador de mídia digital e muitos outros.

Mac OS X

O Mac OS X foi uma ruptura radical com sistemas operacionais anteriores do Macintosh. A sua base de código subjacente é completamente diferente das versões anteriores, e seu núcleo, denominado Darwin, é uma fonte aberta, como o sistema operacional Unix. A Apple aplicou no

Darwin uma série de componentes proprietários, como a interface Aqua e o Finder, para finalizar o sistema operacional baseado em GUI que é o Mac OS X.

O Mac OS X também incluiu uma série de características destinadas a tornar o sistema operacional mais estável e confiável que os sistemas operacionais anteriores da Apple. A preemptividade e a proteção de memória, por exemplo, aprimoraram a capacidade do sistema operacional em executar vários aplicativos simultaneamente sem que estes não interrompam ou corrompam uns aos outros.

A mudança mais visível foi o tema Aqua. O uso de bordas suaves, cores translúcidas e listras – semelhante ao design de *hardware* dos primeiros iMacs – trouxe mais textura e cor para a interface do que a aparência "Platinum" do OS 9 tinha oferecido. Muitos usuários das versões mais antigas do sistema operacional não aprovaram o novo visual, classificando-o como "bonitinho" e sem acabamento profissional. No entanto, o Aqua também tem sido elogiado como um passo ousado e inovador no momento em que interfaces de usuário eram tidas como "maçantes e chatas". Apesar da controvérsia, a aparência era imediatamente reconhecível, e mesmo antes da primeira versão do Mac OS X ser lançada, os desenvolvedores terceirizados começaram a produzir *skins* (aparência, cores e estilos para as interfaces de aplicativos) para aplicações personalizáveis que imitavam a aparência do Aqua.

O Mac OS X também inclui suas próprias ferramentas de desenvolvimento de *software*, sendo a mais conhecida o Xcode, um ambiente de desenvolvimento integrado. O Xcode fornece interfaces para compiladores que oferecem suporte a várias linguagens de programação, incluindo C, C++, Objective-C e Java. Para a Transição Apple-Intel, ele foi modificado para que os desenvolvedores pudessem criar facilmente um sistema operacional que permancesse compatível com o Macintosh baseado em Intel e PowerPC.

Virtualização de aplicativo

Pense em todos os diferentes tipos de aplicativos de *software* que vimos na primeira seção deste capítulo, juntamente com os diversos sistemas operacionais que acabamos de analisar. O que acontece quando um usuário que tem uma máquina rodando o Windows precisa executar um aplicativo projetado especificamente para uma máquina que roda Mac OS X? A resposta costumava ser "pegue o Mac de alguém emprestado". Por meio do desenvolvimento da virtualização de aplicativos, surgiu uma resposta muito mais útil e produtiva. *Virtualização de aplicativo* é uma expressão genérica que descreve as tecnologias de *software* que melhoram a mobilidade, o gerenciamento e a compatibilidade dos aplicativos, isolando-os do sistema operacional subjacente em que são executados. Um aplicativo totalmente virtualizado não está instalado no sentido tradicional: é apenas executado como se estivesse. O aplicativo é levado a acreditar que é a interface direta com o sistema operacional original e todos os recursos por ele geridos, quando, na realidade, não é. A virtualização de aplicativo é apenas uma extensão da virtualização do sistema operacional, em que os mesmos conceitos básicos iludem o sistema operacional inteiro, fazendo-o pensar que está sendo executado em um determinado tipo de *hardware*, quando, na verdade, não está.

O conceito de virtualização não é um desenvolvimento recente. O uso de uma máquina virtual era uma prática comum durante a era do *mainframe*, quando máquinas muito grandes eram particionadas em máquinas ou domínios virtuais menores e separadas para permitir aos usuários a execução simultânea de vários conjuntos exclusivos de aplicativos e processos. Cada grupo de usuários utilizava uma parcela do total dos recursos disponíveis da máquina, e a abordagem de virtualização fazia parecer que cada domínio era uma máquina totalmente separada de todo o resto. Se você já configurou um computador novo e criou uma partição no disco rígido, então já conheceu uma vantagem da virtualização. A partir de uma unidade física, você criou duas unidades virtuais, uma para cada partição.

A virtualização de aplicativo é o próximo passo lógico a partir dessas raízes primordiais. Os benefícios para a empresa vão da economia de custos associada a não ter de dispor de múltiplas plataformas para vários aplicativos até a economia de energia associada a não ter um grande número de servidores rodando a baixa capacidade enquanto consomem eletricidade e geram calor.

Uma discussão completa de virtualização vai muito além do escopo deste texto, mas basta dizer que o processo está rapidamente ofuscando as fronteiras entre máquinas e sistemas operacionais, e entre sistemas operacionais e aplicativos. Pense nisso juntamente com o conceito de computação em nuvem e temos os ingredientes de um mundo de aplicativos rodando a qualquer hora, em qualquer lugar e em qualquer máquina.

Ásia, Europa e América Latina: o Linux é global

O fato de o Linux ser um fenômeno internacional não é muito surpreendente, uma vez que o kernel foi inventado pelo estudante finlandês Linus Torvalds, da Universidade de Helsinque. O que começou como um modesto esforço de programação – apenas um hobby, como Torvalds disse uma vez – tem crescido além do estágio de uns poucos usuários independentes que desdenhavam a Microsoft. Na Ásia, por exemplo, o envio de licenças Linux para servidor cresceu 36% em 2004, ao passo que as remessas de licenças de clientes aumentaram 49%.

Algumas das implementações são bastante consideráveis: o Industrial and Commercial Bank of China planeja usar o Linux para todas as operações bancárias *front-end*; a Banca Popolare di Milano na Itália está lançando 4.500 desktops Linux; e a LVM Seguros da Alemanha tem o Linux em 7.700 desktops e 30 servidores, por exemplo.

As razões para a instalação do Linux variam, mas cada vez mais se baseiam menos em fanatismo e mais em aspectos práticos. Grande parte dessa demanda está vindo da China, onde o governo tem apoiado o Linux como uma alternativa ao domínio contínuo da Microsoft no mercado de sistemas operacionais. O apoio do governo não é a única razão pela qual um número crescente de empresas chinesas está usando o Linux. As demandas práticas de negócio também têm importância, particularmente no setor financeiro do país. Em abril de 2005, o maior banco do país, Industrial and Commercial Bank of China (ICBC), anunciou planos para implantar o sistema operacional Turbolinux 7 DataServer, da Turbolinux Inc., para todas as suas operações bancárias *front-end* em um período de três anos.

Em 2003, o MercadoLibre.com SA, uma empresa de varejo *on-line* com sede em Buenos Aires com operações em vários países da região, ampliou sua infra-estrutura de servidor, que foi totalmente feita de caixas da Sun Microsystems Inc. rodando Solaris. A empresa optou por migrar para máquinas HP Itanium rodando um sistema operacional Linux da Red Hat, em vez de adicionar servidores Sun à sua configuração existente. "Com um único tiro, tivemos de resolver três questões: escalabilidade, disponibilidade e desempenho. E tínhamos de fazer isso a um baixo custo", diz Edgardo Sokolowicz, diretor de tecnologia.

Um executivo europeu de TI diz ter feito a mudança para economizar dinheiro em *hardware*: "O Linux em si, como um sistema operacional, não era a razão. O fato é que o Linux nos permitiu usar uma plataforma commodity. Não há nada que não rode nele". Usuários de corporações privadas e do setor público da Europa geralmente citam razões práticas para adotar o sistema operacional de código aberto. Apontam para os benefícios de preço e desempenho. Desejam a liberdade de trocar de *hardware*. Consideram o sistema operacional confiável. Gostam de sua flexibilidade.

"O fato não era que queríamos apenas utilizar o código aberto. Tínhamos de encontrar uma maneira de proteger o nosso investimento na rede de informática", afirma Matthias Strelow, gerente de projeto técnico da LVM Seguros em Münster, na Alemanha. "Não tenho certeza de que teria sido possível com qualquer outro sistema operacional."

Fonte: Adaptado de Juan Perez. "Global Linux: Latin America". *Computerworld*, 18 de julho de 2005; Carol Sliwa. "Europe: Financial Services Companies Lead the Charge to Linux". *Computerworld*, 18 de julho de 2005; e Sumner Lemon e Dan Nystedt. "Global Linux: Asia". *Computerworld*, 18 de julho de 2005.

Outros programas de gerenciamento de sistemas

Existem diversos outros tipos importantes de *software* de gerenciamento de sistemas além dos sistemas operacionais, entre os quais se incluem *sistemas de gerenciamento de banco de dados*, que serão abordados no Capítulo 5, e *programas de gerenciamento de rede*, que serão discutidos no Capítulo 6. A Figura 4.17 compara diversos tipos de *software* de sistema oferecidos pela IBM e por concorrentes.

Vários outros tipos de *software* de gerenciamento de sistemas são comercializados como programas separados ou vendidos como parte do sistema operacional. Um exemplo importante são os **utilitários**. Programas como o Norton Utilities executam diversas funções de manutenção e limpeza do computador, e de conversão de arquivo, como cópia de segurança dos dados, recuperação de dados, proteção antivírus, compactação de dados e desfragmentação de arquivos. A maioria dos sistemas operacionais também oferece muitos utilitários que executam diversas tarefas importantes para o usuário do computador.

Categoria do *software*	O que faz	Produto IBM	Clientes	Principal concorrente	Clientes
Gerenciamento de rede	Monitora redes para controlá-las e mantê-las funcionando.	Tivoli	T. Rowe Price o utiliza para proteger registros de clientes.	HP OpenView	Amazon.com o utiliza para monitorar seus servidores.
Servidor de aplicativo	Transfere dados entre aplicativos de negócios e a web.	WebSphere	REI o utiliza no *site* da empresa e para distribuir dados.	BEA WebLogic	Washingtonpost.com o utiliza para desenvolver novas páginas.
Gerenciador de banco de dados	Proporciona armazenamento digital para dados da empresa.	DB2	Mikasa o utiliza para ajudar os clientes a encontrar produtos *on-line*.	Oracle 11g	Southwest Airlines o utiliza para os programas de fidelidade do cliente.
Ferramentas de colaboração	Aumenta a capacidade de todos os recursos – do *e-mail* aos calendários eletrônicos.	Lotus	São utilizadas pela Sephora para coordenar a manutenção da loja.	Microsoft Exchange	Time Inc. o utiliza para fornecer *e-mail* para seus funcionários.
Ferramentas de desenvolvimento	Permite ao programador criar códigos de *software* com rapidez.	Rational	Merrill Lynch as usa para desenvolver códigos para transações *on-line*.	Microsoft Visual Studio .NET	Usado para desenvolver o sistema de gerenciamento.

FIGURA 4.17 Comparação entre *softwares* de sistemas oferecidos pela IBM e pelos principais concorrentes.

Outros exemplos de programas de suporte de sistema incluem monitores de desempenho e de segurança. Os **monitores de desempenho** são programas que monitoram e ajustam o desempenho e a utilização de um ou mais sistemas de computador para manter a eficácia da execução. Os monitores de segurança são pacotes que monitoram e controlam o uso dos sistemas de computador e fornecem mensagens de alerta, além de registrarem evidências de uso não autorizado de recursos do equipamento. Uma tendência recente é a fusão dos dois tipos de programas em sistemas operacionais como o Windows 2008 Datacenter Server da Microsoft ou em *software* de gerenciamento de sistemas como o CA-Unicenter da Computer Associates, com capacidade para gerenciar tanto sistemas de grande porte como servidores de um centro de dados.

Outra tendência importante em termos de *software* é o uso do *software* de sistema conhecido como **servidores de aplicação**, que oferece interface *middleware*, entre sistema operacional e programas de aplicação dos usuários. **Middleware** consiste em um *software* que auxilia diversas aplicações de *software* e sistemas de computação em rede na troca de dados e no trabalho conjunto mais eficiente. Entre os exemplos, estão os servidores de aplicação, servidores web e *software* de integração de aplicação corporativa (*enterprise application integration* – EIA). Desse modo, por exemplo, os servidores de aplicação, como WebLogic da BEA e WebSphere da IBM, ajudam as aplicações de comércio e negócio eletrônico baseadas na web a executar com mais rapidez e mais eficácia em computadores com Windows, Unix e outros sistemas operacionais.

Linguagem de programação

Para entender melhor a respeito de *software*, é necessário conhecimento básico do papel da linguagem de programação no desenvolvimento dos programas do computador. A **linguagem de programação** permite ao programador criar o conjunto de instruções que constitui o programa do computador. Existem diversas linguagens de programação, cada uma com vocabulário, gramática e uso exclusivos.

Linguagem de máquina

Linguagem de máquina (ou *linguagem de primeira geração*) é o nível mais básico de linguagem de programação. Nos estágios iniciais do desenvolvimento do computador, todas as instruções de programação tinham de ser escritas usando códigos binários exclusivos para cada computador. Esse tipo de programação envolve a difícil tarefa de escrever instruções na forma de sequências de dígitos binários (um e zero) ou de outros sistemas numéricos. Os programadores precisam conhecer em detalhes as operações internas do tipo específico de CPU que estão usando e eles

Quatro níveis de linguagem de programação	
• **Linguagem de máquina:** Uso de instruções de código binário 1010 11001 1011 11010 1100 11011	• **Linguagem de alto nível:** Uso de instruções curtas ou anotações aritméticas BASIC: X = Y + Z COBOL: COMPUTE X = Y + Z
• **Linguagem "montadora":** Uso de instruções codificadas com símbolos LOD Y ADD Z STR X	• **Linguagem de quarta geração:** Uso de instruções naturais e não procedural SUM THE FOLLOWING NUMBERS (SOMAR OS SEGUINTES NÚMEROS)

FIGURA 4.18 Exemplos de quatro níveis de linguagem de programação. Essas instruções em linguagem de programação devem ser usadas para calcular a soma de dois números conforme a expressão X = Y + Z.

devem escrever séries longas de instruções detalhadas para realizar cada tarefa simples de processamento. A programação em linguagem de máquina requer especificação de locais de armazenamento para cada instrução e item de dados utilizados, e é necessário incluir instruções para cada chave e indicador usados pelo programa. Esses requisitos tornam a programação de linguagem de máquina uma tarefa difícil e propensa a erro. Uma programação em linguagem de máquina para somar dois números juntos na CPU de um computador específico e armazenar o resultado deve ter a forma mostrada na Figura 4.18.

Linguagem "montadora" (ou *linguagem de segunda geração*) é o nível seguinte da linguagem de programação. Ela foi criada para reduzir as dificuldades de escrever os programas em linguagem de máquina. O uso da linguagem "montadora" requer um programa conversor de linguagem denominado *"montador"* (*assembler*) que permite ao computador converter as instruções dessa linguagem em instruções da máquina. A linguagem "montadora" frequentemente é chamada linguagem simbólica, porque símbolos são usados para representar códigos de operação e locais de armazenamento. Abreviações alfabéticas convenientes denominadas *mnemônicas* (que ajudam a memorizar) e outros símbolos representam os códigos de operação, locais de armazenamento e elementos de dados. Por exemplo, o cálculo X = Y + Z, em uma linguagem montadora, deve ficar conforme indica a Figura 4.18.

Linguagem "montadora"

A linguagem "montadora" ainda é utilizada como método de programação em linguagem orientada à máquina. A maioria dos fabricantes de computadores fornece uma linguagem "montadora" que reflete o conjunto de instruções em linguagem de máquina exclusiva de uma linha específica de equipamentos. Essa característica é interessante para os *programadores de sistema*, que programam *software* de sistema (ao contrário dos programadores de aplicação, que programam *software* de aplicação), porque propicia mais controle e flexibilidade na criação de um programa para um computador específico. Eles conseguem produzir *softwares* mais eficientes, ou seja, programas que exijam mínimo de instruções, armazenamento e tempo de CPU para executar uma tarefa específica de processamento.

A **linguagem de alto nível** (ou *linguagem de terceira geração*) utiliza instruções, denominadas *sentenças*, que adotam frases curtas ou expressões aritméticas. Cada sentença em linguagem de alto nível consiste, na verdade, em *macroinstruções*, ou seja, cada uma gera diversas instruções para a máquina quando convertida em linguagem de máquina pelos programas conversores de linguagem de alto nível, denominados *compiladores* ou *interpretadores*. As sentenças de linguagem de alto nível lembram frases ou expressões matemáticas necessárias para expressar o problema ou o procedimento programado. A *sintaxe* (vocabulário, pontuação e regras gramaticais) e a *semântica* (significado) dessas sentenças não refletem o código interno de nenhum computador específico. Por exemplo, o cálculo X = Y + Z seria programado em linguagem de alto nível Basic e Cobol como mostra a Figura 4.18.

Linguagem de alto nível

As linguagens de alto nível, como Basic, Cobol e Fortran, são mais fáceis de aprender e programar que a linguagem "montadora", porque as regras, formas e sintaxes são menos rígidas. No entanto, os programas de linguagem de alto nível normalmente são menos eficientes que os de linguagem "montadora" e levam mais tempo para serem convertidos em instruções da máquina.

Como a maioria das linguagens de alto nível é independente da máquina, os programas escritos nessa linguagem não precisam ser reprogramados quando um novo computador é instalado, e os programadores não precisam aprender uma linguagem diferente para cada tipo de computador.

Linguagem de quarta geração

A expressão **linguagem de quarta geração** descreve diversas linguagens de programação mais voltadas à conversação e menos aos procedimentos do que as linguagens anteriores. É chamada linguagem de quarta geração para ser diferenciada da linguagem de máquina (primeira geração), linguagem montadora (segunda geração) e linguagem de alto nível (terceira geração).

A maioria das linguagens de quarta geração consiste em *linguagem não procedural* que incentiva usuários e programadores a especificar os resultados desejados, enquanto o computador determina a sequência de instruções que produzirá tais resultados. Portanto, a linguagem de quarta geração simplifica o processo de programação. A **linguagem natural** às vezes é considerada linguagem de *quinta geração* e fica bem próxima do inglês ou de outras línguas humanas. A atividade de pesquisa e desenvolvimento de inteligência artificial está desenvolvendo linguagens de programação fáceis de usar, como as de uma conversa comum na língua materna de uma pessoa. Por exemplo, Intellect, uma linguagem natural, utilizaria uma sentença como "Qual é a pontuação média do teste MIS 200?" para programar uma simples tarefa de calcular a média de pontos de um teste.

No início da linguagem de quarta geração, os resultados indicaram que ela não comportava ambientes de processamento de alto volume de transações. Se, de um lado, a linguagem de quarta geração caracteriza-se pela facilidade do uso, do outro, é considerada menos flexível do que suas antecessoras, principalmente por causa da necessidade de mais capacidade de armazenamento e de velocidade de processamento. Em um ambiente de grande volume de dados como o de hoje, a linguagem de quarta geração é muito utilizada e não é mais vista com essa característica de alternância entre facilidade de uso e flexibilidade.

Geração automática de códigos

Vinte anos atrás, o engenheiro de *software* Fred Brooks celebremente observou que não havia nenhum bala de prata capaz de matar "o monstro de compromissos perdidos, orçamentos estourados e produtos defeituosos". Hoje, a criação de *software* pode parecer tão cara, sujeita a erros e difícil como sempre, e ainda assim o progresso continua. Embora ainda não haja nenhuma bala de prata à vista, uma série de novas técnicas promete impulsionar ainda mais a produtividade de um programador, pelo menos em alguns domínios de aplicativos.

As técnicas abrangem um amplo espectro de métodos e resultados, mas todas visam à geração automática de *software*. Normalmente, elas geram código a partir de projetos de alto nível e capazes de serem lidos por máquina ou a partir de linguagens de domínio – assistidos por compiladores avançados – que às vezes podem ser usados por não programadores.

Gordon Novak, professor de ciência da computação da Universidade do Texas, em Austin, e membro do Laboratório de Inteligência Artificial da universidade, está trabalhando em "programação automática" – usando bibliotecas de versões genéricas de programas, como algoritmos – para classificar ou encontrar itens em uma lista. Mas, ao contrário de sub-rotinas tradicionais, que possuem interfaces simples mas rígidas e são iniciados por outras linhas de código do programa, a sua técnica funciona em um nível superior e, portanto, mais flexível e fácil de usar.

Os usuários de Novak constroem "visões" que descrevem os dados e princípios do aplicativo e depois conectam as visões por setas nos diagramas que mostram as relações entre os dados. Os esquemas são, em essência, gráficos de altíssimo nível do programa desejado. Eles são compilados de forma que personalizam os algoritmos genéricos armazenados para o problema específico do usuário, e o resultado é um código fonte comum, como C, C++ ou Java.

Novak diz ter sido capaz de gerar 250 linhas de código-fonte de um programa de indexação em 90 segundos com o seu sistema. Isso é equivalente a uma semana da produtividade de um programador médio usando uma linguagem tradicional. "Você está descrevendo seu programa em um nível superior", diz ele. "E o meu programa está dizendo o seguinte: 'posso adaptar o algoritmo para a sua aplicação de forma gratuita'."

Douglas Smith, cientista principal do Kestrel Institute, uma empresa de pesquisa de ciência computacional sem fins lucrativos de Palo Alto, Califórnia, está desenvolvendo ferramentas para "automatizar conhecimentos e inseri-los no computador". Um programador começa com o Specware da Kestrel, que é uma linguagem genérica de quinta geração que especifica as funções de um programa sem ligação com a linguagem de programação final, a arquitetura do sistema, os algoritmos, as estruturas de dados, e assim por diante. O Specware baseia-se em uma biblioteca de componentes, mas estes não são o código. Eles estão em um nível superior e incluem o conhecimento de design e princípios sobre algoritmos, estruturas de dados, e assim por diante. Smith os chama de "modelos abstratos".

Além disso, o Specware pode produzir provas de que o código de trabalho está "correto" – isto é, que obedece aos requisitos colocados pelo usuário (que, evidentemente, podem conter erros). "Alguns clientes querem isso para aplicativos de alta garantia, sem falhas de segurança", diz Smith. A Kestrel trabalha para a Nasa e agências de segurança militar dos Estados Unidos.

"É uma linguagem para escrever os requisitos do problema, uma instrução de alto nível daquilo que a solução deve ser, sem dizer como resolver o problema", diz Smith. "Consideramos que isso é a fronteira final em engenharia de *software*. É o que os analistas de sistemas fazem."

Fonte: Adaptado de Gary Anthes, "In the Labs: Automatic Code Generators", *Computerworld*, 20 de março de 2006.

A **linguagem orientada a objetos**, como Visual Basic, C++, e Java, também é considerada linguagem de quinta geração e tornou-se ferramenta principal no desenvolvimento de *softwares*. Resumidamente, enquanto a maioria das demais linguagens de programação separa elementos de dados dos procedimentos ou das ações a serem executadas com base neles, a linguagem orientada a objetos une tudo e forma objetos. Desse modo, um objeto é constituído por dados e ações a serem executadas com base nesses dados. Por exemplo, um objeto pode ser um conjunto de dados sobre a conta poupança de um cliente do banco e as operações (como cálculo de juros) a serem executadas com base nesses dados; ou pode ser dados gráficos, como uma tela de vídeo e as ações a serem executadas nessa tela (ver Figura 4.19).

Na linguagem procedural, o programa é composto de procedimentos para executar ações com base em cada elemento de dado. No sistema orientado a objetos, estes orientam outros objetos a executar as ações com base em si mesmos. Por exemplo, para abrir uma janela na tela do computador, o objeto menu inicial envia ao objeto janela uma mensagem para se abrir, e a janela aparece na tela. Isso ocorre porque o objeto janela contém o código de programação para abrir a si mesma.

Linguagem orientada a objetos

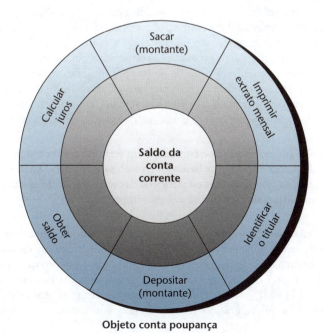

FIGURA 4.19 Exemplo de objeto conta poupança bancária Esse objeto é constituído por dados sobre o saldo da conta do cliente e de operações básicas que podem ser executadas com base nesses dados.

Objeto conta poupança

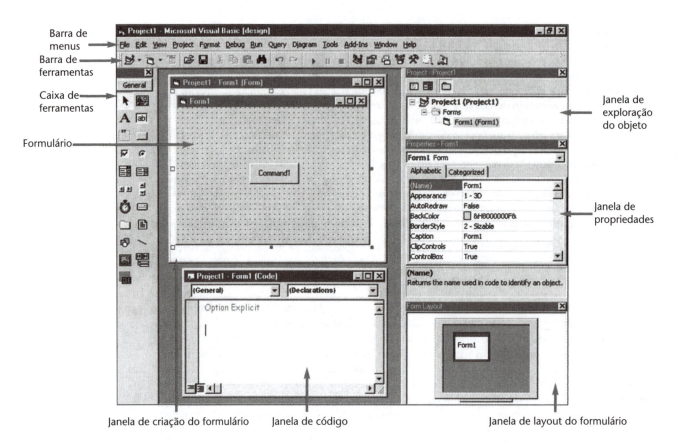

Fonte: Cortesia da Microsoft®.

FIGURA 4.20 Ambiente de programação orientada a objetos Visual Basic.

A linguagem orientada a objetos é mais fácil de usar e mais eficiente na programação de interfaces gráficas do usuário necessárias em muitas aplicações. Portanto, é a linguagem de programação mais utilizada atualmente no desenvolvimento de *softwares*. Além disso, uma vez programados os objetos, eles podem ser reutilizados. Portanto, a reutilização de objetos é um grande benefício da programação orientada a objetos. Por exemplo, os programadores podem criar uma interface do usuário de um novo programa, montando objetos padrão, como janelas, barras, caixas, botões e ícones. Assim, a maioria dos pacotes de programação orientada a objetos oferece uma interface gráfica do usuário que suporta montagem visual de objetos por meio de operações de apontar e clicar, arrastar e soltar com o mouse, conhecida como *programação visual*. A Figura 4.20 mostra a tela de um ambiente de programação orientada a objetos Visual Basic. A tecnologia orientada a objetos será discutida no Capítulo 5, juntamente com os bancos de dados orientados a objetos.

Serviços e linguagens da web

As três linguagens de programação que consistem em ferramentas importantes para a criação de páginas multimídia, *sites* e aplicações baseados na web são: HTML, XML e Java. Além disso, XML e Java tornaram-se componentes estratégicos das tecnologias de *software* que estão auxiliando muitas das iniciativas de serviços na web nas empresas.

HTML

A **HTML** (*Hypertext Markup Language* – Linguagem de Marcação de Hipertexto) é uma linguagem de descrição de uma página para criar documentos de hipertexto ou hipermídia. A HTML insere códigos de controle em locais especificados em um documento que criam ligações (*hiperlinks*) com outras partes do documento ou com outros documentos em qualquer parte da World Wide Web. A HTML embute códigos de controle em texto ASCII de um documento para definir títulos, cabeçalhos, gráficos e componentes multimídia, além de *hiperlinks* dentro do documento.

Como já foi mencionado, diversos programas incluídos nas principais suítes de *software* automaticamente convertem documentos em formato HTML. Entre eles, estão navegadores web, programas de processamento de texto e planilha eletrônica, gerenciadores de banco de dados e pacotes de apresentação gráfica. Esses e outros programas especializados de *publicação na web*, como o Microsoft FrontPage, Lotus FastSite e Macromedia DreamWeaver, oferecem ampla gama de recursos para ajudar o usuário a desenhar e criar páginas multimídia para a web sem a programação HTML formal.

A **XML** *(eXtensible Markup Language* – Linguagem de Marcação Extensível) não é uma linguagem de descrição de formato de página web, como a HTML. Ao contrário, a XML descreve o conteúdo das páginas web (como de documentos corporativos destinados ao uso na web), aplicando identificadores ou *marcadores contextuais* nos dados dos documentos da web. Por exemplo, a página de uma agência de viagens, com nomes de linhas aéreas e horários de voos, teria marcadores XML ocultos como "nome da companhia aérea" e "horário de voo" para classificar cada horário dessa companhia na página. Além disso, os dados de estoque de produtos disponíveis em um *site* poderiam ter marcadores como "marca", "preço" e "tamanho". Os dados colocados dessa forma facilitam a busca, classificação e análise de informações na web.

XML

Por exemplo, um *software* de busca compatível com XML facilmente localizará o produto exato pesquisado se os dados do item na web tiverem marcadores de identificação XML. E um *site* web criado com XML determinaria mais facilmente as características da página utilizadas pelo cliente e os produtos pesquisados. Portanto, a XML promete facilitar muito e tornar mais eficientes os processos de comércio e negócio eletrônico, auxiliando o intercâmbio eletrônico automático de dados empresariais entre companhias e seus clientes, fornecedores e outros parceiros comerciais.

Como mencionado no início do capítulo, este livro foi completamente revisado e editado para a edição atual, por meio de um aplicativo baseado em XML chamado PowerXEditor, da Aptara. Vamos concentrar nossa atenção nesse aplicativo singular de XML destinado a gerar ganhos de eficiência na indústria editorial.

Aptara, Inc.: revolucionando a indústria de editoração por meio da XML

A indústria editorial sofreu uma convulsão na última década. A "cauda longa" de vendas de livros já existentes por meio de vendedores *on-line* como a Amazon e a melhoria nas tecnologias de *hardware* e *software* capazes de replicar a experiência de ler um livro ou revista indicam que as editoras estão imprimindo e vendendo cada vez menos livros inéditos. Como resultado, muitas dessas empresas estão se aventurando na editoração digital.

"Todas as editoras estão mudando do impresso para o digital", anunciou Dev Ganesan, presidente e CEO da Aptara, empresa especializada em transformação de conteúdo. "É uma mudança e tanto. As empresas de *software* precisam desenvolver plataformas para criação de conteúdos que atendam às necessidades de cada cliente. Ao mesmo tempo, os clientes estão considerando a editoração em termos de manipulação de conteúdo em relação a autores, editores e funcionários da produção. E, além disso, estão tentando automatizar partes do processo de produção. E as empresas devem estar dispostas a comercializar produtos usando a mídia tradicional e a nova para atingir o maior público possível. Assim, há uma série de desafios, mas também um monte de oportunidades."

O resultado de tudo isto é que os profissionais de aprendizagem podem agora fornecer conteúdo de forma mais flexível e com menor custo. Eles podem transformar conteúdos estáticos em dinâmicos ao tomarem um volume de conhecimento impresso, como um livro, e converterem-no em um formato digital. Podem, em seguida, dividir esse conteúdo em pedaços menores e organizar essas pepitas de informação de acordo com as necessidades dos alunos. Além disso, podem fazer que o conteúdo seja publicado e distribuído com muito mais rapidez por meio das mídias digitais *on-line*. Isso é crucial em uma indústria que, como a de saúde, enfrenta rápidas mudanças decorrentes das inovações e regulamentações tecnológicas, disse outra fonte da Aptara.

"Além da redução de custos, eles querem mudanças muito mais rapidamente", afirmou. "O momento certo para comercialização torna-se fundamental porque há muita inovação acontecendo. Se eles não têm seus produtos de impressão prontos mais agilmente, acabam ficando para trás".

Um produto inovador da Aptara é o PowerXEditor (PXE). Aplicativo baseado em XML, o PXE permite que um editor faça upload de um layout de livro existente; edite ou revise todos os elementos do livro, incluindo a aparência e percepção dos textos, figuras, tabelas e outros elementos exclusivos para esse livro; e insira o livro em um programa de paginação que define a versão para impressão final. A questão importante é que tudo isso é feito em formato digital em vez do método anteriormente comum de dividir páginas e cortar e colar figuras e tabelas. Como o conteúdo do PXE é baseado em XML, o aplicativo pode ser acessado pela internet usando qualquer navegador web convencional. Isso significa que todos os que trabalham no livro podem ter acesso a vários capítulos e elementos onde quer que estejam. Adicione na administração do fluxo de trabalho os aspectos do PXE, e todas as fases de revisão, edição de texto e processos de verificação do livro podem ser manipuladas com facilidade.

A Figura 4.21 mostra uma típica tela do PXE. Você pode notar que se trata do processo de edição da página que você está lendo. A Figura 4.22 mostra o código XML da mesma página.

Fonte: Adaptado de Brian Summerfield. "Executive Briefings: Balancing Print and Digital Media". *Chief Learning Officer*, março de 2008. Disponível em http://www.clomedia.com/includes/printcontent.php?aid=2133

FIGURA 4.21 O PowerXEditor baseado em XML permite que todos os colaboradores do projeto de um livro tenham acesso aos elementos do livro por meio de um navegador web comum. Esta é uma tela do PXE da página que você está lendo agora.

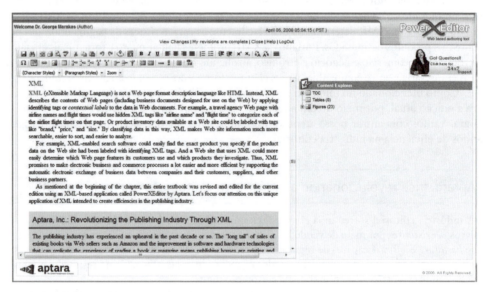

Fonte: Cortesia da Aptara.

FIGURA 4.22 Esta é seção do código XML da página que você está lendo agora. Embora seja semelhante ao código-fonte em HTML, a XML é muito mais poderosa e complexa.

```
features to help you design and create multimedia Web pages without formal HTML programming.
</p>
<p class="Head3" id="head3_19">XML</p>
- <p class="Para_FL">
- <span class="Def_term">
<b>XML</b>
</span>
(eXtensible Markup Language) is not a Web page format description language like HTML. Instead, XML
describes the contents of Web pages (including business documents designed for use on the Web) by
applying identifying tags or
<i>contextual labels</i>
to the data in Web documents. For example, a travel agency Web page with airline names and flight
times would use hidden XML tags like "airline name" and "flight time" to categorize each of the airline
flight times on that page. Or product inventory data available at a Web site could be labeled with tags
like "brand," "price," and "size." By classifying data in this way, XML makes Web site information much
more searchable, easier to sort, and easier to analyze.
</p>
<p class="Para_indented">For example, XML-enabled search software could easily find the exact product
you specify if the product data on the Web site had been labeled with identifying XML tags. And a Web
site that uses XML could more easily determine which Web page features its customers use and which
products they investigate. Thus, XML promises to make electronic business and commerce processes a
lot easier and more efficient by supporting the automatic electronic exchange of business data between
companies and their customers, suppliers, and other business partners.</p>
<p class="Head3" id="head3_20">Java and .NET</p>
- <p class="Para_FL">
- <span class="Def_term">
```

Fonte: Cortesia da Aptara.

Java é uma linguagem de programação orientada a objetos criada pela Sun Microsystems e que está revolucionando a programação de aplicações para a World Wide Web e intranets e extranets corporativas. A linguagem Java está relacionada com as linguagens de programação C++ e Objective C, mas é muito mais simples e mais segura, além de ser independente da plataforma de computação. A Java também se destina especificamente às aplicações de rede de tempo real, interativas e baseadas na web. As aplicações Java são compostas por pequenos programas de aplicação, denominados *applets*, e podem ser executadas por qualquer computador e em qualquer sistema operacional de qualquer local da rede.

Java e .NET

Uma das principais razões da popularidade da linguagem Java é a facilidade de criação e distribuição dos *applets*, dos servidores da rede para os PCs-cliente e para os computadores da rede. Os *applets* podem consistir em pequenos programas de aplicação para fins especiais ou pequenos módulos de programas maiores de aplicações Java. Os programas Java também são independentes de plataforma – podem ser executados nos sistemas Windows, Unix e Macintosh sem nenhuma modificação.

A linguagem **.NET** da Microsoft é um conjunto de assistentes de programação para serviços na web, ou seja, um recurso para utilizar a web em lugar do próprio computador do usuário para acessar vários serviços (ver adiante). A linguagem .NET destina-se a oferecer a usuários individuais e empresariais interface interoperativa via web para aplicações e dispositivos do computador, além de tornar as atividades de computação cada vez mais orientadas a navegadores web. A plataforma.NET abrange servidores, serviços de componentes, como armazenamento de dados baseado na web; e *software* de dispositivos. Ela também inclui o Passport, serviço de verificação de identidade que requer preenchimento de formulários apenas uma única vez.

A plataforma .NET destina-se a permitir o funcionamento simultâneo de todos os dispositivos de computação e a atualização automática e sincronizada de todas as informações do usuário. Além disso, deverá oferecer serviços especiais de assinatura *on-line*. O serviço permitirá o acesso a produtos e serviços personalizados e a utilização destes de um ponto inicial central para gerenciamento de várias aplicações (por exemplo, *e-mail*) ou *software* (por exemplo, Office .NET). Para os desenvolvedores, a .NET oferece capacidade de criar e reutilizar módulos, aumentando, assim, a produtividade e reduzindo a quantidade de erros de programação.

A expectativa para o lançamento completo da .NET é de alguns anos, com lançamento periódico de produtos, como serviço de segurança pessoal e novas versões do Windows e Office, chegando separadamente ao mercado para implementar a estratégia da .NET. Hoje, já está disponível o ambiente de desenvolvimento Visual Studio .NET; além disso, o Windows XP possui algumas capacidades de .NET.

A versão mais recente da linguagem Java é a Java Enterprise Edition 5 (Java EE 5), que se tornou principal alternativa à plataforma de desenvolvimento de *software* .NET da Microsoft para muitas organizações que pretendem capitalizar o potencial comercial das aplicações e dos serviços baseados na web. A Figura 4.23 compara as vantagens e desvantagens da utilização da Java EE 5 e .NET no desenvolvimento de *software*.

Serviços na web são componentes de *software* baseados na estrutura da web e nas tecnologias e nos padrões orientados a objetos para utilização da web para ligar eletronicamente as aplicações de diferentes usuários e diferentes plataformas de computação. Portanto, os serviços na web ligam funções empresariais básicas para compartilhar dados, em tempo real dentro das aplicações baseadas na web, por uma empresa com seus clientes, fornecedores e outros parceiros. Por exemplo, os serviços na web permitem à aplicação de compras de uma empresa verificar rapidamente o estoque de um fornecedor antes de emitir um grande pedido, enquanto a aplicação de vendas do fornecedor utiliza os serviços para verificar automaticamente a classificação de crédito da empresa em um serviço de informação de crédito antes de aprovar a compra. Desse modo, tanto entre as empresas como entre os profissionais de TI, a expressão *serviços na web* é comumente utilizada para descrever as funções de computação e negócios baseadas na web ou de serviços realizados pelas tecnologias e pelos padrões de *software* da web.

Serviços na web

A Figura 4.22 mostra o funcionamento dos serviços na web e identifica algumas das tecnologias e dos padrões básicos envolvidos. A linguagem XML é uma das principais tecnologias que viabilizam o funcionamento das aplicações dos serviços na web entre diferentes plataformas de computação. São importantes também a **UDDI** (Universal Description and Discovery In-

Java EE 5		.NET	
Prós	**Contras**	**Prós**	**Contras**
• Pode ser executada em qualquer sistema operacional e servidor de aplicativo (pode precisar de ajustes). • Comporta aplicações complexas de alto volume e de grandes transações. • Possui mais recursos empresariais para gerenciamento de sessões, solução de falhas, equilíbrio de carga e integração de aplicativo. • Conta com fornecedores experientes, como IBM, BEA, SAP e Oracle. • Oferece ampla gama de escolha de fornecedores de ferramentas e fornecedores de aplicativos. • Possui histórico comprovado.	• O ambiente de desenvolvimento do aplicativo é complexo. • As ferramentas às vezes são de difícil utilização. • A capacidade do ambiente Java Swing para criar interfaces gráficas do usuário tem limitações. • O custo de criação, desenvolvimento e controle de aplicativos pode se elevar. • Não contém suporte incorporado para padrões de serviço da web. • É difícil de utilizar em projetos de mercado de massa de alta rotatividade e de baixo custo.	• Ferramenta de fácil utilização aumentam a produtividade do programador. • Possui uma estrutura sólida para a criação de sofisticadas interfaces gráficas do usuário. • Oferece aos desenvolvedores opções para trabalhar com mais de vinte linguagens de programação. • Está firmemente integrada com o sistema operacional e o *software* de servidor corporativo da Microsoft. • Pode custar mais barato por causa, em parte, do servidor de aplicativo incorporado ao Windows, do gerenciamento unificado e da ferramentas mais baratas. • Contém suporte incorporado para padrões de serviço da web.	• A estrutura é executada apenas no Windows, restringindo as opções de fornecedor. • Os usuários das ferramentas e tecnologia anteriores enfrentam aprendizagem potencialmente intensa. • A nova infraestrutura de programas de execução não está madura. • Ainda há dúvida sobre a escalabilidade e capacidade de transação da plataforma do Windows. • As opções do ambiente de desenvolvimento integrado são limitadas. • A execução de aplicativos antigos no novo ambiente .NET pode ser complicada.

Fonte: Carol Silwa, ".NET *versus* Java", *Computerworld*, 20 de maio de 2002, p. 31.

FIGURA 4.23 Os benefícios e as limitações das plataformas de desenvolvimento de *software* Java Enterprise Edition 5 (Java EE 5) e Microsoft.NET.

FIGURA 4.24 As etapas básicas para a realização de um aplicativo de serviços da web.

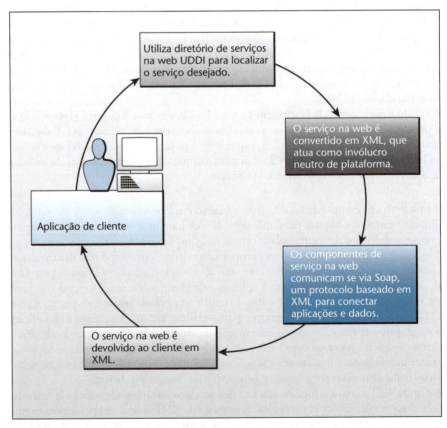

Fonte: Adaptada de Bala Iyer, Jim Freedman, Mark Gaynor e George Wyner. "Web Services: Enabling Dynamic Business Networks", *Communications of the Association for Information Systems,* 11 2003, p. 543.

tegration), a lista de "páginas amarelas" de todos os serviços na web que permite localizá-los e utilizá-los, e o **Soap** (Simple Object Access Protocol), protocolo baseado em XML de especificações para conectar as aplicações com os dados necessários.

Os serviços da web são uma promissora tecnologia de *software* para automação do acesso aos dados e de funções de aplicação entre uma empresa e seus parceiros comerciais. As companhias estão realizando cada vez mais negócios pela web, portanto, se os serviços estão se tornando fundamentais para atender às necessidades de aplicações fáceis e eficientes de comércio e negócios eletrônicos. A flexibilidade e interoperabilidade dos serviços na web também serão essenciais para lidar com as rápidas mudanças nas relações entre companhia e parceiros comerciais, cada vez mais comuns no ambiente empresarial dinâmico e global de hoje.

Airbus: voando em SAP e serviços da web

A construtora europeia de aeronaves Airbus tem implementado um aplicativo de gerenciamento de viagens baseado em serviços da web da SAP como um primeiro passo para uma migração de toda empresa para uma arquitetura orientada a serviços (SOA). A fabricante de aviões está instalando o componente de gerenciamento de viagens do *software* ERP da SAP – o mySAP –, que usa a tecnologia SOA. "O novo sistema substitui um sistema desenvolvido na fábrica da empresa na França, um sistema baseado em Lotus, em suas operações na Espanha e versões anteriores do SAP nas instalações na Alemanha e no Reino Unido", informa James Westgarth, gerente de contratos da tecnologia de viagens da Airbus.

"Gostamos da ideia de uma arquitetura aberta, que a tecnologia SOA permite", diz Westgarth. "Gostamos de gerir tudo internamente e de escolher a melhor solução em cada classe." Componentes adicionais, como reserva *on-line*, também poderão vir da SAP, se o fornecedor de *software* tiver um produto superior para essa aplicação", conclui Westgarth.

A decisão de implantar um novo sistema de gestão de viagens baseado em serviços da web foi orientada, em grande parte, pela necessidade de reduzir os custos administrativos e melhorar os processos de negócios.

A Airbus tem um orçamento de viagem de 250 milhões de euros, que é usado para pagar mais de 180 mil viagens por ano. A empresa pretende reduzir custos, eliminando o processo atual de reembolso em papel, que consome tempo e trabalho, com um sistema que permite aos funcionários processar suas próprias despesas de viagem *on-line* a partir de seus computadores ou dispositivos móveis.

Um dos principais benefícios para os funcionários é que o período de reembolso será reduzido de dez para cerca de três dias. Além disso, o novo sistema permite à Airbus integrar novos prestadores de serviços com mais facilidade em suas operações, observa Westgarth. O fabricante terceirizou sua atividade de recuperação de impostos para empresas especializadas na tarefa. Com a ajuda de dinamizadores de *links* de aplicativos, Westgarth e sua equipe são capazes de conectar o seu sistema de gestão de viagens a outros aplicativos SAP da empresa, incluindo finanças e recursos humanos. A Airbus tem uma estratégia para, eventualmente, migrar para o ERP mySAP através de vários sistemas e países ao longo de vários anos.

"A empresa escolheu o gerenciamento de viagens como teste para o ERP mySAP", diz Westgarth, que admite que houve alguns problemas com a implantação do aplicativo de gerenciamento de viagens: "Como somos a primeira grande empresa a implementar essa tecnologia, temos tido dificuldade em encontrar um número suficiente de pessoas qualificadas no mercado. E foi necessário algum trabalho para a integração da interface web em nosso portal."

Entretanto, os funcionários da Airbus, segundo Westgarth, gostam da nova interface de usuário do aplicativo baseado na web, o log-in único e as orientações passo a passo. E a empresa gosta de flexibilidade. "Há cinco anos, ninguém falava sobre as empresas aéreas de baixo custo", disse ele. "Precisamos nos adaptar ao mercado e às novas necessidades."

Fonte: Adaptado de John Blau. "Airbus Flies on Web Services With SAP". *IDG News Service/CIO Magazine*, 8 de junho de 2006.

Software de programação

Existem diversos pacotes de *software* para ajudar programadores a criar programas para o computador. Por exemplo, *tradutores de linguagem de programação* são programas que convertem outros programas em códigos de instruções de linguagem de máquina executáveis no computador. Outros pacotes de *software*, como editores de linguagem de programação, são denominados *ferramentas de programação* porque oferecem aos programadores diversos recursos de criação e edição de programas que facilitam o trabalho de programação (ver Figura 4.23).

Programas conversores de linguagem

Os programas dos computadores consistem em conjuntos de instruções escritos em linguagem de programação que precisam ser convertidos por um **tradutor de linguagem** em linguagem de máquina do próprio computador antes de serem processados, ou executados, pela CPU. Os programas tradutores de linguagem de programação (ou *processadores de linguagem*) são conhecidos por diversos nomes diferentes. O programa **montador** *(assembler)* converte os códigos simbólicos das instruções do programa escritos em linguagem "montadora" em instruções de linguagem de máquina, ao passo que **compilador** converte as sentenças de linguagem de alto nível.

O **interpretador** é um tipo especial de compilador que, diferentemente dos programas compilador e montador, converte e executa uma a uma as sentenças de um programa em vez de produzir primeiramente um programa completo em linguagem de máquina. Java é um exemplo de linguagem interpretada. Sendo assim, as instruções do programa em *applets* Java são interpretadas e executadas *durante* a execução do *applet* por um PC-cliente.

Ferramentas de programação

O processo de desenvolvimento de *software* e de programação do computador avançou muito com a implementação das *interfaces de programação gráfica* e a incorporação de diversos recursos de desenvolvimento. Os tradutores de linguagem sempre ofereceram alguns recursos de edição e diagnóstico para identificar erros de programação ou *bugs*. Entretanto, agora, a maioria dos programas de desenvolvimento de *software* contém potentes *depuradores* e *editores de programação* gráficos. Essas **ferramentas de programação** ajudam os programadores a identificar e minimizar erros durante a programação. Esse tipo de ferramenta oferece ambiente de programação assistido por computador, recurso que reduz o trabalho pesado de programação e aumenta a eficácia e a produtividade dos desenvolvedores de *software*. Outras ferramentas de programação abrangem pacotes de diagramação, geradores de códigos, bibliotecas de objetos reutilizáveis e de códigos de programa e ferramentas para criação de protótipos. Todas essas ferramentas de programação são parte essencial das linguagens de programação mais utilizadas, como Visual Basic, C++ e Java.

FIGURA 4.25 Utilização de interface de programação gráfica da ferramenta de programação Java, Forte for Java, da Sun Microsystems.

Fonte: Cortesia da Sun Microsystems.

Ferramentas Case

Desde os primórdios da programação, os desenvolvedores de *software* necessitam de ferramentas automatizadas. Inicialmente, a maior demanda era por ferramentas de apoio para programas, como tradutores, compiladores, *assemblers*, processadores de macro, vinculadores e carregadores. No entanto, como os computadores se tornaram mais poderosos e o *software* executado por eles ficou maior e mais complexo, a gama de ferramentas de apoio começou a se expandir. Em particular, o uso de sistemas *time-sharing* interativos para o desenvolvimento de *software* encorajou o desenvolvimento de editores de programas, depuradores e analisadores de códigos.

Como a gama de ferramentas de suporte aumentou, os fabricantes começaram a integrá-los em um único aplicativo usando uma interface comum. Essas ferramentas foram chamadas de ferramentas Case.

As **ferramentas Case** podem ter vários formatos e ser aplicadas em diferentes fases do processo de desenvolvimento de *software*. As ferramentas CasE que dão suporte a atividades no início do ciclo de vida de um projeto de *software* (por exemplo, ferramentas de requerimento ou de suporte ao projeto) são, às vezes, chamadas *front-end* ou ferramentas *lower Case*. Aqueles que são usadas mais tarde no ciclo de vida (por exemplo, compiladores ou ferramentas de suporte de teste) são denominadas de *back-end* ou ferramentas *lower Case*.

Explorar em detalhe as ferramentas Case está além do escopo deste texto, e você vai encontrá-las novamente no estudo de análise e projeto de sistemas. Por enquanto, lembre-se de que Case é uma parte importante da solução dos problemas de desenvolvimento de aplicativos complexos e da manutenção de aplicativos de *software*.

Resumo

- **Software.** O *software* do computador consiste em dois tipos principais de programa: (1) *software* de aplicação, que dirige o desempenho de um uso específico, ou aplicação específica, dos computadores para atender às necessidades de processamento de informações dos usuários, e (2) *software* de sistema, que controla e auxilia as operações do sistema de computador durante a execução de diversas tarefas de processamento de informações. Consulte a Figura 4.2 para obter uma visão geral dos principais tipos de *software*.

- **Software de aplicação.** Os *softwares* de aplicação abrangem diversos programas que podem ser divididos em categorias para fins gerais e aplicações específicas. Os programas de aplicação para fins gerais executam tarefas comuns de processamento de informações de usuários finais. São exemplos desse tipo de programa o *software* de processamento de texto, planilha eletrônica e apresentação gráfica. Os programas de aplicação específica realizam tarefas de processamento de informações de apoio a funções ou processos empresariais específicos, aplicações de engenharia ou científicas e outras aplicações de computador utilizados na sociedade.

- **Software de sistema.** Os *softwares* de sistema podem ser subdivididos em programas de gerenciamento de sistemas e programas de desenvolvimento de sistemas. Os programas de gerenciamento de sistemas controlam o *hardware*, o *software*, a rede e os recursos de dados do sistema de um computador durante a execução das tarefas de processamento de informações. São exemplos de programas desse tipo sistemas operacionais, programas de gerenciamento de redes, sistemas de gerenciamento de banco de dados, utilitários de sistemas, servidores de aplicação e monitores de desempenho e segurança. Os programas de gerenciamento de redes auxiliam e controlam as atividades de telecomunicações e o desempenho das redes de telecomunicações. Os sistemas de gerenciamento de banco de dados controlam o desenvolvimento, a integração e a manutenção dos bancos de dados. Os utilitários são programas que executam funções rotineiras de computação, como cópias de segurança de dados ou cópia de arquivos, como parte de um sistema operacional ou como um pacote separado. Os programas de desenvolvimento de sistemas, como os tradutores de linguagem e editores de programação, ajudam os especialistas em sistemas de informações a criar programas de computador para suportar os processos empresariais.

- **Sistemas operacionais.** Os sistemas operacionais consistem em um sistema integrado de programas que supervisiona a operação da CPU, controla as funções de entrada, saída, e armazenamento do sistema do computador, e oferece diversos serviços auxiliares. O sistema operacional executa cinco funções básicas: (1) interface do usuário para a comunicação entre sistema rede e usuários, (2) gerenciamento de recursos para controle dos recursos de *hardware* do sistema de computador, (3) gerenciamento de arquivos para controlar arquivos de dados e programas, (4) gerenciamento de tarefas para controlar as tarefas a serem

executadas pelo computador, e (5) utilitários e outras funções diversas de apoio.
- **Linguagem de programação.** Linguagem de programação é uma categoria importante do *software* de sistemas. Ela utiliza diversos pacotes de programação para ajudar os programadores a criar programas para o computador, e tradutores de linguagem para converter as instruções de linguagem de programação em códigos de instrução de linguagem de máquina. Os cinco principais níveis de linguagem de programação são linguagem de máquina, "montadora", de alto nível, de quarta geração e orientada a objetos. A orientada a objetos como Java e as linguagens para fins especiais, como HTML e XML, estão sendo amplamente usadas para aplicações e serviços empresariais baseados na web.

Termos e conceitos-chave

Estes são os termos e conceitos-chave abordados neste capítulo. O número entre parênteses refere-se à página em que consta a explicação inicial.

1. Computação em nuvem (136)
2. *E-mail* (128)
3. Editoração eletrônica (131)
4. Ferramentas Case (159)
5. Gerenciador de informações pessoais (133)
6. *Groupware* (133)
7. HTML (152)
8. Interface do usuário (138)
9. Java (155)
10. Linguagem "montadora" (149)
11. Linguagem de alto nível (149)
12. Linguagem de máquina (148)
13. Linguagem de programação (148)
14. Linguagem de quarta geração (150)
15. Linguagem natural (150)
16. Linguagem orientada a objetos (151)
17. Memória virtual (141)
18. Mensagem instantânea (129)
19. Middleware (148)
20. Multitarefa (142)
21. Navegador web (128)
22. Pacotes integrados (127)
23. Planilha eletrônica (131)
24. Programas de apresentação gráfica (132)
25. Programas de aplicação (122)
26. Provedores de serviços de aplicativos (134)
27. Serviços na web (155)
28. Sistema operacional (138)
29. *Software* Cots (122)
30. *Software* de aplicação (122)
31. *Software* de aplicação com funções específicas (126)
32. *Software* de processamento de texto (130)
33. *Software* de sistema (138)
34. *Software* sob medida (122)
35. Suítes de *software* (127)
36. Tradutor de linguagem (158)
37. Utilitários (147)
38. XML (153)

Questionário de revisão

Relacione um dos termos e conceitos mencionados anteriormente com os seguintes exemplos ou definições. Procure a melhor opção para respostas que pareçam corresponder a mais de um conceito ou termo. Justifique suas escolhas.

_____ 1. Uma abordagem para a computação em que as tarefas são atribuídas a uma combinação de conexões, *softwares* e serviços acessados por uma rede.

_____ 2. Programas que dirigem o desempenho de uso específico do computador

_____ 3. Sistema de programas que gerencia as operações do sistema de um computador.

_____ 4. Companhias que possuem, operam e mantêm *softwares* de aplicação e recursos de sistema de computadores mediante pagamento de uma taxa como serviço da internet.

_____ 5. Ferramenta de *software* integrada que auxilia o desenvolvimento de aplicações de *software*.

_____ 6. *Software* criado internamente para uso por uma organização específica ou por um conjunto de usuários.

_____ 7. Função que proporciona o meio de comunicação entre usuários finais e o sistema operacional.

_____ 8. Acrônimo que significa *commercial off-the-shelf*

_____ 9. Proporciona capacidade maior de memória do que a capacidade real do computador.

_____ 10. Capacidade de realizar simultaneamente diversas tarefas de computação.

_____ 11. Converte dados numéricos em exibição gráfica.

_____ 12. Converte instruções de alto nível em instruções de linguagem de máquina.

_____ 13. Executa tarefas de manutenção do computador.

_____ 14. Categoria de *software* de aplicação que executa tarefas comuns de processamento de informações de usuários finais.

_____ 15. *Software* disponível para aplicações específicas de usuários finais nas áreas empresariais, científicas e outras

_____ 16. Ajuda a navegar na web.
_____ 17. Utiliza o computador conectado em rede para enviar e receber mensagens.
_____ 18. Cria e exibe uma planilha para análise.
_____ 19. Permite criar e editar documentos.
_____ 20. Permite produzir catálogos e informativos.
_____ 21. Ajuda a controlar os compromissos e as tarefas.
_____ 22. Programa que executa diversas aplicações para fins gerais.
_____ 23. Combinação de pacotes individuais de aplicação para fins gerais que funcionam bem em conjunto.
_____ 24. *Software* que propicia a colaboração entre equipes e grupos de trabalho.
_____ 25. Utiliza instruções na forma de sequências codificadas de um e zero.
_____ 26. Utiliza instruções constituídas por símbolos que representam códigos de operação e locais de armazenamento.
_____ 27. Utiliza instruções na forma de sentenças curtas ou de notação padrão de matemática.
_____ 28. Pode tomar a forma de linguagem de consulta e geradora de relatórios.
_____ 29. Linguagem que une dados e ações a serem executadas com base nos dados.
_____ 30. Fácil de utilizar como a língua materna.
_____ 31. Inclui editores, depuradores e geradores de códigos de programação.
_____ 32. Produz documentos multimídia com *hiperlink* para a web.
_____ 33. Linguagem de descrição de conteúdo para documento da web.
_____ 34. Linguagem popular orientada a objetos para aplicações baseadas na web.
_____ 35. Windows, Linux e Mac OS são exemplos comuns.
_____ 36. *Software* que ajuda no funcionamento conjunto de diversas aplicações.
_____ 37. Permite a colaboração e comunicação em tempo real com colegas do grupo de trabalho que estejam *on-line*.
_____ 38. Liga funções empresariais dentro das aplicações para a troca de dados entre companhias pela web.

Questões para discussão

1. Quais são as principais tendências em termos de *software*? Que recursos você esperar ver nos futuros pacotes de *software*?
2. Como as diferentes funções dos *softwares* de sistema e de aplicação afetam o usuário final empresarial? Que mudanças ocorrerão no futuro?
3. Consulte o "Caso do mundo real 1" sobre *software* como serviço (SaaS) neste capítulo. Você acha que seria melhor a GE ter desenvolvido um sistema especificamente adaptado às necessidades da empresa, uma vez que a cadeia de suprimentos da empresa é única no mundo?
4. Por que o sistema operacional é necessário? Ou seja, por que não basta ao usuário final carregar o programa de aplicação no computador e começar a trabalhar?
5. O navegador web deve ser integrado no sistema operacional? Por quê?
6. Consulte o "Caso do mundo real 2" sobre compartilhamento de dados e XML neste capítulo. Como já mencionado, a XML precisa ser personalizada com etiquetas ou rótulos vinculados ao domínio do negócio para o qual ela será utilizada. Como as empresas lidam com a necessidade de criar esquemas que são específicos para as suas organizações em relação ao compartilhamento de dados ideal com seus parceiros? Existe um risco de resultar em um monte de especificações proprietárias de XML?
7. Está havendo uma fusão entre suítes de *software*, navegadores web e *groupware*? Quais são as implicações dessa fusão para o usuário final e o empresarial?
8. Como as linguagens HTML, XML e Java estão influenciando as aplicações empresariais na web?
9. Na sua opinião, o Linux suplantará em adoção e uso outros sistemas operacionais para servidores de rede e da web? Por quê?
10. Que principais pacotes de *software* de aplicação os usuários finais corporativos devem saber utilizar? Justifique as suas escolhas.

Exercícios de análise

Complete os exercícios seguintes como trabalhos individuais ou em grupos que apliquem os conceitos do capítulo a situações de negócios no mundo real.

1. **Loja de Departamentos ABC:**
   Escolha de *software*
   A loja de departamentos ABC deseja adquirir um *software* para realizar as seguintes tarefas. Identifique os pacotes de *software* necessários.

   a. Navegar na web e nas intranets e extranets.
   b. Enviar mensagens entre estações de trabalho.
   c. Ajudar os funcionários a trabalhar em equipe.
   d. Utilizar um grupo de pacotes de produtividade que funcionem bem juntos.

e. Ajudar os representantes de vendas a controlar a agenda de reuniões e visitas a clientes.
f. Digitar correspondências e relatórios.
g. Analisar linhas e colunas das estatísticas de vendas.
h. Criar diversas apresentações gráficas.

2. **O bug do milênio revisto**

O fim dos tempos

Décadas atrás, programadores, ao tentarem economizar valioso espaço de armazenamento, reduziram a indicação do ano para os dois dígitos finais. Esse atalho criou aquilo que ficou conhecido como o "bug do milênio", na virada do século. Os programadores precisaram rever bilhões de linhas de código para se certificarem de que importantes programas continuariam a funcionar corretamente. O bug do milênio se fundiu com o *boom* das pontocom e criou uma enorme demanda de funcionários de tecnologia da informação. Os usuários de sistemas de informação gastaram bilhões de dólares consertando ou substituindo *softwares* antigos. Somente agora a indústria de TI está começando a se recuperar da queda após o boom. É possível que essa histeria aconteça de novo? É – e, muito provavelmente, irá acontecer outra vez.

Hoje, a maioria dos programas usa vários esquemas diferentes para gravar datas. Um esquema, a era Posix, amplamente empregado em sistemas baseados em Unix, requer um inteiro de 32 bits com sinal para armazenar um número que representa a quantidade de segundos desde 1º de janeiro de 1970. O "0" representa a meia-noite de 1º de janeiro "10", 10 segundos após a meia-noite; e "-10", 10 segundos antes da meia-noite. Um programa simples, em seguida, converte esses dados em qualquer número de formatos internacionais de data para exibição. Esse esquema funciona bem porque permite que os programadores subtraiam uma data/hora de outra data/hora e determinem diretamente o intervalo entre elas. Também requer apenas 4 *bytes* de espaço de armazenamento. Mas 32 bits continuam a servir para cálculo de números finitos, enquanto o tempo é infinito. Como gerente de negócios, você precisa estar ciente da nova ameaça e evitar que a sua organização repita a história. As questões a seguir o ajudarão a avaliar a situação e a aprender com a experiência.

a. Se 1 representa 1 segundo, e 2 representa 2 segundos, quantos segundos podem ser representados em um número binário de 32 bits? Use uma planilha para mostrar seus cálculos.
b. Dado que a era Posix começa à meia-noite do dia 1º de janeiro de 1970, "quando acabará"? Lembre-se de que metade dos números disponíveis representam datas anteriores a 1970. Use uma planilha para mostrar seus cálculos.
c. Como gerente de negócios, o que você pode fazer para minimizar esse problema para sua organização?

3. **Acompanhamento do trabalho do projeto**

Consultas e relatórios

Você é responsável por gerenciar o desenvolvimento de projetos de sistemas de informação na empresa AAA Systems. Para melhor acompanhar os progressos na realização dos projetos, você decidiu manter uma tabela de banco de dados simples para controlar o tempo gasto por seus funcionários em várias tarefas e nos projetos com os quais eles estão associados. Isso também irá permitir que você mantenha o controle das horas passíveis de cobrança dos trabalhadores em cada semana. A tabela abaixo apresenta um exemplo de conjunto de dados.

a. Faça uma tabela de banco de dados para armazenar os dados mostrados e digite os registros como um conjunto de dados de exemplo.
b. Faça uma pesquisa que listará as horas trabalhadas de todos os funcionários que atuam mais de 40 horas durante a semana de produção 20.
c. Elabore um relatório agrupado por projeto que irá mostrar o número de horas dedicadas a cada tarefa no projeto e o número subtotal de horas dedicadas a cada projeto, bem como um total geral de todas as horas trabalhadas.
d. Mostre um relatório agrupado por funcionário que irá mostrar as horas que cada empregado trabalhou em cada tarefa e o total de horas trabalhadas. O usuário deve ser capaz de selecionar uma semana de produção e localizar dados por determinada semana. apresentada.

4. **Treinamento adequado para utilização do *software***

Gráficos 3D

Você é responsável pelo treinamento em *software* de funcionários dos departamentos de vendas, contabilidade e operações da organização. Você realizou uma pesquisa entre os trabalhadores para saber quanto tempo eles gastam usando os diversos pacotes, e os resultados são apresentados a seguir. Os valores mostrados referem-se ao total de trabalhadores de cada departamento e ao total de horas semanais gastas pelos trabalhadores do departamento na utilização de cada pacote. A empresa pediu-lhe uma planilha que resuma esses dados e compare o uso dos vários pacotes entre os diversos departamentos.

Departamento	Funcionários	Planilha eletrônica	Banco de dados	Apresentações
Vendas	225	410	1.100	650
Operações	75	710	520	405
Contabilidade	30	310	405	50

a. Crie uma planilha mostrando o uso médio de cada aplicação por departamento. Para isso, primeiro, digite os dados mostrados na tabela. Em seguida, calcule o uso médio semanal de planilha eletrônica, dividindo as horas informadas na tabela pelo número de trabalhadores do departamento de vendas. Faça os cálculos para cada departamento e repita esses três cálculos tanto para o uso de banco de dados como para o de apresentação gráfica. Arredonde os resultados em centésimos.
b. Crie um gráfico de barras tridimensional mostrando as médias por departamento e por pacote de *software*.
c. A empresa formou um comitê para planejar as aulas de treinamento em *software*. Prepare uma apresentação com quatro slides mostrando as suas consta-

tações. O primeiro *slide* deve ser de introdução dos dados. O segundo deve conter uma cópia da tabela de dados original (sem as médias). O terceiro deve conter uma cópia do gráfico de barras tridimensional mencionado no item anterior. O quarto deve conter suas conclusões a respeito das aplicações principais por departamento. Use marcadores, formatação e fundos profissionais.

Nome_do_Projeto	Nome_da_Tarefa	ID_funcional	Semana_de_produção	Horas_trabalhadas
Est. prod. acab.	Desenv. aplic.	456	21	42
Est. prod. acab.	Projeto BD	345	20	20
Est. prod. acab.	Projeto IU	234	20	16
RH	Análise	234	21	24
RH	Análise	456	20	48
RH	Projeto IU	123	20	8
RH	Projeto IU	123	21	40
RH	Projeto IU	234	21	32
Acomp. entrega	Projeto BD	345	20	24
Acomp. entrega	Projeto BD	345	21	16
Acomp. entrega	Desenvolvimento BD	345	21	20
Acomp. entrega	Projeto IU	123	20	32
Acomp. entrega	Projeto IU	234	20	24

CASO DO MUNDO REAL 3

Wolf Peak International: fracasso e sucesso de *softwares* aplicativos para empresas de pequeno e médio portes

Um dos perigos de uma pequena empresa em crescimento é a atualização de *software*. Se escolher o cavalo errado, você poderá acabar andando na direção errada. Corrigir o curso pode significar não apenas cancelar sua primeira seleção de atualização, mas também passar pelo processo angustiante de encontrar uma melhor solução de *software* para sua empresa. Foi isso que aconteceu com a Wolf Peak International, de Layton, Utah, que projeta e fabrica óculos para as indústrias de segurança, esporte, pilotagem e moda. Fundada em 1998, a empresa privada de tipo PME também é especializada na produção para o exterior, *sourcing*, importação, distribuição e serviços promocionais.

Nos primeiros dias da Wolf Peak, o proprietário-fundador Daems Kurt ficava feliz usando o QuickBooks para lidar com as tarefas de contabilidade. O pacote é amigável e lhe permitia navegar para visualizar detalhes da transação ou combinar dados de várias maneiras para criar os relatórios desejados. À medida que a empresa prosperava, contudo, ela rapidamente ultrapassou a capacidade do QuickBooks.

"Quando a Wolf Peak ficou maior, o proprietário sentiu a necessidade de contar com um sistema contábil mais sofisticado", diz Ron Schwab, CFO da Wolf Peak International. "Não havia ninguém do setor financeiro da empresa no momento de escolher um substituto para o QuickBooks, e a decisão foi tomada sem uma pessoa de finanças para analisá-la."

A Wolf Peak selecionou um dos vários pacotes de *software* de contabilidade promovido para as PMEs em crescimento. Na época que Schwab se juntou à empresa, o pacote tinha sido instalado havia seis meses, após um período de implementação que durou um ano inteiro. A maior dificuldade para os usuários do QuickBooks é abandonar uma interface de usuário muito amigável e a capacidade de localizar informações com facilidade e adotar um sistema de contabilidade mais sofisticado, seguro e orientado por lote, que se tornou um pesadelo ao se tentar extrair dados dele", observa Schwab. "Então a empresa pagou um monte de dinheiro para ter o novo sistema de contabilidade, mas ninguém sabia como acessar e extrair dados financeiros ou operacionais usados para tomar decisões vitais de negócios."

Havia outros problemas. Desenvolver relatórios reutilizáveis era difícil, demorado e caro. A empresa contratou consultores de TI para desenvolver relatórios para necessidades específicas, algumas das quais ainda não tinham sido entregues meses depois de terem sido encomendadas. Os relatórios *ad hoc* eram igualmente intratáveis. Além disso, o histórico do ano anterior da empresa no QuickBooks não pôde ser convertido para o novo pacote de contabilidade, e uma situação como essa cria sérios problemas. Acostumado a manter o controle das operações da empresa, Daems descobriu que simplesmente não conseguia obter as informações que queria e começou a perder o controle de seu negócio. "Ele ficou tão farto que finalmente veio até mim e disse que estava pronto para experimentar uma alternativa de *software* SAP, da qual ele já tinha ouvido falar", recorda Schwab. "Mas ele ainda não estava pronto para comprá-lo, porque tinha acabado de perder um monte de dinheiro no novo pacote de contabilidade."

Um ano após a Wolf Peak ter passado para o novo *software* de contabilidade, Schwab entrou em contato com os escritórios da JourneyTEAM, um parceiro de serviços SAP local, e solicitou aos consultores de *software* da empresa uma demonstração da suíte de *software* SAP Business One.

O SAP Business One é um pacote de *software* de gestão de negócios integrado desenvolvido especificamente para PMEs como a Wolf Peak: o aplicativo automatiza as operações vitais, incluindo vendas, finanças, compras, estoque e produção, além de fornecer uma visão precisa e atualizada do negócio. Sua acessibilidade relativa promete um rápido retorno do investimento, e sua simplicidade significa que os usuários têm um ambiente consistente e intuitivo que eles podem aprender de forma rápida e com utilização eficaz.

"Tínhamos uma lista de desejos de funcionários de várias empresas pedindo uma variedade de recursos", lembra Schwab. "O pessoal da JourneyTEAM veio até nós e demonstrou todas essas funcionalidades e muito mais. Eles ainda geraram quatro ou cinco relatórios – os mesmos que, com um custo de milhares de dólares e por vários meses, tentávamos receber dos nossos outros consultores de *software* sem sucesso. Com base em nossos dados que eles tinham inserido no Business One, a JourneyTEAM preparou esses relatórios em uma tarde."

Daems ainda tinha algumas reservas: ele precisava do cacife de seu vice-presidente de vendas e estava preocupado com o custo. Ele ainda não estava pronto para rejeitar o *software* de contabilidade instalado recentemente.

A JourneyTEAM veio uma vez mais e fez outra apresentação para a equipe de vendas da Wolf Peak; após isso, voltaram com um orçamento aceitável. Com um pouco de sofrimento – mas também com um alívio considerável –, Daems descartou o pacote de contabilidade existente. "Sentimos que os benefícios do SAP Business One ultrapassavam em muito os custos e o tempo já investido naquele sistema de *software*", diz Daems.

A implementação do Business One levou apenas sete semanas a partir do dia da apresentação de vendas inicial. "Implementamos o SAP Business One durante o período mais movimentado do ano, sem interrupções", diz Schwab. "Foi melhor do que eu esperava, em especial o processo de transferência e a conversão para o Business One. A JourneyTEAM fez um trabalho incrível ao conseguir converter todos os nossos registros antigos sem grandes problemas. Atingimos nosso prazo final e de transição em 30 de junho, ao longo de uma semana bem-sucedida, sem nenhum incidente."

O entusiasmo de Schwab pelo SAP Business One é muito grande: "Este é o melhor programa de contabilidade com que já trabalhei. Posso fazer análises detalhadas do que quiser. E com a ferramenta XL Reporter, posso criar relatórios em tempo real".

O Business One inclui uma ferramenta de análise financeira e de relatórios diretamente integrada, chamada XL Reporter, que funciona com o Microsoft Excel para fornecer o acesso imediato a dados financeiros e operacionais. Ele informa dados ao vivo extraídos de diversas fontes, incluindo *softwares* de contabilidade, contas a receber e a pagar, vendas, compras e inventário. "Agora estamos gerando os relatórios que queremos", diz Schwab. "Ter um programa como o XL Reporter, que nos permite criar relatórios personalizados, ajustar atualizações regulares e depois trabalhar no Microsoft Excel, é algo muito valioso para nós. Ninguém mais oferece a possibilidade de fazer consultas *ad hoc* com tamanha facilidade. Mesmo as pessoas que não são programadores aficionados podem acessar e criar o documentos de que necessitam dentro dos limites de suas autorizações. Por isso, recomendo o programa."

Durante anos, Daems esteve gerindo relatórios de recebimento em aberto que apresentavam, por exemplo, todas as faturas com 15 dias de atraso e valor superior a US$ 450. Infelizmente, ele simplesmente não podia gerir um relatório como esse com o pacote de *software* que havia comprado para substituir o seu antigo programa QuickBooks. Essa situação agora havia mudado.

"Com o SAP Business One, podemos acessar e regular os parâmetros para classificar por mais antigo, maior quantidade ou por cliente", diz Schwab. "E sem papel. A pessoa que receber as contas não precisa imprimir nada para depois ter de escrever um monte de notas sobre aquilo e digitá-las no sistema para alguém encontrar. Está tudo lá."

A Wolf Peak também exige um relatório de comissões muito complicado, usado para gerar os cheques dos representantes de vendas comissionados da empresa, que também recebem relatórios individualizados. Os consultores anteriores não foram capazes de fornecer esse conjunto de relatórios. A JourneyTEAM foi capaz de desenvolver o relatório no Business One em uma tarde.

A Wolf Peak já está expandindo seu uso de SAP Business One para outras áreas. A empresa tem aplicado o *software* para gestão de armazém, o que permite à Wolf Peak fazer a gestão de inventário, recebimento, entrega no armazém, transporte e todos os outros aspectos da tarefa de armazenagem. O inventário é um dos maiores ativos da empresa e tem de ser corretamente administrado. "Temos um relatório de auditoria que lista tudo do inventário, a quantidade atual disponível e as suas demandas, por meio de pedidos de vendas ou pedidos de compra pendentes", diz Schwab.

Esse relatório, em seguida, enumera o valor do inventário que permite a Schwab examinar a atividade em relação a qualquer item de estoque durante qualquer período. Além disso, permite que Schwab examine detalhadamente as faturas que afetam determinado item do estoque. "Queremos minimizar o que temos disponível", diz ele, "mas sempre temos de ter certeza de que o suficiente para atender às necessidades dos nossos clientes está acessível. O Business One permite que façamos isso".

O gerenciamento da Wolf Peak também começou a utilizar a funcionalidade de gestão de relacionamento com clientes (*customer relationship management* – CRM) no Business One para ajudar com suas contas a receber. O plano da empresa é ampliar a utilização do *software* para também desenvolver e acompanhar as oportunidades de vendas. Três meses após a instalação do produto, a Wolf Peak está muito feliz com sua decisão de adotar o *software* Business One da SAP. "Relatórios que demoravam meses para serem gerados – no caso de isso ser possível – agora podem ser criados em minutos", diz Schwab.

Um benefício menos tangível mas não menos importante é a confiança renovada que o Business One traz para o gerenciamento. "O maior ativo armazenado de uma empresa é a sua própria informação financeira", diz Schwab. "O SAP Business One cria um ambiente onde os responsáveis pelas decisões recebem a informação que desejam no momento oportuno, em um formato que podem usar. É incrível o que acontece quando a administração começa a ver o que realmente está acontecendo dentro da empresa. O Business One fornece informações úteis para ajudar a fazer bons negócios e tomar decisões acertadas, e isso é o que realmente conta. Isso é realmente uma ferramenta de gestão de negócios."

Fonte: Adaptado de SAP America. "Wolf Peak: Making the Best Choice to Support Growth". *SAP BusinessInsights*, março de 2007; JourneyTEAM, "Wolf Peak Success Story – SAP Business One". *ABComputer.com*, março de 2007.

QUESTÕES DO ESTUDO DE CASO

1. Que problemas ocorreram quando a Wolf Peak fez sua atualização, passando do QuickBooks para um novo pacote de *software* de contabilidade? Como esses problemas poderiam ter sido evitados?
2. Por que o Business One da SAP provou ser uma melhor escolha para o gerenciamento da Wolf Peak no lugar do novo *software* de contabilidade? Dê exemplos para ilustrar a sua resposta.
3. A maioria das PMEs deve usar uma suíte integrada de *software* de negócio como o SAP Business One, em vez de pacotes de contabilidade especializados ou outros pacotes de *software* de negócios? Por que sim ou por que não?

ATIVIDADES DO MUNDO REAL

1. Esse caso demonstra o fracasso e o sucesso do *software* de pesquisa, seleção e processo de instalação, bem como as principais diferenças entre os pacotes de *software* de aplicativos de negócios quanto a recursos, como facilidade de acesso e utilização da informação para funcionários e para gestão. Pesquise na internet para encontrar vários exemplos adicionais de sucessos e fracassos de suítes de *software* como SAP Business One ou Oracle E-Business Suite e pacotes de negócio especializados como QuickBooks ou Great Plains Accounting.
2. Divida a turma em pequenos grupos para discutir as várias diferenças importantes encontradas em sua pesquisa na internet. Em seguida, faça recomendações para a turma sobre como essas diferenças devem moldar a decisão pela seleção do *software* de aplicativo de negócios para uma PME.

CAPÍTULO 5
Gerenciamento dos recursos de dados

Destaques do capítulo

Seção I
Fundamentos técnicos do gerenciamento de base de dados
Gerenciamento de banco de dados
Conceitos fundamentais de bancos de dados
"Caso do mundo real 1": Cogent Communications, Intel e outras empresas: as fusões são mais fáceis quando seus dados estão prontos
Estruturas de banco de dados
Desenvolvimento de banco de dados

Seção II
Como gerenciar recursos de dados
Gerenciamento dos recursos de dados
Tipos de bancos de dados
"Caso do mundo real 2": Applebee's, Travelocity e outras empresas: *data mining* para decisões de negócios
Depósitos de dados e *data mining*
Processamento tradicional de arquivos
Abordagem de gerenciamento de banco de dados
"Caso do mundo real": Amazon, eBay e Google: abrindo e compartilhando bancos de dados de negócios

Objetivos de aprendizagem

1. Explicar o valor empresarial da implementação dos processos de gerenciamento dos recursos de dados e tecnologias em uma organização.
2. Resumir as vantagens da abordagem de gerenciamento de banco de dados para administrar os recursos de dados de um negócio, comparado à abordagem de processamento de um arquivo.
3. Explicar como o *software* de gerenciamento de banco de dados ajuda os profissionais de negócios e fornece suporte a operações e administração de uma empresa.
4. Dar exemplos para ilustrar cada um dos seguintes conceitos:
   a. Principais tipos de banco de dados.
   b. Depósitos e exploração de dados.
   c. Elementos lógicos de dados.
   d. Estruturas fundamentais de banco de dados.
   e. Desenvolvimento de banco de dados.

Seção I — Fundamentos técnicos do gerenciamento de base de dados

Gerenciamento de banco de dados

Apenas imagine como seria difícil obter qualquer informação de um sistema se os dados estivessem armazenados de forma desorganizada ou se não houvesse nenhuma maneira sistemática para recuperá-los. Portanto, em todos os sistemas de informação, os recursos de dados devem ser organizados e estruturados de alguma maneira lógica, de forma que possam ser acessados com facilidade, processados de maneira eficiente, recuperados com rapidez e gerenciados com eficácia. As estruturas de dados e os métodos de acesso, variando do simples ao complexo, foram inventados para organizar eficientemente e acessar dados armazenados pelo sistema de informação. Neste capítulo, exploraremos esses conceitos, bem como as implicações gerenciais e o valor do gerenciamento dos recursos de dados (ver Figura 5.1).

É importante considerar desde o início o valor da compreensão sobre bancos de dados e gerenciamento de dados. No mundo de hoje, cada pequeno pedaço de dado que você talvez jamais vá acessar é organizado e armazenado em algum tipo de banco de dados. A pergunta não é exatamente "Devo utilizar um banco de dados?", mas "Que banco de dados devo usar?". Embora muitos não escolham uma carreira de design de bancos de dados, todos passarão grande parte do seu tempo – qualquer que seja o trabalho escolhido – acessando dados de uma infinidade de bancos de dados. A maioria dos desenvolvedores de banco de dados considera o acesso aos dados a finalidade empresarial do mundo dos banco de dados, e compreender como os dados são estruturados, armazenados e acessados pode ajudar os profissionais de negócios a obter maior valor estratégico dos recursos de dados de sua organização.

Leia o "Caso do mundo real 1" sobre o papel dos problemas de dados em fusões e aquisições. É possível aprender muito sobre a importância de um cuidadoso planejamento e da documentação de dados com esse caso.

Conceitos fundamentais de bancos de dados

Antes de irmos adiante, vamos discutir alguns conceitos fundamentais sobre como os dados são organizados em um sistema de informação. Uma estrutura conceitual de vários níveis de dados foi imaginada para diferenciar diversos agrupamentos ou elementos de dados. Assim, os dados podem ser logicamente organizados em *caracteres*, *campos*, *registros*, *arquivos* e *bancos de dados*, bem como a escrita pode ser organizada em letras, palavras, orações, parágrafos e documentos. Os exemplos desses **elementos lógicos de dados** são mostrados na Figura 5.2

Caractere

O elemento lógico de dado mais básico é o **caractere**, que se compõe de um único símbolo alfabético, numérico ou outro. Você poderia argumentar que o bit ou o byte é um elemento de dado mais elementar, mas lembre-se de que esses termos referem-se ao armazenamento físico dos elementos providos pelo *hardware*, discutido no Capítulo 3. Um modo de pensar em um caractere é que ele é um byte usado para representar determinado caractere. Do ponto vista de um usuário (isto é, da visão de dados *lógica* ao contrário de uma visão física ou de *hardware*), um caractere é o elemento mais básico do dado que pode ser observado e manipulado.

Campo

O próximo nível de dados mais alto é o **campo** ou o item de dados que é composto de um agrupamento de caracteres relacionados. Por exemplo, o agrupamento de caracteres alfabéticos no nome de uma pessoa pode formar um campo de nome (ou os campos de sobrenome, nome e iniciais do nome do meio), e o agrupamento de números em um montante de vendas forma um campo de montante de vendas. Especificamente, um campo de dados representa um **atributo** (uma característica da qualidade) de alguma **entidade** (objeto, pessoa, lugar ou evento). O salário de um empregado é um atributo que é um campo de dados típico usado para descrever uma entidade que é o empregado de um negócio. Em geral, os campos são organizados de tal forma que representam alguma ordem lógica. Por exemplo, sobrenome_, primeiro_nome, endereço, cidade, Estado, CEP, e assim por diante.

Registro

Todos os campos usados para descrever os atributos de uma entidade são organizados para formar um **registro**. Assim, um registro representa um conjunto de *atributos* que descrevem uma *entidade*.

CASO DO MUNDO REAL 1

Cogent Communications, Intel e outras empresas: as fusões são mais fáceis quando seus dados estão prontos

Quando a Cogent Communications deseja adquirir uma empresa, ela entra em modo de combate. Duas milhas ao norte do Pentágono, do outro lado do Rio Potomac, em Washington, a Cogent prepara a chamada "Sala de Guerra", onde se reúnem seus oito principais executivos para avaliar a empresa-alvo. Entre os que fazem parte do esquadrão, estão o diretor de SI e o gerente de infraestrutura de TI.

De acordo com a Cogent, uma prestadora de serviços para internet de médio porte, muitas empresas não entendem que: a capacidade de integração e, em alguns casos, adoção dos sistemas e operações de TI da empresa adquirida pode determinar o sucesso ou fracasso de uma fusão. Custos imprevistos de integração de TI podem compensar a economia da fusão. Imagine a perda de negócios quando as encomendas desaparecem, as contas a pagar não se transformam em receita e as informações sobre clientes somem de vista porque a empresa compradora deu pouca atenção ao desafio de TI.

À medida que 2006 chegava ao fim, os recordes no número de fusões e aquisições iam sendo quebrados, mas agora os gerentes de TI têm de fazer mais e certificar-se de que seus centros de dados podem ajudar a tornar os acordos realidade. "Um centro de dados bem gerido com redução da complexidade facilita imensamente o processo de fusões e aquisições", declarou Andi Mann, analista sênior da Enterprise Management Associates (EMA).

Mais de 11.700 negócios foram fechados. Especialistas e gestores de TI são da mesma opinião: à medida que a poeira baixar, as empresas sentirão o impacto total desse frenesi de fusão e aquisição (*merger and acquisition* – M&A) diretamente em seus centros de dados. Por isso eles aconselham as organizações a preparar-se agora ou correr o risco de falta de prazo se tiverem de providenciar a fusão de ativos vitais. "Hoje, o máximo de tempo de inatividade que as empresas podem aguentar para a infraestrutura do centro de dados vital é medido em minutos."

Fonte: McGraw-Hill Companies, Inc./John Flournoy, fotógrafo.

FIGURA 5.1 Problemas de integração e adoção de TI podem determinar o fracasso ou o sucesso de atividades de fusão e aquisição.

A infraestrutura resultante da fusão e aquisição "tem de estar disponível imediatamente", diz Ryan Osborn, da Afcom, uma associação norte-americana de gestores de centro de dados.

Observadores concordam que a chave para o sucesso de M&A a partir da perspectiva do centro de dados é o foco em virtualização, documentação e logística. Segundo Osborn, essas três áreas vão ajudar as empresas a ficar à frente do processo e transformar momentos de crise em oportunidades: "Você não vai gastar seu tempo apenas mudando a infraestrutura de um centro de dados para outro. Você pode realmente fazer uma atualização da tecnologia, obter novos equipamentos e sair na frente".

Para John Musilli, gerente de operações do centro de dados da Intel em Santa Clara, Califórnia, a parte mais importante é conhecer a logística de base: "Nem sempre tenho de saber o que faz um servidor, mas realmente tenho de saber como mantê-lo funcionando. Trata-se de mudar alguma coisa do ponto A para o ponto B, e não importa se a logística lida com a colocação de servidores em um caminhão ou com a transferência de dados através de uma linha".

Musilli participou de várias aquisições em seus oito anos na Intel e diz que considera o processo uma ciência: "Como parte da empresa compradora, é meu trabalho proporcionar o ambiente básico para aceitar ativos de qualquer empresa que chegam até nós". Assim, ele mantém uma boa quantidade de racks e cabos compatíveis, largura de banda extra na rede e alimentação elétrica genérica. "Prefiro o que seja compatível porque, provavelmente não vou saber de antemão quais serão servidores, a quantidade de slots ou o tipo de alimentação de que irei precisar. Com elementos compatíveis, posso configurar o que precisar em questão de minutos", diz ele.

Por exemplo, ele usa uma *busway* universal para não precisar se preocupar com as necessidades elétricas específicas dos equipamentos adquiridos: "Adquirimos uma empresa e precisávamos integrá-los em um curto período, pois seu contrato de locação estava vencido e eles tinham de desocupar as instalações". Uma equipe foi enviada na frente e passou um ano tentando identificar cada servidor em 30 a 40 racks. "Nenhum de seus aplicativos tinha compatibilidade com nossos sistemas operacionais", diz ele. Como o tempo se esgotava, Musilli disse-lhes para embalar todos os servidores e enviá-los para ele. "No final, levou dois dias de trabalho para apanhá-los – intactos –, levá-los e colocá-los para funcionar em nosso centro de dados", conta ele.

Quando as empresas começam a contemplar futuras fusões ou aquisições, devem examinar seus próprios processos e procedimentos. "Tão importante quanto a tecnologia é uma documentação de processos. Você tem de saber o que as pessoas estão fazendo com os sistemas", diz Mann, da EMA. Ele adverte que um dos primeiros obstáculos a uma fusão ou aquisição bem-sucedida é a confiança no que ele chama "conhecimento tribal". Empresas que possuem centros de dados onde os funcionários detêm todos os conhecimentos têm maiores dificuldades quando, após uma fusão ou aquisição, o pessoal é dispensado.

Continua ↦

"É preciso documentar o conhecimento dessas pessoas e descobrir como fazer funcionar os processos de trabalho com apenas uns poucos funcionários", diz ele. Mann recomenda a criação de um gráfico de fluxo de trabalho que defina quem é o responsável por cada setor do centro de dados. Ele sugere avaliar quem lida com gerenciamento de rede, de sistemas, de aplicativos e armazenamento. "Isso também ajudará a detectar capacidades em redundância ou áreas de habilidades onde haja falta no caso de fusão", diz ele. Segundo John Burke, analista sênior da Nemertes Research, em Minneapolis, além de saberem quem é o responsável, os grupos de TI devem saber que sistemas executam determinados processos.

"Você tem de ter informações muito boas sobre o que se passa no seu centro de dados em termos de sistemas e como eles interagem uns com os outros e com o negócio. Você sempre deve saber quais serviços oferece e quanto isso custa para você", diz Burke. Como parte desse esforço, muitas organizações utilizam um banco de dados de gerenciamento de configuração e uma ferramenta de gerenciamento de ativos para ajudar a rastrear os elementos nos centros de dados. De acordo com Burke: "Você precisa de uma visão clara e concisa do fluxo de dados dentro do centro de dados. Se não souber o que tem de ser igualmente transferido, você poderá causar uma desorganização dos negócios durante uma fusão ou aquisição".

As empresas também devem desenvolver diretrizes para a governança a serem seguidas durante a fusão. Por exemplo, se dois escritórios de advocacia estiverem se fundindo e tiverem clientes concorrentes, os grupos de TI deverão assegurar que os dados estejam protegidos e que haja suficiente controle dos acessos. Osborn, da Afcom, diz que boa documentação ajuda o processo de descoberta pelo qual as empresas passam antes de uma fusão ou aquisição: "Se a empresa que está sendo adquirida tiver boa documentação e bons processos, a aquisição será muito mais tranquila".

"Em alguns casos, você poderá reduzir os custos de *software* se usar um servidor mais robusto, com menos processadores, mas, se a licença do aplicativo não permitir isso, então você não poderá usá-lo", diz Osborn, antes de acrescentar: "A quantia em dinheiro que você terá de gastar para mesclar a tecnologia pode pesar na decisão de adquirir uma empresa". Burke, da Nemertes, sugere que um passo importante para o sucesso da M&A é se certificar de que seu centro de dados tem ferramentas de virtualização cuja execução seja possível em ambos os servidores e nas unidades de armazenamento.

A virtualização é importante não só para o dimensionamento do centro de dados, mas também para criar um ambiente de execução padronizado. "Com um centro de dados com boa virtualização, você pode ocultar o fato de que as coisas estão sendo transferidas por vários servidores e dispositivos de armazenamento", diz Burke. Rob Laurie, CEO da fornecedora de *software* de virtualização Dunes Technologies, em Stamford, Connecticutt, diz que a virtualização é útil para empresas que querem testar a integração de aplicativos e infraestrutura antes de colocar os seus ativos incorporados ou adquiridos em produção. Também é útil para empresas que precisam integrar ativos que não podem ser transferidos fisicamente, diz ele. Ele adverte, no entanto, que, para a virtualização ser mais eficaz, as empresas que se fundem devem tomar uma decisão sobre uma plataforma única para o seu ambiente virtual: "Dessa forma, tudo que for virtualizado em uma empresa poderá ser executado no centro de dados da outra empresa sem problemas", afirma. Se não compartilharem do mesmo ambiente, deverão pelo menos ter um formato de dados compatível para obter algum benefício.

Musilli, da Intel, sugere que é a atenção natural da TI aos detalhes pode às vezes complicar assuntos simples. "Fusões e aquisições não são sempre tão difíceis quanto as pessoas fazem crer. Trata-se simplesmente da capacidade de assimilar dois ambientes quaisquer", diz ele. Fusões e aquisições criam estresse tanto para quem compra quanto para quem é comprado, mas o envolvimento de TI no estágio inicial pode minimizar o trauma. Caso contrário, você vai precisar fazer muito em muito pouco tempo. Como o guru do *software* de engenharia Frederick Brooks disse uma vez: "Você não pode fazer um bebê em um mês usando nove mulheres. Planeje com antecedência".

Fonte: Adaptado de Sandra Gittien. "Mergers Go Smoother with a Well-Prepped Data Center". *Computerworld*, 28 de julho de 2007; e Eric Chabrow. "IT Plays Linchpin Role in High-Stake M&As". *InformationWeek*, 26 de junho de 2006.

QUESTÕES DO ESTUDO DE CASO

1. Coloque-se no papel do gerente de uma empresa que passa por uma fusão ou aquisição. Quais seriam as coisas mais importantes que os clientes esperariam de você durante o processo? Que papel a TI desempenha no atendimento dessas expectativas? Forneça pelo menos três exemplos.

2. Preste atenção no que diz Andi Mann sobre o chamado "conhecimento tribal". O que você acha que essa expressão quer dizer? Por que isso é tão importante para aquele processo? Que estratégias você sugere para as empresas que se deparam com a presença ostensiva dessa questão em uma organização adquirida? Forneça várias recomendações específicas.

3. A maioria da discussão sobre o caso é centrada em questões de *hardware* e *software*. No entanto, *hardware* e *software* são, essencialmente, dinamizadores dos processos negócios subjacentes desenvolvidos por cada uma das empresas envolvidas. Que diferentes alternativas têm as empresas para fundir seus processos de negócio? Que papel as TI desempenham no apoio a essas atividades? Preste atenção especial às questões de gerenciamento de dados e governança.

ATIVIDADES DO MUNDO REAL

1. O caso discute amplamente a ideia de "virtualização" e o papel que isso desempenha no processo de fusão. Faça uma pesquisa na internet sobre esse conceito e elabore um relatório sobre o que isso implica, como funciona, quais são suas vantagens e desvantagens, além de outras aplicações além daquelas especificadas no processo.

2. Busque na internet relatos de casos de fusão e aquisição em que as questões de TI desempenham um papel (positivo ou negativo) importante. Como diferentes organizações lidaram com assuntos relacionados à TI nas situações que você encontrou? Qual foi o resultado final do processo? Prepare um relatório e apresente suas descobertas para a turma.

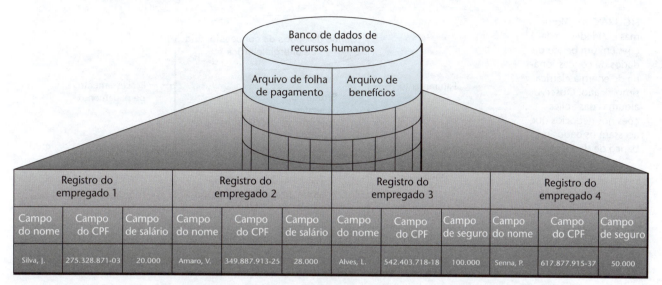

FIGURA 5.2 Exemplos de elementos lógicos de dados nos sistemas de informação. Note principalmente os exemplos de como os campos de dados, os registros, os arquivos e os bancos de dados estão relacionados.

Um exemplo é o registro da folha de pagamento de uma pessoa, o qual consiste nos campos de dados que descreverem os atributos como nome da pessoa, número do CPF e valor da remuneração. Os registros de *comprimento fixo* contêm um número fixo de campos de dados de tamanho fixo, e os registros de *comprimento variável* contêm um número variável de campos de tamanhos fixos. Outro modo de ver um registro é que ele representa um *exemplo* único de uma entidade. Cada registro em um arquivo de empregado descreve um empregado específico.

Normalmente, o primeiro campo de um registro é usado para armazenar algum tipo de identificador exclusivo para o registro, e esse identificador exclusivo é chamado **chave primária**. O valor de uma chave primária pode ser qualquer coisa que sirva para identificar de forma exclusiva uma instância de uma entidade e distingui-la de outra. Por exemplo, se quiséssemos identificar um único aluno de um grupo de estudantes relacionados, poderíamos usar um número de identificação do aluno como chave primária. Enquanto ninguém compartilhar do mesmo número de identificação do estudante, sempre seremos capazes de identificar o registro desse aluno. Se não houver dados específicos para servirem como chave primária de um registro, o designer de banco de dados pode simplesmente atribuir a um registro um número sequencial exclusivo, de modo que dois registros nunca tenham a mesma chave primária.

Um grupo de registros relacionados é um **arquivo** de dados ou tabela. Quando for independente de quaisquer outros arquivos relacionados a ela, uma única tabela pode ser chamada arquivo simples. Para sermos mais precisos, a expressão arquivo simples pode ser definida de forma mais restrita ou mais ampla. Estritamente falando, um banco de dados de arquivos simples deve consistir somente de dados e delimitadores. Mais amplamente, a expressão refere-se a qualquer banco de dados que exista em um único arquivo sob a forma de linhas e colunas, sem relacionamentos ou ligações entre os registros e campos, exceto a estrutura da tabela. Independentemente da denominação utilizada, qualquer agrupamento de registros relacionados em formato tabular (linhas e colunas) é chamado arquivo. Assim, um arquivo de um empregado conteria os registros dos empregados de uma empresa. Em geral, os arquivos são classificados de acordo com as aplicações pelas quais são essencialmente utilizados, tais como um *arquivo de folha de pagamento* ou um *arquivo de estoque*, ou, segundo o tipo de dados que contém, como *arquivo de documento* ou um arquivo *gráfico de imagem*. Os arquivos são classificados pela sua permanência, por exemplo, *arquivo-mestre* de folha de pagamento contra *arquivo semanal de transações* de folha de pagamento. Um arquivo de transações, portanto, conteria registros de todas as transações ocorridas durante um período e poderia ser usado periodicamente para atualizar os registros permanentes contidos no arquivo-mestre. Um *arquivo de histórico* é um arquivo obsoleto de transações ou mestre, conservado para objetivos de *backup* ou para o armazenamento histórico de longo prazo chamado *armazenamento de arquivos*.

Arquivo

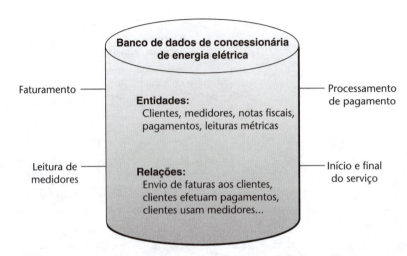

FIGURA 5.3 Algumas entidades e relações em um banco de dados de concessionária de energia elétrica simplificado. Observe algumas das aplicações nos negócios que acessam os dados no banco de dados.

Fonte: Adaptada de Michael V. Mannino. *Database Application Development and Desing*. Burr Ridge; IL: McGraw-Hill/Irvin, 2001, p.6.

Banco de dados

Um **banco de dados** é um conjunto integrado de elementos de dados relacionados com lógica e consolida registros anteriormente fornecidos em arquivos separados em um lote comum de elementos de dados que fornece dados para muitas aplicações. Os dados fornecidos em um banco de dados são independentes dos programas de aplicação que os usam e do tipo de dispositivos de armazenamento nos quais eles são fornecidos.

Assim, os bancos de dados contêm elementos de dados que descrevem entidades e relações entre entidades. Por exemplo, a Figura 5.3 esboça algumas das entidades e relações em um banco de dados de uma concessionária de energia elétrica. Também são mostradas algumas das aplicações empresariais (faturamento, processamento de pagamento) que dependem do acesso aos elementos de dados no banco de dados.

Como mencionado no início do capítulo, todos os dados que usamos são armazenados em algum tipo de banco de dados. Um banco de dados não precisa parecer complexo ou técnico para ser um banco de dados: só precisa fornecer um método de organização lógica e fácil acesso aos dados nele armazenados. Provavelmente, você usa um ou dois bancos de dados em rápido crescimento praticamente todos os dias: como Facebook, MySpace ou YouTube.

Imagens, vídeos, músicas, mensagens, bate-papos, ícones, endereços de *e-mail* e todo o restante armazenado em cada um desses populares *sites* da web de redes sociais são armazenados como campos, registros, arquivos ou objetos em grandes bases de dados. Os dados são armazenados de forma a garantir que haja acesso fácil, que possam ser compartilhados por seus respectivos donos e que estejam protegidos contra acesso ou utilização não autorizados. Quando você pensa em como é simples usar e desfrutar desses bancos de dados, é fácil esquecer o quão grande e complexo eles são.

Por exemplo, em julho de 2006, o YouTube informou que os espectadores assistiam a mais de 100 milhões de vídeos por dia, com 2,5 bilhões de vídeos somente em junho. Em maio do mesmo ano, os usuários adicionavam 50 mil vídeos por dia, o que aumentou para 65 mil vídeos em julho. Em janeiro de 2008, quase 79 milhões de usuários assistiram a mais de 3 bilhões de vídeos no YouTube. Em agosto de 2006, o *The Wall Street Journal* publicou um artigo revelando que o YouTube estava hospedando cerca de 6,1 milhões de vídeos (o que requer cerca de 45 *terabytes* de espaço de armazenamento) e tinha cerca de 500 contas. Em março de 2008, uma pesquisa do YouTube revelou cerca de 77,3 milhões de vídeos e 2,89 milhões de canais de usuários.

Talvez um exemplo ainda mais atraente sobre a facilidade com relação à complexidade de acesso é encontrado na popular rede social Facebook. Algumas das estatísticas básicas são nada menos que incríveis! O Facebook registra mais de 200 milhões de usuários com mais de 100 milhões de acessos pelo menos uma vez por dia. O usuário médio tem 120 amigos estabelecidos. Mais de 850 milhões de fotos, 8 milhões de vídeos, 1 bilhão de peças de conteúdo e 2,5 milhões de eventos são carregados ou criados a cada mês. Mais de 40 idiomas estão disponíveis no *site*, e mais de 50 outros estão em desenvolvimento. Há mais de 52 mil aplicativos de *software* existentes no Facebook Application Directory, e mais de 30 milhões de usuários ativos acessam o Facebook por meio de seus dispositivos móveis. O tamanho de bancos de dados é medido em petabytes, o que equivale a um quadrilhão de *bytes*. Tudo isso a partir de uma base de dados e um simples método de acesso lançados em 2004, de um dormitório na Universidade de Harvard.

O ponto importante aqui é que todos esses vídeos, contas de usuário e informações são facilmente acessados, porque os dados são armazenados em um sistema de banco de dados que os organiza de forma que um determinado item possa ser encontrado sob demanda.

Estruturas de banco de dados

As relações entre os muitos elementos de dados individuais armazenados em bancos de dados estão baseadas em uma das várias estruturas lógicas de dados ou modelos. Pacotes de sistemas de gerenciamento de bancos de dados são projetados para usar uma estrutura de dados específica para prover aos usuários finais o acesso fácil e rápido às informações armazenadas em bancos de dados. Cinco **estruturas de bancos de dados** fundamentais são os modelos *hierárquico*, *rede*, *relacional*, *orientado a objeto* e *multidimensional*. Ilustrações simplificadas das três primeiras estruturas de banco de dados são mostradas na Figura 5.4.

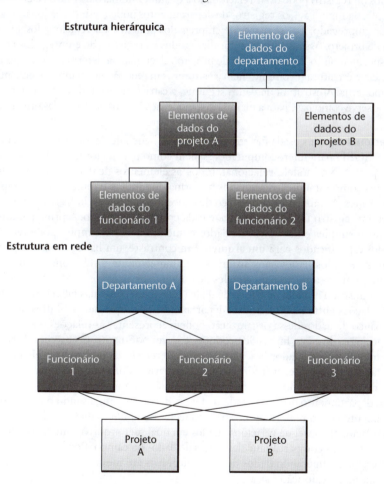

FIGURA 5.4 Exemplos de três estruturas de banco de dados fundamentais. Eles representam três modos básicos de desenvolver e expressar a relação entre os elementos de dados em um banco de dados.

Fonte: Adaptado de Michael V. Mannino, *Database Application Development and Design* (Burr Ridge, IL: McGraw-Hill/Irwin, 2001, p. 6).

Estrutura hierárquica

Os primeiros pacotes SGBD para os *mainframes* usavam a **estrutura hierárquica**, na qual as relações entre registros formam uma hierarquia ou a estrutura parecida com uma árvore. No modelo hierárquico tradicional, todos os registros são dependentes e organizados em estruturas multiníveis, consistindo em um registro *raiz* e qualquer número de níveis subordinados. Assim, todas as relações entre os registros são *um-a-muitos*, já que cada elemento de dados está relacionado a apenas um elemento acima dele. O elemento de dados ou o registro no nível mais alto da hierarquia (os dados do departamento nessa ilustração) é chamado o elemento raiz. Qualquer elemento de dados pode ser acessado movendo-se progressivamente para baixo de uma raiz e ao longo dos ramos da árvore até que o registro desejado (por exemplo, o elemento de dados de empregado) seja localizado.

Estrutura de rede

A **estrutura em rede** pode representar relações lógicas mais complexas e ainda é usada por alguns pacotes SGBD para *mainframes*. Permite relações *muitos-a-muitos* entre registros, ou seja, o modelo em rede pode acessar o elemento seguindo um de muitos caminhos, porque qualquer elemento de dados ou registro pode estar relacionado a qualquer número de outros elementos de dados. Por exemplo, na Figura 5.4, os registros de departamentos podem estar relacionados a mais de um registro de empregado, e os registros de empregados podem estar relacionados a mais do que um registro de projeto. Assim, é possível localizar todos os registros de empregados para um departamento específico ou todos os registros de projeto relacionado a determinado empregado.

Note que nem a estrutura hierárquica nem a estrutura em rede são normalmente encontradas na organização moderna. A estrutura de dados seguinte, a estrutura de dados relacional, é a mais comum de todas e serve como base para a maioria dos modernos bancos de dados das organizações.

Estrutura relacional

A **estrutura relacional** é a mais usada das três estruturas de banco de dados. É usada pela maior parte dos pacotes SGBD para microcomputadores, bem como pela maior parte dos sistemas de médio e grande portes. No modelo relacional, todos os elementos de dados dentro do banco de dados são vistos como estando armazenados na forma de **tabelas** bidimensionais simples às vezes chamadas *relações*. As tabelas em um banco de dados relacional têm linhas e colunas. Cada linha representa um registro único no arquivo, e cada coluna, um campo. A principal diferença entre um arquivo simples e um banco de dados é que um arquivo simples pode ter apenas atributos de dados especificados para um arquivo. Em contraste, um banco de dados pode especificar atributos de dados para vários arquivos simultaneamente e relacionar os diferentes elementos de dados em um arquivo para aqueles de um ou mais arquivos.

A Figura 5.4 ilustra o modelo de banco de dados relacional com duas tabelas representando algumas das relações entre os registros de departamentos e empregados. Outras tabelas, ou relações para o banco de dados dessa organização podem representar as relações dos elementos de dados entre projetos, divisões, linhas de produtos, e assim por diante. Os pacotes de sistemas de gerenciamento do banco de dados baseados no modelo relacional podem ligar elementos de dados de várias tabelas para fornecer informações aos usuários. Por exemplo, um gerente pode querer recuperar e mostrar um nome de funcionário e salário da tabela funcionário na Figura 5.4, e o nome do departamento do empregado da tabela departamento, usando o campo de número do departamento em comum (Deptno) para conectar ou juntar as duas tabelas (ver Figura 5.5). O modelo relacional consegue relacionar dados em qualquer arquivo com dados em outro arquivo se os dois arquivos compartilham elementos de dados ou campo. Por essa razão, a informação pode ser criada recuperando dados de vários arquivos até mesmo se eles não estiverem armazenados na mesma localização física.

FIGURA 5.5 Reunir as tabelas Funcionário e Departamento em um banco de dados relacional possibilita o acesso seletivo de dados em ambas as tabelas ao mesmo tempo.

Tabela departamento

Depto	Dnome	Dloc	Dmgr
A			
B			
C			

Tabela funcionário

Func.	Nomefunc.	Cargo	Esalário	Depto
1				A
2				A
3				B
4				B
5				C
6				B

Três operações básicas podem ser realizadas em um banco de dados relacional para criar conjuntos úteis de dados. A operação *select* (selecionar) é usada para criar um subconjunto de registros que atendam a um critério estabelecido. Por exemplo, uma operação de selecionar pode ser usada em um banco de dados de empregado para criar um subconjunto de registros que contenham todos os empregados que ganham mais de US$ 30 mil por ano e quem tenham trabalhado na companhia por mais de três anos. Outro modo de pensar na operação de selecionar é que ela cria temporariamente uma tabela cujas linhas têm registros que atendem ao critério de seleção.

A operação *join* (juntar) é usada para combinar temporariamente duas ou mais tabelas de modo que um usuário possa ver dados relevantes em uma forma que pareça como se tudo estivesse em uma grande tabela. Por meio dessa operação, um usuário pode solicitar que dados sejam recuperados de vários arquivos ou bancos de dados sem ter de ir a cada um isoladamente.

Finalmente, a operação *project* (projetar) é usada para criar um subconjunto de colunas contidas nas tabelas temporárias criadas pelas operações selecionar e juntar. Enquanto a operação selecionar cria um subconjunto de registros que atendem ao critério solicitado, a operação projetar cria um subconjunto de colunas, ou campos, que o usuário queira ver. Pela operação projetar, o usuário pode decidir não ver todas as colunas na tabela, mas apenas aquelas que tenham os dados necessários para responder a uma questão específica ou para construir determinado relatório.

Por causa do amplo uso do modelo relacional, existe uma abundância de produtos comerciais para criá-lo e gerenciá-lo. O Oracle 10g, da Oracle Corp., e o DB2, da IBM, lideram as aplicações de bancos de dados relacionais para computadores de grande porte. Uma aplicação para médio porte bem popular é o servidor SQL da Microsoft. A aplicação de banco de dados mais usada em PCs é o Microsoft Access.

Operações relacionais

O **modelo multidimensional** é uma variação do modelo relacional que usa estruturas multidimensionais para organizar os dados e expressar as relações entre eles. Podem-se visualizar as estruturas multidimensionais como cubos de dados e cubos dentro de cubos de dados. Cada lado do cubo é considerado uma dimensão dos dados. A Figura 5.6 é um exemplo de que cada dimensão pode representar uma categoria diferente, tal como o tipo de que cada dimensão pode representar uma categoria diferente, como o tipo de produto, a região, os canais de vendas e o período.

Cada célula dentro de uma estrutura multidimensional contém dados agregados relacionados a elementos em cada uma de suas dimensões. Por exemplo, uma célula única pode conter o total de vendas de um produto em uma região por um canal de vendas específico em um único mês. O benefício mais importante dos bancos de dados multidimensionais é que são uma maneira compacta e fácil de usar para visualizar e manipular os elementos de dados que têm muitas inter-relações. Dessa forma, os bancos de dados multidimensionais têm se tornado a estrutura de banco de dados mais popular para os bancos de dados analíticos que suportam aplicações do *processamento analítico on-line* (Olap), nos quais são esperadas respostas rápidas a questões complexas de negócios. Discutiremos as aplicações Olap no Capítulo 10.

Estrutura multidimensional

O **modelo orientado a objeto** é considerado uma das tecnologias-chave de uma nova geração de aplicações de multimídia baseadas na web. Como a Figura 5.7 ilustra, um **objeto** consiste em valores de dados que descrevem os atributos de uma entidade, mais as operações que podem ser realizadas pelos dados. Essa capacidade de *encapsulamento* permite que o modelo orientado a objeto manipule mais facilmente tipos complexos de dados (gráficos, imagens, voz, texto) do que qualquer outra estrutura de banco de dados.

O modelo orientado a objeto também suporta *herança*, isto é, novos objetos podem ser automaticamente criados replicando alguma ou todas as características de um ou mais objetos *pais*. Assim, na Figura 5.7, os objetos conta corrente e conta poupança podem ambos herdar os atributos e as operações comuns do objeto pai conta bancária. Tais capacidades tornaram os *sistemas de gerenciamento de bancos de dados orientados a objeto* (SGBDOO) populares nos projetos apoiados por computador (CAD) e em um número crescente de aplicações. Por exemplo, a tecnologia de objeto permite aos projetistas desenvolver desenhos de produtos, armazená-los como objetos em um banco de dados orientado a objeto, replicá-los e modificá-los para criar novos desenhos de produtos. Complementando, as aplicações de multimídia baseadas na web para a internet, e intranets e extranets corporativas têm se tornado uma área de aplicação importante para a tecnologia de objeto.

Estrutura orientada a objetos

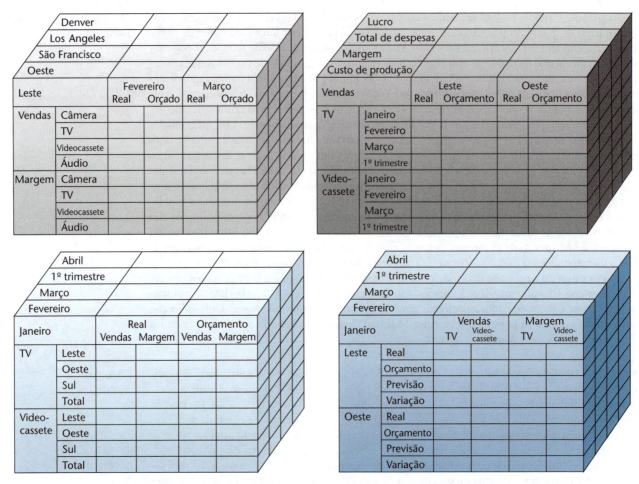

FIGURA 5.6 Um exemplo de dimensões diferentes de um banco de dados multidimensional.

FIGURA 5.7 Os objetos conta corrente e conta poupança podem herdar atributos e operações comuns do objeto conta bancária.

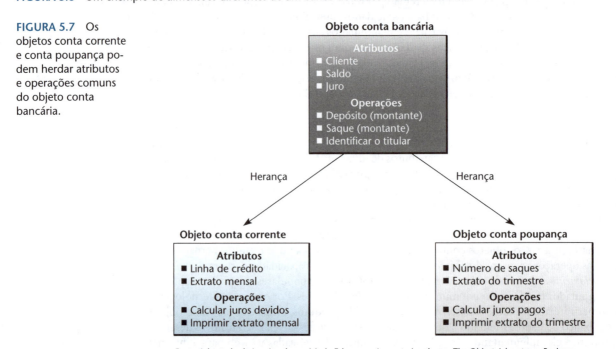

Fonte: Adaptada de Ivar Jacobsen, Maria Ericsson e Ageneta Jacobsen. *The Object Advantage: Business Process Reengineering with Object Technology* (New York: ACM Press, 1995, p. 65). Copyright © 1995, Association for Computing Machinery. Usada com permissão.

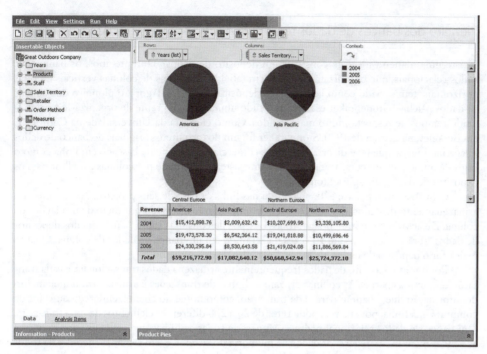

FIGURA 5.8 Bancos de dados podem fornecer dados para uma ampla variedade de pacotes de análise, permitindo que os dados sejam exibidos em forma gráfica.

Fonte: Cortesia da Microsoft®.

Os proponentes da tecnologia de objeto argumentam que os SGBD orientados a objeto podem trabalhar com *tipos de dados complexos*, como documento e imagens gráficas, videoclipes, segmentos de áudio e outros subconjuntos de páginas web muito mais eficientemente do que sistemas de gerenciamento de banco de dados relacional. Contudo, os fornecedores mais importantes de SGBD relacionais reagiram acrescentando módulos orientados a objeto ao seu *software* relacional. Os exemplos incluem extensões de objeto de multimídia para o DB2, da IBM, e "os cartuchos" baseados em objeto da Oracle para o Oracle 10g (ver Figura 5.8).

Avaliação de estruturas de bancos de dados

A estrutura de dados hierárquica foi um modelo natural para as bases de dados usadas nas rotinas estruturadas, características de processamento de transação de muitas operações de negócios nos primeiros anos do processamento de dados e da computação. Dados para essas operações podem ser facilmente representados por grupos de registros em uma relação hierárquica. Contudo, com o tempo, houve muitos casos em que era necessária a informação sobre registros que não tinham relações hierárquicas. Por exemplo, em algumas organizações, os empregados de mais de um departamento podem trabalhar em mais de um projeto (volte à Figura 5.4). Uma estrutura de dados em rede pode lidar facilmente com essas relações "muitos-a-muitos", ao passo que um modelo hierárquico não poderia. Como tal, a estrutura em rede mais flexível tornou-se popular para esses tipos de operações de negócios. Entretanto, como a estrutura hierárquica, o modelo em rede foi incapaz de manipular com facilidade consultas *ad hoc* para informação, apontando assim a necessidade do modelo relacional.

Os bancos de dados relacionais permitem que um usuário final facilmente receba informações em resposta à sua consulta *ad hoc*, o que ocorre porque nem todas as relações entre os elementos de dados em um banco de dados relacionalmente organizado precisam ser especificadas quando este é criado. O *software* de gerenciamento de dados (como Oracle 10g, DB2, Access e Approach) cria novas tabelas de relações de dados usando partes dos dados de diversas tabelas. Assim, os bancos de dados relacionais são mais fáceis para os programadores trabalharem e mais fáceis para a manutenção do que os modelos em rede e hierárquicos.

A principal limitação do modelo relacional é que os sistemas de gerenciamento de banco de dados relacionais não podem processar grandes quantidades de transações de negócios de maneira tão rápida e eficaz como aqueles baseados nos modelos em rede e hierárquicos, ou processar aplicações de alto volume e complexas assim como o modelo orientado a objeto. Essa discrepância diminuiu com o desenvolvimento do *software* de banco de dados relacional avança-

> ### Pioneiro dos bancos de dados reformula o melhor modo de organizar dados
>
> Existe uma maneira ideal de construir um depósito de dados? Durante anos, os bancos de dados relacionais, que organizam os dados em tabelas compostas de colunas verticais e linhas horizontais, têm servido como base para os depósitos de dados. Agora, o pioneiro dos bancos de dados Michael Stonebraker está promovendo uma forma diferente de organizá-los, prometendo tempos de resposta muito mais rápidos. Como cientista da Universidade da Califórnia, em Berkeley, na década de 1970, Stonebraker foi um dos arquitetos originais do banco de dados relacional Ingres, que teve diversas variantes comerciais. Um sistema baseado em linha como o Ingres é ótimo para executar transações, mas um sistema orientado por colunas é melhor para os depósitos de dados, diz agora Stonebraker.
>
> O SQL Server, Sybase e Teradata têm nas linhas a base de seus projetos. No entanto, no armazenamento de dados, é possível obter desempenho mais rápido por meio de um layout de coluna. De acordo com Stonebraker, todos os tipos de consultas sobre "a maioria dos depósitos de dados" serão executados até 50 vezes mais rápido em um banco de dados de coluna. Quanto maior for o depósito de dados, maior será o ganho de desempenho.
>
> Por quê? O depósito de dados frequentemente armazena dados transacionais, e cada transação tem muitas partes. As colunas cruzam as linhas de transações e armazenam um elemento de informação que é padrão para cada transação, como nome do cliente, endereço ou valor da compra. Uma linha, por sua vez, pode reter de 20 a 200 diferentes elementos de uma transação. Um banco de dados relacional padrão recuperaria todas as linhas que refletem, por exemplo, as vendas mensais, carregaria os dados na memória do sistema e, em seguida, encontraria todos os registros de vendas e gerar uma média a partir deles. A capacidade de se restringir apenas à coluna de "vendas" leva a um melhor desempenho de consulta.
>
> Há um segundo ganho de desempenho na abordagem de coluna. Como as colunas contêm informações similares de cada transação, é possível derivar um esquema de compressão para o tipo de dados e depois aplicá-lo por toda coluna. As linhas não podem ser comprimidas com a mesma facilidade, porque a natureza dos dados (nome, CEP e saldo da conta, por exemplo) varia de acordo com o registro, e cada linha exigiria um esquema de compressão diferente.
>
> A compressão de dados em colunas possibilita armazenamento e recuperação mais rápidos, e reduz a quantidade necessária de disco. Segundo Stonebraker: "Em todo depósito de dados que conheço, a compressão é uma coisa boa. Espero que o mercado de depósito de dados adote amplamente o armazenamento por colunas".
>
> *Fonte*: Adaptado de Charles Babcock. "Database Pioneer Rethinks the Best Way to Organize Data". *InformationWeek*, 23 de fevereiro de 2008.

do com extensões orientadas a objeto. O uso do *software* de gerenciamento de banco de dados baseado nos modelos orientado a objeto e multidimensional está crescendo na medida em que essas tecnologias estão desempenhando papel maior para as aplicações Olap e baseadas na web.

Desenvolvimento de banco de dados

Pacotes de gerenciamento de bancos de dados, como o Microsoft Access ou o Lotus Approach, permitem aos usuários finais desenvolver facilmente os bancos de dados de que precisam (ver Figura 5.9). Entretanto, as grandes organizações em geral colocam o controle de bancos de dados de toda a empresa nas mãos dos **administradores de bancos de dados** (*database administrators* – DBAs) e outros especialistas em bancos de dados, o que melhora a integridade e a segurança dos bancos de dados organizacionais. Os desenvolvedores de bancos de dados usam a *linguagem de definição de dados* (*data defition language* – DDL) em sistemas de gerenciamento de bancos de dados, como o Oracle 10g ou o DB2 da IBM, para desenvolver e especificar os conteúdos, as relações e estruturas de dados de cada banco de dados, e para modificar essas especificações de bancos de dados quando isso for necessário. Essas informações são catalogadas e armazenadas em um banco de dados de definições e especificações de dados denominado *dicionário de dados* ou *repositório de metadados*, que é administrado pelo *software* de gerenciamento de banco de dados e mantido pelo DBA.

Um **dicionário de dados** é um catálogo ou diretório de gerenciamento de banco de dados que contém **metadados**, isto é, dados a respeito de dados. Esse tipo de dicionário conta com um componente de *software* de banco de dados especializado para administrar um banco de dados

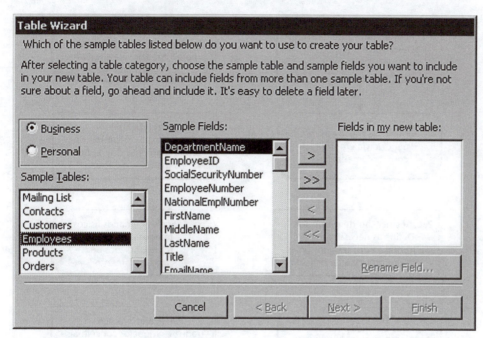

FIGURA 5.9 Criação de uma tabela de banco de dados usando o Assistente de Tabela do Microsoft Access.

Fonte: Cortesia da Microsoft®.

de definições de dados, ou seja, metadados a respeito da estrutura, dos elementos de dados e outras características dos bancos de dados de uma organização. Por exemplo, contém os nomes e as descrições de todos os tipos de registros de dados e suas inter-relações, assim como uma visão dos requisitos de informação para o acesso e uso dos programas de aplicações, a manutenção e a segurança do banco de dados por parte dos usuários.

Os dicionários de dados podem ser acessados pelo administrador do banco de dados para informar a situação de qualquer aspecto de metadados de uma empresa O administrador pode, então, fazer modificações nas definições de elementos de dados selecionados. Alguns dicionários de dados ativos (em oposição a passivos) forçam automaticamente definições padrão de elemento de dados sempre que os usuários finais e o programa de aplicação acessem o banco de dados de uma organização. Por exemplo, um dicionário de dados ativo não permitiria que um programa de entrada de dados usasse uma definição não padrão de um registro de cliente nem permitiria que um empregado entrasse com um nome de cliente que excedesse o tamanho definido daquele elemento de dados.

Desenvolver um grande banco de dados de tipos de dados complexos pode ser uma tarefa complicada. Os administradores de bancos de dados e os analistas de projetos de bancos de dados trabalham com usuários finais e analistas de sistemas para modelar os processos de negócios e os dados que eles requerem. Então determinam (1) quais definições de dados deveriam ser incluídas no banco de dados e (2) qual estrutura ou relações deveriam existir entre os elementos de dados.

Planejamento de dados e projeto de dados

Como ilustra a Figura 5.10, o desenvolvimento de banco de dados pode começar com um **processo de planejamento** de cima para baixo. Os administradores de banco de dados e os projetistas trabalham com a administração corporativa e com os usuários finais para desenvolver um *modelo empresarial* que defina o processo básico de negócio da empresa. Depois, definem as necessidades de informação dos usuários finais em um processo de negócio, tal como o processo de compra e recebimento que todas as empresas têm.

Em seguida, os usuários finais devem identificar os elementos de dados fundamentais que são necessários para realizar suas atividades específicas do negócio, o que frequentemente envolve desenvolver *diagramas de relacionamento de entidades* (*entity relationship diagrams* – ERDs) que modelam as relações entre as muitas entidades envolvidas no processo de negócio. Por exemplo, a Figura 5.11 ilustra algumas das relações no processo de compra e recebimento. Os ERDs são apenas modelos gráficos de vários arquivos e suas relações contidas dentro de um sistema de banco de dados. Os usuários finais e os projetistas de banco de dados poderiam usar o gerenciamento de banco de dados ou *software* de modelagem de negócio para ajudá-los a desenvolver os modelos de ERD para o pro-

FIGURA 5.10 O desenvolvimento de banco de dados envolve as atividades de planejar dados e projetar o banco de dados. Os modelos de dados que dão suporte aos processos de negócios são usados para desenvolver o banco de dados que atendam às necessidades de informação dos usuários.

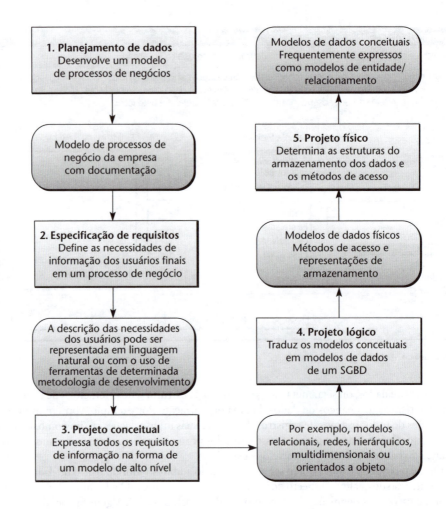

cesso de compra e recebimento. Isso ajudaria a identificar quais fornecedores e dados do produto são necessários para automatizar a sua compra e seu recebimento, e outros processos de negócio utilizando *software* de gerenciamento de recurso da empresa (*enterprise resource management* – ERM) ou gestão da cadeia de suprimentos (*supply chain management* – SCM). É possível aprender sobre ERDs e outras ferramentas de modelagem de dados em detalhes fazendo um curso de projeto e análise de sistemas.

Essas visões de usuário são a parte principal de um processo de **modelagem de dados** na qual as relações entre elementos de dados são identificadas. Cada modelo de dados define as relações lógicas entre os elementos de dados necessários para apoiar um processo de negócio básico. Por exemplo, um fornecedor pode fornecer-nos mais de um tipo de produto? Um cliente pode ter mais de um tipo da conta conosco? Um empregado pode ter vários níveis de pagamento ou ser destinado a vários grupos de projeto?

FIGURA 5.11 Este diagrama de entidade/relacionamento ilustra algumas das relações entre as entidades (produto, fornecedor, armazém etc.) em um processo de negócio de compra e recebimento.

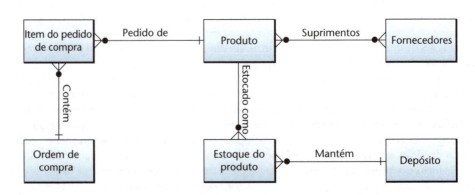

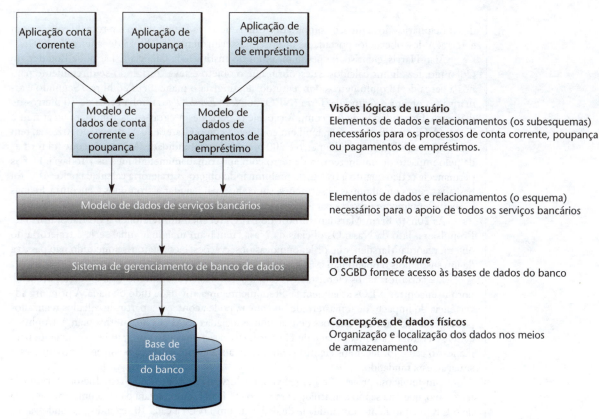

FIGURA 5.12 Exemplo das visões de bancos de dados físicos e lógicos, e a interface do *software* de um sistema de informação de serviços bancários.

Responder a essas perguntas identificará as relações de dados que têm de ser representadas em um modelo de dados que apoiem um processo de negócio. Esses modelos de dados servem como estruturas lógicas (chamadas *esquemas* e *subesquemas*) nas quais se baseiam o projeto físico do banco de dados e o desenvolvimento de programas de aplicação para suportar os processos de negócios da organização. Um esquema é uma visão lógica completa das relações entre os elementos de dados em um banco de dados, ao passo que o subesquema é uma concepção lógica das relações de dados necessárias para apoiar os programas de aplicações de usuários finais específicos que acessarão aquele banco de dados.

Lembre-se de que os modelos de dados representam visões lógicas dos dados e relacionamentos do banco de dados. O projeto físico do banco de dados trata uma visão física de dados (também chamada *visão interna*), que descreve como eles serão armazenados fisicamente e acessados nos dispositivos de armazenamento de um sistema de computador. A Figura 5.12 ilustra essas diferentes visões de bancos de dados e da interface de *software* do sistema de processamento de banco de dados de um banco. Nesse exemplo, conta corrente, poupança e pagamento de empréstimos são processos de negócio cujos modelos de dados são parte do modelo de dados de serviços bancários, que serve como estrutura lógica de dados para todos os serviços do banco.

Conjuntos de dados de grande escala: o céu é o limite

No início de 2004, os computadores do Minor Planet Center (MPC) examinaram aproximadamente 10 mil observações de fenômenos astronômicos. Eles consideraram que um punhado dessas observações merecia acompanhamento, pois eram descobertas recentes ou estavam a caminho de uma zona próxima à Terra. Embora as trajetórias preliminares calculadas pelo MPC não fossem baseadas em observação suficiente para serem exatas, sem o conhecimento dos funcionários do centro, o computador tinha encontrado um objeto em rota de colisão com a Terra. A descoberta foi postada na internet posteriormente, no dia 13 de janeiro de 2004.

Alan Harris, cientista de pesquisa sênior do Instituto de Ciência Espacial de Boulder, no Colorado, fez alguns cálculos e descobriu que o objeto estava "dirigindo-se diretamente para nós a cerca de 18 quilômetros por segundo" e atingiria o planeta em 26 horas. Segundo estimativas, o objeto próximo da Terra (NEO, de *Near-Earth Object*) tinha cerca de 30 metros de diâmetro. Dependendo de sua composição, ele poderia desintegrar-se na atmosfera ou atingir a Terra. (A Cratera de Barringer, também conhecida como Cratera do Meteoro, no Arizona, tem cerca de um quilômetro de diâmetro e 200 metros de profundidade. Acredita-se que foi formada pelo impacto de um meteorito de ferro com aproximadamente 50 metros.) Todavia, Harris permanecia cético quanto à trajetória preliminar do objeto. A trajetória calculada pelo MPC foi baseada apenas em algumas observações, suficientes para ajudar astrônomos a encontrá-lo, mas não suficientemente precisas para determinar o seu curso real.

Às 20h30, Brian Marsden, diretor do MPC, recebeu um telefonema do Laboratório de Propulsão a Jato da Nasa. Os oficiais da Nasa "tentavam imaginar" qual seria a trajetória do objeto, recorda Marsden, que ordenou novas observações, e constatou-se que tudo não passava de um susto, pois o objeto não estava seguindo uma trajetória perigosa.

De certa forma, os cientistas tiveram a sorte de ter encontrado essa ameaça potencial, porque encontrar NEOs atualmente é literalmente uma atividade tudo ou nada. A primeira advertência do impacto de um asteroide ou cometa pode acontecer a partir de cálculos realizados por algumas das antigas estações de trabalho associadas ao MPC, no Smithsonian Astrophysical Observatory da Universidade de Harvard. Esses sistemas não são grandes o suficiente para mapear o céu e fornecer aos cientistas uma visão abrangente sobre os possíveis danos, mas essa situação está mudando.

Um ambicioso projeto é o Large Synoptic Survey Telescope (LSST) em Tucson, Arizona. O telescópio, que está sendo construído para o projeto LSST, que coletará dados a uma taxa de cerca de 6 GB (o equivalente à quantidade de dados de um DVD) a cada 10 segundos, gerando vários petabytes de dados ao longo do tempo. *Um petabyte equivale a cerca de 100 vezes o conteúdo impresso da biblioteca do congresso norte-americano*. O banco de dados do LSST provavelmente será o maior banco de dados comum conhecido do mundo. Como a operação do telescópio irá durar cerca de sete a oito anos, os cientistas envolvidos estão esperançosos de que as capacidades de processamento e as densidades de armazenamento crescerão o suficiente para administrar esses dados, mas também podem imaginar um sistema de supercomputador de mil ou mais sistemas integrados em rede.

Os cientistas esperam que o LSST e outras iniciativas paralelas os ajudem a identificar a maioria dos NEOs que podem ameaçar a Terra, localizando aqueles em trajetórias perigosas com bastante antecedência antes do choque. Há a expectativa de que as informações lhes deem tempo para desenvolver formas de repelir o NEO. Essa evolução do sistema acontecerá, é claro, somente se a Terra não for destruída por um cometa ou asteroide antes.

Fonte: Adaptado de Patrick Thibodeau. "IT to Help Avoid Astronomical Armageddon". *Computerworld*, 6 de setembro de 2004.

Como gerenciar recursos de dados

Seção II
Gerenciamento dos recursos de dados

Os dados são recursos organizacionais vitais que precisam ser administrados como qualquer outro importante ativo da empresa. As empresas de negócios de hoje não conseguem sobreviver ou obter êxito sem dados de qualidade sobre suas operações internas e ambiente externo.

Com um clique de mouse, tanto um bit de dados novo é criado como um dado já armazenado é recuperado de diversos sites de negócios da web. Tudo isso está no topo da pesada demanda do armazenamento de dados em escala industrial já em uso por grupos de grandes corporações. O que está orientando o crescimento é um rolo compressor que força as corporações a analisar cada bit da informação que elas conseguem extrair dos seus enormes repositórios de dados para vantagem competitiva. Isso deu à função de armazenamento e gerenciamento de dados papel estratégico-chave na era da informação.

É por essa razão que as organizações e seus gerentes necessitam praticar o **gerenciamento dos recursos de dados**, uma atividade gerencial que aplica tecnologias de sistemas de informação como gerenciamento de banco de dados, armazenamento de dados e outras ferramentas de gerenciamento de dados à tarefa de gerenciar os recursos de dados de uma organização para atender às necessidades de informação dos participantes da empresa. Esta seção mostrará as implicações gerenciais do uso das tecnologias e dos métodos de gerenciamento dos recursos de dados para administrar o patrimônio de dados que atende aos requisitos de informação do negócio.

Leia o "Caso do mundo real 2" sobre Applebee's, Travelocity e outras empresas. É possível aprender muito sobre o valor comercial da exploração de dados para a tomada de decisões com base nesse caso (ver Figura 5.13).

Tipos de bancos de dados

Desenvolvimentos contínuos na tecnologia da informação e as suas aplicações nos negócios resultaram na evolução de vários **tipos principais de bancos de dados**. A Figura 5.14 ilustra várias categorias conceituais importantes de bancos de dados que podem ser encontradas em muitas organizações. Abordaremos brevemente algumas delas agora.

Bancos de dados operacionais

Bancos de dados operacionais armazenam dados detalhados necessários para suportar os processos de negócios e operações de uma companhia. São também chamados *bancos de dados de área temática* (*subject area database* – SADB), *bancos de dados de transações* e *bancos de dados de produção*. Exemplos são um banco de dados de clientes, um banco de recursos humanos, banco de dados de estoque e outros bancos de dados contendo dados gerados pelas operações de negócios. Por exemplo, um banco de dados de recursos humanos como aquele mostrado na Figura 5.2 incluiria dados de identificação de cada empregado, ou sua carga horária de trabalho, remuneração, benefícios, avaliação de desempenho, situação de treinamento e desenvolvimento e outros dados relacionados a recursos humanos. A Figura 5.15 ilustra diversos bancos de dados operacionais que podem ser criados e administrados por um pequeno negócio por meio da utilização de o *software* de gerenciamento de banco de dados Microsoft Access.

Bancos de dados distribuídos

Muitas organizações replicam e distribuem cópias ou partes de bancos de dados em servidores de redes em vários *sites*. Esses **bancos de dados distribuídos** podem residir em servidores de redes na World Wide Web, em intranets ou extranets corporativas, ou em redes de outras companhias. Os bancos de dados distribuídos podem ser cópias de bancos de dados operacionais ou analíticos, hipermídia ou bancos de dados de discussão, ou qualquer outro tipo do banco de dados. A réplica e a distribuição de bancos de dados são feitas para melhorar o desempenho destes nos locais de trabalho do usuário final. Portanto, assegurar que os dados em um banco de dados distribuído de uma organização sejam constante e permanentemente atualizados é o desafio principal do gerenciamento do banco de dados distribuído.

Os bancos de dados distribuídos têm vantagens e desvantagens. Uma vantagem principal está na proteção de dados valiosos, isto é, se todos os dados de uma organização estão em uma

CASO DO MUNDO REAL 2: Applebee's, Travelocity e outras empresas: *data mining* para decisões de negócios

Randall Parman, arquiteto de banco de dados da cadeia de restaurantes Applebee's International e chefe do grupo de usuário Teradata, abriu a conferência anual de usuários da Teradata em Las Vegas com um aviso para aqueles que não estão fazendo o melhor uso de seus dados. "Dados são como ouro. Se você não usá-los, alguém virá para aproveitar a oportunidade", declarou Parman para uma sala lotada, com quase 3.900 pessoas.

Parman traçou uma analogia com a história da descoberta de Isaac Newton sobre a gravidade depois que ele foi atingido na cabeça por uma maçã. "E se Newton apenas tivesse comido a maçã?", perguntou ele. "E se não usarmos a tecnologia ou as informações disponíveis para tomar uma atitude?" A Applebee's, que tem 1.900 restaurantes de refeições descontraídas no mundo inteiro e arrecadou US$ 1,34 bilhão em receitas no ano passado, tem um sistema de armazenagem de dados de 4 TB em quatro nós. Embora a empresa tenha uma equipe de apenas três administradores de banco trabalhando com o sistema, "temos aproveitado as nossas informações para obter *insights* sobre o negócio", disse ele. "Alguns desses *insights* foram inesperados, vindo do nada enquanto estávamos olhando para uma direção completamente diferente."

Por exemplo, a Applebee's tem usado o depósito de dados para analisar o "desempenho administrativo" dos restaurantes, incluindo o tempo que os funcionários levam para preparar a comida na cozinha. "Alguém teve a ideia nesperada de usar o desempenho administrativo para avaliar o desempenho comercial. Examinando o momento em que o pedido foi feito até o horário em que foi pago por cartão de crédito e subtraindo o tempo de preparação da refeição, pudemos descobrir quanto tempo os garçons estavam gastando com os clientes", aponta Parman acrescentou que a informação está sendo usada para ajudar a empresa a melhorar a experiência dos clientes.

A Applebee's também tem avançado com relação a decisões de negócio baseadas em dados básicos, como reposição de estoques de comida de acordo com a quantidade de produto utilizado vendida diariamente, para desenvolver análises mais sofisticadas. Seu departamento, por exemplo, inventou um "quadrante de otimização do menu" que analisa como os itens estão sendo vendidos para que a empresa possa tomar melhores decisões não apenas sobre o pedido, mas também sobre quais produtos promover.

Enquanto isso, os fornecedores de tecnologia veem um potencial inexplorado para as empresas investirem dinheiro em *hardware* e *software* que lhes permitam utilizar os dados para tomar decisões comerciais mais sofisticadas. "As empresas que operarem com a maior rapidez e inteligência vão ganhar", diz o CEO da Teradata, Michael Koehler.

Como várias empresas, a Travelocity.com tem grande quantidade de dados não estruturados contidos em *e-mails* de clientes, anotações de agentes de *call centers* e outras fontes que contêm pedaços de informações fundamentais sobre como os clientes se sentem com relação ao *site* de viagens. Para compensar a incapacidade das ferramentas de inteligência de negócios em pesquisar dados não estruturados, a Travelocity lançou um novo projeto para ajudar a extrair quase 600 mil observações não estruturadas de modo que possa monitorar e responder melhor a questões de atendimento ao cliente.

O *site* de viagens *on-line* começou a instalar o novo *software* de análise de texto que será usado para vascular cerca de 40 mil comentários a partir de pesquisas de satisfação do cliente, 40 mil *e-mails* de clientes e 500 mil interações com o *call center*, que resultam em observações para fazer vir à tona possíveis problemas nos serviços ao consumidor. "A verdade é que é muito trabalhoso e extremamente caro passar por todo o *feedback* de clientes para tentar extrair a informação que precisamos ter para tomar decisões de negócios", diz Don Hill, diretor de defesa do consumidor da Travelocity.

"O recurso de garimpagem de texto nos permite percorrer todos os comentários de clientes e extrair informações significativas. Recebemos informações sobre a natureza dos comentários e se eles são positivos ou negativos."

A Travelocity vai usar o *software* de análise de texto da Attensity para identificar automaticamente ocorrências, opiniões, solicitações, tendências e pontos problemáticos a partir dos dados não estruturados. A empresa, em seguida, conectará a análise com os dados estruturados a partir de seu depósito de dados Teradata para que ela possa identificar tendências. "Temos que pegar os dados não estruturados e transformá-los em dados estruturados para poder acompanhar as tendências ao longo do tempo", acrescenta Hill. "Podemos conhecer a frequência de comentários de clientes sobre determinado assunto, e se tais comentários estão aumentando, diminuindo ou permanecendo no mesmo patamar".

Ao contrário de outras tecnologias de análise de texto, que requerem marcação, triagem e classificação manuais dos termos antes da análise de dados não estruturados, a tecnologia da Attensity tem um mecanismo de linguagem natural que automaticamente retira dados importantes, sem um monte de termos predefinidos, observa Michelle de Haaff, vice-presidente de *marketing* da fabricante. Isso permite que as empresas tenham um sistema de alerta rápido para resolver questões que precisam ser tratadas, acrescenta ela.

Fonte: ©Digital Vision/Getty Images.

FIGURA 5.13 As organizações modernas cada vez mais agregam e exploram seus dados para tomar melhores decisões.

A VistaPrint Ltd., uma loja *on-line* com sede em Lexington, Massachusetts, que fornece serviços de design gráfico e de produtos com impressão personalizada, aumentou sua taxa de conversão de clientes com a tecnologia de análise da web que examina os detalhes mais minuciosos das 22 mil transações processadas diariamente em seus 18 *sites*.

Como muitas empresas que investiram pesadamente em vendas *on-line*, a VistaPrint percebeu, mais de um ano atrás, que estava atolada de dados de registro da web rastreados a partir de suas operações *on-line*. Analisar o comportamento do consumidor *on-line* e como um novo recurso pode afetar esse comportamento é importante, mas a recuperação e análise dos dados levava horas ou mesmo dias com a utilização de um antigo aplicativo integrado, diz Dan Malone, gerente sênior de inteligência de negócios da VistaPrint.

"Não era sustentável, nem escalável", diz Malone. "Percebemos que melhorar as taxas de conversão, ainda que em alguns pontos percentuais, pode ter um grande impacto geral." Assim a VistaPrint procurou encontrar um pacote de análise web que poderia testar novas interfaces de usuário para ver se era possível aumentar as taxas de conversão (a porcentagem de visitantes *on-line* que se tornam clientes), descobrir por que os visitantes saíram do *site* e determinar o ponto exato de onde os usuários estavam saindo.

A primeira pesquisa identificou dois grupos de fornecedores. Um deles ofereceu ferramentas que analisaram todos os dados disponíveis, sem nenhuma agregação inicial. O outro ofereceu ferramentas que faziam a agregação no início, mas exigia que os usuários prevessem todas as consultas que queriam fazer, informa Malone. "Se há uma questão que está fora do conjunto de perguntas para o qual agregou os dados, você tem de reprocessar todo o conjunto de dados."

A empresa finalmente selecionou uma terceira opção, escolhendo o aplicativo Visual Site, da Visual Sciences Inc. Esse aplicativo utiliza um método de amostragem, o que significa que a VistaPrint ainda pode consultar os dados detalhados, mas que "também é rápido, porque você está recebendo as respostas assim que faz uma pergunta. Ele consulta 1% dos dados que você tem e, com base nisso, dá uma resposta. Ele supõe que o restante dos 99% [dos dados] são semelhantes. Como os dados foram randomizados, trata-se de uma suposição válida", observa Malone.

A VistaPrint, que utiliza a ferramenta há pouco mais de um ano, executa o aplicativo juntamente com cerca de 30 a 40 novos recursos, testados a cada três semanas. A empresa estava testando, por exemplo, um caminho de quatro páginas para um usuário fazer upload dos dados a serem impressos em um cartão de visita. O teste mostrou que o novo caminho de upload tinha a mesma taxa de conversão que a versão de controle. "Ficamos um pouco decepcionados porque empenhamos muito tempo para melhorar esse fluxo", acrescenta ele.

Quando a empresa adicionou o Visual Site à operação, verificou-se que, embora a versão de teste fosse melhor do que o controle em três das quatro páginas, a última página tinha uma grande taxa de saída. "Fomos capazes de dizer à equipe de usabilidade onde estava o problema", conta Malone. A VistaPrint também reduziu os *drop-offs* de sua página de login após a ferramenta Visual Site mostrar que clientes que retornavam estavam usando o processo de registro de novos clientes e recebendo um aviso de erro. A empresa corrigiu o problema, e "a taxa de login melhorou significativamente, resultando em conversões mais elevadas", diz ele. Embora Malone admita ser difícil medir um retorno exato do investimento, a empresa estima que a ferramenta se pagou alguns meses após a instalação.

Fonte: Adaptado de Heather Havenstein. "Use web Analytics to Turn On-line Visitors into Paying Customers". *Computerworld*, 17 de setembro de 2007; Mary Hayes Weier. "Applebee's Exec Preaches Data Mining for Business Decisions". *InformationWeek*. 8 de outubro de 2007; e Heather Havenstein. "Travelocity.com Dives into Text Analytics to Boost Customer Service". *Computerworld*, 14 de novembro de 2007.

QUESTÕES DO ESTUDO DE CASO

1. Quais são os benefícios para o negócio quando se empenham o tempo e esforço necessários para criar e operar depósitos de dados como os descritos no caso? Você vê alguma desvantagem? Existe alguma razão pela qual todas empresas não devessem utilizar a tecnologia de depósito de dados?
2. A Applebee's observou que alguns dos insights inesperados foram obtidos com base na análise de dados do desempenho administrativo. Usando seu conhecimento de como funciona um restaurante, que outras questões interessantes você sugeriria à empresa? Dê vários exemplos específicos.
3. *Data mining* e tecnologias de armazenamento utiliza dados de acontecimentos passados como informação para uma melhor tomada de decisão no futuro. Você acredita que isso reprime o pensamento inovador e torna as empresas muito limitadas pelos dados já coletados sem considerar oportunidades inexploradas? Compare esses dois pontos de vista.

ATIVIDADES DO MUNDO REAL

1. Acesse o *site* da Attensity (www.attensity.com) e pesquise que outros produtos oferecidos pela empresa complementam os citados no caso. Que outras empresas têm se beneficiado do uso dessas tecnologias? Prepare um relatório para mostrar suas descobertas.
2. Na abertura do caso, Randall Parman, da Applebee's International, comparou dados a ouro. Embora seja fácil descobrir o valor do ouro a qualquer momento, avaliar dados tem sido objeto de controvérsia permanente. Pesquise na internet metodologias alternativas para determinar o preço dos ativos de dados de uma empresa. Faça um contraste entre as diferentes abordagens e apresente suas descobertas para a turma.

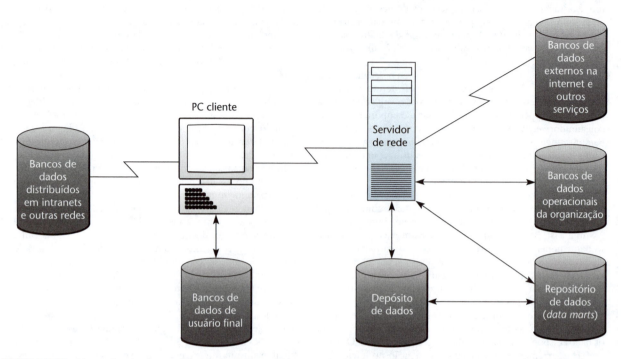

FIGURA 5.14 Exemplos de alguns dos principais tipos de bancos de dados usados por organizações e usuários finais.

única localização física, um evento catastrófico, como um incêndio ou um dano ao meio que contém os dados, resultaria em uma perda igualmente catastrófica do uso daqueles dados. Tendo bancos de dados distribuídos em múltiplas localizações, o impacto negativo de tal evento pode ser minimizado.

Outra vantagem dos bancos de dados distribuídos é encontrada nos requisitos de armazenamento. Frequentemente, um grande sistema de banco de dados pode ser distribuído em bancos de dados menores baseados em alguma relação lógica entre os dados e sua localização. Por exemplo, uma companhia com várias filiais poderia distribuir seus dados de forma que a

FIGURA 5.15 Exemplos de bancos de dados operacionais que podem ser criados e administrados por um pequeno negócio por *software* de gerenciamento de banco de dados para microcomputador como o Microsoft Access.

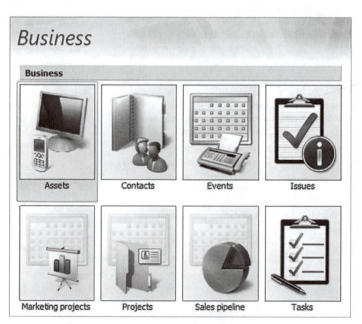

Fonte: Cortesia da Microsoft®.

localização operacional de cada filial fosse também a localização do banco de dados daquela filial. Pelo fato de vários bancos de dados em um sistema distribuído poderem ser reunidos, cada localização tem controle de seus dados locais, ao passo que todas as outras localizações podem acessar qualquer banco de dados na companhia se assim desejarem.

Entretanto, os bancos de dados distribuídos não existem sem alguns desafios. O desafio primário é a manutenção da exatidão dos dados. Se uma companhia distribui seus bancos de dados para múltiplas localizações, qualquer alteração nos dados em um dos locais deve, de alguma forma, ser atualizada em todas as demais. Isso pode acontecer em uma das duas formas: replicação ou duplicação.

Atualizar um banco de dados distribuído por meio de **replicação** envolve usar uma aplicação de *software* especializada que vasculhe cada banco de dados distribuído e, então, encontre as mudanças feitas. Uma vez identificadas essas alterações, o processo de replicação faz que os bancos de dados distribuídos tornem-se iguais realizando as mudanças apropriadas para cada um. O processo de replicação é muito complexo e, dependendo do número e do tamanho do banco de dados distribuído, pode consumir muito tempo e recursos do computador.

O processo de **duplicação**, em contrapartida, é muito menos complicado. Basicamente identifica um banco de dados como mestre e, então, o duplica em horário predeterminado após as horas de trabalho, de modo que cada locação distribuída tenha os mesmos dados. Uma desvantagem desse processo é que nenhuma alteração pode ser feita em qualquer outro banco de dados além do mestre para evitar que alterações locais sejam sobrepostas durante o processo de duplicação. Apesar de tudo, quando usadas adequadamente, a duplicação e a replicação conseguem manter todas as localidades distribuídas sempre igualmente atualizadas com os dados mais recentes.

Um desafio adicional associado aos bancos de dados distribuídos é a capacidade computacional extra e a quantidade máxima de informações que pode trafegar em um canal de comunicação, necessárias para acessar bancos de dados múltiplos em várias localidades. Veremos isso mais detalhadamente no assunto sobre "largura de banda" no Capítulo 6, quando enfocaremos as telecomunicações e as redes.

Bancos de dados distribuídos

O acesso a uma riqueza de informações de **bancos de dados externos** está disponível, mediante pagamento, nos serviços comerciais *on-line* e, com ou sem pagamentos, em muitas fontes na World Wide Web. Os *sites* da web fornecem uma variedade infinita de páginas hiperligadas de documentos multimídia em *bancos de dados de hipermídia* para o seu acesso. Os dados estão disponíveis na forma de estatísticas sobre atividades econômicas e demográficas oriundas de bancos de dados *estatísticos*. Ou se podem também examinar ou baixar resumos ou cópias completas de centenas de jornais, revistas, newsletters, trabalhos, outros materiais publicados, outros periódicos a partir de bancos de dados *bibliográficos* e de textos *completos*. Sempre que alguém usa um mecanismo de busca como Google ou Yahoo! para procurar algo na internet está usando um banco de dados externo – muito, muito grande! Além disso, se utilizar o Google, você estará usando um banco de dados com 112 milhões de buscas por dia em média.

Bancos de dados hipermídia

O crescimento rápido de *sites* na web e nas intranets e extranets corporativas fez aumentar muito o uso de bancos de dados de hipertexto e documentos hipermídia. Um *site* web armazena muita informação em um **banco de dados de hipermídia** composto de páginas interligadas de multimídia (textos, gráficos, imagens fotográficas, videoclipes, segmentos de áudio, e assim por diante). Do ponto de vista de um gerenciamento de banco de dados, o conjunto de páginas multimídia interligadas em um *site* é muito mais um banco de dados de elementos de páginas hipermídia inter-relacionados do que registros de dados inter-relacionados.

A Figura 5.16 mostra como usar um navegador web em seu PC cliente para conectar-se a um servidor da rede da web. Esse servidor roda o *software* do servidor web para acessar e transferir as páginas solicitadas. O *site* ilustrado na Figura 5.16 usa um banco de dados de hipermídia com conteúdo de página web como rótulos, arquivos de imagens e áudio descritos em HTML ou XML. O *software* servidor web atua como um sistema de gerenciamento de banco de dados para administrar e transferir os arquivos de hipermídia para download pelos *plug-ins* de multimídia do seu navegador web.

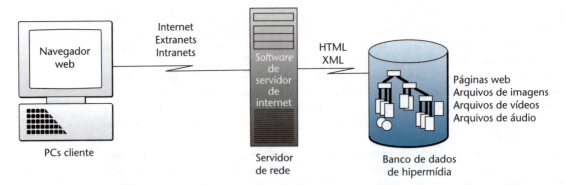

FIGURA 5.16 Os componentes de um sistema de informação com base na web incluem navegador, servidores e bancos de dados de hipermídia.

Coty: utilizando análise em tempo real para acompanhar a demanda

No ramo dos perfumes, são os novos produtos, como o recente lançamento de Kate, uma marca de perfumes da Coty para a supermodelo Kate Moss, que podem fazer o resultado do ano da empresa valer a pena ou não. Mas grandes sucessos também podem levar a grandes problemas. Quando um produto vira um êxito, a Coty deve reagir rapidamente para manter as prateleiras cheias. Entretanto, a sua capacidade de crescimento depende dos fornecedores de vidro, embalagens e outros produtos. "Se não somos capazes de atender à demanda, isso irrita os varejistas, os consumidores perdem o interesse, e nós perdemos vendas", diz Dave Berry, CIO da Coty, cujas outras marcas incluem Jennifer Lopez, Kenneth Cole e Vera Wang.

Prateleiras vazias são o flagelo da produção e do varejo. Basta olhar para a escassez anual dos brinquedos mais populares na época do Natal ou os avisos sobre fornecimento futuro de produtos que as lojas são obrigadas a mostrar regularmente. Em dado momento, 7% de todos os produtos no varejo dos Estados Unidos ficam fora de estoque, e mercadorias em promoção ficam fora de estoque por mais de 15% do tempo. É por isso que fabricantes e varejistas estão ansiosos pelos próximos avanços em previsão de demanda, algo que surgiu como a doutrina de "gerenciamento de sinal de demanda". Em vez de confiarem apenas em dados internos, como registros de pedidos e de remessas, os fabricantes estão analisando semanalmente, e mesmo diariamente, dados de pontos de venda de varejistas, para que possam ter uma ideia mais precisa do que estão vendendo e onde. Esse tipo de dados oportunos e detalhados permite aos fabricantes perceber tendências muito mais rapidamente, de acordo com região, produto, varejista e até mesmo loja individual.

A manipulação de dados de sinal de demanda apresenta os mesmos problemas dos dados em tempo real em qualquer setor: como acessar e integrar grandes volumes de dados e, em seguida, combiná-los e analisá-los juntamente com informações dos históricos. Com o advento dos depósitos de dados altamente escaláveis, técnicas de integração de baixa latência e recursos de consulta e análise mais rápidos e inteligentes, a tecnologia está finalmente presente e por um preço mais acessível. Com ferramentas de inteligência de negócios amigáveis, fabricantes e varejistas estão deixando ferramentas analíticas nas mãos dos tomadores de decisão da linha de frente; na maioria pessoal de vendas e de *marketing*; que estão envolvidos em planejamento, *merchandising* e gestão da cadeia de suprimentos.

Nos últimos dois anos, a Coty tem delegado a responsabilidade do desenvolvimento de previsões precisas para seus vendedores. Previsões em nível de campo resultam em planejamento mais preciso e ágil, diz o CIO Berry, que credita a um aplicativo de análise do fornecedor CAS a facilidade que vendedores não habituados à inteligência de negócios conseguem analisar dados de ponto de venda e fazer previsões.

Um importante obstáculo à ampla adoção da análise de sinais de demanda tem sido a falta de padronização dos dados fornecidos por varejistas. A Coty recebe dados de pontos de venda de nomes como CVS, Target e Walgreens, mas cada um usa um formato diferente. "A pontualidade, precisão e profundidade dos dados também variam de loja para loja, por isso é difícil colocá-los em um depósito de dados", diz Berry.

Isso posto, a recompensa dos esforços iniciais da Coty tem sido previsões mais precisas, maior disponibilidade de produtos nas prateleiras e promoções muito mais eficazes. Com uma visão mais rápida e mais detalhada da demanda, os fabricantes podem aumentar as receitas em 2 a 7%, o que mais do que justifica qualquer dor de cabeça relacionada a dados.

Fonte: Adaptado de Doug Henschen, "In A Down Economy, Companies Turn to Real-Time Analytics to Track Demand", *InformationWeek*, 28 de fevereiro de 2009.

Depósitos de dados e *data mining*

Um **depósito de dados** armazena os dados que foram extraídos dos diversos bancos de dados operacionais, externos e outros de uma organização. É a fonte central de dados que foram organizados, transformados e catalogados de modo que possam ser usados por gerentes e outros profissionais de negócio para o *data mining*, processamento analítico em tempo real e outras formas de análise de negócios, pesquisa de mercado e apoio a decisão. (Abordaremos essas atividades no Capítulo 9.) Os depósitos de dados podem ser subdivididos em **data marts,** que mantêm subconjuntos de dados do repositório que se concentra em aspectos específicos de uma companhia, como um departamento ou um processo de negócios.

A Figura 5.17 ilustra os componentes de um sistema de depósito de dados completo. Veja como os dados de vários bancos de dados operacionais e externos são capturados, organizados e transformados em dados que possam ser muito bem usados para análise. Esse processo de aquisição poderia incluir atividades como consolidação dos dados de diversas fontes, filtragem de dados não desejados, correção dos dados incorretos, conversão dos dados em novos elementos de dados e agregação destes como novos subconjuntos de dados.

Esses dados são então armazenados no repositório de dados da empresa, de onde podem ser movidos para dentro de *data marts* ou para um *repositório analítico de dados* que mantém os dados em uma forma mais útil para certos tipos de análises. Os *metadados* (que definem os dados dentro de um depósito de dados) estão armazenados em um repositório de metadados e catalogados por um diretório de metadados. Finalmente, pode ser provida uma variedade de ferramentas de *software* analíticas para busca, relatório, exploração e análise dos dados entregues via sistemas web da internet e intranet para os usuários finais da empresa (ver Figura 5.18).

Uma característica importante acerca de um depósito de dados é que, diferentemente de um banco de dados típico onde as mudanças podem ocorrer constantemente, os dados em um depósito de dados são *estáticos*. Isso significa que, uma vez os dados são reunidos, formatados para o armazenamento e conservados no repositório de dados, eles não mais mudarão. Dessa

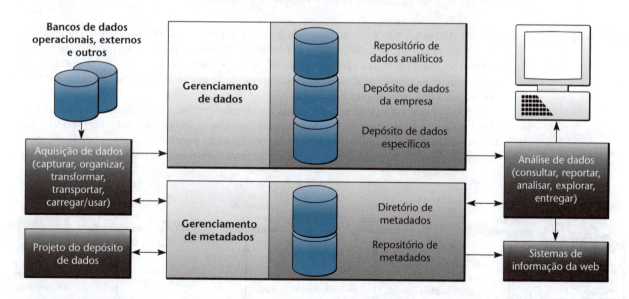

Fonte: Cortesia da Hewlett-Packard.

FIGURA 5.17 Os componentes de um sistema de depósito de dados completo.

FIGURA 5.18 Um depósito de dados e os seus subconjuntos *data marts* mantêm dados que foram extraídos de vários bancos de dados operacionais para análise do negócio, pesquisa de mercado, apoio à decisão e aplicações de exploração de dados.

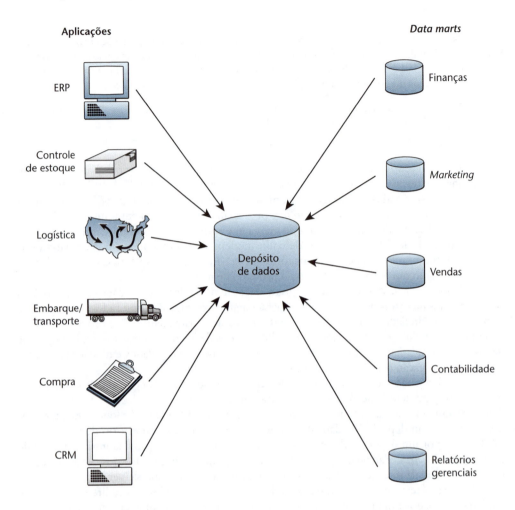

forma, podem-se consultar os dados com o propósito de buscar padrões complexos ou tendências históricas que poderiam passar despercebidos por causa da dinâmica dos dados que mudam constantemente ao sabor de novas transações ou atualizações.

Data mining

O *data mining* é o maior uso do banco de dados de depósitos e dos dados estáticos que eles contêm. No *data mining*, os dados, em um depósito, são analisados para revelar padrões e tendências ocultos no histórico da atividade empresarial. Isso pode ser usado para ajudar os gerentes a tomar decisões a respeito de mudanças estratégicas nas operações comerciais e ganhar vantagem competitiva no mercado (ver Figura 5.19).

O *data mining* pode descobrir novas correlações, padrões e tendências em vastas quantidades de dados de negócios (frequentemente, diversos *terabytes* de dados) armazenados em um depósito de dados. Os *softwares* de *data mining* usam padrões avançados de algoritmos de reconhecimento, assim como uma variedade de técnicas estatísticas e matemáticas para reparar

FIGURA 5.19 Como o *data mining* extrai conhecimento empresarial de um depósito de dados.

montanhas de dados, a fim de extrair informações estratégicas de negócios antes desconhecidas. Por exemplo, muitas empresas usam o *data mining* para:

- Realizar "análise da composição de mercado" para identificar novos pacotes de produto.
- Encontrar causas para a qualidade ou problemas de fabricação.
- Prevenir atritos com clientes e conquistar novos clientes.
- Venda cruzada a clientes existentes.
- Traçar o perfil de clientes com mais exatidão.

Discutiremos mais detalhadamente o *data mining*, da mesma forma como o processamento analítico *on-line* (Olap) e outras tecnologias que analisam os dados em um banco de dados e o depósito de dados para prover suporte vital às tomadas de decisões de negócios, no Capítulo 9.

R. L. Polk & Co.: carros são uma mina de ouro de informações

Como um potente carro a 80 km/h na estrada, o novo depósito de dados baseado em grade da R. L. Polk & Co. se orgulha de um imenso poder sob o capô. Em 2006, a empresa de pesquisa de mercado da indústria automobilística com sede em Southfield, Michigan, concluiu a transferência de seu principal depósito de dados de clientes de 4TB para uma grade Oracle 10g, com servidores Dell PowerEdge rodando Linux. A transferência ajudou a R. L. Polk a economizar dinheiro e melhorar a redundância, a disponibilidade e o tempo de acesso a dados. Também suporta a nova arquitetura da Polk orientada a serviços, que trata de melhorar o serviço ao cliente.

"Estamos fazendo negócios melhores", observa Kevin Vasconi, CIO da companhia. O depósito de dados está fazendo 10 milhões de transações por dia, "sem nenhum problema". Encorajadas pelo resultado da experiência até agora, a R. L. Polk está trazendo para a grade outros bancos de dados, tanto nacionais como estrangeiros, que totalizam 2,5 petabytes de dados gerenciados ativamente.

Fundada em 1870 – no mesmo ano em que o antecessor do automóvel, um carrinho de mão motorizado, foi inventado na Alemanha –, a R. L. Polk começou como uma editora de listas de negócios. Tornou-se uma fornecedora de informações de carros em 1921 e começou a usar cartões perfurados de computador em 1951. A empresa é mais conhecida pelos consumidores por causa de seu banco de dados Carfax de históricos sobre os automóveis.

Apenas uma pequena parte da grade está atualmente dedicada ao depósito de dados. Grande parte é dedicada à execução dos novos aplicativos baseados na web da R. L. Polk que importam dados para o depósito de dados a partir de 260 fontes separadas, como negociantes de carros ou departamentos estaduais de licenciamento, e os transmitem para os clientes, como montadoras, revendedores e fornecedores de peças. O depósito de dados serve como a "fonte única da verdade" da R. L. Polk, em um enorme banco de dados que inclua 500 milhões de automóveis individuais, ou quase 85% de todos os carros do mundo em 2002. Também inclui dados sobre 250 milhões de lares e 3 bilhões de transações.

A R. L. Polk "limpa" os nomes e endereços de todos os registros de entrada, acrescenta dados de localização, como latitude e longitude, e, no caso do número de identificação exclusivo de 17 dígitos para cada carro, infere as características individuais e o modelo de cada carro. De acordo com a previsão de Vasconi, os dados já armazenados nos computadores de bordo dos veículos, como histórico de problemas no motor, histórico da localização por GPS e médias de velocidade, em breve também serão importados para o depósito de dados se as questões de privacidade puderem ser resolvidas. É um processo complicado, mas, enquanto sua equipe continua a ajustar o mecanismo da grade da Oracle, ele espera ser capaz de encurtar o tempo de importação para menos de 24 horas.

"O carro é uma mina de ouro de informações do consumidor", observa Vasconi.

Fonte: Adaptado de Eric Lai. "Auto Market Researcher Revs Up Oracle Grid for Massive Data Warehouse". *Computerworld*, 19 de outubro de 2006.

Processamento tradicional de arquivos

Como alguém se sentiria se fosse um executivo de uma companhia e lhe dissessem que algumas das informações que solicitou a respeito de seus empregados eram muito difíceis e dispendiosas para serem fornecidas? Suponha que o responsável pelos serviços de informação tenha apresentado as seguintes razões:

- As informações desejadas estão em diferentes arquivos, cada um organizado de uma maneira diferente.
- Cada arquivo foi organizado para ser usado por um programa de aplicação diferente, e nenhum deles fornece a informação desejada na forma necessária.
- Nenhum programa de aplicativo está disponível para ajudar a obter a informação que se quer desses arquivos.

Os usuários finais se frustam quando uma organização conta com sistemas de **processamento de arquivo** no qual os dados são organizados, armazenados e processados em arquivos independentes. Na linha de processamento de arquivo tradicional que foi usada no processamento de dados empresarial por muitos anos, cada aplicativo empresarial era desenhado para usar um ou mais arquivos específicos de dados contendo apenas tipos específicos de registros de dados. Por exemplo, um aplicativo de processamento de contas correntes de um banco foi desenhado para acessar e atualizar um arquivo de dados contendo registros de dados específicos para os clientes de contas correntes do banco. Igualmente, o aplicativo de processamento de pagamento de empréstimos do banco precisava acessar e atualizar um arquivo de dados específico contendo registros de dados a respeito dos clientes de empréstimos do banco (ver Figura 5.20).

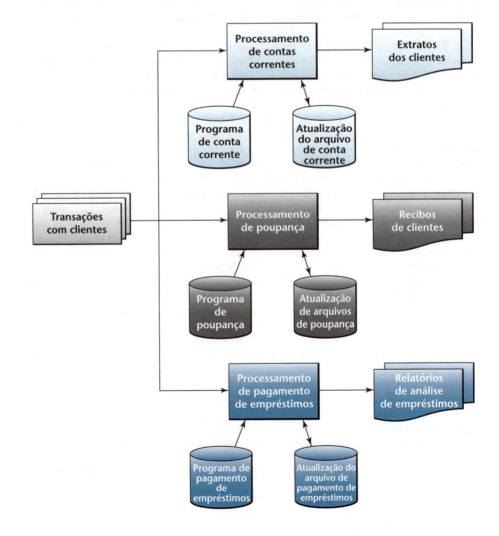

FIGURA 5.20 Exemplo de sistemas de processamento de arquivo em serviços bancários. Observe o uso de programas de computadores separados e arquivos de dados independentes em uma abordagem de processamento de arquivo para aplicações em poupança, pagamento de empréstimo e conta corrente.

A abordagem de processamento de arquivo tornou-se muito enfadonha, cara e inflexível para fornecer a informação necessária para administrar os negócios modernos e, como será visto em breve, foi substituída pela *abordagem de gerenciamento de banco de dados*. Apesar da sua simplicidade e lógica aparentes, os sistemas de processamento de arquivo tinham os seguintes grandes problemas:

Problemas de processamento de arquivos

Redundância de dados. Arquivos de dados independentes incluem uma porção de dados duplicados; os mesmos dados (como nome e endereço do cliente) eram registrados e armazenados em diversos arquivos. Essa redundância de dados causava problemas quando os dados tinham de ser atualizados. Programas de manutenção de arquivos separados tiveram de ser desenvolvidos e coordenados para assegurar que cada arquivo fosse adequadamente atualizado. É claro que, na prática, era difícil; assim, uma porção de inconsistências ocorreria entre os dados armazenados em arquivos separados.

Falta de integração de dados. Ter os dados em arquivos independentes tornou difícil fornecer aos usuários finais as informações para solicitações *ad hoc*, que demandavam o acesso a dados armazenados em diversos arquivos diferentes. Programas especiais de computador tinham de ser escritos para recuperar os dados de cada arquivo diferente. Isso foi tão difícil, demorado e custoso para algumas organizações que era impossível fornecer aos usuários finais ou à gerência a informação de que necessitavam. Usuários extraíam informações de vários relatórios produzidos por aplicativos separados a fim de preparar relatórios personalizados para a administração.

Dependência de dados. Nos sistemas de processamento de arquivo, os maiores componentes de um sistema – a organização dos arquivos, sua localização física no *hardware* de armazenamento e o *software* de aplicação usado para acessar esses arquivos – dependiam um do outro de modo significativo. Por exemplo, programas de aplicação continham referências para o formato específico dos dados armazenados nos arquivos que usavam. Assim, mudanças no formato e na estrutura dos dados e registros em um arquivo requeriam que as mudanças fossem feitas em todos os programas que usavam aquele arquivo. Esse esforço para *manutenção de programa* foi a maior sobrecarga dos sistemas de processamento de arquivo. Era difícil fazê-lo adequadamente, e resultou em muita inconsistência nos arquivos de dados.

Falta de integridade de dados ou padronização. Nos sistemas de processamento de arquivo, era fácil para os elementos de dados, como quantidades estocadas ou endereços de clientes, serem definidos diferentemente por diferentes usuários finais e aplicativos. Isso causou sérios problemas de inconsistência no desenvolvimento de programas para acessar tais dados. Além do mais, a *integridade* (isto é, a exatidão e a existência) dos dados era duvidosa, porque não havia controle sobre o uso e a manutenção dos dados por usuários autorizados. Assim, a falta de padrões causou grandes problemas no desenvolvimento e na manutenção de programas aplicativos, e nas necessárias segurança e integridade dos arquivos de dados exigidos pela organização.

Encontros *on-line*: a tecnologia por trás da busca pelo amor

Quando Joe decidiu encontrar o amor, ele se voltou para a ciência.

Em vez de ir a bares ou esperar que encontros aleatórios dessem certo, o engenheiro aeroespacial de 34 anos increveu-se no eHarmony.com, um serviço de encontros *on-line* que usa perfis detalhados, algoritmos proprietários de correspondência e um processo de comunicação rigidamente controlado para ajudar as pessoas a encontrar sua perfeita alma gêmea. Durante um período de três meses, Joe encontrou 500 pessoas que pareciam corresponder aos seus critérios e iniciou o contato com 100 delas, correspondeu-se com 50 e conheceu 3 antes de encontrar a combinação certa.

Serviços de encontros "científicos", como eHarmony, PerfectMatch e Chemistry.com, tentam identificar o "par" mais compatível com o usuário, procurando em qualquer lugar a partir de algumas dezenas a centenas de perguntas. Os serviços, em seguida, montam um perfil de personalidade e usam isso em relação a um algoritmo que classifica os usuários dentro de um conjunto de categorias predefinidas. A partir daí, o sistema gera uma lista de pares apropriados.

A tecnologia que alimenta esses *sites* de namoro varia de um sistema muito simples a um tremendamente complicado. Não é surpresa alguma que o eHarmony tenha um dos mais sofisticados centros de dados. "A empresa armazena 4 *terabytes* de dados de cerca de 20 milhões de usuários registrados, e cada um deles preencheu um perfil psicológico de 400 perguntas", diz Joseph Essas, vice-presidente de tecnologia do eHarmony. A empresa utiliza algoritmos proprietários para classificar os dados em relação a 29 "dimensões de compatibilidade" – como valores, estilos de personalidade, atitudes e interesses – e combinar os clientes com as melhores perspectivas possíveis para um relacionamento de longa duração.

Um gigantesco banco de dados Oracle 10g envia imediatamente após um usuário se inscrever alguns candidatos para acelerar o processo, mas o trabalho de harmonização real acontece mais tarde, depois que o sistema do eHarmony classifica e combina as respostas às centenas de perguntas de milhares de usuários. O processo requer um pouco menos de um bilhão de cálculos que são processadas em uma enorme operação de *batch* a cada dia. Essas operações são executadas em paralelo em centenas de computadores e orquestradas por meio de um *software* escrito para a plataforma de *software* de código aberto Hadoop.

Uma vez que as correspondências são enviadas aos usuários, as ações e os resultados dos usuários são realimentados no modelo para os cálculos do dia seguinte. Se, por exemplo, um cliente clicou em muitos pares que estavam perto do limite de sua faixa geográfica – digamos 45 quilômetros –, o sistema assumirá que a distância não é um impeditivo e, na próxima vez, oferecerá outras opções que estiverem um pouco mais distantes.

"Nosso maior desafio é a quantidade de dados que temos de classificar, movimentar, aplicar e servir às pessoas constantemente, e que é fluida", revela Essas. Para essa finalidade, a arquitetura é projetada para expandir rapidamente, para atender ao crescimento e aos picos de demanda perto dos feriados mais importantes. A maior demanda acontece logo antes do Dia dos Namorados. "Nossa demanda dobra ou até mesmo quadruplica."

Fonte: Adaptado de Robert L. Mitchell. "On-line Dating: The Technology Behind the Attraction". *Computerworld*, 13 de fevereiro de 2009.

Abordagem de gerenciamento de banco de dados

Para solucionar os problemas encontrados com a abordagem de processamento de arquivo, a **abordagem de gerenciamento de banco de dados** foi concebida como fundamento dos métodos modernos de gerenciamento de dados organizacionais. Essa abordagem consolida antes os registros de dados em arquivos separados para dentro de bancos de dados que possam ser acessados por muitos programas de aplicações diferentes. Além disso, um *sistema de gerenciamento de banco de dados* (SGBD) serve como uma interface de *software* entre os usuários e o banco de dados. Isso ajuda os usuários a acessar facilmente os dados em um banco. Assim, o gerenciamento de um banco de dados envolve o uso de *software* de gerenciamento de banco de dados para controlar como os bancos de dados são criados, acessados e mantidos para fornecer a informação necessária aos usuários finais.

Por exemplo, registros de clientes e outros tipos comuns de dados são necessários para diferentes aplicações em serviços bancários, como processamento de contas correntes, sistemas de caixas automáticos, cartões de crédito do banco, contas de poupança e contas de empréstimos. Esses dados podem ser consolidados em um *banco de dados de clientes*, em vez de serem mantidos em arquivos separados para cada uma daquelas aplicações (ver Figura 5.21).

Sistema de gerenciamento de banco de dados

Um **sistema de gerenciamento de banco de dados** (SGBD) é a principal ferramenta de *software* da abordagem de gerenciamento de banco de dados, uma vez que ele controla a criação, a manutenção e o uso dos bancos de dados de uma organização e de seus usuários finais. Como vimos na Figura 5.16, pacotes de gerenciamento de bancos de dados de microcomputadores, como Microsoft Access, Lotus Approach ou Corel Paradox, permitem estabelecer e administrar bases de dados em seu PC, servidor de rede ou na World Wide Web. Em sistemas *mainframe* e servidores de grande porte, o sistema de gerenciamento de banco de dados é um importante pacote de *software* de sistema que controla o desenvolvimento, o uso e a manutenção dos bancos de dados das organizações que utilizam computadores. Exemplos de versões de SGBD para *mainframes* e servidores de grande porte populares são o DB2 Universal Database, da IBM, o Oracle 10g, da Oracle Corp., e o MySQL, um SGBD de código aberto popular (ver Figura 5.22). Componentes e funções comuns de SGBD estão resumidos na Figura 5.23.

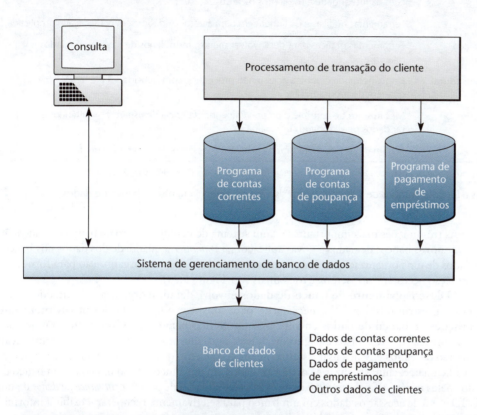

FIGURA 5.21 Um exemplo de uma abordagem de gerenciamento de banco de dados em um sistema de informação bancária. Observe como os programas de poupança, conta corrente e prestação de empréstimos usam um sistema de gerenciamento de banco de dados para compartilhar um banco de dados de clientes. Note que o SGBD permite que o usuário faça consultas diretas ao banco de dados sem o uso de programas aplicativos.

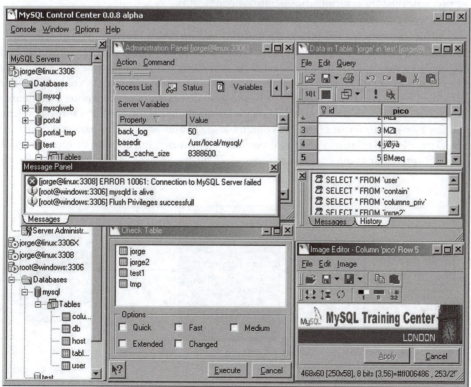

Fonte: Cortesia de MySQL.com.

FIGURA 5.22 O *software* de gerenciamento de banco de dados como MySQL, um SGBD de código aberto popular, fornece suporte a desenvolvimento, manutenção e uso dos bancos de dados de uma organização.

Componentes comuns de *software* de DBMS	
• Definição do banco de dados	Ferramentas gráficas e de linguagem que definem as entidades, as relações, as limitações da integridade e os direitos de autorização.
• Acesso não procedural	Ferramentas gráficas e de linguagem para acessar os dados sem codificação complicada.
• Desenvolvimento de aplicação	Ferramentas gráficas para desenvolver menus, formulários de inserção de dados e relatórios.
• Interface de linguagem procedural	Linguagem que combina acesso não procedural com habilidades plenas de uma linguagem de programação.
• Processamento de transações	Mecanismos de controle para prevenir a interferência de usuários simultâneos e recuperar dados perdidos após uma falha.
• Ajuste do bancos de dados	Ferramentas para monitorar e aprimorar o desempenho do banco de dados

Fonte: Adaptada de Michael V. Mannino, *Database Application Development and Design* (Burr Ridge, IL: McGraw-Hill/Irwin, 2001, p. 7).

FIGURA 5.23 Componentes e funções comuns de *software* de um sistema de gerenciamento de banco de dados.

As três funções mais importantes de um sistema de gerenciamento de banco de dados são (1) *criar* novos bancos de dados e novas aplicações, (2) *manter* a qualidade dos dados nos bancos de dados de uma organização e (3) *usar* os bancos de dados de uma organização para fornecer a informação necessária aos seus usuários finais (ver Figura 5.24).

O **desenvolvimento de banco de dados** envolve definir e organizar o conteúdo, as relações e as estruturas dos dados necessários para construir o banco. O **desenvolvimento de aplicações de banco de dados** envolve usar um SGBD para desenvolver protótipos de consultas, formulários, relatórios e páginas web para uma aplicação nos negócios. A **manutenção do banco de dados** envolve usar sistemas de processamento de transações e outras ferramentas para adicionar, excluir, atualizar e corrigir os dados em um banco. O uso básico de um banco de dados pelos usuários finais envolve empregar as habilidades de *pesquisa em banco de dados* de um SGBD a fim de acessar os dados em um banco para seletivamente recuperar e exibir a informação e produzir relatórios, formulários e outros documentos.

Pesquisa em banco de dados

A capacidade de **pesquisa em banco de dados** é um importante benefício da abordagem de gerenciamento de banco de dados. Com o SGBD, os usuários podem solicitar informações do banco de dados por meio de uma ferramenta de *consulta* ou um *gerador de relatório*. Eles podem receber uma resposta imediata na forma de vídeo ou um relatório em papel. Nenhuma programação difícil é necessária. A ferramenta de **linguagem de consulta** permite obter facilmente as respostas para pedidos de dados *ad hoc*: é preciso apenas digitar alguns pedidos abreviadamente; em alguns casos, utilizam-se sentenças comuns, semelhantes às adotadas para fazer uma pergunta. O **gerador de relatório** permite especificar rapidamente um formato de relatório que se deseja para apresentar as informações. A Figura 5.25 ilustra como se usa o gerador de relatórios SGBD.

FIGURA 5.24 Os três usos mais importantes de um *software* de SGBD são criar, manter e usar os bancos de dados de uma organização.

- Criar: desenvolvimento de aplicação e banco de dados
- Manter: manutenção de banco de dados
- Usar: pesquisa em banco de dados

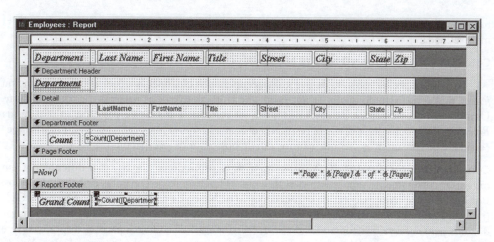

FIGURA 5.25 Utilizando o gerador de relatório da Microsoft Access para criar um relatório de funcionários.

Fonte: Cortesia da Microsoft®.

SQL Queries. SQL (pronuncia-se "siquel"), ou **Linguagem de Consulta Estruturada**, é uma linguagem de consulta padrão internacional encontrada em muitos pacotes de SGBD. Na maioria dos casos, o SQL é uma linguagem de estrutura usada para "fazer consultas/perguntas", e o SGBD recuperará os dados para responder a elas. A forma básica de um pedido SQL é:

SELECT... FROM... WHERE...

Depois de SELECT, listam-se os campos de dados que se deseja recuperar. Depois de FROM, relacionam-se os arquivos ou tabelas dos quais os dados devem ser recuperados. Depois de WHERE, especificam-se as condições que limitarão a pesquisa apenas para aqueles arquivos de dados interesse. A Figura 5.26 compara a pesquisa do SQL com uma na linguagem natural para obter informações sobre os pedidos dos clientes.

Lógica booleana. Para acessar totalmente o poderio do SQL, um usuário de banco precisa ter uma compreensão básica dos conceitos de lógica booleana. Desenvolvida por George Boole em meados do século XIX, a lógica booleana permite aperfeiçoar nossas pesquisas para que possamos obter informações de tal forma que apenas a informação desejada seja obtida.

A lógica booleana é composta de três operadores lógicos: (1) AND, (2) OR e (3) NOT (E, OU e NÃO). Usando esses operadores junto com a sintaxe de uma consulta SQL, um usuário de banco de dados pode refinar a busca para garantir que somente os dados desejados sejam recuperados. Esse mesmo conjunto de operadores lógicos pode ser usado para refinar a busca de informações na internet (que nada mais é do que o maior banco de dados do mundo). Vamos ver como esses três operadores lógicos funcionam.

Vamos supor que estejamos interessados em obter informações sobre gatos na internet. Poderíamos apenas pesquisar a palavra *gatos*, e o resultado seria um grande número de *sites* potencialmente úteis. O problema é que, além dos *sites* sobre *gatos*, teríamos também *sites* sobre cães e gatos, animais de estimação em geral (se o *site* incluir a palavra *gatos*), e provavelmente até mesmo *sites* sobre o musical da Broadway chamado *Cats*. Para que não tenhamos de vasculhar

---

Amostra de linguagem natural com sua tradução SQL pelo Microsoft Access

Linguagem Natural
Quais clientes não fizeram pedidos no mês passado?

SQL
SELECT [Clientes].[Nome da Empresa],[Clientes].[Nome de Contato]
FROM [Clientes]
WHERE não Existe{SELECT [Nome do Envio] FROM [Pedidos]
 WHERE Mês {[Data do Pedido]}=l e Ano{[Data do Pedido]}=2004 e [Clientes].[Código do Cliente]=[Pedidos].[Código do Cliente]}

FIGURA 5.26 Comparação de uma linguagem natural com uma consulta SQL.

todos os *sites* para encontrar o que queremos, podemos usar a lógica booleana para uma consulta mais refinada:

Gatos OR (OU) felinos AND NOT (E NÃO) cães OR (OU) Broadway

Ao usarmos essa consulta de pesquisa, recuperamos qualquer *site* com as palavras *gatos* ou *felinos*, mas seria excluído qualquer outro *site* que também tivesse as palavras cães ou Broadway. Usando essa abordagem, eliminaríamos qualquer referência aos cães e gatos ou ao musical da *Broadway*. Essa consulta, portanto, resultaria em uma pesquisa mais refinada e eliminaria a necessidade de consultar os *sites* que não fossem de nosso interesse específico.

Consultas gráficas e naturais. Muitos usuários (e profissionais de SI) têm dificuldades em organizar corretamente uma frase no SQL e outras linguagens de consultas de banco de dados. Por isso, a maioria dos pacotes de gerenciamento de banco de dados do usuário oferece o GUI (interface gráfica do usuário), métodos de indicar e clicar, que são mais fáceis de usar e são traduzidos pelo *software* nos comandos do SQL (ver Figura 5.27). Outros pacotes disponíveis que usam a *linguagem natural* de consulta similar ao inglês convencional (ou outras línguas) estão ilustrados na Figura 5.26.

Manutenção de banco de dados

O processo de **manutenção do banco de dados** é realizado pelos *sistemas de processamento de transações* e por outros aplicativos de usuários, com o apoio do SGBD. Usuários finais e especialistas de informação podem também empregar vários utilitários fornecidos por um SGBD para manutenção de banco de dados. Os bancos de dados de uma organização precisam ser constantemente atualizados para que possam refletir novas transações empresariais (por exemplo, as compras realizadas, produtos produzidos ou estoque enviado) e outros eventos. Outras mudanças diversas devem também ser feitas para atualizar e corrigir dados (por exemplo, mudança de nome e/ou endereço de cliente e/ou empregado) para assegurar a precisão das informações no banco de dados. Apresentamos os sistemas de processamento de transações no Capítulo 1 e os discutiremos com mais detalhes no Capítulo 7.

Desenvolvimento de aplicação

Os pacotes SGBD também têm papel importante no **desenvolvimento de aplicação**. Usuários finais, analistas de sistemas e outros desenvolvedores de aplicações podem utilizar a linguagem de programação interna 4GL e ferramentas de desenvolvimento de *software* embutidas fornecidas por vários pacotes de SGBD para desenvolver programas aplicativos específicos. Por exemplo, pode-se usar um SGBD para facilmente desenvolver telas de entrada, formulários, relatórios, ou páginas web de uma aplicação empresarial que acesse o banco de dados da empresa para encontrar ou atualizar os dados de que ela precisa. Um SGBD também torna mais fácil o trabalho de um criador de *software* de aplicação, já que ele não precisa criar procedimentos detalhados utilizando linguagens convencionais cada vez que escreve um programa. Em vez disso, ele pode incluir funções como declarações em *linguagem de manipulação de dados* (DML) em seu *software* que acesse o SGBD para realizar atividades necessárias de manipulação dos dados.

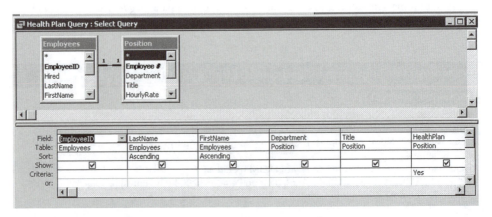

FIGURA 5.27 Utilizando o Query Wizard do pacote de gerenciamento de banco de dados Microsoft Access para desenvolver uma consulta sobre as escolhas de plano de saúde pelos empregados.

Fonte: Cortesia da Microsoft®.

Resumo

- **Gerenciamento dos recursos de dados.** Trata-se de uma atividade gerencial que aplica a tecnologia da informação e ferramentas de *software* para o trabalho de gerenciar os recursos de dados de uma organização. Tentativas anteriores de gerenciar os recursos de dados utilizavam uma abordagem de processamento de arquivo na qual os dados eram organizados e acessíveis apenas em registros de arquivos de dados especializados, que eram projetados para serem processados unicamente por específicos programas de aplicações nos negócios. Essa abordagem provou ser muito desajeitada, dispendiosa e inflexível para dar a informação necessária para gerenciar processos e organizações modernos. Por isso, a abordagem do gerenciamento de dados foi criada para resolver os problemas dos sistemas de processamento de arquivos.

- **Gerenciamento de banco de dados.** A abordagem do gerenciamento de banco de dados afeta o armazenamento e o processamento de dados. Os dados necessários para diferentes aplicações são consolidados e integrados em vários bancos de dados comuns, em vez de serem armazenados em muitos arquivos de dados independentes. Além disso, a abordagem enfatiza a atualização e a manutenção de bancos de dados comuns, o que permite que os programas de aplicação dos usuários compartilhem dados nos bancos de dados e forneçam uma capacidade de consulta e a emissão de relatórios de forma a agilizar o recebimento de informações pelos usuários.

- ***Software* de banco de dados.** Sistemas de gerenciamento de banco de dados são pacotes de *software* que simplificam a criação, o uso e a manutenção dos bancos de dados. Eles fornecem ferramentas que permitem aos usuários, programadores e administradores de banco de dados criar e modificar bancos de dados, pesquisar um banco de dados, gerar relatórios, desenvolver aplicativos e realizar manutenção de banco de dados.

- **Tipos de banco de dados.** Diversos tipos de bancos de dados são utilizados por organizações, incluindo bancos operacionais, distribuídos e externos. Os depósitos de dados são uma fonte central de dados formada de outros bancos de dados que foram organizados, transformados e catalogados para análises empresariais e aplicativos de apoio à decisões. Isso inclui o *data mining*, que tenta encontrar padrões e tendências escondidos em repositório de dados. Os bancos de dados de hipermídia na World Wide Web e nas intranets e extranets corporativas armazenam páginas de multimídia interligadas em um *site* web. O *software* do servidor web pode gerenciar tais dados para rápido acesso e manutenção dos bancos de dados na web.

- **Acesso a dados.** Os dados devem ser organizados de uma maneira lógica em dispositivos de armazenamento físicos para que possam ser processados eficientemente. Por essa razão, dados são normalmente organizados em elementos lógicos de dados, como caracteres, campos, registros, arquivos e bancos de dados. Estruturas de bancos de dados, como hierárquico, rede, relacional e modelos orientados a objeto, são utilizadas para organizar as relações entre os registros de dados armazenados em bancos de dados. Bancos de dados e arquivos podem ser organizados de maneira sequencial ou direta e acessados e mantidos por métodos de processamento de acesso sequencial ou direto.

- **Desenvolvimento de banco de dados.** O desenvolvimento de banco de dados pode ser facilmente efetuado quando se utilizam pacotes de gerenciamento de banco de dados de microcomputador para pequenos aplicativos de usuário final. Entretanto, o desenvolvimento de grandes bancos de dados corporativos precisa de um esforço de planejamento de dados de cima para baixo, o que pode envolver o desenvolvimento de modelos corporativos de entidade de relacionamento, bancos de dados de área temática e modelos de dados que refletem os elementos lógicos dos dados e relacionamentos necessários para apoiar a operação e o gerenciamento dos processos empresariais básicos de uma organização.

Termos e conceitos-chave

Estes são os termos e conceitos-chave abordados neste capítulo. O número entre parênteses refere-se à página em que consta a explicação inicial.

1. Abordagem do gerenciamento de banco de dados (194)
2. Administradores de banco de dados (178)
3. *Data mining* (190)
4. Dependência de dados (193)
5. Dicionário de dados (178)
6. Duplicação (187)
7. Elementos lógicos de dados (168)
    a. Arquivo (171)
    b. Atributo (168)
    c. Banco de dados (172)
    d. Campo (168)
    e. Caractere (168)
    f. Entidade (168)
    g. Registro (168)
8. Estruturas de banco de dados (173)
    a. Estrutura em rede (174)
    b. Estrutura hierárquica (174)
    c. Modelo multidimensional (175)
    d. Modelo orientado a objeto (175)
    e. Estrutura Relacional (174)
9. Gerenciamento dos recursos de dados (183)
10. Integração de dados (193)
11. Integridade de dados (193)
12. Linguagem de Consulta Estruturada (197)
13. Metadados (178)
14. Modelagem de dados (180)
15. Pesquisa em banco de dados (196)
16. Processamento de arquivo (192)
17. Redundância de dados (193)
18. Replicação (187)
19. Sistema de gerenciamento de banco de dados (194)
20. Tipos principais de bancos de dados (183)
    a. Depósito de dados (189)
    b. Bancos de dados distribuídos (183)
    c. Bancos de dados externos (187)
    d. Bancos de dados de hipermídia (187)
    e. Bancos de dados operacionais (183)

Questionário de revisão

Relacione um dos termos e conceitos-chave mencionados anteriormente com os seguintes exemplos ou definições. Procure a melhor opção para respostas que parecem corresponder a mais de um termo ou conceito. Justifique suas escolhas.

_____ 1. Uso de conjuntos integrados de registros e arquivos de dados para armazenamento e processamento de dados.

_____ 2. Os dados em arquivos independentes dificultaram – para o fornecimento de respostas aos pedidos *ad hoc* e para os programas de computador especiais a serem escritos – a execução desta tarefa.

_____ 3. Especialista responsável pelo banco de dados de uma organização.

_____ 4. Linguagem de computador não procedural utilizada para realizar pesquisas em um banco de dados.

_____ 5. Define e cataloga os elementos dos dados e as relações dos dados em um banco de dados de uma organização.

_____ 6. Característica dos sistemas de banco de dados que usa consultas ou geradores de relatórios para extrair informações.

_____ 7. Principal pacote de *software* que apoia uma abordagem de gerenciamento de banco de dados.

_____ 8. Bancos de dados dispersos pela internet e por intranets e extranets corporativas.

_____ 9. Bancos de dados que organizam e armazenam dados como objetos.

_____ 10. Bancos de dados de documentos de multimídia interligados na web.

_____ 11. Gerenciamento de todos os recursos de dados de uma organização.

_____ 12. Processando dados em um depósito de dados para descobrir os fatores-chave do negócio.

_____ 13. Desenvolver visões conceituais das relações entre os dados e em um banco de dados.

_____ 14. Nome de um cliente.

_____ 15. Nome, endereço do cliente e saldo da conta.

_____ 16. Os nomes, endereços e saldos da conta de todos os clientes.

_____ 17. Conjunto integrado de todos os dados sobre os clientes.

_____ 18. Programas de aplicação empresarial usam arquivos de dados especializados.

_____ 19. Estrutura parecida com uma árvore de registros de um banco de dados.

_____ 20. Estrutura tabular de registros de um banco de dados.

_____ 21. Registros são organizados como um cubo que fique dentro de outro cubo em um banco de dados

_____ 22. Bancos de dados que apoiam importantes processos empresariais de uma organização.

_____ 23. Banco de dados centralizado e integrado de dados atuais e históricos de uma organização.

_____ 24. Bancos de dados disponíveis na internet ou fornecidos por serviços de informações empresariais.

_____ 25. Problema na abordagem de processamento de arquivo em que os principais componentes de um sistema são dependentes uns dos outros em grande medida.

_____ 26. Diferentes abordagens para a organização lógica de elementos de dados individuais armazenados em um banco de dados.

_____ 27. O mais básico elemento de dados lógico correspondente a uma única letra ou número.

_____ 28. Funcionalidade dos bancos de dados distribuídos que identifica alterações em um banco de dados e faz as mudanças necessárias nos demais.

_____ 29. Característica dos dados que se refere à sua exatidão e existência..

_____ 30. Dados que descrevem a estrutrura e as característica de bancos de dados.

_____ 31. Característica ou qualidade de alguma entidade usada para descrever essa mesma entidade.

_____ 32. Inclui bancos de dados operacionais, distribuídos, hipermídia, entre outros.

_____ 33. A existência de dados duplicados entre os diversos arquivos de uma organização.

_____ 34. Abordagem para bancos de dados distribuídos que copia o conteúdo completo de um banco de dados mestre para outros em determinado horário do dia.

_____ 35. Objeto, pessoa, lugar, evento e assim por diante que são de interesse de uma organização e por isso incluídos em um banco de dados.

_____ 36. Abordagem para estrutura de banco de dados que aprimora o modelo hierárquico ao permitir relacionamentos muito para muitos.

_____ 37. Diferentes níveis de agrupamentos de dados que existem em um banco de dados.

Questões para discussão

1. Como uma empresa deve guardar, acessar e distribuir dados e informações sobre suas operações internas e externas?
2. Que papel o gerenciamento do banco de dados tem em administrar os dados como recursos empresariais?
3. Quais são as vantagens da abordagem do gerenciamento de banco de dados para a abordagem de processamento de arquivo? Use exemplos para ilustrar sua resposta.
4. Consulte o "Caso do mundo real 1" sobre Cogent Communications, Intel e outras sobre problemas de TI em casos de fusões e aquisições. Apesar de a manutenção da infraestrutura e da capacidade de rede extras permitir uma transição mais fácil, também é caro fazer isso. Como as empresas podem equilibrar esses dois lados da questão? Até que ponto as organizações podem planejar suas atividades de fusões e aquisições a fim de justificar a manutenção dessa capacidade extra?
5. Qual é o papel do sistema de gerenciamento de banco de dados em um sistema de informação empresarial?
6. Bancos de dados de informações sobre operações internas de uma empresa foram anteriormente os únicos bancos de dados considerados importantes para uma empresa. Que outros tipos de bancos de dados são importantes para uma empresa hoje?
7. Consulte o "Caso do mundo real 2" sobre Applebee's, Travelocity e outras neste capítulo. Qual seria o conjunto adequado das habilidades que um usuário dessas tecnologias deve possuir, ao contrário daqueles que operam no lado TI da questão? Como essas tecnologias devem ser planejadas de modo que os usuários possam se concentrar em obter respostas para suas perguntas urgentes?
8. Quais são os benefícios e as limitações do modelo de banco de dados relacionais para aplicações empresariais hoje?
9. Por que o modelo de banco de dados orientado a objeto está ganhando aceitação para desenvolver aplicações e gerenciar os bancos de dados de hipermídia em *sites* da web empresariais?
10. Como a internet, as intranets e extranets afetaram os tipos e a utilização de recursos de dados disponíveis para os profissionais de negócios? Que outras tendências de banco de dados também estão afetando o gerenciamento do recurso de dados nos negócios?

Exercícios de análise

Complete os exercícios seguintes como trabalhos individuais ou em grupo que apliquem os conceitos do capítulo a uma situação de negócios no mundo real.

1. Juntando tabelas

Você tem a responsabilidade de gerenciar sessões de treinamento técnico em sua organização. As sessões serão de dois tipos: treinamento altamente técnico e de usuário final. Engenheiros de *software* se inscreveram para o primeiro, e empregados da administração, para o segundo. Seu supervisor avalia sua eficácia com base no custo médio da hora de treinamento e no tipo de treinamento. Em resumo, seu supervisor quer o melhor treinamento pelo menor custo.

Para satisfazê-lo, você deve negociar um contrato de treinamento exclusivo pelo *site* com a Hands On Technology Transfer Inc. (HOTT) (www.trainninghott.com), um provedor de treinamento altamente qualificado. Seus valores negociados estão reproduzidos na tabela a seguir. Em uma tabela separada, há um exemplo de lista de cursos que você normalmente disponibiliza para sua organização.

a. Utilizando os dados a seguir, projete e preencha uma tabela que inclua as informações básicas da avaliação do treinamento. Designe o campo "Técnico" como "Sim/Não" (booleano).

b. Utilizando os dados a seguir, projete e preencha uma tabela de curso. Designe o campo de identificação do curso como "Chave Primária" e faça que seus bancos de dados gerem automaticamente um valor para esse campo. Designe o campo "Técnico" como do tipo "Sim/Não" (booleano).

c. Prepare uma busca que liste cada nome de curso e seu custo por dia de treinamento.

d. Prepare uma busca que liste o custo de cada aluno em cada sessão. Suponha que a capacidade é máxima e você programará duas sessões de meio dia no mesmo dia para tirar o máximo de vantagem do preço da programação diária da HOTT.

Tabela de preço

Técnico	Preço por dia	Capacidade
Sim	US$ 2.680	15
Não	US$ 2.144	30

Tabela do curso

Identificação do curso	Nome do curso	Duração	Técnico
1	Programação ASP	5	Sim
2	Programação XML	5	Sim
3	Programação PHP	4	Sim
4	Microsoft Word – Avançado	0,5	Não
5	Microsoft Excel – Avançado	0,5	Não
...			

2. Gerenciamento de custo de treinamento

Após determinar o custo de cada aluno por sessão no problema anterior, agora você precisa gerenciar cuidadosamente o registro da aula. Já que paga o mesmo preço não importando o número de alunos (até a capacidade), você quer garantir o máximo de presença. Seu provedor de treinamento, Hands On Technology Transfer Inc., pede uma notificação com antecedência de duas semanas para reprogramar uma aula. Você quer ter certeza de que suas aulas estejam pelo menos dois terços cheias antes da data-limite. Você também quer assegurar que lembretes regulares cheguem a todos que participarão para que não se esqueçam da aula. Use o banco de dados que você criou no exercício 1 para realizar as seguintes atividades:

   a. Utilizando as informações fornecidas no exemplo a seguir, acrescente uma tabela de horário do curso no seu banco de dados de treinamento. Designe o campo de identificação do horário como "Chave Primária" e permita que o programa do banco de dados gere automaticamente um valor para esse campo. Formate o campo de identificação do curso como um campo numérico e o campo de data do início como de data.
   b. Utilizando as informações fornecidas no exemplo a seguir, acrescente uma tabela de lista da classe no seu banco de dados de treinamento. Faça que o campo de identificação do horário seja numérico. E que os campos de lembrete e confirmação sejam do tipo "Sim/Não" (booleano).
   c. Visto que a tabela de horário da aula tem relação com a tabela do curso, e a tabela do curso, com a tabela de preço, por que é apropriado gravar as informações do preço diário também na tabela de datas de aula?
   d. Quais são as vantagens e desvantagens de usar o nome e o *e-mail* do participante na tabela da lista da classe? Que outro projeto de banco de dados você poderia utilizar para gravar essas informações?
   e. Faça uma busca que mostre quantas pessoas se matricularam para cada aula. Inclua nome da classe, capacidade, data e total de participantes.

Horário das aulas

Identificação do horário	Identificação do curso	Localização	Data de início	Preço por dia
1	1	101-A	7/12/2008	US$ 2.680
2	1	101-A	7/19/2008	US$ 2.680
3	1	101-B	7/19/2008	US$ 2.680
4	4	101-A&B	7/26/2008	US$ 2.144
5	5	101-A... B	8/2/2008	US$ 2.144
...				

Lista da classe

Identificação do Horário	Participante	e-mail	Lembrete	Confirmação
1	Linda Adams	adams.l@...	Sim	Sim
1	Fatima Ahmad	ahmad.f@...	Sim	Não
1	Adam Alba	alba.a@...	Sim	Sim
4	Denys Alyea	alyea.d@...	Não	Não
4	Kathy Bara	bara.k@...	Sim	Não
...				

3. Vendendo serragem
Vendendo subprodutos de informação

Operadores de serrarias estão no negócio de transformar árvores em madeira. Os produtos incluem placas, madeira compensada e madeira envernizada. Desde o começo do negócio de serrarias, os operadores tentam resolver o problema do que fazer com o seu principal subproduto: a serragem. Há inúmero exemplos criativos.

Da mesma forma, as empresas muitas vezes geram enormes quantidades de dados. O desafio torna-se então decidir o que fazer com esse subproduto. Um pouco de esforço adicional é capaz de transformá-lo em um produto valioso? Pesquise o seguinte:

   a. Quais são as políticas de sua faculdade ou universidade em relação aos dados do diretório estudantil?
   b. A sua faculdade ou universidade vende algum tipo de dado dos alunos? Se a sua instituição o faz, que dados vendem, para quem e por quanto?
   c. Se a sua instituição vende dados, calcule os ganhos por aluno. Você estaria disposto a pagar esse valor por ano para manter sua privacidade?

4. Formatos e manipulação de dados
Importando dados formatados para o Excel

Sapper, gerente de *marketing* de uma empresa global, foi a coordenadora deste ano da reunião anual de sócios de sua empresa. Com 400 sócios de todo o mundo, Sapper enfrentou a gigantesca tarefa de comunicação para automatizar o máximo possível o processo. Ela recebeu um arquivo com todos os nomes de sócios, bem como informações pessoais adicionais, de seu departamento de TI. Era um arquivo com a extensão "CSV". Ela se perguntou o que fazer a seguir.

A formato CSV, ou *comma separated values* (valores separados por vírgula), é um formato de dados bastante básico que a maioria dos aplicativos de banco de dados usa para importar ou exportar dados. Como recurso mínimo, o formato CSV agrupa todos os campos em um registro de uma única linha de texto. Em seguida, ele separa cada campo dentro de uma linha com uma vírgula ou outro delimitador. Quando informações do texto contêm vírgulas, o formato exige que a informação seja colocada entre aspas. Sapper precisava passar esses dados para o Excel. Como o pessoal de TI parecia bastante ocupado, ela decidiu fazer isso sozinha.

   a. Faça o download e salve "partners.csv" do MIS 9e OLC. Abra o arquivo com o Microsoft Word. Lembre-se de procurar a extensão "csv" ao buscar o arquivo a ser aberto. Descreva a aparência dos dados.
   b. Importe o arquivo "partner.csv" para o Excel. Lembre-se de procurar a extensão "csv" ao buscar o arquivo a ser aberto. O Excel formata automaticamente os dados de maneira correta? Salve seu arquivo como "partner.xls."
   c. Explique por que os fabricantes de banco de dados usam formatos comuns para importar e exportar dados de seus sistemas.

CASO DO MUNDO REAL 3
Amazon, eBay e Google: abrindo e compartilhando bancos de dados de negócios

A reunião se arrastava por mais de uma hora naquele dia chuvoso em Seattle, e Jeff Bezos já tinha ouvido o suficiente. O CEO tinha reunido cerca de quinze engenheiros e gerentes seniores em um dos escritórios da Amazon para enfrentar uma questão incessante dentro da empresa: a Amazon deveria abrir as portas de seu depósito de dados mais valiosos, com seus inúmeros bancos de dados, e deixar um mundo de ávidos empreendedores xeretar suas joias de dados?

Durante vários anos, dezenas de *outsiders* foram bater à porta da Amazon em busca de acesso aos dados subjacentes que são a fonte de poder daquela empresa de US$ 7 bilhões. descrições dos produtos, preços, *rankings* de vendas, mensagens de clientes, quantidades do estoque e inúmeras outras camadas de conteúdo. Tudo aquilo era um cofre de dados que a Amazon passou mais de 10 anos, e gastou um bilhão de dólares, para construir, organizar e preservar.

Então, por que diabos Bezos teria de entregar as chaves de uma hora para outra? Nas mãos dos principais inovadores da web, alguns argumentaram, na reunião, que os dados da Amazon poderiam ser o dinamizador de novos *sites* e empresas, expandir a já massiva presença da empresa *on-line* e, finalmente, aumentar as vendas. Outros se mostravam preocupados com os riscos. Um vale-tudo, advertiu um gerente, poderia "mudar o nosso negócio de uma maneira que não entendemos".

Bezos encerrou o debate com um gesto característico. Ele saltou de sua cadeira, imitando um exibicionista que abre a capa de chuva. "Vamos nos expor de forma agressiva!", declarou.

Hoje, há uma razão importante para parabenizar a manobra exibicionista de Bezos. Desde que a companhia abriu seus cofres de dados em 2002, sob o patrocínio de um primeiro projeto denominado Amazon Web Services, mais de 65 mil desenvolvedores, companhias e outros empresários têm se aproveitado dos dados. Com isso, estão fazendo *sites* para ganhar dinheiro, novas interfaces de compras *on-line* e serviços inovadores para milhares de vendedores independentes da Amazon. Muitos se tornaram os mais ambicioso parceiros de negócios de Bezos do dia para a noite. "Dois anos atrás, isso era uma experiência", diz o chefe de engenharia da Amazon, Al Vermeulen. "Agora é parte essencial da nossa estratégia."

E isso é só na Amazon. Um ano após a decisão de Bezos de abrir os bancos de dados da Amazon para desenvolvedores e parceiros de negócios, a executiva-chefe do Bay, Meg Whitman, reagiu a um clamor semelhante da comunidade de desenvolvedores do eBay, abrindo o banco de dados de 33 milhões de itens semanais de leilão da empresa de US$ 3 bilhões para a Technorati. Cerca de 15 mil colaboradores e outros já se registraram para usar esse banco de dados valioso e ter acesso a outros recursos de *software*. Até agora 41% das listas do eBay são enviadas para o *site* por meio do *software* que tira proveito desses recursos recentemente acessíveis.

Também no Google o conceito começa a dar seus primeiros passos: a empresa faz circular alguns de seus dados de resultados de pesquisa e recentemente desbloqueou o acesso a seus produtos de desktop e de pesquisa patrocinados. Atualmente dezenas de serviços orientados pelo Google estão surgindo, de navegadores personalizados da web a mecanismos gráficos de pesquisa. Comparado com a Amazon e o eBay, no entanto, o Google está apenas engatinhando. Os desenvolvedores podem recolher mil resultados da pesquisa por dia de graça, mas qualquer coisa além disso requer uma permissão especial. Em janeiro de 2005, o Google finalmente inaugurou seu serviço de pesquisa paga Ad-Words para aplicativos externos, permitindo que usuários comerciais automatizassem suas campanhas de publicidade do Google.

O que está por trás das políticas de portas abertas? Fiéis às suas raízes pioneiras, Bezos, Whitman e os meninos do Google estão levando suas empresas para onde eles acreditam estar a grande novidade da web: uma era em que os negócios *on-line* funcionam como plataformas de *software* ilimitadas, capazes de acomodar milhares de outros produtos e serviços de outras empresas de forma simbiótica. De acordo com o velho editor de livros de tecnologia, Tim O'Reilly, "finalmente podemos mexer, misturar e gravar uns os *sites* dos outros".

A maioria das pessoas pensa na Amazon como o maior varejista do mundo ou a "maior livraria da Terra", como Bezos a chamava em seus primeiros dias. Dentro da empresa, essas percepções são decididamente coisa ultrapassada. "Estamos no coração de uma empresa de tecnologia", diz Vermeulen. Ele e Bezos começaram a ver a Amazon como apenas um pedaço grande de *software* disponível na web. "O *site* Amazon.com é apenas mais um aplicativo da plataforma", afirma Vermeulen.

Eric von Hippel, professor de negócios da Sloan School of Management do MIT, explica as regras antigas: "Viemos de uma cultura em que, se investiu em alguma coisa, você a mantém guardada. Essa era a sua vantagem competitiva". O surgimento do *software* de código aberto certamente desafiou essa noção. O surgimento de bancos de dados e serviços da web abertos vai ainda mais longe, mantendo a promessa de automatizar as ligações entre as empresas *on-line*, por meio de aplicativos que dependem do compartilhamento de dados vitais de empresas.

De acordo com Vermeulen, "aqueles que foram bem-sucedidos têm de pensar em como remover as barreiras em vez de levantá-las". Para a Amazon, há um certo sentido em apoiar essa lógica. Das 65 mil pessoas e empresas que se inscreveram para usar os recursos gratuitos da empresa, cerca de um terço mexe com ferramentas de *software* que auxiliam a aproximadamente 800 mil vendedores ativos da Amazon.

Um dos mais astutos é o ScoutPal, um serviço que transforma celulares em leitores móveis de código de barras. "É como um contador Geiger para livros", diz o fundador Dave Anderson. Ele teve a ideia dois anos atrás, quando sua esposa Barbara, que vende livros na Amazon, levou para casa mais de vinte quilos de livros comprados em pontas de estoque, apenas para descobrir que ela pagou muito caro por eles para conseguir algum lucro. Anderson desenvolveu um aplicativo que funciona em conjunto com um scanner de código de barras. Barbara faz o scan dos códigos de barras dos livros ou informa os números de identificação de dez dígitos.

Continua →

Em seguida ela pode pesquisar na Amazon os preços mais recentes dos livros e calcular sua margem de lucro provável antes de pagar pelo estoque. Anderson diz que as vendas de sua esposa, desde então, triplicaram para cerca de US$ 100 mil por ano, e suas margens de lucro saltaram de 50% para 85%. Agora ele também está recebendo valores de seis dígitos: o ScoutPal tem mais de mil assinantes, cada um pagando US$ 10 por mês.

Outras ferramentas também estão ganhando força. Programas de *software* como o SellerEngine ajudam comerciantes do *site* principal a fazer upload de seus estoques, verificar os preços e automatizar interações, como a adição de novos anúncios. Enquanto isso, o *software* da Associates Shop.com permite que milhares de outros operadores do *site* – há mais de 900 mil dos chamados associados da Amazon – criarem páginas personalizadas que remetem de volta para a Amazon, gerando novas vendas para Bezos e comissões para os associados.

No curto prazo, talvez o maior benefício para a Amazon em deixar gente como Anderson mexer com a sua plataforma é que isso proporciona pesquisa e desenvolvimento experimental (P&D) gratuitos. "Podemos tentar nós mesmos construir todas os aplicativos para os vendedores", diz Vermeulen, "ou podemos construir uma plataforma e deixar a tarefa dos aplicativos para os outros". Acrescenta Bezos: "Agora só queremos levar as pessoas a usar as entranhas da Amazon de maneiras que nos surpreendam".

A experimentação no eBay tem sido igualmente ambiciosa. A empresa diz que mais de mil novos aplicativos têm se originado de seus quase 15mil desenvolvedores registrados. Como acontece com a Amazon, os aplicativos mais populares são os que ajudam os vendedores a automatizar o processo de listagem de itens no eBay ou de exibição em outros *sites*. Muitas dessas organizações, como Channel Advisor (um negócio multimilionário), Marketworks e Vendio, oferecem *software* de anúncio de leilão ou serviços para os vendedores do eBay. Jeff McManus, chefe de evangelismo de plataformas do eBay, se impressiona com os benefícios: "Os vendedores que usam os nossos APIs [interfaces de programação de aplicação] tornam-se pelo menos 50% mais produtivos do que aqueles que utilizam o *site* em si".

Os *links* de dados também permitem a empresas criar vitrinas repletas de produtos de seus estoques ao fazerem transações pela rede do eBay. Um exemplo é a SuperPawn, de Las Vegas, que gerencia uma cadeia de 46 casas de penhores no Arizona, Califórnia, Nevada, Texas e Washington. A empresa (recentemente adquirida por um operador de loja de penhores maior, o Cash America International) utiliza as APIs do eBay para fazer upload automaticamente dos últimos itens penhorados a partir de suas lojas físicas para o eBay. O sistema já gera mais de 5% das vendas anuais de US$ 40 milhões do SuperPawn e mais milhares de transações para o eBay.

Fonte: Erik Schonfeld. "The Great Giveaway". *Business* 2.0, abril de 2005, p. 81-86.

QUESTÕES DO ESTUDO DE CASO

1. Quais são os benefícios empresariais para a Amazon e o eBay em abrir algumas de suas bases de dados para desenvolvedores e empreendedores? Você concorda com essa estratégia? Por quê?

2. Que fatores estão fazendo o Google agir lentamente na abertura de seus bancos de dados? Você concorda com essa estratégia vagarosa? Por quê?

3. Outras empresas deveriam seguir o exemplo da Amazon e do eBay e abrir algumas de suas bases de dados para desenvolvedores e outros? Defenda sua posição com exemplos dos riscos e benefícios para uma empresa real.

ATIVIDADES DO MUNDO REAL

1. O conceito de abrir os bancos de dados de produtos, estoque e outros de uma empresa para desenvolvedores e empreendedores é relativamente novo. Use a internet para encontrar exemplos de empresas que adotaram essa estratégia e os benefícios que elas alegam para fazer isso.

2. A abertura seletiva de bancos de dados não é uma estratégia sem risco para uma empresa. Quais são os riscos envolvidos? Que salvaguardas devem ser implementadas para proteção contra perda ou utilização indevida dos dados de uma empresa? Divida a turma em grupos para discutir o assunto com seus colegas e tomar uma posição sobre esses assuntos.

CAPÍTULO 6
Telecomunicações e redes

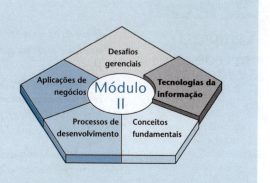

Destaques do capítulo

Seção I
A empresa em rede
A empresa em rede
O conceito de rede
"Caso do mundo real 1": Starbucks e outros: o futuro do Wi-Fi público
Tendências das telecomunicações
O valor empresarial das redes de telecomunicações
A revolução da internet
O papel da intranet
O papel da extranet

Seção II
Alternativas de redes de telecomunicações
Alternativas de telecomunicações
Modelo de rede de telecomunicações
"Caso do mundo real 2": Brain Saving Technologies Inc., e o T-Health Institute: medicina por videoconferência
Tipos de redes de telecomunicações
Sinais digital e analógico
Meios de telecomunicações
Tecnologias com fio
Tecnologias sem fio
Processadores de telecomunicações
Software de telecomunicações
Topologias de rede
Arquiteturas e protocolos de rede
Alternativas de largura de banda
Alternativas de comutação
Interoperabilidade de rede
"Caso do mundo real 3": Metric & Multistandard Components Corp.: o valor para o negócio de uma rede segura autogerenciada em uma PME

Objetivos de aprendizagem

1. Compreender o conceito de rede.
2. Aplicar a lei de Metcalfe e entender o valor de uma rede.
3. Identificar principais desenvolvimentos e tendências importantes das aplicações setoriais, tecnológicas e empresariais das telecomunicações e da tecnologia da internet.
4. Exemplificar o valor empresarial das aplicações da internet, intranet e extranet.
5. Identificar os componentes básicos, as funções e os tipos de redes de telecomunicações usados nas empresas.
6. Explicar as funções dos principais componentes de *hardware*, *software*, meios e serviços de redes de telecomunicações.
7. Explicar o conceito de rede cliente-servidor.
8. Entender as duas formas de rede par a par (*peer-to-peer*).
9. Explicar a diferença entre sinal digital e analógico.
10. Identificar os vários meios e topologias de transmissão usados nas redes de telecomunicações.
11. Entender os princípios básicos da tecnologia da rede de transmissão de sem fio.
12. Explicar os conceitos de TCP/IP.
13. Entender as sete camadas do modelo de rede OSI (interconexão de sistemas abertos).

Seção I — A empresa em rede

A empresa em rede

Quando os computadores são conectados em rede, há uma convergência de duas áreas – informática e comunicação –, e o resultado é muito mais amplo que uma simples soma das partes. Repentinamente, os aplicativos de informática tornam-se disponíveis para coordenação e comercialização empresa-empresa, tanto de pequeno como de grande porte. A internet global cria uma área pública sem limites geográficos – o ciberespaço – onde cidadãos comuns podem interagir, divulgar ideias e adquirir mercadorias e serviços. Em suma, o impacto tanto da informática como da comunicação na estrutura social e organizacional é muito maior.

Desse modo, as tecnologias de telecomunicações e de redes estão interconectando e revolucionando empresas e sociedade. As corporações se transformaram em empresas em rede. A internet, a web, a intranet e extranet estão conectando funcionários e processos corporativos a clientes, fornecedores e terceiros interessados nas empresas. As companhias e os grupos de trabalho podem, assim, trabalhar em conjunto com mais criatividade, gerenciar operações e recursos empresariais com mais eficácia e competir com êxito na atual economia global em contínua mudança. Este capítulo apresenta os princípios básicos de telecomunicações e redes aplicados a esses desenvolvimentos.

Leia o "Caso do mundo real 1" sobre tecnologia de rede pública sem fio. É possível aprender muito sobre o futuro das fronteiras entre o ser humano e o computador e suas aplicações comerciais a partir desse caso (ver Figura 6.1).

O conceito de rede

Como este capítulo enfoca sistemas e tecnologias da informação, é fácil pensar em rede em termos de conexão de computadores. No entanto, para entender bem a finalidade da implementação de redes de computadores, é importante compreender o conceito de rede no sentido mais amplo.

O termo **rede** significa, por definição, cadeias, grupos ou sistemas interconectados ou inter-relacionados. Essa definição, a princípio, permite identificar qualquer tipo de rede: cadeia de hotéis, sistema viário, relação de nomes da agenda de endereços ou do PDA de um indivíduo, sistema ferroviário, membros de uma igreja, clube ou organização. Os exemplos de rede são praticamente infinitos, e as redes de computadores, embora importantes e poderosas, não passam de mais um simples exemplo desse conceito.

Essa definição pode ser expressa como uma fórmula matemática para calcular a quantidade de conexões ou interações possíveis: $N(N - 1)$ ou $N^2 - N$. Nessa fórmula, N refere-se ao número de *nós* (pontos de conexão) da rede. Se a rede possuir poucos nós, a quantidade de conexões possível será bem pequena. Usando a fórmula, é possível verificar que três conexões produzem apenas seis conexões possíveis. Uma rede constituída de dez nós produz quantidade bem maior de conexões – 90. Quando existe uma grande quantidade de nós conectados, o número de conexões possível aumenta bastante. Uma rede com cem nós tem 9.900 conexões possíveis, e uma rede com mil nós possui 999 mil conexões possíveis. Esse tipo de progressão matemática é denominado *exponencial*, o que significa que o aumento na quantidade de conexões é muito maior que no número de nós. Caso acrescente apenas mais um nó em uma rede, a quantidade de conexões aumenta muitas vezes mais. Imagine o efeito de acrescentar uma nova rampa de entrada e saída de um sistema viário que conecte 30 mil cidades e bairros. Quantas novas conexões essa rampa criaria? Talvez mais relevante seja o efeito da adição de outra pessoa, como um amigo para a sua conta do Facebook, MySpace ou Plaxo. Se você tem cem amigos exclusivos, e cada um deles tiver outros cem amigos exclusivos e o novo amigo tiver cem amigos exclusivos... bem, você já entendeu tudo. A próxima seção abordará esse assunto.

Lei de Metcalfe

Robert Metcalfe fundou a 3Com Corp., e criou o protocolo Ethernet para rede de computadores. Ele usou sua visão de rede para expressar o aumento exponencial, mencionado no parágrafo anterior, em termos de potencial de valor de negócio. A **lei de Metcalfe** postula que *a capacidade de utilização – ou a utilidade – de uma rede é igual ao número de usuários elevado ao quadrado*.

CASO DO MUNDO REAL 1
Starbucks e outros: o futuro do Wi-Fi público

Os pontos de acesso Wi-Fi públicos são populares há cerca de oito anos. Durante esse período, as empresas prestadoras do serviço foram tateando, na tentativa de descobrir como ganhar dinheiro com isso. O modelo dominante até hoje tem sido o de simplesmente cobrar pelo serviço. Pague US$ 20 por mês e você poderá acessar em qualquer um dos nossos vários locais. Recentemente, no entanto, uma espécie de ponto de virada foi atingido: agora, em vez de ser alugado por uma taxa, o Wi-Fi vai ser cada vez mais cedido gratuitamente para motivar os clientes a comprar outros bens e serviços. Atualmente o Wi-Fi é como a torradeira que os bancos costumavam distribuir para quem abria uma nova conta.

A Starbucks está liderando uma transição de Wi-Fi cobrado para Wi-Fi como uma isca para levar as pessoas a gastar dinheiro em outras coisas. Isso provavelmente tem a ver com o fato de a Starbucks estar enfrentando uma forte concorrência pela multidão que toma café da manhã em concorrentes como o McDonald's, que também está sendo mais agressivo, liberando o acesso gratuito ao Wi-Fi.

A oferta da Starbucks poderá ser um golpe de gênio. A empresa, junto com a AT&T, vai dar ao cliente duas horas gratuitas de Wi-Fi por dia, mas somente com o uso de um cartão Starbucks. Se você quiser mais de duas horas, poderá pagar US$ 19,99 por mês, o que também dará direito a Wi-Fi ilimitado oferecido pela AT&T em cerca de 70 mil pontos de acesso, em 89 países. A Starbucks não só supera outros vendedores de açúcar e cafeína, oferecendo acesso Wi-Fi, mas também difunde seu lucrativo cartão Starbucks e fornece um caminho para as pessoas ansiosas em pagar pelo acesso ilimitado.

Os cartões Starbucks beneficiam a empresa de três maneiras. Em primeiro lugar, as pessoas com cartões ficam provavelmente mais propensas a escolher a Starbucks mesmo com outras alternativas próximas. Em segundo lugar, fazendo que milhões de clientes paguem antecipadamente, a Starbucks recebe o dinheiro antes (em vez de esperar que as pessoas realmente tomem seu café). Por último (e o melhor): no caso de perda, roubo ou extravio dos cartões, a Starbucks fica com o dinheiro sem dar nada em troca.

Como os muitos cafés *indie*, o Bauhaus Books and Coffee, em Seattle, há muito tempo confia no acesso Wi-Fi gratuito para ajudar a atrair clientes. "À noite, toda a parte do bar próxima à janela fica cheia com pessoas usando seus computadores", diz Grace Heinze, que há 13 anos é gerente do Bahaus, situado entre o centro de Seattle e o sofisticado bairro de Capitol Hill. O Bauhaus tem prosperado apesar de todas as Starbucks que surgiram em seu entorno: 15 lojas em um raio de 1 quilômetro, e 38 em 1,5 quilômetros.

Será que Heinze está preocupada que seu artístico café, cujo nome vem do movimento de arte alemão dos anos 1920, e repleto de recordações possa perder clientes para a Starbucks, agora que a empresa está disponibilizando seus ótimos recursos de Wi-Fi por duas horas diárias gratuitas para qualquer cliente? Na verdade, não.

"As pessoas vêm aqui porque gostam de nossa atmosfera e de nosso café", diz Heinze. "Não estamos sentindo muita pressão por causa disso." Os pontos de acesso Wi-Fi começaram a surgir por volta do início do milênio. Impulsionados pela popularidade crescente dos laptops, os cafés com acesso Wi-Fi rapidamente suplantaram os antiquados cibercafés, que pagavam os altos preços de aquisição e manutenção de computadores.

Ainda assim, até alguns anos atrás, muitos cafés liberavam o acesso aos seus pontos de acesso Wi-Fi por meio de códigos dados apenas a clientes que pagavam, segundo Jack Kelley, presidente regional em Seattle da Caffe Ladro. Havia o temor de "que, se o Wi-Fi público fosse gratuito, o lugar ficaria lotada de 'campistas'", conta Kelley, referindo-se a consumidores que permanecem o dia inteiro sem comprar nada. Mas isso não aconteceu depois que os doze cafés Ladro da área de Seattle mudaram para o acesso Wi-Fi gratuito alguns anos atrás. Hoje em dia, "não nos importamos se você vai se sentar no estacionamento e usar o acesso", diz Kelley. Questionado sobre o impacto da decisão do Starbucks sobre sua empresa, Kelly respondeu: "O Wi-Fi é gratuito em toda parte hoje em dia. Será que a Starbucks não está um pouco ultrapassada?"

Conforme a pressão aumenta para tornar gratuitos os pontos de acesso Wi-Fi, algumas operadoras estão se voltando para publicidade na web a fim de compensar os custos ou ganhar dinheiro. Esses anúncios são exibidos durante o login ou na homepage do usuário. A JiWire fornece anúncios para mais de 8 milhões de usuários por mês em várias redes Wi-Fi, incluindo a Boingo, com taxas muito maiores do que das páginas web comuns. No entanto, esse tipo de publicidade "parece bruta" para Kelley, da Ladro. "É como todos aqueles anúncios no cinema", diz ele. "Acho que é excessivo."

"Muitos fregueses dos cafés menores continuarão a apoiar a sua loja local, por lealdade, um ambiente único contra o de um corporação gigantesca, apoio da comunidade, a conveniência da localização etc.", relata. "Qualquer perda de clientes

Fonte: Getty Images.

FIGURA 6.1 O acesso público sem fio pode estar em uma encruzilhada com os recentes movimentos em direção à livre prestação desse serviço baseada em publicidade.

Continua ↦

também pode ser compensada, simplesmente porque continua a haver muito mais demanda por acesso Wi-Fi em geral."

Heinze, do Bauhaus, concorda: "Estamos perto de duas universidades, em um bairro com uma grande quantidade de prédios de apartamentos". Embora a sua empresa esteja competindo no quintal da Starbucks, o Bauhaus, de acordo com Heinze, nunca "esboçou qualquer reação. E o ponto central não é ser um *indie* café, sendo o seu próprio? Se isso significa fazer algo semelhante ao que o Starbucks faz, tudo bem".

Como a televisão, o Wi-Fi cada vez mais é distribuído em troca de anúncios. Não é um modelo comprovado. Ninguém está obtendo enormes lucros com essa abordagem ainda. O programa "Anúncios por acesso" da JiWire oferece a alguns usuários acesso Wi-Fi gratuito em pontos de acesso, normalmente pago por outros em troca de ver anúncios ao mudar de uma página web para outra. A empresa recentemente (e de modo sábio) passou a mirar nos usuários do iPhone. O Wi-Fi é gratuito em alguns aeroportos. Um dos maiores é o Aeroporto Internacional de Denver. Além da publicidade, o acesso Wi-Fi da FreeFi Redes é subsidiado pelo aluguel dos programas de televisão da Disney-ABC, que os usuários podem baixar pela conexão. Uma empresa chamada HypeWifi tem seu acesso Wi-Fi gratuito baseado em publicidade, mas também faz "pesquisa de mercado" para anunciantes, cobrando uma taxa. Os usuários que fazem login em um ponto de acesso HypeWifi podem obter acesso respondendo a uma pergunta ou duas, que são agregadas e enviadas ao patrocinador, juntamente com informações demográficas sobre os usuários.

Não há setor no qual todos as empresas ofereçam universalmente acesso Wi-Fi gratuito de forma habitual. Alguns hotéis, por exemplo, oferecem o serviço, e outros não. Alguns aeroportos têm, e outros não. É também interessante notar que o Wi-Fi funciona como um incentivo, mesmo quando não é gratuito.

Depois de um algumas hesitações, o Wi-Fi no setor de transportes de repente começa a decolar. A representativa maioria das grandes companhias aéreas, nos Estados Unidos e na Europa, têm ou estão planejando oferecer Wi-Fi durante o voo, mas a maioria vai cobrar pelo serviço. Dentro de dois anos, todas as principais empresas aéreas oferecerão o serviço gratuitamente.

A Airline Wi-Fi, por sua vez, provocou uma corrida para instalar o serviço Wi-Fi em trens por toda a Europa. Essas empresas de serviços ferroviários consideram as companhias aéreas concorrentes no lucrativo mercado de viagens executivas. Trens suburbanos e até táxis estão adotando Wi-Fi – na verdade, onde quer que haja uma concentração de empresários com diárias de viagem e tempo sobrando, haverá Wi-Fi. Todo mundo quer esses clientes, porque eles gastam dinheiro em outras coisas.

Os preços vão do acesso livre sem nenhum tipo de fidelidade aos visivelmente superfaturados, passando pelos valores criativos ou seletivos, *à la* Starbucks ou Boingo. No entanto, a tendência é clara: o Wi-Fi está mudando gradualmente para ser livre para sempre, em todos os lugares. Simplesmente não há como escapar dessa tendência. Todo mundo adora Wi-Fi – e quanto mais livre, melhor.

Alguns, no entanto, não acham que o Wi-Fi tem futuro. "Como a banda larga móvel está aumetando, os pontos de acesso Wi-Fi se tornarão tão irrelevantes quanto as cabines telefônicas", diz Johan Bergendahl, diretor-chefe de *marketing* da Ericsson Telephone Co. "A banda larga móvel está crescendo mais rapidamente do que a telefonia móvel ou fixa jamais conseguiram." Na Áustria, dizem que a banda larga móvel vai ultrapassar a banda larga fixa este ano. "Já está crescendo mais rápido, e na Suécia o telefone mais popular é um modem USB", diz Bergendahl.

Quanto mais as pessoas começarem a usar banda larga móvel, mais os pontos de acesso não serão necessários. Além disso, o suporte ao acesso a pacote de alta velocidade (*high-speed packet access - HSPA*), facilitado pela Ericsson, está sendo integrado a um número cada vez maior de laptops. A empresa assinou recentemente um acordo para colocar a tecnologia HSPA em alguns *notebooks* Lenovo. "Em poucos anos, o [HSPA] será tão comum quanto o Wi-Fi é hoje", diz Bergendahl.

Os desafios continuam. Cobertura, disponibilidade e preço – especialmente quando alguém está em *roaming* – são fatores decisivos para o sucesso. "A indústria terá de resolver a questão do *roaming* internacional", diz Bergendahl. "As operadoras precisam trabalhar em conjunto. Pode ser tão simples quanto pagar US$ 10 por dia quando você estiver fora do país. Não saber de quanto será a sua conta após uma viagem de negócios não é aceitável para usuários profissionais. A cobertura também tem de melhorar."

Fonte: Adaptado de Eric Lai. "Indie Coffeehouses Tell Starbucks: Bring on Your Free Wi-Fi". *Computerworld*, 14 de fevereiro de 2008; Mikael Ricknäs, "Ericsson Predicts Demise of Wi-Fi Hotspots". Computerworld, 10 de março de 2008; e Mike Elgan. "Wi-Fi Wants to Be Free". *Computerworld*, 15 de fevereiro de 2008.

QUESTÕES DO ESTUDO DE CASO

1. Você concorda com os planos da Starbucks de oferta de acesso Wi-Fi por tempo limitado para os clientes? Você acha que o Wi-Fi gratuito seria suficiente para criar esse tipo de lealdade? Com base nas experiências relatadas de outros cafés, você acha que o acesso gratuito foi um fator decisivo no desenvolvimento de uma base de clientes leais?
2. Parte da razão da estratégia da Starbucks teve a ver com o aumento da concorrência de cadeias como o McDonald's em relação à multidão de clientes de café da manhã. O acesso Wi-Fi gratuito por um concorrente desse tipo teria angariado uma parcela significativa de clientes do Starbucks? Por quê?
3. O caso mostra algumas empresas que oferecem Wi-Fi gratuito em troca de ver publicidade ou responder a perguntas de pesquisas de mercado. Você estaria disposto a fazer isso para obter acesso gratuito em, por exemplo, um aeroporto? Você daria outra resposta se estivesse usando um laptop corporativo em vez do seu próprio, por questões de segurança?

ATIVIDADES DO MUNDO REAL

1. Johan Bergendahl, da Ericsson, acredita que o desaparecimento de Wi-Fi é bastante iminente e que a banda larga móvel substituirá os pontos de acesso por acessos sem fio. Faça uma pesquisa na internet sobre as atuais ofertas comerciais da banda larga móvel e compare com seus recursos em pontos de acesso Wi-Fi. Qual deles você escolheria? Que fatores poderiam afetar a sua decisão?
2. Faça uma pesquisa na internet e procure diferentes empresas em um dos setores citados no caso, observando que empresas oferecem acesso sem fio e quais não o fazem. Divida a turma em pequenos grupos e faça um *brainstorming* buscando possíveis explicações para essas diferenças. Você vê algum padrão no tipo de empresa que cobra pelo acesso em relação àquelas que oferecem o serviço gratuitamente?

Fica fácil entender a lei de Metcalfe quando se pensa em um simples equipamento tecnológico de uso rotineiro: o telefone. O telefone seria de uso bem limitado se apenas um indivíduo e seu amigo possuíssem um. Se uma cidade inteira estiver conectada no sistema, este se torna muito mais útil. Se o mundo todo estiver conectado, a utilidade do sistema é fenomenal. Acrescente-se a quantidade de conexões telefônicas sem fio e obtém-se um valor potencial enorme. Para chegar a esse valor, no entanto, muitas pessoas devem ter acesso ao telefone – e elas têm de usá-lo, ou seja, a utilização do telefone precisa atingir uma massa crítica de usuários. O mesmo se aplica a qualquer tipo de tecnologia.

Até atingir a massa crítica de usuários, qualquer mudança na tecnologia afeta apenas a própria tecnologia. Entretanto, uma vez atingida a massa crítica, os sistemas social, político e econômico mudam. O mesmo ocorre com a **tecnologia de rede digital**. Considere a internet. Ela atingiu massa crítica em 1993, quando existiam cerca de 2,5 milhões de computadores centrais na rede. Em novembro de 1997, a ampla rede continha quase 25 milhões de computadores centrais. Segundo a internet World Stats, o número de usuários na internet, em março de 2009, superou 1,6 bilhão! Mais importante: isso representa apenas cerca de 24% da população mundial estimada. Com a queda rápida e permanente dos custos de informática (lembre-se da lei de Moore mencionada no Capítulo 3) e o crescimento exponencial da internet (lei de Metcalfe), espera-se aumento do valor – supostamente mediante redução dos custos – sempre que um usuário acessar a rede.

Tendências das telecomunicações

Telecomunicações é a troca de qualquer forma (voz, dados, texto, imagem, áudio, vídeo) de informação por rede. As primeiras redes de telecomunicações não usavam computadores para encaminhar o tráfego e, desse modo, eram muito mais lentas do que as atuais baseadas em computadores. É necessário estar ciente das principais tendências das indústrias, tecnologias e aplicações em telecomunicações que aumentam significativamente as alternativas de decisões enfrentadas pelos gerentes e profissionais de negócios (ver Figura 6.2).

Tendências da indústria

A arena competitiva dos serviços em telecomunicações tem mudado muito nos últimos anos. A indústria de telecomunicações passou de monopólios controlados pelo governo para um mercado sem regulamentação com fornecedores de serviços de telecomunicações, competitivos e vorazes. Hoje, inúmeras companhias oferecem a empresas e consumidores alternativas para tudo, de serviços telefônicos locais e globais até canais por satélite de comunicações, rádio móvel, TV a cabo, serviços de telefonia celular e acesso à internet (ver Figura 6.3).

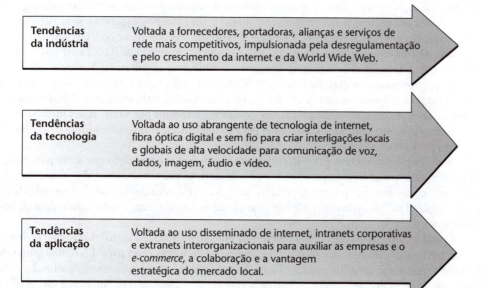

FIGURA 6.2 Principais tendências das telecomunicações nas empresas.

FIGURA 6.3 Gama de serviços de telecomunicações disponíveis hoje.

O crescimento explosivo da internet e da World Wide Web fez surgir uma quantidade enorme de produtos, serviços e provedores de telecomunicações. Motivadas a atender a esse crescimento, as empresas têm utilizado cada vez mais a internet e a web no comércio eletrônico (*e-commerce*) e na colaboração. Desse modo, as opções de fornecedores e serviços disponíveis para atender às necessidades de telecomunicações das empresas aumentaram significativamente, assim como as alternativas para a tomada de decisão dos gerentes.

Tendências da tecnologia

Os sistemas abertos com conectividade irrestrita, que utilizam como plataforma a **tecnologia de rede da internet**, são hoje a principal tendência em termos de tecnologia de telecomunicações. Navegadores web, editores de páginas HTML, servidores de internet e intranet e *software* de gerenciamento de redes, produtos de rede TCP/IP e *firewalls* para segurança da rede são apenas alguns exemplos. Essas tecnologias são adotadas em aplicações da internet, intranet e extranet, principalmente para o *e-commerce* e para a colaboração. Essa tendência motivou os movimentos técnicos e setoriais anteriores rumo à criação de redes cliente-servidor baseadas em uma arquitetura de sistemas abertos.

Sistemas abertos são sistemas de informação que adotam padrões comuns de *hardware*, *software*, aplicações e rede. Sistemas abertos, como a internet e as intranets e extranets corporativas, criam um ambiente de computação aberto e acessível aos usuários e seus sistemas de computadores conectados em rede. Esse tipo de sistema oferece maior conectividade, ou seja, facilidade de comunicação e acesso recíproco, e compartilhamento de dados entre os computadores conectados em rede e outros dispositivos. Qualquer arquitetura de sistemas abertos também proporciona alto grau de interoperabilidade de rede. Em outras palavras, esse tipo de sistema permite ao usuário final executar diversas atividades utilizando variados sistemas de computadores, pacotes de *software* e bancos de dados oferecidos por várias redes interconectadas. Muitas vezes, são utilizados *middlewares* para auxiliar sistemas diversificados no trabalho em conjunto de diversos sistemas.

Middleware é um termo genérico referente a qualquer programação que serve para "unir" ou mediar dois programas separados e normalmente já existentes. Uma das aplicações do *middleware* é permitir que programas criados para acessar determinado tipo de banco de dados (por exemplo, DB2) acessem outros tipos (por exemplo, Oracle) sem a necessidade de codificação específica.

O *middleware* é mais conhecido como uma espécie de "encanamento" do sistema de informação, pois ele encaminha os dados e as informações de forma clara para diferentes fontes de dados internos e aplicações de usuários finais. Ele não precisa ser alvo de estudo profundo – não possui muito mais do que "interface" própria visível –, no entanto, é componente essencial de qualquer infraestrutura de TI, porque permite a junção de sistemas distintos em um esquema comum.

As telecomunicações também estão sofrendo uma revolução por causa da rápida mudança na tecnologia de rede de analógica para digital. Os sistemas de telecomunicações sempre foram baseados na transmissão analógica de voz por meio de frequências elétricas variáveis geradas por ondas de som da voz humana. Desse modo, obtêm-se (1) muito mais velocidade de transmissão, (2) mais volume de transmissão de informações, (3) mais economia e (4) e taxas de erro bem menores do que nos sistemas analógicos. Além disso, a tecnologia digital permite a transmissão de diversos tipos de comunicação (dados, voz, vídeo) pelos mesmos circuitos das redes de telecomunicações.

Outra grande tendência em termos de tecnologia de telecomunicações é a substituição do meio baseado em fios de cobre e sistemas de relé de micro-ondas fixos no solo por linhas de fibra óptica e celulares, satélite de comunicações e outras **tecnologias de transmissão sem fio**. A transmissão por fibra óptica, que utiliza pulsos de luz gerada por laser, oferece vantagens significativas em termos de redução no tamanho e no esforço de instalação, aumento amplo na capacidade de comunicação e na velocidade de transmissão, e ausência de interferência elétrica. A transmissão por satélite proporciona vantagens significativas para as organizações que necessitam transmitir enormes quantidades de dados, áudio e vídeo por redes globais, principalmente para áreas isoladas. Celulares, rádio móvel e outros sistemas de transmissão sem fio estão conectando telefones celulares, assistentes digitais pessoais e outros dispositivos de acesso sem fio à internet e a outras redes corporativas.

Tendência de aplicativos empresariais

As mudanças mencionadas na indústria e na tecnologia estão alterando o uso dos sistemas de telecomunicações nas empresas. A tendência de aumento no número de fornecedores, serviços, tecnologia da internet e sistemas abertos, e o rápido crescimento da internet, da World Wide Web e das intranets e extranets corporativas aumentam consideravelmente a quantidade de aplicações em telecomunicações viáveis. Portanto, hoje, as redes de telecomunicações desempenham papel profundo e fundamental nos processos de negócios eletrônicos baseados na web, no *e-commerce*, na colaboração e em outras aplicações empresariais de apoio a operações, gerenciamento e objetivos estratégicos de grandes e de pequenas empresas.

Internet2

É impossível abordar as tendências das telecomunicações sem reiterar que a internet continua firme no centro das ações. Apesar da sua importância e dos limites aparentemente inexplorados, hoje estamos embarcando na próxima geração da "rede das redes". Internet2 é uma rede de alto desempenho que utiliza uma infraestrutura totalmente diferente da internet pública conhecida. Além disso, já existem mais de 200 universidades e entidades científicas e mais de 70 corporações de comunicações participantes da rede internet2. Um grande equívoco em relação à internet2 é considerá-la uma sequência da internet original e sua provável substituta, o que jamais deve ocorrer, porque ela não foi criada para isso. Ao contrário, sua finalidade é criar uma espécie de diretriz que possa ser seguida durante o próximo estágio de inovação da internet atual. As ideias ali nutridas, como a criação de novos protocolos de endereçamento e fluxo de vídeo com qualidade de transmissão por satélite, talvez sejam implementadas na internet, entretanto essa implementação pode levar ainda cerca de uma década.

Além disso, a rede internet2 jamais deverá ser totalmente aberta – ela deverá permanecer sob domínio exclusivo de universidades, centros de pesquisa e governos. Como prova disso, a tecnologia – que evoluiu à velocidade da luz – utilizada hoje na internet2 deve acabar sendo transferida para a internet pública. No entanto, por ora, o projeto da internet2 tem como objetivo o compartilhamento, a colaboração e a tentativa de criação de novas ideias em termos de comunicação de alta velocidade – curiosamente, muitas das mesmas metas que formaram a história inicial da internet atual.

A maioria das instituições e dos parceiros comerciais na rede internet2 está conectada via *Abilene*, rede principal que logo terá capacidade de operar a 10 *gigabytes* por segundo (Gbps). Diversas redes internacionais também estão conectadas na infraestrutura da Abilene, e, à medida que o projeto vai crescendo, cada vez mais redes estarão capacitadas a se conectar com a estrutura atual. Um denominador comum entre todos os parceiros da internet2 é a participação ativa em desenvolvimento e testes de novas aplicações e protocolos de internet com ênfase na pesquisa e na colaboração voltados a recursos, como videoconferência, transmissão múltipla, aplicações remotas e novos protocolos que aproveitem as muitas oportunidades oferecidas pela megalargura de banda. Em suma, a internet2 é o que existe de mais avançado em termos de telecomunicações de alta velocidade e largura de banda infinita.

Para se ter uma ideia exata da velocidade dessa rede do futuro, uma equipe internacional de pesquisadores já chegou a utilizá-la para estabelecer um novo recorde de velocidade em solo. No final de 2002, a equipe transmitiu 6,7 GB de dados por cerca de 9.500 quilômetros de rede de fibra óptica em menos de um minuto. Isso representa mais ou menos dois filmes inteiros de DVD viajando um quarto da Terra em menos de um minuto a uma velocidade média de 923 milhões de bits por segundo! Corresponde a aproximadamente 660 mil quilômetros por hora. Além disso, a mesma equipe já está trabalhando para tentar quebrar seu próprio recorde.

Basta dizer que, enquanto o empresário busca novas formas de obter vantagem empresarial utilizando a internet, há um esforço enorme para torná-la ainda maior e mais veloz. Em 2009 internet2 completou seu 13º aniversário com muito mais fôlego, velocidade e capacidade de armazenamento em relação ao seu lançamento em 1996. A internet2 será abordada novamente nesse capítulo com o protocolo de endereçamento da internet.

O valor empresarial das redes de telecomunicações

Qual é o *valor para o negócio* obtido quando uma companhia investe nas tendências das telecomunicações que acabamos de discutir? O uso de internet, intranets, extranets e outras redes de telecomunicações pode reduzir consideravelmente os custos, diminuir o tempo de espera e reação da empresa, facilitar o *e-commerce*, melhorar a colaboração entre equipes, desenvolver processos operacionais *on-line*, compartilhar recursos, controlar clientes e fornecedores, e desenvolver novos produtos e serviços. Isso torna as aplicações de telecomunicações mais estratégicas e vitais para as empresas que precisam cada vez mais encontrar formas para competir tanto nos mercados domésticos como nos globais.

A Figura 6.4 mostra como as aplicações empresariais baseadas nas telecomunicações ajudam as companhias a superar barreiras geográficas, de tempo, custo e estrutura para obter o sucesso. Observe os exemplos de valor para o negócio dessas quatro capacidades estratégicas das redes de telecomunicações. Essa figura destaca como diversas aplicações de negócios eletrôni-

Capacidade estratégica	Exemplos de negócios eletrônicos	Valor comercial
Superar barreiras geográficas: captar locais remotos informações sobre as transações comerciais.	Utilizar internet e extranets para transmitir pedidos dos clientes de vendedores em viagem para um centro de dados corporativo para processamento do pedido e controle de estoque.	Melhora o atendimento ao cliente, reduzindo a demora no preenchimento de pedidos, e melhora o fluxo de caixa, agilizando o envio de fatura ao cliente.
Superar barreiras de tempo: fornecer a locais remotos informações imediatamente depois de solicitadas.	Autorização de crédito no ponto de venda utilizando redes de ponto de venda *on-line*.	Pesquisa de crédito feita e respondida em segundos.
Superar barreiras de custos: reduzir o custo dos meios mais tradicionais de comunicações.	Videoconferência, por meio do computador pessoal, entre a companhia e parceiros comerciais, usando internet, intranet e extranet.	Reduz a quantidade de viagens de negócios; permite que cliente, fornecedor e funcionários trabalhem em conjunto, melhorando, assim, a qualidade da decisão tomada.
Superar barreiras estruturais: suportar conexões para obter vantagem competitiva.	*Sites* de *e-commerce* empresa-empresa para transações com fornecedores e clientes utilizando internet e extranets.	Serviços convenientes e rápidos permitem o controle dos clientes e fornecedores.

FIGURA 6.4 Exemplos de valor para o negócio de aplicações empresariais de redes de telecomunicações.

cos ajudam a companhia a captar e oferecer informações com rapidez ao usuário final em localidades geograficamente remotas a custos reduzidos, além de auxiliar os objetivos estratégicos organizacionais.

Por exemplo, vendedores em constantes viagens e de escritórios regionais de vendas podem utilizar internet, extranet e outras redes para transmitir os pedidos dos clientes de laptops ou computadores pessoais, superando, assim, a barreira geográfica. Os terminais de pontos de venda e uma rede de processamento de transações de venda *on-line* superam a barreira do tempo, disponibilizando autorização imediata de crédito e processamento de vendas. Por fim, os *sites* de *e-commerce* empresa-empresa são usados pelas companhias para estabelecer relações estratégicas com clientes e fornecedores, tornando as transações comerciais rápidas, convenientes e sob medida para atender às necessidades dos parceiros comerciais envolvidos.

A revolução da internet

O crescimento bombástico da **internet** é um fenômeno revolucionário em termos de computação e telecomunicações. Atualmente, a internet é a maior e mais importante rede das redes e evoluiu, transformando-se em uma *super-rodovia de informações*. Pode-se pensar na internet como uma rede composta por milhões de pequenas redes privadas, cada uma com capacidade para operar de forma independente ou em harmonia com todos os demais milhões de redes conectadas na internet. Quando essa rede das redes começou a crescer em dezembro de 1991, era composta de cerca de dez servidores. Em janeiro de 2004, calculava-se que a internet possuía cerca de 46 milhões de servidores conectados e com uma taxa de crescimento sustentado de mais de um milhão de servidores por mês. Em janeiro de 2007, ela tinha mais de um bilhão de usuários, segundo estimativas, com *sites* em 34 idiomas, do inglês ao islandês. Isso é que é crescimento!

A internet continua expandindo-se à medida que mais e mais empresas e outras organizações e seus usuários, computadores e redes vão juntando-se à sua rede global. Atualmente, milhares de redes empresariais, educacionais e de pesquisa conectam, uns aos outros, milhões de sistemas de computadores e usuários de mais de 200 países. Em 2010, o número de usuários atingiu os 2 bilhões, o que representava aproximadamente um terço da população mundial.

A rede não possui um sistema de computador central ou centro de telecomunicações. Há, no entanto, 13 servidores chamados *servidores raiz* que são usados para lidar com a maior parte do roteamento de tráfego de um computador para outro. Em vez disso, cada mensagem enviada tem um código de endereço exclusivo de forma que qualquer servidor da internet na rede pode encaminhá-la a seu destino. Também, a internet não tem sede nem comitê diretor. Grupos de padrões e consultoria internacionais constituídos por pessoas físicas e jurídicas, como internet Society (www.isoc.org) e World Wide Web Consortium (www.w3.org), promovem o uso da internet e o estabelecimento de novos padrões de comunicação. Esses padrões comuns são a base para o fluxo livre de mensagens entre os diferentes computadores e redes de muitas organizações e *provedores de acesso à internet* (*internet service providers* – ISP) existentes no sistema.

Provedores de internet

Uma das peculiaridades da internet é que ninguém efetivamente é sua proprietária. Qualquer pessoa com acesso à internet pode dispor dela e dos serviços oferecidos. Como ela não pode ser acessada diretamente pelos indivíduos, é necessário utilizar os serviços de uma empresa especializada no fornecimento de acesso. O **ISP**, ou **provedor de acesso à internet**, é uma empresa que oferece acesso à internet para pessoas físicas e jurídicas. Mediante o pagamento de uma taxa mensal, o provedor de acesso oferece um pacote de *software*, nome e senha do usuário, senha e número de telefone de acesso ou protocolo de acesso. Com essas informações (e um *hardware* especializado), o usuário entra na internet, navega na World Wide Web e envia e recebe mensagens eletrônicas.

Além de atender pessoas físicas, os provedores de acesso atendem também a grandes empresas, oferecendo conexão direta com a internet por meio das redes da companhia. Os próprios provedores estão conectados entre si pelos *pontos de acesso de rede*. Por meio dessas conexões, um provedor consegue conectar-se facilmente com outro para obter informações sobre o endereço de um *site* ou de um usuário.

Aplicações de internet

As aplicações mais conhecidas da internet são o correio eletrônico, a mensagem eletrônica, a navegação nos *sites* da World Wide Web e a participação de *grupos de notícias* e *salas de bate-papo*. As mensagens de correio eletrônico da internet normalmente chegam em segundos ou em alguns minutos, de qualquer parte do mundo, e podem ser na forma de arquivos de dados, texto, fax e vídeo. O *software* de navegação web, como Netscape Navigator e Internet Explorer, permite a milhões de usuários navegar pela World Wide Web, clicando em busca dos recursos de informação multimídia armazenados nas páginas com *hiperlinks* de empresas, governo e outros *sites*. Os *sites* web oferecem informação e entretenimento, e são o local de onde se realizam transações de *e-commerce* entre empresas e seus fornecedores e clientes. No Capítulo 8, serão abordados os *sites* de *e-commerce* que oferecem todo tipo de produto e serviço por meio de varejistas, atacadistas, provedores de acesso e leilões *on-line* (ver Figura 6.5).

A internet promove fóruns de discussão eletrônica e sistemas de troca de mensagens (BBS) formados e administrados por milhares de grupos de interesse e comunidades. O usuário pode participar das discussões ou enviar mensagens sobre diversos assuntos para outros usuários com interesses comuns. Outras aplicações comuns são a obtenção de *softwares* e arquivos de informações por download e o acesso a bancos de dados oferecidos por diversas empresas, governo e outras organizações. É possível realizar uma pesquisa *on-line* de diversas formas, usando os *sites* e mecanismos de busca, como Yahoo!, Google e Fast Search. Outro uso também popular da internet é a conexão com outros computadores para conversar em tempo real com outros usuários nas *salas de bate-papo*.

Uso da internet para negócios

Como mostra a Figura 6.6, o uso da internet nos negócios passou da simples troca de informações eletrônicas para ampla plataforma de aplicações empresariais estratégicas. Observe como as aplicações, como a colaboração entre parceiros comerciais, que oferece auxílio ao cliente e ao fornecedor, e o *e-commerce* tornaram-se os principais usos da internet nos negócios. As companhias também estão utilizando tecnologia da internet em aplicações de *marketing*, vendas e gestão do relacionamento com o cliente, bem como em aplicações interfuncionais nos negócios e aplicações de engenharia, produção, recursos humanos e contabilidade. O texto a seguir mostra um exemplo do mundo real.

FIGURA 6.5 Usos populares da internet.

- **Navegar.** Com o mouse para apontar e clicar e buscar milhares de *sites* com *hiperlinks* e recursos de informação multimídia, entretenimento ou *e-commerce*.
- **Correio eletrônico.** Uso do correio eletrônico e da mensagem instantânea para trocar mensagens eletrônicas com colegas, amigos e outros usuários da internet.
- **Discutir.** Participação em fóruns de discussão de grupos de notícias com interesse especializado ou em conversas por texto em tempo real em salas de bate-papo dos *sites*.
- **Publicar.** Exposição de opiniões, assuntos ou trabalhos criativos em um *site* ou *blog* para que outros usuários possam ler.
- **Compras e vendas.** Compra e venda de praticamente qualquer item por meio de varejistas, atacadistas de *e-commerce*, provedores de acesso e leilões *on-line*.
- **Download.** Transferência de arquivo de dados, *software*, relatórios, artigos, fotos, música, vídeo e outros tipos de arquivo para o computador do usuário.
- **Computação.** Conexão e uso de milhares de sistemas de computadores da internet espalhados pelo mundo.
- **Conectar.** Descobrir o que amigos, conhecidos e colegas de empresa estão fazendo.
- **Outros usos.** Ligações telefônicas de longa distância, videoconferência por meio do computador pessoal, transmissões radiofônicas e televisivas, jogos, exploração de mundos virtuais etc.

VF Corporation: criando roupas durante o compatilhamento de informações

Se você está no negócio de produzir alguns milhões de pares de *jeans* todos os anos, não há nada mais importante do que acertar o "azul". É por isso que um *designer* de *jeans* da VF Corp. enviará pelo correio amostras de tecido tingido para fábricas em todo o mundo tantas vezes quantas forem necessárias para assegurar que os *designers* e fabricantes concordem com a tonalidade correta. E isso é parte do motivo pelo qual demora-se até nove meses para conceber um novo par de *jeans* e disponibilizá-lo nas prateleiras.

A VF, a maior fabricante mundial de vestuário, com marcas como Lee *Jeans*, Vanity Fair e North Face, espera que a obtenção de novos modelos para compradores de modo mais rápido tornará a empresa mais competitiva. Para fazer isso, ela tem de criar uma plataforma de TI de ferramentas de *design* colaborativo que possam recorrer a uma base de dados de informação, como características dos materiais, custos, cores e modelos de *design*s anteriores. A empresa tem implantado as ferramentas em suas cinco divisões nos Estados Unidos e construiu acessos em tempo real com seus fabricantes ao redor do mundo, uma vez que 90% da sua produção está fora do país. A capacidade de compartilhar informações pela internet faz que seja viável para a empresa colaborar em tempo real com as fábricas *off-shore* e outros parceiros da cadeia de abastecimento em regiões bastante remotas.

A VF acredita que achar uma maneira mais eficiente de chegar a um acordo sobre o azul – e sobre outras melhorias, obtidas graças à tecnologia, no modo de planejar novos produtos e de gerenciar a logística – poderia economizar US$ 100 milhões por ano e diminuir em meses o tempo necessário para levar um projeto novo para o mercado. "Se você olhar os tempos de ciclo, desde o *design* até a prateleira de varejo, cerca de dois terços são gastos no desenvolvimento do produto", diz Boyd Rogers, vice-presidente da cadeia de suprimentos e de tecnologia da VF. "O novo sistema tem o potencial de economizar meses do ciclo de produção, dependendo de como são feitas muitas iterações para a obtenção da cor correta."

Dois elementos decisivos são o *software* de tecnologia de cor LLC, da GretagMacbeth, para tornar a colaboração eletrônica de escolha de cores mais rápida, e o Strategic Interaction Development Environment, ou Stride, que contém ferramentas gráficas para gerenciar os detalhes de vestuário, um banco de dados de matérias-primas para especificações internas de vestuário e muito mais.

Por meio de sistemas integrados, uma equipe de *design* será capaz de inserir no computador ideias de produtos e anexar um esboço ou um conjunto de especificações do projeto. Se houver um projeto similar, o *designer* pode economizar tempo copiando as informações de outra linha de produtos e reutilizando o modelo. O sistema de tecnologia de cores será unido ao sistema Stride, e ambos vão deixar que as informações sejam compartilhadas mais facilmente – por exemplo, em tempo real com escritório de abastecimento da VF em Hong Kong, que contrata fabricantes terceirizados em toda a Ásia para fabricar as roupas que a empresa concebe. No futuro, a VF vai manter os fornecedores de matérias-primas e os fabricantes conectados ao sistema Stride para interação em tempo real sobre as questões relacionadas a materiais e especificações.

"Acreditamos que US$ 100 milhões anuais durante os próximos cinco anos é um valor absolutamente factível", diz Rogers. "Está se tornando cada vez mais importante colaborar estreitamente com as nossas divisões e parceiros em todo o mundo para reduzir os tempos de ciclo."

Fonte: Adaptado de Laurie Sullivan, "*Design*ed to Cut Time", *Information*Week, 28 de fevereiro de 2005.

Valor para o negócio da internet

A internet oferece uma síntese de recursos de informática e comunicação que agrega valor a cada parte do ciclo de negócio.

Que valor as companhias extraem de suas aplicações empresariais na internet para os negócios? A Figura 6.7 mostra resumidamente a percepção das companhias a respeito do valor da internet para o *e-commerce*. É possível obter uma economia substancial de custos, porque o desenvolvimento, a operação e a manutenção da internet e das tecnologias baseadas nesta (por exemplo,

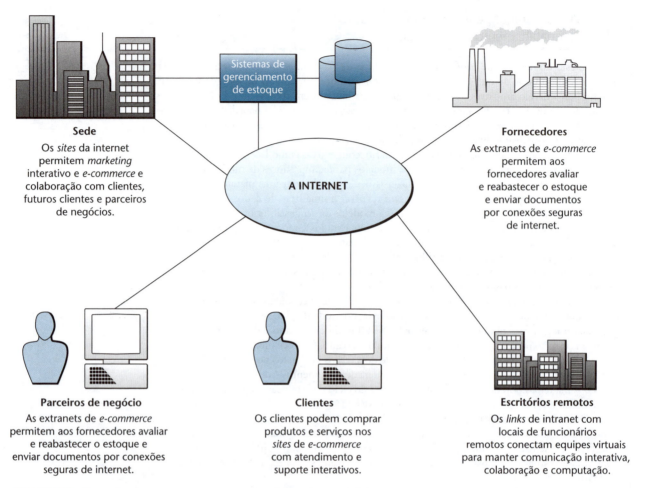

FIGURA 6.6 Exemplos de como as empresas usam a internet nos negócios.

intranets e extranets) usadas nas aplicações são mais baratos do que os dos sistemas tradicionais. Por exemplo, uma companhia aérea economiza recursos financeiros sempre que os clientes usam o *site* da web em lugar do sistema telefônico de atendimento ao cliente.

Estima-se que, para certos tipos de transações, a economia de custos seja significativa na comparação entre canais mais tradicionais e *on-line*. Por exemplo, para uma companhia aérea, o custo da reserva pela internet é cerca de 90% inferior ao da reserva por telefone. O setor bancário também constatou economia de custos significativa pela internet, e calcula-se que o custo de uma transação bancária *on-line* comum (pagamento, verificação de saldo, pagamento de cheque) fique em torno de 50 a 95% menos que a mesma transação normal.

Outras fontes básicas de valor para o negócio incluem a captação de novos clientes com produtos e métodos de comercialização inovadores, e retenção dos clientes atuais com a melhoria do suporte e atendimento ao cliente. Evidentemente, a geração de receita utilizando as aplicações de *e-commerce* é a principal fonte de valor para o negócio, que será discutida no Capítulo 8. Em suma, a maioria das companhias está criando *sites* de comércio e negócios eletrônicos a fim de extrair seis valores importantes para o negócio:

- Geração de novas receitas por meio das vendas *on-line*.
- Redução de custos de transação com as vendas e o apoio *on-line* ao cliente.
- Obtenção de novos clientes com vendas *on-line* e publicidade e *marketing* pela web.

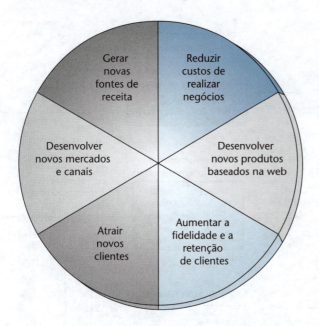

FIGURA 6.7 Como as companhias estão extraindo valor das aplicações de comércio e negócios eletrônicos.

- Aumento da fidelidade dos clientes existentes, melhorando o suporte e o atendimento pela web.
- Desenvolvimento de novos mercados e canais de distribuição baseados na web para os produtos existentes.
- Criação de novos produtos baseados na informação acessível na web.

Muitas companhias têm sofisticado e disseminado as intranets, oferecendo recuperação detalhada de dados, ferramentas de colaboração, perfis personalizados de clientes e ligações com a internet. Essas companhias consideram o investimento na intranet tão fundamental quanto dar um telefone ao funcionário.

O papel da intranet

Antes de prosseguir com esse tema, é necessário redefinir o conceito de intranet, enfatizando especificamente a relação da intranet com internet e extranets. **Intranet** é uma rede instalada dentro da organização e que utiliza tecnologia da internet (como navegadores e servidores web, protocolo TCP/IP, bancos de dados e publicação de documentos hipermídia HTML, e assim por diante) para proporcionar um ambiente semelhante ao da internet dentro da empresa para compartilhamento de informações, comunicações, colaboração e auxílio aos processos empresariais. A intranet é protegida por medidas de segurança, como senhas, criptografia e *firewall*, portanto, ela pode ser acessada por usuários autorizados por meio da internet. A intranet de uma companhia também pode ser acessada por intranets de clientes, fornecedores e outros parceiros comerciais por ligações de extranets.

Valor para o negócio da intranet

Organizações de todos os tipos estão implementando uma vasta gama de usos de intranet. Um dos métodos utilizados pelas companhias para organizarem as aplicações da intranet é agrupando-as conceitualmente por categorias de serviços que reflitam os serviços básicos oferecidos pelas intranets aos usuários. Esses serviços são oferecidos por portais, navegadores e *softwares* de servidores de intranets, bem como por outros sistemas e *softwares* de aplicação e *groupwares* componentes do ambiente de *software* da intranet. A Figura 6.8 mostra como as intranets oferecem um *portal de informações da empresa* de apoio a comunicação e trabalho em conjunto, publicação na web, gerenciamento e operações empresariais e gerenciamento de portal da intranet. Observe também como essas aplicações podem ser integradas com os recursos e as aplicações de SI existentes e estendidas a clientes, fornecedores e parceiros comerciais por meio de internet e extranets.

FIGURA 6.8 As intranets podem prover um portal de informações da empresa para aplicações em comunicações e colaboração, gerenciamento e operações empresariais, publicação na web e gerenciamento de portal de intranet.

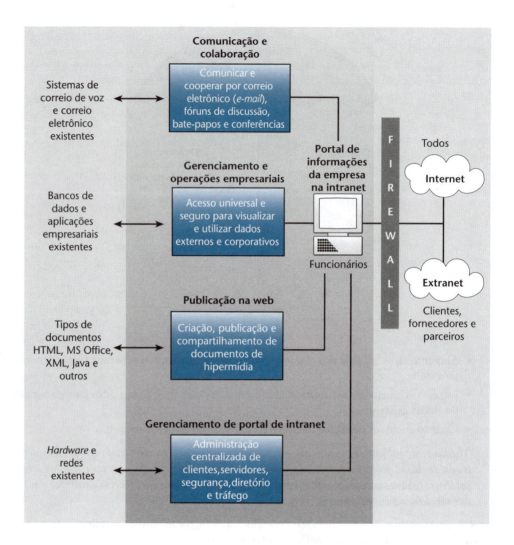

Comunicação e colaboração. As intranets podem melhorar significativamente a comunicação e a colaboração dentro das empresas. Por exemplo, o navegador na intranet pode ser utilizado no PC ou na estação de trabalho para enviar e receber correio eletrônico, correio de voz, mensagem de *pager* e fax para a comunicação entre os funcionários dentro da organização e, externamente, por meio de internet e extranets. Os recursos de *groupware* da intranet também podem ser utilizados para melhorar a colaboração em projetos por meio de grupos de discussão, salas de bate-papo e áudio e videoconferência.

Publicação na web. As intranets corporativas também passaram a aproveitar a vantagem de criar e publicar documentos multimídia com *hiperlinks* em bancos de dados acessíveis nos servidores da World Wide Web. Comparativamente, a facilidade, o apelo e o custo reduzido da publicação de informações multimídia da empresa e do acesso interno a esses dados via *sites* da intranet têm sido as principais razões para o grande aumento no uso de intranets nas empresas. Por exemplo, produtos de informações bem variados, como jornais internos, desenhos técnicos e catálogos de produtos, podem ser publicados de diversas formas, inclusive em páginas hipermídia da web, por correio eletrônico e por transmissão na rede e como parte das aplicações empresariais desenvolvidas internamente. Os navegadores, servidores e mecanismos de busca na intranet facilitam a navegação e a localização das informações empresariais necessárias.

Gerenciamento e operações empresariais. As intranets não são mais utilizadas apenas para disponibilizar informações hipermídia nos servidores web ou para publicá-las aos usuários via transmissão na rede. As intranets também estão sendo utilizadas como plataforma para criação e utilização de aplicações empresariais fundamentais para auxiliar as operações e a tomada de decisões corporativas por toda a empresa interconectada em rede. Por exemplo, muitas empresas estão criando aplicações personalizadas, como para gerenciamento de vendas, controle de estoque e processamento de pedido, e portais de informações corporativas que podem ser implementadas nas intranets, extranets e internet. Muitas dessas aplicações são projetadas para servir de interface com os bancos de dados e sistemas legados existentes na companhia, bem como para acessar essas informações. O *software* para esse tipo de aplicação empresarial é, assim, instalado nos servidores da intranet. Os funcionários da companhia ou os parceiros comerciais acessam e executam essas aplicações utilizando navegadores web de qualquer ponto da rede sempre que precisarem.

Gerenciamento de portal da intranet. As organizações devem lançar mão de profissionais de TI e SI para gerenciar as funções da intranet, bem como a manutenção de vários componentes de *software* e *hardware* necessários para o êxito das operações. Por exemplo, um administrador de rede deve controlar o acesso dos usuários, fornecendo senhas e outros mecanismos de segurança para assegurar a cada usuário a utilização da intranet de forma produtiva e, ao mesmo tempo, proteger a integridade dos recursos de dados. Nessa função, estão incluídas questões relacionadas com a proteção contra acesso não autorizado, vírus de computador, gerenciamento de diretório e outras funções muito importantes.

A seguir, serão discutidas mais detalhadamente as formas de utilização das intranets nas companhias.

Constellation Energy: usando uma intranet para fazer os funcionários trabalharem juntos e de forma mais produtiva

Quando Beth Perlman se juntou à Constellation Energy como CIO em 2002, os funcionários das quatro divisões principais da companhia não se esforçavam muito na comunicação. "Era como se fossem quatro empresas separadas que nunca haviam conversado", diz ela.

A própria Perlman tinha escritórios em dois edifícios, dois computadores com Windows 95 que não podiam acessar o *e-mail* um do outro e um BlackBerry que não podia sincronizar com eles. A Constellation Energy começou a padronizar os desktops de seus 10 mil funcionários em 2005, mas isso ainda não conseguia resolver muitos dos seus problemas de compartilhamento de informações. "Eu ficava doente de ver as pessoas enviando aqueles documentos enormes por *e-mail*", porque não havia outra maneira de compartilhar eletronicamente ideias e informações, lamenta Perlman. "Era difícil rastrear versões de documentos, como quando os funcionários em diferentes partes da empresa precisavam fornecer dados para apresentações de analistas", diz ela.

Que diferença faz um ano! Em 2006 a Constellation Energy lançou um conjunto de ferramentas de colaboração comum padronizadas em toda a empresa, instalou redes sem fio em 22 de seus *campi* e remodelou o seu portal de intranet myConstellation.

A iniciativa "Conectar. Interagir. Transformar" da empresa já havia gerado um grande impacto na produtividade e colaboração. "O retorno sobre o investimento foi muito rápido", afirma Perlman. Uma grande parte do retorno veio de uma licença de *software* empresarial da Microsoft que Perlman diz custar "algumas centenas de milhares de dólares", que, juntamente com o portal da intranet redesenhado, tem contribuído significativamente para economias em razão da produtividade (sem o desconto de impostos) de US$ 90 milhões da Constellation Energy em 2005 e 2006.

Como parte dessa iniciativa, a organização de TI de Perlman instalou o *software* de conferência Microsoft Live Meeting Web, a ferramenta de colaboração em documentos e compartilhamento de informações SharePoint e o Windows Messenger para uso de mensagens instantâneas na intranet. Até o momento, o Live Meeting teve o maior impacto sobre a produtividade da empresa, segundo Perlman. Mais de 10 mil horas de reuniões foram registradas em 2005 e 2006, o que significou para a empresa uma economia de US$ 41 por participante em despesas e ganho, em média, de 98 minutos de produtividade por funcionário.

Agora, em vez de viajar para os escritórios centrais para receber treinamento, os funcionários podem ter aulas por meio de seus PCs ou em quiosques com acesso ao portal que são criados em centros de serviços da Constellation Energy para os 2.500 trabalhadores de campo e outros da empresa que não têm PCs. Por meio do Live Meeting, todos podem ver a mesma informação ao mesmo tempo, diz Perlman, incluindo as apresentações em PowerPoint. A organização de TI tem considerado isso incrivelmente útil em seu próprio trabalho. "Durante uma reunião, a equipe de TI pode examinar as alterações do código de um programa e todos veem a mesma coisa", observa ela.

"Pensamos que apenas uns poucos fossem usar o SharePoint, mas agora ele está sendo usado por todos. Foi um sucesso", comenta ela. O SharePoint fornece um local central para documentos, como arquivos Word e Excel, serem visualizados e alterados. O programa também oferece controle de versão.

A implantação do SharePoint tem permitido a Kevin Hadlock, diretor de relações com investidores da Constellation Energy, gastar mais tempo analisando os dados de lançamentos de lucros e apresentações de analistas da empresa, assim como centenas de horas a menos no recolhimento da papelada que vai para as apresentações das quatro divisões da companhia. Uma apresentação era frequentemente revista de 30 a 50 vezes antes de todas as alterações serem feitas manualmente na versão final. Com o SharePoint, todas as informações são coletadas eletronicamente.

"Eu sempre fico sabendo que mudanças foram feitas", afirma Hadlock. O material da apresentação final é concluído pelo menos uma semana mais cedo do que costumava ser, e "a qualidade e exatidão das informações estão bastante aprimoradas".

Fonte: Adaptado de Marianne McGee. "Constellation Energy Uses IT to Get Employees Working Together and More Productively". *InformationWeek*, 12 de setembro de 2006; e Martin Garevy. "Threats Bring IT and Operations Together". *InformationWeek*, 19 de setembro de 2005.

O papel da extranet

Conforme as empresas vão usando a tecnologia da internet [extranet] para melhorar a comunicação com clientes e parceiros, vão adquirindo mais vantagem competitiva ao longo do caminho – em desenvolvimento de produtos, economia de custos, marketing, *distribuição e aperfeiçoamento das parcerias.*

Como já foi mencionado, **extranets** são ligações de rede que utilizam tecnologia da internet para interconectar a intranet de uma empresa com as intranets de clientes, fornecedores ou outros parceiros comerciais. As companhias podem estabelecer ligações de redes privadas diretas entre si ou criar ligações de internet seguras e privadas entre elas denominadas *redes privativas virtuais*. (Esse tipo de rede será discutido em detalhes adiante neste capítulo.) Ou, então, a companhia pode utilizar internet não segura como ligação de extranet entre sua intranet e consumidores e outras pessoas, contar com a criptografia de dados confidenciais e com sistemas de *firewall* para oferecer segurança adequada. Desse modo, as extranets permitem que clientes, fornecedores, consultores, terceirizados, futuros clientes e outras pessoas acessem os *sites* da intranet e outros bancos de dados da companhia (ver Figura 6.9).

Como mostra a Figura 6.9, a extranet de uma organização pode ligar ao mesmo tempo a organização a diversos parceiros externos. Consultores e terceirizados podem usar a extranet para facilitar a criação de novos sistemas ou para oferecer serviços terceirizados, ao passo que os fornecedores da organização podem utilizá-la para garantir que a matéria-prima necessária para o funcionamento da empresa esteja disponível no estoque ou seja entregue em tempo hábil. Os clientes de uma organização podem utilizá-la para acessar os recursos de autoatendimento, como encaminhamento de pedido, verificação de *status* do pedido e pagamento. Ou seja, a extranet liga a organização ao mundo externo de forma a melhorar o seu funcionamento.

O valor das extranets para o negócio deriva de diversos fatores. Em primeiro lugar, a tecnologia de navegação web das extranets torna o acesso dos clientes e fornecedores aos recursos da internet muito mais fácil e rápido do que os métodos anteriores. Em segundo lugar, como mostram os exemplos seguintes, as extranets permitem à companhia oferecer aos parceiros co-

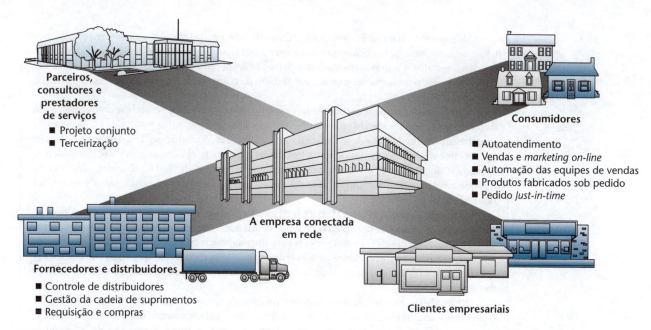

FIGURA 6.9 As extranets ligam as empresas conectadas em rede a consumidores, clientes empresariais, fornecedores e parceiros comerciais.

merciais novos tipos de serviços interativos com capacidade de web. Desse modo, as extranets são uma opção para as empresas criarem e estreitarem relações estratégicas com clientes e fornecedores. Além disso, elas viabilizam e melhoram a colaboração de uma empresa com seus clientes e com outros parceiros comerciais, além de facilitar o processo *on-line* e interativo de desenvolvimento e *marketing* de produtos voltados ao cliente, propiciando produtos mais bem elaborados e mais rapidamente comercializados.

Extranets: a colaboração acelera a informação

Os engenheiros de trânsito do Estado do Texas querem todos os dados sobre acidentes. Com 800 mil acidentes por ano no estado, vidas podem ser salvas com um novo desvio à esquerda aqui ou uma cerca de segurança ali, ou talvez, um semáforo em uma outrora tranquila interseção rural. Os engenheiros precisam analisar os padrões de acidentes para saber onde gastar os limitados fundos para segurança nas estradas. Até 2005, entretanto, os engenheiros de 25 escritórios distritais do Departamento de Transporte não eram capazes de obter esses dados. Para visualizar registros de acidente, tinham de ir até Austin e examinar carretéis de microfilme nos arquivos do Estado, tentando encontrar relatórios relevantes para determinados trechos de rodovias. Mesmo que encontrassem o que estavam procurando, a informação estaria desatualizada em pelo menos três anos por causa do acúmulo de relatórios de acidentes que aguardavam microfilmagem.

Isso tudo mudou em maio de 2005, quando o Estado inaugurou seu novo Crash Records Information System (Sistema de Informação de Registros de Acidentes) com relatórios de acidentes da patrulha rodoviária e da polícia disponíveis por meio de uma extranet de inteligência de negócios. Engenheiros de tráfego em todo o Estado agora são capazes de acessar e analisar os dados a partir de seus escritórios, equipados com nada mais do que um navegador e uma senha. Disponibilizar relatórios na web "vai nos ajudar a salvar vidas", diz Carol Rawson, vice-diretora de operações de tráfego.

A Supersol, uma cadeia de supermercados de Israel com 160 lojas, descobriu que compartilhar a inteligência de negócios com os fornecedores significa mercadorias mais frescas e menos produtos parados nos depósitos. Anteriormente, os fornecedores tinham de visitar as lojas e ver o que havia nas prateleiras ou chamar um gerente de compras da Supersol para descobrir o que entregar.

Agora, os dez principais fornecedores verificam os sortimentos examinando o depósito de dados do estoque da Supersol para saber o que a cadeia de supermercados tem em seu centro de distribuição de Tel-Aviv. O depósito de dados está integrado ao sistema Teradata da NCR, com *software* de inteligência de negócios da Panorama *Software* para acessar e analisar informações. Quando os fornecedores podem ver os dados do estoque, é mais fácil de eliminar itens fora de estoque e em excesso. "A transparência das informações é boa para ambos os lados", diz o CIO Isaac Shefer.

Da mesma forma, a ArvinMeritor Inc., que fabrica peças de carros para as montadoras de automóveis, empresas de serviços como Midas e Meinke, e revendedoras como AutoZone, tem usado uma extranet por cerca de 18 meses para disponibilizar cronogramas de produção e dados do estoque para seus fornecedores. Eles verificam os níveis de estoque dos materiais que fornecem para a ArvinMeritor e consultam os calendários de produção para antecipar as necessidades da empresa.

"Eles têm acesso aos dados semanais e mensais do que pretendemos produzir", diz o CIO e vice-presidente sênior Perry Lipe. "Essa informação é extremamente importante para eles. É uma razão pela qual as nossas fábricas estão dentro do cronograma e são capazes de satisfazer as previsões de produção. Além de ajudar o modelo de produção *just-in-time* a ter sucesso, tornar os dados disponíveis para os fornecedores elimina o excesso de estoque da cadeia de suprimentos e reduz custos."

"De volta ao Texas, o Departamento de Transportes está planejando disponibilizar o Crash Records Information Systems ao público e aos representantes da companhia de seguros que desejem cópias dos relatórios de acidentes", diz Catherine Cioffi, gerente de projeto do Crahs Records Information Systems. A extranet também será usada para alertar as agências locais de justiça quando ocorrerem violações de excesso de velocidade e de direção alcoolizada com maior frequência. As extranets de inteligência de negócios, diz o vice-diretor de operações de tráfego Rawson, "nos ajudam a fazer o nosso trabalho melhor."

Fonte: Adaptado de Charles Babcock. "Collaboration Speeds Information". *InformationWeek*, 24 de janeiro de 2005.

Alternativas de redes de telecomunicações

Seção II

Alternativas de telecomunicações

Telecomunicações é um campo da tecnologia de sistema de informação altamente técnico e em permanente mudança. A maioria dos profissionais de negócios não precisa de conhecimento profundo das suas características técnicas, mas é necessário que eles conheçam algumas características fundamentais dos componentes básicos das redes de telecomunicações. Essas informações ajudam o profissional a participar efetivamente da tomada de decisão que envolve alternativas de telecomunicações.

Leia o "Caso do mundo real 2" sobre os impactos das aplicações da videoconferência em saúde. Aprendemos muito sobre o valor das aplicações em rede com esse caso (ver Figura 6.10).

Modelo de rede de telecomunicações

A Figura 6.11 apresenta resumidamente categorias e exemplos dos principais componentes de telecomunicações. Mais uma vez, a maioria dos profissionais de negócios não necessita de conhecimento detalhado do assunto, pois uma noção básica é suficiente.

Antes de começar a discussão sobre as alternativas de redes de telecomunicações, é necessário conhecer os componentes básicos de uma **rede de telecomunicações**. Geralmente, uma *rede de comunicações* consiste em qualquer arranjo em que um *emissor* transmite uma mensagem a um *receptor* por um *canal* constituído por algum tipo de *meio*. A Figura 6.12 ilustra um modelo conceitual simples de rede de telecomunicações, mostrando uma rede constituída por cinco categorias básicas de componentes:

- **Terminais,** como computadores pessoais conectados em rede, computadores de rede ou dispositivos de acesso a informação. Qualquer dispositivo de entrada/saída que utiliza redes de telecomunicações para transmitir ou receber dados é um terminal, inclusive telefones e vários terminais de computador já abordados no Capítulo 3.
- **Processadores de telecomunicações,** que auxiliam na transmissão e recepção de dados entre terminais e computadores. Esses dispositivos, como modems, comutadores e roteadores, executam diversas funções de controle e apoio de uma rede de telecomunicações. Por exemplo, eles convertem dados digitais em analógicos e vice-versa, codificam e decodificam dados e controlam a velocidade, precisão e eficácia do fluxo de comunicação entre computadores e terminais de uma rede.
- **Canais de telecomunicações,** por meio dos quais os dados são transmitidos e recebidos. Os canais de telecomunicações podem usar combinações de meios, como fiação de cobre, cabo coaxial ou cabo de fibra óptica, ou sistemas sem fio como micro-ondas, satélite de comunicações, rádio e sistemas celulares para interconectar os demais componentes de uma rede de telecomunicações.
- **Computadores** de todos os tamanhos e tipos são interconectados por redes de telecomunicações de modo que possam realizar suas tarefas de processamento de informações. Por exemplo, um computador de grande porte pode servir de *computador central* de uma grande rede, assistido por um computador de médio porte que serve como *processador front-end*, ao passo que um computador de pequeno porte pode atuar como *servidor de rede* de uma pequena rede.
- *Software* **de controle de telecomunicações** consiste em programas para controlar as atividades de telecomunicações e administrar as funções das redes de telecomunicações. Alguns exemplos são os vários tipos de programas de gerenciamento de rede, como *monitores de telecomunicações* para computadores centrais de grande porte, *sistemas operacionais de rede* para servidores de rede e *navegadores web* para microcomputadores.

Independentemente da aparente grandeza e complexidade das redes de telecomunicações reais, essas cinco categorias básicas de componentes de rede são fundamentais para apoiar as atividades de telecomunicações de uma organização. Esse é um esquema conceitual que ajuda a entender os vários tipos de redes de telecomunicações existentes hoje.

CASO DO MUNDO REAL 2

Brain Saving Technologies Inc., e o T-Health Institute: medicina por videoconferência

Em média, a cada 45 segundos, alguém nos Estados Unidos sofre um acidente vascular cerebral (AVC) – a terceira principal causa de morte e a principal causa de incapacidade permanente no país, segundo a American Heart Association.

As primeiras três horas após um acidente vascular cerebral são críticos para a sobrevivência de um paciente e para sua recuperação. Por exemplo, dependendo do tipo de AVC sofrido por um paciente, certos medicamentos podem melhorar a sobrevida e as chances de uma completa reabilitação. Esses mesmos medicamentos, no entanto, podem ser mortais se administrados a um paciente vítima de outro tipo de AVC. Por causa, em parte, da falta de médicos especialistas treinados para diagnosticar e tratar vítimas de derrame com precisão, nem todos os hospitais norte-americanos possuem os conhecimentos e equipamentos para otimizar o atendimento desses pacientes, principalmente nas primeiras horas críticas.

O novo Neuro Critical Care Center, operado pela Brain Saving Technologies Inc. de Wellesley Hills, em Massachusetts, começará a conectar os médicos da sala de emergência de vários hospitais suburbanos do estado com um hospital universitário distante, que atuará como um *hub*, com neurologistas emergenciais de plantão capazes de ajudar na formulação de diagnósticos remotos e recomendações de tratamento para pacientes com suspeita de derrame, diz Stuart Bernstein, CEO e diretor operacional da Brain Saving Technologies. A conexão ocorre por meio de uma estação de trabalho de comunicação visual que pode se conectar via comunicações por IP banda larga ou por circuitos dedicados. A estação de trabalho permite que os especialistas remotos examinem e conversem com os pacientes, além de colaborar com os médicos no local para melhorar oportunamente o diagnóstico do derrame cerebral e otimizar as opções de tratamento, afirma Bernstein.

"Nosso objetivo é proporcionar aos hospitais conveniados o maior centro hospitalar de acidente vascular cerebral, 24 horas por dia, sete dias por semana", afirma Bernstein. Imagens de tomografia computadorizada (TC)– imagens digitais do cérebro do paciente – também podem ser transmitidas dos hospitais associados aos especialistas do Neuro Critical Care Center para aprimorar o diagnóstico dos pacientes. As imagens são vistas simultaneamente por médicos em ambos os locais, para que possam colaborar entre si. A tecnologia também pode ajudar a treinar médicos de emergência sobre quais características procurar na TC de pacientes com AVC.

Um componente fundamental da oferta do Neuro Critical Care Center é o Intern Tele-HealthCare Solution, da Tandberg, que fornece transmissão simultânea de áudio e vídeo, videoconferência bidirecional e recursos de exibição de imagem para o *hub* e médicos dos hospitais associados. Os médicos de emergência podem manter o sistema Tandberg móvel ao lado da cama do paciente, segundo Bernstein.

Os produtos de comunicação por vídeo da Tandberg também são usados em outros aplicativos de telemedicina, inclusive em situações em que os médicos precisam de um especialista em linguagem de sinais ou língua estrangeira para se comunicar com os pacientes ou seus familiares, diz Joe D'Iorio, gerente de telessaúde da Tandberg. "A tecnologia proporciona visibilidade em tempo real e colaboração para ajudar a avaliar o bem-estar dos pacientes, facilitando interação em tempo real", observa.

Os médicos sempre tiveram uma tradição de formar grupos para discutir casos de pacientes e educar médicos residentes. A prática centenária certamente tem seus méritos, mas os principais médicos do Arizona desejam melhorar, atualizar e ampliar essa tradição para incluir uma lista maior de profissionais de saúde, como enfermeiros e assistentes sociais, onde quer que estejam. Assim, o Programa de Telemedicina do arizona (*Arizona Telemedicine Program – ATP*) formulou a ampla utilização de equipamentos de videoconferência para desenvolver o Institute for Advanced Telemedicine and Telehealth (Instituto Avançado de Telemedicina e Telessaúde), ou T-Health Institute para promover ensino e colaboração entre disciplinas e profissões.

"Sua missão específica é usar a tecnologia para permitir a formação de equipes interdisciplinares", explica o Dr. Ronald Weinstein, cofundador e diretor do ATP. "Agora estamos abrindo o programa a uma gama muito maior de participantes e pacientes." O T-Health Institute é uma divisão do ATP, estabelecido como entidade semiautônoma por legisladores do Arizona em 1996. O ATP opera a Arizona Telemedicine Network (Rede de Telemedicina do Arizona), uma rede de comunicações de assistência médica por banda larga em todo o Estado que liga 55 organizações de assistência médica independentes em 71 comunidades.

Por meio dessa rede, serviços de telemedicina são fornecidos em 60 subespecialidades – incluindo clínica, cirurgia, psiquiatria, radiologia e patologia – por dezenas de prestadores de serviços. Mais de 600 mil pacientes têm recebido atendimento pela rede.

De acordo com líderes do projeto, o objetivo é criar debates e colaborações necessários entre profissionais nas várias disciplinas de assistência médica, para que eles possam oferecer o melhor atendimento aos pacientes.

"É o esforço para ser inclusiva", afirma Weinstein. "A medicina é muito fechada e bastante limitada, mas estamos

Fonte: Kevin Maloney/*The New York Times*/Redux.

FIGURA 6.10 A tecnologia da informação está mudando a maneira como funciona a medicina, reunindo pacientes distantes e médicos.

contando com as telecomunicações para diminuir algumas dessas lacunas de comunicação." O instituto é essencialmente um centro de teleconferência que permite a estudantes, professores e profissionais participar de reuniões ao vivo. Sua tecnologia permite também que eles quase instantaneamente alternem entre grupos de discussão diferentes tão facilmente quanto fariam se estivessem se conhecendo pessoalmente somente por trocar de cadeira.

Gail Barker tem notado que os participantes que não se manifestam durante as reuniões pessoais muitas vezes se tornam muito mais ativos em discussões realizadas por meio de videoconferência. Talvez seja porque eles se sentem menos intimidados quando não estão fisicamente na presença de outros ou porque a tela de videoconferência proporciona uma proteção contra as críticas, diz Barker, que é diretor do T-Health Institute e professor do College of Public Health da Universidade do Arizona.

Quando mal utilizada, a videoconferência pode ser limitada e enfadonha – apenas uma cabeça falante no ciberespaço, sem nenhuma chance de envolver o público. Segundo Barker e outros, quando a tecnologia é utilizada de uma maneira profunda e deliberada, tem algumas vantagens sobre sessões presenciais, por causa de sua habilidade para atrair mais participantes para o jogo.

"É literalmente um novo método de ensino de estudantes de medicina. É uma nova abordagem ", diz Jim Mauger, diretor de engenharia da Audio Video Resources Inc., uma companhia sediada em Phoenix, contratada para projetar e instalar o equipamento de videoconferência para o T-Health Institute.

O T-Health Institute usa um sistema de videoconferência Tandberg 1500, e sua parede de monitores possui 12 aparelhos Toshiba P503DL DLP Datawall RPU Video Cubes de 50 polegadas. Essa parede de monitores é controlada por um Jupiter Fusion 960 Display Wall Processor que utiliza processadores de dois núcleos Intel Xeon. O Fusion 960 permite que a parede exiba imagens totalmente móveis e escaláveis de várias fontes: PC, vídeo e fontes da rede.

Embora Weinstein fosse capaz de articular essa visão de interação interprofissional – ou seja, ele poderia definir claramente os requisitos do usuário –, a implementação da tecnologia de suporte trouxe desafios, dizem os funcionários de TI.

De acordo com Mauger a criação de um sistema de videoconferência que ligava vários *sites* em uma parede de monitores não foi a parte difícil. O verdadeiro desafio foi desenvolver a tecnologia que permitisse aos facilitadores colocar os participantes em grupos virtuais separados e, depois, alterná-los com facilidade.

"Os maiores desafios para realização desse trabalho foram o isolamento de áudio entre os participantes independentes da conferência, a rápida dinâmica de comutação de vídeo e a colocação dos participantes nas reuniões", explica ele. Segundo Mauger, sua equipe também encontrou outros desafios – aqueles que mais afetam projetos de TI em geral, como restrições orçamentárias, a necessidade de ter funcionários em diferentes cidades para colaborar e a tarefa de traduzir as necessidades dos usuários em itens acionáveis. "É necessário ter alguém no local que compreenda todas as partes complexas do projeto", diz ele. "Alguém que não esteja apenas encontrando com as pessoas de vez em quando, mas que trabalhe com eles diariamente."

Barker, que leciona no College of Public Health da Universidade do Arizona e é usuário do sistema, conduziu uma sessão de treinamento experimental no anfiteatro do T-Health Institute. Ela se encontrou com 13 pessoas, incluindo um farmacêutico clínico, duas enfermeiras de medicina de família, um desenvolvedor de negócios sênior, dois coordenadores de programa, um gerente de caso do programa de diabetes e um especialista de A/V para telemedicina. Sobre o evento, Barker diz que o maior benefício foi o tempo poupado por ter a instalação no local: sem o T-Health Institute, alguns participantes teriam de fazer uma viagem de quatro horas para que pudessem estar ali pessoalmente.

Agora o sistema está se abrindo a outros da assistência médica e das comunidades de ensino médico do Arizona. Agentes do T-Health Institue dizem que consideram esse o primeiro passo em direção a um sistema de saúde que realmente ensine seus praticantes a trabalhar juntos em todas as disciplinas profissionais para que possam oferecer o melhor e mais eficiente atendimento possível.

"Achamos", disse Weinstein, "que essa é a única maneira para criar assistência médica coordenada".

Fonte: Adaptado de Marianne Kolbasuk McGee. "Telemedicine Improving Stroke Patients' Survival and Recovery Rates". *InformationWeek*, 11 de maio de 2005; e Mary K. Pratt. "Audiovisual Technology Enhances Physician Education". *Computerworld*, 16 de fevereiro de 2009.

QUESTÕES DO ESTUDO DE CASO

1. Do ponto de vista de um paciente, como você se sentiria sendo diagnosticado por um médico que poderia estar a centenas ou milhares de quilômetros de distância? Que tipo de expectativas ou preocupações você teria sobre esse tipo de experiência?

2. Que outras áreas, além de cuidados de saúde e educação, podem se beneficiar da aplicação de algumas das tecnologias discutidas no caso? Como elas extrairiam valor de negócio a partir desses projetos? Desenvolva duas possibilidades diferentes.

3. A implantação da TI nas áreas de saúde ainda é muito incipiente. Que outros usos da tecnologia poderiam melhorar a qualidade da assistência médica? Desenvolva algumas alternativas.

ATIVIDADES DO MUNDO REAL

1. A tecnologia aumenta a capacidade de os institutos de ensino alcançarem alunos através de fronteiras geográficas. Um recente desenvolvimento nessa área é o YouTube EDU. Faça uma pesquisa na internet para conhecer o *site* e elabore um relatório resumindo os objetivos, o tipo de conteúdo disponível e como ele pode ser usado para apoiar os modelos tradicionais de educação, como palestras.

2. Se amplamente adotadas, é possível conceber que essas tecnologias poderiam levar a uma concentração de especialistas em um pequeno número de instituições *hub*, criando, essencialmente, um sistema de saúde em dois níveis. Você acredita que isso levaria a um aumento ou diminuição da disponibilidade desses profissionais para os pacientes? Quais poderiam ser as consequências positivas e negativas desse desenvolvimento? Divida a turma em grupos e discuta o assunto com seus colegas.

FIGURA 6.11 Exemplos e categorias de componentes importantes de rede de telecomunicações.

Alternativas de rede	Exemplos de alternativas
Redes	internet, intranet, extranet, área ampla, local, cliente-servidor, computadores em rede, par-a-par.
Meios	Par de fios trançados, cabo coaxial, fibra óptica, de micro-ondas, satélite de comunicação, sistemas de celular e PCS, sistemas de rede local e móvel sem fio.
Processadores	Modems, multiplexadores, comutadores, roteadores, *hubs, gateways*, processadores *front-end*, PABX.
Software	Sistema operacional da rede, monitor de telecomunicações, navegador web, *middleware*.
Canais	Analógico/digital, com comutação/sem comutação, comutação de circuito/mensagem/pacote/celular, alternativas de largura de banda.
Topologia/arquitetura	Topologia de barramento, estrela, anel, protocolos e arquiteturas TCP/IP e OSI.

Tipos de redes de telecomunicações

Existem muitos tipos diferentes de rede que servem como infraestrutura de telecomunicações para internet e intranets e extranets de empresas conectadas em rede. No entanto, do ponto de vista do usuário final, há apenas alguns tipos básicos, como redes locais e em área ampla (WANs) e cliente-servidor, de computadores em rede e par a par.

WANs

As redes de telecomunicações que abrangem amplas áreas geográficas são denominadas **redes em área ampla** (*wide area networks* – WANs). As redes que cobrem uma grande cidade ou uma área metropolitana (*redes de área metropolitana*) também estão incluídas nessa categoria. Hoje, esse tipo de rede é fundamental para as atividades cotidianas de muitas empresas e organizações governamentais, inclusive de seus usuários finais. Por exemplo, as WANs são usadas por muitas empresas multinacionais para transmitir e receber, por cidades, regiões, países e pelo mundo, informações entre funcionários, clientes, fornecedores e outras organizações. A Figura 6.13 mostra um exemplo de rede WAN global de uma grande corporação multinacional.

MANs

Quando uma rede de área ampla otimiza determinada área geográfica, isso é chamado rede de área metropolitana (*metropolitan area network* – MAN). Essas redes podem variar de vários blocos de edifícios a cidades inteiras. As MANs podem depender também de canais de comunicação, com taxas de dados de moderadas a altas. Uma MAN pode ser propriedade e operada por uma única organização, mas normalmente será utilizada por muitos indivíduos e organizações. As MANs também podem ser propriedades e operadas como serviços públicos, e seu fornecedor

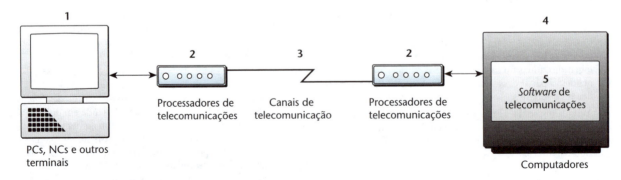

FIGURA 6.12 São estes os cinco componentes básicos de uma rede de telecomunicações: (1) terminais, (2) processadores de telecomunicações, (3) canais de telecomunicações, (4) computadores e (5) *software* de telecomunicações.

CAPÍTULO 6 • Telecomunicações e redes 227

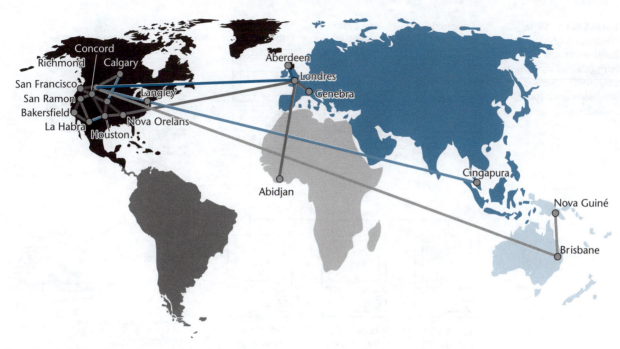

Fonte: Cortesia de Cisco Systems Inc.

FIGURA 6.13 Rede em área ampla (WAN) global: Chevron MPI (Multi-Protocol Internetwork).

local de serviços de cabo ou a empresa de telefonia local são, provavelmente, operados como uma MAN. As MANs, muitas vezes, fornecem os meios para interconexão de redes de área locais.

As **redes locais (LANs)** conectam computadores e outros dispositivos de processamento de informações dentro de uma área física limitada, como escritório, edifício, fábrica ou qualquer outro local de trabalho. Esse tipo de rede tornou-se muito comum em diversas organizações para oferecer recursos de rede de telecomunicações para ligar usuários finais em escritórios, departamentos e outros grupos de trabalho.

LANs

As redes locais usam diversos meios de telecomunicações, como ligação telefônica comum, cabo coaxial ou até mesmo sistemas de rádio sem fio e infravermelho, para conectar estações de trabalho de pequeno porte e periféricos de computadores. Para estabelecer a comunicação entre os computadores, normalmente cada equipamento possui uma placa de circuito denominada *placa de rede*. A maioria das redes locais usa um microcomputador mais potente com disco rígido de grande capacidade, denominado *servidor de arquivos* ou **servidor de rede**, que contém o programa de **sistema operacional de rede** para controlar as telecomunicações e usar e compartilhar os recursos de rede. Por exemplo, esse servidor distribui cópias de arquivos de dados comuns e pacotes de *software* para outros microcomputadores da rede e controla o acesso à impressora a laser e a outros periféricos de rede compartilhados (ver Figura 6.14).

Muitas organizações utilizam **redes privativas virtuais** (*virtual private networks* – VPNs) para estabelecer intranets e extranets seguras. A rede privativa virtual é segura e utiliza a internet como *via principal*, mas depende de *firewalls*, criptografia e outros mecanismos de segurança para as suas conexões de internet e de intranet, e das organizações participantes. Desse modo, por exemplo, a rede privativa virtual permite à companhia utilizar a internet para estabelecer intranets seguras entre escritórios distantes e fábricas, e extranets seguras entre si e outros clientes e fornecedores comerciais. A Figura 6.15 mostra uma rede desse tipo em que os roteadores de rede servem como *firewalls* para verificar o tráfego de internet entre duas companhias. Recursos como *firewalls*, criptografia e outros de segurança de rede serão discutidos no Capítulo 11. Por ora, a rede privativa virtual deve ser vista como um esquema de "encanamento" de ligação com a internet. Por meio desse encanamento, é possível enviar e receber

Redes privadas virtuais

FIGURA 6.14 Uma rede local (LAN). Observe como a LAN permite ao usuário compartilhar *hardware*, *software* e fontes de dados.

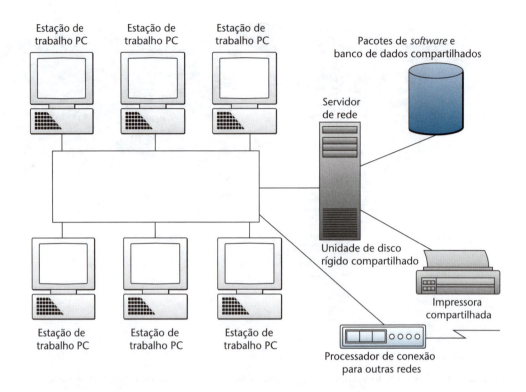

dados sem que qualquer outra ligação externa possa ter acesso ou ver as informações. Com esse sistema, pode-se "criar" uma rede privativa sem incorrer em altos custos de aquisição de um esquema de conexão exclusivo. Vejamos um exemplo do mundo real sobre o uso de VPN para proteger o acesso remoto e sem fio a dados críticos.

FIGURA 6.15 Exemplo de rede privativa virtual protegida por *firewalls*.

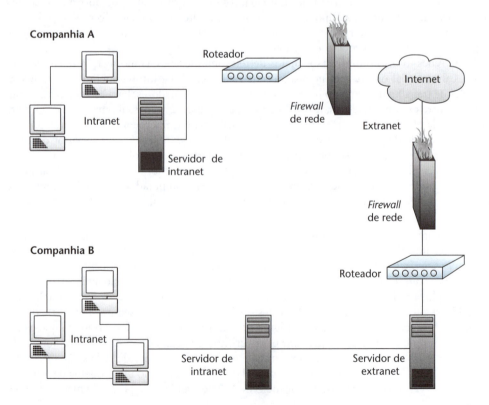

VPNs sem fio: alternativas para acesso remoto seguro

Os guerreiros das estradas se conectam à rede corporativa sem precisar de fios a partir de pontos de acesso em aeroportos ou cafés. Apenas alguns anos atrás, eram comuns as histórias em que até mesmo espectadores casuais poderiam ser capazes de espionar as comunicações corporativas feitas em tais circunstâncias. Como resultado, há uma aceitação generalizada de que as VPNs são praticamente para uso sem fio no campo.

A empresa de rápido crescimento Castle Brands, com sede em Nova York, utiliza uma VPN baseada em PPTP, após considerar primeiramente VPNs de código aberto e proprietárias. "Tentamos manter o custo baixo, sem comprometer a segurança", diz o diretor de TI Andre Preoteasa. "Considere o custo inicial de algumas VPNs, *hardware* adicional, taxas de licença e custos de suporte anual, e os custos rapidamente sobem. Com o PPTP, se tiver o Windows XP, você praticamente terá a rede."

O acesso inicial à rede é baseado em senha, explica Preoteasa, com controle de acesso posterior por regras baseadas em função mantidas no servidor, no formato do Microsoft Active Directory. "As pessoas não podem simplesmente ir a qualquer lugar e abrir qualquer coisa. O pessoal da contabilidade tem acesso de contabilidade, enquanto os caras de vendas não", diz ele.

Na escritório de advocacia Lawrence Graham, com sede em Londres, uma combinação de técnicas *tokenless* e de autenticação *two-factor* ajudam a garantir a segurança do acesso sem fio a VPN remota, diz o diretor de TI da empresa, Jason Petrucci.

"Quando os advogados fazem login no sistema remotamente a partir de um laptop, são direcionados a três caixas de autenticação: uma para o seu nome de usuário, outra para sua senha de login e a última para o seu código PIN pessoal combinado a uma senha", diz ele. "O SecurEnvoy é usado para gerenciar e fornecer essa senha ao pré-carregar três senhas usadas uma única vez em uma mensagem de texto, que é entregue ao usuário do BlackBerry."

À medida que as senhas são usadas, substituições são enviadas automaticamente para o BlackBerry de cada advogado. "Nossos advogados levam seus BlackBerrys para todos os lugares. Um token físico inevitavelmente corre o risco de ser deixado para trás ou perdido completamente."

Enquanto isso, na MetLife, empresa de seguros da lista "Fortune 50", proteger contra vazamento de dados, especialmente em matéria de informação do cliente, é de suma importância ao se habilitar o acesso remoto sem fio, diz Jesus Montano, vice-presidente adjunto da segurança empresarial.

"O desafio é equilibrar os requisitos de acesso das pessoas com os nossos requisitos de segurança global, e depois trabalhar com eles para encontrar formas de criar uma solução eficaz sem comprometer a segurança", diz ele.

Para o acesso sem fio atual em aeroportos e cafés, explica ele, isso significa que o acesso é via fornecedor de VPN Check Point, exclusivamente a partir de laptops de propriedade da MetLife, com logins protegidos por autenticação *two-factor* RSA baseada em *hard token*. Além da encriptação embutida na VPN, todos os dados sobre o computador portátil estão protegidos, acrescenta Montano.

"Todo o tráfego sem fio é criptografado. Os dispositivos são todos criptografados e isolados com um *firewall*", destaca. "Achamos que temos tratado das armadilhas mais evidentes no acesso remoto, e penso que temos uma solução robusta e muito bem planejada."

Fonte: Adaptado de Malcolm Wheatley. "Wireless VPNs Protecting the Wireless Wanderer". *CSO Magazine*, 15 de dezembro de 2008.

A **rede cliente-servidor** tornou-se a arquitetura de informação predominante em termos de computação que engloba uma empresa inteira. Na rede cliente-servidor, o PC de usuário final ou as estações de trabalho conectadas em rede são clientes. Eles são interconectados por redes locais e compartilham o processamento de aplicações com os **servidores** de rede, que também controlam as redes. (Esse arranjo de clientes e servidores às vezes é chamado arquitetura cliente-servidor de *duas camadas*). As redes locais também são interconectadas com outras redes locais e WANs de servidores e estações de trabalho cliente. A Figura 6.16 mostra as funções dos sistemas de computador que podem ser redes cliente-servidor, incluindo sistemas principais opcionais e superservidores.

Rede cliente-servidor

FIGURA 6.16 Funções do sistema computador em redes cliente-servidor.

Uma tendência permanente é o ***downsizing*** dos sistemas de computadores de grande porte, substituindo-os por redes cliente-servidor. Por exemplo, uma rede cliente-servidor de diversas redes locais interconectadas pode substituir uma rede grande baseada em *mainframe* com muitos terminais de usuário final, o que normalmente envolve um esforço complexo e caro de instalação do novo *software* de aplicação para substituir o dos antigos sistemas de informação tradicionais e baseados em *mainframe* de uma organização, hoje denominados **sistemas legados**. As redes cliente-servidor são consideradas mais econômicas e flexíveis do que os sistemas legados em termos de atendimento às necessidades de unidades empresariais, grupos de trabalho e usuário final, além de mais adaptáveis às mais variadas cargas de trabalho de computação.

Computações em rede

A crescente dependência dos recursos de dados, *software* e *hardware* de computadores de internet, intranet, extranet e outras redes tem salientado que, para muitos usuários, "a rede é o próprio computador". Esse conceito de **computação em rede** ou *centrada na rede* enxerga a rede como recurso central de computação de qualquer ambiente de informática.

A Figura 6.17 mostra que, na computação em rede, os **computadores de rede** e outros *clientes "magros"* oferecem uma interface do usuário baseada no navegador para processamento de pequenos programas de aplicação denominados *applets*. Os clientes magros incluem computadores de rede, Net PCs e outros dispositivos de rede baratos ou de acesso à informação.

FIGURA 6.17 Funções do sistema computador em computação em rede.

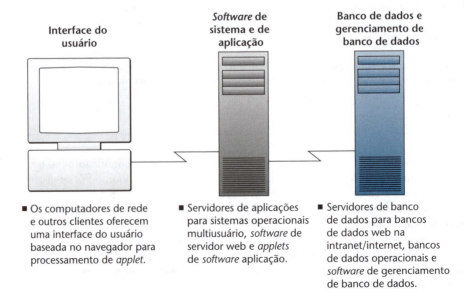

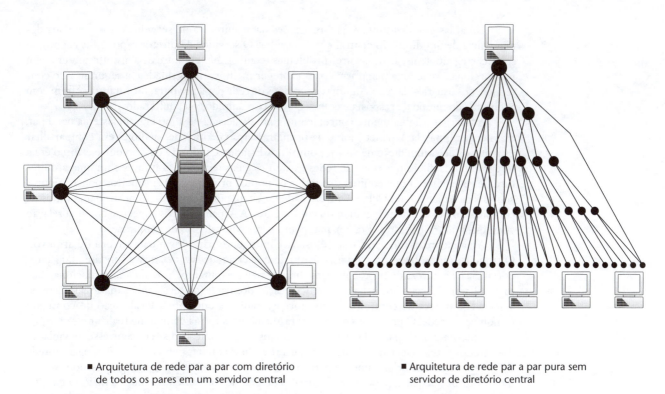

- Arquitetura de rede par a par com diretório de todos os pares em um servidor central
- Arquitetura de rede par a par pura sem servidor de diretório central

FIGURA 6.18   As duas principais formas de rede par a par.

Servidores de aplicação e de banco de dados fornecem o sistema operacional, *software* de aplicação, *applets*, bancos de dados e *software* de gerenciamento de bancos de dados necessários para o usuário final da rede. A computação em rede às vezes é conhecida como modelo cliente-servidor de *três camadas*, já que é constituída de clientes magros, servidores de aplicação e servidores de banco de dados.

O surgimento das aplicações e tecnologias de rede par a par *(peer-to-peer)* para internet vem sendo aclamado como o desenvolvimento de maior impacto no *e-commerce*, nos negócios eletrônicos e na própria internet. Independentemente do mérito dessa afirmação, é incontestável o potencial dessas redes como ferramenta de rede de telecomunicações para muitas aplicações empresariais.

Rede par a par

A Figura 6.18 mostra dois grandes modelos de tecnologia de **rede par a par**. Na arquitetura com servidor central, o *software* de compartilhamento de arquivos de uma rede par a par conecta o PC a um servidor principal que contém um diretório de todos os demais usuários *(pares)* da rede. Quando algum usuário solicita um arquivo, o *software* procura no diretório qualquer outro usuário que tenha esse arquivo e esteja *on-line* no momento. Ele envia, então, uma lista com os nomes dos usuários que constituem ligações ativas com todos esses usuários. Se o usuário clicar em um desses nomes, o *software* conectará o PC com o PC correspondente ao nome do usuário constante na lista (estabelecendo uma conexão *par a par*) e automaticamente transferirá o arquivo desejado para a unidade de disco rígido do usuário solicitante.

A arquitetura de rede par a par *pura* não possui diretório central ou servidor. Inicialmente, o *software* de compartilhamento desse tipo de rede conecta o PC do usuário com algum outro *on-line* na rede. Então, uma ligação ativa com o nome do usuário é transmitida de um par a outro para todos os usuários *on-line* na rede que o primeiro usuário (e outros usuários *on-line*) encontrou nas sessões anteriores. Dessa forma, quanto mais usada for a rede, mais e mais ligações ativas serão disseminadas pelos pares da rede. Quando algum usuário solicita um arquivo, o *software* procura todo usuário *on-line* e envia uma lista dos nomes de arquivos ativos relacionados com essa solicitação. Se o usuário clicar em um desses nomes, o arquivo será transferido automaticamente para a sua unidade de disco rígido.

Uma das grandes vantagens e restrições da arquitetura de servidor central é a sua dependência de um diretório central e um servidor. O servidor de diretório pode ficar lento ou sobrecarregado de usuários e sofrer problemas técnicos. No entanto, essa arquitetura também proporciona à rede uma plataforma para proteger melhor a integridade e a segurança do conteúdo e dos usuários da rede. Algumas aplicações de rede par a par pura, no entanto, sofrem com a lentidão do tempo de resposta e com arquivos corrompidos ou adulterados.

A internet originalmente concebida no final da década de 1960 era um sistema par a par, e a meta original da Arpanet (nome da primeira versão da internet de hoje) era compartilhar os recursos de computação de vários pontos dos Estados Unidos. O desafio desse esforço era a integração dos diferentes tipos de redes existentes e das tecnologias futuras com uma arquitetura de rede comum que equiparasse todos os pontos principais. Os primeiros poucos pontos centrais da Arpanet – da Ucla e Universidade de Utah, por exemplo – já constituíam pontos de computação independentes com *status* equivalentes. A Arpanet não os conectou em uma relação cliente-servidor ou mestre-escravo, mas como pares equivalentes de computação.

Atualmente, a rede par a par é usada comumente para download e troca de arquivos. Quando a expressão *par a par* foi usada para descrever a rede *Napster*, ficava subentendida a importância da natureza do protocolo desse tipo de rede; no entanto, na realidade, o funcionamento peculiar do Napster consistia na potencialização dos pares (ou seja, ganhos marginais da rede) associada à indexação centralizada que tornava rápida e eficiente a localização do conteúdo disponível na rede. O protocolo par a par era apenas uma forma comum de realizar essa função.

Embora grande parte da atenção dos meios de comunicação se concentrasse na violação dos direitos autorais na troca de arquivos pela rede, havia muitas outras utilizações legais. A rede *BitTorrent* foi criada originalmente para evitar sobrecarga de "flash" e tráfego pesado nos *sites*, o que a torna adequada para muitas situações de grandes picos de demanda. A maioria das distribuições do Linux é lançada via BitTorrent para auxiliar nas necessidades de largura de banda. Outro exemplo é da *Blizzard Entertainment* (http://www.blizzard.com), que utiliza uma versão modificada da rede BitTorrent para distribuir correções do game World of Warcraft (http://www.worldofwarcraft.com) e muitas vezes reclama da BitTorrent por causa da cobertura de largura de banda que praticamente anula a sua finalidade.

Outras redes par a par também estão surgindo, como *PeerCast*, que permite a transmissão de estação de rádio ou TV com pouca largura de banda de fluxo ascendente por causa de sua natureza distribuída. Outras ferramentas de difusão par a par, algumas vezes chamada *transmissão par a par*, incluem o projeto *IceShare* e o *FreeCast*.

Sinais digital e analógico

O que se ouve regularmente associado às palavras *analógico* e *digital* são assuntos relacionados com computadores, telefones e outros dispositivos de *hardware*. A seguir, será apresentada uma breve discussão sobre o significado exato desses termos.

Basicamente, **analógico** e **digital** referem-se ao método utilizado para transformar informações em sinal elétrico. Telefones, microfones, instrumentos de medição, discos de vinil, tocador de CD, gravador de fita cassete, computadores, equipamentos de fax, e assim por diante devem converter informações, de algum modo, em sinais elétricos, para que possam ser transmitidas ou processadas. Por exemplo, o microfone precisa converter as ondas de pressão chamadas *som* em uma voltagem ou corrente elétrica correspondente, que possa ser enviada para uma linha telefônica, amplificada em um sistema de som, transmitida no rádio e/ou gravada em algum tipo de meio.

No sistema analógico, a voltagem ou corrente elétrica gerada é proporcional à quantidade observada. No sistema digital, a quantidade observada é expressa de forma numérica. Essas são descrições exatas dos sistemas analógico e digital, contudo alguns outros detalhes precisam ser discutidos.

Por exemplo, no termômetro analógico eletrônico, se a temperatura medida for de 83 graus, o sistema analógico geraria, por exemplo, 83 volts. Essa tensão poderia também ser de 8,3 volts ou qualquer outra voltagem proporcional à temperatura. Portanto, se a temperatura dobrasse para 166 graus, a voltagem resultante dobraria para 166 volts (ou, talvez, 16,6 volts se a escala do instrumento fosse dessa forma). A voltagem resultante é, portanto, "análoga" à temperatura, daí, o uso do termo *analógico*.

No caso do termômetro digital eletrônico, no entanto, o resultado seria o número 83 se a temperatura fosse de 83 graus. Portanto, ele é baseado em "dígitos". O único defeito nesse exemplo é que 83 é um número decimal formado de dez símbolos 0, 1, 2,..., 8, 9... Normalmente são utilizados dez símbolos no sistema numérico por razões históricas, provavelmente porque o ser humano possui dez dedos. A utilização de dez símbolos, entretanto, é inconveniente quando se deseja expressar uma voltagem elétrica. É muito mais conveniente a utilização de dois símbolos, 0 e 1. Nesse caso, 0 seria representado por 0 volt, e 1, por 5 volts, por exemplo. No Capítulo 3, essa representação numérica foi introduzida como binária (somente dois símbolos), mas o princípio é o mesmo: o resultado do termômetro digital é um número, ou seja, "dígitos".

No termômetro desse exemplo, 83 seria o número binário 1010011. O termômetro elétrico enviaria uma sequência 5 volts, 0 volt, 5 volts, 0 volt, 0 volt, 5 volts e 5 volts para expressar o número 83 no sistema binário.

O sistema digital pode parecer mais complicado do que o analógico, contudo tem inúmeras vantagens. A principal é que, quando a medição é expressa na forma digital, ela pode ser inserida no computador ou em um microprocessador, e pode ser manipulada como bem entendermos. Quando se trabalha apenas com dispositivos analógicos, é necessária a conversão do resultado de analógico para digital, para inseri-lo em um computador. Como as redes de computadores funcionam basicamente com sinais digitais, a maioria do *hardware* utilizado em uma rede de computação é digital.

Meios de telecomunicações

Os canais de telecomunicações utilizam diversos **meios de telecomunicações**, que incluem par de fios trançados, cabos coaxiais, cabos de fibra óptica e todos os dispositivos que ligam fisicamente os equipamentos em uma rede. Estão incluídos também micro-ondas terrestres, satélites de comunicação, sistemas de telefonia celular e rede local e de transmissão de dados em pacotes, que usam micro-ondas e outras ondas de rádio. Além disso, há os sistemas infravermelhos que transmitem e recebem dados por meio de luzes infravermelhas (ver Figura 6.19).

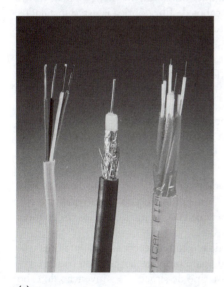

(a)
Fonte: Phil Degginger/Getty Images.

(b)
Fonte: Ryan McVay/Getty Images.

(c)
Fonte: © Photodisc/PunchStock.

FIGURA 6.19 Meios guiados comuns para telecomunicações: (A) par de fios trançados, (B) cabo coaxial, (C) cabo de fibra óptica.

Tecnologias com fio

Pares de fios trançados

A fiação telefônica comum, constituída por pares de fios de cobre trançados, é o meio mais utilizado nas telecomunicações. Essas linhas são usadas para estabelecer redes mundiais de comunicação tanto para transmissão de dados como de voz. Os pares de fios trançados são cobertos ou protegidos de várias formas e muito usados em sistemas de telefonia residencial ou comercial e em muitas redes locais e WANs. A velocidade de transmissão varia de 2 milhões de bits por segundo (não blindado) a 100 milhões de bis por segundo (blindado).

Cabo coaxial

O **cabo coaxial** consiste em um fio rígido de alumínio ou cobre coberto com espaçadores para isolá-lo e protegê-lo. A cobertura e o isolamento do cabo minimizam a interferência e a distorção dos sinais transmitidos. Para facilitar a instalação, vários cabos coaxiais podem ser unidos em um cabo maior. Essas linhas de alta qualidade podem ser instaladas no subsolo e em leitos de lagos ou oceanos, propiciam alta velocidade de transmissão de dados (de 200 milhões a mais de 500 milhões de bits por segundo – 200 Mbps a 500 Mbps) e são usadas em lugar dos pares de fios trançados em áreas metropolitanas de alto tráfego, para sistemas de TV a cabo, conexões de curta distância de computadores e periféricos. Os cabos coaxiais também são usados em redes locais de muitos edifícios comerciais e outros locais de trabalho.

Fibra óptica

A **fibra óptica** utiliza cabos constituídos por um ou mais filamentos de fibra de vidro, da espessura de um fio de cabelo, protegidos por uma sobrecapa. Esses cabos têm capacidade para conduzir pulsos de elementos visíveis de luz *(fótons)* gerados por laser a taxas de transmissão que chegam a trilhões de bits por segundo *(terabytes* por segundo ou Tbps). Essa velocidade é centenas de vezes maior que a do cabo coaxial e milhares de vezes melhor que as das linhas de pares de fios trançados. Os cabos de fibra óptica têm peso e tamanho bem menores e capacidade de velocidade e transmissão muito maior. Um cabo de fibra óptica de meia polegada de diâmetro comporta mais de 500 mil canais, ao passo que um cabo coaxial padrão comporta cerca de 5.500 canais.

Os cabos de fibra óptica não geram radiação eletromagnética e não são afetados por esse tipo de radiação, portanto, um mesmo cabo pode conter várias fibras. Para retransmitirem os sinais, eles precisam de menos repetidores que os cabos de pares de fios trançados. A fibra óptica também produz muito menos erros de dados do que qualquer outro tipo de meio e é mais difícil de ser interceptada do que o cabo ou o fio elétrico. Os cabos de fibra óptica já estão instalados em várias partes do mundo, e a expectativa é que substituam outros meios de comunicações em muitas aplicações.

Novas tecnologias ópticas, como a *multiplexação de divisão de onda densa* (*dense wave division multiplexing* – DWDM), dividem um filamento de fibra de vidro em 40 canais, permitindo a cada filamento transmitir 5 milhões de chamadas. No futuro, espera-se que a tecnologia DWDM divida cada fibra em mil canais, possibilitando a cada filamento transmitir até 122 milhões de chamadas. Além disso, os *roteadores ópticos* criados recentemente terão capacidade para enviar sinais ópticos a uma distância de até 3 mil quilômetros sem a necessidade de regeneração, eliminando, assim, a utilização de repetidores a cada 600 mil quilômetros para regenerar os sinais.

O problema da "última milha" (ou do último quilômetro)

Ainda sobre os meios de telecomunicações, é fundamental estar ciente de um problema persistente na indústria das telecomunicações: o problema da última milha (ou do último quilômetro). Ele é simples de ser entendido, mas é um dos problemas que custam mais caro aos provedores de serviços de telecomunicações.

O problema basicamente começa com o provedor de telecomunicações que adota uma tecnologia mais moderna, rápida e eficiente com capacidade para oferecer larguras de banda e velocidade maiores ao consumidor. Um bom exemplo desse tipo de situação é a invenção do cabo de fibra óptica e das respectivas tecnologias ópticas mencionadas. A fibra tem capacidade para transmitir os dados na velocidade da luz e consegue suportar muito mais volume de dados do que os mais comuns pares de fios trançados utilizados nas residências. Portanto, o provedor de telecomunicações implementa uma reengenharia total de rede e começa a substituir os fios de cobre por fibra óptica. A fibra, que custa de US$ 500 mil a US$ 1 milhão a cada milha (cerca de 1,5 quilômetro), começa a trazer todas as vantagens da sua rapidez, da qualidade e do preço para a frente da residência do consumidor. Aqui é que começa o problema da última milha. Na rua, em frente à casa, está instalada largura de banda suficiente para comportar mais de 100 milhões de ligações ou para carregar filmes inteiros em poucos minutos. O problema é que a casa à qual a conexão está ligada possui fiação de pares de fios trançados que simplesmente não têm capacidade para comportar a largura de banda proporcionada pela fibra óptica. Essa situação é como se o morador ligasse a mangueira do jardim da casa a um volume de água gerado pelas cataratas do Niagara. No final do dia, o montante de água aproveitado é apenas aquele compatível com a vazão da mangueira e nada mais. Portanto, o problema não se restringe apenas ao custo. Em muitos casos, a fiação de uma estrutura não pode ser atualizada, e a largura de banda externa não pode ser acessada.

Há muitos métodos sugeridos para resolver esse problema. As companhias de cabo estão oferecendo uma solução de fiação única para muitas residências modernas. Por meio de tecnologia sofisticada, a TV a cabo, o acesso à internet e o sistema de telefonia são instalados na casa usando apenas um cabo coaxial originalmente instalado para a TV a cabo. Outras soluções incluem o desligamento da antiga rede de fios e a oferta de serviços velozes via satélite ou por outro meio sem fio. Qualquer que seja a solução proposta, o problema da última milha ainda é uma questão que merece atenção quando se cria uma rede de telecomunicações.

Embora ainda em fase de desenvolvimento, uma solução para esse problema pode ser o WiMax. Definido como *Worldwide Interoperability for MicrowaveAccess*, o WiMax se destina a fornecer serviços de telecomunicações móveis de alta velocidade para diversas conexões de internet e localidades. Há ainda muitas questões a serem resolvidas sobre o WiMax, mas aparentemente ele pode ser capaz de resolver o problema de conectividade de última milha no futuro próximo.

Tecnologias sem fio

As tecnologias de telecomunicações sem fio são baseadas em ondas de rádio, micro-ondas, infravermelho e pulsos de luz visíveis para transmitir a comunicação digital sem fios entre dispositivos de comunicação. As tecnologias sem fio incluem micro-ondas terrestres, satélites de comunicação, sistemas de *pager* e de telefonia PCS e celular, rádios móveis para dados, redes locais sem fio e diversas tecnologias de acesso à internet sem fio. Cada tecnologia utiliza faixas específicas dentro de um espectro eletromagnético (em megahertz) de frequências eletromagnéticas espcificadas pelos órgãos nacionais de regulamentação para minimizar a interferência e incentivar a eficácia das telecomunicações. Esta é uma breve revisão de algumas das principais tecnologias de comunicação sem fio.

Micro-onda terrestre

Micro-onda terrestre envolve sistemas de micro-ondas fixados no solo que transmitem sinais de rádio em alta velocidade por um caminho de linha de visada entre estações de retransmissão, com distância de mais ou menos 48 quilômetros umas das outras. As antenas de micro-ondas normalmente são instaladas em topo de edifícios, torres, colinas e picos de montanha, e são uma visão familiar em muitas regiões do país. Elas ainda são um meio popular utilizado tanto em redes de área metropolitana como de longa distância.

Satélites de comunicações

Os **satélites de comunicação** também utilizam micro-ondas de rádio como meio de telecomunicações. Em geral, os satélites de comunicação de alta órbita terrestre (*high-earth orbit* – HEO) são colocados em órbitas estacionárias com sincronia geográfica a aproximadamente 35 mil quilômetros acima da linha do Equador. Esses satélites são alimentados por painéis solares e têm capacidade para transmitir sinais de micro-ondas a uma velocidade de centenas de milhões de bits por segundo. Eles servem de estação de retransmissão para sinais de comunicação transmitidos das estações terrestres, as quais usam antenas parabólicas para transmitir os sinais de micro-ondas aos satélites, que amplificam e retransmitem os sinais para outras estações terrestres milhares de quilômetros distantes.

No início, os satélites de comunicação eram usados para transmissão de voz e vídeo, no entanto, agora são utilizados também para transmissão em alta velocidade de grandes volumes de dados. Por causa do atraso de tempo causado pela grande distância envolvida, eles não são adequados para processamento interativo em tempo real. Os sistemas de satélite de comunicação são operados por diversas empresas, como Comsat, American Mobile Satellite e Intellsat.

Várias outras tecnologias de satélites estão sendo implementadas para melhorar as comunicações globais dos negócios. Por exemplo, muitas companhias usam redes de pequenas antenas parabólicas, conhecidas como VSAT *(very small apertine terminal*; terminal de abertura bem pequena), para conectar lojas e locais de trabalho distantes via satélite. Outras redes usam vários satélites de baixa órbita terrestre (*low-earth orbit* – LEO) que orbitam a uma altitude de apenas 800 quilômetros da Terra. Empresas, como a Globalstar oferecem serviços de telefonia, *pager* e mensagem por transmissão sem fio para usuários de qualquer parte do mundo. O texto a seguir mostra um exemplo do mundo real.

> **Secretaria da Administração Penitenciária de Nevada: o caso das redes de satélite**
>
> Confrontados com locais extremamente remotos no deserto e uma completa falta de infraestrutura de rede em toda a dura paisagem, os trabalhadores de TI da Secretaria de Administração Penitenciária de Nevada precisavam interligar 24 unidades prisionais em todo o Estado.
>
> O plano inicial parecia simples: implantar um novo aplicativo de gerenciamento prisional baseado na web para todos os 24 estabelecimentos prisionais, com o propósito de substituir um aplicativo em tela DOS de vinte anos. Depois de pesquisar as opções, a equipe de TI finalmente escolheu uma rede de satélite combinado com um complemento muito importante: dispositivos de aceleração WAN da Blue Coat Systems Inc., que poderiam reduzir drasticamente os atrasos na transmissão de dados para um satélite e depois para a Terra.
>
> Quando o sistema estivesse funcionando, as informações sobre um prisioneiro poderiam ser atualizadas instantaneamente. Com o sistema antigo, os dados podiam sofrer atrasos de até 72 horas, um potencial problema de segurança. A parte difícil foi configurar uma rede que fizesse o Notis (Nevada Offender Tracking Information System) funcionar corretamente. Com um atraso de quase um segundo em cada direção para cada elemento de uma página web, os tempos de carregamento eram inaceitáveis. Abrir uma página web "poderia demorar minutos", diz Dan O'Barr, arquiteto de infraestrutura da Secretaria de Administração Penitenciária. "Com um aplicativo em tempo real, o sistema seria corrompido, deixaria de funcionar. Ficaria totalmente inútil." O sistema por satélite era a única opção viável, mas os atrasos de transmissão de dados eram um obstáculo para o lançamento. "São áreas muito remotas. Não há nada em lugar nenhum por lá", diz O'Barr a respeito das prisões estaduais. "A TI não era uma possibilidade, independentemente do dinheiro. Não havia nenhuma outra tecnologia disponível para interligá-los."
>
> Os profissionais de TI do departamento começaram a buscar na internet respostas e descobriram fornecedores de aceleradores WAN, incluindo a Blue Coat, em Seattle. Os dispositivos Blue Coat SG, que aumentavam a velocidade da entrega de aplicativos corporativos com segurança, reduzindo o uso de banda, inicialmente diminuíram o atraso de satélite para menos de oito segundos para cada página web, relata O'Barr.
>
> A tecnologia Blue Coat também dá ao sistema prisional de Nevada outra opção para o futuro: a capacidade de permitir a aceleração para dispositivos móveis sem despesas adicionais, segundo Robert Whiteley, da Forrester Research: "O pior das redes de satélite é a latência, a demora que leva para a transferência de dados. A Blue Coat acelera a rede e a faz funcionar".
>
> *Fonte*: Adaptado de Todd Weiss. "Nevada Prison Looks to WAN Acceleration for IT Upgrade". *Computerworld*, 29 de maio de 2007.

Sistemas de celular e PCs

Os sistemas de telefonia celular, PCS e *pager* utilizam diversas tecnologias de comunicação por rádio. Contudo, todos esses sistemas dividem uma região geográfica em pequenas áreas, ou *células*, de um a vários quilômetros quadrados. Cada célula possui seu próprio transmissor de baixa potência ou antena de retransmissão de rádio para efetuar a transmissão entre as células. Os computadores e outros processadores de comunicação coordenam e controlam o fluxo de entrada e saída das transmissões dos usuários móveis, conforme estes vão se movimentando de uma área a outra.

O sistema de telefonia celular utilizou por muito tempo tecnologia de comunicação analógica que operava a frequências de 800 a 900 MHz na banda celular. Os sistemas mais recentes utilizam tecnologia digital, que oferece muito mais capacidade e segurança, além de serviços adicionais, como correio de voz, *pager*, mensagens e identificador de chamadas. Esses recursos também estão disponíveis nos sistemas de telefonia PCS (serviços de comunicação pessoal). Esse sistema opera em frequências de 1.900 MHz utilizando tecnologia digital semelhante ao celular digital. No entanto, a operação e a utilização dos sistemas PCS custam bem menos do que o sistema celular, e o consumo de energia é menor.

Instalar a fiação de uma rede local em um escritório ou edifício, é com frequência, uma tarefa cara e complicada. Em geral, os edifícios mais antigos não têm conduítes para cabos coaxiais ou pares de fios trançados adicionais, e os conduítes dos edifícios mais modernos, muitas vezes, não têm espaço suficiente para passar uma fiação adicional. O conserto de falhas ou danos na fiação é caro e difícil, assim como a realocação de estações de trabalho de rede local ou de outros componentes. Uma solução para esse problema é a instalação da **LANs sem fio** utilizando uma das diversas tecnologias de transmissão sem fio. Alguns exemplos desse tipo de tecnologia são o rádio de alta frequência semelhante ao celular digital e o de baixa frequência chamado *espectro de difusão*.

A utilização das LANs sem fio vem crescendo com rapidez à medida que novas tecnologias de alta velocidade vão sendo implementadas. Um dos principais exemplos é a nova tecnologia sem fio de onda de rádio e de padrão aberto tecnicamente conhecida como IEEE 802.11b ou, mais popularmente, Wi-Fi (fidelidade sem fio). O Wi-Fi é mais rápido (11 Mbps) e mais barato que a tecnologia Ethernet padrão e outras tecnologias de rede local comum baseadas em transmissão por fio. Assim, as redes de transmissão sem fio Wi-Fi proporcionam a laptops, PDAs e outros dispositivos equipados com modem Wi-Fi capacidade de conexão fácil com a internet e outras redes em rápida expansão em ambientes empresariais, domésticos e públicos. Uma versão mais rápida (802.11g), com velocidade de 54 Mbps, promete aumentar o uso dessa tecnologia. O padrão atual, 802.11, oferece velocidade de até 108 Mbps, viabilizando o uso do Wi-Fi onde se espera um bom desempenho. Novos padrões estão sendo operacionalizados visando a alcances maiores de roteadores, como é o caso do recém-definido padrão 802.22, que promete alcance de até 100 km em velocidades de 22 Mbps.

LANs sem fio

Uma tecnologia de transmissão sem fio de curto alcance chamada **bluetooth** vem sendo rapidamente implementada em computadores e em outros dispositivos. O bluetooth serve como uma conexão sem fio e sem cabo para periféricos como impressoras e digitalizadores. Ele opera a quase 1 Mbps e tem alcance de cerca de 10 a 100 metros. Essa tecnologia promete mudar significativamente a forma de usar computadores e outros dispositivos de telecomunicações.

Bluetooth

Para se ter uma noção exata do valor potencial do bluetooth, basta avaliar o espaço que o usuário tem em torno do computador. Ele possui conectados no computador teclado, impressora, mouse, monitor etc., e a ligação entre esses dispositivos é feita por cabos. Os cabos se tornaram um estorvo nos escritórios, nas casas e em outros locais, e muitos usuários já passaram pela experiência "deliciosa" de tentar descobrir onde está conectado cada cabo e acabar perdendo-se entre os fios. O bluetooth tenta resolver esse problema – é uma tecnologia que substitui os cabos.

Criado inicialmente pela Ericsson e, depois, adotado por inúmeras outras companhias, o bluetooth é um padrão adotado em pequenos circuitos integrados de rádio de baixo custo conectados a computadores, impressoras, telefones móveis, e assim por diante. Um circuito integrado bluetooth tem como finalidade substituir os cabos, transmitindo a informação normalmente transmitida por cabo em uma frequência especial para um circuito bluetooth receptor, que, por sua vez, retransmite a informação recebida para o computador, o telefone, a impressora ou outro dispositivo equipado com essa tecnologia. Por causa do custo relativamente baixo de implementação, o bluetooth revolucionou as telecomunicações.

O acesso sem fio a internet, intranets e extranets vem crescendo cada vez mais à medida que vão proliferando os dispositivos de acesso à informação via web. Smartphones, *pagers*, PDAs e outros dispositivos portáteis de comunicação tornaram-se *clientes muito magros* das redes sem fio. A padronização de um *protocolo de aplicação sem fio* (*wireless application protocol* – WAP) incentivou a criação de muitas aplicações e serviços de acesso sem fio à internet, e, atualmente, indústria das telecomunicações se dedica do desenvolvimento da quarta *geração* de tecnologia de transmissão via celular (4G). Vários países da Europa e os Estados Unidos já adotaram essa tecnologia, e o Brasil, que atualmente adota a tecnologia 3G, deverá migrar para a 4G em um ou dois anos. O acréscimo de velocidade será impressionante, passando de 300 Kbps para 30 Mbps.

Internet sem fio

Por exemplo, o smartphone, um tipo de telefone PCS, tem capacidade para enviar e receber correio eletrônico e acessar a web por meio de uma tecnologia de "web clipping" que gera

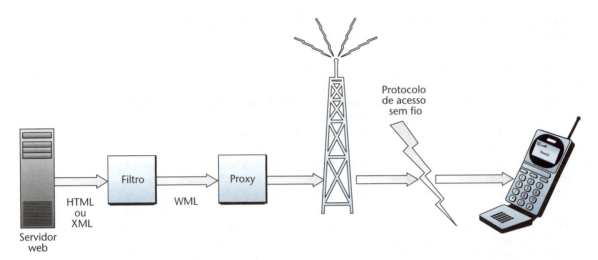

FIGURA 6.20 Arquitetura do protocolo de aplicação sem fio (WAP) para serviços de internet sem fio destinados a dispositivos móveis de acesso a informação.

páginas sob medida de muitos *sites* conhecidos de finanças, títulos mobiliários, viagens, esportes, entretenimento e outros de *e-commerce*. Outro exemplo é o telefone Sprint PCS Wireless Web, que oferece serviços de *e-commerce* e conteúdo similares via telefone PCS com capacidade de acesso à web.

A Figura 6.20 mostra o protocolo de aplicação sem fio, que é a base fundamental das aplicações de acesso móvel sem fio à internet. O padrão WAP especifica como o *software de filtragem* converte páginas web HTML e XML em *linguagem de markup de rede sem fio* (*wireless markup language* WML), e como o *software de proxy* pré-processa e prepara essas páginas para transmissão sem fio de um servidor web para um dispositivo sem fio.

 UPS: LANs sem fio e o *M-Commerce*

A UPS é uma empresa global com uma das marcas mais reconhecidas e admiradas no mundo. Tornou-se a maior empresa de entrega do mundo e líder mundial em fornecimento de transporte especializado e serviços de logística. A cada dia, a UPS gerencia o fluxo de bens, fundos e informações em mais de 200 países e territórios no mundo. Empresa orientada pela tecnologia, a UPS tem mais de 260 mil computadores, 6.200 servidores, 2.700 computadores de médio porte e 14 *mainframes*. Essa infraestrutura de tecnologia está pronta para lidar com a entrega e recolhimento de mais de 3,4 bilhões de pacotes e documentos por ano, além dos 115 milhões de acessos por dia em seu *site*, dos quais mais de 9 milhões são de acompanhamento de pedidos.

Para gerenciar todas as informações desse comércio móvel (*M-Commerce*), a empresa sediada em Atlanta usa as comunicações sem fio como parte do UPScan, uma iniciativa global da empresa para agilizar e padronizar todo o *hardware* e *software* de digitalização utilizados em nos seus centros de distribuição de encomendas. Para o rastreamento de pacotes, o UPScan consolida múltiplas aplicações de digitalização em uma LAN sem fio enquanto mantém interfaces com sistemas de controle e armazenamento mais importantes.

O UPScan utiliza Bluetooth, um protocolo de rede wireless de curto alcance, para as comunicações com os periféricos sem fio (como scanners manuais sem fio montados em anel) ligado a LANs sem fio, que se comunicam com sistemas corporativos. A UPS também desenvolveu interfaces de programação de aplicativo (*application programming interfaces* – APIs) internas para ligar seus de sistemas de rastreamento a clientes comerciais, como varejistas que desejam fornecer informações de status de pedidos em seus *sites* a partir da UPS para seus clientes.

Fonte: Adaptado do UPS Corporate web Site, "About UPS", http://www.ups.com/content/us/en/about/index.html, n.d.; e Dan Farber, "UPS Takes Wireless to the Next Level", ZDNet Tech Update, http://techupdate.zdnet.com/techupdate/stories/main/0,14179,2913461,00.html, 19 de fevereiro de 2007.

Processadores de telecomunicações, como modems, multiplexadores, comutadores e roteadores, executam diversas funções auxiliares entre computadores e outros dispositivos de uma rede de telecomunicações. A seguir, serão discutidos alguns desses processadores e suas funções (ver Figura 6.21).

Modem é o tipo mais comum de processador, e sua função é converter os sinais digitais de um computador ou terminal de transmissão situado em uma extremidade da conexão de comunicação em frequências analógicas que possam ser transmitidas por linhas telefônicas comuns. O modem instalado na outra extremidade da linha de comunicação reconverte os dados transmitidos na forma digital no terminal receptor. Esse processo é chamado *modulação* e *desmodulação*, e a palavra *modem* é a combinação abreviada dessas duas palavras. Há diversos tipos de modem, inclusive unidades pequenas e independentes, placas internas para desktops e placas removíveis para laptops. A maioria dos modems também auxilia diversas funções de telecomunicações, como controle de erro de transmissão, discagem e atendimento automático e recurso de envio de fax. Como mostra a Figura 6.21, o modem é utilizado em ambiente doméstico privado para aceitar dados de provedor de internet e convertê-los em informações transferíveis para um PC.

Os modems são utilizados porque inicialmente as redes de telefonia comuns foram criadas para trabalhar com sinais analógicos contínuos (frequências eletromagnéticas), como os gerados pela voz humana no telefone. Como os dados provenientes de computadores são no formato digital (pulsos de voltagem), são necessários dispositivos para a conversão dos sinais digitais em frequências de transmissão analógica apropriadas e vice-versa. Contudo, são cada vez mais comuns as redes de comunicações digitais que utilizam somente sinais digitais e não precisam da conversão entre analógico e digital. Como a maioria dos modems também realiza diversas funções auxiliares de telecomunicações, as redes digitais ainda utilizam dispositivos denominados modems digitais.

A Figura 6.22 mostra uma comparação entre diversos modems e tecnologias de telecomunicações para acesso de usuários domésticos e corporativos à internet e a outras redes.

Processadores de telecomunicações

Modems

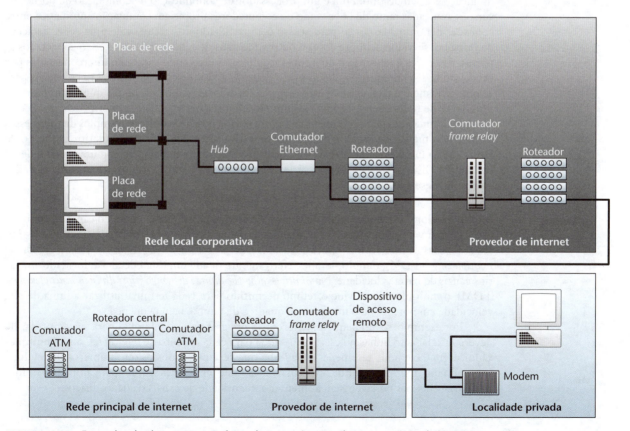

FIGURA 6.21 Exemplos de alguns processadores de comunicações de uma conexão de internet.

FIGURA 6.22 Comparação entre modem e tecnologias de comunicação para acesso à internet e a outras redes.

Modem (56 Kbps)	Modem DSL (linha de assinante digital) modem
• Recebe a 56 Kbps • Envia a 33,6 Kbps • Tecnologia mais lenta	• Recebe de 1,5 a 5,0 Mbps • Envia de 128 a 640 Kbps • É necessário que o usuário esteja próximo das centrais de comutação
ISDN (rede digital de serviços integrados)	**Modem a cabo**
• Envia e recebe a 128 Kbps • O usuário precisa de linhas extras • Está ficando obsoleta	• Recebe de 1,5 a 20 Mbps • Envia de 128 Kbps a 2,5 Mbps • Se houver muitos usuários locais, a velocidade se deteriorará
Satélite doméstico	**Micro-onda local**
• Recebe a 400 Kbps • Envia por meio de modem telefônico • Transmissão lenta e custo mais alto	• Envia e recebe de 512 Kbps a 1,4 Mbps • Alternativa mais cara • Talvez demande linha de visada para a antena

Processadores inter-redes

As redes de telecomunicações são interconectadas por processadores de comunicação para fins especiais denominados **processadores inter-redes**, como comutadores, roteadores, hubs e *gateways*. *Comutador* é um processador de comunicação que estabelece as conexões entre os circuitos de telecomunicações de uma rede. Atualmente, os comutadores disponíveis são em versão gerenciada com recursos de gerenciamento de rede. Ponte é o dispositivo que conecta duas ou mais redes locais que utilizam as mesmas regras ou *protocolos* de comunicação. Em compensação, *roteador* é um processador de comunicação inteligente que faz a conexão entre redes baseadas em regras ou *protocolos* distintos, possibilitando o encaminhamento da mensagem de telecomunicações a seu destino. Hub é um processador de comunicação de comutação de portas. As versões avançadas tanto de hubs como de comutadores propiciam comutação automática entre conexões denominadas *portas* para acesso compartilhado dos recursos de uma rede. Estações de trabalho, servidores, impressoras e outros recursos de rede normalmente são conectados às portas, e as redes que utilizam diferentes arquiteturas de comunicação são interconectadas por processador de comunicação denominado *gateway*. Todos esses dispositivos são essenciais para a conectividade e o fácil acesso entre diversas redes locais e em área ampla que sejam parte de intranets e de redes cliente-servidor de muitas organizações.

Mais uma vez, quando se analisa a Figura 6.21, é possível verificar exemplos de todos esses dispositivos mencionados. A rede local corporativa mostrada no canto superior esquerdo da figura utiliza um *hub* para conectar suas diversas estações de trabalho ao comutador da rede. O comutador envia os sinais para uma série de comutadores e roteadores para transmitir os dados ao destino desejado.

Multiplexadores

Multiplexador é um processador de comunicação que possibilita a um único canal de comunicação efetuar várias transmissões simultâneas de dados de diversos terminais. Essas transmissões são realizadas de duas formas básicas. Na *multiplexação por divisão de freqüência (frequency division multiplexing* – FDM), o multiplexador efetivamente divide um canal de alta velocidade em vários canais de baixa velocidade. Na *multiplexação por divisão de tempo (time division multiplexing* – TDM), o multiplexador divide o tempo permitido para cada terminal utilizar a linha de alta velocidade em porções de tempo, ou em quadros de tempo, bem pequenos.

Por exemplo, se um pequeno empresário precisar de oito telefones para sua empresa, ele deverá instalar oito linhas no escritório – uma para cada número de telefone. Com o multiplexador digital, ele pode ter apenas uma linha que servirá a todos os oito números de telefone (supondo um multiplexador de oito canais). Os multiplexadores servem para ampliar o número de transmissões possíveis sem aumentar a quantidade de canais de dados físicos.

O *software* **de telecomunicações** é um componente vital de toda rede de telecomunicações. O *software* de gerenciamento de rede e telecomunicações pode ser instalado em PCs, servidores, computadores de grande porte e processadores de comunicação, como multiplexadores e roteadores. Esses programas são utilizados por servidores e outros computadores de rede para controlar o desempenho da rede. Os programas de gerenciamento de rede executam tarefas, como verificação automática de atividade de entrada e saída de PC cliente, atribuição de prioridades às solicitações de comunicação de dados de clientes e terminais, e detecção e correção de falhas na transmissão e outros problemas ocorridos na rede.

Por exemplo, as redes em área ampla baseadas em computadores de grande porte frequentemente usam *monitores de telecomunicações* ou monitores de *teleprocessamento*. O sistema de controle de identificação de cliente (*costumer identification control system* – CICS) para *mainframes* IBM é um exemplo típico. O gerenciamento de servidores de rede local e de outros tipos de rede, muitas vezes, é feito por *sistemas operacionais de rede*, como Novell NetWare, ou sistemas operacionais, como Unix, Linux ou Microsoft Windows 2008 Servers. Muitos fornecedores de *software* também oferecem esse tipo de programa como *middleware*, que auxilia na comunicação mútua entre diversas redes.

As funções de telecomunicações incorporadas no Microsoft Windows e em outros sistemas operacionais proporcionam diversos serviços auxiliares de comunicação. Por exemplo, elas trabalham com um processador de comunicação (como um modem) para conectar e desconectar as ligações e estabelecer parâmetros de comunicação, como velocidade, modo e direção de transmissão.

Os pacotes de *gerenciamento de rede*, como sistemas operacionais de rede e monitores de telecomunicações, determinam as prioridades de transmissão, encaminham (transferem) mensagens, detectam terminais ativos na rede e formam filas de espera de solicitações de transmissão. Eles também detectam e corrigem falhas de transmissão, registram estatísticas de atividade da rede e protegem os recursos da rede de acessos não autorizados (ver Figura 6.23).

Software de telecomunicações

Gerenciamento de rede

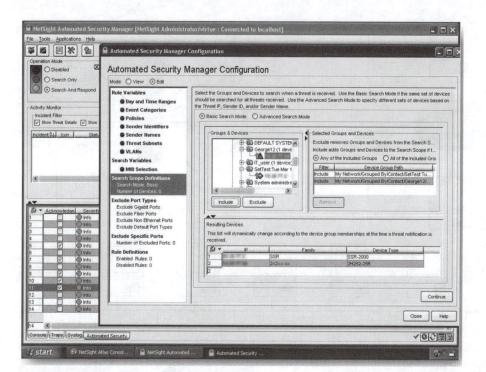

FIGURA 6.23 O *software* de gerenciamento de rede monitora e controla o desempenho da rede.

Fonte: © Enterasys Redes, Inc. Todos os direitos reservados.

Estes são exemplos das principais funções de **gerenciamento de rede:**

- **Gerenciamento de tráfego.** Controla os recursos e o tráfego da rede para evitar congestionamento e otimizar os níveis de serviço de telecomunicações oferecido aos usuários.
- **Segurança.** Oferece segurança como uma das preocupações principais atualmente em gerenciamento de rede. O *software* de telecomunicações deve proporcionar autenticação, criptografia, *firewall* e funções de auditoria, além de impor as políticas de segurança. Criptografia, *firewall* e outras medidas defensivas de segurança serão abordadas no Capítulo 11.
- **Monitoramento de rede.** Resolve problemas e monitora a rede, informando aos administradores os potenciais problemas antes de eles ocorrerem.
- **Planejamento de capacidade.** Avalia os recursos da rede e padrões de tráfego, além de orientar o usuário para determinar a melhor forma de adaptar as necessidades da rede conforme ela vai crescendo e mudando.

Topologias de rede

Existem diversos tipos básicos de **topologias de rede** – ou estruturas – de telecomunicações. A Figura 6.24 mostra três topologias básicas utilizadas nas redes de telecomunicações locais e em área ampla. A rede *em estrela* liga computadores de usuário final a um computador central. A rede *em anel* une os processadores de vários computadores em forma de anel de forma mais equânime. Na rede *em barramento*, os processadores locais compartilham do mesmo barramento ou canal de comunicação. Uma variação da rede em anel é a rede *em malha*, que utiliza linhas diretas de comunicação para conectar entre si alguns ou todos os computadores de uma rede em anel.

As redes de acesso com fio podem usar uma combinação de topologias em estrela, anel e barramento. Evidentemente, a rede em estrela é mais centralizada, ao passo que as redes em anel e em barramento são mais descentralizadas. No entanto, nem sempre isso é verdadeiro. Por exemplo, o computador central de uma configuração em estrela pode atuar apenas como *comu-*

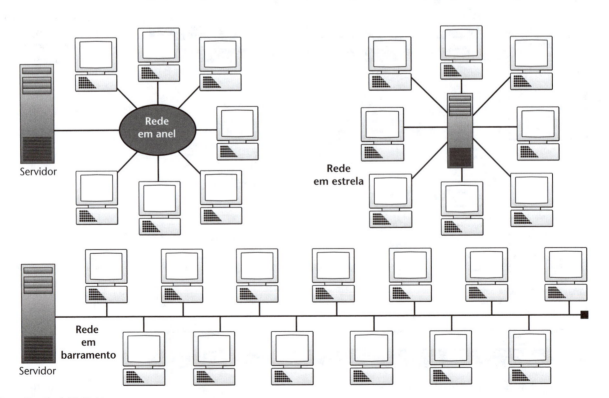

Fonte: Cortesia da NetSight.

FIGURA 6.24 Topologias de rede em anel, estrela e barramento.

tador; ou computador de comutação de mensagens que manipula a comunicação de dados entre computadores locais autônomos. As redes em estrela, em anel e em barramento apresentam desempenho, confiabilidade e custos distintos. Uma rede puramente em estrela é considerada menos confiável do que a em anel, já que os outros computadores desse tipo de rede dependem muito do computador principal central. Se este falhar, não existe recurso de *backup* de processamento e de comunicação, e os computadores locais são desconectados uns dos outros. Portanto, é fundamental que o computador principal seja totalmente confiável. Uma solução comum é ter algum tipo de arquitetura de multiprocessador para oferecer capacidade de tolerância a falhas.

Arquiteturas e protocolos de rede

Até recentemente, faltavam padrões suficientes para as interfaces entre *hardware*, *software* e canais de comunicações das redes de telecomunicações, o que atrapalhava o uso das telecomunicações, aumentava os custos e reduzia a eficácia. Em resposta a isso, fabricantes de equipamentos de telecomunicações e organizações nacionais e internacionais criaram padrões denominados *protocolos* e planos – mestre denominados *arquitetura de rede* para auxiliar na criação de redes avançadas de comunicação de dados.

Protocolos

Protocolo. Conjunto padronizado de regras e procedimentos para o controle da comunicação em redes. Contudo, esses padrões podem ser limitados a apenas um equipamento de um fabricante ou a apenas um tipo de comunicação de dados. Parte do objetivo da arquitetura de rede de comunicações é criar mais padronização e compatibilidade entre os protocolos de comunicações. Um exemplo de protocolo é o padrão de características físicas dos cabos e conectores instalados em terminais, computadores, modems e linhas de comunicação. Outros exemplos são os protocolos de sinalização de estabelecimento da comunicação (*handshaking*), que definem informações de controle por meio de troca de sinais e caracteres predeterminados, necessárias para estabelecer uma sessão de telecomunicações entre terminais e computadores. Outros protocolos servem para controle de recepção de transmissão de dados de uma rede, técnicas de comutação, conexões entre redes, e assim por diante.

Arquiteturas de rede

A finalidade da **arquitetura de rede** é promover um ambiente de telecomunicações aberto, simples, flexível e eficiente. Isso é possível utilizando protocolos padrão, interfaces padrão de *software* e *hardware* de comunicação e criação de uma interface padrão com vários níveis entre usuários finais e sistemas do computador.

Modelo OSI

O modelo de **interconexão de sistemas abertos** (*open systems interconection* – OSI) é a descrição padrão ou o "modelo de referência" para o método de transmissão de mensagens entre dois pontos de uma rede de telecomunicações, cujo objetivo é orientar implementadores de produtos de forma que seus equipamentos funcionem corretamente com outros produtos. O modelo de referência define sete camadas de funções executadas em cada extremidade de uma comunicação e, embora esse modelo nem sempre tenha adesão estrita em termos de manter unidas as funções relacionadas em uma camada bem definida, muitos – se não a maioria – dos produtos de telecomunicações tentam manter uma descrição própria baseada no modelo OSI. Esse modelo também serve como visão de comunicação que oferece base comum para discussões e aprendizagem.

    Desenvolvido por representantes de grandes companhias de telecomunicações e informática no início de 1983, o modelo **OSI** destinava-se originalmente a ser uma especificação detalhada das interfaces. No entanto, o comitê decidiu estabelecer um modelo de referência comum para o qual outros poderiam desenvolver interfaces detalhadas que, por sua vez, poderiam tornar-se padrão. O modelo OSI foi adotado oficialmente como padrão internacional pela International Organization of Standards (ISO).

    A principal ideia desse modelo é baseada na divisão do processo de comunicação entre duas extremidades de uma rede de telecomunicações em camadas, com cada camada acrescentando seu próprio conjunto de funções relacionadas e especiais. Nesse processo de comunicação, cada usuário ou programa fica em um computador equipado com essas sete camadas de função. Desse modo, em determinada troca de mensagens entre usuários, haverá fluxo de dados percorrendo cada uma das camadas do computador em uma das extremidades, e, na outra extremidade, quando a mensagem for recebida, outro fluxo de dados percorrerá as camadas do computador receptor para, finalmente, chegar ao usuário final ou programa. A verdadeira programação e o *hardware* que proporcionam essas sete camadas de função normalmente são uma combinação de sistema operacional, aplicações (por exemplo, navegador web), protocolo TCP/IP ou de rede e transporte alternativo, e *software* e *hardware* com capacidade para colocar um sinal em uma das linhas acopladas ao computador.

O modelo OSI divide as telecomunicações em sete camadas. A Figura 6.25 indica as funções das sete camadas dessa arquitetura.

As camadas estão divididas em dois grupos. As quatro camadas superiores são usadas sempre que a mensagem é enviada a um usuário ou por ele recebida, ao passo que três camadas inferiores (até a camada de rede) são usadas quando qualquer mensagem passa pelo computador central. As mensagens dirigidas a esse computador passam pelas camadas superiores. Já as mensagens destinadas a algum outro computador central não passam por essas camadas, mas são encaminhadas a outro computador principal. As sete camadas são:

1) Camada física: transporta o fluxo de bits pela rede no nível elétrico ou mecânico e oferece ao *hardware* meios de enviar e receber dados de uma portadora.

2) Camada de ligação dos dados: sincroniza o nível físico e executa tarefas relacionadas com bits de mais de cinco sequências de 1. Proporciona gerenciamento e reconhecimento de protocolo de transmissão.

3) Camada de rede: controla o encaminhamento dos dados (enviando-os na direção correta para o destino correto em transmissões de recepção e emissão dos pacotes). Nessa camada, ocorrem o direcionamento e o encaminhamento dos dados.

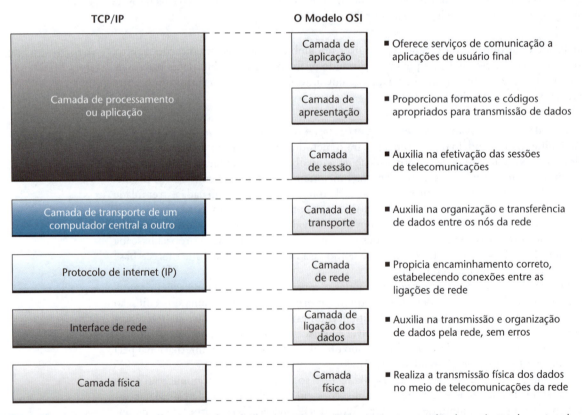

FIGURA 6.25 As sete camadas da arquitetura de rede de comunicação OSI e as cinco camadas do conjunto de protocolos TCP/IP da internet.

4) Camada de transporte: gerencia o controle ponto a ponto (por exemplo, determinando se todos os pacotes foram recebidos), verifica a ocorrência de erros e garante a transferência completa de dados.

5) Camada de sessão: estabelece, coordena e encerra as conversas, trocas e os diálogos entre aplicações de cada extremidade. Nela é feita a coordenação da sessão e da conexão.

6) Camada de apresentação: normalmente parte de um sistema operacional, converte os dados recebidos e enviados de um formato de apresentação em outro (por exemplo, de fluxo de texto em janela instantânea com o texto recém-chegado). Às vezes, ela é chamada camada sintaxe.

7) Camada de aplicação: os parceiros de comunicação são identificados, a qualidade do serviço é identificada, a autenticação e a privacidade do usuário são avaliadas e qualquer restrição em relação à sintaxe dos dados é identificada. (Essa camada *não* é a aplicação propriamente dita, embora algumas aplicações executem funções dessa camada.)

A internet utiliza um sistema de protocolos de telecomunicações tão amplamente adotado que hoje é aceito como arquitetura de rede. O conjunto de protocolos da internet é denominado **Protocolo de Controle de Transmissão/Protocolo internet,** conhecido como **TCP/IP.** Como mostra a Figura 6.25, o TCP/IP é constituído por cinco camadas de protocolos que podem estar relacionadas com as sete camadas da arquitetura OSI. O TCP/IP é utilizado na internet e em todas as intranets e extranets. Muitas companhias e outras organizações estão, assim, convertendo suas redes de longa distância e cliente-servidor para a tecnologia TCP/IP, que hoje são denominadas redes IP.

TCP/IP da internet

Se, de um lado, muitos dos aspectos técnicos da internet podem parecer bem complexos, do outro, os protocolos de endereçamento, roteamento e transporte, que garantem o correto acesso ao *site* e envio de mensagem eletrônica, são efetivamente bem simples. Esse protocolo pode ser comparado à forma como o sistema do correio localiza o destinatário e entrega a correspondência. Nessa analogia, o TCP representa o sistema do correio e os vários processos e protocolos usados para manipular a correspondência, ao passo que o IP representa o CEP e o endereço.

O atual protocolo de endereçamento IP é denominado IPv4. Na primeira padronização do IP, em setembro de 1981, a especificação exigia a atribuição de um valor de endereço de internet exclusivo de 32 bits a cada sistema ligado à internet. Os sistemas constituídos por interfaces com mais de uma rede requerem um endereço IP exclusivo para cada uma delas. A primeira parte de um endereço de internet identifica a rede em que está instalado o computador central, ao passo que a segunda parte identifica um computador específico dessa rede. Ainda comparando com o sistema do correio, o endereço da rede pode ser comparado com o CEP, e o endereço do computador central representa o endereço da rua. Por convenção, o endereço IP é expresso em quatro números decimais separados por pontos, por exemplo "127.154.95.6". Endereços válidos variam de 0.0.0.0 a 255.255.255.255, criando um total de cerca de 4,3 bilhões de endereços (mais precisamente, 4.294.967.296). Com essa hierarquia de endereçamento de dois níveis, é possível localizar qualquer computador conectado na internet.

O endereço IP permite identificar uma rede específica conectada à internet. A fim de proporcionar a flexibilidade necessária para comportar redes de vários tamanhos, os programadores da internet decidiram dividir o espaço do endereço IP em três classes de endereço: A, B e C. Cada uma fixa o limite entre o prefixo de rede e o número do computador central em um ponto diferente dentro do endereço de 32 bits.

As redes da classe A são definidas pelo primeiro algarismo do endereço IP. O valor varia de 000 a 127, criando, teoricamente, 128 redes únicas. Na realidade, no entanto, existem apenas 126 endereços de classe A, já que tanto 0.0.0.0 como 127.0.0.0 são reservados para uso especial. Cada endereço de rede classe A comporta no total 16.777.214 computadores centrais por rede, e eles representam 50% do espaço total de endereço IPv4. Os endereços de classe A normalmente pertencem aos grandes provedores de internet ou a grandes corporações sólidas. Por exemplo, o endereço da General Electric é 3.0.0.0, o da IBM é 9.0.0.0, o da Ford Motor Co. é 19.0.0.0 e o do correio dos Estados Unidos é 56.0.0.0.

Os endereços de rede classe B variam de 128.0 a 255.254. Com um endereço de classe B, é possível identificar 16.384 redes com até 65.534 computadores centrais por rede. Como a alocação do endereço de classe B contém um pouco mais de 1 milhão de endereços, ela representa 25% do espaço total de endereços IPv4. Os endereços de classe B também pertencem a grandes provedores de internet e organizações globais – o endereço da AOL é 205.188.0.0.

Os endereços de classe C variam de 192.0.0 a 233.255.255 e representam 12,5% do espaço disponível de endereço IPv4. Um pouco menos de 2,1 milhões de rede podem ser identificados com um endereço de classe C, comportando aproximadamente 537 milhões de computadores centrais. Os 12,5% restantes do espaço de endereço IPv4 são reservado para uso especial.

Imagina-se que 4,3 bilhões de endereços seriam suficientes por algum tempo, no entanto a internet está ficando sem espaço. No início, o aparente infinito espaço da internet permitia a alocação de endereços IP a uma organização baseada em simples solicitação, e não efetivamente na necessidade. Assim, os endereços eram designados livremente aos solicitantes sem preocupação com o eventual esgotamento do espaço de endereços IP. Atualmente, muitos dos endereços de computadores centrais de classe A e B nem sequer estão sendo utilizados. Para agravar a situação, as novas tecnologias estão ampliando o uso dos endereços IP não apenas para computadores, mas também para aparelhos de TV, torradeiras e cafeteiras.

Aí é que entra a ajuda do IPv6. Criado para funcionar com a internet2, o IPv6 aumenta o tamanho do endereço IP de 32 para 128 bits e permite comportar mais níveis hierárquicos de endereço e quantidade muito maior de nós. O IPv6 comporta mais de 340 trilhões, trilhões e trilhões de endereços, suficientes para alocar cada habitante do planeta a um bilhão de endereços IP pessoais! Isso deve ser suficiente por algum tempo.

Voz sobre IP

Um dos usos mais recentes do protocolo de internet (IP) é a *telefonia via internet* – utilização da conexão de internet para transmitir dados de voz usando IP em lugar da rede de telefonia pública comutada padrão. Muitas vezes conhecida como voz por IP ou **VoIP**, essa tecnologia permite a qualquer trabalhador remoto trabalhar como se estivesse diretamente conectado com uma rede de telefonia comum, mesmo estando em casa ou em um escritório remoto. Em termos mais simples, o VoIP permite que uma pessoa opere como se estivesse diretamente conectada a uma rede telefônica regular, mesmo quando estiver em casa ou em um escritório remoto. Além disso, essa tecnologia evita os custos da ligação de longa distância, porque a única conexão é feita por meio de um provedor de internet. A tecnologia VoIP vem sendo cada vez mais usada para reduzir os custos de telefonia nas empresas, já que basta conectar dois cabos de rede a um computador em lugar de cabos separados de rede e de dados. O protocolo VoIP funciona bem em uma infraestrutura de rede padrão, porém esse bom funcionamento requer uma rede muito bem configurada.

Para aqueles que gostam de falar (e não pagar por isso), existe o Skype (www.skype.com). O Skype foi fundado em 2002 para desenvolver a primeira rede par a par (P2P) de telefonia. Atualmente, o *software* Skype permite a conversação telefônica por um PC e pela internet, em vez de uma ligação telefônica separada. Esse freeware proprietário utiliza um cliente de mensagens e oferece instalações de entrada e saída PSTN (rede telefônica pública comutada).

Os usuários do Skype podem ligar para qualquer telefone fixo não baseado em computador ou telefone celular no mundo e chamar outros usuários Skype de graça. As chamadas feitas ou recebidas a partir de telefones tradicionais são cobradas, como acontece com as mensagens de correio de voz.

O *software* Skype também oferece recursos como correio de voz, mensagens instantâneas, transferência de chamada e conferência. Os usuários do Skype não são cobrados de acordo com a distância entre os dois países. Em vez disso, são cobrados segundo estimativas da prosperidade do país, o volume das chamadas efetuadas do e para o país e as taxas de acesso. Os últimos dados estatísticos mostram que o Skype é uma das empresas que mais crescem na internet:

- Tem 54 milhões de membros em 225 países e territórios, e o número aumenta – apenas pelo *marketing* boca a boca dos usuários satisfeitos!
- Recebe cerca de 150 mil usuários novos por dia, e há 3 milhões de usuários simultâneos na rede a qualquer momento.
- Registrou 163 milhões de downloads em 225 países e territórios.
- Está disponível em 27 idiomas.
- Tem mais usuários e fornece mais minutos de voz do que qualquer outro provedor de comunicações por voz da internet.

O Skype continua a crescer no setor de consumo e agora está oferecendo negócios e serviços específicos projetados para reduzir custos de telecomunicações empresariais, além de alternativas mais flexíveis para os atuais telefones fixos ou móveis. O Skype também demonstra como a tecnologia VoIP está rapidamente se tornando parte da infraestrutura de telecomunicações, como mostra o exemplo a seguir.

Para aqueles que amam conversar (e querem pagar menos do que a empresa de telefonia exige), há o Vonage (www.vonage.com). O nome é uma brincadeira com o seu lema: Voice-Over-Net-Age – Vonage. Usando tecnologias de VoIP, o Vonage oferece um serviço de telefonia local e de longa distância para residências e empresas por um baixo preço mensal único.

Portal interno do Seaport Hotel junta serviços de voz e web

O Seaport Hotel de Boston está testando um portal no quarto que permite aos clientes fazer chamadas telefônicas e acessar serviços hotel e a internet a partir de uma tela sensível ao toque.

Voltado a viajantes de negócios, o chamado SeaPortal é único, porque combina serviços telefônicos e da web em uma arquitetura orientada a serviços. Além disso, a nova tecnologia faz uso do sistema PBX existente do hotel, uma abordagem mais barata do que substituir o sistema de comutação telefônica interno.

Quando uma chamada interna é feita, um servidor a direciona por meio do sistema PBX. Se a chamada for fora do hotel, o servidor a envia por meio de provedor de internet de alta velocidade do Seaport como uma chamada de voz sobre IP (VoIP), similar aos serviços prestados pelo Skype ou Vonage.

Para os hóspedes do hotel, o sistema aparece na tela de toque como um portal semelhante a um *site*. Há uma seção de boas-vindas ao serviço, um guia para esportes e entretenimento, notícias, restaurantes, clima e outras informações, além de uma seção de serviços ao cliente, que incluem recursos do hotel e navegação web.

O sistema é conectado ao telefone do quarto, que toca quando uma hóspede pressiona um ícone para solicitar internamente a limpeza do quarto, o serviço de portaria ou outro serviço. A conexão é feita automaticamente assim que o hóspede tira o fone do gancho. Para chamadas para fora do hotel, o hóspede pressiona um *link* do telefone que habilita um teclado.

O portal oferece acesso a *e-mail* e inclui um visualizador para ler anexos. Além disso, existem portas USB para armazenar mensagens ou documentos em uma unidade flash portátil. O hóspede também pode optar por ter um documento impresso no centro empresarial do hotel. Todos os serviços estão disponíveis sem nenhum custo adicional, incluindo as chamadas locais e de longa distância feitas no território continental dos Estados Unidos.

Fonte: Adaptado de Antone Gonsalves. "Seaport Hotel In-Room Portal Converges Voice, web Services". *InformationWeek*, 24 de janeiro de 2007.

Alternativas de largura de banda

A velocidade de comunicação e a capacidade das redes de telecomunicações são classificadas pela **largura de banda**, que consiste na faixa de frequência de um canal de telecomunicações; ela determina a taxa máxima de transmissão do canal. A velocidade e a capacidade das taxas de transmissão de dados normalmente são medidas em bits por segundo (bps), e essa medida, algumas vezes, é conhecida como taxa *de banda*, medida mais correta para as mudanças de sinal em uma linha de transmissão.

FIGURA 6.26 Exemplos de velocidade de transmissão de telecomunicações de várias tecnologias de rede.

Tecnologias de rede	Bps normal-máximo
WiFi: fidelidade sem fio	11–54 M
Ethernet-padrão ou Token Ring	10–16 M
Ethernet de alta velocidade	100 M–1 G
FDDI: interface de dados distribuídos por fibra óptica	100 M
DDN: rede de dados digitais	2,4 K–2 M
PSN: rede de comutação de pacotes – X.25	64 K–1,5 M
Rede *frame relay*	1,5 M–45 M
ISDN: rede digital de serviços integrados	64 K/128 K–2 M
ATM: modo de transferência assíncrona	25/155 M–2,4 G
SONET: rede de fibra óptica síncrona	45 M–40 G

Kbps = mil bps ou quilobits por segundo
Mbps milhões de bps ou megabits por segundo
Gbps = bilhões de bps ou gigabits por segundo

A largura de banda representa a capacidade da conexão. Quanto maior a capacidade, maior a probabilidade de um bom desempenho. Portanto, uma largura de banda maior permite a transmissão de mais dados e com mais velocidade de um ponto a outro. Embora a relação entre largura de banda, volume de dados e velocidade, teoricamente, seja correta, na prática nem sempre é o caso. Uma comparação comum é pensar na largura de banda como um cano de água. Quanto maior o cano, maior o volume de água transportado. Se, no entanto, um cano grande for conectado a um pequeno, o volume efetivo de água transportado em determinado tempo fica restringido pelo cano pequeno. O mesmo problema ocorre com a largura de banda de rede. Se uma conexão de banda larga tentar transmitir um grande volume de dados para uma rede com largura de banda menor, a velocidade de transmissão será determinada pela velocidade dessa última.

Os canais de *banda estreita* normalmente oferecem taxa de transmissão de baixa velocidade de até 64 Kbps, mas, hoje, comportam até 2 Mbps. Esses canais consistem em linhas com pares de fios trançados não blindados usadas para comunicação telefônica de voz e de dados por modems de PCs ou outros dispositivos. Os canais de velocidade média *(banda média)* usam linhas com pares de fios trançados blindados para velocidade de transmissão de até 100 Mbps.

Os canais de *banda larga* oferecem taxas de transmissão de alta velocidade a intervalos de 256 Kbps a vários bilhões de bps. Em geral, eles usam transmissão por micro-ondas, fibra óptica ou satélite. Por exemplo, nesse tipo de canal de comunicação, as taxas de transmissão variam de 1,54 Mbps para T1 e 45 Mbps para T3 a até 100 Mbps para comunicação por satélite, e entre 52 Mbps e 10 Gbps para linhas de fibra óptica (ver Figura 6.26).

Alternativas de comutação

O serviço de telefonia comum funciona com *comutação de circuitos*, em que um comutador abre um circuito para estabelecer uma ligação entre o emissor e receptor; esse circuito permanece aberto até o término da sessão de comunicação. Na comutação de uma mensagem, esta é transmitida um bloco por vez de um comutador a outro.

Na *comutação de pacotes*, as mensagens de comunicação são subdivididas em grupos fixos ou variáveis chamados pacotes. Por exemplo, no protocolo X.25, o comprimento dos pacotes é de 128 caracteres, ao passo que, na tecnologia de *frame relay*, o comprimento é variável. As redes de comutação de pacotes, muitas vezes, são operadas por *portadora de valor agregado* que utiliza computadores e outros processadores de comunicação para controlar o processo de comutação e transmitir os pacotes de vários usuários pela rede.

As primeiras redes de comutação de pacotes eram redes X.25. O protocolo X.25 consiste em um conjunto internacional de padrões que controla as operações de redes de comutação de pacotes mais utilizadas, mas relativamente lentas. *Frame relay* é outro tipo popular de protocolo de comutação de pacotes usado em muitas WANs de grandes empresas. Esse protocolo de comunicação é bem mais veloz que o X.25 e mais eficaz para controlar o tráfego pesado de telecomunicações em redes locais interconectadas dentro de uma rede cliente-servidor em área ampla de uma companhia. O ATM *(modo de transferência assíncrona)* é uma tecnologia emergente de alta capacidade de *comutação de células* que divide os dados de voz, vídeo e outros tipos de dado em células fixas de 53 *bytes* (48 *bytes* de dados e 5 *bytes* de informação de controle) e as encaminha ao destino seguinte na rede. As redes ATM estão sendo implementadas por muitas companhias

Companhia	Tecnologia	Justificativa
Sears	Framy Relay	Confiável, barato e comporta protocolos de internet e *mainframe*.
Rack Room	VSAT (*very small terminal* – terminal de abertura bem pequena)	Recurso bem barato para alcançar pequenos mercados e compartilhar antenas parabólicas entre as lojas
Hannaford	ATM (modo de transferência assíncrona)	Largura de banda bem larga; combina voz, vídeo e dados
7-Eleven	ISDN (*integrated services digital network* – rede digital de serviços integrados)	Utiliza múltiplos canais para dividir o tráfego entre usos diferentes.

FIGURA 6.27 Justificativa de quatro grandes cadeias varejistas na escolha de diferentes tecnologias de rede para conectar suas lojas.

que necessitam de recursos multimídia de alta capacidade e velocidade de comunicação de voz, vídeo e dados (ver Figura 6.27).

Interoperabilidade de rede

A seção 256 da Lei de Comunicações dos Estados Unidos, sancionada em fevereiro de 1996, estabelece duas finalidades básicas: (1) "promover acesso indiscriminado do maior número possível de usuários e fornecedores de produtos e serviços de comunicações às redes utilizadas para oferecer serviços de telecomunicações" e (2) "assegurar a capacidade aos usuários e provedores de informação para transmitir e receber de forma contínua e transparente informações entre as redes e pelas redes de telecomunicações". Para cumprir essas finalidades, a Comissão Federal de Comunicações (FCC) dos Estados Unidos deve estabelecer procedimentos para supervisionar o planejamento coordenado de redes por provedores de serviços de telecomunicações. Essa comissão também está autorizada a participar, juntamente com as organizações responsáveis por definição de padrões industriais, na criação de padrões de interconectividade de redes de telecomunicações públicas para a viabilização do acesso.

Como se pode notar, a FCC é um órgão regulador fundamental nas atividades de telecomunicações. Se, de um lado, a FCC é vista como órgão fiscalizador de rádio e televisão, do outro, ela está envolvida em todos os aspectos da comunicação de voz e dados. Uma releitura do primeiro parágrafo desta seção deixa clara a importância da razão básica de a FCC estar tão envolvida nas atividades de telecomunicações. A resposta está na importância do conceito chamado **interoperabilidade de rede**.

Essa interoperabilidade garante que qualquer usuário de uma rede consiga se comunicar com qualquer pessoa de alguma outra rede sem ter de se preocupar em falar uma linguagem comum do ponto de vista da telecomunicações. Toda a discussão apresentada neste capítulo a respeito do valor para o negócio não seria possível sem a completa acessibilidade, transparência e interoperabilidade contínua entre todas as redes. Sem essa capacidade, a internet seria inviável, assim como o correio eletrônico, a mensagem instantânea ou o até mesmo o compartilhamento de arquivos comuns.

Felizmente para os usuários, todos os profissionais da área de telecomunicações reconhecem a importância da interoperabilidade de rede e, assim, trabalham juntos para assegurará-la entre todas as redes.

Resumo

- **Tendências das telecomunicações.** As organizações estão se transformando em empresas conectadas em rede que usam internet, intranets e outras redes de telecomunicações para auxiliar nas operações nos negócios e na colaboração dentro da empresa e com clientes, fornecedores e outros parceiros comerciais. Com a desregulamentação das telecomunicações, a concorrência se acirrou com o aumento de fornecedores, portadoras e serviços. A tendência das telecomunicações segue a direção das redes digitais interconectadas para transmissão de voz, dados, vídeo e multimídia. A principal tendência é o uso disseminado de internet e suas tecnologias para criar redes corporativas e globais, como intranets e extranets, para auxiliar na colaboração, no *e-commerce* e em outras aplicações de negócios eletrônicos.

- **Revolução da internet.** O crescimento explosivo da internet e do uso de tecnologias com recursos de acesso à internet revolucionou a informática e as telecomunicações. A internet tornou-se plataforma fundamental para a rápida expansão de inúmeras aplicações empresariais e serviços de entretenimento e informações, incluindo colaboração, *e-commerce* e outros sistemas de negócios eletrônicos. Os sistemas abertos com conectividade irrestrita usando tecnologia da internet são os principais propulsores da tecnologia de telecomunicações dos sistemas de negócios eletrônicos. Sua meta principal é oferecer acesso seguro e fácil dos clientes e profissionais de negócios a recursos de internet, intranet empresarial e extranet interorganizacional.

- **Valor para o negócio da internet.** As companhias estão extraindo valor estratégico para o negócio da internet, o que lhes permite disseminar a informação em âmbito global, comunicar e trocar informações e serviços personalizados de forma interativa com clientes individuais, e promover a colaboração entre pessoas e integração dos processos empresariais dentro da companhia e com parceiros comerciais. Esses recursos permitem reduzir os custos usando a internet, aumentar a receita por meio do *e-commerce* e melhorar o relacionamento e o atendimento ao cliente com a melhor gestão da cadeia de suprimentos e do relacionamento com o cliente.
- **Papel da intranet.** As empresas estão instalando e estendendo a intranet por toda a organização para (1) melhorar a comunicação e a colaboração entre pessoas e equipes dentro da empresa; (2) publicar e compartilhar informações empresariais importantes, de modo fácil, barato e eficaz, por meio de portais de informação da empresa e *sites* e outros serviços de intranet; e (3) criar e utilizar aplicações críticas para auxiliar nas operações e decisões nos negócios.
- **Papel da extranet.** O principal papel das extranets é ligar os recursos da intranet de uma empresa à intranet de seus clientes, fornecedores e outros parceiros comerciais. A extranet também oferece acesso ao banco de dados operacional da empresa e aos sistemas legados para parceiros comerciais. Portanto, a extranet oferece significativo valor para o negócio, facilitando e solidificando as relações comerciais de uma empresa com seus clientes e fornecedores, melhorando a colaboração com parceiros comerciais e possibilitando a criação de novos tipos de serviços baseados na web para clientes, fornecedores e outras empresas.
- **Rede de telecomunicações.** Os principais componentes genéricos de qualquer rede de telecomunicações são os (1) terminais, (2) processadores de telecomunicações, (3) canais de comunicação, (4) computadores e (5) *softwares* de telecomunicações. Existem diversos tipos básicos de rede de telecomunicações, incluindo as redes em área ampla (WANs) e locais (LANs). A maioria das WANs e LANs é interconectada por meio de tecnologia de cliente-servidor, computação em rede, par a par e internet.
- **Alternativas de rede.** A Figura 6.11 apresenta resumidamente meios, processadores, *software*, canais e arquitetura de rede de telecomunicações de componentes e alternativas de rede. O conhecimento básico dessas alternativas fundamentais ajuda usuários finais nos negócios a participar efetivamente das decisões que envolvem telecomunicações. Entre os processadores de telecomunicações estão modems, multiplexadores, processadores inter-redes e vários dispositivos para ajudar a interconectar e melhorar a capacidade e a eficácia dos canais de telecomunicações. As redes de telecomunicações usam meios como pares de fios trançados, cabos coaxiais e de fibra óptica, micro-ondas terrestres, satélite de comunicações, sistemas PCS e celular, rede local sem fio e outras tecnologias de transmissão sem fio.
- O *software* de telecomunicações, como sistemas operacionais de rede e monitores de telecomunicações, controla e gerencia a atividade de comunicação de uma rede.

Termos e conceitos-chave

Estes são os termos e conceitos-chave abordados neste capítulo. O número entre parênteses refere-se à página em que consta a explicação inicial.

1. Analógico (232)
2. Arquitetura de rede (243)
    a. OSI (243)
    b. TCP/IP (245)
3. Bluetooth (237)
4. Cabo coaxial (234)
5. Computação em rede (230)
6. Digital (232)
7. Extranets (220)
8. Fibra óptica (234)
9. Interconexão de sistemas abertos (243)
10. Interoperabilidade de rede (249)
11. Intranet (217)
12. LANs sem fio (237)
13. Largura de banda (247)
14. Lei de Metcalfe (206)
15. Meios de telecomunicações (233)
16. *Middleware* (210)
17. Modem (239)
18. Multiplexador (240)
19. Processadores de telecomunicações (239)
20. Processadores inter-redes (240)
21. Protocolo (243)
22. Provedor de acesso à internet (213)
23. Rede (206)
24. Rede cliente-servidor (229)
25. Rede de telecomunicações (223)
26. Redes em área ampla (WAN) (226)
27. Rede par a par (231)
28. Redes locais (LANs) (227)
29. Redes privativas virtuais (227)
30. Satélites de comunicação (235)
31. Sistemas abertos (210)
32. Sistemas legados (230)
33. *Software* de telecomunicações (241)
34. Tecnologia de rede da internet (210)
35. Tecnologias de transmissão sem fio (211)
36. Telecomunicações (209)
37. Topologias de rede (242)
38. VoIP (246)

Questionário de revisão

Relacione um dos termos e conceitos-chave mencionados anteriormente com os seguintes exemplos ou definições. Procure a melhor opção para respostas que parecem corresponder a mais de um termo ou conceito. Justifique suas escolhas.

1. Técnica para fazer chamada telefônica pela internet.
2. Capacidade de conexão entre todas as redes.
3. Cadeia, grupo ou sistema interconectado ou inter-relacionado.
4. *Software* que serve para "unir" dois programas separados.
5. A utilização, ou utilidade, de uma rede equivale ao número de usuários elevado ao quadrado.
6. Rede semelhante à internet que facilita a comunicação e a colaboração, a publicação e o compartilhamento de informações e o desenvolvimento de aplicações para auxiliar as operações empresariais e a tomada de decisões dentro da organização.
7. Oferece a clientes e fornecedores acesso semelhante ao da internet aos bancos de dados e sistemas legados da companhia.
8. Companhia que oferece às pessoas físicas e jurídicas acesso à internet.
9. Rede de comunicação com cobertura de grande área geográfica.
10. Rede de comunicação dentro de um escritório, edifício ou outro local de trabalho.
11. Representação do sinal elétrico usando números binários.
12. Alguns exemplos são o cabo coaxial, as microondas e as fibras ópticas.
13. Meio de comunicação que utiliza pulsos de laser em fibra de vidro.
14. Tecnologia de substituição de cabos em curtas distâncias para dispositivos digitais.
15. Inclui modems, multiplexadores e processadores inter-redes.
16. Inclui programas como sistema operacional de rede e navegador web.
17. Processador de comunicação comum para micro-computadores.
18. Permite a transmissão simultânea de dados de diversos terminais pelo canal de comunicação.
19. Alguns exemplos são em redes em estrela, em anel e em barramento.
20. Representação de algum sinal elétrico semelhante ao próprio sinal.
21. Velocidade e capacidade de comunicação da rede de telecomunicações.
22. A intranet e a extranet usam *firewalls* de rede e outros recursos de segurança para estabelecer ligação segura de internet dentro da empresa ou com parceiros comerciais.
23. Cabo firme que proporciona largura de banda larga em um único condutor.
24. Normas e procedimentos de controle padrão das comunicações em rede.
25. Padrão internacional e conjunto de vários níveis de protocolos para promover a compatibilidade entre as redes de telecomunicações.
26. Conjunto padrão de protocolos usado na internet, intranet, extranet e em algumas outras redes.
27. Sistema de informação com padrão comum de *hardware*, *software* e rede que oferece fácil acesso para o usuário final e seu sistema de computação conectado em rede.
28. As redes interconectadas precisam de processadores de comunicação, como comutadores, roteadores, *hubs* e *gateways*.
29. *Sites* da web, navegadores web, documentos HTML, bancos de dados hipermídia e redes TCP/IP são alguns exemplos.
30. Redes em que os PCs do usuário final são ligados aos servidores de rede para compartilhar recursos e processamento de aplicações.
31. Os computadores de rede oferecem interface baseada em navegador para *softwares* e banco de dados fornecidos pelos servidores.
32. Computadores de usuário final conectam uns com os outros para troca de arquivos.
33. Dispositivos localizados na órbita terrestre que oferecem múltiplos canais de comunicação, cobrindo ampla área geográfica.
34. Sistema de informação antigo e tradicional, baseado em *mainframe*.
35. Qualquer arranjo em que um emissor transmite uma mensagem a um receptor por um canal constituído por algum tipo de meio.
36. Proporciona acesso de rede sem fio para laptops em ambientes empresariais.
37. Seu objetivo é melhorar o ambiente de telecomunicações por meio da promoção de protocolos padronizados, *hardware* e *software* de comunicações e o planejamento de interfaces padrão, entre outras coisas.
38. Um tipo de rede de comunicações que consiste de terminais, processadores, canais, computadores e *software* de controle.
39. Tecnologias de telecomunicações que não dependem de meios físicos, como cabos ou fibra óptica.

Questões para discussão

1. A internet é a força propulsora por trás dos desenvolvimentos em telecomunicações, redes e outras tecnologias de informação. Você concorda ou não com essa afirmação? Por quê?
2. Qual é a tendência em termos de sistemas abertos, conectividade e interoperabilidade relacionados com o uso para o negócio da internet, intranet e extranet?
3. Consulte o "Caso do mundo real 2" sobre telemedicina e videoconferência neste capítulo. Não são mencionadas no caso as implicações quanto à privacidade e segurança dos dados resultantes da utilização dessas tecnologias. Quais implicações específicas poderiam surgir como resultado, e em que medida você acredita que isso inibiria a implantação desses avanços?
4. Como os dispositivos e serviços de acesso sem fio à informação afetam o uso para o negócio da internet e da web? Explique.
5. Cite algumas vantagens comerciais e desafios de gerenciamento da rede cliente-servidor. E da computação em rede? E da rede par a par?
6. Que valor para o negócio está impulsionando tantas companhias a rapidamente instalar e estender intranets por toda a organização?
7. Qual é a vantagem competitiva estratégica no uso de extranet de uma companhia?
8. Leia o "Caso do mundo real 1" sobre o Starbucks e outros e o futuro do Wi-Fi público gratuito. Novas empresas estão oferecendo acesso gratuito em troca de serviço de publicidade enquanto o usuário navega na web. O que você acha desse modelo de negócios? Você espera ver qualquer tipo de concorrência entre essas empresas – por exemplo, dois fornecedores diferentes presentes em um mesmo aeroporto, ou então, um certo grau de exclusividade?
9. Na sua opinião, o uso da internet, intranet e extranet alterou a expectativa dos empresários em termos de tecnologia da informação no trabalho? Explique.
10. A demanda insaciável e disseminada de qualquer tipo de tecnologia de transmissão sem fio, de vídeo e de recurso para web em todo lugar será a força motriz por trás dos desenvolvimentos em telecomunicações, redes e tecnologia da computação no futuro próximo. Você concorda ou não com essa afirmação? Por quê?

Exercícios de análise

1. **Quantos endereços são suficientes?**

   O Protocolo internet versão 4 atribui a cada computador conectado um endereço de 4 *bytes* conhecido como endereço IP. Cada mensagem, ou pacote, inclui esse endereço para que os roteadores saibam para onde encaminhá-la. Essa é a versão da internet para endereços de correspondência.

   Cada região do mundo recebeu uma série de endereços IP para administrar localmente, cabendo à América a maior fatia. A Ásia, com uma população significativamente maior, recebeu uma série de números desproporcionalmente pequena e tem medo de ficar sem.

   Antecipando esse problema, a Internet Engineering Task Force adotou o IPv6, que usa endereços de 16 *bytes*. Embora sua adoção seja lenta, todos os servidores de raiz da internet agora suportam o IPv6, e provedores de internet o estão lançando, conforme necessário, enquanto mantêm a compatibilidade com versões anteriores para o IPv4. O governo federal dos Estados Unidos deu instruções para que todos os órgãos federais mudem para o IPv6 até 2008.

   a. Expresse como uma potência de 2, o número de nós que podem existir usando IPv4.
   b. Expresse como uma potência de 2, o número de nós que podem existir usando IPv6.

2. **Rede de telecomunicações da MNO Incorporated**
Calculando a banda larga

   A MNO está avaliando a possibilidade de adquirir linhas próprias arrendadas para atender às suas necessidades de comunicação de dados e voz entre 14 localidades de distribuição em três regiões do país. Espera-se que o pico de carga de comunicação de cada localidade seja uma função do número de telefones conectados e de computadores instalados nesse local. Os dados de comunicação são apresentados a seguir. Analise as informações.

   a. Elabore uma tabela de banco de dados com uma estrutura apropriada para armazenar os dados apresentados a seguir. Digite os registros informados e imprima a sua tabela.
   b. Os resultados do levantamento indicam que o pico de tráfego de entrada e saída de um local será de aproximadamente 2 quilobits por segundo para cada linha telefônica, mais 10 quilobits por segundo para cada computador. Elabore um relatório mostrando a estimativa de pico de demanda do sistema de telecomunicações de cada localidade em quilobits. Crie um segundo relatório agrupando as regiões e mostrando os subtotais regionais e o total do sistema como um todo.

Localidade	Região	Linhas Telefônica	Computadores
Boston	Leste	228	95
Nova York	Leste	468	205
Richmond	Leste	189	84
Atlanta	Leste	192	88
Detroit	Leste	243	97
Cincinnati	Leste	156	62
Nova Orleans	Central	217	58
Chicago	Central	383	160
Saint Louis	Central	212	91
Houston	Central	238	88
Denver	Oeste	202	77
Los Angeles	Oeste	364	132
São Francisco	Oeste	222	101
Seattle	Oeste	144	54

3. Radiação sem fio
Seu cérebro está sendo frito?

Ondas de rádio, micro-ondas e infravermelho pertencem ao espectro de radiação eletromagnética. Esses termos referem-se às variações de frequências de radiação usadas no dia a dia nos ambientes de rede sem fio. Contudo, a própria palavra "radiação" provoca medo em muitas pessoas. As torres de telefonia celular apareceram em campos ao longo das estradas. Os altos telhados abrigam várias outras estações de telefonia celular nas cidades. Milhões de usuários de telefones celulares colocam transmissores/receptores de micro-ondas ao lado da cabeça cada vez que fazem uma chamada. Os pontos de acesso sem fio de redes de computadores se tornaram onipresentes. Até os clientes do McDonald's podem usar suas máquinas para surfar na internet enquanto comem hambúrgueres. Com toda essa radiação em torno, deveríamos estar preocupados?

O espectro eletromagnético vai das frequências ultrabaixas a ondas de rádio, micro-ondas, infravermelho, luz visível, ultravioleta, raios e até a radiação dos raios gama. A radiação é perigosa? A ameaça parece vir de duas direções diferentes, a frequência e a intensidade. A pesquisa tem demonstrado de forma preponderante os perigos das radiações em frequências um pouco maiores que as de luz visível, incluindo até mesmo a luz ultravioleta usada em câmeras de bronzeamento, raios e raios-gama. Essas frequências são elevadas (os comprimentos de onda são pequenos o suficiente) para penetrar e quebrar moléculas e átomos. Os resultados variam de queimaduras a DNA danificado, que pode resultar em câncer e lesões no nascimento.

No entanto, frequências mais baixas de radiação, que variam de luz visível (as cores do arco-íris que você pode ver), infravermelho, micro-ondas e ondas de rádio têm ondas longas incapazes de penetrar nas moléculas. Na verdade, os comprimentos de onda são tão longos que os fornos de micro-ondas empregam um simples tela de visualização capaz de bloquear essas ondas longas e mesmo assim deixar a luz visível passar. Como resultado, podemos ver nossa pipoca estourar sem sentir o calor. Tenha em mente que a luz visível consiste em frequências de radiação mais próximas do perigoso limite do espectro do que as micro-ondas.

As frequências mais baixas de radiação poderão causar danos se a *intensidade* for suficientemente forte, e esses danos serão limitados a queimaduras comuns. Os fornos de micro-ondas cozinham o alimento por meio do uso de 800 ou mais watts e sua conversão em uma luz muito intensa (brilhante) de micro-ondas. Telefones celulares, em comparação, requerem uma quantidade muito pequena da corrente da bateria do telefone e usam as micro-ondas resultantes para transmitir um sinal. Na verdade, o calor que você sente do telefone celular não é das micro-ondas, mas da bateria descarregando. É extremamente improvável que qualquer dispositivo pode causar câncer ao usuário, apesar de um forno de micro-ondas poder causar graves queimaduras se o usuário desabilitar seus recursos de segurança.

a. Pesquise na internet e informe o que a Organização Mundial da Saúde (OMS) diz a respeito da radiação de micro-ondas ou não iônica
b. Identifique na internet várias queixas de pessoas interessadas no assunto a respeito das torres de telefonia celular. Elabore um texto de uma página descrevendo uma alternativa para as torres de telefonia celular que permitiria o uso desse sistema e acabaria ou amenizaria a maioria dessas preocupações.

4. Maximizando as comunicações
Rede humana

A Sra. Sapper, coordenadora deste ano da reunião anual de sócios de uma empresa de contabilidade global, enfrentou um desafio interessante. Com 400 sócios de todo o mundo presentes, ela queria distribuir os lugares durante a refeição de uma maneira que a diversidade em cada mesa fosse maximizada. Ela esperava que essa disposição de lugares incentivasse os sócios a abrir novas linhas de comunicação e evitasse as panelinhas. O local do banquete incluía 50 mesas, com lugares para oito pessoas cada uma. Sapper tinha todos os dados de sócios necessários, mas ficou perplexo ao tentar maximizar a diversidade em cada mesa. Vamos acompanhá-la durante o processo.

Faça o download e salve "partners.xls" do MIS 9e OLC. Abra o arquivo e note que, além dos nomes dos sócios, também há indústria, região e sexo. A coluna de número da tabela foi deixada em branco.

a. No menu do Excel, selecione "Dados", depois "Ordenar" e, em seguida, pressione a tecla "F1" para ajuda. Leia cada um dos tópicos. Como uma classificação *crescente* organiza a lista "Smith, Jones; Zimmerman"?
b. Que recurso permite aos usuários classificar listas mensais, de modo que "janeiro" apareça antes de "abril"?
c. Organize os dados dos sócios primeiro por sexo, depois por indústria e, em seguida, por região. Depois salve o arquivo.
d. Examine os resultados classificados da etapa anterior. Observe que, ao atribuir os oito primeiros parceiros para a mesma mesa, você irá minimizar a diversidade. Esse resultado também deve fornecer uma pista sobre como maximizar a diversidade. Usando essa dica, atribua um número de tabela no intervalo de 1 a 50 para cada sócio na sua lista de ordenados, de forma a maximizar a diversidade. Salve o arquivo como "partners_sorted.xls" e explique a sua lógica.

CASO DO MUNDO REAL 3

Metric & Multistandard Components Corp.: o valor para o negócio de uma rede segura autogerenciada em uma PME

Com 22 mil clientes, 48.800 peças catalogadas e 150 funcionários em cinco localidades dos Estados Unidos e um escritório na Alemanha, a última coisa que John Bellnier precisa é de uma rede não confiável.

Entretanto, foi exatamente isso o que ele combateu por anos como gerente de TI da Metric & Multistandard Components Corp. (MMCC). A MMCC ainda pode ser classificada como empresa de pequeno porte por alguns padrões, mas esse negócio de pequeno e médio portes definitivamente tem sido uma história de sucesso estrondoso em sua indústria.

A MMCC foi fundada em 1963 por três imigrantes tchecos em Yonkers, Nova York, e tornou-se uma das maiores distribuidoras nos Estados Unidos de parafusos e fechos industriais. Nos últimos 10 anos, os negócios duplicaram, atingindo US$ 20 milhões em vendas em 2005, e crescendo no mesmo ritmo em 2006. No entanto, o crescimento da empresa abalava sua rede de telecomunicações, que era gerida por uma empresa externa de gerenciamento de redes de telecomunicações. A rede caía muitas vezes, interrompendo as comunicações por *e-mail* e deixando os representantes sem poder receber pedidos prontamente.

"Estávamos presos a um contrato de três anos com o nosso provedor", diz Bellnier. "Era um sistema gerenciado e, portanto, não tínhamos as senhas para os roteadores. Testemunhei dezenas de episódios de dias gastos no telefone tentando reclamar de atendimento para resolver os problemas. Era um pesadelo."

Ele se lembra de um desafio específico, que ocorreu quando o prestador negou que o roteador estivesse falhando: "A rede tinha caído, e tivemos de lidar com as consequências do tempo ocioso e passar o tempo tentando convencer alguém, a mais de 3.500 quilômetros de distância, de que um de seus roteadores precisava ser consertado".

Vários meses antes do fim do contrato da MMCC com o prestador, Bellnier começou a procurar uma solução de rede melhor. Ele definiu cinco requisitos principais de uma nova rede para a empresa:

- **Confiabilidade.** Fornecer máximo tempo ativo de rede para sustentar as operações de negócios.
- **Escalabilidade.** Crescer com a demanda de negócios cada vez maior da MMCC.
- **Segurança.** Garantir a confidencialidade e integridade de dados da empresa.
- **Economia.** Reduzir custos para gastos iniciais e despesas administrativas e de manutenção contínuas.
- **Responsabilidade.** "Queria todo o *hardware* de um mesmo vendedor, de modo que, quando os problemas surgissem, eu soubesse a quem recorrer", acrescenta Bellnier.

Bellnier se reuniu com executivos MMCC em 2004 e disse que acreditava poder gerenciar internamente uma nova rede para toda a empresa, com um orçamento limitado, e recuperar o investimento inicial diminuindo as despesas operacionais. Os executivos da empresa concordaram que a atual situação de rede era intolerável e deram a Bellnier o sinal verde para pesquisas e selecionar uma empresa de consultoria de TI local com experiência e que fosse certificado para construir redes de telecomunicações por um dos principais fornecesores de harware e *software* de telecomunicações.

Bellnier escolheu a Hi-Link Computer Corp., uma empresa certificada da Cisco Systems que havia recebido especializações Cisco em redes de área local (LAN) sem fio e segurança de redes virtuais privadas (VPN). Como primeiro passo, a Hi-Link realizou uma auditoria na rede existente da MMCC e entrevistou os gerentes sobre os objetivos e requisitos do negócio. A administração da empresa ficou impressionada com a Hi-Link e concordou que Bellnier devia procurar uma proposta de projeto formal dos consultores.

Os engenheiros de consultoria da Hi-Link, liderados pelo gerente de desenvolvimento de negócios, Jim Gartner, propuseram a Bellnier que a MMCC construísse uma base de rede segura, composta de *links* de redes virtuais privadas entre *sites*. Usando roteadores de serviços integrados e equipamentos de segurança da Cisco, o modelo de rede foi concebido para dar a Bellnier acesso remoto transparente a todos os dispositivos necessários, aumentar seu controle sobre a rede e melhorar o desempenho da rede. A Hi-Link mostrou a Bellnier como uma base de rede segura funciona para automatizar a manutenção de rotina, monitorar a rede e alertar o pessoal de TI sobre questões de segurança ou desempenho. Bellnier aceitou o plano de rede da Hi-Link e fez uma apresentação formal na qual mostrou a proposta para a direção da empresa.

Depois de discutir os custos empresariais, riscos e benefícios do plano da Hi-Link, os executivos da MMCC concordaram com a proposta e com os seguintes objetivos fundamentais do projeto:

Objetivo. Criar uma rede de negócios para a MMCC com maior confiabilidade, segurança e escalabilidade, mas com custos mais baixos do que a rede atual gerenciada externamente.

Estratégia. Projetar uma rede IP com tecnologias avançadas para alta disponibilidade e gerenciamento eficiente de rede e de segurança, que pode ser operada por um departamento de TI bastante reduzido.

Tecnologia. Usar tecnologias de rede virtual privada para conectar escritórios remotos e usuários de forma segura e facilitar a expansão da empresa.

Suporte. Depois de projetar e implementar rapidamente uma base de rede segura, baseada em produtos da Cisco, a Hi-Link vai ajudar a MMCC com o apoio técnico sempre que necessário.

Depois que o contrato de consultoria foi assinado, a Hi-Link começou a trabalhar com a Cisco e a empresa local de telecomunicações para instalar as linhas de telecomunicação necessárias para a nova rede. Quando as linhas ficaram prontas, levou menos de uma semana para implantar os roteadores, switches e outros tipos de *hardware* de telecomunicações da Cisco pré-configurados pela Hi-Link. "A Hi-Link fez essa implementação facilmente, trabalhando de modo eficiente nos momentos mais oportunos para nós", diz Bellnier. "Trataram de todos os pormenores associados com a companhia local de telecomunicações, provedores de internet e gerenciamento de projetos".

Após a rede segura e gerenciada internamente estar instalada e funcionando, os seguintes benefícios logo se tornaram evidentes:

- A nova rede eliminou o congestionamento da rede da MMCC quase imediatamente.
- A largura de banda, confiabilidade e segurança melhoraram significativamente.
- O sofisticado sistema de monitoramento da rede melhorou o gerenciamento de rede.
- O tempo ocioso de rede foi reduzido a praticamente zero.
- A nova rede estava fazendo a MMCC economizar uma quantia significativa de dinheiro.

"A rede anterior custava pouco menos de US$ 11 mil dólares por mês. O aluguel das novas linhas de telecomunicações de banda larga custam US$ 4.400 por mês", explica Bellnier. "Calculamos uma poupança anual de US$ 77 mil, o que significa que temos o nosso retorno sobre o investimento nos primeiros seis meses".

O melhor de tudo é que a rede é transparente e fácil de gerenciar. "Somos capazes de acessar todos os nossos roteadores da Cisco. Podemos ver os erros e registros. Todas as nossas linhas de telecomunicações são contratadas diretamente com a operadora local, que nos dá um *link* de comunicação direta para resolver problemas", diz Bellnier.

Sobre a rede da MMCC, Gartner, da Hi-Link, diz que "Cada escritório remoto está configurado exatamente da mesma maneira, e podemos facilmente duplicar isso para anexar qualquer nova localidade. Podemos facilmente adicionar mais largura de banda para atender à demanda adicional". Assim, a Hi-Link está ajudando a MMCC a agregar recursos sem fio a todos os seus depósitos, sabendo que a capacidade adicional pode ser fornecida, se necessário.

Gartner ressalta que, como aconteceu com a MMCC, uma base de rede segura pode melhorar a eficiência operacional de uma pequena empresa, garantir a segurança de dados sensíveis, conter custos e aumentar a conectividade dos funcionários e a capacidade de resposta ao cliente. Por exemplo, as empresas com esses recursos de rede permitem aos clientes rastrear seus pedidos de forma segura em tempo real pela web, capacitam agentes de atendimento ao cliente com informações de conta detalhada antes mesmo de responder à chamada do cliente e fornecem videoconferência facilitada e de baixo custo para trabalhadores, fornecedores e clientes remotos.

Bellnier aconselha a outros gestores de TI em pequenas empresas que possam estar pensando em construir e gerenciar sua própria rede: "Não limite a expansão da empresa pensando que você não pode dar suporte ou comprar um sistema autogerido com recursos limitados".

Ele acrescenta que a experiência da MMCC com a Hi-Link mostra como uma PME pode rapidamente "recuperar os custos e implementar um sistema de autogerenciamento com um desempenho muito superior e uma quantidade bem menor de problemas".

Fonte: Adaptado de Eric J. Adams. "Creating a Foundation for Growth". *iQ Magazine*, Segundo trimestre de 2006.

QUESTÕES DO ESTUDO DE CASO

1. Quais foram os fatores mais importantes que contribuem para o sucesso da MMCC com sua nova rede segura e autogerenciada? Justifique as suas escolhas.
2. Quais são alguns dos benefícios e desafios empresariais das redes autogeridas e geridas externamente?.
3. Que tipo de gerenciamento de rede você aconselharia que PMEs usassem? Explique por que você recomenda esse tipo de gerenciamento.

ATIVIDADES DO MUNDO REAL

1. Use a internet para descobrir mais sobre os produtos e serviços de telecomunicações e o desempenho dos negócios atuais e as perspectivas da CiscoSystems e Hi-Link e de alguns de seus vários concorrentes no setor de telecomunicações. Qual empresa de *hardware* e *software* de telecomunicações e consultoria de TI você recomendaria para um PME? Explique seus motivos para a turma.
2. Na instalação e no gerenciamento de redes de telecomunicações, como em muitos outros negócios, a escolha entre "fazer você mesmo" e "deixar os especialistas lidarem com isso" é uma decisão de negócio importante para muitas empresas. Divida a turma em grupos e discuta essa escolha para as PMEs com seus colegas. Veja se você é capaz de concordar com os vários critérios fundamentais que devem ser considerados na tomada dessa decisão e relate suas conclusões para a turma.

MÓDULO III
Aplicações de negócios

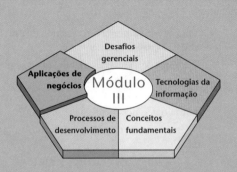

Como a tecnologia da internet e outras formas de TI auxiliam nos processos de comércio eletrônico (*e-commerce*) e na tomada de decisão nos negócios? Os três capítulos deste módulo mostram de que maneira, hoje, as empresas conectadas em rede aplicam os sistemas de informação.

- **O Capítulo 7**, "Sistemas de negócios eletrônicos" descreve como os sistemas de informação integram e auxiliam os processos nos negócios envolvendo toda a empresa, principalmente em termos de gestão do relacionamento com o cliente (CRM), sistema integrado de gestão (ERP) e gestão da cadeia de suprimentos (SCM), bem como em funções empresariais como *marketing*, produção, gerenciamento de recursos humanos, contabilidade e finanças, além de examinar os benefícios e desafios dos grandes aplicativos empresariais.

- **O Capítulo 8**, "Sistemas de *e-commerce*" introduz os componentes do processo básico dos sistemas de *e-commerce* e discute as principais tendências, aplicações e questões relacionadas com essa modalidade.

- **O Capítulo 9**, "Sistemas de apoio à decisão", mostra como aplicar sistemas de informações gerenciais, sistemas de apoio à decisão, para executivos, sistemas especialistas e tecnologias de inteligência artificial no processo de tomada de decisão enfrentado pelos gerentes e profissionais de negócios no ambiente empresarial dinâmico de hoje.

CAPÍTULO 7

Sistemas de negócios eletrônicos

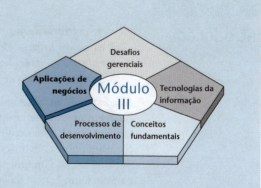

Destaques do capítulo

Seção I
Sistemas empresariais de negócios
Introdução
Aplicativos interfuncionais para empresas
"Caso do mundo real 1": NetSuite Inc., Berlin Packaging, Churchill Downs e outras: o segredo do CRM está nos dados
Colocando todos os gansos em fila: gerenciamento em nível empresarial
Gestão do relacionamento com o cliente: o foco da empresa
O que é CRM?
As três fases do CRM
Benefícios e desafios do sistema CRM
ERP: a espinha dorsal da empresa
O que é ERP?
Benefícios e desafios do ERP
Gestão da cadeia de suprimentos: a rede da empresa
O que é SCM?
Função do SCM
Benefícios e desafios do SCM
Integração de aplicações empresariais
Sistemas de processamento de transações
Sistemas de colaboração empresarial
Seção II
Sistemas funcionais de negócios
TI nos negócios
Sistemas de *marketing*
"Caso do mundo real 2": OHSU, Sony, Novartis e outras: sistemas de informações estratégicas – é a vez do RH
Sistemas de produção
Sistemas de recursos humanos
Sistemas de contabilidade
Sistemas de gerenciamento financeiro
"Caso do mundo real 3": Perdue Farms e outras: a gestão da cadeia de suprimentos abastece o período de festas

Objetivos de aprendizagem

1. Identificar os seguintes sistemas interfuncionais para empresas e exemplificar de que forma eles produzem valor significativo para uma empresa:
   a. Sistema integrado de gestão (ERP).
   b. Gestão do relacionamento com o cliente (CRM).
   c. Gestão da cadeia de suprimentos (SCM).
   d. Integração de aplicativos empresariais.
   e. Sistemas de processamento de transações.
   f. Sistemas de colaboração empresarial.
2. Exemplificar como a internet e outras tecnologias da informação dão suporte a processos nas funções de contabilidade, finanças, gerenciamento de recursos humanos, *marketing* e gerenciamento de produção e operações nos negócios.
3. Compreender a necessidade da integração de aplicativos empresariais para aprimorar a interação entre várias aplicações de negócios eletrônicos.

Seção I — Sistemas empresariais de negócios

Introdução

Ao contrário do que muitos pensam, negócio eletrônico não é sinônimo de e-commerce, pois o escopo dos negócios eletrônicos é mais amplo e vai além das transações com uso significativo da rede, em combinação com outras tecnologias e formas de comunicação eletrônica, para viabilizar qualquer tipo de atividade empresarial.

Este capítulo introduz aplicativos empresariais voltados às empresas modernas atuantes no universo empresarial ágil e em constante mudança, constituídas cada vez mais por aplicações popularmente conhecidas como *negócios eletrônicos*. É importante lembrar que **negócios eletrônicos** consistem no uso da internet e de outras redes, e de tecnologia da informação para auxiliar no *e-commerce*, na comunicação e colaboração empresarial, e nos processos empresariais baseados na web, tanto dentro da empresa com conexões de rede como com seus clientes e parceiros comerciais. As aplicações de negócios eletrônicos abrangem o *e-commerce*, que consiste em compra, venda, *marketing* e oferta de produtos, serviços e informações pela internet e por outras redes. O *e-commerce* será abordado mais detalhadamente no Capítulo 8.

Neste capítulo, serão apresentados alguns dos principais conceitos e aplicações de negócios eletrônicos. Na Seção I, serão destacados exemplos de sistemas interfuncionais para empresas, principalmente de gestão do relacionamento com o cliente, gestão empresarial e gestão da cadeia de suprimentos. Na Seção II, serão apresentados exemplos de sistemas de informação que apoiam os processos básicos das áreas funcionais de uma empresa (ver Figura 7.1).

Leia o "Caso do mundo real 1", apresentado a seguir, que mostra os desafios e as vantagens proporcionados pelos sistemas de gestão do relacionamento com os clientes.

Aplicativos interfuncionais para empresas

Atualmente, muitas companhias estão utilizando a tecnologia da informação para criar **sistemas interfuncionais de negócios** integrados que ultrapassam os limites das tradicionais funções empresariais para reestruturar e aperfeiçoar os processos corporativos vitais de toda a empresa. Essas organizações enxergam os sistemas interfuncionais de negócios como forma estratégica de aproveitamento da tecnologia da informação para compartilhar fontes de informações e melhorar a eficácia e eficiência dos processos empresariais, além de estabelecer uma relação estratégica com clientes, fornecedores e parceiros comerciais. A Figura 7.2 mostra um exemplo desse processo interfuncional.

Primeiro, muitas companhias passaram dos *sistemas legados* funcionais baseados em *mainframe* para as aplicações *cliente-servidor* interfuncionais integradas. Essa mudança em geral envolvia a instalação de *software* de sistema integrado de gestão (*enterprise resourse planning – ERP*), gestão da cadeia de suprimentos (*supply chain management – SCM*) ou *gestão do relacionamento com o cliente* (*customer relationship management – CRM*) de fornecedores, como SAP, Oracle e outros. Em lugar de focar as necessidades de processamento das funções empresariais, esses *softwares* corporativos focam o suporte a grupos integrados de apoio às operações de um negócio.

Assim, é possível observar nos textos dos "Casos do mundo real" apresentados no livro que as empresas estão utilizando a tecnologia da internet para ajudá-las a reestruturar e integrar o fluxo de informações entre os processos empresariais internos e seus clientes e fornecedores. As companhias do mundo todo estão utilizando a World Wide Web e suas intranets e extranets como plataforma de tecnologia para seus sistemas de informação interempresariais e interfuncionais.

Arquitetura de aplicação empresarial

A Figura 7.3 mostra uma **arquitetura empresarial de aplicações**, com as relações entre as principais aplicações interfuncionais que hoje as empresas utilizam ou estão instalando. A finalidade dessa arquitetura não é mostrar uma estrutura detalhada ou completa de aplicações, mas um esquema conceitual para ajudar a visualizar os componentes, os processos e as interfaces básicos das principais aplicações de negócios eletrônicos e suas relações mútuas. Essa arquitetura também ressalta os papéis exercidos por esses sistemas empresariais no apoio a clientes, fornecedores, parceiros e funcionários de uma empresa.

CASO DO MUNDO REAL 1

NetSuite Inc., Berlin Packaging, Churchill Downs e outras: o segredo do CRM está nos dados

Zach Nelson está sentado em um café do Vale do Silício, tomando um cappuccino, mordiscando um doce e desenhando diagramas de arquitetura de TI. Sua missão: mostrar o que ele acredita ser o maior motivo pelo qual a categoria de *software* conhecida como gestão do relacionamento com os clientes (CRM) tem sido incapaz de apagar o rótulo pejorativo de muitas instalações multimilionárias malsucedidas.

De acordo com Zach Nelson, o CRM é mais fácil de implementar quando uma empresa é jovem. "Não há nenhum dado de cliente nativo neles", diz Nelson, CEO da NetSuite Inc., que vende um pacote de aplicativos empresariais sob demanda baseados na web, incluindo CRM. "É por isso que falham."

Quando o CRM chegou ao mercado em meados de 1990, impulsionado em grande parte pela Siebel Systems, o *software* normalmente vinha acompanhado de alguns bancos de dados proprietários, que depois tinham de ser preenchidos com os dados dos clientes alojados em sistemas empresariais incompatíveis. O resultado? "Os registros de clientes ficaram espalhados e muitas vezes há sobreposição e inconsistência", afirma Nelson.

Até a hora de acabar sua refeição matinal, Nelson também fez uma defesa convincente do porquê as empresas de pequeno e médio portes estarem prontos para recorrerem diretamente ao CRM. Segundo ele, é muito mais fácil fazer o CRM no início da história de uma empresa do que depois. Além disso, o *software* por demanda baseado na web, como o tipo que a empresa de Nelson oferece, permite o acesso a aplicativos de TI que, no passado, poderiam ter sido muito caros ou muito complexos. A Designs for Health Inc., uma fabricante de suplementos nutricionais com receita anual de US$ 10 milhões, não está disposta a investir milhões em um grande pacote de CRM, mas realmente precisa de um sistema contábil mais sofisticado do que o QuickBooks da Intuit. Por isso, a empresa pediu à NetSuite que hospedasse um aplicativo de contabilidade capaz de permitir à empresa automatizar seus processos contábeis e compartilhar dados facilmente com outros aplicativos da NetSuite, como o módulo de CRM que seria acrescentado posteriormente.

Talvez o fator mais decisivo para o sucesso de CRM de pequenas e médias empresas é que a maioria ainda não está paralisada por silos de dados e sistemas incompatíveis, além de terem aprendido com aqueles que tiveram de gastar muito tempo e energia unindo silos. "O maior problema dos sistemas diferentes é determinar o que é a sua fonte da verdade", diz Steve Canter, CIO da Berlin Packaging LLC, empresa cuja receita atinge US$ 200 milhões por ano com a fabricação de latas e garrafas usadas para empacotar de tudo, de maquiagem a geleia. "Tenho um sistema de gestão de relacionamento com o cliente que tem um arquivo-mestre de clientes. Também conto com um sistema de gerenciamento de pedidos com um arquivo de clientes. Se as informações entre esses sistemas não são correspondentes, qual deles devo considerar? Com uma única instância do mestre de clientes, podemos saber que é a verdade."

Em tese, a integração de dados de clientes fornece uma visão universal de um cliente, resolvendo discrepâncias de nomes e endereços, bem como resumindo dados de interação de clientes a partir de vários sistemas. Os dados do cliente em muitas empresas de TI continuam fragmentados, em sistemas de CRM, ERP e SCM, o que significa que a TI por trás de operações voltadas para o cliente, como *call centers*, muitas vezes não é capaz de fornecer aos funcionários uma visão única do cliente.

A Berlin considerou acrescentar um aplicativo de CRM da PeopleSoft ao sistema integrado de gestão (ERP) e gestão da cadeia de suprimentos existente da empresa, mas foi decidido que tal esforço pode resultar em demasiada diversificação. Assim, a empresa optou pela utilização do código de programação da PeopleTools no sistema ERP para integrar aplicativos *bolt-on* que convertem as funções de gestão financeira e da cadeia de suprimentos em processos de CRM. Com registros de mais de 27 mil clientes adquiridos desde meados da década de 1990, o banco de dados de ERP agora serve como um centro de dados do cliente que permite a qualquer parte da empresa ter acesso a informações definitivas e abrangentes. Saber que não há outras coleções de dados do cliente em qualquer outro local da empresa resulta em uma significativa paz de espírito.

Além disso, Canter tem conseguido bons resultados sem absorver custos tangíveis, e os funcionários têm adotado rapidamente todas as ferramentas apresentadas por ele. Para qualquer CIO de grande empresa, trata-se da parte mais difícil de uma instalação de CRM. O segredo, diz Canter, foi uma combinação de mudanças incrementais e interfaces com as quais os vendedores já estão familiarizados: "Não é como implementar um sistema de CRM, em que a vida de todos muda da noite para o dia. Pouco a pouco, eles estão recebendo um sistema de CRM, mesmo sem perceber".

Criar sistemas de CRM de outros aplicativos não é para qualquer um, afirma Barton Goldenberg, presidente da ISM, empresa de consultoria de CRM. Goldenberg acredita firmemente que o *software* de CRM pode fornecer dados de inteli-

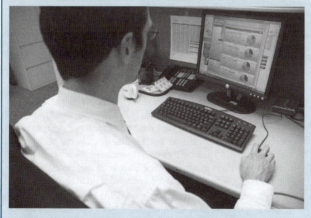

Fonte: © Simon Dearden/Corbis.

FIGURA 7.1 O *software* de CRM permite que profissionais de vendas e *marketing* aumentam as receitas de vendas, oferecendo mais e melhores serviços aos clientes e interessados.

Continua →

gência e suporte aos processos empresarias de *front-end* que mesmo o mais cuidadosamente refinado sistema de ERP não é capaz de igualar: "Os dados são inúteis, a menos que sejam colocados em contexto. Posso até enviar dados por pombo-correio, mas é o aplicativo de CRM que agrega valor".

Uma implantação de CRM cuidadosamente concebida exatamente isso para a Churchill Downs, empresa de US$ 500 milhões por ano que opera seis pistas de corrida de cavalos, incluindo a sua homônima, lar do famoso Kentucky Derby. Trata-se também converter sua publicidade de mercado de massas em uma abordagem mais *one-to-one*.

Antes de Atique Shah ingressar na empresa, no final de 2003, como vice-presidente de CRM e soluções de tecnologia, a Churchill Downs tinha acabado de admitir que os dados agregados selecionados de seu clube de fidelidade Twin Spires poderiam ser divididos em quatro diferentes grupos de clientes. Shah não estava tão seguro disso. Assim, ele obteve a aprovação orçamentária para obter uma gama de tecnologias, começando com o *software* de CRM da Epiphany e com suporte da ferramenta de *data mining* Clementine da SPSS e do *software* de extração e transformação de dados Ascential, da IBM. Shah, em seguida, percorreu os dados com a Clementine e descobriu que, na verdade, havia nove tipos de clientes agregados, uma indicação de que os esforços de comercialização anteriores provavelmente não foram tão úteis ou relevantes quanto deveriam ter sido. Perguntado se está perto de conseguir uma visão de 360 graus de seus clientes, ele ri e diz: "Acredito que estamos provavelmente nos 190 graus". Churchill Downs tem 27 fontes de informações do cliente, e avaliar alguma coisa em meio a todas elas é um problema constante, diz Shah.

Para mostrar os perfis mais detalhados que surgiam, Shah mudou dos rótulos genéricos dos antigos compartimentos – de platina, ouro, prata e bronze – para descrições que sugeriam as individualidades de cada segmento. Assim, um cliente do sexo feminino que vai às corridas apenas algumas vezes por ano e está lá mais pelo espetáculo social do que para apostar agora é conhecido como "Rara Rita", e um homem rico na casa dos 50 anos que gasta mais de US$ 100 mil por ano na pista e está confiante em seu conhecimento de corridas é um "Steve Esperto".

Shah publicou as novas informações para as diversas pistas de corrida da empresa e projetou uma campanha de teste em Arlington Park, perto de Chicago. O pessoal de Arlington selecionou 55 mil casas fora de seu banco de dados e, em seguida, dividiu-os nos nove segmentos de clientes que Clementine tinha fornecido. A seguir, cada grupo distinto de clientes recebeu publicidade de mala-direta que refletia seu perfil, com informações e ofertas que combinavam com seus atributos. A taxa de resposta foi impressionante, resultando na visita ao parque na temporada seguinte de quase 10% daqueles que receberam a correspondência.

"O mais surpreendente foi que o grupo segmentado de clientes gerou US$ 1,6 milhão nas duas primeiras semanas. Um ano antes, os mesmos clientes haviam gerado US$ 950 mil, afirma Shah".

O sucesso dessa campanha ressaltou o valor dos dados à frente dos quais a Churchill Downs havia, de várias maneiras, estado.

Ainda que sejam pequenas e médias empresas que implementam o CRM, é claro que os dados podem se traduzir em aumento de vendas.

Goldenberg, da ISM, reitera, no entanto, que as empresas precisam certificar-se de que os dados estão em ordem antes de iniciar qualquer grande iniciativa de CRM. Mesmo que ele acredite que, na maioria dos casos, é a aplicação de CRM – e não os dados – o que está fornecendo o valor real do negócio, é também óbvio que um não pode prosperar sem o outro: "Sem dados precisos, completos e abrangentes, qualquer esforço de CRM será inferior ao ideal", diz ele.

Isso que nos leva de volta à previsão de Nelson, da NetSuite: daqui a alguns anos, as pequenas empresas de hoje terão franca vantagem sobre seus concorrentes maiores, principalmente porque o estabelecimento de um registro-mestre de dados de clientes será comprovadamente uma tarefa menos difícil para elas. De acordo com a análise de Nelson, a decisão de estabelecer fontes unificadas de dados de clientes vai valer a pena para as empresas emergentes que se decidirem por isso: "Depois de colocar os seus dados no lugar, coisas que antes eram muito complexas tornam-se bastante triviais".

Talvez não tão triviais quanto tomar um café e comer um doce, mas não seria ótimo se fosse quase isso?

Fonte: Adaptado de Tony Kontzer. "CRM's Secret Is in the Data". *InformationWeek*, 15 de agosto de 2005; e Charles Babcock. "Looking for a Clearer View of the Customer". *InformationWeek*, 8 de agosto de 2005.

QUESTÕES DO ESTUDO DE CASO

1. Quais são os benefícios empresariais das implementações de CRM para organizações como a Berli Packaging e a Churchill Downs? Que outros usos de CRM você recomendaria para esta última? Desenvolva algumas alternativas.
2. Você concorda com a ideia de que organizações menores estão mais bem posicionadas para serem usuárias mais eficazes de CRM que as maiores? Por quê? Justifique sua resposta.
3. Um dos principais problemas observado no caso é a importância de dados "bons" para o sucesso de implementações de CRM. Discutimos muitos deles no Capítulo 5, quando comparamos abordagens de processamento de arquivos e gerenciamento de banco de dados para o gerenciamento de recursos de dados. Quais dos problemas discutidos naquele capítulo você vê no presente caso? Como os aplicativos de CRM poderiam resolvê-los? Dê exemplos do caso para justificar a sua resposta.

ATIVIDADES DO MUNDO REAL

1. A NetSuite é um provedor líder de aplicativos empresariais sob demanda incluindo o sistema CRM apresentado no caso. Outros importantes participantes desse mercado incluem Salesforce.com e Siebel On Demand. Pesquise na internet ofertas de produtos das três empresas e descubra como elas estão se saindo nessa indústria cada vez mais competitiva. Compare e destaque as características dos produtos dessas empresas para saber se as ofertas estão se tornando, como resultado, diferenciadas ou mais parecidas.
2. Nesse caso, as implementações de CRM ressaltam a importância decisiva de informações sobre clientes, suas preferências e atividades, e como usar isso para entender e desenvolver melhores soluções de *marketing*. Por sua vez, essas empresas são capazes de visar a clientes individualmente, o que pode ser motivo de preocupação para algumas pessoas. Divida a turma em pequenos grupos para discutir essas questões, bem como formas para ambas as empresas e seus clientes se beneficiarem de sistemas de CRM e ainda proteger a privacidade do cliente.

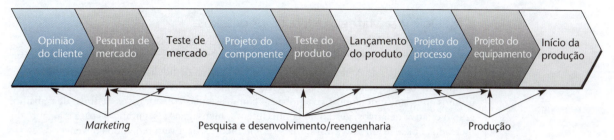

FIGURA 7.2 Processo de desenvolvimento de novo produto de uma indústria. Trata-se de um exemplo de processo empresarial que deve ser auxiliado por sistemas de informações interfuncionais, que ultrapassem os limites de várias funções empresariais.

Observe que, em vez de se concentrarem nas funções empresariais tradicionais ou de apenas apoiarem os processos internos de uma empresa, as aplicações empresariais dedicam-se à realização dos processos empresariais vitais juntamente com clientes, fornecedores, parceiros e funcionários participantes. Desse modo, o sistema integrado de gestão (ERP) concentra-se na eficácia dos processos internos de produção, distribuição e finanças de uma empresa. A aplicação de gestão do relacionamento com o cliente (CRM) dedica-se à obtenção e retenção de clientes valiosos por meio dos processos de *marketing*, vendas e serviços. O programa de gestão do relacionamento com parceiros (*partner relationship management* – PRM) está voltado à obtenção e manutenção de parcerias que possam melhorar a venda e distribuição dos serviços e produtos de uma empresa. O sistema de gestão da cadeia de suprimentos (SCM) concentra-se na criação de processos eficazes de busca de fornecedores e de requisição e compra de matéria-prima necessária para os produtos e serviços da empresa. A aplicação de gestão do conhecimento dedica-se ao fornecimento, aos funcionários de uma empresa, de ferramentas de apoio à colaboração e à tomada de decisão.

Nesta seção, serão discutidas as aplicações de CRM, ERP e SCM, e, no Capítulo 9, a aplicação de gestão do conhecimento. O exemplo a seguir é um sistema real interfuncional de negócios em ação.

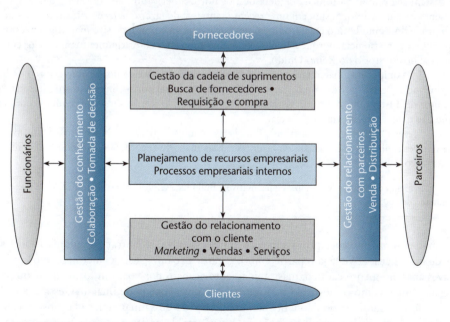

FIGURA 7.3 Essa arquitetura de aplicação empresarial apresenta uma visão geral das principais aplicações interfuncionais e suas inter-relações para empresas.

Fonte: Adaptado de Mohan Sawhney and Jeff Zabin. *Seven Steps to Nirvana: Strategic Insights into e-Business Transformation.* New York: McGraw-Hill, 2001, p. 175.

Ogilvy & Mather e MetLife: os desafios interpessoais de implementar aplicativos globais

As 250 mil milhas de Atefeh Riazi obtidas no programa de fidelidade provam que este não é um planeta tão pequeno afinal. Como CIO da Ogilvy & Mather Worldwide, Riazi passou os últimos anos lançando aplicativos globais – como sistemas colaborativos de fluxo de trabalho, gestão criativa de ativos, gestão do conhecimento, mensagens e segurança – para a gigante do mercado com sede em Nova York. Mais recentemente, Riazi vem tentando convencer os escritórios da Ásia, Europa e América Latina a substituir seus sistemas próprios pelo sistema norte-americano SAP de planejamento de recursos empresariais para finanças, recursos humanos e produção. Um sitema ERP comum, segundo Riazi, daria aos 400 escritórios da Ogilvy em mais de 100 países acesso a informações em tempo real para tomar decisões rápidas, responder melhor às mudanças do mercado e cortar custos.

O fato é que a globalização acrescenta uma nova dinâmica ao local de trabalho, e os CIOs que insistirem na consagrada fórmula de negócios norte-americana fracassarão. Eles devem abandonar a ideia de encaixar à força suas visões em escritórios no mundo todo e avançar rumo a uma infraestrutura global construída colaborativamente pela equipe em todo o planeta.

Pense em uma empresa que lança um sistema global com exigências de banda larga. Esse sistema pode não ser viável para diretores de TI do Oriente Médio ou de partes da Ásia, onde o custo do serviço é maior do que em Nova York. O sistema padronizado é multilíngue? Pode converter moedas diferentes? Pode acomodar as complexas legislações fiscais de cada país?

Para projetos globais, trabalhar virtualmente é decisivo, um dos maiores desafios. "Você está lidando com idiomas diferentes, culturas diferentes, fusos horários diferentes", diz George Savarese, vice-presidente de operações e serviços de tecnologia da MetLife, empresa sediada em Nova York. Por exemplo, Savarese terá que administrar uma reunião marcada para as 18 horas, horário de Nova York, pois serão 8 horas na Coreia do Sul e 21 horas no Brasil. Ele acrescenta, porém, que apenas o telefone e os *e-mails* não são suficientes. "Você realmente tem de estar lá, no espaço deles, entender onde o lugar fica", diz ele, acrescentando que gasta cerca de metade de cada mês no exterior.

"A globalização desafia as habilidades de seu pessoal todos os dias", diz Riazi Ogilvy. Por exemplo, os trabalhadores do Reino Unido muitas vezes confiam muito em pesquisa qualitativa e gastam seu tempo na tomada de decisões; os norte-americanos, ao contrário, tendem a ser orientadas para a ação. Assim, em uma recente tentativa de fazer que os escritórios dos Estados Unidos e do Reino Unido colaborem em uma distribuição comum de sistema, Riazi encontrou um muro de resistência, porque não passava tempo suficiente com argumentos analíticos com o pessoal no escritório do Reino Unido.

Ter equipes internacionais executando projetos globais exige um grande esforço de boa vizinhança. Ogilvy, por exemplo, gerencia um projeto de relatórios financeiros da Irlanda. "O diretor de TI tem um ponto de vista europeu, por isso não vamos ser surpreendidos por algo que não é uma solução viável", diz ela.

"Temos de delegar o controle", diz ela da sede da Ogilvy em Nova York. "Um monte de empresas globais não é capaz de fazer isso. Elas mantêm o controle de modo exagerado. É destrutivo."

Fonte: Adaptado de Melissa Solomon. "Collaboratively Building a Global Infrastructure". *CIO Magazine*, 1º de junho de 2003.

Colocando todos os gansos em fila: gerenciamento em nível empresarial

Eis uma pergunta que você provavelmente nunca esperava encontrar em um livro sobre sistemas de informação: "Você já reparou como os gansos voam?". Eles começam como um bando de aves aparentemente caótico, mas rapidamente acabam por voar em forma de V, ou padrão de esquadrilha, como o mostrado na Figura 7.4. Como você pode imaginar, essa consistência na formação durante o voo não é um acidente. Ao voar dessa maneira, cada ganso recebe um pequeno mas real benefício de redução da resistência do ar a partir da ave à sua frente. Isso permite que todos os pássaros voem longas distâncias. Claro, o pássaro líder tem a tarefa mais difícil, mas os gansos descobriram uma maneira de ajudar nisso também. Sistematicamente, uma

FIGURA 7.4 Os gansos voam em uma formação altamente organizada e eficiente em forma de V – muito parecida com uma empresa bem gerida.

Fonte: © Warren Jacobi/Corbis.

das aves da formação vai voar até a frente do bando, para aliviar a tarefa do pássaro líder. Dessa forma, o bando todo reparte a carga enquanto todos se dirigem para a mesma direção.

Legal, o que isso tem a ver com os sistemas de informação? Este capítulo concentra-se em sistemas que abrangem a empresa e que se destinam a dar suporte a três operações em toda a empresa: relacionamento com clientes, planejamento de recursos e cadeia de suprimentos.

Cada operação requer um foco único e, portanto, um sistema único de suporte, mas todas partilham de um objetivo comum: alinhar toda a organização para seguir na mesma direção, assim como os gansos fazem.

Poderíamos cobrir esses importantes sistemas corporativos em qualquer ordem, e se pedíssemos a três pessoas para fazer isso, provavelmente obteríamos três diferentes abordagens. Para nossos propósitos, vamos começar com o foco de qualquer negócio: o cliente. Deste ponto, vamos ampliar nossa visão para as operações administrativas e, finalmente, para os sistemas que controlam a circulação de matérias-primas e produtos acabados. O resultado final, é claro, é que faremos que todos os "gansos" do negócio voem na mesma direção da forma mais eficiente possível.

> *Hoje, os clientes estão no comando. Eles podem comparar e, com um clique do mouse, mudar de uma empresa para outra. Como resultado, os relacionamentos com os clientes tornaram-se o ativo mais importante de uma empresa. Esses relacionamentos valem mais do que produtos, lojas, fábricas, endereços na web e até funcionários da empresa. Qualquer estratégia empresarial deve abordar como encontrar e reter ao máximo seus clientes rentáveis.*

Gestão do relacionamento com o cliente: o foco da empresa

O valor essencial do negócio do relacionamento com o cliente hoje é indiscutível. Por isso, enfatizamos no Capítulo 2 que tornar uma empresa focada no cliente é uma das principais estratégias empresariais que podem ser apoiadas pela tecnologia da informação. Assim, muitas empresas estão implementando iniciativas empresariais de gestão do relacionamento com clientes (CRM) e sistemas de informação como parte de uma estratégia focada ou centrada no cliente para melhorar suas chances de sucesso no ambiente empresarial competitivo atual. Nesta seção, vamos explorar os conceitos e tecnologias básicos de CRM, bem como exemplos dos benefícios e desafios enfrentados pelas empresas que implementaram sistemas de CRM como parte de sua estratégia de negócios focada no cliente.

O que é CRM?

O gerenciamento de todas as nuanças da relação com o cliente envolve dois objetivos relacionados: primeiro, oferecer à organização e a todos os funcionários que lidam com clientes uma visão única e completa de todo cliente em cada meio de contato e ao longo de todos os canais; e, segundo, proporcionar ao cliente uma visão única e completa da companhia e de seus canais estendidos.

Essa é a razão pela qual as empresas estão adotando sistemas de **gestão do relacionamento com o cliente (CRM)** para melhorar o foco nos clientes. O CRM utiliza tecnologia da informação para criar um sistema empresarial interfuncional que integra e automatiza muitos dos processos de *atendimento ao cliente* em termos de vendas, *marketing* e serviços que interagem com os clientes da empresa. O sistema CRM também cria estrutura de tecnologia da informação de *software* e bancos de dados baseados na web para integrar esses processos com o restante das operações da empresa e abrange um conjunto de módulos de *software* providos de ferramentas que permitem à empresa e a seus funcionários oferecer serviço rápido, conveniente, confiável e uniforme a seus clientes. Siebel Systems, Oracle, SAP, IBM e Epiphany são alguns dos fornecedores principais de *software* CRM. A Figura 7.5 mostra alguns dos principais componentes de aplicação de um sistema CRM. Cada um desses componentes será analisado detalhadamente em seguida.

Gestão de contas e contatos

O *software* CRM ajuda os profissionais de vendas, *marketing* e serviços a obter e acompanhar dados importantes sobre cada contato anterior ou planejado com clientes ou futuros clientes, bem como de outros negócios e fatos do ciclo de vida do cliente. As informações são obtidas de qualquer *meio de contato* com o cliente, como telefone, fax, *e-mail*, *site* da companhia, lojas, terminais de autoatendimento e contato pessoal. O sistema CRM armazena os dados em um banco de dados único de clientes que integra todas as informações sobre as contas de clientes e as disponibiliza a toda a empresa por meio de internet, intranet ou outra ligação de rede para aplicações de vendas, *marketing*, serviços e outras de CRM.

Vendas

O sistema oferece aos representantes de vendas ferramentas de *software* e fontes de dados da companhia necessárias para auxiliar e controlar as atividades de vendas e otimizar o processo de *venda cruzada* e *venda superior*. A venda cruzada ocorre quando o cliente de um produto ou serviço, como seguro de automóvel, interessa-se em adquirir um produto ou serviço relacionado, como seguro de imóvel. Ao adotar a técnica de venda cruzada, o representante de vendas consegue atender melhor seus clientes e, ao mesmo tempo, aumentar as vendas. O procedimento de venda superior refere-se à tentativa de vender a um cliente novo ou já exis-

FIGURA 7.5 Principais grupos de aplicação na gestão do relacionamento com o cliente.

tente um produto melhor que aquele que ele está procurando. Alguns exemplos de aplicações para esse método são os recursos que oferecem informações de produtos e de clientes potenciais, de configuração de produtos e de geração de cotas de vendas. O CRM também permite o acesso em tempo real a uma única visão comum do cliente, de modo que seja possível verificar todos os aspectos referentes à situação e ao histórico da conta de um cliente antes de uma visita ser agendada. Por exemplo, o sistema CRM avisa o representante de vendas de um banco para entrar em contato com um cliente quando este efetua um grande depósito, e então o vendedor pode oferecer ampliação do limite de crédito ou serviços de investimento. Além disso, o sistema pode alertar um vendedor sobre um serviço, uma entrega ou um problema de pagamento não resolvido, o que pode ser solucionado por meio de um contato com o cliente.

Marketing e atendimento

O sistema CRM auxilia os profissionais de *marketing* a realizar campanhas diretas automatizando tarefas como seleção de clientes potenciais para campanhas direcionadas, cronograma e acompanhamento da remessa de mala-direta. Desse modo, o *software* CRM ajuda os profissionais de *marketing* a obter e controlar as informações das respostas de clientes e futuros clientes no banco de dados CRM, e a analisar o valor do cliente e da empresa em uma campanha de *marketing* direto da companhia. Esse sistema também ajuda a atender e responder às solicitações dos clientes e potenciais clientes, agendando, com rapidez, contatos de vendas e oferecendo informações sobre produtos e serviços e, ao mesmo tempo, extraindo informações importantes para o banco de dados do CRM.

Suporte e serviços ao cliente

O sistema CRM proporciona aos representantes de serviços ferramentas de *software* e acesso em tempo real ao banco de dados único de clientes compartilhado por profissionais de vendas e *marketing*. O sistema ajuda a gerência de atendimento ao cliente a criar, designar e controlar solicitações de serviços feitas por clientes. O *software* do *call center* encaminha as chamadas aos atendentes de suporte ao cliente com base na qualificação e autoridade para tratar de tipos específicos de solicitações de serviço. O *software* de *serviço de assistência técnica (help desk)* oferece dados e sugestões importantes sobre serviços para os representantes de atendimento ao cliente ajudarem os clientes a resolver os problemas com serviços ou produtos. O autoatendimento baseado na web permite ao cliente acessar facilmente as informações de apoio personalizado no *site* da companhia, oferecendo, ao mesmo tempo, opção para obter assistência adicional do pessoal de atendimento *on-line* ou por telefone.

Programas de fidelidade e retenção

Avaliemos estes aspectos:

- O custo de vender para um novo cliente é seis vezes superior ao de vender para um cliente existente.
- Um cliente insatisfeito demonstrará sua insatisfação a oito ou dez pessoas.
- Se a empresa conseguir aumentar em 5% a retenção anual dos seus clientes, pode aumentar seu lucro em 85%.
- A probabilidade de venda de um produto para um novo cliente é de 15%, ao passo que a probabilidade de venda para um cliente antigo é de 50%.
- Dos clientes reclamantes, 70% voltarão a fazer negócios com a companhia se esta resolver prontamente o problema.

Essas são as razões pelas quais melhorar e otimizar a fidelidade e retenção do cliente é uma importante estratégia e o principal objetivo da gestão do relacionamento com o cliente. O sistema CRM ajuda a companhia a identificar e recompensar os clientes mais lucrativos e leais, e a negociar com eles. O *software* de análise de CRM inclui ferramentas de *data mining* e outros *softwares* de análise de *marketing*, ao passo que os bancos de dados CRM são constituídos por depósitos de dados de clientes e *data marts* CRM. Essas ferramentas são utilizadas para identificar clientes lucrativos e leais, e para direcionar e avaliar os programas de *marketing* e de relacionamento para esses clientes. A Figura 7.6 apresenta um exemplo de parte de um relatório proposto e baseado na web para avaliação de desempenho em termos de retenção de clientes da Charles Schwab & Co.

	Navegação	Desempenho	Operações	Ambiente
Retenção de cliente	Taxa de retenção de cliente	Taxa de retenção por grupo de clientes	Porcentagem de clientes usuários ativos da web	Oferta de concorrentes
	Taxa de retenção de domicílio	Taxa de retenção por segmento de clientes	Porcentagem de clientes usuários de *e-mail*	Participação da carteira de clientes
	Tempo médio de permanência como cliente	Classificação de fidelidade do cliente	Queda na atividade do cliente Propensão a deixar de ser cliente	Retenção comparativa Tempo comparativo de permanência como cliente
Experiência do cliente	Satisfação por segmento de clientes	Satisfação do cliente por:		
	Satisfação por grupo de clientes	• Tarefa	Tempo gasto para realização de tarefas comuns	Satisfação comparativa:
	Satisfação por cenário de clientes	• Meio de contato	Precisão dos resultados da busca na web	Concorrentes:
		• Canal parceiro	Porcentagem de negócios realizados com melhoria nos preços	• Outros vendedores *on-line*
		Desempenho ponto a ponto por cenário	Porcentagem de *e-mails* respondidos com precisão em uma hora	• Outras empresas de serviços financeiros
		Satisfação do cliente com a qualidade da informação fornecida		• Todos os produtos e serviços
Gasto do cliente	Receita média por cliente	Receita por segmento de clientes	Conexões diárias na abertura do mercado Receita diária com negócios	Total de ativos de corretagem
	Lucratividade média por cliente	Lucros por segmento de clientes	Porcentagem de aumento nos ativos de clientes	Aumento de ativos de corretagem
	Aumento de ativos de clientes	Aumento de ativos de clientes por segmento	Custo de atendimento por meio de contato	
	Valor do tempo de vida como cliente			

FIGURA 7.6 Formato de relatório proposto para avaliação de desempenho de retenção de clientes da Charles Schwab & Co.

As três fases do CRM

A Figura 7.7 mostra outra maneira de refletir sobre o valor do cliente e da empresa, e dos componentes da gestão do relacionamento com o cliente. O CRM pode ser visto como um sistema integrado de ferramentas de *software* e bancos de dados com recursos da web para a execução de diversos processos empresariais voltados ao cliente e de apoio às três fases da relação entre empresa e cliente.

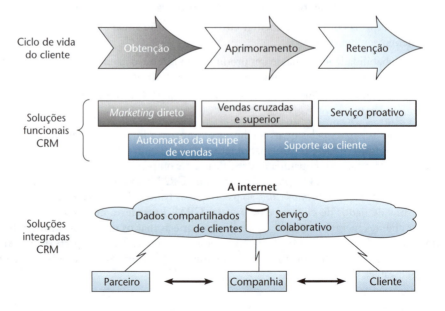

FIGURA 7.7 Como o sistema CRM auxilia as três fases da relação entre empresa e clientes.

- **Obtenção de novos clientes.** Uma empresa depende das ferramentas de *software* e dos bancos de dados CRM para obter novos clientes, realizando um trabalho mais eficaz de controle dos contatos, busca de clientes, vendas, *marketing* direto e atendimento dos pedidos. A finalidade dessas funções de CRM é fazer que o cliente perceba o valor de um produto de qualidade superior oferecido por uma empresa de destaque.

- **Aprimoramento do atendimento ao cliente.** As ferramentas de suporte e atendimento ao cliente e de controle de contas CRM com recursos da web ajudam a manter a satisfação do cliente, com equipes de vendas e especialistas em serviços e parceiros comerciais conectados em rede oferecendo pronto atendimento e serviços de qualidade superior. Além disso, as ferramentas de *marketing* e atendimento dos pedidos do cliente e de automação de vendas CRM ajudam as empresas a realizar vendas cruzadas e superiores, aumentando, assim, a sua lucratividade. O cliente valoriza a conveniência de poder comprar de apenas uma empresa a preços atraentes.

- **Retenção de clientes.** Os bancos de dados e *softwares* de análise CRM ajudam a companhia a identificar e recompensar de forma proativa clientes mais leais e lucrativos para manter e expandir os negócios por meio de programas de *marketing* de relação e de mercado-alvo. O cliente percebe a importância de uma relação comercial personalizada e recompensadora com "sua companhia".

Benefícios e desafios do sistema CRM

São muitas as potenciais vantagens, para a empresa, da gestão do relacionamento com os clientes. Por exemplo, o sistema CRM permite à empresa identificar seus melhores clientes e concentrar os esforços neles – que são os mais lucrativos para a companhia – para retê-los como clientes de longa data, oferecendo a eles serviços de mais qualidade e mais lucrativos. O sistema permite personalizar e oferecer produtos e serviços sob medida com base nos desejos, nas necessidades, nos hábitos de compra e no ciclo de vida do cliente. O CRM também controla a quantidade de vezes que o cliente contata a companhia, independentemente do meio de contato. Além disso, o sistema permite à companhia oferecer experiência sólida e serviço e suporte de melhor qualidade ao cliente em todos os meios de contato que ele escolher. Todas essas vantagens produzem valor estratégico para a empresa e cliente.

Continental Airlines: conhecendo os seus clientes

Não seria bom se, apenas uma vez, um desses funcionários ranzinzas das empresas aéreas oferecesse uma desculpa sincera e clara por perder sua bagagem ou para um voo atrasado? Se você estiver voando em primeira classe com a Continental Airlines, poderá finalmente ouvir essas desculpas.

Desde 2001, a empresa aérea com sede em Houston vem aprimorando os relatórios de bordo fornecidos aos comissários antes da decolagem, com informações mais detalhadas sobre os passageiros. Por exemplo, além de indicarem quais são os passageiros que solicitam refeições especiais, os relatórios expandidos assinalam os clientes de alto valor para a companhia e dão detalhes sobre algum problema vivenciado por eles, como bagagens perdidas ou voo atrasado. De posse dessas informações, os comissários podem agora abordar esses clientes durante o voo para pedir desculpas pelos inconvenientes. Esse tipo de serviço sofisticado e personalizado aumenta a lealdade do cliente, especialmente entre os consumidores mais valiosos da Continental – e essa lealdade volta na forma de receita.

A empresa divide os clientes em diferentes níveis de rentabilidade: Desde o estabelecimento do novo sistema, a companhia relata ganhos de US$ 200 em receita na média em relação a cada um dos seus 400 mil clientes valiosos e mais US$ 800 adicionais em receitas por cada um dos 35 mil clientes da camada mais rentável – e isso acontece porque a empresa concede a esses clientes um serviço melhor.

O desejo da Continental de melhorar a sua classificação em uma indústria competitiva levou-a a um depósito de dados empresariais em tempo real (*enterprise data warehouse* – EDW). Quando o EDW começou a ser desenvolvido em 1998, seu objetivo inicial era reunir dados de cerca de 27 sistemas para que a empresa pudesse ter previsões de receita mais precisas. Desde então, a empresa o tem utilizado para determinar se as iniciativas de fidelização do cliente realmente afetam a receita. Ao testar uma amostra de 30 mil clientes que tiveram atrasos em seus voos, a Continental descobriu que os indivíduos aos quais a companhia enviou uma carta de desculpas e algum tipo de compensação (sob a forma de um coquetel gratuito em seu voo seguinte ou milhagem extra) esqueceram o ocorrido e não guardaram rancor. Na verdade, a Continental afirma que a receita dos passageiros que receberam as cartas aumentou 8%.

Utilizando dados operacionais e de clientes no EDW, a equipe do depósito de dados desenvolveu uma solução para uma das maiores dores de cabeça enfrentadas pelos agentes: acomodar passageiros incomodados por um cancelamento ou atraso. A equipe criou um programa que automatiza o processo de alteração da reserva. Antes do desenvolvimento do programa, os agentes de embarque tinham de descobrir por conta própria como redirecionar os passageiros, mas agora, quando ocorre um cancelamento ou atraso, o sistema faz o trabalho para eles. Por exemplo, quando o sistema identifica um cliente de alto valor cujo voo tenha sido cancelado, o agente de embarque pode decidir colocar aquele passageiro no voo de alguma empresa concorrente apenas para deixar o cliente satisfeito e levá-lo a seu destino o mais rápido possível.

"Antes do depósito de dados, a pessoa que gritava mais alto recebia o melhor atendimento. Agora, os nossos clientes mais valiosos recebem o melhor serviço", diz Alicia Acebo, diretora do depósito de dados da Continental.

Fonte: Adaptado de Meridith Levinson, "Getting to Know Them", *CIO Magazine*, 9 de maio de 2007.

Falhas de CRM

As vantagens para as empresas da gestão do relacionamento com os clientes não são garantidas e, ao contrário, em muitas companhias têm-se mostrado ilusórias. Resultados de levantamentos realizados por grupos de pesquisa do setor mostram que mais de 50% dos projetos de CRM não produziram os resultados prometidos. Em outro relatório baseado em pesquisas, 20% das empresas consultadas relataram que, na verdade, a implementação de CRM acabou deteriorando a relação com clientes de longa data. Além disso, em um levantamento realizado com os gerentes seniores das empresas a respeito de 25 ferramentas de gerenciamento, o CRM ficou praticamente nas últimas colocações em termos de satisfação do usuário, embora 72% previssem a implementação dos sistemas CRM em futuro próximo.

Qual é a razão desse alto índice de fracasso ou insatisfação com o CRM? As pesquisas mostram um grande motivo já conhecido: falta de conhecimento e preparo, ou seja, muitas vezes, os gerentes das empresas dependem de uma nova grande aplicação de tecnologia da informação (como o CRM) para resolver os problemas da companhia e não alteram antes os processos empresariais ou não criam os programas necessários para controlar as mudanças. Por exemplo, em muitos casos, projetos de CRM fracassaram por terem sido implementados sem a participação de todas as partes interessadas. Consequentemente, funcionários e clientes não estavam preparados para lidar com os novos processos ou os desafios que faziam parte da nova implementação de CRM. Nos capítulos seguintes, serão apresentados temas relacionados com os fracassos no gerenciamento da tecnologia da informação, na implementação de sistemas e no controle das mudanças.

Unum Group: o longo caminho para o CRM

As múltiplas fusões que formaram a seguradora Unum Group no final da década de 1990 agregaram bilhões em receita, juntaram milhares de funcionários e criaram um lamaçal de sistemas de dados de clientes que não podiam se comunicar entre si. Ao todo, entre Provident, Colonial, Paul Revere e Unum, havia 34 políticas e sistemas de reclamações de retaguarda sem conexão, todos carregados com dados críticos. Como resultado, "foi muito difícil reunir as informações," constata Bob Dolmovich, vice-presidente de integração de negócios e arquitetura de dados do Unum Group. Uma conta de cliente do Unum Group, por exemplo, poderia estar em vários locais dentro da nova empresa, resultando, naturalmente, em uma grande quantidade de desperdício.

Nos dois primeiros, a seguradora usou uma solução própria de armazenamento de dados como solução. Mas, em 2004, a empresa de US$ 10 bilhões sentiu-se obrigada a adotar uma nova estratégia de gerenciamento de dados-mestres que visava a reunião dos diferentes recursos de dados de clientes da empresa, incluindo atividade da conta, prêmios e pagamentos.

Para a estratégia do Unum Group, seria decisivo um *hub* de integração de dados do cliente (*customer data integration* – CDI) integrado à arquitetura orientada a serviços que utilizasse um conjunto padronizado de protocolos para conectar aplicativos via web (na verdade, serviços da web). O projeto, iniciado no começo de 2005, já melhorou a qualidade dos dados, diminuiu as dores de cabeça dos vários registros de clientes e criou as condições para uma análise do cliente em profundidade por toda a empresa. Entretanto, como Dolmovich reconhece, ainda há um longo caminho a percorrer. Dos 34 sistemas originais, ele foi capaz de se livrar de apenas quatro até agora, mas continua otimista.

Apesar do longo e lento trabalho árduo, Dolmovich espera que a nova abordagem de CDI dê à empresa, em última instância, a visão de 360 graus do cliente que foi prometida pelos fornecedores desde o início do CRM. No final da década de 1990, fornecedores de *software* empresarial, como Oracle, Peoplesoft e Siebel, venderam a visão do cliente individual como o Santo Graal do CRM. Mas as falhas de implementação e os problemas de integração herdados deixaram muitos CIOs bastante receosos quanto a esses dispendiosos projetos.

Um *hub* de CDI difere de uma solução tradicional de CRM porque permite que a empresa automaticamente integre todos os seus dados de clientes em um banco de dados, assegurando a qualidade e a precisão destes antes de enviá-los ao depósito central do *hub* para aarmazenamento seguro. Um sistema autônomo de CRM não pode fazer isso, porque não pode ser integrado aos sistemas de cobrança, *marketing*, ERP e cadeia de suprimentos que abrigam os dados dos clientes, além de não dispor de nenhuma forma de tratar dados inconsistentes em diferentes plataformas.

De acordo com Dolmovich, os primeiros dados carregados no *hub* de CDI no final de 2005 vieram de clientes e corretores comerciais.

Com o novo sistema, Dolmovich diz: "Agora somos capazes de assimilar todo o portfólio comercial, mostrá-lo a um corretor e criar algumas estatísticas e um perfil de nosso relacionamento com esse corretor". O Unum Group está trabalhando para criar perfis individuais de clientes, para que, cada vez que uma nova conta de cliente seja criada ou acessada – talvez para alterar um endereço ou adicionar informações de clientes novos –, todos os funcionários da companhia de seguros, independentemente do sistema que estejam usando, vejam a mudança ao mesmo tempo. "O estado final desejado é um *hub* de CDI com informações sobre todos os clientes por todos os produtos", finaliza Dolmovich.

Fonte: Adaptado de Thomas Wailgum. "The Quest for Customer Data Integration". *CIO Magazine*, 1º de agosto de 2006.

ERP: a espinha dorsal da empresa

O que Microsoft, Coca-Cola, Cisco, Eli Lilly, Alcoa e Nokia têm em comum? Ao contrário da maioria das empresas que operam em sistemas administrativos de 25 anos de idade, esses líderes de mercado reformularam seus negócios para funcionar em alta velocidade por meio da implementação de um espinha dorsal transacional chamada sistema integrado de gestão (ERP). Essas empresas creditam a seus sistemas de ERP o fato de tê-los ajudado a reduzir estoques, tempos de ciclo e custos, além de serem responsáveis pela melhoria das operações globais.

Empresas de todos os tipos estão implementando o sistema integrado de gestão (ERP). O ERP serve como uma espinha dorsal empresarial interfuncional que integra e automatiza muitos dos processos empresariais internos e sistemas de informação de uma empresa nas funções de produção, logística, distribuição, contabilidade, finanças e recursos humanos. Grandes empresas do mundo inteiro começaram a instalar o ERP na década de 1990 como uma referência de trabalho e catalisador da reengenharia de seus processos de negócio. O ERP também serviu como decisivo mecanismo de *software* necessário para integrar e realizar os processos interfuncionais resultantes e, atualmente, o sistema é reconhecido como ingrediente indispensável para que as empresas obtenham eficácia, agilidade e pronto atendimento para serem bem-sucedidas no ambiente empresarial dinâmico de hoje.

O que é ERP?

O ERP é a espinha dorsal dos negócios eletrônicos, uma arquitetura de transações que liga todas as funções de uma empresa, como processamento de pedido de vendas, controle e gerenciamento de estoque, planejamento de produção e distribuição e finanças.

FIGURA 7.8 Os principais componentes de aplicação do sistema integrado de gestão (ERP) demonstram a abordagem interfuncional do ERP.

O **sistema integrado de gestão (ERP)** é interfuncional e orientado por um conjunto integrado de módulos de *software* que auxilia os processos internos básicos de uma empresa. Por exemplo, o *software* ERP de uma indústria normalmente processa e acompanha as informações sobre posição de vendas, estoque, remessa e faturamento, além de auxiliar na previsão das necessidades de matéria-prima e recursos humanos. A Figura 7.8 mostra os principais componentes de aplicação de um sistema ERP.

O ERP oferece à empresa uma visão integrada em tempo real de seus principais processos empresariais, como produção, processamento de requisição e controle de estoque, unidos pelo *software* de aplicação ERP e por um banco de dados único mantido por um sistema de gerenciamento de banco de dados. O sistema permite controlar os recursos empresariais (como caixa, matéria-prima e produção) e a posição dos compromissos firmados pela empresa (pedidos de clientes, requisições de compras e folha de pagamento), independentemente do departamento (produção, vendas, contabilidade etc.) que insere os dados no sistema.

O *software* aplicativo ERP normalmente é composto por módulos integrados de aplicações de produção, distribuição, vendas, contabilidade e recursos humanos. Entre os exemplos de processos de produção estão planejamento de materiais, de produção e de recursos. Entre alguns processos de vendas e *marketing* auxiliados pelo ERP estão análise e planejamento de vendas, e análise de preços; enquanto as típicas aplicações de distribuição abrangem controle de pedido, compras e planejamento logístico. O ERP auxilia muitos processos fundamentais de recursos humanos, do planejamento de pessoal à administração de salários e benefícios, e executa muitas das aplicações necessárias de registros financeiros e contabilidade gerencial. A Figura 7.9 mostra os processos auxiliados pelo sistema ERP instalado pela Colgate-Palmolive Co. e apresenta uma boa visão sobre a experiência da empresa com o sistema.

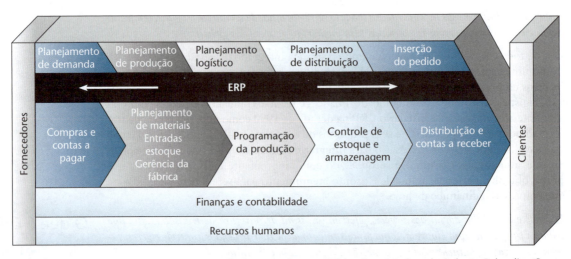

FIGURA 7.9 Funções e processos empresariais auxiliados pelo sistema ERP implementado pela Colgate-Palmolive Co.

Colgate-Palmolive: valor do ERP para o negócio

A Colgate-Palmolive é uma companhia global de produtos de consumo que implementou o sistema integrado de gestão (ERP) SAP R/3. A empresa optou pela implementação do SAP R/3 para propiciar o acesso mais preciso e ágil aos dados da empresa, extrair o máximo do capital de giro e reduzir os custos de produção. Um fator importante na escolha da Colgate foi a possibilidade de utilizar o *software* em todas as diversas atividades da empresa, uma vez que a Colgate necessitava de coordenação global e atuação local. Com a implementação do SAP em sua cadeia de suprimentos, a lucratividade da empresa aumentou. Atualmente estabelecido para as operações responsáveis pela maioria das vendas mundiais da Colgate, o SAP foi expandido para todas as divisões mundiais da empresa, e a eficácia global no processo de compras – aliada à padronização do produto e das embalagens – também resultou em economia significativa.

- Antes da implementação do sistema ERP, a Colgate norte-americana levava em média de um a cinco dias para receber um pedido, e mais um ou dois dias para processá-lo. Atualmente, o recebimento e o processamento do pedido, juntos, levam quatro horas, e não mais sete dias. O planejamento e a separação das mercadorias para distribuição costumavam levar até quatro dias; hoje, gastam-se, no máximo, 14 horas. No total, o tempo entre recebimento do pedido e entrega da mercadoria foi reduzido pela metade.
- Antes da implementação do ERP, somente 91,5% dos prazos de entrega eram cumpridos, e 97,5% das entregas, realizadas no horário correto. Depois do R/3, essas porcentagens passaram, respectivamente, para 97,5% e 99%.
- Após o ERP, os estoques da empresa nos Estados Unidos caíram um terço, e os recebimentos pendentes, de 31,4% para 22,4%. O capital de giro como porcentagem das vendas caiu drasticamente, passando de 11,3% para 6,3%, e o custo total de entrega por lote foi reduzido em cerca de 10%.

Como mostra o exemplo da Colgate-Palmolive, o ERP pode gerar benefícios corporativos significativos para a empresa. Muitas outras companhias conseguiram extrair ótimo valor para o negócio das mais variadas formas de utilização do ERP.

- **Qualidade e eficácia.** O ERP cria uma estrutura de integração e aprimoramento dos processos internos de uma companhia, o que melhora significativamente a qualidade e a eficácia do serviço de atendimento ao cliente, da produção e da distribuição.
- **Redução de custos.** Em comparação com os sistemas legados não integrados substituídos pelo ERP, muitas empresas conseguem reduzir consideravelmente os custos de processamento de transações, de pessoal de suporte de *hardware*, *software* e TI.
- **Apoio à tomada de decisão.** O ERP disponibiliza rapidamente aos gerentes informações interfuncionais vitais sobre desempenho, para facilitar e agilizar a tomada de decisão nos processos de toda a empresa.
- **Agilidade empresarial.** Na implementação do ERP, muitas das antigas divisões departamentais e funcionais, ou "silos" de processos empresariais e de sistemas e fontes de informação, são subdivididas. Essa subdivisão produz estruturas organizacionais, responsabilidades gerenciais e funções de trabalho mais flexíveis e, consequentemente, organizações e mão de obra mais ágeis e adaptáveis, e mais qualificadas para captar novas oportunidades empresariais.

A implementação do ERP é comparável a um transplante de cérebro. Desativamos todos os aplicativos da companhia e passamos a utilizar o software da PeopleSoft. O risco, evidentemente, seria a interrupção das atividades da empresa, porque, se o ERP não for implementado corretamente, com certeza você acabará matando a empresa.

Essa afirmação é de Jim Prevo, CIO da Green Mountain Coffee Roasters de Vermont, ao comentar sobre o sucesso da implementação de um sistema ERP. Embora as vantagens do ERP

Benefícios e desafios do ERP

Os custos do ERP

FIGURA 7.10 Custos típicos na implementação de um novo ERP.

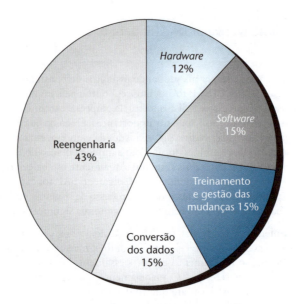

sejam muitas, os custos e riscos também são consideráveis, como em alguns exemplos reais mencionados neste capítulo. A Figura 7.10 mostra o tamanho relativo e os tipos de custos de implementação de um sistema ERP. Observe que os custos de *hardware* e *software* são uma pequena parte dos custos totais, e que os custos de desenvolvimento de novos processos empresariais (reengenharia) e de preparação dos funcionários para utilização do novo sistema (treinamento e gestão das mudanças) compõem a maior parte da implementação de um novo sistema ERP. A conversão de dados do antigo sistema legado no novo sistema ERP interfuncional é outra grande categoria dos custos de implementação desse sistema.

Os custos e riscos de fracasso da implementação de um novo sistema ERP são significativos. A maioria das companhias tem tido sucesso na implementação de ERP, no entanto, uma minoria razoável de empresas sofre fracassos estrondosos e danosos para a companhia como um todo. Grandes perdas de receita, lucros e participação de mercado ocorrem quando os processos empresariais básicos ou os sistemas de informação falham ou não funcionam corretamente. Em muitos casos, perdem-se pedidos e entregas, mudanças no estoque não são registradas corretamente, e falta de itens, por semanas ou até meses, é causada pela imprecisão dos níveis de estoque. Empresas como Hershey Foods, Nike, A-DEC e Connecticut General arcaram com prejuízos que, em alguns casos, chegaram a centenas de milhões de dólares. No caso da Fox-Meyer Drugs, atacadista do setor farmacêutico avaliada em US$ 5 bilhões, a empresa teve de entrar com um pedido de concordata e, em seguida, acabou adquirida pelo seu concorrente McKesson Drugs.

 American LaFrance: implementação de ERP mal feita leva ao fracasso (e à falência)

A American LaFrance (ALF), uma fabricante de veículos de emergência, como caminhões de bombeiro e ambulâncias, entrou em concordata em 28 de janeiro de 2008. Segundo documentos do juízo, a ALF alega que o trabalho do fornecedor de *software* na instalação e na transição para um novo sistema de ERP contribuiu para problemas de estoque e produção. Funcionários da empresa, que está no negócio de fabricação de equipamentos de incêndio e emergência desde 1832, afirmam que "este é um processo de 'reorganização' legalmente válido para tornar a empresa mais forte".

O pedido de falência ocorreu por causa das "rupturas operacionais causadas pela instalação de um novo sistema de ERP", bem como por causa do inventário obsoleto que o dono anterior da American LaFrance, a Freightliner, não revelou. A Patriarch Partners, empresa de investimentos sediada em Nova York, comprou a ALF no final de 2005 por uma quantia não divulgada.

"Como resultado da imprevista obsolescência do inventário e dos problemas contínuos de ERP, a American LaFrance se afundou em uma dívida de cerca de US$ 100 milhões desde que foi adquirida", afirmaram em documento os responsáveis pela empresa. "Esses problemas resultaram em uma produção lenta, em uma enorme pendência de estoque e na falta de fundos para continuar operando."

A ALF comprou o negócio da Frightliner em 2005 e, como parte do acordo de aquisição, deveria gerenciar o inventário, a folha de pagamento e os processos de fabricação até junho de 2007, de acordo com novos relatórios. "Mas a American LaFrance, que se preparava para assumir essas funções criando seu próprio sistema, errou o alvo durante a migração," escreveu o jornal *The Post and Courier*, de Charleston, Carolina do Sul.

Citando documentos da companhia, o jornal acrescentou: "Os dois sistemas não eram completamente compatíveis, e muita informação financeira foi perdida na mudança. O inventário estava desorganizado, e os funcionários não conseguiam encontrar as partes necessárias". De acordo com documentos da corte de falência dos Estados Unidos, o novo sistema da ALF, instalado com o apoio de um fornecedor de *software*, teve "sérias deficiências" que "afetaram tremendamente" as operações da companhia.

O excesso de problemas empresariais e de TI "forçaram a American La France a procurar proteção em seus mais de mil credores, que coletivamente devem receber mais de US$ 200 milhões", relatou o jornal. Os resultados de uma pesquisa recente da CIO sobre sistemas ERP e sua importância nos negócios do século XXI explicam como e por que desastres tecnológicos como o ocorrido com a ALF podem acontecer. Mais de 85% dos pesquisados concordaram ou concordaram veementemente que seus sistemas de ERP são essenciais para o núcleo do negócio e que "não poderiam viver sem eles."

Fonte: Adaptado de Jennifer Zaino. "Modern Workforce: Capital One Puts ERP at Core of Work". *InformationWeek*, 11 de julho de 2005.

Quais são as principais causas do fracasso nos projetos ERP? Praticamente na maioria dos casos os gerentes e profissionais de TI dessas companhias subestimaram a complexidade do planejamento, desenvolvimento e treinamento necessários para utilizar o ERP, que altera radicalmente os processos empresariais e sistemas de informação nos negócios. Entre as causas típicas dos fracassos nos projetos ERP, estão, por exemplo, o não envolvimento dos funcionários afetados nas fases de planejamento e desenvolvimento e nos programas de gestão das mudanças, ou a tentativa de acelerar demais o processo de conversão para o novo sistema. Falta de treinamento para a execução das novas tarefas no sistema ERP, e quantidade insuficiente de testes e conversão de dados são outras causas do fracasso. Em muitos casos, os fracassos também se devem à excessiva dependência da companhia ou dos gerentes de TI das providências dos fornecedores do *software* ERP ou da assistência de empresas de consultoria de prestígio contratadas para conduzir a implementação. As experiências a seguir de companhias que procederam corretamente mostram os requisitos básicos para o êxito na implementação do sistema ERP.

Causas das falhas de ERP

Capital One Financial: sucesso com sistemas de ERP

Há apenas alguns anos na Capital One Financial, eram necessários dez especialistas em recursos humanos (RH) para assinar uma formulário de mudança de endereço. Com milhares de funcionários no mundo, isso significava um monte de burocracia. Hoje, mudanças de endereço são feitas por meio de um aplicativo de autoatendimento que libertou o departamento de RH para dedicar-se à estratégia de pessoas, planejamento de programas e gestão de mudança.

Esse exemplo ilustra uma grande mudança que ocorreu na empresa de serviços financeiros, cuja receita anual chega US$ 2,6 bilhões, desde que começou a utilizar aplicativos da Peoplesoft. "É uma mudança cultural que liberou as pessoas para não lidar com minúcias, mas com valor de negócios," diz Gregor Bailar, vice-presidente executivo e CIO.

"Realmente foi transformador." Bailar prevê uma maior automatização no futuro, com o departamento financeiro seguindo os passos do "processo de enxugamento" do RH para lidar com a montanha de pedidos de dados que o setor financeiro recebe e processa dentro do grupo.

> O sistema de ERP da PeopleSoft, que serve como espinha dorsal da Capital One para processos financeiros, de RH, gestão de ativos e cadeia de suprimento, suporta cerca de 18 mil usuários, incluindo 15 mil associados da Capital One e alguns parceiros de negócios. Os aplicativos são acessíveis por meio de um portal da web baseado na tecnologia da BEA Systems.
>
> A Capital One está explorando a possibilidade de parceria com fornecedores de serviços de aplicativos de ERP, agora que o trabalho árduo de corrigir dados e processos de conexão está terminado. Executar os aplicativos pode ser mais que apenas um serviço neste momento, mas os próprios aplicativos servem como pilar para a futura iniciativa de trabalho da empresa. Bailar descreve isso como "um ambiente com grande mobilidade, bastante interativo e colaborativo", projetado para dar suporte aos requisitos do maior ativo da empresa: seus profissionais do conhecimento. É caracterizado não apenas pela ampla quantidade de acesso Wi-Fi, laptops com VoIP, mensagens instantâneas e BlackBerrys, mas também por fluxos de trabalho que, em sua maior parte, chegam eletronicamente aos usuários. Diz Bailar: "A vida diária de todo mundo parece estar em torno desse e pacote de aplicativos".
>
> *Fonte*: Adaptado de Jennifer Zaino. "Modern Workforce: Capital One Puts ERP at Core of Work". *InformationWeek*, 11 de julho de 2005.

Gestão da cadeia de suprimentos: a rede da empresa

Fundar um negócio eletrônico demanda ideias, capital e conhecimento técnico. A operação de um, no entanto, requer competências da gestão da cadeia de suprimentos (SCM). Uma estratégia de SCM bem-sucedida é baseada em preciso processamento de pedidos, gerenciamento de estoques just-in-time e atendimento de pedidos sem atrasos. A crescente importância da SCM mostra como uma ferramenta que era um processo teórico dez anos atrás é agora uma tremenda arma competitiva.

É por isso que hoje muitas empresas estão fazendo da gestão da cadeia de suprimentos um grande objetivo estratégico e a principal iniciativa de desenvolvimento de aplicativos de *e-commerce*. Fundamentalmente, a gestão da cadeia de suprimentos ajuda a empresa a ter o produto certo no lugar certo e na hora certa, além de ter a quantidade adequada por um custo aceitável. O objetivo da SCM é o gerir esse processo de forma eficiente por previsão de demanda, controle de estoque, aprimoramento da rede de relacionamentos de negócios da empresa com clientes, fornecedores, distribuidores e outros, e receber *feedbacks* sobre o status de cada elo da cadeia de suprimentos. Para atingir esse objetivo, muitas empresas estão atualmente se voltando para as tecnologias da internet para habilitar seus processos de cadeia de suprimentos, tomada de decisão e fluxos de informação.

O que é SCM?

Os sistemas legados das cadeias de suprimentos estão congestionados de etapas desnecessárias e pilhas de estoque em duplicidade. Por exemplo, uma caixa comum de cereais matinais leva incríveis 104 dias para sair da fábrica e chegar às prateleiras do supermercado, percorrendo com dificuldade inacreditáveis redes emaranhadas de atacadistas, distribuidores, revendedores e consolidadores, cada um dos quais possuindo um depósito. A oportunidade do e-commerce depende da fusão de cada sistema interno da companhia com os dos fornecedores, parceiros e clientes, a qual força maior integração dos processos da cadeia de suprimentos entre as empresas para melhorar o desempenho tanto da produção como da distribuição.

A **gestão da cadeia de suprimentos (SCM)** é interempresarial e interfuncional, e utiliza a tecnologia da informação para apoiar e controlar as relações entre alguns dos principais processos empresariais de uma empresa e de seus fornecedores, clientes e parceiros comerciais. Sua finalidade é criar uma rede de baixo custo, ágil e eficiente de relações empresariais, ou de **cadeia de suprimentos**, envolvendo os produtos de uma companhia desde a concepção de algum item até sua colocação no mercado (ver Figura 7.11).

Em que consiste exatamente a cadeia de suprimentos de uma empresa? Suponhamos uma companhia que cria e vende produtos a outras empresas. Para isso, ela deve comprar matéria-prima e contratar diversos serviços de outras companhias. As inter-relações com fornecedores, clientes, distribuidores e outras empresas necessárias para projetar, criar e vender um produto compõem a rede de entidades, relações e processos empresariais denominada cadeia de supri-

FIGURA 7.11 Sistemas informatizados de gestão da cadeia de suprimentos estão propiciando redução do tempo do ciclo, aumento de receitas e de vantagem competitiva nos ágeis mercados varejistas.

Fonte: Gary Gladstone Studio Inc./ Getty Images.

mentos. Como cada processo da cadeia de suprimentos agrega valor aos produtos ou serviços produzidos por uma empresa, essa cadeia muitas vezes é chamada *cadeia de valores*, um conceito diferente, porém relacionado, já discutido no Capítulo 2. Hoje, em qualquer situação, muitas companhias usam a tecnologia da internet para criar sistemas de negócios eletrônicos interempresariais para gestão da cadeia de gestão que ajudam a agilizar os processos tradicionais desta.

A Figura 7.12 mostra os processos empresariais básicos do ciclo de vida da cadeia de suprimentos e os processos funcionais de apoio SCM. Ela também destaca como as empresas hoje estão reformulando os processos da cadeia de suprimentos com a ajuda da tecnologia da internet e de *software* de gestão da cadeia de suprimentos. Por exemplo, as demandas do atual ambiente empresarial competitivo estão pressionando os fabricantes a utilizar intranets,

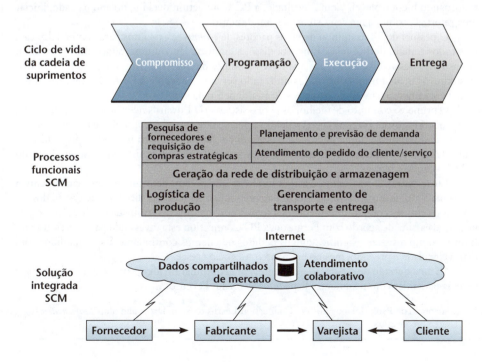

FIGURA 7.12 O *software* de gestão de cadeia de suprimentos e a tecnologia da internet ajudam as companhias a reformular e integrar os processos funcionais SCM que auxiliam o ciclo de vida da cadeia de suprimentos.

extranets e portais de *e-commerce* da web para reformular suas relações com fornecedores, distribuidores e revendedores. O objetivo é reduzir significativamente os custos, aumentar a eficácia e melhorar o tempo de ciclo da cadeia de suprimentos. O *software* SCM também ajuda a melhorar a coordenação entre as empresas envolvidas na cadeia de suprimentos. Desse modo, observa-se uma melhoria na eficácia das redes de distribuição e dos canais entre os parceiros comerciais. A iniciativa da PC Connection baseada na web é um exemplo desse tipo de desenvolvimento.

PC Connection: aprendendo a parar, descarregar e carregar

A PC Connection tem margens de lucro extremamente limitadas. Para permanecer saudável, a revendedora de US$ 1,8 bilhão por ano reduziu a ineficiência na medida do possível nos últimos anos. No entanto, apesar da apertada situação financeira, a empresa investiu significativamente para revisar sua cadeia de suprimentos e construir módulos de serviços da web interfaceando o seu sistema de ERP para proporcionar uma integração mais eficiente com parceiros e fornecedores. As atualizações ajudarão a empresa em novas oportunidades de negócios, como venda de licenças de *software*, que prometem margens superiores que as vendas de *hardware*.

Embora a empresa tenha crescido significativamente ao longo dos anos, esse processo não tem sido indolor. Apesar de a PC Connection oferecer atualmente produtos e serviços de mais de 1.400 fabricantes, seu sistema central de ERP não tem mudado muito desde a época em que a empresa vendia diretamente para os clientes. "Foi construído para os dias de pegar, embalar e carregar," diz Jack Ferguson, tesoureiro e CFO da PC Connection, a respeito do sistema de ERP JD Edwards, da Oracle, que a empresa possuía. Isso se tornou um problema crescente enquanto a empresa ampliava, ao longo dos últimos anos, seu catálogo e estendia sua rede de atendimento para incluir mais do que uma dúzia de parceiros externos para lidar com um número cada vez mais complexos de pedidos *drop-ship*. "Estávamos diante de um número crescente de produtos e também queríamos reduzir os estoques", diz Ferguson.

Logo se tornou evidente que o sistema não foi concebido para lidar com uma rede de atendimento em vários níveis. "Depois de passar para o sistema *drop-ship*, fica mais complicado", diz Ferguson, observando que até mesmo os requisitos básicos, como o cálculo do imposto de vendas de um pedido, foram afetados pelo novo regime. Em pouco tempo, os gerentes de vários departamentos dentro da PC Connection pediam mudanças *ad hoc* para o sistema de ERP da empresa a fim de atender às novas exigências à medida que elas evoluíam, mas o processo estava se tornando incontrolável. Como resultado, a PC Connection decidiu, no ano passado, iniciar uma reforma profunda em seu sistema de atendimento.

O pessoal de TI examinou diversos pacotes de *e-commerce* prontos para comercialização, mas todos tinham deficiências. Em vista disso, a empresa lançou uma campanha de trabalho intenso para desenvolver internamente novos módulos de *front-end* para o sistema JD Edwards existente, os quais foram construídos utilizando serviços da web e EDI tradicional para lidar com o crescimento na web de parceiros de atendimento da empresa.

O primeiro conjunto de melhorias para o sistema JD Edwards ficou *on-line* recentemente, e, segundo Ferguson, isso que já está valendo a pena em termos de economia de tempo e custos: "No passado, muito do que os nossos compradores faziam era algo manual e que consumia muito tempo, com muitas entradas de pedidos por meio de vários sistemas. Isso era 90% do trabalho daquele tempo".

Entre outras coisas, agora existem módulos que podem determinar automaticamente a forma mais rápida e mais econômica para atender a um pedido, seja diretamente de um dos armazéns da empresa ou por intermédio de um parceiro em uma determinada localização geográfica. Ainda assim, de acordo com Ferguson, a PC Connection está investindo para o crescimento futuro e o novo sistema significa que os pedidos de clientes continuarão a ser atendidos com mais velocidade e precisão, mesmo enquanto o negócio cresce.

"É uma questão de satisfação do cliente. Para continuar no jogo, você tem de atualizar seu sistema para lidar com o aumento de pedidos", conclui Ferguson.

Fonte: Adaptado de Paul McDougall. "PC Connection Learns to Stop, Drop, and Ship". *InformationWeek*, 15 de setembro de 2008.

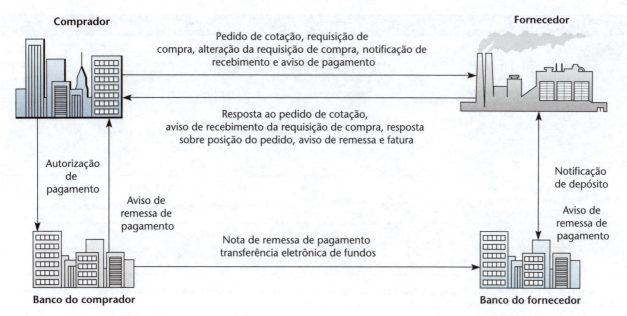

FIGURA 7.13 Exemplo típico de atividade de intercâmbio eletrônico de dados, forma importante de *e-commerce* empresa-empresa. O intercâmbio eletrônico de dados pela internet é a principal aplicação de *e-commerce* empresa-empresa.

O sistema de **intercâmbio eletrônico de dados** (*eletrônico data interchange – EDI*) foi um dos primeiros recursos de tecnologia da informação utilizado na gestão da cadeia de suprimentos e envolve documentos de transações comerciais pela internet e outras redes entre parceiros comerciais da cadeia de suprimentos (organizações e seus clientes e fornecedores). Dados que representam vários documentos de transações comerciais (como pedidos de compra, faturas, pedidos de cotação e aviso de remessa) são trocados automaticamente entre computadores, por meio mensagens em formato padrão de documentos. Em geral, utiliza-se o *software* EDI para converter o formato de documento da própria companhia em formatos EDI padronizados de acordo com as especificações dos vários setores e protocolos internacionais. Desse modo, o intercâmbio eletrônico de dados é um exemplo da quase total automação de um processo de cadeia de suprimentos no *e-commerce*. Além disso, o intercâmbio eletrônico de dados pela internet por meio de *redes privativas virtuais* é uma aplicação de *e-commerce* empresa-empresa que vem crescendo a cada dia.

Intercâmbio eletrônico de dados (EDI)

Os dados formatados das transações são transmitidos diretamente por conexões de rede entre computadores, sem documentos impressos ou intervenção humana. Além das conexões diretas de rede entre computadores de parceiros comerciais, os serviços de terceiros também são muito usados. As companhias de rede de valor agregado, como GE Global Exchange Services e Computer Associates, oferecem variados serviços EDI por taxas relativamente baixas. No entanto, hoje os provedores de serviço EDI oferecem serviços de intercâmbio eletrônico de dados seguros e mais baratos pela internet. A Figura 7.13 mostra um típico sistema EDI.

O EDI ainda é uma forma de transmissão muito usada entre os grandes parceiros comerciais, principalmente para automatizar transações repetitivas, embora venha sendo cada vez mais substituída por serviços na web baseados em XML. O EDI acompanha automaticamente alterações de estoque, emite pedidos, faturas e outros documentos referentes às transações, além de programar e confirmar as entregas e os pagamentos. Mediante a integração digital da cadeia de suprimentos, o intercâmbio eletrônico de dados maximiza os processos, economiza tempo e melhora a precisão. Além disso, com a tecnologia da internet, agora existem serviços EDI de custos reduzidos disponíveis para as pequenas empresas.

A Figura 7.14 ajuda a compreender melhor a função e as atividades de gestão da cadeia de suprimentos nos negócios. Os três níveis superiores da figura mostram os objetivos e resultados estratégicos, táticos e operacionais do planejamento do SCM, que são executados pelos parceiros comerciais envolvidos na cadeia de suprimentos no nível de execução do sistema. O papel

Função do SCM

Objetivos do SCM		Resultados do SCM
O quê? Estabelecer objetivos, políticas e estrutura operacional	Estratégico	• Objetivos • Políticas de suprimentos (níveis de serviço) • Projeto da rede
Quanto? Alocar recursos para equilibrar demanda e fornecimento	Tático	• Previsão de demanda • Produção, requisição e compra, plano logístico • Metas de estoque
Quando? Onde? Programar, monitorar e ajustar aprodução	Operacional	• Cronograma dos centros de trabalho • Acompanhamento do pedido/estoque
Executar Produzir e transportar	Execução	• Ciclo do pedido • Movimentação do material

Fonte: Adaptado de Keith Oliver, Anne Chung, and Nick Samanach, "Beyond Utopia: The Realist's Guide to internet-Enabled Supply Chain Management", *Strategy and Business*, segundo trimestre, 2001, p. 99.

FIGURA 7.14 Os objetivos e resultados da gestão da cadeia de suprimentos são atingidos com a ajuda dos sistemas de informação SCM interempresariais.

da tecnologia da informação em termos de SCM é o apoio no cumprimento desses objetivos, oferecendo sistemas de informação que produzam muitos dos resultados necessários para a empresa gerenciar efetivamente sua cadeia de suprimentos. Essa é a razão pela qual muitas companhias estão instalando *software* SCM e criando sistemas de informação SCM baseados na web.

Até recentemente, os *softwares* SCM eram desenvolvidos para aplicações, planejamento ou execução da cadeia de suprimentos. *Softwares* SCM de fornecedores, como i2 e Manugistics, servem de apoio para várias aplicações de previsão de demanda e fornecimento. *Softwares* de execução SCM de fornecedores, como EXE Technologies e Manhattan Associates, auxiliam em aplicações como controle de pedido, gerenciamento de logística e controle de armazenamento. No entanto, grandes fornecedores, como Oracle e SAP, hoje oferecem conjuntos de *software* com recursos da web para aplicações de negócios eletrônicos, incluindo módulos SCM. Entre os exemplos, estão o e-Business Suite, da Oracle, e mySAP, da SAP AG.

Benefícios e desafios do SCM

A criação de uma infraestrutura SCM em tempo real é uma questão permanente e desafiadora e, muitas vezes, fator de fracasso por diversas razões. A principal razão é a crescente complexidade em termos de planejamento, seleção e implementação das soluções SCM decorrente da aceleração no ritmo da mudança tecnológica e do aumento na quantidade de parcerias empresariais.

Os resultados prometidos mostrados na Figura 7.15 enfatizam as principais vantagens corporativas viáveis com a utilização eficaz dos sistemas de gestão da cadeia de suprimentos. As companhias sabem que os sistemas SCM podem proporcionar benefícios importantes, como mais agilidade e precisão no processamento de pedidos, redução nos níveis de estoque, mais rapidez na colocação do produto no mercado, diminuição dos custos de materiais e transação e boas relações estratégicas com fornecedores. Todas essas vantagens agilizam as ações da companhia no atendimento das demandas dos clientes e das necessidades dos parceiros comerciais.

Contudo, a criação de sistemas SCM eficazes tem se mostrado aplicação complexa e difícil da tecnologia da informação nas operações empresariais. Assim, o principal desafio para a maioria das companhias é atingir metas de valor para os negócios e as metas e os objetivos importantes para o cliente na gestão da cadeia de suprimentos, conforme mostra a Figura 7.16.

Quais são as causas dos problemas na gestão da cadeia de suprimentos? Existem diversos motivos para o fracasso do sistema. Uma das principais razões é a falta de conhecimento adequado da demanda e do planejamento, das ferramentas e das diretrizes. Previsões de demanda imprecisas e excessivamente otimistas causam grandes problemas de produção, estoque e outros, independentemente da eficácia do restante do processo de gestão da cadeia de suprimentos. Dados impre-

Funções da SCM	Resultados da SCM
Planejamento	
Projeto da cadeia de suprimentos	• Otimização da rede de fornecedores, fábricas e centros de distribuição.
Planejamento colaborativo de fornecimento e demanda	• Previsão precisa de demanda de clientes, com compartilhamento simultâneo de previsões de demanda e fornecimento entre os diversos níveis da cadeia. • Cooperação pela internet, como planejamento, previsão e reabastecimento, e controle de estoque pelo fornecedor.
Execução	
Gerenciamento de materiais	• Compartilhamento de informações precisas de estoque e requisição de compra. • Certeza de disponibilidade do material necessário para a produção no local e tempo corretos. • Redução de gastos com matéria-prima, custos de requisição e compra, e estoque de matéria-prima e produtos acabados.
Atendimento colaborativo	• Comprometimento com os prazos de entrega em tempo real. • Atendimento no prazo dos pedidos de todos os canais mediante controle do pedido, planejamento de transporte e programação dos veículos. • Suporte a todo o processo logístico, incluindo separação, empacotamento, remessa e entrega dos itens em países estrangeiros.
Gerenciamento de eventos da cadeia de suprimentos	• Monitoramento de cada etapa do processo da cadeia de suprimentos, desde a cotação de preços até o momento em que o cliente recebe o produto e os avisos quando surgem problemas.
Gerenciamento de desempenho da cadeia de suprimentos	• Fornecimentos de dados básicos da cadeia de suprimentos, como índices de cumprimento, tempo de ciclo do pedido e utilização da capacidade.

FIGURA 7.15 As funções e os potenciais benefícios da gestão da cadeia de suprimentos oferecidos pelo módulo SCM da suíte de *software* de negócios eletrônicos mySAP.

cisos de produção, estoque e outros dados da empresa fornecidos pelos demais sistemas de informação da companhia são causas frequentes dos problemas com o sistema SCM. Além disso, a falta de colaboração adequada entre os departamentos de *marketing*, produção e controle de estoque dentro da companhia e com fornecedores, distribuidores e outras organizações prejudica qualquer sistema SCM. Muitas companhias que estão instalando sistemas SCM chegam a considerar inadequadas, incompletas e de difícil implementação as próprias ferramentas de *software* SCM.

Integração de aplicações empresariais

Como uma empresa interconecta seus sistemas empresariais interfuncionais? O *software* de **integração de aplicações empresariais** (*enterprise application integration – EAI*) vem sendo utilizado em muitas companhias para conectar suas principais aplicações de negócios eletrônicos (ver Figura 7.17). Esse tipo de *software* permite ao usuário criar modelos das possíveis interações entre os pro-

FIGURA 7.16 Hoje, o grande desafio para muitas companhias é o cumprimento das metas e dos objetivos da gestão da cadeia de suprimentos.

FIGURA 7.17 O *software* de integração de aplicações empresariais interconecta aplicações corporativas operacionais e administrativas.

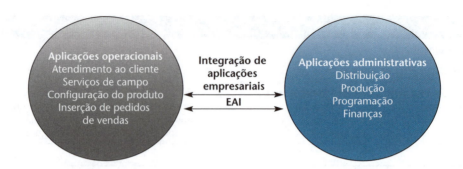

cessos empresariais envolvidos nas aplicações. Além disso, o *software* EAI oferece *middleware* para conversão e coordenação dos dados, serviços de envio de mensagens e comunicação entre as aplicações, além de acesso às interfaces de aplicação envolvidas. Desse modo, o *software* integra vários grupos de aplicações empresariais, permitindo a troca de dados entre si de acordo com as regras criadas com base nos modelos de processos empresariais elaborados pelos usuários. Por exemplo, esta poderia ser uma regra típica:

Quando um pedido é preenchido, a aplicação de entrada dos pedidos deve informar o sistema de contabilidade para enviar a fatura e alertar o sistema de remessa para enviar o produto.

Portanto, como mostra a Figura 7.17, o *software* EAI integra as aplicações empresariais principais e de apoio de uma empresa para que elas funcionem juntas de forma contínua e integrada. Esse recurso é fundamental e proporciona real valor comercial para a empresa que precisa reagir rápida e efetivamente aos eventos empresariais e às demandas do cliente. Por exemplo, a integração de grupos de aplicações empresariais tem se mostrado muito eficaz na agilidade da resposta e eficácia do *call center*. Isso porque o *software* EAI integra o acesso a qualquer informação sobre clientes e produtos de que os representantes precisam para atender prontamente o cliente. Esse *software* também maximiza o processamento de pedido de vendas, agilizando a entrega dos produtos e dos serviços. Portanto, o *software* EAI melhora a experiência do cliente e do fornecedor com a empresa mediante o pronto atendimento (ver Figura 7.18).

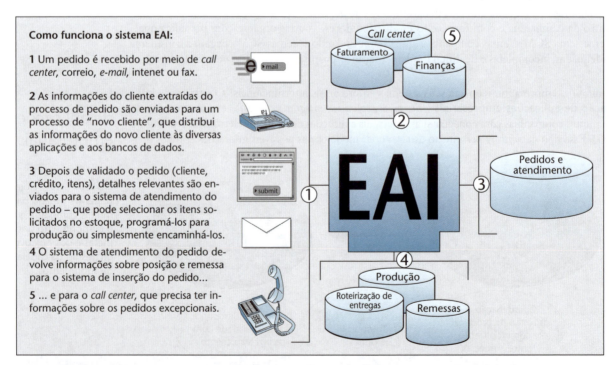

FIGURA 7.18 Exemplo de um novo processo de pedido de cliente mostrando como o *middleware* EAI conecta diversos sistemas de informações empresariais dentro de uma empresa.

EAI: custosa, dolorosa e valiosa

Se você fizer um pedido de alto-falantes da Bose, a sua encomenda irá para um sistema que o CIO Robert Ramrath chama Common Order Interface (interface universal de pedidos).

O grupo de Ramrath construiu essa estrutura personalizada conjuntamente há aproximadamente três anos. Duas aplicações herdadas de *call centers* e um aplicativo de *e-commerce* construído principalmente com as ferramentas da Microsoft estão ligados a um banco de dados comuns e conectados ao sistema de ERP corporativo. Assim, seu pedido acaba no SAP, independentemente da forma como foi feito.

Esse é o tipo de configuração para a qual as ferramentas de integração de aplicações empresariais (EAI) foram concebidas. O *software* EAI conecta aplicativos por meio de um *hub* central de roteamento de mensagens. As ferramentas EAI também estão equipadas para analisar e traduzir dados, bem como encaminhar informações automaticamente de acordo com os processos de negócios.

Não se engane: os sistemas EAI são caros.

As ferramentas EAI de ponta abrangem várias áreas: uma pilha de funções, de mensagens básicas a gerenciamento de processos de negócios. Além desse mecanismo central, os clientes de EAI compram "adaptadores" para se conectar a seus aplicativos (como um adaptador SAP ou Siebel) e adaptadores personalizados para aplicativos idiossincráticos herdados. O total é mais do que apenas o custo do *software*.

Os projetos de EAI têm três pontos para os quais se deve atentar: os custos de consultoria, os custos de manutenção e os problemas de definição de dados – lembrando que esse problema da definição de dados pode afetar as duas primeiras despesas. Trata-se de gastos clássicos em projetos de TI, mas que valem a pena considerar em EAI, pois os esforços de comercialização dos primeiros vendedores deram a impressão de que a EAI estava pronta para ser utilizada, como se fosse plug-and-play. No entanto, os especialistas dizem que não é bem assim.

A General Motors de Detroit é a menina dos olhos para a EAI por causa da dimensão de seu portfólio de aplicativos.

A GM tornou o conjunto de ferramentas de EAI da SeeBeyond padrão. A vasta gama de aplicativos inclui todas as atividades de atendimento ao cliente pela web da GM, um sistema de CRM Siebel, sistemas de apoio de revendedores e *software* de portal da iPlanet. A infraestrutura de aplicativos da cadeia de suprimentos da GM inclui conexões com o Covisint, um sistema de gerenciamento de pedidos de veículos personalizados, aplicativos de planejamento e logística, além de gerenciamento de estoque. Algumas unidades da GM (que estão em regiões geográficas menores) utilizam o SAP como base; outras não. Há também um pacote de gestão da cadeia de suprimentos da i2 Technologies a ser lançado, o qual substituirá os aplicativos mais antigos de planejamento como parte de um ambicioso projeto de reengenharia da GM para todo o processo, da encomenda à entrega.

Grandes empresas, como a General Motors, relatam ter economia consistente de até 80% em projetos de integração específicos, uma vez que o centro de mensagens está implantado e a reutilização de interfaces começa a acontecer. Empresas menores têm uma dura decisão a tomar, mas aquelas com necessidades de integração variadas ou críticas para o negócio também podem experimentar os benefícios da EAI. A EAI é infraestrutura, e a justificativa de custos é sempre uma tarefa difícil para projetos de infraestrutura. A partir de uma visão de longo prazo, no entanto, a única coisa mais cara é não utilizar essas ferramentas.

Fonte: Adaptado de Derek Slater. "INTEGRATION—Costly, Painful, and Worth It". *CIO Magazine*, 15 de janeiro de 2002.

Sistemas de processamento de transações

Os **sistemas de processamento de transações** (*transation processing systems – TPS*) são sistemas de informações interfuncionais que processam os dados resultantes de transações de negócios. Apresentamos os sistemas de processamento de transações no Capítulo 1 como uma das principais categorias de aplicações de sistemas de informação nos negócios.

Transações são eventos que ocorrem como parte do negócio, como vendas, compras, depósitos, retiradas, reembolsos e pagamentos. Pense, por exemplo, nos dados gerados quando uma empresa vende alguma coisa a crédito para um cliente, seja numa loja, seja em um *site* de *e-commerce*. Os dados sobre cliente, produto, vendedor, loja, e assim por diante devem ser capturados e processados. Essa necessidade solicita operações adicionais, como verificação de crédito, cobrança do cliente, alterações de estoque, além de aumentar o saldo de contas a receber, o que gera ainda mais dados. Assim, as atividades de processamento de transações são necessárias para capturar e processar esses dados, ou as operações de um negócio ficariam paralisadas. Portanto, os sistemas de processamento de transações desempenham um papel fundamental no apoio a operações vitais da maioria das empresas atualmente.

Os **sistemas de processamento *on-line* de transações** desempenham um papel estratégico nos processos de negócios da web e no *e-commerce*. Muitas empresas estão usando a internet e outras redes que as unem eletronicamente a seus clientes ou fornecedores para o processamento *on-line* de transações (*online transaction processing* – OLTP). Esses sistemas em *tempo real*, que capturam e processam transações imediatamente, podem ajudar as empresas a prestar um melhor serviço aos clientes e a outros parceiros comerciais, o que agrega valor aos seus produtos e serviços e, portanto, fornece a eles um meio importante de se diferenciar dos seus concorrentes.

> ### O processamento *on-line* de transações da Syntellect
>
> A Figura 7.19 mostra um sistema de processamento *on-line* de transações para sistemas de pay-per-view por cabo desenvolvido plea Syntellect Interactive Services. Os telespectadores de TV a cabo podem selecionar eventos em pay-per-view oferecidos por suas empresas de TV a cabo usando o telefone ou a internet. O pedido é capturado pelo sistema interativo de resposta de voz ou servidor web da Syntellect e, em seguida, transportado para os servidores de aplicativos de banco de dados da Syntellect. Lá, o pedido é processado, o banco de dados do cliente e de vendas é atualizado, e o pedido aprovado é retransmitido para o servidor de vídeo da empresa de cabo, que transmite o vídeo do evento de pay-per-view para o cliente. Assim, as equipes da Syntellect, em conjunto com mais de 700 companhias de TV a cabo, podem oferecer um serviço bastante popular e muito lucrativo.

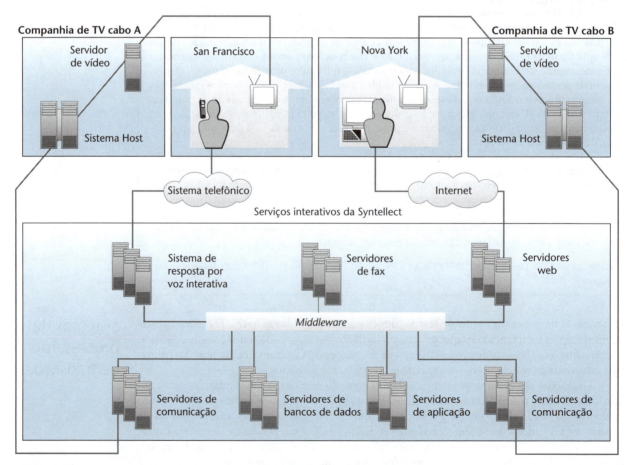

FIGURA 7.19 Sistema de processamento *on-line* de pay-per-view da Syntellect.

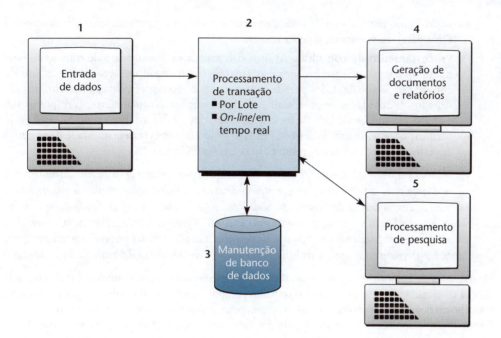

FIGURA 7.20 Ciclo de processamento de transações. Note que os sistemas de processamento de transações usam um ciclo de cinco estágios de entrada de dados, processamento de transações, manutenção de banco de dados, geração de documentos e relatórios e atividades de processamento de consulta.

Sistemas de processamento de transações, como o da Syntellect, capturam e processam dados que descrevem transações comerciais, atualizam bases de dados organizacionais e produzem uma variedade de produtos de informação. Você deve entender isso como um **ciclo de processamento de transações** de diversas atividades básicas, como ilustrado pela Figura 7.20.

O ciclo de processamento de transações

- **Entrada de dados.** A primeira etapa do ciclo de processamento de transações é a captura de dados de negócios. Por exemplo, dados de transações podem ser recolhidos pelos terminais de pontos de venda por meio da digitalização óptica de códigos de barras e leitores de cartão de crédito em uma loja ou outro negócio. Os dados de transação também podem ser capturados em um *site* de negócio eletrônico na internet, e o registro e a edição adequados de dados para que sejam rápida e corretamente capturados para processamento é um dos principais desafios de planejamento dos sistemas de informação examinados no Capítulo 12.

- **Processamento de transações.** Esses sistemas processam os dados de transações de dois modos básicos: (1) **processamento em lote**, onde os dados das transações são acumulados durante um período de tempo e periodicamente processados; e (2) **processamento em tempo real** (também chamado processamento *on-line*), onde os dados são processados imediatamente após a ocorrência de uma transação. Todos os sistemas de processamento de transações *on-line* incorporam recursos de processamento em tempo real, e muitos sistemas *on-line* também dependem da capacidade de tolerância a falhas dos sistemas de computador, que podem continuar a funcionar mesmo com falhas em partes do sistema. Examinaremos o conceito de tolerância a falhas no Capítulo 11.

- **Manutenção de banco de dados.** Os bancos de dados de uma organização devem receber manutenção de seus sistemas de processamento de transações para que estejam sempre acertados e atualizados, portanto, os sistemas de processamento de transações atualizam os bancos de dados corporativos de uma organização para refletir as alterações resultantes das transações comerciais diárias. Por exemplo, as vendas a crédito efetuadas a clientes farão que os saldos da conta do cliente sejam aumentados e que a quantidade de estoque disponível seja diminuída. A manutenção do banco de dados garante que essas e outras alterações sejam refletidas nos registros armazenados nos bancos de dados da empresa.

- **Geração de documentos e relatórios.** Os sistemas de processamento de transações produzem uma variedade de documentos e relatórios. Exemplos de documentos da transação incluem ordens de compra, cheques, recibos de vendas, faturas e declarações para clientes. Os relatórios de transações podem ter o formato de uma listagem de transação, como um registro de folha de pagamento, ou registrar relatórios que descrevem erros detectados durante o processamento.

- **Processamento de consultas.** Muitos sistemas de processamento de transações permitem que você use internet, intranets, extranets e navegadores web ou linguagens de consulta de banco de dados para fazer perguntas e receber respostas a respeito dos resultados de atividades de processamento de transações. Normalmente, as respostas são exibidas em uma variedade de formatos ou telas predefinidos. Por exemplo, você pode verificar o *status* de uma ordem de vendas, o saldo na conta ou a quantidade de material em estoque e receber respostas imediatas em seu PC.

Sistemas de colaboração empresarial

Problemas empresariais realmente complicados sempre apresentam várias facetas. Muitas vezes, uma decisão vital depende da busca espontânea de algumas informações auxiliares importantes e de uma análise específica das diversas possibilidades. Para isso, são necessárias ferramentas de software que combinem e recombinem facilmente os dados de fontes variadas. Além disso, é necessário acesso à internet para realizar todo tipo de pesquisa. Pessoas situadas geograficamente em áreas distintas precisam estar aptas a trabalhar com os dados em conjunto e das mais variadas formas.

Os **sistemas de colaboração empresarial (SCE)** abrangem informações interfuncionais que facilitam a comunicação, a coordenação e o trabalho conjunto entre membros de equipes e grupos de trabalho no negócio. A tecnologia da informação, principalmente a tecnologia da internet, oferece ferramentas de apoio à colaboração – para comunicar ideias, compartilhar recursos e coordenar esforços profissionais entre os membros de muitas das equipes e grupos de trabalho de projetos, e os processos informais ou formais que compõem grande parte das organizações atuais. Portanto, o objetivo do sistema de colaboração é melhorar e facilitar o trabalho apoiando a:

- **Comunicação:** compartilhamento de informações entre as pessoas.
- **Coordenação:** coordenação dos esforços individuais e da utilização dos recursos entre as pessoas.
- **Colaboração:** trabalho conjunto com cooperação em projetos e atribuições conjuntas.

Por exemplo, engenheiros, especialistas de negócio e consultores externos podem formar uma equipe virtual para executar um projeto, a qual pode utilizar a intranet ou extranets para cooperar por *e-mail*, videoconferência, fóruns de discussão e banco de dados multimídia, oferecendo informações sobre o andamento do trabalho no *site* do projeto. O sistema de colaboração pode utilizar estações de trabalho de PC conectadas a diversos servidores em que ficam armazenados o projeto e os bancos de dados corporativos e outras informações. Além disso, os servidores de rede podem oferecer variados recursos de *software*, como navegador web, *groupware* e pacotes de aplicação, para apoiar o trabalho conjunto da equipe até a conclusão do projeto.

Ferramentas para colaboração empresarial

Os recursos e o potencial da internet e das intranets e extranets impulsionam a demanda de ferramentas de colaboração cada vez mais sofisticadas nos negócios. Todavia, são as tecnologias da internet, como navegadores e servidores web, documentos e bancos de dados hipermídia, e intranets e extranets, que fornecem *hardware*, *software*, dados e plataformas de rede para muitas das ferramentas de *groupware* para colaboração que os usuários empresariais desejam. A Figura 7.21 oferece uma visão geral de alguns dos programas de comunicação eletrônica, conferência eletrônica e administração do trabalho colaborativo.

As **ferramentas de comunicação eletrônica** abrangem correio eletrônico, correio de voz, fax, publicação na web, BBS, pager e sistemas de telefonia por internet. Essas ferramentas possibilitam o envio eletrônico de mensagens, documentos e arquivos de dados, texto, voz ou multimídia por redes de computadores, e permitem, portanto, o compartilhamento de qualquer tipo de informação entre diversos membros de uma equipe e de qualquer localidade – de mensagens de texto e voz a cópias de documentos de projetos e arquivos de dados. A facilidade e a eficácia desse tipo de comunicação são importantes contribuintes no processo de colaboração.

As **ferramentas de conferência eletrônica** propiciam a comunicação e a colaboração durante o trabalho em equipe. Diversos métodos de conferência permitem a troca de ideias entre membros de equipes ou grupos de trabalho, de forma interativa e simultânea, ou, a critério da equipe, em momentos distintos. Essas ferramentas incluem conferência por dados e voz,

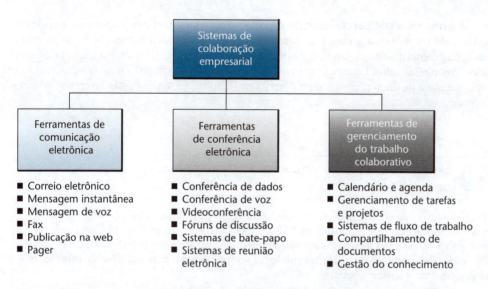

FIGURA 7.21 Ferramentas de *software* de comunicação eletrônica, conferência e colaboração melhoram a colaboração empresarial.

videoconferência, sistemas de bate-papo e fóruns de discussão. Entre as opções de conferência eletrônica estão, os *sistemas de reunião eletrônica* e outros *sistemas de apoio a grupo* por meio dos quais os membros da equipe podem reunir-se ao mesmo tempo e no mesmo local em um ambiente de *sala de decisões* ou utilizar a internet para trabalhar em conjunto em qualquer localidade do mundo (ver Figura 7.22).

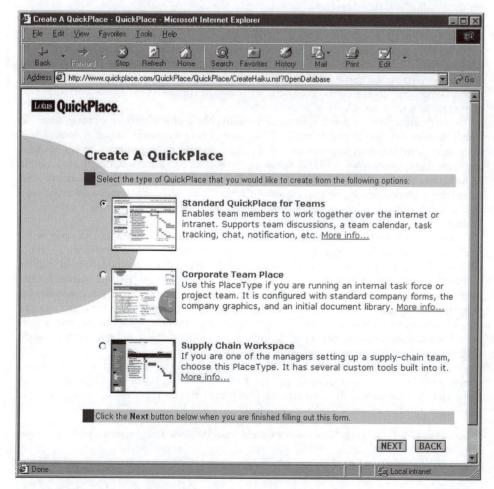

FIGURA 7.22 O QuickPlace da Lotus Development ajuda grupos de trabalho virtuais a definir espaços de trabalho baseados na web para atribuições de colaboração.

Fonte: ©Reproduzida com permissão da Yahoo! Inc.

As **ferramentas de gerenciamento de colaboração** facilitam a execução e o controle das atividades do trabalho em grupo. Essa categoria de *software* inclui ferramentas de calendário e agenda, de gerenciamento de tarefas e de projeto, sistemas de fluxo de trabalho e ferramentas de gestão do conhecimento. Outras ferramentas para o trabalho conjunto, como criação, edição e revisão conjunta de documentos, foram descritas no Capítulo 4, na discussão referente às suítes de *software*.

Explorando mundos virtuais como ferramentas de colaboração

Para as equipes de emergência que trabalham ao longo da rodovia Interstate 95, os acidentes não são um jogo, mas um modo de vida (e de morte). Portanto, pareceu estranho para um grupo de bombeiros, policiais e médicos, quando pesquisadores da Universidade de Maryland sugeriram o uso de um mundo virtual para colaborar no treinamento para situações de capotagem, engavetamento e ferimentos fatais.

A expressão *mundo virtual* é frequentemente associada ao Second Life, o badalado ambiente em 3D hospedado pela Linden Lab, que permite aos usuários conversar com amigos, vender camiseta, voar em tapetes e até mesmo construir parques de diversões – em outras palavras, jogar. "Somente quando começamos a fazer demonstrações elaboradas, foi que os socorristas começaram a perceber o verdadeiro potencial", diz Michael Pack, diretor de pesquisa do Centro Avançado de Tecnologia de Transporte da Universidade de Maryland, que já deu início ao lançamento do projeto piloto de mundo virtual que pudesse servir para a formação de centenas de trabalhadores de emergência.

Os analistas da indústria e desenvolvedores de mundos virtuais acreditam, que por meio da imersão de usuários em ambientes interativos que permitem interações sociais, os mundos virtuais terão potencial para serem bem-sucedidos onde outras tecnologias colaborativas, como teleconferência, falharam. Reuniões por telefone começam e terminam abruptamente, à mercê do serviço ou da pessoa que as administram. Em um mundo virtual, as conversas entre funcionários podem continuar dentro do espaço virtual, assim como eles fazem nos corredores da empresa após o término de uma reunião.

No entanto, os negócios devem superar muitos obstáculos técnicos e culturais antes de adotar mundos virtuais em grande escala. Talvez ainda mais importante do que os desafios técnicos seja o fato de que as empresas devem abordar a questão das identidades *on-line* dos funcionários. As representações em 3D das pessoas, conhecidas como avatares, devem ser feitas de tal forma que permitam aos usuários de mundos virtuais acreditar que estão conversando com o colega certo. Os desafios de segurança são abundantes, e a maioria das empresas que atualmente utiliza mundos virtuais o faz em plataformas públicas ou hospedadas externamente, com opções limitadas de proteção a dados corporativos.

De acordo com Pack, o treinamento em um mundo virtual apresenta uma alternativa desejável aos exercícios da vida real, que podem ser caros e ineficazes: "Você precisa sair a campo, virar um carro e ter pessoas agindo como vítimas". Os treinadores não poderiam introduzir muitas variáveis (como preparar o tráfego). "Deve ser o mais humano possível, portanto, qualquer coisa vale", diz ele. "Reunimos vários cenários, de pequenos acidentes a engavetamentos com vinte carros. Colocamos [os participantes] em situações perigosas para ver como eles vão reagir." Nos mundos virtuais, Pack e sua equipe podem programar vários cenários para o *software*. Por exemplo, se um socorrista sai do carro e não coloca o colete refletor, o sistema pode reagir fazendo que um carro atinja o avatar da pessoa.

"Você quer que as pessoas estejam tão confortáveis no mundo virtual que não estejam concentradas em como usar os recursos", diz Pack. "Elas não podem estar preocupadas em como virar à esquerda ou falar com alguém. Elas precisam estar preocupadas com o modo de fazer o seu trabalho, tal como fariam na vida real."

Fonte: Adaptado de C.G. Lynch. "Companies Explore Virtual Worlds as Collaboration Tools". *CIO Magazine*, 6 de fevereiro 2008.

Sistemas funcionais de negócios

Seção II

Os gerentes das empresas estão abandonando a postura tradicional de evitar, delegar ou ignorar as decisões envolvendo TI e passando a assumi-las, já que, sem elas, não conseguem elaborar planos de marketing, *de produto, internacionais, organizacionais ou financeiros.*

Qualquer organização possui atividades a serem executadas, problemas a serem resolvidos e oportunidades a serem aproveitadas, portanto, a tecnologia da informação pode ser empregada de várias formas em uma empresa. O profissional de negócios deve ter conhecimento e noção básicos de como os sistemas de informação ajudam na execução de cada uma das funções empresariais para o sucesso da empresa. Assim, nesta seção, serão discutidos os **sistemas funcionais de negócios**, ou seja, diversos tipos de sistemas de informação (processamento de transação, informações de gerenciamento, apoio à tomada de decisão etc.) que apoiam as funções de contabilidade, finanças, *marketing*, controle de operações e gerenciamento de recursos humanos.

O "Caso do mundo real 2" apresentado a seguir oferece muita informação sobre o impacto da TI na função de RH (ver Figura 7.23).

TI nos negócios

É importante também que o profissional de negócios saiba especificamente como os sistemas de informação afetam uma função empresarial em particular – *marketing*, por exemplo – ou um setor determinado (como o bancário) diretamente relacionado com os objetivos de sua carreira. Por exemplo, um profissional cujo objetivo de carreira seja voltado a uma posição de *marketing* no setor bancário deve ter conhecimento básico de como os sistemas de informação são utilizados nos bancos e como eles auxiliam nas atividades de *marketing* bancário e de outras empresas.

A Figura 7.24 mostra os sistemas de informação agrupados em categorias de funções empresariais. Desse modo, os sistemas de informação abordados nesta seção serão analisados de acordo com a função empresarial que eles auxiliam, com base em alguns exemplos importantes de cada área funcional. Essa abordagem propicia uma avaliação dos variados sistemas funcionais de negócios utilizados tanto por pequenas como por grandes empresas.

Sistemas de *marketing*

A função de *marketing* nos negócios está relacionada com planejamento, a promoção e a venda de produtos nos mercados existentes, e a criação de novos produtos e novos mercados para atrair mais consumidores e atender melhor tanto os clientes atuais como os potenciais. Portanto, o *marketing* exerce uma função vital no funcionamento das empresas, que têm recorrido cada vez mais à tecnologia da informação para realizar funções fundamentais de *marketing* em razão das rápidas mudanças ocorridas no ambiente atual.

A Figura 7.25 mostra como os **sistemas de informação de** *marketing* oferecem tecnologia da informação que auxilia os principais componentes da função de *marketing*. Por exemplo, os *sites* e serviços da internet ou intranet viabilizam um processo de *marketing interativo* por meio do qual os clientes podem tornar-se parceiros na criação, comercialização, compra e melhoria dos produtos e serviços. Os sistemas de *automação da equipe de vendas* usam computação móvel e tecnologia da internet para automatizar muitas das atividades de processamento de informações, o que possibilita o gerenciamento e o suporte às vendas. Outros sistemas de informação de *marketing* auxiliam os gerentes de *marketing* na gestão do relacionamento com o cliente, no planejamento de produtos, na definição de preços e em outras decisões de gerenciamento de produto, publicidade, promoção de vendas e estratégias de mercado-alvo, e previsão e pesquisa de mercado. A seguir, serão abordadas três dessas aplicações de *marketing*.

Marketing interativo

A designação **marketing interativo** foi criada para descrever o processo de *marketing* focado no cliente e baseado no uso de internet, intranets e extranets para estabelecer transações bidirecionais entre empresa e seus clientes atuais ou potenciais. A finalidade do *marketing* interativo é propiciar à companhia o uso rentável das redes para atrair e manter clientes que podem tornar-se parceiros da empresa na criação, aquisição e melhoria dos produtos e serviços.

CASO DO MUNDO REAL 2

OHSU, Sony, Novartis e outras: sistemas de informações estratégicas – é a vez do RH

"Nosso pessoal é o nosso bem mais valioso". Quantas vezes você já escutou esse *slogan* da empresa? Nos últimos anos, os departamentos de RH têm focado seus esforços de tecnologia na redução de custos por meio de automatização ou terceirização não estratégica, processos orientados para transações, como registro de benefícios e folha de pagamento. Como resultado, muitos funcionários podem agora fazer uma série de coisas pela internet que, em geral, exigiam intervenção do pessoal de RH, como ver recibos de pagamento, alterar informações pessoais ou se inscrever para benefícios.

Cada vez mais, no entanto, o RH está sendo pressionado não apenas para reduzir custos de contratação, retenção e remuneração, mas também para otimizar o *pool* de talentos da empresa. Afinal, se sua mão de obra é sua maior despesa, você não deveria moldá-la de forma a apoiar da melhor maneira possível os objetivos estratégicos do negócio?

Imagine fazer um pedido eletrônico para contratar um empregado da mesma forma que um gerente de fábrica usa o *software* de ERP para solicitar mais peças para a linha de montagem. É mais ou menos isso o que está acontecendo na Oregon Health & Science University (OHSU). "Mais e mais o RH está sendo chamado a ser um parceiro estratégico", diz Joe Tonn, gerente de sistemas de gestão de RH da OHSU, em Portland.

O retorno é significativo: a universidade está preenchendo vagas de emprego duas semanas mais rapidamente do que costumava fazer e economizando pelo menos US$ 1.500 por vaga agora que está usando o *software* iRecruitment da Oracle. O aplicativo iRecruitment, parte da suíte E-Business Human Resources Management System (HRMS) da Oracle, permite aos gerentes solicitar um novo funcionário e processar os aplicativos eletronicamente. O *software* lida com a maioria dos trabalhos administrativos demorados, incluindo formulários de requisição de encaminhamento para os gerentes adequados e o anúncio de emprego no site. "Queríamos ser capazes de abrir uma requisição de emprego no período da manhã e ter candidatos qualificados à tarde", diz Tonn.

Na verdade, a OHSU tem agora acesso aos requerentes apenas alguns minutos depois que uma abertura de vaga é enviada para o site da universidade, e preenche essas vagas em apenas quatro semanas, em vez de seis ou mais. A universidade recentemente também adicionou o módulo Manager Self-Service, da Oracle, para registrar alterações no *status* do funcionário (por exemplo, promoções ou utilização de uma licença de família) e utiliza o aplicativo Employee Self-Service, também da Oracle, para a gestão de benefícios.

Tonn espera agregar *softwares* para análises de desempenho, planejamento de sucessão e gestão da aprendizagem ao longo dos próximos dois anos.

Organizações de grande e médio portes como a OHSU, estão cada vez mais se voltando a esses novos tipos de aplicativos de gerenciamento de pessoal – geralmente chamado gerenciamento de capital humano (*human capital management* – HCM), ou *software* de otimização de mão de obra – para automatizar os processos de RH que costumavam ser feitos manualmente, em papel ou por *e-mail*.

"O gerenciamento do capital humano abrange toda a disciplina de gestão da mão de obra, aproximando os funcionários e seguindo-os ao longo do tempo", diz Christa Manning, analista da AMR Research, de Boston. A AMR prevê uma taxa de crescimento anual de 10% até 2010 para o mercado de HCM, avaliado em US$ 6 bilhões. Muito do crescimento do mercado pode ser atribuído à aposentadoria iminente dos *baby boomers*, o que vai diminuir a oferta de trabalhadores disponíveis. As empresas precisam automatizar seus sistemas para poder melhor identificar os funcionários que querem manter e, em seguida, fornecer-lhes um plano de carreira.

A Sony Computer Entertainment dos Estados Unidos usa o *software* de recrutamento de WorkforceLogic para automatizar o processo de contratação de trabalhadores terceirizados. Segundo Sally Buchanan, diretora de recursos humanos, o *software* é particularmente útil para assegurar que gerentes de contratação compreendam e respeitem as diferenças legais entre funcionários contratados (pagos por hora) e assalariados (pagos por mês).

"Quando eles requisitam um empregado, devem responder a uma série de perguntas por meio da interface WorkforceLogic, e o aplicativo processa uma recomendação que diz se a vaga é mais bem preenchida por um contratado ou por um assalariado", diz Buchanan.

Gerenciamento de desempenho funcional, desenvolvimento de carreira e planejamento de sucessão são funções que podem ser automatizadas com aplicativos de HCM. A Tyco International, por exemplo, usa o CareerTracker, da Kenexa, para acompanhar o desempenho e as promoções de seus funcionários. O *software*, que está configurado com as normas de desempenho e o sistema de avaliação da Tyco, pode traçar o desempenho dos funcionários em um gráfico para identificar as melhores *performances* tanto em termos de realização do trabalho, quanto em relação ao cumprimento dos padrões de comportamento de liderança da empresa.

Usando o banco de dados de credenciais e experiência dos funcionários, a Tyco também pode localizar o melhor pessoal para preencher vagas de empregos importantes e analisar quais tipos de treinamento serão necessários. "Podemos identificar quem temos e como eles se encaixam", diz Shaun Zitting, diretor de desenvolvimento organizacional da empresa Princeton, de Nova Jersey.

©Jack Hollingsworth/Corbis

FIGURA 7.23 Mais e mais o RH está sendo destinado a ser um parceiro estratégico de negócios, e os profissionais da área estão se voltando para a TI em busca de soluções inovadoras.

Segundo Manning, da AMR, a maioria dos executivos de empresas gosta de ter uma ferramenta que ajuda a avaliar e promover as pessoas a partir de critérios puramente objetivos. "Eles sabem que não é baseado em 'gosto do Joe porque almoçamos juntos todos os dias'. Traz um pouco de ciência real ao processo e permite não apenas identificar seus melhores realizadores, mas também saber por que eles são os melhores", diz ela. Aplicativos para desenvolvimento de carreiras e planejamento de sucessão também se tornaram mais importantes à medida que os *baby boomers* se aposentam e as organizações têm de encontrar substitutos qualificados.

O planejamento sucessório não é apenas para CEOs e outros executivos de ponta. "Está começando a atingir a organização enquanto a coleta e a associação de informações de funcionários se tornam mais fáceis", afirma Manning.

Os gerentes podem associar características-chave com trabalhos específicos e analisar as características dos empregados bem-sucedidos, e os próprios empregados podem usar os dados para ver seus ramos de carreira mais prováveis em uma organização. O gerenciamento de incentivos, outra função frequentemente encontrada em ferramentas de HCM, permite às empresas criar programas de incentivo, retribuição por fidelidade para as metas de desempenho e análise de pacotes de remuneração e tendências.

Programar os turnos de trabalho de 27 mil profissionais de saúde de uma ampla gama de especialidades e em vários locais é uma tarefa formidável. No Banner Health, um sistema hospitalar de grande porte com sede em Phoenix, no entanto, a implementação do aplicativo de planejamento Kronos automatizou muito do processo. O Banner usa o aplicativo Kronos para registrar as horas trabalhadas e planejar horários, diz Kathy Schultz, diretora de TI da rede hospitalar.

A integração de dados sobre as horas trabalhadas com a programação futura ajuda a garantir que não se espere que funcionários com muitas horas extras sejam convocados para o trabalho. "As horas que você trabalha nem sempre são aquelas para as quais você estava escalado", diz Schultz. "Ter um planejamento integrado com informações em tempo real de horário e frequência é extremamente importante."

Na Novartis AG, espera-se que os profissionais de vendas e de pesquisa e desenvolvimento tenham muitas aulas para se manter atualizados sobre os mais recentes produtos e as tendências. Com cerca de 550 cursos baseados na web e em sala de aula disponíveis, o velho processo de papel e Excel para administrar a formação tornou-se complicado e demorado. No entanto, usando o Learning Suite, da Saba Software, o trabalho administrativo foi reduzido em 50%, de acordo com John Talanca, chefe de tecnologias de aprendizagem da Novartis: "Os administradores podem ser mais eficientes e trabalhar em outro setor. No passado, eles passariam horas e horas por dia gerenciando isso."

Os aplicativos de RH muitas vezes contêm uma variedade de dados de funcionários, incluindo salários, experiência, relatórios de desempenho e seleções de benefícios. As ferramentas de análise podem possibilitar que os gestores de RH utilizem esses dados para o processo de tomada de decisão estratégica. Eles podem, por exemplo, acompanhar o desempenho dos funcionários em relação aos parâmetros da empresa, antever as competências necessárias para projetos futuros, analisar os aumentos salariais por região geográfica ou área profissional, ou prever as tendências em seleção de benefícios e custos.

Por exemplo, Tonn, da OHSU, espera ainda poder usar ferramentas de análise para avaliar as práticas de recrutamento mais eficientes.

O aprimoramento das campanhas de recrutamento escolar poderia produzir melhores candidatos, bem como custos mais baixos. "Podemos ver quantas inscrições uma determinada fonte nos fornece e se alguma vez contratamos candidatos dessa fonte. Se de fato contratamos, eles se tornam funcionários de sucesso? Publicar um anúncio no *The Oregonian* pode produzir milhares de inscrições. Mas, se não contratarmos nenhum deles, então aquilo foi um trabalho administrativo que não resultou em nada."

Organizações como a Tyco estão cada vez mais considerando funcionários como ativos a serem adquiridos, cultivados e implantados estrategicamente – de modo similar aos sistemas de estoque de produtos ou de TI. O próprio nome da categoria de *software*, gerenciamento de capital humano, transmite a noção de que um trabalhador é um investimento que deve ser otimizado. "Os gerentes querem ver como as pessoas que contrataram estão desempenhando suas funções", relata Manning. "As pessoas são ativos da organização e as impelidas a atingir os objetivos de negócio, como aumentos das vendas, lucratividade e satisfação do cliente."

Individualmente, as diversas ferramentas de HCM são úteis, mas, para que possam obter o valor ideal, precisam ser integradas aos dados armazenados em um repositório comum. As questões organizacionais podem estar no caminho, como se as várias funções de HCM estivessem divididas entre os diferentes departamentos corporativos ou como se a suíte de HCM tivesse de ser implementada nas várias unidades de negócios que utilizassem aplicativos de ERP e de RH incompatíveis.

Mudar seu sistema de RH do transacional para o estratégico pode levar de três a cinco anos, mas o importante é começar. Enquanto passamos de uma economia industrial para uma do conhecimento, não é o que você fabrica, mas o que o seu pessoal sabe que garante sua vantagem competitiva.

Fonte: Adaptado de Sue Hildreth. "HR Gets a Dose of Science". Computerworld, 5 de fevereiro de 2007; e Mary Brandel. "HR Gets Strategic". Computerworld, 24 de janeiro de 2005.

QUESTÕES DO ESTUDO DE CASO

1. Quais são os benefícios empresariais das tecnologias descritas no caso? Dê outros exemplos além da simples automação de processos orientados para transações.
2. Você acha que o valor comercial dessas aplicações estratégicas de HRM depende do tipo de negócio de uma empresa, como consultoria, fabricação ou serviços profissionais? Por quê? Explique.
3. Quais são os desafios e obstáculos no desenvolvimento e na implementação de sistemas de gestão de recursos humanos? Eles são exclusivos para esse tipo de sistema? Quais as estratégias você recomendaria para as empresas que enfrentam esses desafios? Forneça várias recomendações específicas.

ATIVIDADES DO MUNDO REAL

1. O caso apresenta uma visão dos funcionários como "ativos a serem adquiridos, cultivados e implantados, estrategicamente – de modo similar aos sistemas de estoque de produtos ou de TI". Também menciona que esses sistemas permitem aos gestores avaliar e promover as pessoas com base em critérios objetivos. Você acredita que uma ampla adoção dessas tecnologias pode levar a uma despersonalização do relacionamento de recrutamento para o trabalho? Por quê? Divida a turma em pequenos grupos para discutir essas questões e, em seguida, resuma suas ideias.
2. Quais são as tendências de RH que parecem estar operando por trás dessa renovada ênfase em aplicativos estratégicas de tecnologia para essa área funcional? Que novos desenvolvimentos surgiram recentemente nessa área? Pesquise na internet aplicativos inovadores da TI em gestão de recursos humanos e escreva um relatório com suas conclusões.

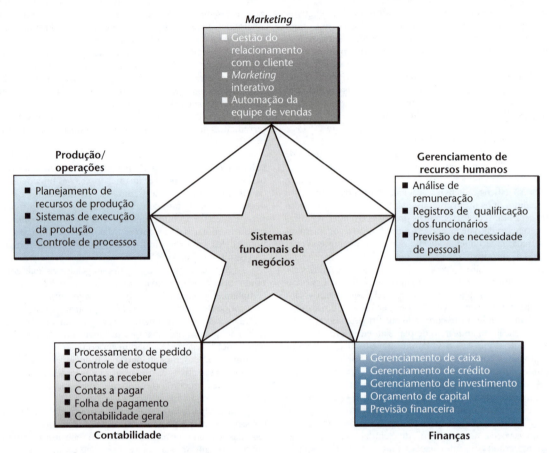

FIGURA 7.24 Exemplos de sistemas de informação funcionais. Observe como esses sistemas auxiliam as principais áreas funcionais de uma empresa.

No *marketing* interativo, os clientes não são meros participantes passivos que apenas recebem anúncios publicitários antes de adquirir os produtos. Eles têm uma postura ativa nos processos interativos e proativos viabilizados pela rede. O *marketing* interativo incentiva os clientes a se envolver em questões relacionadas com criação e oferta de produtos e serviços. Esse envolvimento é viabilizado por muitas tecnologias da internet, incluindo grupos de bate-papo e discussões, formulários e questionários da web, mensagem instantânea e correspondência por *e-mail*. Por fim, os resultados esperados do *marketing* interativo são uma

FIGURE 7.25 Os sistemas de informação de *marketing* oferecem tecnologia da informação para auxiliar os principais componentes da função de *marketing*.

FIGURA 7.26 Os cinco principais componentes do *marketing* orientado ao mercado-alvo no *e-commerce*.

mistura rica de dados vitais de *marketing*, novas ideias de produtos, volume de vendas e sólida relação com os clientes.

O **marketing direcionado** tornou-se ferramenta importante para o desenvolvimento de estratégias publicitárias e promocionais para solidificar as iniciativas de *e-commerce* de uma companhia, bem como as tradicionais áreas de atuação da empresa. Como mostra a Figura 7.26, o *marketing* direcionado é um conceito de gestão publicitária e promocional que inclui cinco componentes relacionados com o mercado-alvo.

Marketing direcionado

- **Comunidade.** As companhias podem personalizar seus métodos promocionais e publicitários na web com o propósito de atrair pessoas de comunidades específicas. Estas podem ser *comunidades de interesse*, como *comunidades virtuais on-line* de esportistas ou pessoas que têm como *hobby* artesanato, ou comunidades geográficas formadas por *sites* de uma cidade ou de outra organização local.
- **Conteúdo.** Meios publicitários, como faixas (banners) ou anúncios eletrônicos, podem ser colocados em diversos *sites* selecionados e no site de uma empresa. O conteúdo dessas mensagens é voltado ao público-alvo, e um exemplo típico é o anúncio de campanha de um produto exibido na página principal de um mecanismo de busca da internet.
- **Contexto.** A publicidade aparece somente nas páginas web relevantes para o conteúdo do produto ou serviço. Portanto, a publicidade é voltada somente às pessoas que buscam informações sobre um assunto (viagem de férias, por exemplo) relacionado com os produtos da companhia (por exemplo, serviços de locação de automóvel).
- **Demografia/psicografia.** Os esforços de *marketing* pela web podem ser voltados apenas a um público específico: homens solteiros, na faixa dos 20 anos, de classe média, com formação superior, por exemplo.
- **Comportamento *on-line*.** As iniciativas publicitárias e promocionais podem ser voltadas especificamente a cada visita de um indivíduo a um site. Essa estratégia é baseada em várias técnicas de rastreamento, como pelos arquivos cookies da web armazenados na unidade de disco do usuário em visitas anteriores. Essa estratégia permite à companhia acompanhar o comportamento *on-line* de uma pessoa em um site, possibilitando, assim, direcionar os esforços de *marketing* (como oferta de descontos em lojas ou em *sites* de *e-commerce*) para essa pessoa a cada visita ao site.

Um casamento interessante e eficaz entre e-Business e *marketing* direcionado é o surgimento do letreiro digital. Estima-se que haja 450 mil letreiros nos Estados Unidos. Embora apenas uma pequena fração deles seja digital, a instalação de novos letreiros está causando um enorme impacto nos mercados de todo o país.

O conceito por trás do letreiro digital é simples e elegante. Um letreiro é construído com centenas de milhares de pequenos LEDs, que são controlados por meio de uma interface de computador que pode ser acessada via web. Os anunciantes podem alterar as suas mensagens de forma rápida e várias vezes em um dia. Por exemplo, um restaurante pode apresentar promoções especiais de almoço pela manhã e ofertas de jantar à noite. Um corretor de imóveis pode mostrar determinadas casas à venda e alterar o conteúdo criativo depois da transação. A mídia impressa e de difusão usa os letreiros digitais para mostrar manchetes, atualizações meteorológicas e informações sobre a programação. A WCPO-TV credita sua ascensão meteórica nos índices de audiência ao uso de letreiros digitais para oferecer as últimas notícias e atualizações do noticiário noturno. A estação de televisão saiu dos últimos lugares em 2002 para tornar-se a terceira maior filial da ABC no país. Quando ocorreu o colapso da ponte I-35 em Minneapolis em 2007, surgiu uma situação perigosa para motoristas desavisados. Em minutos, uma rede de painéis digitais na área tinha sido alterada, deixando de mostrar publicidade e passando a informar os motoristas sobre o colapso. Mais tarde, os letreiros digitais aconselhavam os motoristas a seguir por rotas alternativas. O *marketing* direcionado está na arena digital, com uma nova maneira de fazer algo antigo.

Automação da equipe de vendas

Cada vez mais, os computadores e a internet estão proporcionando a base para a **automação da equipe de vendas**. Em muitas companhias, a equipe de vendas está sendo equipada com *notebooks*, navegadores web e *software* para controle dos contatos de vendas que permitem a conexão com *sites* de *marketing* na internet, extranet e intranet da companhia. Essa tendência não apenas melhora a produtividade individual dos vendedores, mas também agiliza consideravelmente a obtenção e a análise dos dados de vendas do campo para os gerentes de vendas localizados nas sedes da empresa. Em contrapartida, a gerência de *marketing* e vendas consegue melhorar a oferta de informações e o apoio dado ao seu pessoal de vendas. Portanto, muitas companhias estão vendo a automação da equipe de vendas como forma de obter vantagem estratégica em produtividade de vendas e agilidade nas ações de *marketing* (ver Figura 7.27).

Por exemplo, os vendedores usam microcomputadores para registrar os dados de vendas à medida que vão visitando os clientes atuais e potenciais ao longo do dia. Depois, toda noite, os representantes de vendas no campo podem conectar seus computadores por modem e ligações telefônicas à internet e extranet, que permitem o acesso à intranet ou a outros servidores de rede da companhia. Eles podem carregar informações sobre pedidos de vendas, visitas ou outras estatísticas de vendas, além de enviar mensagens de correio eletrônico e acessar as informações de suporte de vendas no site. Em contrapartida, os servidores de rede permitem carregar os dados de disponibilidade dos produtos, as listas de informações sobre clientes com boas perspectivas de vendas e as mensagens de correio eletrônico.

Sistemas de produção

Os **sistemas de informação de produção** auxiliam a função de *produção/operação* que abrange todas as atividades relacionadas com o planejamento e o controle dos processos de produção de

FIGURA 7.27 Este pacote de automação de equipe de vendas baseado na web ajuda a gerência de vendas a controlar potenciais clientes e as contas dos clientes atuais.

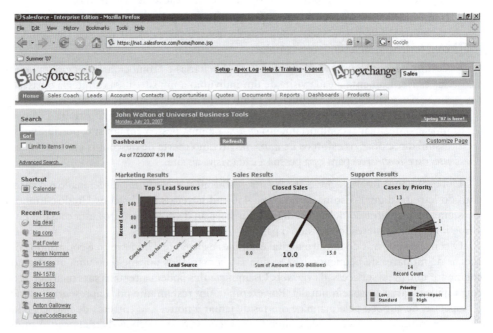

Fonte: Cortesia de Salesforce.com.

Baker Tanks: automação de vendas baseada na web

Banker Tanks, uma empresa líder nacional no aluguel de equipamentos industriais de contenção e transferência, atende clientes em todo o país, em setores que vão da indústria de construção à aeroespacial. Por causa dessa clientela variada, é especialmente importante e desafiador para os vendedores estarem atentos às especificidades de cada conta a cada vez que conversam com os clientes. Os cinquenta profissionais de vendas da empresa estão na estrada quatro dias por semana visitando clientes, o que cria desafios adicionais quando se trata de manter o controle das informações dos clientes e acessá-las quando necessário.

No passado, os vendedores preenchiam formulários de papel para rastrear as informações do cliente, que mais tarde seriam adicionadas a um banco de dados eletrônico. Esse processo deixou os representantes com menos tempo para fazer o que fazem melhor: vendas. Ainda pior, os representantes em viagem não tinham como se conectar ao banco de dados eletrônico a partir da local do cliente. Eles estavam coletando muitas informações, mas não podiam acessá-las e usá-las de forma eficaz.

"Eles estavam registrando tudo em papel, e essa é uma maneira muito improdutiva de fazer as coisas", diz Scott Whitford, administrador de sistemas e líder da solução wireless da Salesforce.com. "Estávamos procurando uma solução que pudesse melhorar a nossa comunicação não só entre o pessoal corporativo e o de campo, mas entre o pessoal de campo e os nossos clientes." Darrell Yoshinaga, gerente de *marketing* da Baker Tanks, acrescenta: "Estávamos procurando uma ferramenta que pudesse ser implementada rapidamente, mas que ainda nos desse a flexibilidade necessária para tornar-se mais eficiente".

A Baker Tanks foi imediatamente atraída por funcionalidades baseadas na web, curto tempo de implementação e baixo investimento de capital de um sistema de automação de mão de obra. A capacidade de conectar-se a informações de vendas em qualquer lugar e a qualquer momento também era uma característica atraente. Assim, a Baker Tanks passou de um sistema baseado em papel para um sistema baseado na web, eliminando a etapa extra de transferência de informações de documentos em papel para o banco de dados. Os representantes de vendas estavam equipados com assistentes pessoais digitais (PDAs) habilitados pela Salesforce.com. "Nossos vendedores são verdadeiros guerreiros da estrada, e precisávamos estender o sistema até eles em vez de fazê-los vir para o sistema", reflete Whitford.

Cada PDA é equipado com um modem sem fio que permite ao vendedor conectar-se à Salesforce.com para obter informações de contato do cliente, bem como o histórico de vendas e notas de informações concretas sobre os clientes – tudo isso com acesso de gravação e leitura. Os vendedores também podem usar o PDA para enviar respostas por *e-mail* aos clientes mais rapidamente e melhorar a gestão do tempo, integrando o agendamento de visitas e visualização de calendário. Yoshinaga diz: "Alcançamos nosso objetivo principal de nos comunicarmos melhor com nossos clientes. E nossos vendedores se tornaram mais produtivos, pois têm acesso instantâneo a recursos eletrônicos de informação e comunicação".

Fonte: Adaptado de "Baker Tanks Leverages Salesforce.com's Wireless Access to Extend Range of Customer Service", salesforce.com, 2002.

---

mercadorias e serviços. Desse modo, a função de produção/operação está relacionada com os processos e sistemas operacionais de qualquer empresa. Os sistemas de informação utilizados no controle das operações e no processamento das transações ajudam as empresas a planejar, monitorar e controlar estoques, compras e fluxo de mercadorias e serviços. Portanto, empresas como companhias de transporte, atacadistas, varejistas, instituições financeiras e prestadoras de serviços utilizam os sistemas de informação de produção/operação para planejar e controlar suas operações. Nesta seção, serão abordadas as aplicações de produção baseadas no computador, destacando os sistemas de informação que auxiliam a função de produção/operação.

> *Houve um tempo em que os fabricantes operavam baseados em um simples modelo de produzir para estocar. Essas empresas produziam 100 ou 100 mil itens de uma mercadoria e os vendiam por meio de redes de distribuição. Elas controlavam o nível do estoque e produziam mais itens da mercadoria quando os níveis ficavam abaixo de determinado limite. A produção urgente era rara, e as opções de configuração, limitadas. Os tempos mudaram. Conceitos como*

Produção integrada por computador (CIM)

estoque just-in-time, produção sob demanda, visibilidade da cadeia de suprimentos do início ao fim, a explosão da produção por contrato e o desenvolvimento de ferramentas de negócios eletrônicos baseadas na web para produção conjunta revolucionaram a forma de gerenciamento da fábrica.

Vários sistemas de informação de produção, muitos dos quais com recursos na web, são utilizados para auxiliar a **produção integrada por computador** (*computer-integraded manufacturing – CIM*) (ver Figura 7.28). A produção integrada por computador consiste em um conceito geral que ressalta os seguintes objetivos dos sistemas de produção baseados em computador:

- **Simplificar** (reformular) os processos de produção, projetos do produto e organização da fábrica como base fundamental para a automação e a integração.
- **Automatizar** os processos de produção e as funções empresariais auxiliares utilizando computadores, máquinas e robôs.
- **Integrar** todos os processos de produção e apoio utilizando redes de computadores, *softwares* interfuncionais e outras tecnologias da informação.

A finalidade geral de um sistema de produção integrada por computador e de outros sistemas de informação de produção é criar processos de produção flexíveis e ágeis que produzam itens com eficácia e com a mais alta qualidade. Portanto, o sistema CIM sustenta os conceitos de *sistemas de produção flexíveis, produção ágil* e *gestão da qualidade total*. A implementação desse tipo de conceito de produção permite à companhia reagir prontamente e atender às necessidades do cliente, oferecendo produtos e serviços de alta qualidade.

Os sistemas de informação de produção ajudam a empresa a simplificar, automatizar e integrar muitas das atividades necessárias para produzir itens de todos os tipos. Por exemplo, os engenheiros utilizam computadores com sistemas como *engenharia apoiada por computador (computer-aided engineerring – CAE)* e *projeto apoiado por computador (computer-aided desgign – CAD)* para projetar produtos melhores, e *planejamento de processo apoiado por computador* para melhorar os processos de produção. Os computadores são utilizados também para ajudar no planejamento do material necessário no processo de produção, com o sistema de *planejamento de gestão de materiais (material requirements planning – MRP)*, e para integrar o MRP com o cronograma de produção e operações da fábrica, utilizando o *planejamento de recursos de produção*. Muitos desses processos envolvidos nos sistemas de planejamento de recursos de produção estão incluídos nos módulos do *software* de ERP, discutido na primeira seção deste capítulo.

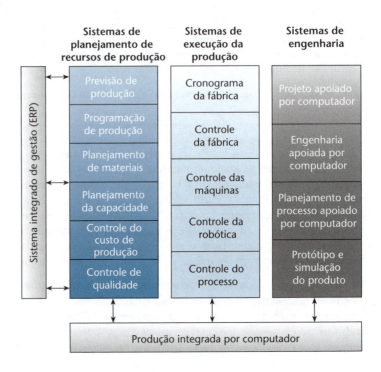

FIGURA 7.28 Os sistemas de informação de produção auxiliam a produção integrada por computador. Observe que o sistema de planejamento de produção é um dos grupos de aplicação do sistema ERP.

Os sistemas de **produção apoiada por computador (CAM)** automatizam o processo de produção. Por exemplo, essa automatização pode ser realizada mediante o monitoramento e controle do processo de produção de uma fábrica (sistemas de execução da produção) ou controlando diretamente o processo físico (controle do processo), a máquina (controle das máquinas) ou equipamentos com algum recurso similar à mão de obra humana (robôs).

Os **sistemas de execução da produção** (*manufacturing execution systems – MES*) proporcionam informações de monitoramento do desempenho das operações da fábrica. Esses sistemas monitoram, acompanham e controlam cinco componentes essenciais do processo de produção: materiais, equipamentos, pessoal, instruções e especificações, e local de produção. O MES abrange controle e cronograma da fábrica, controle das máquinas, da robótica e do processo. Esses sistemas monitoram, registram e ajustam o *status* e desempenho dos componentes de produção, ajudando a empresa a obter processo de produção flexível e de alta qualidade.

Controle do processo consiste no uso de computadores para controlar um processo físico em andamento. Os computadores de controle do processo controlam processos físicos de refinarias de petróleo, fábricas de cimento, usinas de energia elétrica, e assim por diante. O sistema de controle de processo do computador requer sensores especiais para medir fenômenos físicos, como mudanças de temperatura ou de pressão. Essas medições físicas permanentes são convertidas de dados analógicos em digitais e retransmitidas para processamento nos computadores.

Controle das máquinas consiste no uso de computadores para controlar as ações das máquinas. Esse procedimento também é conhecido como *controle numérico*. O controle de máquinas baseado em computador para produção de todos os tipos de itens é uma típica aplicação de controle numérico utilizada por muitas fábricas do mundo todo.

Sistemas de recursos humanos

A função de gerenciamento de recursos humanos (*human resource management* – HRM) abrange recrutamento, contratação, avaliação, remuneração e capacitação dos funcionários de uma organização. O objetivo de gerenciamento de recursos humanos é a utilização eficaz e efetiva dos recursos humanos de uma empresa. Portanto, os **sistemas de informação de recursos humanos** destinam-se a auxiliar (1) no planejamento para atender às necessidades de pessoal da empresa, (2) na capacitação dos funcionários para atingir seu potencial máximo e (3) no controle de toda política e programa de pessoal. No início, as empresas utilizavam sistemas de informação baseados em computador para (1) emitir folha de pagamento e contracheques, (2) manter os registros de pessoal e (3) analisar a utilização do pessoal nas operações da empresa. Mas muitas delas seguiram além dessas tradicionais funções de *gerenciamento de pessoal* e desenvolveram sistemas de informação de recursos humanos (*human resource information systems* – HRIS) também para auxiliar (1) no processo de recrutamento, seleção e contratação, (2) na alocação, (3) nas avaliações de desempenho, (4) nas análises de benefícios aos funcionários, (5) no treinamento e na capacitação, e (6) nos programas de saúde, segurança e estabilidade (ver Figura 7.29).

HRM e internet

A internet tornou-se grande força propulsora da mudança no gerenciamento dos recursos humanos. Por exemplo, os **sistemas HRM** *on-line* podem englobar recrutamento de funcionários mediante processos de seleção pelos *sites* das empresas. As companhias também estão utilizando serviços de recrutamento e bancos de dados comerciais na World Wide Web, divulgando mensagens em grupos de notícias selecionados da internet e comunicando-se com candidatos por *e-mail*.

A internet é uma rica fonte de informações e contatos tanto para empregadores como para candidatos a emprego. Entre os principais *sites* para empregadores e candidatos na World Wide Web estão o Monster.com, HotJobs.com e CareerBuilder.com. Esses *sites* estão repletos de relatórios, estatísticas e outras informações úteis de recursos humanos, como relatórios por setor ou listas dos principais mercados contratantes por área e profissão.

HRM e intranets corporativas

A tecnologia da intranet possibilita às companhias processar a maioria das aplicações de recursos humanos por meio das intranets corporativas. As intranets permitem ao departamento de recursos humanos oferecer serviços 24 horas a seus clientes: os funcionários. Elas também permitem divulgar informações valiosas com mais rapidez do que os antigos canais das empresas. As intranets coletam informações *on-line* dos funcionários para inseri-las em seus arquivos de

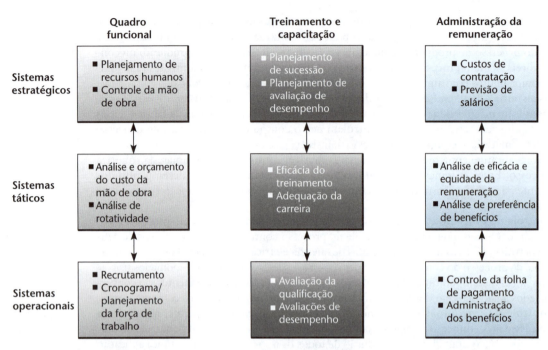

FIGURA 7.29 Os sistemas de informação de RH auxiliam no uso estratégico, tático e operacional dos recursos humanos de uma organização.

pessoal e possibilitam aos gerentes e a outros funcionários realizar tarefas de recursos humanos com menos intervenção do departamento de RH (ver Figura 7.30).

Por exemplo, a aplicação da intranet de *autoatendimento do funcionário* (*employer self--service* – ESS) permite ao funcionário visualizar os benefícios, inserir relatórios de viagens e despesas, verificar informações sobre empregos e salários, acessar e atualizar suas informações

FIGURA 7.30 Exemplo de um sistema de análise de contratação de funcionário.

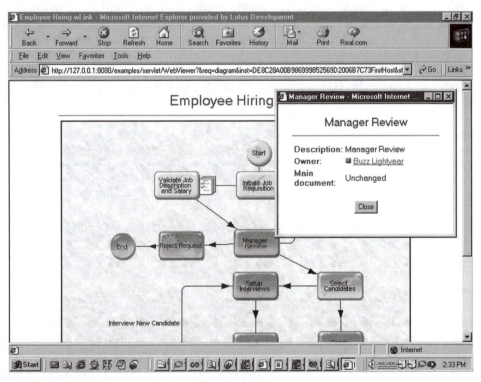

Fonte: Cortesia da IBM.

pessoais, e inserir dados com prazos a serem cumpridos. Por meio desse processo completamente eletrônico, o funcionário pode usar o navegador web para pesquisar *on-line* suas informações de folha de pagamento e benefícios diretamente do seu PC, do computador móvel ou de terminais de intranet instalados no local de trabalho.

Outra vantagem da intranet é que ela serve como excelente ferramenta de treinamento, pois os funcionários podem facilmente baixar instruções e processos para obter informações ou treinamento naquilo de que necessitam. Além disso, pelas novas tecnologias, os funcionários conseguem assistir a vídeos de treinamento pela intranet mediante requisição e, desse modo, a intranet elimina a necessidade de emprestar e controlar os vídeos de treinamento. Os funcionários também podem utilizar a intranet corporativa para produzir relatórios automatizados de horas trabalhadas, alternativa *on-line* para os cartões de ponto. Esses formulários eletrônicos têm facilitado a consulta, a inserção e os ajustes das informações de folha de pagamento tanto para funcionários como para os profissionais de RH.

Chiquita Brands: descobrindo quantos funcionários a empresa tem

Parece uma pergunta direta e simples que qualquer aplicativo de RH e sistema de ERP corporativo deveriam ser capazes de responder: "Quantos funcionários estão trabalhando para a nossa empresa atualmente?".

Na Chiquita Brands, uma empresa da Fortune 500 mais conhecida pelo adesivo azul que coloca em suas bananas, "Não poderíamos responder a essa pergunta", lembra Manjit Singh, CIO da Chiquita desde setembro de 2006. "Seriam necessárias algumas semanas para obtermos a resposta, que, a essa altura, já estaria incorreta."

A Chiquita possui uma mão de obra global de 23 mil funcionários em 70 países de seis continentes, embora a maioria dos trabalhadores esteja principalmente na América Central. Até 2008, a fabricante de alimentos de Cincinnati tinha empregado uma miscelânea de sistemas legados de RH que foram insuficientes para a gestão das complexas demandas de sua mão de obra descentralizada. Paliativos manuais e ineficientes (planilhas do Excel e processos baseados em papel) eram usados com frequência.

Quando a Chiquita contratava um novo funcionário, por exemplo, o processo burocrático de RH poderia ter de 20 a 30 etapas, diz Singh.

"Se, em algum momento, o papel é extraviado, tudo vai por água abaixo", diz ele. "Muitas vezes, os novos empregados apareciam e não tinham um escritório, um computador ou um telefone. Obviamente que isso prejudica o funcionário, não faz nada bem ao empregador e você perde produtividade a partir do momento o trabalhador entra pela porta."

Em outubro de 2008, a Chiquita lançou o Workday HCM com cinco mil funcionários norte-americanos e 500 gestores em 42 países. Singh aproveitou as opções de personalização que o Workday oferecia quando necessário, mas ele e sua equipe tentaram minimizar a personalização tanto quanto possível, para que pudessem diminuir os prazos de implantação enquanto continuavam progressivamente a inclusão de 18 mil funcionários na América Latina e cerca de outros três mil em toda a Europa.

Hoje, as operações norte-americanas da Chiquita colhem os frutos do novo sistema, incluindo as funções básicas de RH, como contratação de funcionários, mudanças de cargo, acompanhamento de incentivos e muito mais. "Podemos ver exatamente onde, no processo, está o empregado, ou como a contratação está acontecendo, quem está realizando e por que está sendo realizada, de modo que podemos garantir que, quando um funcionário entrar pela porta, ele terá um escritório, um telefone, um computador e acesso a todos os sistemas necessários", diz Singh.

"Isso é muito quando você fala sobre o número de funcionários que contratamos em um determinado mês", continua Singh. "Isso faz o dinheiro ir para o lucro final."

Mais recentemente, o novo sistema de RH liberou muitos dos 200 funcionários de TI da Chiquita para se concentrarem em projetos de maior valor. "Quero meus funcionários lado a lado com o pessoal de negócios, falando sobre a transformação de processos e tentando descobrir como levar produtos ao mercado ainda mais rapidamente", diz Singh, "e não falando sobre como manter um sistema funcionando".

Fonte: Adaptado de Thomas Wailgum. "Why Chiquita Said 'No' to Tier 1 ERP Providers and 'Yes' to SaaS Apps from Upstart Workday". *CIO Magazine*, 7 de abril de 2009.

Sistemas de contabilidade

Os **sistemas de informações contábeis** são os mais antigos e mais utilizados nas empresas. Os sistemas contábeis baseados em computador registram e informam o fluxo dos fundos da organização com base no histórico e produzem importantes demonstrativos financeiros, como balanço patrimonial e demonstração do resultado. Esses sistemas também produzem previsões de situações futuras, como projeção de demonstração financeira e orçamento financeiro. O desempenho financeiro de uma empresa é avaliado por outros relatórios contábeis analíticos com base nessas previsões.

Os sistemas contábeis operacionais ressaltam a contabilização histórica e legal e a produção de demonstrações financeiras precisas. Normalmente, eles abrangem processamento de transações, como processamento de pedido, controle de estoque, contas a receber, contas a pagar, folha de pagamento e livro-razão. Os sistemas de contabilidade gerencial concentram-se no planejamento e no controle das operações da empresa. Eles destacam os relatórios de contabilidade de custos, a elaboração de orçamentos e projeções de demonstração financeira e os relatórios de análise comparativa entre desempenho real e previsto.

A Figura 7.31 mostra as relações entre diversos sistemas importantes de informação contábil computadorizados mais comuns tanto para grandes como para pequenas empresas. Existem muitos pacotes de *software* contábil para essas aplicações. A Figura 7.32 mostra resumidamente a finalidade básica de seis sistemas gerais, mas importantes, de informação contábil utilizados tanto em grandes como em pequenas empresas.

Sistemas de contabilidade *on-line*

Não seria uma surpresa afirmar que os sistemas de informações contábeis mostrados nas Figuras 7.31 e 7.32 estão sendo alterados pela tecnologia da internet. A utilização da internet e de outras redes muda a forma como os sistemas de informações contábeis monitoram e acompanham as atividades da empresa. A natureza interativa e *on-line* desse tipo de rede exige novas formas de documentos, procedimentos e controles de transação, o que se aplica especificamente a sistemas como de processamento de pedido, controle de estoque, contas a receber e contas a pagar. Como mostra a Figura 7.32, esses sistemas estão diretamente envolvidos no processamento de transações entre empresa e seus clientes e fornecedores. Portanto, naturalmente, muitas companhias estão usando conexões da internet e de outras redes

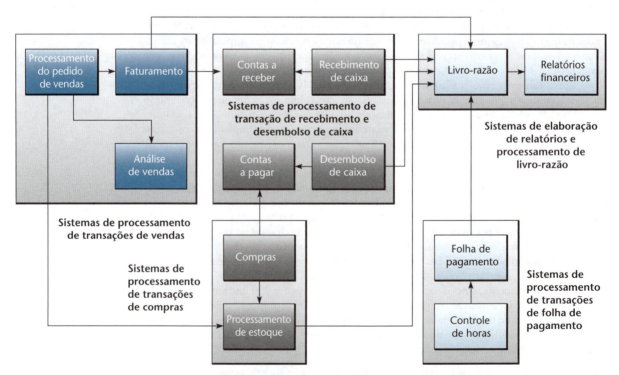

FIGURA 7.31 Importantes sistemas de informações contábeis para processamento de transações e elaboração de relatórios financeiros. Observe como esses sistemas estão relacionados entre si em termos de fluxo de entrada e saída.

Sistemas gerais de contabilidade empresarial

- **Processamento de pedido**
  Captura e processa pedidos de clientes e produz dados para controle de estoque e contas a receber.

- **Controle de estoque**
  Processa dados que refletem as alterações no estoque e fornece informações de remessa e abastecimento.

- **Contas a receber**
  Registra os montantes devidos pelos clientes e emite faturas, relatórios mensais de clientes e relatórios de gerenciamento de crédito.

- **Contas a pagar**
  Registra aquisições feitas pela empresa de fornecedores, montantes devidos e pagamentos feitos a fornecedores e produz relatórios de controle de caixa.

- **Folha de pagamento**
  Registra dados do trabalho e da remuneração do funcionário e produz contracheques e outros documentos e relatórios da folha de pagamento.

- **Livro-razão**
  Consolida os dados de outros sistemas contábeis e produz demonstrações financeiras periódicas e relatórios da empresa.

FIGURA 7.32 Resumo dos seis sistemas essenciais de informação contábil usados nas empresas.

com esses parceiros comerciais para acessar esses sistemas de processamento de transações, como foi discutido na Seção I. A Figura 7.33 é um exemplo de relatório contábil *on-line*.

Os **sistemas de gerenciamento financeiro** baseados em computador auxiliam gerentes e profissionais de negócios nas decisões relacionadas com (1) financiamento de algum negócio, e (2) com alocação e controle de recursos financeiros dentro da empresa. As principais categorias de sistemas de gerenciamento financeiro abrangem controle de investimento e de caixa, orçamento de capital, previsão financeira e planejamento financeiro (ver Figura 7.34).

Sistemas de gerenciamento financeiro

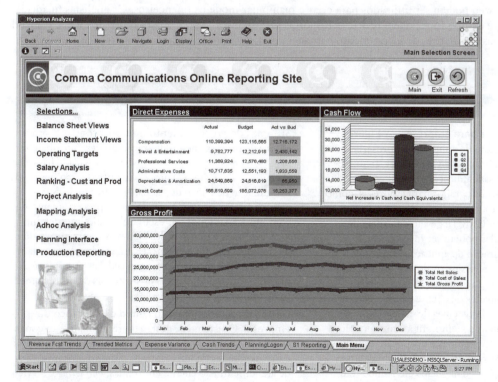

FIGURA 7.33 Exemplo de relatório contábil *on-line*.

Fonte: Hyperion.

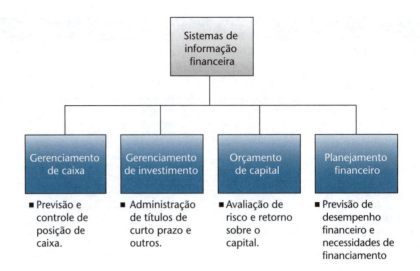

FIGURA 7.34 Exemplos de importantes sistemas de gerenciamento financeiro.

Por exemplo, o processo de **orçamento de capital** envolve a avaliação da lucratividade e do impacto financeiro dos gastos de capital propostos. As propostas de gastos de longo prazo com instalações e equipamentos podem ser analisadas por meio de diversas técnicas de avaliação de retorno do investimento. Essa aplicação utiliza muito os modelos de planilha eletrônica que incorporam análise de valor presente do fluxo de caixa previsto e análise de probabilidade de risco para determinar a composição ideal de projetos de capital para uma empresa.

Os analistas financeiros normalmente também utilizam planilhas eletrônicas e outros *softwares* de **planejamento financeiro** para avaliar o desempenho financeiro atual e previsto de uma empresa. Esses *softwares* também ajudam a determinar as necessidades financeiras de uma empresa e a analisar métodos alternativos de financiamento. Os analistas financeiros usam previsões financeiras relacionadas com situação econômica, operações empresariais, tipos de financiamento disponíveis, taxas de juros e preços de títulos e ações para elaborar um plano financeiro ideal para a empresa. Pacotes de planilha eletrônica, *software* DSS e *groupware* baseado na web podem ser utilizados para criar e manipular modelos financeiros. Os analistas financeiros e empresários podem procurar respostas para análises "e se..." e para busca de metas, avaliando as alternativas de investimento e financeiras. Essas aplicações serão abordadas no Capítulo 9.

Resumo

- **Sistemas interfuncionais para empresas.** A Figura 7.3 apresenta a arquitetura de aplicação empresarial e resume as principais aplicações de negócios eletrônicos e suas inter-relações. Essas aplicações consistem em sistemas interfuncionais integrados para empresas, como sistema integrado de gestão (ERP), gestão do relacionamento com o cliente (CRM) e gestão da cadeia de suprimentos (SCM). Elas podem ser interconectadas pelos sistemas de integração de aplicação empresarial (EAI) de modo que os profissionais de negócios acessem facilmente recursos de informação necessários para atender às necessidades de clientes, fornecedores e parceiros comerciais. Os sistemas de colaboração são interfuncionais e auxiliam e melhoram a comunicação e o trabalho conjunto entre equipes e grupos de trabalho de uma organização. As figuras 7.17 e 7.20 apresentam um resumo das aplicações de negócios eletrônicos em sistemas EAI e de colaboração.

- **Sistemas de processamento de transações.** Os sistemas *on-line* de processamento de transação desempenham um papel vital nos negócios e envolvem as atividade básicas de (1) entrada de dados, (2) processamento de transações, (3) manutenção de banco de dados, (4) geração de documentos e relatórios e (5) atividades de processamento de consulta. Várias empresas estão utilizando internet, intranets, extranets e outras redes para processamento *on-line* de transações, a fim de fornecer um serviço de qualidade superior para seus clientes e fornecedores. A Figura 7.20 mostra as atividades básicas dos sistemas de processamento de transação.

- **Gestão do relacionamento com o cliente: foco da empresa.** O sistema de gestão do relacionamento com o cliente é interfuncional e integra e automatiza a interação entre os clientes de uma empresa e muitos dos processos de atendimento ao cliente em vendas, *marketing* e serviços. O sistema CRM utiliza a tecnologia da informação para auxiliar muitas companhias que estão redirecionando a principal estratégia empresarial para o foco no cliente. Os principais componentes da aplicação de CRM abrangem sistemas de controle de contas e contatos, vendas, *marketing* e atendimento, suporte e serviço ao cliente, e programas de fidelidade e retenção, todos dedicados, como meta corporativa principal, a ajudar a empresa a adquirir, aprimorar e reter relações lucrativas com seus clientes. No entanto, muitas companhias consideram a implementação adequada do CRM difícil por causa da falta de conhecimento e preparação apropriados da gerência e dos funcionários envolvidos. Por fim, muitas companhias estão passando a adotar sistemas colaborativos de CRM que ajudam no trabalho conjunto, envolvendo empregados, parceiros comerciais e os próprios clientes no aprimoramento de relações lucrativas.

- **Sistema integrado de gestão (ERP): a espinha dorsal da empresa.** O sistema ERP é interfuncional integra e automatiza muitos dos processos empresariais internos de uma empresa, principalmente aqueles nas funções de produção, logística, distribuição, contabilidade, finanças e recursos humanos. Portanto, ele é a rede vital de informações da empresa, pois permite que ela obtenha eficácia, agilidade e pronto atendimento necessários para ser bem-sucedida em um ambiente empresarial dinâmico. O *software* ERP normalmente é composto de módulos integrados que proporcionam à companhia visão interfuncional em tempo real de seus processos empresariais vitais, como produção, processamento de pedido e vendas e de seus recursos, como caixa, matéria-prima, capacidade de produção e pessoal. Entretanto, o processo de implementação adequada dos sistemas ERP é difícil e oneroso, e tem causado sérios prejuízos para algumas companhias, que subestimam o planejamento, o desenvolvimento e o treinamento necessários para reformular os processos empresariais e adaptá-los aos novos sistemas ERP. Mesmo assim, aprimoramentos contínuos dos *softwares* ERP, incluindo módulos com recursos na web e suítes de *software* de negócios eletrônicos, têm tornado os sistemas ERP mais flexíveis e fáceis de usar, além de permitir estendê-los a parceiros comerciais externos da companhia.

- **Gestão da cadeia de suprimentos (SCM): a rede da empresa.** O (SCM) é interfuncional e interempresarial, e integra e automatiza a rede de relações e processos empresariais entre a empresa e seus fornecedores, clientes, distribuidores e outros parceiros comerciais. A finalidade do SCM é ajudar a empresa a tornar-se mais ágil e a atender prontamente à demanda dos clientes e às necessidades dos fornecedores, permitindo que a companhia projete, crie e venda seus produtos usando uma rede rápida, eficiente e econômica de parceiros comerciais, processos e relações, ou cadeia de suprimentos. O sistema SCM, muitas vezes, é subdividido em aplicações de planejamento da cadeia de suprimentos, como previsão de demanda e fornecimento, e aplicações de execução da cadeia de suprimentos, como controle de estoque, de logística e de armazenamento. A criação de sistemas efetivos de cadeia de suprimentos e o cumprimento das metas empresariais do sistema SCM têm se mostrado complexos e difíceis para muitas empresas. Contudo, a gestão da cadeia de suprimentos continua a ser grande preocupação e principal iniciativa de negócios eletrônicos conforme as companhias vêm usando cada vez mais a tecnologia da internet para melhorar a integração e a colaboração com parceiros comerciais, e para aumentar a eficácia operacional e empresarial da cadeia de suprimentos.

- **Sistemas funcionais de negócios.** Os sistemas de informação empresarial funcional auxiliam as funções de *marketing*, produção/operação, contabilidade, finanças e gerenciamento de recursos humanos, oferecendo uma variedade de sistemas de informações gerenciais e operacionais de negócios eletrônicos mostrados resumidamente na Figura 7.24.

- *Marketing.* Os sistemas de informação de *marketing* auxiliam os processos tradicionais e de *e-commerce* e o gerenciamento da função de *marketing*. Os principais tipos de sistemas de informação de *marketing* abrangem *marketing* interativo nos *sites* de *e-commerce*, automação da equipe de vendas, gestão do relacionamento com o cliente, administração de vendas, *marketing* direcionado ao mercado-alvo, publicidade e promoção, e pesquisa de mercado. Desse modo, os sistemas de informação de *marketing* auxiliam os gerentes de *marketing* na criação de produtos de *e-commerce* e nas decisões de relação com o cliente, bem como em planejamento publicitário e estratégias de promoção de vendas, e no desenvolvimento do potencial para *e-commerce* de produtos novos e existentes e de novos canais de distribuição.

- **Produção.** Os sistemas de informação de produção baseados em computador ajudam a implementar a produção integrada por computador (CIM) e, assim, a simplificar, automatizar e integrar muitas das atividades necessárias para produzir rapidamente produtos de alta qualidade e atender às demandas em constante mudança dos clientes. Por exemplo, o projeto apoiado por computador que utiliza redes de produção de trabalho conjunto ajuda os engenheiros a colaborar no projeto de novos produtos e processos. Além disso, o sistema de planejamento de recursos de produção ajuda a planejar os tipos de recursos necessários no processo de produção. Por fim, o sistemas de execução da produção monitoram e controlam a produção dos itens na fábrica por meio de sistemas de controle e cronograma da fábrica, controlando o processo físico (controle do processo), a máquina (controle numérico) ou as máquinas com recursos similares à mão de obra humana (robótica).

- **Gerenciamento de recursos humanos.** Os sistemas de informação de RH são importantes no gerenciamento de recursos humanos das empresas. Eles abrangem sistemas de informação para alocação de pessoal, treinamento e capacitação, e administração da remuneração. Os *sites* de gerenciamento de RH na internet ou nas intranets corporativas são ferramentas importantes que fornecem serviços de RH para funcionários atuais e candidatos a empregos.

- **Contabilidade e finanças.** Os sistemas de informações contábeis fazem registros, elaboram relatório e analisam transações e fatos empresariais para gerenciamento da companhia. A Figura 7.32 mostra resumidamente seis sistemas essenciais de contabilidade: processamento de pedido, controle de estoque, contas a receber, contas a pagar, folha de pagamento e livro-razão. Os sistemas de informação financeira auxiliam a gerência nas decisões relacionadas com as finanças de um negócio e a alocação de recursos financeiros dentro da companhia. Os sistemas de informação financeira incluem gerenciamento de caixa, gerenciamento de investimentos *on-line*, orçamento de capital e previsão e planejamento financeiros.

Termos e conceitos-chave

Estes são os termos e conceitos-chave abordados neste capítulo. O número entre parênteses refere-se à página em que consta a explicação inicial.

1. Arquitetura empresarial de aplicações (258)
2. Automação da equipe de vendas (292)
3. Cadeia de suprimentos (274)
4. Ciclo de processamento de transações (283)
5. Controle das máquinas (295)
6. Controle do processo (295)
7. Gestão da cadeia de suprimentos (SCM) (274)
8. Gestão do relacionamento com o cliente (CRM) (264)
9. Integração de aplicações empresariais (EAI) (279)
10. Intercâmbio eletrônico de dados (EDI) (277)
11. *Marketing* direcionado (291)
12. *Marketing* interativo (287)
13. Negócios eletrônicos (258)
14. Processamento em lote (283)
15. Processamento em tempo real (283)
16. Produção apoiada por computador (CAM) (295)
17. Produção integrada por computador (CIM) (294)
18. Sistema integrado de gestão (ERP) (270)
19. Sistemas de colaboração empresarial (SCE) (284)
20. Sistemas de execução da produção (MES) (295)
21. Sistemas de gerenciamento financeiro (299)
22. Sistemas de informação de *marketing* (287)
23. Sistemas de informação de produção (292)
24. Sistemas de informação de recursos humanos (295)
25. Sistemas de informações contábeis (298)
26. Sistemas de processamento de transações (TPS) (281)
27. Sistemas de processamento *on-line* de transações (282)
28. Sistemas funcionais de negócios (287)
29. Sistemas HRM *on-line*, (295)
30. Sistemas interfuncionais de negócios (258)

Questionário de revisão

Relacione um dos termos e conceitos-chave mencionados anteriormente com os seguintes exemplos ou definições. Procure a melhor opção para respostas que parecem corresponder a mais de um termo ou conceito. Justifique suas escolhas.

_____ 1. Utilização da internet e de outras redes para *e-commerce*, colaboração empresarial e processos empresariais com recursos da web.

_____ 2. Sistemas de informação que ultrapassam os limites das áreas funcionais de uma empresa para integrar e automatizar os processos empresariais.

_____ 3. Sistemas de informação que auxiliam o *marketing*, a produção, a contabilidade, as finanças e o gerenciamento de recursos humanos.

_____ 4. As aplicações de negócios eletrônicos ajustam-se a uma estrutura de aplicações interfuncionais e inter-relacionadas nos negócios.

_____ 5. *Software* que interconecta sistemas de aplicações empresariais.

_____ 6. Sistemas de informação para gestão do relacionamento com o cliente, de vendas e de promoção.

_____ 7. Trabalho conjunto e interativo com clientes na criação, na aquisição, no atendimento e na melhoria de produtos e serviços.

_____ 8. Utilização de redes de computação móvel para auxiliar equipes de venda de campo.

_____ 9. Sistemas de informação que auxiliam no controle e nas operações de produção.

_____ 10. Estrutura conceitual para simplificar e integrar todos os aspectos de automação da produção.

_____ 11. Utilização diversificada de computadores para ajudar na fabricação dos produtos.

_____ 12. Utilização de ferramentas de comunicação eletrônica, conferência e colaboração empresarial para auxiliar e melhorar o trabalho conjunto de equipes e grupos de trabalho.

_____ 13. Utilização de computadores para operar refinarias de petróleo.

_____ 14. Utilização de computadores para operar máquinas.

_____ 15. Sistemas de informação para auxiliar na alocação de pessoal, no treinamento, na capacitação e na administração de remunerações.

_____ 16. Troca automática de documentos eletrônicos de empresa entre computadores em rede dos parceiros comerciais.

_____ 17. Mantém registro histórico e legal e coleta informações para planejamento e controle das operações de uma empresa.

_____ 18. Sistemas de informação para controle de caixa, administração de investimentos, orçamento de capital e previsão financeira.

_____ 19. Sistemas de monitoramento e controle do desempenho das operações da fábrica.

_____ 20. Métodos de promoção e publicidade personalizados voltados a um público-alvo.

_____ 21. Sistema interfuncional que ajuda a empresa a criar e controlar processos empresariais que envolvem clientes.

_____ 22. Sistema interfuncional do negócio que ajuda a empresa a integrar e automatizar muitos dos processos internos e sistemas de informação.

_____ 23. Sistema interfuncional e interempresarial que ajuda a companhia a controlar sua rede de relações e processos com parceiros comerciais.

_____ 24. Rede de parceiros comerciais, processos e relações que auxiliam no projeto, na produção, na distribuição e na venda de produtos de uma empresa.

_____ 25. Recolhe e processa periodicamente dados de transações.

_____ 26. Processa dados de transações imediatamente após sua captura.

_____ 27. Sequência de entrada de dados, processamento de transações, manutenção de banco de dados, geração de documentos e relatórios e atividades de processamento de consulta.

_____ 28. Sistemas que capturam e processam imediatamente dados de transações e atualizam bancos de dados empresariais.

_____ 29. Sistema de informações interfuncionais concebido para processar dados que surgem a partir de transações de negócios.

Questões para discussão

1. Consulte o "Caso do mundo real 1" sobre NetSuite, Berlin Packaging e Churchill Downs neste capítulo. Nesse caso, como os sistemas de CRM analisados poderiam ajudar uma empresa que você conhece ou com a qual lida para lhe oferecer um melhor serviço? Dê outros exemplos não incluídos nesse caso.

2. Por que existe uma tendência de sistemas de negócios integrados interfuncionais para uso empresarial de tecnologias da informação?

3. Entre as 13 ferramentas de sistemas de informações contábeis resumidas na Figura 7.29, qual você considera fundamental para qualquer empresa hoje? Quais delas você considera opcionais, dependendo do tipo de empresa ou de algum outro fator? Explique.

4. Consulte o exemplo sobre EAI neste capítulo. Além dos sistemas EAI, que outras soluções existem para o problema da incompatibilidade entre os sistemas de informação de uma empresa?

5. Consulte o exemplo sobre a Chiquita Brands neste capítulo. Quais são as aplicações de RH mais importantes que uma companhia deve oferecer a seus funcionários? Por quê?

6. Como a automação da equipe de vendas afeta a produtividade dos vendedores, o gerenciamento de *marketing* e a vantagem competitiva?

7. Como a tecnologia da internet pode ser utilizada para melhorar o processo de uma das funções empresariais? Escolha um exemplo e avalie seu valor para o negócio.

8. Consulte o "Caso do mundo real 2" sobre tecnologias de HRM estratégico neste capítulo. Quais são as aplicações de RH mais importantes que uma companhia deve oferecer a seus funcionários? Por quê? Alguma delas não está presente nos exemplos incluídos nesse caso?

9. Que aplicações de negócios eletrônicos você recomendaria a uma pequena empresa para ajudá-la a sobreviver e obter êxito nessa era econômica cheia de desafios? Por quê?

10. Consulte o exemplo sobre mundos virtuais deste capítulo. Esse tipo de sistema contribui para os lucros finais de um negócio? Explique as razões de sua resposta.

Exercícios de análise

1. Mercado de provedores de serviços de aplicativos

A definição tradicional de provedor de serviços de aplicativos abrange interface com a web (ou cliente magro) e processamento e armazenamento de dados em servidores externos via internet. No entanto, o universo empresarial nem sempre se sentiu limitado por essas definições. Microsoft, McAfee, QuickBooks e outras empresas oferecem serviços de aplicação baseados na internet sem seguir à risca esses critérios.

A Microsoft oferece manutenção automática de aplicação baseada na web como parte da taxa de licença única. Por meio de "atualizações automáticas", a empresa oferece atualizações, reparos e correções de segurança de seus *softwares* sem envolvimento do pessoal de TI e causando o mínimo inconveniente ao usuário final.

A McAfee, por sua vez, cobra taxa de manutenção anual que inclui atualizações diárias de definição de vírus e aplicação. Essa empresa oferece esses serviços como parte da licença de um ano. Depois desse período, o licenciado pode continuar utilizando o *software*, mas deve pagar uma taxa de registro se desejar manter as atualizações. Os clientes tendem a pagar por esse serviço para se protegerem das ameaças de novos vírus.

a. Você utiliza ou recomendaria quaisquer dos serviços de aplicação *on-line* da Intuit (www.intuit.com) para uma pequena empresa? Justifique sua resposta.
b. A America On-line oferece gratuitamente serviços de troca de mensagem instantânea (AIM, para AOL Instant Messenger). Esse serviço permite a troca instantânea de mensagens, o compartilhamento de arquivos e a conferência por vídeo e voz, utilizando uma aplicação gratuita que pode ser carregada e instalada por qualquer usuário. A AOL está trabalhando como um provedor de serviços de aplicativos? Justifique.
c. Visite o site "Enterprise AIM services" da AOL (www.aimatwork.com). Quais são os recursos adicionais oferecidos pela AOL às empresas? Na sua opinião, por que a AOL afastou-se do modelo de provedor de serviços de aplicativos em termos de solução empresarial?

2. eWork Exchange e eLance.com: leilões e empregos *on-line*

Há muitas oportunidades disponíveis para as pessoas que percorrem os grandes quadros de anúncios de empregos, os *sites* de agentes autônomos, os serviços de leilões em que os candidatos apresentam ofertas para projetos, e os *sites* de empregos com qualificações específicas. São exemplos de *sites* de busca de empregos e de leilão: eWorkExchange e eLance.com.

eWork Exchange *(www.ework.com)*. Não é preciso mais garimpar em meio a buscas infrutíferas; basta o candidato preencher uma lista com suas qualificações e deixar a tecnologia proprietária da eWork Exchange procurar os projetos mais adequados para o seu perfil – não é preciso apresentar proposta.

eLance.com *(www.elance.com)*. Esse mercado global de leilões abrange não apenas empregos na área de TI, mas também uma gama enorme de áreas, de projetos de astrologia e medicina a trabalho corporativo e culinário. O candidato deve cadastrar a descrição dos seus serviços ou pesquisar diretamente na listagem de projetos oferecidos – para, depois, começar a apresentar as propostas. A seção de opiniões permite que empregadores e autônomos avaliem as propostas.

a. Entre nos *sites* eWork Exchange e eLance e em outros de oferta de empregos *on-line* da web.
b. Avalie os vários *sites* com base na facilidade de uso e na sua importância para empregadores e candidatos a uma colocação.
c. De que site você gostou mais? Por quê?

3. Banco de dados de busca de empregos

Visite alguns *sites*, como Monster.com e outros mencionados neste capítulo, para obter informações sobre oferta de empregos. Procure e anote os dados relevantes de, no mínimo, dez vagas disponíveis de seu interesse ou que atendam aos critérios especificados pelo professor.

a. Crie uma tabela de banco de dados para armazenar as principais características dessas oportunidades de emprego. Inclua como campos da tabela todas as características mostradas na lista a seguir, contudo, se desejar, acrescente outros campos de seu interesse. Se não houver dados disponíveis para alguns campos (por exemplo, faixa salarial) de algum emprego específico, deixe-os em branco.
b. Faça uma consulta que classifique os empregos por região e, depois, por função na empresa.
c. Elabore um relatório no qual você deve agrupar os empregos por região e classificá-los dentro de cada região por função na empresa.

Tabela: Empregos

Campo	Dados de exemplo (pesquise dados próprios para esse exercício)
Empregador	Techtron Inc.
Cargo	Analista de sistemas
Região	Nordeste
Localização.	Springfield, MA
Função de negócio	Tecnologia da informação
Descrição	Trabalhar em equipe para analisar, programar e criar sistemas de *e-commerce*. Requisitos necessários: capacitação em análise de sistemas, projeto de banco de dados relacional e programação em Java.
Qualificações	Bacharelado em sistemas de informação ou ciências da computação, dois anos de experiência em programação Java.
Faixa salarial	De US$ 48 mil a US$ 60 mil anuais, de acordo com a experiência.

4. Análise financeira setorial

Os funcionários aplicam suas qualificações em benefício da empresa. Além da competência específica para a função exercida na companhia, eles precisam conhecer profundamente o ambiente desta. Esse ambiente envolve a estrutura financeira e empresarial da organização, além das relações com concorrentes, clientes e importantes órgãos reguladores.

Os entrevistadores esperam dos candidatos conhecimento básico de cada uma dessas áreas. Esse conhecimento demonstra o interesse do entrevistado na posição e dá ao entrevistador a certeza de que o candidato conhece bem a empresa em que deseja trabalhar. Na realidade, com um pouco de pesquisa, candidatos a emprego conseguem detectar algumas oportunidades com base nos dados encontrados. A internet, combinada com boa habilidade para lidar com banco de dados, ajuda a simplificar essas tarefas.

a. Entre nos *sites* de pelo menos três empresas identificadas na questão anterior. Obtenha informações sobre suas operações financeiras, incluindo vendas líquidas (ou renda líquida), receita líquida descontados os impostos e qualquer informação atualizada relacionada com a organização ou o setor.
b. Usando o mesmo banco de dados criado no problema anterior, crie uma nova tabela que inclua os campos descritos a seguir. Acrescente campos também de seu interesse.
c. Adicione um campo intitulado ID da Organização na tabela de empregos criada na questão anterior. Defina o campo como numérico (número inteiro). Faça uma consulta de atualização para preencher o novo campo com os valores apropriados extraídos do campo ID da Organização da tabela Organizações. Para isso, junte as tabelas Empregos e Organizações utilizando os campos Nome da Organização/Empregador. Essa junção funcionará apenas se os nomes usados forem idênticos, portanto certifique-se de digitá-los corretamente. Execute a consulta para completar a atualização. Como as tabelas já se juntam usando os campos Nome da Organização/ Empregador, seria necessário também juntá-las no campo ID da Organização? Será que o campo Empregador da tabela Empregos ainda é necessário?
d. Crie um relatório mostrando as oportunidades de emprego por Setor. Dentro de cada setor, classifique os registros por nome da organização. Inclua Título do Cargo, Globalização, Receita Líquida e Concorrentes de cada registro. Não se esqueça de juntar as tabelas Empregos e Organizações usando o campo ID da Organização.

Tabela: organizações

Campo	Dados de exemplo (pesquise dados próprios para esse exercício)
ID da Organização	Defina esse campo como chave principal e deixe o banco de dados gerar automaticamente o valor.
Nome da Organização	Digite o nome exatamente como na tabela de oportunidade de empregos (a opção de copiar e colar funciona melhor nesse caso).
Setor	Jurídico, médico, consultoria, educação etc.
Globalização	Local, regional, nacional, internacional.
Renda	Vendas líquidas ou receita extraída dos relatórios financeiros mais recentes.
Receita Líquida (descontados os impostos)	Extraída dos relatórios financeiros mais recentes.
Concorrentes	Nomes dos principais concorrentes.
Funcionários	Número de funcionários.

CASO DO MUNDO REAL 3 — Perdue Farms e outras: a gestão da cadeia de suprimentos abastece o período de festas

Embora alguns só tenham de lidar com um peru no dia de Ação de Graças, em 2003 o pessoal da Perdue Farms conseguiu movimentar cerca de um milhão de perus, cada um em 24 horas de processamento, para alcançar as mesas no feriado por todo o país. A tarefa não é tão complicada como era antes de a empresa de alimentos e produtos agrícolas investir US$ 20 milhões em tecnologias de gestão da cadeia de suprimentos há cinco anos.

De acordo com o CIO Don Taylor, usando o *software* de previsão Manugistics e ferramentas de planejamento da cadeia de suprimentos, a Perdue tornou-se mais apta a entregar o número certo de perus para os clientes certos e na hora certa: "Quando novembro chegou, tínhamos a informação ao vivo em nossas mãos". Antes de investir em *software* de gestão da cadeia de suprimentos e previsão, os gerentes da Perdue seguiram o "instinto" de seus suprimentos e clientes, bem como prestaram atenção à história sazonal do consumo passado.

Funcionou muito bem: a empresa Arthur W. Perdue fundada em 1920 cresceu até alcançar vendas anuais de US$ 2,7 bilhões. Com os sistemas de previsão e de cadeia de suprimentos, Taylor diz que a empresa privada monitora os seus produtos durante todo o ano, verificando-os com mais frequência à medida que o dia de Ação de Graças se aproxima. Embora a terceira semana de novembro seja a mais movimentada do ano para a empresa, a produção não muda radicalmente. A grande diferença é a formato dos perus. Na maior parte do ano, trata-se mais de pedaços e fatiados, ao passo que, nessa época do ano, são aves inteiras.

Levar perus da fazenda até as mesas é uma corrida contra o tempo, por isso Perdue recorreu à tecnologia para garantir que seus produtos chegassem frescos. Cada um de seus caminhões de entrega é equipado com GPS, o que permite que os expedidores vigiem os perus em rota a partir de cada um dos quatro centros de distribuição da empresa até chegarem a seus destinos. Se um caminhão quebra, o substituto é enviado para resgatar os carregamentos de aves. "Sabemos onde nossos caminhões estão exatamente, todo o tempo", diz Dan DiGrazio, diretor de logística da Perdue.

A Perdue usa de tudo, exceto sinais de fumaça, para se comunicar com os clientes, mantendo contato via telefone, *e-mail* e videoconferência. "Estamos sempre à procura de novas tecnologias para ver o que funciona para nós", diz Taylor.

A Black Friday e a Cyber Monday não são nada parecidas com a alegre época do ano que as antecedem. São mais agourentas e assustadoras. Para muitos varejistas e fabricantes, esses dois dias essenciais – e o mês seguinte – não passam disso.

Esses dois dias são nefastos, pois a loucura de compras que acontece logo após o dia de Ação de Graças é uma oportunidade 8 ou 80 para varejistas e companhias de bens de consumo, que procuram reforçar as suas receitas do quarto trimestre com um grande volume de vendas. São dias assustadores porque o que vende e o que não vende é muito imprevisível.

Em nenhum lugar essa incerteza e pressão conjuntas são mais intensas do que nos serviços de fornecimento, onde a alegra sazonal é substituído por uma terrível ansiedade. "O Natal é uma época muito difícil para fabricantes e varejistas", diz Brian Tomlin, professor assistente de operações, tecnologia e gestão da inovação da Kenan-Flagler Business School na Universidade da Carolina do Norte: "Eles estão dando palpites e fazendo apostas sobre o que vai ser a demanda, e não vão acertar sempre".

De fato, o período imediatamente anterior ao dia de Ação de Graças até o Ano-Novo é geralmente o "momento da verdade" para a cadeia de suprimento do varejo e de produção e para os sistemas de *e-commerce*. Nem todos são bem-sucedidos. Segundo Tomlin, os varejistas e os fabricantes enfrentam uma situação delicada: "Se eles estiverem otimistas demais, poderão formar muito estoque, baixar o preço de tudo e vender a preço de banana. Se estiverem excessivamente pessimistas, terão clientes insatisfeitos e deixarão de faturar um monte de dinheiro".

Há uma série de razões para isso.

A primeira é que os gostos dos consumidores podem mudar do dia para a noite, especialmente em relação a brinquedos, eletroeletrônicos e vestuário. "Os ciclos de produto são tão curtos, o que está na moda hoje não é o que vai estar amanhã", diz Dave Haskins, CTO da Kinaxis, um fornecedor que oferece gerenciamento de resposta sob demanda para cadeias de suprimentos. Ao comentar a recente compra de telefone celular que sua filha fez, Haskins observa: "Ela compra um celular por causa da moda, não porque precisa. O consumidor hoje é tremendamente inconstante".

Outro desafio é que às vezes um presente de Natal recebe mais atenção no mundo do que qualquer gerente de *marketing* ou de operações jamais poderia ter previsto, mesmo nos seus sonhos mais delirantes. A histeria em massa resultante alimenta a si mesma (quem se lembra da mania pelo Furby dos anos 1990?) e vira um estímulo maravilhoso para as novidades de Natal. Isso também leva o público a pensar que "alguém cometeu um erro", disse Tomlin, ainda que a situação seja muito difícil de prever. Embora possa parecer um bom problema, é uma situação frustrante para os fabricantes que tentam controlar o estoque e varejistas que tentam manter suas prateleiras estocadas.

Assim, enquanto a velocidade e a flexibilidade são fundamentais para responder à demanda volátil, muitos varejistas e fornecedores estão presos por causa de um grande ferimento autoinfligido: "Metade da cadeia de suprimentos deles está na Ásia", conta Haskins. "Atualmente os fornecedores têm de lidar com o fato de que seu produto tem de permanecer cinco semanas em um barco, porque a diretoria disse 'Nós queremos mais barato.'" O resultado é que viagens de distâncias mais longas levam a cadeias de suprimentos prolongadas.

Esse dilema importante de custo *versus* flexibilidade pode mostrar sua cara feia nos feriados, quando os planos de *marketing* e estratégias de estoque têm de ser feitos com muita antecedência. "O desafio é que os fornecedores precisam tomar decisões de fornecimento com antecedência, e, quando eles fazem isso, a incerteza quanto à procura é grande", afirma Tomlin. No entanto, a formação de estoque excessivo é um erro que as empresas geralmente não são tolas o suficiente para cometer.

"O que as empresas inteligentes fazem é descobrir a melhor forma de utilizar a informação como um substituto para o estoque", diz ele, "porque o estoque é uma estratégia cara".

Haskins, cuja empresa vende *software* de demanda da cadeia de suprimentos, observa que muitos sistemas de cadeia de suprimentos de vários fabricantes funcionam em ciclos de planejamento mensal, que não dão informação suficiente. Também pode haver uma enorme lacuna entre os sistemas de varejistas e os dados de pontos de venda que podem ser enviados para seus fornecedores e o que os fornecedores podem realmente fazer com isso. "Os sinais de distribuição – indicando o que está sendo de fato vendido e o estoque atual – precisam ser coordenados continuamente. A maioria das organizações ainda se esforça para fazer isso", diz ele.

A temporada de compras natalinas irá expor todas as fraquezas da cadeia de suprimentos. "Isso porque a janela para responder a flutuações é muito menor", explica Haskins, acrescentando que as empresas com melhores sistemas normalmente têm melhor desempenho durante as férias e se saem melhor ao longo de todo o ano.

Haskins aconselha os varejistas e seus fornecedores a se perguntar agora mesmo: com que rapidez posso reagir a algo que acontece na minha cadeia de suprimentos? Estou fornecendo informações boas e úteis para meus fornecedores e preenchendo as lacunas nos dados? Estou agindo para atualizar os dados dos pontos de venda que recebo de meu varejista? Sei exatamente o que está sendo vendido a cada dia?".

A primeira pergunta – resposta flexível e rápida a eventos da cadeia de suprimentos – é uma tática-chave que pode ajudar varejistas e fabricantes a aumentar a quantidade de produtos em circulação. Por exemplo, se a demanda por um produto de um fabricante está em alta na região leste dos Estados Unidos, mas não no oeste, as empresas têm de certificar-se de ter os sistemas certos prontos para perceber isso, detectar a tendência e compartilhar essa informação, além dos processos e logística adequados para ajustar e corrigir a situação.

"As empresas têm de pecar por flexibilidade em vez de forçar a rigidez", disse Haskins. Claro que captar os sinais de cadeia de suprimentos, interpretá-los e reagir ainda é um desafio pessoal e técnico monumental para muitos fabricantes e varejistas.

"Se você está esperando que a loja anuncie que acabou o estoque, você está muito atrasado", diz ele.

Outra tendência que os varejistas e os fabricantes necessitam ter em conta é a explosiva medida financeira da temporada do "cartão-presente", que tem registrado ganhos de bilhões de dólares nos últimos anos. Um relatório de 2006 da AMR Research observou a tendência e seu efeito considerável sobre decisões de estoque e de pessoal para os meses de janeiro e fevereiro, quando muitas pessoas que receberam os cartões do presente os resgatam.

Dados de Ellen Davis, diretora de comunicações da National Retail Federation, confirmam: apenas 20% do total de cartões-presente são resgatados na semana após o Natal, ao passo que os 80% restantes são trocados ao longo dos meses de janeiro e fevereiro seguintes.

Para ficar no espírito da temporada natalina, Haskins oferece um pequeno conselho prático para varejistas e fabricantes, que precisam mais uns dos outros nessa época do que nunca: "Lembre-se de que você é tão bom quanto a sua cadeia de suprimentos e a habilidade de seus fornecedores de ter uma visão rápida e integrada da demanda e oferta totais".

Fonte: Adaptado de Sharron Luttrell. "Perdue CIO Talks Supply Chain Management". *CIO Magazine*, 1º de novembro de 2003; e Thomas Wailgum. "The High-Stakes Search for Supply Chain Excellence during the Holiday Rush". *CIOMagazine*, 16 de novembro de 2007.

QUESTÕES DO ESTUDO DE CASO

1. Quais são os principais fatores que determinam o sucesso ou o fracasso das cadeias de suprimentos durante a época de festas de fim de ano? Quais desses são ou poderiam estar sob o controle das empresas, e quais são inerentes à atividade do consumidor final? Dê vários exemplos.

2. Considere o uso crescente de cartões-presente em vez de presentes, durante a época natalina. Que efeitos essa nova prática apresenta ao planejamento de demanda e à gestão da cadeia de suprimentos? Considere o fato de que praticamente nada se sabe sobre os destinatários dos cartões-presente. Que estratégias varejistas e seus fornecedores podem considerar para enfrentar esses efeitos?

3. De acordo com o professor Brian Tomlin, empresas inteligentes substituem estoque por informações. O que ele quis dizer com isso? Como as empresas podem tirar proveito de informações mais completas e precisas para melhorar suas práticas de estoque e logística? Dê vários exemplos.

ATIVIDADES DO MUNDO REAL

1. Na internet, procure notícias sobre problemas de estoque (falta ou excesso) que aconteceram durante as últimas temporadas de fim de ano. Como você pode relacionar suas descobertas com as questões discutidas no caso? Você acha que as empresas afetadas poderiam ter feito algo diferente? Por quê? Justifique sua resposta.

2. Como o seu método de compras na época de Natal se compara com aqueles discutidos no texto? Com que antecedência você decide quanto dinheiro vai gastar e o que vai comprar? Divida a turma em pequenos grupos para comparar as experiências e como estas se encaixam nos problemas identificados no caso: incerteza quanto à demanda e planejamento.

CAPÍTULO 8

Sistemas de *e-commerce*

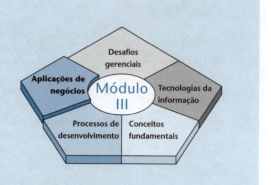

Destaques do capítulo

Seção I
Fundamentos do *e-commerce*
Introdução ao *e-commerce*
O escopo do *e-commerce*
"Caso do mundo real 1": KitchenAid e Royal Bank of Canada: você protege a sua marca na internet?
Processos essenciais do *e-commerce*
Processos de pagamento eletrônico

Seção II
Questões e aplicações do *e-commerce*
E-commerce empresa-consumidor (B2C)
"Caso do mundo real 2": LinkedIn, Umbria, Mattel e outras: levando a "manifestação" para a internet
Requisitos de uma loja virtual
E-commerce empresa-empresa (B2B)
Mercados de *e-commerce*
Clicks and bricks no *e-commerce*
"Caso do mundo real 3": Entellium, Digg, Peerflix, Zappos e Jigsaw: sucesso dos não pioneiros no *e-commerce*

Objetivos de aprendizagem

1. Identificar as principais categorias e tendências de aplicações de *e-commerce*.
2. Identificar os processos essenciais de um sistema de *e-commerce* e dar exemplos de como eles são implantados nas aplicações de *e-commerce*.
3. Identificar e fornecer exemplos dos vários fatores-chave e requisitos necessários das lojas virtuais para obtenção de sucesso no *e-commerce*.
4. Identificar e explicar o valor de negócio dos vários tipos de mercado de *e-commerce*.
5. Discutir os benefícios e custos de oportunidade das várias alternativas *clicks and bricks*.

Seção I — Fundamentos do *e-commerce*

Introdução ao *e-commerce*

O e-commerce está mudando a maneira de competir e a velocidade da ação, além de simplificar o fluxo de interações, produtos e pagamentos de clientes para as empresas e destas para fornecedores.

Atualmente, para a maioria das empresas, o *e-commerce* é mais do que comprar ou vender produtos *on-line*. Ele compreende todo o processo *on-line* de desenvolvimento, *marketing*, vendas, entrega, atendimento e pagamento de produtos e serviços transacionados em mercados globais interligados, com o apoio de uma rede mundial de parceiros. Na verdade, muitos consideram a expressão "*e-commerce*" um pouco antiquada. Dado que muitos jovens empresários têm crescido em um mundo em que o comércio *on-line* sempre esteve disponível, em breve poderá ser a hora de eliminar a distinção entre *e-commerce* e negócios eletrônicos e aceitar que tudo é apenas "negócio", simplesmente. Até lá, manteremos a expressão "*e-commerce*", que permite uma visão mais clara das diferenças entre as transações *on-line* de negócios e as mais tradicionais.

Como veremos neste capítulo, os sistemas de *e-commerce* dependem dos recursos da internet e de muitas outras tecnologias da informação para apoiar todas as etapas desse processo. Veremos, também, que a maioria das empresas, grandes e pequenas, está envolvida em alguma forma de atividade de *e-commerce*. Dessa forma, o desenvolvimento de uma capacidade em *e-commerce* torna-se uma importante opção que deve ser considerada hoje por grande parte das empresas.

Leia o "Caso do mundo real 1" a seguir. Podemos aprender muito sobre desafios que as empresas enfrentam no mundo *on-line* com esse exemplo (ver Figura 8.1).

O escopo do *e-commerce*

A Figura 8.2 ilustra a gama de processos de negócios envolvidos no *marketing*, na compra, venda e oferta de produtos e serviços nas empresas que adotaram o *e-commerce*. Empresas envolvidas com o *e-commerce*, seja comprando, seja vendendo, dependem de tecnologias baseadas na internet e de aplicações e serviços de *e-commerce* para conduzir atividades de *marketing*, obtenção de informações, processamento de transações e produtos e atividades de serviço ao cliente. Por exemplo, o *e-commerce* pode incluir *marketing* interativo, registro de pedidos de compras, pagamento e apoio ao cliente em catálogos de *e-commerce* e *sites* de leilão na *World Wide Web*. O *e-commerce* também inclui processos de negócio eletrônicos, como extranets para o acesso de clientes e fornecedores ao banco de dados de estoque (processamento das transações), intranets para acesso do pessoal de vendas e de atendimento ao consumidor (serviço e suporte) aos sistemas de gestão do relacionamento com o cliente, e colaboração do cliente em desenvolvimento de produtos por meio de correio eletrônico e grupos de notícias na internet (*marketing*/obtenção de informações).

As vantagens do *e-commerce* permitem a uma empresa de qualquer tamanho, que está em praticamente qualquer lugar no planeta, fazer negócios com qualquer pessoa, em qualquer lugar. Imagine um pequeno fabricante de óleo de oliva em uma aldeia remota da Itália vendendo seus produtos para grandes lojas de departamentos e lojas de alimentos especiais em Nova York, Londres, Tóquio e outros grandes mercados metropolitanos. O poder do *e-commerce* permite que barreiras geofísicas desapareçam, fazendo de todos os consumidores e empresas do planeta clientes e fornecedores em potencial.

Tecnologias para o *e-commerce*

Quais tecnologias são necessárias para o *e-commerce*? A resposta breve é que a maioria das tecnologias da informação e tecnologias da internet que discutimos neste livro está, de alguma forma, envolvida nos sistemas de *e-commerce*. Uma resposta mais específica é ilustrada na Figura 8.3, que constitui um exemplo dos recursos tecnológicos necessários para muitos sistemas de *e-commerce*. A figura ilustra alguns dos *hardware*, *software*, dados e componentes de rede utilizados pela FreeMarkets Inc. para fornecer serviços de *e-commerce* de leilões *on-line* B2B (*business-to-business*).

CASO DO MUNDO REAL 1

KitchenAid e Royal Bank of Canada: você protege a sua marca na internet?

A reputação é uma coisa frágil, especialmente na internet, onde as imagens registradas são facilmente copiadas, segredos corporativos podem ser divulgados de forma anônima em salas de *chat* e especulações inúteis e comentários maliciosos em um *blog* podem afetar o preço das ações de uma empresa. As marcas estão sob ataque constante, mas empresas como a BrandProtect, MarkMonitor e NameProtect (agora parte da Corporation Services Company) estão intensificando o esforço de oferecer a companhias um pouco de poder de fogo na luta pelo controle de suas marcas e reputações.

Brian Maynard, diretor de *marketing* da KitchenAid, uma divisão da Whirlpool, enfrentou um problema bastante singular. Da mesma forma que as clássicas garrafa da Coca-Cola e orelhas do Mickey Mouse da Disney, a silhueta da batedeira da KitchenAid, aquele produto colorido, arredondado e diferente, sempre presente nas listas de casamentos, é uma marca registada. Embora a silhueta da batedeira padrão da KitchenAid seja uma marca registrada desde meados dos anos 1990, o símbolo é bem conhecido desde que o design atual foi lançado na década de 1930. "A batedeira da KitchenAid é um ativo incrível, por isso é importante para nós impedir que tanto o nome quanto a imagem se tornem algo genérico", diz Maynard, que relata que o patrimônio líquido da marca está estimado em dezenas de milhões de dólares. Qualquer tipo de violação que passe despercebido é capaz de rapidamente dilapidar esse patrimônio precioso.

A KitchenAid tinha experimentado alguns problemas na internet, com imitações e usos não autorizados da imagem da batedeira, mas lidar com as inúmeras e variadas infrações *on-line* da marca registrada parecia desanimador. Maynard sabia que, historicamente, as marcas de empresas que não foram bem protegidas e policiadas por seus proprietários tinham sido consideradas genéricas pelos tribunais – a aspirina e as escadas rolantes são dois exemplos. "Ao longo da história, nomes como 'escada rolante' e 'aspirina' têm se tornado genéricos, simplesmente porque as pessoas não tiveram o trabalho de protegê-los", diz Maynard. "Para evitar esse destino, você tem de mostrar aos tribunais que se esforça ao máximo para proteger a sua marca. Se você não vigiar a sua marca, os tribunais normalmente irão considerar que a marca não é mais significativa e tornou-se onipresente." Assim, quando recebeu um telefonema surpresa da BrandProtect, Maynard ficou intrigado.

Contudo, os criminosos que sequestram marcas corporativas *on-line* e as disfarçam em busca de lucro estão se valendo do esforço dessas empresas. Apelidada de *brandjacking* pela MarkMonitor Inc., uma prestadora de serviços de proteção a marcas sediada em São Francisco, a prática está se tornando uma grande ameaça para os nomes conhecidos. "Não somente o volume desses abusos é significativo, mas os agressores estão se tornando comerciantes espertalhões de um modo alarmante", afirma Frederick Felman, diretor de *marketing* da MarkMonitor. Em seu primeiro relatório de índice de *brandjacking*, a MarkMonitor rastreou 25 das 100 maiores marcas por três semanas em busca de monitoramento ilegal ou táticas antiéticas que variaram de *cybersquatting* (pirataria de domínios) à fraude de *pay-per-click*. As empresas de mídia reuniam o maior percentual de marcas na mira.

O *cybersquatting*, que normalmente significa o registro de uma URL que inclui o nome de uma marca real, levou o prêmio da maioria das ameaças com facilidade. A MarkMonitor acompanhou mais de 286 mil casos em três semanas. "Quando ouvi falar da solução, nem sabia que havia algo assim no mercado. Logo vi que aquilo resolveria um problema que eu nem sequer imaginava que existisse", diz Maynard.

A BrandProtect utiliza uma plataforma tecnológica que funciona como uma aranha gigante, mapeando a web e identificando o que está acontecendo em seus esconderijos mais obscuros. A tecnologia de mapeamento é combinada com um componente de análise de filtros, além de análise humana que identifica e retorna aos seus clientes dados acionáveis em atividades ilícitas que podem prejudicar a identidade corporativa das empresas. Dependendo do nível de serviço escolhido pelo cliente, essas atividades podem incluir qualquer uma das 22 categorias de infrações – de *phishing* à falsificação, uso indevido de logotipos corporativos e imagens registradas de produtos, infrações de domínio e *blogs* de funcionários com segredos corporativos. Ficar à frente das várias maneiras pelas quais a marca de uma empresa pode ser comprometida ou diluída *on-line* é um desafio que Kevin Joy, vice-presidente de *marketing* da BrandProtect, compara a um jogo interminável de "Whack-a-Mole".

O desafio da proteção de marcas, no entanto, tem crescido exponencialmente para as empresas que operam no mundo *on-line*. "Com o advento da internet, algumas coisas aconteceram", explica Maynard. "Todo mundo no planeta agora pode ver a batedeira. Assim, o potencial para uso indevido de nossa marca se tornou maior. A batedeira é muito conhecida, por isso havia mais risco de as empresas criarem produtos clonados e comercializá-los sob outros nomes. Desse modo, era mais importante do que nunca provar que estávamos fazendo todo o esforço para proteger a marca e as nossas patentes sobre elas."

Outros tipos de infrações também surgiram à medida que as atividades de vigilância *on-line* da KitchenAid aumen-

Fonte: Cortesia da Microsoft®.

FIGURA 8.1 As empresas que fazem negócios *on-line* devem vigiar o uso de seus nomes comerciais, logotipos e outras marcas registradas para proteger seus investimentos.

Continua →

tavam. Alguns deles, como *sites* que utilizam o logotipo sem permissão, eram menos graves e poderiam ser facilmente resolvidos com uma carta de advertência. Outros não eram tão inocentes, como o uso do logotipo para criar *links* para *sites* ilegais. "Passamos muito tempo treinando pessoal e policiando atividades *on-line*", conta Maynard.

Os vários sucessos fizeram o relacionamento valer a pena. Recentemente, Maynard ficou impressionado com a rapidez com que foi capaz de resolver um caso de infração de domínio. Um vendedor de pequeno porte que trabalha com a KitchenAid estava tentando registrar URLs como shopkitchenaid.com e buykitchenaid.com para fins de *marketing*. Na sexta-feira em que Maynard recebeu seu relatório, ele verificou os novas URLs, reconheceu o nome do proprietário e chamou o seu contato na empresa para explicar que quaisquer URLs que contivessem o nome KitchenAid tinham de ser propriedade da companhia. De acordo com Maynard, seu contato ficou surpreso com a rapidez com que a KitchenAid tinha tomado conhecimento do assunto: "Ele nem sabia que não podia ser proprietário do URL e ficou atônito por ficarmos sabendo disso tão rapidamente".

Dada a importância estratégica da marca KitchenAid, Maynard diz que a BD-BrandProtect tem desempenhado um papel importante em garantir paz de espírito para ele: "É minha responsabilidade proteger esta marca e não vou permitir qualquer perda de patrimônio na minha frente. Na verdade, o valor da silhueta da batedeira continua a aumentar ano após ano. Antes da BD-BrandProtect, no entanto, pensei que estava sozinho, fazendo aquilo por minha conta. Agora sei que posso deixar a marca em melhores condições do que quando comecei".

Como gerente de padrões para marcas do Royal Bank of Canada, Lise Buisson sabe que a tarefa de proteger a marca *on-line* do banco envolve muito mais do que descobrir quando alguém cortou e colou o logotipo em seu site sem permissão: "À medida que as marcas se tornam mais valorizadas, qualquer uso indevido pode se tornar um risco para a reputação. Quando alguém mostra o seu logotipo, por exemplo, aquilo se torna um apoio formal, quer o tenhamos aprovado ou não. Temos de ter cuidado com essas coisas". O Royal Bank of Canada e suas subsidiárias operam sob a nome da marca-mestre RBC. Com 70 mil funcionários em tempo integral ou em meio período que atendem 15 milhões de clientes em escritórios da América do Norte e 34 países ao redor do mundo, o RBC é o maior banco no Canadá.

"Não esperamos ver o que vimos. Fomos inundados. Ninguém percebeu como era fácil alguém entrar no nosso site, pegar um logotipo e colocá-lo em outro lugar. Isso nos forçou a formar um grupo e tentar descobrir o que poderíamos fazer", diz Buisson. Ela rapidamente descobriu que a maioria das infrações percebidas eram inofensivas e não precisavam de uma ação mais decisiva. "Na maioria dos casos, os usuários estavam bem-intencionados. Podia ser um site de caridade ou um parceiro de hipotecas usando o nosso logotipo. Diria que 90% desses incidentes foram bastante inofensivos", afirma Buisson.

"A BD-BrandProtect imediatamente encontrou e tratou com um banco na região do Mar do Norte que tinha usado o nosso logotipo e se estabelecido com outro nome. Quando alguém age indevidamente como se fosse uma filial nossa, isso nos deixa muito nervosos", observa Buisson. Sempre que alguma preocupação for levantada, o RBC tomará as medidas adequadas – de emitir uma requisição cortês para o usuário deixar de usar sua marca até iniciar uma ação legal. "Na maioria dos casos, uma carta educada é suficiente." Uma vez por ano, o RBC revisa suas políticas de marcas para garantir que os relatórios continuem a refletir suas prioridades." O banco também estabeleceu uma série de políticas para garantir que as medidas subsequentes adequadas sejam utilizadas quando necessário. "Se, por exemplo, encontramos nosso logotipo em um site de apostas, agora temos uma política sobre isso", diz ela.

Buisson diz que, como as atividades da internet continuam a aumentar, ela percebeu que a tarefa de monitorar atividades *on-line* da marca corretamente teria sido excessiva para o pessoal do departamento desempenhar: "Sou uma grande defensora de ir até os especialistas para sentar e trabalhar com eles. É muito reconfortante trabalhar com uma empresa que está cuidando de nós. Isso certamente nos ajuda a dormir à noite".

Fonte: Adaptado de Daintry Duffy, "Brand Aid for a Manufacturer's On-line Property", *CIO Magazine*, 17 de setembro de 2007; *Royal Bank of Canada Case Study* e *KitchenAid Case Study*, www.bdbrandprotect.com, acessado em 22 de abril de 2008; e Gregg Ketzer, "Brandjackers' Make Millions Feeding Off internet Brand Names", *Computerworld*, 30 de abril de 2007.

QUESTÕES DO ESTUDO DE CASO

1. Pense em seus próprios padrões de compras *on-line*. Que importância você dá a um nome, a um logotipo ou a outra marca registrada (como a silhueta da KitchenAid) em um site quando faz compras ou contrata serviços? Você já pensou que pode estar sendo enganado? É possível notar a diferença?

2. Brian Maynard, da KitchenAid, observa que o desenvolvimento da internet mudou o problema de fiscalização da marca. Quais são algumas dessas mudanças? Que novos desafios não existiam antes do mundo *on-line*? Dê vários exemplos.

3. As empresas citadas no caso (KitchenAid, RBC, Disney e Coca-Cola) estabeleceram-se solidamente e aproveitaram-se do forte reconhecimento da marca bem antes do advento da internet. As empresas que operam apenas na internet enfrentam os mesmos problemas? Por quê? Justifique sua resposta.

ATIVIDADES DO MUNDO REAL

1. Provedores de serviços de confiança *on-line* como a eTrust (www.etrust.org) e outras revisam políticas de privacidade, incluindo recolhimento e uso de informações, compartilhamento e divulgação e segurança, e, em seguida, certificam *sites* como cumpridores de suas normas. As empresas que conseguem isso podem exibir um logotipo do resultado. Pesquise na internet como esses provedores impedem a classificação e o uso de logotipo de certificação não autorizados pelos *sites* que não passaram pelo processo. Prepare um relatório para mostrar suas descobertas. Você já reparou em algum desses logotipos? Faz alguma diferença para você como consumidor se um site os exibe ou não?

2. O caso apresenta tecnologia desenvolvida pela BrandProtect (www.brandprotect.com), cujos concorrentes incluem MarkMonitor (www.markmonitor.com) e NameProtect (www.cscprotectbrands.com). Visite esses *sites* para comparar e contrastar as ofertas. Em seguida, divida a turma em pequenos grupos para comparar suas descobertas e debater novos recursos que você acredita estarem faltando, bem como por que você acha que esses fornecedores devam incluir esses recursos.

CAPÍTULO 8 • Sistemas de e-commerce 313

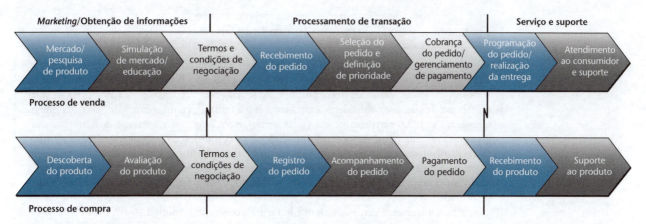

FIGURA 8.2 O e-commerce envolve a execução de vários processos de negócios para apoiar a compra e a venda eletrônicas de bens e serviços.

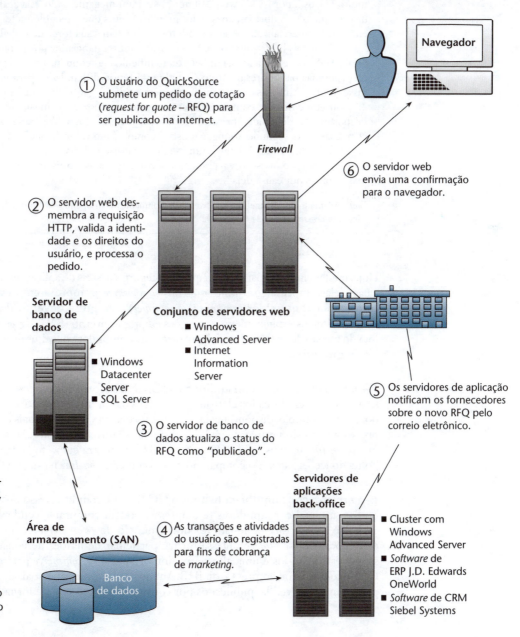

FIGURA 8.3 Os componentes de *hardware*, *software*, rede e banco de dados e arquitetura de TI do provedor de leilões *on-line* B2B FreeMarkets Inc. estão ilustrados neste exemplo do serviço de leilão baseado em internet, o QuickSource.

> ### Forrester: a web 2.0 tem um futuro brilhante
>
> Como uma ferramenta corporativa padrão, a web 2.0 tem um futuro brilhante, o que é um dos motivos pelos quais as empresas devem gastar US$ 4,6 bilhões até 2013 para integrar os seus ambientes de computação corporativa, de acordo com um relatório da Forrester Research. Apesar de ainda ser considerada uma tecnologia muito recente, a Forrester acredita que os elementos web 2.0 convencionais – redes sociais, RSS, *blogs*, *wikis*, *mashups*, *podcastings* e *widgets* – estão rapidamente se tornando a norma para a comunicação com funcionários e clientes. O relatório destaca que megaempresas como General Motors, McDonald's, Northwestern Mutual Life Insurance e Wells Fargo, já colocaram os dois pés na web 2.0. Além disso, cerca de 56% das empresas dos Estados Unidos e da Europa consideram que a web 2.0 deve ser uma prioridade.
>
> "Se eu quisesse estar em algum lugar na economia da web 2.0, gostaria de estar do lado das empresas", diz o autor do relatório e analista da Forrester Research, Oliver Young: "Estamos vendo *softwares* para uso empresarial, provenientes de startups, oferecidos a preço muito baixos... por isso [a web 2.0] nunca será um megamercado. Ela acabará desaparecendo na estrutura das empresas, apesar dos grandes efeitos que a tecnologia terá na forma como as empresas comercializam os seus produtos e otimizam a sua força de trabalho.
>
> Os *sites* web 2.0 voltados para o consumidor e financiados por publicidade, como Facebook, MySpace e Delicious, também terão dificuldades enquanto tecnologias similares forem incorporadas na empresa. "Até o Google está tendo dificuldades para vender publicidade", disse Young. Ainda assim, os iniciantes têm muito a ganhar na busca pelo mundo da web 2.0, sobretudo quando compreenderem como as empresas adotam suas tecnologias. Pequenos grupos dentro de uma empresa são mais propensos a adotar *blogs*, *wikis*, *mashups* e *widgets*. A chave para isso, segundo Young, é mostrar como há um valor de negócio em usar a ferramentas da web 2.0: "A web 2.0 não é um item obrigatório e decisivo para qualquer empresa neste momento, mas é mais provável que a concorrência a esteja usando e mostrando resultados mais rápidos por causa dela".
>
> *Fonte*: Adaptado de Michael Singer. "web 2.0: Companies Will Spend $4.6 Billion by 2013. Forrester Predicts", *InformationWeek*, 21 de abril de 2008.

Categorias de *e-commerce*

Hoje, muitas empresas patrocinam quatro categorias básicas de aplicações de *e-commerce* ou participam delas: **empresa-consumidor** (*business-to-consumer*), **empresa-empresa** (*business-to-business*), **consumidor-consumidor** (*consumer-to-consumer*) e **empresa-governo** (*business-to-government*). Não cobriremos explicitamente aplicações empresa-governo (B2G) e *e-government* porque estão fora do escopo deste livro. É suficiente dizer que muitos dos conceitos de e-commerce se aplicam a essas categorias.

***E-commerce* empresa-consumidor (B2C).** Nessa forma de *e-commerce*, as empresas precisam desenvolver mercados eletrônicos atrativos para vender produtos e serviços aos consumidores. Por exemplo, disponibilizam *sites* que fornecem vitrines virtuais e catálogos multimídia, processamento interativo de pedidos, sistemas seguros de pagamentos eletrônicos e atendimento *on-line* ao consumidor. O mercado B2C se alastra como fogo, mas permanece sendo a ponta do iceberg quando comparado com o comércio *on-line* na sua totalidade.

***E-commerce* consumidor-consumidor (C2C).** O grande sucesso dos leilões *on-line*, como o eBay, no qual consumidores (e empresas) podem comprar e vender entre si em formato de leilão em um site de leilão, fez desse modelo de *e-commerce* uma importante estratégia de negócio de *e-commerce*. Dessa forma, participar de leilões de consumidores ou empresas ou patrociná-los é uma alternativa importante de *e-commerce* para as modalidades B2C, C2B – consumidor-empresa – ou B2B. Anúncios eletrônicos pessoais de produtos ou serviços para compra ou venda, publicados por consumidores em *sites* de jornais eletrônicos, portais de *e-commerce* para consumidores ou *sites* pessoais, são também uma importante forma de *e-commerce* C2C.

E-commerce empresa-empresa (B2B). Se as atividades B2C são a ponta do iceberg, o B2B representa aquela parte que está abaixo da superfície – ou seja, a maior parte. Essa categoria de *e-commerce* envolve os mercados de negócios eletrônicos e conexões diretas de mercado entre as empresas. Por exemplo, muitas empresas oferecem internet segura ou extranets com catálogos de *e-commerce* para os clientes e fornecedores dos seus negócios. Também são muito importantes os portais de *e-commerce* B2B que oferecem mercados de leilões e de trocas para empresas. Outros contam com intercâmbio eletrônico de documentos (*electronic data interchange* – EDI*)* por meio da internet ou extranets para que computadores troquem documentos de *e-commerce* entre os maiores clientes e fornecedores.

Processos essenciais do *e-commerce*

Os essenciais **processos do *e-commerce*** necessários para uma operação e uma gestão eficiente das atividades de *e-commerce* estão ilustrados na Figura 8.4, a qual destaca os nove componentes-chave de uma *arquitetura de processos para e-commerce*, que é o fundamento dessas iniciativas de muitas empresas hoje. Vamos nos concentrar no papel que tais processos representam nos sistemas de *e-commerce*, mas é preciso reconhecer que muitos desses componentes podem também ser utilizados em aplicações internas não comerciais, ligadas a atividades eletrônicas nos negócios. Um exemplo poderia ser um sistema de recursos humanos baseado em intranet utilizado por colaboradores de uma empresa que podem usar de todos os processos ilustrados na Figura 8.4, com exceção dos processos de gestão de catálogos e de pagamentos de produtos. Vamos dar uma rápida olhada em cada categoria de processo essencial.

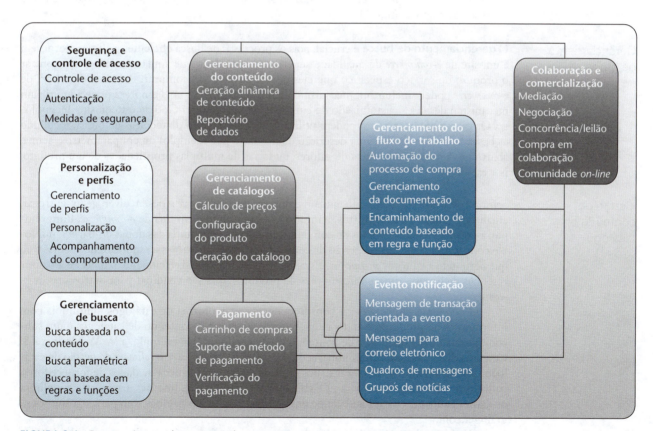

FIGURA 8.4 Essa arquitetura do processo de *e-commerce* ressalta nove categorias essenciais.

Controle de acesso e segurança	Os processos de *e-commerce* precisavam estabelecer confiança mútua entre as partes e acesso seguro em uma transação, por meio de autenticação dos usuários, autorizações de acesso e imposição de recursos de segurança. Por exemplo, esses processos estabelecem que um cliente e um site de *e-commerce* são quem eles dizem ser por meio de nomes de usuários e senhas, chaves de criptografia ou certificados e assinaturas digitais. Só então o site deve autorizar o acesso do usuário àqueles ambientes de que ele precisa para efetuar sua transação específica. Dessa forma, em geral será dado a você acesso a todos os recursos de um site de *e-commerce*, excetuando o acesso a contas de outras pessoas, dados restritos da empresa e áreas de administração do webmaster. Empresas que adotam o *e-commerce* B2B contam com recursos seguros de troca de informações para aquisição de bens e serviços, ou portais de negociação que permitam apenas a usuários registrados o acesso a informações e aplicações de negócio. Existem também outros processos de segurança para proteção dos recursos dos *sites* de *e-commerce* e para impedir ameaças como ataques de *hackers*, furto de senhas ou de números de cartões de créditos e falhas de sistema. Abordaremos várias ameaças de segurança e recursos de proteção no Capítulo 11.
Definição de perfil e personalização	Quando alguém obtém acesso a um site de *e-commerce*, pode acontecer que seu perfil de visita e sua seleção de preferências e consumo sejam elaborados por alguns dos inúmeros sistemas desenhados especificamente para isso. Os dados utilizados por esses sistemas são o registro do usuário, arquivos conhecidos por cookies, programas de acompanhamento de comportamento em *sites* e de acompanhamento de *feedback* de usuários. Esses perfis são então utilizados para reconhecer a pessoa como um usuário individual e para lhe fornecer uma visão personalizada do conteúdo do site, bem como recomendações de produtos e anúncios personalizados como parte de uma estratégia de *marketing personalizada*. Processos de elaboração de perfis também são utilizados para ajudar na autenticação de sua identidade com o propósito de gerenciamento de conta e pagamentos, e para coletar dados para a gestão do relacionamento com o cliente, planejamento de *marketing* e gerenciamento do site. Algumas questões éticas no traçado de perfis são discutidas no Capítulo 11.
Gerenciamento de busca	O **gerenciamento de busca** é crucial, pois os processos de busca eficientes e eficazes fornecem a um site de *e-commerce* de qualidade superior à capacidade que ajuda os clientes a encontrar o produto ou serviço específico que eles querem avaliar ou comprar. Pacotes de *software* de *e-commerce* podem incluir um mecanismo de busca em *sites* ou uma empresa pode adquirir um mecanismo de busca customizado de empresas de busca como Google e Requisite Technology. Os mecanismos de busca podem utilizar uma combinação de técnicas de busca, incluindo as baseadas no conteúdo (uma descrição de produto, por exemplo) ou em parâmetros (acima, abaixo ou dentro de uma faixa de valores, ou faixas de múltiplas propriedades de um produto, por exemplo).
Gestão de conteúdo e catálogo	*Software* de gestão de conteúdo ajudam empresas de *e-commerce* a desenvolver, gerar, entregar, atualizar e arquivar dados (textos) e informações multimídia em *sites* de *e-commerce*. Por exemplo, a gigante alemã dos meios de comunicação Bertelsmann, uma das donas do BarnesandNoble.com, utiliza o *software* de gestão de conteúdo StoryServer para criar modelos de páginas web que permitem a editores *on-line* de seis escritórios internacionais facilmente publicar e atualizar resenhas de livros e outras informações de produtos, que são vendidas para outros *sites* de *e--commerce*. O conteúdo de *e-commerce* com frequência toma a forma de catálogos multimídia com informações de produtos. Sendo assim, gerar e gerenciar o conteúdo de catálogos é um subconjunto principal da gestão de conteúdo ou de catálogo. Por exemplo, a W. W. Grainger & Co., uma distribuidora multibilionária de peças industriais, utiliza o *software* de gestão de catálogo CenterStage para recuperar dados de mais de dois mil bancos de dados de fornecedores, padronizá-los e traduzi-los para HTML ou XML para uso na internet, e organiza e melhora os dados, ganhando na velocidade de envio dos dados como páginas web para seu site www.grainger.com. O *software* de **gestão de conteúdo e de catálogo** funciona com ferramentas de elaboração de perfil, mencionadas anteriormente, para personalizar o conteúdo das páginas web vistas por usuários individuais. Por exemplo, a Travelocity.com utiliza o *software* de gestão de con-

teúdo OnDisplay para oferecer informação promocional personalizada sobre outras oportunidades de viagem para os usuários, enquanto eles estão envolvidos em uma transação *on-line* relacionada à viagem.

Finalmente, a gestão de conteúdo e de catálogo pode ser expandida para incluir processos de *configuração de produtos* que são utilizados em serviços *on-line* de autoatendimento para clientes e *personalização em massa* dos produtos de uma empresa. Os *softwares* de configuração ajudam os usuários a selecionar *on-line* o melhor conjunto viável de características que podem ser incluídas em um produto acabado. Por exemplo, a Dell Computer e a Cisco Systems utilizam *software* de configuração para vender computadores e processadores de rede configurados *on-line* pelo próprio cliente.

Ferramentas do *e-commerce* para fechar negócios

Nada é mais desolador para um varejista *on-line* do que assistir a um cliente abandonar seu carrinho de compras cheio apenas alguns segundos antes de consumar o negócio. Estar tão perto e ficar sem o dinheiro é mais do que frustrante: é prejudicial à saúde do *e-tailer* (de *e-retailer* ou varejista *on-line*). Um arsenal de ferramentas virtuais é utilizado para atrair, seduzir, preparar e pressionar os consumidores a fazer a compra, mas isso está funcionando ou está espantando mais os clientes?

"A maioria falha terrivelmente", diz Matthew Brown, diretor sênior de *e-commerce* e *marketing* interativo da Marketnet: "Em vez de focar o uso de ferramentas e tecnologias para ajudar o cliente, as empresas dedicam muito mais tempo e esforços para a arquitetura do site em primeiro lugar".

Muitas teorias estão sendo levantadas sobre a razão pela qual os clientes ficam tão inconstantes a poucos metros da linha de chegada. Para cada teoria, há uma infinidade de soluções tecnológicas. "Os varejistas continuam lançando e testando tecnologias e recursos destinados a reduzir o abandono ou a aumentar a conversão *on-line*", afirma Jessica Ried, diretora de estratégia de varejo da Resource Interactive: "Em nossa experiência, é difícil saber ao certo se algo específico vai ser eficaz para determinado varejista sem testá-lo com a base de clientes desse varejista, ou pelo menos ter uma sólida compreensão dos comportamentos de cliente existentes no site por meio da análise de *sites* e pesquisas".

Depois que um varejista eletrônico compreende os verdadeiros obstáculos para fechar negócio, há uma gama de ferramentas disponíveis para limpar o caminho para maiores lucros. Os mais comumente utilizados são *chats* ao vivo, descontos em *pop-up* e programas de *e-mail* subsequentes; outros são obtidos pelo uso padronizado de cookies ou por meio de *pixel based triggers* (ferramentas para análise da taxa de conversão). Os endossos de terceiros também são frequentemente utilizados. "Sediar conteúdo gerado pelo consumidor, como classificações e opiniões, normalmente tem permitido aos varejistas melhorar as conversões", explica Ried, "uma vez que os clientes sentem-se mais confiantes com as suas seleções. Isso porque eles têm acesso a um parecer 'imparcial', estabelecendo confiança em vez de ter de depender exclusivamente do *marketing* no site da varejista".

"Usamos largamente o *chat* da Liveperson. Tem sido uma incrível ferramenta para responder às dúvidas de última hora, durante os últimos estágios da operação", observa Adrian Salamunovic, cofundador da DNA 11, uma empresa multimilionária de varejo eletrônico de arte: "Nossa transação média é superior a US$ 500, então isso é muito importante para nós".

"O produto se paga várias vezes ao longo de cada mês", acrescenta. "Para nós, interromper o cliente com *pop-ups* ou convite para o *chat* realmente não funciona – na verdade, tem o efeito oposto. Percebemos que os clientes saem muito rapidamente após terem sido interrompidos por *pop-ups*."

É aí que reside o dilema. Não existem dois clientes idênticos. Pelo menos alguma customização personalizada é essencial. Há um ponto, porém, em que as ações consideradas úteis pelo varejista são percebidas como intrusivas pelo cliente. De acordo com Ried, da Resource Interactive: "Alguns clientes gostam da ajuda; outros se amedrontam com o efeito Big Brother que aquilo pode sugerir. Comece por considerar o que é conhecido sobre o comportamento do consumidor para avaliar que tecnologias, recursos e funcionalidades devem ser explorados inicialmente".

Fonte: Adaptado de Pam Baker. "Rescuing the e-Commerce Deal When the Customer's Walking Way". *E-Commerce Times*, 24 de abril de 2009.

FIGURA 8.5 O papel da gestão de catálogo/conteúdo e da gestão do fluxo de trabalho em um processo de compra *on-line*: o sistema MS Market utilizado pela Microsoft Corp.

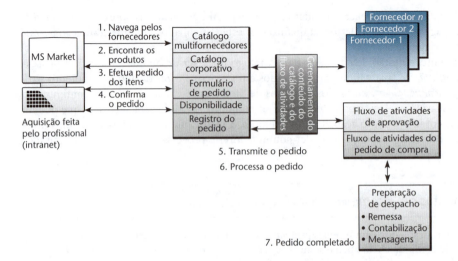

Gestão do fluxo de trabalho

Muitos dos processos de negócios em aplicações de *e-commerce* podem ser gerenciados e parcialmente automatizados com a ajuda de *software* de **gestão do fluxo de trabalho**. Sistemas de fluxo de trabalho *(workflow)* de *e-commerce* para colaboração empresarial auxiliam na colaboração eletrônica entre colaboradores para executar tarefas estruturadas dentro de processos de negócios baseados em conhecimento. A gestão de fluxo de trabalho no negócio eletrônico e no *e-commerce* depende de um *software de controle de fluxo de trabalho* (sistema *workflow*) que contenha modelos dos processos de negócios a serem executados. Os modelos de fluxo de trabalho expressam os conjuntos predefinidos de regras de negócios, papéis dos participantes do negócio, requisitos de autorização, alternativas de roteamento, bancos de dados utilizados e sequência de tarefas necessárias para cada processo de *e-commerce*. Sendo assim, sistemas de fluxo de trabalho asseguram que as transações, decisões e atividades apropriadas sejam executadas e que documentos e dados apropriados sejam direcionados para os empregados, clientes, fornecedores e outros participantes que os devem receber.

Quando muitos de vocês começarem suas carreiras empresariais, receberão a responsabilidade de dirigir o custo de processos de negócios existentes, mantendo ou melhorando a eficácia desses processos. À medida que continuarem a adquirir um maior apreço pela tecnologia e compreensão de como ela pode beneficiar os negócios, vocês explorarão a gestão do fluxo de trabalho como a chave para a otimização de custo e eficácia em todo o negócio.

Por exemplo, a Figura 8.5 ilustra o processo de aquisição de informações do sistema MS Market da Microsoft Corp. Os profissionais da Microsoft utilizam intranet global e sistemas de gestão de catálogo/conteúdo e de gestão de fluxo de trabalho criados no MS Market para aquisição eletrônica de mais de US$ 3 bilhões por ano em suprimentos e materiais dos fornecedores cadastrados no sistema e conectados ao MS Market por meio de extranets corporativas.

Microsoft Corporation: processos de compra do *e-commerce*

O MS Market é um sistema de *e-commerce* interno que funciona na intranet da Microsoft. Esse sistema reduziu drasticamente o pessoal necessário para gerenciar requisições de baixo custo e fornecer aos funcionários uma maneira rápida e fácil de solicitar materiais sem terem que arcar com os processos de papelada e burocracia. Essas transações baratas de alto volume representam cerca de 70% do volume total, mas apenas 3% das contas a pagar da Microsoft. Os funcionários estavam perdendo tempo transformando requisições em ordens de compra (POs) e tentando seguir as regras e os processos de negócios. Os gestores queriam simplificar esse processo, e criaram uma ferramenta de requisição capaz de reunir todos os controles e as validações utilizados pelo pessoal de requisição e colocá-los na web. Os funcionários queriam um formulário *on-line* fácil de usar para encomendar material que incluísse interfaces de extranet para parceiros de contratos, como Boise Cascade e Marriott.

Como funciona esse sistema? Digamos que um funcionário da Microsoft queira um livro técnico. Ele acessa o site MS Market na intranet da Microsoft e o sistema imediatamente identifica as suas preferências e o código de autorização por meio da sua identificação de log-in. O funcionário seleciona o *link* da Barnes & Noble, que traz um catálogo, um formulário de pedido e uma lista de centenas de livros com títulos e preços que foram negociados entre compradores da Microsoft e a Barnes & Noble. O funcionário escolhe um livro, coloca-o no formulário de pedido e completa-o por meio da verificação do número do centro de custos de seus grupo e do nome do gestor.

A ordem é transmitida imediatamente ao fornecedor, o que reduz o tempo de entrega e o de contabilidade para o pagamento dos fornecimentos. Após o envio do pedido, o MS Market gera uma número de rastreamento do pedido para referência, envia uma notificação via *e-mail* para o gestor do funcionário e transmite o pedido pela internet para o atendimento da Barnes & Noble. Nesse caso, uma vez que o total de compra é de apenas US$ 40, a aprovação específica do gestor não é necessária. Dois dias depois, o livro chega ao escritório do funcionário. Assim, o MS Market permite que os funcionários facilmente peçam itens de baixo custo de forma controlada e com baixo custo, sem passar por um complicado processo de aprovação de ordem de compra.

Fonte: Adaptado de Microsoft IT Showcase, "MS Market: Business Case Study", 2002.

A maioria das aplicações de *e-commerce* consiste em sistemas *dependentes de eventos*, que respondem a uma variedade deles – do primeiro acesso de um novo cliente ao processo de pagamento e entrega, a inúmeras atividades de relação com os clientes e de gestão da cadeia de suprimentos. É por isso que processos de **notificação de eventos** têm papel importante nos sistemas de *e-commerce*: clientes, fornecedores, empregados e outros envolvidos no negócio precisam ser notificados de todos os eventos que possam afetar suas atividades em uma transação. Sistemas de notificação (ou comunicação) de eventos trabalham em conjunto com sistemas de gestão de fluxo de trabalho para monitorar todos os processos de *e-commerce*, registrando todas as etapas relevantes, incluindo mudanças inesperadas ou situações de exceção, como a ocorrência de problemas. Em tais casos, esses sistemas se interconectam com sistemas de elaboração de perfil de usuário para notificar automaticamente a todos os envolvidos no negócio os eventos importantes da transação, utilizando o método de comunicação escolhido pelo usuário (registrado nos sistemas de elaboração e manutenção de perfil), como comunicação por correio eletrônico, grupos de notícias, pager e fax. Isso inclui notificar os gestores da empresa para que eles possam monitorar a reação de seus funcionários às ocorrências das transações, bem como acompanhar como seus profissionais lidam com os *feedbacks* de clientes e fornecedores.

Por exemplo, quando alguém adquire um produto em um site de *e-commerce* como a Amazon.com, recebe automaticamente um registro do seu pedido por *e-mail*. A partir daí, pode receber notificações de qualquer alteração na disponibilidade do produto ou situação da entrega e, por fim, uma mensagem de correio eletrônico informando que o pedido foi enviado e está finalizado.

Notificação de eventos

Essa importante categoria de processos de e-commerce é composta pelas várias partes que apoiam os vitais acordos de **colaboração e comércio** necessários para que clientes, fornecedores e outros participantes do negócio possam executar as transações de *e-commerce*. Discutimos no Capítulo 2 como atividades de *e-commerce* focadas no cliente utilizam ferramentas como correios eletrônicos, *chat* (ferramentas de conversa informal, por escrito, com recursos de mensagem eletrônica instantânea) e grupos de discussão para promover *comunidades de interesses* comuns *on-line* entre funcionários e clientes para melhorar o atendimento ao consumidor e construir a fidelidade do cliente aos processos de *e-commerce*. Essa colaboração entre os parceiros de processos de *e-commerce* pode também ser conduzida pela internet. Por exemplo, portais de *e-commerce* B2B fornecidos por empresas – como Ariba and Commerce One – mantêm sistemas de associação, negociação e mediação entre compradores e vendedores. Além disso, atividades B2B e de *e-commerce* são intensamente dependentes de plataformas de negociação e de portais que oferecem ambientes transacionais de leilões *on-line* a empresas que atuam com *e-commerce*. Portanto, empresas – como a FreeMarkets – que oferecem sistemas transacionais e de leilões *on-line* estão revolucionando os processos de consulta e aquisição (suprimentos) para várias grandes corporações. Essas e outras aplicações de *e-commerce* serão discutidas na Seção II.

Colaboração e comércio

Processos de pagamento eletrônico

O pagamento de produtos e serviços adquiridos é um conjunto óbvio e vital de processos em transações de *e-commerce*. Porém, processos de pagamentos não são simples por causa da natureza eletrônica quase anônima de transações que ocorrem entre sistemas de computador conectados em rede da qual participam compradores e vendedores, e também por causa das várias questões de segurança envolvidas. Processos de pagamento eletrônicos são também complexos em razão da ampla variedade de alternativas de débito e crédito e de instituições financeiras e intermediários que podem fazer parte do processo. Dessa forma, diversos **sistemas eletrônicos de pagamento** evoluíram ao longo do tempo. Além disso, novos sistemas de pagamentos são constantemente desenvolvidos e testados para atingir os sempre crescentes desafios técnicos e de segurança do *e-commerce* na internet.

Processos de pagamento via web

A maioria dos sistemas de *e-commerce* na internet que envolvem empresas e consumidores (B2C) depende de processos de pagamento com cartões de crédito. Mas vários sistemas eletrônicos de negócios B2B apoiam-se em processos mais complexos de pagamento baseados no uso de pedidos de compra, como foi ilustrado na Figura 8.5. Dessa forma, ambos os tipos de *e-commerce* utilizam processos de *carrinho de compras*, que habilitam seus usuários a selecionar produtos do catálogo eletrônico do site, transferindo-os temporariamente para uma "cesta de compras virtual" com posteriores encerramento da compra e processamento de pedidos. A Figura 8.6 ilustra e resume um sistema de pagamento eletrônico B2C com várias opções de pagamento.

Transferência eletrônica de fundos

Os sistemas de **transferência eletrônica de fundos (TEF)** consistem em uma importante forma de sistemas eletrônicos de pagamentos dos ramos bancário e de varejo. Esses sistemas utilizam uma diversidade de tecnologias da informação para processar transferências de valores e crédito entre bancos, empresas e seus clientes. Por exemplo, redes de bancos possuem terminais de caixa em todas as suas agências e caixas eletrônicos em várias localidades ao redor do mundo. Bancos, empresas de cartões de crédito e outros negócios podem oferecer serviços de pagamento pelo telefone. Existem também outros serviços eletrônicos de pagamento muito populares, como o PayPal e o BillPoint, usados para transferências de dinheiro, o CheckFree e o Paytrust, para pagamento automático de boletos, que permitem a clientes de bancos e a outros sistemas eletrônicos de pagamento a utilização da internet para pagar suas contas por meios eletrônicos. Complemen-

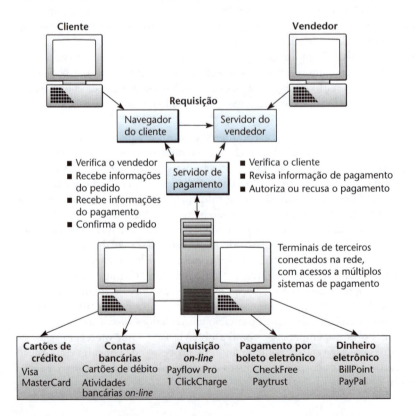

FIGURA 8.6 Um exemplo de sistema de pagamento eletrônico seguro com várias alternativas de pagamento.

tando essa estrutura, muitas lojas contam com terminais eletrônicos conectados com as redes e os sistemas de TEF de bancos. Isso torna possível a utilização de cartões de crédito e/ou de débito em postos de gasolina ou em supermercados, e compras de produtos e serviços nos estabelecimentos que incorporaram essas tecnologias.

Quando alguém efetua compras pela internet, as informações do cartão de crédito ficam sujeitas à interceptação de sistemas desenhados para esse fim (*sniffers*), que facilmente identificam e "capturam" os números dos cartões de crédito por apresentarem um formato padrão no mundo todo. Para oferecer soluções a esse problema, várias medidas básicas de segurança são adotadas: (1) criptografia (codificação e embaralhamento) dos dados passados pelo cliente ao vendedor, (2) criptografia dos dados que passam entre o cliente e a empresa que autoriza a transação com o cartão de crédito ou (3) a opção de coletar informações sigilosas em estado *off-line*, ou seja, não conectado à internet. Criptografia e outras questões de segurança serão abordadas no Capítulo 11.)

Segurança em pagamentos eletrônicos

Muitas empresas, por exemplo, utilizam o método de segurança conhecido por Secure Socket Layer (SSL), desenvolvido pela Netscape Communications, que criptografa automaticamente os dados que passam entre o navegador do usuário e o servidor do vendedor, nas transações pela internet. Ainda assim, informações sensíveis permanecem vulneráveis a usos indevidos, ao serem descriptografas (desembaralhadas e decodificadas) e armazenadas no servidor do vendedor, e, por isso, um sistema de pagamento em carteira digital foi desenvolvido. Com esse método, o usuário adiciona módulos complementares de *software* de segurança ao seu navegador, o que permite que o navegador criptografe os dados do cartão de crédito do cliente de tal forma que apenas o banco que autoriza as transações de cartão de crédito para o vendedor tem acesso a eles. A única informação transmitida ao vendedor é se a transação com cartão de crédito foi ou não aprovada.

Outro procedimento desenvolvido para a segurança das transações eletrônicas de pagamento, a Secure Electronic Transaction (SET), ou transação eletrônica segura, aumenta o escopo utilizado pela carteira digital. Nesse método, um programa cria um "envelope digital" que contém certificados digitais que especificam os detalhes de cada transação de pagamento. As administradoras de cartões de crédito, como Visa e MasterCard, e empresas como IBM, Microsoft, Netscape e a maioria das grandes empresas do mercado que adotaram o *e-commerce* aderiram a esse método. Portanto, um sistema como o SET pode tornar-se padrão para transações de pagamento eletrônico (ver Figura 8.7).

FIGURA 8.7 A VeriSign fornece pagamento eletrônico, segurança e muitos outros serviços de *e-commerce*.

Fonte: Cortesia de VeriSign Inc.

Seção II — Questões e aplicações do *e-commerce*

O e-commerce *veio para ficar, pois a internet e o* e-commerce *são impulsionadores-chave do mercado. Esse conceito mudou a maneira de muitas empresas fazerem negócios, uma vez que criou novos canais para nossos clientes. As empresas estão nas encruzilhadas do* e-commerce, *e existem muitos caminhos a serem trilhados.*

O *e-commerce* está, portanto, mudando a maneira de as empresas fazerem negócios interna e externamente, com seus clientes, fornecedores e outros parceiros de negócios. O modo como as empresas aplicam o *e-commerce* em seus negócios também está sujeito a mudanças conforme seus gestores se confrontam com a grande variedade de alternativas desse ambiente. A adoção do *e-commerce*, pelas empresas, passa por vários importantes estágios à medida que as experiências amadurecem. Para dar um exemplo, os negócios entre empresas e consumidores (B2C) evoluíram da simples oferta de informações multimídia em seus *sites* (folhetos eletrônicos) para a oferta de produtos e serviços, nas lojas virtuais, com consultas de catálogos eletrônicos, e finalizando com vendas efetivas, *on-line*. O *e-commerce* B2B surgiu da criação de páginas eletrônicas para servirem de apoio às decisões de compra dos clientes corporativos, fornecendo informações dos produtos e serviços oferecidos, e evoluíram para complexos sistemas de compra e venda entre empresas, via *intranets* e extranets.

Leia o "Caso do mundo real 2" a seguir. Podemos aprender muito com os desafios e as oportunidades enfrentados por empresas na tentativa de conduzir campanhas de *marketing on-line* (ver Figura 8.8).

Tendências de *e-commerce*

A Figura 8.9 ilustra algumas das tendências das aplicações de *e-commerce* que apresentamos no início desta seção. Observe como o B2C se transforma de uma simples vitrine comercial para verdadeiras ferramentas de interação de *marketing* que oferecem uma experiência única de compra aos usuários e, daí, para uma loja virtual totalmente integrada que oferece uma multiplicidade de opções de compra aos consumidores. O B2C eletrônico também está se transformando em um modelo de autoatendimento no qual os clientes customizam e definem os produtos e serviços que querem comprar, ajudados por sistemas de configuração e por sistemas de ajuda ao usuário, se for necessário.

Os usuários B2B que usavam sistemas simples de autoatendimento da internet migraram rapidamente para redes complexas que facilitam as interações entre parceiros de negócio e suas necessidades de customização. Ao mesmo tempo que o comércio B2C movimenta-se em direção a portais de serviços completos com atividades de varejo que ofereçam ampla variedade de escolha, o comércio B2B também se move na direção de portais eletrônicos que ofereçam catálogos, trocas e leilões para clientes corporativos, dentro dos seus mercados de atuação e entre os vários mercados. Claro que tais tendências são facilitadas pelos recursos do *e-commerce*, como gestão do relacionamento com o cliente (CRM) e gestão da cadeia de suprimentos, que são fundamentais para empresas que se preocupam em praticar o foco no cliente.

E-commerce empresa--consumidor (B2C)

Aplicações de e-commerce *que mantêm o foco no consumidor compartilham objetivos importantes: atrair compradores potenciais, efetuar transações de bens e serviços, e conquistar a fidelidade dos clientes por meio de tratamento cordial e características de envolvimento inerentes a comunidades.*

O que é necessário para criar um novo negócio de *e-commerce* B2C de sucesso? Essa é a pergunta que muitos estão se fazendo no rastro do insucesso de muitas empresas "ponto-com" que atuaram apenas em B2C. Uma resposta óbvia seria criar um negócio que ofereça produtos ou serviços com alto valor agregado para o cliente cujos planos de negócios sejam baseados em previsões realistas de lucratividade dentro do primeiro ou segundo ano de operação – uma condição que faltou em muitas "ponto-com" que faliram. No entanto, tais falhas não impediram a maré de milhares de empresas, grandes e pequenas, que transferem ao menos parte de seus negócios para a internet. Então, vamos abordar alguns fatores essenciais de sucesso e recursos

CASO DO MUNDO REAL 2 — LinkedIn, Umbria, Mattel e outras: levando a "manifestação" para a internet

David Hahn detectou uma tendência. Como diretor de propaganda do LinkedIn, o popular site de redes de negócios *on-line*, ele é questionado por grandes anunciantes sobre sua capacidade de ajudá-los a encontrar os "influentes" – aquelas pessoas dentro da comunidade LinkedIn mais propensas a aparecer e difundir ideias sobre um determinado produto ou experiência. De acordo com Hahn: "Alguns deles estão fazendo perguntas específicas, ao passo que outros apenas sugerem, mas no fim tudo é a mesma coisa. Os profissionais de *marketing* estão muito interessados no valor das redes sociais *on-line* e em como os líderes delas podem ser usados para induzir comportamentos proativos nas pessoas".

Hahn não está sozinho em suas observações.

"A noção do influenciador *on-line* é o que há hoje no mundo do *marketing*", diz Janet Edan-Harris, CEO da Umbria, que monitora conversas nas comunidades do ciberespaço para as empresas que querem saber o que está sendo discutido *on-line* sobre suas marcas e produtos: "As empresas estão extremamente ansiosas para chegar a essas pessoas. Faça isso – ou assim diz a sabedoria convencional – e você estará no paraíso de *marketing*".

Entretanto, novas pesquisas e a crescente experiência em negócios sugerem que essa noção pode ser muito simplista. A eficácia do uso de campanhas de boca a boca *on-line* – ou de indivíduos, em vez de meios tradicionais de propaganda para difundir ideias sobre produtos – é cada vez mais considerada uma forma eficaz de chegar aos consumidores.

No entanto, a noção popular que frequentemente acompanha a ideia – de que existem pessoas especiais que detêm a chave para o coração de todas as comunidades *on-line* está sob fogo cerrado.

Dave Balter certamente pensa assim. Como CEO da BzzAgent, uma empresa de *marketing* de boca a boca, Balter teve uma revelação três anos atrás: os chamados "influentes", ou formadores de opinião, de comunidades *on-line* não podiam ser influenciados de uma maneira que acelerasse o sucesso de uma campanha de boca a boca: "Realmente acreditávamos na ideia de que formadores de opinião orientavam tendências de mercado naquele momento. Mas, depois de olharmos com mais atenção, descobrimos que eles não somam. Os dados de vendas de nossas campanhas não correspondiam ao perfil dos líderes de opinião que tínhamos como alvo, e isso realmente nos levou a reavaliar algumas das nossas principais suposições". Hoje, quando um cliente chega com o objetivo de influenciar os formadores de opinião, "dizemos a ele que isso é ouro de tolo", diz Balter.

"Parece realmente ótimo, soa muito *sexy*, mas os resultados simplesmente não decolam."

Isso é de fato o que Edan-Harris concluiu de suas experiências trabalhando com comunidades *on-line*: "Dizemos [sic]: 'Espere um minuto. Existem de fato pessoas na internet que têm tanta influência assim?'".

Sua conclusão: "Nem perto do que todo mundo parece pensar".

Apesar disso, as empresas estão investindo uma quantia significativa de dólares em esforços para encontrar esses formadores *on-line* de opinião, sejam eles blogueiros, contribuintes para fóruns de discussão ou membros de redes sociais. Na verdade, uma indústria inteira surgiu baseada na noção de que todos os profissionais de *marketing* precisam lançar uma estratégia bem-sucedida com uma lista de influentes da internet. E com o aumento do universo de *blogs*, comunidades *on-line* e redes sociais como MySpace, Facebook e LinkedIn, o apelo dessa ideia se tornou ainda mais forte. Há uma percepção crescente de que a disponibilidade cada vez mais onipresente da banda larga juntamente com o aumento da popularidade dos *blogs* e comunidades *on-line* torna os "influentes" ainda mais influentes.

É fundamental entender, no entanto, que todos esses defensores dos formadores de opinião como controladores de tendências sociais e comerciais não estão falando de estrelas ou personalidades da mídia, mas dos membros aparentemente normais de uma comunidade que, pela acumulação de conhecimentos ou pelo número de conexões com outras pessoas, agem como catalisadores da mudança. Não é surpresa que profissionais de *marketing* de todos os tipos quase imediatamente começaram a tentar tirar partido disso – primeiramente *off-line*, e agora cada vez mais nas redes sociais *on-line* cuja popularidade não para de aumentar.

"As maiores empresas já haviam estabelecido programas com base em influência e estão agora estendendo esse modelo para o espaço de redes sociais *on-line*", diz Matthew Hurst, cientista da Microsoft LiveLabs, que acompanha as tendências do *marketing on-line*: "A novidade não é a noção da influência, mas a tecnologia que está permitindo isso em maior medida". Não surpreende que um número crescente de companhias faz de tudo para ajudar empresas a identificar os formadores de opinião no ciberespaço.

A Buzzlogic é uma delas. Criada em 2007, essa empresa dedica à ideia de que os líderes de opinião em redes sociais *on-line* podem ser identificados, e a sua influência, medida.

Um primeiro cliente beta da Buzzlogic é o Protuo.com, um serviço de portfólio de gestão de carreiras baseado na web que faz a ligação entre empregadores e empregados em poten-

Fonte: © Digital Vision/PunchStock.

FIGURA 8.8 Líderes de opinião na internet podem estar mobilizando tendências subjacentes que são decisivas para os profissionais de *marketing*.

Continua ↦

cial. Não tendo dinheiro para pagar por propaganda cara na TV, rádio ou mídia impressa dominante, a vice-presidente de *marketing* Jennifer Gerlach contratou a Buzzlogic para encontrar as pessoas mais influentes em recursos humanos/espaços profissionais de recrutamento, entrar em contato com eles e levá-los a falar sobre o produto. "Percebemos que assim que um blogueiro escreveu sobre o nosso serviço, de repente um monte de outras pessoas estavam escrevendo sobre isso. De repente, havia gente comentando em todos os lugares", diz Gerlach, que recentemente adicionou um recurso importante ao "Inc.", nome que ela atribui à campanha de "formadores de opinião" *on-line*. Ela diz que pode mapear o aumento no tráfego do site precisamente por causa de menções em *blogs*. Jennifer considera a campanha um enorme sucesso.

Apesar desse aparente triunfo, um número crescente de especialistas em *marketing on-line* diria que, em vez de ser responsáveis pela expressiva propaganda que a Protuo.com está enfrentando, os blogueiros que foram alvo de Buzzlogic estavam simplesmente mobilizando uma espécie de *fenômeno dos tempos* prestes a acontecer – nesse caso, o interesse intenso em como a internet poderia ser usada para reunir empregadores e candidatos mais eficientemente do que os anúncios de emprego tradicionais são capazes de fazer.

De fato, uma crescente linha de argumentação diz que os "influentes" não são tanto os principais líderes de tendências, mas atuam como porta-vozes de movimentos sociais subjacentes que já estão em andamento ou esperando para serem ativados. Assim, o *marketing* de sucesso não depende tanto de encontrar pessoas influentes e de enchê-las de ideias e de fazer o tipo de pesquisa que apresenta as tendências em estado embrionário para, em seguida, ajudar os "influentes" a descobri-las.

Isso na verdade é o que faz a Umbria, centrando-se sobre o monitoramento de conversas *on-line*, tendo lugar em fóruns de discussão e redes sociais como *blogs*. "É muito mais importante identificar os temas que estão ganhando impulso do que encontrar os líderes de opinião", diz Edan-Harris. "Você quer aproveitar a onda em vez de tentar criar outra". Ao ouvir primeiro as conversas e ser ágil o suficiente para usar a internet para criar campanhas que estejam alinhadas com uma tendência já existente, "você obtém resultados muito melhores do que tentar gerar o seu próprio pequeno epicentro", afirma Edan-Harris.

Gerlach, da Protuo.com, concordou com alguns aspectos disso: "Tem de ser uma história em torno do seu produto, e a história tem de ressoar no mundo para que a estratégia do líder de opinião funcione".

Aqui reside o problema da teoria de engolir "influentes" a todo custo. Grande parte das chamadas evidências de como funciona o processo é uma questão de engenharia reversa. Uma vez que algo acontece e há um *best-seller* que sai do nada, ou uma surpresa política, você pode sempre voltar ao início e localizar o evento ou a pessoa que parece ter provocado isso tudo. Você pode sempre contar uma história causal em retrospectiva.

Michael Shore, vice-presidente de pesquisas com consumidores em todo o mundo para a Mattel, dirige uma organização que monitora cada vez mais *blogs*, redes sociais e fóruns de discussão para descobrir o que o mercado pode querer de brinquedos em geral e, particularmente, produtos da Mattel. Ao contrário de muitas outras empresas globais de consumo de marcas, a Mattel não está interessada em simplesmente revelar aqueles indivíduos que são excessivamente influentes em suas comunidades *on-line* e direcionar-lhes mensagens de *marketing* de cima para baixo.

Embora isso tenha se tornado a estratégia *du jour* (do dia, da hora, mais comum) no mundo *on-line*, a filosofia de Shore é mais holística.

"Não estamos apenas interessados em líderes de opinião. Consideramos isso um enfoque estreito demais", diz Shore, que contratou a MarketTools.com para ajudá-la a desenvolver e se envolver com as comunidades *on-line*. Ela usa o universo *on-line* para fazer o que chama "avaliações culturais", que envolvem a análise de linguagem, comportamentos e valores. Munida dessa informação, diz Shore, a Mattel obtém informações valiosas a partir da internet, usando-as para moldar o desenvolvimento de produtos futuros, bem como campanhas de *marketing*.

Se há uma coisa com que todos concordam é que os profissionais de *marketing* precisam investir um esforço muito maior para saber como as redes sociais *on-line* e comunidades na internet realmente funcionam no que diz respeito à venda de produtos e serviços no nível das bases.

"É um meio emergente, e as regras ainda não foram estabelecidas", diz Edan-Harris. "Ainda estamos aprendendo o que funciona e o que não funciona."

Fonte: Adaptado de Alice LaPlante. "On-line Influencers: How The New Opinion Leaders Drive Buzz on the Web". *InformationWeek*, 5 de maio de 2007.

QUESTÕES DO ESTUDO DE CASO

1. Como as empresas podem se beneficiar da "avaliação cultural" realizada regularmente pela Mattel? Como a informação obtida pode ser utilizada para criar valor de negócio para as organizações? Forneça vários exemplos.

2. Apesar de desconfiarem das evidências quanto à eficácia de direcionamento das campanhas aos líderes de opinião *on-line*, as empresas investem pesado para identificá-los e contatá-los. Por que isso acontece?

3. No caso, uma pessoa afirma o seguinte: "Você quer surfar a onda em vez de tentar criar a sua própria". O que ela quis dizer com isso? Se as empresas não estão provocando essas "ondas", de onde elas vêm então?

ATIVIDADES DO MUNDO REAL

1. Uma série de evoluções tecnológicas e culturais nos últimos anos resultou no surgimento de extensas redes sociais e em um grande número de *blogs* avidamente seguidos. Pesquise na internet como as empresas estão aproveitando tais tendências e que novas práticas de *marketing* surgiram como resultado disso. Prepare um relatório para resumir suas conclusões.

2. Reflita sobre seu próprio comportamento de compra. O quanto você confia em *blogs*, *feedbacks* e recomendações dos clientes passados para tomar a sua própria decisão de compra? Por que você leva (ou não) em conta essas fontes de informação? Você acredita que elas são em grande parte imparciais? Forme pequenos grupos para discutir essas questões com seus colegas e compare suas perspectivas.

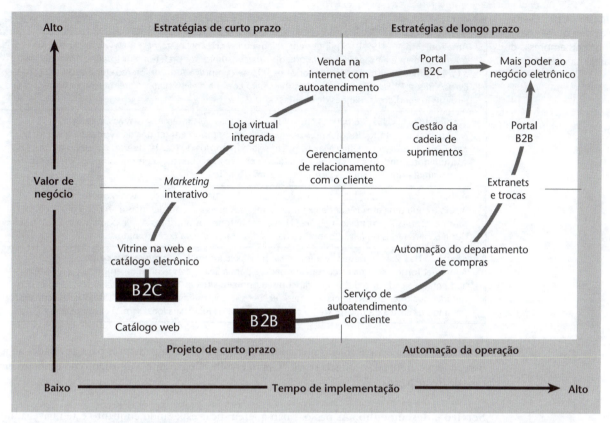

Fonte: Adaptado de Jonathan Rosenoer, Douglas Armstrong e J. Russel Gates. *The Clickable Corporation: Successful Strategies for Capturing the Internet Advantage*. Nova York: The Free Press, 1999, p.24

FIGURA 8.9 Tendências em *e-commerce* B2C e B2B, e estratégias e valores de negócios alavancadores dessas tendências.

de *sites* de empresas envolvidas em *e-commerce* B2C ou B2B. A Figura 8.10 fornece exemplos de algumas das principais empresas de varejo na internet.

> *Na internet, as barreiras de tempo, distância e forma foram quebradas, e as empresas estão aptas a negociar vendas de bens e serviços 24 horas por dia, sete dias por semana, 365 dias por ano com consumidores em todo o mundo todo. Em certos casos, é até possível converter um bem físico (CDs, pacotes de software, um jornal) em um bem virtual (áudio MP3, software que pode ser baixado pela internet, informação no formato HTML).*

Fatores de sucesso do *e-commerce*

Um fato básico do varejo da internet é que todas as lojas virtuais de varejo são criadas no mesmo local, sem a preocupação tradicional do varejo quanto à localização ideal para o sucesso. Nenhum site está mais perto de seus clientes, e os concorrentes que oferecem bens e serviços similares podem estar a uma distância de apenas um clique. Por isso, é vital que as empresas encontrem formas de criar satisfação, fidelidade e relacionamento com o cliente, de modo que ele volte para loja virtual. Assim, a chave para o sucesso de um site de *e-commerce* é otimizar vários fatores-chave, como ofertas e valor, desempenho e eficiência do serviço, aparência do site, anúncios e incentivos para compra, atenção pessoal, comunidades de relacionamento e segurança e confiabilidade. Vamos examinar brevemente cada um desses fatores que são essenciais para o sucesso dos negócios B2C na internet (ver Figura 8.11).

Oferta e valor. É claro que uma empresa precisa ter uma boa oferta de produtos e serviços atrativos a preços competitivos ou o comprador rapidamente sairá da sua loja virtual com um único clique. No entanto, os preços de uma empresa não precisam ser os menores da internet se ela conseguir construir uma reputação de alta qualidade, satisfação garantida e ótimo atendimento ao consumidor durante as compras e depois delas. Por exemplo, a REI.com, empresa de

FIGURA 8.10 Exemplos de algumas das principais empresas de varejo na internet.

Principais lojas virtuais
• **Amazon.com**   US$ 14,8 bilhões em volume de vendas pela internet   www.amazon.com A Amazon.com é a exceção à regra que diz que consumidores preferem comprar no "mundo real" a fazê-lo em lojas virtuais. Mãe de todos os *sites* de compra, a Amazon oferece uma vasta seleção de livros, vídeos, DVDs, CDs, brinquedos, itens para cozinha e eletrônicos, e até mesmo bens para casa e jardim são vendidos a milhões de clientes fiéis.
• **Staples, Inc.**   US$ 5,6 bilhões em volume de vendas pela internet   www.staples.com A Staples está no topo dos gigantes de materiais de escritório em termos de vendas pela internet, embora Office Depot e OfficeMax também sejam membros do top 10 de *sites* de varejo *on-line*. Os consumidores podem acessar todo o catálogo *on-line* e receber suas compras em casa ou no escritório em até 24 horas e, muitas vezes, no mesmo dia útil.
• **Apple, Inc.**   US$ 2,7 bilhões em volume de vendas pela internet   www.apple.com A Apple criou uma atmosfera de exclusividade em suas lojas convencionais e recriou com sucesso a mesma impressão em sua loja *on-line*. Literalmente todos os produtos Apple podem ser vistos, testados e configurados *on-line*, e depois enviados diretamente para o consumidor.
• **Sears**   US$ 2,6 bilhões em volume de vendas pela internet   www.sears.com A internet tornou-se uma força transformadora para a Sears, e as vendas da empresa na rede têm aumentado a cada ano desde que lançou seu primeiro site em 1999. Hoje, os clientes podem encomendar qualquer produto pela internet, receber sua compra diretamente em casa ou no escritório pagando os custos de transporte ou retirar a compra na loja Sears local sem taxas adicionais.

e-commerce muito bem avaliada, ajuda o usuário a escolher equipamentos para atividades ao ar livre, como caminhadas, em sua seção "Como escolher" e garante a devolução do dinheiro em caso de insatisfação.

Serviço e desempenho. As pessoas não querem ficar esperando enquanto estão navegando, escolhendo ou pagando em uma loja virtual. Um site precisa ser eficientemente projetado para facilidade de acesso, visualização de produtos e compra, com suficiente poder de servidor e capacidade de rede para suportar o tráfego. O acesso aos vários produtos e o atendimento ao consumidor também precisam ser fáceis e prestativos, bem como rápidos e cômodos. Além disso, os produtos ofertados devem estar disponíveis no estoque para pronta entrega ao cliente.

FIGURA 8.11 Alguns dos fatores-chave de sucesso do *e-commerce*.

Fatores de sucesso do *e-commerce*
• **Oferta e valor.** Oferta atraente de produtos, preços competitivos, garantias de satisfação e atendimento ao consumidor depois da venda.
• **Serviço e desempenho.** Velocidade, fácil visitação, apresentação de vitrines virtuais, compra e pronta entrega.
• **Aspecto e sensação.** Vitrine virtual atraente, áreas específicas do site para visualização dos produtos, páginas com catálogos multimídia e características de um centro comercial.
• **Anúncios e incentivos.** Anúncios voltados ao público-alvo e promoções por meio de correio eletrônico, descontos e ofertas especiais, incluindo anúncios em *sites* afiliados.
• **Atenção pessoal.** Páginas web personalizadas, recomendação personalizada de produtos, propagandas na internet e correio eletrônico com notas, dicas e sugestões e suporte interativo para todos os clientes.
• **Comunidades de relacionamento.** Comunidades virtuais de grupos de clientes, fornecedores, representantes de empresas e outros por meio de grupos de notícias, salas de bate-papo e *links* para *sites* relacionados.
• **Segurança e confiabilidade.** Segurança das informações dos clientes e das transações do site, informações confiáveis dos produtos e finalização da compra confiável.
• **Ótima comunicação com o cliente.** Informações de contato, status de pedido feito pela internet e especialistas de suporte a produtos fáceis de achar.

Aspecto e sensação. *Sites* de *e-commerce* B2C podem oferecer aos clientes uma vitrine virtual atraente, áreas para compras e catálogo multimídia de produtos. Isso significa dizer que a experiência de compra pode considerar do uso de áudio, vídeo, gráficos dinâmicos até uma visita mais simples, porém agradável. Sendo assim, a maioria dos *sites* de *e-commerce* de varejo permite aos clientes "passear" por seções de produtos, selecioná-los, transferi-los para um carrinho de compras virtual e, finalmente, direcioná-los para o ambiente de "fechamento do pedido", onde pagarão por suas compras.

Anúncios e incentivos. Algumas lojas virtuais podem anunciar nos meios de comunicação tradicionais, mas a maioria anuncia na internet com anúncios em banners direcionados e personalizados e outras promoções em páginas na web e correio eletrônico. A maioria dos *sites* B2C também oferece aos compradores incentivos para comprar e retornar, o que significa cupons, descontos, ofertas especiais e vales para outros serviços na web, algumas vezes com outras lojas virtuais por meio de *links* em *sites*. Muitas lojas virtuais também aumentam o alcance de seus mercados por meio de programas de troca de anúncios em banners com milhares de outras lojas virtuais. A Figura 8.12 compara as principais opções do *marketing* de comunicação tradicional com aquele do *e-commerce* para apoiar cada passo do processo de compras.

Atenção pessoal. Personalizar a experiência de compras do cliente na internet incentiva-o a comprar e retornar para outras visitas. Dessa forma, os *softwares* de *e-commerce* podem registrar automaticamente detalhes de suas visitas e construir seu perfil de usuário e de outros compradores. Muitos *sites* também estimulam o cliente a fazer um registro e preencher um formulário de perfil de interesse pessoal. Assim, toda vez que o cliente retorna, é saudado pelo nome ou com sua página web personalizada, recebido com ofertas especiais e direcionado para os lugares do site em que tem maior interesse. Esse *marketing personalizado* e o poder de construção do relacionamento é uma das maiores vantagens do varejo personalizado na internet.

Comunidades de relacionamento. Proporcionar aos clientes *on-line* com interesses especiais um sentimento de pertencer a um grupo único de indivíduos, com afinidades, ajuda a construir a fidelidade e a valorização do cliente. Assim, programas de relação e afinidade de *sites* web constroem e promovem comunidades virtuais de clientes, fornecedores, representantes de empresas e outros por meio de uma variedade de ferramentas de colaboração. Exemplos incluem fóruns de discussão ou grupos de notícias, salas de bate-papo, sistemas *message board* e *links* para *sites* de comunidades relacionadas.

Segurança e confiabilidade. Como um cliente de uma loja virtual de sucesso, o comprador precisa sentir-se seguro de que seu cartão de crédito, as informações e os detalhes das suas transações estão salvos de acessos não autorizados. Também tem de sentir que está negociando

FIGURA 8.12 Como o *marketing* de comunicação tradicional e na internet diferem no apoio a cada passo do processo de vendas.

com uma empresa confiável cujos produtos e outras informações do site são realmente o que dizem ser. Ter seus pedidos de compra preenchidos e despachados conforme solicitado, dentro do prazo de entrega prometido e com bom atendimento ao consumidor são outras medidas de um *e-commerce* de confiabilidade.

Ótima comunicação com o cliente. À medida que mais consumidores mudam seus hábitos passando das abordagens tradicionais para experiência *on-line* de compra, um aspecto se torna ainda mais importante do que nunca: a necessidade de canais de comunicação constantes e informativos com o cliente. Apesar das conveniências associadas com as compras *on-line*, os consumidores ainda têm dúvidas que precisam ser respondidas por um ser humano. Problemas que vão de informações sobre o produto ao status do pedido são frequentemente tratados "à maneira antiga". Land's End, a famosa loja de roupas de passeio, fornece acesso telefônico e atendentes para ajudar os clientes a escolher o que comprar em tempo real.

Amazon.com: fazendo parcerias e potencializando a infraestrutura

A Amazon.com acaba de lançar um aplicativo no Facebook que permite que os membros da rede social comprem presentes com base em "listas de desejos" registradas com o varejista *on-line*. O *Amazon Giver* também fornece aos membros da rede social a opção de visualizar itens sugeridos para os amigos com base em interesses listados em suas páginas de perfil. Outro aplicativo do Facebook, *Amazon Grapevine*, oferece um *feed* de notícias da atividade de amigos na Amazon, por exemplo, quando eles atualizam suas listas de desejo, escrevem resenhas, colocam tags em produtos. Ambos os aplicativos apenas compartilham informações entre os membros do Facebook que optaram pelo serviço.

"Ao combinarmos a vasta seleção de produtos da Amazon com milhões de usuários do Facebook, somos capazes de tornar atividades como a 'compra de presentes' mais eficientes e gratificantes para os usuários do Facebook", diz Eva Manolis, vice-presidente da Amazon.

Ao adicionarem o aplicativo *Amazon Giver* ao seu perfil, os membros do Facebook têm a opção de clicar diretamente em uma página segura de *checkout* da Amazon. Se o destinatário tiver uma lista de desejos, a Amazon poderá enviar o item sem que o comprador informe um endereço de entrega, uma vez que ele já está registrado. Para que as pessoas vejam uma lista de desejos, a configuração da aplicação deve estar selecionada para "público". Com o *Amazon Grapevine*, as pessoas têm a opção de escolher que tipo de atividade elas estariam dispostas a compartilhar com os amigos pelo *feed* de notícias. Esses recursos são opcionais e devem ser aceitos ou não pelos usuários.

A Amazon.com também introduziu uma nova maneira para que os profissionais de *marketing on-line* potencializem a infraestrutura da Amazon para remessa de produtos físicos. "A Amazon Web Service Fulfillment (Amazon FWS) permite que os comerciantes se comuniquem com os centros de atendimento e distribuição da Amazon, assim como com nossa *expertise* em logística", diz o divulgador da Amazon Web Services, Jeff Barr. "Os profissionais de *marketing* podem armazenar seus próprios produtos em nossos centros de atendimento e distribuição e, em seguida, usando uma interface de serviço web simples, preencher as ordens de entrega para os produtos".

A Amazon FWS visa complementar o *Fulfillment by Amazon* (FBA), o serviço de atendimento e distribuição que a Amazon tem oferecido desde 2006, tornando o processo de atendimento e distribuição programável. A Amazon também mantém um outro programa de atendimento e distribuição chamado *Amazon Advantage*, que permite que os fornecedores enviem música livros e vídeos para venda em consignação, com uma taxa de 55%.

A ideia, explica Barr, é ser capaz de enviar um produto com um simples telefonema ao serviço web da Amazon. Ao tornar possível aos comerciantes automatizar ainda mais o seu sistema de *e-commerce*, atendimento e distribuição, a Amazon está demonstrando seu compromisso com a venda de *muck*, como o CEO, Jeff Bezos, referiu-se à infraestrutura de sua empresa.

Fonte: Adaptado de Antone Gonsalves. "Amazon.com Launches Shopping Apps on Facebook". *InformationWeek*, 13 de março de 2008; e Thomas Claburn. "Amazon Introduces Fulfillment Web Service". *InformationWeek*, 20 de março de 2008.

Requisitos de uma loja virtual

A maioria das iniciativas de *e-commerce* empresa-consumidor (B2C) toma a forma de um site de negócios na internet. Seja um imenso portal da internet de varejo como a Amazon.com ou uma pequena loja virtual especializada, o foco primário desses *sites* de *e-commerce* é desenvolver, operar e gerenciar seus *sites* de forma a transformá-los em destino prioritário de consumidores que escolherão repetidamente acessá-los para comprar produtos e serviços. Sendo assim, esses *sites* devem estar aptos a demonstrar os fatores-chave de sucesso do *e-commerce* abordados aqui. Nesta seção, vamos discutir os requisitos essenciais de uma loja virtual que devem ser implementados para apoiar um negócio de varejo de sucesso na internet, como resumido e ilustrado na Figura 8.13.

Criando uma loja virtual

Antes de lançar uma loja de varejo na internet, é preciso construir um site de *e-commerce*. Muitas empresas utilizam ferramentas simples de *software* para elaboração de *sites* e modelos prontos, fornecidos por seus serviços de hospedagem de *sites*, para montar suas lojas virtuais. Isso inclui a construção de páginas da internet de uma vitrine e de um catálogo de produtos, bem como ferramentas para fornecer funções de carrinho de compras, processamento de pedidos, manipulação de pagamentos com cartão de crédito, e assim por diante. Naturalmente, grandes empresas podem utilizar seus próprios desenvolvedores ou contratar uma empresa desenvolvedora de *sites* para montar um site de *e-commerce* personalizado. Também, como a maior parte das empresas, é possível contratar com o provedor de serviços de internet (internet *service provider* – ISP) ou uma empresa especializada em hospedagem de internet para operar e manter o site de B2C.

Uma vez que o site esteja montado, ele precisa ser trabalhado como um negócio de loja virtual por meio do *marketing* em uma variedade de formas que atraia visitantes e transforme-os em clientes internet fiéis. Dessa forma, o site deve incluir anúncios e promoções em páginas web e correio eletrônico para os visitantes e clientes, e programas de permutas de anúncios da web com outras lojas virtuais. Também se pode registrar o negócio na internet com o próprio nome de domínio (por exemplo, sualoja.com), bem como registrar o site nos principais mecanismos de busca e diretórios para ajudar os navegadores web a encontrá-lo mais facilmente. Além disso, considerar a inscrição como um pequeno parceiro de negócios em grandes portais,

Desenvolvendo uma loja virtual		
• Construção Ferramentas de construção de *sites* Modelos-padrão de *sites* Serviços de desenho personalizado Hospedagem do site	**• Mercado** Anúncios em páginas web Promoção com correio eletrônico Troca de anúncios internet com *sites* de busca Registro e otimização do mecanismo de busca	
Atendendo seus clientes		
• Atendimento Páginas web personalizadas Catálogo multimídia dinâmico Mecanismo de busca no catálogo Carrinho de compras integrado	**• Transação** Processo de pedido de compra flexível Processamento de cartão de crédito Cálculo de impostos e frete Notificação dos pedidos de compra por correio eletrônico	**• Suporte** Ajuda *on-line* do *site* Endereço eletrônico para atendimento ao consumidor Grupos de discussão e salas de bate-papo *Links* para *sites* relacionados
Gerenciando uma loja virtual		
• Gestão Estatísticas de uso do site Relatórios de venda e estoque Gestão das contas de clientes *Links* para sistemas de contabilidade	**• Operação** Hospedagem do site 24 x 7 Suporte técnico *on-line* Rede com capacidade de crescimento Servidores e fontes de alimentação redundantes	**• Proteção** Proteção da senha do usuário Processamento de pedido criptografado Administração do site criptografada Uso de *firewalls* e de monitores de segurança

FIGURA 8.13 Para desenvolver um *e-commerce* de sucesso, esses requisitos para uma loja virtual precisam ser implementados por uma empresa ou seu serviço de hospedagem de site.

como o Yahoo! e o Google, grandes *sites* de *e-commerce* e *sites* de leilão, como a Amazon e o eBay, e portais de *e-commerce* para pequenos negócios como o Small Business Center da Microsoft.

 Spam em pesquisas na web

Um novo mercado surgiu e é orientado para os mecanismos de busca. Conteúdo otimizado para os resultados de pesquisa varia de artigos informativos à cópia incoerente de palavras-chave, uma praga que tem sido classificada como spam pelos mecanismos de busca. Palavras-chave populares geram tráfego significativo para *sites* com conteúdo relacionado, dando aos proprietários dos *sites* um incentivo financeiro para hospedar conteúdo que se classifica no topo dos resultados de pesquisa. Com o aumento do tráfego, a receita publicitária tende a seguir o mesmo caminho, muitas vezes pela entrega de serviços de anúncios para *sites* como o AdSense do Google.

Uma indústria ainda em pequena escala foi formada para ajudar as pessoas a direcionar conteúdos sob medida para os motores de busca, como o uso de sinônimos para as palavras-chave para que o texto possa ser redirecionado para se posicionar bem nos mecanismos de busca. O texto reformulado é interpretado de forma diferente por um mecanismo de busca, contribuindo para classificar o site melhor no *ranking* de busca, assim como geração de maior tráfego. A Diretriz do Google para Webmasters adverte contra a prática de ludibriar mecanismos de busca: "Crie páginas para usuários, e não para os motores de busca". Mas isso não impediu que muitos tentassem.

Criar conteúdo para os motores de busca é um aspecto do que é chamado de "*search engine optimization*" (SEO) ou otimização do mecanismo de busca, parte de um negócio maior conhecido como "*search engine marketing*" (SEM) ou *marketing* para mecanismos de busca. Em grande quantidade com pouca qualidade, o conteúdo de SEO é uma forma de spam que está destinada muito mais aos motores de busca do que às pessoas. E como o spam do *marketing* tradicional de produtos, é algo controverso.

De acordo com Chris Winfield, presidente e cofundador da empresa SEM 10e20 LLC, um dos maiores problemas para Google, MSN e Yahoo é o spam de mecanismos de busca: "Esse spam consiste em páginas que são criadas para os motores de busca ou páginas que de outra forma procuram enganar o usuário final". Ani Kortikar, CEO da empresa SEM Netramind Technologies Unip. Ltd., diz que, enquanto os motores de busca possam exigir que as empresas empreguem certas táticas para aparecer nos resultados da pesquisa, a tática deve ser utilizada para apoiar um bom conteúdo em vez de simplesmente dirigir tráfego ao site.

Todavia, assim como os legítimos profissionais de *e-mail marketing* sofreram com a reação contra spam*mers*, os profissionais do *marketing* de mecanismos de busca, assim como os próprios motores de busca, poderão sofrer se os "arruaceiros" continuarem a prosperar. Segundo Winfield, da 10e20: "Uma das coisas mais importantes para qualquer motor de busca é ter pessoas confiantes no serviço que se tornem usuários frequentes".

Fonte: Adaptado de Thomas Claburn "Thomas Claburn. "The Spamming of Web Search". *InformationWeek*, 1º de abril de 2005.

Como os clientes vão encontrá-lo

Só porque a sua loja virtual foi lançada não significa que os clientes vão passar a abarrotar a sua porta da frente virtual. Sua loja virtual precisa ser descoberta por seus clientes, o que significa ser listado nos mecanismos de busca populares.

Você pode enviar seu site para mecanismos de busca como Yahoo, Google, Live e outros, e cada um vai começar a olhar para suas páginas e anunciá-las quando os termos de pesquisa adequados forem inseridos. Esperar que seu site apareça em uma posição competitiva junto a todos os outros *sites* semelhantes pode levar semanas e até meses. Existe uma ciência para a classificação de mecanismos de busca, e ela é um elemento essencial no sucesso da loja virtual.

A **otimização de mecanismos de busca** (SEO) é considerada um subconjunto do *marketing* de mecanismos de busca e se concentra em melhorar o número e/ou a qualidade dos visitantes de um site com relação às classificações "naturais" (também conhecida como mecanismo de busca "orgânico" ou "algorítmico"). O termo SEO também pode se referir a "otimizadores de mecanismos de busca", um setor de consultores que realizam otimização de projetos em nome de clientes.

Os mecanismos de busca mostram diferentes tipos de classificações nas páginas de resultados, incluindo propaganda paga no formato *pay-per-click* (PPC), propagandas e listas de anúncios pagos, bem como resultados orgânicos não pagos e listas com palavras-chave, como notícias, definições, localizações de mapas e imagens. Como estratégia de *marketing* na internet, a SEO considera como os mecanismos de busca funcionam e o que as pessoas estão pesquisando.

Otimizar um site envolve principalmente a edição de seu conteúdo e código HTML para aumentar sua relevância para palavras-chave específicas e eliminar as barreiras às atividades de indexação dos mecanismos de busca. A SEO requer alterações no código-fonte de um site, por isso muitas vezes é mais eficaz quando incorporada no início do desenvolvimento e da concepção de um site, levando ao uso da expressão "mecanismo de busca amigável" para descrever projetos, menus, sistema de gestão de conteúdos e carrinhos de compras, que podem ser otimizados de maneira fácil e eficaz.

Várias estratégias e técnicas são empregadas na SEO, incluindo alterações no código de um site (conhecidas como "*on page factors*") e o recebimento de *links* de outros *sites* (referido como "*off page factors*"). Essas técnicas incluem duas grandes categorias: técnicas que os mecanismos de busca recomendam como parte de um bom projeto e aquelas que esses mecanismos não aprovam e cujo efeito eles tentar minimizar, prática conhecida como spam*dexing*. Métodos como *link farm*, em que um grupo de *sites* é configurado para que todos compartilhem *hiperlinks* entre si, e *keyword stuffing*, onde uma página web é carregada com palavras-chave nas *metatags* ou no conteúdo, são exemplos de técnicas consideradas SEO "mal-intencionadas". Essas técnicas servem apenas para diminuir a relevância dos resultados e prejudicar a experiência do usuário nos mecanismos de busca.

A SEO como estratégia de *marketing* muitas vezes pode gerar um bom retorno. No entanto, como os mecanismos de busca não são pagos para o tráfego que enviam a partir da **busca orgânica**, os algoritmos utilizados podem e devem mudar, e há muitos problemas que podem causar problemas "de mecanismos de busca" quando se rastreiam ou classificam páginas de um site. Não há garantias de sucesso tanto em curto quanto a longo prazos. Por causa da falta de garantias e segurança, a SEO é muitas vezes comparada à tradicional tarefa de relações públicas (RP), ao passo que a publicidade PPC se aproxima mais da publicidade tradicional.

Atendendo seus clientes

Uma vez que a loja virtual esteja na internet e receba visitantes, o site precisa ajudar a recebê-los e atendê-los de forma personalizada e eficiente de maneira que eles se tornem clientes fiéis. Desse modo, a maioria dos *sites* de *e-commerce* utiliza várias ferramentas para criar perfis de usuários, arquivos de clientes, páginas web e promoções personalizadas que os ajudam a desenvolver um relacionamento personalizado com seus clientes. Isso inclui a criação de incentivos para estimular visitantes a se registrar, o desenvolvimento de *arquivos cookie* para identificar automaticamente visitantes que retornam ou a contratação de empresas de registro de uso de *sites* como a DoubleClick e outros *softwares* para registrar e analisar automaticamente os detalhes do comportamento e as preferências no site dos compradores de lojas virtuais.

Naturalmente, o site deve ter uma aparência de uma loja virtual atrativa, amistosa e eficiente, o que significa ter características como um catálogo multimídia de *e-commerce* que se altera e atualiza de maneira dinâmica, um mecanismo rápido de busca no catálogo e um sistema conveniente de carrinho de compra que esteja integrado com as compras, promoções, o pagamento, envio e a informação da conta do cliente. O *software* de processamento de pedidos do *e-commerce* precisa ser rápido e permitir o ajuste a promoções personalizadas e opções do cliente como tratamento de presentes, descontos especiais, cartão de crédito ou outros pagamentos e alternativas de impostos e fretes. O envio automático de correio eletrônico para os clientes com o propósito de documentar quando os pedidos de compras são processados e enviados também é uma característica importante do processamento de transações de um *e-commerce*.

O fornecimento de um atendimento ao consumidor na loja virtual é uma capacidade essencial. Sendo assim, muitos *sites* de *e-commerce* oferecem menus de ajuda, tutoriais e listas de FAQs (*frequently asked questions* – perguntas mais frequentes) para fornecer características de autoatendimento para os compradores na internet. Naturalmente, correspondência por correio eletrônico com atendentes do serviço de atendimento ao consumidor da loja virtual oferece uma assistência mais pessoal aos clientes. Estabelecer no site grupos de discussão e salas de bate-papo para clientes e pessoal da loja para que possam interagir, auxilia na criação de uma comunidade mais personalizada, que pode fornecer apoio imensurável aos clientes, bem como criar fidelidade do cliente. Fornecer *links* para *sites* relacionados de outras lojas virtuais pode ajudar os clientes a encontrar informações e recursos adicionais, bem como a ganhar comissão dos programas de *marketing* de afiliados de outras lojas virtuais. Por exemplo, o programa de afiliados da Amazon.com paga comissão de até 15% para compras efetuadas por compradores que tiveram acesso a eles por meio da sua loja virtual.

Gerenciando uma loja virtual

Uma loja virtual precisa ser gerenciada tanto como um negócio quanto como um site, e a maioria das empresas de hospedagem de *sites* de *e-commerce* oferece *software* e serviços para ajudar nessa tarefa. Por exemplo, empresas como Freemerchant, Prodigy Biz e Verio fornecem a seus clientes de hospedagem uma variedade de relatórios de gestão que registram e analisam o tráfego, o estoque e os resultados de vendas da loja virtual. Outros serviços criam listas de clientes para correio eletrônico e páginas web promocionais ou fornecem características de gestão do relacionamento com o cliente para ajudar na retenção de clientes da internet. Alguns *softwares* de *e-commerce* incluem também *links* para baixar dados de estoque e de vendas para pacotes de contabilidade, como o QuickBooks, para efeitos contábeis e preparação de extratos e relatórios financeiros.

Naturalmente, as empresas de hospedagem na internet precisam assegurar que as lojas virtuais de seus clientes estejam disponíveis 24 horas por dia e sete dias por semana, o ano todo. Isso exige delas a construção ou contratação de capacidade suficiente de rede para tratar picos de carga de tráfego na internet e servidores de rede e fontes de alimentação redundantes para atender às falhas de sistema ou de energia. Muitas empresas de hospedagem fornecem *softwares* de *e-commerce* que utilizam senhas e criptografia para proteger as transações da web e os registros dos clientes, *firewalls* e monitores de segurança para evitar o ataque de *hackers* e outras ameaças. A maioria das empresas de serviços de hospedagem também oferece a seus clientes suporte técnico 24 horas para ajudá-los com qualquer problema que apareça. Discutiremos essas e outras questões da gestão da segurança no Capítulo 11.

Compras *on-line*: como obter a compra por impulso

Você vê, quer e compra. É nisso que os *sites* de *e-commerce* apostam a cada temporada de compras natalinas. Tendo noções básicas de carrinhos de compras e de aprovações de cartão de crédito, os varejistas *on-line* sabem ainda que um pedaço significativo de suas vendas futuras está no *up-sell* e *cross-sell*, em outras palavras, compras por impulso. No entanto, capturar um cliente é mais difícil de fazer por via eletrônica do que no mundo físico de sons, cheiros e ambientação.

E-mail marketing, bem como sugestões na tela, caixas de *pop-up* e *chat* ao vivo são as formas mais comuns de provocar os clientes a comprar mais do que o previsto, mas nem todos os varejistas lidam bem com essas ferramentas. Promoções de frete são sempre um fator influenciador. Sessenta e um por cento dos entrevistados pela Forrester Research dizem que são mais propensos a comprar com uma loja *on-line* que oferece frete grátis.

Outro erro muito frequente que se faz é oferecer uma grande quantidade de produtos logo que os compradores chegam à página inicial, diz Jared Spool, CEO da User Interface Engineering, uma empresa de consultoria *on-line* em Bradford, Massachusetts. A Macys.com faz isso. Se você procurar por "calças *jeans* para homens", encontrará 422 itens, dezenas e dezenas de *jeans* que não são para homens. "Você tem que trabalhar realmente duro para chegar aos produtos em que está interessado. Eles estão sempre empurrando as coisas para você", diz Spool. "É o pensamento de lojas de departamentos. Eles pensam em seu site como um panfleto promocional de domingo."

Em vez disso, os *sites* de *e-commerce* deveriam oferecer sugestões após o cliente ter colocado os itens no carrinho. Esse é um momento propenso à "sedução" após o cliente ter encontrado o que quer e antes que faça o *check-out*. Então sugere um suéter para a saia, além de uma foto de um pingente. A Landsend.com faz isso com *pop-ups*, ao passo que a Anntaylorloft.com coloca imagens clicáveis ao lado direito inferior da tela. De qualquer maneira, é algo que funciona, afirma Spool.

> Se você alguma vez já comprou *on-line*, sua caixa de entrada está sendo preenchida agora por *e-mail*, uma vez que esta é a ferramenta de maior sucesso e custo/benefício para a retenção de clientes, de acordo com a Forrester. Setenta e três por cento dos varejistas enviam *e-mails* sobre novos produtos aos clientes. Ainda assim, para o *e-commerce*, os *e-mails* ainda são mais eficazes do que a mala-direta entregue pelo serviço postal americano. Embora as taxas de resposta a correspondência de papel sejam de 2% ou 3%, as taxas de resposta para *e-mail marketing* pode variar de 5% a 30%, diz Spool. Em parte, isso ocorre porque o *e-mail* vai para as pessoas interessadas que, presumidamente, optaram por receber tais *e-mails* ou pelo menos não pediram para serem excluídas da base de dados. A atitude dos profissionais de *marketing* é: "Não é spam se você se inscreveu e consentiu com o envio de *e-mail marketing*"!
>
> *Fonte*: Adaptado de Kim Nash. "On-line Shopping: How to Get the Impulse Purchase". *CIO Magazine*, 16 de novembro de 2007.

E-commerce empresa-empresa (B2B)

E-commerce empresa-empresa (B2B) é o lado do atacado e suprimentos do processo comercial, no qual empresas compram, vendem ou negociam com outras empresas. O *e-commerce* B2B apoia-se em várias e diferentes tecnologias da informação, a maioria das quais está implementada em *sites* de *e-commerce* na internet e em intranets e extranets corporativas. As aplicações B2B incluem sistemas de catálogo eletrônico, sistemas de *e-commerce*, como portais de troca e leilões, intercâmbio eletrônico de dados, transferência eletrônica de fundos etc. Todos os fatores para se criar uma loja virtual de varejo de sucesso discutidos anteriormente também se aplicam a *sites* de comércio no atacado do *e-commerce* empresa-empresa.

Além disso, muitas empresas estão integrando seus sistemas de *e-commerce* baseados na internet com seus sistemas de negócios eletrônicos para gestão da cadeia de suprimentos, gestão do relacionamento com o cliente e processamento de transações *on-line*, e também contabilidade baseada em computadores e sistemas de informações de negócios tradicionais ou legados. Isso garante que todas as atividades de *e-commerce* estejam integradas com os processos de negócios eletrônicos e apoiadas por meio de um inventário corporativo atualizado e outros bancos de dados, os quais, por sua vez, são automaticamente atualizados pelas atividades de vendas na internet.

SpecEx.com: comercialização B2B de faixas de frequência sem fio

Negociações em portais de comercialização no estilo "mercado livre", como o Craigslist e Freecycle, permitem que os consumidores realizem vendas de baixo custo ou até mesmo troca de mercadorias de forma gratuita por meio de sofisticados sistemas tecnológicos que tornam essas operações eficientes.

Algumas empresas estão tentando aplicar um modelo semelhante aos famosos *marketplaces on-line* no modelo B2B.

A FCC (Anatel americana) mantém leilão de concessão de licenças de bandas de rádio, e a maioria delas é utilizada por operadoras de telefonia celular ou pelo pessoal de urgência médica que necessita de frequências para se comunicar. Mas algumas dessas faixas não estão sendo usadas por várias razões.

O site da Spectrum Bridge, SpecEx.com, pretende criar um mercado secundário para essas faixas não utilizadas. A empresa diz que o site pode oferecer uma maneira fácil e eficaz para conectar compradores e vendedores. O mercado poderia ser grande, como as agências de segurança pública, as grandes operadoras como a Verizon Wireless e a AT&T, que compram rotineiramente no mercado secundário. As companhias de TV a cabo também poderiam se tornar potenciais compradores, especialmente porque alguns estão de olho no espaço de voz sem fio. A Spectrum Bridge ganha dinheiro, obtendo uma porcentagem da transação.

Todas as comercializações de faixas da frequência têm de ser aprovadas pela FCC, mas a agência tem normalmente apoiado a comercialização dessas faixas.

A ideia de organizar o mercado secundário de espectros não é nova, mas as tentativas anteriores não foram bem-sucedidas, porque não se podia obter número suficiente de compradores e vendedores. "O mundo dos espectros é quase tribal", diz Peter Stanforth, diretor de tecnologia da Spectrum Bridge: "Trata-se de pequenos grupos de pessoas que se conhecem e fazem tudo manualmente". Isso não é um sistema eficiente de pequenos espaços, o grande trunfo da SpecEx. "Ao automatizarmos uma série de funções e trazermos um público maior de compradores e vendedores, estamos tornando essas frações menores com maior liquidez e valor financeiro", explica Stanforth.

Rick Rotondo, diretor de *marketing* da Spectrum Bridge, compara o serviço SpecEx ao Craigslist, um site popular para negócios de consumo em masse livremente moderado entre usuários. Com o seu lançamento, há vários anos, o Craigslist fez da venda de itens de consumo pequeno algo eficiente, que é o que SpecEx pretende fazer com relação à venda de parcelas de *spectrum* sem fio. "Vamos dizer que você tenha óculos de sol usados e queria vender por talvez US$ 25. Antes de os classificados *on-line* serem introduzidos, não teria sido rentável para você tentar vendê-los para um grande público na mídia impressa, porque o anúncio provavelmente teria custado US$ 20." A mesma coisa acontece com a rede sem fio, diz Rotondo: "Os custos de transação estão comendo a maior parte do valor para os pequenos compradores e vendedores".

A tecnologia do *e-commerce* pode padronizar a maior parte do processo, observa Stanforth: "O que estamos tentando fazer é ser o eBay do mundo da comercialização de rede sem fio, um balcão único onde as empresas podem ir para rentabilizar o uso de *spectrum* inativo ou em excesso, e aqueles que têm interesse podem encontrar a um preço razoável faixas de frequência não utilizadas".

Fonte: Adaptado de Erika Morphy. Spectrum Bridge Launches On-line Secondary Market". InformationWeek, 5 de setembro de 2008.

Mercados de e-commerce

Os recentes sistemas para transação em e-commerce *são dimensionados e personalizados para permitir que compradores e vendedores se encontrem em uma variedade de plataformas de comércio em alta velocidade: leilões, catálogos e trocas.*

Empresas de todos os tamanhos podem agora comprar qualquer coisa, de químicos a produtos eletrônicos, sobras de energia elétrica, materiais de construção ou produtos de papel em **mercados de *e-commerce*** empresa-empresa (B2B). A Figura 8.14 destaca os cinco principais tipos de mercados de *e-commerce* utilizados pelas empresas hoje. Contudo, muitos **portais de e-commerce** B2B atendem a vários tipos de mercados. Sendo assim, eles podem oferecer um **catálogo** eletrônico de compras e *sites* para pedidos de compras de produtos de muitos fornecedores de um setor de economia. Ou podem servir como **ponto de troca** para comprar e vender por meio de um processo de concorrência ou a preços negociados. Muito frequentes são os *sites* de **leilões** eletrônicos para leilões B2B de produtos e serviços. A Figura 8.15 ilustra um sistema de comércio B2B que oferece mercados eletrônicos para trocas, leilões e leilões reversos (nos quais os vendedores dão lances em um negócio de um comprador).

Muitos desses **portais de *e-commerce*** B2B são desenvolvidos e hospedados por empresas terceiras *criadoras de mercado* que servem como **infomediários**, que aproximam compradores

FIGURA 8.14 Tipos de mercados de *e-commerce*.

Mercados de *e-commerce*
• **Um para muitos.** Mercados do lado da venda. Hospedam um fornecedor principal, que dita as ofertas e os preços do catálogo de produtos. Exemplos: Cisco.com e Dell.com.
• **Muitos para um.** Mercados do lado da compra. Atraem muitos fornecedores que se aglomeram para dar lance em concorrências de importantes compradores, como a GE ou a AT&T.
• **Alguns para muitos.** Mercados de distribuição. Unem fornecedores principais que combinam seus catálogos de produtos para atrair um grande número de compradores. Exemplos: VerticalNet e Works.com.
• **Muitos para alguns.** Mercados da área de compra das empresas. Unem principais compradores que combinam seus catálogos de aquisição para atrair mais fornecedores e, assim, aumentar a competição e baixar os preços. Exemplo: a indústria de automóveis.
• **Muitos para muitos.** Mercados de leilões usados por vários compradores e vendedores que podem criar uma variedade comprardores ou eBay e FreeMarkets.

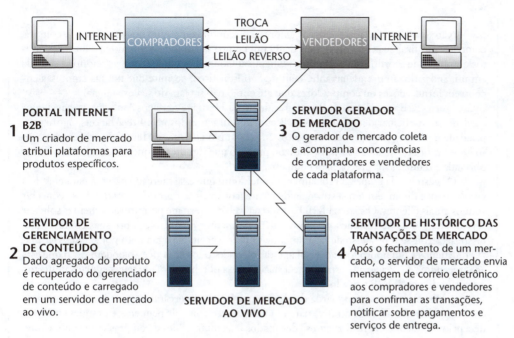

FIGURA 8.15 Exemplo de um portal de *e-commerce* B2B que oferece mercados eletrônicos de troca, leilão e leilão reverso.

e vendedores em mercados de catálogo, trocas e leilões. Os infomediários são empresas que atuam como intermediárias em transações de negócios e *e-commerce*. Exemplos são Ariba, Commerce One, VerticalNet e FreeMarkets, para citar umas poucas empresas de sucesso. Todas fornecem produtos e serviços de *software* para mercados de *e-commerce* para dar maior poder aos portais da internet de empresas para transações de *e-commerce*.

Esses *sites* de *e-commerce* tornam os negócios de aquisição mais rápido, mais simples e com melhor custo, uma vez que as empresas podem utilizar sistemas da internet para pesquisar e fazer transações com muitos fornecedores. Empresas compradoras têm um local único de compra e informações precisas para aquisição. Elas também recebem dos infomediários orientações que não podem obter de *sites* hospedados por fornecedores e distribuidores. Sendo assim, empresas podem negociar ou fazer uma concorrência para obter melhores preços de um grande conjunto de fornecedores. Naturalmente, fornecedores beneficiam-se do fácil acesso a clientes de todos os lugares do globo. Vamos ilustrar com um exemplo do mundo real.

 ChemConnect e Heritage Services: trocas B2B públicas e privadas

Trocas B2B públicas. O preço foi se tornando acirrado nos minutos finais do leilão *on-line*. A indústria química norte-americana ofereceu vender um estabilizador plástico a uma empresa da Fortune 20 por US$ 4,35 por quilo. Com dois minutos, no entanto, um preço mais baixo de uma companhia chinesa surgiu nas telas de computador da ChemConnect (www.chemconnect.com), uma operadora de um mercado público *on-line* de São Francisco para a indústria química. O produtor norte-americano baixou o seu preço. Numa disputa acirrada, viu-se uma queda de preços centavo a centavo. A empresa chinesa ofereceu US$ 4,23. Por último, a empresa norte-americana ganhou o contrato de US$ 500 mil com uma oferta de US$ 4,20. O leilão foi apenas uma das 20 operações que aconteceriam no site ChemConnect, numa manhã de agosto, enquanto empresas da América do Norte, Europa e Ásia concorriam por lucrativos contratos de seis meses.

A ChemConnect conduziu o processo durante várias horas em uma manhã recente. Tal processo licitatório sem esse recurso do leilão *on-line* teria levado pelo menos três meses, de acordo com a empresa, mesmo utilizando *e-mail*. No passado, a empresa enviava *e-mails* a todos os fornecedores que queriam participar do negócio. Então, em poucos dias, as empresas responderiam com seus lances de abertura. O comprador faria então uma contraproposta. Até uma semana decorreria entre cada rodada.

> Não só a ChemConnect ajuda as empresas a economizar tempo nos processos de compra, como a centralizar suas compras. Mais de 89 mil empresas em todo o mundo produzem produtos químicos, de acordo com a American Chemical Council. A ChemConnect, empresa sediada em um andar de um grande arranha-céus de São Francisco, permite que muitas empresas encontrem fornecedores ou compradores que até então não sabiam de sua existência.
>
> Trocas B2B privadas. Ken Price, presidente da Heritage Serviços Ambientais, havia concordado em participar de dois leilões B2B públicos, organizados pela FreeMarkets (agora propriedade da Ariba), para pleitear contratos em 2001. No entanto, a Heritage não venceu. Não só isso, o processo de leilão *on-line* enfatizou preço, o que significaria que a Heritage teria de ser obrigada a reduzir seus preços para competir.
>
> Os gestores da empresa rapidamente concluíram que esse mercado não era para eles. Em vez disso, decidiram, em uma estratégia diferente, construir seu próprio portal para se conectar com os atuais clientes. O sistema B2B baseado na web da Heritage permitiu aos clientes solicitar serviços de gestão de resíduos perigosos, além de manter o controle sobre suas contas. Além disso, acelerou-se o processo de faturamento, pois este aceita o pagamento por serviços *on-line*. "O que temos é um ponto focal central agradável, onde todos no processo podem ver o que está acontecendo", diz Price, que espera que a sua empresa obtenha 15% de seus negócios neste ano por meio do portal B2B privado.
>
> A Heritage está na vanguarda do *e-commerce* B2B: o intercâmbio privado. Essa forma de conectar-se *on-line* torna-se atrativa para um número crescente de pequenas e grandes empresas decepcionados com "mercados livres" destinados a facilitar leilões e compras em grupo. Como a Heritage, muitos fornecedores têm sido infelizes com as pressões por preços baixos que eles encontram nos "mercados livres" públicos.
>
> As empresas preocupadas com o fato de a participação em intercâmbios público B2B colocar as informações de vendas e outros dados críticos nas mãos dos clientes e concorrentes, também estão se voltando para as centrais B2B privadas. As empresas menores, como a Heritage, e as gigantes, como a Dell Computer, a Intel e o Walmart, criaram portais B2B privados para que possam se conectar com fornecedores e clientes, dinamizar o negócio e impulsionar as vendas. Os portais B2B privados oferecem mais controle, dizem os executivos dessas empresas, pois permitem fácil customização e automação de processos, como o envio de ordens de compra ou verificação dos prazos de entrega.
>
> *Fonte*: Adaptado de Eric Young. "Web Marketplaces That Really Work". *Fortune/CNET Tech Review*, Inverno de 2002.

Clicks and bricks no e-commerce

Empresas estão reconhecendo que o sucesso vai para aqueles que podem executar estratégias click-and-mortar *que ligam os mundos físico e virtual. Empresas diferentes vão precisar seguir caminhos diferentes ao decidirem como integrar, de forma próxima ou não, suas iniciativas de internet com suas operações tradicionais.*

A Figura 8.16 ilustra o leque de alternativas e benefícios conflitantes que empresas de *e-commerce* enfrentam quando escolhem uma **estratégia de *e-commerce* clicks and bricks** (integração entre as operações de *e-commerce* e aquelas feitas em lojas físicas). Os gestores do *e-commerce* precisam responder à seguinte questão: devemos integrar nossas operações de *e-commerce* com nossas operações físicas de negócio tradicional ou mantê-las separadas? Como a Figura 8.16 mostra, as empresas têm implementado alguma forma de estratégia de integração/separação e deixado benefícios-chave conflitantes responderem a essa questão. Vamos dar uma olhada nas várias alternativas.

Integração do e-commerce

A internet é apenas mais um canal que se conecta à arquitetura de um negócio.

A definição é dada por Bill Seltzer, CIO do fornecedor de materiais para escritório Office Depot, o qual integrou completamente seu canal de vendas em *e-commerce*, OfficeDepot.com, com suas operações tradicionais de negócios. Dessa forma, o Office Depot é um exemplo importante do porquê muitas empresas escolheram estratégias integradas de *clicks and bricks*, na qual seus negócios de *e-commerce* estão integrados de algumas formas às suas operações tradicionais de negócios. O caso de sucesso para tais estratégias passa por:

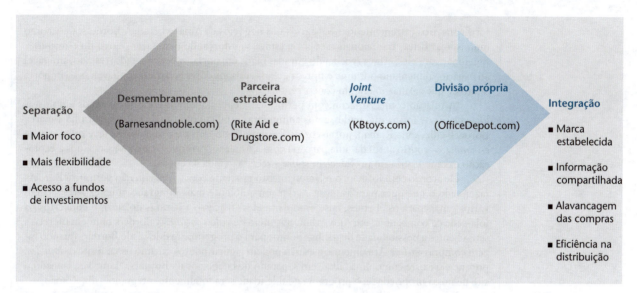

FIGURA 8.16 As empresas têm um leque de alternativas e benefícios conflitantes quando decidem sobre um negócio de *e-commerce* integrado ou separado.

- Capitalizar em qualquer capacidade estratégica diferenciada existente em uma operação de negócio tradicional de uma empresa e que possa ser utilizada para apoiar negócios de *e-commerce*.
- Ganhar vários benefícios estratégicos da integração do *e-commerce* ao negócio tradicional da empresa, como o compartilhamento de marcas estabelecidas e informações-chave de negócios, e reunir o poder de compra e eficiência de distribuição.

Por exemplo, o Office Depot já tem um negócio de sucesso de venda por catálogo com uma central de atendimento e uma frota de cerca de 2 mil caminhões de entrega. Suas 1.825 lojas e seus 30 armazéns foram ligados em rede por um sofisticado sistema de informação que fornece, em tempo real, informações de clientes, fornecedores, pedidos e estoque de produtos. Esses recursos de negócio transformaram-se em fundamentos de valor incomensurável para a coordenação das atividades de *e-commerce* e atendimento ao cliente do Office Depot com seus catálogos de vendas e suas lojas físicas. Assim, os clientes podem comprar no OfficeDepot.com de suas casas ou escritórios, ou em um terminal de autoatendimento dentro da loja. Então, eles podem optar por retirar suas compras nas lojas ou pedir para entregar. Ainda mais, a integração de aplicações de *e-commerce* habilitadas para a internet dentro das lojas tradicionais do Office Depot e a operação de catálogos ajudaram a aumentar o tráfego nas lojas físicas e a melhorar a produtividade e a média de valor dos pedidos da operação de catálogo.

Borders e Amazon.com: dividir nunca é fácil

A Borders.com vinha sempre sendo gerida pela Amazon.com. Possuía estoque da Amazon, o conteúdo do site, emissão de pedidos e atendimento ao cliente, tudo vinculado à Amazon. As vendas também eram propriedade da Amazon, com uma porcentagem indo para a Borders. O novo site da Borders representa um momento importante no negócio da empresa e da estratégia de *e-commerce*, ao fim do que será um relacionamento de sete anos com a Amazon.com, no momento em que a rede de livrarias, sediada em Ann Arbor, Michigan, está no meio de uma reviravolta.

Em 2001, quando as então rivais do varejo fecharam esse acordo para desenvolver um site *co-branded*, era algo mutuamente benéfico. A Amazon.com, que tinha aberto o capital em 1997, estava sob pressão para gerar seus primeiros lucros. Estendendo a infraestrutura de *e-commerce* na qual tinha investido milhões de dólares para terceiros, tais como a Borders, injetou recursos financeiros extremamente necessários nos negócios da Amazon.com. A Borders, que, como muitas lojas físicas tradicionais na época, estava se esforçando para fazer o jogo do *e-commerce* funcionar para eles, estava recebendo em suas mãos um portal experimentado, testado, amigável ao usuário, alimentado por uma empresa que os consumidores achavam confiável. Não importa o fato de que a Amazon era um concorrente.

"A relação com a Amazon.com permitiu, na época, que nos concentrássemos em nossas lojas físicas de forma que pudéssemos administrar também um canal *on-line* que tinha a marca Borders", diz Anne Roman, porta-voz da Borders. Ela observa que a empresa teve o seu site de *e-commerce* próprio antes de uma parceria com a Amazon, mas que os custos associados à exploração e comercialização prevaleciam sobre a receita gerada na época.

De acordo com Roman, o relacionamento existente com a Amazon não permite à Borders fazer tudo o que quer para avançar e criar um ambiente mais integrado, uma experiência em vários canais para os clientes, tais como dar a eles "o acesso a leituras do autor e concertos na loja-sede da companhia, em Ann Arbor, por meio de vídeo *on-line*. A Borders também oferece a seus clientes a possibilidade de ganhar pontos para o programa de fidelidade Borders quando fazem compras *on-line*. Atualmente, eles não podem ganhar pontos quando usam o site *co-branded*, porque ele existe como uma "ilha" em separado dos negócios da Borders. "Uma vez lançado o site de nossa propriedade, o programa de fidelidade será totalmente integrado", diz Roman.

No entanto, a Borders precisa dar aos clientes uma razão para comprar livros, filmes e música a partir da Borders.com em vez de na Amazon.com. Isso não vai ser fácil, porque a Amazon.com conta com um eficaz programa de fidelidade e uma agressiva política de preços. O analista do Gartner Research, Adam Sarner, observa que a web influencia 40% do comércio no mundo *off-line*. Se a Borders souber aproveitar essa dinâmica, ele acrescenta, ela será mais capaz de competir com a Amazon: "Se o seu site puder se tornar uma ferramenta de gestão que leve mais pessoas para visitar a loja e pegar mais livros ou visitar a loja três vezes, em vez de duas, isso poderá ser um melhor modelo para eles. A Borders tem a vantagem das lojas físicas. É aí que ela pode diferenciar-se da Amazon".

Fonte: Adaptado de Meridith Levinson Meridith Levinson. "Borders Tries to Open New Chapter with Web Site Relaunch Separate from Amazon.com". *CIO Magazine*, 02 de outubro de 2007.

Outras estratégias *clicks and bricks*

Como a Figura 8.16 ilustra, outras estratégias *clicks and bricks* vão da integração parcial utilizando *joint venture* e estratégias de parcerias, até a completa separação por meio do desmembramento, formando uma nova empresa independente de *e-commerce*.

Por exemplo, a KBtoys.com é um empreendimento conjunto de *e-commerce* da KB On-line Holdings LLC, criada pela empresa de varejo de brinquedos KB Toys e a BrainPlay.com, antes uma loja virtual de produtos para crianças. A KB Toys é dona de 80% da empresa, mas tem uma equipe de gestores independentes e sistemas de distribuição separados. Contudo, a KBtoys.com capitalizou com sucesso o compartilhamento da marca e do poder de compra das lojas KB Toys e a habilidade de seus clientes de eventualmente devolver aquisições para as 1.300 lojas que também promovem pesadamente seus *sites* de *e-commerce*.

A parceria estratégica da rede de farmácias Rite-Aid e a Drugstore.com é um bom exemplo de uma iniciativa menos integrada de *e-commerce*. A Rite-Aid possui cerca de 25% da Drugstore.com, a qual tem a gestão independente e uma marca de negócios separada. Contudo, as duas empresas compartilham os benefícios de custos menores e o maior faturamento ao juntarem o poder de compras, um centro de distribuição integrado, produtos farmacêuticos com marca compartilhada e o atendimento a prescrições médicas nas lojas da Rite-Aids.

Finalmente, vamos abordar um exemplo de benefícios e desafios de uma estratégia completamente separada de *clicks and bricks*. A Barnesandnoble.com foi criada como uma empresa separada de *e-commerce*, que foi desmembrada da rede de livrarias Barnes & Noble. Isso lhe permitiu ganhar várias centenas de milhões de dólares de fundos de investimentos, criar uma cultura empresarial, atrair gestão de qualidade, manter alto grau de flexibilidade de negócio e acelerar a tomada de decisões. No entanto, a empresa de venda eletrônica de livros não trabalhou bem desde a sua fundação e falhou em ganhar parte do mercado da Amazon.com, seu principal concorrente. Muitos analistas de negócios dizem que o insucesso da Barnes & Noble

Guia para o desenvolvimento de um canal
1. Que público tentamos atingir?
2. Qual ação queremos que esse público tome? Para conhecer-nos, para dar-nos informação sobre ele, para fazer uma pesquisa, para comprar alguma coisa em nosso *site*, para comprar alguma coisa por meio de outro canal?
3. Quem é o dono do canal de *e-commerce* dentro da organização?
4. O canal de *e-commerce* está planejado em conjunto com outros canais?
5. Temos um processo para criar, aprovar, liberar e retirar conteúdo?
6. Nossas marcas serão traduzidas para o novo canal ou elas precisam de modificação?
7. Como iremos divulgar o canal ao mercado?

FIGURA 8.17 Questões-chave para o desenvolvimento de uma estratégia de *e-commerce*.

para integrar algumas atividades de *marketing* e operações da Barnesandnoble.com com suas milhares de livrarias inviabilizou uma oportunidade estratégica de negócio.

Algumas das questões-chave a que os gestores precisam responder ao tomarem decisões sobre *clicks and bricks* e desenvolver o canal de *e-commerce* resultante estão destacadas na Figura 8.17. Um **canal de *e-commerce*** é o canal de *marketing* ou vendas criado por uma empresa para conduzir e gerenciar suas atividades escolhidas de *e-commerce*. Como esse canal de *e-commerce* está integrado com o canal de vendas tradicional da empresa (lojas de varejo/atacado, catálogo de vendas, vendas diretas etc.) é uma consideração importante ao se desenvolver uma estratégia de *e-commerce*.

Opções de canais de *e-commerce*

Dessa forma, os exemplos desta seção enfatizam que não existe uma estratégia universal *clicks and bricks* de *e-commerce* ou uma opção de canal de *e-commerce* para toda empresa, mercado ou tipo de negócio. Tanto a integração quanto a separação do *e-commerce* têm seus benefícios e desvantagens para o negócio, portanto, a decidir sobre uma estratégia *clicks and bricks* e um canal de *e-commerce* depende se as operações de negócio da empresa fornecem capacidades e recursos estratégicos para dar suporte com sucesso a um modelo de negócio lucrativo para seu canal de *e-commerce*. Como esses exemplos mostram, a maioria das empresas está implementando alguma medida de integração *clicks and bricks*, porque "os benefícios da integração são quase sempre muito grandes para abandoná-la inteiramente".

REI: escalando a montanha do *e-commerce*

Quando a varejista de equipamentos ao ar livre REI queria aumentar as vendas nas lojas, a empresa olhou para seu site. Em junho de 2003, o REI.com lançou um serviço de entrega gratuita nas lojas para os clientes que encomendavam seus produtos on-line. A lógica por trás desse pensamento: as pessoas que visitassem as lojas para retirar as compras feitas *on-line* poderiam ser influenciadas a gastar mais dinheiro ao verem as vitrines coloridas com os artigos de vestuário, equipamento de escalada, bicicletas e equipamento de *camping*.

O palpite da REI valeu a pena. "Uma em cada três pessoas que compram algo *on-line* vai gastar mais US$ 90 na loja quando vem para retirar alguma coisa", diz Joan Broughton, vice-presidente da REI para programas multicanal. Isso se traduz em uma tendência saudável de aumento percentual de 1% em vendas da loja.

Como Broughton vislumbra, o mantra para qualquer varejista multicanal deveria ser "uma venda é uma venda, seja *on-line*, nas lojas ou por meio de catálogos." A web não é simplesmente um canal isolado com suas próprias métricas operacionais ou grupo exclusivo de clientes.

À medida que a web amadureceu como um canal de varejo, os consumidores se voltaram às compras *on-line* como um lugar adicional para interagir com um varejista, em vez de um substituto para os canais existentes, tais como lojas ou catálogos.

E para tornar essa estratégia o mais rentável possível, a empresa utiliza os mesmos caminhões que reabastecem suas lojas para atender aos pedidos *on-line* previstos para recolhimento na loja. Para fazer esse trabalho, a REI teve de integrar informações dos pedidos a partir do site e os pedidos de reabastecimento das lojas para o seu centro de distribuição no Estado de Washington.

Integra os dois tipos de informações de pedidos de compra não foi complexo, diz Brad Brown, vice-presidente da REI de Serviços de Informação. Entretanto, o aspecto mais difícil foi a coordenação simultânea da emissão dos pedidos *on-line* e a reposição de estoque, porque "as encomendas feitas na web pelos clientes não são nada parecidas com os pedidos de reposição para reabastecimento das lojas", diz ele. As encomendas *on-line* são recolhidas no centro de distribuição no momento do pedido e, em seguida, colocadas em uma fila até que o caminhão apropriado esteja carregado, ao passo que pedidos das loja são escolhidos por um sistema automatizado de reabastecimento que normalmente recolhe os pedidos de uma vez só, com base em um programação semanal ou quinzenal de um cronograma de reposição.

Para tornar a coleta no interior da loja uma realidade, o grupo de Brown escreveu um "algoritmo de promessa" que informa aos clientes uma data de entrega, quando do momento de uma encomenda *on-line*. O *timing* pode ficar complicado quando as ordens são colocadas no dia anterior ao que um caminhão está programado para sair do centro de distribuição com uma entrega de reabastecimento da loja. Por exemplo, se um pedido *on-line* é colocado em uma noite de segunda-feira e um caminhão está programado para partir terça pela manhã, o sistema promete ao cliente uma data de retirada de uma semana depois, como se a ordem fosse colocada no caminhão da semana seguinte. No entanto, a REI vai "chutar" que a emissão do pedido será feita naquela noite. Assim, se a REI conseguir tal feito (e, em última análise, o cliente) estará feliz porque a encomenda chegará mais cedo do que foi prometido.

A criação efetiva de portais B2C envolve mais do que simplesmente calcular números de vendas. Trata-se de fornecer a funcionalidade que os usuários esperam e utilizar o site para impulsionar as vendas por outros canais. E só integração de TI pode fazer isso acontecer.

Fonte: Adaptado de Megan Santosus. "Channel Integration—How REI Scaled e-Commerce Mountain". *CIO Magazine*, 15 de maio de 2004.

Resumo

- **E-commerce.** O *e-commerce* engloba todo o processo de desenvolvimento *on-line*, *marketing*, venda, entrega, atendimento e pagamento de produtos e serviços. A internet e as tecnologias relacionadas, os *sites* de *e-commerce* na internet e *intranets* e extranets de empresas funcionam como plataforma de negócios e tecnologia para mercados de *e-commerce* direcionadas a consumidores e empresas nas categorias básicas do *e-commerce* empresa-consumidor (B2C), empresa-empresa (B2B) e consumidor-consumidor (C2C). Os processos essenciais que deveriam ser implementados em todas as aplicações de *e-commerce* – controle de acesso e segurança, personalização e traçado de perfil, gerenciamento de busca, gestão de conteúdo, gestão de catálogo, sistemas de pagamento, gestão do fluxo de trabalho, notificação de eventos e colaboração e comércio – estão resumidos na Figura 8.4.

- **Questões do *e-commerce*.** Muitas empresas de *e-commerce* estão movendo-se à frente, oferecendo portais de serviço completo de *e-commerce* B2C e B2B, apoiados por processos integrados focados no cliente e cadeias de suprimentos em rede, como ilustrado na Figura 8.9. Além disso, as empresas precisam avaliar uma variedade de alternativas de integração ou separação de *e-commerce* e benefícios conflitantes quando escolhem uma estratégia *clicks and bricks* e canais de *e-commerce*, como resumido nas Figuras 8.16 e 8.17.

- **E-commerce B2C.** As empresas vendem produtos e serviços para consumidores em *sites* de *e-commerce* que fornecem atrativas páginas web, catálogos multimídia, processamento interativo de pedidos de compra, sistemas de pagamento eletrônico seguro e atendimento ao consumidor *on-line*. Contudo, uma empresa de *e-commerce* de sucesso constrói a satisfação e fidelidade do cliente por meio da otimização dos fatores descritos na Figura 8.11, como seleções e valores, desempenho e eficiência do serviço, aparência do site, anúncios e incentivos para compra, atenção personalizada, comunidades de relacionamento e segurança e confiabilidade. Adicionado a isso, uma loja virtual tem vários requisitos-chave de negócio, incluindo a criação e o *marketing* de um negócio na web, atendendo e apoiando cliente e gerenciando uma loja virtual, como resumido na Figura 8.13.

- **E-commerce B2B.** Aplicações de *e-commerce* empresa-empresa envolvem mercados de catálogo eletrônico, trocas e leilões que utilizam *sites* e portais na internet, intranet e extranet para unir compradores e vendedores, como resumido na Figura 8.14 e ilustrado na Figura 8.15. Muitos portais de *e-commerce* são desenvolvidos e operados por uma variedade de empresas chamadas infomediários, as quais podem representar consórcios de empresas importantes.

Termos e conceitos-chave

Estes são os termos e conceitos-chave abordados neste capítulo. O número entre parênteses refere-se à página em que consta a explicação inicial.

1. Canal de *e-commerce* (339)
2. *E-commerce* (310)
    a. Consumidor-consumidor (314)
    b. Empresa-consumidor (314)
    c. Empresa-empresa (314)
    d. Empresa-governo (314)
3. Estratégia de *e-commerce clicks and bricks* (336)
4. Infomediários (334)
5. Mercados de *e-commerce* (334)
    a. Catálogo (334)
    b. Leilões (334)
    c. Ponto de troca (334)
    d. Portais de *e-commerce* (334)
6. Otimização de mecanismos de busca (330)
7. Processos do *e-commerce* (315)
    a. Colaboração e comércio (319)
    b. Controle de acesso e segurança (316)
    c. Definição de perfil e personalização (316)
    d. Gestão de conteúdo e de catálogo (316)
    e. Gestão do fluxo de trabalho (318)
    f. Gerenciamento de busca (316)
    g. Notificação de eventos (319)
8. Sistemas eletrônicos de pagamento (320)
9. Transferência eletrônica de fundos (TEF) (320)

Questionário de revisão

Relacione um dos termos e conceitos-chave mencionados anteriormente com os seguintes exemplos ou definições. Procure a melhor opção para respostas que parecem corresponder a mais de um termo ou conceito. Justifique suas escolhas.

_____ 1. O processo *on-line* de desenvolvimento, *marketing*, venda, entrega, atendimento e pagamento de produtos e serviços.

_____ 2. Empresas que vendem para consumidores em lojas virtuais são um exemplo.

_____ 3. A utilização de um portal de *e-commerce* para leilões entre clientes de empresas e seus fornecedores é um exemplo.

_____ 4. A utilização de um site na web para leilões entre consumidores é um exemplo.

_____ 5. Aplicações de *e-commerce* precisam implementar várias categorias principais de processos inter-relacionados, como gerenciamento de busca e gestão de catálogo.

_____ 6. Ajuda a estabelecer confiança mútua entre você e um negociador eletrônico em um site de *e-commerce*.

_____ 7. Acompanha seu comportamento no site para fornecer a você uma experiência individualizada na loja virtual.

_____ 8. Desenvolve, cria, entrega e atualiza informações para você em um site.

_____ 9. Garante que as informações corretas de transações, decisões e atividades de *e-commerce* sejam executadas para melhor atendê-lo.

_____ 10. Envia-lhe uma mensagem de correio eletrônico quando o pedido que você fez em um site de *e-commerce* foi despachado.

_____ 11. Inclui processos de encontro de parceiros, negociação e mediação entre compradores e vendedores.

_____ 12. Empresas que atuam como intermediárias em transações de *e-commerce*.

_____ 13. Um processo que tem como objetivo melhorar o volume e a qualidade do tráfego para um site.

_____ 14. Um mercado de *e-commerce* que fornece serviços de catálogo, troca ou leilão para empresas ou consumidores.

_____ 15. Compradores dando lances em um negócio de um vendedor.

_____ 16. Mercado para transações de concorrências (compra) e solicitações (venda).

_____ 17. O tipo de mercado mais utilizado em *e-commerce* B2C.

_____ 18. O canal de *marketing* ou vendas criado por uma empresa para conduzir e gerenciar suas atividades de *e-commerce*.

_____ 19. O processo de transferência de dinheiro e crédito entre empresas e instituições financeiras.

_____ 20. Formas de fornecer pagamentos eficientes, convenientes e seguros em *e-commerce*.

_____ 21. Empresas podem avaliar e escolher entre várias alternativas de integração de *e-commerce*.

_____ 22. *Sites* e portais hospedados por empresas individuais, consórcios ou intermediários que reúnem compradores e vendedores para realizar transações de *e-commerce*.

_____ 23. Um componente de *sites* de *e-commerce* que ajuda os clientes a encontrar o que procuram.

Questões para discussão

1. A maioria das empresas deveria envolver-se com o *e-commerce* na internet. Quanto a essa afirmação, você concorda ou discorda? Explique seu ponto de vista.

2. Você está interessado em investir, possuir, gerenciar ou trabalhar em uma empresa que está fortemente engajada no *e-commerce* na internet? Explique seu ponto de vista.

3. Consulte o "Caso do mundo real 1" sobre a KitchenAid e o Royal Bank of Canada neste capítulo. Quais os recentes usos da internet estas empresas podem estar procurando para proteger o patrimônio de suas marcas? Quanto aos usos que você identificou, que estratégias seriam adequadas para enfrentar esses desafios?

4. Por que houve tantos insucessos entre as empresas "ponto-com" que se dedicaram apenas ao *e-commerce* de varejo?

5. Os fatores de sucesso do *e-commerce* listados na Figura 8.11 garantem sucesso para uma empresa iniciante em *e-commerce*? Dê alguns exemplos sobre o que poderia sair errado e como você enfrentaria tais desafios.

6. Se a personalização da experiência de um cliente em um site é um fator-chave de sucesso, então é necessário um processo eletrônico de definição de perfil para acompanhar o comportamento do visitante do site. Quanto a essa afirmação, você concorda ou discorda? Explique seu ponto de vista.

7. Todas as compras das empresas deveriam ser efetuadas em mercados de leilões em *e-commerce*, em vez de utilizar *sites* de B2B que apresentam catálogos com preço fixo ou preços negociados. Explique seu ponto de vista sobre essa afirmação.

8. Consulte o "Caso do mundo real 2" sobre LinkedIn, Umbria, Mattel e outras neste capítulo. Qual é a sua opinião sobre o debate se esses indivíduos "influentes" têm realmente um efeito sobre os outros ou se são representativos de uma tendência cultural subjacente? Como uma empresa deve reagir quanto a esse assunto?

9. Se estivesse iniciando uma loja virtual de *e-commerce*, quais das necessidades resumidas na Figura 8.13 você atenderia pessoalmente e quais terceirizaria para uma empresa de desenvolvimento da web ou de hospedagem? Por quê?

Exercícios de análise

Complete os exercícios seguintes como trabalhos individuais ou em grupo que apliquem os conceitos do capítulo à situação de negócios no mundo real.

1. **Portais de *e-commerce* de pequenas empresas**
   Na internet, empresas pequenas têm se transformado em grandes negócios. E uma grande empresa real, a Microsoft, quer uma parte dessas atividades. O Small Business Center da empresa (**www.microsoft.com/smallbusiness**) é um dos muitos *sites* que oferecem orientações e serviços para pequenas empresas que estejam começando a atuar *on-line*. A maioria das ofertas, seja paga, seja gratuita, são aquilo que se espera: muitos *links* e informações similares aos ofe-

FIGURA 8.18 O Small Business Center da Microsoft é um portal de *e-commerce* para pequenas empresas.

Fonte: Cortesia de Microsoft®.

recidos pela Prodigy Biz (**www.prodigybis.com**) ou **Entrabase.com**. O Small Business Center, contudo, destaca-se por serviços de anúncios e *marketing* bem acessíveis (ver Figura 8.18).

Um programa ajuda as empresas a criar anúncios com banners e colocá-los em um grupo de *sites* que são visitados por 60% da comunidade que navega pela internet. Com esse programa de "anúncios em rede de banners", os clientes desse serviço não precisam pagar antecipadamente um grande valor e não correm o risco de que um grande número de visitantes inesperadamente gere comissões elevadas pelos cliques efetuados. Esse programa permite às pequenas empresas pagar um taxa pequena e fixa por um número garantido de *click-throughs* (pessoas que dão clique em seu anúncio em banner a fim de visitar seu site). O Small Business Center roda esses anúncios em banners dos participantes de uma rede de *sites* de anúncios e retira o anúncio assim que ele atinge o número garantido de visitantes. Isso elimina adivinhações em relação ao tráfego e taxas. Os três pacotes, 100, 250 e 1.000 visitantes, baixaram o preço para 50 centavos de dólar por visitante.

    a. Consulte o Small Business Center e os outros portais de *e-commerce* mencionados. Identifique os vários benefícios e limitações para uma empresa que utiliza esses *sites*.
    b. Qual site é o seu favorito? Por quê?
    c. Que site você recomendaria ou usaria para ajudar uma pequena empresa que queira entrar no *e-commerce*? Por quê?

2. *Sites* de *e-commerce* para comprar um carro

Hoje, os compradores de carros podem configurar o carro dos seus sonhos no site MSN Autos da Microsoft, bem como nos da Ford, GM e de outros gigantes. Muitas empresas independentes de compra de carros *on-line* e empresas de pesquisa oferecem serviços similares. Ver Figura 8.19. As informações para compra de carros oferecidas pelos fabricantes, *sites* de corretagem, revendas de carros, instituições financeiras e *sites* de defesa do consumidor tiveram uma explosão nos últimos anos.

Apesar da idade da internet, a indústria automobilística permanece forte e imune a inovações que podem trazer ameaças à bem estabelecida e bem conectada cadeia de suprimentos, as revendas autorizadas de veículos. Os compradores de carros novos nos Estados Unidos não podem pular o intermediário e comprar diretamente dos fabricantes. Essa não é uma simples decisão dos fabricantes, trata-se de lei.

Mesmo assim, muitos compradores de carro utilizam a internet como um lugar para pesquisar suas compras. Em vez de venderem carros novos diretamente, *sites* como **Autobytel.com** de Irvine, Califórnia, simplesmente colocam os consumidores em contato com o revendedor local onde eles podem testar um veículo e negociar um preço. A **Autobytel.com** tem indicado compradores para revendas de carros novos e usados desde 1995. Eles também oferecem financiamento e seguro *on-line*.

Sites de compras *on-line* na internet tornam os consumidores menos dependentes do tipo de carro que a revenda tem na loja. Nos *sites*, compradores podem

Principais lojas virtuais de vendas de automóveis
• **Autobytel.com**   www.autobytel.com Entre com a marca e modelo, e uma revenda local vai contatá-lo com uma oferta de preço. Há opção de entrega em domicílio.
• **AutoNation**   www.autonation.com Todas as opções de marcas e modelos, bem como informações de financiamento e seguro, entrega em domicílio e *test-drive*.
• **Microsoft MSN Autos**   www.autos.msn.com Resenhas de automóveis, especificação detalhada de veículos, classificação de segurança e serviços para compra de carros novos e usados, incluindo a personalização do seu próprio Ford.
• **cars.com**   www.cars.com Ferramentas de pesquisa incluem resenha automotiva, relatórios de modelos, localização de revendas e informação de financiamento.
• **CarsDirect.com**   www.carsdirect.com Pesquise preço e modelo e então peça seu carro. A CarsDirect entregará na sua casa. Trata-se de site muito bem cotado.
• **Edmunds.com**   www.edmunds.com Para uma opinião objetiva, o Edmunds.com fornece resenhas, atualizações sobre segurança e notícias de descontos para compradores de carros.
• **FordVehicles.com**   www.fordvehicles.com Pesquise, configure, veja o preço e faça o pedido do seu novo carro, minivan, caminhão ou outro modelo Ford nesse site.
• **GM BuyPower**   www.gmbuypower.com Com acesso a quase 6 mil revendas GM, compradores de carro podem obter cotação de preços, marcar um *test-drive* e comprar.

FIGURA 8.19 Tabela para o Problema 2.

personalizar um carro – ou uma van, caminhão ou um veículo utilitário esportivo – por meio da seleção de acessórios, tipo de pintura, cor e outras opções antes da aquisição. Eles podem utilizar *sites* como o **CarBuying-Tips.com** para ajudá-los a se preparar para o processo final de negociação.

   a. Verifique os vários *sites* apresentados na Figura 8.19. Avalie-os com base na facilidade de uso, no fornecimento de informações relevantes e em outros critérios que considerar importantes. Não se esqueça do clássico: "Eles criaram em você o desejo de compra?".
   b. Que *sites* usaria ou recomendaria se você ou um amigo quisessem comprar um carro? Por quê?
   c. Verifique o estudo do Consumer Federation of America sobre as leis estaduais de compras anticompetitivas de carros novos ou estudos similares *on-line*. Quanto eles estimam que os consumidores economizariam se pudessem comprar carros *on-line* diretamente dos fabricantes?

3. **Comparando *sites* de *e-commerce***

   Neste exercício, você irá às compras eletrônicas e comparará alternativas de *sites* de *e-commerce*. Primeiro você precisa selecionar uma categoria de produtos amplamente disponível na internet, como livros, CDs, brinquedos etc. Depois selecione cinco produtos específicos para verificar os preços na internet, por exemplo, cinco CDs específicos que você esteja interessado em comprar. Procure três *sites* conhecidos de *e-commerce* que vendam esse tipo de produto e registre o preço cobrado para cada produto em cada site.

   a. Utilizando uma planilha eletrônica, registre um conjunto de informações similares àquelas apresentadas para cada produto. (As categorias que descrevem o produto vão variar de acordo com o tipo de produto selecionado – CDs podem ter o título do CD e do(s) cantor(es), ao passo que brinquedos ou produtos similares podem ser indicados pelo nome do produto e por sua descrição (ver Figura 8.20).
   b. Para cada produto, avalie cada empresa de acordo com o preço cobrado. Atribua nota 1 para o menor preço e 3 para o maior, e para os empates atribua um valor intermediário, conforme o caso – dois *sites* empatados com o preço mais baixo devem receber nota 1,5 cada um. Se o site não tiver um produto, atribua nota 4. Coloque as notas para todos os produtos para ter uma visão geral das notas de preço/disponibilidade de cada site.
   c. Baseado na sua experiência com esses *sites*, atribua notas para facilidade de uso, para informações completas e para as opções de preenchimento de pedido e de frete. Como no item (b), atribua nota 1 para o melhor site em cada categoria, 2 para o segundo melhor e 3 para o site mais fraco.
   d. Prepare um conjunto de slides PowerPoint ou material similar para apresentação, resumindo os resultados-chave e incluindo uma avaliação geral dos *sites* que você comparou.

4. ***E-commerce*: o lado obscuro**

   Transações anônimas na internet podem ter um lado obscuro. Pesquise os termos e as expressões a seguir. Prepare um relatório de uma página para cada termo e/ou expressão pesquisado. Seu relatório deve descrever o problema e fornecer exemplos e ilustrações quando possível. Conclua cada relatório com recomendações de como prevenir-se para cada tipo de fraude.

   a. Pesquise utilizando as expressões "Ponzi Scheme" ou "Pyramid Scheme" ou "Esquema em Pirâmide". Para encontrar exemplos correntes em ação, tente buscar por "plasma TV $50", "*cash matrix*" ou "*e-books*" e "*matrix*" ou "*gifting*" por meio de mecanismos de buscas.
   b. Pesquise utilizando os termos "*phishing*" e "*identity*". Se possível inclua uma cópia de um exemplo do mundo real que você ou um conhecido possa ter recebido por correio eletrônico.
   c. Pesquise a expressão "uso de laranjas". Qual é a sua função legítima? Apresente um exemplo de "uso de laranjas" para transação na internet. Como tem sido usado para cometer fraudes na internet?
   d. Prepare um texto de uma página em que descreva um tipo de fraude *on-line* não mencionado. Prepare material de apresentação e mostre sua pesquisa para a classe. Certifique-se de incluir uma descrição da fraude, como detectá-la e como evitá-la. Use exemplos do mundo real, se possível.

		Preço			Classificação		
Título do livro	Autor	Site A	Site B	Site C	A	B	C
The Return of Little Big Man	Berger, T.	15,00	16,95	14,50	2	3	1
Learning Perl/Tk	Walsh, N. & Mui, L.	26,36	25,95	25,95	3	1,5	1,5
Business at the Speed of Thought	Gates, W.	21,00	22,95	21,00	1,5	3	1,5
Murders for the Holidays	Smith, G.		8,25	7,95	4	2	1
Designs for Dullards	Jones	17,95	18,50	18,50	1	2,5	2,5
Soma das classificações (a menor pontuação representa a melhor classificação)					11,5	12	7,5

FIGURA 8.20 Tabela para o Problema 3.

CASO DO MUNDO REAL 3

Entellium, Digg, Peerflix, Zappos e Jigsaw: sucesso dos não pioneiros no *e-commerce*

Qualquer um que tenha assistido à patinação de velocidade em pista curta nos Jogos Olímpicos de Inverno sabe que ficar na frente em cima do gelo não é tarefa fácil.

O patinador que está em segundo lugar consegue economizar energia preciosa ficando atrás do líder. O nº 2 observa cada movimento do líder e avalia quando e onde tentar abocanhar o ouro. Hoje, as empresas e a patinação de velocidade têm muito em comum.

Não existe garantia para quem está na frente.

Para as empresas que usam a internet como base para seus negócios, a vantagem de estar em segundo parece ainda mais substancial. É por isso que Paul Johnston é profundamente grato a Marc Benioff.

A primeira empresa de Johnston, a Entellium, com sede em Seattle, ganhou centenas de contratos da Salesforce.com, de Benioff e de outros concorrentes desde que se mudou da Malásia em 2004 e sua receita cresceu cinco vezes em 2005. O que Johnston realmente aprecia, porém, não é ter de vender às empresas a teoria de permitir a um estranho hospedar seus *softwares* de gestão de relacionamento.

O que torna fácil seguir as estratégias mais quentes do momento é a relativa facilidade com que os fundadores podem ter uma nova empresa na pista e enviá-la correndo atrás da concorrência. Ferramentas baratas de código aberto podem ajudar a implantar o *software* do novo negócio rapidamente.

Fabricantes *offshore* (no exterior, como Índia, China, Taiwan e outros) podem rapidamente produzir grandes quantidades de qualquer coisa, de semicondutores a peças de motor. A web conecta comerciantes a um vasto conjunto de *testadores beta*, enquanto investidores anjo e capitalistas de risco, cheios de novos fundos, ficam de prontidão.

Claro que sair atrás rapidamente não é tão simples quanto dizer "eu também". Para combater os líderes estabelecidos, você precisa do produto e da estratégia certos, além de uma grande dose de habilidade. Veja como dar as caras após o tiro de partida e ainda sair na frente.

Número 1: Seja melhor, mais rápido, mais barato e mais simples

Para roubar o negócio de Benioff, Johnston sabia que a Entellium tinha de oferecer algo diferente: "Isso vale para qualquer um que chegue depois".

É o que Johnston chama de abordagem "incrível, incrível. Não uma abordagem totalmente f...". O primeiro "incrível" é como o *software* da Entellium funciona. Johnston, ex-executivo de vendas da Apple, tem como objetivo trazer para o mundo entulhado de *software* empresarial a facilidade de uso de ofertas direcionadas ao consumidor, como o Google Maps e o RPG Everquest. Ele até contratou desenvolvedores da indústria de jogos para conseguir truques de interface.

Depois de seduzir os clientes com a usabilidade, Johnston os deixa tontos com o preço: cerca de 40% mais barato do que a concorrência. Esse é o segundo "incrível". A última parte é tornar a Entellium uma decisão menos arriscada.

Quem quer colocar seu emprego em risco por uma empresa novata da qual o patrão nunca ouviu falar? Johnston oferece serviços gratuitos 24 × 7 para facilitar aos novos clientes a decisão de ficar na linha de fogo.

Número 2: Surpreenda os beneficiados com táticas de outros campos

O senso comum diria que a última coisa de que o mundo precisa é outro site de notícias de tecnologia, mas os fundadores do Digg, Jay Adelson e Kevin Rose, são espertos de um jeito incomum.

Um ano atrás, inspirados em redes sociais como o MySpace, em que usuários classificam tudo, de pessoas a músicas, Adelson e Rose decidiram usar a mesma abordagem para construir uma versão melhorada do site de novidades tecnológicas Slashdot.

O Digg deixa os leitores enviarem notícias e votarem naquelas que consideram as mais importantes. As 15 mais votadas vão parar na página inicial. A fórmula está funcionando. Entre maio e novembro, o número de visitantes mensais exclusivos do Digg subiu 284%, chegando a 404 mil e superando os 367 mil do Slashdot, segundo a ComScore Media Metrix. Além disso, Adelson e Rose receberam recentemente US$ 2,8 milhões de investidores, incluindo o fundador do eBay, Pierre Omidyar, e o cofundador da Netscape, Marc Andreessen.

Avançando, Adelson e Rose não ficarão embaraçados em tomar mais empréstimos de empresas aparentemente não relacionadas. Logo, eles vão começar a rastrear o que os membros estão lendo e oferecer recomendações de leitura, *à la* Amazon. O Digg também está pronto para diversificar com textos que não são sobre tecnologia, os quais os leitores serão capazes de classificar com as *tags* sociais de favoritos, no estilo Delicious.

"Muitas empresas estão com medo de mexer na sua tecnologia original, reconsiderar a premissa que começou o negócio", diz Adelson. "Mas quando você parar de fazer isso, será o momento em que será ultrapassado."

Número 3: Abandone os modelos de negócios alheios e comece sua própria corrida

Quando Billy McNair e Danny Robinson estavam debatendo a ideia de uma nova uma empresa de DVD, a Netflix deu a eles parte de seu plano de negócios. Os consumidores já sabiam que alugar por *e-mail* era fácil. McNair e Robinson acreditavam que poderiam fazer melhor do que alugar. Afinal, o eBay tinha mostrado a eles como fazer isso.

Ao misturarem o melhor dos dois mundos, os fundadores inventaram o Peerflix, um site no qual as pessoas trocam DVDs por uma taxa de transação de 99 centavos de dólar. Como o eBay, o Peerflix fica no meio, unindo os fãs de cinema e recebendo um pouco do crédito. No entanto, ansiosos por evitar qualquer disputa direta com o eBay, McNair e Robinson estão começando com itens mais baratos, aqueles que são vendidos, para os quais os leilões não vão incomodar.

"Juntamos o melhor da linha de serviços de locação *on-line* e dos mercados *on-line* secundários", afirma McNair. Desde seu lançamento em setembro, o Peerflix ajudou no comércio de quase 200 mil DVDs, e os fundadores estão falando agora sobre como estender a ideia para videogames e outros itens.

Continua ↦

Número 4: Siga o maior líder que você puder achar

Quando lançou a Zappos seis anos atrás, Nick Swinmum colocou outros vendedores *on-line* de sapatos em sua mira. Os concorrentes da internet geralmente dispunham de um número limitado de marcas e atendiam a pequenos nichos – sapatos femininos para festa ou botas masculinas para atividade ao ar livre. A Zappos iria esmagá-los, Swinmum pensou, com uma loja *on-line* que ofereceria todas as marcas e modelos possíveis.

Essa era a ideia certa, mas focada nos concorrentes errados. O mercado *on-line* de calçados era tão pequeno que, mesmo que a Zappos o dominasse, não haveria bastante atividade para a empresa prosperar. Para crescer, a companhia teve de roubar clientes das lojas tradicionais. Até 2001, a Zappos não mantinha estoque; em vez disso, a empresa solicitava aos distribuidores o envio "*drop-ship*" diretamente aos clientes.

Era um acordo fácil e barato, mas o problema era que a Zappos não podia dar garantias: em 8% das tentativas de compra, o par desejado não estava disponível no estoque. Em outras palavras, a experiência não era nada parecida a andar por uma loja de sapatos. "Percebemos então quem era a nossa verdadeira concorrência e que tínhamos de encontrar uma maneira de fazer um trabalho de estoque exemplar", relata Swinmum.

Então a Zappos começou a tratar bem os fornecedores. Contrariamente à prática da indústria, Swinmum compartilhou dados com os fabricantes sobre a quantidade exata de sapatos que eles estavam vendendo. "Tradicionalmente, a relação fornecedor-varejista era contraditória", reconhece ele. "Pensamos: 'Em vez de tentarmos esconder essas informações das marcas, vamos abrir tudo. Eles podem nos ajudar a construir o negócio.'" E como! Agradecidos representantes de sapatos ajudaram a Zappos a fazer promoções para estimular as vendas.

Desde que começou a mirar nas tradicionais lojas de calçados, a Zappos prosperou. Em 2001, a empresa fez US$ 8,6 milhões em vendas. No ano seguinte, foram US$ 32 milhões. Em 2005, a Zappos arrecadou mais de US$ 300 milhões em receitas provenientes de uma crescente linha de sapatos, bolsas e outros artigos de couro.

Número 5: Mire no calcanhar de Aquiles do líder

Quando era vice-presidente de vendas da loja virtual Digital Impact, Jim Fowler via seus representantes de vendas falharem, com um crescente sentimento de frustração. O problema que eles enfrentavam? Os principais bancos de dados de informações corporativas, como de Hoover, subsidiária da Dun & Bradstreet, não ofereciam as recheadas e atualizadas listas de contatos de que os vendedores precisam para fechar negócios.

Em vez de reclamar sobre os fornecedores, Fowler decidiu aperfeiçoá-los.

Sua empresa, a Jigsaw, é um novo tipo de serviço de assinatura de contatos: todos os nomes e endereços na base de dados da Jigsaw vêm de seus usuários. Os representantes de vendas pagam um mínimo de US$ 25 por mês para acessar os contatos de milhares de empresas ou não pagam nada se contribuírem com 25 contatos por mês. Os usuário ficam de olho nas listas para assegurar que estejam atualizadas.

Desde o lançamento da Jigsaw em dezembro de 2004, seu banco de dados saltou de 200 mil contatos para mais de 2 milhões. Seus cerca de 38 mil assinantes adicionam 10 mil novos contatos por dia. Pela Jigsaw, é possível encontrar mais de 16 mil contatos em Medtronic, por exemplo; a Hoover's, enquanto isso, oferece uma extensa pesquisa sobre a empresa, mas apenas cerca de 30 contatos. Segundo Fowler, "nunca é tarde demais se você é mais inteligente e melhor do que todo mundo".

QUESTÕES DO ESTUDO DE CASO

1. A vantagem dos não pioneiros sempre é uma boa estratégia de negócios? Justifique sua resposta com exemplos de empresas desse caso.
2. O que um negócio de ponta pode fazer para evitar o assédio de quem está atrás? Justifique sua resposta com exemplos de empresas de ponta desse caso.
3. Os não pioneiros sempre terão vantagem no sucesso de negócio baseados na web? Por quê? Avalie as cinco estratégias dadas no caso e as empresas que as usaram para justificar sua resposta.

ATIVIDADES DO MUNDO REAL

1. Use a internet para pesquisar o status empresarial atual de todas as várias empresas desse caso. Os não pioneiros continuam a ter sucesso com suas estratégias ou os pioneiros frustraram essas tentativas? Novos participantes poderosos entraram nos mercados dos pioneiros e não pioneiros? Ou ocorreram desenvolvimentos empresariais, econômicos ou sociais para alterar a natureza da concorrência nesses mercados?
2. Suponha que você vá começar um negócio baseado na internet semelhante a um dos mencionados nesse ou em outro caso à sua escolha. Você preferiria ser pioneiro, não pioneiro ou tardio no mercado que selecionou? Como se diferenciaria de outros concorrentes ou novos participantes potenciais? Divida a turma em pequenos grupos para compartilhas ideias e tentar chegar a um acordo sobre a melhor oportunidade de negócios baseado na web do grupo.

CAPÍTULO 9

Sistemas de apoio à decisão

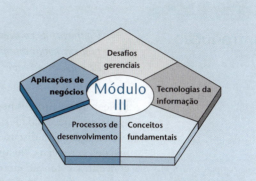

Destaques do capítulo

Seção I
Apoio à decisão nos negócios
Introdução
"**Caso do mundo real 1**": Hillman Group, Avnet e Quaker Chemical: transformação de processos por meio de implantações de inteligência de negócios
Tendências de apoio à decisão
Sistemas de apoio à decisão (DSS)
Sistemas de informação gerencial (MIS)
Processamento analítico *on-line*
Utilização dos sistemas de apoio à decisão
Sistemas de informação executiva (EIS)
Portais empresariais e apoio à decisão
Sistemas de gestão do conhecimento

Seção II
Tecnologia da inteligência artificial empresarial
Negócios e inteligência artificial
Visão geral sobre inteligência artificial
"**Caso do mundo real 2**": Goodyear, JEA, Osumc e Monsanto: tecnologias legais levam à vantagem competitiva
Sistemas especialistas
Desenvolvimento de sistemas especialistas
Redes neurais
Sistemas de lógica *fuzzy*
Algoritmos genéticos
Realidade virtual
Agentes inteligentes
"**Caso do mundo real 3**": Harrah's Entertainment, LendingTree, DeepGreen Financial e Cisco Systems: sucesso e desafios da tomada de decisão automatizada

Objetivos de aprendizagem

1. Identificar as mudanças que estão ocorrendo na forma e utilização do sistema de apoio ao processo de decisão nos negócios.
2. Identificar a função e as alternativas de relatórios dos sistemas de informação gerencial.
3. Descrever como o processamento analítico *on-line* pode atender às necessidades informacionais básicas dos gerentes.
4. Explicar o conceito de sistema de apoio à decisão e as diferenças entre esse tipo de sistema e o tradicional de informação gerencial.
5. Explicar como estes sistemas de informação apoiam as necessidades de informação de executivos, gerentes e profissionais de negócios:
   a. Sistemas de informação executiva
   b. Portais de informação da empresa
   c. Sistemas de gestão do conhecimento
6. Identificar como aplicar nos negócios as redes neurais, a lógica *fuzzi*, os algoritmos genéticos, a realidade virtual e os agentes inteligentes.
7. Exemplificar as várias alternativas de utilização dos sistemas especialistas nas situações de tomada de decisão nos negócios.

Seção I — Apoio à decisão nos negócios

Introdução

Conforme as empresas migram para os modelos mais ágeis de negócios eletrônicos, elas investem em novas estruturas de aplicações de apoio à tomada de decisão orientada por dados que as ajudam a reagir rapidamente às mudanças nas condições do mercado e nas necessidades do cliente.

Hoje, para o êxito dos negócios, as empresas dependem de sistemas de informação que apoiem as diversas necessidades de informação e decisórias dos gerentes e profissionais de negócios. Nesta seção, será discutido mais detalhadamente como os diversos tipos de sistemas de informações gerenciais, de apoio à tomada de decisão e outros ajudam nesse sentido. O capítulo concentra a atenção em como a internet, as intranets e outras tecnologias da informação com recursos para a web fortaleceram significativamente a função exercida pelos sistemas de informação no apoio às atividades decisórias de cada gerente e profissional do conhecimento nos negócios.

O "Caso do mundo real 1" apresentado a seguir, oferece muita informação sobre o valor da inteligência de negócios (*business intelligence* – BI) (ver Figura 9.1).

Informações, decisões e gerenciamento

A Figura 9.2 mostra que o responsável pela tomada de decisão em uma empresa necessita de um tipo de informação relacionado diretamente com o **nível da tomada de decisão gerencial** e a dimensão estrutural das situações decisórias existentes. É importante entender que a clássica *pirâmide gerencial* mostrada na Figura 9.2 é aplicada ainda hoje nas *organizações com quadro de pessoal reduzido*, ou *enxutas*, ou em estruturas organizacionais não hierárquicas. Ainda existem níveis decisórios gerenciais, no entanto, o tamanho, o formato e os participantes do grupo de decisão continuam a mudar com a evolução das estruturas organizacionais fluidas de hoje. Assim, são estes os níveis de decisão auxiliados pela tecnologia da informação em uma organização bem-sucedida:

- **Gerenciamento estratégico.** Normalmente, a diretoria e o comitê executivo do presidente e dos principais executivos de uma empresa estabelecem metas, estratégias, políticas e objetivos organizacionais gerais como parte do processo de planejamento estratégico. Eles também monitoram o desempenho estratégico da organização e sua condução geral no ambiente empresarial político, econômico e competitivo.

- **Gerenciamento tático.** Cada vez mais, os profissionais de negócios em equipes autodirigidas e os administradores de unidades empresariais elaboram planos, cronogramas e orçamentos de curto e médio prazos, além de estabelecerem políticas, procedimentos e objetivos empresariais para as subunidades da companhia. Também alocam recursos e monitoram o desempenho das subunidades organizacionais, incluindo departamentos, divisões, equipes de processamento, equipes de projeto e outros grupos de trabalho.

- **Gerenciamento operacional.** Os componentes das equipes autodirigidas ou gerentes operacionais elaboram planos de curto prazo, como cronograma de produção semanal. Eles administram a aplicação dos recursos e o desempenho das tarefas de acordo com os procedimentos e dentro do orçamento e do cronograma estabelecidos para as equipes e outros grupos de trabalho da organização.

Qualidade da informação

Que características da informação a tornam valiosa ou útil? Para responder a essa importante pergunta, é necessário primeiro examinar as características ou a **qualidade da informação**. Informação desatualizada, imprecisa ou difícil de entender não tem muito sentido, utilidade ou valor para nenhum profissional de negócios. As pessoas precisam de informações de muita qualidade, ou seja, com características, atributos ou qualidades que as tornem mais úteis. É interessante pensar na informação em termos de três dimensões: tempo, conteúdo e forma. A Figura 9.3 mostra resumidamente as principais qualidades da informação e agrupa-as nessas três dimensões.

CASO DO MUNDO REAL 1

Hillman Group, Avnet e Quaker Chemical: transformação de processos por meio de implantações de inteligência de negócios

Jim Honerkamp, CIO do Hillman Group, está orgulhoso de seu novo sistema de inteligência de negócios (BI). Por que não? É muito melhor do que o que veio antes. Nos maus velhos tempos, os executivos em busca de informações de vendas, por exemplo, tinham de pedir a um dos programadores de Honerkamp para fazer uma consulta manual ao banco de dados em busca dos números dos sistemas legados da empresa. O intervalo de tempo tornava a tabela "obsoleta no minuto em que ficava pronta", segundo Honerkamp, cuja empresa é uma fabricante avaliada em US$ 380 milhões e distribuidora de tecnologias e equipamentos de produção, como chaves e sinalização.

Com o novo sistema de BI do Hillman Group, executivos podem consultar o sistema por si mesmos e obter respostas instantâneas sobre questões tão críticas quanto o número de pedidos não atendidos de clientes, que é controlado pelo sistema em tempo real. Há apenas um problema: o novo sistema não tornou o negócio melhor – pelo menos ainda não –, apenas mais bem informado.

Isso é geralmente o problema com a BI, o termo genérico que se refere a uma variedade de aplicativos de *software* usados para analisar dados brutos de uma organização (como as operações de venda) e extrair informações úteis a partir deles. A maioria dos CIOs ainda a considera uma ferramenta de relatório e de apoio à decisão. Apesar de recentemente as ferramentas não terem mudado muito, há uma pequena revolução acontecendo quanto ao modo como as ferramentas de BI estão sendo implantadas por alguns CIOs. Bem executados, os projetos de BI podem transformar os processos de negócios – e as empresas que dependem desses processos – em máquinas prontas para o combate.

Não é fácil levar a BI ao próximo nível, pois isso exige uma mudança no julgamento quanto ao valor da informação dentro das organizações, do CEO para baixo. Informação é poder, e algumas pessoas não gostam de compartilhá-lo. No entanto, o compartilhamento é vital para essa nova visão da BI, porque todos os envolvidos no processo devem ter pleno acesso à informação para serem capazes de mudar a maneira como trabalham.

O outro impedimento principal ao uso da BI para transformar processos de negócios é que a maioria das empresas não entende seus processos de negócio bem o suficiente para saber como melhorá-los. As empresas também precisam ter cuidado com os processos escolhidos, pois, se estes não tiverem um impacto direto na receita ou se o negócio não está atrás de padronização do processo em toda a empresa, o esforço de BI pode desintegrar-se. As empresas precisam entender todas as atividades que compõem um determinado processo de negócio, como informações e dados fluem através de vários processos, como os dados são passados entre os usuários empresariais e como as pessoas os usam para executar sua parte específica do processo. Eles precisam entender tudo isso antes de iniciar um projeto de BI se esperam melhorar a forma como seu pessoal faz o trabalho.

O âmbito maior e mais ambicioso desses novos projetos de BI proporciona aos CIOs uma forte justificativa para trabalhar com a empresa no estudo dos processos e na determinação de como essas ferramentas e os conhecimentos que elas fornecem podem apoiar e melhorar os processos. Empresas que usam BI para desvendar os processos de negócios malsucedidos estão em uma posição muito melhor para competir com sucesso do que aquelas que utilizam o BI meramente para monitorar o que está acontecendo. Na verdade, os CIOs que não usam BI para transformar as operações de negócios deixam suas empresas em desvantagem. Para os CIOs que executaram essa estratégia difícil de modo bem-sucedido, não há mais como olhar para trás.

A Avnet, uma fabricante de sistemas, componentes e subsistemas integrados de computador, adotou a nova estratégia de BI orientada para processos diretamente em âmbito importante: vender e servir clients. A empresa montou um sistema de três fornecedores de BI – Informatica, Business Objects e InfoBurst – para gerar relatórios sobre encomendas, horários de envio e as datas em que a Avnet vai deixar de fabricar alguns produtos. Os relatórios, no entanto, foram apenas o começo. Para transformar os processos de vendas e atendimento ao cliente, o CIO Steve Phillips lançou o sistema para dois mil vendedores para que eles pudessem incorporar ativamente as informações em seus fluxos de trabalho do dia a dia e interações com os clientes.

Os funcionários usam as informações para modificar suas práticas de trabalho individual e de equipe, o que leva a um melhor desempenho entre as equipes de vendas. Quando os executivos de vendas notam uma grande diferença no desempenho de uma equipe em relação a outra, eles trabalham para elevar o nível das equipes retardatárias até o nível dos líderes. "Tentamos identificar, usando nossas ferramentas de comunicação, onde estão as melhores práticas dentro de nossas equipes de trabalho e, em seguida, estender essas práticas por toda a empresa", diz Phillips.

Uma dessas práticas é alertar os clientes quando um produto comprado anteriormente estiver prestes a ser descontinuado. Os vendedores podem garantir que esses clientes tenham encomendado o suficiente para todas as suas necessidades futuras ou identificar um novo componente para substituir o que está

Fonte: © Image Source/Corbis.

FIGURA 9.1 Ferramentas de inteligência de negócios juntamente com mudanças nos processos de negócio, podem ter um impacto significativo sobre o lucro final.

Continua ↪

sendo progressivamente abandonado. Conversas assim impulsionam as vendas e convencem os clientes de que o pessoal de vendas da Avnet está cuidando de suas necessidades e interesses.

Também ajuda o fato de que a que a equipe de vendas da Avnet seja flexível e esteja disposta a se adaptar às informações. "Por nossa equipe de vendas ser tão flexível, ela pega essa informação dos relatórios de BI e altera processos quando percebe um benefício nisso", afirma Phillips. Às vezes, nem sequer percebem que estão mudando a maneira como trabalham. É uma espécie de reengenharia orgânica. Na verdade, os vendedores se beneficiam tão diretamente de melhores informações e promovem um impacto tão grande nas receitas que podem ser os melhores defensores da BI transformadora na empresa.

No entanto, esse tipo de ligação tranquila entre informações e processos não acontece por magia. Phillips diz que sua empresa tem sido capaz de usar a BI de forma eficaz porque os usuários de TI e de negócios têm trabalhado de perto e continuamente: "Precisávamos saber como as coisas realmente acontecem dia a dia, para que, além dos processos documentados, pudéssemos antecipar algumas das necessidades de informação do negócio enquanto construímos o depósito".

Agora que o sistema de BI combina com a maneira que a companhia conduz seus negócios, melhorar os processos e compartilhar as melhorias é muito mais fácil. "Não se trata apenas de relatórios", diz Phillips. "Trata-se de usar a BI para nos tornarmos mais inteligentes."

A Quaker Chemical usou seu sistema de BI para mudar completamente a forma como a empresa gerencia contas a receber. No passado, o processo de acompanhar se os clientes pagavam suas contas, e se pagavam na hora, era essencialmente da competência dos funcionários do departamento de contabilidade. Os gerentes de recebimentos utilizavam o sistema de contabilidade da empresa para identificar as contas em atraso, mas tinham pouca informação sobre os detalhes dos saldos em atraso. Como resultado, eles tinham visibilidade apenas em problemas de pagamento flagrantes, de clientes que não haviam pagado nenhuma parcela de suas contas em 60 dias ou mais – e não podiam identificar de forma proativa quais clientes apresentavam o risco de não pagar o total. Ocasionalmente, eles solicitavam o envolvimento da um gerente de vendas, mas todo o processo para identificar os clientes que não pagavam e o motivo por que eles não estavam pagando e avisar os vendedores sobre o caso era um processo *ad hoc*.

Para melhorar as contas a receber, a Quaker Chemical decidiu, no início de 2005, que os vendedores precisavam desempenhar um papel maior e mais formal no processo de recebimento. Afinal, eles tinham a principal relação com os clientes e a oportunidade de falar com eles mais vezes, de forma mais ativa e mais compreensiva sobre os pagamentos pendentes.

Para envolver os vendedores, o departamento de TI criou um repositório de dados que extraía informações de contas a receber dos sistemas de transação: O repositório analisava os históricos de pagamentos e históricos de saldos por cliente e por operação e, em seguida, enviava o resultado para o depósito de dados. Usando suas ferramentas de BI da SAS para analisar fatores como a quantidade de tempo que a Quaker Chemical demorava para receber pagamentos de um cliente em uma determinada fatura, bem como o número de vezes que um cliente pagava uma parte, mas não o total devido, a empresa foi capaz de identificar os clientes que seguidamente atrasavam o pagamento e aqueles que não estavam pagando nada. O departamento de TI programou o depósito de dados para gerar automaticamente relatórios de clientes que ainda deviam dinheiro a Quaker Chemical. Em seguida o sistema devia enviar os relatórios diretamente ao gerente de vendas responsável por essas contas, várias vezes por mês, para que pudesse ser feito o acompanhamento junto ao cliente. Os gerentes de recebimento já não têm de manter o controle dessa informação manualmente.

De acordo com Tyler, o CIO da Quaker, essa mudança de processo de negócio foi bem-sucedida em parte porque a TI teve o cuidado de entregar apenas as informações mais específicas e relevantes nesses relatórios para os vendedores: "Se você não concentrar as informações e entregá-las inteligentemente, as pessoas não vão entender como incorporá-las em seus fluxos de trabalho". Esse tipo de mudança em processo precisa ser ligado à estratégia empresarial global, segundo Tyler: "A informação não significa necessariamente mudar alguma coisa. Você tem de ter uma estratégia para conduzir qualquer mudança."

A Avnet e a Quaker Chemical demonstraram que a BI é muito mais do que apoio à decisão. Como resultado da melhoria da tecnologia e da forma como os CIOs estão implementando isso, a BI tem agora o potencial para transformar as organizações. Gestores como Phillips, da Avnet, e Tyler, da Quaker Chemical, que, com sucesso, usam a BI para melhorar processos de negócios contribuem para as suas organizações de forma mais abrangente do que por meio da implementação de ferramentas básicas de relatórios. "Nosso sistema de BI fornece informações que nos ajudam a buscar maior eficiência", afirma Phillips.

Fonte: Adaptado de Meridith Levinson. "Business Intelligence: Not Just for Bosses Anymore". *CIO Magazine*, 15 de janeiro de 2006; e Diann Daniel. "Five Ways to Get Your Employees Better Information More Quickly". *CIO Magazine*, 10 de janeiro de 2008.

QUESTÕES DO ESTUDO DE CASO

1. Quais são os benefícios empresariais de implantações de BI, como as executada pela Avnet e Quaker Chemical? Que papel os dados e processos de negócios desempenham na conquista desses benefícios?

2. Quais são os principais desafios para a mudança de mentalidade necessária para o uso de ferramentas de BI para além da mera função de relatórios? O que as empresas podem fazer para superá-los? Dê exemplos do caso para justificar a sua resposta.

3. A Avnet e a Quaker Chemical implementaram sistemas e processos que afetam as práticas dos seus vendedores. De que forma os vendedores se beneficiam das novas implementações? Qual é a importância do convencimento desses vendedores para o sucesso desses projetos? Discuta estratégias alternativas para companhias que querem incentivar a adoção de novos sistemas como os descritos.

ATIVIDADES DO MUNDO REAL

1. Pesquise na internet outros exemplos de implementações de "apenas relatórios" e de ferramentas transformadoras de inteligência de negócios. De que modos são semelhantes àqueles discutidos no caso? E quais são as diferenças? O que parece ser a principal distinção entre os lançamentos de BI de recursos de relatórios e de transformação de processos? Prepare um relatório para mostrar suas descobertas.

2. Como a posse de determinadas informações ou o acesso a elas molda a dinâmica política das organizações? Você acredita que as empresas devem ser favoráveis ao acesso generalizado à informação ou seria melhor para elas que esse acesso fosse restrito? Por quê? Divida a turma em grupos e discuta o assunto com seus colegas. Alternem-se na defesa de cada uma das posições contrárias.

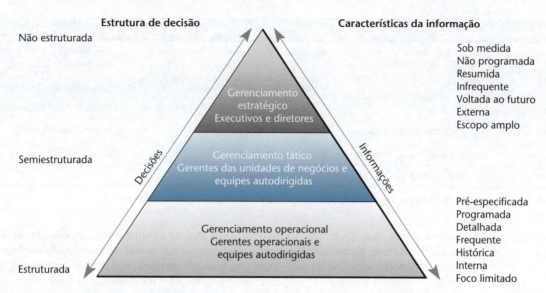

FIGURA 9.2 Necessidades de informações dos responsáveis pela tomada de decisão. O tipo de informação de que diretores, executivos, gerentes e componentes de equipes autodirigidas precisam está diretamente relacionado com o nível da tomada de decisão gerencial envolvido e a estrutura da situação decisória enfrentada.

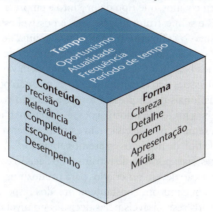

FIGURA 9.3 Resumo dos atributos de qualidade da informação. Atributos que devem existir nas informações de alta qualidade.

Dimensão de tempo
Oportunismo	A informação deve ser fornecida quando necessária.
Atualidade	A informação deve estar atualizada quando fornecida.
Frequência	A informação deve ser fornecida quantas vezes forem necessárias.
Período de tempo	A informação refere se a algum período passado, presente e futuro.

Dimensão de conteúdo
Precisão	A informação não deve conter erros.
Relevância	A informação deve estar relacionada com as necessidades de informações de um receptor específico em uma situação específica.
Completude	Toda informação necessária deve ser fornecida.
Concisão	Somente a informação necessária deve ser fornecida.
Escopo	A informação pode ser de escopo amplo ou restrito, ou de foco interno ou externo.
Desempenho	A informação pode revelar o desempenho, avaliando as atividades completadas, o avanço obtido ou os recursos acumulados.

Dimensão de forma
Clareza	A informação deve ser fornecida em formato fácil de entender.
Detalhe	A informação pode ser fornecida de forma detalhada ou resumida.
Ordem	A informação pode ser organizada em sequência predeterminada.
Apresentação	A informação pode ser apresentada de forma narrativa, numérica, gráfica ou outra.
Mídia	A informação pode ser fornecida em forma de documento impresso, exibição de vídeo ou outro meio.

Decisão	Gerenciamento operacional	Gerenciamento tático	Gerenciamento estratégico
Não estruturada	Controle de caixa	Reestruturação do processo empresarial	Novas iniciativas de negócios eletrônicos
		Análise de desempenho do grupo de trabalho	Reorganização da companhia
Semiestruturada	Gestão de crédito	Avaliação do desempenho do funcionário	Planejamento de produto
	Programação da produção	Orçamento de capital	Fusões e aquisições
	Atribuição diária do trabalho	Orçamento do programa	Localização
Estruturada	Controle de estoque	Controle do programa	

FIGURA 9.4 Exemplos de decisão por tipo de estrutura decisória e por nível de gerenciamento.

Estrutura de decisão

Uma maneira de entender o processo decisório é analisar a **estrutura de decisão**. As decisões tomadas no nível de gerenciamento operacional tendem a ser mais *estruturadas*, as de nível tático são mais *semiestruturadas*, e as de nível estratégico, mais *não estruturadas*. A decisão estruturada, quando necessária, envolve situações que permitem especificação antecipada dos procedimentos a serem seguidos. Um exemplo típico é a decisão de reabastecimento do estoque de uma empresa. A decisão não estruturada envolve situações que não permitem a especificação antecipada da maioria dos procedimentos a serem seguidos. A maioria das decisões relacionadas com estratégias de longo prazo é desse tipo (ou seja, "Nos próximos cinco anos, que tipo de produto a empresa deve desenvolver?"). A maioria das decisões empresariais é semiestruturada, ou seja, é possível especificar antecipadamente alguns procedimentos, mas não o suficiente para conduzir a uma decisão definitiva. Por exemplo, as decisões que envolvem criação de uma nova linha de serviços de comércio eletrônico (*e-commerce*) ou grandes mudanças nos benefícios dos funcionários podem variar de não estruturadas a semiestruturadas. Por fim, as decisões não estruturadas são as que não possuem procedimentos ou regras para orientar os profissionais da empresa a tomar a decisão correta. Nesse tipo de decisão, é necessário recorrer a diversas fontes de informações, e a decisão, muitas vezes, é baseada na experiência e na "intuição". Por exemplo, uma decisão não estruturada envolveria uma pergunta deste tipo: "Daqui a dez anos, em que tipo de negócios estaremos atuando?". A Figura 9.4 apresenta diversos exemplos de decisões empresariais por tipo de estrutura de decisão e nível de gestão.

Portanto, os sistemas de informação devem ser criados para produzir uma variedade de informações para atender às necessidades, que mudam constantemente, dos responsáveis pelas decisões de toda a organização. Por exemplo, os responsáveis pelas decisões no nível de gestão estratégica procuram nos *sistemas de apoio à decisão* inteligência externa, previsões e relatórios mais resumidos, especiais e não programados para auxiliá-los nas suas responsabilidades de definição de políticas e planejamento não estruturados. Os responsáveis pelas decisões no nível de gerenciamento operacional, por sua vez, dependem dos *sistemas de informações gerenciais* para obter relatórios internos mais especificados previamente, destacando dados comparativos históricos e atuais detalhados para apoiar suas responsabilidades mais estruturadas nas operações do dia a dia. A Figura 9.5 mostra uma comparação entre os recursos de informação e de apoio à decisão dos sistemas de informações gerenciais e de apoio à decisão, que serão abordados neste capítulo.

Tendências de apoio à decisão

A classe emergente de aplicações foca o apoio à tomada de decisões, a modelagem, a recuperação de informações, o armazenamento de dados, as situações "e se..." e a geração de relatórios.

Como discutido no Capítulo 1, a utilização de sistemas de informação para apoiar o processo decisório empresarial tem sido uma das principais alavancas na aplicação nos negócios da tecnologia da informação. No entanto, na década de 1990, tanto os pesquisadores acadêmicos como os profissionais atuantes nas empresas começaram a ressaltar que o foco do gerenciamento tradicional originário dos clássicos sistemas de informações gerenciais (década de 1960), sistemas de apoio à decisão (década de 1970) e sistemas de informação executiva (década de 1980) estava expandindo. O rápido avanço das novas tecnologias da informação, por exemplo, dos equipamentos e conjuntos de *software* para computadores pessoais, das redes cliente-servidor e das versões de *software* DSS para equipamentos conectados em rede, disponibilizou as ferramentas de apoio à tomada de decisões aos níveis inferiores do gerenciamento, bem como aos funcionários comuns de outros níveis e às equipes autodirigidas de profissionais dos negócios.

	Sistemas de informação gerencial	Sistemas de apoio à decisão
• Apoio à decisão oferecido	Fornece informações sobre o desempenho da organização	Fornece informações e técnicas de apoio à tomada de decisão para analisar problemas ou oportunidades específicos
• Frequência e forma da informação	Respostas e relatórios urgentes, importantes, periódicos e restritos	Consultas e respostas interativas
• Formato da informação	Formato fixo pré-especificado	Formato adaptável, flexível e específico
• Metodologia de processamento da informação	Informações produzidas por extração e manipulação dos dados corporativos	Informações produzidas por modelagem analítica dos dados empresariais

FIGURA 9.5 Comparação das principais diferenças entre os recursos de apoio à decisão e de informação dos sistemas de informação gerenciais e de apoio à decisão.

Essa tendência tem acelerado com o crescimento substancial da internet, das intranets e extranets que interconectam as empresas com seus parceiros. A implementação de iniciativas de *e-commerce* e negócios eletrônicos em muitas companhias também vem expandindo a utilização de informações e apoio à decisão, e aumentando as expectativas de funcionários, gerentes, clientes, fornecedores e outros parceiros comerciais das empresas. A Figura 9.6 mostra que todas as pessoas com algum tipo de participação na empresa desejam acesso instantâneo às informações e às análises de dados disponibilizadas por serviço de autoatendimento na web. hoje, as empresas estão reagindo e oferecendo uma variedade de técnicas de análise baseadas na web, personalizadas e proativas, para apoiar as necessidades de tomada de decisão de todos os participantes da companhia.

Portanto, o crescimento das intranets e extranets corporativas, bem como da web, fez que cada vez mais gerentes de níveis inferiores e funcionários e equipes de profissionais de negócios desenvolvessem e utilizassem as ferramentas de *software* de apoio à decisão e de produção de informações de "classe executiva". Além disso, essa substancial expansão abriu caminho para fornecedores, clientes e outros participantes interessados em uma empresa utilizarem as ferramentas de **inteligência de negócios (BI)** em aplicações de gestão do relacionamento com o cliente, de cadeia de suprimentos e outras de negócios eletrônicos.

Em 1989, Howard Dresner (mais tarde, analista do Gartner Group) propôs a BI como um termo genérico para descrever "conceitos e métodos para melhorar a tomada de decisão de negócios usando sistemas de apoio baseado em fatos". Esse uso se generalizou somente no final dos anos 1990. Hoje, a BI é considerada um elemento necessário e essencial na elaboração e execução de uma estratégia da empresa. Veja as seguintes conclusões de um estudo de 2009 do Gartner Group:

- Por causa da falta de informações, de processos e de ferramentas, até 2012 mais de 35% das principais 5 mil empresas globais fracassarão regularmente por não conseguirem tomar decisões criteriosas sobre mudanças significativas em seus negócios e mercados.
- Em 2012, as unidades de negócio controlarão pelo menos 40% do orçamento total para a inteligência de negócios.

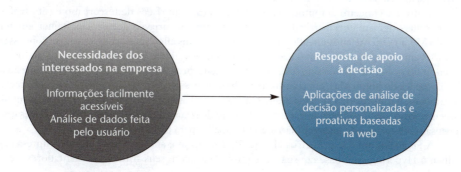

FIGURA 9.6 Uma empresa deve atender às necessidades analíticas de informações e dados dos vários participantes interessados oferecendo apoio à decisão mais personalizado e proativo baseado na web.

FIGURA 9.7 As aplicações de inteligência de negócios são baseadas em tecnologias personalizadas e com recursos da web de análise de informações, de gestão do conhecimento e de apoio à decisão.

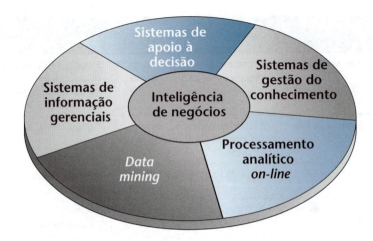

- Até 2010, 20% das organizações terão um aplicativo analítico específico para o setor, distribuído via *software* como serviço, como componente padrão do seu portfólio de inteligência de negócios.
- Em 2009, a tomada de decisão colaborativa vai emergir como uma nova categoria de produto que combina o *software* social com recursos de plataforma de inteligência de negócios.

Quando você considera alguns desses resultados, torna-se fácil ver que a BI está rapidamente se tornando a principal base para tomada de decisão de negócios na organização moderna. Em pouco tempo, a BI irá evoluir para uma necessidade competitiva para muitas indústrias.

A Figura 9.7 destaca diversas tecnologias importantes que estão sendo personalizadas, criadas sob medida e com recursos da web para oferecer ferramentas úteis de informações empresariais e analíticas para gerentes, profissionais de negócios e parceiros das empresas. Neste capítulo, será dada ênfase à tendência dessas aplicações de inteligência de negócios em vários tipos de sistemas de informação e de apoio à decisão.

 Hyatt Hotels: painéis que integram as informações financeiras e operacionais

Há alguns anos, os executivos da Hyatt Hotels, cuja sede fica em Chicago, decidiram que a empresa precisava de uma forma de consolidar seus confusos dados financeiros para que pudesse mais facilmente prever vendas futuras e planejar seus negócios adequadamente. Em outras palavras, a empresa queria instalar uma típica divisão de gerenciamento de desempenho financeiro, com *dashboards* e *scorecards* para os gerentes de nível superior. Mas, depois de alguma discussão sobre o assunto, a instalação não foi assim tão típica.

Gebhard Rainer, vice-presidente de finanças e sistemas de hotéis da Hyatt, queria combinar os elementos financeiros – orçamento, planejamento, modelagem e geração de relatórios – com dados operacionais dos próprios hotéis. A ideia era que um quadro completo do negócio da empresa, disponível diariamente para os executivos, bem como para os gerentes de hotel, não era possível sem os dois juntos no mesmo painel.

Motivar o conceito era um mundo em mudança, com riscos de terrorismo e catástrofes naturais que originam uma matriz de mudança constante de variáveis de negócio. Rainer, em um país do Médio Oriente após um ataque terrorista de alguns anos antes, confrontou-se com essas questões em primeira mão – como fez a empresa, que possui hotéis em New Orleans e ao longo da costa do golfo, devastada por furacões. A primeira preocupação do negócio é a segurança dos hóspedes do hotel. Mas, em termos mais abrangentes, as empresas hoteleiras devem prever novamente suas metas de negócios desde o início, com base em um conjunto de métricas inteiramente novas que lidam com questões de alocação de recursos para os turistas inconstantes que repensam seus planos de viagem. Não era um trabalho para planilhas.

A Hyatt foi um dos primeiros clientes da Hyperion a adotar o System 9. A empresa escolheu o Hyperion com base em sua "integrabilidade" com seus sistemas alimentadores, bem como por sua facilidade de utilização. Primeiramente, a Hyatt queria uma instalação em pequena escala, disponibilizando os painéis do System 9 para cerca de 40 usuários executivos. "Esta fase foi uma coisa do tipo 'mostre o que você sabe fazer'", diz Sufel Barkat, vice-presidente de sistemas financeiros da Hyatt. "Nós simplesmente queríamos conhecer a potencialidade das ferramentas. A próxima fase terá um impacto muito maior." O plano final é difundir o sistema por toda a organização Hyatt em suas várias filiais muitos, tanto nos Estados Unidos e no exterior, como em suas propriedades individuais – inteligência de negócios operacional em sua melhor forma. Eventualmente, os gerentes do hotel terão acesso a painéis de controle para que todos estejam no mesmo ritmo, e para que os funcionários locais possam tomar decisões locais com base nas mesmas informações vistas na sede.

A Hyatt acabou usando um depósito de dados da Teradata para limpar as informações operacionais provenientes dos sistemas ERP descentralizados dos hotéis Hyatt individuais ao redor do mundo. A empresa também utiliza o depósito para armazenar e limpar os dados de comercialização externa, como aqueles que tratam do que a concorrência está fazendo ou da participação de mercado em cada região.

Pelo lado financeiro, outras fontes incluem o sistema de contabilidade geral da empresa e um banco de dados Oracle – sistemas já consolidados e unificados por meio de esforço original de gestão de desempenho da Hyatt.

O próximo passo será fornecer os painéis para cerca de 500 e 600 usuários do Hyatt, até o nível de gerência regional. O lançamento da inteligência de negócios operacional completa terá como alvo cerca de 3 mil usuários. Até agora, nesses estágios iniciais, Barkat não foi capaz de quantificar os resultados do System 9 em números reais. Mas, diz ele, os usuários têm fornecido *feedback* sobre as métricas, o que, para ele, indica uma sólida "adaptação cultural e empresarial" entre a classe executiva da Hyatt.

Fonte: Adaptado de Scott Eden. "Hyatt Merges Financial. Ops Data". *InformationWeek*, 17 de janeiro de 2006.

Sistemas de apoio à decisão (DSS)

Sistemas de apoio à decisão (*decision support systems* – DSS) são sistemas de informação baseados em computador que oferecem informações interativas a gerentes e profissionais de negócios durante o processo decisório. Os sistemas de apoio à decisão usam (1) modelos analíticos, (2) bancos de dados especializados, (3) opinião e percepção do próprio responsável pela decisão e (4) um processo interativo de modelagem baseada em computador para apoiar a tomada de decisão empresarial semiestruturada.

Exemplo

Um exemplo pode esclarecer a ideia. O gerente de vendas normalmente depende de sistemas de informação gerencial para produzir relatórios de análise de vendas. Esses relatórios contêm estatísticas de desempenho das vendas por linha de produto, vendedor, região e assim por diante. Por sua vez, o sistema de apoio à decisão também permite ao gerente de vendas visualizar de forma interativa o efeito das mudanças em diversos fatores (como despesas de promoção e compensação de vendedor) no desempenho das vendas. O sistema utiliza, assim, diversos critérios (como estimativa de margem bruta e participação de mercado) para avaliar e classificar combinações alternativas de fatores de desempenho das vendas.

Portanto, os sistemas de apoio à decisão costumam ser especializados e de rápida resposta, além de iniciados e controlados pelos responsáveis pela decisão. Esses sistemas têm, assim, recursos para apoiar diretamente tipos específicos de decisões e estilos e necessidades pessoais de executivos, gerentes e profissionais de negócios.

Componentes do sistema de apoio à decisão

Ao contrário dos sistemas de informação gerencial, os de apoio à decisão têm como recursos vitais **bases de modelos** e bancos de dados. A base de modelos de um sistema de apoio à decisão consiste em um componente do *software* composto de modelos usados nas rotinas analíticas e computacionais que expressam matematicamente as relações entre as variáveis. Por exemplo, um programa de planilha eletrônica contém modelos que expressam simples relações contábeis entre variáveis, como Receita – Despesa = Lucro. Uma base de modelos pode conter modelos e técnicas de análise usados para expressar relações muito mais complexas, como modelos de programação linear, de projeção de regressão múltpla e de orçamento de capital atualizado. Eles podem ser armazenados na forma de planilha eletrônica ou modelos, ou de programas estatísticos e matemáticos e módulos de programas (ver Figura 9.8).

FIGURA 9.8 Componentes de um sistema de apoio à decisão de *marketing* com recursos da web. Observe os recursos de *hardware*, *software*, modelos, dados e rede envolvidos.

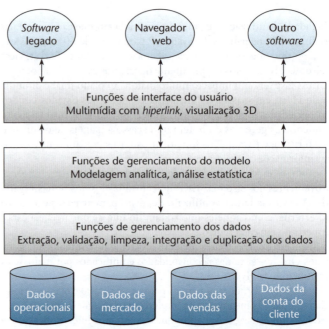

Os pacotes de *software* DSS combinam componentes de modelos para criar módulos integrados que apoiam tipos específicos de decisão. O *software* DSS normalmente contém incorporadas rotinas de modelagem analítica e também permite ao usuário criar modelos próprios. Hoje, há muitos pacotes DSS disponíveis em versões para microcomputador e com recursos para utilização na web. Evidentemente, os pacotes de planilha eletrônica também oferecem alguns dos recursos de criação de modelos (de planilha eletrônica) e de modelagem analítica (análise "e se..." e cumprimento das metas) oferecidos pelos *softwares* DSS mais robustos. À medida que os negócios se tornam mais cientes do poderio dos sistemas de apoio à decisão, estes são usados em um número crescente de áreas dos negócios (ver Figura 9.9).

Competidores analíticos utilizam de modo especializado estatísticas e modelagem para aprimorar uma grande variedade de funções. São algumas de suas aplicações comuns:		
Função	**Descrição**	**Exemplos**
Cadeia de suprimentos	Simular e otimizar fluxos da cadeia de suprimentos; reduzir estoque e falta de itens.	Dell, Walmart, Amazon
Escolha, fidelidade e serviço de clientes	Identificar clientes com o maior potencial de lucro; aumentar a probabilidade das ofertas de produtos ou serviços que desejarão; manter a fidelidade desses clientes.	Harrah's, Capital One e Barclays
Preço	Identificar o preço que maximizará o rendimento ou lucro.	Progressive, Marriott
Capital humano	Selecionar os melhores funcionários para funções ou cargos específicos com níveis de compensação correspondentes.	New England Patriots, Oakland A's, Boston Red Sox
Qualidade de produtos e serviços	Detectar precocemente problemas de qualidade e minimizá-los.	Honda, Intel
Desempenho financeiro	Compreender melhor os orientadores de desempenho financeiro e os efeitos de fatores não financeiros.	MCI, Verizon
Pesquisa e desenvolvimento	Aprimorar qualidade, eficácia e, onde for aplicável, segurança de produtos e serviços.	Novartis, Amazon, Yahoo

Fonte: Adaptada de Thomas H. Davenport. "Competing on Analytics". *Harvard Business Review*, janeiro de 2006.

FIGURA 9.9 Muitas empresas estão recorrendo a sistemas de apoio à decisão e a seus modelos para melhorar uma ampla variedade de funções de negócios.

> ### Que rolem os dados: tecnologia para melhor tomada de decisão
>
> Uma nova pesquisa econômica afirma o que a maioria dos executivos já suspeitava: mesmo quando os dados são bons, as pessoas tomam decisões erradas. Entendemos mal, interpretamos mal e administramos mal problemas importantes. Não que sejamos tolos: nossos processos de pensamento têm *bugs*. Agora existem tecnologias emergentes para nos ajudar a corrigir esses erros. Os *softwares* de apoio à tomada de decisão existem há anos, mas suas últimas encarnações resultaram em crescentes capacidades de computação para gerar milhares de cenários que abrangem todas as eventualidades possíveis no mundo real. Produtos como o @risk e o XL Sim permitem que as pessoas testem suas hipóteses por meio de um processo que é, essencialmente, um lançamento repetido de dados: a geração de números aleatórios. A técnica, conhecida como simulação de Monte Carlo, pode transformar planilhas comuns em túneis de vento de probabilidades para boas decisões.
>
> "Com alguma sorte, o surgimento de simulações de Monte Carlo baratas e simples vai reduzir o número de decisões ruins que os gerentes tomam com base em médias simplistas", diz Sam Savage, criador do XL Sim e pioneiro de pesquisas estatística baseadas em planilhas, além professor consultor da Stanford University.
>
> Considere o caso de um gerente de produto do Vale do Silício que acaba de ser convocado a prever a demanda de um microchip de última geração. "O cara normalmente vai oferecer um intervalo de previsão entre, digamos, 50 mil e 150 mil unidades", diz ele. O problema, segundo Savage, é que o chefe não quer um intervalo. Ele quer um número. Assim, o gerente diz "100 mil", a média. Então o chefe pega aquele número e os custos de construção de uma fábrica de 100 mil chips e coloca em uma planilha. A lucro final é de saudáveis US$ 10 milhões, que ele relata para sua diretoria como o lucro médio esperado. Supondo que a demanda é a única incerteza, e que 100 mil é a média correta, então os US$ 10 milhões devem ser a melhor estimativa para o lucro. Certo? Errado.
>
> O que Savage chama de "a falha das médias" garante que o lucro médio deve ser menor do que o lucro associado à demanda prevista média. Se a demanda for inferior a 100 mil, então os lucros serão menores do que US$ 10 milhões. No entanto, os lucros nunca podem ser maiores que US$ 10 milhões, porque a capacidade máxima da fábrica é baseada em uma falha na média. Consequentemente, a previsão correta do gerente de produto da demanda média leva a uma previsão exagerada de lucro médio.
>
> Savage prevê que, um dia, todos os executivos que lidam com capacidade de fábrica, investidores com uma carteira de ações e funcionários com um fundo de aposentadoria farão simulações de Monte Carlo para testar suas hipóteses intuitivas sobre retorno médio e perdas médias.
>
> *Fonte*: Adaptado de Michael Schrage. "Decision Support *Software* Shows You the Scenarios". *CIO Magazine*, 1º de janeiro de 2003.

Sistemas de informação gerencial (MIS)

No Capítulo 1, vimos que os **sistemas de informação gerencial** (*management information systems* – MIS) se constituíam no tipo de sistema de informação original criado para apoiar a tomada de decisão gerencial. O sistema de informaçõs gerencial produz informações que auxiliam em muitas das necessidades cotidianas de decisões dos gerentes e profissionais de negócios. Os relatórios, as apresentações e as respostas produzidos pelo sistema de informação gerencial oferecem informações previamente especificadas pelos responsáveis pela decisão como adequadas para suas necessidades informação. Essas informações predefinidas satisfazem as necessidades de informações dos tomadores de decisão, no nível organizacional tático e operacional, que lidam com situações de decisão mais estruturadas. Por exemplo, o gerente de vendas depende muito dos relatórios de análise de vendas para avaliar as diferenças de desempenho dos vendedores que vendem o mesmo tipo de produto para o mesmo tipo de cliente. Eles conseguem ter uma boa noção do tipo de informação a respeito dos resultados das vendas (por linha de produto, região, cliente, vendedor, e assim por diante) de que necessitam para administrar com eficácia o desempenho das vendas.

Os gerentes e outros responsáveis pelas decisões usam os MIS para obter informações nas suas estações de trabalho em rede que apoiem suas atividades decisórias. Essas informações transformam-se em relatórios periódicos, de exceção e de demanda, e em respostas imediatas aos questionamentos. Navegadores na web, programas de aplicação e *software* de gerenciamento de dados proporcionam acesso às informações na intranet e em outros bancos de dados operacionais da organizações. É importante lembrar que o banco de dados operacional é mantido pelo sistema de processamento de transação. Quando necessário, os dados relacionados com ambiente empresarial são obtidos de bancos de dados da internet ou extranet.

Alternativas de relatórios para gerenciamento

Os sistemas de informação gerencial oferecem diversas informações aos gerentes. São quatro principais **alternativas de relatórios** oferecidas por esses sistemas.

- **Relatório periódico.** Essa forma tradicional de relatório informativo para os gerentes utiliza um formato pré-especificado destinado a fornecer a eles informações em períodos regulares. Os relatórios diários ou semanais de análise de vendas e as demonstrações financeiras mensais são exemplos de relatórios periódicos.
- **Relatórios de exceção.** Em alguns casos, os relatórios são criados quando ocorre algum fato excepcional. Em outros casos, eles são produzidos periodicamente contendo, no entanto, apenas informações sobre essas ocorrências excepcionais. Por exemplo, um gerente de crédito pode receber um relatório contendo informações somente dos clientes que ultrapassaram o limite de crédito. Os relatórios de exceção reduzem a *sobrecarga de informação*, evitando sobrecarregar os responsáveis pelas decisões com relatórios periódicos detalhados sobre as atividades empresariais.
- **Relatórios de demanda e resposta.** As informações devem ser disponibilizadas assim que o gerente precisar. Por exemplo, os geradores de relatórios e a linguagem de consulta dos sistemas de gerenciamento de banco de dados e dos navegadores na web proporcionam ao gerente respostas imediatas nas estações de trabalho ou lhe permitem pesquisar e obter relatórios personalizados que contenham as informações de acordo com suas necessidades e solicitações. Desse modo, o gerente não precisa esperar o recebimento do relatório periódico programado.
- **Relatórios de divulgação.** As informações são *divulgadas* para os gerentes pela estação de trabalho conectada em rede. Desse modo, muitas companhias estão utilizando *software* de transmissão para divulgar de forma seletiva relatórios e outras informações nos computadores de rede dos gerentes e especialistas pela intranet corporativa (ver Figura 9.10).

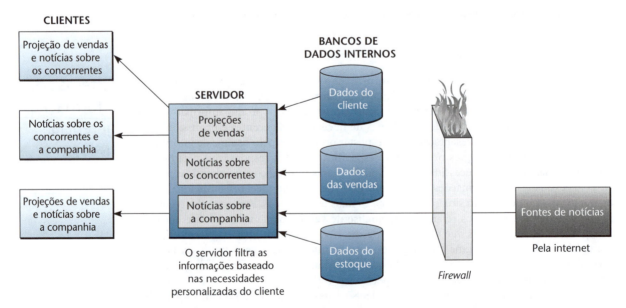

FIGURA 9.10 Exemplo dos componentes de um sistema de inteligência em *marketing* que utiliza a internet e um sistema de intranet corporativa para "fornecer" informações aos funcionários.

Na última reunião dos acionistas, o presidente-executivo da PepsiCo, D. Wayne Calloway, disse: "Dez anos atrás, eu era capaz de apresentar-lhes os dados sobre o desempenho das vendas de Doritos no oeste do Mississippi. Hoje, consigo informar não apenas como vão as vendas de Doritos no oeste do Mississippi, como também sobre as vendas na Califórnia, no condado de Orange, na cidade de Irvine, no supermercado Vons local, na promoção especial e no final do corredor número 4, nas quintas-feiras".

Processamento analítico on-line

A natureza competitiva e dinâmica do ambiente empresarial global de hoje vem pressionando os gerentes e analistas a buscar sistemas de informação capazes de oferecer respostas rápidas aos questionamentos corporativos mais complexos. A indústria de sistemas de informação reagiu a essa demanda criando, por exemplo, bancos de dados analíticos, conjuntos de dados específicos, data warehouses, técnicas de *data mining* e estruturas de banco de dados multidimensionais (discutidas no Capítulo 5), além de produtos de *software* com recursos para a web e servidores especializados para apoiar o **processamento analítico *on-line*** (*online analytical processing* – Olap).

O processamento analítico *on-line* permite aos gerentes e analistas avaliar e manipular, de forma interativa, grandes volumes de dados consolidados e detalhados de várias perspectivas. O Olap envolve análise de relações complexas entre milhares ou até mesmo milhões de dados armazenados em *data marts*, datawarehouses e outros bancos de dados multidimensionais para descobrir padrões, tendências e condições de exceção. Uma sessão de processamento analítico *on-line* ocorre em tempo real, com respostas rápidas às consultas de um gerente ou analista, de modo a não interromper o processo decisório ou analítico (ver Figura 9.11).

O processamento analítico *on-line* envolve diversas operações básicas analíticas, incluindo consolidação, análise de níveis detalhados *(drill-down)* e fatiamento e agrupamento dos dados *(slicing and dicing)* (ver Figura 9.12).

- **Consolidação.** A operação de consolidação envolve acumulação de dados. Esse processo envolve agrupamentos complexos ou simples divisões em algumas categorias de dados inter-relacionados. Por exemplo, os dados referentes aos escritórios de vendas podem ser divididos em categorias no nível distrital, e esses dados distritais podem ser categorizados em nível regional.

- **Análise de níveis detalhados.** O Olap também pode ser executado na direção reversa e exibir automaticamente os dados detalhados componentes dos dados consolidados. Esse processo consiste em uma análise de níveis detalhados *(drill-down)*. Por exemplo, as informações de vendas por produtos individuais ou por representantes de vendas que compõem o total de vendas de uma região podem ser facilmente acessadas.

- **Fatiamento e agrupamento dos dados.** Esse recurso permite analisar o banco de dados de diferentes pontos de vista. Uma "fatia" do banco de dados de vendas pode exibir todas as vendas de um tipo de produto dentro das regiões. Outra fatia pode mostrar as vendas por canais de venda dentro de cada tipo de produto. Esse procedimento, muitas vezes, é executado no eixo temporal para analisar as tendências e detectar os padrões dos dados baseados no tempo.

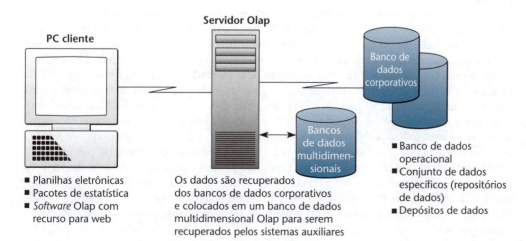

FIGURA 9.11 O Olap pode utilizar servidores especializados e bancos de dados multidimensionais, e oferece respostas rápidas a consultas complexas feitas pelos gerentes e analistas usando o tradicional *software* Olap com recursos para web.

FIGURA 9.12 O *software* de planejamento e controle gerencial da Comshare permite aos profissionais de negócios utilizar o Microsoft Excel como interface do usuário para processamento analítico *on-line* na web.

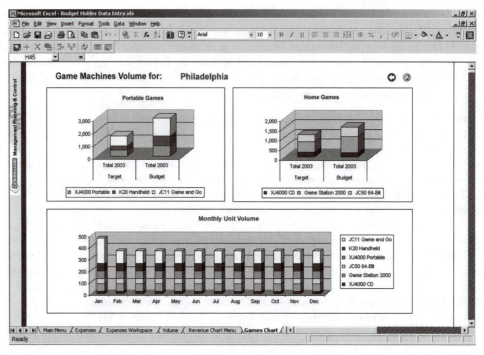

Fonte: Cortesia da Microsoft®.

Exemplos de Olap

Provavelmente a melhor maneira de entender completamente o poder do Olap é examinar as aplicações dessa técnica em negócios comuns. O poder real do Olap vem da união de dados e modelos em grande escala. Por meio dessa união, os gerentes podem resolver vários problemas cujo enfrentamento eficaz seria antes considerado demasiado complexo. As áreas comuns de negócios em que o Olap pode resolver problemas complexos incluem

- *Marketing* e análise de vendas
- Histórico de *clickstream*
- *Marketing* baseado em banco de dados
- Orçamento
- Relatório e consolidação financeira
- Análise de lucratividade
- Análise de qualidade

A seguir, apresentamos dois exemplos de como o Olap pode ser usado no ambiente empresarial moderno.

No final de um trimestre de negócios, a gerência sênior está preocupada com a aceitação de diversos novos produtos no mercado. Solicita à analista de *marketing* o fornecimento de uma atualização da situação. O problema é que a atualização deve ser entregue em menos de uma hora em virtude de um pedido urgente do CEO. A analista tem apenas alguns minutos para analisar a aceitação de diversos novos pelo mercado. Assim, ela decide agrupar 20 produtos que foram lançados entre seis e nove meses atrás e comparar as suas vendas com um grupo semelhante de 50 produtos lançados entre dois e três anos atrás. A analista define às pressas apenas dois novos agrupamentos de produtos e cria uma relação entre o novo grupo e o mais antigo. Ela pode, então, acompanhar essa taxa de receita ou volume de vendas em qualquer nível de localização, ao longo do tempo, por setor de cliente ou por grupo de vendas. Definir os novos agrupamentos e a taxa leva poucos minutos, e nenhuma das análises demora mais do alguns segundos para ser gerada, mesmo que o banco de dados conte com dezenas de milhares de produtos e centenas de locais. Não é preciso mais do que um 15 minutos para detectar que algumas regiões não aceitaram os novos produtos tão rapidamente quanto outras.

Em seguida, a analista investiga se isso aconteceu por causa de promoção inadequada, inadequação dos novos produtos, falta de instruções para o pessoal de vendas em áreas lenta ou se algumas áreas sempre aceitam novos produtos mais lentamente do que outras. Examinando outros lançamentos de novos produtos por meio da criação de novos agrupamentos de produtos de diferentes idades, ela descobre que as mesmas áreas são sempre conservadoras quando novos produtos caros são lançados. Ela então usa essa informação para ver se o crescimento nas áreas lentas está em conformidade com o histórico e descobre que algumas áreas têm reagido ainda mais lentamente do que antes. Diante dos resultados dessa análise, a gerência sênior decide que a sua preocupação é prematura e adia a discussão até que os próximos dados trimestrais de vendas possam ser avaliados.

Em outro exemplo, vamos considerar um varejista de mercadorias em geral que se juntou às fileiras de varejo eletrônico. Ele quer que o site da empresa "retenha o cliente" possível e já começou a analisar os dados *clickstream* para imaginar as causas prováveis que levaram os clientes sair do site prematuramente. A empresa aprofundou sua análise para determinar o valor dos carrinhos de compras abandonados. Quando um cliente deixa o site no meio das compras, qualquer que seja o motivo, a empresa examina que produtos estavam no carrinho abandonado. Os dados são então comparados com dados similares de outros carrinhos para considerar:

- Que receita os carrinhos abandonados representavam (em outras palavras, o montante da receita que foi perdido por causa da saída antecipada do cliente).
- Se os produtos no carrinho eram itens altamente lucrativos ou líderes de perdas.
- Se os mesmos produtos foram encontrados em outros carrinhos abandonados.
- O volume de produtos e a quantidade de diferentes categorias de produtos no carrinho.
- Se o valor total dos carrinhos abandonados se enquadra consistentemente em determinado faixa de quantia financeira.
- Como as faturas média e total dos carrinhos abandonados se comparam com os carros não abandonados (aqueles que completaram o processo de pagamento).

Os resultados do uso do Olap para realizar essa análise desencadeiam algumas teorias interessantes. Por exemplo, é possível que nenhum dos produtos no carrinho fosse atraente o suficiente para um cliente específico a ponto de mantê-lo fazendo compras. O cliente pode ter ficado incomodado com perguntas frequentes, tais como "Você está pronto para o check-out?". Ao atingir determinado valor, o cliente pode ter mudado de ideia a respeito de todo o processo de compras e desistir. Também é possível que a quantidade ou a combinação de produtos no carrinho tenha lembrado o cliente de um outro site que possa oferecer algum desconto para compras similares.

É certo que algumas dessas teorias são meras suposições. Afinal, talvez a conexão de internet do cliente tivesse parado de funcionar, ou o site sofresse algum bug que tenha abruptamente desconectado o usuário. Quando examinados regularmente e com métricas consistentes, no entanto, os *clickstreams* podem revelar padrões interessantes. Após diversas análises, o *e-tailer* decide fazer algumas mudanças no site.

Primeiro, os ajustes no site são para mostrar um total evolutivo à medida que os itens são adicionados ao carrinho, permitindo ao cliente ver o total durante as compras e fazer check-out uma vez que o limite do orçamento for atingido. Além disso, em vez de exigir que o cliente acesse outra página para informações específicas do produto, o site o convida a ver informações *pop-up* sobre o produto com um clique do botão direito do mouse, mantendo o modo de comprar funcionando. Finalmente, o fornecedor decide integrar os dados *clickstream* com informações mais específicas do comportamento dos clientes, incluindo informações do sistema de CRM.

Em vez de apenas analisar os padrões de navegação de um cliente e adivinhar o que fazer, o varejista *on-line* pode combinar esses padrões com os dados mais específicos de clientes (como compras anteriores naquela categoria de produto, os principais dados demográficos e psicográficos ou a pontuação do valor permanente) para fornecer uma visão completa do valor e interesses do cliente. Esse tipo de análise vai mostrar se o cliente perdido era um comprador ocasional ou um cliente de alto valor. Uma mensagem de *e-mail* ou cupom eletrônico personalizado – tendo, talvez, como alvo os produtos deixados para trás em uma visita anterior – pode fazer toda a diferença na próxima vez que o cliente de alto valor voltar.

Aqui está um exemplo real de como o Olap pode ajudar a resolver problemas complexos de negócios.

> ### Direct Energy: *data mining* de BI para manter os clientes
>
> Mesmo antes de a inadimplência abalar a indústria da hipoteca, a Direct Energy estava sentindo seus efeitos, incluindo a queda nas vendas causada pela perda de clientes. Até então, a empresa estava efetivamente lidando com a situação da melhor forma: inteligência de negócios. "Vários grupos estavam extraindo dados de vários sistemas sem ter as informações integradas", explica John Katsinos, vice-presidente de SI para operação de mercados de massa da Direct Energy. "Não havia nenhuma maneira de reunir um ciclo de vida completo do cliente."
>
> Sem essa visão holística de registros de clientes, os analistas da Direct Energy tinham dificuldade de entender e impedir a rotatividade de clientes. Assim começou a BI Jumpstart, uma iniciativa da empresa para dar a seus analistas o entendimento das ações dos clientes que motivaram a queda de serviços da Direct Energy, bem como ferramentas para previsão de inadimplência. O resultado tem sido a economia de dezenas de milhões de dólares e uma abordagem mais proativa para a retenção de clientes por meio de avaliações de preço, previsões e *marketing* direcionado mais precisos.
>
> "Queríamos reduzir o risco para nossos negócios e para a base de clientes, além de aumentar nossa base de clientes e receita", acrescenta Katsinos.
>
> "Isso significa ser capaz de entender os dados dos clientes em um nível em que possamos prever e predizer o comportamento." Katsinos lançou a BI Jumpstart, reunindo uma equipe de análise de primeira constituída por um gerente de projeto de SI, um modelador de dados, dois desenvolvedores ETL, um desenvolvedor de análise, um arquiteto de BI e um administrador de BI. Esse grupo implementou uma estratégia de "inteligência de negócio multicamada" que, segundo Katsinos, compreende a armazenagem de dados, repositórios de dados, repositórios de Olap e ETL.
>
> O resultado é o sonho daqueles que utilizam *data mining*: os analistas da Direct Energy podem usar o programa de BI integrada para predizer que clientes de quais áreas podem desistir, em seguida ajusta serviços, preços e campanhas de *marketing* da empresa corretamente.
>
> Por exemplo, com a BI Jumpstart em funcionamento, a Direct Energy pode agora determinar por que uma de suas ofertas passa por uma rotatividade de 2%, ao passo que outras têm uma desistência de 20% por parte dos clientes.
>
> Mais do que uma iniciativa voltada para novos fluxos de receita, a BI Jumpstart ajuda a Direct Energy a tirar o máximo proveito daquilo que já possui. "Agora podemos destrinchar tudo da maneira que quisermos", diz Katsinos.
>
> *Fonte*: Adaptado de Tom Sullivan. "Direct Energy Mines BI to Conserve Revenue Streams". *InfoWorld*, 17 de novembro de 2008.

Sistemas de informação geográfica e de visualização de dados

Sistemas de informação geográfica (*geographic information systems* – GIS) e **sistemas de visualização de dados** (*data visualization systems* – DVS) são categorias especiais de sistemas de apoio à decisão que integram computação gráfica com outros recursos DSS. O sistema de informação geográfica é um sistema de apoio à decisão que utiliza *bancos de dados geográficos* para criar e exibir mapas e outros gráficos auxiliares às decisões que afetam a distribuição geográfica de pessoas ou outros recursos. Muitas companhias estão adotando a tecnologia GIS juntamente com dispositivos com *sistema de posicionamento global* (GPS) para escolher localidades para instalação de novas lojas, otimizar rotas de distribuição ou analisar a demografia do mercado-alvo. Por exemplo, companhias como Levi Strauss, Arby's, Consolidated Rail e Federal Express utilizam pacotes GIS para integrar mapas, gráficos e outros dados geográficos com dados corporativos extraídos de pacotes de planilha eletrônica e de estatística. *Softwares* GIS, como MapInfo e Atlas GIS, são utilizados na maioria das aplicações GIS nos negócios (ver Figura 9.13).

Os sistemas de visualização de dados apresentam informações complexas utilizando representações gráficas tridimensionais interativas, como gráficos, quadros e mapas. As ferramentas DVS permitem ao usuário classificar, subdividir, combinar e organizar os dados graficamente de forma interativa. Desse modo, o usuário consegue descobrir padrões, ligações e anomalias nos dados científicos ou empresariais por meio de um processo de apoio à decisão e de aquisição interativa de conhecimento. Aplicações empresariais, como *data mining*, normalmente utilizam gráficos interativos que permitem ao usuário realizar uma busca e análise detalhada em tempo real e manipular os dados básicos de um modelo empresarial para utilizá-los na tomada de decisão. A Figura 9.14 é um exemplo de dados de atividade de um site da web exibidos por um sistema de visualização de dados.

CAPÍTULO 9 • Sistemas de apoio à decisão   363

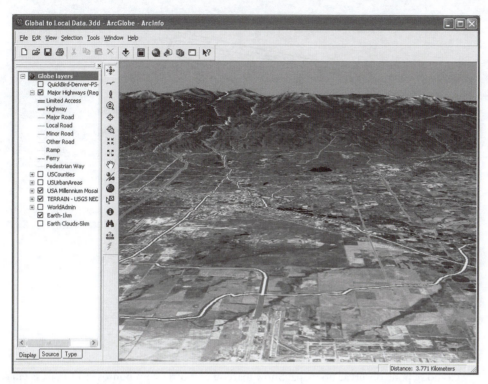

FIGURA 9.13 Os sistemas de informação geográfica facilitam a exploração e a visualização dos dados associados a uma localidade geográfica.

Fonte: Cortesia de Rockware Inc.

O conceito de sistema de informação geográfica e de visualização de dados não é novo. Um dos primeiros registros de aplicação desse conceito data de setembro de 1854. Em um período de dez anos, 500 pessoas, todas da mesma região de Londres, na Inglaterra, morreram de cólera. John Snow, médico local, estudava essa epidemia de cólera havia algum tempo. Na tentativa de determinar a fonte de origem da doença, Snow identificou cada paciente morto no bairro de Soho, em Londres, marcando a residência da vítima com um ponto em um mapa que desenhara. A Figura 9.15 mostra uma réplica do mapa original.

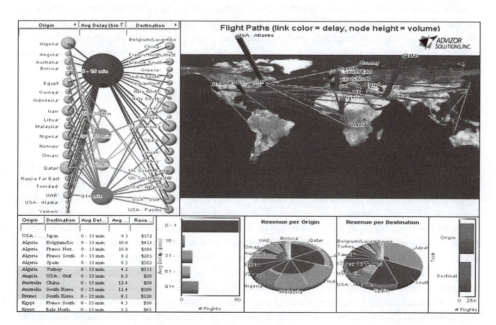

FIGURA 9.14 Análise da atividade de um usuário em um site de *e-commerce*, utilizando um sistema de visualização de dados.

Fonte: Cortesia de ADVIZOR Solutions, Inc. www.advisorsolutions.com.

FIGURA 9.15 Réplica do mapa representativo da epidemia de cólera de John Snow.

Fonte: E. R. Tufte. *The Visual Display of Quantitative Information*, 2. ed. Cheshire, Connecticut: Graphics Press, 2001. p. 24.

Como se pode observar no mapa, Snow marcou as mortes com pontos, e 11 marcas em X representando poços de água. Examinando a distribuição e o agrupamento dos pontos, Snow observou que as vítimas da doença apresentavam um atributo comum: todas viviam próximas – e bebiam água – do poço da Broad Street. Para testar sua hipótese, o médico solicitou a remoção da manivela da bomba do poço, a fim de impedir o seu uso. Em muito pouco tempo, a epidemia de cólera, que vitimara mais de 500 pessoas, estava liquidada.

> ### JPMorgan e Panopticon: a visualização de dados ajuda os operadores de renda fixa
>
> Visualizar e compreender vastas quantidades de dados do mercado de crédito pode ser dificílimo quando se utilizam técnicas tradicionais, como gráficos e tabelas. Navegar pelos dados para encontrar relatórios e informações analíticas também pode mostrar que mecanismos de fornecimento de informação tradicionais e complicados tendem a fornecer volumes incontroláveis de dados.
>
> A internet é o mecanismo de fornecimento evidente para esses dados e análises de mercado, ainda que os fornecedores desses serviços devam entregar um tipo de visualização e navegação mais intuitivo para proporcionar melhor valor para seus clientes.
>
> Os fornecedores de pesquisas e de análise de renda fixa estão procurando novos meios de visualização de dados para fornecer serviços mais valiosos e intuitivos a seus usuários, indo além de simples tabelas, gráficos e repositórios de documentos *on-line*.
>
> A JPMorgan criou seu aplicativo CreditMap usando o Panopticon Developer, a fim de fornecer a seus clientes uma representação gráfica da atividade em tempo real do mercado de títulos corporativos. A empresa cruzou o limite entre a prestação de pesquisas informativas e análises valiosas, o que lhe permitiu receber o prêmio "Best On-line Fixed Income Research" da Euromoney.
>
> A JPMorgan foi capaz de fornecer aos seus usuários acesso mais rápido às informações existentes desses usuários, usando uma nova visualização *on-line* e novas ferramentas de navegação. Para fazer isso, a empresa implementou a visualização interativa Treemap da Panopticon como uma camada de apresentação e sistema de navegação que oferece uma visão panorâmica dos dados ao mesmo tempo que permite ao usuário examinar detalhadamente relatórios e análises específicas.
>
> O CreditMap da JPMorgan permite aos usuários visualizar informações por meio do uso de cor, tamanho e proximidade da maneira desejada, com uma interface facilmente personalizável.

Essa interface atua como um catalisador que permite que os usuários reconheçam padrões, analisem informações e tomem decisões com mais rapidez e precisão. Antes do CreditMap, os clientes da corretora podiam ler relatórios sobre o mercado de títulos corporativos e visualizar vários quadros de informações estatísticas. Mas o mercado é tão grande que podia ser difícil manter as coisas em perspectiva ou estar ciente das várias oportunidades de investimento.

O CreditMap apresenta o universo de títulos corporativos como uma colcha de retalhos na tela do computador. A colcha é dividida em setores da indústria, e os retalhos dentro de cada setor representam emissões de títulos. O tamanho do retalho indica o valor do título, a cor e o desempenho. Assim, os investidores podem rapidamente ver quais setores e que obrigações individuais são propícios, e se o valor de um título se adapta às suas necessidades de investimento. Clicar em um retalho abre uma janela que dá informações básicas sobre o título, incluindo sua classificação e o nome e número de telefone do analista que cobre esse título, juntamente com um menu que oferece uma pesquisa detalhada.

"O Treemaps da Panopticon tem aumentado sensivelmente a capacidade de nossos usuários para visualizar os mercados de crédito e utilizar as análises. Foi um fator de contribuição importante para ganharmos o prêmio da Euromoney", diz Lee McGinty, chefe da carteira europeia e estratégia de índice da JP Morgan.

Fonte: Adaptado de *Case Study: JPMorgan CreditMap*, www.panopticon.com, março de 2008.

Utilização dos sistemas de apoio à decisão

A utilização de um sistema de apoio à decisão envolve um processo interativo de **modelagem analítica**. Por exemplo, um pacote de *software* DSS pode produzir diversas visualizações em resposta às mudanças nas alternativas de hipóteses feitas por um gerente. Isso é diferente das respostas de demanda dos sistemas de informações gerenciais, já que os responsáveis pela decisão não estão solicitando informações pré-especificadas. Portanto, não têm de especificar previamente as informações de que necessitam. Por sua vez, eles utilizam o DSS para encontrar informações que os auxiliem a tomar uma decisão. Essa é a essência do conceito de sistema de apoio à decisão.

Há quatro tipos básicos de atividades de modelagem analítica envolvidos na utilização de sistemas de apoio à decisão: (1) análise "e se…", (2) de sensibilidade, (3) por busca de objetivo e (4) de otimização. Vamos examinar rapidamente cada tipo de modelagem analítica que pode ser usado para o apoio à decisão (ver Figura 9.16).

Análise "e se…"

Na **análise "e se…"**, o usuário altera as variáveis, ou as relações entre as variáveis, e observa as alterações resultantes nos valores de outras variáveis. Por exemplo, se o usuário utilizar uma planilha eletrônica, poderá alterar o valor da receita (uma variável) ou a fórmula de cálculo da alíquota de imposto (relação entre variáveis) em um modelo simples de planilha financeira.

Tipo de modelagem analítica	Atividades e exemplos
Análise de "e se…"	Observações de como as mudanças de variáveis selecionadas afetam outras variáveis. *Exemplo*: O que aconteceria se houvesse um corte de 10% na publicidade? O que aconteceria com as vendas?
Análise de sensibilidade	Observações de como as mudanças repetidas de uma única variável afetam outras variáveis. *Exemplo*: Reduções repetidas de US$ 100 na variável publicidade para observar a relação dessa redução com as vendas.
Análise por busca de objetivos	Mudanças repetidas em variáveis selecionadas até uma variável escolhida atingir o valor-alvo. *Exemplo*: Aumentos repetidos na publicidade até as vendas atingirem US$ 1 milhão.
Análise de otimização	Determinação do valor ideal para algumas variáveis selecionadas, sob certas restrições. *Exemplo*: Com base no orçamento estabelecido e no meio escolhido, qual o montante ideal a ser gasto com publicidade?

FIGURA 9.16 Atividades e exemplos dos principais tipos de modelagem analítica.

FIGURA 9.17 Essa análise "e se..." envolve avaliação da distribuição de probabilidade de receita líquida e valor presente líquido (VLP) gerada por alterações nos valores de vendas, concorrência, desenvolvimento de produto e gastos de capital.

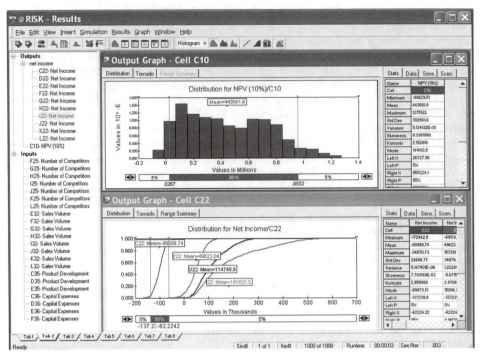

Fonte: Cortesia de Palisade Software.

Depois, ele pode utilizar o programa para recalcular todas as variáveis afetadas na planilha. Qualquer gerente se interessaria muito em observar e avaliar qualquer mudança ocorrida nos valores da planilha, principalmente em uma variável como o lucro líquido, descontados os impostos. Para muitos gerentes, o lucro líquido depois dos impostos é um exemplo de *receita líquida*, ou seja, fator fundamental em várias decisões. Esse tipo de análise pode ser repetido até o gerente ficar satisfeito com os resultados mostrados sobre os efeitos das várias possibilidades de decisões. A Figura 9.17 é um exemplo de análise "e se...".

Análise de sensibilidade

Análise de sensibilidade é um tipo especial de análise "e se...". Normalmente, o valor de apenas uma variável é alterado repetidas vezes, e são observadas as alterações ocorridas nas outras variáveis. Desse modo, a análise de sensibilidade é, na verdade, um caso de análise "e se...", envolvendo mudanças repetidas em apenas uma variável por vez. Alguns pacotes DSS realizam pequenas alterações automáticas de uma variável quando acionados para executar uma análise de sensibilidade. Em geral, o responsável pelas decisões lança mão da análise de sensibilidade quando não tem certeza dos pressupostos básicos utilizados no cálculo do valor de determinadas variáveis importantes. No exemplo já mencionado, é possível aumentar o valor da receita várias vezes em pequenos incrementos, possibilitando, assim, a observação e avaliação dos efeitos nas demais variáveis da planilha. Essa análise ajuda o gerente a compreender o impacto dos vários níveis de receita em outros fatores envolvidos na decisão em questão.

Análise por busca de objetivos

A **análise por busca de objetivos** inverte a direção da análise "e se..." e de sensibilidade. Em vez de observar como as mudanças em uma variável afetam outras variáveis, na análise por busca de objetivos (também denominada análise de *viabilidade*), define-se um valor-alvo (um objetivo) para uma variável e, em seguida, alteram-se repetidamente as demais variáveis até que atinjam esse valor-alvo. Por exemplo, o usuário pode especificar um valor-alvo (objetivo) de lucro líquido, descontados os impostos, de US$ 2 milhões para um negócio. Depois, ele pode repetidamente alterar o valor da receita ou das despesas no modelo de planilha eletrônica até que atinjam o resultado de US$ 2 milhões. Desse modo, ele descobriria o montante de receita ou nível de despesas necessário para o negócio atingir a meta de US$ 2 milhões de lucros, descontados os impostos. Assim, essa forma de modelagem analítica ajuda a responder à pergunta "Como é possível chegar a US$ 2 milhões de lucro líquido descontados os impostos?" e não à pergunta

"O que aconteceria se alterássemos os gastos ou a receita?". Portanto, a análise por busca de objetivos é outro método importante de apoio à decisão.

A **análise de otimização** é uma extensão mais complexa da análise por busca de objetivos. Em vez de definir um valor-alvo específico para uma variável, o objetivo é determinar o valor ideal de uma ou mais variáveis-alvo, sob certas restrições. Assim, uma ou mais variáveis são repetidamente alteradas, sujeitas a restrições específicas, até que sejam obtidos os melhores valores para as variáveis-alvo. Por exemplo, o usuário pode tentar determinar o nível mais alto possível de lucros atingível, variando os valores de fontes de receita e categorias de gastos selecionados. As mudanças dessas variáveis ficariam sujeitas a restrições, como limitação da capacidade de um processo de produção ou de investimento. A otimização normalmente é obtida utilizando *software*, como a ferramenta Solver do Microsoft Excel, e outros pacotes para técnicas de otimização, por exemplo, de programação linear.

Análise de otimização

Casual Male Retail Group: inteligência de negócios sob demanda

Pergunte a Dennis Hernreich, COO e CFO do Casual Male Retail Group, como era sua vida antes de escolher um aplicativo de relatório de inteligência de negócios sob demanda, e ele se lembrará facilmente do sentimento de frustração.

O Casual Male Retail Group, varejista especializado em roupas para homens grandes e altos, com US$ 464 milhões em vendas anuais, usava um relatório herdado de aplicativo interno para suas operações de catálogo. (A empresa também possui 520 lojas de varejo e operações de *e-commerce*.) Mesmo assim, os recursos de relatório integrados ao sistema eram "extremamente pobres", como Hernreich os descreve: "Visibilidade para o negócio? *Terrível*. Informações em tempo real? Não havia. Como estamos indo com determinados modelos de acordo com o tamanho? Sei lá".

"Era inaceitável", diz Hernreich. Além disso, você só podia ver os relatórios "enlatados" (nos quais faltavam recursos, como relatórios de exceção) fazendo uma viagem até a impressora para recolher uma pilha de folhas impressas. "Eram centenas de páginas", lembra. "Simplesmente não se opera assim hoje em dia."

Não era o caso de Casual Male não ter todas as informações: a empresa só não tinha uma maneira intuitiva e fácil de ver as tendências de vendas e estoque para o seu catálogo de negócios em tempo real. Isso mudou em 2004, quando o Casual Male começou a usar uma ferramenta de BI sob demanda da Oco (www.oco-inc.com), que pega todos os dados da empresa, constrói e mantém um depósito de dados fora do site e gera "painéis compreensivos e em tempo real que proporcionam à empresa e aos nossos usuários comerciais informações imediatas", diz Hernreich.

Hoje, Hernreich e os planejadores e compradores de mercadorias do Casual Male têm acesso a painéis amigáveis cheios de dados de catálogo: "Que estilos estão vendendo hoje? Quanto do estoque estamos vendendo hoje? O que está prestes a acabar? O que precisamos encomendar? Como estamos vendendo por tamanho? O que não temos mais disponível no estoque?", pergunta ele. "Trata-se de questões básicas em termos de execução do negócio. É isso que estamos aprendendo a cada dia a partir desses relatórios".

E o melhor de tudo: aquelas viagens irritantes até a impressora terminaram.

Fonte: Adaptado de Thomas Wailgum. "Business Intelligence and On-Demand: The Perfect Marriage?" *CIO Magazine*, 27 de março de 2008.

A *data mining* e os data warehouse foram apresentados no Capítulo 5 como ferramentas fundamentais para a organização e o aproveitamento das fontes de dados de uma companhia. Assim, o objetivo principal do sistema *data mining* é apoiar os gerentes e profissionais de negócios nas decisões, mediante um processo conhecido como *descoberta do conhecimento*. O *software* de *data mining* analisa a imensa quantidade de informações preparada e armazenada nos depósitos de dados corporativos, e tenta detectar padrões, tendências e correlações ocultos nos dados que ajudam a companhia a melhorar o seu desempenho nos negócios.

O *software* de exploração de dados possui recursos de análise de regressão, árvore de decisões, rede neural, detecção de grupos ou análise de cesta de produtos de uma empresa (ver Figura 9.18). O processo de exploração de dados permite destacar padrões de compra, revelar

Data mining para decisões de negócios

FIGURA 9.18 O *software* de *data mining* ajuda a detectar padrões de dados corporativos semelhantes a esta análise de informação demográfica de clientes.

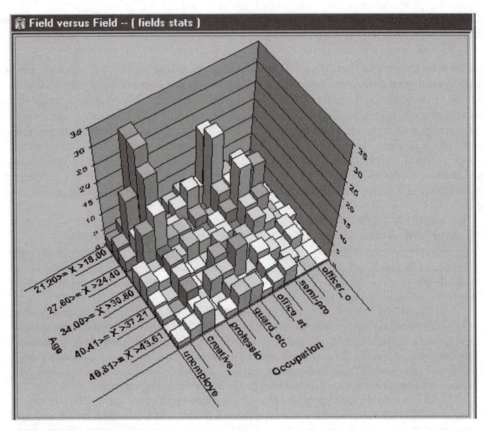

Fonte: Cortesia de XpertRule Software.

tendências dos clientes, eliminar custos redundantes ou descobrir oportunidades e relações lucrativas antes não percebidas. Por exemplo, muitas companhias utilizam a *data mining* para descobrir métodos mais lucrativos e bem-sucedidos de enviar mala-direta, incluindo remessa de *e-mails*, ou definir a melhor forma de expor os produtos em uma loja, criar um site de *e-commerce*, atingir clientes lucrativos não explorados ou reconhecer consumidores ou produtos não lucrativos ou marginais.

A análise de cesta de produtos é um dos tipos de exploração de dados mais comuns e úteis para a área de *marketing*. O seu objetivo é determinar os produtos que os consumidores adquirem juntamente com outros itens. O nome análise de cesta de produtos é baseado no conceito de colocação dos produtos pelos consumidores nas cestas ou nos carrinhos de compras. Conhecer os produtos adquiridos pelos consumidores como um grupo pode ser útil para o varejista e para qualquer outra companhia. Uma loja pode utilizar essa informação para colocar na mesma área produtos vendidos com mais frequência, e um comerciante da web ou de vendas por catálogos pode utilizá-la para determinar o *layout* de um catálogo e do formulário de pedido. Os negócios de vendas diretas podem utilizar a análise de cesta de produtos para determinar que novos produtos devem oferecer a antigos clientes.

Em alguns casos, é corriqueiro identificar itens vendidos facilmente juntos – em qualquer lanchonete, pergunta-se ao cliente "Quer batatas fritas?" sempre que ele pede um sanduíche. Entretanto, algumas vezes, alguns itens vendidos juntos não são tão óbvios assim. Um exemplo muito conhecido é a relação de compra entre cerveja e fralda. Um supermercado que realizou uma análise de cesta de produtos descobriu que, nas quintas-feiras, as vendas de fraldas e cervejas juntas eram significativas. Se, de um lado, o resultado de algum modo faz sentido – casais estocando suprimentos para si próprios e para os filhos às vésperas do fim de semana –, de outro, a constatação não é nem um pouco intuitiva. Essa é a vantagem da análise da cesta de produtos: utilizando as ferramentas computadorizadas de exploração de dados, o usuário não precisa pensar em que produtos os consumidores logicamente comprariam juntos – ao contrário, o hábito de consumo dos clientes revela-se por si próprio. Esse é um bom exemplo de *marketing* orientado a dados.

Considere algumas das aplicações comuns de análise de cesta de produtos:

- **Venda cruzada.** Oferecimento de itens associados quando o cliente compra qualquer item de sua loja
- **Localização de produtos.** Itens que estão associados (como pão e manteiga, lenços de papel e remédios para resfriados, batata frita e cerveja) podem ser colocados próximos uns dos outros. Se forem vistos pelos clientes, haverá maior probabilidade de que sejam comprados em conjunto.
- **Promoção por afinidade.** Planejamento de eventos promocionais baseado em produtos associados.
- **Análise de pesquisa.** O fato de ambas as variáveis dependentes e independentes da análise de cesta de produtos serem dados de tipo nominal (categorial) torna essa análise muito útil para analisar os dados do questionário.
- **Descoberta de fraude.** Com base em dados de uso do cartão de crédito, poderemos detectar certos comportamentos do cliente que podem ser associados à fraude.
- **Comportamento do cliente.** Associando a compra com dados demográficos e socio econômicos (como idade, sexo e preferências), é possível produzir resultados muito úteis para a comercialização.

Uma vez constatado que o cliente que compra um produto tende a comprar outro, a empresa pode comercializar os produtos juntos ou fazer desse consumidor o mercado-alvo do outro produto. Se o cliente que adquire fraldas já tende a adquirir cerveja, a tendência de ele adquirir cerveja será maior se esse produto for exposto próximo do corredor das fraldas. Do mesmo modo, se for constatado que compradores de suéter de determinado catálogo de vendas pelo correio tendem a adquirir jaquetas do mesmo catálogo, será possível aumentar as vendas desse item oferecendo o produto sempre que algum consumidor ligar para comprar um suéter. Dirigindo os esforços aos clientes já identificados como potenciais compradores, a eficácia de dada iniciativa de *marketing* é muito maior – independentemente de ela tomar a forma de exposição em vitrinas das lojas, de criação de *layout* de catálogos ou de direção das ofertas a certos clientes.

> ### Boston Celtics: usando a análise de dados para determinar o preço dos ingressos
>
> Os executivos do Boston Celtics estão utilizando de uma ferramenta de análise de dados para a tarefa anual de janeiro: determinar os preços para os 18.600 lugares no TD Banknorth Garden. A equipe da NBA instalou a ferramenta StratBridge.net, da StratBridge Inc., para acompanhar a demanda por meio de exibições em tempo real dos lugares vendidos e disponíveis em sua arena. Agora, os funcionários da equipe também estão usando a ferramenta durante o mês de duração do projeto para definir os preços básicos dos ingressos para a próxima temporada.
>
> A nova ferramenta tem ajudado a organização a desenvolver rapidamente promoções e estratégias de vendas para ocupar os lugares disponíveis e analisar as receitas com base nas tendências de vendas de longo prazo, conta Daryl Morey, vice-presidente sênior de operações e informações dos Celtics. "Até obtermos essa ferramenta, era muito difícil criar pacotes dinâmicos, pois os nossos fornecedores de ingressos não tinham um meio rápido para ver os assentos em aberto", explica Morey. "Agora podemos realmente ver em tempo real cada assento e por quanto ele é vendido."
>
> O time de basquete já percebeu um retorno "milionário" sobre o investimento, alimentado por receitas animadoras a cada 1 ou 2 semanas, desde que começou a usar a ferramenta StratBridge.net no verão anterior, de acordo com Morey. Antes de utilizar a análise de dados, os executivos de vendas usavam planilhas do Excel para ajustar preços. Nesse sistema, os preços somente podiam ser ajustados para todos os lugares em cada uma das 12 grandes seções da arena. "Foi um ato de fé olhar para os dados nesse nível", diz Morey.

> Ao usarem a ferramenta de análise, por exemplo, os planejadores constataram que os compradores de ingressos tendem a preferir assentos nos corredores em certas seções. Como resultado, a equipe agora se concentra na comercialização dos bancos das partes internas. Agora, na bilheteria, os vendedores de ingressos de grupo e individuais podem ver uma imagem do mapa de assentos da arena em uma tela de TV de plasma com blocos de cores diferentes, indicando a disponibilidade em tempo real e as receitas para os jogos em casa. Os executivos de vendas podem acessar essas informações a partir de seus desktops para estudar as tendências de compra e planejar novas promoções.
>
> A StratBridge.net extrai dados de fontes internas e externas e os exibe visualmente em navegadores de internet e aplicativos do Microsoft Office. A análise pode ser apresentada aos usuários em arquivos Word, Excel, PowerPoint e PDF da Adobe. De acordo com Bill Hostmann, analista da Gartner Inc., as empresas que tentam comercializar produtos "perecíveis", como jogos de basquete, quartos de hotel ou transmissões de TV ao vivo, estão começando a recorrer a esse tipo de análise de dados, que foi aperfeiçoado primeiramente pela indústria de transportes aéreos: "Mais e mais você vê esse tipo de funcionalidade analítica ser incorporado ao próprio aplicativo, como parte do processo, ao contrário de ser feito em períodos trimestrais ou semanais. O retorno sobre o investimento é muito rápido nesses tipos de aplicações".
>
> *Fonte*: Adaptado de Heather Havenstein. "Celtics Turn to Data Analytics Tool for Help Pricing Tickets". *Computerworld*, 6 de janeiro de 2006.

Sistemas de informação executiva (EIS)

Os **sistemas de informação executiva** (*executive information systems* – EIS) combinam muitas das características dos sistemas de informação gerencial e de apoio à decisão. Inicialmente, eles foram criados para atender às necessidades de informação estratégicas da alta cúpula das empresas. Assim, o primeiro objetivo do EIS era oferecer aos altos executivos acesso fácil e imediato a informações sobre *fatores críticos de sucesso* de uma empresa, ou seja, fatores importantes imprescindíveis para o cumprimento dos objetivos estratégicos de uma organização. Por exemplo, os executivos de uma cadeia de lojas de varejo provavelmente considerariam críticos para a sobrevivência e o sucesso da empresa fatores como resultados comparativos entre vendas tradicionais e vendas do *e-commerce*, ou o misto ideal da linha de produtos.

No entanto, os sistemas de informação executiva vêm sendo cada vez mais utilizados por gerentes, analistas e profissionais da área do conhecimento de tal modo que, algumas vezes, são chamados "sistemas de informação para todos". Outros nomes alternativos mais conhecidos são: sistemas de informação da empresa (EIS) e sistemas de suporte executivo (ESS). Esses nomes também refletem o fato de mais recursos, como navegadores na web, correio eletrônico, ferramentas de *groupware* e recursos de sistemas especialistas e DSS, serem acrescentados a muitos sistemas para torná-los mais úteis aos gerentes e profissionais de negócios.

Recursos dos EIS

Nos EIS, as informações são apresentadas em formato sob medida, de acordo com as preferências do executivo usuário do sistema. Por exemplo, a maioria dos sistemas de informação executiva destaca a utilização de uma interface gráfica do usuário e de telas gráficas que possam ser personalizadas de acordo com as informações preferenciais do usuário do sistema. Outros métodos de apresentação das informações usados pelos EIS incluem relatório de exceção e análise de tendências. Um recurso também importante é o de *drill-down*, que permite ao executivo recuperar rapidamente as telas que contêm informações com mais detalhes.

A Figura 9.19 mostra uma das telas do sistema de informação para executivos da Hyperion com recurso para a web. É possível perceber a simplicidade e concisão da tela, que também permite ao usuário percorrer rapidamente pelos níveis mais detalhados das áreas de interesse. Além do recurso de análise detalhada, o sistema da Hyperion também ressalta a análise de tendências e os relatórios de exceção. Desse modo, o usuário empresarial consegue identificar rapidamente a tendência dos fatores fundamentais e o nível de desvio dos fatores críticos relacionados às previsões.

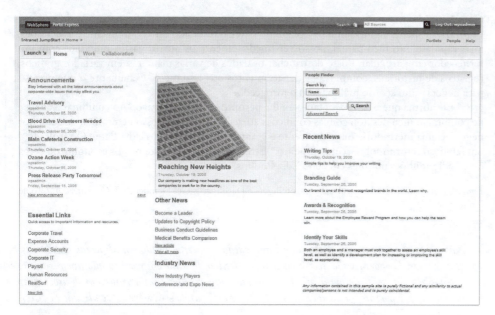

FIGURA 9.19 Esse sistema de informação baseado na web oferece aos gerentes e profissionais de negócios variadas informações personalizadas e ferramentas de análise de apoio à tomada de decisão.

Fonte: Cortesia da IBM.

A utilização dos sistemas de informação executiva foi disseminada entre os gerentes e profissionais de negócios de nível médio com o reconhecimento da sua viabilidade e seus benefícios e a disponibilização de sistemas mais econômicos para redes cliente-servidor e intranets corporativas. Por exemplo, constatou-se que apenas 3% dos usuários de um conhecido pacote de *software* EIS são executivos.

Southwest Airlines e Motorola Inc.: o valor dos sistemas de informação executiva para todos

Os sistemas de informação executiva (EIS) dos anos 1980 não saíam da suíte executiva e forneciam ótimos gráficos em formato de pizza de dados financeiros. Agora, essas ferramentas de inteligência de negócios encontraram um novo lar nos escritórios. Os *dashboards* não são mais apenas para dados financeiros. "Agora nós os vemos por toda a empresa, e por várias razões," diz John Hagerty, analista da AMR Research Inc., em Boston. Mais da metade das 135 empresas pesquisadas pela empresa recentemente estão implementando os painéis, que também estão se espalhando por vários departamentos não financeiros.

"Na Southwest Airlines, eles são chamados *cockpits* e são tão especializados que o sujeito encarregado de colocar o amendoim nos aviões tem uma visão diferente do cara que está encarregado de comprar combustível", diz John Kopcke, diretor de tecnologia da fornecedora de *software* Hyperion Solutions Corp.

A recompensa é que o fornecimento dos dados de painel para os trabalhadores da linha da frente coloca a inteligência de negócios nas mãos de pessoas que podem explorá-la para tomar decisões de economia monetária diariamente. A Motorola, por exemplo, implantou o *software* de inteligência de negócios da Informatica Corp., em Redwood City, Califórnia, para cerca de 200 desktops em vários escritórios de compras. Falgun Patel, gerente sênior de sistemas de abastecimento em Schaumburg, sede da Motorola em Illinois, diz que seu painel garante a ele acesso sem precedentes a informações de compra.

"Colocamos o sistema em funcionamento em meados de 2002. Antes disso, tínhamos de extrair informações de uma variedade de planilhas e bancos de dados de locais personalizados por todo o planeta", afirma Patel. De fato, esse é ainda o caso, mas agora o *software* da Informatica realiza a extração, e funcionários de compras como Patel podem obter acesso instantâneo a métricas sofisticadas.

"Costumava levar vinte dias para um de nossos agentes de compra indireta coletar estatísticas globais", afirma Chet Phillips, diretor de TI para inteligência de negócios da Motorola.

> "Agora, leva apenas alguns minutos". Segundo Patel, o resultado é mais inteligente e as decisões, mais rápidas: "No meu painel, posso ver imediatamente os nossos gastos mundiais com um fornecedor em particular. Posso destrinchar os dados de várias maneiras, em variados gráficos, registros de históricos, compras por departamentos etc. Isso me dá exatamente o que preciso para negociar um acordo melhor com o fornecedor".
>
> Ele afirma que o *dashboard* também lhe permite ser mais proativo. "Ao combinar a análise de compra no meu desktop com as condições atuais do mercado, posso determinar se é melhor negociar uma mercadoria ou ir em frente e garantir o fornecimento", diz Patel. O resultado é um fabuloso retorno sobre o investimento. "Estimamos que esse sistema nos economizou cerca de US$ 15 milhões por mês em 2002", diz Phillips.
>
> *Fonte*: Adaptado de Mark Leon. "Business-Intelligence Dashboards Get Democratic". *Computerworld*, 16 de junho de 2003.

Portais empresariais e apoio à decisão

Não confunda portal com sistema de informação executiva usado em algumas indústrias há vários anos. Os portais são acessíveis a todos dentro de uma empresa, e não apenas aos executivos. As empresas desejam que funcionários importantes também tomem decisões usando navegadores e portais, e não apenas os executivos utilizando software *especializado de sistemas de informação executiva.*

Como já mencionado neste capítulo, estão ocorrendo grandes mudanças e expansão das tradicionais ferramentas MIS, DSS e EIS para oferecer aos gerentes informações e modelagem necessárias para apoiar no processo de decisão. O apoio à decisão nos negócios está mudando, estimulado pelo rápido avanço nas redes e na computação de usuário final, na tecnologia da internet e da web, e nas aplicações empresariais com recursos da web. Uma das principais mudanças observada nos sistemas de informações gerenciais e de apoio à decisão empresarial é o rápido crescimento de portais de empresa.

Portal de informações de empresa

O usuário verifica seu e-mail, *procura o preço atual das ações da companhia, verifica seus dias de férias e recebe um pedido de cliente – tudo isso no navegador do seu computador de mesa. Essa é a próxima geração de intranets, também conhecida como portal de informações da empresa ou da corporação. Com o portal, o navegador torna-se o painel de controle das tarefas empresariais cotidianas.*

Portal de informações de empresa (*enterprise information portal* – EIP) consiste em uma interface baseada na web e integração entre MIS, DSS, EIS e outras tecnologias, que oferece a qualquer usuário de intranet e usuários selecionados de extranet acesso a diversas aplicações e serviços internos e externos. Por exemplo, as aplicações internas incluem acesso ao correio eletrônico, a *sites* de projetos na web e grupos de discussão; serviços de autoatendimento de recursos humanos na web; bancos de dados de clientes, estoque e outros bancos de dados corporativos; sistemas de apoio à decisão e de gestão de conhecimento. As aplicações externas incluem serviços de notícias setoriais, financeiras e outras da internet, e ligações com grupos de discussão de um setor específico e com *sites* de extranet e internet de clientes e fornecedores. Os portais de informações de empresa normalmente são feitos sob medida ou personalizados de acordo com as necessidades do usuário individual ou de grupos de usuários corporativos, proporcionando-lhes um *painel de controle digital* personalizado de aplicações e fontes de informações (ver Figura 9.20).

Entre as vantagens desses portais, estão a oferta de informações mais específicas e seletivas para os usuários, acesso facilitado aos recursos do site da intranet corporativa e às notícias setoriais, e acesso melhorado aos dados da companhia de clientes, fornecedores ou parceiros comerciais selecionados. Os portais também ajudam a evitar a navegação excessiva dos funcionários nos *sites* da internet e da companhia, facilitando o recebimento ou a obtenção das informações e dos serviços necessários, aumentando, assim, a produtividade da força de trabalho da empresa.

A Figura 9.21 mostra como as companhias estão desenvolvendo portais de informações de empresa de modo a oferecer informações, conhecimento e apoio à decisão com recursos da web a seus executivos, gerentes, funcionários, fornecedores, clientes e outros parceiros comerciais. O portal de informação de empresa é uma interface baseada na web, personalizada

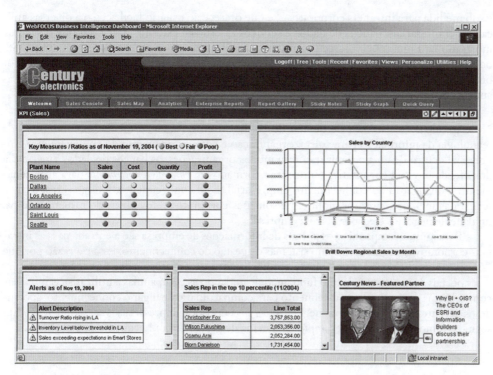

FIGURA 9.20 Um portal de informações de empresa oferece ao profissional de negócios um ambiente de trabalho personalizado de fontes de informação, de ferramentas analíticas e administrativas, e de aplicações empresariais importantes.

Fonte: Cortesia de Information Builders.

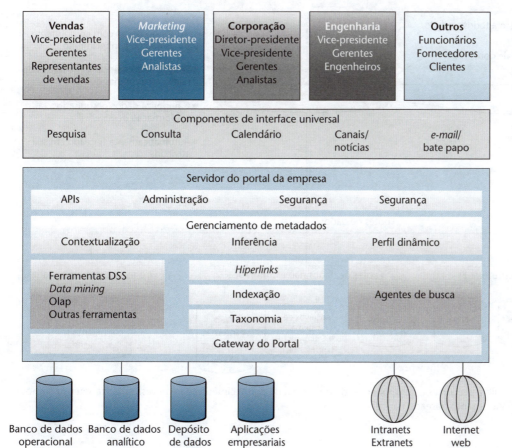

FIGURA 9.21 Os componentes desse portal de informações de empresa os identificam como sistema de apoio à decisão com recursos na web que pode ser personalizado para executivos, gerentes, funcionários, fornecedores, clientes e outros parceiros comerciais.

e sob medida para intranets corporativas, e que oferece ao usuário fácil acesso a diversas aplicações empresariais, bancos de dados e serviços internos e externos. Por exemplo, o sistema mostrado na Figura 9.20 oferece ao usuário qualificado acesso seguro às ferramentas DSS, de *data mining* e Olap, à internet e à web, à intranet corporativa, às extranets de fornecedor ou cliente, aos bancos de dados analíticos e operacionais, ao depósito de dados e a diversas aplicações empresariais.

Sistemas de gestão do conhecimento

No Capítulo 2, os **sistemas de gestão do conhecimento** foram apresentados como o uso da tecnologia da informação para coleta, organização e compartilhamento do conhecimento empresarial dentro de uma organização. Em muitas organizações, os bancos de dados hipermídia dos *sites* da intranet corporativa têm-se transformado em *bases de conhecimento* para armazenamento e divulgação do conhecimento empresarial. Esse conhecimento, muitas vezes, toma a forma das melhores práticas, políticas e soluções corporativas nos níveis de projeto, equipe, unidade de negócios e corporativo da empresa.

Para muitas companhias, os portais de informações de empresa são a entrada para as intranets corporativas que servem como sistemas de gestão de conhecimento. Essa é a razão por que esses portais são chamados **portais de conhecimento de empresa** pelos fornecedores. Assim, esses portais exercem uma função fundamental ajudando as companhias a utilizar suas intranets como sistema de gestão de conhecimento para compartilhar e divulgar o conhecimento, apoiando os gerentes e profissionais de negócios nas suas decisões empresariais (ver Figura 9.22). Em seguida, vamos examinar um exemplo de sistema de gestão de conhecimento nos negócios.

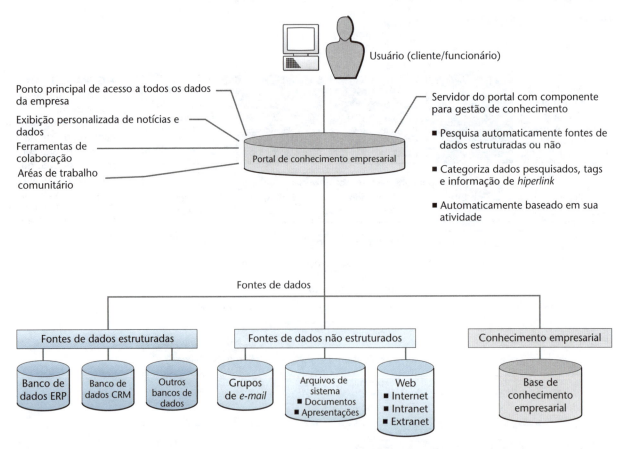

FIGURA 9.22 Este exemplo de recursos e componentes de um portal de conhecimento da empresa enfatiza seu uso como sistema de gestão do conhecimento baseado na web.

Northrop Grumman: passando o conhecimento ao longo das gerações

Em 1997, com a Guerra Fria nos seus calcanhares, milhares de engenheiros que haviam ajudado a projetar e manter os bombardeiros B-2 foram convidados a abandonar o setor de sistemas integrados da Northrop Grumman. Como quase 12 mil trabalhadores abandonando os postos e restando apenas 1.200 de uma equipe de 13 mil, eles levaram consigo anos de experiência e conhecimentos profundos sobre aquela que foi considerada na época a aeronave mais complexa já construída.

A Northrop Grumman sabia que tinha de manter suficiente *know-how* para dar suporte a longo prazo à divisão de manutenção do bombardeiro B-2. Assim, uma recém-formada equipe gestão do conhecimento identificou os maiores especialistas e os entrevistou antes que partissem. Mas era difícil ter tudo em uma única entrevista, diz Scott Shaffar, diretor de gestão do conhecimento da Northrop Grumman para a região oeste do setor de sistemas integrados. "Realmente perdemos um pouco daquele conhecimento", diz Shaffar. "Em uma entrevista de saída você pode coletar certas coisas, mas não uma vida inteira de experiência."

Vários anos mais tarde, a empresa utiliza uma variedade de ferramentas para a preservação e transferência de conhecimento de seus engenheiros – bem antes que eles se aposentem. Shaffar e sua equipe instalaram sistemas de gestão de documentos e espaços de trabalho comum que registram como um engenheiro fez o seu trabalho para futura referência. Eles deram início a programas que reúnem engenheiros jovens e mais antigos em todo o país para troca de informações, por *e-mail* ou pessoalmente, sobre problemas técnicos. Além disso, estão usando um *software* que auxilia a localização de especialistas dentro da empresa.

Enquanto a maioria das empresas não terá de enfrentar a partida repentina de milhares de trabalhadores qualificados, como aconteceu com a Northrop Grumman no final dos anos 1990, esses trabalhadores e órgãos governamentais em situação semelhante terão de se preparar para a perda de importantes experiências e conhecimentos técnicos à medida que a geração *baby boomer* fica prestes a se aposentar na próxima década. Até 2010, mais da metade de todos os trabalhadores nos Estados Unidos estará com mais de 40 anos de idade. Embora a maioria dos gerentes superiores esteja consciente de que em breve terão um grande número de trabalhadores se aposentando, poucos estão fazendo algo significativo para se preparar para essa situação. Isso acontece porque muitas vezes é difícil quantificar o custo da perda de conhecimento.

Na Northrop Grumman, os tempos mudaram desde o maciço processo de *downsizing* da década de 1990. Embora uma grande porcentagem da sua força de trabalho esteja se aproximando da aposentadoria, a idade média dos trabalhadores caiu dos 40 e tantos para cerca de 45 anos nos últimos quatro anos, desde que a empresa começou a contratar mais recém-formados. Shaffar diz que está trabalhando agora para equilibrar a transferência mais gradual do conhecimento dos mais velhos para os trabalhadores mais jovens, com a necessidade de captar alguma experiência crucial rapidamente, antes que seja tarde demais. Por exemplo, os engenheiros da Northrop Grumman, que está competindo em uma proposta de um "veículo tripulado de exploração", projetado para substituir o ônibus espacial e viajar para a Lua (e eventualmente até Marte), reuniram-se com um grupo de aposentados que trabalhou no programa Apollo, responsável pelo envio de homens para a Lua mais de 35 anos atrás.

Usando um programa de computador chamado Quindi e uma câmera acoplada a um laptop, um facilitador reaviva memórias de aposentados registrando histórias sobre como lidavam com os problemas técnicos de enviar um homem à Lua. Essas histórias estarão disponíveis como páginas web para os engenheiros que trabalham no projeto. Shaffar reconhece que os funcionários preferem consultar outra pessoa do que um sistema em busca de conselhos, mas diz que o exercício ajudou a capturar o conhecimento que, de outra forma, teria desaparecido rapidamente.

O mais importante é que Shaffar aprendeu que o problema ultrapassa o exame das habilidades disponíveis agora: "Sempre houve novas gerações, e nós não somos diferentes. Orientação, formação e transmissão de conhecimentos não é algo que você possa fazer na última hora. Você tem de planejar com antecedência".

Fonte: Adaptado de Susannah Patton. "How to Beat the Baby Boomer Retirement Blues". *CIO Magazine*, 15 de janeiro de 2006.

Seção II — Tecnologia da inteligência artificial empresarial

Negócios e inteligência artificial

A tecnologia da inteligência artificial está sendo empregada de diversas maneiras para aperfeiçoar o apoio à decisão oferecido a gerentes e profissionais de negócios de muitas empresas (ver Figura 9.23). Por exemplo:

As aplicações com capacidade de inteligência artificial estão sendo utilizadas em recuperação e distribuição de informações, data mining, projeto de produtos, produção, inspeção, treinamento, suporte ao usuário, planejamento cirúrgico, programação de recursos e gestão de recursos complexos.

Na realidade, qualquer pessoa que programa, planeja, aloca recursos, cria novos produtos, utiliza a internet e desenvolve software é responsável pela qualidade dos produtos, é profissional da área financeira, conduz uma equipe de TI, utiliza tecnologia da informação ou atua em qualquer outra área ou possui qualquer outra capacidade, e provavelmente já está envolvida com a tecnologia da inteligência artificial, a qual está produzindo vantagem competitiva.

Leia o "Caso do mundo real 2" a seguir. É possível aprender muito sobre aplicações da inteligência artificial a partir desse exemplo.

Visão geral sobre inteligência artificial

O que é inteligência artificial? **Inteligência artificial** (IA) é um campo da ciência e da tecnologia baseado em disciplinas como informática, biologia, psicologia, lingüística, matemática e engenharia. A finalidade da inteligência artificial é desenvolver computadores com capacidade de simulação do pensamento, além de visão, audição, fala, sentimento e movimento. A principal característica da inteligência artificial é simular funções no computador normalmente associadas à inteligência humana, como capacidade de raciocínio, aprendizagem e solução de problemas, como mostra a Figura 9.24.

Desde a apresentação de trabalhos sérios da área na década de 1950, surgiram discussões acirradas em torno da inteligência artificial. Os questionamentos não foram apenas em termos tecnológicos, mas também morais e filosóficos sobre a viabilidade da criação de máquinas pensantes e inteligentes. Por exemplo, em 1950, o pioneiro britânico em inteligência artificial, Alan Turing, propôs um teste para determinar se as máquinas eram capazes de pensar. De acordo com esse teste, o computador demonstraria inteligência se algum entrevistador humano conversasse, sem visualizar, com uma pessoa e um computador e não conseguisse distinguir um do outro. Embora muito trabalho tenha sido apresentado em muitos dos subgrupos dentro do grupo inteligência artificial, os críticos acreditam que nenhum computador efetivamente passaria pelo teste de Turing. Eles afirmam ser impossível desenvolver inteligência para emprestar capacidades verdadeiramente humanas aos computadores. Contudo, os avanços continuam, e só o tempo dirá se as metas ambiciosas da inteligência artificial serão atingidas e equiparadas às imagens popularmente vistas na ficção científica.

Uma derivação do teste de Turing que está agregando valor real para a comunidade on-line é o CAPTCHA. Um **CAPTCHA** (Completely Automated Public Turing test to tell Computers And Humans Apart, ou teste de turing público completamente automatizado para diferenciação entre computadores e humanos) é um tipo de teste de desafio-resposta usado em uma ampla variedade de aplicações de computação para determinar se o usuário é realmente um ser humano e não um computador dissimulado. Um CAPTCHA é às vezes descrito como um teste de Turing reverso, porque é administrado por uma máquina e direcionados a um ser humano, em contraste com o teste de Turing padrão, que é geralmente administrado por um ser humano e orientada para uma máquina. O processo envolve um computador (como um servidor de um site de varejo na web) que solicita ao usuário que faça um teste simples capaz de ser gerado e verificado pelo computador. Uma vez que outros computadores são incapazes de resolver o CAPTCHA, todo usuário que acerta a resposta correta é tido como um ser humano. Um tipo comum de CAPTCHA requer que o usuário digite as letras de uma imagem distorcida, às vezes com a adição de uma sequência obscurecida das letras ou dígitos que aparece na tela. Sem dúvida você já viu isso ao fazer uma nova conta em um loja ou o check-out de uma compra *on-line*. A Figura 9.25 mostra vários exemplos comuns de padrões de CAPTCHA.

CASO DO MUNDO REAL 2

Goodyear, JEA, Osumc e Monsanto: tecnologias legais levam à vantagem competitiva

Se a necessidade é a mãe da invenção, então o capitalismo é, seguramente, a mãe da inovação. As empresas estão sendo levadas a desenvolver aplicações específicas de tecnologias inegavelmente legais pela necessidade de criar uma vantagem competitiva sustentável. "No final do dia, essa coisa legal que desenvolvemos é uma ferramenta", diz Stephanie Wernet, CIO da Goodyear. "E serve para um fim de negócio. No nosso caso, essa ferramenta permite-nos lançar produtos novos e mais inovadores mais rapidamente do que a concorrência".

Trabalhando com a Sandia National Labs, o departamento de TI da Goodyear desenvolveu um *software* para projetar e testar pneus virtualmente. Antigamente, a empresa construía protótipos físicos e os testava, dirigindo com eles ao longo de milhares de quilômetros de pistas. Usando um modelo matemático, o *software* simula o comportamento do pneu em diferentes condições de pilotagem para que o projetista possa verificar como o pneu é empurrado, puxado e esticado enquanto roda por uma estrada, sofre solavancos, faz curvas, é freado bruscamente e adere à estrada em condições de piso molhado, seco e congelado. A Goodyear queria diminuir esse período para levar seus produtos ao mercado mais rapidamente. Três funcionários de pesquisa e desenvolvimento tiveram a ideia de testar os protótipos usando simulações de computador, o que poderia tornar o trabalho mais rápido.

A empresa nunca tinha feito simulações, mas percebeu que os investimentos iniciais e os custos de manutenção posteriores valiam a pena. O custo de produtos vendidos da Goodyear, bem como as suas vendas, diminuíram 2,6% entre 2003 e 2004, o ano em que seus pneus testados totalmente em simulações foram lançados no mercado. No mesmo período, o orçamento de pesquisa e desenvolvimento (P&D) para testes e design de pneus diminuiu 25%.

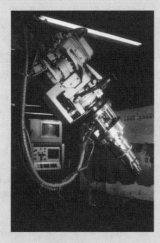

Fonte: © Charles Smith/Corbis.

FIGURA 9.23 Tecnologias avançadas, como inteligência artificial, simulações matemáticas e robótica, podem ter um impacto significativo sobre os processos de negócios e resultados financeiros.

Um *software* personalizado roda em centenas de processadores de centenas de computadores Linux em um ambiente de computação massivamente paralela. A Goodyear investiu mais de US$ 6 milhões para construir esse ambiente de computação de alta potência e planeja expandir e atualizar seus clusters Linux para atender às demandas de negócio de pneus novos e melhorar a fidelidade dos seus testes virtuais. A empresa acredita ser a primeira fabricante de pneus a utilizar os computadores para projetar e testar suas rodas. Embora a indústria automobilística faça o trabalho de projeto assistida por computador desde os anos 1980, a tecnologia não havia sido aplicada a pneus, uma vez que os materiais maleáveis que os compõem tornam as simulações uma tarefa difícil.

Os projetistas podem executar dez vezes mais testes, reduzindo o tempo de lançamento de um pneu novo no mercado de dois anos para menos de nove meses. A Goodyear atribui seu crescimento de vendas de US$ 15 bilhões em 2003 para US$ 20 bilhões em 2005 ao lançamento de novos produtos, resultados dessa mudança.

A empresa de serviços públicos JEA utiliza a tecnologia de redes neurais para criar um sistema de inteligência artificial recentemente implementado. O sistema automaticamente determina a combinação ideal de petróleo e gás natural de que as caldeiras da empresa necessitam para produzir eletricidade de forma econômica, de acordo com os preços dos combustíveis e a quantidade de eletricidade necessária. Ele também garante que a quantidade de óxido nitroso (N_2O) emitido durante o processo de geração não exceda as regulamentações governamentais.

A JEA precisava reduzir despesas operacionais, em particular os custos do combustível, por conta da ascensão vertiginosa dos preços de petróleo e gás que começou em 2002. Do orçamento da JEA de US$ 1,3 bilhão, 40% destinam-se à compra de petróleo e gás para alimentar suas caldeiras, o que significa que uma pequena mudança na forma como a eletricidade é produzida poderia acrescentar milhões de dólares ao lucro final. A tecnologia da rede neural modela o processo de produção de eletricidade. O *software* de otimização da NeuCo determina as combinações certas de petróleo e gás para produzir eletricidade a baixo custo e, ao mesmo tempo, minimizar as emissões.

A JEA, que atende mais de 360 mil clientes em Jacksonville e três condados vizinhos na Flórida, é o primeiro serviço público no mundo a aplicar a tecnologia de redes neurais para a produção de eletricidade em caldeiras de leito fluidizado circulante. A empresa construiu um sistema que toma decisões baseadas em dados históricos de operação e mais de 100 *inputs* associados ao processo de combustão, incluindo fluxos de ar e geração de megawatts. O sistema aprende quais combinações de combustível são ideais, fazendo ajustes para a caldeira em tempo real. Também prevê o que fazer no futuro com base em determinados pressupostos de custo de combustível. "Tivemos problemas com os preços do petróleo. Ao mesmo tempo, os preços do gás passaram de US$ 4 por BTU para 14. Precisamos utilizar o gás porque esse material diminui as emissões. Essa solução nos ajudou a equilibrar todos esses itens", diz Wanyonyi Kendrick, CIO da JEA.

O projeto, dirigido pela divisão de TI, custou US$ 800 mil e se pagou em oito semanas. O sistema reduziu a quantidade de gás natural usada para controlar as emissões de N_2O em 15%, uma economia anual estimada em US$ 4,8 milhões. Com o preço

Continua ⟶

de gás natural em US$ 11 por BTU, a JEA espera economizar US$ 13 milhões em combustível em 2006. Além do mais, a JEA descobriu que pode utilizar as aplicações de novas tecnologias para seus negócios de fornecimento de água.

O Ohio State University Medical Center (Osumc) substituiu o seu sistema de transporte ferroviário suspenso, com 46 veículos robóticos automáticos para transporte de roupas, alimentação lixo e suprimentos médicos pelos mil leitos hospitalares. Os robôs não interagem com os pacientes, mais realizam tarefas de rotina que o pessoal do hospital costumava fazer. Confrontado com a diminuição de receitas e com os custos crescentes, o Osumc precisava economizar dinheiro e melhorar a assistência aos pacientes. Um comitê diretivo formado pelo setor de TI, por outros departamentos do hospital, consultores e fornecedores dirigiu esse projeto. Eles convenceram a equipe médica do valor do projeto por meio da demonstração da tecnologia e da informação de como aquilo resultaria em melhorias das condições de trabalho e atendimento aos pacientes. O transporte de materiais foi identificado como um setor para o corte de custos, uma vez que o hospital precisava atualizar o sistema existente.

Os robôs construídos pela FMC Technologies são guiados por uma rede sem fio infravermelha da Cisco Systems. A rede está embutida nas paredes do corredor e em elevadores projetados para o uso dos robôs. Três servidores Windows conectados à rede mantêm um banco de dados de tarefas para os robôs e padrões de tráfego. O Osumc é o primeiro hospital nos Estados Unidos a implementar um sistema automatizado orientado por infravermelho para transporte de materiais. A equipe do hospital usa um computador de tela sensível ao toque conectado a um servidor para chamar um robô quando, por exemplo, um carrinho de roupa precisa ir para a lavanderia. Para ir do ponto A ao ponto B, os robôs confiam em um mapa digital do centro médico programado na memória. O movimento também é acompanhado em relação ao número de vezes que as rodas completam as rotações. Assim, se um robô leva mil rotações das rodas para ir da cozinha de um edifício até o sexto andar, e as rodas completaram 500 voltas, o robô sabe que está no meio do caminho. Se um robô perde o contato com a rede, ele se desliga.

O sistema de US$ 18 milhões deve economizar aproximadamente US$ 1 milhão por ano durante os próximos 25 anos para o hospital. Desde que o sistema entrou em funcionamento em 2004, o Osumc economizou US$ 27.375 anualmente somente com a coleta de roupas. O CIO do Osumc, Detlev Smaltz, diz que o sistema melhora o atendimento ao paciente, liberando pessoal: "Se pudermos liberar nosso pessoal de tarefas comuns, como tirar o lixo, e dar-lhes mais tempo para fazer as que um profissional de saúde deve fazer, então isso é uma vantagem adicional do sistema".

O departamento de TI da Monsanto criou um *software* para identificar genes que indicam uma resistência de plantas a seca, herbicidas e pragas. Esses traços genéticos são usados para prever que plantas matrizes devem reproduzir para gerar safras mais saudáveis e fartas. O *software* processa dados de plantadores de todo o mundo e os apresenta de uma maneira colorida, fácil de compreender. Ao identificar o melhor estoque de reprodutores, isso aumenta as probabilidades dos criadores de encontrar uma combinação comercialmente viável de traços genéticos – de uma em um trilhão para uma em cinco. A organização de criação global da Monsanto, a dirigiu o projeto.

Quando a patente expirou para o Roundup, o matador de plantas daninhas da marca Monsanto, a empresa de Saint Louis investiu no aumento de seus negócios envolvendo sementes e características genéticas, que abrange mais da metade de sua receita de US$ 6,3 bilhões e US$ 255 milhões em lucros em 2005. A Monsanto acredita que pode vender mais milho, soja e sementes de algodão se os agricultores souberem que as sementes da empresa resultam em safras mais saudáveis e exigem menos pulverizações de inseticidas e herbicidas, o que também reduz os custos.

Os cientistas da Monsanto usam o *software* para projetar sementes que resistem à seca e às pragas de modo eficaz e para produzir plantas que sejam mais saudáveis para a alimentação de seres humanos e animais. Eles fazem isso por meio da implantação dessas sementes com material genético que faz a planta resistir a insetos ou produzir mais proteína. O que Gregor Mendel, o pai da genética, acharia disso? "Isso é realmente diferente da forma como os agricultores cultivam suas lavouras", diz o CIO da Monsanto, Mark Showers. "Eles não tinham esse nível de detalhe de biologia molecular para determinar e selecionar as plantas que queriam manter de um ano para o outro."

A Monsanto colhe os benefícios de seu *software*, mas não revela os custos de desenvolvimento. O lucro por ação (*earnings per share* – EPS) em uma base contínua cresceu de US$ 1,59 para US$ 2,08 – ou 30% – de 2004 a 2005. O EPS da empresa deverá crescer 20% a mais em 2006. "Nos últimos quatro ou cinco anos, tivemos uma melhoria significativa na tomada de participação de mercado da nossa concorrência. Aumentamos nossa participação cerca de dois pontos por ano", diz Showers.

Fonte: Adaptado de Meridith Levinson. "IT Innovation: Robots, Supercomputers, AI and More". *CIO Magazine*, 15 de agosto de 2006.

QUESTÕES DO ESTUDO DE CASO

1. Considere os resultados dos projetos examinados nesse caso. Em todas eles, as recompensas são maiores e alcançadas mais rapidamente do que em implementações de sistema mais tradicionais. Por que isso aconteceu? O que diferencia esses projetos dos outros já vistos anteriormente? Que diferenças são essas? Dê vários exemplos.
2. Como essas tecnologias criam valor de negócio para as organizações que as implementam? Como essas implementação são semelhantes no modo como conseguem o valor de negócio? E como são diferentes? Dê exemplos do caso para justificar a sua resposta.
3. Em todos esses exemplos, as empresas tiveram uma necessidade urgente que as levou a investigar as novas tecnologias radicais. A história teria sido diferente se as empresas já contassem com um bom desempenho? Por quê? Até que ponto estas inovações são dependentes da presença de um problema ou crise?

ATIVIDADES DO MUNDO REAL

1. Escolha uma das empresas apresentadas no caso e pesquise na internet o status atual do seu projeto. Também dê uma olhada em seus concorrentes e descubra como eles reagiram à introdução dos desenvolvimentos mencionados no caso. Houve algum caso de imitação?
2. Uma vez que essas tecnologias vão além da capacidade e habilidades dos seres humanos, qual é o papel das pessoas nos processos modificados? Essas tecnologias nos fortalecem, permitindo-nos superar nossas limitações e ampliar o nosso leque de possibilidades? Ou, em vez disso, elas relegam as pessoas para o papel de aceitar acriticamente os resultados desses processos? Divida a turma em pequenos grupos para discutir essas questões e observe quais são os argumentos que sustentam uma posição ou outra.

Atributos do comportamento Inteligente
• Pensar e raciocinar.
• Utilizar o raciocínio para resolver problemas.
• Aprender ou compreender com base na experiência.
• Adquirir e aplicar o conhecimento.
• Demonstrar criatividade e imaginação.
• Lidar com situações complexas ou inusitadas.
• Reagir rapidamente e com êxito diante de novas situações.
• Reconhecer a importância relativa dos elementos em uma situação.
• Lidar com informações ambíguas, incompletas ou incorretas.

FIGURA 9.24 Alguns atributos do comportamento inteligente. A inteligência artificial consiste na tentativa de reproduzir essas capacidades nos sistemas baseados em computador.

A Figura 9.26 mostra os principais **domínios** da pesquisa e do desenvolvimento da inteligência artificial. As **aplicações** da inteligência artificial podem ser agrupadas em três áreas importantes: ciência cognitiva, robótica e interfaces naturais, embora essas classificações se sobreponham e outras possam ser utilizadas. Observe também que os sistemas especialistas são apenas uma das principais aplicações de inteligência artificial. A seguir, será apresentada uma rápida análise de cada uma dessas áreas da inteligência artificial e algumas das principais tecnologias atuais. A Figura 9.27 mostra alguns dos desenvolvimentos mais recentes em termos de aplicações comerciais da inteligência artificial.

Domínios da inteligência artificial

Ciência cognitiva. Essa área da inteligência artificial é baseada na pesquisa em biologia, neurologia, psicologia, matemática e muitas outras disciplinas aliadas. Ela se dedica a pesquisar como o cérebro humano funciona e como o homem pensa e aprende. Os resultados das pesquisas sobre o *processamento humano da informação* servem de suporte para o desenvolvimento de diversas aplicações baseadas no computador envolvendo inteligência artificial.

As aplicações na área da ciência cognitiva da inteligência artificial incluem a criação de *sistemas especialistas* e outros *sistemas baseados no conhecimento* que acrescentam uma base de conhecimento e alguns recursos de raciocínio aos sistemas de informação. Também estão incluídos os *sistemas de aprendizagem adaptativa*, com capacidade para modificar comportamentos com base nas informações adquiridas com suas operações. Os sistemas de jogos de xadrez são exemplos primitivos desse tipo de aplicação, embora muitas outras aplicações estejam sendo implementadas. Os sistemas de *lógica fuzzy* processam dados incompletos ou ambíguos, ou seja, *dados nebulosos*. Assim, esses sistemas conseguem resolver problemas semiestruturados com conhecimento incompleto,

FIGURA 9.25 Exemplos de padrões CAPTCHA comuns que podem ser facilmente resolvidos por seres humanos, mas dificilmente detectados por computadores.

FIGURA 9.26 Principais áreas de aplicação da inteligência artificial. Muitas aplicações de inteligência artificial podem ser agrupadas em três áreas principais: ciência cognitiva, robótica e interface natural.

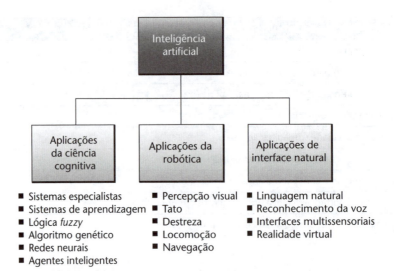

desenvolvendo deduções e respostas aproximadas, assim como fazem os seres humanos. O *software* de *rede neural* consegue aprender, processando exemplos de problemas e suas resoluções. À medida que a rede neural começa a reconhecer padrões, ela começa a se programar para resolver, de forma independente, esse tipo de problema. O *software* de *algoritmo genético* utiliza funções

FIGURA 9.27 Exemplos de algumas das aplicações comerciais mais recentes de inteligência artificial.

Aplicações comerciais de inteligência artificial
Apoio à decisão
• Ambiente de trabalho inteligente que permite identificar a *razão* e o *objetivo* de um projeto de engenharia ou de uma decisão.
• Sistemas com interface inteligente entre computador e ser humano e capacidade de compreender a fala e os gestos, facilitando, assim, a solução de problemas e servindo de apoio ao trabalho conjunto em âmbito organizacional para solucionar problemas específicos.
• *Software* de alocação de recursos e de avaliação da situação utilizado em áreas que vão de linhas aéreas e aeroportos até centros logísticos.
Recuperação de informações
• Sistemas de internet e intranet baseados em inteligência artificial que transformam quantidades enormes de informação em simples apresentações.
• Tecnologia da linguagem natural para recuperar qualquer tipo de informação *on-line*, de textos a figuras, vídeos, mapas, clipes de áudio, em resposta a perguntas, por exemplo, em inglês.
• *Data mining* para análise de tendência de *marketing*, previsão financeira, redução de custos de manutenção, e assim por diante.
Realidade virtual
• Visão de raio X proporcionada por visualização de realidade aperfeiçoada que permite ao cirurgião "ver através" do tecido intermediário para operar, monitorar e avaliar a progressão de uma doença cerebral.
• Interfaces táteis e animações automatizadas que permitem ao usuário interagir com objetos virtuais por meio do toque (por exemplo, estudantes de medicina conseguem "sentir" como é a sutura de aortas rompidas).
Robótica
• Sistemas de inspeção com visão da máquina para medição, orientação, identificação e inspeção de produtos que proporcionam vantagem competitiva na produção.
• Sistemas de robôs de alta tecnologia, de microrrobôs a mãos e pernas, até sistemas de visão modular treinável e de robótica cognitiva.

darwinianas (sobrevivência do mais apto), aleatórias e outras funções matemáticas para simular os processos evolutivos que possam gerar soluções cada vez melhores para os problemas. Além disso, há os *agentes inteligentes* que utilizam sistema especialista e outras tecnologias de inteligência artificial para servir como *software* substituto de diversas outras aplicações de usuário final.

Robótica. Inteligência artificial, engenharia e fisiologia são disciplinas básicas da **robótica**. Essa tecnologia produz robôs com inteligência de computador e controlados por computador, e com capacidades físicas semelhantes às do homem. Essa área, portanto, abrange aplicações destinadas a dar aos robôs o poder de visão, ou percepção visual; toque, ou capacidade tátil; destreza, ou capacidade de manuseio ou manipulação; locomoção, ou capacidade física de mover sobre qualquer tipo de superfície: e navegação, ou inteligência para identificar a direção correta de um destino.

Interfaces naturais. O desenvolvimento de interfaces naturais é considerado a principal área das aplicações de inteligência artificial, além de ser fundamental para o uso natural de computadores pelos seres humanos. Por exemplo, o desenvolvimento de *linguagem natural* e de reconhecimento da voz é o principal mecanismo dessa área da inteligência artificial. Uma das metas da pesquisa em inteligência artificial é a capacidade de conversar com computadores e robôs na linguagem humana comum e fazer os equipamentos "entenderem" a fala humana com a mesma facilidade com que as pessoas se entendem. Essa capacidade envolve pesquisa e desenvolvimento nas áreas de linguística, psicologia, informática e em outras disciplinas. Outras aplicações das pesquisas com interface natural englobam a criação de mecanismos multissensoriais que utilizem diversos movimentos corporais na operação dos computadores. Esse desenvolvimento está relacionado com a área emergente da realidade virtual. A realidade virtual envolve a utilização de interfaces multissensoriais entre seres humanos e computadores, o que possibilita aos usuários humanos experimentar objetos, espaços, atividades e "universos" simulados pelo computador, como se eles fossem reais. Examinemos agora alguns exemplos de como a inteligência artificial está se tornando cada vez mais importante para o mundo dos negócios.

A inteligência artificial chega aos negócios

Hoje, os sistemas de IA podem realizar um trabalho útil "em um mundo muito grande e complexo", segundo Eric Horvitz, pesquisador de inteligência artificial da Microsoft Research (MSR): "Esses agentes de *software* de pequeno porte não contam com uma representação completa do mundo, por isso sentem-se incertos sobre suas ações. Assim, eles aprendem a compreender as probabilidades de várias coisas acontecendo, aprendem as preferências dos usuários e os custos de resultados, e, talvez mais importante, começam a se tornar autoconsciente".

Essas habilidades derivam de algo chamado "aprendizagem de máquina", que está no coração de muitos aplicativos modernos de IA. Em essência, um programador começa com um modelo cru do problema que está tentando resolver, mas se baseia na capacidade do *software* de se adaptar e melhorar com a experiência.

Os *softwares* de reconhecimento de voz melhoram à medida que aprendem as nuança da voz do usuário. E, com o passar do tempo, o site Amazon.com consegue prever com exatidão as preferências dos clientes que fazem compras *on-line*. A aprendizagem de máquina é ativada por algoritmos inteligentes, é claro, mas o que tem contribuído para o conhecimento disso nos últimos anos é a disponibilidade de enormes quantidades de dados a partir da internet e, mais recentemente, de vários sensores físicos.

A Microsoft Research, por exemplo, tem combinado sensores, aprendizagem de máquina e análise de comportamento humano em um modelo de previsão de tráfego rodoviário. Prever problemas no tráfego parece ser uma aplicação óbvia e não muito difícil dos sensores e previsão de computador. Mas a MSR percebeu que a maioria dos motoristas dificilmente precisa ser avisada de que a interestadual na saída da cidade vai estar engarrafada às 17 horas na segunda-feira. O que eles realmente precisam saber é quais e quando anomalias, ou "surpresas", vão ocorrer e, talvez o mais importante, onde irão ocorrer. Assim, a MSR construiu um modelo de "previsão surpresa" que aprende com a história de tráfego para prever surpresas com trinta minutos de antecedência, dependendo dos fluxos de tráfego reais capturados pelos sensores. Em testes, o modelo foi capaz de prever cerca de 50% das surpresas nas estradas da região de Seattle e atualmente é usado por milhares de motoristas que recebem alertas em seus dispositivos Windows Móbile.

Poucas organizações precisam mostrar o sentido de tantos dados quanto as empresas de mecanismos de busca. Por exemplo, se um usuário pesquisa no Google "carro de brinquedo" e clica em um anúncio da Walmart, que aparece no topo dos resultados, o que isso vale para o Walmart, e quanto o Google deve cobrar pelo clique? As respostas estão em uma especialidade de IA que emprega "agentes de comércio digital", que empresas como o Walmart e o Google utilizam em leilões *on-line* automatizados.

Michael Wellman, professor da Universidade de Michigan e especialista nesses mercados, explica: "Há milhões de palavras-chave, e um anunciante pode estar interessado em centenas ou milhares delas. Eles têm de acompanhar os preços das palavras-chave e decidir como alocar seu orçamento, e é muito difícil para o Google ou Yahoo! descobrir quanto vale uma determinada palavra-chave. Elas deixam o mercado decidir isso por meio de um processo de leilão".

Quando a consulta "carro de brinquedo" é feita, em uma fração de segundos o Google examina que anunciantes estão interessados nessas palavras-chave. Em seguida, consulta as propostas desses anunciantes e decide quais os anúncios serão exibidos e onde colocá-los na página. "O problema em que estou especialmente interessado", diz Wellman, "é como um anunciante deve decidir em quais palavras-chave investir, o quanto ele deve investir e como aprender ao longo do tempo – baseado na eficácia de seus anúncios – a quantidade de concorrência para cada palavra-chave".

Fonte: Adaptado de Gary Anthes. "Future Watch: A.I. Comes of Age". *Computerworld*, 26 de janeiro de 2009.

Sistemas especialistas

Uma das aplicações mais práticas e amplamente implementadas de inteligência artificial nas empresas é o desenvolvimento de sistemas especialistas e outros sistemas de informação baseados no conhecimento. O sistema de informação baseado no conhecimento acrescenta uma base de conhecimento aos principais componentes encontrados em outros tipos de sistemas de informação baseados no computador. **Sistema especialista** é um sistema de informação baseado no conhecimento que utiliza o conhecimento de uma área de aplicação específica e complexa para atuar como consultor especialista para usuários finais. Os sistemas especialistas oferecem respostas a perguntas de áreas problemáticas bem específicas, com inferências, assim como faz o ser humano, a partir do conhecimento contido em uma base especializada. Esses sistemas também são capazes de explicar ao usuário o processo de raciocínio e as conclusões. Desse modo, os sistemas especialistas oferecem ao usuário final apoio ao processo decisório na forma de orientação de um consultor especializado em uma área problemática específica.

Componentes de um sistema especialista

Os componentes de um sistema especialista abrangem uma base de conhecimento e módulos de *software* para executar inferências baseadas no conhecimento contido na base e comunicar as respostas às perguntas de um usuário. A Figura 9.27 mostra os componentes inter-relacionados de um sistema especialista.

FIGURA 9.28 Resumo de quatro métodos de representação do conhecimento na base de conhecimento de um sistema especialista.

Métodos de representação do conhecimento
• **Raciocínio baseado em caso.** Representação do conhecimento em uma base de conhecimento de um sistema especialista na forma de casos, ou seja, de exemplos de desempenho, ocorrência e experiências do passado.
• **Conhecimento baseado em estrutura.** Representação do conhecimento na forma de hierarquia ou de rede de estruturas. Estrutura é um conjunto de conhecimentos sobre uma entidade constituído por um pacote complexo de dados descritivos de seus atributos.
• **Conhecimento baseado em objeto.** Representação do conhecimento na forma de rede de objetos. Objeto é um elemento de dados que inclui tanto dados quanto os métodos ou processos que atuam sobre esses dados.
• **Conhecimento baseado em regra.** Representação do conhecimento na forma de regras e afirmações de algum fato. Regras são afirmações na forma, normalmente, de premissa ou conclusão, como se (condição), e então (conclusão).

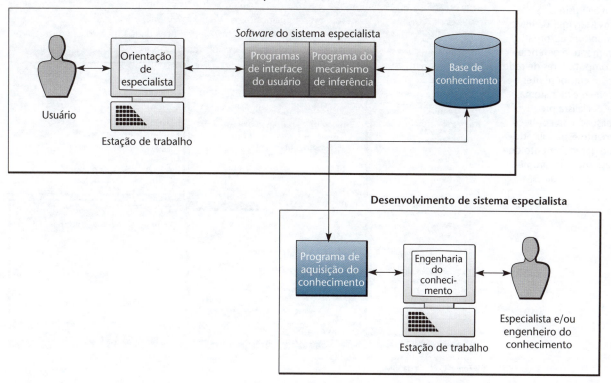

FIGURA 9.29 Componentes de um sistema especialista. Os módulos de *software* fazem deduções a partir da base de conhecimento criada por um especialista e/ou engenheiro do conhecimento. Esse processo oferece, de forma interativa, respostas especializadas às perguntas.

- **Base de conhecimento.** A base de conhecimento de um sistema especialista contém (1) fatos sobre uma área específica (por exemplo, *John é analista*) e (2) heurística (método empírico) que expressa a sistemática de raciocínio de um especialista no assunto (por exemplo, SE John é analista, ENTÃO ele precisa de uma estação de trabalho). Existem várias formas de representação desse tipo de conhecimento nos sistemas especialistas. Por exemplo, métodos de representação do conhecimento *baseado em regra, em estrutura, em objeto* e *em caso* (ver Figura 9.29).

- **Recursos de *software*.** Um pacote de *software* de sistema especialista contém mecanismo dedutivo e outros programas de refinamento do conhecimento e de comunicação com os usuários. O programa de **mecanismo de inferência** processa o conhecimento (por exemplo, as regras e os fatos) relacionado com um problema específico. Em seguida, estabelece associações e inferências, produzindo recomendações de curso de ações para o usuário. Além disso, o sistema necessita de programas de interface do usuário para comunicação com usuários finais, incluindo um programa explicativo da sistemática de raciocínio ao usuário, quando solicitado. Não fazem parte do sistema especialista, programas de aquisição do conhecimento, no entanto nele estão incluídos ferramentas de *software* para elaboração da base de conhecimento, assim como um programa *shell do sistema especialista*, usado para desenvolver sistemas especialistas.

A utilização de um sistema especialista envolve uma sessão interativa baseada no computador para explorar a solução de um problema, com o sistema atuando como consultor de um usuário final. O sistema especialista questiona o usuário, procura na sua base de conhecimento fatos e regras ou qualquer outro conhecimento, explica o processo de raciocínio, quando perguntado, e oferece orientação especializada na área específica em questão. A Figura 9.30 mostra uma aplicação de sistema especialista.

Aplicações de sistemas especialistas

FIGURA 9.30 O Tivoli Business Systems Manager da IBM monitora automaticamente e gerencia computadores de rede com componentes de *software* de sistema especialista proativo baseado no conhecimento especializado de gerenciamento de sistemas *mainframe* complexos da IBM.

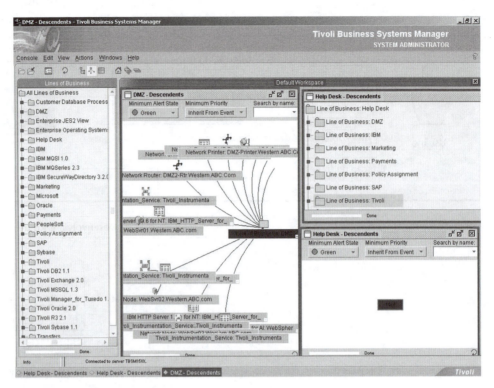

Fonte: Cortesia da IBM.

Os sistemas especialistas são usados em muitos tipos diferentes de aplicação, e espera-se um crescimento na variedade de aplicações. Contudo, é possível perceber que os sistemas especialistas normalmente servem a um ou mais usos genéricos. A Figura 9.31 descreve cinco categorias genéricas de atividades do sistema especialista, com exemplos específicos de aplicações reais. Como é possível observar, os sistemas especialistas estão sendo usados em muitas áreas diferentes, incluindo medicina, engenharia, ciências físicas e administração de empresas. Hoje, os sistemas especialistas ajudam a diagnosticar doenças, pesquisar minerais, analisar compostos, recomendar reparos e elaborar planejamento financeiro. Portanto, do ponto de vista estratégico empresarial, os sistemas especialistas podem ser usados – e estão sendo – para melhorar cada etapa do ciclo de produção de uma empresa, da localização de clientes à remessa dos produtos e ao atendimento ao cliente.

Vantagens de sistemas especialistas

O sistema especialista captura o conhecimento especializado de algum especialista ou de um grupo de especialistas em um sistema de informação baseado em computador. Desse modo, ele consegue superar o desempenho de um único especialista humano em muitas situações problemáticas, e essa é a razão pela qual o sistema especialista é mais rápido e mais coerente, possui conhecimento de diversos especialistas e não fica cansado ou disperso por causa de sobrecarga de trabalho ou estresse. Os sistemas especialistas também ajudam a preservar e reproduzir o conhecimento dos especialistas. Eles permitem à companhia preservar o conhecimento especializado de um funcionário antes de este deixar a organização. Esse conhecimento especializado pode, então, ser compartilhado, reproduzindo o *software* e a base de conhecimento do sistema especialista.

Limitações de sistemas especialistas

As principais limitações do sistema especialista estão no foco limitado, na incapacidade de aprender, nos problemas de manutenção e no custo de desenvolvimento. Os sistemas especialistas superam apenas na solução de tipos específicos de problemas de limitado domínio do conhecimento. Eles não conseguem resolver problemas que exijam ampla base de conhecimento e problemas subjetivos. Funcionam bem com tipos específicos de tarefas analíticas ou operacionais, no entanto, não auxiliam em tomada de decisão gerencial subjetiva.

O desenvolvimento e a manutenção dos sistemas especialistas também podem ser complicados e caros. Os custos dos engenheiros do conhecimento, o tempo gasto do especialista e os

Categorias de aplicação de sistemas especialistas
• **Gerenciamento de decisões.** Sistemas que avaliam situações ou analisam alternativas e recomendações com base em critérios definidos durante o processo de constatação: • Análise de carteira de empréstimo • Avaliação de desempenho de funcionário • Emissão de apólice de seguros • Projeções demográficas
• **Diagnóstico/solução de problemas.** Sistemas que deduzem as causas básicas com base em sintomas e históricos relatados: • Calibragem de equipamentos • Operações de central de atendimento • Depuração de *software* • Diagnóstico médico
• **Projeto/configuração.** Sistemas que ajudam a configurar equipamentos, seguindo as restrições existentes: • Instalação de opcionais no computador • Estudos de viabilidade da produção • Redes de comunicação • Plano ideal de montagem
• **Seleção/classificação.** Sistemas que ajudam o usuário a escolher produtos ou processos, muitas vezes, entre diversas e complexas alternativas: • Escolha de material • Identificação de conta fraudulenta • Classificação de informações • Identificação de suspeitos
• **Monitoramento/controle de processo.** Sistemas que monitoram e controlam procedimentos ou processos: • Controle das máquinas (incluindo robótica) • Controle de estoque • Monitoramento da produção • Testes químicos

FIGURA 9.31 Principais categorias de aplicação e exemplos de um típico sistema especialista. Há uma diversidade de aplicações que podem ser apoiadas por esses sistemas.

recursos de *hardware* e *software* podem ser altos demais para compensar os benefícios previstos em algumas aplicações. Além disso, os sistemas especialistas não se mantêm por conta própria, ou seja, não aprendem com a experiência, mas devem ser ensinados com novos conhecimentos e modificados quando for necessário novo conhecimento especializado para acompanhar o desenvolvimento nas áreas específicas.

Embora haja aplicações práticas para sistemas especialista, essas aplicações têm sido limitadas e específicas, porque, como vimos, os sistemas especialista têm domínio de conhecimento restrito. Um exemplo engraçado disso é o do usuário que utilizou um sistema especialista concebido para o diagnóstico de doenças da pele e concluiu que seu velho carro enferrujado havia contraído sarampo. Além disso, depois de passar o frenesi da novidade, a maioria dos programadores e desenvolvedores percebeu que sistemas especialistas comuns eram apenas versões mais elaboradas do mesmo tipo de lógica de decisão utilizadas na maioria dos programas de computador. Atualmente, a maior parte das técnicas utilizadas para desenvolver sistemas especialistas pode ser encontrada na maioria dos programas complexos sem que isso desperte muita atenção.

Healthways: aplicação de sistemas especialistas em saúde

Healthways, a líder norte-americana em serviços de assistência médica para pessoas saudáveis e com doenças crônicas, baseia-se em SAS para identificar pacientes de alto risco e implementar ações preventivas. A empresa sabe que a chave para o gerenciamento de doenças bem-sucedido é a correta identificação dos associados que mais precisam de cuidados. Usando o SAS, a Healthways reduz custos e ajuda a melhorar os resultados assistenciais dos associados ao prever aqueles que estão em maior risco de desenvolver problemas de saúde específicos. Ao fazer isso, a empresa é capaz de coordenar planos de internação com assistência planejada para evitar complicações no caminho.

A Healthways fornece gerenciamento de doenças e assistência a mais de dois milhões de associados do plano de saúde em todos os 50 Estados norte-americanos, no distrito de Columbia, em Guam e Porto Rico. A empresa oferece os seus serviços em nome dos melhores planos de saúde do país e emprega milhares de enfermeiros em *call centers* de todo o país, os quais coletam dados e fornecem suporte clínico para associados do plano de saúde e seus médicos.

Na Healthways, o objetivo é capacitar os associados do plano de saúde a gerir a própria saúde de forma eficaz. A empresa alcança o seu objetivo por meio do SAS para *data mining* e um grupo de robustas redes neurais de inteligência artificial. Para apoiar a análise preditiva, a Healthways acessa centenas de pontos de dados que envolvem a assistência de milhões de associados de planos de saúde.

"Queremos desenvolver modelos preditivos que não apenas identifiquem e classifiquem os pacientes em risco, mas também antecipem os que correm maior risco de desenvolver doenças específicas e complicações e, em seguida, determinem quais deles são mais aptos a cumprir os padrões recomendados de assistência", diz Adam Hobgood, diretor de estatísticas do Center for Health Research da Healthways. "Acima de tudo, queremos prever a probabilidade de sucesso desses associados com nossos programas de apoio. Ao identificarmos os pacientes de alto risco e implementarmos ações preventivas contra doenças futuras, esperamos impedir o aumento dos custos assistenciais antes que eles ocorram."

Com o SAS, a Healthways constrói modelos preditivos que avaliam o risco do paciente para determinados resultados e estabelece pontos de partida para a prestação de serviços. Uma vez que a Healthways informa os níveis de estratificação de risco em seu próprio "sistema especialista clínico", o sistema avalia as informações clínicas dos hospitais, os dados que os enfermeiros recolhem por telefone e as informações que grupos de empresas e associados de planos de saúde relatam.

Por fim, o sistema especialista clínico ajusta os níveis iniciais de estratificação de risco de acordo com as novas informações e o julgamento clínico especialista. A abordagem resultante para a estratificação de associados é uma solução híbrida que incorpora sofisticadas modelos preditivos de redes neurais de inteligência artificial, modelos baseados em regras clinicamente relevantes e critérios médicos especializados.

"É uma solução híbrida muito poderosa, e temos trabalhado em estreita colaboração com especialistas médicos na empresa para integrar o modelo de rede neural preditivo com o nosso sistema médico especialista de classe internacional", explica Matthew McGinnis, diretor sênior do Center for Health Research da Healthways. "A capacidade dos nossos médicos altamente experientes para usar o seu julgamento médico especializado complementa ainda mais o modelo e completa nossa abordagem híbrida para a estratificação. Acreditamos que são necessários sofisticados modelos estatísticos para ajudar a estratificar o risco de nossos associados, e, ao combinarmos isso com a mente médica bem treinada, criamos uma solução híbrida inigualável na indústria."

Fonte: Adaptado de "Healthways Heads Off Increased Costs with SAS®". Disponível em: www.sas.com, acessado em 25 de abril de 2009.

Desenvolvimento de sistemas especialistas

Para que tipos de problemas as soluções de sistemas especialistas são mais adequadas? Uma das opções para responder a essa pergunta é avaliar os exemplos de aplicações atuais de sistemas especialistas, incluindo as de realização de tarefas genéricas, como mostra a Figura 9.31. Outra opção é identificar critérios que tornam o problema adequado para ser solucionado por um sistema especialista. A Figura 9.32 indica alguns critérios importantes.

A Figura 9.32 destaca que, na verdade, muitas situações reais não são adequadas, de acordo com os critérios, para serem solucionadas pelos sistemas especialistas. Centenas de regras são necessárias para incluir suposições, fatos e raciocínios envolvidos até mesmo nos problemas mais simples. Por exemplo, uma tarefa realizada por um especialista em poucos minutos necessitaria de um sistema especialista com centenas de regras e que levaria meses para ser criado.

A maneira mais fácil de criar um sistema especialista é utilizando um programa **shell de sistema especialista** como ferramenta de desenvolvimento. Esse programa consiste em um pacote de *software* composto de sistema especialista sem instruções básicas, ou seja, sem a base de conhecimento. Desse modo, o *shell* do *software* (o mecanismo de inferência e os programas de interface do usuário) fica com recursos genéricos de dedução e interface do usuário. Outras ferramentas de

> **Critérios de adequação para sistemas especialistas**
>
> - **Domínio.** O domínio, ou área específica, do problema é relativamente pequeno e limitado a um problema bem definido.
> - **Especialidade.** As soluções do problema exigem os esforços de um especialista, o que significa uma base de conhecimento, técnicas e intuição necessárias de que apenas poucas pessoas dispõem.
> - **Complexidade.** A solução do problema é uma tarefa complexa que requer processamento de inferência lógico, que não seria adequadamente manipulada por um processamento convencional de informações.
> - **Estrutura.** O processo de solução tem de lidar com dados mal estruturados, imprecisos, faltantes e conflitantes, e com situações problemáticas que se alteram com passar do tempo.
> - **Disponibilidade.** Existe um especialista articulador e cooperador que conta com o apoio da administração e dos usuários finais envolvidos no desenvolvimento do sistema proposto.

FIGURA 9.32 Critérios para definição de aplicações adequadas para a criação de um sistema especialista.

desenvolvimento (por exemplo, editores de regras e geradores de interface do usuário) são acrescentadas para tornar o *shell* uma ferramenta poderosa de desenvolvimento de sistema especialista.

Hoje, os *shells* de sistema especialista estão disponíveis como pacotes de *software* de baixo custo para ajudar os usuários a criar seus próprios sistemas especialistas nos microcomputadores. Eles permitem ao usuário treinado criar a base de conhecimento para uma aplicação específica de sistema especialista. Por exemplo, um *shell* utiliza o formato de planilha eletrônica para ajudar o usuário final a criar regras de hipótese e conclusão, gerando automaticamente regras baseadas nos exemplos fornecidos por um usuário. Depois de criada a base de conhecimento, esta é utilizada com o mecanismo de inferência e os módulos de interface do usuário do *shell* como sistema especialista completo de uma área específica. Outras ferramentas de *software* exigem especialistas em TI para criação de sistemas especialistas (ver Figura 9.33).

Engenheiro do conhecimento é aquele profissional que trabalha com especialistas para coletar o conhecimento (fatos ou métodos empíricos) que eles possuem. O engenheiro do conhecimento cria, então, a base de conhecimento (e o restante do sistema especialista, se necessário), utilizando processo de iteração e de criação de protótipo até o sistema especialista atingir um nível aceitável. Portanto, os engenheiros do conhecimento executam uma função semelhante à dos analistas de sistemas na criação dos sistemas de informação convencionais.

Engenheiro do conhecimento

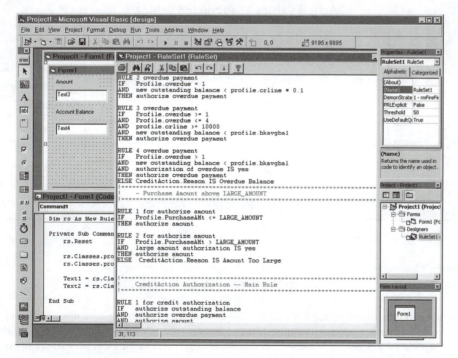

FIGURA 9.33 Utilização do Visual Rule Studio e Visual Basic para criar regras para um sistema especialista de controle de crédito.

Fonte: Cortesia de Trading Solutions.

Uma vez tomada a decisão de criar um sistema especialista, forma-se uma equipe composta por um ou mais especialistas no assunto e um engenheiro do conhecimento. Outra opção é a criação de sistemas especialistas por técnicos especializados e capacitados no uso de *shells* de sistema especialista. Se for utilizado um *shell*, os fatos e os métodos empíricos de um domínio específico serão definidos e inseridos em uma base de conhecimento com a ajuda de um editor de regras ou outra ferramenta de aquisição de conhecimento. Desse modo, um protótipo de trabalho limitado da base de conhecimento é criado, testado e avaliado utilizando o mecanismo de inferência e os programas de interface do usuário do *shell*. O engenheiro do conhecimento e os especialistas com domínio podem modificar a base de conhecimento e, depois, testar novamente o sistema e avaliar os resultados. Esse processo é repetido até a base de conhecimento e o *shell* produzirem um sistema especialista aceitável.

Redes neurais

Redes neurais são sistemas computacionais modelados com base na rede de malhas de elementos de processamento cerebral interconectados, denominados *neurônios*. Evidentemente, a arquitetura das redes neurais é muito mais simples (estima-se que o cérebro humano seja constituído de mais de 100 bilhões de neurônios!). Entretanto, assim como o cérebro, os processadores interconectados em uma rede neural operam em paralelo e interagem de forma dinâmica entre si. Desse modo, a rede "aprende" com os dados que ela processa, ou seja, ela aprende a reconhecer os padrões e as relações existentes entre os dados. Quanto mais exemplos forem inseridos na rede, mais esta aprenderá a reproduzir os resultados dos exemplos que processa. Assim, a rede neural altera a intensidade das interconexões entre os elementos de processamento em resposta às mudanças nos padrões dos dados recebidos e dos resultados produzidos (ver Figura 9.34).

FIGURA 9.34 Avaliando o treinamento de uma aplicação de rede neural.

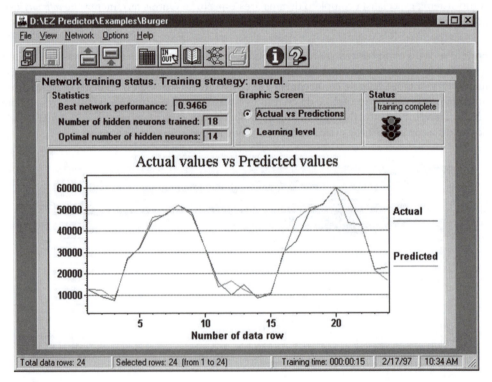

Fonte: Cortesia de Trading Solutions.

Neurocirurgia moderna: redes neurais ajudam a salvar vidas

A neurocirurgia, a cirurgia realizada no cérebro e na medula espinhal, atingiu níveis extraordinários de habilidade e sucesso na última década. Uma das aplicações mais comuns das técnicas de neurocirurgia é a remoção de tumores cerebrais. Atualmente, os cirurgiões procuram tumores manualmente, usando uma agulha metálica para biópsia inserida no cérebro. Orientados por ultrassom e técnicas de imagem modernas, como ressonância magnética e tomografia computadorizada, os cirurgiões utilizam principalmente o *feedback* tátil para localizar o tumor. Esse método, entretanto, pode ser impreciso, já que os tumores podem facilmente se deslocar durante a cirurgia, fazendo com que o tecido saudável seja equivocadamente tratado como tecido tumoral. Essa imprecisão pode aumentar o risco de um acidente vascular cerebral, caso uma agulha acidentalmente corte uma artéria.

Uma nova técnica, que é uma combinação de *hardware* e *software*, foi desenvolvida e confere aos neurocirurgiões a capacidade de chegar até o cérebro com menos danos durante a operação. A peça principal do *hardware* é uma sonda robótica com vários sensores em miniatura na ponta: um endoscópio que transmite as imagens e os instrumentos que medem a densidade do tecido e do fluxo sanguíneo. Essa sonda é inserida no cérebro e guiada por um mecanismo robótico que é mais preciso e exato do que as mãos humanas.

O verdadeiro poder dessa técnica milagrosa, porém, é o sofisticado *software* de rede neural adaptável que fornece uma análise aprofundada instantânea dos dados recolhidos pela sonda. Os cirurgiões são capazes de olhar para a tela de computador na sala de cirurgia e ver um vasto e útil conjunto de informações em tempo real sobre o que está acontecendo no cérebro do paciente – se a sonda está encontrando tecidos saudáveis, vasos sanguíneos ou um tumor. O *software* de rede neural é adaptável, na medida em que aprende, a partir de experiência, a diferença entre o tecido normal e o tumoral. Os resultados dos testes laboratoriais de biópsia são usados para validar os dados utilizados para o treinamento do *software* de rede neural. Uma vez treinada, a rede neural pode ser usada para identificar em tempo real tecidos anormais encontrados durante as operações cirúrgicas. Uma vez ensinada, a sonda avança de modo automático e para imediatamente quando detecta um padrão muito diferente do que foi aprendido como tecido normal. Nesse ponto, a identificação do tecido é feita automaticamente, e os resultados são apresentados ao cirurgião, o qual pode tratar o tecido anormal de forma adequada e sem demora.

Essa nova técnica dá aos cirurgiões um melhor controle dos instrumentos cirúrgicos durante as delicadas operações cerebrais. Globalmente, a nova técnica aumentará a segurança, precisão e eficiência dos procedimentos cirúrgicos.

Fonte: Adaptado de Bioluminate Inc., Press Release. "Bioluminate to Develop 'Smart Probe' for Early Breast Cancer Detection". 5 de dezembro de 2002; e "NASA Ames Research Center Report". Smart Surgical Probe, Bioluminate Inc., 2003.

Por exemplo, uma rede neural pode ser treinada para aprender as características de crédito que resultam em bons ou maus empréstimos. Os desenvolvedores de uma rede neural de avaliação de crédito poderiam inserir muitos exemplos de aplicações e resultados de créditos para processamento, e com oportunidades para ajustar a intensidade dos sinais entre seus neurônios. A rede neural seria treinada até demonstrar alto grau de precisão na reprodução correta dos resultados de casos recentes. Nesse ponto, ela estaria suficientemente treinada para começar a realizar suas próprias avaliações de crédito.

Apesar do nome estranho, os sistemas de **lógica *fuzzy*** representam uma aplicação pequena, porém séria, de inteligência artificial empresarial. Lógica *fuzzy* é um método de raciocínio semelhante ao humano, já que ela permite trabalhar com valores e inferências aproximados (lógica *fuzzy*) e dados incompletos ou ambíguos (dados *fuzzy*) e não depender de *dados precisos*, como uma opção binária (sim/não). Por exemplo, a Figura 9.35 mostra um conjunto parcial de regras (regras *fuzzy*) e consulta SQL *fuzzy* para análise e extração de informações de risco de crédito de empresas avaliadas como opção de investimento.

É possível perceber que a lógica *fuzzy* utiliza terminologia deliberadamente imprecisa, como *bem alto*, *aumentando*, *cai um pouco*, *razoável* e *muito baixo*. Desse modo, o sistema *fuzzy* consegue processar dados imprecisos e produzir rapidamente soluções aproximadas, porém aceitáveis, aos problemas difíceis de ser resolvidos por outros métodos. Assim, a consulta de lógica *fuzzy* de um banco de dados, como a consulta SQL mostrada na Figura 9.35, melhora a extração de informações dos bancos de dados empresariais. É importante observar que a lógica *fuzzy* não é um modo de pensar vago ou impreciso e de fato agrega precisão a cenários de decisão onde isso não existia anteriormente.

Sistemas de lógica *fuzzy*

390 MÓDULO III • Aplicações de negócios

Regras de lógica *fuzzy*

O risco é aceitável.
Se o índice dívida/patrimônio for muito alto, então o risco aumentará positivamente.
Se a receita estiver aumentando, então o risco cairá um pouco.
Se a reserva de caixa estiver baixa ou muito baixa, então o risco aumentará.
Se o índice PL for bom, então o risco geralmente cairá.

Consulta SQL de lógica *fuzzy*

Selecionar companhias
com base nos dados financeiros
em que as receitas sejam bem elevadas
e o índice PL seja aceitável e
os lucros sejam de alto a muito
alto e (receita/tot_funcionários), razoável

FIGURA 9.35 Exemplo de regras de lógica *fuzzy* e consulta SQL de lógica *fuzzy* em uma aplicação de análise de risco de crédito.

Lógica *fuzzy* nos negócios

Os exemplos de aplicações de lógica *fuzzy* são inúmeros no Japão, mas raros nos Estados Unidos. Os norte-americanos tendem a utilizar soluções de inteligência artificial de sistemas especialistas ou de redes neurais. No entanto, o Japão está implementando muitas aplicações de lógica *fuzzy*, principalmente de microprocessadores de lógica *fuzzy* para fins específicos, denominados controladores *fuzzy* de processo. Assim, os japoneses utilizam trens de metrô, elevadores e automóveis dirigidos ou auxiliados por controladores de processamento *fuzzy* produzidos pela Hitachi e Toshiba. Muitos modelos de produtos feitos no Japão também utilizam microprocessadores de lógica *fuzzy*. A lista tem crescido, incluindo câmeras com foco automático, câmeras portáteis com ajuste automático de estabilidade, condicionadores de ar com dispositivo de economia de energia, lavadoras de roupa com autoajuste e transmissões automáticas.

Algoritmos genéticos

O uso de **algoritmo genético** como aplicação de inteligência artificial está aumentando. O *software* de algoritmo genético utiliza funções darwinianas (sobrevivência do mais apto), aleatórias e outras funções matemáticas para simular um processo evolutivo que produza soluções cada vez mais aprimoradas para os problemas. Os algoritmos genéticos foram usados pela primeira vez para simular, em apenas alguns minutos no computador, milhões de anos de evolução biológica, geológica e ecossistêmica. O *software* de algoritmo genético está sendo utilizado para criar modelos de diversos processos científicos, técnicos e empresariais.

Os algoritmos genéticos são muito úteis em situações que envolvem avaliação de milhares de alternativas de soluções possíveis para se chegar à melhor solução. O *software* de algoritmo genético utiliza conjuntos de regras de processamento matemático *(algoritmos)* que especificam como as combinações dos componentes do processo ou das etapas devem ser formadas. Essas especificações envolvem tentativas de combinações de processo aleatório *(mutação)*, de pares de diversos processos ideais *(verificação cruzada)* e seleção dos melhores conjuntos de processo e descarte dos piores *(seleção)* para gerar soluções cada vez melhores. A Figura 9.36 mostra um exemplo de uso nos negócios de um *software* de algoritmo genético.

United Distillers: movendo barris com algoritmos genéticos

A United Distillers (agora parte da Diageo PLC) é a maior e mais lucrativa empresa de bebidas do mundo. As duas destilarias da United Distillers respondem por mais de um terço da produção total de uísque de grãos, e a marca Johnnie Walker da empresa é o uísque número um do mundo, alcançando vendas de até 120 milhões de garrafas por ano.

No entanto, Christine Wright, gerente de estoque e fornecimento da United Distillers, aponta que algumas partes do negócio atraem menos atenção do que outras: "A cada semana, 20 mil barris são movidos para dentro e para fora de nossos 49 armazéns em toda a Escócia para fornecer o uísque necessário para o programa de mistura. O armazenamento é um processo físico e trabalhoso, e tende a ser o lado esquecido do negócio". Entretanto, o lançamento da tecnologia de computadores de algoritmos genéticos no ano passado deu um impulso ao processo de seleção de mistura da United Distillers.

"Queremos maximizar nossa eficiência operacional, sem comprometer a qualidade", afirma Christine Wright. Somente o depósito de Blackgrange da United Distillers abriga cerca de 3 mil barris, mostrando o tamanho do desafio. Dos 20 mil barris que são movidos a cada semana, 10 mil não são usados, mas apenas movidos para permitir o acesso àqueles identificados pelo processo de seleção. "Embora tivéssemos 100% de informações precisas de posicionamento sobre todo o estoque, os barris tinham de ser selecionados numericamente. Ante os desafios práticos envolvidos no gerenciamento de armazenagem, raramente os barris são armazenados numericamente."

Informações contidas no sistema sobre receitas, restrições do site e o programa de mistura são transmitidas ao pacote XpertRule, que realiza as melhores combinações de estoques para produzir a mistura. Essas informações são complementadas com as informações de posicionamento dos barris. Em seguida, o sistema otimiza a seleção de barris necessários, mantendo a um mínimo o número de "portas" (seções do depósito) a partir das quais os barris devem ser recolhidos e o número de barris que precisam ser movidos para limpar o caminho. Outras restrições devem ser atendidas, como a capacidade de trabalho atual de cada armazém e os trabalhos de manutenção e suprimento de estoque que podem estar em andamento. Os especialistas de sistemas de Lancashire e a XpertRule Software Limited têm trabalhado em estreita colaboração com a United Distiller para desenvolver o *software* de aplicativo usando o XpertRule. O sistema é baseado no uso de algoritmos genéticos e adota o princípio darwinista da seleção natural para otimizar o processo de seleção.

De acordo com Wright: "A incidência de movimentos de barril não produtivos despencou de um pico de cerca de 50% para um nível insignificante de cerca de 4%, e as nossas taxas de manuseio de barril quase duplicaram. A nova tecnologia permite que a equipe se concentrem no que pretende alcançar, e não no mecanismo que permite fazer a tarefa. Ela pode concentrar-se nas restrições que querem impor e fazer o sistema realizar o trabalho de campo de encontrar o melhor cenário dentro dessas restrições. Isso significa que a empresa pode ser orientada por seus objetivos básicos. O pouco de esforço desperdiçado permite não apenas que o pessoal do depósito continue seu trabalho, mas também garante programas de manutenção a longo prazo. Isso estimula uma mentalidade estratégica em vez de reativa e capacita os gestores a gerir seus próprios locais".

Fonte: Adaptado de XpertRule Case Study. "A Break from Tradition in Blend Selection at United Distillers & Vintners". Disponível em: http://www.xpertrule.com/pages/case_ud.htm, acessado em 23 de abril de 2008.

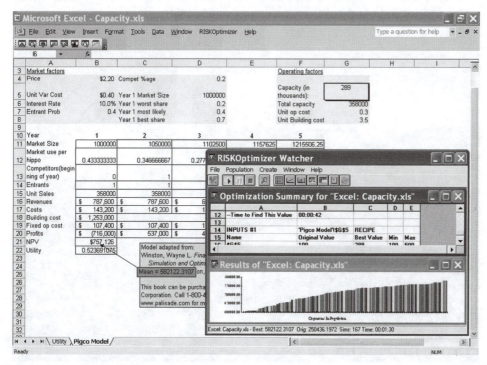

FIGURA 9.36 O *software* Risk Optimizer combina algoritmo genético com função de simulação de risco nessa aplicação de otimização de rendimento de companhia aérea.

Fonte: Cortesia de Palisade Software.

Realidade virtual

Realidade virtual consiste em uma realidade simulada no computador. Trata-se de uma área da inteligência artificial em rápida expansão que teve sua origem na tentativa de criar interface mais natural, realista e multissensorial entre computador e ser humano. Portanto, a realidade virtual utiliza dispositivos de entrada e saída multissensoriais, como capacete de visualização e controle com óculos e fone de ouvido estereofônico, *luva* ou jaqueta com sensores de fibra óptica que controla os movimentos do corpo, e *calçado* que monitora os movimentos dos pés. Com esses equipamentos, o usuário consegue experimentar "universos virtuais" tridimensionais simulados pelo computador por meio de imagem, som e toque. A realidade virtual também é chamada *telepresença*. Por exemplo, o usuário pode entrar em um mundo virtual gerado por computador, olhar ao redor e observar seu conteúdo, pegar e mover objetos, e caminhar à vontade nesse universo. Portanto, a realidade virtual permite ao usuário interagir com objetos, entidades e ambientes simulados pelo computador, como se eles realmente existissem (ver Figura 9.37).

Aplicações de realidade virtual

Hoje, há muita variedade de aplicações de realidade virtual, incluindo projeto apoiado por computador (CAD), diagnóstico e tratamento médico, experiências científicas de várias ciências biológicas e físicas, simulação de voo para treinamento de pilotos e astronautas, demonstrações de produtos, treinamento de funcionários e entretenimento, principalmente de jogos de vídeo 3D. O CAD é a aplicação de realidade virtual mais utilizada no setor industrial. Esse programa permite a arquitetos e outros projetistas desenhar e testar modelos eletrônicos tridimensionais de produtos e estruturas, entrando eles próprios nos modelos e examinando, tocando e manipulando áreas e partes de todos os ângulos. Esse recurso de visualização científica também é utilizado em empresas de biotecnologia e farmacêutica para criar e observar o comportamento dos modelos computadorizados de novos medicamentos e materiais, e por pesquisadores em medicina para desenvolver formas de os médicos entrarem na realidade virtual do corpo de um paciente e a examinarem.

A realidade virtual torna-se *telepresença* quando o usuário, localizado em qualquer lugar do mundo, utiliza esse sistema para trabalhar sozinho ou em grupo de um local remoto. Normalmente, esse procedimento envolve a utilização de um sistema de realidade virtual para melhorar a visão e o toque de uma pessoa que esteja manipulando, de local remoto, equipamentos para realizar uma tarefa. Os exemplos vão de cirurgias virtuais, em que cirurgião e paciente podem estar em qualquer parte do planeta, até o uso remoto de equipamentos em ambientes perigosos, como fábricas químicas e usinas nucleares.

O aplicativo de realidade virtual mais popular atualmente é o *Second Life*, da Linden Lab. Nele, os usuários podem criar avatares para representá-los, teleportar-se para qualquer um dos

FIGURA 9.37 Este arquiteto paisagista usa um sistema de realidade virtual para ver e mover-se pelo projeto Seattle Commons, uma proposta de desenho urbano para o centro de Seattle.

Fonte: © George Steinmetz/Corbis.

milhares de locais do *Second Life*, construir domínios pessoais, "comprar" terras e viver suas mais selvagens fantasias. O *Second Life* atingiu grandes números, embora as estatísticas reais em relação ao tamanho e à quantidade de usuários estejam constantemente em disputa. Hoje, o *Second Life* abriga pessoas, organizações comerciais, universidades, governos (as Maldivas foram o primeiro país a abrir uma embaixada no *Second Life*), igrejas, competições esportivas, exibições de arte, shows de música e teatro. Como tudo que faz parte do *Second Life*, com o avanço da tecnologia os limites entre a sua primeira vida e a sua segunda podem começar a se confundir – fique ligado.

Norsk Hydro: decisões de perfuração tomadas com base em campos de petróleo virtuais

A Norsk Hydro, com sede em Oslo, na Noruega, é uma empresa de fornecimento de energia e alumínio da lista *Fortune 500* que opera em mais de 40 países do mundo. É líder na produção *offshore* de petróleo e gás, terceira maior fornecedora mundial de alumínio e líder no desenvolvimento de fontes de energia renováveis. A Norsk Hydro é também inovadora no uso da tecnologia de realidade virtual. Ela usa a realidade virtual para tomar decisões que, caso estejam erradas, poderiam custar à empresa milhões em receitas perdidas e, o mais importante, prejudicar o meio ambiente. Um exemplo de seu uso bem-sucedido da realidade virtual é o projeto Troll Oil Field.

O Troll Oil Field está localizado no Mar do Norte. A parte oriental do campo tem uma coluna de petróleo de apenas 12-14 metros de largura, mas com reservas locais de cerca de 2,2 bilhões de barris. O petróleo é produzido por poços horizontais localizados 0,5-1,5 metro acima do ponto onde o petróleo e a água do mar entram em contato.

Durante a perfuração de um poço horizontal, a broca estava em areia de qualidade relativamente baixa. Não havia mais previsões de reservatórios de areia de boa qualidade a partir do modelo geológico ao longo da trilha de poços planejada. Ainda havia cerca de 250 metro até a profundidade total prevista, por isso uma decisão importante para encerrar o poço precisava ser confirmada. Se a decisão de concluir o poço fosse correta, o custo de perfuração até aquela data seria perdido, mas não haveria outras perdas ou danos ao meio ambiente. Se, contudo, a decisão de terminar o poço estivesse errada, valiosas reservas de petróleo estariam perdidas para sempre.

A tecnologia de realidade virtual foi fundamental na decisão de terminar o poço. Todos os dados relevantes foram informados ao sistema para revisão. Durante uma sessão de realidade virtual, a equipe do poço descobriu um descompasso entre os dados sísmicos e o modelo geológico. Com base nessa constatação, eles fizeram uma releitura rápida de alguns horizontes sísmicos decisivos e atualizaram o modelo geológico localmente ao redor do poço.

O modelo atualizado mudou o prognóstico para a seção restante do poço, de areia de má qualidade para a areia de alta qualidade. Decidiu-se continuar a perfuração, e o novo prognóstico provou-se correto. Como resultado, 175 metros de areia de altíssima qualidade, com um volume de produção estimado de 100 mil metros cúbicos de petróleo, foram perfurados na última seção do poço.

Fonte: Adaptado de Norsk Hydro Corporate Background. Disponível em: www.hydro.com, 2004; e Schlumberger Information Solutions. "Norsk Hydro Makes a Valuable Drilling Decision". Schlumberger Technical Report GMP-5911, 2002.

Agentes inteligentes

Vem crescendo a popularidade dos **agentes inteligentes** como método de utilização de rotinas de inteligência artificial em *software* para ajudar usuários a realizar muitos tipos de tarefas de negócios eletrônicos e *e-commerce*. O agente inteligente funciona como *substituto do software* para um usuário final ou um processo que atende a uma necessidade ou atividade definida. O agente inteligente utiliza uma base de conhecimento incorporada ou aprendida sobre uma pessoa ou um processo para tomar decisões e realizar tarefas de forma a cumprir as intenções de um usuário. Algumas vezes, o agente inteligente recebe uma representação gráfica ou uma personalidade, por exemplo, Einstein como consultor científico, Sherlock Holmes como agente de busca de informações, e assim por diante. Portanto, agentes inteligentes (também conhecidos como *softwares robôs*) são sistemas de informação baseados em conhecimentos de finalidade específica que realizam tarefas específicas para usuários. A Figura 9.38 mostra resumidamente os principais tipos de agentes inteligentes.

Os assistentes do Microsoft Office e de outros conjuntos de *software* são os exemplos mais conhecidos de agentes inteligentes. Esses assistentes são recursos incorporados, com capacidade para analisar como o usuário final está utilizando um pacote de *software* e oferecer sugestões para

FIGURA 9.38 Exemplos de tipos diferentes de agentes inteligentes.

Tipos de agentes inteligentes
Agentes de interface do usuário
• **Tutoriais de interface.** Observam as operações do computador do usuário, corrigem erros e oferecem dicas e conselhos para aproveitar melhor o *software*.
• **Agentes de apresentação.** Mostram as informações em diversas formas e meios de relatório e apresentação com base nas preferências do usuário.
• **Agentes de navegação na rede.** Descobrem caminhos para as informações e oferecem opções de visualização das informações de acordo com as preferências do usuário.
• **Agentes de simulação.** Executam jogos de hipótese e conclusão e simulam outras funções para ajudar o usuário a entender as informações e tomar a melhor decisão.
Agentes de gerenciamento de informação
• **Agentes de busca.** Ajudam o usuário a localizar arquivos e bancos de dados, e pesquisar a informação desejada, além de sugerir e localizar novos tipos de produtos, meios e fontes de informação.
• **Corretores de informação.** Oferecem serviços comerciais para descobrir e criar fontes de informação adequadas para as necessidades pessoais ou empresariais de um usuário.
• **Filtros de informação.** Recebem, localizam, filtram, eliminam, salvam, encaminham e notificam usuários sobre os produtos recebidos ou desejados, incluindo correio eletrônico, mensagem de voz e outros meios de informação.

completar as diversas tarefas. Desse modo, o assistente ajuda o usuário a alterar as margens do documento, formatar células de uma planilha, consultar um banco de dados ou criar um gráfico. Os assistentes e outros agentes de *software* também servem para ajustar o modo como o usuário utiliza um pacote de *software* de forma a se antecipar quando ele precisar de auxílio (ver Figura 9.39).

A utilização de agentes inteligentes vem crescendo rapidamente como forma de simplificar o uso do *software*, pesquisar nos *sites* da web e das intranets corporativas, e ajudar os clientes a comparar os produtos entre diversos *sites* de *e-commerce* na web. Os agentes inteligentes estão se tornando fundamentais em decorrência da sofisticação e potencialização dos pacotes de *software*, da complexidade e imensidão da internet e da World Wide Web e da proliferação exponencial das alternativas de *e-commerce* e fontes de informação. Na verdade, alguns comentaristas preveem que grande parte do futuro da computação será composta de agentes inteligentes executando o trabalho do usuário final.

FIGURA 9.39
Software de agentes inteligentes, como o Copernic, podem ajudar você a acessar informações de várias categorias e de uma variedade de fontes.

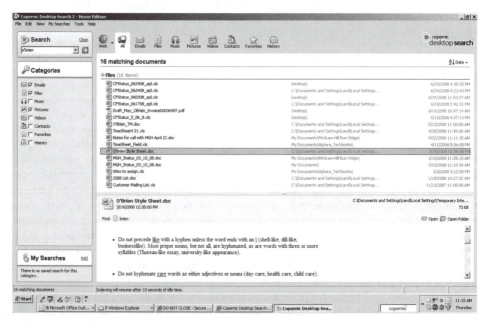

Fonte: Cortesia de Copernic.

Usos de segurança de agentes de *software* inteligentes

Em 2002, o Exército começou a usar agentes de *software* inteligentes em vez de pessoas para encaminhar arquivos de informações de soldados que precisavam de autorização de segurança pelas autoridades competentes. Resultado: o processo que antes levava dias agora demora 24 horas. O Exército reduziu seu acúmulo de um ano, e o Army Central Clearance Facility, em Fort Meade, Maryland, agora pode lidar com 30% a mais de pedidos por ano. O agente inteligente recupera as informações necessárias a partir de registros existentes e cria uma pasta eletrônica para cada caso. Em seguida, examina o arquivo para determinar se é um caso sem problemas ou se há sinais de alerta, como problemas financeiros, prisões ou algo que indique que a pessoa pode ser suscetível à influência indevida. Investigadores humanos examinam mais de perto os casos difíceis.

Os agentes inteligentes são sistemas de *software* semiautônomos, proativos e adaptáveis, que podem agir em nome de um usuário. Um agente inteligente recebe um objetivo, como ajudar um embaixador dos Estados Unidos a escolher uma rota de evacuação segura após um ataque terrorista em um país estrangeiro, e cria o melhor plano após coletar informações meteorológicas, notícias, relatórios, horários de avião, informações sobre estradas e relatórios da polícia.

Esses agentes também podem ajudar os pesquisadores a identificar padrões incomuns de atividade, diz Henry Lieberman, pesquisador e líder do Grupo de Agentes de *Software* no Media Lab do MIT em Cambridge, Massachusetts: "Agências de justiça podem dizer a um agente inteligente: 'Avise quando chegar alguém de um país problemático do Oriente Médio que recentemente esteve envolvida em uma transferência bancária de grande porte'. Ou agências governamentais, como a Comissão de Valores Mobiliários, podem usá-los para acompanhar demonstrações financeiras em busca de fraudes. Talvez eles pudessem ter detectado o caso da Enron antes".

No entanto, a questão da confiança pode impedir a sua adoção generalizada nos negócios. "As pessoas não estão acostumadas a usar esse tipo de coisa ainda", diz Lieberman. "Quando você começa a utilizar um desses agentes, tem de assistir de perto para ter certeza de que ele está fazendo o que você quer. Mas o desempenho melhora com o tempo. E o agente só faz uma proposta. Em seguida, é com você."

Fonte: Adaptado de Stephanie Overby. "Security Strategy Includes Intelligent Software Agents". *CIO Magazine*, 1º de janeiro de 2003.

Resumo

- **Informações, decisões e gerenciamento.** Os sistemas de informação apoiam diversas decisões e níveis de decisão gerencial. Essas decisões envolvem três níveis de atividade gerencial (tomada de decisão estratégica, tática e operacional) e três tipos de estruturas de decisão (estruturada, semiestruturada e não estruturada). Os sistemas de informação oferecem ampla variedade de informações para auxiliar essas decisões em todos níveis da organização.

- **Tendências de apoio à decisão.** As tradicionais ferramentas MIS (sistema de informação gerencial), DSS (sistema de apoio à decisão) e EIS (sistema de informação executiva) estão sofrendo grandes mudanças para fornecer informações e permitir aos gerentes criar modelos para orientar nas decisões. O apoio à decisão nos negócios está mudando, estimulado pelo rápido avanço nas redes e na computação de usuário final, na tecnologia da internet e da web, e nas aplicações empresariais com recursos da web. O crescimento das intranets e extranets corporativas e da web vem acelerando o desenvolvimento de interfaces de "classe executiva", como portais de informações da empresa e ferramentas de *software* de inteligência de negócios com recurso da web, e aumentando a utilização desses recursos por gerentes de nível inferior e pessoas e equipes de profissionais de negócios. Além disso, o crescimento das aplicações de *e-commerce* e negócios eletrônicos vem expandindo o uso dos portais da empresa e das ferramentas DSS por fornecedores, clientes e outros participantes interessados nos negócios de uma companhia.

- **Sistemas de informação gerencial.** O sistema de informação gerenciais oferece relatórios pré-especificados e respostas aos gerentes na forma de relatório periódico, de exceção, de demanda ou de divulgação, para atender às necessidades de informação de apoio às decisões.

- **Olap e *data mining*.** O processamento analítico *on-line* (Olap) analisa de forma interativa relações complexas entre grande volume de dados armazenados em bancos de dados multidimensionais. O *data mining* analisa grande volume de dados históricos preparados para análise em datawarehouses. As duas tecnologias detectam padrões, tendências e condições de exceção nos dados de uma companhia que apoiam a análise empresarial e a tomada de decisão.

- **Sistemas de apoio à decisão.** O sistema de apoio à decisão é interativo, sistemas de informação baseados em computador, que utilizam *software* DSS e uma base de modelos e um banco de dados para oferecer informações personalizadas de auxílio às decisões semiestruturadas e não estruturadas tomadas pelos gerentes. Ele é programado para utilizar a percepção e avaliação própria do responsável pela decisão em um processo especial, interativo e analítico de criação de modelo que leva a uma decisão específica.

- **Sistemas de informação executiva.** O sistema de informação para executivos destina-se originalmente a apoiar as necessidades de informação estratégicas da alta administração de uma empresa. Entretanto, a utilização desse sistema está se disseminando entre os níveis inferiores da administração e entre profissionais de negócios. O sistema de informação para executivos é fácil de usar e permite ao executivo recuperar informações personalizadas de acordo com suas necessidades e preferências. Desse modo, o sistema oferece informações para os executivos sobre fatores críticos de sucesso de uma companhia para apoiar suas responsabilidades de planejamento e controle.
- **Portal de informações e de conhecimento da empresa.** O portal de informações da empresa oferece interface baseada na web, personalizada e sob medida para as intranets corporativas, além de fornecer aos usuários fácil acesso a diversas aplicações empresariais internas ou externas, bancos de dados e serviços de informação sob medida, de acordo com as necessidades e preferências individuais. Desse modo, o portal de informações da empresa fornece dados, conhecimento e apoio à decisão personalizados e com recursos da web a executivos, gerentes e profissionais de negócios, além de clientes, fornecedores e outros parceiros comerciais. O portal de conhecimento da empresa é um portal de intranet corporativa que estende o uso de um portal de informação da empresa para incluir funções de gestão de conhecimento e fontes de base de conhecimento, tornando-se, assim, um grande sistema de gestão de conhecimento de uma empresa.
- **Inteligência artificial.** Os principais domínios de aplicação da inteligência artificial incluem diversas aplicações em ciência cognitiva, robótica e interface natural. A finalidade da inteligência artificial é o desenvolvimento das funções do computador normalmente associadas à capacidade mental e física humana, como robôs que enxergam, ouvem, falam, sentem e se movimentam, e *software* com capacidade de raciocínio, aprendizagem e solução de problemas. Assim, a inteligência artificial vem sendo aplicada em muitas operações empresariais e tomada de decisões, e em vários outros campos.
- **Tecnologia da inteligência artificial.** As muitas áreas de aplicação da inteligência artificial estão resumidas na Figura 9.26, incluindo redes neurais, lógica *fuzzy*, algoritmo genético, realidade virtual e agentes inteligentes. Redes neurais são sistemas de *hardware* ou *software* baseados em modelos simples de estrutura dos neurônios do cérebro, com capacidade para aprender a reconhecer padrões nos dados existentes. Os sistemas de lógica *fuzzy* utilizam regras de raciocínio aproximado para resolver problemas com dados incompletos ou ambíguos. Os algoritmos genéticos utilizam funções de seleção, aleatórias e outras funções matemáticas para simular um processo evolutivo capaz de produzir soluções melhores para os problemas. Os sistemas de realidade virtual são multissensoriais e permitem ao usuário humano experimentar ambientes simulados por computador como se eles efetivamente existissem. Agentes inteligentes são substitutos do *software* baseados em conhecimento de um usuário ou processo na realização de tarefas selecionadas.
- **Sistemas especialistas.** Trata-se de sistemas de informação baseados em conhecimento que utilizam *software* e uma base de conhecimento de uma área de aplicação complexa e específica para atuar como consultor especializado para usuários de diversas aplicações técnicas e empresariais. O *software* inclui um programa de mecanismo de inferência que efetua deduções com base em fatos e regras armazenados na base de conhecimento. A base de conhecimento consiste em fatos sobre a área específica e heurística (método empírico) que expressa os procedimentos do raciocínio de um especialista. As vantagens do sistema especialista (como preservação e reprodução do conhecimento especializado) devem ser equilibradas com a limitação da sua aplicabilidade em muitos problemas.

Termos e conceitos-chave

Estes são os termos e conceitos-chave abordados neste capítulo. O número entre parênteses refere-se à página em que consta a explicação inicial.

1. Agentes inteligentes (393)
2. Algoritmo genético (390)
3. Base de conhecimento (383)
4. Bases de modelos (355)
5. *Data mining* (367)
6. Engenheiro do conhecimento (387)
7. Estrutura de decisão (352)
8. Inteligência artificial (376)
9. Inteligência de negócios (BI) (353)
10. Lógica *fuzzy* (389)
11. Mecanismo de inferência (383)
12. Modelagem analítica (365)
    a. Análise "e se..." (365)
    b. Análise de otimização (367)
    c. Análise de sensibilidade (366)
    d. Análise por busca de objetivo (366)
13. Portais de conhecimento da empresa (374)
14. Portal de informações de empresa (372)
15. Processamento analítico *on-line* (359)
16. Realidade virtual (392)
17. Redes neurais (388)
18. Robótica (381)
19. Shell de sistema especialista (386)
20. Sistema especialista (382)
21. Sistemas de apoio à decisão (355)
22. Sistemas de gestão de conhecimento (374)
23. Sistemas de informação executiva (370)
24. Sistemas de informação geográfica (362)
25. Sistemas de informação gerencial (357)
26. Sistemas de visualização de dados (362)

Questionário de revisão

Relacione um dos termos e conceitos-chave mencionados anteriormente com os seguintes exemplos ou definições. Procure a melhor opção para respostas que parecem corresponder a mais de um termo ou conceito. Justifique suas escolhas.

1. Os procedimentos de tomada de decisão não podem ser especificados antecipadamente em algumas situações de decisões complexas.
2. Sistemas de informação destinados às necessidades estratégicas dos gerentes de nível superior ou médio.
3. Sistemas que produzem relatórios gerenciais predefinidos.
4. Oferece recurso de criação interativa de modelos sob medida para as necessidades de informações específicas dos gerentes.
5. Oferece ferramentas de análise e informação empresarial a gerentes, profissionais de negócios e outros interessados na empresa.
6. Conjunto de modelos matemáticos e técnicas analíticas.
7. Análise do efeito da mudança nas variáveis e nas relações e manipulação de um modelo matemático.
8. Alteração de receita e alíquota de imposto para observar o efeito no lucro líquido depois dos impostos.
9. Alteração da receita em pequenos incrementos para observar o efeito depois dos impostos.
10. Alteração da receita e despesa para descobrir como atingir um montante específico do lucro líquido depois dos impostos.
11. Alteração da receita e despesas mediante certas restrições para atingir o lucro mais alto depois dos impostos.
12. Análise em tempo real de dados empresariais complexos.
13. Tentativa de detectar padrões ocultos nos dados empresariais armazenados em um data warehouse.
14. Representação de dados complexos usando formas gráficas tridimensionais.
15. Interface da web personalizada e sob medida para fontes de informação interna e externa de uma intranet corporativa.
16. Utilização de intranets para coletar, armazenar e compartilhar as melhores práticas entre funcionários.
17. Portal de informação da empresa que permite o acesso a funções de gestão de conhecimento e à base de conhecimento da empresa.
18. Tecnologia da informação que se dedica ao desenvolvimento de funções do computador normalmente associadas às capacidades físicas e mentais do homem.
19. Criação de máquinas baseadas no computador com capacidades de visão, audição, destreza e movimento.
20. Equipamentos que proporcionam experiências simuladas por computadores.
21. Sistema de informação que integra recursos de computação gráfica, banco de dados geográficos e DSS.
22. Sistema de informação baseado em conhecimento que atua como consultor especializado de uma área de aplicação específica.
23. Conjunto de fatos e procedimentos de raciocínio de uma área específica.
24. Pacote de *software* que manipula uma base de conhecimento e faz associações e inferências que produzem recomendações de curso de ação.
25. Pacote de *software* constituído por um mecanismo de inferência e programas de interface do usuário utilizados como ferramenta de desenvolvimento de sistema especialista.
26. Analista que entrevista especialistas para criar uma base de conhecimento de uma área de aplicação específica.
27. Sistema de inteligência artificial que utiliza estrutura de neurônios para reconhecer padrões nos dados.
28. Sistema de inteligência artificial que utiliza raciocínio aproximado para processar dados ambíguos.
29. Substituto do *software* baseado em conhecimento que realiza as atividades para o usuário.
30. *Software* que utiliza funções matemáticas para simular um processo evolutivo.

Questões para discussão

1. A forma e a utilização dos sistemas de informação e de apoio à decisão para gerentes e profissionais de negócios estão mudando e se expandindo? Justifique sua resposta.
2. O crescimento das equipes autodirigidas para controlar o trabalho das organizações alterou a necessidade de decisão estratégica, tática e operacional das empresas?

3. Qual é a diferença entre a capacidade de um gerente recuperar informações imediatamente usando um sistema de informação gerencial e com os recursos oferecidos por um sistema de apoio à decisão?
4. Consulte o "Caso do mundo real 1" sobre programas de inteligência de negócios neste capítulo. Como as empresas sabem quando irão precisar desses tipos de sistemas? Como decidem sobre quais os projetos a serem manejados? Discuta o papel da dinâmica política desta última questão.
5. De que forma a utilização de planilha eletrônica proporciona recursos de um sistema de apoio à decisão?
6. Será que os portais de informação da empresa estão tornando os sistemas de informação executiva desnecessários? Justifique.
7. Consulte o "Caso do mundo real 2" sobre Goodyear, JEA, Osumc e Monsanto neste capítulo. Dadas as grandes incertezas associadas *a priori* a essas tecnologias, como você faria um plano de negócios para investimento nessas empresas em primeiro lugar? Dê vários exemplos.
8. O computador consegue pensar? Será que algum dia terá essa capacidade? Justifique sua resposta.
9. Cite algumas aplicações mais importantes da inteligência artificial nas empresas. Justifique suas escolhas.
10. Cite alguns perigos ou limitações observados no uso da tecnologia da inteligência artificial, como de sistemas especialistas, realidade virtual e agentes inteligentes. O que pode ser feito para minimizar os efeitos negativos?

Exercícios de análise

1. **Análise de *sites* de *e-commerce***
BizRate.com
Basta entrar no site www.bizrate.com para imediatamente obter informações sobre centenas de lojas virtuais. Essas lojas oferecem, entre outros produtos, livros, músicas, equipamentos eletrônicos, roupas, *hardware* e presentes. As avaliações de clientes ajudam os compradores a escolher produtos e vendedores com confiança. A BizRate também disponibiliza uma opção "Smart Choice" que faz uma média de avaliações de vendedores, preço e outras variáveis para a recomendação da "melhor compra".
   a. Use o BizRate.com para procurar *sites* que ofereçam algum produto de seu interesse. Na sua opinião, as avaliações oferecidas são completas, válidas e úteis? Explique.
   b. Outras empresas poderiam empregar sistemas de avaliação semelhantes com recursos na web? Como? Exemplifique.
   c. O BizRate.com é semelhante a um sistema de apoio à decisão com recursos na web?

2. **Integração de aplicação empresarial**
Desktops digitais
As informações provenientes de diversos sistemas empresariais podem ser exibidas na tela do computador de um executivo na forma de exibição consolidada. Entre as informações contidas em uma visualização desse tipo, estão a agenda, o *e-mail*, uma lista resumida dos atrasos na produção, contas importantes vencidas, resumo atualizado das vendas e do mercado financeiro. Se, de um lado, é impossível exibir todas as informações sobre a organização em uma única tela, de outro, é possível resumir os dados especificados pelo executivo e, depois, utilizar essa tela como ponto inicial ou portal para posteriores consultas *on-line*.

Como seria um sistema desse tipo? Portais como my.Excite.com, my.MSN.com, iGoogle (www.google.com/ig) e my.Yahoo.com consistem em bons portais de informações para fins gerais. Esses *sites* contêm características em comum com seus pares orientados a empresas. Eles fornecem informações de várias fontes distintas, como *e-mail*, mensagens instantâneas, agendas, listas de tarefas, cotação de ações, tempo e notícias. Permitem aos usuários determinar que fontes de informações visualizar. Um usuário pode, por exemplo, escolher uma lista em que constem somente notícias sobre negócios, excluindo esportes, resultados de loteria e o horóscopo. Também permitem ao usuário filtrar a informação – por exemplo, um usuário pode escolher ver apenas a previsão do tempo de sua região, notícias com palavras-chave determinadas ou resultados do mercado relativos somente às ações que possui. Os portais permitem configurar o espaço de informações. Desse modo, as informações consideradas mais importantes pelo usuário aparecem no lugar certo. Finalmente, esses *sites* permitem que o usuário examine cuidadosamente as informações consideradas importantes em busca de detalhes.

Depois que o usuário define uma conta e identifica suas preferências, esses portais públicos armazenam essas especificações e apresentam somente aquilo que ele solicita. O usuário pode alterar suas preferências quantas vezes quiser, com simples comandos de apontar e clicar com o mouse.
   a. Visite um dos *sites* mencionados anteriormente. Configure o site conforme as suas necessidades de informação. Imprima o resultado.
   b. Procure pelo Digital Dashboard no site de *software* 20/20 (www.2020software), leia a respeito dos produtos com esse recurso e os descreva.

3. ***Marketing* baseado em caso**
Amazon.com
Um sistema de raciocínio baseado em caso é um tipo de "sistema especialista". Ele tenta comparar os fatos disponíveis com as informações de um banco de dados de "casos" anteriores. Quando o sistema identifica um ou mais casos no banco de dados que correspondem aos fatos apresentados, ele avalia e apresenta os resultados mais comuns. Se o sistema contiver quantidade suficiente de casos, ele será bem útil. Melhor ainda, se ele automaticamente capturar os casos à medida que

forem aparecendo, o sistema se tornará uma ferramenta poderosa, que aperfeiçoa continuamente os resultados conforme for ganhando "experiência".

Existe apenas um sistema funcionando dessa forma, o site da Amazon.com. Como vários outros *sites* de *e-commerce*, o site da Amazon.com permite que o usuário procure, compre e faça avaliações de livros. A Amazon.com levou a interatividade de seu banco de dados a uma etapa superior. Dado determinado título de livro, o mecanismo de raciocínio baseado em casos da Amazon.com examina todas as vendas passadas desse livro e verifica se os clientes que o adquiriram fizeram também outras compras em comum. O sistema cria, então, uma pequena lista e apresenta ao usuário. O efeito geral fica bem próximo da abordagem de um vendedor que diz: "Se você gostou desse livros certamente gostará deste outro". O sistema da Amazon possui muito mais de centenas de milhares de transações de experiência do que qualquer vendedor mais experiente e bem informado.

Com essas informações em mãos, o cliente pode conhecer melhor as opções similares antes de decidir o que comprar. Essas informações podem incentivar o cliente a adquirir vários livros ou reforçar a certeza de ter escolhido o item correto. Melhores informações aumentam a confiança do cliente em suas compras e encoraja outros negócios.

a. Qual é a fonte de conhecimento especializado por trás das recomendações *on-line* de livros da Amazon.com?
b. Qual é a sua opinião sobre vendedores virtuais que rastreiam as compras que você faz e usam essa informação para recomendar outros negócios?
c. Que medidas protegem os clientes contra a obtenção por parte do governo de seus registros de compras pessoais mantidos pela Amazon?
d. Embora a Amazon não compartilhe informações pessoais, a empresa ainda assim tira proveito dos dados de compras de seus clientes. Isso é ético? A Amazon deveria oferecer a seus clientes o direito de recusar que suas informações fossem coletadas?

4. **Departamento de polícia de Palm City**
Em busca de objetivos

O departamento de polícia de Palm City é composto por oito distritos policiais. A delegacia de cada distrito é responsável por todas as atividades da sua região. A tabela apresentada a seguir relaciona a população atual, o número de crimes violentos cometidos e o número de policiais de cada distrito. O departamento de polícia estabeleceu como meta equalizar o acesso aos serviços da polícia. Para isso, é necessário calcular o índice de cidadão por policial e de crimes violentos por policial de cada distrito. A tabela mostra esses índices da cidade como um todo.

a. Crie uma planilha eletrônica para realizar a análise mencionada e imprima.
b. Atualmente, não há verba disponível para contratar novos policiais. Baseado nos índices da cidade, o departamento decidiu elaborar um plano para transferir os recursos necessários e garantir que nenhum distrito tenha mais de 1.100 moradores por policial e mais de sete crimes violentos por policial. O departamento vai transferir policiais de distritos com índices dentro desses patamares para aqueles com um ou os dois índices fora desses padrões. Utilize "busca de objetivo" na planilha eletrônica para transferir os policiais entre os distritos até atingir as metas. Utilize a função "busca de objetivo" para verificar quantos policiais seriam necessários para que cada distrito cumpra a meta e, em seguida, reduza criteriosamente os policiais dos distritos que estejam substancialmente dentro dos critérios. Imprima um conjunto de resultados que permitam que distritos atinjam esses índices e um memorando para seu instrutor resumindo os resultados obtidos e o processo utilizado para produzi-los.

Distrito	População	Crimes	Policiais
Shea Blvd.	96.552	318	85
Lakeland Heights	99.223	582	108
Sunnydale	68.432	206	77
Old Town	47.732	496	55
Mountainview	101.233	359	82
Financial District	58.102	511	70
Riverdale	78.903	537	70
Cole Memorial	75.801	306	82
Total	**625.978**	**3.315**	**629**
Por policial	**995,196**	**5,270**	

CASO DO MUNDO REAL 3

Harrah's Entertainment, LendingTree, DeepGreen Financial e Cisco Systems: sucesso e desafios da tomada de decisão automatizada

Por mais de meio século, o campo da inteligência artificial prometeu que os computadores aliviariam gestores e profissionais da necessidade de tomar certos tipos de decisão. Os programas de computador analisariam dados e tomariam decisões corretas – fossem para configurar um computador complexo, diagnosticar e tratar a doença de um paciente ou para determinar o momento de mexer uma grande panela de sopa – com pouca ou nenhuma ajuda humana.

A tomada de decisão automatizada ainda está demorando se materializar. Muitas das primeiras aplicações de inteligência artificial eram apenas soluções à procura de problemas, contribuindo pouco para a melhoria do desempenho organizacional. Na medicina, por exemplo, os médicos mostraram pouco interesse em ter máquinas para diagnosticar doenças em seus pacientes. No setor empresarial, mesmo quando os sistemas especialistas estavam orientados para problemas reais, extrair o melhor conhecimento especializado de tomadores de decisão experientes e mantê-lo ao longo do tempo mostrou-se mais difícil do que o previsto.

Agora, a tomada de decisão automatizada está finalmente pronta para atingir a maioridade. A nova geração de aplicativos, no entanto, difere dos sistemas de apoio à decisão baseados em inteligência artificial em vários aspectos importantes. Para começar, os novos sistemas são mais fáceis de criar e gerenciar do que os anteriores, que se apoiavam fortemente na experiência dos engenheiros de conhecimento. Além do mais, as novas aplicações não necessitam de alguém para identificar os problemas ou para iniciar a análise. Com efeito, as capacidades de tomada de decisão são incorporadas no fluxo normal de trabalho e geralmente desencadeadas sem intervenção humana: essas capacidades percebem dados ou condições *on-line*, aplicam conhecimento codificado ou lógica e tomam decisões, tudo com o mínimo de intervenção humana. Por fim, ao contrário dos sistemas anteriores, os novos são programados para transformar as decisões em ação com rapidez, precisão e eficiência.

É claro que ainda há um papel para as pessoas. Os gerentes ainda precisam estar envolvidos na revisão e confirmação de decisões e, em casos excepcionais, nas decisões reais. Além disso, mesmo os sistemas mais automatizados dependem de especialistas e gestores para que possam criar e manter regras e monitorar os resultados.

Hoje, os sistemas automatizados de decisão são mais adequados para as decisões que devem ser tomadas com frequência e rapidez, utilizando as informações que estão disponíveis eletronicamente. Os critérios de conhecimento e decisão utilizados nesses sistemas precisam ser altamente estruturados, e os fatores que devem ser levados em conta devem ser bem compreendidos. Se os especialistas puderem facilmente codificar as regras de decisão e se os dados de alta qualidade estiverem disponíveis, as condições estarão maduras para automatizar a decisão.

As decisões para concessão de crédito bancário são um bom exemplo: são repetitivas, suscetíveis a critérios uniformes e podem ser tomadas por meio da vasta oferta de dados de crédito de clientes que está disponível. A decisão sobre quem contratar como CEO, pelo contrário, poderia resultar em uma má escolha. Isso é algo que ocorre raramente, e diferentes observadores estão aptos a aplicar os seus próprios critérios, tais como a química pessoal, que não podem ser facilmente capturados em um modelo computacional.

O setor de transporte foi um dos primeiros a empregar a tomada de decisão automatizada em grande escala. Depois de ter sido inicialmente usada pelas companhias aéreas para otimizar o processo de definição de preços de passagens, a tecnologia de tomada de decisão tem sido aplicada em várias áreas, incluindo a definição de horários de voo e da escala da tripulação e do pessoal do aeroporto.

Os programas de gestão de rendimento também foram adotados em negócios relacionados, tais como hospedagem. Por exemplo, a Harrah's Entertainment, maior operadora de cassinos do mundo, fatura vários milhões de dólares por mês em receita incremental por meio da otimização de tarifas de hospedagem nos seus hotéis e do oferecimento de taxas diferenciadas aos membros do seu programa de fidelidade com base na demanda projetada. A utilização de sistemas de gestão de rendimento para uma tabela de preço de hotéis é comum, mas combiná-la com programas de gestão de fidelidade é algo raro. A combinação garante que os melhores clientes irão obter os melhores preços e, por sua vez, premiar a empresa com a sua fidelidade.

As empresas de investimento têm confiado amplamente na tecnologia de tomada de decisão baseada em inteligência artificial para programas de comércio e de arbitragem de câmbio. No entanto, grande parte da recente atividade da indústria financeira tem girado em torno da criação de novas aplicações destinadas a encontrar bons clientes de serviços bancários e de seguros e atender às suas necessidades. A ampla disponibilidade de informações de crédito *on-line* e histórico financeiro, a necessidade de diferenciação por meio do pronto atendimento e o rápido crescimento de prestadores de serviços financeiros *on-line* levaram a um aumento das decisões automatizadas.

Para competir na mesma arena da LendingTree, os concessores de empréstimos são obrigados a ser mais altamente automatizados e estão implementando mecanismos de decisão automatizada para que possam se manter competitivos. Por exemplo, a DeepGreen Financial de Cleveland, Ohio, foi originalmente criada para fazer uso da tecnologia de decisão automatizada. A DeepGreen concede empréstimos em 46 Estados através do seu site e por meio de parcerias com LendingTree, priceline.com e MortgageIT.com, com sede em Nova York. A empresa também oferece serviços de empréstimos de garantia hipotecária para corretores de hipotecas e tecnologias de empréstimos de garantia hipotecária de marca própria ou associada a outras marcas, além de serviços de atendimento. Desde a sua criação em 2000, a tecnologia de internet da DeepGreen tem sido utilizada para processar mais de 325 mil pedidos e originar mais de US$ 4,4 bilhões em linhas de crédito de garantias hipotécarias, de acordo com Jerry Selitto, fundador e CEO do banco.

A DeepGreen criou um sistema baseado na internet que toma decisões de crédito dentro de minutos por meio do peneiramento dos clientes com melhor crédito, permitindo que apenas oito funcionários sejam necessários para processar cerca de 400 pedidos por dia. Em vez de competir com base em taxas de juros, o maior atrativo da DeepGreen é a facilidade de inscrição e a rápida aprovação. A empresa fornece decisões quase instantâneas e incondicionais sem a necessidade de avaliações tradicionais ou de documentação inicial dos mutuários.

Os clientes podem preencher o pedido no prazo de cinco minutos, momento em que o processo automatizado começa: obtém-se um relatório de crédito, o crédito é registrado, uma avaliação do imóvel é completada com dados *on-line*, as confirmações são feitas com relação a fraude, e seguro de inundação, e uma decisão final é tomada quanto ao empréstimo. Em cerca, de 80% dos casos, os clientes recebem uma decisão final em dois minutos. (Em alguns casos, a DeepGreen só é capaz de oferecer um compromisso condicional porque alguma das informações – usualmente a avaliação – não está disponível *on-line*.) Após a aprovação, o sistema escolhe um tabelião próximo à casa do cliente, e este escolhe um prazo final. Todos os documentos do empréstimo são gerados automaticamente e enviados por correio expresso para o tabelião.

A estratégia competitiva da DeepGreen é impulsionada pela convergência de vários fatores. Na sua essência, depende do avanço das tecnologias analíticas e tecnologias de inteligência artificial baseada em regra, sem o qual o negócio não seria possível. A estratégia também aproveita a compreensão profunda do banco das alterações das condições do mercado e da dinâmica de preços. Juntamente com o uso extensivo que a DeepGreen faz de informações *on-line*, esses fatores permitem que a empresa adapte os termos de empréstimos às necessidades de pessoas físicas. Além disso, o foco da companhia nos clientes de alto nível torna possível a oferta de velocidade, serviço e conveniência. Decisões de crédito envolvendo mutuários abastados e de baixo risco são relativamente fáceis de tomar. Por fim, tomadores de empréstimos de alto nível tendem a ser conhecedores da internet. Se você criar um serviço *on-line* que atenda às necessidades específicas desse grupo, eles irão até você.

As consequências de não definir limites podem ser enormes. Alguns anos atrás, durante o *boom* do *e-commerce*, a Cisco Systems, com sede em San Jose, na Califórnia, descobriu tardiamente que estava confiando demais em seus sistemas automatizados de pedidos e de cadeia de suprimentos. A administração percebeu que muitos dos pedidos que haviam sido registrados não eram tão sólidos como se pensava e, provavelmente, nunca seriam enviados. Essa falha acabou forçando a Cisco a amortizar mais de US$ 2 bilhões em excesso de estoque.

Além da monitorização rigorosa dos níveis de risco, os gestores responsáveis pelos sistemas automatizados de decisão também devem desenvolver processos de gerenciamento de exceções. Entre outras coisas, precisam determinar antecipadamente o que acontece quando o computador tem poucos dados que permitam tomar uma decisão (um motivo frequente para permitir exceções). As empresas devem ter critérios claros para determinar quando os casos não podem ser resolvidos por meio da automação e quem deve lidar com as exceções. Também devem garantir que as exceções são vistas internamente como oportunidades para aprender, em vez de falhas do sistema.

Fonte: Adaptado de Thomas H. Davenport e Jeanne G. Harris, "Automated Decision Making Comes of Age". *MIT Sloan Management Review*, verão de 2005; Thomas H. Davenport. "Competing on Analytics". *Harvard Business Review*, janeiro de 2006.

QUESTÕES DO ESTUDO DE CASO

1. Por que algumas tentativas anteriores de usar as tecnologias de inteligência artificial falharam? Quais são as principais diferenças dos novos aplicativos baseados em inteligência artificial em relação aos antigos? Foi isso que levou os autores do estudo de caso a declarar que a tomada de decisão automatizada está finalmente atingindo a maioridade?
2. Que tipos de decisões são mais adequadas para a tomada de decisões automatizada? Apresente vários exemplos de aplicações bem-sucedidas das empresas desse caso para ilustrar sua resposta.
3. Que papel os seres humanos desempenham em aplicativos automatizados de tomada de decisão? Quais são alguns dos desafios enfrentados pelos gestores onde os sistemas automatizados de tomada de decisões estão sendo usados? Que soluções são necessárias para enfrentar esses desafios?

ATIVIDADES DO MUNDO REAL

1. Use a internet para encontrar exemplos de empresas que estão usando a tomada de decisão automatizada ou outras aplicações de negócios de inteligência artificial. Você pode começar procurando essas informações nas empresas mencionadas nesse caso e em seus principais concorrentes, e depois aumentar sua pesquisa para abranger outras empresas. Que benefícios ou desafios de negócios você descobriu?
2. Aplicações de inteligência artificial nos negócios, como a tomada de decisão automatizada, apresentam riscos empresariais potenciais, conforme mostrou a experiência da Cisco Systems, e têm potencial para outros riscos aos negócios, à segurança humana e à segurança geral, por exemplo. Divida a turma em pequenos grupos para discutir os riscos e propor controles e salvaguardas para diminuir a possibilidade dessas ocorrências.

MÓDULO IV
Processos de desenvolvimento

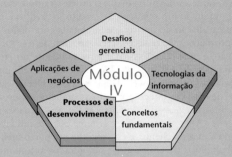

Como os profissionais de negócios podem planejar, desenvolver e implementar estratégias e soluções que usem tecnologias da informação para ajudar a alcançar desafios e oportunidades enfrentadas no ambiente de negócios de hoje? Responder a essa pergunta é o objetivo do capítulo neste módulo, que trata primordialmente do processo para planejar, desenvolver e implementar aplicações e estratégias de negócios com base na TI.

- O **Capítulo 10**, "Desenvolvendo soluções de negócios/TI", apresenta as abordagens tradicional, de prototipagem e de usuários finais para o desenvolvimento de sistemas de informação, e discute os processos e as questões administrativas na implementação de novas aplicações empresariais da tecnologia da informação. Além disso, abordam-se questões relacionadas à resistência e ao envolvimento do usuário e ao processo do gerenciamento da mudança.

CAPÍTULO 10

Desenvolvendo soluções de negócios/TI

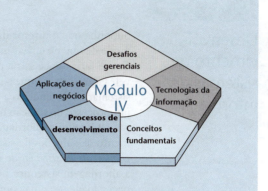

Destaques do capítulo

Seção I
Desenvolvendo sistemas de negócios
Desenvolvimento de sistemas de informação
Abordagem sistêmica
"**Caso do mundo real 1**": PayPal: globalizando em todos os idiomas de uma só vez
Análise e projeto de sistemas
O ciclo de desenvolvimento de sistemas
Iniciando o processo de desenvolvimento de sistemas
Análise de sistemas
Projeto de sistemas
Desenvolvimento pelo usuário final
Observação técnica: visão geral de análise e projeto orientados a objeto

Seção II
Implementação de sistemas de negócios
Implementação
Implementação de novos sistemas
"**Caso do mundo real 2**": Blue Cross, Blue Shield e outras: a ciência por trás da mudança
Gerenciamento de projetos
Avaliando *hardware*, *software* e serviços
Outras atividades de implementação
Desafios de implementação
Resistência e envolvimento do usuário
Gerenciamento de mudanças
"**Caso do mundo real 3**": Infosys Technologies: os desafios de implementação de iniciativas de gestão de conhecimento

Objetivos de aprendizagem

1. Usar o processo de desenvolvimento de sistemas esboçado neste capítulo e o modelo dos componentes de SI do Capítulo 1 como estruturas de solução de problemas para ajudar a propor soluções de sistemas de informação para problemas simples de negócios.

2. Descrever e dar exemplos para ilustrar como você poderia usar cada passo do ciclo de desenvolvimento de sistemas de informação para desenvolver e implementar um sistema de informação para o negócio.

3. Explicar como a prototipagem pode ser usada como técnica eficiente para aprimorar o processo do desenvolvimento de sistemas por usuários finais e especialistas de SI.

4. Entender as bases do gerenciamento de projetos e sua importância para o esforço de desenvolvimento de sistemas de sucesso.

5. Identificar as atividades envolvidas na implementação de novos sistemas de informação.

6. Comparar e confrontar as quatro estratégicas básicas da conversão de sistemas.

7. Descrever diversos fatores de avaliação que deveriam ser considerados para avaliar a aquisição de *hardware*, *software* e serviços de SI.

8. Identificar diversas soluções de gerenciamento de mudanças para a resistência do usuário final à implementação de novos sistemas de informação.

Seção I — Desenvolvendo sistemas de negócios

Desenvolvimento de sistemas de informação

Suponha que o diretor da companhia onde você trabalha lhe peça para encontrar via web um modo de obter e enviar informações para os vendedores da sua empresa. Como você começaria? O que faria? Você sairia precipitadamente na expectativa de voltar com alguma solução razoável? Como saberia que a sua solução era boa para sua companhia? Você acha que existe um jeito sistemático de ajudá-lo a desenvolver uma boa solução para a solicitação do seu diretor? Há. É um processo de solução de problemas chamado *abordagem sistêmica*.

Quando a abordagem sistêmica para a solução de problemas é aplicada ao desenvolvimento de soluções de sistemas de informação de problemas de negócios, é denominada *desenvolvimento de sistemas de informação* ou *desenvolvimento de aplicação*. Esta seção mostrará como a abordagem sistêmica pode ser usada para desenvolver sistemas e aplicações que atendam às necessidades de uma companhia, de seus funcionários e de seus acionistas.

Leia o "Caso do mundo real 1" a seguir. Podemos aprender muito sobre desafios e oportunidades no campo do comércio eletrônico (*e-commerce*) mundial com esse exemplo (ver Figura 10.1).

Abordagem sistêmica

A **abordagem sistêmica** para a solução de problemas usa uma orientação de sistemas para definir os problemas e as oportunidades, e, em resposta, desenvolver soluções viáveis e adequadas. Analisar um problema e formular uma solução envolve as seguintes atividades correlacionadas:

1. Reconhecer e definir um problema ou oportunidade por meio do *pensamento sistêmico*.
2. Desenvolver e avaliar as alternativas de soluções de sistemas.
3. Selecionar a solução de sistema que melhor responda às suas necessidades.
4. Projetar a solução de sistema escolhida.
5. Implementar e avaliar o êxito do sistema projetado.

Pensamento sistêmico

Usar **pensamento sistêmico** para compreender um problema ou uma oportunidade é um dos aspectos mais importantes da abordagem sistêmica. Peter Senge, autor e consultor de administração, chama o pensamento sistêmico *a quinta disciplina*. De acordo com Senge, dominar o pensamento sistêmico (junto com as disciplinas de domínio pessoal, modelos mentais, visão compartilhada e aprendizado em equipe) é vital para a realização pessoal e o sucesso dos negócios em um mundo de constantes mudanças. A essência desse tipo de pensamento é "enxergar a floresta *e* as árvores" em qualquer situação:

- Identificar a *inter-relação* entre os *sistemas* como mais do que cadeias de causa e efeito lineares quando se deseja que o evento ocorra.
- Reconhecer *processos* de mudança entre os *sistemas* como mais do que "lances" discretos de mudança, quando há interesse de que as mudanças ocorram.

Um modo de praticar o pensamento sistêmico é tentar encontrar sistemas, subsistemas e componentes de sistemas em qualquer situação que esteja sendo estudada, que também é conhecido como usar um contexto de sistemas ou ter uma visão sistêmica de uma situação. Por exemplo, a organização ou os processos de negócios nos quais um problema ou uma oportunidade surge poderiam ser vistos como componentes de entrada, processamento, saída, *feedback* e controle. Então, para compreender um problema e resolvê-lo, você deve determinar se essas funções básicas de sistemas estão sendo adequadamente desempenhadas (ver Figura 10.2).

Exemplo. O processo de vendas de um negócio pode ser visto como um sistema. Você poderia, então, perguntar: "O fraco desempenho de vendas (saída) é causado por esforços inadequados dos vendedores (entrada), procedimentos de venda ultrapassados (processamento), informação incorreta de vendas *(feedback)* ou gerenciamento de vendas inadequado (controle)?". A Figura 10.2 ilustra esse conceito.

CASO DO MUNDO REAL 1

PayPal: globalizando em todos os idiomas de uma só vez

Quando você é uma empresa global que está sempre expandindo para novos países, como mantém todos os *sites* para clientes atualizados no idioma local – sem gastar muito tempo e dinheiro?

O PayPal percebeu há cinco anos que, se não resolvesse esse problema, prejudicaria a capacidade de crescimento da empresa de pagamento em *e-commerce*, disse Matthew Mengerink, vice-presidente de tecnologias centrais. Suas responsabilidades de TI incluem a infraestrutura do sistema de arquitetura e pagamento do PayPal. Hoje, o PayPal rearquitetou o código de *software* de seu site para permitir atualizações simultâneas para 15 localidades, da França à Polônia. Na comunidade de desenvolvimento, essa realização pouco usual é denominada "envio simultâneo polilíngue" ou "SimShip".

"Esse é um grande problema que se apresenta há muito tempo", diz Ron Rogowski, analista sênior da Forrester Research, especializado em questões de globalização. "Na maioria dos casos, as empresas fazem um trabalho muito ruim na localização de conteúdo", diz ele, observando que não faltam soluções de tecnologia na área e que empresas também devem vencer batalhas organizacionais sobre quem controla qual conteúdo. Segundo Rogowski: "As empresas gostariam de gerenciar melhor suas traduções para realizar redução de custos internos e externos. Mas o verdadeiro benefício é o possível aumento de renda, a capacidade de se inserir em mercados rapidamente".

Atualmente, essa capacidade se traduz em grande parte pelos lucros finais: para o PayPal, os negócios internacionais atualmente representam 44% dá renda líquida, que foi de US$ 582 milhões no primeiro trimestre de 2008, com um aumento de 32% ano a ano. Em 2007, o PayPal processa cerca de US$ 1.806 em volume de pagamentos por segundo, e o código rearquitetado da empresa teve um papel fundamental nesse aumento.

O PayPal, agora parte do eBay, gigante dos leilões *on-line*, teve de ser globalizado para atender aos desejos do consumidor, diz Mengerink. Consumidores de fora dos Estados Unidos estavam exigindo que o eBay permitisse que usassem o PayPal (principal mecanismo de compra no eBay) e que este fosse apresentado a eles de forma tão facilitada quanto fora em inglês. A empresa tinha de fazer mais que apresentar uma tradução empolada do inglês para, por exemplo, francês ou alemão.

"Imagine que, ao ir a um banco, você deseje falar francês. O caixa sabe falar francês, mas isso não basta. Você quer sentir que está na França. Quer ver a bandeira francesa na parede. Especialmente no ramo dos bancos, era muito importante expressar algo em que as pessoas confiassem, de forma que fosse natural e genuíno para eles", diz ele Mengerink.

Segundo Mengerink, tradicionalmente, as empresas resolvem o problema de localização trabalhando com empresas de tradução terceirizadas, cujas equipes convertem um site baseado no inglês em diversos idiomas. O problema: "Se você não consegue enviar para elas a menor quantidade de texto possível, isso fica incrivelmente caro. "Aqui no PayPal, você tem uma experiência de site completa: você deve traduzi-lo, e somos uma empresa de internet – atualizamos o site a cada seis semanas. Como você faz para não atrasar a empresa com o processo de tradução?".

A decisão do PayPal de desenvolver uma solução personalizada é incomum e interessante. Poucos fornecedores de *software* competem no campo das ferramentas de tradução e além disso, muitas empresas não conseguem superar as barreiras organizacionais relacionadas à tradução. De acordo com Rogowski "Há todo um problema organizacional que deve ser avaliado, apurando quem está responsável pelo quê".

Ele observa, por exemplo, que uma empresa de eletrônicos para o consumidor pode nem ter conteúdo com aparência semelhante, muito menos conteúdo idêntico, nos *sites* de vários países: "Muitas vezes o conteúdo da web surge sem qualquer plano de centralização. Antes que sua empresa possa traduzir todos os seus *sites* com eficiência, você pode ser envolvido por bagunça organizacional", alerta Rogowski. É por isso que algumas empresas estão lidando com o problema silo a silo.

Mas não o PayPal. Há cinco anos, Mengerink e uma equipe de especialistas em localização dentro do setor de TI começaram seu projeto para solucionar o problema de modo muito centralizado. Muitas vezes, diz Mengerink, empresas que enfrentam esse problema tentam copiar e colar código e depois traduzi-lo para diferentes idiomas. Isso pode gerar problemas, pois não é simples seguir compactando e unificando o código. "É muito mais fácil manipular texto do que código", ele diz.

O PayPal decidiu que deveria rearquitetar o código para tratar do problema de localização de idiomas – simplesmente por razões de velocidade nos negócios, ele diz: "Se a arquitetura estiver certa, é possível entrar em novos países mais rapidamente". De acordo com Mengerink, não havia qualquer ferramenta comercial adequada à conta, então todo o desenvolvimento foi realizado internamente com uma pequena equipe de TI; o PayPal não divulga o tamanho exato da equipe ou a métrica de custos.

"Há essa ideia de um código de país e um código de idioma. Seu *software* deve entender duas coisas: Em que país estou e qual idioma está sendo lido? Isso é extremamente importante,

Fonte: QuickBooks® Screen Shots ©Intuit Inc. Todos os direitos reservados.

FIGURA 10.1 O PayPal superou o desafio de ser uma empresa global que fala o idioma local.

Continua ↦

porque há países diferentes dos Estados Unidos, como o Canadá, em que os clientes não conseguem imaginar não ter vários idiomas. A primeira coisa que dissemos foi para colocar ambos os códigos em todos os lugares", diz Mengerink. Depois, seus desenvolvedores tiveram de criar uma base de código com muito mais flexibilidade que a original. Por exemplo, eles tiveram de convencer o *software* de que sequências de informação como endereços de *e-mail*, telefones de atendimento ao cliente e horário, mudariam de acordo com o código do país.

A segunda chave para o sucesso do projeto para o PayPal: Ghassan Haddad, diretor de localização da empresa, e a equipe de desenvolvimento criaram uma ferramenta que acrescenta códigos de cores a texto na base do código do *software* para marcar sequências adicionadas recentemente que deverão ser traduzidas. "As pessoas programam simplesmente como se fosse em inglês", diz Mengerink. "Ao mesmo tempo, o *software* extrai os novos pedaços." Então, o PayPal pode enviar apenas os trechos novos, em vez de parágrafos completos, para a empresa de tradução. "Isso pode levar de cinco a dez dias, dependendo do tamanho do lançamento", diz Mengerink. "Depois partimos para a corrida, lançando simultaneamente em todas as localidades."

Então, qual é o próximo desafio para Mengerink e sua equipe de desenvolvimento no PayPal? "Tornamo-nos muito bons no gerenciamento de conteúdo com engenharia", diz ele. "Agora a questão é como colocar esse gerenciamento de conteúdo nas mãos dos negócios. Eles querem alterá-lo pessoalmente, sem um intermediário. O pessoal dos negócios está dizendo: respeitamos você, mas, por favor, podemos fazer isso nós mesmos?" É um desafio, diz ele, uma vez que o conjunto de ferramentas de desenvolvimento seguirá crescendo.

A propósito, o PayPal não está tentando licenciar a tecnologia que desenvolveu. "Nossas ferramentas são construídas para o PayPal", afirma Mengerink. "Estamos encorajando que os outros construam suas próprias ferramentas." Embora sua equipe tenha trabalhado principalmente em HTML, a linguagem de programação não é a escolha importante, diz ele. "Pense sobre a metodologia. Essa é uma parte realmente fundamental. Construímos ferramentas personalizadas e elas mudam literalmente a cada seis meses. Essa é uma indústria nascente. Quando você começa a analisar as ferramentas de publicação e as ferramentas de conteúdo, a maioria é adequada para visualização e publicação".

Esse é um modelo mais simples do que o PayPal faz, por exemplo, frequentemente vinculando novo conteúdo a novos recursos. "Havia muito medo, muitas pessoas dizendo: 'Por que não estamos seguindo o padrão da indústria?'" Utilize o que puder, mas você deve ser bom em criar suas próprias ferramentas. No começo, havia muito ceticismo saudável, até mesmo internamente", diz Mengerink. "Alguns dos executivos e desenvolvedores observarão que sua empresa anterior tentou fazer envio simultâneo e falhou. Algumas pessoas na comunidade de desenvolvimento ainda não acreditam que seja possível", acrescenta. "Depois que estava feito, percebemos que, além de gerenciável, era uma vantagem fundamental."

Quanto mais cedo a empresa começa a trabalhar em um projeto de SimShip, melhor: "Depois que você fica grande demais, não pode se dar ao luxo de interromper o ciclo."

"É necessário criar as estruturas genéricas para o código bem no início", diz ele. "Construa cada coisa da maneira correta."

Qual é o lucro final para o PayPal do trabalho da equipe de Mengerink? "Hoje temos 15 idiomas, 17 moedas, 190 mercados. Nossa base de código cresceu muito. Todo o código novo está sendo construído usando a estrutura correta. Você deve fazer uma construção internacionalizada." A base de código rearquitetada do PayPal agora mantém o *e-commerce* em plena atividade, enquanto a empresa segue sua expansão: o volume líquido total de pagamentos do PayPal para 2007, o valor total das transações, foi de US$ 47 bilhões, um ganho de 33% em relação ao ano anterior.

Para colocar isso em contexto, o volume líquido total de pagamentos do PayPal para o quarto trimestre de 2007, US$ 14 bilhões, representou cerca de 12% do *e-commerce* dos Estados Unidos e cerca de 8% do *e-commerce* mundial.

Fonte: Adaptado de Laurianne McLaughlin. "How PayPal Keeps e-Commerce Humming in 15 Languages at Once". *CIO Magazine*, 14 de março de 2008.

QUESTÕES DO ESTUDO DE CASO

1. Um dos desafios enfrentados pelo PayPal agora que conseguiu superar o obstáculo polilíngue é descobrir a melhor maneira de colocar essa funcionalidade nas mãos dos negócios, para que não tenham de passar pelo setor de TI a cada vez. Como equilibrar essa necessidade de resposta e flexibilidade em relação à necessidade de TI de manter algum grau de controle para garantir que tudo siga funcionando em coordenação com o restante? Forneça algumas recomendações para gerentes que estão nessa situação.

2. O PayPal optou por desviar dos padrões da indústria e contruir sua própria tecnologia, que se adequaria melhor às suas necessidades. Quando é uma boa ideia que as empresas escolham essa alternativa? Quais questões estão envolvidas nessa decisão? Discuta e forneça alguns exemplos.

3. Embora o novo sistema tenha tido bastante sucesso, o PayPal escolheu não licenciar essa tecnologia para outras empresas, abrindo mão de um fluxo de renda potencialmente importante, considerando a falta de boas soluções para o problema. Por que o PayPal escolheu não vender a tecnologia? Isso realmente pode se tornar uma vantagem estratégica sobre seus concorrentes? Qual é o grau de dificuldade para seus concorrentes imitarem essa realização?

ATIVIDADES DO MUNDO REAL

1. Escolha duas ou três empresas com operações globais de seu interesse e visite seus *sites* para países diferentes dos Estados Unidos. Mesmo sem ter familiaridade com o idioma, os *sites* têm a mesma aparência do site norte-americano? Em quais aspectos são semelhantes e em quais são diferentes? Se você não soubesse, poderia adivinhar que é a mesma empresa? Prepare uma apresentação com capturas de tela para compartilhar suas descobertas com o restante do grupo.

2. Embora o PayPal tenha optado por uma abordagem centralizada para manter a consistências na aparência de *sites* e conteúdo, outras empresas permitem que ambos variem de acordo com o país em que operam. Quando você usaria cada uma das abordagens? Dependeria da empresa, dos produtos oferecidos, dos mercados, dos países ou de outro fator? Divida a turma em grupos e discuta o assunto com seus colegas.

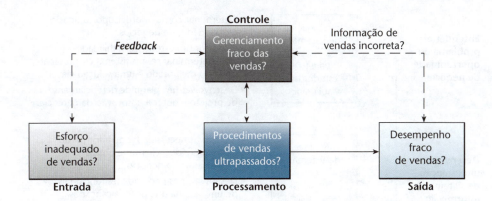

FIGURA 10.2 Um exemplo de pensamento sistêmico. Você pode entender melhor um problema ou uma oportunidade de vendas ao avaliar e identificar os componentes de um sistema de vendas.

O processo geral pelo qual os sistemas de informação são projetados e implementados dentro das organizações é chamado **análise e projeto de sistemas (AS&P)**. Esse processo contém atividades que incluem a identificação dos problemas no negócio; a solução proposta, na forma de um sistema de informação (SI), para um ou mais dos problemas identificados; e o projeto e a implementação da solução proposta para alcançar os objetivos desejados e estabelecidos da organização.

Há hoje muitas abordagens para AS&P. As duas mais comuns são **análise e projeto orientados a objeto** e **ciclo de vida**. Embora cada uma tenha suas vantagens e desvantagens, e sejam diferentes em muitos aspectos, ambas estão interessadas na análise e no projeto de sistema de informação de sucesso. Em muitos casos, a escolha da abordagem dependerá do tipo de sistema em estudo e do grau de capacidade dos usuários em especificar suas necessidades e exigências. Uma discussão completa de ambas as abordagens está além do propósito deste livro, por isso nos manteremos no método mais comum – a abordagem do ciclo de vida.

Juntamente com uma visão geral das duas abordagens mais comuns, é importante notar que uma grande variedade de abordagens têm sido desenvolvida ao longo dos anos para lidar com as deficiências dos métodos anteriores. Algumas alegam encurtar o tempo de ciclo ou duração de tempo; outras alegam criar um ambiente de tarefas paralelo no qual várias etapas podem ser executadas simultaneamente; outras ainda se concentram em melhorar as taxas de defeito na fase de programação de um projeto. Sendo assim, dar a devida atenção a essa grande variedade de abordagens de desenvolvimento demandaria muitos volumes e está claramente fora do escopo deste livro. A boa notícia é que, se você entender os conceitos básicos das duas principais abordagens de desenvolvimento, poderá facilmente compreender as nuances de todas as outras abordagens. Não importa o nome ou a abordagem, as questões fundamentais permanecem as mesmas. É por isso que optamos por centrar a nossa atenção na abordagem de ciclo de vida, uma vez que ela estabelece as bases para todas as outras abordagens.

Análise e projeto de sistemas

Um método de usar a abordagem sistêmica para desenvolver soluções de sistema de informação, e o mais predominante na análise e projeto dos sistemas de uma organização, pode ser visto como um processo de múltiplas etapas, repetitivo, denominado **ciclo de vida do desenvolvimento de sistemas** (systems development life cycle – SDLC). A Figura 10.3 ilustra o que acontece em cada estágio desse processo: (1) investigação, (2) análise, (3) projeto, (4) implementação e (5) manutenção.

É importante notar, entretanto, que todas as atividades envolvidas no SDLC são altamente relacionadas e interdependentes, por isso, na prática real, várias atividades evolutivas podem estar ocorrendo ao mesmo tempo, ao passo que certas atividades dentro de determinado passo podem ser repetidas. Isso significa que tanto usuários como analistas de sistemas podem a qualquer momento repetir as atividades prévias para modificar e melhorar um sistema em desenvolvimento. Discutiremos as atividades e os produtos de cada passo do ciclo de desenvolvimento de sistemas neste capítulo.

O ciclo de desenvolvimento de sistemas

FIGURA 10.3 O ciclo de vida do desenvolvimento de sistemas de informação tradicional. Observe como os cinco passos do ciclo são baseados nas etapas da abordagem sistêmica. Também observe os produtos que resultam de cada passo no ciclo, e que você pode refazer qualquer passo anterior se for necessário.

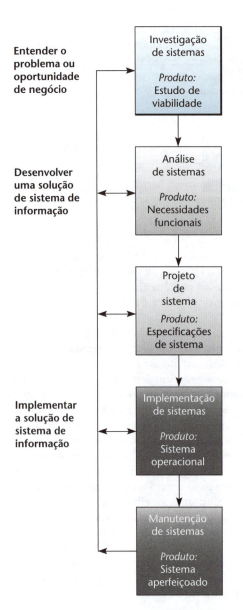

Iniciando o processo de desenvolvimento de sistemas

Temos oportunidades de negócios? Quais são as nossas prioridades? Como as tecnologias da informação podem prover soluções de sistemas de informação que sejam direcionadas para nossas prioridades no negócio? Essas são as perguntas que precisam ser respondidas no **estágio de investigação de sistemas** – o primeiro passo no processo de desenvolvimento de sistemas. Esse estágio pode envolver a consideração das propostas geradas por um processo de planejamento de negócios/TI, o qual discutiremos em detalhes no Capítulo 12. O estágio de investigação também inclui o estudo da viabilidade das soluções de sistema de informação propostas para alcançar as oportunidades e prioridades, conforme identificado em um processo de planejamento.

Estudo de viabilidade

Pelo fato de o processo de desenvolvimento ser caro, o estágio de investigação de sistemas requer o desenvolvimento de um **estudo de viabilidade**. Nesse estágio, o estudo de viabilidade é um estudo preliminar no qual as necessidades de informação dos usuários e os requisitos de recursos, custo, benefício e viabilidade de um projeto proposto são determinados. Então, uma equipe de profissionais de negócios e especialistas em SI podem formalizar os resultados dos estudos em um relatório por escrito que inclui as especificações preliminares e um plano de desenvolvimento para a aplicação empresarial proposta. Se a gerência da companhia aprova a recomendação do estudo de viabilidade, o processo de desenvolvimento pode continuar.

O estudo de viabilidade preliminar de um projeto é uma análise muito grosseira da sua viabilidade que deve ser constantemente refinada com o decorrer do tempo. É, todavia, um primeiro passo necessário na criação do compromisso final dos recursos organizacionais para o desenvolvimento do sistema proposto. Em alguns casos, contudo, a avaliação de viabilidade preliminar é desnecessária. Para projetos muito pequenos ou óbvios, ela pode representar de fato uma perda de tempo valioso. Também, certas modificações no ambiente de negócios podem ditar a necessidade da mudança, independentemente da avaliação da viabilidade de tal modificação. Se o governo muda a tabela do imposto de renda do empregado, uma organização não tem outra escolha senão fazer as mudanças necessárias no seu sistema de folha de pagamento. Se um programa crítico tem um grande erro, a empresa não tem outra escolha senão encontrá-lo e resolvê-lo. Em outras palavras, de nada vale avaliar a viabilidade de um problema que deve ser obrigatoriamente resolvido. Nesses casos, a avaliação da viabilidade pode ser mais bem direcionada para a análise de abordagens alternativas para a solução em vez do próprio problema. Contudo, a condução de um estudo de viabilidade preliminar completo deve ser o padrão predefinido na organização, e uma decisão de eliminar esse primeiro passo no processo sempre deve ser cuidadosamente examinada e justificada.

Assim, a meta do estudo de viabilidade preliminar é avaliar soluções de sistemas alternativos e propor a aplicação empresarial mais viável e desejável para o desenvolvimento. A viabilidade de um sistema proposto pode ser avaliada nos termos das cinco categorias mais importantes, como ilustrado na Figura 10.4.

A avaliação da **viabilidade operacional** enfoca o grau para o qual o projeto de desenvolvimento proposto se encaixa no ambiente e nos objetivos de negócios existentes quanto a tempo de desenvolvimento, data de entrega, cultura corporativa e processos de negócios existentes. Além disso, esse exame também determina o grau no qual o projeto alcança os objetivos específicos do negócio estabelecidos durante a fase da proposta. Nos primeiros estágios da avaliação da viabilidade operacional, estamos, antes de mais nada, interessados em determinar se vale a pena resolver o problema identificado ou se a solução proposta realmente resolve o problema. E mais, devemos preocupar-nos com um exame inicial da **viabilidade de tempo** – podemos identificar e resolver o problema dentro de um período razoável? Nos últimos estágios da avaliação da viabilidade operacional, como durante a fase do projeto físico do SDLC, mudamos nosso foco para um ajuste estratégico e impacto organizacional, tal como determinar até que ponto o sistema

Viabilidade operacional

Viabilidade operacional	Viabilidade econômica
• Como o sistema proposto apoiará as prioridades de negócios da organização. • Como o sistema proposto resolverá o problema identificado. • Como o sistema proposto se ajustará à estrutura organizacional existente.	• Economia de custos. • Receita aumentada. • Exigências de investimento reduzidas. • Aumento de lucros. • Análise de custo/benefício.
Viabilidade técnica	**Viabilidade de fatores humanos**
• Capacidade, confiabilidade e disponibilidade de *hardware*, *software* e rede.	• Aceitação por parte dos empregados, clientes, fornecedores. • Apoio administrativo. • Determinação das pessoas certas para as várias funções revisadas ou novas.
Viabilidade política/legal	
• Patente, direitos autorais e licenciamento. • Restrições governamentais. • Acionistas e relatórios das autoridades afetados.	

FIGURA 10.4 Fatores operacionais, econômicos, técnicos, humanos e políticos/legais. Note que há mais fatores atuando sobre a viabilidade do que economia de custos ou disponibilidade de *hardware* e *software*.

Viabilidade econômica

físico proposto vai requerer mudanças na nossa estrutura organizacional, ou quais mudanças na amplitude de controle atual devem ser feitas para acomodar o novo sistema.

O objetivo do exame de **viabilidade econômica** é determinar a extensão para a qual o sistema proposto fornecerá benefícios econômicos positivos para a organização. Essa determinação implica a identificação e a quantificação de todos os benefícios esperados do sistema, bem como a identificação explícita de todos os custos esperados do projeto. Nas primeiras etapas do projeto, é impossível definir exatamente e avaliar todos os benefícios e custos associados ao novo sistema. Assim, a avaliação da viabilidade econômica é um processo contínuo no qual os custos definidos em curto prazo estão constantemente sendo comparados com os benefícios definíveis no longo prazo. Se um projeto não pode ser considerado economicamente viável, tendo em conta seus custos altos, então não deveria prosseguir, independentemente de outros resultados de avaliação.

A avaliação da viabilidade econômica envolve a preparação de uma **análise de custo/benefício**. Se os custos e os benefícios puderem ser quantificados com alto grau de certeza, serão designados como *tangíveis*; caso contrário, serão chamados *intangíveis*. Exemplos de **custos tangíveis** são os custos de *hardware* e *software*, salários dos empregados e outros custos quantificáveis necessários para desenvolver e implementar uma solução de SI. **Custos intangíveis** são difíceis de quantificar; incluem a perda da boa vontade do cliente ou moral do empregado reduzida causados por erros e perturbações resultantes da instalação de um novo sistema.

Os **benefícios tangíveis** são resultados favoráveis, como diminuição dos custos da folha de pagamento causada pela redução de pessoal ou diminuição dos custos de frete das mercadorias causada pela diminuição do estoque. Já os **benefícios intangíveis** são mais difíceis de estimar. Benefícios como melhor atendimento ao cliente ou informação mais rápida e exata para a gerência estão nessa categoria. A Figura 10.5 lista os benefícios tangíveis e intangíveis típicos com exemplos. Possíveis custos tangíveis e intangíveis seriam o oposto de cada benefício mostrado.

Viabilidade técnica

A avaliação da **viabilidade técnica** está focalizada em obter uma compreensão dos recursos técnicos atuais da organização e sua aplicabilidade às necessidades esperadas do sistema proposto. O analista deve avaliar o grau no qual os recursos técnicos atuais, incluindo *hardware*, *software* e ambientes operacionais, podem ser atualizados ou expandidos por atender às necessidades do

FIGURA 10.5 Benefícios possíveis dos novos sistemas de informação, com exemplos. Note que um resultado oposto para cada um desses benefícios seria um custo ou desvantagem dos novos sistemas.

Benefícios tangíveis	Exemplo
• Aumento nas vendas ou nos lucros.	• Desenvolvimento de produtos baseados em TI.
• Redução no custo do processamento da informação.	• Eliminação de documentos desnecessários.
• Redução em custos operacionais.	• Redução do custo do frete das mercadorias.
• Redução em investimento necessário.	• Redução do investimento necessário para o estoque.
• Aumento na eficiência operacional.	• Menos perda, desperdício e tempo ocioso.

Benefícios intangíveis	Exemplo
• Maior disponibilidade de informações.	• Informação mais oportuna e exata.
• Capacidades melhoradas de análise.	• Olap e *data mining*.
• Melhor serviço ao cliente.	• Resposta de serviço mais rápida.
• Moral do empregado melhorado.	• Eliminação de tarefas muito desagradáveis.
• Melhor tomada de decisão gerencial.	• Melhor análise de decisão e informação.
• Melhor posição competitiva.	• Sistemas de fidelização de clientes.
• Melhor imagem da empresa	• Imagem progressiva vista por clientes, fornecedores e investidores.

Viabilidade operacional	Viabilidade econômica
• Como um sistema de *e-commerce* proposto se ajusta aos planos da companhia de desenvolver sistemas de vendas, *marketing* e financeiros baseados na web.	• Economia nos custos de pessoal. • Aumento das receitas de vendas. • Redução de investimento em estoque. • Aumento de lucros. • Retorno aceitável dos investimentos.
Viabilidade técnica	**Viabilidade de fatores humanos**
• Capacidade, confiabilidade e disponibilidade de *hardware*, *software* e serviços administrativos para a loja da web.	• Aceitação dos empregados. • Apoio administrativo. • Aceitação dos clientes e fornecedores. • Quadro de desenvolvedores com as habilidades necessárias.
Viabilidade política/legal	
• Nenhuma violação de direitos autorais ou de patente. • Licenciamento do *software* apenas por parte do desenvolvedor. • Nenhuma restrição governamental. • Nenhuma mudança nos relatórios existentes das autoridades.	

FIGURA 10.6 Exemplos de como um estudo de viabilidade pode medir a viabilidade de um sistema de *e-commerce* proposto para uma empresa.

sistema proposto. Se a tecnologia atual for considerada suficiente, então a viabilidade técnica do projeto será evidente. Se esse não for o caso, o analista deverá determinar se a tecnologia necessária para atender às especificações estabelecidas existe. O risco é que o projeto pode requerer tecnologia que ainda não esteja disponível de maneira confiável e estável. Apesar das manifestações dos fornecedores de que podem suprir o que quer que seja necessário, o analista deve ser capaz de avaliar com exatidão o grau de disponibilidade da tecnologia necessária e adequada para o projeto proposto (ver Figura 10.6).

Uma coisa é avaliar o grau no qual um sistema proposto pode funcionar, outra é avaliar se o sistema funcionará mesmo. A avaliação da **viabilidade de fatores humanos** concentra-se nos componentes mais importantes de uma implementação de sistema de sucesso: os gerentes e usuários finais. Não importa a precisão da tecnologia, o sistema não funcionará se os usuários finais e os gerentes não perceberem a sua relevância e não a apoiarem. Nessa categoria, avaliamos o grau da resistência ao sistema proposto, o papel esperado dos usuários finais no processo de desenvolvimento, o grau da modificação do ambiente de trabalho dos usuários finais em consequência do novo sistema e o estado atual de recursos humanos disponíveis para conduzir o projeto, administrar e usar o sistema em realização.

Viabilidade de fatores humanos

Essa categoria da avaliação frequentemente é pouco considerada durante as primeiras etapas de iniciação e análise do projeto. A **viabilidade política/legal** de um projeto proposto inclui uma análise completa de qualquer ramificação jurídica potencial que resulta da construção e da implementação do novo sistema. Tais questões jurídicas incluem direitos autorais ou infrações de patentes, violação de leis antitrustes existentes (como no processo antitruste movido contra a Microsoft Corp. com relação ao Windows e o Internet Explorer pelo Departamento de Justiça de Estados Unidos em 1998), restrições de comércio exterior ou qualquer obrigação contratual existente da organização.

Viabilidade política/legal

O aspecto político da avaliação concentra-se em compreender quem são os interessados-chave dentro da organização e o grau no qual o sistema proposto pode afetar positiva ou negativamente a distribuição do poder. Tal distribuição pode ter repercussões políticas importantes e causar perturbação ou fracasso no sentido oposto ao esforço de desenvolvimento.

Análise de sistemas

O que é análise de sistemas? Caso queira desenvolver uma nova aplicação rapidamente ou esteja envolvido em um projeto de longo prazo, você precisará desenvolver várias atividades básicas de análise de sistemas. Muitas dessas atividades são extensões daquelas usadas na condução do estudo de viabilidade, entretanto, a análise de sistemas não é um estudo preliminar, mas sim um estudo aprofundado das necessidades de informação do usuário final que produz *necessidades funcionais*, as quais são usadas como base para o projeto de um novo sistema de informação. A análise de sistemas normalmente envolve um estudo detalhado:

- das necessidades de informação de uma empresa e dos usuários finais como você.
- das atividades, dos recursos e dos produtos de um ou mais sistemas atuais que estejam em uso.
- das capacidades do sistema de informação necessárias para atender às suas necessidades de informação e aquelas de outros interessados no negócio que possam usar o sistema.

Análise organizacional

Uma **análise organizacional** é um primeiro passo importante na análise de sistemas. É possível alguém aprimorar um sistema de informação se conhece muito pouco a respeito do ambiente organizacional no qual o sistema se encontra? Não. É por isso que os membros de uma equipe de desenvolvimento devem conhecer a organização, a sua estrutura administrativa, seu pessoal, suas atividades comerciais, os ambientes dos sistemas com os quais devem lidar e os seus sistemas atuais de informação. Alguém na equipe deve conhecer essa informação com mais detalhes para as unidades específicas do negócio ou grupos de trabalho de usuários finais que serão afetados pelo novo sistema de informação ou melhoria que está sendo proposto. Por exemplo, um novo sistema de controle de estoque para uma rede de lojas de departamento não pode ser projetado a não ser que alguém na equipe de desenvolvimento conheça muito bem a empresa e os tipos de atividades comerciais que afetam seu estoque. É por isso que usuários finais da empresa são frequentemente colocados nas equipes de desenvolvimento de sistemas.

Análise do sistema atual

Antes de projetar um novo sistema, é importante estudar o sistema que será aprimorado ou substituído (supondo que exista um). É preciso analisar como esse sistema utiliza *hardware*, *software*, rede e os recursos de pessoal para converter recursos de dados, como dados de transações, em produtos de informação, como relatórios e apresentações. Então, deve-se documentar como as atividades do sistema de informação de entrada, processamento, saída, armazenamento e controle são realizadas.

Por exemplo, podem-se avaliar o formato, o tempo e a qualidade das atividades de entrada e saída. Tais atividades da *interface do usuário* são vitais para a interação eficaz entre os usuários finais e o sistema baseado em computador. Então, no estágio de projeto dos sistemas, pode-se especificar quais os recursos, os produtos e as atividades devem existir para apoiar a interface do usuário no sistema que está sendo projetado.

> **Walmart e outros: testando até o estresse de *sites* para o período de festas**
>
> E se, nos dias que precedem o Natal, uma multidão de compradores forçasse um varejista a trancar suas portas durante o horário de pico para os negócios? Inimaginável, mas é exatamente o que aconteceu em diferentes níveis nas lojas da web do Walmart, da Macy's e de outros varejistas quando o período de festas de 2006 começou com força.
>
> A falha do Walmart na sexta-feira negra, o dia depois de Ação de Graças, foi impressionante. O Walmart.com ficou fora de funcionamento por um total de cerca de 10 horas naquele dia, de acordo com a empresa de monitoramento da internet Keynote Systems, forçando-o a receber seus compradores com um aviso de "volte mais tarde". "Temo que a sexta-feira tenha sido boa demais", disse um porta-voz do Walmart. A empresa esperava que a atividade de pedidos fosse o dobro do nível registrado na sexta-feira negra do ano anterior, mas ela foi de sete vezes o volume do ano anterior. O Walmart tinha definido grandes metas *on-line* para esse período de festas, tendo passado 13 meses adicionando métodos de pagamento mais rápidos e uma seção de brinquedos interativa, o tipo de recursos com que contava para atrair 300 milhões de visitantes. Mas, se as portas estiverem fechadas, eles não virão.

O site da Macy's teve um mau desempenho por cerca de nove horas naquela sexta-feira negra, de acordo com a Keynote, e ficou fora por cerca de uma hora naquele dia e parte da terça-feira seguinte. Os *sites* da Zappos e da Foot Locker também tiveram problemas de desempenho. A Keynote disse que a maioria dos *sites*, incluindo o do Walmart, se recuperou na segunda-feira e não teve grandes problemas nesse dia.

Com a web trazendo vendas cada vez mais significativas, por que os varejistas negligenciariam o desempenho de seus *sites*? Na maioria dos casos, eles não negligenciam. Muitos realizam testes de carga, previsões e monitoramento usando ferramentas de empresas como a Keynote e a Gomez, além de redes de distribuição de conteúdo para acelerar o desempenho. Eles constroem suas infraestruturas de *e-commerce* com vistas ao desempenho, com redundância em pontos de falha comuns. Mas os *sites* ainda podem falhar.

Um motivo é que as diversas equipes – *marketing*, web designers, aqueles que fazem o controle de qualidade – compartilham a mesma métrica, diz Matthew Poepsel, vice-presidente de serviços profissionais da Gomez. Se os grupos se preocupam apenas com suas métricas – o *marketing* implementa uma promoção, por exemplo, sem ter certeza de que o design do site e a capacidade podem dar conta dela – , você tem "sucesso individual, mas falha coletiva", diz ele. De acordo com Poepsel, quando um problema ocorre, 80% do tempo de recuperação é passado identificando o problema. "Depois que sabemos qual é o problema, ele pode ser resolvido rapidamente, a menos que seja um claro problema de largura de banda e seja necessário negociar um novo contrato."

Os clientes são extremamente impiedosos com baixo desempenho. Em uma pesquisa da Gomez com 1.173 compradores *on-line*, 53% dizem que mudariam para um concorrente se um site levasse muito tempo para ser carregado e 21% dizem que ligariam para o serviço de atendimento ao consumidor. Ao testarem seus sistemas para capacidade de carga na preparação para a sexta-feira negra, os varejistas tipicamente usaram o dobro da capacidade que seus *sites* tinham no mesmo dia do ano anterior, de acordo com a Keynote, o que corresponde a um aumento de 600% em relação a um dia de compras normal fora do período de festas.

As lojas que mantiveram seus *sites* no ar fizeram negócios arrasadores. Entretanto, quando o site de um grande concorrente falha, outros recebem uma leva de novos clientes que sobrecarrega seus *sites*. Além disso, há menos tempo do que nunca para reagir a mudanças no tráfego.

Fonte: Adaptado de Mary Hayes Weier. "Opening Holiday Weeks Show Uptime Isn't Easy For On-line Retailers". *InformationWeek*, 4 de dezembro de 2006.

Uma das atividades principais que ocorrem durante a fase de análise é a construção de um **modelo lógico** do sistema atual, o qual pode ser pensado como um projeto do sistema atual que mostra apenas *o que* o sistema atual faz sem considerar *como* é feito. Ao construir e analisar um modelo lógico do sistema atual, um analista de sistema consegue entender mais facilmente os vários processos, as funções e os dados associados ao sistema sem ficar preso em todos os assuntos que envolvem *hardware* ou *software*. Além disso, ao criar um modelo lógico, os vários componentes de um sistema que não fazem uso do computador podem ser incorporados, analisados e compreendidos. Por exemplo, na versão física de um sistema, a caixa de entrada de uma pessoa deve ser o local onde novos pedidos são guardados até que sejam inseridos no computador. No modelo lógico, essa caixa de entrada é tratada exatamente como um disco rígido de computador ou outro meio de armazenamento eletrônico. Em um sentido lógico, é apenas outro lugar para guardar dados.

Análise lógica

Esse é um dos passos mais difíceis da análise de sistemas. É preciso trabalhar como equipe com os analistas de SI e outros usuários finais para determinar as suas necessidades de informação específicas do negócio. Por exemplo, primeiro você precisa determinar que tipo de informação cada atividade do negócio requer; qual o seu formato, tipo de meio e com que frequência; e quais tempos de reposta são necessários. Segundo, você deve tentar determinar as capacidades de processamento de informação necessárias para cada atividade do sistema (entrada, processamento, saída, armazenamento, controle) para atingir essas necessidades de informação. *Assim como na construção do modelo lógico, seu objetivo principal é identificar como deve ser feito, e não como fazê-lo.*

Análise e determinação de requisitos funcionais

FIGURA 10.7 Exemplos de requisitos funcionais de um sistema de *e-commerce* proposto para uma empresa.

Exemplos de requisitos funcionais
• **Requisitos de interface de usuário** Entrada automática de dados de produto e telas de inserção de dados fáceis de usar para clientes da web.
• **Requisitos de processamento** Cálculo rápido e automático de totais de vendas e custos de frete.
• **Requisitos de estoque** Busca e atualização rápida de dados de produto, preço e bancos de dados de clientes.
• **Requisitos de controle** Sinais para erros de inserção de dados e rápida confirmação por *e-mail* para clientes.

Quando esse passo do ciclo de vida é completado, um conjunto de **necessidades funcionais** para o novo sistema proposto existirá. As necessidades funcionais são solicitações do usuário final que não estão ligadas diretamente aos recursos de *hardware*, *software*, rede, dados ou pessoas que os usuários finais usem no sistema atual ou devam usar no novo sistema. Isso fica para a fase de projeto. Por exemplo, a Figura 10.7 mostra exemplos de necessidades funcionais de aplicação de *e-commerce* proposta para uma empresa.

Projeto de sistemas

Uma vez concluída a parte de análise do ciclo de vida, o processo do **projeto do sistema** pode começar. É nesse ponto que o modelo lógico do sistema atual é modificado até que represente a imagem do novo sistema. Essa versão do modelo lógico representa o que o novo sistema fará. Durante a parte do projeto **físico** dessa etapa, os usuários e analistas focarão a determinação de *como* o sistema alcançará seus objetivos. É quando os assuntos relativos a *hardware*, *software*, rede, armazenamento de dados, segurança e muitos outros serão discutidos e determinados. Como tal, o projeto de sistemas consiste nas atividades de projetar o que, no final das contas, produza as especificações do sistema físico que satisfaçam as necessidades funcionais que foram desenvolvidas no processo de análise de sistemas.

Um modo útil de olhar o projeto de sistemas é ilustrado na Figura 10.8. Esse conceito concentra-se em três produtos principais, ou *deliverables* (produto de uma atividade), que devem resultar da etapa de projeto. Nessa estrutura, o projeto de sistemas compõe-se de três atividades: projeto de interface de usuário, dados e projeto do processo. Isso resulta em especificações de métodos de interface para usuário e produtos, estruturas de banco de dados e procedimentos de processamento e controle.

Prototipagem

Durante a fase de projeto, o processo de desenvolvimento frequentemente toma a forma de, ou inclui, uma abordagem de *prototipagem*. A **prototipagem** é o desenvolvimento rápido e teste de modelos reais, ou **protótipos**, das novas aplicações em um processo interativo, repetitivo, que pode ser usado tanto pelos especialistas de SI como por profissionais de negócios. A prototipagem, como

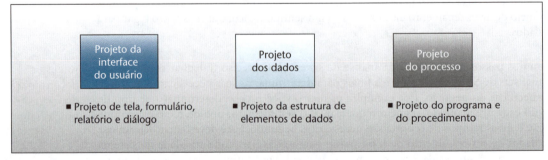

FIGURA 10.8 O projeto de sistemas pode ser visto como o projeto das interfaces de usuário, dados e processos.

ferramenta de desenvolvimento, torna o processo de desenvolvimento mais rápido e mais fácil, especialmente para projetos em que as necessidades dos usuários finais são difíceis de determinar. A prototipagem também tornou acessível aos usuários finais o processo de desenvolvimento de aplicações, pois simplifica e acelera o projeto de sistemas. Assim, ela aumentou o papel dos participantes afetados pelo sistema proposto e ajuda a tornar possível um processo mais rápido e mais responsivo chamado *desenvolvimento de sistemas ágil* (*agile systems development* – ASD) (ver Figura 10.9).

O processo de prototipagem

A prototipagem pode ser usada para aplicações tanto pequenas como grandes. Em geral, grandes sistemas comerciais ainda requerem o uso de uma abordagem tradicional de desenvolvimento de sistemas, mas partes de tais sistemas podem ter frequentemente protótipos. Um protótipo de uma aplicação empresarial necessária para um usuário final é rapidamente desenvolvido usando uma variedade de ferramentas de *software* de desenvolvimento de aplicação. O sistema protótipo é então aprimorado até tornar-se aceitável.

Como a Figura 10.9 ilustra, a prototipagem é um processo repetitivo e interativo. Os usuários finais com experiência suficiente com ferramentas de desenvolvimento de aplicação podem criar seus protótipos. Alternativamente, é possível trabalhar com um especialista de SI para desenvolver um sistema protótipo em uma série de sessões interativas. Por exemplo, podem-se desenvolver, testar e aperfeiçoar protótipos de relatórios gerenciais, telas de inserção de dados ou apresentação de resultados.

Normalmente, um protótipo é alterado diversas vezes antes que os usuários finais o considerem aceitável. Módulos de programas são então gerados por *software* de desenvolvimento de aplicações usando linguagens de programação convencionais. A versão final do sistema de aplicação é então entregue a seus usuários finais para uso operacional. Enquanto a prototipagem é um método útil de permitir que o usuário final desenvolva pequenas aplicações de *software*, sua força real é como uma ferramenta de desenvolvimento, dentro de um projeto de ciclo de vida, para ajudar analistas e usuários na finalização de várias interfaces e funções de um grande

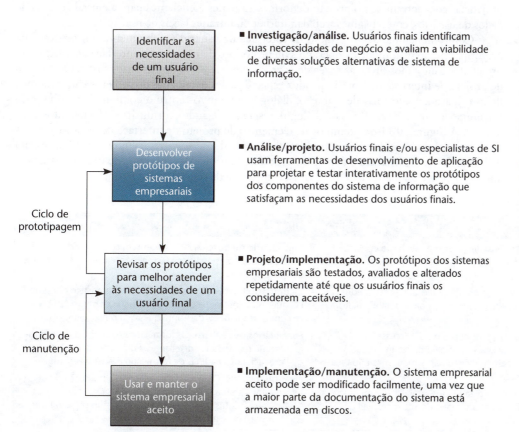

FIGURA 10.9 O desenvolvimento de aplicações usando a prototipagem. Perceba como a prototipagem combina os passos do ciclo de desenvolvimento de sistemas e muda os papéis tradicionais dos especialistas de SI e usuários finais.

FIGURA 10.10 Exemplo de uma aplicação típica de prototipagem durante o projeto de desenvolvimento de um *software*.

Exemplo de desenvolvimento de prototipagem
• **Equipe.** Alguns usuários finais e desenvolvedores de SI formam uma equipe para desenvolver uma aplicação empresarial.
• **Esquemático.** O projeto esquemático do protótipo inicial é desenvolvido.
• **Protótipo.** O esquemático é convertido em um simples protótipo "aponte e clique" usando ferramentas de prototipagem.
• **Apresentação.** Algumas telas e interligação de rotinas são apresentadas aos usuários.
• *Feedback*. Depois de a equipe obter *feedback* dos usuários, o protótipo é reiterado.
• **Reiteração.** Mais apresentações e reiterações são feitas.
• **Consultas.** Consultas são feitas com consultores de TI que identificam as melhorias potenciais e conformidades com padrões existentes.
• **Finalização.** O protótipo é usado como um modelo para criar a aplicação final.
• **Aceitação.** Os usuários revisam e aprovam sua aceitação do novo sistema.
• **Instalação.** O novo *software* empresarial é instalado nos servidores de rede.

sistema empresarial. A Figura 10.10 delineia um típico processo de desenvolvimento de sistemas baseado na prototipagem para uma aplicação empresarial.

Projeto de interface de usuário

Vamos fazer uma abordagem mais profunda no **projeto de interface de usuário**, uma vez que é o componente do sistema mais próximo dos usuários finais do negócio, e aquele que mais propriamente ajuda no projeto. A atividade do projeto da interface de usuário concentra-se no suporte das interações entre os usuários finais e suas aplicações baseadas em computador. Os projetistas concentram-se no projeto de formas atraentes e eficientes para a entrada e saída de dados de usuários, como páginas web da internet ou intranet fáceis de usar.

Como mencionamos, o projeto de interface de usuário é comumente um processo de prototipagem no qual modelos operantes ou protótipos de métodos de interface de usuário são projetados e alterados diversas vezes de acordo com o *feedback* dos usuários finais. O processo de projeto de interface de usuário produz especificações detalhadas de projetos para produtos de informação, como telas de exibição, diálogos interativos entre o computador e o usuário (incluindo a sequência ou fluxo de diálogo), respostas de áudio, formulários, documentos e relatórios. A Figura 10.11 dá exemplos de elementos de projeto de interface de usuário e outras diretrizes sugeridas para páginas multimídia de *sites* de *e-commerce*. A Figura 10.12 apresenta exibições de tela reais antes e depois do processo de projeto de interface de usuário para uma aplicação de agendamento de tarefa para a companhia de seguros State Farm.

Lista de verificação para *sites* corporativos	
• **Lembre-se do cliente.** *Sites* de sucesso na web são construídos somente para o cliente, e não para agradar os vice-presidentes.	• **Capacidade de busca.** Muitos *sites* têm seu próprio mecanismo de busca; pouquíssimos são realmente úteis. Certifique-se de que o seu seja.
• **Estética.** Projetos de sucesso combinam gráficos de rápido carregamento e paletas de cores simples para facilitar a leitura das páginas.	• **Incompatibilidades.** Um site que pareça fantástico em um PC que usa o Internet Explorer pode parecer muito "pobre" em um portátil iBook da Apple que roda o Netscape.
• **Conteúdo de banda larga.** As coisas mais interessantes da web não podem ser acessadas pela maioria dos internautas. Incluir um pequeno trecho de vídeo não é mau, mas não faça disso o foco do seu site.	• **Formulários de registro.** Os formulários de registro são maneiras úteis de reunir dados de clientes. Porém, peça a seu cliente que preencha três páginas de formulário e você o verá fugir.
• **Fácil de navegar.** Tenha certeza de que é fácil ir de um lado a outro do seu site. Fornecer um mapa do site, acessível de cada página, ajuda.	• *Links* **quebrados.** Os *links* quebrados são a maldição dos internautas – tenha certeza de manter seus *links* atualizados. Muitas ferramentas de *software* de web design podem fazer isso por você hoje em dia.

FIGURA 10.11 Diretrizes úteis para o projeto de *sites* empresariais.

CAPÍTULO 10 • Desenvolvendo soluções de negócios/TI   417

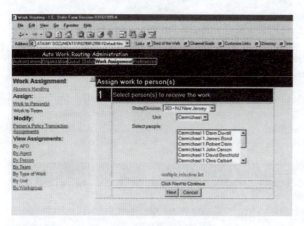 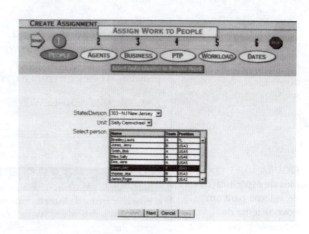

Fonte: Cortesia do Laboratório de Usabilidade da State Farm.

FIGURA 10.12 Um exemplo do processo de projeto de interface de usuário. Os desenvolvedores da State Farm mudaram essa interface da aplicação de agendamento e distribuição de trabalho depois que o teste de usabilidade mostrou que os usuários finais que trabalhavam com a interface antiga (à esquerda) não entendiam que precisavam seguir seis passos do processo. Se os usuários saltassem para uma nova página fora da ordem, perderiam seu trabalho. A nova interface (à direita) deixou claro que um processo precisa ser seguido.

Interface do Google: equilibrando liberdade e consistência

Para a maioria das pessoas, incluindo seus próprios executivos, o Google ainda significa pesquisa. Tanto na página de consulta quanto nas páginas de resultados, ornamentos de design foram mantidos em um nível mínimo, com decisões de layout baseadas no que oferecerá aos usuários o serviço mais rápido e eficiente. Entretanto, engenheiros e analistas estudam fluxos de dados para acessar o impacto de experiências com cores, sombreamento e a posição de cada elemento na página. Até mesmo mudanças no nível dos pixels podem afetar a renda.

Entretanto, conforme os produtos do Google se multiplicam para além da pesquisa, decisões de design se tornarão mais críticas se a empresa desejar uma imagem de marca coerente. "Acima de tudo, o Google prefere tomar decisões de design com base no bom desempenho. E como uma empresa, o Google se importa em ser rápido, pois queremos que a experiência de nosso usuário seja rápida", diz Irene Au, diretora de experiência do usuário do Google. Isso não ocorre apenas em termos de latência do *front-end* – quando tempo leva o download da página –, mas também tem a ver com fazer as pessoas usarem seus computadores com mais eficiência. "Muitas de nossas decisões de design são na verdade orientadas por pesquisas de psicologia cognitiva que mostram que, por exemplo, as pessoas leem texto preto contra um plano de fundo branco muito mais rápido do que texto branco contra um plano de fundo preto, ou que fontes Sans Serif são lidas mais facilmente do que fontes Serif na *on-line*", diz Au.

O Google tem uma forte cultura de ser "de baixo para cima", e isso pode dificultar a obtenção de uma experiência de design coerente. Há um grupo de pessoas que faz o que acha ser melhor para seu produto, sem pensar no quadro mais amplo. "Não queremos que tudo seja ditado e de cima para baixo, queremos encontrar um equilíbrio", diz Au. Por exemplo, os aplicativos do Google são diferentes uns dos outros. Quando você passa de um aplicativo a outro, os atalhos de teclado são diferentes, o modelo para salvar é diferente.

A consistência de interação não está nisso. Por um bom motivo: "Todos foram resultados de aquisições e, portanto, de empresas diferentes. Mas estamos tentando unificar tudo. Cada vez mais, essas experiências serão integradas umas com as outras, ou haverá componentes reutilizáveis que poderiam ser construídos para aplicativos, mas também aparecer em uma experiência de pesquisa. Está se tornando cada vez mais importante para nós ter UIs (interfaces do usuário) comuns e uma infraestrutura comum" observa Au.

No Google, há suporte de cima para baixo para consistência, mas não um mandato. Mas as camadas médias de gerenciamento estão ouvindo em alto e bom tom de Larry Page e Sergey Brin e dos executivos que deve haver uma maneira de fazer as coisas.

> "A inconsistência deixa Larry e Sergey loucos. Então, há um entendimento e consciência cada vez maiores, e com isso vem a motivação. Como grupo, estamos tentando ser muito oportunistas e pragmáticos. A equipe de design tem de ficar a alguns passos de distância – estamos projetando o objetivo para o qual todos os diferentes produtos devem convergir", diz Au.
>
> *Fonte*: Adaptado de Helen Walters. "Google's Irene Au: On Design Challenges". *BusinessWeek On-line*, 18 de março de 2009.

FIGURA 10.13 Exemplos de especificações de sistema para um novo sistema de *e-commerce* para uma empresa.

Exemplos de especificações do sistema
• **Especificações da interface de usuário** Usar telas personalizadas que saúdam os clientes frequentes da web e que fazem recomendações de produto.
• **Especificações do banco de dados** Desenvolver bancos de dados que usam *software* de gerenciamento de bancos de dados relacional/objeto para organizar o acesso a todos os dados dos clientes e do estoque e à informação de produto em multimídia.
• **Especificações do *software*** Adquirir um *software* de *e-commerce* para processar todas as transações do *e-commerce* com respostas rápidas, isto é, recuperar os dados de produtos necessários e computar todas as quantidades de venda em menos de um segundo.
• **Especificações de *hardware* e *software*** Instalar servidores web em rede e linhas de telecomunicações de banda larga suficientes para hospedar o site de *e-commerce* da empresa.
• **Especificações de pessoal** contratar um gerente e especialistas de *e-commerce*, e um webmaster e um webdesigner para planejar, desenvolver e administrar as operações de *e-commerce*.

Especificações de sistema

As **especificações de sistema** formalizam o projeto dos métodos e produtos da interface de usuário, estruturas de bancos de dados e procedimentos de controle e processamento de uma aplicação. Portanto, os projetistas de sistemas desenvolverão frequentemente especificações de *hardware*, *software*, rede, dados e pessoal para um sistema proposto. A Figura 10.13 mostra exemplos de especificações de um sistema que poderia ser desenvolvido para o sistema de *e-commerce* de uma empresa.

Desenvolvimento pelo usuário final

No ciclo tradicional do desenvolvimento de sistemas, o seu papel como um usuário final do negócio é similar àquele do consumidor ou cliente. Em geral, você faz um pedido de um sistema novo ou melhorado, responde a perguntas a respeito de suas necessidades de informações específicas e dos problemas de processamento de informação, e fornece informação de histórico sobre o sistema em uso. Os profissionais de SI trabalham com você para analisar seu problema e sugerir soluções alternativas. Quando você aprova a melhor opção, ela é projetada e implementada. Aqui novamente, você pode estar envolvido em um processo de projeto de prototipagem ou estar na equipe de implementação com os especialistas de SI.

Entretanto, no **desenvolvimento pelo usuário final**, os profissionais de SI têm papel de consultores, enquanto você faz o desenvolvimento da sua própria aplicação. Às vezes um quadro de consultores usuários pode estar disponível para ajudar você e outros usuários com seus esforços de desenvolvimento do seu aplicativo. Isso pode incluir o treinamento no uso dos pacotes de aplicações, seleção de *hardware* e *software*; ajuda na obtenção de acesso aos bancos de dados da organização e, certamente, ajuda na análise, no projeto e na implementação da aplicação empresarial da TI de que você necessita.

Foco em atividades de SI

É importante lembrar que o desenvolvimento pelos usuários finais deveria concentrar-se nas atividades fundamentais de qualquer sistema de informação: entrada, processamento, saída, ar-

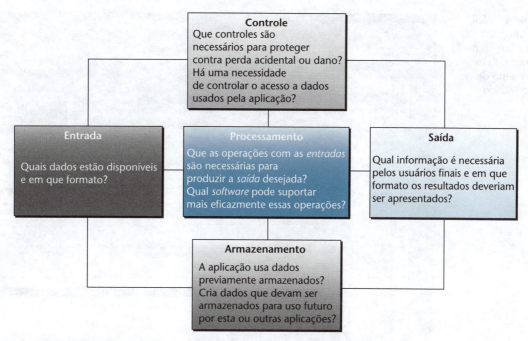

Fonte: Adaptado de James N. Morgan. Application cases in MIS. 4 ed. Nova York: Irwin, McGraw-Hill, 2002. p. 31.

FIGURA 10.14 O desenvolvimento pelos usuários finais deve concentrar-se nos componentes básicos da atividade de processamento da informação de um sistema de informação.

mazenamento e controle, conforme descrevemos no Capítulo 1. A Figura 10.14 ilustra esses componentes do sistema e as questões que abordam.

Na análise de uma aplicação potencial, deve-se focar primeiro a *saída* a ser produzida pela aplicação. Que informação é necessária e em que forma deve ser apresentada? Depois, são vistos os dados de *entrada* a serem fornecidos à aplicação. Que dados estão disponíveis? De que fontes? Em que forma? Então devem-se examinar as exigências do *processamento*. Que processos operacionais ou de transformação deverão converter as entradas disponíveis no resultado desejado? Entre os pacotes de *software* que o desenvolvedor pode usar, qual pode realizar melhor as operações necessárias?

Pode-se concluir que as saídas desejadas não podem ser produzidas a partir das entradas que estão disponíveis. Se esse for o caso, será necessário fazer ajustes para a saída esperada ou encontrar fontes adicionais de dados de entrada, incluindo dados armazenados em arquivos e bancos de dados de fontes externas. O componente *armazenamento* variará na sua importância nas aplicações do usuário final. Por exemplo, algumas aplicações requerem uso extensivo de dados armazenados ou a criação de dados que precisam ser armazenados para uso futuro. Estes servem mais para projetos de desenvolvimento de gerenciamento de bancos de dados do que para aplicação de planilhas eletrônicas.

Medidas de controle necessárias às aplicações feitas pelos usuários finais variam muito, pois dependem do tipo e da duração da aplicação, do número e da natureza dos usuários da aplicação e da natureza dos dados envolvidos. Por exemplo, medidas de controle são necessárias para proteger contra perdas acidentais ou danos de arquivos do usuário final. A proteção mais básica contra esse tipo de perda é simplesmente fazer cópias dos arquivos do aplicativo de forma sistemática e frequente. Outro exemplo é a proteção de células, uma função das planilhas eletrônicas que protege células-chave contra apagamento acidental por parte dos usuários.

No desenvolvimento pelo usuário final, você e outros profissionais de negócios podem desenvolver maneiras novas ou aprimoradas para desempenhar suas tarefas sem o envolvimento direto dos especialistas de SI. As habilidades do desenvolvimento da aplicação construídas em uma variedade de pacotes de *software* para usuários finais têm sido fundamentais para que muitos usuários desenvolvam suas próprias soluções baseadas em computador. Figura 10.15 ilustra uma ferramenta de

Desenvolvimento pelo usuário final

FIGURA 10.15 Fácil de usar, o Microsoft FrontPage é um exemplo de ferramenta de desenvolvimento de *sites* para o usuário final fácil.

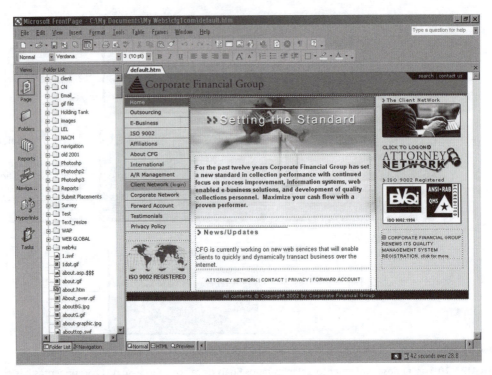

Fonte: Cortesia da Microsoft®.

desenvolvimento de *sites* que pode ser usada para desenvolver, atualizar e manter um site na intranet da unidade de negócio. Ou é possível usar um pacote de planilha eletrônica como ferramenta para desenvolver uma maneira fácil de analisar os resultados das vendas semanais em uma companhia. Ou pode-se usar um pacote de desenvolvimento de site para projetar páginas da internet para um pequeno negócio na web ou um site na intranet departamental. Vamos dar uma olhada em um exemplo do mundo real de quantas companhias estão encorajando os usuários finais da empresa a desenvolverem seus próprios *sites* da web (ver Figura 10.16).

Blue Prism: TI "clandestina" está se tornando mais difundida

Empresas cada vez mais aceitam a existência de uma cultura de TI "clandestina", na qual usuários finais instalam tecnologias não autorizadas ou controladas para suprir as falhas de departamentos de TI sobrecarregados. A TI não autorizada inclui usuários que instalam *software* ou adulteram *software* e macros existentes sem o consentimento do departamento de TI, de acordo com uma pesquisa da Blue Prism, especialista em integração. Restrições de orçamento e recursos muitas vezes levam a elementos de comportamento não autorizado, relatados por 67% dos entrevistados da pesquisa. Dentre os entrevistados, 24% acreditavam que não havia TI não autorizada em uso em suas organizações, ao passo que 10% admitiram que não sabiam.

Esses sistemas não são necessariamente variações simples da planilha do Excel. Pelo contrário, podem ser muito sofisticados – competindo com soluções tecnológicas produzidas por departamentos de TI ou mesmo superando-as. Tais sistemas vão de soluções para o cliente, como o Google Apps, a outras altamente adaptadas. Parece que usuários finais estão cada vez mais cientes de que seus departamentos de TI nem sempre são capazes de apresentar uma solução prática para suas necessidades, o que pode levar à criação de uma cultura de TI clandestina dentro de uma organização, por meio da qual os usuários instalam ativamente seus próprios aplicativos ou encontram suas soluções adaptadas para realizar suas tarefas diárias.

Isso frequentemente ocorre porque departamentos de TI têm de gerenciar projetos fundamentais para os negócios, por vezes em detrimento do auxílio a usuários da empresa com solicitações de mudanças táticas.

De fato, mais de 52% relataram que trabalhar em projetos estratégicos era o principal foco de seu departamento, com 40% dizendo que atender a solicitações de mudança de negócios do dia a dia era sua prioridade.

A pesquisa da Blue Prism, entretanto, também desafia a percepção tradicional de que departamentos de TI desaprovam comportamentos não autorizados por parte de seus usuários. A pesquisa conclui que muitos departamentos de TI entendem completamente por que existem centros de comportamento não autorizado e revela que esses departamentos foram igualmente pragmáticos quando perguntados sobre a melhor maneira de lidar com ele.

Com essa mudança no relacionamento entre usuários finais e tecnologia, a reivindicação exclusiva de conhecimento sobre tecnologia do departamento de TI está desaparecendo e, com ela, sua posição de poder. Quanto mais os tecnólogos tentarem combater esse efeito impondo as velhas soluções, mais extintos e isolados se tornarão. Suas decisões serão ignoradas e suas soluções não serão usadas.

Um dos principais motivos para o sucesso de sistemas clandestinos é que as pessoas nas linhas de frente de organizações precisam deles.

Elas sabem quando têm um problema e, quando encontram uma solução que funciona para eles, suas necessidades são atendidas. Departamentos de TI, por sua vez, dão grande ênfase à tecnologia para solucionar um problema em vez do problema em si – ao ponto de que, quando usuários finais não usam soluções oficialmente sancionadas, o setor de TI pode realizar missões radicais de pesquisa e destruição de sistemas criados pelo usuário. Ao fazer isso, ignora o motivo pelo qual o usuário não usou suas soluções desde o início e, na prática, destrói uma das poucas fontes de vantagem estratégica e competitiva de TI que a organização tem.

Fonte: Adaptado de Tom Jowitt. "'Shadow IT Culture' on the Rise for Businesses". *CIO Magazine*, 5 de julho de 2007; e Sandy Behrens. "Time to Rethink Your Relationship with End Users". *CIO Magazine*, 24 de julho de 2007.

FIGURA 10.16 Como as empresas estão encorajando e administrando o desenvolvimento de sites por usuários finais.

Estimulando o desenvolvimento do usuário final

- **Procure por ferramentas que façam sentido**
  Algumas ferramentas de desenvolvimento da web podem ser mais potentes e mais caras do que os usuários finais de sua empresa realmente necessitam.

- **Incentive a criatividade**
  Considere uma competição entre departamentos da empresa para criar o melhor site, ajudando a incentivar os usuários a fazer uso mais criativo de seus *sites* da intranet.

- **Defina alguns limites**
  Sim, você precisa manter algum controle. Considere estabelecer limites para exatamente que partes de uma página web os usuários podem alterar e quem pode alterar quais páginas. Você ainda deseja ter alguma consistência por toda a organização.

- **Dê responsabilidade aos gerentes**
  Faça que gerentes de unidades de negócios aprovem quem estará publicando na web para seus grupos e atribua responsabilidade pessoal aos gerentes pelo conteúdo inserido em seus *sites*. Isso ajudará a impedir a publicação de conteúdo inapropriado por alguns usuários.

- **Deixe os usuários à vontade**
  Oferecer um bom treinamento aos usuários sobre as ferramentas ajuda-os a ter mais confiança em sua capacidade de gerenciar e atualizar os *sites* adequadamente. Além disso, poupa o setor de TI do trabalho de solucionar problemas mais tarde ou de fornecer suporte continuado para pequenos problemas.

Observação técnica: visão geral de análise e projeto orientados a objeto

Como mencionamos no início deste capítulo, existem duas abordagens comuns para análise e projeto: SDLC e orientada a objetos. Considerando que o SDLC continua a ser o enfoque predominante para o desenvolvimento de *software*, a abordagem orientada a objeto está ganhando credibilidade, particularmente entre os programadores com foco em sistemas complexos que exigem manipulação uma grande variedade de complexas estruturas de dados, como áudio, vídeo, imagens, documentos, páginas web e outros tipos de dados.

Introduzimos os conceitos de objetos e de banco de dados orientados a objetos no Capítulo 5. A completa cobertura da abordagem orientada a objetos para análise e projeto está fora do escopo deste livro, mas um breve resumo está presente aqui. Vamos começar com uma simples definição de algo orientado a objeto.

Um **sistema orientado a objetos** é composto por *objetos*. Um objeto pode ser qualquer coisa que um programador quiser controlar ou manipular: carros, pessoas, animais, contas de poupança, produtos alimentícios, unidades de negócios, organizações, clientes – qualquer coisa, literalmente. Depois que um objeto é definido por um programador, suas características podem ser usadas para permitir que um objeto interaja com ou passe informações para outro objeto. O comportamento de um sistema orientado a objetos envolve a colaboração entre esses objetos, e o estado do sistema é o estado combinado de todos os objetos nele contidos.

A colaboração entre os objetos exige que estes enviem mensagens ou informações um para outro um. A semântica exata de envio de mensagens entre os objetos varia, dependendo do tipo de sistema que está sendo modelado. Em alguns sistemas, *sending a message* (enviar mensagem)" é o mesmo que *invoking a method* (chamar método). Em outros países, "enviar mensagem" pode envolver o envio de dados usando uma mídia predeterminada. As três áreas de interesse para nós em um sistema orientado a objetos são programação orientada a objetos, análise orientada a objetos e projeto orientado a objetos.

A **programação orientada a objetos** (*object-oriented programming* – OOP) é o paradigma de programação que usa "objetos" para projetar aplicativos e programas de computador. A OOP emprega várias técnicas de paradigmas estabelecidos anteriormente, incluindo:

- **Herança.** A capacidade de um objeto para herdar as características de um objeto de classe superior. Por exemplo, todos os carros têm rodas, e, portanto, um objeto definido como um *carro esporte* e como um tipo especial do objeto *carros* também deve ter rodas.
- **Modularização.** A medida pela qual um programa foi concebido como uma série de módulos interligados ainda que autônomos.
- **Polimorfismo.** A capacidade de um objeto ter comportamento diferente de acordo com as condições em que seu comportamento é chamado. Por exemplo, dois objetos que herdam o comportamento "falar" de um objeto da classe "animal" podem ser um objeto cão e um objeto gato. Ambos têm um comportamento definido como "falar". Quando ordenam ao objeto cão a falar, ele vai "latir", ao passo que, quando ordenam o objeto gato a falar, ele vai "miar".
- **Encapsulamento.** Ocultar todas as características associadas a um determinado objeto ao lado do objeto em si. Esse paradigma permite que objetos herdem características simplesmente pela definição de um subobjeto. Por exemplo, o objeto "avião" contém todas as características de um avião: asas, cauda, leme, piloto, velocidade, altitude, e assim por diante.

Mesmo que tenha se originada na década de 1960, a OOP não foi muito utilizado no desenvolvimento dos aplicativos mais famosos até a década de 1990. Hoje, muitos linguagens de programação populares (por exemplo, o ActionScript, Ada 95/2005, C#, C++, Delphi, Java, JavaScript, Lisp, Objective-C, Perl, PHP, Python, RealBasic, Ruby, Squeak, VB.Net, Visual FoxPro e Visual Prolog) apoiam a OOP.

A **análise orientada a objetos** (*object-oriented analysis* – OOA) pretende modelar o "domínio do problema", isto é, o problema que queremos resolver, por meio do desenvolvimento de um sistema orientado a objetos (OO). A fonte da análise é um conjunto de declarações de requisitos escritas e/ou diagramas que ilustram as declarações.

Semelhante ao modelo desenvolvido por SDLC, um modelo de análise orientada a objetos não leva em conta as restrições de implementação, como simultaneidade, distribuição, persistência ou herança, nem como o sistema será construído. Como os sistemas orientados a objetos são modulares, o modelo de um sistema pode ser dividido em vários domínios, cada um dos quais analisado separadamente e representando áreas separadas de interesse de negócios, tecnologia ou conceituais. O resultado da análise orientada a objetos é uma descrição do que será construído, utilizando conceitos e relações entre conceitos, muitas vezes expressos como um modelo conceitual. Qualquer outra documentação necessária para descrever o que será construído também estará incluída no resultado da análise.

O **projeto orientado a objetos** (*object-oriented design* – OOD) descreve a atividade quando os designers procuram soluções lógicas para resolver um problema usando objetos. O projeto orientado a objetos pega o modelo conceitual que resulta da análise orientada a objetos e adiciona as restrições de implementação impostas pelo ambiente, pela linguagem de programação e pelas ferramentas escolhidas, bem como de suposições arquitetônicas escolhidas como base do projeto.

Os conceitos do modelo conceitual são mapeados para classes concretas, interfaces abstratas e papéis que os objetos assumem em diversas situações. As interfaces e suas implementações para conceitos estáveis podem ser disponibilizadas como serviços reutilizáveis. Conceitos identificados como instáveis em análises orientadas a objetos formarão a base para categorias de políticas que tomam decisões e implementarão lógicas de ambiente ou de situação específica ou algoritmos. O resultado do projeto orientado a objetos é uma descrição detalhada de como o sistema pode ser construído usando objetos.

Assim, o mundo orientado a objetos tem muitas semelhanças com a abordagem SDLC mais convencional, que simplesmente tem uma visão diferente do domínio de programação e, assim, aproxima-se da atividades de resolução de problemas inerentes ao desenvolvimento do sistema a partir de uma direção diferente.

Na próxima seção, vamos continuar a examinar o desenvolvimento de sistemas, mudando o foco do projeto para a execução.

Seção II — Implementação de sistemas de negócios

Implementação

Uma vez que um novo sistema de informação foi projetado, deve ser implementado como um sistema de trabalho e conservado para mantê-lo funcionando bem. O processo de implementação que abordaremos nesta seção segue as etapas de investigação, análise e projeto do ciclo de desenvolvimento de sistemas que discutimos na Seção I. A implementação é um passo vital no desdobramento da tecnologia da informação para apoiar empregados, clientes e outros interessados nos negócios de uma companhia.

Leia o "Caso do mundo real 2" a seguir. Podemos aprender muito sobre os desafios que as companhias enfrentam ao implementarem as mudanças necessárias para as novas iniciativas de negócio baseadas em TI (ver Figura 10.17).

Implementação de novos sistemas

A Figura 10.18 ilustra que a etapa de **implementação de sistemas** envolve a compra de *hardware* e *software*, desenvolvimento de *software*, teste de programas e procedimentos, conversão dos recursos de dados e uma variedade de alternativas de conversão. Também envolve a educação e o treinamento dos usuários finais e dos especialistas que operarão o novo sistema.

A implementação pode ser um processo exaustivo e difícil. Entretanto, é vital ao assegurar o sucesso de qualquer sistema recém-desenvolvido, pois até mesmo um sistema bem projetado falhará se não for adequadamente implementado. É por isso que o **processo de implementação** requer um esforço de **gerenciamento do projeto** por parte dos gerentes de negócio e da TI. Eles devem salientar que o projeto inclui responsabilidades de trabalho, limite de tempo para a maioria das etapas de desenvolvimento e orçamentos. Isso é necessário se um projeto precisa ser completado em tempo e dentro do orçamento estabelecido, e também satisfazer seus objetivos planejados. A Figura 10.19 ilustra as atividades e os limites de tempo que devem ser exigidos para implementar uma intranet para um novo sistema de benefício dos empregados no departamento de recursos humanos de uma companhia.

> **Gerenciamento de portfólio de projetos: acabe com maus projetos, mantenha os bons**
>
> Departamentos de TI ou são os queridinhos ou são desprezados pela América corporativa, e alguns profissionais discutiriam qual extremo causa mais problemas. Sejamos sinceros: hoje em dia, a recompensa por realizar um ótimo trabalho é mais trabalho. Depois que um grupo de TI ganha a confiança de unidades de negócios, ele deve sobreviver ao ataque de novos projetos. Boas organizações, como bons chefes, não querem que você assuma mais trabalho do que pode fazer e falhe no processo.
>
> Organizações inteligentes têm controle sobre o gerenciamento do portfólio de projetos (*project portfolio management* – PPM) e estão dispostas a priorizar e, quando necessário, descontinuar projetos quando dão errado. Como o gerenciamento de riscos, o PPM não é novo para disciplinas maduras. "Começamos de onde a construção e os engenheiros estão há anos", diz John Nahm, gerente de projetos de TI para o Estado da Virgínia, nos Estados Unidos.
>
> Aqueles que têm melhor desempenho no mundo de TI, como definido em um estudo recente do IT Process Institute, são os que mais provavelmente cancelarão projetos – em uma taxa duas vezes maior do que a de seus pares com pior desempenho. "Vai contra a intuição, até você pensar sobre o assunto", diz Kurt Milne, diretor-gerente do instituto. O mundo dos negócios está acostumado a experimentar novas iniciativas, mas com disposição para seguir em frente, se não funcionarem. Porém, como aponta Milne, em TI há um valor na estabilidade, então hesitamos em acabar com uma iniciativa: "Não sei se é uma habilidade que o pessoal de TI pensa que precisa ter, mas, logicamente, faz sentido acabar com seus maus projetos e seguir em frente".
>
> De acordo com Milne, e de linha de negócios entendem o planejamento de capacidade e priorização, mas esperam que essas escolhas sejam apresentadas em linguagem de negócios.

O que eles não entendem é que, quando o departamento de TI tem promessas demais e realizações de menos, deixa de cumprir a maioria dos prazos e não completa um projeto. A menos que o departamento de TI adquira habilidades de PPM, nunca superaremos esse problema de credibilidade.

Depois que um processo é implementado, a outra palavra com P – política – surgirá inevitavelmente. A mágica por trás do PPM é que, quando realizado corretamente, se torna claro o motivo por que determinado projeto não deve ser realizado no contexto da estratégia geral de controle de TI. Considere a seguinte situação: seu processo de gerenciamento de portfólio apresenta um "agora não" ou um "não" para o projeto de uma unidade de negócios, mas esta (que tem seu próprio orçamento e grau de autonomia) segue em frente sem a aprovação do setor de TI. Esse projeto não autorizado criará, então, trabalho urgente não planejado para o setor de TI, pois a tecnologia planejada inadequadamente foge do controle ou falha em se integrar aos sistemas empresariais. O que fazer nesse caso?

Milne responde a essa pergunta com outra pergunta: "Como agir quando sua estratégia corporativa diz 'Não vamos entrar no mercado latino-americano' e a linha de negócios faz isso de qualquer maneira?". Se seu processo de PPM estiver suficientemente integrado na estratégia corporativa executiva, as unidades que estão totalmente fora de linha não precisarão ser controladas pelo setor de TI; a organização as controlará, com ou sem a participação de TI.

Fonte: Adaptado de Jonathan Feldman. "Project Management Keeps IT from Being a Victim of Success". *InformationWeek*, 5 de abril de 2008.

FIGURA 10.17 Uma visão geral do processo de implementação. As atividades de implementação são necessárias para transformar um novo sistema de informação desenvolvido em um sistema operacional para usuários finais.

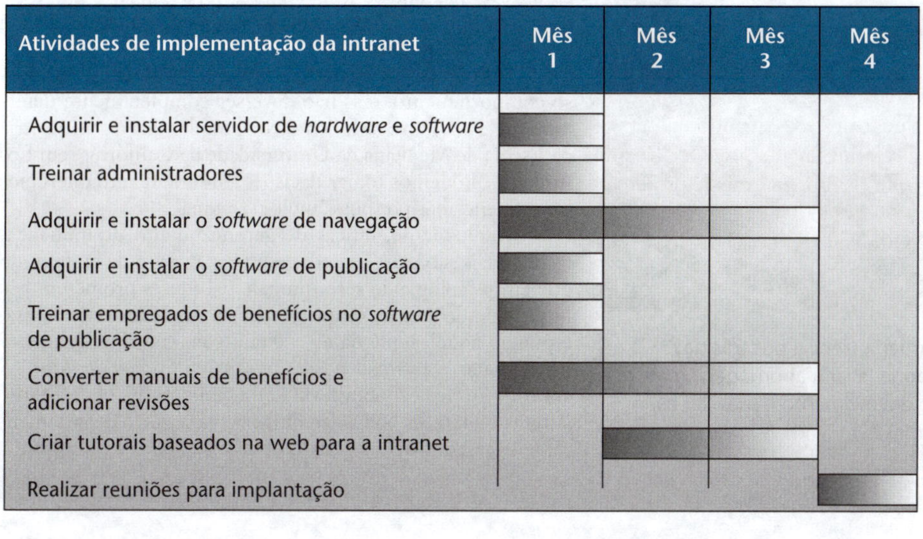

FIGURA 10.18 Um exemplo das atividades de implementação de processo e cronogramas para uma empresa que instala um sistema de benefícios aos empregados, baseado na intranet, em seu departamento de gerenciamento de recursos humanos.

CASO DO MUNDO REAL 2

Blue Cross, Blue Shield e outras: a ciência por trás da mudança

Kevin Sparks vem tentando fazer que sua equipe mude o modo de monitorar e oferecer suporte à central de dados ao longo do último ano, mas não está chegando a lugar nenhum.

Não é que ele esteja enfrentando resistência – ao menos não abertamente. Seus funcionários na Blue Cross and Blue Shield no Kansas concordam que instalar *software* de monitoramento automatizado, juntamente com uma sala de controle centralizada e um conjunto de processos padrão para lidar com problemas, seria mais eficiente que o modo como tratam as coisas agora, que é principalmente por meio de heroísmo *ad hoc*.

"A lógica sempre prevalece, e todos concordam – em nível intelectual – que precisamos mudar as coisas", diz Sparks, vice-presidente e CIO. E então ele se vê cercado de cadeiras vazias em reuniões, enquanto as pessoas que deveriam estar sentadas lá estão tentando apagar o último incêndio.

"Digo que preciso deles nas reuniões e que, se mudarmos as coisas, eles terão tempo para comparecer. Mas tudo sempre dá errado quando falamos sobre tirar o monitoramento de suas mãos por meio da automação", diz Sparks.

Para ajudar sua equipe a aceitar novos processos, Sparks diz que tirou as demissões de cogitação, embora a automação proposta e a eficiência do processo pudessem reduzir a necessidade de funcionários. A mudança é parte de um esforço maior para implementar a estrutura de processo de Biblioteca de Infraestrutura de TI (ITIL) para aumentar a produtividade geral. "Não quero menos pessoas; quero que as pessoas que tenho façam mais coisas", diz ele, suspirando de frustração.

Em outras palavras, a equipe de Sparks não parece ter qualquer razão lógica para resistir às mudanças. Porém, antes de julgar que são um bando de perdedores inflexíveis e medrosos, saiba disto: eles são você e você é eles.

FIGURA 10.19 Compreender a ciência por trás da mudança e da resistência pode levar a abordagens mais efetivas para desenvolver o envolvimento e suavizar as transições para novos sistemas.

Talvez sua resistência a mudanças se manifeste de modo diferente ou em um ambiente diferente. Por exemplo, pode ser uma recusa de jogar fora aquela velha régua de cálculo, de olhar enquanto a enfermeira tira seu sangue ou de dançar em casamentos. Todos nós recusamos mudar nossos hábitos. Isso ocorre por razões que muitas vezes são difíceis de articular até que você comece a analisá-las de um ponto de vista científico. Nos últimos anos, melhorias na tecnologia de análise do cérebro permitiram que pesquisadores acompanhassem a energia de um pensamento passando pelo cérebro de modo semelhante a como podem acompanhar o sangue fluindo pelo sistema circulatório.

Esses avanços estão trazendo a necessária fundamentação sólida da ciência para um desafio de liderança que há muito tempo parecia incorrigivelmente vago e insuficientemente definido: gerenciamento de mudanças. Imagens do cérebro mostram que nossas respostas a mudanças são previsíveis e universais.

Do ponto de vista neurológico, todos respondemos a mudanças do mesmo modo: tentamos evitá-las. Entretanto, entender a química e a mecânica do cérebro levou a descobertas que podem ajudar CIOs a reduzir a dor da mudança e a melhorar a capacidade das pessoas de se adaptar a novas maneiras de fazer as coisas.

Mudar dói. Não a dor de ficar choramingando e dizendo "pobre de mim" que os executivos tendem a dispensar como uma aflição dos fracos e sentimentais, mas desconforto físico e psicológico verdadeiro.

As imagens do cérebro de fato provam isso. A mudança ativa uma área do cérebro, o córtex pré-frontal, que é como a memória RAM de um computador. O córtex pré-frontal é rápido e ágil, capaz de sustentar várias linhas de lógica ao mesmo tempo ou de permitir cálculos rápidos. Como a memória RAM, a capacidade do córtex pré-frontal é finita; ele pode lidar confortavelmente com um punhado de conceitos antes de esbarrar em limites, e o impacto gera uma sensação palpável de desconforto, produzindo fadiga e até mesmo raiva.

A resistência a mudanças é inevitável. O córtex pré-frontal tem suas limitações, mas também tem capacidade de compreensão e autocontrole. A capacidade de estar ciente de nossos impulsos habituais e de fazer algo a respeito deles é o que nos torna humanos.

"O córtex pré-frontal tem extrema influência em nosso comportamento, mas não deve ser completamente determinante", diz Jeffrey M. Schwartz, pesquisador de psiquiatria da Escola de Medicina da Universidade da Califórnia, em Los Angeles. "Podemos tomar decisões sobre o quanto queremos ser influenciados por nossa biologia animal".

Infelizmente, táticas de gerenciamento de mudanças tradicionais são mais baseadas em treinamento de animais do que em psicologia de seres humanos. Líderes prometem bônus e promoções para os que aceitarem a mudança (a cenoura) e punem aqueles que não a aceitam com trabalho de menor importância e possível perda de seus empregos (a vara). "A abordagem de "cenoura e vara" funciona no nível de todo o sistema – oferecer bônus em dinheiro para que o departamento de vendas aumente o número de clientes na América Latina irá conseguir mais clientes na região, por exemplo – mas, pessoalmente, não funciona", diz David Rock, fundador e CEO da Results Coaching Systems, uma empresa de consultoria. "Nossas motivações pessoais são complexas demais e há um limite de aumentos que se pode oferecer."

Paciência é fundamental, de acordo com Rock: "Você deve ter paciência para desenhar um quadro amplo de mudanças e resistir à pressa de sanar as deficiências das pessoas".

"Elas devem preenchê-las sozinhas. Se você entrar em muitos detalhes, isso impede que elas criem as conexões por si próprias." Deixar lacunas em qualquer plano é especialmente difícil para CIO, que tendem a ser ambiciosos e orientados para o processo, o que quer dizer que pensaram em todos os detalhes envolvidos em uma estratégia ou mudança nos sistemas e acreditam conhecer todas as etapas necessárias para chegar lá. De modo geral, eles estão morrendo de vontade de dizer a todos exatamente como agir.

"Quando apresento propostas de mudança, o motivo é óbvio para mim, então, quando as pessoas resistentem, tendo a ficar mais agressivo em minha tentativa de convencê-las", diz Matt Miszewski, CIO do Estado de Wisconsin, nos Estados Unidos. "Mas perdemos pessoas nessa situação. Quanto mais tentamos explicar as coisas, mais nos afundamos."

Para tentar atrair a atenção das pessoas para compreensão pessoal e alterar seu comportamento, Rock usa a mesma técnica que psicanalistas adotam desde o surgimento da profissão: ele faz perguntas. "Quando você faz perguntas a alguém, faz que essa pessoa se concentre em uma ideia", diz ele. "quando você presta mais atenção a alguma coisa, faz mais conexões no cérebro." Segundo Rock, por meio de perguntas, as pessoas expõem suas ideias: "A melhor maneira de fazer com que as pessoas mudem é apresentar o objetivo em termos básicos e depois perguntar-lhes como fariam para atingi-lo".

Um dos maiores erros cometidos por líderes, como CIOs, ao tentarem, conquistar os céticos, é presumir que todos são motivados por ambição, como muitos CIOs. Muitas pessoas, especialmente profissionais de TI, são igualmente ou mais motivados pelo trabalho que desempenham (por exemplo, pela tarefa de desenvolvimento de *software*) do que pela oportunidade de subir na hierarquia. "Há muitas pessoas que não querem ser o rei ou a rainha", diz Michael Wakefield, associado empresarial sênior da empresa de consultoria Center for Creative Leadership. "Isso é difícil de revelar para as pessoas, pois temem que seus chefes comecem a questionar sua coragem e seu comprometimento." Se essas pessoas não virem uma oportunidade de manter sua dedicação ao trabalho que amam como parte de uma mudança, elas não verão o benefício de aceitá-la. Elas permanecerão céticas ou, pior, passarão ao grupo da resistência ativa.

Uma das melhores maneiras de conquistar os céticos é pelo aprendizado.

No Workers' Compensation Board do Estado de Nova York, uma pesquisa de disposição para mudanças com os funcionários no início de um esforço para passar casos de indenização de pastas de papel para arquivos eletrônicos descobriu que a maior exigência dos funcionários era por treinamento. "Eles queriam ter certeza de que não pediriam que fizessem algo novo sem oferecer o apoio de que precisavam para isso", diz Nancy Mulholland, diretora executiva interina e CIO do Workers' Compensation Board.

O gerenciamento de mudanças toma tempo e é difícil de quantificar para CIOs orientados pelo processo. Porém, evitar o desafio leva ao fracasso. "Qualquer um pode oferecer US$ 2 mil para fazer que uma pessoa termine um trabalho, mas são as pessoas que podem inspirar os outros a seguir seus passos que têm mais sucesso a longo prazo", diz Richard Toole, CIO da PharMerica, uma empresa de serviços farmacêuticos. "As relações pessoais são importantes", mas inspirar os outros a mudar não é questão de charme ou carisma, dizem especialistas.

A tática mais recente de Sparks para ativar o córtex pré-frontal de seus funcionários foi trazer um consultor externo discutir o programa da Biblioteca de Infraestrutura de TI e apurar preocupações. "Tivemos uma excelente instrutora que conseguiu tratar de muitas das perguntas que as pessoas tinham", lembra Sparks. "Pude começar a ver alguns dos céticos entendendo a situação. Depois de uma longa reunião, alguns de meus funcionários se levantaram e disseram: 'Quer saber? Deveríamos ter começado a tratar disso [monitoramento automatizado] há seis meses'."

Fonte: Adaptado de Christopher Koch. "Change Management – Understanding the Science of Change". *CIO Magazine*, 15 de setembro de 2006.

QUESTÕES DO ESTUDO DE CASO

1. Embora uma proposta de mudança muito detalhada possa impedir que as pessoas façam as próprias conexões, como discutido no caso, ela também pode fazer que outros considerem a proposta vaga e inacabada. Como equilibrar essas duas preocupações? Que diretrizes você usaria para ter certeza de não estar indo muito longe em uma das direções?
2. Kevin Sparks, da Blue Cross and Blue Shield da Cidade de Kansas, teve dificuldades para convencer seus funcionários da necessidade de mudanças. Antes de ler o caso, o que você teria sugerido a ele? E depois? Como suas recomendações mudaram em consequência da leitura?
3. Mudanças organizacionais vão além de promoções e da ameaça de demissões. Que outros modos além dos discutidos no caso você usaria para estimular as pessoas a aceitar as mudanças propostas? Forneça diversas sugestões e justifique sua lógica.

ATIVIDADES DO MUNDO REAL

1. Pesquise na internet exemplos de implementações de TI que tiveram sucesso ou falharam recentemente. Qual foi o papel do envolvimento e da resistência de funcionários em cada um deles? Que estratégias as empresas usaram para gerenciar o processo de mudança e quanto sucesso tiveram? Prepare um relatório e apresente suas descobertas para a turma.
2. Forme pequenos grupos para discutir quais táticas e estratégias de gerenciamento de mudanças usaria para garantir uma transição suave em uma empresa que você conhece bem ou em uma empresa da qual ficou sabendo a partir de pesquisas anteriores para este ou outro curso. Como você atingiria um bom equilíbrio entre consequências positivas e negativas, além de envolvimento no processo? Escolha um dos membros de seu grupo para compartilhar suas ideias com o restante da classe.

Gerenciamento de projetos

Qualquer discussão sobre projeto e desenvolvimento de um sistema de informação estará incompleta se não incluir aspectos relacionados aos conceitos básicos de **gerenciamento de projetos**, técnicas e ferramentas. Desse modo, antes de continuarmos nossa discussão sobre a implementação, precisamos entender como nosso projeto chegou a esse ponto, dentro do tempo e do orçamento. Uma discussão completa sobre gerenciamento de projetos está muito além da finalidade deste livro; podemos, contudo, olhar de forma geral e nos identificar com as etapas necessárias no processo. É importante observar que as aptidões e o conhecimento necessários para ser um bom gerente de projeto vão transformar qualquer ambiente de projeto, e as pessoas que os adquiriram são regularmente procuradas pela maioria das empresas.

O que é um projeto?

Um **projeto** é um conjunto especial de atividades com um claro início e fim. Todo projeto tem um conjunto de *metas*, *objetivos* e *tarefas*, e deve lidar com um conjunto de *limitações* ou *restrições*. Por fim, embora o conteúdo possa variar de um projeto a outro, há muitas semelhanças importantes no processo. A primeira, e talvez a maior, contribuição da abordagem moderna do gerenciamento de projetos é identificar o projeto como uma série de etapas ou fases. O SDLC é uma abordagem de gerenciamento de projetos elaborado para o projeto e desenvolvimento de sistemas de informação. Antes que retornemos nosso foco a uma abordagem específica de um gerenciamento de projeto, tal qual o SDLC, vamos olhar para um quadro mais genérico de gerenciamento de projetos. Não importa qual o projeto, três elementos serão necessários para gerenciá-lo de modo eficiente e eficaz: processo, ferramentas e técnicas.

O processo de gerenciamento de projeto

A abordagem moderna do gerenciamento de projetos identificou cinco fases no processo, ilustrado pela Figura 10.20.

Início e definição. A primeira fase do processo de gerenciamento do projeto serve como base para tudo aquilo que se segue. O objetivo mais importante a se atingir durante essa fase é a

FIGURA 10.20 As cinco fases do gerenciamento de projetos.

Fase do gerenciamento de projetos	Exemplos de atividades
Início/definição	• Determine o(s) problema(s)/meta(s). • Identifique os objetivos. • Assegure recursos. • Explore custos/benefícios em estudo de viabilidade.
Planejamento	• Identifique e sequencie as atividades. • Identifique o "caminho crítico". • Estime o tempo e os recursos necessários para a conclusão. • Elabore um plano de projeto detalhado.
Execução	• Aloque recursos para tarefas específicas. • Acrescente recursos adicionais/pessoal se for necessário. • Inicie o trabalho do projeto.
Controle	• Estabeleça obrigações de relatórios. • Crie ferramentas para relatórios. • Compare o progresso atual com a base de referência. • Inicie intervenções de controle se necessário.
Encerramento	• Instale todos os *deliverables*. • Finalize todas as obrigações/compromissos. • Reúna-se com os responsáveis do negócio. • Libere os recursos de projeto. • Documente o projeto. • Emita um relatório final.

declaração sucinta e clara do problema que o projeto deve resolver ou as metas que ele deve alcançar. Qualquer ambiguidade nesse ponto frequentemente leva a um fracasso até dos projetos mais bem executados. Durante essa fase, é necessário identificar e conseguir os recursos necessários para executar o projeto, explorar os custos e benefícios e identificar quaisquer riscos. Como se pode reconhecer, isso é exatamente o que acontece durante a fase de investigação dos sistemas da SDLC.

Planejamento. A próxima fase no projeto de gerenciamento de projetos envolve planejar o projeto. Aqui cada objetivo do projeto e cada atividade associada ao objetivo devem ser identificados e sequenciados. Diversas ferramentas foram criadas para ajudar na sequência dessas atividades, incluindo *simples diagramas de dependência*, redes *Pert*, *método do caminho crítico* (CPM) e um diagrama de tempo bastante utilizado, conhecido como *gráfico de Gantt*. Todas essas ferramentas têm um uso particular no gerenciamento do projeto, e um objetivo comum que é auxiliar no planejamento e na sequência de atividades associadas aos objetivos do projeto, de maneira que nada seja deixado de fora ou não seja feito duas vezes nem sem uma ordem lógica. Essas mesmas ferramentas também auxiliam o gerente do projeto na determinação de quanto tempo cada atividade vai durar e quanto tempo o projeto vai durar. Por fim, adiante no processo do projeto, as ferramentas serão utilizadas para ver se o projeto está dentro do plano, e, caso contrário, onde os atrasos ocorreram e o que poderia ser feito para remediar a demora.

Execução. Uma vez que todas as atividades na fase de planejamento estejam completas e todos os planos detalhados tenham sido criados e aprovados, a fase de execução do projeto pode começar. É aqui que todos os planos são iniciados. Recursos, tarefas e planos são reunidos, e as equipes necessárias são criadas e iniciam seus trabalhos nos caminhos determinados para cada uma. Em muitos aspectos, essa é a parte mais excitante do processo de gerenciamento do projeto. As fases de análise de sistemas e projeto do sistema são as principais fases associadas à execução do projeto no SDLC.

Controle. Alguns especialistas em gerenciamento de projetos sugerem que o controle é apenas uma parte integrante da fase de execução do gerenciamento do projeto. Outros sugerem que ele deve ser visto como um conjunto de atividades separado, que, evidentemente, ocorre de forma simultânea à fase de execução. De qualquer maneira, é importante dar atenção às atividades de controle para assegurar que os objetivos do projeto e prazos sejam cumpridos.

Provavelmente, o único instrumento mais importante para o controle do projeto é o relatório. São gerados três tipos de relatórios para auxiliar no controle do projeto. O *relatório de variação* contém informação relativa à diferença entre os andamentos do projeto real e do planejado. Eles são úteis para identificar quando um projeto está fora do rumo, mas fornecem pouca evidência, como o que está causando o atraso.

O segundo e o terceiro tipos de relatórios são mais úteis na determinação das causas de atrasos e das correções adequadas. O *relatório de status* é um relatório variável que detalha o processo que levou ao atual estado do projeto. Ao analisar esse relatório, um gerente de projeto pode descobrir onde começou o atraso e criar um plano para superá-lo, e, possivelmente, recuperar o tempo perdido. É nesse ponto que o *relatório da alocação* de recursos torna-se útil, uma vez que identifica os vários recursos (pessoal, equipamento etc.) que são aplicados nas atividades específicas dos projetos e onde recursos não utilizados atualmente, ou com folga podem estar disponíveis.

Encerramento. Essa última fase do processo de gerenciamento de projetos tem como objetivo trazer o projeto para um final bem-sucedido. O começo do final de um projeto é a implementação e instalação de todos os componentes do projeto. O próximo passo é a liberação formal dos recursos do projeto de maneira que eles possam ser recolocados em outros projetos ou funções de trabalho. Nessa fase, o último passo é rever a documentação final e publicar o relatório final do projeto. Nessa etapa, as boas e más notícias referentes ao projeto estão documentadas, e os elementos necessários para uma revisão pós-projeto, identificados.

Avaliando *hardware*, *software* e serviços

Muitos pilotos de companhias aéreas (e passageiros) identificam a aproximação final e o pouso como um dos elementos mais críticos de qualquer voo. É durante esses momentos finais que mesmo o mais tranquilo dos voos pode chegar a um fim indesejável. Os projetos são bastante similares nesse sentido. O projeto mais bem planejado, executado e controlado pode ser julgado um fracasso se for mal implementado. Portanto, devemos voltar nossa atenção para as questões de implementação de sistemas, felizmente, com uma compreensão mais clara de como chegamos a esse ponto e para o processo que seguiremos para repeti-lo em outro projeto.

Uma importante atividade da fase de implementação do SDLC é a aquisição do *hardware* e *software* necessários para implementar o novo sistema. Como as empresas avaliam e selecionam *hardware*, *software* e serviços da TI, como aqueles mostrados na Figura 10.21? Grandes empresas podem solicitar aos fornecedores que apresentem ofertas e propostas baseadas nas especificações do sistema e desenvolvidas durante a fase do projeto do desenvolvimento de sistemas. São determinadas as características físicas mínimas aceitáveis e de desempenho, para todo *hardware* e *software*. A maioria das grandes empresas comerciais e órgãos governamentais norte-americanos formaliza esses pedidos, listando-os em um documento chamado RFP ("requisição de proposta") ou RFQ ("requisição de cotação"). Então, enviam a RFP ou a RFQ para os fornecedores apropriados, que as utilizam como a base para a preparação de um contrato de compras.

As empresas podem usar um sistema de avaliação por *notas* quando houver diversas propostas competindo pela aquisição de um *hardware* ou *software*. Elas dão a cada **fator de avaliação** certo número de pontos máximos possíveis. Então, determinam os pontos para cada proposta competidora, em cada fator, dependendo de quanto atendam às especificações do usuário. As notas obtidas nos fatores de avaliação para diversas propostas ajudam a organizar e documentar o processo de avaliação. Elas também refletem as virtudes e as fraquezas de cada proposta.

Independentemente das argumentações dos fabricantes de *hardware* e fornecedores de *software*, o desempenho do *hardware* e *software* deve ser demonstrado e avaliado. Serviços de informação independentes sobre *hardware* e *software* (tais como Datapro e Auerbach) podem ser utilizados para obter informações detalhadas de especificações e avaliações. Outros usuários são, com frequência, a melhor fonte de informação para avaliar as qualidades dos fabricantes e fornecedores. É por isso que os novos grupos de internet e *weblogs* determinaram trocar informações a respeito de fornecedores específicos de *software* ou *hardware*, e seus produtos tornaram-se

FIGURA 10.21 Exemplos da IBM Corp. dos tipos de *hardware*, *software* e serviços de SI que muitas empresas estão avaliando e adquirindo para apoiar suas iniciativas no *e-commerce*.

Hardware
Completa variedade de ofertas, incluindo servidores xSeries, servidores iSeries de médio porte, para pequenas e médias empresas, servidores RS/6000 para clientes Unix e *mainframes* de z900 para grandes empresas. Também possui uma completa variedade de opções de armazenagem de dados.
Software
Servidor web: Servidor Lotus DominoGo Web. **Vitrine da loja virtual:** WebSphere Commerce Suite (anteriormente conhecido como Net.Commerce) para vitrine e criação de catálogos, *marketing* de relação e gerenciamento de pedidos. Pode acrescentar Commerce Integrator, para integrar com sistemas internos, e Catalog Architect para gerenciamento de conteúdos. **Middleware/serviços de transações:** Servidor de aplicação WebSphere administra transações. Série MQ enfileira mensagens e controla conexões. O Cics processa transações. **Banco de dados:** DB2 Universal Database. **Ferramentas:** WebSphere Studio inclui um conjunto de gabaritos predefinidos e lógicas usuais de negócios. **Outras aplicações incluem:** IBM Payment Suite, para controle de cartões de crédito e gerenciamento de certificados digitais.
Serviços
IBM Global Services: inclui grupos organizados por setores da economia, como financiamento e varejo. Pode fazer o projeto e construir e hospedar aplicações de *e-commerce*.

uma das melhores fontes para obtenção de informação atualizada a respeito das experiências dos usuários dos produtos.

Grandes companhias avaliam *hardware* e *software* propostos, solicitando o processamento de programas e dados de teste (*benchmark*). O *benchmarking* simula o processamento de funções típicas em diversos computadores e avalia seus desempenhos. Os usuários podem, assim, avaliar os resultados dos testes para determinar que dispositivo de *hardware* ou pacote de *software* demonstrou as melhores características de desempenho.

Quando se avalia o *hardware* necessário para uma nova aplicação em um negócio, devem-se investigar as características específicas físicas e de desempenho para cada sistema de computador ou componente periférico a ser adquirido. Questões específicas referentes a muitos fatores importantes devem ser respondidas. Dez desses **fatores de avaliação de *hardware*** e suas questões estão resumidos na Figura 10.22.

Fatores de avaliação de *hardware*

Observe que há muito mais na avaliação de *hardware* do que a determinação do dispositivo de computação mais rápido e mais barato. Por exemplo, a questão da obsolescência deve ser enfocada pela realização de um teste de avaliação tecnológica. O fator de ergonomia é também muito importante. Os fatores ergonômicos asseguram que o *hardware* e *software* do computador sejam favoráveis ao usuário, isto é, seguros, confortáveis e de fácil manejo. A conectividade é outro fator importante de avaliação, uma vez que tantas tecnologias de redes de computação e alternativas de larguras de banda estão disponíveis para conectar os sistemas de computação às redes internet, intranet e extranet.

Fatores de avaliação de *hardware*	Pontuação
Desempenho Qual é a sua velocidade, capacidade e vazão de processamento de operações?	
Custo Qual é o preço de seu aluguel (*leasing*) ou preço de compra? Qual serão seus custos de operação e manutenção?	
Confiabilidade Quais são os riscos de mau funcionamento e suas necessidades de manutenção? Quais são seus recursos de controle de erros e de diagnóstico?	
Compatibilidade É compatível com o *hardware* e *software* existentes? É compatível com o *hardware* e *software* oferecidos pelos fornecedores concorrentes?	
Tecnologia Em que ano de seu ciclo de vida de produto ele está? Ele utiliza uma tecnologia nova, ainda não testada, ou corre o risco de obsolescência?	
Ergonomia Foi "planejado por fatores humanos" tendo em mente o usuário? É fácil de ser utilizado, projetado para ser seguro, confortável e de fácil manejo?	
Conectividade Pode ser conectado facilmente a uma rede de área ampla e redes locais que utilizem diferentes tipos de tecnologias de redes e alternativas de banda larga?	
Escalabilidade Pode lidar com todas as exigências do processamento de um grande número de usuários finais, transações, solicitações e outras necessidades do processamento de informação?	
Software Existe *software* de sistema e aplicação disponíveis que possam usar melhor esse *hardware*?	
Apoio Os serviços necessários para apoiá-lo e mantê-lo estão disponíveis?	
Pontuação geral	

FIGURA 10.22 Resumo dos dez principais fatores de avaliação de *hardware*. Entenda como você pode utilizá-los para avaliar um sistema de computador ou um dispositivo periférico.

FIGURA 10.23 Resumo dos principais fatores de avaliação de *software*. Observe que a maior parte dos fatores de avaliação do *hardware* na Figura 10.22 também pode ser utilizada para avaliar os pacotes de *software*.

Fatores de avaliação de *software*	Pontuação
Qualidade Ele está livre de defeitos (*bugs*) ou há muitos erros no seu código de programas?	
Eficiência O *software* é um sistema com código de programa bem desenvolvido que não utiliza muito o tempo da CPU, capacidade de memória ou espaço de disco?	
Flexibilidade Ele pode lidar com nossos processos de negócios facilmente, sem grande modificação?	
Segurança Pode oferecer procedimentos de controle de erros, mau funcionamento e uso indevido?	
Conectividade É habilitado para web, então pode acessar facilmente internet, intranets e extranets por si mesmo ou com a ajuda de navegadores web ou outro *software* de rede?	
Manutenção Os novos recursos e correções de erros serão facilmente implementados pelos nossos próprios desenvolvedores de *software*?	
Documentação O *software* está bem documentado? Telas auxiliares e agentes de *software* úteis estão incluídos?	
Hardware O atual *hardware* tem os recursos necessários para melhor utilização desse *software*?	
Outros fatores Quais são suas características de desempenho, custo, confiabilidade, disponibilidade, compatibilidade, modulação, tecnologia, ergonomia, escalabilidade e suporte? (Use as questões de fatores de avaliações de *hardware* na Figura 10.22.)	
Pontuação geral	

Fatores de avaliação de *software*

Você deverá avaliar o *software* de acordo com muitos fatores que são semelhantes àqueles utilizados para a avaliação de *hardware*. Então, os fatores de desempenho, custo, confiabilidade, disponibilidade, compatibilidade, modulação, tecnologia, ergonomia e apoio deverão ser utilizados para avaliar propostas de aquisições de *software*. Além disso, os **fatores de avaliação de *software*** resumidos na Figura 10.23 devem ser considerados. Você deverá responder às questões que eles levantam a fim de avaliar, adequadamente, as compras de *software*. Por exemplo, alguns pacotes de *software* são notadamente lentos, difíceis de usar, cheios de vírus ou mal documentados. Eles não são uma boa escolha, mesmo se oferecidos a preços atraentes.

Avaliação de serviços de SI

A maioria dos fornecedores de produtos de *hardware* e *software* e muitas outras empresas oferecem uma variedade de **serviços de SI** para usuários finais e organizações. Exemplos incluem assistência em desenvolvimento de site de uma empresa, instalação ou conversão de novo *hardware* e *software*, treinamento de funcionários e manutenção de *hardware*. Alguns desses serviços são oferecidos sem nenhum custo pelos fabricantes de *hardware* e fornecedores de *software*.

Outros tipos de serviços de SI solicitados por determinado negócio podem ser terceirizados para uma companhia de fora, por um preço negociado. Por exemplo, *integradores de sistema* assumem completa responsabilidade pelas instalações dos computadores de uma empresa quando esta terceiriza suas operações de computador. Eles podem também assumir a responsabilidade pelo desenvolvimento e pela implementação de grandes projetos de desenvolvimento de sistemas, que envolvem muitos fornecedores e subcontratados. Empresas VAR (revendedores de valor agregado) se especializam em fornecer *hardware*, *software* e serviços específicos para alguns setores da economia oferecidos por fabricantes selecionados. Muitos outros serviços estão disponíveis para os usuários finais, inclusive projeto dos sistemas, programação de contrato e serviços de consultoria. Os fatores de avaliação e questões sobre os serviços de SI estão resumidos na Figura 10.24.

Fatores de avaliação para os serviços de SI	Pontuação
Desempenho Qual tem sido o desempenho diante das promessas anteriores?	
Desenvolvimento de sistemas O site e outros desenvolvedores de negócios eletrônicos estão disponíveis? Quais são as suas qualidades e o seu custo?	
Manutenção A manutenção dos equipamentos é fornecida? Quais são as suas qualidades e o seu custo?	
Conversão Quais serviços de desenvolvimento de sistemas e instalações eles vão oferecer durante o período de conversão?	
Treinamento É fornecido o treinamento do pessoal necessário? Quais são as suas qualidades e o seu custo?	
Backup Há instalações de computadores similares próximas para casos de *backup* de emergência?	
Acessibilidade O fornecedor tem escritórios locais ou regionais que ofereçam vendas, desenvolvimento de sistemas e serviços de manutenção de *hardware*? Um centro de apoio ao cliente está disponível no site do fornecedor? Uma linha de telefone especial para o cliente é oferecida?	
Posição do negócio O fornecedor é financeiramente forte, com boas chances de futuro sucesso no mercado industrial?	
Hardware Eles providenciam uma ampla seleção de aparelhos e acessórios compatíveis com o *hardware*?	
Software Eles oferecem uma variedade de *software* útil para negócios eletrônicos e pacotes de aplicação?	
Pontuação geral	

FIGURA 10.24 Fatores de avaliação para os serviços de SI. Esses fatores focalizam na qualidade dos serviços de apoio de que os usuários necessitam.

Testes, conversão de dados, documentação e treinamento são fundamentais para a implementação bem-sucedida de um novo sistema empresarial.

Outras atividades de implementação

Testes

O **teste de sistema** pode envolver *software* de teste e de depuração de erros, teste de desempenho do site e teste do novo *hardware*. Uma parte importante do teste é a revisão dos protótipos de telas, relatórios e outras saídas. Os protótipos deverão ser revistos pelos usuários finais dos sistemas propostos para eliminar possíveis erros. Naturalmente, os testes não deverão ocorrer somente durante o estágio de implementação, mas durante todo o processo de desenvolvimento do sistema. Por exemplo, você poderia examinar e criticar protótipos de entrada de documentos, exibição na tela e procedimentos de processamento durante o estágio de projeto do sistema. O teste instantâneo do usuário final é um dos benefícios de um processo de prototipagem.

Conversão de dados

Atualmente, a implementação de novos sistemas de informação para muitas organizações envolve a substituição de um sistema anterior e seus *softwares* e bancos de dados. Uma das mais importantes atividades de implementação solicitadas quando da instalação de um novo *software*, em tais casos, é chamada **conversão de dados**. Por exemplo, a instalação de novos pacotes de *software* pode necessitar da conversão dos elementos de dados em bancos de dados, que são afetados por uma nova aplicação em novos formatos de dados. Outras atividades de conversão de dados que são solicitadas incluem a correção de dados incorretos, filtragem dos dados não pedidos, consolidação dos dados de diversos bancos de dados e organização de dados em novos subconjuntos de dados, tais como bases de dados, *data marts* e data warehouse. Um bom processo de conversão de dados é essencial, pois dados indevidamente organizados e formatados são relatados como uma das maiores causas de falhas na implementação de sistemas novos.

Durante a fase do projeto, os analistas criaram um dicionário de dados que não apenas descreve os diversos elementos de dados contidos no novo sistema, como também especifica quaisquer conversões necessárias do sistema anterior. Em alguns casos, somente o nome do elemento de dados é mudado, como o campo do sistema anterior CUST_ID (Identificação do consumidor) tornar-se CLIENT_ID (Identificação do cliente) no novo sistema. Em outros casos, o formato atual dos dados é alterado, requerendo assim alguma aplicação de conversão para filtrar os dados anteriores e colocá-los no novo formato. Um exemplo disso poderia ser a criação de um novo formato para CUSTOMER_ID (Identificação do Consumidor), para permitir uma expansão ou fazer a fusão de sistemas compatíveis. Esse tipo de conversão de elementos de dados requer um tempo adicional, porque cada elemento precisa ser passado pelo filtro de conversão antes de ser gravado nos novos arquivos de dados.

Outra questão é o tempo necessário para transferir os dados dos arquivos de dados anteriores para os arquivos do novo sistema. Embora o novo sistema possa ter sido projetado para utilizar os atuais arquivos de dados, em geral esse não é o caso, especialmente em situações em que um novo sistema está substituindo um sistema legado que seja bastante antigo. O tempo necessário para transferir os dados anteriores pode ter um impacto material no processo de conversão e na estratégia que tiver sido selecionada por último. Considere a seguinte situação.

Suponha que a conversão ao novo sistema requeira a transferência dos dados de dez arquivos de dados diferentes. A média de tamanho de registro entre dez arquivos é 1.780 *bytes*, e o número total de registros contidos nos dez arquivos é 120 milhões. Com essa informação e uma estimativa do tempo de transferência em *bytes* por minuto, o tempo total de transferência pode ser facilmente calculado como segue: suponha uma taxa de transferência de 10,5 *megabytes* por segundo (MBps) (Fast Ethernet) sem nenhum algoritmo de conversão. Então,

1.780 *bytes* × 120 milhões de registros = 213.600.000.000 *bytes*
213.600.000.000 *bytes*/10.500.000 *bytes* por segundo = 20.343 segundos
20.343 segundos = 5,65 horas

Embora os cálculos precedentes pareçam ser tais que o processo de conversão não consome uma grande quantidade de tempo, precisamos também estar cientes de que eles presumem uma transferência livre de erros, nenhuma conversão de formato e 100% de uso da banda de rede disponível. Se a transferência for feita usando um meio de comunicação mais lento, digamos 1,25 MBps (*megabytes* por segundo), o tempo saltará para 47,47 horas (em apenas dois dias).

A consideração importante aqui não é apenas o tempo necessário para efetuar a transferência, mas também a preservação da integridade do atual sistema de arquivos de dados durante o processo. Se a transferência durar aproximadamente 4,5 horas, então ela poderia, em tese, ocorrer após o horário de trabalho e seria facilmente completada no início do expediente do dia seguinte. Se, entretanto, o processo durar dois dias inteiros, então ele precisará iniciar no fim do expediente na sexta-feira e não deverá estar completo antes do fim da tarde do domingo. Caso panes de eletricidade aconteçam durante o processo, a transferência deverá esperar uma semana para ser reexecutada. A possibilidade de interrupção das operações diárias ou perda dos novos dados pode ser muito real. Como você pode ver, uma cuidadosa preocupação com a logística, associada à transferência dos dados, deve ser considerada quando se recomendar a estratégia de conversão mais adequada para o novo sistema.

Documentação

O desenvolvimento de uma boa **documentação** para o usuário é uma parte importante do processo de implementação. Amostras de telas de inserção de dados, formulários e relatórios são bons exemplos de documentação. Quando os métodos de *engenharia dos sistemas apoiados por computador* são utilizados, a documentação pode ser criada e mudada facilmente, desde que ela seja guardada e acessível em um disco em um *repositório do sistema*. A documentação serve como um método de comunicação entre as pessoas responsáveis pelo desenvolvimento, pela implementação e manutenção de um sistema baseado em computador. A instalação e a operação de um sistema recém-projetado ou modificação de uma aplicação já estabelecida requerem um registro detalhado do projeto daquele sistema. A documentação é muito importante no diag-

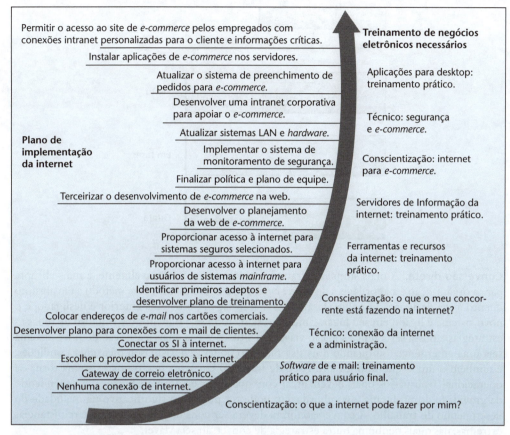

FIGURA 10.25 Como uma empresa desenvolveu programas de treinamento para a implementação de um site de *e-commerce* e acesso à intranet para seus empregados.

nóstico de erros e para fazer modificações, especialmente se o usuário final ou os analistas de sistemas que desenvolveram o sistema não estiverem mais na empresa.

O treinamento é uma atividade vital da implementação. O pessoal de SI, como consultores dos usuários, deve ter certeza de que os usuários finais estão treinados para operar um novo sistema empresarial ou a sua implementação vai falhar. O treinamento pode envolver apenas atividades como a entrada de dados ou todos os aspectos do uso apropriado de um novo sistema. Além disso, é fundamental que gerentes e usuários finais saibam como a nova tecnologia impacta as operações de negócios e o gerenciamento da empresa. Esse conhecimento deverá ser complementado por programas de treinamento para quaisquer novos dispositivos de *hardware*, pacotes de *software*, assim como sua utilização para atividades de trabalhos específicos. A Figura 10.25 ilustra como um negócio coordenou seu programa de treinamento de usuário final com cada etapa do seu processo de implementação para desenvolver o acesso à intranet e à internet dentro da empresa.

Treinamento

A operação inicial de um novo sistema de negócio pode ser uma tarefa difícil, pois requer um processo de **conversão** da utilização de um sistema atual na operação de uma aplicação nova ou melhorada. Os métodos de conversão podem abrandar o impacto da introdução de novas tecnologias de informação em uma empresa. Quatro formas de conversão mais importantes estão ilustradas na Figura 10.26. Elas incluem:

- Conversão paralela
- Conversão piloto
- Conversão em fases
- Conversão direta

Estratégias de conversão de sistema

FIGURA 10.26 As quatro formas principais de conversão em um novo sistema.

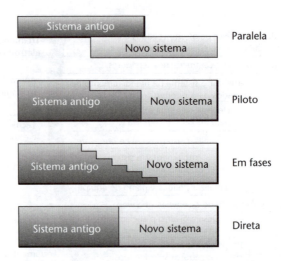

Conversão direta. A mais simples estratégia de conversão e, provavelmente, a mais abrupta para a organização é a abordagem do *direct cutover* ou **corte direto**. Esse método é tão abrupto quanto a sua designação implica. Usando essa abordagem, o sistema anterior é desligado, e o novo sistema é ligado em seu lugar. Embora esse método seja o menos dispendioso de todas as estratégias e possa ser a única solução viável em situações nas quais a ativação do novo sistema seja uma emergência ou quando dois sistemas não podem coexistir sob quaisquer condições, é também o único que implica alto risco de fracasso. Uma vez que o novo sistema torna-se operacional, os usuários finais devem arcar com quaisquer erros ou disfunções, e, dependendo da gravidade do problema, essa abordagem pode ter um efeito significativo na qualidade do desempenho do trabalho. A conversão direta deverá ser considerada apenas em circunstâncias extremas, nas quais nenhuma outra estratégia de conversão seja viável.

Conversão paralela. No oposto do espectro do risco está a estratégia da **conversão paralela**. Aqui os sistemas antigo e novo rodam ao mesmo tempo até que os usuários finais e os coordenadores do projeto estejam plenamente satisfeitos, que o novo sistema esteja funcionando corretamente e o sistema antigo não seja mais necessário. Quando se usa essa abordagem, uma conversão paralela pode ser concluída com um **cutover simples**, em que uma data predeterminada para a parada da operação paralela é estabelecida, ou um **cutover em fases**, no qual é empregado algum método de acionamento de cada módulo no novo sistema e o desligamento do módulo equivalente do sistema anterior.

Embora seja de baixo risco, a abordagem paralela tem custo mais alto. Para executar de maneira adequada uma abordagem paralela, os usuários finais devem desempenhar todas as funções diárias com ambos os sistemas, criando, assim, enorme redundância nas atividades e dobrando o trabalho. De fato, a menos que os custos operacionais do novo sistema sejam significativamente menores que os do sistema anterior, o custo da operação paralela pode ser quase três a quatro vezes maior que o do sistema anterior em si. Durante uma conversão paralela, todas as saídas de ambos os sistemas são comparadas em simultaneidade e precisão, até que seja determinado que o novo sistema esteja funcionando pelo menos tão bem quanto aquele que está substituindo. A conversão paralela pode ser a melhor escolha em situações nas quais um sistema automatizado esteja substituindo um sistema manual. Em determinadas circunstâncias em que os usuários finais não podem lidar com a frequente redundância confusa de dois sistemas, a estratégia da conversão paralela pode não ser viável. A conversão paralela também poderá não ser possível se a empresa não possuir os recursos de computação disponíveis para operar dois sistemas ao mesmo tempo.

Conversão piloto. Em algumas situações, o novo sistema pode ser instalado em vários locais, como filiais de bancos ou estabelecimentos varejistas. Em outros casos, a conversão pode ser planejada de uma perspectiva geográfica. Quando esses tipos de cenário existem, pode-se utilizar uma estratégia de **conversão piloto**. Essa abordagem permite a conversão no novo sistema com a utilização de um método direto ou um paralelo, em um único local. A vantagem dessa abordagem é que pode ser selecionado um local que melhor represente as condições de toda a empresa, mas também pode ser menos arriscada em termos de qualquer perda de tempo ou demora no processamento. Uma vez completa a instalação no local piloto, o processo pode ser avaliado e feita qualquer mudança no sistema a fim de evitar que problemas encontrados no local piloto reapareçam nas instalações restantes. Essa abordagem pode também ser necessária se alguns locais têm certas características únicas ou idiossincrasias que a tornam uma estratégia direta ou paralela inviável.

Conversão em fases. Uma estratégia de **conversão em fases** ou **gradual** tenta tirar proveito das melhores características das abordagens direta e paralela, enquanto minimiza os riscos envolvidos. Essa abordagem incremental da conversão permite que o novo sistema seja trazido *on-line* como uma série de componentes funcionais que são ordenados logicamente, como para minimizar a interrupção ao usuário final e ao fluxo de negócios.

A conversão em fases é análoga à liberação de versões múltiplas de uma aplicação por um desenvolvedor de *software*. Cada versão do *software* deverá corrigir quaisquer *bugs* conhecidos e permitir total compatibilidade com os dados lançados ou processados por uma versão anterior. Embora apresente um risco menor, a abordagem por fases toma muito tempo e, assim, cria maior consumo nas horas extras da empresa.

Quando tudo foi dito e feito, a atividade mais custosa acontece depois que a implementação do sistema está completa: a **fase de manutenção pós-implementação**. Os objetivos principais associados à manutenção de sistemas são: corrigir os erros ou falhas no sistema, providenciar mudanças para efetuar melhoria no desempenho ou adaptar o sistema às mudanças no ambiente operacional ou de negócios. Em uma organização típica, mais programadores e analistas são designados para atividades de manutenção da aplicação do que para desenvolvimento da aplicação. Além disso, embora um novo sistema possa levar muitos meses ou anos para ser projetado e construído, e custar centenas de milhares ou milhões de dólares, o sistema resultante pode operar 24 horas por dia e durar de cinco a dez anos ou mais. Uma atividade principal na pós-implementação envolve fazer alterações no sistema, como resultado da sua utilização pelos usuários. Trata-se das chamadas **solicitações de mudança**, que podem variar de consertar um bug do *software* não encontrado durante os testes a projetar uma melhoria para um processo ou função existentes.

Atividades de pós-implementação

O controle e a implantação dos pedidos de mudança são apenas um dos aspectos da fase de **manutenção de sistemas**. Em certo aspecto, uma vez que a fase de manutenção inicia, o ciclo de vida recomeça. Novas necessidades são articuladas, analisadas, projetadas, verificadas quanto à viabilidade, testadas e implementadas. Embora a abrangência e a natureza das solicitações de manutenção específicas variem de sistema a sistema, quatro categorias básicas de manutenção podem ser identificadas: (1) corretiva, (2) adaptativa, (3) de aperfeiçoamento e (4) preventiva.

Manutenção de sistemas

As atividades associadas à **manutenção corretiva** são focadas no conserto de *bugs* e erros lógicos não detectados durante o período de testes da implementação. A **manutenção adaptativa** refere-se àquelas atividades associadas às modificações de funções existentes ou acréscimos de nova funcionalidade para acomodar modificações nos ambientes de negócios ou operacionais. As atividades de **manutenção de aperfeiçoamento** envolvem mudanças feitas em um sistema existente, que pretendem melhorar o desempenho de uma função ou interface. A categoria final das atividades de manutenção, **manutenção preventiva**, envolve aquelas atividades que pretendem reduzir as oportunidades de falha no sistema ou estender a capacidade de vida útil de um sistema atual. Embora a atividade de manutenção seja, com frequência, menos prioritária, a manutenção preventiva é uma função de alto valor agregado e é vital para uma empresa perceber o valor total de seus investimentos no sistema.

Revisão de pós-implementação

A atividade de manutenção também inclui uma **revisão pós-implementação** do sistema para assegurar que os sistemas recém-implementados atinjam os objetivos de negócio estabelecidos para eles. Erros no desenvolvimento ou uso de um sistema devem ser corrigidos pelo processo de manutenção, o que inclui uma revisão periódica ou auditoria de um sistema para que ele esteja operando adequadamente e atendendo aos seus objetivos. Essa auditoria é complementar ao monitoramento contínuo de um novo sistema quanto a problemas potenciais ou mudanças necessárias.

Sucesso (ou fracasso) de projetos: o que sabemos, mas preferimos ignorar

Não há mistério quanto ao motivo para o sucesso ou a falha da maioria dos projetos. As pessoas escrevem sobre o gerenciamento efetivo de projetos há milênios.

Há mais de dois mil anos, Sun Tzu descreveu como organizar um projeto altamente complexo e bem-sucedido (uma campanha militar) em *A arte da guerra*. O clássico livro de Fred Brooks, *O mítico homem-mês* oferece conselhos de gerenciamento para a execução de grandes projetos de TI.

O Escritório Nacional de Auditoria do Reino Unido recentemente publicou um excelente guia para a realização de mudanças bem-sucedidas propiciadas por TI. Ao longo dos últimos dez anos, virtualmente todas as grandes publicações de TI veicularam artigos sobre o motivo do sucesso ou fracasso de grandes projetos.

Apesar dos excelentes conselhos disponíveis, mais da metade dos grandes projetos realizados por departamentos de TI ainda falha ou é cancelada. Sabemos o que funciona. Apenas não fazemos.

- **Um responsável executivo não efetivo.** Um responsável executivo fraco ou, pior, inexistente quase sempre garante a falha de um projeto de negócios. Sob liderança executiva fraca, todos os projetos se tornam projetos de TI em vez de iniciativas de negócios com componentes de TI.
- **Má análise de resultados.** Um estudo incompleto permite que expectativas incorretas sejam estabelecidas – e não atingidas.
- **A análise de resultados não é mais válido.** Mudanças no mercado muitas vezes invalidam pressupostos de negócios originais. Porém, equipes muitas vezes estão tão envolvidas em um projeto que ignoram os sinais de alerta e seguem de acordo com o planejado.
- **O projeto é grande demais.** Projetos maiores exigem mais disciplina.
- **Uma falta de recursos dedicados.** Projetos grandes exigem concentração e dedicação por toda sua duração. Porém, muitas vezes é solicitado que pessoas importantes atuem em projetos muito importantes sem deixar de realizar seus trabalhos em tempo integral.
- **O que não é visto, não é lembrado.** Se seus fornecedores falharem, você falha, e a falha é sua. Não os perca de vista.
- **Complexidade desnecessária.** Projetos que tentam ser tudo para todas as pessoas geralmente resultam em sistemas que são difíceis de usar e acabam fracassando.
- **Conflito cultural.** Projetos que violam normas culturais da organização raramente têm chances de sucesso.
- **Sem contingências.** Imprevistos acontecem. Projetos precisam de flexibilidade para tratar das surpresas inevitáveis.
- **Muito tempo sem *deliverables*.** A maioria das organizações espera progresso visível em seis a nove meses. Projetos longos sem produtos intermediários correm o risco de perder interesse, apoio e recursos executivos.
- **Apostar em uma tecnologia nova e não comprovada.** Foi dito o suficiente.
- **Data de lançamento arbitrária.** Projetos orientados por datas têm poucas chances de sucesso. Empresas devem aprender a planejar o projeto antes de escolher uma data de lançamento e não o contrário.

Há algo aqui que não faz sentido? *Essa é exatamente a questão.*

Fonte: Adaptado de Bart Perkins. "12 Things You Know About Projects But Choose to Ignore". *Computerworld*, 12 de março de 2007.

Desafios do portal da empresa na intranet	Desafios do ERP
• Segurança, segurança, segurança. • Definir a finalidade e o propósito do portal. • Encontrar tempo e dinheiro. • Assegurar qualidade consistente de dados. • Convencer funcionários para usá-lo. • Organizar os dados. • Encontrar perícia técnica. • Integrar as peças. • Fazê-lo fácil para uso. • Prover acesso a todos os usuários.	• Obter o envolvimento do usuário final. • Cronogramar/planejar. • Integrar sistemas legados/dados. • Obter a adesão da gerência. • Lidar com *sites* múltiplos/internacionais e parceiros. • Mudar cultura/ideias fixas. • Treinamento da TI. • Obter e manter a equipe da TI. • Mudar para uma nova plataforma. • Atualizações do sistema/desempenho.

FIGURA 10.27 Os dez maiores desafios do desenvolvimento e da implementação dos portais da empresa na intranet e sistemas ERP relatados por 100 empresas.

Desafios de implementação

A implementação de novos negócios/estratégias da TI, particularmente quando englobam tecnologias inovadoras em larga escala, envolve grande mudança organizacional. Para muitas empresas, a mudança para um negócio eletrônico representa a quarta ou quinta maior transformação que experimentaram (e sofreram) desde o início dos anos 1980. A implementação bem-sucedida dessas novas estratégias e aplicações requer o controle dos efeitos das mudanças nas dimensões organizacionais fundamentais, como processos de negócios, estruturas organizacionais, funções gerenciais, tarefas de trabalho e relações com os interessados na empresa. A Figura 10.27 enfatiza a variedade e a extensão dos desafios relatados por 100 empresas que desenvolveram e implementaram novos portais de informação e sistemas ERP.

Resistência e envolvimento do usuário

Qualquer nova maneira de fazer algo gera alguma resistência da pessoa afetada. Por exemplo, a implementação das novas tecnologias de apoio ao trabalho pode gerar medo e resistência à mudança nos funcionários. Uma das chaves para resolver problemas da **resistência do usuário** a novas tecnologias da informação é a educação adequada e treinamento. Mais importante ainda é o **envolvimento do usuário** nas mudanças organizacionais e no desenvolvimento de novos sistemas de informação. As empresas têm uma variedade de estratégias que podem ajudá-los a realizar a mudança no negócio, e um requisito básico é o envolvimento e comprometimento da alta administração e de todos os responsáveis pelos negócios afetados pelo novo sistema.

A participação direta do usuário final nos projetos de planejamento e desenvolvimento da aplicação para o negócio antes que um novo sistema seja implementado é especialmente importante na redução do potencial para a resistência do usuário final. Por essa razão, usuários finais frequentemente são membros de equipes de desenvolvimento de sistemas ou realizam seu próprio trabalho de desenvolvimento. Tal envolvimento ajuda a assegurar que os usuários finais assumam a propriedade de um sistema e que seu projeto venha ao encontro de suas necessidades. Sistemas que tendem à inconveniência ou frustram usuários não são eficazes, não importa quão tecnicamente elegantes sejam e quão eficientemente processem dados. Por exemplo, a Figura 10.28 ilustra alguns dos principais obstáculos para sistemas de gestão do conhecimento

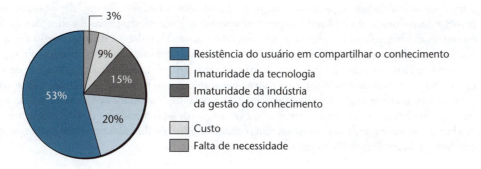

FIGURA 10.28 Obstáculos aos sistemas de gestão do conhecimento. Observe que a resistência do usuário final em compartilhar o conhecimento é o maior obstáculo.

no negócio. Observe que a resistência do usuário final em compartilhar conhecimento é o maior obstáculo para a implementação das aplicações de gestão do conhecimento. Vejamos um exemplo do mundo real que destaca a resistência do usuário final e algumas de suas soluções.

Société de Transport de Montréal: um percurso agradável depois de um início cheio de obstáculos

A expansão suburbana pode ser um grande negócio para uma agência de trânsito, mas, no que diz respeito a servidores, a Société de Transport de Montréal (STM) do Canadá estabeleceu um limite. De acordo com Mike Stefanakis, engenheiro de sistemas sênior da STM, a principal razão para ter começado a procurar uma tecnologia de virtualização foi impedir a expansão de servidores. Ele queria consolidação, especialmente para servidores de desenvolvimento da agência, que fornece 360 milhões de trajetos de ônibus e metrô por ano.

"Analisamos os números e percebemos que nosso crescimento ia causar alguns problemas no futuro próximo", diz. Se as coisas continuassem no rumo em que estavam, a agência precisaria de 20 a 30 novos servidores por ano, além de sua base existente de 180 máquinas, em sua maioria Wintel. "Seriam necessários muitos servidores para suprir as necessidades de nossos usuários e clientes", diz Stefanakis.

No entanto, mesmo que funcionários estivessem convencidos dos benefícios da virtualização logo no início, os usuários finais da agência não necessariamente pensavam da mesma forma. Vários fatores contribuiram para a resistência inicial. Em primeiro lugar, havia o medo do desconhecido. Havia perguntas como "Qual a estabilidade dessa nova tecnologia?" e "O que você quer dizer com compartilhar meus recursos com outros servidores?". Usuários em potencial achavam que a nova tecnologia podia torná-los mais lentos.

Para ajudar os usuários a superar seus medos, Stefanakis deu ênfase ao fornecimento das informações de que as pessoas precisavam, explicando as vantagens da nova tecnologia. Entre elas: ótimo tempo de resposta para aplicativos de negócios e recuperação de desastres incorporada. Se qualquer coisa falhar, a restauração estará a uma rápida imagem restaurada de distância. Stefanakis e sua equipe seguiram promovendo a tecnologia e seus benefícios: "A virtualização surgia em cada reunião de orçamento, estratégia e desenvolvimento que tínhamos. Certificamo-nos de que a informação fosse passada às pessoas certas para que todos, em nosso departamento, soubessem que ocorreria uma virtualização".

A STM está usando servidores de produção em seu ambiente virtual desde dezembro de 2005.

A primeira máquina virtual foi implementada no centro de testes da STM, como meio de recuperar rapidamente um servidor de produção fora do ar. Depois que os primeiros aplicativos foram implementados, a resistência dos usuários logo virou coisa do passado. "Depois que as pessoas veem as vantagens, a estabilidade e o desempenho na plataforma virtual, elas tendem a perder inibições que tinham anteriormente. A barreira psicológica para a virtualização foi ultrapassada, e agora os usuários pedem por um novo servidor como se estivessem pedindo um café e um pão de queijo", conclui Stefanakis.

Fonte: Adaptado de Mary Ryan Garcia. "After Bumpy Start, Transit Agency Finds Virtualization a Smooth Ride". *Computerworld*, 8 de março de 2007.

Gerenciamento de mudanças

A Figura 10.29 ilustra algumas das principais dimensões do **gerenciamento da mudança** e o nível de dificuldade e impacto nos negócios envolvidos. Observe algumas das pessoas, processos e tecnologia envolvidos na implementação de negócios/estratégias e aplicações da TI, ou outras modificações causadas pela introdução de novas tecnologias da informação em uma companhia. Alguns dos fatores técnicos listados, como integradores de sistemas e terceirização, serão discutidos em mais detalhes nos próximos capítulos. Por exemplo, integradores de sistemas são empresas de consultoria ou outros contratados externos que podem ser pagos para assumir a responsabilidade pelo desenvolvimento e pela implementação de uma nova aplicação de negócio eletrônico, inclusive o projeto e a condução de suas atividades de gerenciamento de mudança. Observe que fatores pessoais têm o mais alto nível de dificuldade e o maior prazo para resolver qualquer dimensão do gerenciamento de mudanças.

Fonte: Adaptado de Grant Norris, James Hurley, Kenneth Hartley, John Dunleavy e John Balls. *e-Business and erp: transforming the enterprise.* Nova York. John Wiley & Sons, 2000, p. 120. reimpresso por permissão

FIGURA 10.29 Algumas das principais dimensões do gerenciamento de mudanças. Exemplos de fatores pessoais, de processos e de tecnologia envolvidos no gerenciamento da mudança gerada por TI, em uma organização.

Dessa maneira, as pessoas são o foco principal do gerenciamento de mudança organizacional. Isso inclui atividades, como o desenvolvimento de meios inovadores para medir, motivar, e recompensar o desempenho. Então, é necessário um projeto de programas para recrutar e treinar funcionários nas competências essenciais exigidas em um local de trabalho em modificação. A gestão da mudança também envolve a análise e definição de todas as mudanças diante da organização e programas de desenvolvimento para reduzir os riscos e custos, e para maximizar os benefícios da mudança. Por exemplo, a implementação de uma nova aplicação de negócio eletrônico, como um gestão do relacionamento com o cliente, pode envolver um *plano de ação de mudança*, determinar gerentes selecionados como *patrocinadores da mudança*, desenvolver *equipes de mudança* de empregados e estimular comunicações abertas e *feedback* sobre as mudanças organizacionais. Algumas táticas básicas de mudança que os especialistas recomendam incluem:

- Envolver tantas pessoas quanto possível no planejamento da aplicação do *e-commerce* e aplicação do desenvolvimento.
- Fazer da modificação constante uma parte da cultura.
- Contar a todos, tanto quanto possível, a respeito de tudo, com a maior frequência possível, de preferência pessoalmente.
- Fazer uso livre de incentivos e reconhecimento financeiros.
- Trabalhar dentro da cultura da companhia, não em torno dela.

A Figura 10.30 apresenta um processo de oito níveis de gerenciamento da mudança para organizações. Esse modelo é um dos muitos que poderão ser aplicados para conseguir mudanças organizacionais causadas por novas estratégias e aplicações de negócios/TI e outras mudanças nos processos de negócios. Por exemplo, esse modelo sugere que a visão de negócio criada na fase de planejamento estratégico deverá ser comunicada em uma *história de mudança* convincente para as pessoas dentro da organização. A avaliação da prontidão às

Processo de gerenciamento de mudança

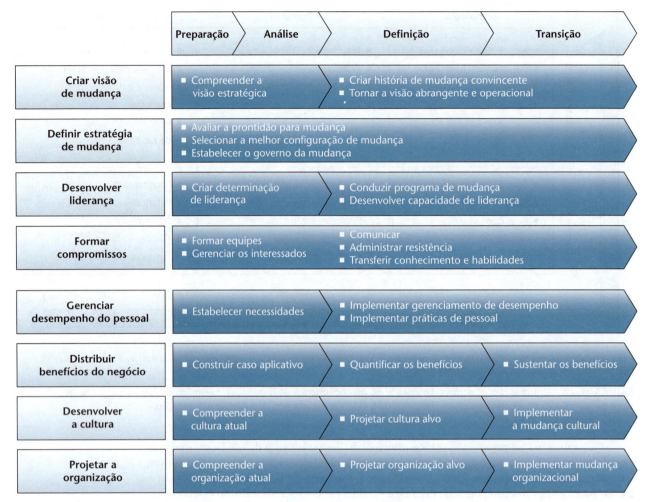

Fonte: Adaptado de Martin Diese, Conrad Nowikow, Patric King e Amy Wright. *Executive's Guide To e-Business: From Tactics to Strategy*, p.190. Copyright © 2000 de John Wiley & Sons inc. Reimpressa por permissão.

FIGURA 10.30 Processo de gerenciamento da mudança. Exemplos das atividades envolvidas em uma mudança organizacional de gerência bem-sucedida causada pela implementação de novos processos de negócios.

mudanças em uma organização e o desenvolvimento de estratégias de mudanças e a escolha e o treinamento de líderes e campeões de mudança baseada na avaliação poderão ser as próximas etapas no processo.

Esses líderes de mudanças são agentes das mudanças que serão capazes de conduzir equipes de empregados e outros interessados da mudança na construção de um caso aplicado para mudanças na tecnologia, nos processos de negócio, no conteúdo do trabalho e nas estruturas organizacionais. Eles poderão também comunicar os benefícios dessas mudanças e liderar programas de treinamento baseados nos detalhes de novas aplicações no negócio. Naturalmente, muitos modelos de gerenciamento da mudança incluem métodos para medição e recompensas para oferecer incentivos financeiros a funcionários e responsáveis pela empresa a fim de cooperarem com mudanças que serão solicitadas. Além disso, a adoção de uma cultura de *e-commerce* dentro de uma organização, com o estabelecimento de comunidades de interesse para os empregados e outros responsáveis pelos negócios, por meio de grupos de discussão via internet, intranet e extranet, poderão também ser uma estratégia valiosa para mudança gerencial. Tais grupos deverão encorajar o envolvimento dos responsáveis pela empresa e a aceitação das mudanças trazidas pela implementação de novas aplicações de *e-commerce* da tecnologia da informação.

Resumo

- **O ciclo de desenvolvimento de sistemas.** Usuários finais de negócios e especialistas da TI podem usar uma abordagem de sistemas a fim de ajudá-los a desenvolver soluções do sistema de informação que vão ao encontro das oportunidades de negócio. Isso, frequentemente, envolve um ciclo de desenvolvimento de sistemas no qual especialistas de SI e usuários finais concebem, projetam e implementam sistemas empresariais. As fases, as atividades e os produtos do ciclo de desenvolvimento dos sistemas de informação estão resumidos na Figura 10.3.

- **Prototipagem.** A prototipagem é a principal metodologia alternativa para o ciclo de desenvolvimento de sistemas de informação tradicional. Ela inclui o emprego de ferramentas de prototipagem e metodologias, as quais promovem um processo interativo e iterativo que desenvolve protótipos de interfaces do usuário e outros componentes do sistema de informação (ver Figura 10.9).

- **Desenvolvimento do usuário final.** A capacidade de desenvolvimento de aplicação de pacote de *software* para usuários finais permitiu que os próprios usuários desenvolvam suas aplicações empresariais. Os usuários finais deverão focar seus esforços de desenvolvimento nos componentes do sistema dos processos de negócios, que podem beneficiar-se com o uso da tecnologia da informação, como resumido na Figura 10.14.

- **Implementação do SI.** O processo de implementação para projetos de sistemas de informação está resumido na Figural 10.27. A implementação envolve aquisição, testes, documentação, treinamento, instalação e atividades de conversão que transformam um recém-projetado sistema empresarial em um sistema operacional para usuários finais.

- **Avaliação de *hardware*, *software* e serviços.** Os profissionais de negócios deverão saber como avaliar a aquisição dos recursos de sistemas de informação. Os objetivos dos fornecedores de TI deverão estar baseados nas especificações desenvolvidas durante a fase do projeto do desenvolvimento de sistemas. Uma avaliação formal do processo reduz a possibilidade de compras incorretas ou desnecessárias de *hardware* ou *software*. Diversos fatores principais de avaliação, resumidos nas Figuras 10.22, 10.23, 10.24, podem ser usados para avaliar *hardware*, *software* e serviços de SI.

- **Implementação de mudança no negócio.** As atividades de implementação incluem o gerenciamento da introdução e implementação de mudanças nos processos de negócios, estruturas organizacionais, determinações de responsabilidades e relações de trabalho resultantes dos negócios, estratégias de TI e aplicações, como iniciativas de negócio eletrônico projetos de reengenharia, cadeias de suprimentos de alianças e a introdução de novas tecnologias. As empresas empregam táticas de gerenciamento da mudança a fim de reduzir a resistência do usuário final e maximizar a aceitação de mudanças nos negócios por todos os responsáveis pela empresa.

Implementação de novos sistemas
• **Aquisição** Avaliar e adquirir recursos de *hardware* e serviços de sistema de informação. Avaliar propostas de fornecedores.
• **Desenvolvimento de *software*** Desenvolver *software* que não será adquirido externamente como pacotes de *software*. Fazer quaisquer modificações necessárias em pacotes de *software* adquiridos.
• **Conversão de dados** Converter dados nos bancos de dados da empresa em novos formatos de dados e subconjuntos exigidos pelo novo *software* instalado.
• **Treinamento** Educar e treinar gerência, usuários finais, clientes e outras partes interessadas nos negócios. Usar consultores ou programas de treinamento para desenvolver competências dos usuários.
• **Teste** Testar e fazer as correções necessárias em programas, procedimentos e *hardware* usados por um novo sistema.
• **Documentação** Registrar e comunicar especificações de sistema detalhadas, incluindo procedimentos para usuários finais e equipe de SI e exemplos de telas de entrada e exibições de saída e relatórios.
• **Conversão** Converter o sistema atual para a operação em um sistema novo ou aperfeiçoado. Essa conversão pode envolver operar tanto sistemas novos quanto antigos *em paralelo* por um período de teste, a operação de um sistema *piloto* em regime de teste em um local, a *inserção* do novo sistema em um local por vez ou uma *migração direta* para o novo sistema.

FIGURA 10.31 Visão geral do processo de implementação. As atividades de implementação são necessárias para transformar um novo sistema de informação desenvolvido em um sistema operacional para usuários finais.

Termos e conceitos-chave

Estes são os termos e conceitos-chave abordados neste capítulo. O número entre parênteses refere-se à página em que consta a explicação inicial.

1. Abordagem sistêmica (404)
2. Análise de custo/benefício (410)
3. Análise e projeto de sistemas (AS&P) (407)
4. Análise organizacional (412)
5. Ciclo de vida do desenvolvimento de sistemas (407)
6. Documentação (434)
7. Conversão (435)
8. Conversão de dados (433)
9. Desenvolvimento pelo usuário final (418)
10. Envolvimento do usuário (439)
11. Especificações de sistema (418)
12. Estudo de viabilidade (408)
13. Gerenciamento da mudança (440)
14. Gerenciamento de projetos (428)
15. Implementação de sistemas (424)
16. Manutenção de sistemas (437)
17. Modelo lógico (413)
18. Necessidades funcionais (414)
19. Pensamento sistêmico (404)
20. Processo de implementação (424)
21. Projeto da interface de usuário (416)
22. Prototipagem (414)
23. Resistência do usuário (439)
24. Revisão pós-implementação (438)
25. Teste de sistema (433)
26. Viabilidade de fatores humanos (411)
27. Viabilidade econômica (410)
    a. Benefícios intangíveis (410)
    b. Benefícios tangíveis (410)
    c. Custos intangíveis (410)
    d. Custos tangíveis (410)
28. Viabilidade operacional (409)
29. Viabilidade política/legal (411)
30. Viabilidade técnica (410)

Questionário de revisão

Relacione um dos termos e conceitos-chave mencionados anteriormente com os seguintes exemplos ou definições. Procure a melhor opção para respostas que parecem corresponder a mais de um termo ou conceito. Justifique suas escolhas.

_____ 1. Usar uma sequência organizada de atividades para estudar um problema ou oportunidade utilizando pensamento sistêmico.

_____ 2. Tentar reconhecer sistemas e as novas inter-relações e componentes dos sistemas em qualquer situação.

_____ 3. Avaliar o sucesso de uma solução depois que ela foi implementada.

_____ 4. Sua avaliação mostra que os benefícios têm mais valor do que os custos para um sistema proposto.

_____ 5. Os custos de aquisição de computador *hardware*, *software* e especialistas.

_____ 6. Perda de boa vontade do cliente causada por erros em um novo sistema.

_____ 7. Aumentos nos lucros causados por um novo sistema.

_____ 8. Melhora do moral do funcionário causada pela eficiência e bons resultados do novo sistema.

_____ 9. Um processo multifásico para conceber e fazer o projeto e implementar um sistema de informação.

_____ 10. Um diagrama ou projeto de um sistema que mostra o que ele faz sem considerar como o faz.

_____ 11. Determina a viabilidade organizacional, econômica, técnica e operacional de um sistema de informação proposto.

_____ 12. Economias de custo e lucros adicionais vão exceder o investimento solicitado.

_____ 13. *Hardware* e *software* confiáveis estão disponíveis para implementar um sistema proposto.

_____ 14. Determina se pode existir alguma infração à patente ou a qualquer direito autoral como resultado de um novo sistema.

_____ 15. Temos a pessoa certa para operar o novo sistema?

_____ 16. Estuda em detalhes as necessidades dos usuários e qualquer informação dos sistemas atualmente empregados e, então, desenvolve um sistema para corrigir um problema ou incrementar as operações.

_____ 17. Uma descrição detalhada das necessidades de informação do usuário e as capacidades de entrada, processamento, saída, armazenagem, e controles de capacidades solicitadas para atender àquelas necessidades.

_____ 18. O projeto dos sistemas deverá estar voltado para o desenvolvimento de métodos de fácil manejo quanto à entrada e saída de um sistema.

_____ 19. Uma descrição detalhada de *hardware*, *software*, pessoal, rede e recursos de dados e produtos de informação requeridos por um sistema proposto.

_____ 20. Adquirir *hardware* e *software*, testar e documentar um sistema proposto, e treinar pessoal para usá-lo.

_____ 21. Fazer melhorias para um sistema operacional.

_____ 22. Um processo interativo e iterativo de desenvolvimento e refinamento de protótipos de sistema de informação.

_____ 23. Gerentes e especialistas de negócios podem desenvolver suas próprias aplicações de negócio eletrônico.

_____ 24. Inclui aquisição, teste, treinamento e conversão para um sistema novo.

_____ 25. Opera em paralelo com o sistema anterior, usa um local para teste, muda em fases ou interrompe imediatamente mudando para um novo sistema.

_____ 26. Verifica se o *hardware* e *software* trabalham adequadamente para os usuários finais.

_____ 27. Um manual do usuário comunica o projeto e os procedimentos de operação de um sistema.

_____ 28. Mantém um projeto de SI em dia e dentro de seu orçamento seria um objetivo principal.

_____ 29. Resposta comum às mais importantes mudanças nas estruturas organizacionais, funções e relações com os responsáveis pela empresa.

_____ 30. Participação em planejamento de negócios e projetos de desenvolvimento de aplicação antes que um sistema novo seja implementado é um exemplo.

_____ 31. Dentre outras coisas, isso envolve a análise e a definição de todas as mudanças diante de uma organização e programas de desenvolvimento para reduzir riscos e maximizar benefícios.

_____ 32. Transferência e conversão de dados de sistemas antigos para o novo a ser implementado.

_____ 33. Custos e benefícios que possam ser quantificados com elevado grau de certeza.

_____ 34. O quanto um sistema proposto se ajusta ao ambiente de negócios e aos objetivos organizacionais.

_____ 35. Custos e benefícios de um novo sistema que são difíceis de quantificar.

_____ 36. Uma fase em análise de sistemas voltada à compreensão da organização e de seu ambiente.

Questões para discussão

1. Por que a prototipagem tornou-se um meio popular para desenvolver aplicações empresariais? Quais são as vantagens e desvantagens da prototipagem?

2. Consulte o "Caso do mundo real 1" sobre o PayPal neste capítulo. Mateus Mengerink, do PayPal, nota que não é suficiente um caixa de banco falar francês para fazer você se sentir na França e destaca o valor que os clientes dão às expressões de confiança e conforto. É fundamental que os clientes tenham a sensação de que estão na França. Por que as pessoas valorizam essas questões? Quanta diferença isso faria para você na funcionalidade do site?

3. Consulte o exemplo do mundo real sobre o Walmart e outras empresas neste capítulo. Como essas empresas poderiam se preparar para as mudanças inesperadas de demanda que derrubaram seus *sites*? Justifique sua explicação.

4. Quais são os três fatores mais importantes que você usaria na avaliação do *hardware* do computador? *Software* do computador? Explique por quê.

5. Suponha que, na sua primeira semana no novo trabalho, você seja solicitado a usar um tipo de *software* que nunca tenha utilizado antes. Que tipo de treinamento de usuário sua empresa lhe oferecerá antes de você iniciar?

6. Consulte o "Caso do mundo real 2" sobre Blue Cross and Blue Shield e outras empresas sobre mudança organizacional neste capítulo. Qual é o valor da estratégia seguida por Kevin Sparks de trazer alguém de fora para discutir o programa de mudança? Por que a estratégia foi bem-sucedida? Explique.

7. Qual é a diferença entre as formas paralela, direta, em fases e piloto da conversão de SI? Qual é a melhor estratégia de conversão? Justifique sua resposta.

8. Consulte o exemplo do mundo real sobre o Google neste capítulo. Como você mudaria a interface de usuário das páginas de pesquisa do Google e as páginas de alguns de seus outros produtos na web? Defenda suas propostas.

9. Reveja o exemplo do mundo real que discute os fatores envolvidos em falha de projeto neste capítulo. Se são fatores bem conhecidos, por que as empresas optam por ignorá-los repetidamente? Quais seriam as razões por trás desse tipo de comportamento?

10. Escolha uma tarefa de negócio que gostaria de computadorizar. Como você poderia usar as etapas do ciclo de desenvolvimento de sistemas de informação, como ilustrado na Figura 10.3, para ajudá-lo? Use exemplos para ilustrar sua resposta.

Exercícios de análise

1. SDLC na prática
Ação comunitária

O ciclo de vida do desenvolvimento de sistemas (SDLC) fornece uma abordagem estruturada para a solução de problemas muito usada para desenvolver sistemas de *software*. Entretanto, o que funciona para os problemas relacionados aos sistemas de informação também funciona para os problemas nos negócios em geral. O SDLC provê uma estrutura para a solução de problemas que requer que seus seguidores adotem uma sequência lógica que promova credibilidade e ajude a garantir às organizações que você está fazendo as coisas certas e de forma correta.

Você pode aplicar o SDLC em vários problemas de negócios. Pense em algum problema de sua comunidade. Sua comunidade pode incluir seu campus, seu trabalho ou sua vizinhança. Seu professor fornecerá diretrizes e restrições adicionais. Selecione um problema, complete cada etapa e prepare um relatório detalhado. Por causa da importância específica do local nesse exercício, esperam-se uma pesquisa e entrevistas diretas.

a. Escolha um problema e avalie seus efeitos.
b. Identifique a(s) causa(s) do problema.
c. Defina várias soluções para esse problema. Inclua os custos e benefícios estimados de cada solução.
d. Escolha uma solução e prepare um plano para sua implementação.
e. Identifique as partes responsáveis por monitorar e manter a solução. Que medidas devem ser usadas para monitorar os resultados?

2. Planejamento para o sucesso
Planejamento de projeto

Os projetos dependem de vários fatores, e essa dependência pode tornar-se uma falha. Falhas de cooperação ou de fornecimento de insumos de apenas uma fonte vital podem impedir que um projeto atinja seus objetivos. O planejamento de projetos efetivo auxilia os gestores de projeto a planejar antes do início e preparar estratégias de comunicação antecipadamente.

a. Leia o artigo "How to create a clear project plan", *Darwin Magazine*, agosto de 2004 (www.darwinmag.com/read/080104/project.html), e resuma seus principais pontos.
b. Releia o exercício "SDLC na prática" e selecione um problema conforme indicação de seu professor.
c. Prepare um plano de projeto para o problema selecionado.
d. Apresente seu plano de projeto para a turma. Socilite a seus pares sugestões para o melhoramento do plano.

3. (Legislação norte-americana para pessoas com deficiência – ADA)
Tecnologias que ajudam

A ADA proíbe discriminação por causa de deficiência em locais públicos e instalações comerciais. Essa lei tem sido interpretada no sentido de também incluir determinados sistemas de informação. Todos os sistemas de informação elaborados devem levar em conta, durante seu planejamento, os problemas dos deficientes. Acomodar funcionários e clientes com deficiência nunca deve tornar-se uma reflexão tardia.

Mesmo que você não possua limitações físicas atualmente, no futuro isso pode acontecer, ou você pode ter funcionários sob sua supervisão que necessitem de ferramentas especiais que permitam o acesso a sistemas de informação. Faça uma pesquisa sobre soluções de acesso a sistemas de informação. Não se esqueça de incluir uma descrição detalhada da solução de *hardware* ou *software*, o provedor da solução e os custos de acomodação de cada limitação descrita no texto.

a. Deficiência visual parcial.
b. Deficiência visual total.
c. Deficiência de destreza manual.

4. O pedágio urbano de Londres
Estratégias de conversão

A cidade de Londres é bastante conhecida por seus inúmeros locais históricos e teatros, e também pelo tráfego congestionado. Apesar de um sistema subterrâneo sofisticado conhecido na cidade como o "tubo", atrasos por causa do trânsito, poluição no carro, poluição sonora e acidentes envolvendo veículos e pedestres têm sido uma praga na cidade há décadas. Após muita reflexão, o governo da cidade adotou o Central London Congestion Charging Scheme (o Pedágio Urbano de Londres). Esse plano envolvia o estabelecimento de um perímetro de cobrança em torno do centro de Londres. Em vez de parar os carros para cobrar a tarifa, a cidade colocou câmeras de vídeo em cada cruzamento da zona de pedágios. Essas câmeras se ligam a um sistema de tarifação que cobra de proprietário registrado de veículo a taxa de acesso diário com permissão de reutilização no mesmo dia. A tarifa de pedágio, de aproximadamente US$ 8, desencoraja o tráfico de veículos no centro de Londres.

Os londrinos que moram no interior do perímetro recebem um desconto especial, bem como os residentes das áreas limítrofes, alguns funcionários estatais e frotas de veículos comerciais. As tarifas são válidas durante o horário comercial nos dias úteis. Os donos de veículos têm até o final do dia para pagar por intermédio de *e-mail*, mensagem de texto, telefone, site ou balcão de atendimento.

As tarifas resultaram em grande redução do tráfego, aumento dos meios de transporte de massa, diminuição de acidentes e tempos de percurso menores. O pedágio causou pouco efeito nas operações comerciais e na maioria dos moradores. Também geraram valores significativos, que Londres utiliza para manter o sistema e melhorar o transporte público.

Pense no grande trabalho que envolve educação do público, marcação de todos as ruas dentro do perímetro do pedágio, configuração das câmeras de vídeo e produção dos sistemas de informação. Os sistemas de informação processam as imagens brutas, verificam as placas no banco de dados de pagamento, recebem pagamentos, enviam cartas de cobrança e processam as apelações. A polícia também usa os bancos de dados do sistemas para várias atividades relacionadas ao cumprimento da lei.

a. Descreva de forma resumida as vantagens e desvantagens de cada estratégia de conversão (paralela, piloto, inserção e migração) se aplicadas ao projeto de pedágio urbano de Londres.
b. Que estratégia de conversão você recomendaria para esse projeto?
c. Justifique detalhadamente sua recomendação.

CASO DO MUNDO REAL 3: Infosys Technologies: os desafios de implementação de iniciativas de gestão de conhecimento

A Infosys Technologies, com sede em Bangalore, Índia, é uma das maiores fornecedoras de desenvolvimento de *software* do mundo, com uma renda de US$ 1,6 bilhão no ano fiscal de 2005 e empregando mais de 50 mil engenheiros de *software* e outros funcionários no início de 2006. A empresa tem um logo histórico de tentar usar o conhecimento criado por seus funcionários para obter vantagem corporativa. Seu lema "Aprenda uma vez, use em qualquer lugar" reforça o aprendizado e a reflexão contínuos necessários para acúmulo e a reutilização de conhecimento.

Ele também chama atenção para uma crença central de que o conhecimento pertence não apenas a esses funcionários que o criam, mas também a toda a empresa.

A Infosys iniciou esforços para transformar o conhecimento de seus funcionários em um recurso para toda a organização no início dos anos 1990. Em 1999, um grupo de gestão de conhecimento central (KM) foi criado para facilitar um programa de KM para toda a empresa, incluindo a criação de um portal de conhecimento da intranet conhecido como KShop para o acúmulo e a reutilização de conhecimento organizacional.

No início de 2000, porém, o uso do KShop por funcionários permanecia baixo. Funcionários de várias equipes de projetos e comunidades de prática seguiam usando suas redes informais para acessar conhecimento quando era necessário. Repositórios locais de conhecimento especializado continuavam proliferando dentro de equipes de projetos e comunidades de prática. Em outras palavras, processos em diferentes níveis do sistema de conhecimento não estavam se associando e fortalecendo uns aos outros.

Em resposta, durante o primeiro trimestre de 2001, o grupo de KM implementou uma grande iniciativa chamada de esquema de "incentivo da unidade monetária de conhecimento (KCU)" para estimular contribuições para o KShop.

De acordo com o esquema, funcionários da Infosys que contribuíssem ou comentassem contribuições para o KShop receberiam KCUs, que poderiam acumular e trocar por prêmios e recompensas em dinheiro. Além disso, as pontuações em KCUs cumulativas seriam exibidas em um quadro no KShop, a fim de aumentar a visibilidade e posição de colaboradores frequentes.

Essas iniciativas começaram a gerar resultados, especialmente depois que o esquema de incentivos com KCUs foi introduzido. Por exemplo, um ano depois da introdução do esquema de KCUs, mais de 2.400 novas propostas de projetos de ativos de conhecimento, estudos de caso e códigos de *software* reutilizáveis foram enviados para o KShop, com cerca de 20% dos funcionários da Infosys contribuindo com pelo menos um ativo de conhecimento. Mais de 130 mil KCUs foram gerados pelo grupo de KM e distribuídos entre colaboradores e funcionários que comentaram suas colaborações.

Mesmo enquanto esses eventos aconteciam, o grupo de KM começou a pensar que o esquema de incentivo por KCUs tinha atingido um sucesso grande demais. Uma preocupação era que funcionários pudessem ter uma sobrecarga de informações e, consequentemente, maiores custos de pesquisa para conhecimento reutilizável. Como um membro da equipe de KM comentou: "Algumas pessoas nos disseram informalmente que estavam achando mais rápido fazer as coisas sozinhas ou perguntar a alguém que conheciam em vez de pesquisar o repositório por conteúdo reutilizável".

Para complicar a questão, o crescimento explosivo no número de contribuições começou a sobrecarregar o número limitado de comentaristas voluntários. Uma falta de revisores dificultava para o grupo de KM garantir que as contribuições fossem revisadas quanto à sua qualidade e relevância antes de serem publicadas no KShop. Com o processo de revisão ainda lutando para acompanhar o ritmo acelerado das contribuições, ativos de qualidade duvidosa começaram a aparecer no KShop. Quando contribuições de qualidade questionável começaram a receber classificações de alta qualidade de colegas, o próprio esquema de classificação entrou em escrutínio.

Também começaram a surgir preocupações quanto aos possíveis impactos do esquema de KCU sobre os processos de conhecimento nos outros níveis da organização.

Uma dessas preocupações era o potencial do esquema de incentivo por KCUs destruir o espírito comunitário e a cultura de perguntas dentro da empresa. O que os funcionários costumavam dar gratuitamente uns aos outros agora estava sendo monetizado por meio do esquema de KCU. "Por que não ganhar algumas recompensas e reconhecimento por minhas contribuições de conhecimento, especialmente quando os outros estão fazendo isso? era a pergunta feita pelos funcionários que anteriormente haviam compartilhado conhecimento gratuitamente. Uma preocupação adicional era a possibilidade real que alguns grupos de prática e equipes de projetos, desapontados com o KShop, pudessem passar a construir e usar seus próprios repositórios locais em vez de contribuir para o portal central.

Ao perceber que o potencial do esquema de incentivo por KCUs comprometia o programa de KM em toda a empresa, o grupo de KM tomou diversas medidas. Em primeiro lugar, interveio para dissociar o compartilhamento de conhecimento dos incentivos econômicos que ameaçavam o espírito comunitário e a utilidade percebida do KShop. Especificamente, em abril de 2002, o grupo de KM modificou o esquema de incentivo por KCUs para enfatizar o reconhecimento e a visibilidade pessoal por contribuições de compartilhamento de conhecimento acima das recompensas monetárias. Ele formulou uma nova pontuação composta em KCUs que enfatizava a utilidade e os benefícios das contribuições para a Infosys conforme uma classificação não apenas de revisores voluntários ou colegas, mas também de usuários reais. Além disso, para aumentar a responsabilidade dos revisores e usuários que classificavam as contribuições para o KShop, o grupo de KM começou a exigir provas tangíveis para justificar classificações altas.

Por fim, o grupo de KM reduziu significativamente o número de KCUs dado por contribuições de comentário no KShop e aumentou o nível necessário para sacar os pontos de incentivo em KCUs para obter recompensas em dinheiro. O grupo de KM esperava que essas etapas mudassem a motivação para o compatilhamento de conhecimento, afastando-a das recompensas monetárias.

Um segundo conjunto de incentivos concentrou-se na melhoria de práticas de KM dentro de equipes de projeto e comunidades de prática.

A intensa pressão para a conclusão de projetos dentro de prazos rígidos reduziu os esforços de codificação de conhecimento nas equipes. Para tratar do problema, o grupo de KM modificou formulários e modelos de projeto para facilitar a extração de conhecimento usando ferramentas automatizadas. O grupo também implementou uma ferramenta de acompanhamento de projetos no KShop para registrar detalhes e *deliverables* relativos a cada projeto dentro da Infosys. O objetivo dessas iniciativas era permitir a codificação e extração de conhecimento mesmo enquanto as equipes realizavam suas tarefas rotineiras relacionadas a projetos.

Apesar dessas tentativas, a codificação de conhecimento seguiu variando entre equipes de projeto. Para tratar desse problema, o grupo de KM introduziu uma hierarquia de papéis para intermediar o compartilhamento de conhecimento entre equipes de projeto, comunidades de prática e a organização mais ampla.

Dentro de cada equipe de projetos, um membro voluntário seria designado como responsável de KM. Ele seria responsável por identificar e facilitar o suprimento das necessidades de conhecimento da equipe para cada projeto. O responsável de KM também garantiria que, depois da conclusão de cada projeto, a equipe codificasse e compartilhasse conhecimentos importantes obtidos durante o projeto com o restante da empresa. Na comunidade de prática e nos níveis organizacionais mais amplos, o grupo de KM criou o papel de promotores de conhecimento para liderar e facilitar o compartilhamento de conhecimento e sua reutilização em tecnologias e metodologias novas ou fundamentais. Além disso, o grupo estimulou os funcionários a compartilhar histórias no KShop com o objetivo de promover o compartilhamento generalizado de conhecimento e experiências tácitas individuais e de equipe.

Depois que o esquema de KCU modificado foi introduzido, aqueles que contribuíam para o KShop apenas para garantir recompensas monetárias reduziram sua participação. Por exemplo, nos dois trimestres logo depois da introdução do esquema de KCU modificado, o número de novos colaboradores por trimestre caiu em cerca de 37%, ao passo que o número de novos ativos de conhecimento enviados para o KShop por trimestre caiu em torno de 26%. Depois desse declínio inicial significativo, porém, o número de novos ativos de conhecimento enviados para o KShop lentamente se estabilizou e depois cresceu em um ritmo mais facilmente gerenciável. Por fim, os usuários do KShop relataram menores custos de pesquisa e aumento significativo na qualidade e utilidade dos ativos de conhecimento disponíveis através do portal.

Pensando no futuro, o grupo de KM estava confiante que os papéis de responsável de KM e promotor de conhecimento em grupos de projetos e comunidades de desenvolvimento gerariam resultados positivos. Um gerente que estava associado à iniciativa de KM desde o início refletiu sobre os desafios enfrentados no processo de implementação na Infosys:

> *Estamos percebendo que a gestão de conhecimento requer muito mais do que apenas tecnologia. Também temos que prestar atenção às facetas culturais e sociais da gestão de conhecimento. Temos que fazer campanhas e doutrinações contínuas, além de investir tempo e recursos no gerenciamento de conteúdo. A gestão de conhecimento inicialmente parece ser uma tarefa fácil. Mas é só tomar uma ação errada e se torna difícil convencer as pessoas a voltar.*

Fonte: Adaptado de Raghu Garud and Arun Kumaraswamy, "Vicious and Virtuous Circles in the Management of Knowledge: The Case of Infosys", MIS *Quarterly*, March 2005; e Julie Schlosser, "Infosys U.", *Fortune*, 20 de março de 2006.

QUESTÕES DO ESTUDO DE CASO

1. Por que o sistema de gestão de conhecimento da Infosys enfrentou desafios de implementação tão sérios? Argumente usando exemplos do caso.
2. Que etapas o grupo de KM da Infosys cumpriu para aumentar a participação no sistema de KM? Por que algumas dessas iniciativas foram contraproducentes? O grupo de KM respondeu com iniciativas de correção. Você acha que elas terão sucesso? Por quê?
3. Que iniciativas de gerenciamento de mudanças o grupo de KM deveria ter iniciado na Infosys antes de tentar desenvolver e implementar gestão do conhecimento na empresa? Defenda sua proposta dando atenção especial à citação final no caso de um antigo gerente de KM da Infosys.

ATIVIDADES DO MUNDO REAL

1. Pesquise a internet exemplos de implementações bem-sucedidas de sistemas de gestão do conhecimento. Que elementos foram fundamentais para o sucesso de empresas que adotaram o sistema de KM?
2. Se o gestão do conhecimento fosse ter sucesso em qualquer lugar, poderíamos pensar que seria um grande sucesso em uma empresa de TI progressiva com tanto sucesso como a Infosys. Forme pequenos grupos com seus colegas para discutir que gerenciamento de mudanças e outras estratégias e táticas de implementação você usaria para garantir uma iniciativa de KM bem-sucedida na Infosys, em uma das empresas que encontrou em sua pesquisa na internet ou em uma empresa de sua escolha.

MÓDULO V
Desafios gerenciais

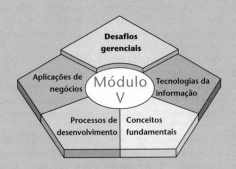

Quais são os desafios impostos pelas tecnologias de sistemas de informação aos profissionais corporativos? Os dois capítulos deste módulo destacam como os gerentes e os profissionais de negócios conseguem administrar o uso bem-sucedido das tecnologias da informação em uma economia globalizada.

- O **Capítulo 11**, "Desafios éticos e de segurança", discute as ameaças ao desempenho e à segurança dos sistemas de informação empresariais e às defesas necessárias, assim como as implicações éticas e os impactos sociais da tecnologia da informação.

- O **Capítulo 12**, "Gerenciamento global e na empresa da tecnologia da informação", concentra-se no impacto das aplicações empresariais da tecnologia da informação na administração e nas organizações, nos componentes do gerenciamento dos sistemas de informação e nas implicações gerenciais do uso da tecnologia da informação nos negócios globalizados.

CAPÍTULO 11
Desafios éticos e de segurança

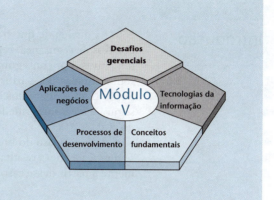

Destaques do capítulo

Seção I
Desafios éticos, sociais e de segurança da TI
Introdução
Responsabilidade ética dos profissionais de negócios
"Caso do mundo real 1": Ética, dilemas morais e decisões difíceis: os vários desafios de trabalhar com TI
Crime em informática
Questões de privacidade
O estado atual das leis cibernéticas
Outros desafios
Questões de saúde
Soluções sociais

Seção II
Gerenciamento da segurança da tecnologia da informação
Introdução
Ferramentas de gerenciamento de segurança
"Caso do mundo real 2": Raymond James Financial, BCD Travel, Houston Texans e outras: preocupando-se com o que sai, não com o que entra
Defesas de segurança interligadas na rede
Outras medidas de segurança
Controles de sistemas e auditorias
"Caso do mundo real 3": Fraude cibernética: os quatro principais criminosos cibernéticos, quem são e o que fazem

Objetivos de aprendizagem

1. Identificar vários temas éticos em como o uso das tecnologias da informação nos negócios afeta o emprego, a individualidade, as condições de trabalho, a privacidade, o crime, a saúde e as soluções para os problemas da sociedade.

2. Identificar os vários tipos de estratégias de gerenciamento de segurança e defesas, e explicar como podem ser usados para garantir a segurança das aplicações nos negócios da tecnologia da informação.

3. Propor diversas maneiras pelas quais os gerentes e profissionais de negócios podem ajudar a diminuir os efeitos nocivos e aumentar os efeitos benéficos do uso da tecnologia da informação.

Seção I — Desafios éticos, sociais e de segurança da TI

Introdução

Não há dúvida de que o uso da tecnologia da informação nos negócios apresenta grandes desafios de segurança, representa sérias questões éticas e afeta a sociedade de maneiras significativas. Por conseguinte, nesta seção exploraremos as ameaças aos negócios e indivíduos representadas por vários tipos de crimes em informática e comportamento antiético. Na Seção II, examinaremos uma variedade de métodos que as empresas usam para gerenciar a segurança e a integridade de seus sistemas empresariais. Vamos ver um exemplo do mundo real.

Leia o "Caso do mundo real 1" a seguir. Podemos aprender muito sobre questões de segurança e éticas resultantes do uso crescente de TI nas organizações e na sociedade atualmente a partir desse caso (ver Figura 11.1).

Ética, sociedade e segurança nos negócios

O uso das tecnologias da informação nos negócios tem causado enormes impactos na sociedade, e levantado várias questões éticas relacionadas a crime, privacidade, individualidade, emprego, saúde e condições de trabalho (ver Figura 11.2). É importante entender que a tecnologia da informação tem tido resultados benéficos e efeitos prejudiciais sobre a sociedade e as pessoas. Por exemplo, informatizar um processo de fabricação pode resultar em melhoria das condições de trabalho e produtos com alta qualidade por custo menor, mas também pode resultar em desemprego. Assim, seu desempenho como gerente ou profissional de negócios envolve a administração das atividades do seu trabalho e de outras pessoas para minimizar os efeitos prejudiciais das aplicações nos negócios da tecnologia da informação e otimizar os seus efeitos benéficos, o que representa um uso eticamente responsável da tecnologia da informação.

Responsabilidade ética dos profissionais de negócios

Como um profissional de negócios, você tem a responsabilidade de promover usos éticos da tecnologia da informação em seu local de trabalho. Tendo ou não responsabilidades gerenciais, você deve aceitar as responsabilidades éticas que vêm com as atividades do trabalho, o que inclui desempenhar adequadamente seu papel como recurso humano vital no sistema empresarial que você ajuda a desenvolver em sua organização. Como gerente ou profissional de negócios, será sua a responsabilidade de tomar as decisões a respeito das atividades dos negócios e do uso das tecnologias da informação, as quais podem ter uma dimensão ética que deve ser considerada.

Por exemplo, você deve monitorar eletronicamente as atividades de trabalho dos seus empregados e os *e-mails*? Deve permitir que seus empregados usem o computador de trabalho para coisas pessoais ou levarem para casa cópias de *software* para uso pessoal? Deve acessar eletronicamente os registros pessoais dos seus empregados ou suas estações de trabalho? Deve vender para outras companhias as informações sobre os clientes extraídas dos sistemas de processamento das transações? Esses são alguns exemplos de tipos de decisões que você precisará tomar com dimensões éticas. Dessa forma, vejamos atentamente vários **fundamentos éticos** nos negócios e na tecnologia da informação.

Ética nos negócios

A **ética nos negócios** está preocupada com as numerosas questões éticas que os gerentes devem enfrentar como parte de sua atividade diária de tomada de decisão de negócios. Por exemplo, a Figura 11.3 esboça algumas das categorias de temas éticos e práticas comerciais específicas que têm sérias consequências éticas. Note que os temas sobre direitos de propriedade intelectual, privacidade dos clientes e dos empregados, segurança dos registros da empresa e segurança do local de trabalho estão destacados, porque têm sido as principais áreas de controvérsia ética na tecnologia da informação.

Como os gerentes podem tomar decisões éticas quando confrontados com temas comerciais como os listados na Figura 11.3? Várias alternativas importantes baseadas em teorias da responsabilidade social corporativa podem ser usadas. Por exemplo, na ética nos negócios, a *teoria da parte interessada* diz que os gerentes são agentes da "parte interessada",

CASO DO MUNDO REAL 1
Ética, dilemas morais e decisões difíceis: os vários desafios de trabalhar com TI

O que Bryan encontrou no computador de um executivo, seis anos atrás ainda está martelando na sua cabeça. Ele ficou particularmente aborrecido porque o homem que ele flagrou usando um PC da empresa para ver fotos pornográficas de mulheres e crianças asiáticas acabou sendo promovido e transferido para a China para administrar uma fábrica: "Hoje em dia, lamento não ter levado o material ao FBI". O fato aconteceu quando Bryan, que pediu que seu sobrenome não fosse publicado, era diretor de TI da divisão norte-americana de uma empresa multinacional de US$ 500 milhões com sede na Alemanha.

A política de uso da internet da empresa, que Bryan ajudou a desenvolver com orientações da gerência sênior, proibia o uso dos computadores para acessar conteúdo pornográfico ou *sites* com conteúdo adulto. Um dos deveres de Bryan era usar produtos como o SurfControl PLC para monitorar a navegação na web dos funcionários e reportar violações à gerência.

Bryan sabia que o executivo, que estava em outro departamento e cujo cargo era um nível superior, era popular tanto na divisão dos Estados Unidos e quanto na matriz alemã. No entanto, quando as ferramentas encontraram dezenas de *sites* pornográficos visitados a partir do computador do executivo, Bryan seguiu a política. "É para isso que a política servia. Eu não ia ter problemas por segui-las", raciocinou ele.

O caso de Bryan é um bom exemplo dos dilemas éticos que os funcionários de TI enfrentam no trabalho. Esses funcionários têm acesso privilegiado à informação digital, tanto pessoal como profissional, em toda a empresa, e têm o conhecimento técnico para manipulá-la. Isso lhes dá o poder e a responsabilidade de monitorar e informar os funcionários que infringirem as regras da empresa. Profissionais de TI também podem descobrir evidências de que um colega de trabalho é, digamos, "desviador" de fundos, ou poderiam ser tentados a espiar informações salariais privadas ou *e-mails* pessoais. Há pouca orientação, no entanto, sobre o que fazer nessas situações desconfortáveis.

No caso do executivo que via pornografia, Bryan não teve problemas, tampouco o executivo, que veio com "uma explicação muito estranha", a qual foi aceita pela a empresa, segundo Bryan. Ele pensou em procurar o FBI, mas a bolha da internet tinha acabado de estourar, e era difícil encontrar emprego. "Foi uma escolha difícil", diz Bryan. "Mas eu tinha uma família para alimentar."

Talvez Bryan ficasse mais tranquilo ao saber que fez exatamente o que a advogada trabalhista Linn Hynds, sócia sênior da Honigman Miller Schwartz e Cohn LLP, teria aconselhado no caso: "Deixe a empresa lidar com o problema. Certifique-se de denunciar as violações à pessoa certa da sua empresa e mostrar-lhes as provas. Depois disso, deixe o assunto a cargo das pessoas que, supostamente, devem tomar a decisão". Idealmente, a política empresarial assume após o limite da lei, regendo a ética de trabalho para clarear as áreas cinzentas e tirar o julgamento pessoal da equação tanto quanto possível.

"Se você não definir a sua política e suas diretrizes, se não se certificar de que as pessoas sabem a respeito delas e as compreendem, você não estará em condições de responsabilizar os trabalhadores", diz John Reece, ex-CIO da Internal Revenue Service e da Time Warner Inc. Ter diretrizes éticas claras também tranquiliza os funcionários no caso de descobrirem que alguém que quebra a política é um amigo, alguém que se reporta diretamente a eles ou a um supervisor, disse Reece, que atualmente é chefe da consultoria da John C. Reece and Associates LLC. As organizações que têm políticas em vigor muitas vezes se concentram em áreas com problemas no passado ou enfatizam assuntos com os quais estão mais preocupados. Quando Reece estava na IRS, por exemplo, o maior destaque era a proteção da confidencialidade das informações do contribuinte.

No Departamento de Defesa dos Estados Unidos, as políticas geralmente enfatizam as regras de aquisição, observa Stephen Northcutt, presidente do Sans Technology Institut e autor do livro *IT Ethics Handbook: Right and Wrong for IT Professionals*. Ao aumentar a complexidade, uma organização que depende de trabalhadores altamente qualificados pode ser mais branda. Quando Northcutt trabalhou em segurança de TI no Naval Surface Warfare Center, na Virgínia, havia uma atmosfera rarefeita de Ph.Ds. altamente cobiçados. "Escutei muito claramente que, se deixasse um monte de doutores bastante infelizes, a ponto de abandonarem o emprego, a empresa não precisaria mais de mim", diz Northcutt.

É claro que isso não estava escrito em nenhum manual de política, de modo que Northcutt teve de ler nas entrelinhas. "A maneira como interpretei aqui foi: pornografia infantil, denuncie", diz ele. "Mas, se o matemático-chefe quiser baixar algumas fotos de meninas nuas, elas não iriam querer saber disso por mim."

Northcutt diz ter achado pornografia infantil em duas ocasiões e que ambos os acontecimentos resultaram em acusação. Quanto a outras fotos ofensivas que encontrou, Northcutt

Fonte: ©Cortesia de Punchstock.

FIGURA 11.1 A utilização generalizada das tecnologias da informação nas organizações e na sociedade faz que os indivíduos enfrentem novos desafios e dilemas éticos.

Continua →

disse a seus superiores que podia haver responsabilidade legal da empresa, citando uma decisão da Suprema Corte que constatou que imagens semelhantes em uma instalação militar indicavam uma atmosfera generalizada de assédio sexual. Isso foi decisivo. "Quando eles viram que a lei estava envolvida, ficaram mais dispostos a mudar a cultura e a política", diz Northcutt.

Quando as políticas não são claras, as decisões éticas são deixadas para o julgamento dos funcionários de TI, que varia de acordo com cada pessoa e circunstâncias particulares. Por exemplo, Gary, diretor de tecnologia em uma organização sem fins lucrativos do Centro-Oeste dos Estados Unidos, simplesmente disse não quando o CEO assistente quis usar uma lista de *e-mail* que um novo empregado havia roubado de seu ex-patrão. No entanto, Gary, que pediu que seu sobrenome não fosse citado, não impediu o chefe de instalar *software* não licenciado em PCs durante um curto período de tempo, embora ele próprio se recusasse a fazê-lo. "A questão é: o quanto isso realmente não faz mal a ninguém? Estávamos prestes a ter 99,5% de *software* compatível. Eu estava bem com isso." Ele disse que desinstalou o *software*, com a aprovação de seu chefe, logo que pôde, cerca de uma semana depois. Northcutt argumenta que a profissão de TI deve ter duas coisas que profissões como advogado e contador têm há anos: um código de ética e normas de conduta. Dessa forma, quando a política da empresa é inexistente ou pouco clara, os profissionais de TI contam com normas a seguir de qualquer modo.

Isso pode ser útil para Tim, um administrador de sistemas que trabalha em uma empresa agrícola da Fortune 500. Quando Tim, que pediu para não ter o sobrenome publicado, examinou uma planilha sem criptografia com informações salariais no PC de um gerente, ele a copiou. Não compartilhou a informação com ninguém ou a usou como vantagem. Foi um ato impulsivo, admite ele, que resultou da frustração com seu empregador: "Não fiz a cópia por razões nefastas, só fiz aquilo para provar que era possível".

As ações de Tim indicam uma tendência preocupante: os profissionais de TI estão justificando o próprio comportamento eticamente questionável. Esse caminho pode resultar em atividades criminosas, diz o investigador de fraudes Chuck Martell. "Começamos a ver alguns casos de cerca de sete ou oito anos atrás", diz Martell, diretor de serviços de investigação da Veritas Global LLC, uma empresa de segurança de Southfield, Michigan. "Agora estamos investigando uma incrível quantidade deles."

O presidente e CEO da Whole Foods Market, John Mackey, passou anos construindo uma reputação positiva como líder empresarial que não tinha medo de tomar posição sobre questões de ética. Antes de outras empresas perceberem que vale a pena ser amigo do ambiente, a Whole Foods estabeleceu um padrão para o tratamento humano de animais. Em 2006, Mackey deu o passo corajoso de reduzir seu próprio salário anual para um dólar, alocando dinheiro em um fundo de emergência para sua equipe. Sem receio de expressar suas opiniões, Mackey desafiou os principais pensadores, como vencedor do Nobel, Milton Friedman, em questões de ética empresarial. Como muitos líderes, Mackey parecia apreciar a exibição pública.

Em 20 de julho de 2007, no entanto, Mackey recebeu mais do que esperava em termos de publicidade. O *Wall Street Journal* informou que Mackey há muito tempo usava o pseudônimo "Rahodeb" para fazer postagens em fóruns do Yahoo Finance que elogiavam sua própria empresa e criticavam a concorrência. Graves repercussões financeiras e possivelmente legais continuam a se desdobrar a partir deste incidente, e as consequências finais ainda estão longe de ser conhecidas.

Em meio ao furor que se seguiu à divulgação de apelido secreto de Mackey no mundo virtual, é vital que não percamos de vista as questões críticas que o fato levanta sobre ética e liderança em um mundo de negócios em rápida evolução. Não há dúvida de que o atual clima tem levado muitas empresas a enfrentar as questões de ética.

Até agora, a "ética empresarial" é um processo reconhecido quando se fazem negócios, não apenas nos Estados Unidos, mas também, cada vez mais, em todo o mundo. As pessoas já não fazem piadas que dizem que "a ética empresarial é um oxímoro", uma vez que a sociedade não deve apenas esperar mas exigir que as empresas se comportem de acordo com regras básicas de ética e integridade. As empresas terão sempre de prestar atenção à ética e à liderança, mas essas lições são continuamente desafiadas por novos desenvolvimentos, incluindo os avanços tecnológicos que promovam novas formas de comunicação *on-line*. Os líderes empresariais não podem ignorar esses desafios, pois mesmo um único passo em falso pode ser suficiente para desfazer uma reputação de liderança ética.

Fonte: Adaptado de Tam Harbert, "Ethics in IT: Dark Secrets, Ugly Truths – and Little Guidance", *Computerworld*, 29 de outubro de 2007; e David Schmidt, "What Is the Moral Responsibility of a Business Leader?", *CIO Magazine*, 12 de setembro de 2007.

QUESTÕES DO ESTUDO DE CASO

1. As empresas estão desenvolvendo políticas e diretrizes éticas por razões legais, mas também para mostrar o que é ou não aceitável. Você acha que qualquer uma das questões levantadas no processo exigia esclarecimentos? Você faria uma exceção a alguma das questões classificadas como comportamento inadequado? Por que essas coisas acontecem?
2. No primeiro exemplo (o de Bryan), é evidente que ele não acreditava que a justiça foi finalmente feita pela decisão tomada por sua empresa. Ele deveria ter levado o problema às autoridades? Ou o seu relato do problema pelos canais apropriados para que a organização lidasse com aquilo foi suficiente, conforme a recomendação de Linn Hynds? Explique a posição que você estaria disposto a assumir sobre esse assunto.
3. No caso, Gary escolheu não impedir seu chefe de instalar *software* não licenciado, embora ele próprio se recusasse a fazê-lo. Se instalar *software* não licenciado é errado, existe alguma diferença entre se recusar a fazê-lo e deixar de impedir alguém de fazer isso? Você acredita no argumento de Gary, de que aquela prática não estava realmente fazendo mal a alguém? Por quê?

ATIVIDADES DO MUNDO REAL

1. Faça uma pesquisa na internet para acompanhar a história de John Mackey e procure outros exemplos de comportamentos questionáveis em que a TI desempenha um papel importante. Aqueles que figuram no caso são exceções, ou essas ocorrências estão se tornando cada vez mais comuns? Como as organizações estão lidando com essas questões? Que tipo de respostas você encontrou? Prepare um relatório para mostrar suas descobertas.
2. O caso apresenta muitos exemplos do que é, sem dúvida, o comportamento antiético, como pornografia infantil, acesso a conteúdo adulto por meio de equipamentos de propriedade da empresa, instalação de *software* sem licença, e assim por diante. Algumas dessas práticas são "mais erradas" do que outras? Há alguma que você não consideraria problemática? Divida a turma em pequenos grupos para discutir essas questões e faça uma lista de outros problemas éticos que envolvem a TI e que não foram mencionados no caso.

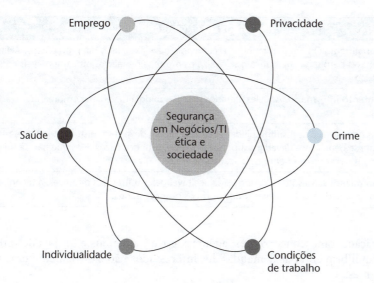

FIGURA 11.2 Os aspectos importantes da segurança e as dimensões éticas e sociais do uso de tecnologia da informação nos negócios. Lembre-se de que as tecnologias da informação podem apoiar efeitos tanto benéficos como maléficos na sociedade em cada uma das áreas mostradas.

e sua única responsabilidade ética é aumentar os lucros dos negócios sem violar a lei ou se engajar em práticas fraudulentas.

Entretanto, a *teoria do contrato social* afirma que as companhias têm responsabilidades éticas com todos os membros da sociedade, a qual permite que as corporações existam baseadas em um contrato social. A primeira condição do contrato requer que as empresas aumentem a satisfação econômica de clientes e empregados, e devem fazer isso sem poluir o ambiente, sem esgotar os recursos naturais, sem usar impropriamente o poder político e sem sujeitar seus empregados a condições de trabalho desumanas. A segunda condição exige que as empresas evitem práticas fraudulentas, mostrem respeito por seus empregados como seres humanos e evitem as práticas que sistematicamente pioram a posição de qualquer grupo na sociedade.

A *teoria das partes interessadas* da ética nos negócios sustenta que os gerentes têm uma responsabilidade ética para administrar a empresa em benefício de todos os seus interessados, ou seja, todos os indivíduos e grupos que nela investem, ou por ela reivindicam. Isso normalmente inclui investidores, empregados, clientes, fornecedores e comunidade local. Às vezes, o termo é ampliado para incluir todos os grupos que podem afetar a ou ser afetados

Patrimônio	Direitos	Honestidade	Exercício da força corporativa
Salários dos executivos Valor comparável Cálculo de preço de produto **Direitos de propriedade intelectual** Acordos de não concorrência	Processo legal corporativo Verificação da saúde do empregado **Privacidade do cliente** **Privacidade do empregado** Assédio sexual Ação afirmativa Oportunidade igual de emprego Interesses dos acionistas Emprego futuro Denúncias	Conflito de interesses dos empregados **Segurança da informação da empresa** Brindes inadequados Questões publicitárias Questões de contratos Procedimentos administrativos de caixa e finanças Práticas duvidosas de negócios em outros países	Segurança do produto Questões ambientais Desinvestimento Contribuições corporativas Questões sociais levantadas por organizações religiosas Fechamento de fábricas/instalações e *downsizing* Comitês de ações políticas **Segurança do local de trabalho**

FIGURA 11.3 As categorias básicas das questões éticas nos negócios. A tecnologia da informação causou controvérsias éticas nas áreas do direito da propriedade intelectual, da privacidade de empregados e clientes, da segurança da informação da empresa e da segurança do local de trabalho.

FIGURA 11.4 Princípios éticos para ajudar a avaliar os danos ou riscos potenciais do uso de novas tecnologias.

Princípios da ética tecnológica
• **Proporcionalidade.** O bem realizado pela tecnologia deve exceder o dano ou o risco. Além disso, não deve haver nenhuma alternativa que realize os mesmos benefícios ou comparáveis com menos dano ou risco.
• **Consentimento informado.** Aqueles afetados pela tecnologia deveriam compreender e aceitar os riscos.
• **Justiça.** Os benefícios e as responsabilidades da tecnologia devem ser distribuídos corretamente. Aqueles que se beneficiam deveriam suportar a divisão justa dos riscos, e os que não se beneficiam não deveriam sofrer um aumento significativo no risco.
• **Riscos minimizados.** Mesmo se considerada aceitável pelas outras três diretrizes, a tecnologia deve ser implementada de modo a evitar todos os riscos desnecessários.

pela corporação, como concorrentes, agências governamentais e grupos de interesses especiais. O equilíbrio entre as demandas dos interessados não é obviamente uma tarefa fácil para os gerentes.

Ética tecnológica

Outra dimensão ética importante lida especificamente com a ética do uso de qualquer forma de tecnologia. Por exemplo, a Figura 11.4 mostra quatro princípios da ética tecnológica. Esses princípios podem servir como requisitos básicos de ética aos quais as empresas deveriam atender para ajudar a garantir a implementação ética das tecnologias e dos sistemas de informação nos negócios.

Um exemplo comum da ética tecnológica envolve alguns riscos de saúde nos cargos que usam o computador no trabalho por períodos longos e aqueles que digitam grandes volumes de dados. Muitas organizações mostram o comportamento ético determinando intervalos durante o período de trabalho e limitando a exposição dos funcionários que inserem os dados aos monitores de vídeo para minimizar seus riscos de desenvolverem uma variedade de problemas de saúde, como as doenças nos olhos e nas mãos. O impacto da tecnologia da informação na saúde é discutido adiante neste capítulo.

Diretrizes éticas

Traçamos alguns princípios éticos que podem servir como base para a conduta ética por parte de gerentes, usuários finais e profissionais de SI. Mas quais diretrizes mais específicas podem ajudar o uso ético da tecnologia da informação? Muitas companhias e organizações respondem a essa pergunta hoje com políticas detalhadas para o uso ético dos computadores e da internet por parte dos seus empregados. Por exemplo, muitas políticas especificam que as estações de trabalho informatizadas e as redes são recursos da companhia que devem ser utilizados apenas para fins de trabalho, seja a rede interna ou a internet.

Outra maneira de responder à questão é examinar as afirmações de responsabilidade contidas nos códigos de conduta profissional dos profissionais de SI. Um exemplo é o código da Association of Information Technology Professionals (AITP), uma organização norte-americana de profissionais da área da informática. Seu código de conduta traça as considerações éticas aqui apresentadas nas principais responsabilidades de um profissional de SI. A Figura 11.5 é uma parte do código de ética da AITP.

Os profissionais de negócios e SI devem pautar-se pelas suas responsabilidades éticas voluntariamente seguindo tais diretrizes. Por exemplo, você pode ser um **profissional responsável** quando (1) age com integridade, (2) desenvolve sua capacidade profissional, (3) estabelece altos padrões de desempenho profissional, (4) aceita a responsabilidade pelo seu trabalho e (5) promove a saúde, a privacidade e o bem-estar geral do público. Dessa forma, você demonstra conduta ética, evita o crime em informática, e aumenta a segurança de qualquer sistema de informação que desenvolva ou use.

FIGURA 11.5 Parte dos padrões de conduta profissional da AITP. Esse código pode servir como um modelo para a conduta ética de empresas, e usuários finais e profissionais de SI.

Padrões de conduta profissional de AITP
Em reconhecimento de minha obrigação com meu empregador:
• Evitarei conflitos de interesse e garantirei que meu empregador tenha conhecimento de qualquer conflito potencial.
• Protegerei a privacidade e a confidencialidade de toda informação confiada a mim.
• Não deturparei nem reterei informação que seja relevante à situação.
• Não tentarei usar os recursos de meu empregador para ganho pessoal ou para qualquer propósito sem a devida aprovação.
• Não explorarei a fragilidade de um sistema de computador para ganho ou satisfação pessoais.
Em reconhecimento de minha obrigação para com a sociedade:
• Usarei meu talento e conhecimento para informar o público em qualquer área de minha competência.
• Para o melhor da minha capacidade, garantirei que os produtos do meu trabalho sejam usados de maneira socialmente responsável.
• Apoiarei, respeitarei e cumprirei as leis locais, estaduais, municipais e federais.
• Jamais deturparei ou reterei informação que seja relevante ao problema ou à situação de ordem pública, nem permitirei que qualquer informação conhecida permaneça sem questionamento.
• Não usarei o conhecimento de uma natureza confidencial ou pessoal de maneira não autorizada para obter ganho pessoal.

Fonte: 2007 PricewaterhouseCoopers Global Security Survey.

Enron Corporation: falha na ética nos negócios

Muito já foi comentado sobre a conduta ética da organização que se definiu como "a melhor companhia do mundo". Para dizer a verdade, apesar de todo o uso deslumbrante da tecnologia da internet, muitas coisas que a Enron fez não foram tão excepcionais: pagar insanamente grandes bonificações a executivos, por exemplo, muitas vezes na forma de preferência de subscrição de ações (essa prática não só ocultou valores de remuneração verdadeiros, mas também estimulou gerentes a manter alto o preço das ações por qualquer meio necessário); prometer crescimento anormal, ano após ano, e fazer previsões absurdamente confiantes sobre cada novo mercado em que entrou, sem testes; quase nunca admitir uma fraqueza ao mundo exterior e mostrar pouco interesse pelas questões ou dúvidas levantadas sobre suas próprias classificações e práticas contábeis nos negócios duvidosos, antiéticos e até ilegais.

A credibilidade é arduamente conquistada nos negócios. Você a conquista lentamente, conduzindo-se com integridade ano após ano ou mostrando liderança excepcional em circunstâncias excepcionais, como no 11 de Setembro de 2001. O modo mais seguro de perdê-la, exceto por ser pego em uma mentira cabal, é prometer muito e entregar pouco. Essas, pelo menos, são duas conclusões sugeridas por uma pesquisa exclusiva de executivos conduzida por Clark, Martire & Bartolomeo para o *Business 2.0*.

Os executivos classificaram o CEO da Enron, Ken Lay, como o menos confiável nos resultados da pesquisa. Talvez tenha algo a ver com afirmações como estas:

- "Nosso desempenho nunca foi tão forte; nosso modelo de negócio nunca foi mais robusto; nosso crescimento nunca foi mais certo [...]. Jamais me senti melhor a respeito das perspectivas da companhia" (*e-mail* para os empregados em 14 de agosto de 2001).
- "A empresa está provavelmente mais forte e na melhor forma que jamais esteve" (Entrevista à *BusinessWeek*, 24 de agosto de 2001).
- "Nosso crescimento de 26% nos lucros mostra os resultados muito fortes do nosso núcleo de negócios de atacado e varejo de energia e de gasoduto de gás natural." (Press release, 16 de outubro de 2001).

Porém, três semanas mais tarde, a Enron admitiu que havia exagerado a respeito de seus ganhos na casa dos US$ 586 milhões desde 1997. A empresa também revelou uma perda atordoante de US$ 638 milhões e em seguida assinou o pedido de falência.

Dick Hudson, antigo CIO da empresa de perfuração de poços de petróleo Global Marine Inc., com sede em Houston, e atual presidente da Hudson & Associates, uma empresa de consultoria de TI em Katy, Texas, acha que a Enron começou com uma boa estratégia de negócio, e que se não houvesse forçado, teria sido uma empresa Fortune 1000. Entretanto, sua referência estava nas empresas Fortune 10 e assim entrou em mercados como banda larga, o que é um osso duro de roer até para os líderes do setor. "Esses mocinhos em Houston tinham de andar com grandões", disse Hudson. "São um caso de ganância e má administração."

Em 25 de maio de 2006, Kenneth Lay foi considerado culpado de seis acusações de fraude de títulos e fraude eletrônica e sentenciado a um total de 45 anos de prisão. Lay faleceu em 5 de julho de 2006, antes de a sentença ser aprovada. Seu protegido, Jeffrey K. Skilling, foi considerado culpado por 19 de 28 acusações e condenado a 24 anos de prisão. Andrew S. Fastow, ex-diretor financeiro, foi condenado a seis anos de prisão por sua participação na conspiração que levou ao colapso da Enron. Seu ex-assistente, Michael Kopper, recebeu uma sentença reduzida de 37 meses por cooperar com a investigação.

Fonte: Adaptado de Melissa Solomon and Michael Meehan. "Enron Lesson: Tech Is for Support". *Computerworld*, 18 de fevereiro de 2002.

Crime em informática

O crime cibernético está se tornando um grande negócio da internet. Hoje, os criminosos estão fazendo tudo, de furtar a propriedade intelectual e cometer fraudes até lançar vírus e cometer atos de terrorismo cibernético.

O crime em informática, uma ameaça crescente para a sociedade, é causado por ações criminosas ou irresponsáveis de indivíduos que estão tirando vantagem do uso abrangente e da vulnerabilidade de computadores, da internet e de outras redes. Ele representa o maior desafio da ética de uso das tecnologias da informação, constitui sérias ameaças para a integridade, a segurança e a sobrevivência de sistemas empresariais, e, assim, torna o desenvolvimento de métodos de segurança eficazes alta prioridade (ver Figura 11.6).

O **crime em informática** é definido pela AITP como (1) uso e acesso não autorizados, modificação e destruição de *hardware*, *software*, dados ou recursos de rede; (2) liberação não autorizada de informação; (3) cópia não autorizada de *software*; (4) negar a um usuário final o acesso ao seu próprio *hardware*, *software*, dados ou recursos de rede; e (5) usar o computador ou recursos de rede para ilegalmente obter informação ou propriedade tangível. Essa definição foi

FIGURA 11.6 Como as grandes companhias estão se protegendo do crime cibernético.

Tecnologias de segurança usadas	Gerenciamento da segurança
Antivírus 99%	• A segurança é cerca de 6% a 8% do orçamento de TI nos países desenvolvidos.
Redes privadas virtuais 91%	• Atualmente 74% das empresas têm ou planejam estabelecer, nos próximos dois anos, o cargo de gerente de segurança ou de informação.
Sistemas de detecção de invasores 88%	
Backup de dados 82%	• 40% das empresas têm um gerente de privacidade e outras 6% pretendem indicar um nos próximos dois anos.
Teste anual de plano de segurança 48%	
Auditoria de conformidade de plano de segurança 27%	• 44% das empresas tomaram conhecimento de que seus sistemas foram infectados de alguma forma no último ano.
Biometria 19%	• 37% das empresas, têm seguro contra os riscos cibernéticos e outras 5% pretendem adquirir tal cobertura.

Fonte: 2007 PricewaterhouseCoopers Global Security Survey.

A cruzada *on-line* contra o *phishing*

Até poucos anos atrás, Gary Warner não tinha o tipo de trabalho rotineiro que você esperaria de um cruzado *anti-phishing*. Ele não trabalhava para um fornecedor de segurança ou um banco, ou qualquer tipo de empresa que eventualmente se preocuparia com *phishing*. A carreira de Warner como ciberdetetive começou no Halloween do ano 2000. Foi nessa época que o site de sua empresa acabou sendo desfigurado por uma entidade chamada Pimpshiz, como parte de uma campanha de pichação em favor do Napster na internet.

"Meu chefe veio até mim e disse: 'Descubra quem fez isso e mande o sujeito para a cadeia', disse Warner, que era, na época, funcionário de TI da Energen, em Birmingham, a empresa de petróleo e gás do Alabama. Foi uma experiência reveladora. "Chamei a polícia e eles reagiram como se dissessem: 'O que você quer que façamos?'", conta Warner. Meses depois, quando o Pimpshiz atingiu os servidores da Nasa, Warner entrou em contato com o pessoal da agência: "Ei, sabemos quem é esse cara e temos o nome e endereço dele".

Desde então, a Warner discretamente se tornou uma das mais respeitadas autoridades sobre *phishing* nos Estados Unidos, o tipo de cara que os agentes federais e o pessoal de TI do sistema bancário chamam quando querem saber como pegar os caras maus e acabar com seus roubos de cartão de crédito em *sites*.

Com a ajuda da Warner, as autoridades finalmente prenderam Pimpshiz, cujo nome verdadeiro é Robert Lyttle, por conexão com a invasões.

Warner disse que o caso Pimpshiz foi um aprendizado, ressaltando o quanto é difícil para a justiça pegar os bandidos da internet. "A experiência me mostrou que não é que eles não se importem", disse Warner. "Suas mãos estão atadas pelo processo legal."

Em julho de 2007, com recomendações de agentes do FBI e do Serviço Secreto, Warner começou a trabalhar como diretor de pesquisa em computação forense na Universidade do Alabama, em Birmingham (UAB). Ele também começou a trabalhar com a justiça não só ensinando agentes do FBI e do Serviço Secreto sobre a forma como os crimes eram cometidos, mas também ajudando a rastrear os criminosos e no desmanche de esquemas ilícitos.

Para Warner, o trabalho não é exatamente um emprego, pois trata-se de sua responsabilidade moral como cientista da computação: "Uma coisa que realmente me incomodou desde o início era quem estava usando minha área para atacar outras pessoas. Do modo como entendo as coisas, esta é nossa internet. Vou ocupar meu espaço e proteger o que é meu".

Warner agora está se concentrando no combate ao crime cibernético em tempo integral e na formação de uma nova geração de investigadores forenses de rede.

"Você não acreditaria na expressão seus olhos na primeira vez que recebem um *e-mail* de resposta de um webmaster, dizendo 'Obrigado por avisar. Acabei de encerrar o processo." Cinco dias depois dos exames finais na Universidade do Alabama, em Birmingham – e embora aquilo não tivesse efeito sobre as suas notas –, quatro estudantes ainda estavam frequentando o laboratório para ajudar a acabar com golpistas.

"A ideia de que, como um cidadão comum, você pode ajudar é o tipo de coisa que estamos tentando inspirar", diz ele.

Fonte: Adaptado de Robert McMillan. "Crime and Punishment: The White Knight of Phish-Busting". *Computerworld*, 31 de dezembro de 2007.

promovida pela AITP em uma Lei Modelo para o Crime em Informática e refletiu em muitas leis sobre o tema.

> *Os ladrões cibernéticos têm, nas pontas dos dedos, uma dúzia de instrumentos perigosos, "de scans" que descobrem a fraqueza em programas de software de sites da web a "farejadores" que capturam senhas.*

Hacking e cracking

Hacking, na linguagem da computação, é o uso obsessivo de computadores ou acesso e uso não autorizados de sistemas de computadores de redes. Os *hackers* podem ser externos ou empregados da empresa que usam a internet e outras redes para furtar ou danificar dados e programas. Um dos temas a respeito de *hacking* é o que fazer com o *hacker* que comete apenas *arrombamento e invasão eletrônicos*, ou seja, obtém acesso ao sistema de computador, lê alguns arquivos, mas nada furta nem danifica coisa alguma. Essa situação é comum nos casos de crime em informática

FIGURA 11.7 Exemplos de táticas comuns utilizadas pelos *hackers* para assaltar as companhias pela internet e outras redes.

Táticas comuns dos *hackers*

Negativas de serviços. Isso está se tornando uma travessura comum na rede. Ao bombardear na rede o equipamento de um site da web com vários pedidos de informação, o atacante pode sobrecarregar efetivamente o sistema, reduzir a velocidade ou até derrubar o site. Esse método de sobrecarregar computadores usado para encobrir um ataque.

Scans. Investigações profundas na internet para determinar os tipos de computadores, serviços e conexões em uso. Dessa forma, os "bandidos" podem tirar proveito da fraqueza em determinada marca de programa ou computador.

Farejadores. Programas que ocultamente pesquisam pacotes individuais de dados quando passam pela internet, capturando senhas ou conteúdos inteiros.

Spoofing. Falsificar endereço de um *e-mail* ou página web para ludibriar os usuários para passar adiante informações importantes, como senhas ou números de cartão de crédito.

Cavalo de Troia. Um programa desconhecido ao usuário, que contém instruções que exploram uma vulnerabilidade conhecida em algum *software*.

Back Doors. Quando a porta de entrada é descoberta, usam caminhos ocultos de apoio (porta dos fundos) para tornarem a reentrada fácil – e difícil para detectar.

Applets nocivos. Programas muito pequenos, às vezes escritos na popular linguagem Java de computador, abusam dos recursos do seu computador, modificam arquivos no disco rígido, enviam *e-mail* falso ou roubam senhas.

Discagem de guerra. Programas que discam automaticamente milhares de números telefônicos em busca de um caminho de entrada por uma conexão de modem.

Bombas lógicas. Uma instrução em um programa de computador que dispara o gatilho para uma ação prejudicial.

Buffer Overflow. Uma técnica para danificar ou obter controle de um computador enviando informação em demasia para o *buffer* de memória.

Password Crackers (Quebrando senhas). *Software* que consegue descobrir senhas.

Engenharia social. Uma tática usada para obter acesso a sistemas de computadores conversando insuspeitamente com funcionários de uma companhia e obtendo informações valiosas, como senhas.

Mergulho no lixo. Examinar minuciosamente o lixo de uma companhia para encontrar informações para ajudar a invadir os seus computadores. Às vezes, as informações são usadas em um golpe de engenharia social mais crível.

---

que são levados a juízo. Em muitos casos, o júri considerou que as penalidades de crime típico proibindo o acesso prejudicial a um sistema de computador realmente devem ser aplicadas a qualquer um que obtenha acesso não autorizado a uma rede de computador (ver Figura 11.7).

Os *hackers* podem monitorar *e-mail*, acesso a servidores web ou transferência de arquivos para extrair senhas ou furtar arquivos de rede, ou plantar dados que farão que o sistema dê as boas-vindas aos intrusos. Um *hacker* pode também usar serviços remotos que permitem a um computador, em determinada rede, executar programas em outro computador para ganhar acesso privilegiado dentro de uma rede. A Telnet, uma ferramenta da internet para uso interativo de computadores remotos, pode ajudar os *hackers* a descobrir informações para planejar outros ataques. Os *hackers* já usaram a Telnet para acessar a porta de *e-mail* de computadores, por exemplo, para monitorar as mensagens de *e-mail* em busca de senhas e outras informações sobre contas de usuários privilegiados e recursos de rede. Esses são apenas alguns exemplos de tipos de crimes em informática que os *hackers* costumam cometer na internet com regularidade. É por isso que medidas de segurança, como criptografia e *firewalls*, discutidos na próxima seção, são tão vitais para o sucesso do comércio eletrônico (*e-commerce*) e outras aplicações de negócio eletrônico.

A comunidade *hacker* faz prontamente a distinção entre *hackers* e crackers. Um cracker (também chamado de *black hat* ou *darkside hacker*) é um *hacker* mal-intencionado ou criminoso. Esse termo raramente é usado fora do setor de segurança e por alguns programadores modernos. O público em geral usa o termo *hacker* para se referir à mesma coisa. No jargão da informática, o significado de *hacker* pode ser muito mais amplo. O nome vem do oposto dos *hackers* de tipo *white hat*.

Normalmente, um cracker é uma pessoa que mantém o conhecimento das vulnerabilidades que encontra e os explora em proveito próprio, sem revelá-las para o público em geral ou para o fabricante para correção. Muitos crackers promovem a liberdade individual e a acessibilidade em detrimento da privacidade e da segurança. Os crackers podem procurar aumentar as vulnerabilidades de sistemas, e eventuais tentativas de modificação de *software* são geralmente executadas para impedir que outros também comprometam um sistema cujo controle seguro já tenha sido obtido. Nos casos mais extremos, um cracker pode causar danos maliciosamente ou fazer ameaças com fins de chantagem.

O termo *cracker* foi cunhado por Richard Stallman para oferecer uma alternativa ao uso abusivo da palavra *hacker* já existente para esse significado. O uso desse termo é limitado (como acontece com *black hat*) principalmente a algumas áreas do setor de informática e de segurança e, mesmo aí, é considerado polêmico. Um grupo que se refere a si próprio como *hackers* consiste de entusiastas experts em computação. O outro – e mais comum – uso se refere a pessoas que tentam obter acesso não autorizado a sistemas de computador. Muitos membros do primeiro grupo tentam convencer as pessoas que intrusos devem ser chamados crackers, e não *hackers*, mas o uso comum permanece generalizado.

Muitos crimes em informática implicam o furto de dinheiro. Na maioria dos casos, são executados "dentro do trabalho" e envolvem a entrada não autorizada à rede e alteração fraudulenta dos bancos de dados do computador para encobrir as pistas dos empregados envolvidos. É claro que muitos crimes em informática envolvem o uso da internet. Um exemplo antigo foi o furto de U$ 11 milhões do Citibank em 1994. Vladimir Levin, um *hacker* russo, e seus cúmplices em São Petersburgo utilizaram a internet para arrombar eletronicamente os sistemas do computador central do Citibank em Nova York. Eles obtiveram êxito na transferência de fundos de contas de diversas agências do Citibank para suas próprias contas em bancos na Finlândia, em Israel e na Califórnia.

Roubo cibernético

Na maioria dos casos, a dimensão de tais perdas financeiras é muito maior do que os incidentes relatados. Muitas companhias não revelam que têm sido alvos ou vítimas de crime em informática, pois temem espantar os clientes e provocar reclamações dos acionistas. De fato, vários bancos britânicos pagaram aos *hackers* mais de meio milhão de dólares para não revelarem informações a respeito dos arrombamentos eletrônicos.

Ciberterrorismo é o uso de computadores e informações de uma organização ou governo, nomeadamente pela internet, para causar danos físicos reais ou graves perturbações à infraestrutura. Alguns argumentam que o ciberterrorismo é, na verdade, uma forma de pirataria ou de guerra de informação. Essas pessoas discordam do rótulo de "terrorismo" por causa da impossibilidade da criação de medo, danos físicos significativos ou morte em uma população por intermédio de meios eletrônicos, considerando os ataques atuais e as tecnologias de proteção.

Ciberterrorismo

A Conferência Nacional de Legislaturas Estaduais (*National Conference of State Legislatures* – NCSL) tem uma definição bem mais precisa sobre o termo:

> *o uso da tecnologia da informação por grupos terroristas e pessoas para promover sua agenda. Isso pode incluir o uso da tecnologia da informação para organizar e executar ataques contra redes, sistemas de computador e infraestruturas de telecomunicações, ou para troca de informações ou ameaças por via eletrônica.*

O ciberterrorismo pode ter uma séria influência em grande escala sobre um número significativo de pessoas, o que isso pode enfraquecer significativamente a economia do país, negando, assim, o acesso a recursos vitais e tornando-o mais vulnerável a ataques militares. O ciberterror também pode afetar os negócios baseados na internet. Como varejistas e provedores de serviços comuns, a maioria dos *sites* que geram renda (seja por publicidade, permuta ou serviços pagos) poderia perder dinheiro no caso de inatividade criada por criminosos cibernéticos. Como as empresas de internet têm cada vez mais importância econômica para os países, o crime cibernético comum torna-se cada vez mais político e, portanto, relacionado ao "terror".

Até hoje não houve ataques cibernéticos relatado nos Estados Unidos. Aconteceram, contudo, vários exemplos em grande escala de ciberterrorismo em outros países. Um desses exemplos aconteceu na Romênia, quando ciberterroristas ilegalmente tiveram acesso aos computadores que controlam os sistemas de suporte de vida de uma estação de exploração na Antártica, comprometendo os 58 cientistas envolvidos. No entanto, os culpados foram impedidos de continuar antes que algum dano realmente ocorresse. Principalmente os atos de sabotagem sem teor político causaram danos financeiros e de outros tipos, como no caso de um funcionário insatisfeito responsável pelo lançamento de esgoto sem tratamento na água em Maroochy Shire, na Austrália.

Alguns vírus de computador têm causado problemas ou desligamento de alguns sistemas não essenciais de usinas nucleares, mas não há indícios de que isso tenha sido um ataque deliberado.

Mais recentemente, em maio de 2007, a Estônia foi alvo de um ataque cibernético em massa após a remoção de um memorial russo da Segunda Guerra Mundial do centro da cidade de Talinn. Tratava-se de um ataque distribuído de negação de serviços, em que *sites* selecionados foram bombardeados com tráfego a fim de forçar seu desligamento. Quase todas as redes dos ministérios da Estônia, bem como duas grandes redes de bancos do país, foram derrubadas. Além disso, a web do partido político do atual primeiro-ministro, Andrus Ansip, apresentou uma carta falsa de pedido de desculpas do Ansip pela remoção da estátua do memorial. Apesar de especulações de que o ataque tenha sido coordenado pelo governo russo, o ministro de Defesa da Estônia admitiu que não havia nenhuma prova ligando os ataques cibernéticos a autoridades russas. A Rússia disse que as acusações de seu envolvimento eram "infundadas", e a Otan e os peritos da Comissão Europeia não foram capazes de encontrar qualquer prova da participação oficial do governo daquele país. Em janeiro de 2008, um cidadão estoniano foi condenado e multado por atacar o site do Partido Reformista da Estônia.

Saindo do emprego? Não leve nada com você

Funcionários que assinam acordos de não concorrência quando contratados e, em seguida, quebram-no quando abandonam o trabalho e juntam-se a um concorrente podem precisar de um pouco de cautela extra. Ex-empregadores podem usar a Computer Fraud and Abuse Act (Lei de Abuso e Fraude de Computadores) para perseguir suspeitos de roubo de propriedade intelectual da empresa. A lei, concebida para proteger computadores do governo e punir *hackers*, foi alterada e agora se aplica a qualquer computador conectado à internet, diz Gregory Trimarche, sócio no influente escritório de advocacia e *lobby* Greenberg Traurig.

Os dados sigilosos podem variar, desde listas de contato detalhadas de clientes funcionários, até material de *marketing* interno. Trimarche considera propriedade intelectual e segredos comerciais a informação que gera "valor econômico independente" que não é normalmente "reconhecido ou disponível ao público em geral ou aos concorrentes". O *know-how* ou o talento de um funcionário não se enquadram nessa categoria, mas a lista de telefones com extensões da empresa pode se encaixar na descrição.

O trabalho de Sergio Kopelev é recolher as provas. De acordo com Kopelev, um especialista em computação forense da LECG, que fornece depoimentos, análises e consultorias independentes para resolver disputas, segundo "70% das pessoas roubam informações importantes do trabalho". Ao examinarem os metadados, os empregadores podem determinar quando um documento foi impresso. "É possível proteger os metadados do arquivo clicando em arquivos do Microsoft Windows e examinando a guia 'propriedades', por exemplo", diz ele. "Você também pode dizer quando os documentos são copiados para um dispositivo ou unidade flash. Quando você examina uma unidade do ponto de vista forense, pode perceber se alguém copiou os documentos para um pen drive".

Há os metadados do sistema operacional, os metadados dependentes do *software*, alguns recolhidos pela máquina e outros pelo usuário. "Os itens mais furtados incluem *e-mails*, agendas de endereços e listas de contatos e bases de dados do cliente", observa Kopelev.

Além de levarem o ex-empregado à justiça, qual é o recurso para as empresas cujos executivos as abandonam para trabalhar em um concorrente? Empregadores vingativos podem começar tomando de volta as opções de compras de ações. Segundo John Giovannone, advogado corporativo e sócio da Greenberg Traurig, há uma tendência crescente para incluir uma "cláusula de reembolso", dando ao empregadores o direito de retomar as opções de compra de ações sob determinadas circunstâncias ou fazer o trabalhador pagar a diferença entre o preço da opção exercido e o preço do mercado de ações.

Advogados em Greenberg Traurig "rotineiramente" incluem a Computer Fraud and Abuse Act em ações judiciais movidas contra ex-empregados que abandonam o barco e vão para um concorrente, diz Trimarche. Nos últimos anos, ele usou esse estatuto algumas vezes: "É uma ferramenta nova e só agora está sendo usada com frequência. Quando você tem um novo estatuto que lhe dá uma ferramenta poderosa, leva tempo para que a comunidade jurídica, incluindo juízes, possa se sentir confortável com isso".

Fonte: Adaptado de Laurie Sullivan. "Companies Urged to Prosecute Ex-Employees for Bringing Info to Competitors". *InformationWeek*, 29 de maio de 2006.

O **uso não autorizado** de sistemas de computadores e redes pode ser denominado *furto de recurso e tempo*. Um exemplo comum é o uso não autorizado da rede de computadores de propriedade da empresa pelos empregados, o que pode variar de fazer consulta particular, ou finanças pessoais, ou jogar videogames, até o uso não autorizado da internet na rede da companhia. *Software* de monitoramento de redes, denominado *sniffer (farejador)*, é frequentemente utilizado para monitorar o tráfego da rede para avaliar a capacidade dela, assim como para revelar a evidência de uso indevido (ver Figura 11.8).

De acordo com uma pesquisa, 90% dos trabalhadores norte-americanos admitem acessar *sites* de recreação durante as horas de trabalho, e 84% dizem que enviam *e-mails* pessoais do trabalho. Todavia, só esse tipo de atividade não consegue fazer que sejam demitidos do emprego. Entretanto, outras atividades na internet no local de trabalho podem provocar demissão imediata. Por exemplo, o jornal *The New York Times* demitiu 23 funcionários porque estavam divulgando piadas racistas e sexualmente ofensivas pelo sistema de *e-mail* da empresa.

A Xerox Corp., demitiu mais de 40 funcionários por terem passado até oito horas por dia em *sites* de pornografia, e vários deles chegaram a baixar vídeos pornográficos, o que tomou muito da capacidade de transmissão da rede, congestionando a rede da companhia e impedindo que os colegas de trabalho enviassem e recebessem *e-mails*. A Xerox estabeleceu uma equipe de oito membros da Swat no abuso dos computadores que usa *software* para rever cada site que seus 40 mil usuários de computadores visitam a cada dia. Outras companhias pegam até mais pesado e instalam *software* como o SurfWatch, o qual lhes permite bloquear e monitorar o acesso a *sites*.

Uso não autorizado no trabalho

Abusos da internet	Atividade
• Abusos gerais de *e-mail*	Inclui o envio de *spam*, assédios, correntes, solicitações, *spoofing*, propagações de vírus e declarações difamatórias.
• Uso e acesso não autorizados	Compartilhamento de senhas e acesso nas redes sem permissão.
• Infração aos direitos autorais/plágio	Usar *software* ilegal ou pirata que custa às organizações milhões de dólares por causa da infração dos direitos de cópia. Cópia de *sites* e imagens com direitos reservados.
• Postagem de grupos de notícias	Enviar mensagens sobre vários tópicos não relacionados com o trabalho, desde sexo, até conselhos de cuidado com a grama.
• Transmissão de dados confidenciais	Usar a internet para exibir ou transmitir segredos comerciais.
• Pornografia	Acessar *sites* de sexo explícito do local de trabalho, assim como exibir, distribuir e navegar nesses *sites* ofensivos.
• *Hacking*	*Sites* de *hacking*, variando de ataques de negativa de serviço até o acesso aos bancos de dados organizacionais.
• Donwload/upload não relacionado ao trabalho	Propagação de *software* que afoga o fluxo da informação da companhia. Uso de programas que permitem a transmissão de filmes, música e materiais gráficos.
• Uso da internet para lazer	Vagabundear pela internet, o que inclui compras, envio de *e-cards* e *e-mails* pessoais, jogos *on-line*, bate papo, jogos de videogame, leiloar, comercializar ações e fazer qualquer outra atividade pessoal.
• Uso da ISPs externos	Usar um provedor de internet externo para conectar e evitar a detecção.
• *Moonlighting*	Usar os recursos do local de trabalho, como as redes e os computadores, para organizar e conduzir negócios particulares (trabalho paralelo).

FIGURA 11.8 Abusos da internet no local de trabalho.

Fonte: Adaptado de Keng Siau, Fiona Fui-Hoon Nah e Limei Teng, "Acceptable internet Use Policy", *Communications of the ACM*, janeiro de 2002, p.76.

> ### Pesquisa: você pode ser demitido por abusos de *e-mail* e internet
>
> Você acha que pode se safar ao usar *e-mail* e internet em violação da política da empresa? Pense outra vez. Uma nova pesquisa constatou que mais de um quarto dos empregadores já demitiu funcionários por uso indevido de *e-mail*, e um terço já demitiu trabalhadores que fizeram uso abusivo da internet no trabalho. O estudo, realizado pela American Management Association e pelo ePolicy Institute, pesquisou 304 empresas de todos os tamanhos nos Estados Unidos.
>
> A grande maioria dos patrões que demitiu trabalhadores por uso indevido da internet, 84%, disse que o funcionário estava acessando pornografia ou outros conteúdos inadequados. Embora seja obviamente errado olhar conteúdo inapropriado durante o expediente, um número surpreendente de pessoas foi despedido apenas por navegar na internet. Cerca de 34% dos gerentes do estudo afirmaram que dispensaram trabalhadores por uso pessoal, excessivo da internet, segundo a pesquisa.
>
> Entre os gestores que demitiram trabalhadores por uso indevido de *e-mail*, 64% o fizeram porque o funcionário violara a política da empresa e 62% declararam que os *e-mails* dos trabalhadores continham linguagem inadequada ou ofensiva. Mais de um quarto dos patrões disse que demitiu trabalhadores por excesso de uso pessoal de *e-mail*, e 22% declararam que seus funcionários foram demitidos porque violaram regras de confidencialidade em *e-mails*.
>
> As empresas estão preocupadas com o uso inadequado da internet: 66% dos pesquisados disseram monitorar as conexões. Aproximadamente 65% deles usam algum *software* para bloquear *sites* inadequados, e 18% das empresas bloqueiam URLs para impedir que os trabalhadores visitem *blogs* externos.
>
> As empresas utilizam diferentes métodos para monitorar os computadores de seus funcionários. Dos participantes da pesquisa, 45% rastreiam conteúdos, pressionamento de teclas e o tempo gasto no teclado, mais 43% armazenam e examinam os arquivos de computador, 12% monitoram *blogs* para controlar o conteúdo sobre a empresa e 10% monitoraram os *sites* de redes sociais.
>
> Os pesquisadores descobriram que, apesar de apenas dois Estados obrigarem as empresas a notificar seus funcionários sobre as práticas de acompanhamento, a maioria informa os empregados de suas atividades de monitoramento. Das empresas que monitoram os trabalhadores na pesquisa, 83% disseram aos funcionários que estão monitorando o conteúdo, o pressionamento de teclas e o tempo gasto no teclado. Aproximadamente 84% dizem aos funcionários que examinam as atividades no computador, e 71% alertam os trabalhadores de que estão de olhos em seus *e-mails*.
>
> *Fonte*: Adaptado de Nancy Gohring. "Over 50% of Companies Fire Workers for E-Mail, 'Net Abuse". *CIO Magazine*, 28 de fevereiro de 2008.

Pirataria de *software*   Os programas de computador são propriedades valiosas e, assim, estão sujeitos ao furto. Contudo, a cópia não autorizada de *software*, ou **pirataria de *software***, é também uma importante forma de furto. A cópia comum não autorizada do *software* por empregados de companhia é uma das principais formas de pirataria. Isso resultou em processos pela Software Publishers Association, uma associação de classe norte-americana de desenvolvedores de *software*, contra grandes corporações que permitiam a cópia não autorizada dos seus programas.

Cópia não autorizada é ilegal porque um *software* é propriedade intelectual, que é protegida por lei de direitos autorais e acordos de licenciamento. Por exemplo, nos Estados Unidos, os pacotes de *software* comerciais são protegidos pela Emenda de Falsificação e Pirataria de *Software* de Computador da Lei Federal de Direitos Autorais. Na maior parte de casos, a compra de um pacote de *software* comercial é realmente um pagamento para autorizar o seu uso legal por um usuário final individual. Por isso, muitas companhias assinam *licenças de site* que permitem que façam legalmente certo número de cópias para uso por parte dos seus empregados em determinada unidade da empresa. Outras alternativas são o *shareware*, que permite que você realmente faça cópias do *software* para outros, e *software de domínio público*, que não é protegido por lei de direitos autorais.

Um estudo feito em 2007 pela Business Software Alliance norte-americana, um grupo antipirataria cujos membros incluem Apple Computer, IBM, Intel e Microsoft, mostra que *software* pirateado responde por 38% do *software* usado mundialmente. As perdas relatadas de pirataria de *software* em 2007 chegaram perto de US$ 48 bilhões, oito bilhões acima do ano anterior. "Isso é mais de um terço da receita do setor", diz Bob Kruger, vice-presidente do grupo para fiscalização. De acordo com as constatações, apenas US$ 50 bilhões dos US$ 100 bilhões em compras de *software* em 2007 foram legais. Em outras palavras, para cada dólar gasto em compras de *software* legítimas no mundo, há outros cinquenta centavos de *software* obtidos ilegalmente.

Software não é a única propriedade sujeita à pirataria baseada em computador. Outras **propriedades intelectuais** na forma de material protegido por lei, como músicas, vídeos, imagens, artigos, livros e outros trabalhos escritos são especialmente vulneráveis às infrações de direitos autorais, os quais muitas cortes consideraram ilegais. Versões digitais podem facilmente ser capturadas por sistemas de computador e disponibilizadas para as pessoas acessarem ou baixarem por *sites* da internet, ou prontamente disseminadas por *e-mail* como arquivo anexado. O desenvolvimento das tecnologias de rede par a par (*peer-to-peer*) (abordadas no Capítulo 6) tornou as versões digitais de material protegido muito mais vulneráveis ao uso não autorizado. Por exemplo, *software* de compartilhamento de arquivos permite transferências diretas de arquivos de áudio no formato MP3 de músicas entre o seu computador e aqueles de outros usuários na internet. Assim, tal *software* cria uma rede par a par de milhões de usuários da internet que comercializam eletronicamente versões digitais de material protegido ou de domínio público armazenadas em seus discos rígidos. Mais recentemente, os editores e produtores de música estão oferecendo métodos de acesso à música *on-line* relativamente baratos e legais em vários formatos. Por causa dessa postura proativa, a indústria de música informa que downloads ilegais de música e propriedades de vídeo estão diminuindo e continuam caindo. Vejamos o debate

Furto de propriedade intelectual

Pirataria de músicas: a guerra interminável

"Piratas canadenses" é como os distribuidores de música chamam editoras estrangeiras que inundam os Estados Unidos com edições espúrias das últimas canções populares com direitos autorais. Eles usam correio para atingir compradores, afirmam os membros da American Music Publishers' Association, e, como resultado, o negócio editorial legítimo de música dos Estados Unidos caiu 50% nos últimos 12 meses. A investigação revelou que todas as peças mais populares têm sido falsificadas, apesar do fato de serem protegidas por direitos autorais, e são vendidas de 2 centavos a 5 centavos por cópia por editores desconhecidos, embora as composições originais custem entre 20 e 40 centavos a cópia.

Soa um pouco familiar? Você pode ser jovem demais para se lembrar, mas esse texto foi publicado no *The New York Times* algum tempo atrás – 13 de junho de 1897, para ser exato. Como você pode ver, a pirataria não é um fenômeno recente. Tem, no entanto, atingido proporções alarmantes nas últimas duas décadas, do Napster aos torrents, e incluído os menos sofisticados mas amplamente disponíveis gravadores de CD.

Entretanto, poucos anos após o lançamento do Napster, a troca de música *on-line* sofreu um grande golpe de uma obstinada campanha legal da Recording Industry Association of America (RIAA), que queria encerrar os principais serviços, Napster e Audiogalaxy. Outros, como o Kazaa e o Morpheus, juntaram-se à cena, à medida que seus usuários estavam sendo processados pela RIAA.

Outras redes, como a Gnutella, tinham sido construídas para resistir a ações legais. Ao evitar servidores centralizados e difundir os produtos ao redor do globo, os *hackers* de música gratuita esperavam que fosse impossível desligar suas redes. Pena que elas também se tornaram impossíveis de usar. Shawn Fanning (o criador do Napster) virou um alvo porque o Napster proporcionava acesso rápido e fácil a um enorme acervo de música. Seus imitadores merecidamente anônimos precisavam de muito mais trabalho para encontrar muito menos canções.

Ás vezes, a atenção se voltava para a pirataria e a cópia de CDs físicos. Veja os números: as estimativas do setor dizem que mais de 6 bilhões de CDs virgens foram vendidos no mundo em 2003, o que corresponde a um para cada pessoa viva hoje, juntamente com 44 milhões de unidades para copiá-los. Em 2004, as vendas mundiais de CDs de áudio, CD-ROM e CD-R ultrapassaram, conjuntamente, 30 bilhões de unidades. Além disso, milhões de pessoas atualmente possuem gravadores, muito mais do que os mais otimistas associados alegam terem feito pelo Napster ou por qualquer de seus herdeiros. "Você vai encontrar uma em praticamente todos os PCs", cita Mary Craig, da Gartner, uma das analistas mais pessimistas do mercado. "Eles não estão usando os CDs para *backup*."

Hoje, os clientes de torrents *peer-to-peer* (P2P) têm se espalhado amplamente. O LimeWire, um veterano grisalho de compartilhamento *peer-to-peer* (P2P) de arquivos, continua a ser o mais popular *software* de intercâmbio de música, vídeo e *software* – em grande parte pirata – por meio da internet, com o uTorrent em um não muito distante segundo lugar. O LimeWire foi utilizado em 17,8% dos PCs em setembro de 2007, de acordo com um relatório do Digital Media Desktop. Uma vez que cerca de metade dos PCs pesquisados tem pelo menos um aplicativo de compartilhamento *peer-to-peer* instalado, isso dá ao LimeWire uma quota de 36,4% – mais de três vezes a quota de 11,3% do segundo cliente mais popular, o uTorrent.

Fonte: Adaptado de Paul Boutin. "Burn Baby Burn". *Wired*, dezembro de 2002; e Eric Lai. "Study: LimeWire Remains Top P2P Software; µTorrent Fast-Rising n. 2", *Computerworld*, 17 de abril de 2008.

que ocorre nessa área controvertida com um exemplo do mundo real que destaca a ameaça dos desenvolvimentos em TI aos direitos de propriedade intelectual.

Vírus de computador e *worms*

Um dos mais destrutivos exemplos de crime cibernético envolve a criação de um **vírus de computador** ou um *worm* (verme). *Vírus* é o nome mais popular, mas, tecnicamente, um vírus é um código de programa que não pode funcionar sem ser inserido em outro programa, ao passo que *worm* é um programa distinto que pode rodar sem ajuda. Em ambos os casos, esses programas copiam rotinas perturbadoras ou destrutivas para dentro dos sistemas de computadores da rede de qualquer um que acessar os computadores infectados com o vírus ou quem usar cópias de discos magnéticos levados de micros contaminados. Assim, um vírus de computador ou um *worm* consegue espalhar destruição entre os usuários. Embora às vezes apenas exibam mensagens humorísticas, mais frequentemente destroem os conteúdos da memória, dos discos rígidos e outros dispositivos de armazenamento (ver Figura 11.9).

Os vírus de computador entram em um sistema pelo *e-mail* ou arquivo anexado via internet e serviços *on-line*, ou por cópias ilegais de *softwares* emprestados. Cópias de *software shareware* baixados da internet podem ser outra fonte de vírus. Um vírus normalmente se copia para dentro de arquivos de um sistema operacional de um computador. Então, ele se espalha para a memória principal e se copia para dentro do disco rígido e para qualquer disquete inserido no

Velhos, mas bons: ameaças antigas que simplesmente não desaparecem

Preocupado com o virulento *worm* Storm, que tem sido espalhado na internet com mensagens em massa? De acordo com os pesquisadores da Symatec, a "tempestade de Troia" ou "Peacomm" está agora se espalhando pelo AOL Instant Messenger (AIM), Google Talk e Yahoo Messenger.

Um alerta para alguns clientes da Symantec classifica o novo vetor de infecção como "insidioso" por causa da mensagem, como o enigmático "LOL;)", e o URL incluído pode ser dinamicamente atualizado pelo atacante. O pior, de acordo com Alfred Huger, diretor sênior da equipe de segurança da Symantec, é que "ele injeta uma mensagem e URL apenas em janelas já abertas. Não é apenas uma mensagem aleatória que aparece, mas aparece apenas para pessoas que já estão conversando. Isso faz que a abordagem seja muito eficaz".

Bem, você deve se preocupar com o vírus Storm, mas Gunter Ollmann, diretor de estratégia de segurança da IBM Internet Security Systems, diz que o ataque de *malware* mais comum

Cinco principais famílias de vírus de todos os tempos

MyDoom — Encontrado pela primeira vez em 26 de janeiro de 2004

- Propaga-se por *e-mail* e arquivos compartilhados na rede Kazaa. Parece que instala algum tipo de componente clandestino em máquinas compromissadas, além de efetivar um ataque de negativa de serviço no site da web do Grupo SCO.
- O *e-mail* aparece como uma mensagem retornada ou como uma mensagem Unicode que não pode ser executada adequadamente e pede para a vítima clicar no *link* anexado para ver a mensagem.
- Esse vírus também tem um componente secreto que abre duas portas de TCP, que ficarão abertas até mesmo depois da data de extermínio (12 de fevereiro de 2004).
- Ao executar o vírus, uma cópia do Bloco de Notas é aberto, com caracteres sem sentido.

Netsky — Encontrado pela primeira vez em 3 de março de 2004

- Um vírus de envio em massa que se propaga sozinho por *e-mail* para todos os endereços de *e-mail* encontrados nos arquivos de todos os drives locais e mapeados da rede.
- E também tenta se espalhar por aplicativos compartilhados em rede, copiando a si mesmo na pasta compartilhada utilizada por aplicativos compartilhados (ele procura por pastas cujos nomes contenham a palavra *share* ou *sharing*), renomeando-se para parecer um dos outros 26 arquivos comuns do caminho.

SoBig — Encontrado pela primeira vez em 25 de junho de 2003

- Um vírus de *e-mail* em massa que chega sob a forma de anexo chamado "Movie_0074.mpeg.pif", "Document003.pif", "Untitled1.pif" ou "Sample.pif". O assunto da mensagem aparecerá como "Re: Movies", "Re: Sample", "Re: Document", or "Re: Here is that sample" ("Aqui está aquela amostra") e parecerá ser enviado por big@boss.com.
- O vírus vai mapear todos os arquivos WAB,.DBX,.HTML,.EML e TXT da máquina da vítima, procurando por endereços de *e-mails* que possam ser encontrados para tentar se espalhar na rede local.
- Também tentará fazer o download de suas atualizações.

Klez — Encontrado pela primeira vez em 17 de abril de 2002

- Um vírus de *e-mail* em massa que chega como anexo com qualquer nome. O vírus explora uma vulnerabilidade conhecida no MS Outlook para se autoexecutar em clientes que estão desprotegidos. Ao rodar, o vírus tentará desabilitar uma seleção de aplicativos de segurança – especialmente os mapeadores de vírus – e copiar-se em todos os drives locais e de rede, renomeando-se com um nome qualquer de arquivo.
- O vírus tem uma capacidade de estrago muito grande: deixa o vírus W32/Elkern, que apagará todos os arquivos que encontrar na máquina infectada e pode mapear drives da rede no dia 13 de todo mês par.

Sasser — Encontrado pela primeira vez em 24 de agosto de 2004

- Espalha-se ao explorar uma recente vulnerabilidade da Microsoft, espalhando-se de máquina para máquina sem a necessidade de comando do usuário.
- O vírus gera múltiplos tentáculos, alguns deles mapeiam uma sub-rede classe A local; outros, uma sub-rede classe B; e outros, sub-redes completamente ao acaso. O vírus varre extensões públicas como 10.0.0.0 e 192.168.0.0 se elas são parte da sub-rede local.

O custo de tudo isso...

- Cerca de 115 milhões de computadores em 200 países foram infectados uma vez ou mais em 2004 por agentes de *software* de proliferação rápida, incluindo cavalos de Troia, vírus etc.
- Acredita-se que, atualmente, aproximadamente de 11 milhões de computadores no mundo, a maioria dentro de lares ou pequenas organizações, estão permanentemente infectados e são utilizados por grupos criminosos ou malévolos para enviar *spams*, montar ataques distribuídos de negativas de serviço (DDoS), realizar extorsão, furto de identidade e pesca de informações, ou disseminar novos vírus.
- O prejuízo econômico mundial causado pela proliferação dos vírus – que cresceram em 480 espécies somente em 2004 – é estimado em US$ 166 bilhões a US$ 202 bilhões para o ano de 2004 pela mi2g Intelligence Unit.
- Com uma base instalada de cerca de 600 milhões de computadores usuários de Windows pelo mundo, a média de prejuízos por máquina instalada está entre US$ 277 e US$ 336.

Fonte: Mi2g.com, "2004: Year of the Global Malware Epidemic – Top Ten lesson", 21 de novembro de 2004.

FIGURA 11.9 As cinco maiores famílias de vírus de todos os tempos. Perceba que três das cinco ocorreram durante o ano de 2004.

hoje em dia é proveniente do vírus Slammer. *Não, você não leu errado a última frase.* O vírus Slammer, lançado em janeiro de 2003, ainda está ativo na internet e em redes corporativas, de acordo com Ollmann. E ainda se espalha, em grande forma. O Slammer não é o único dos malwares dos velhos que ainda estão fazendo estragos.

"Os malwares que seus criadores escreveram tempos atrás ainda estão lá fora e continuam a se propagar e infectar máquinas", afirma ele. "Alguns trazem mais infecções agora do que quando foram manchete. Todas aquelas vulnerabilidades antigas não foram embora." O Slammer, o vírus que deixou muitas redes de joelhos, atacando o SQL Server da Microsoft, está no topo da lista de problemas de malwares atuais de Ollmann.

"Quando ouvimos falar sobre o último vírus e dia zero... o Slammer ainda é muito melhor do qualquer um", acrescenta. "O Slammer ainda está lá fora em um grande número de hosts infectados e ainda está enviando tráfego de rede nocivo – pacotes nocivos [...] Quando as pessoas restauram os dados após um problema, provavelmente isso é feito a partir de um sistema antigo, que pode não ter os patches, e assim pode facilmente ser infectado novamente.

Outro problema é que alguns usuários simplesmente não fazem o patch que deveriam, enquanto outros não estão sequer cientes que o Microsoft SQL Server está em execução em seu desktop, uma vez que é comum a vários outros aplicativos. Se não sabem que ele está lá, não sabem como cuidar dele.

"Todos esses velhos vírus nunca vão desaparecer", sentencia Ollmann.

Fonte: Adaptado de Sharon Gaudin. "Oldies but Goodies: Slammer Worm Still Attacking". *InformationWeek*, 24 de agosto de 2007; e Gregg Keizer. "'Storm Trojan' Ignites Worm War". *Computerworld*, 12 de fevereiro de 2007.

computador. O vírus se espalha para outros computadores por intermédio de *e-mails*, transferência de arquivos, outras atividades de telecomunicações ou disquetes de computadores infectados. Dessa forma, como boa prática, você deve evitar o uso de *software* de fontes duvidosas sem averiguar a existência de vírus. Também deve regularmente usar *programas de antivírus* que possam diagnosticar e remover vírus de arquivos infectados ou do disco rígido. Discutiremos proteção contra vírus na seção II com mais detalhes.

Adware e *spyware*

As duas entradas mais recentes na área de vulnerabilidade do computador são **adware** e **spyware**. Pela definição, *adware* é um *software* que, enquanto diz servir para alguma função útil, e geralmente executando aquela função, também permite aos anunciantes da internet mostrar seus anúncios por meio de banners e *pop-ups* sem o consentimento do usuário do computador. Exagerando, *adware* pode também coletar informações sobre o usuário do computador e mandar via internet para seu dono. Essa categoria especial de *adware* é chamada **spyware** e definida como qualquer *software* que utiliza a conexão da internet do usuário sem seu consentimento ou permissão explícita. Programas de *spyware* coletam informações específicas sobre você, de dados gerais, como nome, endereço, hábitos de navegação na web, até cartão de crédito, número do seguro social, nomes dos usuários, senhas ou outras informações pessoais. É importante saber que nem todos os programas de *adware* são *spyware*. O *adware* correto representa um viável, embora às vezes irritante, modelo de negócio para muitas empresas de *software* que oferecem produtos de graça e, se corretamente usados, não significam nenhum risco importante para a privacidade. Por sua vez, o *spyware* é, e deveria ser, considerado um claro risco para a sua privacidade.

Enquanto um *adware* geralmente permite ao usuário do computador decidir em troca do uso gratuito de uma parte do *software*, o *spyware* opera sob um modelo muito bizarro de ética. Avaliemos estes aspectos:

- Você entra ilegalmente em um sistema de computador de um banco e coloca secretamente uma "peça" de *software* no sistema dele. Se você for detectado ou pego, poderá ser processado e ir para a cadeia.

- Você cria um vírus e o propaga pela internet e por outras redes. Se você for detectado ou pego, poderá ser processado e ir para a cadeia.

- Você faz um programa e espalha um agente de *spyware* pelos sistemas do computador conectados à internet que furta informações particulares dos usuários e que infecta, manipula suas experiências na internet, e utiliza *sites* da web e navegadores de outras pessoas para mostrar sua propaganda. Se você for detectado ou pego, poderá ficar rico, não irá para a cadeia, e os usuários terão de provavelmente reconstruir seus sistemas para se livrar do seu *spyware*.

O *spyware* tem uma variedade de características, além de seu grande potencial de furtar informações particulares valiosas, que o faz indesejável pela maioria dos usuários. No mínimo, ele infesta o usuário com propagandas indesejáveis. Na maioria das vezes, observa tudo o que um usuário faz *on-line* e envia essas informações de volta para a empresa de *marketing* que criou o *spyware*. Geralmente, os aplicativos de *spyware* acrescentam *links* de propaganda nas páginas web de outras pessoas sem que os donos da página recebam pagamento e podem até redirecionar os pagamentos de legítimos direitos de anunciantes para os produtores do *spyware*. Outra característica indesejável é direcionar os navegadores ou mecanismos de busca para os *sites* da web dos donos do *spyware* (em geral, carregado de anúncios), o que impedirá de retornar ao comportamento normal (referido como sequestro de homepages). No extremo, o *spyware* pode fazer um modem de conexão discada chamar continuamente números de telefones de altas tarifas, causando assim um aumento da conta telefônica (e isso bonifica o dono do *spyware*), ou deixar brechas na segurança em sistemas infectados, permitindo que os produtores de *spyware* ou, em casos particulares, qualquer pessoa façam o download e rodem *software* na máquina (tais *downloads* são chamados cavalos de Troia). Em quase todos os casos, o *spyware* degrada o desempenho do sistema. Como você pode ver, o *spyware* não tem nenhuma característica que o redima, exceto para seu dono. Seu uso é difuso, e não se proteger contra ele vai quase assegurar que seu sistema será infectado mais cedo ou mais tarde.

Em geral, proteger-se contra *adware* e *spyware*, requer a compra e a instalação de um dos vários programas projetados para prevenir que o *software* seja instalado. Entretanto, quando um computador é infectado, os programas de remoção, com frequência, não são completamente eficazes em eliminar o problema.

Commtouch: Tendências em vírus, spam e *phishing*

A Commtouch, uma desenvolvedora de tecnologia anti-spam e para proteção contra vírus em tempo real, emite periodicamente relatórios com várias estatísticas sobre spam e vírus de computador. Embora as novas ameaças surjam diariamente às centenas (senão milhares), o exame de um único trimestre basta para dar uma ideia do que está constantemente acontecendo nesse mundo.

Aqui estão alguns dos destaques do primeiro trimestre de 2009.

As principais notícias do trimestre falam da rápida propagação do *worm* Conficker. Pesquisas indicam que suas três variações infectaram mais de 15 milhões de computadores, tecendo um massivo botnet zumbi, desde que apareceu em novembro de 2008. O botnet permanece dormente durante semanas, deixando os usuários nervosos e vulneráveis, e só mais tarde começa a ser ativado para fins nocivos.

Outra tendência crescente é o uso de *sites* de redes sociais (Facebook, Twitter) em esquemas de *phishing*. Um golpe tem como alvo os usuários do Twitter por meio de mensagens diretas afirmando que um *post* foi escrito sobre eles ou que fotos engraçadas deles haviam sido localizadas na rede. Se o usuário clicar no *link* indicado da mensagem suspeita, será direcionado para uma página de destino que parece exatamente como a home page do Twitter, mas, evidentemente, não é. Após uma inspeção mais minuciosa, no entanto, a URL parece ser uma variação da URL real do Twitter URL real, como http://twitter.access-logins.com.

Durante o primeiro trimestre de 2009, a Commtouch analisou que tipos de *sites* tinham mais probabilidade de conter malware ou *phishing*. Como esperado, os *sites* de pornografia apareceram no topo da lista de *sites* infectados por malware, mas *sites* menos propícios, como os de busca de empregos, também estavam presente, ainda que em posições mais baixas na lista. Os *sites* de atividades criminosas caíram do primeiro para o sexto lugar nesse trimestre.

Os *spammers* continuaram a explorar *sites* legítimos para hospedar seus materiais. Eles também disfarçam seus endereços de *e-mail* e, mais recentemente, têm "emprestado" imagens de hosts legítimos e bastante conhecidos para usar em *e-mails*, na esperança de burlar os filtros de spam. Um surto de janeiro incluía uma imagem com a inscrição "News Summary" no cabeçalho – na verdade, essa imagem fica hospedada no site legítimo da CBS News. Embora ostentando URLs diferentes nas mensagens, os *sites* a que esse spam conectava eram todos de um site *spammer* farmacêutico. Outro exemplo envolvia o roubo dos botões de imagem "Peça agora" e "Descubra oferta *on-line* exclusivas!" da PizzaHut. Ao incluir *links* para *sites* legítimos dentro de suas mensagens de spam, os autores esperam confundir os filtros de spam tradicionais.

O spam de empréstimos saltou de 3% de todas as mensagens de spam no 4º trimestre de 2008 para o primeiro lugar, com 28% de todas as mensagens de spam no 1º trimestre de 2009, possivelmente um reflexo da situação econômica global. Os spams de companhias farmacêuticas caíram do posto de número um, com 42% no último trimestre, para o terceiro lugar, com 19%, nesse trimestre. A tabela a seguir mostra os temas de spam mais no 1º trimestre de 2009:

Tipo de spam	% de spam
Empréstimo	28
Réplicas	20
Produtos farmacêuticos	19
Otimizadores	11
Perda de peso	7
Encontros	6
Diplomas	4
Software	1
Outros	4,6

Os níveis de spam atingiram a média de 72% de todo tráfego de *e-mails* ao longo do trimestre, chegando a 96% (96% de todos os *e-mails*!) no início de janeiro, antes de baixar até 65% em fevereiro.

Fonte: Commtouch. "Q1 2009 internet Threats Trend Report". 14 de abril de 2009.

Questões de privacidade

A tecnologia da informação torna técnica e economicamente praticável coletar, armazenar, integrar, trocar e recuperar dados e informações com rapidez e facilidade. Essa característica tem um importante e benéfico efeito na eficácia e eficiência de sistemas de informação baseados em computadores. Entretanto, o poder da tecnologia da informação em armazenar e recuperar informações pode ter um efeito negativo no **direito de privacidade** de cada indivíduo. Por exemplo, mensagens de *e-mail* confidenciais dos funcionários são monitoradas por muitas empresas, e informações pessoais são coletadas toda vez que uma pessoa visita um site na World Wide Web. Informações confidenciais de indivíduos contidas em bancos de dados centralizados por departamentos de crédito, agências do governo e empresas particulares estão sendo furtadas ou usadas de maneira errada, resultando em invasão de privacidade, fraude e outras injustiças. O uso não autorizado de tais informações danificou bastante a privacidade das pessoas, e erros nessas informações podem estragar seriamente o crédito ou a reputação do indivíduo.

Os governos de todo o mundo, mas nenhum mais que o dos Estados Unidos, estão discutindo sobre o problema da privacidade e considerando diversas formas de legislação. Com relação à internet, **opt-in contra opt-out** é o centro do debate sobre a legislação de privacidade. Grupos de proteção ao consumidor normalmente aprovam o modelo *opt-in*, tornando a privacidade um padrão, uma vez que este protege consumidores que não permitem especificamente que dados sobre eles sejam compilados. Os interesses da maioria das empresas voltam-se ao *opt-out*, dizendo que ele não interrompe o fluir do *e-commerce*. O interessante é que leis atuais sobre esse assunto diferem entre os Estados Unidos e a Europa. Nos Estados Unidos, a posição-padrão é *opt-out*, ao passo que, na Europa é *opt-in* e consumidores devem autorizar previamente, ou suas informações não podem ser usadas.

Entre os assuntos sobre privacidade em debate, estão:

- Acessar conversas de *e-mail* particulares de indivíduos, registro do computador, coletar e compartilhar informações sobre indivíduos obtidas por meio de suas visitas a *sites* da web e grupos de notícias (violação de privacidade).
- Sempre saber onde a pessoa está, especialmente quando os serviços móveis e de pagers estão mais associados a pessoas do que a lugares (monitoramento do computador).
- Utilizar informações de consumidores obtidas de muitas fontes para vender serviços adicionais (seleção automatizada).
- Coletar números de telefone, endereços de *e-mail*, número de cartões de crédito e outras informações pessoais para criar arquivos individuais de consumidores (arquivos sem autorização pessoal).

Se você não toma as precauções corretas, a qualquer momento que envia um e-mail, acessa um site da web, manda uma mensagem para um grupo de notícias ou usa a internet para fazer transações bancárias, compras [...] se estiver on-line para negócios ou diversão, você estará vulnerável a qualquer pessoa empenhada em coletar dados sobre você sem o seu conhecimento. Felizmente, ao utilizar ferramentas como criptografia e anonimato – e ao ser seletivo nos sites que visita e nas informações que fornece –, você poderá minimizar, se não eliminar, o risco de ter sua privacidade violada.

Privacidade na internet

A internet é notória por dar aos usuários um sentimento de anonimato quando, na verdade, eles são muito visíveis e abertos a violações. A maior parte da internet e seus WWW, *e-mail*, salas de bate-papo e grupos de notícias é uma fronteira eletrônica bem aberta e insegura, sem regras rígidas sobre quais informações são pessoais e privadas. Informações sobre usuários da internet são capturadas legítima e automaticamente a cada visita feita aos *sites* web e a grupos de notícia, e registradas como um arquivo *cookie no* disco rígido. Então, proprietários de *sites* da web ou serviços de auditoria *on-line* do tipo DoubleClick podem vender as informações daquele arquivo e outros registros de seu uso da internet para terceiros. E, para piorar, muito da rede e da web é um alvo fácil para a interceptação ou sequestro, por *hackers*, de informações privadas fornecidas para *sites* da web por usuários da internet.

É claro que você pode se proteger de várias maneiras. Por exemplo, *e-mails* sensíveis podem ser protegidos por criptografia, se ambos os *e-mails* usam o *software* para decifrar aquele código. Postagens por grupo de notícia poderão ser feitas de modo privado se forem enviadas por *anonymaus remailers* (entregadora anônima) que protegem sua identidade quando você coloca um comentário na discussão. Você pode pedir ao seu provedor de serviços da internet que não venda seu nome, suas informações pessoais e seus interesses em serviços *on-line* e arquivos de usuário de site da web para limitar sua exposição às bisbilhotagens eletrônicas.

Roubo de identidade: tão fácil quanto roubar um cheque

Frank W. Abagnale Jr. foi falsificador de cheques durante cinco anos, na década de 1960. Atualmente, ele dirige a Abagnale and Associates, uma empresa de consultoria de fraudes financeiras. A história de sua vida serviu de inspiração para o filme *Prenda-me se for capaz*, estrelado por Leonardo DiCaprio como Abagnale Jr. e Tom Hanks.

Quarenta anos atrás, poucas pessoas poderiam ter previsto que o roubo de identidade se tornaria uma epidemia tão grande como é hoje. Poucos poderiam imaginar que proteger a identidade significaria levar cartas até o correio em vez de deixá-las em caixas de coleta, triturar documentos antes de jogá-los lixo ou que uma caneta de US$ 2 poderia ajudar a impedir um crime.

"Precisamos encontrar maneiras de nos proteger antes de sermos vítimas de roubos de identidade. Podemos fazer melhorias significativas para a diminuição desse crime, mas ele nunca desaparecerá completamente. Se você ainda não foi vítima de roubo de identidade, é porque os ladrões ainda não chegaram em você. Se as coisas não mudarem, a sua vez chegará. A prevenção não é simplesmente uma questão de seguir uma lista de dicas: é sobre a educação, o fator principal para protegermos a nós mesmos", diz Frank W. Abagnale Jr., que sabe o que diz.

Embora cada vez mais as pessoas estejam usando serviços bancários *on-line*, os 78 milhões de *baby boomers* dos Estados Unidos, que compõem 15% da população do país, continuam a operar com papel, em sua grande maioria. Esse grupo também responde por 30% das vítimas da fraude, de acordo com a Consumer Action, um grupo de defesa do consumidor.

"Um cheque tem todas as informações necessárias para roubar sua identidade: nome, endereço, conta bancária, número de roteamento (código bancário de nove dígitos usado nos Estados Unidos). Se escrita com uma caneta esferográfica, a informação pode ser facilmente removida por um processo chamado *check washing*, uma forma comum de roubo de identidade. É o processo de pegar um cheque ou documento já preenchido, remover a tinta com um produto químico doméstico qualquer e, em seguida, reescrever uma nova quantia em dinheiro e um novo portador", diz Abagnale Jr.. Se você se descuidar, o seu cheque pessoal poderá entrar na lista dos 1,2 milhão de cheques fraudulentos passados a cada dia. Isso é mais de 13 cheques por segundo.

De acordo com a American Bankers Association, a fraude de cheques está crescendo 25% a cada ano. Para retardar esse crescimento, é importante entender como funciona a fraude. "Sei em primeira mão como é fácil realizar fraudes em cheques. Cerca de 40 anos atrás, descontei US$ 2,5 milhões em cheques fraudulentos em todos os Estados e em 26 países estrangeiros, durante um período de cinco anos. Eu estava envolvido em um jogo de alto risco de identidades roubadas. E por saber como pode ser fácil fazer isso, sei também que é bastante fácil impedir", observa Abagnale Jr.

Os criminosos contam com nossos erros para tornar seu trabalho mais fácil. Tomar algumas precauções pode deixar você menos atraente para os predadores. Não deixe cartas na sua caixa de correio durante a noite ou no final de semana. Quando preencher cheques ou documentos importantes, use uma caneta gel, de modo que os ladrões não possam remover a tinta e alterar as informações. Além disso, corte ou rasgue documentos de que não precisa mais e que contêm informações pessoais. O custo de uma máquina trituradora de alta qualidade é muito inferior ao custo de ter sua identidade roubada.

"Vamos encarar o problema: nem sempre podemos controlar o que está acontecendo em nosso mundo, por isso devemos tomar medidas para controlar o que podemos. A tecnologia está aqui para ficar, mas ainda há maneiras simples e baratas para evitar o roubo de identidade ao preencher cheques. Lembre-se de que um bandido sempre procura o caminho mais fácil para o dinheiro. Não entregue um mapa na mão dele. Seja proativo e comece a se proteger hoje", diz Abagnale Jr.

Fonte: Adaptado de Frank Abagnale. "Abagnale: Top Tips to Prevent Identity Theft and Fraud". *CIO Magazine*, 24 de maio de 2007.

Associação por computador

Computer profiling (determinação de perfis por computador) e erros na **associação por computador** de dados pessoais são outras ameaças controversas de privacidade. Indivíduos têm sido presos por engano e as pessoas têm créditos negados porque seus arquivos pessoais têm sido usados por *software* de determinação de perfil para associá-las incorreta ou inadequadamente com indivíduos errados. Outra ameaça é a associação sem autorização e venda de informações computadorizadas sobre você que foram extraídas de bancos de dados de sistemas de processamento de transações de venda e vendidas para pessoas que "negociam" informações ou outras empresas. A mais recente ameaça é a associação não autorizada e a venda de informações sobre você coletadas em *sites* web e grupos de notícia visitados, como já discutimos. Assim, você é submetido a um monte de material promocional e contratos de venda que não solicitou, além de ter sua privacidade violada.

Leis de privacidade

Muitos países regulamentam a coleta e o uso de dados pessoais por empresas e agências do governo. Muitas *leis de privacidade* do governo tentam regulamente aspectos referentes à privacidade de arquivos com base no computador e nas telecomunicações. Por exemplo, nos Estados Unidos, a Lei de Privacidade nas Comunicações Eletrônicas e a Lei de Abuso e Fraude no Computador proíbem a interceptação de mensagens de comunicações de dados, o furto ou a destruição de dados, ou a invasão nos sistemas de computador relacionados a assuntos federais. Visto que a internet inclui sistemas de computador relacionados a assuntos federais, advogados de privacidade discutem que as leis também exigem que os funcionários sejam notificados se a empresa pretende monitorar o uso da internet. Outro exemplo é a Lei de Privacidade e Associação de Computador que regulamenta a associação de dados dos arquivos da agência federal para verificar a elegibilidade para programas federais.

Mais recentemente, uma nova legislação norte-americana para proteger a privacidade individual criou alguns novos desafios para as organizações. Sarbanes-Oxley, a Lei de Responsabilidade e Garantia de Manutenção do Seguro de Saúde (*Health Insusance Portability and Accountability* – HIPAA), Gramm-Leach-Bliley, a Lei de Patriotismo dos Estados Unidos, a Lei Quebra de Segurança da Califórnia e a SEC 17a-4 são alguns dos desafios que as organizações têm de enfrentar. Em um esforço para atender a essas novas leis de privacidade, estima-se que uma empresa comum gastará de 3% a 4% do seu orçamento com TI em projetos e aplicativos de conformidade.

HIPAA. A Lei de Responsabilidade e Garantia de Manutenção do Seguro de Saúde (HIPAA) foi promulgada pelo Congresso norte-americano em 1996. Uma grande parte da legislação destina-se a abordar uma ampla variedade de questões relacionadas ao seguro de saúde individual. Duas seções importantes da HIPAA incluem de privacidade e significativa de segurança. As duas partes da lei são destinadas a criar salvaguardas contra a utilização, divulgação ou distribuição não autorizadas de informações de saúde de um indivíduo sem o seu consentimento ou autorização específica. Enquanto as regras de privacidade dizem respeito a todas as Informações de Saúde Protegidas (*Protected Health Information* – PHI), incluindo aquelas veiculadas por meio impresso e eletrônico, as normas de segurança lidam especificamente com as Informações de Saúde Protegidas Eletronicamente (*Eletronic Protected Health Information* – EPHI). Essas regras estabelecem três tipos de garantias de segurança necessárias para conformidade: *administrativos, físicos* e *técnicos*. Para cada um desses tipos, as regras identificam vários padrões de segurança, e, para cada padrão, designam especificações de implementação necessárias e acessíveis. As especificações exigidas devem ser adotadas e administradas conforme regulamentação da HIPAA. As especificações acessíveis são mais flexíveis, e as instituições de saúde abrangidas podem avaliar sua própria situação e determinar a melhor forma de implementar as especificações acessíveis.

Sarbanes-Oxley. A Lei Sarbanes-Oxley de 2002 – também conhecida como a Lei de Reforma de Demonstrações Contábeis de Empresas Pública e Proteção aos Investidores e comumente chamada Sarbanes-Oxley, Sarbox ou SOX – é uma lei federal norte-americana promulgada em 30 de julho de 2002 como reação à uma série de grandes escândalos corporativos e contábeis, inclusive aqueles que afetaram Enron, Tyco International, Adelphia, Peregrine Systems e WorldCom. Esses escândalos, que custaram bilhões de dólares aos investidores quando os preços das ações das empresas afetadas desmoronaram, abalaram a confiança do público nos mercados de valores mobiliários do país. Indicada por iniciativa do senador Paul Sarbanes e do deputado Michael G. Oxley, a lei foi aprovada pela Câmara por 334 a favor e 90 contra, e pelo Senado pelo placar de 99 a 0. Ao promulgar a lei, o presidente George W. Bush afirmou: "trata-se de reformas de maior alcance sobre as práticas de negócios americanas desde a época de Franklin D. Roosevelt".

A legislação estabeleceu normas novas ou melhoradas para todos os conselhos, gerenciamentos e contabilidades de empresas pública dos Estados Unidos. Não se aplica, porém, a empresas de capital fechado. A lei contém 11 seções, que vão desde as responsabilidades adicionais dos conselhos de administração a sanções penais, e requer que a Securities and Exchange Commission (SEC) implemente as decisões sobre os requisitos em conformidade com a nova lei.

O debate sobre a percepção dos benefícios e os custos da SOX continua. Os defensores alegam que a legislação era necessária e tem desempenhado um papel útil em restaurar a confiança pública nos mercados de capital do país por, entre outras coisas, fortalecer os controles contábeis das empresas. Os opositores alegam que o projeto reduziu a margem competitiva internacional do país em relação a prestadores de serviços financeiros estrangeiros, alegando que a SOX introduziu um ambiente muito complexo e de regulação nos mercados financeiros dos Estados Unidos.

Difamação e censura na informática

O lado oposto do debate sobre privacidade é o direito das pessoas de saber sobre assuntos que outros possam querer manter privados (liberdade de informação), o direito das pessoas de expressar sua opinião sobre um assunto (liberdade de expressão), e o direito das pessoas de publicá-las (liberdade de imprensa). Alguns dos maiores campos de batalha desse debate são os *bullet in boards*, caixas de *e-mails* e arquivos *on-line* da internet e redes públicas de informações, como a America On-line e Microsoft Network. As armas utilizadas nessa batalha incluem *spamming*, *flame mail*, leis de difamação e censura.

Spamming é o envio indiscriminado de mensagens via *e-mail* sem solicitação para muitos usuários da internet. Essa é a tática favorita das pessoas que enviam *e-mails* em massa de anúncios não solicitados, ou *junk e-mail* e (lixo eletrônico). *Spamming* também tem sido utilizado por criminosos cibernéticos para espalhar vírus de computador ou invadir sistemas de computadores.

Flaming é a prática de envio de mensagens críticas, ofensivas e muitas vezes vulgares *(flame mail)* ou grupo de notícias postando para outros usuários na internet ou nos serviços *on-line*, e é comum em alguns dos grupos de notícia da internet que têm interesses específicos.

Houve muitos incidentes sobre mensagens de racismo e de difamação na web que causam o pedido de censura e ações de difamação. Além disso, a presença de material de sexo explícito em muitos lugares da WWW gerou processos e ações de censura por vários grupos e governos.

O estado atual das leis cibernéticas

Lei cibernética é a expressão usada para descrever leis que regularizam atividades via internet ou o uso de comunicações eletrônicas de dados. Essa lei engloba uma grande variedade de questões legais e políticas relacionadas com a internet e outras tecnologias de comunicação que incluem propriedade, privacidade, liberdade de expressão e jurisdição.

A interseção de tecnologia e lei é, geralmente, controversa. Alguns consideram que a internet não deveria (ou, possivelmente, não pode) ser regulamentada de forma alguma. Além disso, o desenvolvimento de tecnologias sofisticadas, como criptografia, torna a regulamentação nas formas tradicionais muito difícil. Finalmente, o fundamental da natureza da internet significa que, se um modo de comunicação for regulamentado ou fechado, outro método será inventado ou aparecerá em seu lugar. Nas palavras de John Gilmore, o fundador da Electronic Frontier Foundation: "A internet trata a censura como um dano e simplesmente a contorna".

Um exemplo de avanços na legislação cibernética é o Consumer Sentinel Project da Federal Trade Comission (FTC), que é uma ferramenta cibernética de investigação exclusiva que fornece aos seus membros acesso a dados de milhões de reclamações dos consumidores. O Consumer Sentinel inclui denúncias sobre roubo de identidade, registro de violações de *do-not-call*, computadores, a internet e leilões *on-line*, golpes de telemarketing, empréstimos com taxas antecipadas e golpes de crédito, loterias e prêmios, oportunidades de negócios e trabalho em casa, produtos de saúde e para perda de peso, cobranças, relatórios de crédito e outras questões financeiras.

O Consumer Sentinel é baseado na premissa de que o compartilhamento de informações pode tornar a aplicação da lei ainda mais eficaz. Para essa finalidade, a Consumer Sentinel Network oferece aos associados de órgãos de aplicação da lei acesso a queixas comunicadas diretamente aos serviços da Federal Trade Commission por consumidores, bem como fornece aos associados acesso a queixas compartilhadas pelos contribuintes de dados.

Segundo o FTC Sentinel Report de 2007, mais de 800 mil queixas foram processadas pelo Sentinel com infrações relacionadas à internet, o que representa 11% do total de queixas e 23% roubo de identidade virtual. Embora muitas dessas reclamações sejam difíceis, se não impossíveis, de julgar, estamos começando a perceber mais empenho na resolução de crimes cibernéticos.

A lei cibernética é um fenômeno novo, que surgiu depois do advento da internet. Como sabemos, a internet cresceu, relativamente, de modo não planejado e sem regulamentação. Até os pioneiros não poderiam antecipar a extensão das consequências do espaço cibernético de hoje e amanhã. Importantes disputas legais relacionadas às atividades cibernéticas certamente surgiram no começo da década de 1990, mas não foi antes de 1996 e 1997 que o atual corpo de leis emergiu. A área, por seu ineditismo, permanece instável em grande parte. O debate continua com relação à aplicabilidade de princípios legais análogos derivados de controvérsias anteriores que originalmente não tinham nenhuma relação com o espaço cibernético. À medida que melhorarmos nossa compreensão sobre esse assunto complexo, novas e melhores leis, regulamentações e políticas serão adotadas e propostas.

Vamos agora explorar alguns importantes desafios surgidos com a utilização das tecnologias da informação nas empresas que são ilustrados na Figura 11.2. Esses desafios incluem o potencial de impacto ético e social dos aplicativos empresariais da TI nas áreas de emprego, individualidade, condições de trabalho e saúde.

Outros desafios

O impacto das tecnologias da informação no emprego é uma preocupação ética e está diretamente relacionado ao uso do computador para conseguir a automatização das atividades do trabalho. Não pode haver dúvidas de que o uso de tecnologias da informação criou novos empregos e aumentou a produtividade, e, ao mesmo, tempo causou uma redução significativa em alguns tipos de oportunidades de emprego. Por exemplo, quando computadores são usados para sistemas de contabilidade ou para o controle automático de máquinas-ferramentas, eles estão desempenhando tarefas realizadas anteriormente por muitos atendentes e maquinistas. Além disso, trabalhos criados pela tecnologia da informação podem exigir outro tipo de habilidade e estudo comparados com os trabalhos que são eliminados. Por isso, pessoas poderão ficar desempregadas se não forem retreinadas para novos cargos e novas responsabilidades.

Desafios de emprego

Entretanto, é importante considerar que as tecnologias da internet criaram um meio de novas oportunidades de emprego. Muitos novos empregos, como *webmasters*, diretores de *e-commerce*, analistas de sistemas e consultores de usuário, foram criados para apoiar os aplicativos de negócio e *e-commerce*. Empregos adicionais surgiram porque as tecnologias da informação tornaram possível a produção de complexos bens industriais e serviços que não poderiam existir de outra maneira. Dessa forma, empregos foram criados pelas atividades que são muito dependentes da tecnologia da informação, em áreas como exploração espacial, tecnologia microeletrônica e telecomunicações.

Um dos mais explosivos assuntos relacionados à privacidade no local de trabalho e qualidade das condições de trabalho é o **monitoramento por computador**, ou seja, computadores que monitoram a produtividade e o comportamento de milhões de funcionários. Supostamente, esse tipo de monitoramento é feito para que os funcionários possam ter dados de produtividade e, assim, aumentar a eficiência e a qualidade do serviço. Entretanto, muitos especialistas consideram esse procedimento antiético, pois o computador monitora não apenas o trabalho, mas também os indivíduos, o que viola a privacidade e a liberdade pessoal. Por exemplo, quando você liga para fazer uma reserva de passagem, a empresa aérea pode saber exatamente o tempo que o agente leva para atender ao pedido, o espaço de tempo entre chamadas, o número e duração dos intervalos. Além disso, as conversas podem ser monitoradas (ver Figura 11.10).

Monitoramento por computador

O monitoramento por computador tem sido criticado como uma invasão de privacidade do funcionário, pois, em muitos casos, ele não sabe que está sendo monitorado nem como essa informação está sendo usada. Segundo os críticos, o direito do funcionário pode ser prejudicado pelo uso impróprio de dados coletados para tomar decisões de pessoal. Visto que o monitoramento por computador aumenta o estresse do funcionário que deve trabalhar sob constante vigilância eletrônica, ele também é acusado de causar problemas de saúde entre os trabalhadores monitorados. Finalmente, esse tipo de monitoramento tem sido acusado de "roubar" a dignidade do trabalho do funcionário. Em caso extremo, pode criar uma "loja de doces eletrônica" na qual os funcionários são forçados a trabalhar em um ritmo alucinante sob péssimas condições de trabalho.

FIGURA 11.10 O monitoramento pode ser utilizado para registrar a produtividade e o comportamento das pessoas enquanto trabalham.

Fonte: © LWA-JDC/Corbis.

Há uma pressão política cujo propósito é eliminar ou regulamentar esse tipo de monitoramento. Por exemplo, grupos públicos de advocacia, sindicatos e muitos legisladores estão forçando uma ação em níveis estadual e federal nos Estados Unidos. As leis propostas regulamentariam o monitoramento e protegeriam os direitos e a privacidade dos funcionários. Nesse meio-tempo, processos de funcionários monitorados contra os empregadores estão aumentando. Portanto, o monitoramento dos funcionários é uma questão ética que não desaparecerá.

Desafios nas condições de trabalho

A tecnologia da informação eliminou tarefas monótonas ou chatas no escritório e na fábrica que anteriormente tinham de ser feitas por pessoas. Por exemplo, o editor de texto e a editoração eletrônica tornaram a produção de documento em um escritório muito mais fácil, ao passo que robôs assumiram funções repetitivas de soldar e pintar na indústria automobilística. Em muitos casos, isso permite que as pessoas concentrem-se em trabalhos mais interessantes e desafiadores, além de incrementar o nível de habilidade no trabalho a ser executado e criar empregos desafiadores que exijam habilidades altamente desenvolvidas na indústria da computação e dentro de organizações que utilizam os computadores. Sendo assim, pode-se dizer que a tecnologia da informação melhora a qualidade do trabalho, já que ela melhora as condições do trabalho e o conteúdo das atividades.

Evidentemente, alguns trabalhos na tecnologia da informação – entrada de dados, por exemplo – são muito repetitivos e rotineiros. Ademais, para a extensão em que os computadores são utilizados em alguns tipos de automatização, a TI deve assumir a responsabilidade pela crítica a operações na linha de montagem que demandam a repetição contínua de tarefas elementares, forçando, assim, o funcionário a trabalhar como uma máquina, e não como um habilidoso artesão. Muitas operações automatizadas também são criticadas, porque as pessoas assumem papel de "fazer nada", já que gastam a maioria do seu tempo esperando por raras oportunidades de apertar alguns botões. Tais situações têm um efeito prejudicial à qualidade do trabalho, mas devem ser comparadas aos trabalhos menos penosos e mais criativos criados pela tecnologia da informação.

Desafios à individualidade

Uma crítica frequente aos sistemas de informação refere-se aos seus efeitos negativos na individualidade das pessoas. Sistemas baseados em computadores são considerados impessoais, pois desumanizam e despersonalizam as atividades, e eliminam as relações humanas presentes em sistemas sem computadores.

Outro aspecto da perda da individualidade refere-se à organização do indivíduo, que passa a ser mais exigido por alguns sistemas baseados em computador. Esses sistemas não são flexíveis e exigem adesão total a detalhados procedimentos para que funcionem. O impacto negativo da TI na individualidade é reforçado por histórias de horror que descrevem o quão inflexíveis e descuidadas algumas empresas são com processos baseados em computador quando se refere a retificar seus próprios erros. Muitos de nós estamos familiarizados com histórias de como os sistemas de contabilidade e de cobrança ao consumidor continuam a exigir pagamentos e enviar notificações para clientes que já pagaram suas contas, apesar das várias tentativas do cliente de ter esse erro corrigido.

Entretanto, muitos aplicativos empresariais de TI são projetados para minimizar a despersonalização e a organização. Por exemplo, muitos sistemas de *e-commerce* são projetados para enfatizar a personalização e algumas ferramentas comunitárias encorajam repetidas visitas ao site de *e-commerce*. Sendo assim, os PCs e a internet melhoraram muito o desenvolvimento de sistemas de informação personalizados e orientados a pessoas.

Questões de saúde

A utilização da tecnologia da informação no trabalho cria uma variedade de problemas de saúde. O uso demasiado do computador é considerado causador de problemas de saúde, como estresse, danos nos músculos dos braços e na nuca, fadiga ocular, exposição à radiação, e até morte causada por acidentes com computador. Por exemplo, o monitoramento é a maior causa de estresse no trabalho. Trabalhadores, sindicatos e funcionários governamentais dizem que o monitoramento coloca tanto estresse nos funcionários que acaba causando problemas de saúde.

Pessoas que utilizam microcomputadores ou terminais de vídeo (VDTs) em trabalhos de digitação rápida podem ter problemas de saúde, coletivamente conhecidos com *lesão por esforço repetitivo* (LER). Dedos, punhos, braços, pescoços e costas podem se tornar tão fracos e doloridos que as impedem de trabalhar. Músculos cansados, dores nas costas e danos nos nervos podem ocorrer. Em particular, alguns funcionários podem sofrer de *síndrome do túnel do carpo*, uma dolorosa doença que imobiliza a mão e o pulso e necessita de cirurgia para ser curada.

Longas horas na frente da tela podem causar fadiga ocular e outros problemas nos funcionários que necessitam fazer isso o dia todo. A radiação causada pelo tubos de raios catódicos (*cathode ray tubes* – CRTs) que produzem as telas de vídeo é outra preocupação médica. Os CRTs produzem um campo eletromagnético que pode causar radiações danosas para os funcionários que trabalham muito próximos por muitas horas na frente do monitor. Algumas funcionárias que estavam grávidas relataram que sofreram aborto espontâneo ou tiveram bebês com deformidades por causa da prolongada exposição aos CRTs no trabalho. Entretanto, muitos estudos não encontraram evidências conclusivas sobre esse assunto. No entanto, várias organizações recomendam que as funcionárias minimizem a exposição durante a gravidez.

Ergonomia

Soluções para alguns desses problemas de saúde são baseadas na ciência da **ergonomia**, às vezes chamada *engenharia dos fatores humanos* (ver Figura 11.11) cujo objetivo é projetar ambientes saudáveis de trabalho que sejam seguros, confortáveis e agradáveis para as pessoas, e, assim, aumentar a produtividade e o moral dos funcionários. A ergonomia enfatiza o projeto saudável do lugar de trabalho, das mesas, dos computadores e de outras máquinas, até mesmo de pacotes de *software*. Outras questões relacionadas com a saúde podem exigir soluções ergonômicas, enfatizando o projeto do trabalho em vez do projeto do lugar de trabalho. Por exemplo, isso pode requerer políticas que permitam desde intervalos para aqueles que ficam na frente do monitor por horas, até a minimização de exposição de mulheres grávidas aos monitores de vídeo. O projeto de trabalho ergonômico também pode prover maior variedade de tarefas para os funcionários que gastam a maior parte do seu dia na estação de trabalho.

Soluções sociais

Como mencionado no início deste capítulo, a internet e outras tecnologias da informação podem ter efeitos benéficos na sociedade. Podemos utilizar as tecnologias da informação para solucionar problemas humanos e sociais por meio de **soluções sociais**, como diagnose médica, instrução assistida por computador, planejamento governamental, controle da qualidade do meio ambiente e policiamento. Por exemplo, os computadores podem ajudar a diagnosticar uma doença, receitar o tratamento necessário e monitorar o progresso dos pacientes do hospi-

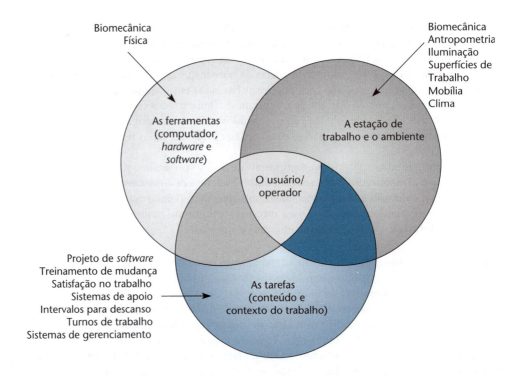

FIGURA 11.11 Fatores ergonômicos no ambiente de trabalho. Perceba que um bom projeto considera instrumentos, tarefas, mesa de trabalho e ambiente.

tal. Instrução assistida por computador (*computer-assisted instruction* – CAI) e treinamento baseado em computador (*computer-based training* – CBT) permitem instrução interativa de acordo com as necessidades dos alunos. O ensino a distância é suportado pelas redes de telecomunicações, videoconferências, *e-mail* e outras tecnologias.

As tecnologias da informação podem ser utilizadas para controlar o crime por meio de várias aplicações policiais. Por exemplo, sistemas de alarme computadorizados permitem à polícia identificar evidências de atividade criminal e responder a elas rapidamente. Computadores têm sido usados para monitorar o nível de poluição no ar e nas águas, detectar a fonte da poluição e emitir, imediatamente, advertências quando níveis perigosos são alcançados. Computadores também são utilizados para planejamento de programas de muitas agências do governo nas áreas de planejamento urbano, censo populacional, estudos de uso de terra, planejamento de rodovias e estudos do trânsito urbano. Além disso, também têm sido usados em sistemas de recolocação de emprego para ajudar a encontrar o emprego mais adequado para cada pessoa. Esses e outros aplicativos ilustram que a tecnologia da informação pode ser usada para ajudar a resolver problemas da sociedade.

Obviamente, muitos dos efeitos prejudiciais da tecnologia da informação são causados por indivíduos ou organizações que não aceitam a responsabilidade ética de suas ações. Como outras poderosas tecnologias, a tecnologia da informação tem um potencial para um grande prejuízo ou um grande benefício para a humanidade. Se gerentes, profissionais de negócios e especialistas em SI aceitarem as responsabilidades éticas, a tecnologia da informação poderá ajudar a tornar o mundo melhor.

Gerenciamento da segurança da tecnologia da informação

Seção II

Introdução

Com o acesso à internet proliferando rapidamente, pode-se pensar que o maior obstáculo ao e-commerce é a largura da banda. Mas não é assim, o problema número 1 é segurança. E parte do problema está no fato de que a internet foi desenvolvida para a interoperabilidade, não para a impenetrabilidade.

Como vimos na Seção I, existem várias ameaças significativas à segurança dos sistemas de informação nos negócios. Por essa razão, esta seção dedica-se a explorar os métodos que as empresas podem utilizar para gerenciar sua segurança. Gerentes de negócios e profissionais da área são responsáveis pela segurança, pela qualidade e pelo desempenho dos sistemas de informação nas suas unidades. Como qualquer outro recurso vital, *hardware*, *software*, redes e recursos de dados precisam ser protegidos por uma variedade de atitudes de segurança para garantir a qualidade e o uso benéfico. Esse é o valor do gerenciamento da segurança.

Leia o "Caso do mundo real 2" a seguir. É possível aprender muito sobre os motivos pelos quais os gerentes de TI cada vez mais se preocupam em manter seus dados sensíveis a salvo e como enfrentam esse desafio (ver Figura 11.12).

Ferramentas de gerenciamento de segurança

O objetivo do **gerenciamento de segurança** é precisão, integridade e segurança de todos os processos e recursos do sistema de informação. Sendo assim, um eficaz gerenciamento pode minimizar erros, fraudes e perdas nos sistemas de informação que conectam as empresas de hoje com seus clientes, fornecedores e outros envolvidos. A Figura 11.13 mostra que o gerenciamento de segurança é uma tarefa complexa. Como você pode ver, os gerentes de segurança devem adquirir e integrar muitas ferramentas de segurança e métodos para proteger os recursos de sistema de informação. Discutiremos muitos desses procedimentos nesta seção.

A alta gerência concorda: segurança de informação é prioridade máxima

O que gestores e outros líderes empresariais realmente pensam sobre segurança da informação? Um recente conjunto de pesquisa e entrevistas realizado pela *InformationWeek* revela que eles estão mais alinhados com a equipe de "Infosec" [segurança da informação] do que você pode imaginar – quando o assunto é segurança da informação, os executivos que não são da área TI simplesmente não querem nada que não seja o melhor. Os resultados sugerem que os executivos não apenas reconhecem a importância da segurança da informação, mas também apoiam ativamente os esforços de TI de suas organizações para proteger os ativos das empresas e reduzir o risco.

Às vezes, isso vem como uma surpresa. Discursos explosivos de profissionais de TI sobre executivos mesquinhos que ignoram questões de segurança decisivas e consideram a segurança um impedimento à realização de negócios são bastante comuns. De fato, conflitos entre executivos e organizações de TI ainda são frequentes. Oportunidades de fazer dinheiro que apresentam riscos de segurança consideráveis ainda são tentadas, a despeito das objeções de equipes de segurança da informação. No entanto, as equipes de segurança nem sempre percebem que o risco não pode ser totalmente eliminado ou que algumas medidas de segurança vão tão longe a ponto de tornar a informação e tecnologia demasiado incômodas para serem úteis.

Entre os executivos que mais se preocupam com segurança, está William McNabb, CEO da empresa de investimentos Vanguard Group. Ele resume a responsabilidade de sua empresa com relação a informações de segurança da seguinte maneira: "Lidamos com mais de um trilhão de dólares de outras pessoas. Nós nos importamos com a confiança que depositaram em nós, e temos de fazer tudo ao nosso alcance para protegê-la". Dos entrevistados, 75% afirmavam que a segurança da informação está entre as maiores prioridades da empresa.

Existem quatro razões principais para esse alto nível de apoio executivo. A primeira é o aumento do alto volume de roubo de informações de cartão de crédito, números da previdência social e outros dados pessoais. Esses ataques começaram a aparecer nas manchetes em 2005, quando

CASO DO MUNDO REAL 2

Raymond James Financial, BCD Travel, Houston Texans e outras: preocupando-se com o que sai, não com o que entra

O que preocupa Gene Fredriksen não é o que entra na rede corporativa, mas sim o que sai. Para o chefe de segurança da empresa de valores mobiliários Raymond James Financial Inc., de St. Petersburg, na Flórida, o vazamento de dados confidenciais de clientes ou de informações proprietárias é a nova prioridade. O problema não é apenas o conteúdo de mensagens de *e-mail*, mas a explosão de mecanismos alternativos de comunicação que os funcionários estão usando, como mensagens instantâneas, *blogs*, transferências de FTP, webmail e quadros de mensagem. Não é suficiente apenas monitorar *e-mails*, diz Fredriksen: "Temos de evoluir e mudar no mesmo ritmo do negócio. As coisas estão acontecendo muito mais rápido".

Por isso, Fredriksen está implantando um sistema de monitoramento de conteúdo de saída e controle da rede. O *software*, da Vontu Inc., uma empresa de São Francisco, monitora, a partir da rede, o tráfego da mesma maneira que um sistema de detecção de invasão faria. Em vez de focalizar o tráfego de entrada, no entanto, o Vontu monitora a atividade de saída que se origina dos 16 mil usuários da Raymond James. Ele examina o conteúdo de cada pacote de rede em tempo real e emite alertas quando são encontradas violações da política.

Sistemas baseados em rede fazem mais do que apenas uma varredura baseada em regras dos números CPF e outros conteúdos facilmente identificáveis. Eles geralmente analisam documentos e tipos de conteúdo sigilosos e geram uma impressão digital única para cada um. Os administradores, em seguida, estabelecem políticas que se relacionam com esse conteúdo, e o sistema usa análises linguísticas para identificar dados sigilosos e aplicam essas políticas à medida que a informação passa pela LAN corporativa. Os sistemas podem detectar documentos completos e "documentos parciais", como uma troca de mensagens instantâneas em que um usuário tenha colado um fragmento de documento.

Quando a BCD Travel começou a investigar o que seria necessário para obter a certificação Payment Card Industry (PCI) para a manipulação de dados de clientes de cartão de crédito, o vice-presidente sênior de tecnologia, Brian Flynn, percebeu que realmente não sabia como seus funcionários estavam lidando com essas informações. A certificação PCI não somente poderia ser negada, mas a reputação e os negócios da agência de viagens também poderiam ser prejudicados. Na Texans Houston da NFL, o diretor de TI, Nick Ignatiev, chegou à mesma conclusão quando pesquisou a certificação PCI.

Em ambos os casos, os fornecedores com quem eles tinham trabalhado sugeriram uma nova tecnologia: ferramentas de gerenciamento de conteúdo de saída que buscam informações confidenciais que possam estar saindo da empresa por *e-mail*, mensagens instantâneas ou outras vias. Flynn começou a usar o aplicativo de rede Reconnex iGuard, com resultados nítidos. "Foi um choque ver o que estava acontecendo, e isso nos deu a ideia de como agir", diz ele. Depois de Ignatiev examinar seu fluxo de mensagem usando o aplicativo PacketSure, da Palisade Systems, ele também percebeu que seus funcionários precisavam fazer um trabalho melhor para proteger dados críticos, incluindo cartões de crédito de clientes, relatórios de observação e listas de equipe.

Como funciona essa tecnologia? Basicamente, as ferramentas filtram a saída de comunicação por vários canais, como *e-mail* e mensagens instantâneas, para identificar informações confidenciais. Elas são baseadas em algumas das mesmas tecnologias, como pesquisa de padrões de texto e contexto, que ajudam ferramentas antivírus e antispam a bloquear ameaças recebidas.

As ferramentas normalmente vêm com padrões básicos já definidos para informações de identificação pessoal, como números da CPF e de cartão de crédito, bem como modelos para informações privadas em geral, como dados legais, dados pessoais e resultados de testes de produtos.

As empresas costumam examinar três tipos de informações com essas ferramentas, observa Paul Kocher, presidente da consultoria Cryptography Research. O primeiro e mais fácil desses tipos é o de informações pessoais identificáveis, como números da previdência social e informações de cartão de crédito. O segundo tipo é uma informação confidencial da empresa, como especificações do produto, informações de folha de pagamento, processos jurídicos ou contratos de fornecedores. Embora essas informações sejam mais difíceis de ser identificadas, a maioria das ferramentas pode descobrir padrões de linguagem e apresentação a partir de amostras suficientes, observa Kocher. A terceira categoria é o uso inadequado de

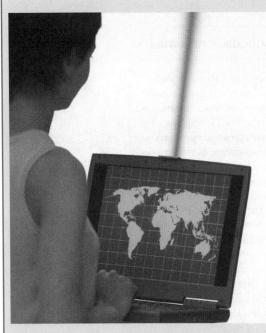

Fonte: Cortesia de Getty Images.

FIGURA 11.12 As empresas estão começando a se concentrar em manter as informações confidenciais dentro de suas fronteiras. Ferramentas de gerenciamento de conteúdo de saída estão sendo implantadas para monitorar o tráfego de saída.

recursos da empresa, como as comunicações potencialmente ofensivas que envolvam conteúdo racial.

Os métodos tradicionais de segurança podem restringir os dados sigilosos para usuários legítimos, mas Flynn e Ignatiev descobriram que mesmo os usuários legítimos estavam colocando os dados, e suas empresas, em situação de risco. Na BCD Travel, uma prestadora de serviços de viagem corporativas, quase 80% dos seus 10 mil funcionários trabalham em *call centers* e, assim, têm acesso legítimo a informações confidenciais de clientes. A BCD e a Texans não encontraram atividade nociva. Em vez disso, descobriram que as pessoas que não estavam cientes dos riscos de segurança, como o envio de um número de cartão de crédito de cliente por *e-mail* para reservar um voo ou quarto por parte de um fornecedor que não dispunha de um sistema de reservas *on-line*.

A Fidelity Bancshares Inc., em West Palm Beach, na Flórida, está usando o recurso de bloqueio de mensagens PortAuthority, da PortAuthority Technologies Inc., de Palo Alto, Califórnia. Mensagens de *e-mail* de saída com números de CPF, números de contas, números de identificação de empréstimos ou outros dados pessoais e financeiros são interceptadas e devolvidas ao usuário, juntamente com instruções de sobre como enviar o *e-mail* de forma segura.

Joe Cormier, vice-presidente de serviços de rede, diz que ele também usa o PortAuthority para recolher respostas descuidadas. Os clientes costumam enviar perguntas e incluir as suas informações de conta. "O representante de atendimento ao cliente responde sem modificar o *e-mail*", diz ele.

"O desafio com qualquer sistema desse tipo é que eles são importantes na mesma medida que os procedimentos de atenuação de riscos que você tem administrativamente", observa Fredriksen. Outra chave para o sucesso é educar os usuários sobre o monitoramento para evitar conclusões de que há um "Big Brother". "Estamos garantindo que os usuários entendam por que implementar sistemas como esse e para que eles estão sendo usados", diz ele.

Mark Rizzo, vice-presidente de operações e engenharia de plataforma da Perpetual Entertainment Inc., de São Francisco, aprendeu, em um trabalho anterior, quais as consequências de não proteger a propriedade intelectual "Tenho visto coisas desaparecendo e aparecendo com a concorrência". A desenvolvedora de jogos *on-line* implantou o Content Alarm, da Tablus, para sanar o problema. Rizzo o utiliza para procurar atividades suspeitas, como arquivos de grandes dimensões que saem da LAN corporativa. Agora que as políticas e regras básicas foram definidas, o sistema não exige muita manutenção contínua, diz ele. Ainda assim, Rizzo não utiliza o bloqueio, porque teria de gastar uma quantidade significativa de tempo criando mais políticas para evitar falsos positivos.

Embora as empresas em setores altamente regulamentado possam justificar o investimento em ferramentas para monitoramento de conteúdo de saída e para bloqueio, outras organizações podem ter que fazer as contas para justificar os custos. São soluções cuja implementação é bastante dispendiosa. Fredriksen, que construiu um sistema de suporte a 16 mil usuários, diz que para uma instalação com cerca de 20 mil usuários, "você fica facilmente na faixa de US$ 200 mil".

Com ferramentas de gerenciamento de conteúdo de saída, "você pode criar filtros de conceito muito sofisticados", diz Cliff Shnier, vice-presidente de consultoria financeira e prática de litígio da Aon Consulting. Normalmente, as ferramentas vêm com modelos para tipos de dados que a maioria das empresas quer filtrar, e podem analisar o conteúdo dos servidores e bancos de dados para obter filtros para informações específicas da empresa, diz ele. (As empresas de consultoria podem melhorar esses filtros usando linguistas e especialistas no assunto.)

Como qualquer usuário de ferramenta antispam sabe, nenhum filtro é perfeito. "Um grande erro é depositar muita fé nas ferramentas. Elas não podem substituir a confiança e a educação", pondera Kocher. E também não vão deter um ladrão específico, diz ele. Mesmo quando devidamente implementadas, essas ferramentas não criam um perímetro blindado em torno da empresa. Por exemplo, elas não podem detectar informações que fluem através dos serviços de voz sobre IP (VoIP) do Skype ou de conexões SSL (Secure Sockets Layer), observa Kocher. Também podem encher os *logs* com falsos positivos, o que torna difícil para o pessoal de segurança identificar os problemas reais.

É por isso que os CIOs devem olhar para o gerenciamento de conteúdo de saída como uma ferramenta suplementar para limitar a comunicação acidental ou desconhecida de dados sigiloso, e não tomá-la como uma defesa preliminar. De acordo com Fredriksen, embora o Vontu seja importante, é ainda apenas uma parte de uma estratégia maior, que inclui um conjunto de controles sobrepostos que a Raymond James usa para combater ameaças internas: "Isso aumenta a detecção de invasões, e os sistemas de *firewall* que temos controlam e bloqueiam portas específicas. É apenas um recurso. Não é o Santo Graal".

Fonte: Adaptado de Galen Gruman. "Boost Security with Outbound Content Management". *CIO Magazine*, 9 de abril de 2007; e Robert Mitchell."Border Patrol: Content Monitoring Systems Inspect Outbound Communications". *Computerworld*, 6 de março de 2006.

QUESTÕES DO ESTUDO DE CASO

1. Ao restringirem atividades ilegais, porque os funcionários nas organizações apresentadas caso não percebem os perigos de não gerenciar adequadamente informações confidenciais? Você já pensou nesse assunto?
2. Como as organizações podem encontrar o equilíbrio entre o monitoramento e a invasão de privacidade de seus empregados, mesmo que se trate de uma atividade legal? Por que é importante que as empresas alcancem esse equilíbrio? Quais seriam as consequências de ser muito tendencioso para um lado?
3. Os executivos de TI do caso notam que todas as tecnologias de controle de saída e de gestão são apenas parte de uma estratégia global, e não a sua defesa principal. Quais seriam os outros componentes dessa estratégia? Que peso você daria a fatores humanos e tecnológicos? Por quê?

ATIVIDADES DO MUNDO REAL

1. Tecnologias como VoIP, utilizadas pelo Skype e por produtos similares, tornam mais difícil o controle de informações de saída. Faça uma pesquisa na internet para avaliar essas tecnologias e o motivo pelo qual surgem problemas. Além de proibi-las, quais alternativas você sugeriria para as empresas que enfrentam esse problema? Prepare um relatório para mostrar suas descobertas.
2. Como cliente de muitas das empresas do caso, ou outras do mesmo setor, qual é sua expectativa sobre as medidas e garantias que essas organizações têm implementado para impedir o vazamento inadequado de suas informações pessoais? Após ler o caso, a sua expectativa mudou? Divida a turma em grupos e discuta o assunto com seus colegas.

FIGURA 11.13 Exemplos de importantes medidas de segurança que são parte do gerenciamento de segurança dos sistemas de informação.

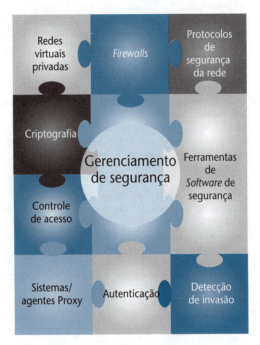

Fonte: Cortesia de Wang Global.

a DSW Shoe Warehouse e a ChoicePoint foram atingidas. No caso da DSW, os ladrões roubaram 1,4 milhão de números de cartão de crédito de lojas em 25 Estados. Enquanto isso, os débeis controles da ChoicePoint permitiram que os artistas da fraude passassem por empresas legítimas, acessem registros de clientes e roubassem identidades. Desde então, uma sequência de furtos de informação, como os acontecidos com a rede de supermercados Hannaford Bros, o site de emprego Monster.com, a varejista TJX e, mais recentemente, com a Heartland Payment Systems, alertou os executivos: essas violações não podiam mais ser aceitas como apenas incidentes isolados.

Segunda razão: os furtos de alto nível têm provocado a promulgação de leis estaduais de divulgação de falhas, que obrigam as empresas a divulgar o roubo ou perda de informações pessoais identificáveis. As empresas também têm de lidar com os padrões da indústria de proteção de dados, sendo o mais importante delas o padrão da Payment Card Industry Data Security, que requer uma série de medidas de segurança para as empresas que aceitam e processam cartões de crédito.

A terceira tendência de mudança das atitudes dos executivos quanto à segurança refere-se ao aumento do custo de violação de informações.

Do pagamento de ações judiciais ao pagamento de multas e à custosa criação de serviços de monitoramento de crédito para clientes que foram vítimas, os executivos podem ver exatamente quanto custa uma falha de segurança. As empresas norte-americanas pagaram uma média de US$ 202 por registro exposto em 2008, acima dos US$ 197 de 2007, segundo um relatório do Ponemon Institute, uma empresa de pesquisas de gestão de privacidade. O relatório também aponta que o custo total médio por violação de cada empresa foi de US$ 6,6 milhões em 2008, acima dos US$ 6,3 milhões de 2007 e dos US$ 4,7 milhões de 2006.

A quarta principal tendência é o dano para a marca e reputação de uma empresa. Embora seja difícil colocar um preço na perda de confiança do cliente ou nos esforços para reparar uma marca, nenhum CEO quer tentar fazer essa matemática.

Fonte: Adaptado de Andrew Conry-Murray. "A Unified Front". *InformationWeek*, 16 de fevereiro de 2009.

Defesas de segurança interligadas na rede

Poucos profissionais de hoje enfrentam maiores desafios que os gerentes de TI que estão desenvolvendo políticas de segurança na internet para infraestruturas de redes que mudam rapidamente. Como eles conseguem equilibrar a necessidade de segurança na internet com o acesso? Os orçamentos para a segurança na internet são adequados? Que impacto terá o desenvolvimento de aplicativo na web, extranet e intranet nas estruturas de segurança? Como eles podem criar melhores práticas para desenvolver a política de segurança na internet?

A segurança de empresas que trabalham em rede é um importante desafio de gerenciamento. Muitas empresas ainda estão no processo de se tornar totalmente conectadas à web e à internet para o *e-commerce*, e estão reorganizando seus processos empresariais internos com intranets, *software* de negócio eletrônico e *links* de extranets para consumidores, fornecedores e outros parceiros. *Links* de rede vitais e fluxo empresarial precisam ser protegidos de ataques externos de criminosos da rede e de subversão por atos criminosos ou irresponsáveis de pessoas internas. Isso requer uma variedade de instrumentos de segurança e medidas defensivas e um programa coordenado de gerenciamento de segurança. Vamos dar uma olhada em algumas dessas importantes defesas.

A **criptografia** de dados tornou-se uma importante maneira de proteger dados e outros recursos do computador conectado à rede, especialmente na internet, em intranets e extranets. Senhas, mensagens, arquivos e outros dados podem ser transmitidos de maneira embaralhada e lidos de forma correta apenas por usuários autorizados. A criptografia envolve o uso de algoritmos matemáticos especiais, ou chaves, para transformar dados digitais em código antes de serem transmitidos e para decodificar os dados quando são recebidos. O método mais usado de criptografia utiliza uma chave com duas partes – pública e privada – para cada indivíduo. Por exemplo, um *e-mail* pode ser "embaralhado" e codificado com a utilização de uma única *chave pública* para o destinatário que é conhecido pelo remetente. Depois que o *e-mail* é transmitido, somente a *chave secreta privada* do destinatário pode desembaralhar a mensagem (ver Figura 11.14).

Criptografia

Programas de criptografia são vendidos como produtos separados ou construídos dentro de outro *software* utilizado para o processo de criptografia. Há vários padrões de softwares de criptografia competindo, mas os dois melhores são: RSA (da RSA Data Security) e PGP *(pretty good privacy)*, um popular programa de criptografia disponível na internet. Produtos de *software*, como Microsoft Windows XP, Novell NetWare e Lotus Notes, oferecem a criptografia usando o *software* RSA.

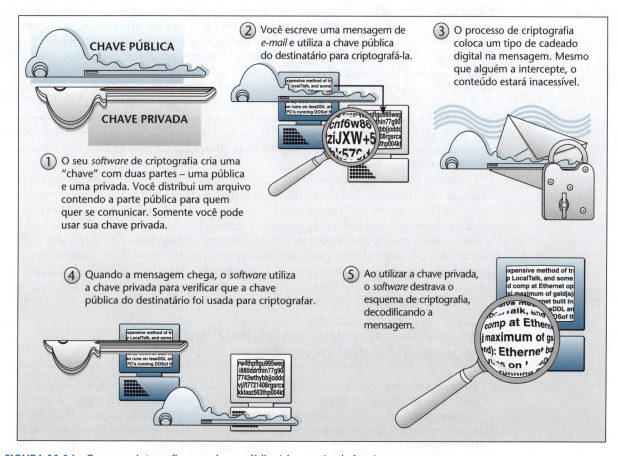

FIGURA 11.14 Como a criptografia com chave pública/chave privada funciona.

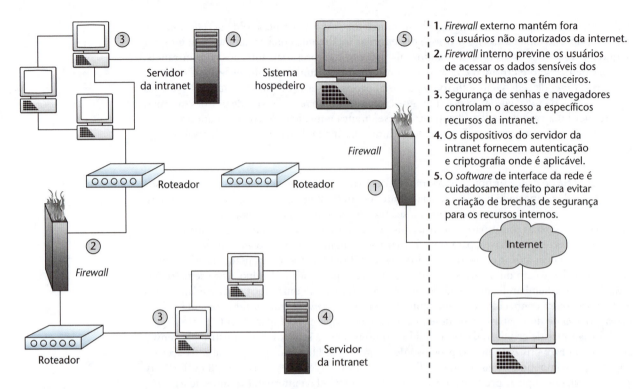

FIGURA 11.15 Um exemplo de *firewall* de internet e intranet em uma rede de computadores de uma empresa.

Firewalls

Outro importante método de controle e segurança na internet e em outras redes é o uso de computador e *software* de **firewall**. Um *firewall* de rede pode ser um processador de comunicações, normalmente um *roteador*, ou um servidor dedicado, juntamente com o *software* de *firewall*. Um *firewall* trabalha como um sistema de "porteiro" que protege as intranets e outras redes de computador da empresa de invasões, fornecendo um filtro e um ponto de transferência seguro para acessar a internet e outras redes. Ele examina as senhas e outros códigos de segurança de todo o tráfico da rede, e só permite transmissões autorizadas para dentro e para fora da rede. O *software* de *firewall* também se tornou um essencial componente de sistema de computador para conexões individuais para a internet com DSL ou modems de cabo, por causa de sua vulnerável situação de conexão sempre ativa. A Figura 11.15 ilustra um sistema de *firewall* de internet/intranet de uma empresa.

    Firewall pode deter, mas não previne completamente, o acesso não autorizado nas redes de computador *(hacking)*. Em alguns casos, um *firewall* pode permitir o acesso de apenas alguns locais confiáveis na internet para computadores particulares dentro do *firewall*. Ou ele pode permitir a passagem somente de mensagens "seguras". Por exemplo, pode deixar os usuários lerem os *e-mails* mesmo que estejam em lugares remotos, mas não rodará certos programas. Em outros casos, é impossível distinguir o uso seguro ou não de determinado serviço da rede, sendo assim, todos os pedidos são bloqueados, e o *firewall* pode, então, fornecer para alguns serviços (como *e-mail* ou transferência de arquivos) substitutos que façam a maioria das funções, mas que não sejam tão vulneráveis à intrusão.

> **WhiteHat Security: o "teste da caixa-preta" imita *hackers* para descobrir vulnerabilidades**
>
> Jeremiah Grossman quer que você saiba que os *firewalls* e a criptografia SSL não impedirão que um *hacker* invada seu site de *e-commerce*, comprometendo os dados dos seus clientes e, eventualmente, roubando seu dinheiro. Isso porque a maioria dos atuais ataques a *sites* explora bugs no próprio aplicativo da web, em vez de fazê-lo no sistema operacional no qual o aplicativo é executado.

Grossman é o fundador e diretor de tecnologia da WhiteHat Security, uma empresa do Silicon Valley que oferece serviços terceirizados para gerenciamento de vulnerabilidade de *sites*. Usando uma combinação de varredura proprietária e o chamado "*hacking* ético", a WhiteHat avalia a segurança dos *sites* dos clientes, procurando por vulnerabilidades passíveis de ser exploradas.

A WhiteHat faz uma varredura sem acessar o código de origem do cliente e de fora do *firewall* do cliente, usando o protocolo padrão HTTP da web. Essa abordagem é muitas vezes chamada de "teste da caixa-preta", pois os conteúdos do site são opacos aos assessores de segurança. O problema com os testes de caixa-preta, obviamente, é que ele certamente não irá notar muitas vulnerabilidades e portas dos fundos que estão escondidas no código-fonte. O teste da caixa-preta só pode encontrar vulnerabilidades que sejam visíveis para quem está usando seu site, mas a vantagem desse método é que ele imita precisamente como um *hacker* muito provavelmente faria o reconhecimento e a sua conduta de invasão.

A partir de seu *vantage point* na WhiteHat, Grossman viu várias organizações migrarem seus *sites* do ASP original da Microsoft para o ASP.NET. "O ASP clássico, a primeira geração de *sites* ASP, está geralmente cheio de vulnerabilidades", diz ele. No entanto, quando essas organizações reescreveram seus aplicativos usando o ASP.NET, repentinamente eles melhoraram tremendamente em termos de segurança. "Mesmos desenvolvedores, duas possibilidades diferentes. Não era um problema de cultura, mas de tecnologia."

Em outra empresa, uma instituição financeira, a WhiteHat descobriu uma vulnerabilidade facilmente explorada que permitiria o roubo do dinheiro dos clientes. A WhiteHat aletrou a empresa, e o problema foi resolvido em 24 horas. Poucos meses depois, a vulnerabilidade voltou. "Os desenvolvedores estavam trabalhando no próximo lançamento, previsto para sair em dois ou três meses. Algum desenvolvedor não fez a atualização a partir do servidor de produção para o servidor de desenvolvimento. Então, quando o lançamento ocorreu, três meses depois, a vulnerabilidade voltou". Ugh!

Você pode não ser um grande fã dessa abordagem para a segurança, mas, se conversar com Grossman por duas horas, ele irá convencê-lo de que isso é uma parte necessária dos atuais *sites* de *e-commerce*. Sim, seria bom eliminar esses bugs conhecidos com melhores práticas de codificação, mas vivemos no mundo real. É melhor examinar os erros e corrigi-los do que simplesmente cruzar os dedos e esperar que eles não estejam lá.

Fonte: Adaptado de Simson Garfinkel. "An Introduction to the Murky Science of Web Application Security". *CIO Magazine*, 11 de maio de 2007.

Nos últimos anos, o maiores ataques contra o *e-commerce* e *sites* web de empresas demonstraram que a internet é vulnerável a uma variedade de ataques por *hackers*, especialmente os **ataques de negativa de serviço** (*distributed denial of service* – DDOS). A Figura 11.16 esboça as ações que as organizações fazem para se proteger desses ataques.

Os ataques de negativa de serviço via internet dependem de três camadas de sistemas de computador que operam na rede: (1) o site da vítima, (2) o provedor de serviço de internet (ISP) e (3) os locais de computadores zumbis ou escravos que foram comandados pelos criminosos. Por exemplo, no começo de 2000, *hackers* invadiram centenas de servidores, que estavam mal protegidos em universidades e plantaram o cavalo de Troia ".exe", que foi, então, usado para lançar inúmeros pedidos de serviço em um ataque orquestrado a *sites* como o Yahoo! e eBay.

Ataques de negativas de serviços

Como se defender da negativa de serviço
• **Nas máquinas zumbis:** Instale e reforce as políticas de segurança. Procure regularmente por programas de cavalo de Troia e vulnerabilidades. Feche portas que não utiliza. Lembre os usuários de não abrir anexos externos executáveis ".exe".
• **Nos ISP:** Monitore e bloqueie o aumento de tráfico. Filtre os endereços de IP falsos. Coordene a segurança com os provedores da rede.
• **No site da vítima:** Crie servidores e conexões da rede *backups*. Limite o número de conexões para cada servidor. Instale múltiplos sistemas de detecção de invasão e múltiplos roteadores para o tráfico que entra para reduzir os pontos de afogamento.

FIGURA 11.16 Como se defender dos ataques de negativas de serviço.

Como a Figura 11.16 mostra, medidas defensivas e precauções de segurança devem ser tomadas em todos os três níveis de redes de computador envolvidos. Trata-se medidas básicas que empresas e outras organizações podem adotar para proteger seus *sites* dos ataques. Agora, vamos dar uma olhada em mais um exemplo do mundo real de uma tecnologia mais sofisticada de defesa.

Como se o *phishing* não fosse o suficiente: ataques de negativas de serviço

Kevin Dougherty já lidou com sua parcela de spam e fraudes de *phishing* como qualquer líder de TI do setor de serviços financeiros. Mas o nome do remetente em um *e-mail* específico provocou arrepios na espinha: foi enviado por um dos membros da diretoria da Central Florida Educators' Federal Credit Union (CFEFCU), do qual Dougherty faz parte. O *e-mail* alegava, com profusão de detalhes, ter havido um problema com a migração para um novo cartão de crédito Visa que o membro do conselho estava promovendo para os clientes do Credit Union. A mensagem fraudulenta fez que clientes clicassem em um *link* para um site falso criado por criminosos e inserissem suas informações de conta para corrigir o problema.

Entretanto, o que aconteceu no final da tarde sexta-feira – após Dougherty, que é vice-presidente sênior de TI e de *marketing*, ter retirado as informações de migração do cartão de crédito do site e colocado um aviso para os clientes sobre o esquema fraudulento – realmente o assustou.

Por volta das 14 horas, o site de repente ficou escuro, como se alguém o tivesse acertado com um taco de beisebol. Foi quando Dougherty percebeu que estava lidando com algo que não tinha visto antes. E ele seria capaz de descrever aquilo em termos convencionais, como *phishing* ou spam. Tratava-se de uma conspiração criminosa organizada que visava a seu banco. "Aquilo não era aleatório", diz ele. "Eles viram o que estávamos fazendo com o cartão de crédito e vieram para cima de nós com tudo."

O site de Dougherty ficou em "coma" por conta de um devastador ataque distribuído de negação de serviço (DDOS) que, em seu pico, disparou mais de 600 mil pacotes por segundo de solicitações de serviço falsas em seus servidores a partir de um pelotão de fuzilamento coordenado de computadores infectados em todo o mundo. O fato de os criminosos terem a habilidade e a perspicácia para lançar um ataque em duas frentes contra Dougherty e seus clientes foi uma clara indicação de quanto o crime *on-line* – que hoje é um negócio de US$ 2,8 bilhões, de acordo com a empresa de pesquisas Gartner – tem se desenvolvido nos últimos anos.

Obviamente, a primeira coisa que Dougherty deveria fazer era interromper o ataque. Ele tinha de montar às pressas uma coalizão de fornecedores e consultores para ajudá-lo, e, em seguida, convencer seu CEO de que eram necessárias medidas drásticas, capazes de impedir temporariamente os clientes de ter qualquer possibilidade de acesso a suas contas *on-line* até que os problemas fossem completamente resolvidos. Dougherty queria que o site fosse temporariamente proibido no seu fornecedor de telecomunicações, a BellSouth, para desviar o ataque, reduzindo assim a pressão sobre o site e dando-lhe o tempo e a flexibilidade para fazer as mudanças de proteção. Mas o seu CEO resistiu, como faz qualquer pessoa sem experiências de ataque. "Ele queria manter o site daquele jeito, para que pudéssemos manter o serviço", conta Dougherty.

Às 23 horas, após uma longa noite lutando contra os invasores e traçando estratégias, Dougherty finalmente convenceu seu CEO a pedir a proibição do site e a fazer uma pausa até a manhã seguinte.

Continuar com aquilo, em um estado cansado e tenso, teria contribuído para entregar o site nas mãos dos agressores. "É um jogo mental", disse Dougherty.

Na manhã de sábado, Dougherty tinha a RSA, um fornecedor de segurança que ele chamou quando os ataques começaram, trabalhando para criar um serviço de "desmanches" que busca e liquida *sites* criminosos (nesse caso, mais de 30) com seu próprio taco de beisebol virtual. Enquanto isso, a BellSouth começou a aumentar a segurança em torno do site do Credit Union para tentar evitar os ataques.

O site voltou ao funcionamento na noite de sábado. No final, 22 clientes forneceram informações para os ladrões e as perdas totais foram de "menos de cinco dígitos", segundo Dougherty. Embora o Credit Union tenha evitado o desastre, "foi um despertar terrível", conta ele.

Fonte: Adaptado de Nancy Weil. "Your Plan to Fight Cyber Crime". *CIO Magazine*, 15 de junho de 2007.

Verificações pontuais já não são suficientes. A tendência é o monitoramento sistemático do tráfico de e-mails *corporativos utilizando um* software *de monitoramento que procura palavras suspeitas que podem comprometer a segurança corporativa. A razão: os usuários de* software *de monitoramento disseram que estão preocupados em proteger sua propriedade intelectual e resguardar-se do litígio.*

Monitoramento de e-mail

Como mencionamos na Seção I, a internet e outros sistemas de *e-mail on-line* são os caminhos favoritos para ataques de *hackers* que espalham vírus ou invadem os computadores. O *e-mail* também é o campo de batalha de tentativas das empresas em reforçar políticas contra mensagens ilegais, pessoais ou prejudiciais de funcionários, e de demandas de alguns funcionários e outros que veem tais políticas como violações dos direitos de privacidade.

Monitoramento de funcionários: quem está observando agora?

Basta mencionar o monitoramento de funcionários para gerar preocupações sobre o Big Brother e a privacidade, bem como questões de confiança, lealdade e respeito. No entanto, o monitoramento do uso de *e-mail*, internet e telefone dos funcionários no local de trabalho se tornou mais comum do que os encontros no bebedouro do escritório. Dez anos atrás, o monitoramento do empregado significava que o supervisor caminhava pelo local de trabalho e ficava de olho nas atividades dos funcionários. Hoje, as empresas usam cada vez mais ferramentas automatizadas para garantir que os trabalhadores estejam concluindo tarefas, não desperdiçando recursos e em conformidade com uma lista crescente de regulamentações governamentais.

Um relatório da Privacy Rights Clearinghouse aponta que há pouca coisa ao alcance dos funcionários para limitar o monitoramento por parte de seus empregadores. Os patrões têm o direito de ouvir as conversas telefônicas dos trabalhadores na maioria dos casos, obter registros dessas chamadas, usar *software* para ver o que está sendo exibido em telas de computador, verificar as informações que são armazenados em discos rígidos e rastrear e armazenar *e-mails*. Algumas empresas não têm escolha, senão de monitorar os empregados.

A Presidio Financial Partners presta serviços de consultoria de investimento, controlando cerca de US$ 3 bilhões em recursos para 150 clientes. A empresa está sob o escrutínio da Securities and Exchange Comission e da National Association of Securities Dealers, e deve fornecer aos reguladores acesso a *e-mails* e outras correspondências entre a empresa e seus clientes, bem como manter um arquivo das informações.

"Temos de ter essa informação à nossa disposição", diz Jeff Zlot, diretor da Presídio. "Mas nossos clientes são indivíduos de alto nível, e a última coisa de que precisamos é que essas informações caiam nas mãos erradas."

A Presidio começou a usar o *software* Fortiva Supervision, da Fortiva, para monitorar, controlar e arquivar *e-mails* de seus consultores. A empresa estava satisfeita porque a Fortiva mantém o material arquivado criptografado. O Fortiva Supervision é usado para rastrear *e-mails* entre vendedores e clientes da Presidio, procurando especificamente palavras-chave que possam causar problemas. "Podemos mostrar aos agentes de agências reguladoras que estabelecemos orientações e que estamos reforçando essas orientações do ponto de vista de supervisão vendas", diz Zlot.

Frases assinaladas pelo *software* incluem coisas como "retorno garantido" ou "rendimento garantido", ou sempre que a palavra "denúncia" for usada. Se as palavras-chave forem assinaladas, os supervisores deverão examinar o *e-mail*. Cerca de 50 *e-mails* por dia são agrupados para revisão. "Isso força os supervisores de vendas a examinar e aprovar o trabalho que os funcionários estão fazendo", diz Zlot.

Atualmente, o número crescente de ferramentas de monitoramento automatizadas permite que os empregadores fiscalizem mais facilmente o que os funcionários estão fazendo.

Fonte: Adaptado de Darrell Dunn. "Who's Watching Now?". *InformationWeek*, 27 de fevereiro de 2006.

O seu PC está protegido contra os mais recentes vírus, worms, cavalos de Troia e outros programas nocivos que podem danificar seu computador? Talvez, sim, se estiver periodicamente ligado a uma rede corporativa. Hoje, a proteção antivírus corporativa é uma função centralizada da tecnologia da informação. Alguém a instala no seu PC ou laptop ou, exagerando, a distribui pela internet. O software *de antivírus roda no background, aparecendo de vez em quando para deixá-lo seguro. A tendência atual é automatizar o processo completamente.*

Defesas contra vírus

FIGURA 11.17 Um exemplo de *software* de suíte de segurança para PC que inclui antivírus e *firewalls*.

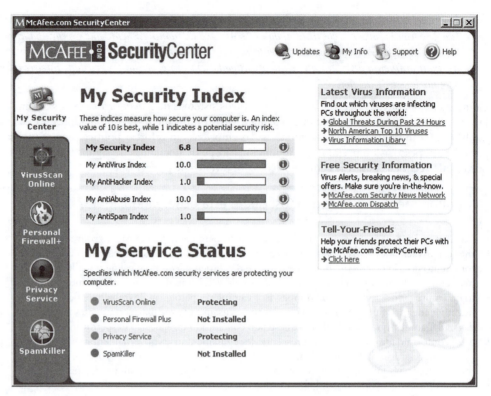

Fonte: Cortesia da McAfee.

Muitas empresas têm construído defesas contra a disseminação de vírus, centralizando a distribuição e atualização de **software de antivírus** como responsabilidade de seu departamento de SI. Outras terceirizam a responsabilidade de proteção contra vírus para seus provedores de serviço da internet ou para empresas de gerenciamento de segurança ou telecomunicações.

Uma das razões para essa tendência é que as mais importantes empresas de *software* de antivírus, como Trend Micro (eDoctor e PC-cillin), McAfee (VirusScan) e Symantec (Norton Antivirus), desenvolveram versões para a rede de seus programas, que elas estão vendendo para as ISPs e outros como um serviço que deveriam oferecer para todos os seus clientes. As empresas de antivírus também estão anunciando *conjuntos de segurança* de *software* que integram a proteção antivírus com dispositivos de *firewalls*, segurança na web e bloqueio de conteúdo (ver Figura 11.17).

O futuro do antivírus

Softwares de antivírus deixam Greg Shipley tão louco que ele tem de rir: "O relacionamento entre as empresas de antivírus baseadas em assinatura e os criadores de vírus é quase cômico. Um lança uma coisa, e depois o outro reage, e os dois ficam nesse vai e e volta. É uma pequena corrida armamentista pateta que não tem fim".

De acordo com Shipley, diretor de tecnologia da Neohapsis, uma empresa de consultoria de segurança de Chicago, a pior parte é que a corrida armamentista não é útil nem para ele nem para seus clientes: "Quero me livrar dos antivírus baseados em assinatura o mais rápido possível. Considero isso um modelo ultrapassado e acho que é um incrível consumidor da CPU".

A indústria do antivírus tem como modelo o sistema imunológico humano, que coloca rótulo em coisas como vírus para conhecê-los e, assim, atacá-los quando reconhece o mesmo rótulo, ou assinatura, outra vez. Os antivírus baseados em assinatura ultrapassaram e muito esse tipo simples de uso de assinatura (embora, no início, examinassem linhas específicas do código). O número de assinaturas de *malware* que a empresa de *software* de segurança F-Secure monitora dobrou em 2007, e, embora você possa cinicamente esperar que uma empresa desse tipo afirme que há mais *malwares* por aí, o total de 2007 dobrou a quantidade de assinaturas que a F-Secure tinha fabricado ao longo nos últimos vinte anos.

Empresas de antivírus pensam que as notícias sobre sua extinção são muito exageradas – mesmo aquelas cujos programas não são excessivamente dependentes de assinaturas, como o BitDefender, que afirma que as técnicas baseadas em assinatura servem para apenas 20% dos *malwares* encontrados –, mas é melhor não contarem muito com isso. Os agentes de segurança da informação corporativos certamente não esperam encontrar uma resposta para seus problemas. "Se depender de assinaturas para a segurança, você praticamente não vai chegar a lugar nenhum", diz Ken Pfeil, chefe de segurança de informação para a região das Américas do banco alemão WestLB. Pfeil considera as assinaturas úteis e sua empresa as utiliza, mas, quando aparece um novo malware, ele frequentemente considera que é mais rápido, mesmo tentar quebrá-lo para compreender seus efeitos potenciais, em vez de esperar por uma atualização de seu fornecedor. Sua empresa também adotou ferramentas que utilizam técnicas heurísticas e testes de anomalia para adicionar vigor à sua abordagem de antivírus.

Esse tipo de abordagem em camadas para *software* corresponde ao que Natalie Lambert, analista da Forrester Research, acredita ser para onde o mercado está indo. Ela diz que antivírus baseados em assinatura são "*table stakes*" (ou "limite de aposta") para *software* de segurança, e técnicas como sistemas de processamento heurístico de informações (*heuristic information processing systems* – HIPS, que buscam ações suspeitas por meio do *software* são como um aplicativo que se abre a partir da pasta Temp. A desvantagem dessas tecnologias é que nenhuma é tão simples e atraente quanto os velhos antivírus baseados em assinatura, que ela chama tecnologia "ajuste e esqueça". Natalie observa que as tecnologias HIPS são difíceis de gerenciar e nunca serão tão simples quanto o modelo antigo, mas ela espera que essas tecnologias fiquem mais fáceis com o tempo.

As empresas de antivírus concordam que eles estão se tornando algo diferente. David Harley, administrador da Avien, a rede de intercâmbio de informações sobre antivírus, acha, no entanto, que há razões psicológicas que apontam ser improvável que os *softwares* de antivírus desapareçam: "A ideia de uma solução que impeça a ação de ameaças reais e não represente um obstáculo a objetos e processos saudáveis é muito atraente. As pessoas (aquelas que não são especialistas em segurança, de qualquer nível) gostam da ideia de um *software* para uma ameaça específica, desde que esse programa encontre qualquer malware que entre e não gere nenhum falso positivo, pois podem pensar que basta instalá-lo e esquecer do assunto. Infelizmente, isso é um ideal inatingível".

Nota para Greg Shipley: não pense demais em se livrar de seu *software* antivírus.

Fonte: Adaptado de Michael Fitzgerald. "The Future of Antivirus". *Computerworld*, 14 de abril de 2008.

Outras medidas de segurança

Vamos agora examinar rapidamente algumas medidas de segurança que são mais utilizadas para proteger sistemas empresariais e redes. Elas incluem ferramentas de *hardware* e *software*, como computadores tolerantes a falha e monitores de segurança, e políticas e procedimentos de segurança, como senhas e arquivos de *backup*. Tudo é parte de um esforço do gerenciamento de segurança integrado em muitas das empresas de hoje.

Códigos de segurança

Normalmente, um sistema de **senhas** de vários níveis é utilizado para o gerenciamento de segurança. Primeiro, o usuário efetua o login no sistema, colocando o seu código único de identificação ou o ID do usuário. Em seguida, o computador pede a ele que entre com a senha para obter o acesso no sistema. (As senhas devem ser constantemente modificadas e de diferentes combinações de letras maiúsculas, minúsculas e números.) A seguir, para acessar um arquivo individual, deve-se indicar apenas um nome de arquivo. Em alguns sistemas, a senha para ler o conteúdo de um arquivo é diferente da pedida para gravar um arquivo (modifica seu conteúdo). Essa modalidade adiciona um novo nível de proteção para armazenar recursos de dados, entretanto, para se ter uma segurança maior, as senhas podem ser embaralhadas ou *criptografadas* para evitar sequestro ou uso impróprio, como discutiremos brevemente. Além disso, *cartões inteligentes*, que contêm microprocessadores que geram números aleatórios para serem acrescentados à senha do usuário, são utilizados em alguns sistemas seguros.

Arquivos de *backup*

Arquivos de *backup*, que são arquivos duplicados de dados ou programas, são outra importante medida de segurança. Arquivos também podem ser protegidos pelas medidas chamadas *arquivos de retenção*, que guardam cópias de períodos anteriores. Se os arquivos atuais forem destruídos,

FIGURA 11.18 O monitor de segurança eTrust gerencia uma variedade de funções de segurança para grandes redes corporativas, incluindo o monitoramento do *status* de aplicativos baseados na web pela rede.

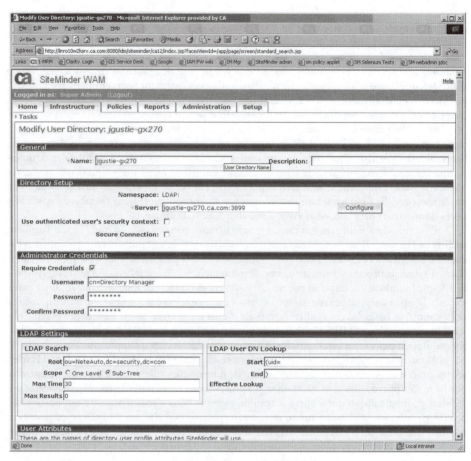

Fonte: Cortesia da McAfee.

os arquivos de períodos anteriores poderão ser utilizados para reconstruir os novos arquivos. Às vezes, várias gerações de arquivos são guardadas com o propósito de controle. Sendo assim, arquivos *master* de vários períodos recentes de processamento (conhecidos como arquivo *filho*, arquivo *pai*,... *avô* etc.) podem ser guardados com o propósito de *backup*. Esses arquivos podem ser guardados fora do local, isto é, em um lugar longe do centro de dados da empresa, às vezes em cofres especiais para armazenamento em lugares remotos.

Monitores de segurança

A segurança da rede pode ser fornecida por pacotes de *software* de sistemas especializados conhecidos como **monitores de sistema de segurança** (ver Figura 11.18). Esses sistemas são programas que monitoram o uso dos sistemas de computador e redes e os protegem de usos não autorizados, fraude e destruição. Esses programas fornecem medidas de segurança necessárias para permitir o acesso à rede apenas de usuários autorizados. Por exemplo, códigos de identificação e senhas são frequentemente usados para esse propósito. Monitores de segurança também controlam o uso de *hardware*, *software* e recursos de dados de um sistema do computador. Por exemplo, mesmo usuários autorizados podem ser barrados de usar certos dispositivos, programas e arquivos de dados. Além disso, programas de segurança monitoram o uso das redes de computador e coletam estatísticas sobre tentativas de uso inapropriado. Depois eles produzem um relatório para ajudar a manutenção da segurança da rede.

Segurança biométrica

Segurança biométrica é uma área da segurança do computador que está crescendo depressa. Há medidas de segurança fornecidas por dispositivos de computador que avaliam características físicas, que tornam cada indivíduo único. Isso inclui verificação de voz, digitais, geometria da mão, dinâmica de assinatura, análise de digitação, varredura da retina, reconhecimento de face e analises do padrão genético. Dispositivos de controles biométricos usam sensores com propósitos especiais para medir e digitalizar um perfil biométrico da voz, digitais e outro traço físico de

Avaliação das técnicas biométricas				
	Critério do usuário		Critério do sistema	
	Violabilidade	Esforço	Precisão	Custo
Verificação dinâmica de assinatura	Excelente	Satisfatório	Satisfatória	Excelente
Geometria facial	Boa	Bom	Satisfatória	Bom
Varredura de dedo	Satisfatória	Bom	Boa	Bom
Geometria da mão	Satisfatória	Bom	Satisfatória	Satisfatório
Varredura passiva da íris	Ruim	Excelente	Excelente	Ruim
Varredura da retina	Ruim	Ruim	Muito boa	Satisfatório
Gravação de voz	Muito boa	Ruim	Satisfatória	Muito bom

FIGURA 11.19 Uma avaliação de técnicas comuns de segurança biométrica baseadas nas necessidades dos usuários, na precisão e no custo.

um indivíduo. O sinal digital é processado e comparado com um perfil processado previamente do indivíduo armazenado em um disco magnético. Se o perfil combina, a pessoa consegue entrar na rede do computador e ter acesso a recursos do sistema de segurança (ver Figura 11.19).

Perceba que os exemplos de segurança de biometria listados na Figura 11.19 são classificados de acordo com o grau de violabilidade (quanto a técnica interrompe um usuário) e a quantidade relativa de esforço necessário para o usuário autenticar. Além disso, a precisão e o custo relativos de cada são julgados. Como você facilmente pode ver, vantagens e desvantagens existem nas quatro áreas em cada exemplo. Enquanto a geometria da face é considerada fácil para os usuários em termos de violabilidade e esforço, sua precisão não é considerada tão alta quanto a de outros métodos. A biometria ainda está na fase inicial, e muitas tecnologias novas estão sendo desenvolvidas para melhorar a precisão e minimizar o esforço do usuário.

A frase "Desculpe-nos, nossos sistemas caíram" é bem conhecida por muitos usuários. Uma variedade de controles pode prevenir tal falha ou minimizar seus efeitos. Sistemas de computador falham por várias razões: queda de energia, mau funcionamento de circuitos eletrônicos, problemas de telecomunicações na rede, erros de programação, vírus, erros do operador e vandalismo eletrônico. Por exemplo, os computadores estão disponíveis com capacidades de manutenção automáticas e remotas. Programas de manutenção preventiva de *hardware* e gerenciamento de *software* são coisas comuns. A capacidade de *backup* de um sistema de computador pode ser fornecida por *organizações de recuperação de desastres*. Grandes mudanças de *hardware* e *software*, em geral, são planejadas e executadas cuidadosamente para evitar problemas, e um pessoal do centro de dados altamente treinado e o uso de *software* de desempenho e gerenciamento de segurança ajudam a manter a rede e os sistemas da empresa funcionando bem.

Controle de falhas do computador

Muitas empresas também utilizam sistemas **tolerantes a falhas** que têm processadores, periféricos e *software* que fornecem uma capacidade de *passar por cima* das falhas fazendo o *backup* de componentes no caso de falha no sistema. Isso fornece uma capacidade de *segurança contra falhas*, pela qual o sistema continua funcionando mesmo se houver uma grande falha do *hardware* ou *software*. Entretanto, muitos sistemas oferecem uma capacidade de *amenizar a falha*, na qual o computador continua funcionando em nível reduzido, mas aceitável. A Figura 11.20 enfatiza algumas das capacidades de tolerância a falhas utilizadas em muitos sistemas de computador e redes.

Sistemas tolerantes a falhas

ETrade Financal Corp.: data center 24 horas por dia, 7 dias por semana

A ETrade Financial Corp. e outras corretoras de ações *on-line* travam um guerra de rapidez em execução de negócios. A ETrade tem 3,5 milhões de contas de clientes e realiza, em média, mais de 100 mil negócios por dia. De acordo com a empresa a maioria dos seus negócios é concluída em menos de um segundo, um feito notável para uma operação complexa que se estende por vários computadores, roteadores e aplicativos, nem todos controlados pela ETrade.

Em 2001, o custo dos sistemas proprietários estava aumentando, enquanto o custo dos sistemas abertos que rodam em processadores Intel estava caindo, diz Joshua S. Levine, chefe de tecnologia e de administração da ETrade. A economia dos produtos de código aberto proporcionou o luxo de ser capaz de provisionamento excessivo por meio da compra de capacidade de reserva para cada falha de *hardware* concebível e picos de demanda. "Quando você está comprando servidores tão baratos, o conceito de 'capacidade' desaparece", diz Levine. "Compramos uma máquina de US$ 3.900 e nem sequer pagamos pela manutenção dela. Quando ela falhar, vamos jogar fora."

O desempenho e a confiabilidade não são apenas de *hardware* e *software*: os ativos de TI devem ser protegidos. Essa foi uma das prioridades quando a ETrade construiu seu centro regional de operações (*regional operations center* ROC) durante o *boom* do mercado acionário em 1999. Era outra velocidade. "Foram dias inebriantes para empresas como a ETrade", relata Greg Framke, vice-presidente executivo e diretor de TI da ETrade. "As empresas mal conseguiam acompanhar a demanda. O ROC foi construída em menos de 12 meses."

O principal data center da ETrade, o ROC de US$ 70 milhões (excluindo o equipamento de informática), é uma fortaleza sem identificação ou janelas feita de concreto em Alpharetta, Geórgia. A instalação é classificada como um data center "Camada IV-Tolerante a Falhas", com dois sistemas elétricos independentes, múltiplos caminhos de distribuição de energia e de resfriamento, componentes redundantes e disponibilidade de 99,995%.

Seis operadoras de telecomunicações têm conexões no prédio, e o data center conta com três fontes de fornecimento de energia. Há duas salas, cada uma com um par de resfriadores de 600 toneladas, e um tanque de água fria com capacidade para um milhão de litros que poderão fornecer a refrigeração se algum resfriador falhar. O centro tem quatro grandes ambientes com unidades de fornecimento de energia ininterrupto, e qualquer uma delas pode falhar sem acarretar nenhum impacto operacional. Outros dois salões têm, cada um, um par de geradores redundantes a diesel de 2 megawatts. Nas proximidades, há um tanque de 220 mil litros de óleo diesel, o suficiente para abastecer o data center por duas semanas. A segurança é rígida. Há monitores de TV de circuito fechado, portas equipadas com leitores de cartões e um sistema de reconhecimento de impressões digitais que controla o acesso à sala do computador.

"O que mais me orgulha é que operamos a 100% todos os dias, 24 horas por dia". E é lá fora que todos podem ver se você falhar. Isso quer dizer que minha carreira poderia acabar agora mesmo graças a uma interrupção de três horas", diz Levine.

Fonte: Adaptado de Gary Anthes. "Sidebar: Inside ETrade's Data Center". *Computerworld*, 27 de setembro de 2004; e Gary Anthes. "ETrade Beats the Clock". *Computerworld*, 27 de setembro de 2004.

FIGURA 11.20 Métodos de tolerância a falhas em sistemas de informação baseados em computadores.

Camada	Ameaças	Métodos de tolerância a falhas
Aplicativos	Ambiente, *hardware* e falhas de *software*	Redundância específica do aplicativo e retomada do ponto de verificação anterior.
Sistemas	Interrupções	Isolamento do sistema, segurança dos dados e integridade do sistema.
Bancos de dados	Erros dos dados	Separação de transações e atualizações seguras, históricos completos de transações e arquivos de *backup*.
Redes	Erros de transmissão	Controladores, assincronia e apresentação confiáveis. Rota alternativa, detecção de erros e códigos de correção de erros.
Processos	Falhas no *hardware* e *software*	Cálculos/computações alternativos e retomada dos pontos de verificação.
Arquivos	Erros de meios	Replicar dados importantes em diferentes meios e *sites*, arquivar, fazer *backup* e recuperar.
Processadores	Falhas no *hardware*	Instrução de nova tentativa, códigos de correção de erros na memória e no processamento, replicação, processadores múltiplos e memórias.

Desastres naturais e aqueles provocados pelo homem acontecem. Tornados, terremotos, incêndios, alagamentos, atos criminosos e terroristas, e erros humanos podem danificar seriamente os recursos computacionais de uma organização e, dessa forma, a própria saúde dela. Muitas empresas, especialmente os varejistas e atacadistas, empresas aéreas, bancos e provedores de internet que fazem *e-commerce on-line*, por exemplo, são prejudicadas pela perda, mesmo que por poucas horas, da força da computação. Muitas empresas sobreviveriam apenas alguns dias sem as facilidades da computação. É por isso que as organizações desenvolvem procedimentos de **recuperação de desastres** e os formalizam em um *plano de recuperação de desastres*. Esse plano especifica os funcionários que participarão da recuperação de desastres e suas funções, *hardware*, *software* e instalações a serem usados, e a prioridade dos aplicativos que serão processados. Acordos com outras empresas no uso de instalações alternativas, como um site de contingência e armazenamento dos bancos de dados fora do site de uma empresa, também fazem parte de um esforço eficaz de recuperação de desastre.

Recuperação de desastres

As duas últimas necessidades do gerenciamento de segurança que precisam ser mencionadas são o desenvolvimento de controles de sistema de informação e sistemas de auditoria empresarial. Vamos dar uma breve olhada nessas duas medidas de segurança.

Controles de sistemas e auditorias

Os **controles de sistemas de informação** são métodos e dispositivos que tentam assegurar a precisão, validade e propriedade das atividades do sistema de informação. Controles de sistema de informação (SI) devem ser desenvolvidos para garantir entrada de dados, técnicas de processamento, métodos de armazenamento e saída de forma apropriada. Por isso, os controles de SI são projetados para monitorar e manter a qualidade e segurança da entrada, do processamento, da saída e do armazenamento de qualquer sistema de informação (ver Figura 11.21).

Controles de Sistemas de Informações

Por exemplo, controles de SI são necessários para assegurar a entrada apropriada de dados no sistema da empresa e, assim, evitar a síndrome de entrada e saída de lixo *garbage in, garbage out* (Gigo). Os exemplos incluem senhas, outros códigos de segurança, telas de inserção de dados formatadas e sinais de erros audíveis. O *software* pode incluir instruções para identificar a inserção de dados incorretos, inválidos ou impróprios quando entram no sistema. Por exemplo, um programa de entrada de dados pode verificar códigos, campos de dados e transações inválidos, e conduzir "verificações racionais" para determinar se a inserção de dados excedeu os limites especificados ou está fora da sequência.

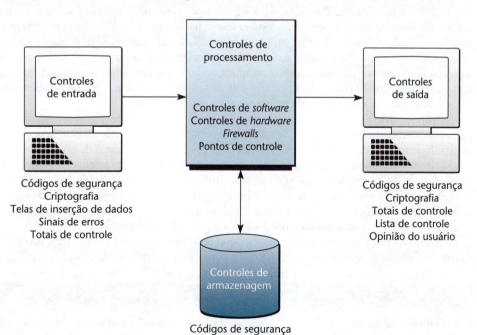

FIGURA 11.21 Exemplos de controles de sistemas de informação. Note que eles são projetados para monitorar e manter a qualidade e segurança da entrada, do processamento, da saída e do armazenamento de um sistema de informação.

FIGURA 11.22 Como se proteger dos crimes em informática e outras ameaças à segurança do computador.

Gerenciamento de segurança para usuários de internet

1. Use *software* antivírus e de *firewall*, atualize-os com frequência, para proteger seu computador de programas destrutivos.
2. Não permita que sites de *e-commerce* armazenem suas informações de cartões de crédito para futuras compras.
3. Use senhas difíceis de adivinhar que contenham uma mistura de números e letras. Mude-as frequentemente.
4. Use senhas diferentes para diferentes sites e aplicações, a fim de evitar o ataque *hackers*.
5. Instale todas as atualizações e melhorias do sistema operacional.
6. Use a versão mais recente de seu navegador web, *software* de *e-mail* e outros programas.
7. Somente envie os números de seu cartão de crédito a sites seguros. Procure o símbolo de um cadeado ou chave na parte inferior da tela do navegador.
8. Use um programa de segurança que lhe ofereça controle dos *cookies* que enviam informações a web sites.
9. Instale *software firewall* para analisar o tráfego no caso de conexão DSL ou *cable modem* com a rede.
10. Não abra anexos de *e-mails* a menos que conheça a fonte remetente.

Auditoria da segurança de TI

O gerenciamento de segurança da TI deveria ser periodicamente examinado ou passar por uma auditoria feita pelos funcionários internos da empresa ou por auditores externos de firmas de contabilidade. Os auditores revisam e avaliam se medidas adequadas de segurança e políticas de gerenciamentos têm sido desenvolvidas e implementadas. Isso normalmente envolve a verificação da precisão e integridade do *software* usado, assim como a entrada de dados e o resultado produzido pelos aplicativos empresariais. Algumas firmas contratam auditores especiais de segurança de computador para essa tarefa. Eles podem utilizar dados especiais de teste para examinar a precisão de processamento e procedimentos de controle construídos no *software*. Os auditores podem desenvolver programas especiais para teste ou usar pacotes de *software* de auditoria.

Outro importante objetivo das auditorias dos sistemas da empresa é examinar a integridade da *trilha para auditoria* de um aplicativo. A **trilha para auditoria** pode ser definida como a presença de documentação que permite localizar uma transação em todas as fases do seu processamento de informação. Essa jornada pode começar com o aparecimento de uma transação em um documento-fonte e acabar com sua transformação em uma informação no registro ou relatório final de produção. A trilha para auditoria de sistemas manuais de informação é bem visível e fácil de rastrear. Entretanto, sistemas de informação baseados em computador mudaram a maneira de fazer as trilhas para auditoria. Agora, auditores devem saber como procurar eletronicamente arquivos de fita e disco por atividade do passado para seguir a trilha para auditoria dos sistemas que trabalham na rede de hoje.

Muitas vezes, essa *trilha para auditoria eletrônica* toma a forma de (*registros de controle*) que registram automaticamente toda atividade do computador em discos magnéticos ou dispositivos de fita. Esse aspecto de auditoria pode ser encontrado em muitos sistemas de processamento de transação *on-line*, monitores de segurança e desempenho, sistemas de operação e programas de controle de rede. Um *software* que registra toda atividade na rede também é muito utilizado na internet, principalmente na World Wide Web, além das intranets e extranets corporativas. Essa trilha ajuda os auditores a verificar erros e fraudes, mas também ajuda os especialistas em SI a rastrear e avaliar a trilha de ataques dos *hackers* nas redes de computador.

A Figura 11.22 resume os dez passos de gerenciamento de segurança para proteger as fontes de sistemas de computador dos *hackers* e outros crimes em informática.

Resumo

- **Dimensões éticas e sociais.** O papel vital das tecnologias da informação e dos sistemas na sociedade levanta sérios problemas éticos e sociais em termos de seus impactos em emprego, individualidade, condições de trabalho, privacidade, saúde e crime em informática, como ilustra a Figura 11.2.

  Questões de emprego incluem perda de emprego por causa da automatização e substituição por computadores do trabalho *versus* os trabalhos criados para fornecer e apoiar as novas tecnologias da informação e os aplicativos empresariais que eles tornam possíveis. O impacto nas condições de trabalho inclui problemas de monitoramento dos funcionários e da qualidade da condição de trabalho de empregos que fazem o uso pesado da tecnologia da informação. O efeito da TI na individualidade remete aos problemas de perda de personalidade, organização e inflexibilidade de alguns sistemas empresariais computadorizados.

Problemas de saúde aparecem pelo uso intenso de computadores por longos períodos, que pode causar danos à saúde relacionados ao trabalho. Sérios problemas de privacidade surgem pelo uso de TI para acessar ou coletar informações particulares sem autorização, assim como para, determinação de perfil monitoramento, censura e calúnia por computador. Questões de atividades criminais envolvem *hacking*, vírus, *worms*, furto, uso não autorizado no trabalho, pirataria de *software*, e pirataria de propriedade intelectual.

Gerentes, profissionais de negócios e especialistas de SI poderão ajudar a resolver o problema do uso impróprio da TI ao assumirem suas responsabilidades éticas em relação ao projeto ergonômico, utilizarem-na de forma benéfica e adotarem um gerenciamento esclarecido delas na nossa sociedade.

- **Responsabilidade ética nos negócios.** Negócios e atividades de TI envolvem muitas considerações éticas. Princípios básicos de ética nos negócios e na tecnologia podem servir como diretrizes para profissionais de negócios quando lidarem com problemas de ética nos negócios que podem aparecer no enorme uso da tecnologia da informação em empresas e na sociedade. Exemplos incluem teorias de responsabilidade social, que esboçam a responsabilidade ética da gerência e dos empregados para com os acionistas da empresa, os interessados e a sociedade. Os quatro princípios de ética na tecnologia estão na Figura 11.4.

- **Gerenciamento de segurança.** Uma das maiores responsabilidades de gerenciamento de uma empresa é garantir a segurança e qualidade de suas atividades empresariais capacitadas pela TI. Ferramentas e políticas de segurança podem assegurar a precisão, a integridade e a segurança dos sistemas e recursos de informação de uma empresa e, assim, minimizar erros, fraudes e perdas na segurança em suas atividades. Os exemplos mencionados no capítulo incluem o uso de criptografia de dados confidenciais, *firewalls*, monitoramento de *e-mails*, *software* antivírus, códigos de segurança, arquivos de *backup*, monitores de segurança, medidas de segurança biométricas, medidas de recuperação de desastres, sistemas tolerantes a falhas, medidas de recuperação de desastres, controles de sistema de informação e auditoria de segurança dos sistemas empresariais.

Termos e conceitos-chave

Estes são os termos e conceitos-chave abordados neste capítulo. O número entre parênteses refere-se à página em que consta a explicação inicial.

1. *Adware* e *spyware* (468)
2. Arquivos de *backup* (489)
3. Associação por computador (472)
4. Ataques de negativa de serviço (485)
5. Controles de sistemas de informação (493)
6. Crime em informática (458)
7. Criptografia (483)
8. Ergonomia (477)
9. Ética nos negócios (452)
10. *Firewall* (484)
11. *Flaming* (474)
12. Fundamentos éticos (452)
13. Gerenciamento de segurança (479)
14. *Hacking* (459)
15. Lei cibernética (474)
16. Monitoramento por computador (475)
17. Monitores de sistema de segurança (490)
18. *Opt-in* contra *Opt-out* (470)
19. Pirataria de *software* (464)
20. Propriedades intelectuais (465)
21. Recuperação de desastres (493)
22. Segurança biométrica (490)
23. Senhas (489)
24. *Software* de antivírus (488)
25. Soluções Sociais (477)
26. *Spamming* (474)
27. Tolerantes a falhas (491)
28. Trilha para auditoria (494)
29. Uso não autorizado (463)
30. Vírus de computador (466)

Questionário de revisão

Relacione um dos termos e conceitos-chave mencionados anteriormente com os seguintes exemplos ou definições. Procure a melhor opção para respostas que parecem corresponder a mais de um termo ou conceito. Justifique suas escolhas.

_____ 1. Assegurar a precisão, integridade e segurança das atividades e dos recursos da TI empresariais.

_____ 2. Totais de controle, sinalizador de erro, arquivos de *backup* e códigos de segurança são alguns exemplos.

_____ 3. *Software* que pode controlar o acesso e o uso de um sistema de computador.

_____ 4. Um sistema de computador poderá continuar a operar mesmo depois de uma grande falha no sistema se tiver essa capacidade.

_____ 5. Um sistema de computador que serve como um filtro ao acesso para e de outras redes por computadores da empresa conectados à rede.

_____ 6. Leis e regulamentos focados em problemas relacionados à internet e a outras formas de comunicações conectadas à rede.

_____ 7. A presença de documentação que permita ser rastreada em todos os estágios de processamento da informação.

_____ 8. Utiliza sua voz ou suas digitais para identificá-lo eletronicamente.

_____ 9. Um plano para continuar operações de SI durante uma emergência.

_____ 10. Embaralhar dados durante sua transmissão.

_____ 11. Escolhas éticas podem resultar de processos de tomada de decisões, valores culturais ou estágios comportamentais.

_____ 12. Gerentes devem confrontar inúmeras questões éticas em seus negócios.

_____ 13. Enviar indiscriminadamente *e-mails* não solicitados.

_____ 14. *Software* que pode infestar uma máquina e transmitir informações particulares de volta para seu dono.

_____ 15. Duas perspectivas diferentes sobre o uso de informações privadas.

_____ 16. Utilizar computadores para identificar pessoas que se encaixem em determinado perfil.

_____ 17. Utilizar computadores para monitorar as atividades dos funcionários.

_____ 18. Sobrecarregar um site da web com pedidos de serviços de computadores cativos.

_____ 19. Utilizar computadores e redes para furtar dinheiro, serviço, *software* ou informações.

_____ 20. Utilizar computadores da empresa para acessar a internet durante o horário de trabalho para assuntos pessoais.

_____ 21. Copiar *software* sem autorização.

_____ 22. Copiar material com direitos autorais sem autorização.

_____ 23. A quebra eletrônica e entrada no sistema do computador.

_____ 24. Um programa se copia e destrói dados e programas.

_____ 25. Procura e elimina vírus.

_____ 26. Enviar mensagens de *e-mail* extremamente críticas, pejorativas ou vulgares.

_____ 27. Projetar *hardware*, *software* e estações de trabalhos que sejam seguras, confortáveis e fáceis de usar.

_____ 28. Aplicativos de tecnologia da informação que têm efeitos para a sociedade como um todo.

_____ 29. Duplicar arquivos de programas ou dados que são periodicamente copiados e armazenados em outro lugar no caso de haver dano ao original e necessidade de restauração.

_____ 30. Parte de dado, conhecido apenas pelo usuário autorizado, que é usado para acesso ao sistema.

Questões para discussão

1. O que pode ser feito para melhorar a segurança da utilização da internet nos negócios? Apresente vários exemplos de medidas de segurança e de tecnologias que você utilizaria.

2. Quais potenciais problemas de segurança você vê no aumento do uso das intranets e extranets nos negócios? O que poderia ser feito para eliminá-los? Apresente diversos exemplos.

3. Consulte o exemplo do mundo real sobre cópias de CD e download de músicas neste capítulo. Fazer cópias de CDs de música é uma prática ética? E o download de música da internet? Explique.

4. Quais são as suas maiores preocupações sobre crimes em informática e privacidade na internet? O que você pode fazer com relação a isso? Explique.

5. O que é recuperação de desastres? Como ela poderia ser implementada na sua escola ou no seu trabalho?

6. Consulte o "Caso do mundo real 1" sobre ética e dilemas morais neste capítulo. Embora as ações de John Mackey possam ser discutíveis de um ponto de vista ético, provavelmente não eram ilegais. É inapropriado para um funcionário escrever em um *blog* ou emitir opiniões sobre sua empresa ou seus concorrentes? Por quê? E se fosse o caso de um analista em vez de um CEO?

7. Existe uma crise ética nos negócios de hoje? Que papel a tecnologia da informação tem na prática de negócios antiéticos?

8. Que decisões empresariais você tomará como gerente com ambas as dimensões: ética e de TI? Use exemplos para ilustrar sua resposta.

9. Consulte o "Caso do mundo real 2" sobre o gerenciamento de conteúdos de saída neste capítulo. O caso observa que, embora as empresas de setores altamente regulamentados possam justificar mais facilmente seus investimentos nessas tecnologias, outras podem enfrentar desafios ao fazê-lo. Como essas empresas podem apresentar um projeto de negócios para aquisição ou desenvolvimento dessas tecnologias? Que fatores devem ser levados em conta? Dê vários exemplos.

10. Quais são os exemplos de efeitos negativos e positivos do uso da tecnologia da informação em cada uma das dimensões éticas e sociais ilustradas na Figura 11.2? Explique suas escolhas.

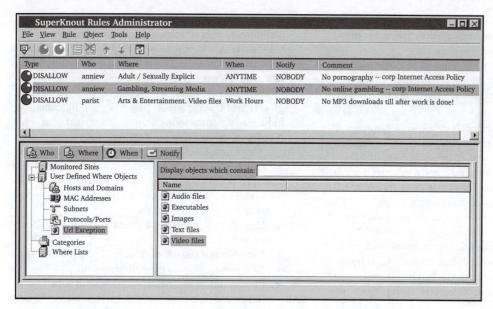

FIGURA 11.23 *Softwares* de monitoramento de rede (farejadores) são usados para monitorar o uso da internet por funcionários durante o trabalho. Os farejadores também podem bloquear o acesso a *sites* não autorizados.

Fonte: Cortesia da Aptara.

Exercícios de análise

1. **Problemas com senhas**
   Autenticação
   Os gerentes de rede e de aplicativos precisam saber quem está acessando seus sistemas para determinar os níveis de acesso apropriados. Normalmente, os gerentes exigem que os usuários criem senhas. A senha secreta, conhecida somente pelo usuário, permite que um administrador saiba que o usuário é quem diz ser. Os administradores de sistemas têm até mesmo o poder de determinar as características das senhas. Por exemplo, eles podem definir um tamanho mínimo e exigir que a senha inclua números, símbolos ou letras maiúsculas e minúsculas misturadas. Eles também podem exigir que um usuário altere a senha no prazo de poucas semanas ou meses. Essas abordagens têm inúmeros problemas:

   - Os usuários muitas vezes esquecem senhas complicadas ou alteradas com frequência, resultando em chamadas seguidas ao *help desk*. O funcionário do *help desk*, em seguida, enfrenta o ônus de identificar o funcionário por outros meios e redefinir a senha. Esse processo leva tempo e está sujeito a engenharia social.
   - Os usuários podem anotar suas senhas em papel. No entanto, isso deixa as senhas sujeitas a descobertas e roubos.
   - Os usuários normalmente escolhem a mesma senha para várias contas diferentes, o que significa que alguém que descubra uma dessas senhas terá, em seguida, as "chaves" para todas as contas.
   - Os usuários podem escolher uma senha fácil de lembrar, que é fácil de prever e, portanto, fácil de adivinhar. Programas que descobrem senhas buscam, em dicionários da língua inglesa, palavra comuns e combinações de palavras e números, como "Smart1" ou "2smart4U".
   - Os usuários podem informar suas senhas pelo telefone (engenharia social) ou por *e-mail* (*phishing*, um tipo de engenharia social) para indivíduos que se passam por administradores do sistema. Talvez você já tenha recebido *e-mails* que supostamente vêm de uma instituição financeira, alegando dificuldades de identidade ou de conta e pedindo a "confirmação" das informações da conta em seu site aparentemente autêntico.

   Como você pode ver, o método de uso de senhas para identificar uma pessoa está cheio de problemas. Aqui vão algumas alternativas para exame: examine cada abordagem de autenticação listada abaixo na internet, descreva o método em suas próprias palavras (não se esqueça de citar suas fontes) e faça uma breve lista das vantagens e desvantagens.
   a. Biometria (medição biológica)
   b. Smart cards (cartões inteligentes)
   c. Biochips

2. **Seus direitos de trabalho na internet:**
   Três cenários éticos
   Se você é um empregador ou um empregado, deve saber quais são os seus direitos com relação ao uso da internet no trabalho. Mark Grossman, um advogado da Flórida especializado em leis de internet e de informática, responde a algumas questões básicas.

   - **Cenário 1:** Ninguém contou que seu uso da internet tem sido monitorado. Agora você foi avisado que será demitido se navegar novamente na internet por recreação. Quais são seus direitos?

     Resumo: Quando está usando o computador do escritório, você praticamente não tem nenhum direito. Você teria dificuldade em convencer uma Corte de que seu patrão invadiu sua privacidade ao monitorar o uso do computador na empresa. Você deveria, talvez, ser grato por receber um aviso.

- **Cenário 2:** Que postura você adota ao perceber que seus funcionários estão abusando dos privilégios da internet, mas sua empresa não tem uma política sobre o uso dessa tecnologia?

    Resumo: embora a lei não esteja completamente desenvolvida nessa área, as Cortes utilizam um método direto: se for o caso de uma empresa de computação, ela poderá controlar a maneira como a internet é usada. Você não precisa de uma política de uso para evitar a utilização inapropriada dos computadores da empresa. Para se proteger no futuro, elabore uma política e divulgue aos seus funcionários, o mais rapidamente possível.

- **Cenário 3:** Agora, imagine que o funcionário Fulano de Tal "baixou" materiais para adultos em seu PC do trabalho, e a funcionária Jane Smith viu. Então, ela processa a empresa por assédio sexual. Nesse caso, o empregado deve ser responsabilizado?

    Resumo: se o material vier da internet ou de uma revista, ele não terá lugar no trabalho. Portanto, Smith pode, certamente, processar a empresa por fazê-la trabalhar em um ambiente sexualmente hostil. A melhor defesa da empresa é ter uma política de uso da internet que proíba visitas a *sites* de conteúdo adultos. (É lógico que você tem de acompanhar sem fraquejar. Se alguém estiver olhando esse tipo de material no escritório, você deverá, pelo menos, mandar uma carta de advertência.) Entretanto, se a empresa não tiver uma política severa sobre a internet, a funcionária poderá ganhar na justiça.

    a. Você concorda com o conselho do advogado Mark Grossman em cada uma das situações? Por quê?
    b. Qual seria o seu conselho? Explique suas opiniões.
    c. Identifique algum princípio ético que você poderia utilizar para explicar suas opiniões em cada situação.

3. **Como explorar as fraquezas da segurança**

Engenharia social

Um funcionário que precisa de permissão para acessar um ambiente eletrônico, dados ou outro recurso de sistemas de informação, deve, preencher um requerimento e obter autorização do gerente responsável. Em seguida, o gerente envia o pedido a um dos administradores do sistema.

Administradores de sistema, altamente confiáveis e muito bem treinados, passam uma parte significativa do tempo fazendo nada mais técnico que acrescentar ou remover nomes da lista de controle de acesso. Em grandes organizações, não é incomum haver administradores que nunca se encontraram com as pessoas que enviaram o pedido. Os administradores podem até não trabalhar no mesmo escritório.

Hackers aprenderam a tirar vantagens desse método de autorização. Primeiro, eles "investigam" a empresa. O *hacker* não espera comprometer o sistema na investigação inicial. Ele simplesmente inicia fazendo um telefonema para descobrir quem é responsável por garantir o acesso e como se inscrever. Um pouquinho mais de investigação o ajuda a descobrir quem está dentro da estrutura da organização. Algumas organizações até mandam essa informação *on-line* em forma de catálogos de funcionários. Com essa informação em mãos, o *hacker* sabe com quem conversar, o que pedir e que nomes utilizar para soar mais convincente. O *hacker* está, então, pronto para tentar fazer-se passar por um funcionário e induzir o administrador de sistemas a revelar uma senha e, sem querer, fornecer um acesso não autorizado.

Organizações determinam quem precisa de acesso para quais aplicações. Também necessitam de um sistema pelo qual podem autenticar a identidade da pessoa que fez o pedido. Finalmente, precisam gerenciar esse processo de forma eficaz e barata.

a. Descreva os problemas empresariais apresentados neste exercício.
b. Faça diversas sugestões de como reduzir a exposição da organização para engenharia social.
c. Prepare um memorando de orientação para recém-contratados em seu departamento de TI descrevendo a "engenharia social". Faça várias sugestões de maneiras que evitem que os funcionários sejam enganados por *hackers*.

4. **Declarações de privacidade**

O problema do *spyware*

Os navegadores podem sentir-se anônimos quando usam a internet, porém esse sentimento não é sempre justificado. Endereços de IP, *cookies*, procedimentos de login nos *sites* e compras no cartão de crédito ajudam a rastrear a frequência de visitas e quais páginas os usuários acessam. Algumas empresas vão além.

Empresas que fornecem proteção de tela de graça ou arquivos de P2P também dão *spywares*, juntamente com seus aplicativos. Uma vez carregados, esses aplicativos rodam no *background*. O que eles realmente rastreiam vai depender do *software* específico. Para ficar dentro da lei norte-americana, essas empresam esboçam as funções do *software* em termos gerais e incluem essas informações em letras miúdas nos acordos de licenciamento do usuário (*end-user licensing agreement* – Eula) e/ou na política de privacidade. Na verdade, esses acordos podem até incluir uma condição de que os usuários não desabilitem nenhuma parte do *software* se desejam ter o uso gratuito.

Visto que a maioria dos usuários não lê essa informação, eles não sabem dos direitos de que abriram mão. Eles podem ter conseguido o que desejavam de graça, mas, na realidade, podem ter obtido muito mais. Na verdade, usuários relataram que alguns *spywares* permaneceram em seus discos rígidos e ficam ativos mesmo depois que desinstalaram o *software* gratuito.

a. Utilize um buscador para encontrar *spyware*, *spyware removal*, *adware* e outros termos relativos. Prepare um resumo de uma página de seus resultados. Inclua URLs para fontes *on-line*.
b. Selecione três dos seus *sites* da web favoritos e imprima suas políticas de privacidade. O que elas têm em comum? E em que diferem?
c. Escreva a sua própria política de privacidade balanceando as necessidades do cliente e da empresa.

CASO DO MUNDO REAL 3
Fraude cibernética: os quatro principais criminosos cibernéticos, quem são e o que fazem

As fraudes virtuais são o nicho criminal que mais cresce hoje. Bancos e gigantes do *e-commerce*, do JPMorgan Chase & Co. ao Walmart.com, foram atingidos, por vezes repetidamente, por *hackers* e esquemas de fraude *on-line*. O Relatório de Crimes de Informática de 2005 do FBI estimou as perdas anuais devidas a todos os tipos de crimes de informática, incluindo ataques de vírus e outros *malwares*, fraudes financeira e invasões de rede, em US$ 67 bilhões no ano. Das 2.066 empresas que da pesquisa, 87% relataram um incidente de segurança. Além disso, a Federal Trade Commission dos Estados Unidos afirma que o roubo de identidade é a sua queixa principal.

Para controlar o crime cibernético, os agentes policiais trabalham com empresas como o eBay ou a Microsoft, bem como com as autoridades legais em todo o mundo. O eBay tem 60 pessoas que lutam contra a fraude, enquanto a equipe Internet Safety Enforcement da Microsoft tem 65 agentes, incluindo ex-agentes policiais e procuradores federais. Para documentar o alcance da atividade, os repórteres da *BusinessWeek* vasculharam *sites* secretos onde dados furtados são trocados como figurinhas de futebol no eBay.

Veja o seguinte *e-mail* que promoveu, no ano passado, o lançamento de um bazar de negociação criminoso *on-line* chamado vendorsname.ws: "Durante a batalha com o Serviço Secreto dos Estados Unidos, nós @ # &! todos aqueles bastardos e agora temos um novo e aprimorado fórum com os maiores *carders* que você já viu". A mensagem se gaba de sua variedade de bens roubados: dados de cartões de crédito dos Estados Unidos e da Europa, contas "ativas e cheias de dinheiro" do PayPal e números de CPF. Aqueles que "se inscrevem agora" ganham um "bônus" de escolha de "uma conta do Citybank uma com acesso *on-line* com 3K a bordo" ou "25 cartões de crédito com senhas para uso *on-line*".

A seguir, um exame sobre quatro indivíduos que foram identificados por várias autoridades legais como alvos de alta prioridade de suas investigações. Não é coincidência que todos sejam russos. Boas universidades técnicas, rendimentos relativamente baixos e um sistema legal instável fazem da antiga União Soviética um terreno ideal para golpes virtuais. Além disso, as tensas relações políticas por vezes complicam os esforços na obtenção de cooperação com a polícia local. "O baixo padrão de vida e os altos índices de espertza são uma combinação ruim", afirma Robert C. Chesnut, ex-promotor federal e atual vice-presidente sênior de esforços antifraude do eBay.

Entre os golpes mais pernicioso surgidos nos últimos anos, estão os chamados "anéis de redespacho". O rei dos anéis é um *hacker* russo conhecido como Shtirlitz, uma referência irônica a um agente secreto soviético ficcional que espionou os nazistas. Na vida real, Shtirlitz está sendo investigado pelo Serviço de Inspeção Postal dos Estados Unidos por conta de dezenas de milhões de dólares em fraudes nas quais americanos se inscreveram para atuar como colaboradores involuntários na conversão de dados de cartões de crédito roubados em bens tangíveis que podiam ser vendidos. "Achamos que ele está envolvido no recrutamento de centenas de pessoas", diz William A. Schambura, analista do Serviço de Inspeção Postal.

Os investigadores acreditam que pessoas como Shtirlitz usam cartões de crédito roubados para adquirir bens que enviam para americanos cujas casas servem de pontos de entrega. Os americanos enviam a mercadoria para o exterior, antes de o titular do cartão de crédito ou o varejista *on-line* entender o que acontece. Em seguida, as mercadorias são receptadas no mercado negro.

A *BusinessWeek* constatou que os grupos de redespacho colocam anúncios em jornais e publicidade falsa em *sites* de empregos. "Temos uma oferta de trabalho promocional para você!", acena o *e-mail* de um "cargo de recebimento de mercadorias" da UHM Cargo, aparentemente vindo do site Monster.com. Segundo o anúncio, "o pagamento inicial é de US$ 70 a US$ 80 por remessa processada. Assistência médica e demais benefícios após 90 dias".

Os agentes não sabem o nome real de Shtirlitz, mas acreditam que ele tenha entre 25 e 27 anos e vive na região de São Francisco após seus pais emigrarem. Também não sabem onde ele está agora, mas acreditam que esteja ativo. Em um fórum do Carding-World.cc, uma pessoa cujo apelido é iNFERNis postou esta mensagem em 23 de dezembro de 2005: "Oi, preciso de log-ins do eBay com acesso a *e-mail*. Por favor, icq 271-365-234". Poucas horas depois, Shtirlitz respondeu: "Conheço um bom vendedor. ICQ: 80–911".

Uma vez equipado, alguém poderia entrar nessas contas do eBay e usá-las para comprar bens com dinheiro dos proprietários enquanto esvazia suas contas do PayPal. "Os *sites* são mais como um serviço de encontros", observa Yohai Einav, analista da RSA Security Inc. "Então você pode realizar transações em salas de *chat* privadas. Posso clicar no nome de alguém e começar a fazer negócios com essa pessoa."

As ferramentas técnicas para roubar números de cartão de crédito e dados de acesso *on-line* a contas bancárias são muitas vezes tão valiosas quanto os bens roubados. Um criminoso cibernético conhecido como Smash está sendo investigado pelo Serviço de Inspeção Postal por suspeitas de ajuda a *hackers*. A foto, ou avatar, que acompanha as mensagens de Smash em salas de *chat on-line* mostra um anjo caído. Com cerca de 25 a 30 anos e sediado em Moscou, ele acredita ser um especialista na construção de programas de *spyware*, códigos malicioso que pode acompanhar a digitação dos internautas e fica muitas vezes escondido em *sites* corrompidos e spam de *e-mail*.

De acordo com os agentes norte-americanos, dizem que a RAT Systems, empresa de Smash com sede na Rússia, vendem *spyware* abertamente na web pelo site www.ratsystems.org. Em sua home page, a RAT Systems nega qualquer intenção maliciosa: "Em geral, somos contra cargas destrutivas e disseminação de vírus. A codificação de *spyware* não é crime". No entanto, os "termos de garantia" garantem que os produtos de *spyware* da empresa serão indetectáveis por antivírus feitos por empresas de segurança como McAfee e Symantec. Um produto, chamado TAN Systems Security Leak, criado para atacar empresas alemãs, é vendido por US$ 834.

Os agentes do Serviço de Inspeção Postal também estão investigando as atividades de Smash como membro sênior da Associação Internacional para Avanço da Atividade Criminosa, descrita como uma rede informal de *hackers*, ladrões de identidade e autores de fraudes financeiras. Smash e outro *hacker* procurado, chamado Zoomer, operam conjuntamente o site da associação, no endereço www.theftservices.com, que é um dos

Continua →

mais populares e mais ativos *sites* de comércio de dados roubados, de acordo com os agentes norte-americanos.

Em 11 de maio de 2005, o procurador-geral de Massachusetts, Tom Reilly, ajuizou uma ação contra Leo Kuvayev e seis cúmplices, acusando-os de enviar milhões de *e-mails* de spam para vender medicamentos adulterados, *software* pirata, relógios falsificados e pornografia. Kuvayev, um russo de 34 anos, que usa o apelido de BadCow, é um dos três maiores *spammers*, de acordo com o grupo antispam Spamhaus. Os agentes estatais alegam que Kuvayev e seus sócios usaram vários serviços de hospedagem na web dos Estados Unidos e de várias partes do mundo para lançar ataques.

O Estado de Massachusetts foi capaz de ir atrás de Kuvayev porque ele usou um endereço de Massachusetts em sua carteira de motorista e conduziu seus negócios usando uma caixa postal de Boston. Em 11 de outubro de 2005, depois que nenhum dos acusados apareceu para responder às acusações, um juiz da Suprema Corte emitiu uma sentença à revelia contra eles. O juiz considerou que os *spammers* violaram leis estaduais e federais de defesa do consumidor e ordenou o desligamento permanente de dezenas de *sites* ilegais. Kuvayev e os outros réus foram condenados a pagar US$ 37 dólares em penalidades civis pelo envio de cerca de 150 mil *e-mails* ilegais.

Os agentes federais acreditam que a operação de Kuvayev estava rendendo mais de US$ 30 milhões por ano. Agentes estaduais suspeitam que Kuvayev fugiu para a Rússia antes do processo. "O problema é que a Rússia não tem nenhuma lei antispam no momento", diz Gregory Crabb, investigador sênior do Serviço de Inspeção Postal. "É difícil pegar alguém que não está infringindo a lei."

Os ladrões de banco roubam bancos porque é onde está o dinheiro. Para os criminosos virtuais, a melhor recompensa geralmente é encontrada no interior das redes de processadores de cartão de crédito, os intermediários que lidam com transações de cartão para comerciantes e bancos. Os agentes do Serviço de Inspeção Postal dizem que estão investigando Roman Khoda, conhecido como Myo, por fortes suspeitas de sua ligação com o roubo de um milhão de números de cartão de crédito nos últimos anos.

Russo de 26 anos de idade, com diploma de Física, Khoda já trabalhou com os principais membros do *carderplanet*, um dos maiores mercados *on-line* de compra e venda de dados de contas bancárias e cartões roubados, até ser interrompido por agentes dos Estados Unidos e de outros países em agosto de 2004. Além disso, Khoda não é como alguns *hackers* arrogantes que muitas vezes usam assinaturas digitais próprias para códigos maliciosos, diz Crabb. Ele opera com cautela. Khoda não deixou, no *caderplanet* e em qualquer outro site posterior, qualquer rastro que o ligasse a dados roubados.

Ainda assim, Crabb afirma que os funcionários sabem que Khoda e dois cúmplices realizaram uma investigação ampla sobre as redes de computador de alvos recentes com a intenção de invadi-las, até mesmo com a criação de empresas falsas com contas de processadores de cartão de crédito para testar falhas em seus sistemas. Em seguida, eles levavam computadores para um apartamento alugado na ilha mediterrânea de Malta, de acordo com Crabb. Usando servidores proxy nos Estados Unidos, na China e na Ucrânia para esconder sua conexão de internet, Khoda e seus comparsas em seguida desencadearam seus ataques.

Fonte: Adaptado de Spencer Ante e Brian Grow. "Meet the *Hackers*". *BusinessWeek*, 29 de maio de 2006.

QUESTÕES DO ESTUDO DE CASO

1. Liste várias razões que explicam por que "as fraudes virtuais são o nicho criminal que mais cresce hoje". Explique por que as razões listadas contribuem para o crescimento de golpes cibernéticos.
2. Que medidas de segurança poderiam ser implementadas para combater a propagação de golpes cibernéticos? Explique por que suas sugestões seriam eficazes.
3. Qual dos quatro criminosos descritos nesse caso constitui a maior ameaça para as empresas? E para os clientes? Explique as razões para suas escolhas e descreva como as empresas e os consumidores podem se proteger desses fraudadores cibernéticos.

ATIVIDADES DO MUNDO REAL

1. Nota: Não é aconselhável visitar qualquer um dos *sites* de fraude cibernética mencionados nesse caso ou quaisquer outros que você descubra. Fazer isso deixaria você, seu computador e sua rede vulneráveis a várias formas de crimes cibernéticos. Pesquise outros *sites* na internet para obter informações atualizadas sobre fraudes virtuais, os criminosos cibernéticos mencionados nesse caso e as maneiras de combater fraudes cibernéticas. Quais são alguns dos novos desenvolvimento que você achou no caso?
2. Como você pode proteger-se da fraude cibernética e de formas de crimes virtuais? Divida a turma em grupos, discuta o assunto com seus colegas e formule algumas recomendações de proteção importantes. Inclua todas as formas de crimes cibernéticos mencionados nesse caso às suas recomendações, bem como aqueles que você descobrir em sua pesquisa na internet.

CAPÍTULO 12

Gerenciamento global e na empresa de tecnologia da informação

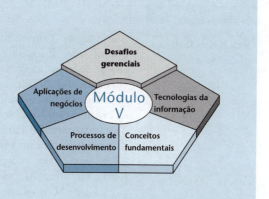

Destaques do capítulo

Seção I
Gerenciando a tecnologia da informação
Negócios e TI
Gerenciando a tecnologia da informação
"Caso do mundo real 1": Toyota, Procter & Gamble, Hess Corporation e outras: CIOs prestes a se aposentar e a necessidade de planejamento de sucessão
Planejamento de negócios/TI
Gerenciando a função da TI
Organização da TI
Terceirização e *offshoring* de TI e SI
Falhas no gerenciamento de TI

Seção II
Gerenciando uma TI global
A dimensão internacional
Gerenciamento global da TI
Desafios culturais, políticos e geoeconômicos
"Caso do mundo real 2": Reinsurance Group of America e Fonterra: unificando as operações globais
Estratégias globais de negócios/TI
Aplicações globais de negócios/TI
Plataformas globais da TI
Questões do acesso global aos dados
Desenvolvimento global de sistemas
"Caso do mundo real 3": IBM Corp.: competindo globalmente com funcionários de TI *offshore* e cessão de tecnologia

Objetivos de aprendizagem

1. Identificar cada um dos três componentes do gerenciamento da tecnologia da informação e usar exemplos para ilustrar como eles podem ser implementados em um negócio.

2. Explicar como as falhas no gerenciamento da TI podem ser reduzidas pelo envolvimento dos gerentes de negócios no planejamento e gerenciamento da TI.

3. Identificar vários desafios políticos, culturais e geoeconômicos que os gerentes enfrentam no gerenciamento global da tecnologia da informação.

4. Explicar o efeito, na estratégia global de negócios/ TI, da tendência da adoção de uma estratégia transnacional pelas organizações internacionais.

5. Identificar várias considerações que afetam a escolha das aplicações, das plataformas, das políticas de acesso a dados e dos métodos de desenvolvimento de sistemas da TI por uma empresa de negócios globais.

6. Compreender os conceitos fundamentais de *offshore*, bem como as razões principais de selecionar essa abordagem no gerenciamento de TI.

Seção I — Gerenciando a tecnologia da informação

Negócios e TI

A estratégia e a importância operacional da tecnologia da informação nos negócios não são mais questionadas. Enquanto o século XXI avança, muitas empresas em todo o mundo têm a intenção de se transformar em potências globais nos negócios por meio de grandes investimentos em negócio eletrônico, comércio eletrônico (*e-commerce*) e outras iniciativas de TI. Portanto, há uma necessidade real dos profissionais e gerentes em entender como lidar com essa função vital da organização. Nesta seção, exploraremos como a função de SI pode ser organizada e gerenciada, e enfatizaremos a importância do foco no valor para o negócio e o cliente no gerenciamento da tecnologia da informação. Se você planeja ser um empresário e dirigir sua própria empresa, um gerente em uma corporação ou um profissional de negócios, gerenciar os sistemas e a tecnologia da informação será uma de suas maiores responsabilidades (ver Figura 12.1).

Leia o "Caso do mundo real 1" a seguir. É possível aprender muito sobre os vários desafios enfrentados por executivos de TI prestes a se aposentar e as diferentes abordagens para orientar e desenvolver os líderes de TI do futuro.

Gerenciando a tecnologia da informação

Como temos visto, a tecnologia da informação é um componente essencial para o sucesso dos negócios de hoje, mas ela também é um recurso vital que precisa ser adequadamente gerenciado. Portanto, também vimos muitos exemplos do mundo real em que o gerenciamento da tecnologia da informação teve papel central para assegurar o sucesso ou contribuir para a falência de iniciativas estratégicas de uma empresa. Assim, gerenciar os sistemas e a tecnologia da informação que apoiam os processos modernos dos negócios das empresas de hoje é um grande desafio para os gerentes e profissionais da TI.

Como a tecnologia da informação deve ser gerenciada? A Figura 12.2 ilustra um método comum para **gerenciar a tecnologia da informação** em uma grande empresa. Esse método de gerenciamento tem três principais componentes:

- **Gerenciar o desenvolvimento e a implementação em conjunto das estratégias de negócios/TI.** Sob a liderança do CEO e do CIO, propostas são desenvolvidas por gerentes do negócio e de TI e profissionais para utilizar a TI como apoio para as prioridades estratégicas de uma empresa. Esse processo de planejamento dos negócios/TI *alinha* a TI com os objetivos estratégicos do negócio. O processo também inclui avaliar o investimento no desenvolvimento e na implementação de cada projeto de negócio/TI proposto.

- **Gerenciar o desenvolvimento e a implementação de novos aplicativos e tecnologias de negócio/TI.** Trata-se da responsabilidade básica do CIO e do CTO (*Chief technology officer*). Essa área de gerenciamento da TI envolve o gerenciamento dos processos para o desenvolvimento de sistemas de informação e implementação que discutimos no Capítulo 12, assim como a responsabilidade de pesquisar usos estratégicos de novas tecnologias da informação no negócio.

- **Gerenciar a organização e a infraestrutura da TI.** O CIO e os gerentes de TI compartilham a responsabilidade de gerenciar o trabalho dos profissionais de TI que são, normalmente, organizados em uma variedade de grupos de projetos e outras subunidades organizacionais. Além disso, eles são responsáveis por gerenciar a infraestrutura de *hardware*, *software*, bancos de dados, redes de telecomunicações e outros recursos da TI que devem ser adquiridos, operados, monitorados e mantidos.

O texto a seguir mostra um exemplo do mundo real.

CASO 1 DO MUNDO REAL

Toyota, Procter & Gamble, Hess Corporation e outras: CIOs prestes a se aposentar e a necessidade de planejamento de sucessão

Barbra Cooper começou como CIO quando o cargo ainda era chamado "vice-presidente de SI". Em seus mais de trinta anos trabalhando com TI, ela viu a função tornar-se cada vez mais estratégica. Até hoje, o CIO está na posição única de ser o gestor de nível C que pode "ver através de toda a empresa".

Como CIO da Toyota Motor Sales dos Estados Unidos, Cooper acredita que os CIOs de amanhã serão ainda mais estratégicos e influentes, mas também se preocupa com o futuro do negócio e as mudanças tecnológicas que eles enfrentarão. Os próximos dez a vinte anos vão ser um desafio", diz ela. Enquanto fala sobre os desafios que temos pela frente, surge a pergunta: "De onde virão os líderes de TI para enfrentá-los?".

Essa questão tem sido constante entre os executivos de TI. Os CIOs estão começando a se retirar. A primeira geração de CIOs que permaneceu no cargo ao longo de toda a carreira está prestes a se aposentar. Outros assumem cada vez mais responsabilidades ou abandonam a TI e atuam em outras funções de liderança de negócios cuja posição ultrapassa suas raízes em tecnologia. Na verdade, o *The State of the CIOs* de 2008 constatou que 56% dos CIOs entrevistados dizem que o pensamento estratégico e o planejamento de longo prazo é a habilidade executiva mais decisiva da função atual, seguida de colaboração e influência (47%) e especialização na execução de TI (39%). Ao mesmo tempo, muitos CIOs não sabem quem lideraria a TI se eles abandonassem o cargo repentinamente. Apenas 17% dos entrevistados da pesquisa citaram o desenvolvimento de pessoal como uma competência de liderança decisiva, o que não é surpreendente.

As habilidades para ser um CIO também mudaram, à medida que a função mudou, deixando de ser um cargo técnico para tornar-se algo mais relacionado à estratégia de negócios. O cargo costumava ser algo como "podemos nos dar ao luxo de deixar o negócio nos dizer o que eles queriam que fizéssemos, sermos bom em entregar isso e manter nossos empregos", diz Cooper. "Agora, a física e a velocidade dos negócios e suas exigências indicam que você não pode se dar ao luxo de esperar até que algo aconteça."

De fato, hoje os CEOs procuram o CIO para atuar mais como um líder estratégico de negócios e menos como um chefe de função. O CEO Robert Badavas, da TAC Worldwide, diz que raramente fala sobre a tecnologia com seu CIO: em vez disso, os dois conversam sobre "formação do valor de negócios para nossos clientes". Para ser bem-sucedido, Badavas observa, o CIO precisa entender a proposição de valor do negócio: "Ao permanecer no silo de tecnologia, recursos humanos, contabilidade ou qualquer outro, você não se torna tão valioso para o negócio. Ou para o CEO.

Com tudo isso em mente, os CIOs hoje devem formar não apenas substitutos competentes para si mesmos, mas também a próxima geração de líderes de TI que estejam "pronto para os negócios" e sejam capazes de ter sucesso em um ambiente empresarial mais relacionado à TI e integral. A mudança nas expectativas de negócio significa que os CIOs têm mais segurança nos cargos do que no passado. Também leva mais tempo para encontrar bons profissionais, com a mistura certa de *know-how* empresarial e técnico. Pete Walton, por exemplo, está em sua segunda passagem como CIO da Hess Corp. A empresa de produtos de petróleo o convenceu a deixar a aposentadoria em 2005, quando o seu CIO na ocasião deixou o cargo. A Hess queria alguém que pudesse levar seus serviços de informação "ao próximo nível", conta Walton.

"Os CEOs querem alguém com tino comercial e capaz de descobrir como usar a tecnologia para o negócio. É difícil tentar encontrar essa pessoa híbrida", diz Diane S. Wallace, CIO para o Estado de Connecticut. E fica cada vez mais difícil encontrá-los, apenas por razões demográficas. "Temos essa tripla ameaça de escassez de trabalho: os *boomers* estão se aposentando, os jovens não estão se engajando em TI e menos pessoas estão se diplomando", conta Robert D. Scott, que, em fevereiro, se aposentou como vice-presidente de serviços de negócios globais da Procter & Gamble. Scott diz que notou uma queda no interesse por TI durante a bolha tecnológica dos anos 1990. Em seguida, a corrida para a terceirização criou uma nuvem em torno dos empregos de TI dos Estados Unidos. Essa cortina de fumaça persiste apesar de um crescimento forte das vagas em TI, cujo resultado esperado é agregar mais de 200 mil empregos até 2016, segundo o Bureau of Labor Statistics.

A Procter & Gamble (P&G) é um bom exemplo. A empresa terceirizou cerca de metade da sua equipe de TI em 2003, mas o emprego na área agora está de volta ao nível que estava havia cinco anos. Scott diz que isso acontece porque a empresa terceirizou sua TI de *commodities*, e "a TI interna ascendeu na cadeia alimentar e está criando cada vez mais valor de negócios".

De acordo com Scott, a P&G continua a atrair fortes candidatos para empregos de TI, mas o nível de contratação não é tão grande como nos últimos anos. Além disso, a P&G acredita firmemente na promoção de pessoas mergulhadas na cultura da empresa. Ela se preocupa em manter seus funcionários da geração Y. A tripla ameaça já está criando uma fuga de cérebros de TI. Wallace diz que 40% de sua equipe de 518 pessoas poderá requerer a aposentadoria nos próximos 2 ou 3

Fonte: ©DigitalVision/Getty Images.

FIGURA 12.1 O desenvolvimento e a orientação dos sucessores é uma das principais responsabilidades dos líderes de TI em um ambiente que inclui a mudança do papel do CIO e uma falta de gestores qualificados.

Continua ↦

anos. Barbara A. White, CIO e reitora associada da Universidade da Georgia, diz que, quando três membros da equipe se aposentaram em abril, ela perdeu 90 anos de experiência conjunta. Além disso, há muito pessoal prestes a se aposentar nos próximos dez anos.

Cooper, da Toyota, está dedicando tempo para preparar sua organização para o futuro, o que inclui ser mais o proativo possível e ficar à frente das necessidades do negócio. Significa também um compromisso com o planejamento de sucessão. Dois anos atrás, Cooper sentou-se por 90 minutos com 27 membros da equipe que se reportavam diretamente a ela ou a outro membro da equipe. Cada reunião foi uma sessão aberta de treinamento estruturada em torno das ideias de Cooper sobre o que os líderes de TI terão de ser em dez anos. Em seguida, ela redigiu uma carta de três a quatro páginas para cada membro da equipe, detalhando as capacidades que queria que eles desenvolvessem e um plano para mostrar como essas capacidades seriam alcançadas. Aqueles que se reportavam diretamente a Cooper receberam um resumo do material enviado por ela aos membros de suas equipes.

A Procter & Gamble tem uma cultura empresarial que promove internamente. A empresa percebeu, no entanto, que o bom talento técnico estava ficando mais difícil de ser mantido e também entendeu que os funcionários da geração Y esperam mudar de empresas com frequência. Para combater os desafios, a P&G desenvolveu um novo e mais rápido plano de TI para seus funcionários mais jovens. A liderança de TI adotou um programa de desenvolvimento acelerado, como parte do plano de carreira, diz Scott. Esse plano colocaria um novo conjunto de funcionários de primeira linha no Programa de Desenvolvimento de Executivos de Carreira, destinado a revelar esses trabalhadores a executivos e tarefas de TI de alto nível para ajudar a acelerar o seu crescimento. Há uma ressalva: se você não desempenhar bem o seu papel estará procurando por outro empregador. É uma versão modificada do que está em vigor no departamento de gerenciamento de marcas famosas da empresa.

"Queríamos sinalizar o quanto falávamos sério sobre o crescimento do pessoal e estávamos dispostos a investir mais tempo e energias" com eles, diz Scott. O programa tem apenas dois anos e é muito novo para mostrar resultados claros (ninguém, por exemplo, ainda foi convidado a se retirar).

A P&G também criou o chamado "O Círculo CIO", que atribui o título de mestre ao pessoal de TI de longa data que domina determinada área técnica. Esse título permite à P&G reconhecer a condição de líderes do conhecimento desse pessoal, mesmo que eles não estejam no nível de gerenciamento. Os programas de recompensas encorajam a lealdade dos funcionários, diz Laurie Orlov, consultora e diretora da LMO Insight. O desenvolvimento acelerado, em particular, deve ajudar as empresas a desenvolver os líderes da geração Y. Com tanta exposição ao treinamento e à gestão, eles têm todas as razões para ficar, diz ela.

Os CIOs que falam sério quanto ao desenvolvimento de líderes em seus grupos têm de estar dispostos a investir tempo em seu pessoal e dar-lhes oportunidades para crescer, mesmo que isso signifique, por vezes, deixá-los fracassar. Também pode significar sair do seu caminho, quando chegar a hora. De acordo com Walton, da Hess Corp., seu objetivo em relação a todos os postos de trabalho foi a identificação e o desenvolvimento de substitutos para si mesmo. "Você faz isso criando oportunidades para eles, fazendo-os parecer heróis de liderança aos olhos do seu negócio e deixando-os ficar com toda a glória", diz Walton, que tem 63 anos e se aposentou na Hess pela segunda vez no mês passado, após a empresa chamar Jeff Steinhorn, que serviu sob o comando de Walton, como seu novo CIO.

Como a maioria dos CIOs que desejam desenvolver seus funcionários, Walton usa uma estratégia multifacetada para ajudar o pessoal: orienta-os, fornece modelos de conduta, oferece novas oportunidades e investe pesadamente em educação. Na verdade, ele enviou os melhores gerentes para um programa executivo da Harvard Business School, e a TI tem direito a dois membros no BSG Concours Group, uma empresa de educação estratégica e executiva.

Walton considera o próximo desafio de liderança como algo positivo, não como um elemento negativo: "Existe uma lacuna, mas é animador pensar em como preenchê-la". Segundo Walton, a mistura de experiência e entendimento técnicos disponível quando você mistura *baby boomers* e geração Y é um fator poderoso para empresas que trabalham para reunir essas gerações. Ele está conversando com a Hess sobre como fazer isso e pode querer assumir esse papel no futuro. No entanto, agora que um novo líder de TI está no seu lugar na Hess, Walton pode relaxar um pouco. "Vou diminuir um pouco o ritmo", diz ele.

Fonte: Adaptado de Michael Fitzgerald. "How to Develop the Next Generation of IT Leaders". *CIO Magazine*, 2 de maio de 2008.

QUESTÕES DO ESTUDO DE CASO

1. Vários comentários do caso observam que os CIOs estão numa posição única para a liderança da empresa, muito além de suas principais preocupações tecnológicas. Por que isso acontece? Qual é a diferença, nesse caso, entre os CIOs e, por exemplo, os diretores de finanças, RH ou *marketing*?
2. Após a leitura do caso, quais são as competências mais importantes, na sua opinião, para o CIO bem-sucedido de amanhã? Como você se avalia em relação a essas competências? Você já havia considerado a importância dessas habilidades e capacidades?
3. Como CIOs podem preparar seus sucessores para um futuro incerto que provavelmente exigirá habilidades diferentes daquelas possuídas pelos CIOs de sucesso de hoje? Quais são as competências-chave duradouras? E quais são próprias do ambiente tecnológico atual? Como os CIOS podem se preparar para estas últimas?

ATIVIDADES DO MUNDO REAL

1. Faça uma pesquisa na internet sobre planejamento sucessório executivo e as diferentes abordagens usadas pelas empresas atualmente. Há alguma diferença para as áreas da tecnologia da informação, ao contrário de outras áreas funcionais, em razão da dinâmica das mudanças tecnológicas e da evolução? Que competências estão sendo direcionadas para os executivos de TI? Prepare um relatório para mostrar suas descobertas.
2. O caso menciona várias estratégias utilizadas pelas empresas para orientar e desenvolver a sua próxima geração de líderes de TI: planejamento de carreira, exercícios de desenvolvimento de liderança, *coaching* e assim por diante. Como representante da geração Y, abordada no capítulo, como essas estratégias se ajustam às suas expectativas para o futuro? Divida a turma em pequenos grupos para discutir essas questões, em especial, em que medida você acredita que essas abordagens combinam bem com a sua cultura e personalidade.

Capítulo 12 • Gerenciamento global e na empresa de tecnologia da informação

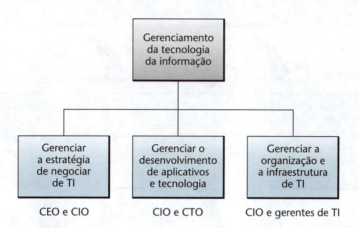

FIGURA 12.2 Componentes importantes do gerenciamento da tecnologia da informação. Observe os executivos com responsabilidades básicas em cada área.

Avnet Marshall: gerenciando a TI

A Figura 12.3 compara o gerenciamento da tecnologia da informação da Avnet Marshall com o gerenciamento convencional. Observe que se utiliza o modelo de gerenciamento da TI ilustrado na Figura 12.2. Por exemplo, no gerenciamento da tecnologia, a Avnet Marshall adota a solução que melhor atende aos método de necessidades do negócio, em vez de impor padronização e homogeneização de *software*, *hardware*, banco de dados e tecnologias em rede. Quando gerencia sua organização de TI, a empresa contrata profissionais de SI que possam integrar a TI com os negócios. Esses profissionais são organizados em grupos de trabalho ao redor de iniciativas de negócios/TI que focam criar para os clientes serviços empresariais suportados pela TI.

A Figura 12.4 ilustra o **processo de planejamento de negócios/TI**, que enfatiza a descoberta de métodos inovadores para satisfazer o valor do cliente de uma empresa e os objetivos de valor empresarial. Esse processo de planejamento leva ao desenvolvimento de estratégias e modelos

Planejamento de negócios/TI

Gerenciamento da TI	Práticas convencionais	Práticas da Avnet Marshall
Gerenciamento de tecnologia	• Metodologia para a infraestrutura da TI pode sacrificar a combinação das tecnologias com as necessidades do negócio, priorizando a homogeneidade do fornecedor e escolhas de plataforma tecnológica.	• Metodologia para a infraestrutura da TI na qual é preferível uma combinação eficaz das tecnologias com as necessidades empresariais ao compromisso com as escolhas de plataforma tecnológica e homogeneidade de fornecedor.
Gerenciar a organização da TI	• Contratar "o melhor", capaz de trazer especialização para TI. • Departamentos organizados ao redor da especialidade da TI com ligações empresariais e delegação explícita de tarefas. • Projetos da TI têm considerações de custo/valor separáveis. Recurso normalmente distribuído de acordo com o orçamento anual para a função da TI.	• Contratar os "melhores" profissionais do SI que possam integrar flexivelmente a nova TI e competências empresariais. • Desenvolver grupos de trabalho organizados ao redor das iniciativas emergentes de negócios com intensiva aplicação da TI e com delegação de tarefas pouco explícita. • Recurso para TI normalmente baseado na proposição de valor para a oportunidade de negócio relacionado à criação de serviços para clientes. Projeto da TI é parte das iniciativas de negócios.

FIGURA 12.3 Comparação dos métodos de gerenciamento da TI convencional com aqueles orientados pelo negócio eletrônico.

Fonte: Adaptada de Omar El Sawy, Arvind Malhotra, Sanjay Gosain e Kerry Young, "IT-Intensive Value Innovation in the Electronic Economy: Insights from Marshall Industries", *MIS Quarterly*, setembro de 1999.

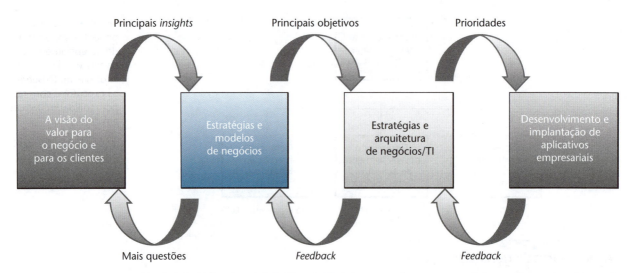

FIGURA 12.4 O processo de planejamento de negócios/TI enfatiza o foco no valor para o negócio e o cliente para desenvolver estratégias e modelos de negócios, e uma arquitetura da TI para aplicativos empresariais.

de negócios para novos aplicativos, processos, produtos e serviços. Dessa forma, uma empresa pode desenvolver estratégias e uma arquitetura de TI que apoiem a criação e a implementação de seus aplicativos de negócios recém-planejados.

Tanto o CEO quanto o CIO de uma empresa devem conseguir o desenvolvimento de estratégias complementares de negócios e de TI para alcançar a visão do valor para o negócio e o cliente. Esse processo de *coadaptação* é necessário, pois, como já vimos muitas vezes neste livro, a tecnologia da informação é um componente que muda rapidamente, porém é vital em muitas iniciativas estratégicas de negócios. O processo de planejamento de negócios/TI apresenta três grandes componentes:

- **Desenvolvimento da estratégia.** Desenvolver estratégias de negócio que apoiem a visão de negócios de uma empresa, como utilizar a tecnologia da informação para criar sistemas inovadores de negócio eletrônico que focalizem o valor do cliente e do negócio. Discutiremos esse processo mais adiante.
- **Gerenciamento de recursos.** Desenvolver planos estratégicos para gerenciar ou terceirizar os recursos de TI da empresa, inclusive funcionários de SI, *hardware*, *software*, banco de dados e recursos de rede.
- **Arquitetura de tecnologia.** Fazer escolhas estratégicas em TI que reflitam uma arquitetura de tecnologia da informação projetada para apoiar as iniciativas de negócios/TI da empresa.

Arquitetura da tecnologia da informação

A **arquitetura de TI** criada pelo processo estratégico de planejamento de negócios/ TI é um projeto conceitual que inclui os seguintes componentes principais:

- **Plataforma de tecnologia.** A internet, as intranets, extranets e outras redes, sistemas de computador, sistemas de *software* e *software* de ERP fornecem uma infraestrutura, ou plataforma, de computação e de comunicação que apoia o uso estratégico da tecnologia da informação para aplicativos de negócios/TI, negócio eletrônico e *e-commerce*, entre outros.
- **Recursos de dados.** Muitos tipos de banco de dados operacionais e especializados, como *data warehouses* (repositórios de dados) e banco de dados da internet/intranet (como visto no Capítulo 5), guardam e fornecem dados e informações para os processos de negócios e apoio à tomada de decisão.
- **Arquitetura de aplicativos.** Aplicativos de tecnologia da informação são projetados como uma arquitetura integrada ou *portfólio* de sistemas empresariais que apoiam iniciativas es-

Planejamento convencional da TI	Planejamento de negócio/TI da Avnet Marshall
• Alinhamento estratégico: a estratégia da TI segue as estratégias especificadas da empresa.	• Improvisação estratégica: as estratégias de TI e de negócios da empresa acontecem de forma coadaptativa, com base em uma orientação clara de um foco no valor do cliente.
• O próprio CEO endossa a visão da TI moldada pelo CIO.	• Em parceria com o CIO, o próprio CEO molda a visão da TI como parte da estratégia de negócio eletrônico.
• Os projetos de desenvolvimento de aplicativos da TI são funcionalmente organizados como soluções tecnológicas para problemas empresariais.	• Os projetos de desenvolvimento de aplicativos da TI são dispostos com iniciativas de negócio eletrônico para formar centros de habilidades de negócios intensos em TI.
• Desenvolvimento em fases de aplicativo baseado na aprendizagem vinda de projetos piloto.	• Desenvolvimento contínuo do aplicativo baseado na aprendizagem contínua, originária da rápida distribuição e de protótipos com o envolvimento do usuário final.

FIGURA 12.5 Comparação das abordagens de planejamento de aplicações com o planejamento de negócio com TI estratégica.

tratégicas de negócios, assim como processos de negócios interfuncionais. Por exemplo, uma arquitetura de aplicativos deve incluir apoio para o desenvolvimento e a manutenção dos aplicativos da cadeia de suprimentos entre empresas e ERP e aplicativos de gestão do relacionamento com o cliente que abordamos nos capítulos 7 e 8.

- **Organização da TI.** Em uma empresa, a estrutura organizacional da função de SI e a distribuição dos especialistas de SI são projetadas para alcançar as variáveis estratégias de negócio. A forma da organização depende da filosofia gerencial e das estratégias de negócios/TI formuladas durante o processo estratégico de planejamento.

Avnet Marshall: planejamento de negócios/TI

A Figura 12.5 resume o processo de planejamento da Avnet Marshall para as iniciativas de negócios/TI e o compara aos métodos de planejamento convencionais de TI. A Avnet Marshall reúne tanto o planejamento estratégico de TI como o de negócios *de forma coadaptável*, ambos sob a orientação do CEO e CIO, em vez de desenvolver estratégia de TI simplesmente monitorando e apoiando as estratégias de negócio. A empresa também coloca os projetos de desenvolvimento das aplicações da TI nas unidades de negócios que estão envolvidas em uma iniciativa de negócio eletrônico para formar centros de competências de negócios/TI em toda a companhia. Finalmente, a empresa usa um processo de prototipagem para desenvolvimento da aplicação com a implementação rápida de novas aplicações de negócios, em vez do método tradicional de desenvolvimento de sistemas. Essa estratégia de desenvolvimento de aplicações troca os riscos da implementação incompleta pelos benefícios da obtenção de vantagens competitivas da rápida implementação de novos serviços de negócio eletrônico para os empregados, os clientes e outros interessados, e do envolvimento destes na fase de "ajuste" do desenvolvimento da aplicação.

Fonte: Adaptado de Omar El Sawy, Arvind Malhotra, Sanjay Gosain e Kerry Young. "IT-Intensive Value Innovation in the Electronic Economy: Insights from Marshall Industries". *MIS Quarterly*, setembro de 1999.

Gerenciando a função da TI

Uma mudança radical está ocorrendo na computação empresarial – pense nisso como a recentralização da administração. Trata-se de volta aos anos 1970, quando um gerente de processamento de dados poderia sentar-se em um console e rastrear todos os ativos de tecnologia da empresa. Então viram os anos 1980 e o início dos anos 1990. Os departamentos tinham seus próprios PCs e software; redes de clientes/servidor surgiram em todas as empresas.

Três coisas aconteceram nos últimos anos: o boom da internet inspirou os empresários a conectar todas aquelas redes, as empresas colocaram em suas intranets os aplicativos essenciais sem os quais seus negócios não funcionariam, e se tornou claro que a manutenção de PCs em uma rede é muito, muito cara. Tais mudança criaram uma necessidade urgente de centralização.

Organização da TI

Nos primeiros anos da computação, o desenvolvimento de grandes computadores e redes de telecomunicações e terminais causou a **centralização** de *hardware*, *software*, banco de dados e especialistas de informação no nível corporativo das organizações. Em seguida, o desenvolvimento de mini e microcomputadores acelerou a tendência de *downsizing,* que incitou a volta para a descentralização em muitas empresas. Redes cliente/servidor distribuídas na alta administração, nos departamentos, nos grupos de trabalho e equipes passaram a existir. Isso provocou uma mudança dos especialistas em informação e banco de dados para alguns departamentos, e a criação de *centros de informação* para apoiar o usuário e a computação em grupos de trabalho.

Ultimamente, a tendência é criar um controle mais centralizado no gerenciamento dos recursos de TI da empresa e manter o atendimento às necessidades estratégicas de suas unidades de negócios, especialmente as iniciativas de comércio e negócio eletrônico. Isso resultou no desenvolvimento de estruturas híbridas com componentes centralizados e descentralizados (ver Figura 12.6). Por exemplo, a função da TI na Avnet Marshall é organizada em diversos grupos de desenvolvimento focado nos negócios, assim como em gerenciamento de operações e em planejamento.

Algumas empresas transformam suas funções de sistema de informação em *subsidiárias* de SI que oferecem serviços para organizações externas, assim como as que são associadas a elas. Outras empresas criam ou transformam seu *e-commerce* e unidades de negócios relacionados com a internet ou grupos de TI em empresas separadas ou unidades de negócios. Outras empresas **terceirizam**, ou seja, levam toda ou parte de suas operações de SI para contratantes externos, conhecidos como *integradores de sistema*. Além disso, algumas empresas estão terceirizando a aquisição e o suporte de *software* para *provedores de serviços de aplicativos* (*Application service providers* ASPs), que dão suporte a aplicativos de negócios e outros *softwares* via internet e intranet para todas as estações de trabalho de uma empresa. Discutiremos terceirização com mais detalhes adiante neste capítulo. Por enquanto, vamos revisar e expandir o que sabemos sobre o gerenciamento de várias funções e atividades em SI.

Gerenciando o desenvolvimento de aplicação

A **administração do desenvolvimento de aplicativos** envolve gerenciar atividades como análise e projeto do sistemas, produção de protótipos, programação de aplicativos, gerenciamento de projetos, garantia de qualidade e manutenção do sistema para todos os grandes projetos de desenvolvimento de negócios/TI. Administrar o desenvolvimento de aplicativos requer a administração de atividades de grupos de analistas de sistemas, criadores de *software* e outros profissionais de SI trabalhando em uma variedade de projetos de desenvolvimento de sistemas de informação. Portanto, o gerenciamento de projeto é uma responsabilidade de gerenciamento fundamental, e os projetos de negócios/TI devem ser completados no tempo certo e dentro de seus orçamentos, além de alcançar seus objetivos de projeto. Além disso, alguns grupos de desenvolvimento de sistemas estabeleceram *centros de desenvolvimento* providos de profissionais de

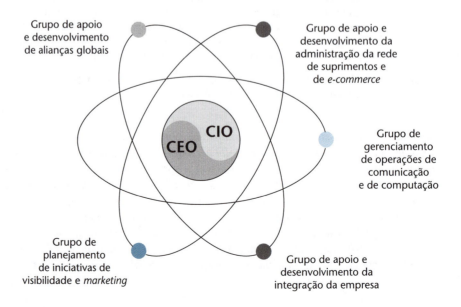

FIGURA 12.6 Os componentes organizacionais da função da TI na Avnet Marshall.

SI. Seu papel é avaliar novas ferramentas de desenvolvimento de aplicativos e ajudar os analistas de sistemas de informação a melhorar seus esforços no desenvolvimento de aplicativos.

O **gerenciamento das operações de SI** está preocupado com o uso de *hardware*, *software*, rede e recursos de pessoal nos **centros de dados** de uma empresa ou unidade de negócios de uma organização. Atividades operacionais que devem ser gerenciadas incluem operações do sistemas de computador, gerenciamento de rede, controle de produção e apoio à produção.

Gerenciando operações de SI

A maioria dessas atividades está sendo automatizada pelo uso de pacotes de *software* para o gerenciamento do desempenho do sistema. Esses **monitores de desempenho de sistemas** cuidam dos processamentos dos computadores, ajudam a desenvolver um cronograma das operações do computador que possa otimizar o desempenho do sistema e produzem estatísticas detalhadas que são inestimáveis para o eficaz planejamento e controle da capacidade de computação. Tais informações avaliam a utilização, os custos e o desempenho do sistema de computador. Essa avaliação fornece informações para o planejamento da capacidade, o controle e planejamento da produção e o planejamento de aquisições de *hardware/software*. É também utilizada em programas de garantia de qualidade, que enfatiza a qualidade dos serviços para usuários empresariais (ver Figura 12.7).

Os monitores de desempenho de sistema também fornecem informações necessárias aos **sistemas de alocação de custos** *(chargeback)* que determinam os custos para os usuários com base nos pagamentos dos serviços de informação fornecidos. Todos os custos incorridos são gravados, relatados, determinados e debitados para as unidades específicas dos usuários finais, dependendo do seu uso dos recursos do sistema. Quando as empresas utilizam esse acordo, o departamento de serviço de informação se torna um centro de serviço cujos custos são cobrados diretamente das unidades do negócio, em vez de serem agrupados com outros custos de serviço administrativo e tratados como despesas gerais.

Muitos monitores de desempenho também dispõem de capacidades de **controle de processo**, e tais pacotes, além de monitorarem, também controlam automaticamente operações de computador em grandes centros de dados. Alguns utilizam módulos de sistema especialista que são embutidos com base no conhecimento dos especialistas nas operações dos sistemas de computador específicos e sistemas operacionais. Esses monitores de desempenho fornecem

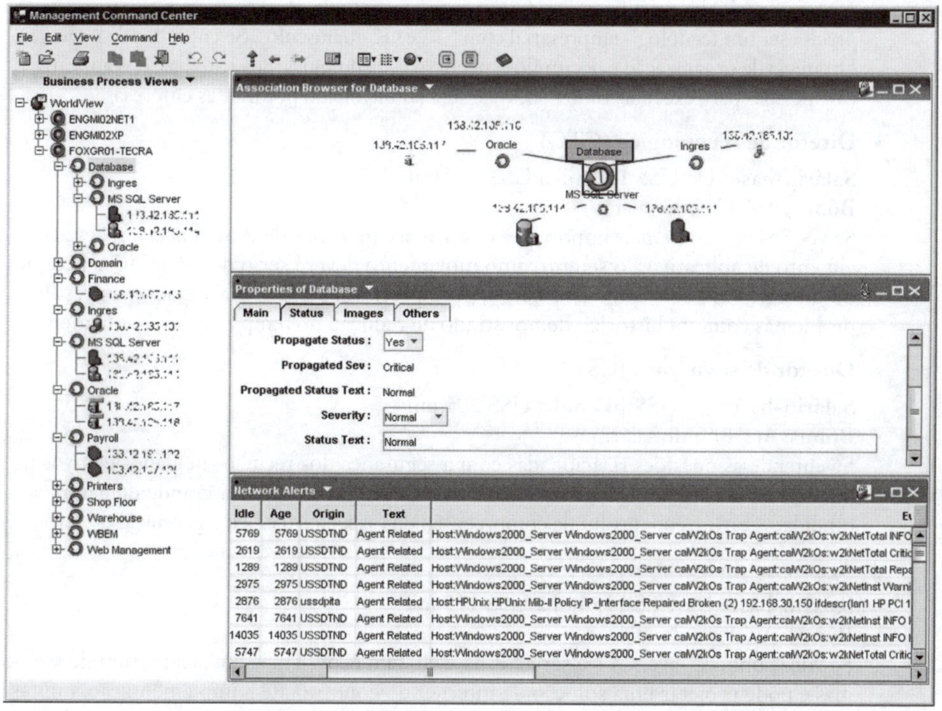

FIGURA 12.7 O monitor de desempenho do sistema da CA-Unicenter TNG inclui um módulo Portal de Gerenciamento Empresarial que ajuda os especialistas em TI a monitorar e gerenciar uma variedade de sistemas de computadores e sistemas operacionais que trabalham conectados em rede.

Fonte: Cortesia de Computer Associates.

operações de computador mais eficientes que os sistemas operados por pessoas. Eles também habilitam os centros de dados *lights out* em algumas companhias, nas quais os sistemas de computadores são operados sem pessoas, especialmente após o horário comercial.

Planejamento de pessoal da TI

O sucesso ou fracasso de uma organização de serviços de informação depende, antes de tudo, da qualidade de seu pessoal. Muitas empresas consideram o **planejamento de pessoal de TI**, ou seja recrutar, treinar e reter pessoal qualificado, um de seus maiores desafios. Gerenciar as funções dos serviços de informação envolve o gerenciamento de pessoal técnico, administrativo e gerencial, e um dos trabalhos mais importantes dos gerentes de serviços de informação é recrutar pessoal qualificado e desenvolver, organizar e dirigir os recursos existentes. Funcionários devem ser continuamente treinados para acompanhar os mais recentes desenvolvimentos em um campo altamente técnico e rápido. O desempenho do funcionário tem de ser sempre avaliado, e desempenhos considerados excelentes devem ser recompensados com aumento de salário ou promoções. Níveis de salários devem ser ajustados e a carreira, projetada para que os indivíduos possam ir para novos cargos por meio de promoções e transferências assim que alcançarem experiência e conhecimento.

O CIO e outros executivos de TI

O **diretor de sistemas de informação (CIO)** supervisiona todo o uso da tecnologia da informação em muitas empresas e o alinha com os objetivos estratégicos dos negócios. Portanto, todos os serviços tradicionais de computadores, tecnologia de internet, serviços de rede de telecomunicações e outros serviços de apoio à tecnologia de SI são de responsabilidade desse executivo. O CIO não dirige as atividades de serviços de informação diárias, porém se concentra em estratégia e planejamento de negócios/TI. Ele também trabalha com o CEO e outros executivos do alto escalão para desenvolver usos estratégicos da TI no comércio e negócio eletrônico que

---

Cargos de destaque da TI: requisitos e remunerações (mercado norte-americano)

- **Diretor de sistemas de informação** (CIO)
  Salário-base: De US$ 194 mil a US$ 303 mil
  Bônus: Até 40% do salário
  A posição mais alta em TI não se refere apenas à tecnologia. Para conseguir esse cargo, você precisa ser um tecnólogo empresarial com "T" e "E" maiúsculos. Se entender de negócios, estratégia de organização e do amplo espectro das tecnologias, dos sistemas, dos aplicativos e de pessoas para executar tudo isso, você será ambicionado por muitas empresas.

- **Diretor de tecnológico** (CTO)
  Salário-base: De US$ 162 mil a US$ 245 mil
  Bônus: Até 40% do salário
  Se você é o segundo mais importante dessa área e tem anos de experiência em desenvolvimento de aplicativos, o seu próximo movimento deverá ser o de "assumir" a posição do diretor. Para conseguir esse cargo, você precisará ser um apaixonado por resolver problemas com um histórico demonstrado de redução no tempo de desenvolvimento.

- **Diretor de segurança** (CSO)
  Salário-base: De US$ 142 mil a US$ 205 mil
  Bônus: Até 40% do salário
  Se entende as questões relacionadas com a segurança dos recursos de dados e ativos de informação da organização, então esse é o trabalho para você. Há grande demanda por candidatos fortes, com profunda compreensão dos aspectos técnico e gerencial do setor.

- **Arquiteto do** *e-commerce*
  Salário-base: De US$ 115 mil a US$ 170 mil
  Bônus: Até 15% do salário
  Se você conhece Java, C++ e serviços na web, tem experiência em arquitetura de sistemas e pode projetar uma solução de internet do conceito até a implementação, muitas empresas o querem para planejar e desenvolver *sites* de *e-commerce*.

- **Líder de equipe técnica**
  Salário-base: De US$ 75 mil a US$ 100 mil
  Bônus: Até 20% do salário
  Líderes seniores de equipe técnica com boa comunicação, habilidade de gerenciamento de projetos e de liderança, além de conhecimento das linguagens da web e do banco de dados, ainda são muito procurados.

- **Gerente técnico**
  Salário-base: De US$ 70 mil a US$ 100 mil
  Bônus: Até 20% do salário
  Se você tem conhecimento em avaliação da TI e formação em desenvolvimento empresarial (de preferência um MBA), pode ser a pessoa ideal para administrar grandes projetos. Você precisará de conhecimentos em operações da TI e avaliação de *software*, além de *marketing*, RH, financeiro e relacionamento com clientes.

- **Analista de sistemas**
  Salário-base: De US$ 56 mil a US$ 100 mil
  Bônus: Até 25% do salário
  Se você for hábil em resolver problemas e tiver um diploma em sistemas de informação, certamente encontrará um bom trabalho como analista de sistemas. Você precisará ter excelente habilidade interpessoal, boa habilidade técnica e ser capaz de utilizar suas habilidades de resolver problemas e pensamento crítico para projetar novos sistemas.

Fonte: www.salary.com.

ajudam a tornar a empresa mais competitiva no mercado. Muitas empresas também preencheram a posição de CIO com executivos de funções ou unidades de negócio fora da área de SI. Tais CIOs enfatizam que o papel do diretor de tecnologia da informação é ajudar a empresa a alcançar seus objetivos estratégicos de negócios.

Gerenciamento de tecnologia

O gerenciamento da tecnologia em mudança constante é importante para qualquer organização. Mudanças em tecnologia da informação, como ascensão do PC, redes cliente/servidor e a internet e intranets chegaram de maneira rápida e incomum, e há uma espectativa de que continue assim no futuro. Desenvolvimentos em tecnologia de sistemas de informação tiveram – e continuarão a ter – um impacto importante nas operações, nos custos, na administração do ambiente de trabalho e na posição competitiva de muitas organizações.

Portanto, todas as tecnologias devem ser tratadas como uma plataforma de tecnologia para integrar aplicativos de negócios focados interna ou externamente. Essas tecnologias incluem a internet, as intranets e uma variedade de comércios eletrônicos e tecnologias de colaboração, além de *software* corporativo para gestão do relacionamento com o cliente, ERP e gestão da cadeia de suprimentos. Em muitas empresas, a **administração de tecnologia** é a responsabilidade básica de um **diretor de tecnologia (CTO)**, que é responsável pelo planejamento e pela distribuição da tecnologia da informação.

Gerenciamento de serviços ao usuário

As equipes e os grupos de trabalho de profissionais de negócios normalmente usam um PC ligado à rede, pacotes de *software*, internet, intranets e outras redes para desenvolver e distribuir tecnologia da informação para suas atividades de trabalho. Muitas empresas criaram os **serviços ao usuário,** ou *serviços ao cliente*, com o propósito de apoiar e gerenciar a computação do usuário e de grupo de trabalho.

Esse tipo de serviço fornece oportunidades e problemas para gerentes de unidade de negócios. Por exemplo, algumas empresas criam um grupo chamado *centro de informações* provido de especialistas em contatos com os usuários ou de ajuda via web na intranet. Esses especialistas desempenham papel vital em resolução de problemas, coleta e comunicação de informações, coordenação de esforços educacionais e ajuda aos profissionais da empresa no desenvolvimento de aplicativos.

Além dessas medidas, a maioria das organizações ainda estabelece e executa políticas para a aquisição de *hardware* e *software* pelos usuários e pelas unidades de negócios, o que garante sua compatibilidade com a conectividade dos padrões de *hardware*, *software* e rede da empresa. Também é importante o desenvolvimento de aplicativos com adequada segurança e controles de qualidade para promover um desempenho correto e assegurar a integridade dos bancos de dados e redes departamentais da corporação.

Terceirização e *offshoring* de TI e SI

Uma crescente e popular abordagem para gerenciar as funções de SI e TI de uma organização é adotar uma estratégia de terceirização. A **terceirização**, em termos gerais, é a compra de produtos ou serviços que antes eram providos internamente. Terceirização é um termo usado para ampla gama de funções de tecnologia da informação que são previamente contratadas com um provedor de serviços externo.

Terceirização

Uma função do SI em geral terceirizada é o desenvolvimento de aplicativos de *software*, o que inclui contratar (ou subcontratar) uma empresa externa para o desenvolvimento completo ou parcial de projetos/produtos de *software*, a compra de pacotes padronizados ou de produtos sob medida de *software*, ou atividades e/ou recursos que ajudam no ciclo de vida do desenvolvimento do *software*. A Figura 12.8 mostra uma lista das funções que, em geral, são terceirizadas, as razões por trás da decisão de terceirizar e diversos aspectos associados à seleção de fornecedores de sucesso e a um esforço de sucesso de terceirização.

Embora as empresas possam, teoricamente, escolher qualquer empresa para a terceirizar, e fazê-lo por qualquer razão, há cinco razões principais para adotar a terceirização:

As 10 razões para a terceirização	Os 10 fatores para a seleção de fornecedores
1. Redução e controle de custos operacionais.	1. Compromisso com a qualidade.
2. Melhoria no foco da empresa.	2. Preço.
3. Acesso à capacidades de classe mundial.	3. Referências/reputação.
4. Liberação de recursos internos para outros propósitos.	4. Termos de contrato flexíveis.
5. Recursos necessários não estão internamente disponíveis.	5. Extensão dos recursos.
6. Benefícios na aceleração da reengenharia.	6. Capacidade de adicionar valor.
7. A função é difícil de gerenciar internamente ou está fora de controle.	7. Entrosamento cultural.
8. Libera capital.	8. Relacionamento existente.
9. Compartilha os riscos.	9. Localização.
10. Infusão de caixa.	10. Outros.
Os 10 fatores para o sucesso da terceirização	**As 10 áreas que estão sendo terceirizadas**
1. Entender os objetivos e as metas da empresa.	1. Manutenção e reparo.
2. Uma visão e um plano estratégicos.	2. Treinamento.
3. Selecionar o fornecedor certo.	3. Desenvolvimento de aplicativos.
4. Gerenciamento contínuo dos relacionamentos.	4. Consultoria e reengenharia.
5. Um contrato adequadamente estruturado.	5. Centro de dados com grandes computadores.
6. Comunicação aberta com os indivíduos ou grupos afetados.	6. Administração e serviços para cliente/servidor.
7. Suporte e envolvimento de um executivo sênior.	7. Administração de rede.
8. Atenção com os problemas de pessoal.	8. Serviços de *desktop*.
9. Justificativa financeira de curto prazo.	9. Suporte ao usuário final.
10. Uso de perícia externa.	10. Terceirização total da TI.

Fonte: The Outsourcing Institute.

FIGURA 12.8 Os 10 mais da terceirização. Observe que, apesar de toda a cobertura dos meios de comunicação, o desenvolvimento de aplicativo é o número 3.

Economia – conseguir maior retorno sobre o investimento (ROI).
- Terceirizar as funções de SI/TI para provedores habilidosos de serviços é uma linha estratégica para viabilizar orçamentos apertados. As empresas que utilizam uma terceirização bem gerenciada podem economizar de 40 a 80%.

Foco em competências essenciais
- Profissionais terceirizados permitem que uma organização e seus funcionários concentrem-se no negócio. Ao utilizar uma estratégia de terceirização para desenvolvimento de aplicativos, uma empresa pode concentrar seus profissionais de SI na identificação e resolução de problemas de negócios, em vez de programar e produzir protótipos de novos aplicativos.

Conseguir níveis flexíveis de funcionários
- O uso estratégico de uma abordagem terceirizada das funções de SI/TI pode resultar em crescimento sem que isso represente aumento do orçamento. A terceirização disponibiliza um leque de profissionais qualificados para projetos únicos, de nicho e rotineiros. Caso uma habilidade exclusiva e necessária seja difícil de encontrar ou tenha elevado custo de manutenção pela empresa, a terceirização permite a aquisição dessa especialidade necessária.

Acesso a recursos globais
- De acordo com o Outsourcing Institute, as regras para o crescimento de um negócio com sucesso mudaram: "Não é mais o que você possui ou constrói [...] [mas] o sucesso depende dos recursos e do talento que você pode acessar". Utilizar habilidade global permite a uma organização vantagem de um funcionário qualificado independentemente do local, e o aumento significativo da qualidade de seus projetos. Como tal, a terceirização pode criar para pequenas empresas oportunidades que de outra maneira não existiriam por causa dos altos custos e das restrições.

Menor prazo para lançamento
- A terceirização estende os benefícios tradicionais de pequenas empresas de flexibilidade e rápidas respostas, permitindo a organizações menores competir com eficiência contra empresas maiores. Suplementar uma força de trabalho existente com apoio terceirizado poderia permitir a produção 24 horas por dia. Ter acesso aos recursos capazes de trabalhar em projetos importantes mesmo enquanto os funcionários locais estão dormindo pode servir para encurtar o prazo para entrar no mercado e fornecer uma vantagem competitiva importante.

Embora seja, muitas vezes, confundido com terceirização, o *offshoring* está se tornando parte de uma linha estratégica para o gerenciamento de SI/TI. **Offshoring** pode ser definido como uma relocação dos processos empresariais de uma empresa (inclusive produção/fabricação) para um lugar com custo mais baixo, normalmente em um país longínquo, e pode ser visto no contexto de *produção offshoring* ou *serviços offshoring*. Depois da sua ascensão à Organização Mundial do Comércio (OMC), a China surgiu como um destino proeminente para produção *offshoring*. Após o progresso técnico nas telecomunicações ter melhorado as possibilidades de trocas de serviços, a Índia foi o país escolhido para centralizar esse domínio.

Offshoring

O crescimento dos serviços *offshoring* nos sistemas de informação está ligado à disponibilidade de grandes quantidades de infraestrutura de comunicação confiáveis e acessíveis após a explosão das telecomunicações no final dos anos 1990. Com a digitalização de muitos serviços, foi possível trocar o local real da entrega de serviços por lugares de custo baixo de forma teoricamente transparente para os usuários.

Índia, Filipinas, Irlanda e países do Leste Europeu se beneficiaram bastante com essa tendência por causa do seu grande grupo de trabalhadores tecnicamente qualificados que falam inglês. A indústria de *offshoring* da Índia se estabeleceu na funções de TI nos anos 1990 e, a partir daí ingressou nos processos de apoio administrativo como centros de atendimento telefônico e processamento de transações, com ótimos trabalhos em desenvolvimento de aplicativos.

O *offshoring* é, normalmente, habilitado pela transferência de valiosas informações para o site no exterior. Tais informações e treinamentos habilitam os funcionários remotos a produzir resultados de valor comparável aos produzidos anteriormente pelos funcionários internos. Quando tal transferência inclui materiais patenteados, como documentos confidenciais e segredos de transações, protegidos por acordos de confidencialidade, então a propriedade intelectual é transferida ou exportada. É bem difícil fazer a documentação e avaliação dessas exportações, mas isso deveria ser levado em consideração, pois constitui itens que podem ser regulados ou taxáveis.

O *offshoring* tem sido um problema controverso com calorosos debates. De um lado, é visto como um benefício tanto para o país de origem como para o país destinatário pela transação livre. Do outro, a perda de empregos nos países desenvolvidos criou uma oposição a ele. Alguns críticos concordam que ambos os lados irão beneficiar-se em termos de produção geral e números de empregos criados, mas discutem que a qualidade subjetiva dos novos empregos será menor que as anteriores. Enquanto essa discussão segue, as empresas continuam a utilizar o *offshoring* como uma linha viável de gerenciamento de SI/TI. No exemplo apresentado a seguir, pode-se entender como a terceirização é feita no exterior.

 Royal Dutch Shell: o acordo de terceirização global do multifornecedor

A Royal Dutch Shell assinou um acordo de terceirização válido por cinco anos no valor de US$ 4 bilhões com três fornecedoras globais de TI e telecomunicações. O valor dos contratos para os três fornecedores é de US$ 1,6 bilhão com a AT&T, US$ 1 bilhão com a EDS e US$ 1,6 bilhão com a T-Systems.

A Shell anunciou que contratou a T-Systems, AT&T e EDS no âmbito de um contrato de serviço *master* (*master service agreement* – MSA), visando a "melhorias significativas" em sua eficiência e produtividade, em busca da supressão de alguns empregos de tecnologia e a transferência de 3 mil funcionários da equipe de TI para as prestadoras de serviços. Sob o MSA, a Shell irá terceirizar sua infraestrutura de TI em três pacotes de serviços: "A AT&T para rede e telecomunicações, a T-Systems para hospedagem e armazenagem, e a EDS para os serviços de computação do usuário final e para a integração dos serviços de infraestrutura".

Os fornecedores fornecerão serviços integrados a mais de 1.500 locais em todo o mundo. "A abordagem da Shell combina todas as vantagens de prestação de serviços descentralizada com os benefícios e a eficiência de uma estrutura centralizada de governança", diz Elesh Khakhar, sócio da empresa de consultora TPI, conselheira da Shell. Khakar acrescentou que o negócio de multifornecimento foi projetado para "encorajar comportamentos de colaboração" entre fornecedores, enquanto permite à Shell "manter o controle integral da estratégia e da integração de serviços". Além de todos os benefícios de negócios costumeiros, a Shell vai ser capaz de explorar novos serviços de *commodities* projetados para o mercado consumidor, como serviços de *e-mail* ou telefone via internet, e integrá-los nos seus serviços quando se tornarem suficientemente robustos para uso comercial.

Alan Matula, CIO da Shell, afirmou o seguinte: "Esse acordo é uma escolha estratégica de grande importância para a Shell. A parceria com a EDS, T-Systems e AT&T nos dá maior capacidade para reagir às crescentes exigências dos nossos negócios. Também permite à TI da Shell concentrar-se em tecnologia da informação que conduza a uma posição competitiva no mercado de petróleo e gás, enquanto os fornecedores focam a melhoria da capacidade essencial de TI".

Fonte: Adaptado de Siobhan Chapman, "Shell Signs $4 Billion, Multi-Supplier Outsourcing Deal", *CIO Magazine*, 3 de abril de 2008.

Tendências em terceirização e *offshoring*

Embora no passado boa parte da motivação para processos de terceirização e *offshore* de várias partes de operações de TI/SI de uma empresa fosse impulsionada principalmente pelo custo, uma tendência mais recente e preocupante é o aumento da motivação para encontrar talentos de TI/SI altamente qualificados. Os empregos para formados em SI são abundantes nos Estados Unidos hoje, mas o nível de matrículas em programas de SI no país permanece baixo, o que resulta em uma diminuição da oferta de trabalho qualificado para os empregos com melhor remuneração no setor. Para combater isso, as empresas estão em busca de diplomados em ciência e engenharia de outros países para preencher suas necessidades. Como mencionado no Capítulo 2, os empregos que foram terceirizados e submetidos a processos de *offshore* no final dos anos 1990 e início de 2000 não eram aqueles que normalmente tinham sido aferidos por programas de SI de nível universitário. Desse modo, as verdadeiras oportunidades de emprego não eram perdidas para graduados qualificados. Hoje, no entanto, a falta de diplomados qualificados em SI indica que as empresas precisam procurar em outros lugares para preencher esses postos de trabalho. Os empregos estão aqui, mas a mão de obra está sendo importada. O método mais eficaz para contrariar essa tendência é fazer que mais jovens busquem uma carreira na área de sistemas de informação. As áreas de SI/TI são duas das melhores do planeta para oportunidades de emprego, e essa notícia precisa ser divulgada. Muitas organizações estão se concentrando em programas de extensão que atingem até os níveis anteriores ao ensino médio para o início do aprendizado – ou reaprendizado – do público com relação a essas grandes oportunidades.

Falhas no gerenciamento de TI

Gerenciar a TI não é uma tarefa fácil. A função de sistemas de informação frequentemente tem problemas de desempenho em muitas organizações, e os benefícios prometidos pela TI não ocorreram em muitos casos documentados. Estudos feitos por consultorias de gerenciamento e pesquisas de universidades mostraram que muitos empresários não tiveram sucesso em gerenciar o uso da tecnologia da informação, portanto, é evidente que, em muitas organizações, a TI não está sendo utilizada de maneira efetiva e eficaz, e tem havido **falhas no gerenciamento.** Por exemplo:

- A tecnologia da informação não está sendo utilizada *de efetivamente* por empresas que a empregam, sobretudo para computadorizar processos tradicionais de negócios em vez de desenvolver processos inovadores de negócio eletrônico que envolvam clientes, fornecedores e outros parceiros empresariais, *e-commerce* e apoio da decisão na web.
- A tecnologia da informação não está sendo utilizada *de maneira eficiente* por sistemas de informação que fornecem tempos de respostas ruins e frequentes interrupções de funcionamento, ou profissionais e consultores de SI que não gerenciam de maneira adequada os projetos de desenvolvimento de aplicativos.

Vejamos com mais atenção utilizando um exemplo do mundo real.

Risco sem recompensa: controles de TI fracos no Société Générale

É uma combinação letal de descuidos de processos e falhas no sistema que formam a essência dos pesadelos do CIO: uma investigação das ações fraudulentas do negociante embusteiro Jerome Kerviel no banco Société Générale descobriu uma aparente quebra de controles financeiros e internos de TI de autoria de um funcionário com *know-how* de TI e acesso autorizado aos sistemas. De acordo com especialistas, esse caso deve servir como um alerta para que as empresas melhorem os métodos de gestão de riscos relacionados à TI.

"Muito tempo é gasto em proteção contra ameaças externas", diz J. R. Reagan, diretor de gerenciamento e líder de soluções globais para risco, conformidade e segurança da BearingPoint. "Mas a ameaça interna pode ser ainda maior em termos de risco para a empresa." No caso do Société Générale, não apenas os controles de segurança de TI foram insuficientes, mas o pessoal do banco não investigou plenamente os sinais de alerta que surgiram. Uma recente pesquisa do Ponemon Institute concluiu que "as ameaças internas representam um dos riscos mais significativos à informação". Em uma pesquisa com 700 profissionais de TI, 78% disseram acreditar que os indivíduos têm muito mais acesso à informação que não é pertinente a seus cargos, ao passo que 59% declararam que esse acesso apresenta riscos para os negócios. Além do mais, os profissionais de TI percebem uma falta de conexão com os líderes empresariais: 74% disseram que a alta administração não considera a governança de acesso à informação como uma questão estratégica.

Uma das principais linhas de negócios do Société Générale refere-se a derivativos: instrumentos financeiros que permitem aos negociantes fazer contratos com uma ampla gama de ativos (como ações, títulos ou *commodities*) e tentativas de reduzir (ou "salvaguarar") o risco financeiro de uma parte no negócio. A negociação de derivativos, no entanto, necessita de alguma agressividade e pode ter muitos riscos.

> Reagan observa que, no caso do Société Générale, "as suas atividades lidam com volume elevado, alta velocidade e ritmo rápido de negociação de ações", e é provável que os líderes empresariais "não tolerem" medidas de segurança que poderiam atrasá-los. Por exemplo, o Société Générale utilizava autenticação de fator único (usando apenas um método, como senhas, para dar acesso aos seus sistemas) em vez de uma autenticação de dois fatores mais forte (que exige que os indivíduos empreguem dois métodos de identificação para ter acesso). "A equipe de segurança precisará explicar a exposição ao risco e a possibilidade de perder bilhões de dólares em operações fraudulentas se a segurança não for tratada adequadamente", diz Reagan. "Mas a maioria dos caras de segurança não está suficientemente sintonizada com a empresa para ser capaz de articular um processo de negócio como esse".
>
> Essa desconexão pode ser extremamente destrutiva, como mostra o incidente do Société Générale. "O caso do Société Générale traz à tona o fato de que o risco de negócio pode ser exposto diretamente por meio da TI", diz Scott Crawford, especialista em segurança e diretor de pesquisas da Enterprise Management Associates. "Kerviel supostamente manipulou os controles de TI sobre os sistemas de negócio baseados em sua experiência de *mid-office* e seus conhecimento e experiência de *back-office*."
>
> "As empresas só agora estão começando a despertar para os controles dentro do ambiente de TI", diz Crawford. "Se você está apostando tudo e mais a estratégia nos controles de TI, cabe à organização assegurar que esses controles sejam razoavelmente resistentes à subversão".
>
> *Fonte*: Adaptado de Nancy Weil, "Risk without Reward", *CIO Magazine*, 1º de maio de 2008.

Envolvimento da gerência

Qual é a solução para as falhas na função dos sistemas de informação? Não há respostas fáceis e rápidas, entretanto, as experiências de sucesso de empresas revelaram que amplo e expressivo **envolvimento da gerência e do usuário** é o ingrediente principal de desempenho de alta qualidade dos sistemas de informação. Envolver os gerentes de negócios no controle da função da TI e os profissionais de negócios no desenvolvimento de aplicativos de SI deveria adequar a resposta da gerência para o desafio de melhorar o valor empresarial da tecnologia da informação (ver Figura 12.9).

Envolver gerentes no gerenciamento da TI (do CEO até gerentes de negócios da unidade) requer o desenvolvimento de *estruturas de governança* (como conselhos executivos e comitês diretores) que encorajem a participação ativa no planejamento e o controle dos usos empresariais da TI. Por essa razão, muitas organizações têm políticas que requerem que gerentes se envolvam nas decisões da TI que afetem suas unidades. Essas exigência ajudam os gerentes a evitar problemas de desempenho em SI, em suas unidades de negócios e projetos de desenvolvimento. Com esse alto grau de envolvimento, os gerentes podem melhorar o valor estratégico do negócio da tecnologia da informação. Além disso, conforme salientamos no Capítulo 10, os problemas de resistências dos funcionários e um *design* ruim da tela do usuário somente podem ser resolvidos pela participação direta do usuário nos projetos de desenvolvimento de sistemas. Supervisionar tal envolvimento é outra tarefa vital no gerenciamento.

Governança de TI

A governança de tecnologia da informação (*information technology governance* – ITG) é um subconjunto da disciplina de governança corporativa focada em tecnologia da informação, sistemas de informação, desempenhos, utilizações e riscos associados. O crescente interesse em governança de TI é devido, em parte, a iniciativas governamentais, como o cumprimento da Lei Sarbanes-Oxley nos Estados Unidos e sua correspondente na Europa, o Acordo Basileia II. A motivação adicional vem do reconhecimento de que os projetos de TI podem facilmente ficar fora de controle e afetar profundamente o desempenho de uma organização.

Um tema característico das discussões de governança é que a capacidade de TI não pode mais ser pensada como uma mágica caixa preta, cujo conteúdo é conhecido apenas pelo pessoal dessa área. Esse manejo tradicional de gerenciamento de TI por executivos de nível de diretoria se deve a experiências técnicas limitadas e à complexidade percebida de TI. Historicamente, as principais decisões foram muitas vezes adiadas pelos profissionais de TI. A governança dessa tecnologia implica um sistema no qual todos os interessados, incluindo diretoria, clientes internos e áreas afins, como finanças, têm as informações necessárias para o processo de tomada de decisão. Isso impede que uma única parte interessada, geralmente da área de TI, seja responsa-

Decisão de TI	O papel da alta gerência	Consequências de abdicar da decisão
• Quanto devemos gastar em TI?	Definir o papel estratégico que a TI terá na empresa e determinar o capital necessário para alcançar determinado objetivo.	A empresa não desenvolve uma plataforma de TI que melhore sua estratégia, apesar do enorme gasto com TI.
• Que processos empresariais deveriam receber o dinheiro de TI?	Tomar decisões claras sobre quais iniciativas da TI vão ou não receber fundos.	Uma falta de concentração atrapalha a unidade da TI, que tenta entregar muitos projetos que teriam pouco valor para a empresa ou não poderiam ser bem implementados simultaneamente.
• Quais capacidades da TI precisam abranger toda a empresa?	Decidir quais capacidades da TI deveriam ser fornecidas centralmente e quais deveriam ser desenvolvidas por unidades de negócio.	Excessiva padronização da técnica e do processo limita a flexibilidade das unidades ou frequentes exceções aos padrões aumentam os custos e limitam a sinergia dos negócios.
• Quão nossos serviços de TI realmente precisam ser bons?	Decidir que características, como, confiabilidade ou tempo de resposta melhorado, são necessárias com base nos custos e benefícios.	A empresa pode pagar por opções de serviço que, dadas as suas prioridades, não valem o custo.
• Quais riscos de segurança e privacidade devemos aceitar?	Decidir em uma situação conflitante entre, de um lado, a segurança e a privacidade e, de outro, a conveniência.	Maior ênfase na segurança e privacidade pode aborrecer clientes, funcionários e fornecedores; a falta dessa ênfase pode tornar os dados vulneráveis.
• A quem culparemos se uma iniciativa da TI falhar?	Designar um executivo para ser responsável por projeto da TI e monitorar as métricas do negócio.	O valor empresarial dos sistemas não é percebido.

Fonte: Jeanne W. Ross e Peter Weill. "Six IT Decisions Your IT People Shouldn't Make". *Harvard Business Review*, novembro de 2002, p.87.

FIGURA 12.9 A alta gerência precisa estar envolvida nas decisões críticas de negócios/TI para otimizar o valor empresarial e o desempenho da função da TI.

bilizada por decisões erradas. Também impede que os usuários posteriormente reclamem que o sistema não se comporta ou executa suas tarefas como esperado.

O foco da ITG é especificar as informações e os direitos de decisão, juntamente com uma estrutura de responsabilidade final de tal forma que sejam desenvolvidos comportamentos desejáveis em direção à TI e ao seu uso. Isso destaca a importância de assuntos relacionados com TI nas organizações contemporâneas e garante que as decisões estratégicas dessa área sejam propriedade do conselho da empresa, em vez de pertencerem ao CIO ou a outros gerentes de TI. As metas principais para a governança de tecnologia da informação são (1) assegurar que os investimentos organizacionais significativos em TI e SI gerem seu valor máximo de negócios e (2) reduzir os riscos que estão associados a TI. Isso é obtido por meio da implementação de uma estrutura organizacional com papéis bem definidos para a responsabilidade da decisões relacionadas com a gestão e utilização de TI como infraestrutura, arquitetura, investimento e uso.

Uma abordagem muito popular para a governança de TI é o modelo Objetivos de Controle para Tecnologia da Informação e Tecnologias Relacionadas (*Control Objectives for Information and related Technology – CobiT*). Trata-se de é uma estrutura das melhores práticas para o gerenciamento de TI criado pela Information Systems Audit and Control Association (Isaca) e pelo IT Governance Institute (ITGI). O Cobit fornece a todos os membros da organização um conjunto de medidas, indicadores, processos e melhores práticas aceitos de modo geral para ajudá-los a maximizar os benefícios da utilização das tecnologias da informação e desenvolver a governança de TI e as estruturas de controle apropriadas em um companhia.

O Cobit possui 34 processos de alto nível, que abrange 210 objetivos de controle classificados em quatro domínios: (1) planejamento e organização, (2) aquisição e implementação, (3) entrega e suporte e (4) monitoramento. Os gerentes se beneficiam do Cobit, pois a estrutura lhes fornece uma base sobre a qual as decisões relacionadas a TI e investimentos podem ser tomadas. A tomada de decisão é mais eficaz porque o CobiT ajuda os gestores a definir um plano estratégico de TI, definir a arquitetura de informação, adquirir o *hardware* e *software* de TI necessários para executar uma estratégia de TI, garantir o serviço contínuo e monitorar o desempenho do sistema de TI. Os usuários de TI se beneficiam do CobiT por causa da garantia dada a eles por controles, segurança e processos de governanças definidos do CobiT. O CobiT também beneficia os auditores, pois ajuda a identificar problemas de controle de TI dentro da infraestrutura de TI da companhia e a corroborar os resultados de suas auditorias. A Figura 12.10 ilustra as relações entre os quatro domínios do CobiT e classifica os processos de alto nível e os objetivos de controle associadas a eles.

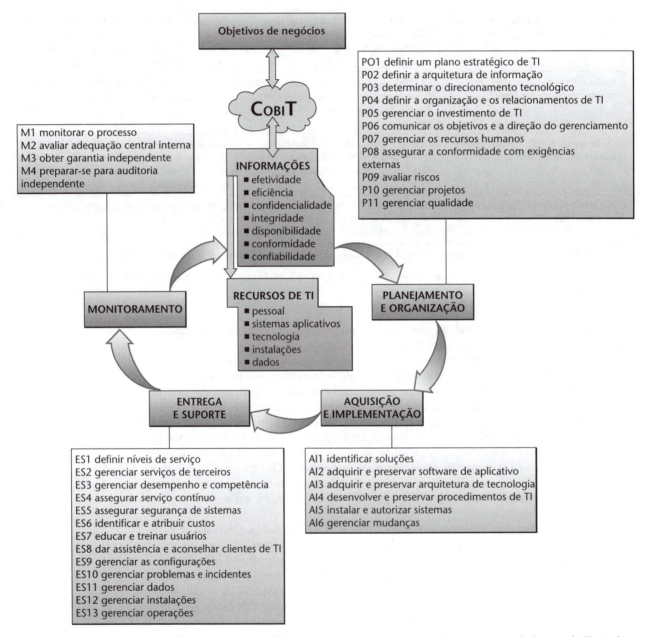

FIGURA 12.10 CobiT: metodologia de governaça de TI bastante adotada que foca todos os aspectos da função de TI nas de organizações.

Harley-Davidson Motor Company: como adotar o CobiT como norma geral para todas atividades de controle e conformidade

A Harley-Davidson Motor Company foi fundada em 1903 em Milwaukee, Wisconsin. É a mais antiga produtora de motocicletas nos Estados Unidos e teve recordes de receita por vinte anos consecutivos. Para o exercício concluído em 31 de dezembro de 2005, a Harley-Davidson enviou 329 mil motocicletas (um aumento de 3,7%), teve receita de US$ 5,3 bilhões e crescimento percebido em todo o mundo de 6,2%.

Em 2003, a Harley-Davidson tinha limitado os controles de TI internos, e seus funcionários tinham conhecimento de controle limitado. Não havia processo padrão de acesso do usuário, nenhum processo de gerenciamento de mudança documentado e definido, e nenhum rigor nos processos de *backup* e recuperação. Além disso, as normas organizacionais eram mínimas. Apesar de a empresa ter sido capaz de operar dessa maneira por mais de cem anos, a necessidade de acelerar na direção da conformidade e do controle estava se aproximando no horizonte: SOX, a lei Sarbanes-Oxley.

Para dar início a governança de TI e atividades Sarbanes-Oxley, a Harley-Davidson criou um departamento de conformidade de SI e começou a implementar um modelo de controles de informática geral de um fornecedor. Depois de assistir a uma convenção de usários Cobit, um especialista em risco da Harley-Davidson recomendou esse modelo para gestão e, em seguida, converteu a estrutura de controle em Cobit, publicado pelo IT Governance Institute. Paralelamente, o departamento de auditoria interna estava fazendo que a TI passasse a ser mais do que apenas conformidade. A empresa percebeu que precisava de uma ampla estrutura de controle que ajudasse a eliminar a "barra" sempre em mudança, utilizada como referência.

A chave para a introdução do Cobit foi garantir que todos, na TI e no gerenciamento, entendessem por que precisavam se preocupar com controles eficazes e centrados no valor. Fazê-los perceber que há muitas razões de negócios importantes para isso foi o primeiro obstáculo-chave enfrentado com êxito. A linguagem com foco em negócios do Cobit permitiu que gerência, TI e auditoria interna se certificassem de que estavam na mesma estrada.

O processo de migração para o Cobit da Harley-Davidson precisava ir além de questões como "Você tem um processo de ciclo de vida de desenvolvimento de sistemas (SDLC)?", para estimular diálogos internos sobre o que realmente é um SDLC e quais habilidades eram exigidas. A equipe começou pelo mapeamento dos controles implementados para Cobit e comparou os resultados de um mapeamento feito pela empresa de contabilidade Big 4. Identificaram-se as lacunas e desenvolveram-se planos para preenchê-las.

Uma das principais vantagens de usar o Cobit como seu controle interno geral e modelo de conformidade foi envolver todos, principalmente especialistas em motocicleta não técnicos, nas atividades de controle, e mostrar por que controles são importantes. A Harley-Davidson está sujeita a muitas regulamentações, como HIPAA e Gramm-Leach-Bliley, e o Cobit serve como uma norma geral que ajuda a empresa a alcançar controles adequados e atividades de conformidade.

A condução da mudança interna também foi um objetivo-chave dessa empresa altamente competitiva e o *benchmarking* do Cobit, uma ferramenta inestimável para a comparação independente, uma vez que este colocava a informação na perspectiva certa para gestão e para obter adesão global. A estrutura mostra a comparação de pares em um formato independente e é usada como parte de cada auditoria de TI. O melhor de tudo é que ele convida ao debate sobre onde a empresa gostaria de estar.

Fonte: Adaptado de Isaca. *CobiT and IT Governance Case Study: Harley-Davidson*, maio de 2006.

Seção II Gerenciando uma TI Global

A dimensão internacional

Seja em Berlim ou Bombaim, Kuala Lumpur ou Kansas, São Francisco ou Seul, as empresas ao redor do mundo estão desenvolvendo novos modelos para operar competitivamente em uma economia digital. Esses modelos são estruturados, porém ágeis; globais, mas ainda locais; e se concentram em maximizar o retorno ajustado aos riscos de ambos os ativos: conhecimento e tecnologia.

Assim, as dimensões internacionais se tornaram uma parte vital do gerenciamento de uma empresa nas economias globais e nos mercados de hoje que funcionam à base da internet. Se você se tornar um gerente de uma grande corporação ou o proprietário de um pequeno negócio, será afetado pelos desenvolvimentos empresariais internacionais e lidará, de alguma forma, com pessoas, produtos ou serviços cuja origem não é de seu próprio país.

Leia o "Caso do mundo real 2" a seguir. Podemos aprender muito sobre as abordagens bem-sucedidas para desenvolver e lançar implementações de sistema em todo o mundo a partir desse caso (ver Figura 12.11).

Gerenciamento global da TI

A Figura 12.12 ilustra as dimensões mais importantes do trabalho de gerenciar a tecnologia da informação globalizada que esta seção abrangerá. Perceba que todas as atividades globais da TI devem ser ajustadas para considerar os desafios culturais, políticos e geoeconômicos que existem em uma comunidade de negócios internacional. Desenvolver estratégias adequadas de TI e negócios para o mercado global deveria ser o primeiro passo no **gerenciamento global de TI**. Só então o usuário e os gerentes de SI podem continuar a desenvolver o portfólio de aplicativos empresariais necessário para apoiar as estratégias de negócios/TI; o *hardware*, *software* e as plataformas tecnológicas com base na internet para apoiar aqueles aplicativos; os métodos de gerenciamento de recursos de dados para fornecer os bancos de dados necessários; e, finalmente, os projetos de desenvolvimento de sistemas que produzirão os sistemas de informação globais necessários.

 Equipes globais: um mundo ainda pequeno

Parece que alcançamos um ponto em que todo CIO é um CIO global – um líder cuja esfera de influência (e de dores de cabeça) e de alertas é continental. O desafio mais comum do CIO global, de acordo com os membros do Conselho Executivo de CIOs, é administrar equipes globais virtuais. Em um mundo perfeito, as políticas de RH de equipes de TI globais devem ser consistentes, justas e compreensivas. Estruturas de denominação e relatórios (e talvez de remuneração) devem estar equiparadas.

Os membros do conselho europeu, representantes da Royal Dutch Shell, Galderma, Olympus e outras, elaboraram um livro que contém as melhores práticas diante dos vários desafios da globalização.

Obtenha um RH local. As companhias precisam de uma pessoa de RH local em cada país para lidar com leis regionais. "Obrigações de contratar, demitir e treinar devem ser gerenciadas de forma diferente em cada local; você precisa de alguém com o conhecimento de regras, processos e leis locais", diz Michael Pilkington, CIO aposentado da Euroclear, empresa de Bruxelas de transações especiais.

Crie cargos consistentes por região. A Euroclear está passando por um método de avaliação de cargos que organiza os tipos de cargos em categorias verticais, como gerenciamento de pessoas/processos, desenvolvimento de produto, suporte ao negócio e gerente de projeto. Isso possibilita uma base para comparar e gerenciar funções e pessoas nas diferentes localidades. O nível de graduação não é o mesmo de titulação; os títulos das pessoas são muito mais dependentes de convenções locais.

Gerencie equipes dispersas com base no portfólio. A ON Semiconductor tem uma equipe de TI que dá suporte às vendas na Eslováquia, onde a empresa possui uma fábrica; em Hong Kong, onde a ON tem seu maior escritório comercial; em Shenzhen, na China, onde um centro de serviços ao cliente está localizado; e em Koala Lumpur, Malásia, em seu centro de desenvolvimento regional. A ON supera a falta de ligação por meio de um único dono do portfólio de TI, sediado em Phoenix, que estabelece objetivos e distribui trabalho para os membros do times, não importa onde residam.

Faça o trabalho ter sentido. Para manter o moral alto e a rotação de funcionários baixa, certifique-se de que todas as localizações contribuem para projetos importantes. Não mantenha os funcionários remotos em severas rotinas de manutenção. Pilkington sugere a construção de um centro de excelência em cada localização remota.

Definir claramente as funções dos grupos remotos pode também ajudar a reuni-los. Por exemplo, líderes de companhias globais podem manter reuniões em todos os níveis para discutir as propostas distintas da sede da corporação, das regiões e unidades locais. Saber quais são os papéis desses grupos no quadro global e o que podem esperar dos outros "cria um senso de identidade e propósito", diz Nariman Karimi, vice-presidente sênior e CIO da DHL Ásia-Pacífico.

Traga funcionários remotos para a sede. A ON Semiconductor traz seus funcionários sediados em outros países para os Estados Unidos para trabalhar em iniciativas-chave e interagir com outras unidades de negócio na sede da corporação. Essa pode não ser uma recompensa monetária, mas, em muitas culturas, representa um endosso e motivo de orgulho.

Estimule a comunicação entre regiões. Videoconferência é uma ferramenta óbvia para melhorar a comunicação da equipe, mas é importante ter reuniões presenciais também. Na DHL, Karimi, junto com os membros da diretoria regional, visita um dos dez locais da região Ásia-Pacífico a cada mês, e cada um recebe pelo menos uma visita física por ano. As visitas incluem tempo para a unidade mostrar seus casos e também há tempo para interação pessoal e informal.

Fonte: Adaptado de Richard Pastore. "Global Team Management: It's a Small World After All". *CIO Magazine*, 23 de janeiro de 2008.

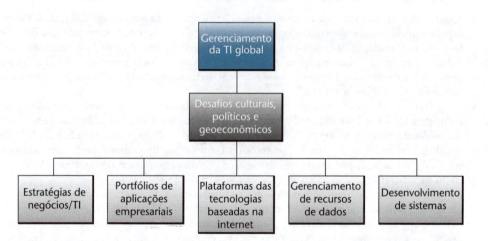

FIGURA 12.11 As principais dimensões do gerenciamento da tecnologia do negócio eletrônico global.

Desafios culturais, políticos e geoeconômicos

"Negócios como de costume" não são o suficiente nas operações de negócios globais. O mesmo se aplica para o gerenciamento da tecnologia de negócio eletrônico global. Há muitas realidades culturais, políticas e geoeconômicas (geográficas e econômicas) que devem ser confrontadas para que um negócio seja bem-sucedido nos mercados globais. Como já mencionado, o gerenciamento da tecnologia da informação globalizada deve concentrar-se no desenvolvimento de estratégias de TI de negócios globais e administrar portfólios da empresa eletrônica, tecnologias da internet, plataformas, bancos de dados e desenvolvimento de projetos de sistemas. Mas os gerentes também devem entender isso de uma perspectiva e por métodos que levem em conta as diferenças culturais, políticas e geoeconômicas que existem quando se faz negócios internacionalmente.

Por exemplo, um grande **desafio político** é que muitos países têm normas que regulamentam ou proíbem a transferência de dados através de suas fronteiras (fluxos de dados transnacionais), especialmente informações pessoais, como registros de funcionários. Outros restringem muito, taxam ou proíbem a importação de *hardware* e *software*. E outros ainda têm leis de proteção local que determinam a quantia que deve ser nacionalizada em um produto se quiserem que este seja vendido. Outros países possuem acordos comerciais recíprocos que requerem que uma empresa invista localmente parte de seus lucros obtidos dentro do país.

Os **desafios geoeconômicos** nos negócios e na TI globais referem-se aos efeitos das realidades geográficas e econômicas das atividades comerciais internacionais. As distâncias físicas envolvidas ainda são um grande problema, até nessa época de telecomunicações pela internet e dos voos a jato. Por exemplo, ainda pode levar um longo tempo para encontrar especialistas quando os problemas de TI ocorrem em um local remoto. Ainda é difícil comunicar-se em tempo real entre os 24 fusos horários do mundo. É ainda difícil conseguir telefone e serviço de telecomunicações de boa qualidade em muitos países. Há também os problemas de encontrar mão de obra especializada em alguns países ou motivar especialistas de outros países para viver e morar lá. Finalmente, ainda há problemas (e oportunidades) nas grandes diferenças no custo de vida e nos custos trabalhistas em vários países. Todos esses desafios geoeconômicos devem ser enfrentados quando se desenvolvem as estratégias de TI e negócios globais de uma companhia.

 Nadando na piscina global de talentos

Quando era um estudante de 16 anos de idade, Jeff Kiiza nunca teria imaginado que, dez anos depois, estaria escrevendo código em Perl, PHP/MySQL e Ajax para empresas nos Estados Unidos, no Canadá, na Austrália e na Espanha, e que estaria fazendo isso de sua casa em Córdoba, na Argentina. "Naquela época, teria sido um sonho ou ficção científica", diz ele. "Mas a disponibilidade de maior largura de banda de fluxo livre e empresas se voltando para a internet têm permitido que isso aconteça."

Hemang Dani está bastante espantado que, nos últimos seis meses, tenha aumentado sua renda para US$ 5 mil por mês, trabalhando para empresas nos Estados Unidos, no Reino Unido, na Alemanha e na Austrália. Nada mau, considerando o baixo custo de vida na cidade de Bombaim, na Índia, onde vive. Os projetos de Dani variam de codificação de "carrinhos de compra" e ativação de processamento de cartão de crédito em *sites* a gerenciamento de portais, como webmaster.

Dani e Kiiza pularam com os dois pés na piscina global de talentos. Ambos trabalhavam para organizações estrangeiras antes mesmo de se juntarem a Menlo Park, o mercado *on-line* da oDesk Corp. com sede na Califórnia, que faz a intermediação de programadores com as empresas que necessitam de seus serviços. Kiiza escrevia códigos para uma universidade na Tanzânia, e Dani arranjava trabalhos no GetaFreelancer.com, que é propriedade de uma empresa sueca chamada Innovate IT.

Como existem mais programadores como eles em todo o do mundo e em países em desenvolvimento, os profissionais de TI nos Estados Unidos estão agora também competindo na piscina global de talentos. Embora muitas empresas norte-americanas atualmente estejam contratando em todo o mundo somente quando sua necessidade é de curta duração, ou as habilidades estejam escassas ou muito caras na piscina local ou nacional de trabalho, algumas procuram em todo o planeta para encontrar os melhores entre os melhores, não importa onde estejam localizados, de acordo com Kevin Wheeler, presidente da Global Learning Resources Inc., empresa de consultoria de recrutamento de Fremont, na Califórnia. "Cisco, Microsoft, Google: essas empresas claramente assumiram o compromisso de ir até onde está o talento", diz ele.

Fonte: Adaptado de Mary Brandel. "Swimming in the Global Talent Pool". *Computerworld*, 15 de janeiro de 2007.

CASO DO MUNDO REAL 2: Reinsurance Group of America e Fonterra: unificando as operações globais

A indústria de resseguro não é para os fracos de coração. Os processos de negócio que permitem às empresas de resseguros fazer acordos com outras companhias de seguros para aceitar a totalidade ou parte do seu risco podem tornar-se complexos e consideráveis rapidamente.

Agora imagine o desenvolvimento de um único sistema que gerencie os processos de negócios de resseguro para inúmeros escritórios em todo do mundo – escritórios cujos funcionários falam línguas diferentes, estão em fusos horários diferentes e que podem acreditar em apenas um modo de gerenciar seus negócios. É um desafio que pode dominá-lo se você tentar resolver tudo de uma vez, em vez de dividi-lo em pequenas partes.

Quando os trabalhadores do grupo global de *software* do Reinsurance Group of America Inc. (RGA), em Chesterfield, Missouri, assumiram pela primeira vez esse gigantesco projeto, eles teriam sido os primeiros a dizer que não estavam preparados para os obstáculos que surgiram.

"Todo esse sistema precisa de muita comunicação e trabalho em equipe, e não estou certo de que compreendemos, no início, que precisávamos contribuir para fazer dele um sucesso", diz Mike Ring, gerente de projetos do RGA. No entanto, por envolver o negócio e adaptar suas práticas às exigências da situação, o grupo está lançando, com sucesso, um sistema de administração de resseguro de vida integrado, capaz de operar com várias moedas e em vários idiomas, e que foi apelidado de CybeRe por sua divisão internacional.

Antes do CybeRe, os trabalhadores em escritórios globais do RGA contavam principalmente com uma mistura de planilhas e bancos de dados para gerenciar os clientes. Agora, com informações armazenadas em um único local, os funcionários podem analisar os dados por cliente, contrato e produto e localizar erros de cliente mais facilmente. "As pessoas podem parar de se preocupar, pensando 'Se eu vender este ne-

gócio, como é que vou lidar com isso?'", diz Azam Mirza, vice-presidente de *software* global e chefe da iniciativa CybeRe.

De acordo com Ring, o sistema também reforça a validação e qualidade dos dados, o que permitirá uma melhor análise de risco e análise de retenção, resultando em melhor rentabilidade. Por fim, o retorno sobre o investimento superará 15%, "o que é muito favorável em relação à média de ROI para produtos RGA, que ficam normalmente na faixa de 12 a 15%", afirma Mirza.

O cenário nem sempre foi tão favorável. Quando o projeto começou há seis anos, a TI começou a reunir as exigências de negócios dos escritórios global, planejando fazer surgir, dois anos mais tarde, um sistema completo. No final de 2001, no entanto, ficou claro que uma abordagem gradual era mais prática. "As diversas unidades fazem as coisas de forma ligeiramente diferente, e fazer que todos chegassem a um acordo se tornou muito complicado", explica Chan. Assim, o grupo embarcou em um plano para construir um sistema piloto em um escritório (da África do Sul) e implementá-lo gradativamente nos demais, com o mínimo de personalizações possível.

O percurso nem sempre foi tranquilo. Converter todos os dados históricos e carregá-los no sistema do CybeRe exigiu limpeza de dados e esforços de migração significativos. Outros fatores, como diferenças nas terminologias usadas em vários escritórios, também causaram atrasos. Por exemplo, enquanto reunia requisitos, a TI perguntou se o escritório sul-africano utilizava benefícios compostos. Embora a resposta tenha sido negativa, descobriu-se que o escritório só havia utilizado uma expressão diferente: "aceleração de benefícios".

"A mudança no escopo nos atrasou uns quatro ou cinco meses", diz Mirza. Provavelmente o maior desafio, que continua até hoje, é fazer as pessoas aceitarem práticas comuns, tais como definidas pelo sistema. "É aí que somos os vilões", explica Mirza. "Se elas realmente precisam disso, precisam provar. Nós questionamos tudo. Não queremos criar um produto que é complicado porque tenta ser tudo para todo mundo."

Apesar das personalizações locais, o RGA ainda mantém apenas uma versão do CybeRe. As unidades locais podem apenas "ligar" as opções ou personalizações que são relevantes aos seus negócios. "Não fazer a manutenção de treze versões diferentes é muito importante", diz Mirza. "É fundamental para nosso sucesso".

"Dada a consolidação do mercado de resseguros de vida dos últimos anos, o CybeRe deve fornecer ao RGA uma importante arma competitiva. O RGA pretende 'reinventar o resseguro'. Isso é uma meta ambiciosa. O CybeRe é uma etapa importante ao longo do caminho."

Greg James é diretor de informática e gerente-geral de processos de negócios globais da Fonterra. É um papel único, fundamental para assegurar que os únicos silos do grupo de produtos lácteos sejam os de aço inoxidável. James estava em período sabático após uma tarefa de um ano na Europa com a New Zealand Dairy Board, quando lhe ofereceram a chefia do que ele descreve como uma "iniciativa de pequenos negócios" chamada Jedi. O convite veio de um executivo da Fonterra, que acabara de ser formada, e o cargo era de diretor do maior

Fonte: Getty Images.

FIGURA 12.12 A coerência entre diferentes funções empresariais, países, idiomas e processos envolvidos em implementações em todo o mundo é um dos mais importantes desafios enfrentados pelas organizações globais de hoje.

Continua →

programa de transformação de negócios do grupo de produtos lácteos até então.

O Jedi, que foi lançado em dois anos meio, acarretou a mudança dos negócios de *commodities* da Fonterra para uma plataforma de ERP comum e "uma maneira única e global de fazer as coisas". Segundo James, o programa Jedi destinava-se a examinar a cadeia de suprimentos da gigante de laticínios "desde a vaca até a produção e o armazenamento para satisfazer os clientes".

A mudança em jogo era enorme, uma vez que a cadeia de suprimentos da Fonterra abrange quatro milhões de vacas que produzem vinte bilhões de litros de leite por ano. A Fonterra possui escritórios em setenta países e emprega aproximadamente 19 mil funcionários. A empresa, diz James, seria reconhecida como a maior empresa da Nova Zelândia se tivesse ações na Bolsa de Valores. Para implementar o novo ambiente, "tivemos de nos reinventar, analisar cada parte do negócio, todos os processos, toda a estrutura organizacional", diz James.

Com efeito, o programa Jedi desmontou silos tradicionais na organização e padronizou os processos globais. "Isso nos permitiu reunir com eficácia todos os componentes que já existiam em cada grupo, em outras unidades de negócio, trazê-los todos juntos e obter uniformidade em termos de como fazemos as coisas. Tem dado consistência aos processos e nos permitiu atrair coerência na estrutura de abordagem em termos de como atuamos."

Hoje, ele observa, "fazemos as coisas da mesma maneira na Alemanha, no México e na Nova Zelândia". Como James explica, a Fonterra foi criada em 2000 como uma fusão das velhas indústrias de laticínios, com funções de negócio independentes. A empresa consolidou suas funções de *back-office* mundialmente na Nova Zelândia, em uma atividade de serviços transacionais de negócios com sede em Hamilton. James afirma que as operações de Hamilton se saíram bem quando comparadas a organizações BPO locais e do exterior. "Nosso modelo é melhor do que a maioria dos modelos internacionais."

Em vez de escritórios de vendas para diferentes unidades de negócio, um centro de atendimento ao cliente foi criado na sede da Princes Street, em Auckland. Esse centro funciona sem parar, dando suporte multilíngue a clientes em todo o mundo.

Para a equipe de 200 funcionários de TI da Fonterra, o novo sistema significa estar exposto a áreas do negócio às quais eles tradicionalmente não estariam. "Se eles trabalhassem nessa parte do negócio sob a velha estrutura, tenderiam a permanecer nela. Mas agora reunimos os recursos, e isso significa que eles poderiam estar trabalhando em X, Y ou Z em qualquer período especificado. Eles recebem muito mais flexibilidade e capacidade de aprender as várias partes da empresa no novo modelo."

James acredita que essa configuração também ajuda na retenção de pessoal: "Isso nos dá a capacidade de manter o pessoal, ao contrário de ter gente saindo para outras organizações para experimentar diferentes tipos de conjuntos de habilidades". Se há uma outra coisa sobre a qual James é enfático é que, atualmente, na Fonterra, "não existe essa coisa de um projeto de TI por si só".

"Sentamos com o pessoal de negócios em termos do nosso planejamento e alinhamos nossos planos com os planos deles". De acordo com James, há agora um "mapa do caminho da empresa", composto de todas as atividades que a empresa pretende desenvolver ao longo dos próximos 18 meses até três anos.

Qual é o principal conselho dele para profissionais de TI que desejam passar a diretor de informática e outros cargos de nível C? "Tenha certeza de que entende do negócio em que você trabalha." E acrescenta: "Mantenha um olhar atento em todas as pessoas extremamente competentes que você precisar contratar um dia para formarem parte de uma grande equipe". Podem ser pessoas na sua organização atual ou pessoas que se encontram no exterior, em cargos da indústria.

Por fim, ele diz: "Jamais tema alguém de sua organização que é mais esperto que você. Você realmente precisa de um monte de gente inteligente trabalhando ao seu redor".

Fonte: Adaptado de Mary Brandel. "Reinsurance Group Simplifies on -Global Scale with Administration System". *Computerworld*, 14 de março de 2005; e Divina Paredes. "Unifying Global Operations". CIO *Magazine*, 27 de março de 2007.

QUESTÕES DO ESTUDO DE CASO

1. Qual é o valor comercial dos desenvolvimentos de sistemas globais para as empresas mencionadas no caso? Como elas conseguiram esses benefícios? Quais foram os principais obstáculos que as empresas tiveram de superar?

2. Quais são as vantagens e desvantagens de uma abordagem completa em relação a uma abordagem gradual para implementações de sistema em geral e globais em particular? Como você decide qual o caminho a seguir?

3. Qual é a importância de todas as unidades da organização global falarem a mesma língua empresarial e usarem as mesmas funções e processos de negócio? Como você consegue conciliar as necessidades concorrentes de flexibilidade e consistência em todas as operações?

ATIVIDADES DO MUNDO REAL

1. As organizações caracterizadas no caso têm sido bastante bem-sucedidas com seus lançamentos mundiais. Pesquise na internet exemplos de implementações de sistemas globais ou internacionais sem sucesso. Como elas se compararam com as do caso? Quais as diferenças nas abordagens adotadas pelos casos de sucesso e insucesso que você acha que poderiam explicar as diferenças de resultado? Prepare um relatório e uma apresentação para compartilhar suas descobertas com o restante do grupo.

2. Implementar grandes sistemas em organizações globais, especialmente quando o desenvolvimento está concentrada na sede ou em uma poderosa subsidiária nacional, pode causar uma série de ressentimento e frustração para as outras unidades da organização. Divida a turma em pequenos grupos para discutir quais abordagens as empresas podem ter para aliviar esses problemas e incorporar todas as suas unidades no processo.

Os **desafios culturais** que os gerentes de TI e de empresas globais enfrentam incluem diferenças nas línguas, nos interesses culturais, nas religiões, nos costumes, nas atitudes sociais e nas filosofias políticas. Obviamente, os gerentes globais de TI devem ser treinados e ser sensíveis a tais diferenças antes de serem enviados para o exterior ou trazidos para o país de origem de uma corporação. Outros desafios culturais incluem as diferenças nos estilos de trabalho e relações comerciais. Por exemplo, você deveria usar seu tempo para evitar erros ou apressar-se em entregar algo bem rápido? Deveria fazer sozinho ou cooperativamente? O mais experiente deveria liderar ou a liderança deveria ser compartilhada? As respostas para tais perguntas dependem da cultura na qual você está e em destacar as diferenças culturais que possam existir no trabalho global. Vamos dar uma olhada em um exemplo do mundo real que envolve um grupo de talentos de TI global.

Estratégias globais de negócios/TI

Os negócios estão deixando as estratégias *internacionais* nas quais as subsidiárias estrangeiras são autônomas, porém são dependentes de seus escritórios centrais para novos processos, produtos e ideias; ou estratégias *globais*, em que as operações mundiais de uma companhia são administradas pelo escritório central corporativo. Em vez disso, as empresas estão mudando para uma **estratégia transnacional**, na qual seus negócios dependem expressivamente de seus sistemas de informação e tecnologias de internet para ajudar a integrar suas atividades de negócios em todo o mundo. Em vez de ter unidades de SI independentes em suas subsidiárias ou até mesmo uma operação de SI centralizada dirigida de seus escritórios centrais, uma empresa transnacional tenta desenvolver uma arquitetura mundial integrada e cooperativa de *hardware*, *software* e com base na internet para a sua plataforma de TI. A Figura 12.13 compara as três linhas das estratégias globais de negócios/TI, ao passo que a Figura 12.14 ilustra como os negócios transnacionais e as estratégias de TI foram implementados por companhias globais.

Comparando estratégias globais de TI/negócios

Internacional	Global	Transnacional
• Operações autônomas	• Contratação global	• Operações de negócios virtuais via alianças globais
• Específica da região	• Multirregional	• Mercados mundiais e customização de massa
• Integração vertical	• Integração horizontal	
• Clientes específicos	• Um pouco de transparência de clientes e produção	• *E-commerce* e atendimento a cliente globais
• Produção cativa	• Um pouco de inter-regionalização	• Produção transparente
• Segmentação de cliente e dedicação por região e fábrica		• Rede de fornecedores e logística globais
		• Gerenciamento dinâmico de recursos

Características da tecnologia da informação

• Sistemas autônomos	• Descentralização regional	• Logicamente consolidado, fisicamente distribuído, conectado à internet
• Descentralizados/sem padrões	• Dependente de interface	• Recursos de dados globais comuns
• Confiança intensa nas interfaces	• Um pouco de consolidação das aplicações e uso de sistemas comuns	• Sistemas empresariais globais integrados
• Múltiplos sistemas, alta redundância e duplicação de serviços e operações	• Duplicação reduzida de operações	• Internet, intranet, extranet, aplicações baseadas na web
• Falta de sistemas e dados comuns	• Alguns padrões de TI mundiais	• Política e padrões de TI transnacionais

FIGURA 12.13 Companhias que operam internacionalmente estão mudando para as estratégias de negócios e TI transnacionais. Note algumas das principais diferenças entre as estratégias de negócios e de TI internacionais, globais e transnacionais.

Tática	Alianças globais	Fornecimento e logística globais	Serviço global ao cliente
Exemplos	British Airways/US Airways KLM/Northwest Qantas/American	Benetton	American Express
Ambiente de TI	Rede global (sistema de reservas *on-line*)	Rede Global, terminais EPOS em 4 mil lojas, CAD/CAM na produção central, robôs e leitores a laser em seus depósitos automatizados	Rede global conectada de filiais locais e comerciantes locais aos bancos de dados de clientes e bancos de dados de referência médica ou jurídica
Resultados	• Coordenação de horários • Compartilhamento de programação • Coordenação de voos • Copropriedade	• Produzir 2.000 suéteres por hora usando CAD/CAM • Resposta rápida (nas lojas em 10 dias) • Estoques reduzidos (*just-in-time*)	• Acesso a fundos em todo o mundo • "Ajuda global" por telefone direto • Substituição do cartão de crédito emergência • Serviço ao cliente 24 horas por dia

FIGURA 12.14 Exemplo de como os negócios transnacionais e as estratégias de TI foram implementados por companhias globais.

Aplicações globais de negócios/TI

As aplicações da tecnologia da informação desenvolvida pelas companhias globais dependem de suas **estratégias globais de negócios/TI** e sua perícia e experiência em TI. Entretanto, suas aplicações da TI também dependem de uma variedade de **direcionadores de negócios globais**, isto é, requisitos de negócios decorrentes da natureza da indústria e seus concorrentes e forças ambientais. Poderiam ser um exemplo companhias, como empresas aéreas e redes de hotéis, que têm clientes globais, ou seja, clientes que viajam por todo o mundo ou têm operações mundiais. Tais companhias necessitam das capacidades da TI global para o processamento das transações *on-line* de forma a poder prover serviços rápidos e adequados a seus clientes ou encarar a perda deles para a concorrência. As economias de escala providas pelas operações comerciais globais são outros direcionadores de negócios que requerem o suporte das aplicações globais de TI. A Figura 12.15 resume alguns dos requisitos de negócios que tornam a TI global uma necessidade competitiva.

É claro que muitas aplicações de TI global, especialmente finanças, contabilidade e administrativas, estão em funcionamento há muitos anos. Por exemplo, muitas companhias

FIGURA 12.15 Algumas das razões que direcionam as aplicações de negócios globais.

Direcionadores de negócios para a TI global
• **Clientes globais.** Clientes são pessoas que podem viajar a qualquer lugar ou companhias com operações globais. A TI global ajuda a fornecer serviços rápidos e adequados.
• **Produtos globais.** Produtos são os mesmos em todo o mundo ou são montados por subsidiárias em todo o planeta. A TI global pode ajudar a administrar o mercado global e controlar a qualidade.
• **Operações globais.** Partes de uma produção ou processo de montagem são designadas a subsidiárias com base em condições econômicas ou outra qualquer. Apenas a TI global pode apoiar tal flexibilidade geográfica.
• **Recursos globais.** O uso e o custo de equipamentos comuns, instalações e pessoas são compartilhados por subsidiárias de uma companhia global. A TI global pode rastrear tais recursos compartilhados.
• **Colaboração global.** O conhecimento e a perícia dos colegas em uma companhia global podem ser rapidamente acessados, compartilhados e organizados para apoiar os esforços individuais ou do grupo. Apenas a TI global consegue apoiar tal colaboração empresarial.

multinacionais têm sistemas de gerenciamento de caixa e destinação de verbas e aplicações de automação do escritório, como sistemas de fax e *e-mail*. Contudo, como as operações globais crescem e a competição global aquece, há uma pressão crescente para que as companhias instalem aplicações de comércio e negócios eletrônicos para seus clientes e fornecedores. Os exemplos incluem *sites* mundiais de *e-commerce* e sistemas de serviços para os clientes, e os sistemas de gerenciamento da rede global de fornecedores. No passado, tais sistemas baseavam-se quase exclusivamente nas redes de telecomunicações privadas ou públicas. Mas o uso cada vez maior de internet, intranets e extranets para o *e-commerce* tem tornado tais aplicações muito mais viáveis para as empresas globais.

Colorcon Inc.: benefícios e desafios dos ERPs globais

Desde que a Colorcon Inc. consolidou todos os seus escritórios globais e sete locais de produção em um único sistema de ERP, em 2001, os benefícios têm sido indiscutíveis. A fabricante de produtos químicos especiais aumentou a rotatividade de seu estoque anual em 40%, fechou a contabilidade com 50% a mais de rapidez do que o fazia e melhorou seus tempos de execução da produção. "Foi uma melhora significativa", diz o CIO Perry Cozzone.

No entanto, chegar a uma instância única e global também tem sido um processo cheio de desafios para a empresa sediada em West Point, na Pensilvânia. Entre esses desafios, havia a limpeza e verificação dos dados de sistemas legados, a padronização de processos de negócios em nível mundial e a obtenção de concordância dos líderes empresariais de locais tão diferentes como Brasil, Cingapura e Reino Unido.

"Foi um trabalho difícil", diz Cozzone, que supervisionou os estágios finais da implantação do sistema. Transição para uma instância única e global de um sistema ERP é um desafio inebriante para multinacionais de grande ou médio porte. Para muitas organizações, o maior desafio em se mudar para um sistema de ERP é o gerenciamento de mudança. "É uma verdadeira luta para muitas empresas adquirir consistência em seus processos de negócios" por causa das diferenças nos requisitos de negócios regionais, diz Rob Karel, analista da Forrester Research Inc.

Ainda assim, as empresas que conseguiram uma única instância dizem que vale a pena a luta para racionalizar os relatórios financeiros e aumentar a visibilidade das operações em todo o mundo, porque isso permite que os executivos tomem decisões mais rapidamente.

O desafio técnico mais comum que as equipes de projetos enfrentam é verificar a integridade dos dados legados e movê-los para o ambiente de ERP. "Uma das lições que aprendi é que você nunca perde tempo ao assegurar a qualidade dos dados", diz Cozzone. Logo no início do projeto da Colorcon, quando havia dúvidas sobre a qualidade de um conjunto de dados, os membros da equipe e os executivos nem sempre concordavam quanto ao que precisava ser feito. "Havia discordância quanto ao método para medir a qualidade e gerenciá-la", diz Cozzone.

Assim, a equipe do projeto desenvolveu um painel de qualidade de dados para mostrar aos líderes empresariais o motivo pelo qual dados comprometidos precisavam ser corrigidos antes de serem inseridos no novo ambiente. O painel mostra, por exemplo, como informações de contato de clientes de baixa qualidade podem levar a um aumento de pedidos errados. O painel inclui etapas que os usuários empresariais podem utilizar para corrigir dados com defeito e também quantifica a melhoria mensal de negócios obtida por meio da redução de dados ruins. Eles também tiveram que trabalhar com questões de menor importância em sistemas legados que deixariam de ser usados e nos chamados sistemas fantasmas – aqueles utilizados em várias unidades de negócios, mas desconhecidos da TI corporativa.

"Não somos uma empresa multibilionária, mas mesmo assim tínhamos sistemas fantasmas", diz Cozzone. "Fizemos disso uma alta prioridade e nos livramos desses sistemas rapidamente."

Fonte: Adaptado de Thomas Hoffman. "Global ERP: You Can Get There from Here, but Should You?". *Computerworld*, 15 de outubro de 2007.

Plataformas globais da TI

O gerenciamento das plataformas da tecnologia (também chamadas infraestrutura da tecnologia) é outra dimensão importante da administração da TI global – isto é, administrar *hardware*, *software*, recursos de dados, redes de telecomunicações e meios computacionais que apoiam operações de negócios globais. A gerência de uma plataforma de TI global não é só tecnicamente complexa, mas também tem grandes implicações políticas e culturais.

Por exemplo, as opções de *hardware* são difíceis em alguns países por causa de altos custos, altas tarifas, restrições de importação, demora das aprovações governamentais, falta de serviços locais ou peças de reposição e falta de documentação adequada para as condições locais. As opções de *software* também podem oferecer problemas exclusivos. Pacotes de *software* desenvolvidos na Europa podem ser incompatíveis com as versões norte-americanas ou asiáticas, até mesmo quando compradas do mesmo fornecedor de *hardware*. Pacotes de *software* norte-americanos muito conhecidos podem estar indisponíveis por não haver um distribuidor local ou porque o publicador do *software* recusa-se a fornecer para mercados que desrespeitam o licenciamento de *software* e acordos de direitos autorais.

Administrar redes internacionais de comunicação de dados, incluindo internet, intranet, extranet e outras redes, é um desafio da TI global. A Figura 12.16 esquematiza as dez questões mais importantes das comunicações de dados internacionais conforme relatado pelos executivos de SI em 300 empresas multinacionais da *Fortune 500*. Veja como as questões políticas dominam a lista das dez mais, enfatizando sua importância na administração das telecomunicações globais.

O estabelecimento internacional de meios computacionais é outro desafio global. As companhias com operações de negócios globais normalmente estabelecem ou contratam integradores de sistemas para centros de dados adicionais em suas subsidiárias em outros países. Esses centros de dados atendem às necessidades computacionais locais e regionais, e até ajudam a equilibrar cargas de tarefas computacionais globais graças às comunicações por satélite. Contudo, os centros de dados no exterior podem causar problemas maiores no suporte da sede, na aquisição de *software* e *hardware*, manutenção e segurança. É por isso que as companhias globais voltam-se para os provedores de serviços aplicativos ou integradores de sistemas, como EDS ou IBM, para administrar as suas operações internacionais.

FIGURA 12.16 As dez questões mais importantes na administração das comunicações de dados internacionais.

Questões das comunicações de dados internacionais
Questões de administração de rede
• Melhorar a eficiência operacional das redes
• Operar com redes diferentes
• Controlar a segurança de comunicação de dados
Questões regulatórias
• Lidar com restrições de fluxo de dados transnacionais
• Administrar regulamentações de telecomunicação internacional
• Manejar política internacional
Questões da tecnologia
• Gerenciar a infraestrutura de rede entre os países
• Gerenciar a integração internacional de tecnologias
Questões orientadas aos países
• Reconciliar as diferenças nacionais
• Lidar com estruturas tarifárias internacionais

Fonte: Adaptado de Vincent S. Lai and Wingyan Chung, "Managing International Data Communications", *Communications of the ACM*, março de 2002, p. 91.

Fidelity e Unisys: trabalhando em um *campus* mundial

Era uma vez empresas que se gabavam de ter escritórios em Nova York, Munique, Madri, Bombaim e Manila. Cada escritório gerenciava seu conjunto de clientes e fornecedores com um monte de "bons conselhos" vindos da sede. Havia muito pouca governança ou padronização. Paradoxalmente, o uso de provedores de serviços de terceiros catalisou uma melhor governança e padrões em centros de serviços cativos ou compartilhados, espalhados em partes distantes do mundo.

A Fidelity, com sede em Boston e maior empresa de fundo mútuo do mundo, por exemplo, tem filiais na maioria dos países que servem mercados locais, tem centros cativos na Índia para atender às operações globais da empresa, tem quase meia dúzia de prestadoras de serviços de TI terceirizados contratadas e funciona como um provedor de administração de recursos humanos e benefícios para empresas como General Motors e Novartis.

Existem várias maneiras de implementar o conceito de um campus mundial. Independentemente de a empresa ter equipes globalmente dispersas trabalhando em diferentes partes do trabalho, o que liga esses escritórios é uma arquitetura definida comum e um objetivo empresarial compartilhado.

Essa complexidade das operações não tem nada novo: vem ocorrendo em outras indústrias há décadas. No processo de fabricação, por exemplo, os componentes podem ser produzidos na China e em Taiwan, montados na Malásia e embalados e enviados da China. Todas essas atividades podem ser coordenadas dos Estados Unidos. "O setor de serviços e a terceirização de processos de negócios (BPO) em geral, estão apenas começando a acompanhar seus pares da fabricação", diz Brian MaLoney, recentemente nomeado presidente da recém-formada Unisys Global Industries. Ele foi CEO da AT&T Solutions e COO da Perot Systems.

"Em comunicações de *campus* mundial, não é tão simples ter todos na mesma sala e dizer: 'Isto é o que vamos fazer hoje, amanhã ou na próxima semana'. A partir de então você tem de lidar com a distância, as diferenças de horários e as diferenças culturais: quando você e eu conversamos, podemos estar usando o mesmo idioma, mas as palavras podem ter diferentes nuances", diz ele.

"Você precisa ter alguém perto do cliente e dos processos de negócio do cliente. Em problemas do dia a dia, você precisa de alguém que possa entender o que o CIO e o diretor da unidade de negócios estão enfrentando e traduzir isso de volta para as pessoas que estão fazendo o trabalho de código do design do sistema na Índia", observa Maloney. "Isso tem de ser uma colaboração contínua, diariamente. A boa notícia é que a tecnologia permite isso. Na AT&T Solutions, que oferece serviços de TI para clientes internos e externos, reunimos engenheiros da Ásia, da Europa e dos Estados Unidos e os colocamos nas instalações do cliente durante duas semanas."

Fonte: Adaptado de Juhi Bhambal. "Worldwide Campus". *InformationWeek*, 29 de maio de 2006.

A internet como plataforma de TI global

O que faz a internet e a World Wide Web tão importantes para os negócios internacionais? Essa matriz interligada de computadores, informação e redes que alcança dezenas de milhões de usuários em mais de cem países é um ambiente de negócios sem fronteiras e limites tradicionais. Conectando a uma infraestrutura global on-line, oferece às companhias um potencial sem precedente para expandir mercados, reduzindo custos e melhorando margens de lucro a um preço que é tipicamente uma pequena porcentagem do orçamento corporativo de comunicações. A internet fornece um canal interativo de comunicação direta e troca de dados com clientes, fornecedores, distribuidores, fabricantes, desenvolvedores de produto, organismos financeiros, fornecedores de informações – de fato, com todas as partes envolvidas em um empreendimento.

Assim, a internet e a World Wide Web tornam-se agora componentes vitais no comércio e nos negócios internacionais. Dentro de poucos anos, a internet, com sua rede interconectada de milhares de redes de computadores e bancos de dados, terá estabelecido a si mesma como uma plataforma de tecnologia livre de muitas fronteiras e dos limites internacionais tradicionais. Co-

FIGURA 12.17 Perguntas-chave para companhias que estabelecem *sites* globais na internet.

Perguntas-chave
• Você precisará desenvolver uma nova lógica navegacional para acomodar as preferências culturais?
• Que conteúdo você traduzirá e que conteúdo criará do zero para lidar com os concorrentes regionais ou produtos que se diferenciam daqueles nos Estados Unidos?
• O seu esforço multilíngue deve ser um suplemento ao seu site principal ou você o fará em um site à parte, talvez com um nome de domínio específico do país?
• Que espécie de publicidade tradicional e em novas mídias você terá de fazer em cada país para atrair tráfego ao seu site?
• O seu site vai obter tantas visitas que você terá de estabelecer um servidor no país local?
• Quais são as ramificações legais de ter o seu site em determinado país, como leis de comportamento competitivo, o tratamento de crianças ou privacidade?

nectando seus negócios a essa infraestrutura global *on-line*, as companhias conseguem expandir seus mercados, reduzir os custos de comunicação e distribuição, e melhorar suas margens de lucro sem desembolsos de altos valores para novos equipamentos de telecomunicações. A Figura 12.17 traça considerações-chave para os *sites* globais de *e-commerce*.

A internet, junto com as suas tecnologias relacionadas, intranet e extranet, fornece um canal interativo de baixo custo de comunicações e troca de dados com empregados, clientes, fornecedores, distribuidores, fabricantes, desenvolvedores de produto, organismos financeiros, fornecedores de informações e assim por diante. De fato, todas as partes envolvidas podem usar a internet e outras redes relacionadas para comunicar-se e colaborar para levar uma iniciativa de negócio à sua realização de sucesso. Contudo, como a Figura 12.18 ilustra, muito trabalho tem de ser feito para levar acesso seguro à internet e *e-commerce* para mais pessoas em mais países. Mas a tendência está claramente na expansão contínua da internet quando esta se torna uma plataforma de TI abrangente para os negócios globais.

Questões do acesso global aos dados

As questões do **acesso global aos dados** têm sido um assunto de controvérsia política e barreiras tecnológicas nas operações de negócios mundiais há muitos anos, mas têm se tornado mais visíveis com o crescimento da internet e das pressões do *e-commerce*. Um dos principais

Uso da internet e estatística populacional do mundo						
Regiões mundiais	População (Est. 2005)	População do mundo (%)	Uso da internet dados mais recentes	Crescimento do uso 2000–2005 (%)	Penetração (% da população)	Usuários mundiais (%)
África	900.465.411	14,0	13.468.600	198,3	1,5	1,5
Ásia	3.612.363.165	56,3	302.257.003	164,4	8,4	34,0
Europa	730.991.138	11,4	259.653.144	151,9	35,5	29,2
Oriente Médio	259.499.772	4,0	19.370.700	266,5	7,5	2,2
América do Norte	328.387.059	5,1	221.437.647	104,9	67,4	24,9
América Latina/Caribe	546.917.192	8,5	56.224.957	211,2	10,3	6,3
Oceania/Austrália	33.443.448	0,5	16.269.080	113,5	48,6	1,8
TOTAL MUNDIAL	6.412.067.185	100,0	888.681.131	146,2	13,9	100,0

Fonte: www.internetworldstats.com.

FIGURA 12.18 Números atuais de usuários da internet por regiões mundiais. Nota: Uso da internet e estatísticas populacionais, atualizadas em 24 de março de 2005.

Requisitos da privacidade de dados entre Estados Unidos e União Europeia
• Aviso do objetivo e uso de dados coletados
• Capacidade de optar por não participar da distribuição de dados de terceiros
• Acesso de consumidores à sua informação
• Segurança adequada, integridade de dados e cumprimento das disposições

FIGURA 12.19 Disposições dos acordos para a proteção da privacidade de consumidores em transações de *e-commerce* entre os Estados Unidos e a União Europeia.

exemplos é a questão do **fluxo de dados transnacionais** (*tranborder data flows* – TDF), no qual os dados de negócios fluem através das fronteiras internacionais pelas redes de telecomunicações dos sistemas globais de informação. Muitos países veem o TDF como violação da sua soberania nacional porque os fluxos de dados transnacionais evitam as obrigações alfandegárias e as normas de importação ou exportação de mercadorias e serviços. Outros veem os fluxos de dados transnacionais como violação de suas leis para proteger da competição a indústria de TI local, ou de suas normas trabalhistas para proteger os empregos locais. Em muitos casos, as consequências dos fluxos de dados de negócios que parecem politicamente sensíveis em particular são aquelas que afetam a movimentação de dados pessoais no *e-commerce* e nas aplicações de recursos humanos para fora de um país.

Muitos países, sobretudo aqueles na União Europeia (UE), podem ver o fluxo de dados transnacionais como uma violação da sua legislação de privacidade, uma vez que, em muitos casos, os dados sobre os indivíduos estão sendo movimentados para fora do país sem proteção de privacidade. Por exemplo, a Figura 12.19 delineia as disposições de um acordo de privacidade entre os Estados Unidos e a União Europeia. O acordo exime as companhias norte-americanas, que se ocupam do *e-commerce* internacional, das sanções de privacidade de dados da UE se elas aderirem a um programa de regulação automática que provê os consumidores da UE de informação básica a respeito de controle sobre como os seus dados pessoais são usados. Assim, diz-se que o acordo fornece "um porto seguro" para tais companhias dos requisitos da Diretiva de Isolamento de Dados da UE, que proíbe a transferência da informação pessoal de cidadãos da UE a países que não têm proteção de privacidade de dados adequada.

Europa: leis mais rigorosas atormentam profissionais de segurança

Os movimentos de vários países europeus para reforçar leis contra pirataria de computação atormentam os profissionais de segurança, que muitas vezes usam as mesmas ferramentas que os *hackers*, mas para fins legítimos. O Reino Unido e a Alemanha estão entre os países que estão examinando a revisão de suas leis de crimes de informática de acordo com a Convenção de 2001 sobre o Cibercrime – um tratado europeu similar ao da União Europeia aprovado no início de 2005.

Entretanto, os profissionais de segurança encarregados da revisão estão preocupados com o modo como promotores e juízes poderão aplicar as leis. Estão especialmente preocupados com os casos em que as revisões se aplicam a programas que poderiam ser usados para o mal ou para o bem. As empresas frequentemente usam programas *hackers* para testar o valor de seus próprios sistemas.

"Um utilitário nas mãos erradas é potencialmente uma ferramenta de *hacking* nocivo", afirma Graham Cluley, consultor sênior de tecnologia da Sophos, em Abingdon, Inglaterra. As revisões propostas tornariam ilegal criar ou fornecer uma ferramenta para quem pretendesse usá-la para acesso ou modificação não autorizados de computadores. Da mesma forma, as alterações propostas à lei alemã também criminalizariam a produção e a distribuição de ferramentas de *hacking*. O governo alemão disse que as mudanças vão colocá-lo em conformidade com a Convenção de 2001 sobre o Cibercrime. Várias empresas alemãs de segurança estão planejando fazer *lobby* contra a lei, pois temem que ela possa prejudicar aqueles que testam sistemas de segurança, diz Alexander Kornbrust, fundador e CEO da Red-Database-Security, de Neunkirchen, Alemanha. Por exempo, as ferramentas para verificar a eficácia das senhas, muitas vezes distribuídas gratuitamente, também poderiam ser usadas por *hackers*, diz ele.

> Segundo Kornbrust: "A comunidade de segurança está muito descontente com essa abordagem". "A preocupação é que o uso e a posse das chamadas ferramentas de *hacker* serão ilegais".
> O Reino Unido e a Alemanha estão tentando harmonizar suas leis com o artigo 6º da Convenção, que proíbe a criação de programas de computador para o fim de cometer crimes cibernéticos. Até agora, 43 países assinaram a convenção, o que indica a vontade de rever as suas leis com fins de conformidade. Quinze ratificaram a convenção. Depois que um país muda suas leis, ele pode ratificar a convenção e colocá-la em vigor.
>
> *Fonte*: Adaptado de Dave Gradijan. "Euro Computer Crime Laws Have Security Pros Worried". *CSO Magazine*, 29 de setembro de 2006.

Questões de acesso à internet

A organização Repórteres sem Fronteiras (RSF), sediada em Paris, informa que há 45 países que "restringem o acesso de seus cidadãos à internet". No que tem de fundamental, a luta entre censura à internet e abertura nacional gira em torno de aproximadamente três meios principais: controle dos canais, filtragem dos fluxos e punição a fornecedores. De acordo com a RSF, em Burma, Líbia, Coreia do Norte, Síria e nos países da Ásia Central e do Cáucaso, o acesso à internet é proibido ou está sujeito a limitações pelos provedores de serviços de internet controlados pelo governo.

A Figura 12.20 mostra as restrições de **acesso à internet** por parte do público e de governos de quase 20 países considerados os mais restritivos pelos Repórteres sem Fronteiras de Paris (www.rsf.fr).

Portanto, a internet tornou-se um campo de batalha global com respeito ao acesso público a dados e informação de negócio e *sites* privados na World Wide Web. Naturalmente, isso se torna uma questão de negócios, porque a política de acesso restritiva inibe severamente o crescimento do *e-commerce* em tais países. A maior parte do resto do mundo decidiu que a restrição de acesso à internet não é uma política viável, pois isso, prejudicaria oportunidades de crescimento econômico e prosperidade de seus países. Em vez disso, esforços nacionais e internacionais estão sendo feitos para classificar e filtrar o conteúdo da internet considerado impróprio ou criminoso, como *sites* de pornografia infantil ou terrorismo. De certa maneira, os países que significativamente restringem o acesso à internet também estão decidindo restringir a sua participação no crescimento do *e-commerce*.

Para a organização RSF e outras entidades, os legisladores desses países enfrentam uma luta perdida contra a Era da Informação. Ao negarem ou restringirem o acesso à internet, eles emperram uma poderosa máquina do crescimento econômico. No entanto, ao liberarem o acesso, eles expõem seus cidadãos a ideias que potencialmente desestabilizam a posição em que se encontram. Querendo ou não, muitas pessoas vão ter o acesso à informação eletrônica que desejam. "Na Síria, por exemplo, as pessoas vão ao Líbano durante o fim de semana para ver os seus *e-mails*", diz Virginie Locussol, redatora-chefe da RSF para o Oriente Médio e a África do Norte.

FIGURA 12.20 Países que restringem ou proíbem o acesso dos cidadãos à internet.

Restrições governamentais ao acesso à internet em todo o mundo

- **Altas tarifas governamentais para o acesso**
  Cazaquistão, Quirguistão

- **Acesso monitorado pelo governo**
  China, Irã, Arábia Saudita, Azerbaijão, Uzbequistão

- **Acesso filtrado (censurado) pelo governo**
  Bielorrússia, Cuba, Iraque, Tunísia, Serra Leoa, Tajiquistão, Turcomenistão e Vietnã

- **Acesso totalmente proibido ao público**
  Burma, Líbia, Coreia do Norte

Imagine os desafios de desenvolver aplicações eficientes, eficazes e responsivas para negócios e usuários finais em um só país. Então multiplique isso pelo número de países e culturas que podem usar um sistema de negócio eletrônico global. Esse é o desafio de administrar o desenvolvimento global de sistemas. Naturalmente, há conflitos entre os requisitos e as dificuldades do sistema local *versus* sistema global, e dificuldades em combinar características comuns de sistema como interfaces de usuário multilíngues e padrões de projeto flexíveis. E todo esse esforço deve acontecer em um ambiente que promove o envolvimento e "a propriedade" de um sistema por usuários finais locais.

Outras **questões sobre o desenvolvimento de sistemas** surgem da efervescência causada pelas atividades de implementação e manutenção de sistemas. "Uma interrupção durante o terceiro turno na cidade de Nova York representará interrupções de serviços ao meio-dia em Tóquio." Outra importante questão de desenvolvimento relaciona-se ao conflito entre desenvolver um sistema que pode rodar em múltiplas plataformas de sistema operacional e computador e permitir que cada site local padronize o *software* para a sua própria plataforma.

Outras importantes questões estão relacionadas com a padronização global de definições de dados. As definições de dados padronizados são necessárias para compartilhar dados entre as partes de um negócio internacional. As diferenças de idioma, cultura e plataformas de tecnologia podem tornar a padronização de dados global bastante difícil. Por exemplo, uma venda denominada "pedido reservado" no Reino Unido, um "pedido planejado" na Alemanha e "pedido produzido" na França. Contudo, as empresas estão padronizando as definições de dados e estruturas. Ao dotarem as suas subsidiárias de um modelo de dados e projeto de banco de dados, esperam desenvolver uma arquitetura de dados global capaz de apoiar seus objetivos de negócios globais.

Desenvolvimento global de sistemas

Diversas estratégias podem ser usadas para resolver alguns dos problemas do desenvolvimento de sistemas que surgem na TI global. Uma é transformar aplicações usadas pelo escritório central em uma aplicação global. Contudo, muitas vezes o sistema usado por uma subsidiária que tem a melhor versão de uma aplicação será escolhido para um uso global. Outra abordagem é o estabelecimento de uma *equipe de desenvolvimento multinacional* com pessoas-chave de várias subsidiárias para assegurar que o projeto do sistema encontre as necessidades de *sites* locais, bem como da sede corporativa.

Uma terceira abordagem é denominada *desenvolvimento paralelo*, porque as partes do sistema são destinadas a subsidiárias diferentes e à central para serem desenvolvidas ao mesmo tempo, com base na habilidade e experiência de cada local. Outra abordagem é o conceito do *centro de excelência*. Nessa política, um sistema inteiro pode ser destinado para o desenvolvimento em determinada subsidiária com base em sua habilidade nas dimensões de negócios ou técnicas necessárias para o desenvolvimento bem-sucedido. Uma abordagem final que rapidamente se tornou a melhor opção de desenvolvimento é terceirizar o trabalho de desenvolvimento para companhias de desenvolvimento globais ou *offshore*, que têm habilidade e experiência necessárias para desenvolver as aplicações globais de negócios/TI. Obviamente, todas essas políticas exigem colaboração da equipe de desenvolvimento e supervisão gerencial para atender às necessidades globais de um negócio. Dessa maneira, as equipes de desenvolvimento de sistemas globais estão fazendo o uso pesado de internet, intranets, ferramentas computacionais e outras tecnologias de colaboração eletrônicas (ver Figura 12.21).

Estratégias de desenvolvimento de sistemas

Invensys PLC: atraindo talentos de todo o mundo para o desenvolvimento de *software*

É ótimo poder contar com os melhores programadores do mundo inteiro. A SimSci-Esscor, a unidade de controle e simulação de processos industriais da Invensys PLC, designará pessoal de qualquer dos seus escritórios para montar a equipe certa. "Nossos projetos de desenvolvimento operam em um modo virtual e reúnem pessoas de vários locais, de acordo com as necessidades do projeto", diz Joe Ayers, diretor de serviços de desenvolvimento da SimSci-Esscor, em Lake Forest, Califórnia. "É comum que os projetos utilizem desenvolvedores de três fusos horários diferentes, em um modo de desenvolvimento do tipo *follow the sun*".

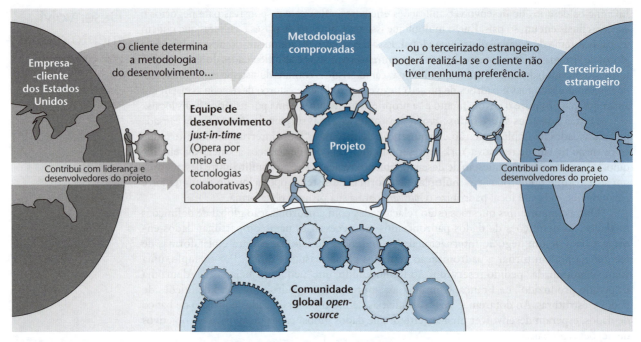

Fonte: Adaptado de Jon Udell, "Leveraging a Global Advantage", Infoworld, 21 de abril de 2003, p.35.

FIGURA 12.21 Um exemplo de colaboração pela internet no desenvolvimento de sistemas da TI global. Perceba os papéis da companhia-cliente, dos desenvolvedores terceirizados em outros países, da comunidade global *open-source* e da equipe de desenvolvimento *just-in-time*.

A abordagem permite à Invensys encontrar o talento certo para o projeto, e o trabalho é feito de forma eficiente. Mas a gestão desses desenvolvedores distantes pode ser um pesadelo. "A Invensys tinha reunido várias empresas com diferentes culturas e processos", explica Ayers. "Alguns dos problemas que tivemos que abordar incluem duplicação de código-fonte, ferramentas variadas e processos de uso, além de conectividade de rede e confiabilidade limitadas."

Para abordar essas questões, a Invensys criou uma infraestrutura virtual de desenvolvimento para 135 colaboradores em cinco locais. Para facilitar a comunicação, incorporou ferramentas de compartilhamento de desktop, mensagens instantâneas, teleconferência e tecnologia VoIP.

Para trabalhar no código, a empresa implantou três produtos da Telelogic AB, de Malmö, na Suécia: Synergy/CM para controlar os itens de configuração de projetos, Synergy/Change para controlar pedidos de alteração e Synergy/Distributed CM para sincronizar pedidos de alteração e código-fonte entre bancos de dados de vários locais. Também implementou um sistema de compartilhamento de arquivos em rede da Availl Inc., de Andover, Massachusetts, para outros documentos. "Com essa estrutura de desenvolvimento, temos a capacidade de adicionar ou remover as alterações de construção do *software* no último minuto, sem falhas de entrega de projeto atribuídas à complexidade do desenvolvimento ao longo do ano passado", diz Ayers. "Temos sido capazes de reduzir o tempo para iniciar, bem como os custos de projetos."

De acordo com alguns especialistas, o gerenciamento de equipes de desenvolvimento distribuídas requer uma combinação de processos e ferramentas. "Raramente é um problema com a tecnologia. No entanto, isso costumava ser um grande obstáculo no passado", diz Dale Karolak, vice-presidente de desenvolvimento de produtos da Intier Automotive Inc., em Novi, Michigan, e autor de *Global software development: managing virtual teams and environments*. "A maioria dos problemas agora são com comunicações, documentação e cooperação." Segundo Karolak, os gerentes precisam exercer mais disciplina quando se trata de agendamento e realização de reuniões e acompanhamento de metas do projeto, além de passar mais tempo visitando locais externos para as reuniões pessoais. A boa gestão exige também uma maior consciência dos problemas latentes.

"Trate os problemas imediatamente. Não perca tempo", diz Karolak. "Distâncias mais longas causarão atrasos maiores na resolução dos problemas, se eles não forem resolvidos rapidamente."

Fonte: Adaptado de Drew Robb. "Global Workgroups". *Computerworld*, 15 de agosto de 2005.

Resumo

- **Gerenciamento da tecnologia da informação.** Gerenciar a TI pode ser visto em três componentes principais: (1) gerenciamento conjunto do desenvolvimento e implementação de negócio eletrônico e estratégias de TI, (2) gerenciamento do desenvolvimento de aplicações de negócio eletrônico e pesquisa e implementação de novas tecnologias de informação, e (3) gerenciamento dos processos de TI, dos profissionais e das subunidades dentro da organização de TI e a função do SI de uma companhia.

- **Falhas no gerenciamento da TI.** Os sistemas de informação não estão sendo usados eficaz ou eficientemente por muitas organizações. A experiência de organizações bem-sucedidas revela que os ingredientes básicos da alta qualidade do desempenho do sistema de informação são gerenciamento extenso e significativo e envolvimento do usuário na condução e no desenvolvimento das aplicações da TI. Assim, os gerentes podem trabalhar em grupos executivos de TI e criar funções de gerenciamento de SI dentro de suas unidades de negócios.

- **Gerenciamento da TI global.** As dimensões internacionais do gerenciamento da tecnologia da informação global incluem lidar com desafios culturais, políticos e geoeconômicos apresentados por vários países; desenvolver estratégias adequadas de negócios de TI para o mercado global; desenvolver um portfólio global de aplicações negócio eletrônico e de *e-commerce* e uma plataforma de tecnologia baseada na internet para apoiá-los. Além do mais, os métodos de acesso de dados têm de ser desenvolvidos, e os projetos de desenvolvimento de sistemas devem produzir as aplicações de negócio eletrônico globais necessárias para competir com êxito no mercado global.

- **Negócio global e estratégias e questões da TI.** Muitos negócios estão se tornando companhias globais e movendo-se para estratégias de negócios transnacionais nos quais integram as atividades de negócios globais das suas subsidiárias e escritório central. Isso requer que desenvolvam uma plataforma de TI global – isto é, um *hardware*, *software* e a arquitetura de rede baseada na internet globalmente integrados. As companhias globais estão usando cada vez mais a internet e tecnologias relacionadas como um grande componente dessa plataforma de TI para desenvolver e liberar aplicações globais de TI que satisfaçam seus requisitos de negócios mundiais exclusivos. A TI global e os gerentes de usuário final devem lidar com as limitações de disponibilidade de *hardware* e *software*: restrições aos fluxos de dados transfronteiras, acesso à internet e à circulação de dados pessoais e dificuldades com a elaboração de definições de dados comuns e requisitos de sistemas.

Termos e conceitos-chave

Estes são os termos e conceitos-chave abordados neste capítulo. O número entre parênteses refere-se à página em que consta a explicação inicial.

1. Acesso global aos dados (530)
2. Administração de tecnologia (511)
3. Administração do desenvolvimento de aplicativos (508)
4. Arquitetura de TI (506)
5. Centralização (508)
6. Centros de dados (509)
7. Direcionadores de negócios globais (526)
8. Diretor de sistemas de informação (CIO) (510)
9. Diretor de tecnologia (CTO) (511)
10. *Downsizing* (508)
11. Envolvimento da gerência e do usuário (516)
12. Estratégia transnacional (525)
13. Fluxos de dados transnacionais (531)
14. Gerenciamento das operações de SI (509)
15. Gerenciamento global de TI (520)
16. Gerenciar a tecnologia da informação (502)
17. Monitores de desempenho de sistemas (509)
18. *Offshoring* (513)
19. Planejamento de pessoal de TI (510)
20. Processo de planejamento de negócios/TI (505)
21. Questões sobre o desenvolvimento de sistemas (533)
22. Serviços do usuário (511)
23. Sistemas de alocação de custos (509)
24. Terceirização (512)

Questionário de revisão

Relacione um dos termos e conceitos-chave mencionados anteriormente com os seguintes exemplos ou definições. Procure a melhor opção para respostas que parecem corresponder a mais de um termo ou conceito. Justifique suas escolhas.

_____ 1. Concentra-se em descobrir abordagens inovadoras para entregar o valor ao cliente de uma companhia e as metas de valores para o negócio.

_____ 2. Preocupa-se com o uso de *hardware*, *software*, rede e recursos de pessoal na unidade corporativa ou de negócios.

_____ 3. Gerenciamento do planejamento de negócios/TI e SI dentro de uma companhia.

_____ 4. Um desenho conceitual, ou projeto, das funções de SI/TI, *hardware* e *software* de uma organização criado por um processo de planejamento estratégico de negócio/TI.

_____ 5. Muitas organizações de TI centralizaram e descentralizaram unidades.

_____ 6. Gerenciamento da criação e implementação de novas aplicações de negócios.

_____ 7. Os usuários finais precisam de serviços de ligação, consultoria e treinamento.

_____ 8. Envolve o recrutamento, o treinamento e a retenção de pessoal qualificado de SI.

_____ 9. Locais corporativos de operações de sistema de computador.

_____ 10. Os desenvolvimentos tecnológicos que rapidamente se modificam devem ser antecipados, identificados e implementados.

_____ 11. Uma transferência dos processos de negócios de uma organização (inclusive produção/manufatura) para uma localização de custo mais baixo, normalmente para o estrangeiro.

_____ 12. O executivo responsável pelo planejamento e gerenciamento estratégico de negócio/TI.

_____ 13. O executivo responsável pela pesquisa e implementação de novas tecnologias da informação.

_____ 14. O *software* que ajuda a monitorar e controlar os sistemas de computador em um centro de dados.

_____ 15. Os custos de serviços de SI podem ser repassados aos usuários finais.

_____ 16. Muitas firmas de negócios estão substituindo seus sistemas de *mainframes* por microcomputadores em rede e servidores.

_____ 17. A compra de mercadorias ou serviços de terceiros que eram antes providos internamente.

_____ 18. Gerenciamento da TI para apoiar as operações de negócios internacionais de uma companhia.

_____ 19. Um negócio depende muito de seus sistemas de informação e das tecnologias de internet para ajudá-lo a integrar as suas atividades de negócios globais.

_____ 20. Clientes, produtos, operações, recursos e colaboração globais.

_____ 21. As redes de telecomunicações globais como a internet movem dados através das fronteiras de uma nação.

_____ 22. Na TI global, o acordo é necessário sobre as interfaces comuns de usuário e os dispositivos de web design.

_____ 23. Exigências de segurança para informações pessoais em bancos de dados corporativos em um país *host* são uma grande preocupação.

_____ 24. Gerentes de negócios devem inspecionar a tomada de decisão de TI e os projetos críticos para o sucesso de suas unidades de negócios.

Questões para discussão

1. Qual foi o impacto da tecnologia da informação nas relações de trabalho, nas atividades e nos recursos dos gerentes?

2. O que os gerentes de unidade de negócios podem fazer sobre problemas de desempenho no uso da tecnologia da informação e no desenvolvimento e na operação de sistemas de informação em suas unidades de negócios?

3. Consulte o "Caso do mundo real 1" sobre CIOs prestes a se aposentar e o planejamento de sucessão neste capítulo. Como você equilibra o desenvolvimento e a orientação de seus executivos e gestores com a segurança e o planejamento de carreira de seu próprio emprego? Como você toma a decisão de que "é hora de seguir em frente"?

4. Como as tecnologias de internet estão afetando os papéis da estrutura e do trabalho de organizações modernas? Por exemplo, a gerência central vai desaparecer? As companhias serão compostas principalmente de equipes de projeto autogerenciadas de funcionários do conhecimento? Explique as suas respostas.

5. As funções de SI em um negócio deveriam ser centralizadas ou descentralizadas? Use a internet para encontrar desenvolvimentos recentes para fundamentar a sua resposta.

6. Consulte o "Caso do mundo real 2" sobre o Reinsurance Group of America e a Fonterra neste capítulo. A abordagem da Fonterra para o desenvolvimento global expõe os profissionais de TI a uma variedade de áreas, funções e processos de negócios. Quais são as vantagens dessa exposição para eles? Quais são os desafios?

7. Como poderiam os desafios culturais, políticos ou geoeconômicos afetar o uso da internet de uma companhia global? Dê vários exemplos.

8. O crescimento do uso da internet por firmas com operações comerciais globais mudará o seu movimento para uma estratégia de negócios transnacional? Explique.

9. Como poderiam a internet, as intranets e extranets afetar os direcionadores ou requisitos de negócio responsáveis pelo uso da TI global de uma companhia, como mostrado na Figura 12.13? Dê vários exemplos para ilustrar a sua resposta.

Exercícios de análise

1. O site mais bem cotado para executivos
CEO Express

Consulte o site **www.ceoexpress.com**, destinado a executivos ocupados (ver Figura 12.22). Esse site fornece *links* para os melhores jornais norte-americanos e internacionais, revistas de negócios e tecnologia, e serviços de notícias. Nele, há centenas de *links* para fontes de pesquisas de negócios e tecnologia e referências, além de

Capítulo 12 • Gerenciamento global e na empresa de tecnologia da informação

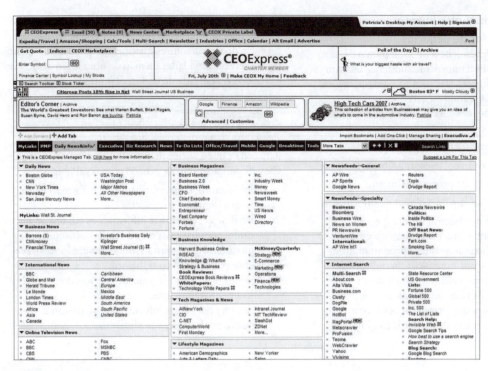

FIGURA 12.22 Site da CEO Express.

Fonte: Cortesia da CEO Express.

serviços de viagem, compras *on-line* e *sites* para recreação. Os serviços de primeira linha incluem *e-mail*, gerenciamento de contatos, calendário e programação, redes comunitárias e poderosas ferramentas de organização e compartilhamento.

   a. Avalie o site CEO Express como uma fonte de *links* úteis para negócio e notícias de tecnologia, análise, e fontes de pesquisa para executivos de negócios e profissionais.
   b. Compare o CEO Express com o Google News (news.google.com) e o Google IG (www.google.com/ig). Quais as vantagens do CEO Express?
   c. Examine o artigo apresentado no "Editor's Corner". Qual foi a fonte? Resuma o artigo. Foi útil para você?

2. **Informações e comunicações para o desenvolvimento**

Avaliação das capacidades globais

Mais de um bilhão de pessoas consideram seus sistemas elétricos e de telecomunicações como algo garantido. No entanto, para outros bilhões de pessoas, a mentalidade de serviços sob demanda continua a ser um sonho distante, e o acesso à internet, apenas um rumor. Reconhecendo a necessidade de promover a informação global e tecnologias de comunicação (*global information and communications technology* GICT), o Banco Mundial comprometeu-se com inúmeros projetos avaliação de infraestruturas de tecnologia e de desenvolvimento.

   a. O que o Banco Mundial (www.worldbank.org) está fazendo para enfrentar as necessidades de alfabetização em computação do Terceiro Mundo?
   b. O que o MIT (www.mit.edu) está fazendo para ajudar a aumentar a educação global em informática?

3. **Trabalho no exterior**

A rede elétrica não é compatível?

Os viajantes de negócios que necessitam permanecer conectados enfrentam desafios especiais fora do seu país de origem, especialmente aqueles que trabalham de seus quartos de hotel. A eletricidade varia de acordo com a tensão, os ciclos e o formato da tomada. Da mesma forma, os plugues de telefone podem variar de país para país, e, na maioria das vezes, os celulares americanos funcionam apenas nos Estados Unidos.

Se estiver em missão no exterior, como manterá seu computador portátil carregado? Como acessará a internet? É possível evitar as altas taxas de telefonemas do hotel?

Escolha um país para "visitar" (o professor pode designar um para você) e faça um relatório sobre soluções específicas para cada questão. Certifique-se de incluir o fabricante e o número do modelo de *hardware* que possa ser necessário. Cite todas as suas fonts.

   a. O que você precisa levar para manter o seu computador portátil carregado?
   b. O que você precisa levar para ligar o modem do seu laptop na rede de telefonia local?
   c. O que você vai usar no lugar do seu prático telefone celular?
   d. Use um sistema de colaboração habilitado como Blackboard, web CT, Dreamweaver ou Front Page para mesclar, organizar e publicar seus resultados com o resto da sua turma a fim de criar um recurso *on-line*.

4. É a vez do trabalho de conhecimento
Terceirização dos processos de negócios

Como resultado da independência de local para o trabalho do conhecimento, muitas organizações buscam reduzir os custos trabalhistas, transferindo seu operações digitais para o exterior. Quando os gerentes avaliam oportunidades desse tipo, devem considerar as seguintes características regionais:

- Ambiente politico e regulatório
- Infraestrutura (sistema elétrico, telecomunicações)
- Força de trabalho qualificada profissionalmente
- Força de trabalho qualificada para sistemas de informação

Todos os locais em perspectiva devem ter um ambiente de apoio político e regulamentar, no entanto variações nas outras três característica apresentam limitações especiais. A Índia, por exemplo, tem milhões de trabalhadores plenamente qualificados, mas notoriamente não possui uma rede de telecomunicações e elétrica confiável. As organizações que preparam operações terceirizadas na Índia constroem suas próprias ilhas de estabilidade com sistemas de energia reservas e sistemas de telecomunicações por satélite. Uma região com carência de trabalhadores qualificados profissionalmente pode oferecer atividades de mão de obra intensiva, como *call centers* ou entrada de dados, mas mesmo esses empregos exigem conhecimento básico de informática.

O valor dos serviços prestados depende principalmente da competência ou criatividade envolvidas no seu desempenho. Faça uma lista dos cargos adequados para cada característica de trabalho apresentada a seguir. Classifique cada item de acordo com o valor agregado.

a. Digitalização: converter dados ou informações em formato digital.
b. Distribuição: processar informações em um ou outro sentido, com base em regras rígidas e insumos não digitais (se forem digitais, um computador provavelmente poderá fazer o trabalho).
c. Análise: processar informações de acordo com conhecimentos humanos.
d. Criação: criar novas informações ou produtos com base em conhecimentos humanos.

CASO DO MUNDO REAL 3: IBM Corp.: competindo globalmente com funcionários de TI *offshore* e cessão de tecnologia

É o pesadelo da IBM. Em uma sala de conferências em Bangalore, uma equipe de especialistas em varejo da empresa de *software* Wipro está reprojetando a experiência do consumidor para uma importante cadeia de varejo dos Estados Unidos. Eles metodicamente avaliam a área de check-out. O cliente quer processos de ponta, e Srikant Shankaranarayana, o intenso e inteligente gerente-geral para soluções de varejo de 44 anos da Wipro, está pressionando seus consultores e engenheiros a fazer perguntas difíceis: "Os vendedores devem adotar dispositivos manuais de operação ou permanecer nos caixas?", "Que mercadorias devem ser rastreadas eletronicamente?" e "Quanta informação deve estar no banco de dados para assegurar que as promoções de descontos não durem mais do que necessário?"

São exatamente esses os tipos de perguntas que a IBM quer fazer aos seus clientes de varejo, e o fato de que empresas como Louis Vuitton e Target estejam se voltando para a Índia para obter respostas não é uma coisa boa para a IBM. Quase metade das receitas da IBM vem atualmente de negócios/serviços de TI, e os serviços sozinhos prometem proporcionar crescimento em escala maciça que a IBM precisa para deixar as partes interessadas satisfeitas. Felizmente para a IBM, a Wipro tem apenas 100 consultores de varejo até o momento.

Enquanto isso, os custos da IBM continuam a ser os de uma empresa madura do Primeiro Mundo. Ela tem aproximadamente 260 mil dispendiosos funcionários nos Estados Unidos e em outros países desenvolvidos (os outros 60 mil estão em regiões de baixo custo) e 164 mil aposentados pensionistas, todos coordenados a partir de uma moderna e reluzente sede de 432 acres no caro condado de Westchester.

Apesar de não afirmar isso com todas as letras, o CEO Sam Palmisano e outros *IBMers* de primeira grandeza pensam que estão no caminho para resolver o problema. Entrevistas com os assistentes do CEO revelam a estratégia: não apenas será um desafio direto para iniciantes como a Wipro, por direcionar o modelo de baixo custo de volta para essas empresas, mas também incluirá uma dimensão que é tão original e ousada que reenergizará os lucros da Big Blue ou comprometer seu alardeado estatuto de maior empresa de TI.

Simplificando, a IBM está apostando que pode ganhar ao entregar as joias da coroa: propriedade intelectual preciosa em forma de *software*, patentes e ideias. Espalhe o suficiente dessas riquezas, diz a teoria, e toda a indústria vai crescer mais rápido, abrindo novas fronteiras. Isso, por sua vez, deverá criar oportunidades para a IBM vender produtos e serviços de alto valor que atendam à nova demanda.

A reação da IBM à ameaça da Índia tem sido rápida. Em abril de 2005, depois de as receitas do primeiro trimestre de serviços apresentarem-se de modo inesperadamente fraco e a IBM ter decepcionado as expectativas de ganho de Wall Street, a companhia eliminou 14.500 empregos, principalmente na Europa. Foi o maior corte de postos de trabalho em três anos. A empresa fechou suas sedes na Europa e deslocou a maioria dos trabalhadores que restaram para o campo, para o que Palmisano chama "posições de frente para o cliente".

Em seguida, o *The New York Times* informou que obteve um memorando interno da IBM, em que havia a informação de que a empresa contratara 14 mil pessoas na Índia este ano. A IBM diz que o número é "exagerado", mas recém-contratados, em qualquer quantidade, aumentariam uma lista já surpreendentemente grande em países em desenvolvimento. Dos programadores que escrevem códigos personalizados para o grupo de serviços da IBM, cerca da metade, em torno de 26 mil, está na Índia, no Brasil ou na China. "Geografias estratégicas de baixo custo" é o jargão da IBM para esses lugares.

A Índia já representa o maior número de *IBMers* fora dos Estados Unidos (o país recentemente ultrapassou o Japão). Em 2004, a Big Blue adquiriu a Daksh eServices, da Índia, cujos 6 mil funcionários operaram *call centers* para empresas como Amazon.com e Citicorp. Goldman Sachs calcula que, até o final do próximo ano, a quantidade de funcionários da IBM Services da Índia será superior a 52 mil. Isso seria mais de um quarto de todo o pessoal de serviços da empresa e cerca de um sexto dos *IBMers* em todo o mundo. O número equipararia a IBM da Índia com a Wipro, o maior companhia local de *software*, e seria uma quantidade maior do que a da Infosys e Tata Consultancy Services.

O crescimento no mundo em desenvolvimento é uma parte natural da implementação de um "modelo global de entrega" de serviços, diz o vice-presidente sênior Bob Moffat. Em julho, Palmisano reorganizou os serviços, nomeando Moffat, de 49 anos de idade, como um dos três executivos que irão operá-los em conjunto. Embora os outros dois sejam responsáveis pela supervisão de prestação de serviços aos clientes, o trabalho de Moffat é encontrar eficiência. Ele passou os últimos três anos retirando bilhões de dólares em custos da cadeia física de suprimentos da IBM – a entrega de peças e mercadorias de e para fábricas e, em seguida, para clientes. Sua missão agora é reduzir o custo da prestação de serviços, mesmo os de valor elevado, por meio de ajustes na "cadeia de prestação de serviços". Na maior parte dos casos, esses ajustes significam pessoal: Palmisano deve colocar as pessoas certas nos lugares certos, na hora certa. Ele tem de extrair até o último centavo do valor dos 260 mil funcionários da IBM de países desenvolvidos que permanecerem na folha de pagamento.

Palmisano certamente parece confidante. Em um *e-mail* para a *Fortune*, ele faz uma afirmação notável: ao adotar a estratégia que Palmisano chama simplesmente "abertura", a IBM conseguiu um novo e importante "incentivo à inovação em si mesma". A empresa esbanja perto de US$ 5,7 bilhões por ano em P&D. Ao compartilhar suas descobertas com sabedoria, afirma Palmisano, a IBM irá "fazer o bolo crescer", e toda a indústria vai crescer mais rápido.

Colaborar com clientes, e até com rivais, para inventar novas tecnologias é uma grande parte desse plano de compartilhamento, e os primeiros frutos já são visíveis. No setor de *hardware*, IBM, Sony e Toshiba desenvolveram conjuntamente um chip avançado chamado Cell, que pode eventualmente ajudar a transformar todos os computadores da IBM. Na área de *software*, a escolha do Linux e de outras tecnologias de código aberto tem proporcionado à IBM novas plataformas nas quais a empresa está construindo quase todas os seus aplicativos de alto crescimento.

A ideia de que ceder algumas coisas faz o bolo crescer para todos não é, obviamente, uma invenção da IBM. O movimento do *software* livre que desenvolveu o Linux é um bom exemplo. Segundo Palmisano, "Isso não é apenas teoria para

Continua ↦

nós. A inovação colaborativa é, hoje, crucial para todos os aspectos do nosso negócio. Aprendemos como agregar valor dentro desse tipo de sistema de negócios e como ganhar dinheiro".

Uma personificação falante disso é Jim Stallings, vice-presidente de propriedade intelectual e padrões um cargo que Palmisano inventou quando colocou Stallings no posto em setembro passado. Stallings, 49 anos, costumava gerenciar o trabalho da IBM com a comunidade Linux, e agora é o cara que descobre o que a Big Blue deve dar e aquilo que deve manter. O "certinho" ex-capitão dos fuzileiros e veterano de 14 anos da IBM não parece ser o Papai Noel de alta tecnologia que se poderia esperar. No entanto, ele é quase hipnoticamente bom para explicar como o plano da IBM funciona. Os brindes para grupos de *software* livre, grupos de clientes, universidades e outras empresas de TI são surpreendentemente vastos e diversificados.

A IBM diz que não há maneira exata de avaliar seus presentes, mas a *Fortune* calcula que valem pelo menos US$ 150 milhões por ano. Apesar de a partilha não ser ainda uma parte de sua cultura universal, a companhia já percorreu um longo caminho desde a fama arrogante, retraída e monopolista da IBM de outrora.

O que quer a IBM? A Big Blue raramente cede tecnologia, a menos que detenha propriedade e *expertise* intelectuais que lhe permitam ganhar dinheiro se essa tecnologia for amplamente adotada. Quando a IBM distribui ferramentas a varejistas, ela muitas vezes vende *softwares* adicionais e serviços de consultoria. Além do mais, os próprios presentes podem ser uma arma potente. Os *softwares* relacionados a aplicativos da Microsoft podem ser caros. Uma versão de código aberto como o Apache Geronimo é gratuita e é a mais recente salva de artilharia de desafio de código aberto da IBM para a Microsoft. A companhia também adotou o sistema operacional Linux, um rival de peso para o Windows, bem como o Firefox, um desafiante popular para o navegador Internet Explorer.

A IBM também descobriu que seus brindes podem ser um potente "abridor de portas" no exterior, de onde a empresa retira 63% das suas receitas. Stallings foi para a China quatro vezes este ano e planeja ir mais duas vezes mais em setembro. Ele está trabalhando para convencer políticos e líderes empresariais de que o uso de *software* de código aberto faz mais sentido do que comprar da Microsoft. Ao distribuir presentes, o *IBMer* tem encontrado uma grande receptividade da plateia. A IBM está atualmente ajudando a construir uma gigantesca rede amplamente baseada em Linux para conectar todas as bibliotecas da China.

Tudo isso soa muito bem, mas o resultado está longe de ser seguro. A IBM está em um mercado extremamente competitivo, com uma longa lista de rivais atrás do mesmo dólar do cliente, mas Palmisano afirma que a empresa será capaz de criar produtos e serviços que tiram proveito dos novos mercados que forem surgindo.

No entanto, mesmo seus próprios executivos precisam ser convencidos de vez em quando. Dois anos atrás, grupos internos se irritaram, dizendo que a IBM poderia estar "dando um tiro no próprio pé" ao entregar suas ideias. No final, entretanto, os pesquisadores da empresa concluíram que, enquanto a TI for difícil de usar, cara e precisar de mão de obra intensiva, com os clientes continuamente necessitando de ajuda para resolver os problemas de negócio, a IBM terá a oportunidade de prosperar. Qualquer usuário corporativo de computador deve achar que isso significa "para sempre".

Fonte: Adaptado de David Kirkpatrick. "IBM Shares Its Secrets". *Fortune*, 5 de setembro de 2005.

QUESTÕES DO ESTUDO DE CASO

1. Você concorda com a reação de contratações da IBM em relação à concorrência de fornecedores de desenvolvimento de *software* na Índia, como a Wipro, que estão expandido para serviços de consultoria de TI? Por quê?
2. O plano da IBM para entregar alguns de seus ativos de TI e propriedade intelectual, bem como aumentar o seu apoio a produtos de *software* de código aberto como o Linux, é uma estratégia de crescimento bem-sucedida no "mercado extremamente competitivo" em que a empresa opera? Por quê?
3. Você concorda com a suposição dos pesquisadores da IBM de que a TI continuará a ser "difícil de usar" e "cara", e que precisará de "mão de obra intensiva, com os clientes continuamente necessitando de ajuda para resolver os problemas de negócio" por muito tempo? A IBM deve apostar seu negócio nessa suposição? Defenda suas respostas às duas perguntas.

ATIVIDADES DO MUNDO REAL

1. Pesquise na internet notícias sobre os últimos desenvolvimentos na competição para fornecer serviços de consultoria de TI para empresas e governos. Confira o desempenho da IBM, bem como de outros participantes importantes como HP e a Accenture, novos concorrentes como a Dell e competidores internacionais como a Wipro. Quem parece estar ganhando ou perdendo nessa arena? Que razões você pode mostrar para os resultados que encontrou?
2. A IBM eliminou 14.500 empregos, principalmente na Europa, e em seguida teria contratado milhares de outros trabalhadores de TI na Índia. O corte de empregos de alto custo e o *offshoring* de trabalho para uma filial de um país de baixo custo representam uma polêmica estratégia de negócio utilizada por outras empresas globais. Divida a turma em pequenos grupos para discutir as implicações dessa questão para suas escolhas de carreira atuais ou futuras e os tipos de empresas ou organizações em que você gostaria de trabalhar.

Referências selecionadas

Prefácio

Sawhney, Mohan; and Jeff Zabin. *The Seven Steps to -Nirvana: Strategic Insights into e-Business Transformation.* New York: McGraw-Hill, 2001.

Capítulo 1 – Fundamentos dos sistemas de informação nos negócios

1. Melymuka, Kathleen. "Profiting from Mistakes". *Computerworld*, April 20, 2001.
2. Kalakota, Ravi; and Marcia Robinson. *E-Business 2.0: Roadmap for Success.* Reading, MA: Addison-Wesley, 2001.
3. Institute for Development Policy and Management, http://www.egov4dev.org/home.htm and http://www.e-devexchange.org/eGov/home.htm, March 2004.
4. "Citibank E-Mail Hoax and Webpage Scam", http://www.millersmiles.co.uk/identitytheft/citibank-email-verification-hoax.htm, November 2003.
5. Lee, Allen. "Inaugural Editor's Comments". *MIS Quarterly*, March 1999.
6. Norris, Grant; James Hurley; Kenneth Hartley; John Dunleavy; and John Balls. *E-Business and ERP: Transforming the Enterprise.* New York: John Wiley & Sons, 2000.
7. Radcliff, Deborah. "Aligning Marriott". *Computerworld*, April 20, 2000.
8. Rosencrance, L. "Citibank Customers Hit with E-Mail Scam". *Computerworld*, October 24, 2003.
9. Steadman, Craig. "Failed ERP Gamble Haunts Hershey". *Computerworld*, November 1, 1999.
10. Weiss, Todd. "Hershey Upgrades R/3 ERP System without Hitches". *Computerworld*, September 9, 2002.
11. Williams, Lisa. "EMC Keeps Red Sox in the Game". *ITworldcanada.com*. 2006.
12. Thibodeau, Patrick. "Want to Win in Vegas? Bet on an IT Job, Not the Super Bowl". *Computerworld*, February 2, 2007.

Capítulo 2 – Competindo com a tecnologia da informação

1. "Agilent Technologies ERP Information for Customers", http://www.tmintl.agilent.com/model/index.shtml, n.d.
2. Applegate, Lynda; Robert D. Austin; and F. Warren McFarlan. *Corporate Information Systems Management: Text and Cases.* 6th ed. Burr Ridge, IL: Irwin/McGraw-Hill, 2003.
3. Bowles, Jerry. "Best Practices for Global Competitiveness". *Fortune*, Special Advertising Section, November 24, 1997.
4. Caron, J. Raymond; Sirkka Jarvenpaa; and Donna Stoddard. "Business Reengineering at CIGNA Corporation: Experiences and Lessons from the First Five Years". *MIS Quarterly*, September 1994.
5. Christensen, Clayton. *The Innovators Dilemma: When New Technologies Cause Great Firms to Fail.* Boston: Harvard Business School Press, 1997.
6. Cronin, Mary. *The Internet Strategy Handbook.* Boston: Harvard Business School Press, 1996.
7. Davenport, Thomas H. *Process Innovation: Reengineering Work through Information Technology.* Boston: Harvard Business School Press, 1993.
8. El Sawy, Omar; and Gene Bowles. "Redesigning the Customer Support Process for the Electronic Economy:

Insights from Storage Dimensions". *MIS Quarterly*, December 1997.

9. El Sawy, Omar; Arvind Malhotra; Sanjay Gosain; and Kerry Young. "IT-Intensive Value Innovation in the Electronic Economy: Insights from Marshall Industries". *MIS Quarterly*, September 1999.

10. Frye, Colleen. "Imaging Proves Catalyst for Reengineering". *Client/Server Computing*, November 1994.

11. Garner, Rochelle. "Please Don't Call IT Knowledge Management!" *Computerworld*, August 9, 1999.

12. Goldman, Steven; Roger Nagel; and Kenneth Preis. *Agile Competitors and Virtual Organizations: Strategies for Enriching the Customer*. New York: Van Nostrand Reinhold, 1995.

13. Grover, Varun; and Pradipkumar Ramanlal. "Six Myths of Information and Markets: Information Technology Networks, Electronic Commerce, and the Battle for Consumer Surplus". *MIS Quarterly*, December 1999.

14. Hamm, Steve; and Marcia Stepaneck. "From Reengineering to E-Engineering". *BusinessWeek e.biz*, March 22, 1999.

15. Hoffman, T. "In the Know: Knowledge Management Case Study Pays Off for BAE Systems". *Computerworld*, October 14, 2002.

16. "Intel Telecom Case Studies, Best Known Call Center Practices", http://www.intel.com/network/csp/resources/case_studies/enterprise/7867web.htm, n.d.

17. Kalakota, Ravi; and Marcia Robinson. *E-Business 2.0: Roadmap for Success*. Reading, MA: Addison-Wesley, 2001.

18. Kettinger, William; Varun Grover; and Albert Segars. "Do Strategic Systems Really Pay Off? An Analysis of Classic Strategic IT Cases". *Information Systems Management*, Winter 1995.

19. Kettinger, William; James Teng; and Subashish Guha. "Business Process Change: A Study of Methodologies, Techniques, and Tools". *MIS Quarterly*, March 1997.

20. Nonaka, Ikujiro. "The Knowledge Creating Company". *Harvard Business Review*, November-December 1991.

21. Porter, Michael, and Victor Millar. "How Information Gives You Competitive Advantage". *Harvard Business Review*, July-August 1985.

22. Prokesch, Steven. "Unleashing the Power of Learning: An Interview with British Petroleum's John Browne". *Harvard Business Review*, September-October 1997.

23. Sambamurthy, V.; Anandhi Bharadwaj; and Varun Grover. "Shaping Agility through Digital Options: Reconceptualizing the Role of Information Technology in Contemporary Firms". *MIS Quarterly*, June 2003.

24. Seybold, Patricia. *Customers.com: How to Create a Profitable Business Strategy for the Internet and Beyond*. New York: Times Books, 1998.

25. Shapiro, Carl; and Hal Varian. *Information Rules: A Strategic Guide to the Network Economy*. Boston: Harvard Business School Press, 1999.

26. Siekman, Philip. "Why Infotech Loves Its Giant Job Shops". *Fortune*, May 12, 1997.

27. Songini, Marc. "ERP Effort Sinks Agilent Revenue". *Computerworld*, August 26, 2002.

28. Strategy Works, "Retrieval Is the Key to the New Economy", http://www.thestrategyworks.com/articles/knowledge2.htm, August 31, 2000.

29. Babcock, Charles. "Evolve Business Processes, Don't Reengineer Them". *InformationWeek*, November 11, 2004.

30. Weill, Peter; and Michael Vitale. *Place to Space: Migrating to E-Business Models*. Boston: Harvard Business School Press, 2001.

Capítulo 3 – *Hardware*

1. *Computerworld, PC Week, PC Magazine* e *PC World* são apenas alguns exemplos de várias boas revistas para obter informações atualizadas sobre *hardware* de sistemas de computador e sua utilização em aplicações corporativas e de usuários finais.

2. *Sites* de fabricantes de computadores, como Apple Computer, Dell Computer, Gateway, IBM, Hewlett-Packard, Compaq e Sun Microsystems, são boas fontes de informação sobre a evolução do *hardware* do computador.

3. Alexander, Steve. "Speech Recognition". *Computerworld*, November 8, 1999.

4. "Computing in the New Millennium". *Fortune*, Technology Buyers Guide, Winter 2000.

5. Guyon, Janet. "Smart Plastic". *Fortune*, October 13, 1997.

6. "*Hardware*". *Fortune*, Technology Buyer's Guide, Winter 1999.

7. Hecht, Jeff. "Casino Chips to Carry RFID Tags". *New Scientist*, January 2004.

8. Joch, Alan. "Fewer Servers, Better Service". *Computerworld*, June 4, 2001.

9. Kennedy, Ken, et al. "A Nationwide Parallel Computing Environment". *Communications of the ACM*, November 1997.

10. Messerschmitt, David. *Networked Applications: A Guide to the New Computing Infrastructure*. San Francisco: Morgan Kaufmann, 1999.

11. Ouellette, Tim. "Goodbye to the Glass House". *Computerworld*, May 26, 1997.

12. Ouellette, Tim. "Tape Storage Put to New Enterprise Uses". *Computerworld*, November 10, 1997.

13. Reimers, Barbara. "Blades Spin ROI Potential". *Computerworld*, February 11, 2002.

14. Simpson, David. "The Datamation 100". *Datamation*, July 1997.

15. "Top 500 Supercomputer *Sites*: ASCII White", www.top500.org, May 18, 2003.

16. Gaudin, Sharon. "Kurzweil: Computers Will Enable People to Live Forever". *Informationweek*, November 21, 2006.

Capítulo 4 – *Software*

1. Exemplos de várias boas revistas com informações atuais e estudos de *software* de computador para aplicações empresariais podem ser encontrados no ZD Net, o site da ZD Publications (www.zdnet.com), incluindo *PC Magazine, PC Week, PC Computing, Macworld, Inter@ctive week* e *Computer Shopper*.
2. *Sites* de empresas como Microsoft, Sun Microsystems, Lotus, IBM, Apple Computer e Oracle são boas fontes de informação sobre os desenvolvimentos de *software* de computador.
3. Ascent Solutions Inc., http://www.ascentsolutionsus.com/erp.htm.
4. Citrix i-Business Report. "Achieving Business Transformation through Application Service Providers". *Business Communications Review*, May 3, 2002.
5. Iyer, Bala; Jim Freedman; Mark Gaynor; and George Wyner. "Web Services: Enabling Dynamic Business Networks". *Communications of the Association for Information Systems* 11, 2003.
6. Gonsalves, A. "At Orbitz, Linux Delivers Double the Performance at One-Tenth the Cost". *InternetWeek.com*, July 1, 2003.
7. Mearian, Lucas. "Fidelity Makes Big XML Conversion". *Computerworld*, October 1, 2001.
8. Microsoft Corporation, "Introducing the Windows 2003 Family", www.microsoft.com, July 1, 2003.
9. Oracle Corporation, "Visa to Save Millions a Year by Automating Back-Office Processes with Oracle E-Business Suite", Customer Profile, www.oracle.com, September 13, 2002.
10. Orbitz Corporate, http://www.orbitz.com/App/about/about.jsp?z=63z0&r=42.
11. Sliwa, Carol. ".Net vs. Java". *Computerworld*, May 20, 2002.
12. Smith, T. "How Web Services Help Wells Fargo Customers". *InternetWeek*, May 13, 2003.
13. Transchannel, LLC., "Transchannel Announces ie2 for People-Soft", http://www.prnewswire.com/, 2002.
14. Vogelstein, Fred. "Servers with a Smile", *Fortune*, September 30, 2002.
15. Wainewright, Ivan. "An Introduction to Application Service Providers (ASPs)". *TechSoup*, May 1, 2000.

Capítulo 5 – Gerenciamento dos recursos de dados

1. Amato-McCoy, D. "Enterprise Data Solution Finds a Home at BofA". *Financial Technology Network*, http://www.financetech.com/story/BNK/BNK20021210S0030, December 10, 2002.
2. Fox, Pimm. "Extracting Dollars from Data". *Computerworld*, April 15, 2002.
3. Jacobsen, Ivar; Maria Ericsson; and Ageneta Jacobsen. *The Object Advantage: Business Process Reengineering with Object Technology*. New York: ACM Press, 1995.
4. Weiss, Todd. "IBM to Play Lead Role in Creation of Global Film Database". *Computerworld*, September 3, 2003.
5. IBM Corporation, "DB2 Business Intelligence", www.ibm.com, July 27, 2003.
6. Kalakota, Ravi; and Marcia Robinson. *E-Business 2.0: Roadmap for Success*. Reading, MA: Addison-Wesley, 2002.
7. Sullivan, Laurie. "Lucasfilm Linking Movies, Games, Animation with IT". *InformationWeek*, August 7, 2006.
8. Lorents, Alden; and James Morgan. *Database Systems: Concepts, Management and Applications*. Fort Worth, TX: Dryden Press, 1998.
9. MacSweeney, G. "Aetna Mines Ethnic Health Data". *InsuranceTech*, April 1, 2003.
10. Mannino, Michael. *Database Application Development and Design*. Burr Ridge, IL: McGraw-Hill/Irwin, 2001.
11. Nance, Barry. "Managing Tons of Data". *Computerworld*, April 23, 2001.
12. Whiting, Rick. "The Data-Warehouse Advantage". *InformationWeek*, July 28, 2003.

Capítulo 6 – Telecomunicações e redes

1. Armor, Daniel. *The E-Business (R)Evolution: Living and Working in an Interconnected World*. Upper Saddle River, NJ: Prentice Hall, 2000.
2. Barksdale, Jim. "The Next Step: Extranets". *Netscape Columns: The Main Thing*, December 3, 1996.
3. "Boeing 777: A Case Study", http://www.eweek.org/2002/nbm/collaborate/collab01.html, n.d.
4. Bresnick, Alan. "Verizon Turns Up Heat in Online Data Wars". *Cable Datacom News*, June 1, 2003.
5. "Cable Modem Info Center", www.cabledatacomnews.com, July 26, 2003.
6. McGee, Marianne Kolbasuk. "Constellation Energy Use IT to Get Employees Working Together and More Productively". *InformationWeek*, September 12, 2006.
7. Chatterjee, Samir. "Requirements for Success in Gigabit Networking". *Communications of the ACM*, July 1997.
8. "Countrywide Home Loans Uses Netscape Platform to Develop Extensive Internet and Intranet Solutions".

Netscape Corporate Public Relations Press Release, August 15, 1996.

9. Cronin, Mary. *Doing More Business on the Internet*. New York: Van Nostrand Reinhold, 1995.
10. www.internetworldstats.com, February 19, 2007.
11. Friedman, Matthew. "SSL VPNs Will Grow 54% a Year, Become Defacto Access Standard: Report". *InformationWeek*, January 5, 2005.
12. Housel, Thomas; and Eric Skopec. *Global Telecommunications Revolution: The Business Perspective*. New York: McGraw-Hill/Irwin, 2001.
13. Garevy, Martin J. "Threats Bring IT and Operations Together". *InformationWeek*, September 19, 2005.
14. Kalakota, Ravi; and Marcia Robinson. *E-Business 2.0: Roadmap for Success*. Reading, MA: Addison-Wesley, 2001.
15. Lais, Sami. "Satellites Link Bob Evans Farms". *Computerworld*, July 2, 2001.
16. Messerschmitt, David. *Network Applications: A Guide to the New Computing Infrastructure*. San Francisco: Morgan Kaufmann, 1999.
17. Murphy, Kate. "Cruising the Net in Hyperdrive". *BusinessWeek*, January 24, 2000.
18. Norris, G., "Boeing's Seventh Wonder", *IEEE Spectrum*, http://www.spectrum.ieee.org/publicaccess/1095b777.html, 1995.
19. O'Brien, Atiye. "Friday Intranet Focus". Upside.com: Hot Private Companies. Upside, 1996.
20. Orenstein, David. "Price, Speed, Location All Part of Broadband Choice". *Computerworld*, July 26, 1999.
21. Papows, Jeff. "Endquotes". NetReady Adviser, Winter 1997.
22. "Snap-On Tools Company Uses Netscape Software for Extranet Solution". Netscape Corporate Public Relations Press Release, March 6, 1997.
23. Hamblen, Matthew. "Carriers See Big Growth in IP-based VPN Services". *Computerworld*, January 6, 2005.
24. Stuart, Anne. "Cutting the Cord". *Inc. Tech*, March 2001.
25. UPS corporate web site, "About UPS", http://www.ups.com/content/us/en/about/index.html, n.d.
26. Farber, Dan. "UPS Takes Wireless to the Next Level". ZDNet Tech Update, http://techupdate.zdnet.com/techupdate/stories/main/0,14179,2913461,00.html, February 19, 2007.
27. Gonsalves, Antone. "Seaport Hotel In-Room Portal Converges Voice, Web Services". *InformationWeek*, January 24, 2007.

Capítulo 7 – Sistemas de negócios eletrônicos

1. "Baker Tanks Leverages salesforce.com's Wireless Access to Extend Range of Customer Service". Salesforce.com, 2002.
2. Afuah, Allan; and Christopher Tucci. *Internet Business Models and Strategies*. New York: McGraw-Hill/Irwin, 2001.
3. Clark, Charles; Nancy Cavanaugh; Carol Brown; and V. Sambamurthy. "Building Change-Readiness Capabilities in the IS Organization: Insights from the Bell Atlantic Experience". *MIS Quarterly*, December 1997.
4. Cole-Gomolski, Barb. "Users Loath to Share Their Know-How". *Computerworld*, November 17, 1997.
5. Collett, S. "SAP: Whirlpool's Rush to Go Live Leads to Shipping Snafus". *Computerworld*, November 4, 1999.
6. "Communications Leader Becomes Customer-Focused E-Business". *Siebel.com*, March 12, 2001.
7. Cronin, Mary. *The Internet Strategy Handbook*. Boston: Harvard Business School Press, 1996.
8. Cross, John; Michael Earl; and Jeffrey Sampler. "Transformation of the IT Function at British Petroleum". *MIS Quarterly*, December 1997.
9. Das, Sidhartha; Shaker Zahra; and Merrill Warkentin. "Integrating the Content and Process of Strategic MIS Planning with Competitive Strategy". *Decision Sciences Journal*, November-December 1991.
10. De Geus, Arie. "Planning as Learning". *Harvard Business Review*, March-April 1988.
11. Earl, Michael. "Experiences in Strategic Information Systems Planning". *MIS Quarterly*, March 1993.
12. El Sawy, Omar; and Gene Bowles. "Redesigning the Customer Support Process for the Electronic Economy: Insights from Storage Dimensions". *MIS Quarterly*, December 1997.
13. Gates, Bill. *Business @ the Speed of Thought*. New York: Warner Books, 1999.
14. Grover, Varun; James Teng; and Kirk Fiedler. "IS Investment Priorities in Contemporary Organizations". *Communications of the ACM*, February 1998.
15. Hawson, James; and Jesse Beeler. "Effects of User Participation in Systems Development: A Longitudinal Field Experiment". *MIS Quarterly*, December 1997.
16. Hoffman, Thomas. "Intranet Helps Workers Navigate Corporate Maze". *Computerworld*, June 4, 2001.
17. Kettinger, William; James Teng; and Subashish Guha. "Business Process Change: A Study of Methodologies, Techniques, and Tools". *MIS Quarterly*, March 1997.
18. Kalakota, Ravi; and Marcia Robinson, *E-Business 2.0: Roadmap for Success*. Reading, MA: Addison-Wesley, 2001.
19. Keen, Peter; and Craigg Ballance. *Online Profits: A Manager's Guide to Electronic Commerce*. Boston: Harvard Business School Press, 1997.
20. Koudsi, Suzanne. "Actually, It Is Like Brain Surgery". *Fortune*, March 20, 2000.

21. KPMG Case Study. "Think Different: Apple Americas Transforms Its US Business with SAP/R3 in Just Twelve Months". 1999.
22. Levinson, M. "Cleared for Takeoff". *CIO*, April 1, 2002.
23. Martin, Chuck. *The Digital Estate: Strategies for Competing, Surviving, and Thriving in an Internetworked World*. New York: McGraw-Hill, 1997.
24. Orenstein, David. "Enterprise Application Integration". *Computerworld*, October 4, 1999.
25. Robb, Drew. "Rediscovering Efficiency". *Computerworld*, July 16, 2001.
26. Sawhney, Mohan, and Jeff Zabin. *The Seven Steps to Nirvana: Strategic Insights into e-Business Transformation*. New York: McGraw-Hill, 2001.

Capítulo 8 – Sistemas de *e-commerce*

1. Armor, Daniel. The *E-Business (R)Evolution: Living and Working in an Interconnected World*. Upper Saddle River, NJ: Prentice Hall, 2000.
2. Cross, Kim. "Need Options? Go Configure". *Business 2.0*, February 2000.
3. Davis, Jeffrey. "How IT Works". *Business 2.0*, February 2000.
4. Davis, Jeffrey. "Mall Rats". *Business 2.0*, January 1999.
5. Essex, David. "Betting on Win 2K". *Computerworld*, February 26, 2001.
6. Enterasys Company Info., http://www.enterasys.com/corporate, n.d.
7. Fellenstein, Craig; and Ron Wood. *Exploring E-Commerce, Global E-Business, and E-Societies*. Upper Saddle River, NJ: Prentice Hall, 2000.
8. Fingar, Peter; Harsha Kumar; and Tarun Sharma. *Enterprise E-Commerce*. Tampa, FL: Meghan-Kiffer Press, 2000.
9. Georgia, Bonnie. "Give Your E-Store an Edge". *Smart Business*, October 2001.
10. Gulati, Ranjay; and Jason Garino. "Get the Right Mix of *Clicks and Bricks*". *Harvard Business Review*, May-June 2000.
11. Hoque, Faisal. *E-Enterprise: Business Models, Architecture and Components*. Cambridge, UK: Cambridge University Press, 2000.
12. Kalakota, Ravi; and Marcia Robinson. *E-Business 2.0: Roadmap for Success*. Reading, MA: Addison-Wesley, 2001.
13. Kalakota, Ravi; and Andrew Whinston. *Electronic Commerce: A Manager's Guide*. Reading, MA: Addison-Wesley, 1997.
14. Keenan, Faith; and Timothy Mullaney. "Let's Get Back to Basics". *BusinessWeek e.biz*, October 29, 2001.
15. Leon, Mark. "Trading Spaces". *Business 2.0*, February 2000.
16. May, Paul. *The Business of E-Commerce: From Corporate Strategy to Technology*. Cambridge, UK: Cambridge University Press, 2001.
17. Microsoft IT Showcase, "MS Market: Business Case Study", http://download.microsoft.com/download/6/5/9/659955d7-0cb7-42b6- 8e78-daf1e9c49a75/MSMarketBCS.doc, 2002.
18. Morgan, Cynthia. "Dead Set against SET?" *Computerworld*, March 29, 1999.
19. Nesdore, P. "Customer Relationship Management: Getting Personal". *e-commerceIQ.com*, http://www.ecommerceiq.com/special_interests/crm/80-eCommerceIQ_crm.html, 2003.
20. "Pay-Per-Click Marketing", http://www.pay-per-click-adwords.com/pay-per-click-adwords.html, n.d.
21. Rayport, Jeffrey; and Bernard Jaworski. *Introduction to e-Commerce*. New York: McGraw-Hill/Irwin, 2001.
22. Riley, M.; S. Laiken; and J. Williams; "Digital Business Designs in Financial Services". Mercer Management Consulting Commentary, http://www.mercermc.com/Perspectives/WhitePapers/Commentaries/Comm00DBDinFinancialServices.pdf, 2002.
23. Rosenoer, Jonathan; Douglas Armstrong; and J. Russell Gates. *The Clickable Corporation: Successful Strategies for Capturing the Internet Advantage*. New York: The Free Press, 1999.
24. "Servers with a Smile". *Fortune*, Technology Buyers Guide, Summer 2000.
25. Seybold, Patricia; and Ronnie Marshak. *Customers.Com: How to Create a Profitable Business Strategy for the Internet and Beyond*. New York: Times Business, 1998.
26. Sliwa, Carol. "Users Cling to EDI for Critical Transactions". *Computerworld*, March 15, 1999.
27. "Tech Lifestyles: Shopping". *Fortune*, Technology Buyers Guide, Winter 2001.
28. "Telefónica Servicios Avanzados De Informació Leads Spain's Retail Industry into Global Electronic Commerce", www.netscape.com/solutions/business/profiles, March 1999.
29. Young, Eric. "Web Marketplaces That Really Work". *Fortune/CNET Tech Review*, Winter 2002.

Capítulo 9 – Sistemas de apoio à decisão

1. "AmeriKing", Customer Profile, Plumtree.com, October 25, 2002.
2. Ashline, Peter; and Vincent Lai. "Virtual Reality: An Emerging User-Interface Technology". *Information Systems Management*, Winter 1995.
3. Beacon Analytics Case Study, "Analyzing Key Measures in a Retail Environment", http://www.beaconus.com/downloads/Beacon%20Case%20Study-The%20GAP.pdf, 2003.
4. Begley, Sharon. "Software au Naturel". *Newsweek*, May 8, 1995.
5. Belcher, Lloyd; and Hugh Watson. "Assessing the Value of Conoco's EIS". *MIS Quarterly*, September 1993.
6. Bioluminate Inc. Press Release, "Bioluminate to Develop 'Smart Probe' for Early Breast Cancer Detection", http://www.bioluminate.com/press_rel1.html, December 5, 2000.
7. Bose, Ranjit; and Vijayan Sugumaran. "Application of Intelligent Agent Technology for Managerial Data Analysis and Mining". *The Data Base for Advances in Information Systems*, Winter 1999.
8. Botchner, Ed. "Data Mining: Plumbing the Depths of Corporate Databases". *Computerworld*, Special Advertising Supplement, April 21, 1997.
9. Brown, Eryn. "Slow Road to Fast Data". *Fortune*, March 18, 2002.
10. Brown, Stuart. "Making Decisions in a Flood of Data". *Fortune*, August 13, 2001.
11. Bylinsky, Gene. "The e-Factory Catches On". *Fortune*, August 13, 2001.
12. Cox, Earl. "Relational Database Queries Using Fuzzy Logic". *AI Expert*, January 1995.
13. Darling, Charles. "Ease Implementation Woes with Packaged Datamarts". *Datamation*, March 1997.
14. Deck, Stewart. "Data Visualization". *Computerworld*, October 11, 1999.
15. Deck, Stewart. "Data Warehouse Project Starts Simply". *Computerworld*, February 15, 1999.
16. Deck, Stewart. "Early Users Give Nod to Analysis Package". *Computerworld*, February 22, 1999.
17. Freeman, Eva. "Desktop Reporting Tools". *Datamation*, June 1997.
18. Gantz, John. "The New World of Enterprise Reporting Is Here". *Computerworld*, February 1, 1999.
19. "GAP, Inc. at a Glance", http://www.gapinc.com/about/At_A_Glance.pdf, Summer 2004.
20. Glode, M. "Scans: Most Valuable Player". *Wired Magazine*, July 22, 1997.
21. Goldberg, David. "Genetic and Evolutionary Algorithms Come of Age". *Communications of the ACM*, March 1994.
22. Gorry, G. Anthony; and Michael Scott Morton. "A Framework for Management Information Systems". *Sloan Management Review*, Fall 1971; republished Spring 1989.
23. Hall, Mark. "Get Real". *Computerworld*, April 1, 2002.
24. Hall, Mark. "Supercomputing: From R&D to P&L". *Computerworld*, December 13, 1999.
25. Hoffman, Thomas. "In the Know". *Computerworld*, October 14, 2002.
26. Jablonowski, Mark. "Fuzzy Risk Analysis: Using AI Systems". *AI Expert*, December 1994.
27. Kalakota, Ravi; and Marcia Robinson. *E-Business 2.0: Roadmap for Success*. Reading, MA: Addison-Wesley, 2001.
28. Kalakota, Ravi; and Andrew Whinston. *Electronic Commerce: A Manager's Guide*. Reading, MA: Addison-Wesley, 1997.
29. King, Julia. "Sharing GIS Talent with the World". *Computerworld*, October 6, 1997.
30. Kurszweil, Raymond. *The Age of Intelligent Machines*. Cambridge, MA: The MIT Press, 1992.
31. Lundquist, Christopher. "Personalization in E-Commerce". *Computerworld*, March 22, 1999.
32. Machlis, Sharon. "Agent Technology". *Computerworld*, March 22, 1999.
33. Mailoux, Jacquiline. "New Menu at PepsiCo". *Computerworld*, May 6, 1996.
34. McNeill, F. Martin; and Ellen Thro. *Fuzzy Logic: A Practical Approach*. Boston: AP Professional, 1994.
35. Mitchell, Lori. "Enterprise Knowledge Portals Wise Up Your Business". *Infoworld.com*, December 2000.
36. Murray, Gerry. "Making Connections with Enterprise Knowledge Portals". White Paper. *Computerworld*, September 6, 1999.
37. "NASA Ames Research Center Report", Smart Surgical Probe, Bioluminate Inc., http://technology.arc.nasa.gov/success/probe.html, 2003.
38. Norsk Hydro Corporate Background, http://www.hydro.com/en/about/index.html, 2004.
39. Orenstein, David. "Corporate Portals". *Computerworld*, June 28, 1999.
40. Ouellette, Tim. "Opening Your Own Portal". *Computerworld*, August 9, 1999.
41. Pimentel, Ken; and Kevin Teixeira. *Virtual Reality through the New Looking Glass*. 2nd ed. New York: Intel/McGraw-Hill, 1995.
42. Rosenberg, Marc. *e-Learning: Strategies for Delivering Knowledge in the Digital Age*. New York: McGraw-Hill, 2001.
43. Schlumberger Information Solutions, "Norsk Hydro Makes a Valuable Drilling Decision", Schlumberger Technical Report GMP-5911, http://www.sis.slb.com/media/software/success/ir_drillingdecision.pdf, 2002.

44. Shay, S. "Trendlines". *CIO Magazine*, February 1, 1998.
45. Turban, Efraim; and Jay Aronson. *Decision Support Systems and Intelligent Systems*. Upper Saddle River, NJ: Prentice Hall, 1998.
46. Vandenbosch, Betty; and Sid Huff. "Searching and Scanning: How Executives Obtain Information from Executive Information Systems". *MIS Quarterly*, March 1997.
47. Wagner, Mitch. "Reality Check". *Computerworld*, February 26, 1997.
48. Watson, Hugh; and John Satzinger. "Guidelines for Designing EIS Interfaces". *Information Systems Management*, Fall 1994.
49. Watterson, Karen. "Parallel Tracks". *Datamation*, May 1997.
50. Winston, Patrick. "Rethinking Artificial Intelligence". Program Announcement, Massachusetts Institute of Technology, September 1997.
51. Wreden, Nick. "Enterprise Portals: Integrating Information to Drive Productivity". *Beyond Computing*, March 2000.

Capítulo 10 – Desenvolvendo soluções de negócios/TI

1. Anthes, Gary. "The Quest for IT E-Quality". *Computerworld*, December 13, 1999.
2. Clark, Charles; Nancy Cavanaugh; Carol Brown; and V. Sambamurthy. "Building Change-Readiness Capabilities in the IS Organization: Insights from the Bell Atlantic Experience". *MIS Quarterly*, December 1997.
3. Cole-Gomolski, Barbara. "Companies Turn to Web for ERP Training". *Computerworld*, February 8, 1999.
4. Cole-Gomolski, Barbara. "Users Loath to Share Their Know-How". *Computerworld*, November 17, 1997.
5. Cronin, Mary. *The Internet Strategy Handbook*. Boston: Harvard Business School Press, 1996.
6. Diese, Martin; Conrad Nowikow; Patrick King; and Amy Wright. *Executive's Guide to E-Business: From Tactics to Strategy*. New York: John Wiley & Sons, 2000.
7. "Design Matters". *Fortune*, Technology Buyers Guide, Winter 2001.
8. Casey, Susan. "On the Hot Seat". *Fortune*, January 22, 2007.
9. Hawson, James; and Jesse Beeler. "Effects of User-Participation in Systems Development: A Longitudinal Field Experiment". *MIS Quarterly*, December 1997.
10. Hills, Melanie. *Intranet Business Strategies*. New York: John Wiley & Sons, 1997.
11. Kalakota, Ravi; and Marcia Robinson. *E-Business 2.0: Roadmap for Success*. Reading, MA: Addison-Wesley, 2001.
12. King, Julia. "Back to Basics". *Computerworld*, April 22, 2002.
13. Lazar, Jonathan. *User-Centered Web Development*. Sudbury, MA: Jones and Bartlett, 2001.
14. McDonnel, Sharon. "Putting CRM to Work". *Computerworld*, March 12, 2001.
15. Melymuka, Kathleen. "An Expanding Universe". *Computerworld*, September 14, 1998.
16. Melymuka, Kathleen. "Energizing the Company". *Computerworld*, August 13, 2001.
17. Melymuka, Kathleen. "Profiting from Mistakes". *Computerworld*, April 20, 2001.
18. Morgan, James N. *Application Cases in MIS*. 4th ed. New York: Irwin/McGraw-Hill, 2002.
19. Neilsen, Jakob. "Better Data Brings Better Sales". *Business 2.0*, May 15, 2001.
20. Nielsen, Jakob. "Design for Process, Not for Products". *Business 2.0*, July 10, 2001.
21. Orenstein, David. "Software Is Too Hard to Use". *Computerworld*, August 23, 1999.
22. Ouellette, Tim. "Giving Users the Key to Their Web Content". *Computerworld*, July 26, 1999.
23. Ouellette, Tim. "Opening Your Own Portal". *Computerworld*, August 9, 1999.
24. Panko, R. "Application Development: Finding Spreadsheet Errors". *InformationWeek*, May 29, 1995.
25. Panko, R. "What We Know about Spreadsheet Errors". *Journal of End-User Computing* 10, n. 2, 1998, p. 15-21.
26. Schwartz, Matthew. "Time for a Makeover". *Computerworld*, August 19, 2002.
27. Senge, Peter. *The Fifth Discipline: The Art and Practice of the Learning Organization*. New York: Currency Doubleday, 1994.
28. Sliwa, Carol. "E-Commerce Solutions: How Real?" *Computerworld*, February 28, 2000.
29. Solomon, Melissa. "Filtering Out the Noise". *Computerworld*, February 25, 2002.
30. Songini, Marc. "GM Locomotive Unit Puts ERP Rollout Back on Track". *Computerworld*, February 11, 2002.
31. Steinert-Thelkeld, Tom. "Aviall Thinks Outside the Box". *Baseline*, January 17, 2003.
32. Whitten, Jeffrey, and Lonnie Bentley. *Systems Analysis and Design Methods*. 5th ed. New York: McGraw-Hill/Irwin, 2000.

Capítulo 11 – Desafios de segurança e éticos

1. Alexander, Steve, and Matt Hamblen. "Top-Flight Technology". *Computerworld*, September 23, 2002.
2. Anthes, Gary. "Biometrics". *Computerworld*, October 12, 1998.
3. Anthes, Gary. "When Five 9s Aren't Enough". *Computerworld*, October 8, 2001.
4. Berniker, M., "Study: ID Theft Often Goes Unrecognized", *Internetnews.com*, http://www.internetnews.com/ecnews/article.php/3081881, 2003.
5. Boutin, Paul. "Burn Baby Burn". *Wired*, December 2002.
6. Deckmyn, Dominique. "More Managers Monitor E-Mail". *Computerworld*, October 18, 1999.
7. Dejoie, Roy; George Fowler; and David Paradice, eds. *Ethical Issues in Information Systems*. Boston: Boyd & Fraser, 1991.
8. Donaldson, Thomas. "Values in Tension: Ethics Away from Home". *Harvard Business Review*, September-October 1996.
9. Dunlop, Charles; and Rob Kling, eds. *Computerization and Controversy: Value Conflicts and Social Choices*. San Diego: Academic Press, 1991.
10. Elias, Paul. "Paid Informant". *Red Herring*, January 16, 2001.
11. Harrison, Ann. "Virus Scanning Moving to ISPs". *Computerworld*, September 20, 1999.
12. "In Depth: Security". *Computerworld*, July 9, 2001.
13. Joy, Bill. "Report from the Cyberfront". *Newsweek*, February 21, 2000.
14. Johnson, Deborah. "Ethics Online". *Communications of the ACM*, January 1997.
15. Lardner, James. "Why Should Anyone Believe You?" *Business 2.0*, March 2002.
16. Levy, Stephen; and Brad Stone. "Hunting the Hackers". *Newsweek*, February 21, 2000.
17. Madsen, Peter; and Jay Shafritz. *Essentials of Business Ethics*. New York: Meridian, 1990.
18. McCarthy, Michael. "Keystroke Cops". *The Wall Street Journal*, March 7, 2000.
19. Nance, Barry. "Sending *Firewalls* Home". *Computerworld*, May 28, 2001.
20. Naughton, Keith. "CyberSlacking". *Newsweek*, November 29, 1999.
21. Neumann, Peter. *Computer-Related Risks*. New York: ACM Press, 1995.
22. Phillips, Robert. *Stakeholder Theory and Organizational Ethics*. San Francisco: Berrett-Koehler, 2003.
23. Radcliff, Deborah. "Cybersleuthing Solves the Case". *Computerworld*, January 14, 2002.
24. Robinson, Lori. "How It Works: Viruses". *Smart Computing*, March 2000.
25. Rothfeder, Jeffrey. "Hacked! Are Your Company Files Safe?" *PC World*, November 1996.
26. Rothfeder, Jeffrey. "No Privacy on the Net". *PC World*, February 1997.
27. Sager, Ira; Steve Hamm; Neil Gross; John Carey; and Robert Hoff. "Cyber Crime". *BusinessWeek*, February 21, 2000.
28. Schoepke, P., and G. Milner, "Phishing Scams Increase 180% in April Alone!". *BankersOnline.com*, http://www.bankersonline.com/technology/tech_phishing052404.html, 2004.
29. Smith, H. Jefferson; and John Hasnas. "Debating the Stakeholder Theory". *Beyond Computing*, March-April 1994.
30. Smith, H. Jefferson; and John Hasnas. "Establishing an Ethical Framework". *Beyond Computing*, January-February 1994.
31. Solomon, Melissa; and Michael Meehan. "Enron Lesson: Tech Is for Support". *Computerworld*, February 18, 2002.
32. Spinello, Richard. *Cyberethics: Morality and Law in Cyberspace*. 2nd ed. Sudbury, MA: Jones and Bartlett, 2003.
33. Sullivan, B. "ID Theft Victims Face Tough Bank Fights". MSNBC.com, http://msnbc.msn.com/id/4264051/, 2004.
34. Verton, Dan. "Insider Monitoring Seen as Next Wave in IT Security". *Computerworld*, March 19, 2001.
35. VanScoy, Kayte. "What Your Workers Are Really Up To". *Ziff Davis Smart Business*, September 2001.
36. Vijayan, Jaikumar. "Nimda Needs Harsh Disinfectant". *Computerworld*, September 24, 2001.
37. Vijayan, Jaikumar. "Securing the Center". *Computerworld*, May 13, 2002.
38. Willard, Nancy. *The Cyberethics Reader*. Burr Ridge, IL: Irwin/McGraw-Hill, 1997.
39. York, Thomas. "Invasion of Privacy? E-Mail Monitoring Is on the Rise". *InformationWeek Online*, February 21, 2000.
40. Youl, T. "Phishing Scams: Understanding the Latest Trends". *FraudWatch International*, White Paper, 2004.
41. Commtouch Press Release, February 15, 2006. http://www.commtouch.com/Site/News_Events/pr_content.asp?news_id=602&cat_id=1.

Capítulo 12 – Gerenciamento global e na empresa da tecnologia da informação

1. Bryan, Lowell; Jane Fraser; Jeremy Oppenheim; and Wilhelm Rall. *Race for the World: Strategies to Build a Great Global Firm*. Boston: Harvard Business School Press, 1999.

2. Christensen, Clayton. *The Innovators Dilemma: When New Technologies Cause Great Firms to Fail*. Boston: Harvard Business School Press, 1997.

3. Cronin, Mary. *Global Advantage on the Internet*. New York: Van Nostrand Reinhold, 1996.

4. "Delta Signs Offshore Call Center Agreement". *South Florida Business Journal*, October 7, 2002.

5. El Sawy, Omar; Arvind Malhotra; Sanjay Gosain; and Kerry Young. "IT-Intensive Value Innovation in the Electronic Economy: Insights from Marshall Industries". *MIS Quarterly*, September 1999.

6. Gilhooly, Kym. "The Staff That Never Sleeps". *Computerworld*, June 25, 2001.

7. Grover, Varun; James Teng; and Kirk Fiedler. "IS Investment Opportunities in Contemporary Organizations". *Communications of the ACM*, February 1998.

8. Hall, Mark. "Service Providers Give Users More IT Options". *Computerworld*, February 7, 2000.

9. Ives, Blake, and Sirkka Jarvenpaa. "Applications of Global Information Technology: Key Issues for Management". *MIS Quarterly*, March 1991.

10. Kalakota, Ravi, and Marcia Robinson. *E-Business 2.0: Roadmap for Success*. Reading, MA: Addison-Wesley, 2001.

11. Kalin, Sari. "The Importance of Being Multiculturally Correct". Global Innovators Series, *Computerworld*, October 6, 1997.

12. Kirkpatrick, David. "Back to the Future with Centralized Computing". *Fortune*, November 10, 1997.

13. LaPlante, Alice. "Global Boundaries.com". Global Innovators Series, *Computerworld*, October 6, 1997.

14. Leinfuss, Emily. "Blend It, Mix It, Unify It". *Computerworld*, March 26, 2001.

15. McDougall, P. "Opportunity on the Line". *InformationWeek*, October 20, 2003.

16. Mearian, Lucas. "Citibank Overhauls Overseas Systems". *Computerworld*, February 4, 2002.

17. Mische, Michael. "Transnational Architecture: A Reengineering Approach". *Information Systems Management*, Winter 1995.

18. Palvia, Prashant; Shailendra Palvia; and Edward Roche, eds. *Global Information Technology and Systems Management*. Marietta, GA: Ivy League, 1996.

19. Radcliff, Deborah. "Playing by Europe's Rules". *Computerworld*, July 9, 2001.

20. Ross, Jeanne; and Peter Weill. "Six IT Decisions Your IT People Shouldn't Make". *Harvard Business Review*, November 2002.

21. Songini, Marc; and Kim Nash. "Try, Try Again". *Computerworld*, February 18, 2002.

22. Thibodeau, Patrick. "Europe and U.S. Agree on Data Rules". *Computerworld*, March 20, 2000.

23. Vitalari, Nicholas; and James Wetherbe. "Emerging Best Practices in Global Systems Development". In *Global Information Technology and Systems Management*, ed. Prashant Palvia et al. Marietta, GA: Ivy League, 1996.

24. West, Lawrence; and Walter Bogumil. "Immigration and the Global IT Workforce". *Communications of the ACM*, July 2001.

25. Reporters Without Borders. "The 15 Enemies of the Internet and Other Countries to Watch". www.rsf.org. November, 17, 2005.

Respostas dos questionários de revisão

Capítulo 1

1. 20	8. 1	15. 2	22. 13b	29. 16c	36. 19	43. 22
2. 18	9. 23b	16. 3	23. 25	30. 16d	37. 11	44. 23a
3. 24	10. 8	17. 14	24. 25a	31. 16e	38. 7	45. 4
4. 24a	11. 9	18. 16	25. 25b	32. 27	39. 27d	46. 27f
5. 24b	12. 10	19. 17	26. 23	33. 27c	40. 5	47. 21
6. 24c	13. 26	20. 13	27. 16a	34. 27b	41. 6	48. 27e
7. 15	14. 12	21. 13a	28. 16b	35. 27a	42. 14a	49. 27g

Capítulo 2

1. 3	4. 11	7. 6	10. 2	13. 8
2. 4	5. 5	8. 14	11. 1	14. 9
3. 12	6. 13	9. 10	12. 15	15. 7

Capítulo 3

1. 3	9. 21	17. 9c	25. 15	33. 34c	41. 36	49. 28d
2. 2	10. 1	18. 20	26. 12	34. 4	42. 6	50. 34b
3. 5	11. 7	19. 19	27. 16	35. 34	43. 32	51. 29
4. 8	12. 13	20. 35	28. 17	36. 37	44. 31	52. 34d
5. 27	13. 14	21. 10	29. 33	37. 34a	45. 9	53. 34g
6. 30	14. 9a	22. 28c	30. 24	38. 34f	46. 11	
7. 25	15. 9b	23. 34e	31. 28	39. 31b	47. 23	
8. 22	16. 18	24. 26	32. 28a	40. 31a	48. 28b	

Capítulo 4

1. 5	7. 32	13. 33	19. 37	25. 20	31. 28	37. 16
2. 2	8. 6	14. 12	20. 8	26. 3	32. 15	38. 36
3. 31	9. 34	15. 11	21. 26	27. 14	33. 38	
4. 1	10. 22	16. 35	22. 17	28. 10	34. 18	
5. 4	11. 27	17. 9	23. 29	29. 24	35. 25	
6. 7	12. 19	18. 30	24. 13	30. 23	36. 21	

Capítulo 5

1. 11	7. 12	13. 6	19. 13a	25. 1	31. 16a	36. 13c
2. 3	8. 20b	14. 16e	20. 13e	26. 13	32. 20	37. 16
3. 9	9. 13d	15. 16g	21. 13b	27. 16b	33. 7	
4. 19	10. 20d	16. 16f	22. 20e	28. 18	34. 14	
5. 2	11. 8	17. 16c	23. 20a	29. 4	35. 16d	
6. 10	12. 5	18. 15	24. 20c	30. 17		

Capítulo 6

1. 34	7. 8	13. 9	19. 24	25. 21a	31. 22	37. 21
2. 23	8. 10	14. 3	20. 1	26. 21b	32. 26	38. 30
3. 20	9. 35	15. 31	21. 2	27. 25	33. 6	39. 37
4. 17	10. 15	16. 32	22. 33	28. 12	34. 14	
5. 16	11. 7	17. 18	23. 5	29. 11	35. 28	
6. 13	12. 29	18. 19	24. 27	30. 4	36. 36	

Capítulo 7

1. 7	6. 20	11. 3	16. 8	21. 6	26. 23
2. 5	7. 16	12. 11	17. 1	22. 12	27. 28
3. 14	8. 24	13. 22	18. 13	23. 26	28. 21
4. 9	9. 19	14. 17	19. 18	24. 25	29. 29
5. 10	10. 4	15. 15	20. 27	25. 2	

Capítulo 8

1. 5	5. 4	9. 4b	13. 8	17. 3b	21. 1
2. 5b	6. 4a	10. 4e	14. 3d	18. 2	22. 3
3. 5a	7. 4f	11. 4b	15. 3a	19. 6	23. 4g
4. 5c	8. 4c	12. 7	16. 3c	20. 4d	

Capítulo 9

1. 6	6. 22	11. 1b	16. 20	21. 15	26. 19
2. 10	7. 1	12. 24	17. 9	22. 11	27. 23
3. 21	8. 1d	13. 4	18. 2	23. 18	28. 13
4. 7	9. 1c	14. 5	19. 25	24. 16	29. 17
5. 3	10. 1a	15. 8	20. 26	25. 12	30. 14

Capítulo 10

1. 21	7. 28b	13. 29	19. 25	25. 2	31. 1
2. 27	8. 12a	14. 13	20. 23	26. 26	32. 4
3. 17	9. 22	15. 10	21. 24	27. 5	33. 28
4. 3	10. 14	16. 20	22. 19	28. 18	34. 15
5. 28b	11. 8	17. 9	23. 7	29. 32	35. 12
6. 12b	12. 6	18. 30	24. 11	30. 31	36. 16

Capítulo 11

1. 24	6. 10	11. 15	16. 7	21. 26	26. 18
2. 20	7. 2	12. 5	17. 8	22. 21	27. 14
3. 29	8. 4	13. 27	18. 12	23. 19	28. 25
4. 16	9. 11	14. 28	19. 6	24. 9	29. 3
5. 17	10. 13	15. 22	20. 30	25. 1	30. 23

Capítulo 12

1. 2	5. 3	9. 7	13. 6	17. 17	21. 20
2. 11	6. 1	10. 19	14. 18	18. 10	22. 10b
3. 15	7. 22	11. 16	15. 4	19. 21	23. 10a
4. 12	8. 13	12. 5	16. 8	20. 9	24. 14

Glossário

Abordagem de cenário Abordagem de planejamento na qual gerentes, empregados e planejadores criam cenários de como a empresa será em um futuro de três a cinco anos ou mais e identificam o papel que a TI poderá representar nesses cenários.

Abordagem de gerenciamento de banco de dados Abordagem para o armazenamento e processamento de dados em que arquivos independentes são consolidados em uma área comum, ou banco de dados, de registros disponíveis para programas aplicativos diferentes e usuários finais para o processamento e a recuperação de dados.

Abordagem sistêmica Processo sistemático de resolução de problemas que define problemas e oportunidades em um contexto de sistema. Dados são capturados descrevendo-se o problema ou a oportunidade, e alternativas de soluções são identificadas e avaliadas. Então, a melhor solução é selecionada e implementada e seu sucesso, avaliado.

Acesso aleatório O mesmo que "Acesso direto". Compare com "Acesso sequencial".

Acesso direto Método de armazenamento no qual cada posição de armazenamento tem um único endereço e pode ser individualmente acessado quase no mesmo período sem ter de pesquisar em outras posições de armazenamento. É o mesmo que acesso aleatório. Compare com "Acesso sequencial".

Acesso remoto Relacionado à comunicação com uma unidade de processamento de dados por uma ou mais estações que estão distantes dessa unidade.

Acesso sequencial Método sequencial de armazenamento e recuperação de dados de um arquivo. Compare com "Acesso aleatório" e "Acesso direto".

Ada Linguagem de programação cujo nome é uma homenagem a Augusta Ada Byron, considerada a primeira profissional de programação de computadores do mundo. Foi desenvolvida para o Departamento de Defesa dos Estados Unidos como um padrão de linguagem de alto nível.

Administração de banco de dados Função de gerenciamento de recursos de dados que inclui a responsabilidade pelo desenvolvimento e pela manutenção do dicionário de dados da organização, desenhando e monitorando o desempenho dos bancos de dados e estabelecendo padrões para o uso e a segurança do banco de dados.

Administração de dados Função de gerenciamento dos recursos de dados que envolve o estabelecimento e a aplicação de políticas e procedimentos para o gerenciamento de dados como um recurso estratégico da corporação.

Administrador de banco de dados Especialista responsável pela manutenção dos padrões de desenvolvimento, manutenção e segurança dos bancos de dados de uma organização.

Agente inteligente Sistema de propósito específico baseado em conhecimento que serve como *software* hospedeiro para executar tarefas específicas para usuários finais.

Algoritmo Um conjunto de regras ou processos bem definidos para a solução de um problema com um número finito de etapas.

Algoritmo de transformação Execução de uma operação aritmética em uma chave de registro, utilizando o resultado do cálculo como um endereço para esse registro. Conhecido também como transformação de chave ou *hashing*.

Algoritmo genético Aplicação de *software* de inteligência artificial que utiliza seleção aleatória darwiniana (teoria da seleção natural) e outras funções para simular um processo de evolução que pode trazer melhores soluções para um problema.

Ambiente de operação Pacotes ou módulos de *software* que adicionam uma interface gráfica entre os usuários finais, o sistema operacional e seus programas aplicativos, e que também podem fornecer capacidades multitarefa.

Análise "e-se..." Observação de como alterações em certas variáveis afetam outras variáveis em um modelo matemático.

Análise de alcance e opções (*Reach and range analysis*) Estrutura de planejamento que compara a habilidade de uma empresa em utilizar sua plataforma de TI para alcançar seus colaboradores com as opções de produtos e serviços de informação que podem ser fornecidos ou compartilhados por meio da TI.

Análise de custo/benefício Identificação de vantagens ou benefícios e desvantagens ou custo de uma solução proposta.

Análise de estágio Processo de planejamento no qual as necessidades do sistema de informação de uma organização são baseadas na análise do seu estágio atual no ciclo de crescimento da organização e de como esta utiliza a tecnologia de sistemas de informação.

Análise de otimização Procura de um valor ótimo para certas variáveis em um modelo matemático, dadas certas restrições.

Análise de sensibilidade Observação de como alterações repetidas em uma única variável afetam outras variáveis em um modelo matemático.

Análise de sistemas (1) Análise em detalhe dos componentes e das necessidades de um sistema. (2) Análise em detalhe das necessidades de informação de uma organização, das características e dos componentes do atual sistema de informação e das necessidades funcionais do sistema de informação proposto.

Análise por busca de objetivo Efetuar repetidas alterações para certas variáveis até uma variável escolhida atingir um valor-alvo.

Aplicação de computador Uso de um computador para resolver um problema específico ou para executar um trabalho particular para um usuário final. Por exemplo, aplicações de computador mais comuns para negócios incluem processamento de pedidos de vendas, controle de inventário e folha de pagamento.

Applet Pequeno programa aplicativo de propósito limitado ou um módulo pequeno e independente de um grande programa aplicativo.

Apresentação gráfica Utilização de gráficos gerados por computador para melhorar a informação apresentada em relatórios e outros tipos de apresentações.

Apresentação multimídia Fornecimento de informação utilizando uma variedade de meios, como texto, gráficos, voz e outros áudios, fotografias e segmentos de vídeo.

Armazenamento (*storage*) Relacionado ao dispositivo no qual dados podem ser inseridos e retidos e do qual podem ser recuperados em um tempo posterior. O mesmo que memória.

Armazenamento em massa Dispositivos de armazenamento secundários com grandes capacidades, como discos magnéticos ou ópticos.

Armazenamento secundário Armazenamento que suplementa o armazenamento primário de um computador. Tem como sinônimo armazenamento auxiliar.

Arquitetura da informação Estrutura conceitual que define a estrutura básica, o conteúdo e a relação dos bancos de dados organizacionais que fornecem os dados necessários para dar apoio aos processos básicos de negócios de uma organização.

Arquitetura da tecnologia da informação Desenho conceitual que especifica os componentes e inter-relacionamentos da infraestrutura de tecnologia, recursos de dados, arquitetura das aplicações e organização de TI de uma empresa.

Arquitetura das aplicações Estrutura conceitual de planejamento na qual aplicações de negócios de tecnologia da informação são projetadas como uma arquitetura integrada de sistemas empresariais que apoia iniciativas estratégicas de negócio e processos com funções empresarias inter-relacionadas.

Arquitetura de rede Plano-mestre desenhado para promover um ambiente de telecomunicações aberto, flexível e eficiente por meio do uso de protocolos padrão, *hardware* de comunicações e interfaces de *software* padrão e o projeto de uma interface de telecomunicações multinível entre usuários finais e sistemas de computadores.

Arquitetura de TI Desenho conceitual para a implementação de tecnologia da informação em uma organização, incluindo suas plataformas tecnológicas de *hardware*, *software* e rede, recursos de dados, conjunto de aplicações e a organização de SI.

Arquivo Conjunto de registros de dados relacionados e tratados como unidade. Algumas vezes, é chamado conjunto de dados.

Arquivo de transação Arquivo de dados que contém dados transitórios a serem processados em combinação com um arquivo-mestre. Compare com "Arquivo-mestre".

Arquivo invertido Arquivo que indica entidades por meio de seus atributos.

Arquivo-mestre Arquivo de dados que contêm informação relativamente permanente, o qual é utilizado como uma referência básica e é atualizado periodicamente. Compare com "Arquivo de transações".

ASCII: American Standard Code for Information Exchange (Código Padrão Norte-americano para Troca de Informações) Código padrão utilizado para troca de informações entre sistemas processadores de dados, sistemas de comunicação e equipamentos associados.

Assíncrono Envolve uma sequência de operações sem uma relação de tempo regular ou previsível. Dessa forma, as operações não ocorrem em intervalos regulares de tempo, mas uma operação iniciará somente após uma operação prévia ter sido completada. Em transmissão de dados, isso envolve o uso de bits de início (*start*) e fim (*stop*) em cada caractere para indicar o início e fim da transmissão deste. Compare com Síncrono.

Assistente digital pessoal (*personal digital assistant – PDA*) Microcomputador de mão (*handheld*) que permite o gerenciamento de informações, como reuniões, lista de tarefas e contatos de vendas, envio e recebimento de correio eletrônico, acesso à internet e a troca dessas informações com o PC de mesa ou servidor de rede.

Associações por computador Utilização de computadores para apresentar e verificar dados sobre características individuais fornecidas por uma variedade de sistemas de informação baseados em computador e banco de dados com o propósito de identificar indivíduos para negócios, governos ou outros propósitos.

Automação da fonte de dados Uso de métodos automáticos de entrada de dados que tentam reduzir ou eliminar muitas atividades, pessoas e meios de dados necessários pelos métodos tradicionais de entrada de dados.

Automação de escritório (*office automation*) Uso de sistemas de informação baseados em computador que coletam, processam, armazenam e transmitem mensagens eletrônicas, documentos e outras formas de comunicação no escritório entre indivíduos, grupos de trabalho e organizações.

Banco de dados Conjunto integrado de elementos de dados logicamente relacionados. Um banco de dados consolida muitos registros previamente armazenados em arquivos separados de tal forma que um conjunto de dados atende a várias aplicações.

Banco de dados analítico Banco de dados de informações extraídas de bancos de dados operacionais e externos para fornecer dados preparados para processos analíticos em tempo real, suporte à decisão e sistemas de informação gerenciais.

Banco de dados distribuídos Conceito de distribuir bancos de dados ou partes de um banco de dados em locais remotos, onde os dados são mais frequentemente consultados. O compartilhamento dos dados é possível com o uso de uma rede que interconecta os bancos de dados distribuídos.

Barreiras à entrada Necessidades tecnológicas, financeiras ou legais que impedem uma empresa de entrar em um mercado.

Base de conhecimento (*knowledge base*) Conjunto de conhecimentos, acessível por computador, sobre um assunto em variadas formas, como fatos e regras de inferência, quadros e objetos.

BASIC: (*beginner's all-purpose symbolic instruction code*) Linguagem de programação desenvolvida no Dartmout College para ser utilizada diretamente por usuários finais.

Baud Unidade de medida utilizada para especificar velocidades de transmissão de dados. É uma unidade de sinalização de velocidade igual ao número de condições discretas ou eventos de sinais por segundo. Em muitas aplicações de comunicação de dados, representa um bit por segundo.

BBS (*Bulletin Board System*) Serviço de redes de computadores em tempo real, no qual mensagens eletrônicas, arquivos de dados ou programas podem ser armazenados para que outros assinantes leiam ou copiem.

Benefícios e custos intangíveis Benefícios e custos não quantificáveis de uma solução ou sistema proposto.

Benefícios e custos tangíveis Benefícios e custos quantificáveis de uma solução ou sistema proposto.

Binário Relacionado à característica ou propriedade envolvida na seleção, escolha ou condição em que há duas possibilidades, ou relacionado ao sistema numérico com base 2.

Bit Contração de *binary digit* (dígito binário). Pode ser 0 ou 1.

Bit de paridade Bit de verificação adicionado a uma sequência de dígitos binários para representar a soma de todos os dígitos, incluindo o bit de verificação, sempre resultando em ímpar ou par.

Bit de verificação Dígito de verificação binário, por exemplo, um bit de paridade.

Bloco Agrupamento de registros de dados contíguos ou outros elementos de dados que são manipulados como uma unidade.

Branch Transferência de controle de uma instrução para outra em um computador que não faz parte da execução sequencial normal das instruções do programa.

Buffer Área de armazenamento temporário utilizada quando se transmitem dados de um dispositivo para outro, para compensar diferenças nas taxas dos fluxos dos dados ou nos tempos de ocorrência dos eventos.

Bug Um erro ou uma má funcionalidade.

Bundling **(pacote)** Inclusão de *software*, manutenção, treinamento e outros produtos ou serviços no preço de um sistema de computador.

Bureau **de serviço** Empresa que oferece serviços de computador e de processamento de dados. Também conhecido como centro de serviços em computação.

Bus Conjunto de trilhas condutoras que transportam os dados e as instruções que interconectam os vários componentes da CPU.

Byte Sequência de dígitos binários adjacentes operados como unidade e normalmente menor que uma palavra de computador. Em muitos sistemas de computadores, um *byte* é um agrupamento de oito bits que pode representar um caractere alfabético ou especial, que pode ser representado por dois dígitos hexadecimais.

C Linguagem de programação estruturada de baixo nível que parece uma linguagem *assembler* ("montadora") independente de máquina.

C++ Versão orientada a objeto do C, que é amplamente utilizada por desenvolvedores de pacotes de *software*.

Cabo coaxial Fio robusto de cobre ou alumínio envolto com uma malha metálica para protegê-lo e isolá-lo. Grupos de cabos coaxiais podem ser montados juntos para formar um grande cabo para facilitar sua instalação.

Cadeia de suprimentos (*supply chain***)** Rede de processos de negócios e inter-relação entre negócios que são necessários para construir, vender e entregar um produto para o cliente final.

Cadeia de valor Visão de uma empresa como série, cadeia ou rede de atividades básicas que adicionam valor aos seus produtos e serviços, além de adicionam uma margem de valor à empresa.

Caixas eletrônicos Terminal de propósito específico para transações utilizado para serviços bancários remotos.

Campo Elemento de dado que consiste em um agrupamento de caracteres que descrevem um atributo particular de uma entidade. Por exemplo, o campo nome ou o campo salário de um empregado.

Canal (1) Caminho no qual sinais podem ser enviados. (2) Processador pequeno e de propósito especial que controla o movimento de dados entre a CPU e os dispositivos de entrada e saída.

Canal de telecomunicações Parte de uma rede de telecomunicações que conecta uma fonte de mensagem ao receptor de mensagem. Inclui o *hardware*, o *software* e o meio utilizado para conectar um local de uma rede a outro com a finalidade de transmitir e receber informação.

Cartão magnético Cartão de plástico com uma tarja magnética em uma das superfícies; amplamente utilizado em cartões de crédito e débito.

CD-ROM Tecnologia de disco óptico para microcomputadores que utilizam discos compactos com capacidade de armazenamento acima de 500 *megabytes*.

Centro de dados (*data center***)** Unidade organizacional que utiliza recursos computacionais centralizados para executar atividades de processamento de informação para uma organização. Também conhecida como central de computadores.

Centro de informações Área de suporte aos usuários finais de uma organização. Permite que os usuários aprendam a desenvolver seus próprios programas aplicativos e executem suas próprias tarefas de processamento. Os usuários finais contam com suporte de *hardware*, suporte de *software* e pessoal de suporte (consultores treinados).

Centros de desenvolvimento Grupos de consultores de desenvolvimento de sistemas formados para atuar como consultores para profissionais de programação e analistas de sistemas de uma organização a fim de melhorar seus esforços de desenvolvimento de aplicações.

Chat **(sistema de mensagem instantânea)** *Software* que permite dois ou mais usuários de PCs em rede efetuarem conversação em tempo real.

Chave Um ou mais campos dentro de um registro de dados que são utilizados para identificá-lo ou controlar seu uso.

Chief information officer **– CIO** Diretor de TI, profissional sênior responsável por todo o planejamento e estratégia de longo prazo da tecnologia da informação de uma empresa.

Ciclo de máquina Tempo transcorrido para a execução de uma operação básica de uma CPU determinado por um número fixo de pulsos elétricos emitidos pelo circuito de temporização da CPU ou *clock* interno.

Ciclo de processamento da transação Ciclo das atividades de processamento de transações básicas que incluem entrada de dados, processamento da transação, manutenção no banco de dados, geração de documentos e relatórios e processamento de pesquisas de dados.

Ciência da cognição Área da inteligência artificial que foca a pesquisa de como o cérebro humano trabalha e como os seres humanos pensam e aprendem, a fim de aplicar as descobertas nos projetos de sistemas baseados em computador.

Cilindro Um cilindro vertical imaginário resultante do alinhamento vertical de trilhas em cada superfície de um disco magnético que são acessadas simultaneamente por cabeças de leitura/gravação em uma unidade de disco.

Circuito integrado Circuito microeletrônico complexo que consiste em elementos de circuito interconectados que não podem ser desmontados, porque são colocados sobre ou dentro de um substrato contínuo como um chip de silício.

Cliente (1) Usuário final. (2) Microcomputador de um usuário final conectado em rede, em uma rede cliente/servidor. (3) Versão de um pacote de *software* desenvolvido para rodar em um microcomputador de usuário final conectado em rede, tal como um cliente navegador web, um cliente de colaboração etc.

Clock Sinal gerado periodicamente utilizado para controlar toda a temporização de um computador. É também um registrador cujo conteúdo muda a intervalos regulares de tal forma a medir tempo.

Cobol: *(Common business oriented language)* Linguagem de programação para processamento de dados de negócios amplamente utilizada.

Código Instruções de computador.

Código de barras Marcas ou barras verticais presentes em etiquetas ou embalagens de mercadorias que podem ser percebidas e lidas por dispositivos de leitura óptica. A largura e a combinação das linhas verticais são utilizadas para representar dados.

Código de operação Código que representa operações específicas a serem executadas nos operandos, em uma instrução de computador.

Código universal de produto (*universal product code* – UPC) Padrão de código de identificação que utiliza código de barras impresso em produtos, que podem ser lidos por leitores ópticos, como aqueles encontrados nos caixas de supermercados.

Códigos de segurança Senhas, códigos de identificação, códigos de contabilização e outros códigos que limitam o acesso e uso de recursos de sistemas baseados em computador a usuários autorizados.

Compartilhamento de tempo Fornecimento de serviços de computador para vários usuários simultaneamente com rápido desempenho para cada um deles.

Competição ágil Habilidade de um empresa de operar com lucros em um ambiente competitivo e de mudanças contínuas e imprevisíveis nas preferências dos clientes, condições de mercado e oportunidades de negócios.

Compilador Programa que traduz uma linguagem de programação de alto nível em um programa de linguagem de máquina.

Computação para grupos Membros de um grupo de trabalho podem utilizar ferramentas para grupos *(groupware)* para comunicar, coordenar, colaborar e compartilhar o uso de *hardware*, *software* e banco de dados para cumprir tarefas atribuídas para o grupo.

Computador Dispositivo que tem a habilidade de aceitar dados, armazenar internamente e executar um programa de instruções, executar cálculos matemáticos, lógicos e operações de manipulação nos dados e apresentar os resultados.

Computador analógico Computador que opera dados medindo mudanças em variáveis físicas contínuas, tais como tensão elétrica, resistência e rotação. Compare com "Computador digital".

Computador central Um grande computador central que executa as principais tarefas de processamento de dados em uma rede de computadores.

Computador com conjunto de instruções reduzidas (*reduced instruction set computer* – RISC) Arquitetura de CPU que otimiza a velocidade de processamento por meio do uso de um número menor de instruções de máquina básicas, diferente dos projetos tradicionais de CPU.

Computador de médio porte Categoria de computador entre os microcomputadores e os *mainframes*. Exemplos incluem minicomputadores, servidores em rede e estações de trabalho.

Computador de uso específico Computador projetado para manipular uma classe restrita de problemas. Compare com "Computador de uso geral".

Computador de uso geral Computador projetado para manipular uma ampla variedade de problemas. Compare com "Computador de uso específico".

Computador digital Computador que opera com dados digitais executando operações aritméticas e lógicas. Compare com "Computador analógico".

Computadores baseados em caneta (*pen-based computers*) Microcomputadores na forma de cadernos que reconhecem a escrita e os desenhos manuais feitos com um dispositivo no formato de caneta em uma tela sensível à pressão.

Comunidade virtual Grupo de pessoas com interesses similares que se reúnem e compartilham ideias na internet e em serviços *on-line*, e desenvolvem um sentimento de pertencer a uma comunidade.

Comutação de pacotes Processo de transmissão de dados que transmite pacotes endereçados de tal forma a ocupar um canal somente pelo tempo da transmissão do pacote.

Comutador de ramais internos (*Private Branch Exchange* – PBX) Dispositivo comutador que atua como uma interface entre as várias linhas telefônicas dentro de uma área de trabalho e as linhas de telefones principais do provedor de serviços de telefonia local. PBX computadorizados podem manipular a comutação simultânea de voz e dados.

Conectividade Grau de facilidade com que um *hardware*, um *software* e um banco de dados podem ser integrados em uma rede de telecomunicações.

Conferência de dados Usuários em uma rede de PCs podem ver e efetuar anotações, revisar e salvar alterações em um quadro branco com desenhos, documentos e outros materiais compartilhados.

Conferência de voz Conversa telefônica compartilhada entre vários participantes por meio de aparelhos de telefone ou PCs em rede com *software* de telefone para internet.

Conhecimento baseado em *frame* Conhecimento representado na forma de uma hierarquia ou rede de *frames*.

Conhecimento baseado em objeto Conhecimento representado como uma rede de objetos.

Conhecimento baseado em regras Conhecimento representado na forma de regras e declarações de fatos.

Consultas "*ad hoc*" Solicitação de informação para uma situação específica única, não programada.

Controladora de telecomunicações Dispositivo de interface de comunicação de dados (frequentemente um míni ou microcomputador de propósito específico) que pode controlar uma rede de telecomunicações com muitos terminais.

Controle (1) Componentes de sistemas que avaliam reações para determinar se o sistema está seguindo rumo aos seus objetivos e então faz qualquer ajuste necessário na entrada e nos componentes de processamento do sistema para garantir que a saída esperada seja produzida. (2) Função de gerenciamento que envolve a observação e mensuração do desempenho organizacional e atividades ambientais, e modifica os planos e as atividades da organização quando necessário.

Controle biométrico Método de segurança baseado em computador que mede traços e características físicas, tais como impressão digital, voz e retina.

Controle de processo Uso de computador para controlar um processo em andamento, como a produção de uma petroquímica.

Controle de qualidade Métodos para assegurar que os sistemas de informação estão livres de erro e fraude, e melhorar os produtos de informação de alta qualidade.

Controle numérico Controle automático de um processo de uma máquina por um computador que faz uso de dados numéricos, geralmente introduzidos durante a operação da máquina. Também chamado de controle de máquina.

Conversão Processamento no qual *hardware*, *software*, pessoas, rede e recursos de dados de um sistema de informação antigo precisam ser convertidos para as necessidades de um novo sistema de informação. Usualmente isso envolve um processo de conversão paralelo, em fases, com teste piloto ou direto do antigo para o novo sistema.

Conversão de dados Conversão de dados em novos formatos necessários por uma nova aplicação nos negócios e seus *softwares* e banco de dados. Também inclui correção de dados incorretos, filtro de dados indesejados e consolidação de dados em um novo banco de dados e em outros subconjuntos de dados.

Correio de voz Mensagens de chamadas telefônicas não atendidas são digitalizadas, armazenadas e reproduzidas para o destinatário por um computador de mensagens de voz.

Correio eletrônico (*e-mail*) Envio e recebimento de mensagens de texto entre PCs em rede por redes de telecomunicações. Um correio eletrônico pode incluir arquivos de dados, *software*, mensagens multimídia e documentos anexados.

Crime em informática Ação criminal efetuada com o uso de sistemas de computador, especialmente com a intenção de fraudar, destruir ou fazer uso não autorizado de recursos de sistemas de computador.

Criptografar Embaralhar dados ou convertê-los, antes de uma transmissão, em um código secreto que mascara o significado dos dados para receptores não autorizados. Similar a cifrar.

Cursor Ponto de luz móvel mostrado nas telas de vídeo para auxiliar o usuário na entrada de dados.

Custo da troca Custo de tempo, dinheiro, esforço e inconveniência que seria gerado para um cliente ou fornecedor passar a negociar com um concorrente do seu negócio.

Dados Fatos ou observações sobre fenômenos físicos ou transações de negócios. Mais especificamente, dados são medidas objetivas de atributos (características) de entidades, tais como pessoas, lugares, coisas e eventos.

Data mining Utilização de *software* de propósito específico para analisar dados de um depósito de dados (*data warehouse*) para encontrar padrões ocultos e tendências.

Debug Detecção, localização e remoção de erros de um programa ou má funcionalidade de um computador.

Decisão programada Decisão que pode ser automatizada apoiando-se em uma regra de decisão que destaca os passos a tomar quando confrontada com uma necessidade específica de decisão.

Decisão tomada em grupo Decisão tomada por um grupo de pessoas que entram em acordo para uma determinada questão.

Decisões estruturadas Decisões que são estruturadas por meio de procedimentos de decisões ou regras de decisões desenvolvidos para elas. Envolvem situações nas quais os procedimentos a ser adotados, quando uma decisão é necessária, podem ser especificados com antecedência.

Decisões não estruturadas Decisões que precisam ser tomadas em situações nas quais não é possível especificar antecipadamente a maioria dos procedimentos de decisão a seguir.

Decisões semiestruturadas Decisões que envolvem procedimentos que podem ser parcialmente pré-especificados, mas não o suficiente para conduzir para uma recomendação de decisão definitiva.

Depósito de dados (*data warehouse*) Coleta integrada de dados extraídos de bancos de dados operacionais, históricos e externos, que são limpos, transformados e catalogados para recuperação e análise (*data mining*), para fornecer inteligência de negócios para os tomadores de decisão de um negócio.

Desenho do processo Desenho dos programas e procedimentos necessários para um sistema de informações proposto, incluindo especificações detalhadas dos programas e procedimentos.

Desenho lógico de dados Desenvolvimento de especificações gerais de como as atividades básicas dos sistemas de informação podem atender às necessidades dos usuários.

Desenvolvimento de aplicação Ver "Desenvolvimento de sistemas".

Desenvolvimento de sistemas (1) Concepção, projeto e implementação de um sistema. (2) Desenvolvimento de um sistema de informação por meio de um processo de investigação, análise, projeto, implementação e manutenção. Também chamado de ciclo de vida do desenvolvimento de sistemas, desenvolvimento de sistemas de informação ou desenvolvimento de aplicações.

Desenvolvimento de sistemas de informação Ver "Desenvolvimento de Sistemas".

Desktop publishing Utilização de microcomputadores, impressoras a *laser* e *software* de edição de páginas para produzir uma variedade de materiais impressos que no passado eram produzidos apenas por profissionais de gráficas.

Diagrama de entidade/relacionamento (*entity relationship diagram* – ERD) Ferramenta de planejamento de dados e sistema de desenvolvimento de diagramas que modela a relação entre as entidades de um processo de negócios.

Diagrama de fluxo de dados Ferramenta gráfica para diagramação que utiliza alguns poucos símbolos para ilustrar o fluxo de dados entre entidades externas, o processamento de atividades e elementos de armazenamento de dados.

Dicionário de dados Módulo de *software* e banco de dados que contém descrições e definições relacionadas a estrutura, elementos de dados, inter-relacionamentos e outras características de um banco de dados.

Digitalizador Dispositivo que é utilizado para converter desenhos e outras imagens gráficas que estão em papel, ou outros materiais, em dados digitais que são colocados em um sistema de computador.

Dígito de verificação Dígito em um campo de dados que é utilizado para verificar erros ou perda de caracteres no campo de dados como resultado de operações de transferência.

Disco flexível (*floppy disk*) Pequeno disco plástico coberto com óxido de ferro, que lembra um disco pequeno de vinil antigo, inserido em um envelope de proteção. É uma forma de disco magnético amplamente utilizada que fornece uma capacidade de armazenagem de acesso direto para sistemas de microcomputadores.

Disco magnético Disco circular plano com uma superfície magnética, na qual dados podem ser armazenados por meio da magnetização seletiva de porções de superfície curva.

Discos ópticos Meio secundário de armazenamento que utiliza tecnologias de CD (*compact disk*) e DVD (*digital versatile disk*) para ler minúsculos pontos em um disco plástico. Os discos atuais são capazes de armazenar bilhões de caracteres de informação.

Display de cristal líquido (*liquid crystal display* – LCD) Display visual eletrônico que monta caracteres por meio da aplicação de uma carga elétrica a determinados cristais de silício.

Display de plasma Dispositivo de saída que gera uma imagem por meio de partículas de gás eletricamente carregadas e contidas entre lâminas de vidro.

Dispositivo de armazenamento de acesso direto Dispositivo de armazenamento que pode acessar diretamente dados a serem armazenados ou recuperados, como uma unidade de disco magnético.

Dispositivo periférico Em um sistema de computador, qualquer unidade de equipamento, diferente da unidade central de processamento, que fornece ao sistema capacidades de entrada, saída ou armazenamento.

Dispositivos apontadores Dispositivos que permitem aos usuários finais emitir comandos ou fazer escolhas por meio do deslocamento de um cursor em uma tela de vídeo.

Dispositivos de informação Pequenos dispositivos de microcomputador habilitados pela web com funções especializadas, como PDAs, STBs para TV, consoles de videogame, telefones celulares e PCS, dispositivos de telefone com fio e outros dispositivos caseiros habilitados pela web.

Documentação Conjunto de documentos ou informações que descreve um programa de computador, sistemas de informação ou operações de processamento de dados necessárias.

Documento (1) Meio no qual os dados são gravados para utilização humana, como um relatório ou uma fatura. (2) Termo genérico para material cujo conteúdo seja texto, como cartas, memorandos, relatórios etc.

Documento da transação Documento produzido como parte de uma transação de negócio. Por exemplo, um pedido de compra, um cheque, um recibo de vendas ou um boleto.

Documento de retorno Saída de um sistema de computador (como boleto de cobrança) que é feito para retornar para a organização como entrada legível por máquina.

Documento-fonte Formato original do registro de uma transação, como um pedido de compras ou uma fatura de vendas.

Downsizing Movimento em direção a uma plataforma de computador menor, como ir dos sistemas de *mainframe* para redes de computadores pessoais e servidores.

Downtime **(tempo de parada)** Intervalo de tempo em que um dispositivo está com mau funcionamento ou inoperante.

Duplex Em comunicações, diz respeito à transmissão e à recepção simultâneas, por dois caminhos independentes.

E-commerce Compra e venda, promoção e serviços e entrega e pagamento de produtos, serviços, e informação por internet, intranet, extranet e outras redes, entre uma empresa na rede e seus clientes potenciais, clientes atuais, fornecedores e outros parceiros de negócio. Inclui negócios empresa-consumidor (B2C – *business-to-consumer*), empresa-empresa (B2B – *business-to-business*) e consumidor-consumidor (C2C – *consumer-to-consumer*).

EBCDIC: *Extended binary coded decimal interchange code* Código de oito bits que é amplamente utilizado por computadores *mainframe*.

Echo check Método de verificar a precisão da transmissão de dados no qual os dados recebidos são devolvidos ao dispositivo emissor para comparação com os dados originais.

EDI: *electronic data interchange* **(Troca eletrônica de dados)** Troca eletrônica e automática de documentos de negócios entre computadores de organizações diferentes.

Editar Modificar a forma ou o formato dos dados. Por exemplo, adicionar ou apagar caracteres, como número de páginas ou pontos decimais.

Editoração na web Criação, conversão e armazenamento de *hiperlinks* de documentos e outros materiais em servidores web na internet ou intranet, de forma a compartilhá-los facilmente por meio de navegadores web entre grupos, departamentos ou toda a empresa.

Elementos lógicos de dados Elementos de dados que são independentes do meio físico dos dados no qual são gravados.

Empresa global Um negócio que é direcionado por uma estratégia global de tal forma que todas as suas atividades sejam planejadas e implementadas no contexto de um sistema mundial.

Empresa virtual Tipo de organização que usa redes de telecomunicações e outras tecnologias da informação para conectar pessoas, ativos e ideias de vários parceiros de negócios, não importando onde possam estar, com o intuito de explorar uma oportunidade de negócio.

Emulação Imitar um sistema com outro de tal forma que o sistema que está imitando aceite os mesmos dados, execute os mesmos programas e obtenha os mesmos resultados que o sistema imitado.

Encadeamento progressivo Estratégia de inferência que chega a uma conclusão por meio da aplicação de regras aos fatos para determinar se algum fato satisfaz uma condição de uma regra em uma situação particular.

Encadeamento regressivo (*backward-chaining*) Processo de inferência que justifica uma conclusão proposta que determina se será obtido um resultado quando regras forem aplicadas aos fatos em determinada situação.

Engenharia apoiada por computador (*computer-aided engineering* – **CAE**) Uso de computador para simular, analisar e avaliar projetos de produtos e o desenvolvimento de processos de produção utilizando métodos de CAD.

Engenharia de sistemas apoiada por computador (*computer-aided systems engineering* – **CASE**) Utilização de pacotes de *software* para executar e automatizar muitas das atividades de desenvolvimento de sistemas de informação, incluindo desenvolvimento de *software* ou programação.

Engenharia de *software* apoiada por computador (*computer-aided software engineering* – **CASE**) Similar à Engenharia de Sistemas Apoiada por Computador, mas com ênfase na importância do desenvolvimento de *software*.

Engenheiro do conhecimento Trabalha com outros especialistas para capturar o conhecimento que eles possuem a fim de desenvolver uma base de conhecimento para sistemas especialistas e outros sistemas baseados em conhecimento.

Entrada Relacionada a um dispositivo, processo ou canal envolvido na inserção de dados em um sistema de processamento de dados. O oposto de saída.

Entrada de dados Processo de converter dados em uma forma adequada para entrada em um sistema de computador. Também conhecida como captura ou preparação de dados.

Entrada remota de tarefas (*remote job entry* – **RJE**) Entrada de tarefas em um sistema de processamento em lote de um local remoto.

Entrada/saída Relaciona-se à entrada, à saída ou a ambas.

Entrada/saída direta Métodos, como teclado de entrada, entrada/saída de voz e telas de vídeo, que permitem a entrada ou saída de dados de um sistema de computador sem o uso de meios de leitura por máquina.

Entropia Tendência de um sistema de perder o estado relativamente estável de equilíbrio.

Ergonomia Ciência e tecnologia que enfatiza a segurança, o conforto e o fácil uso de máquinas operadas pelo homem, como os computadores. O objetivo da ergonomia é produzir sistemas que sejam agradáveis, seguros, confortáveis e de fácil utilização. Ergonomia também é chamada de engenharia dos fatores humanos.

Escalabilidade Habilidade do *hardware* ou *software* de manipular a demanda de processamento de uma ampla faixa de usuários finais, transações, requisições e outras necessidades de processamento de informações.

Especialista em sistemas de informação Pessoa cuja ocupação está relacionada ao fornecimento de serviços de informação. Por exemplo, analista de sistema, programador ou operador de computador.

Especificações de sistemas Produto da fase de projeto de sistemas. Consiste em especificações de *hardware*, *software*, instalações físicas, pessoal, banco de dados e interface de usuário de um sistema de informação proposto.

Esquema Conceito geral ou visão lógica dos relacionamentos entre os dados em um banco de dados.

ESS *(Executive Support System* – **Sistema de Suporte Executivo)** É um EIS com capacidades adicionais, que incluem análise de dados, apoio à decisão, correio eletrônico e ferramentas de produtividade.

Estação de trabalho (1) Sistema de computador projetado para apoiar o trabalho de uma pessoa. (2) Computador potente para uso no trabalho de profissionais de engenharia, ciência e outras áreas que necessitam de alto poder computacional e capacidade gráfica.

Estado sólido Relacionado a dispositivos, como os transistores e diodos, cuja operação depende do controle de fenômenos elétricos e magnéticos em materiais sólidos.

Estilo cognitivo Modelo básico de como as pessoas manipulam informações e confrontam problemas.

Estratégia transnacional Abordagem gerencial na qual uma organização integra suas atividades globais de negócios por meio de cooperação e interdependência entre matriz, operações e subsidiárias internacionais e pelo uso de tecnologias de informações globais apropriadas.

Estratégias competitivas Uma empresa pode desenvolver estratégias para obter liderança em custos, diferenciação de produto e inovação nos negócios para enfrentar as forças competitivas.

Estrutura de dados em rede Estrutura lógica de dados que permite relações muitos-para-muitos entre registros de dados. Permite a entrada em um banco de dados em múltiplos pontos, porque qualquer elemento ou registro pode ser relacionado a muitos outros.

Estrutura de dados relacional Estrutura lógica de dados na qual todos os elementos contidos no banco de dados são vistos como sendo armazenados na forma de tabelas simples. Os pacotes de sistemas de gerenciamento de banco de dados (SGBD) baseados no modelo relacional podem conectar elementos de várias tabelas, uma vez que estas compartilham elementos de dados comuns.

Estrutura de programação Técnica de projeto e documentação que apresenta o propósito e a relação dos vários módulos de um programa.

Estrutura hierárquica de dados Estrutura lógica de dados na qual a relação entre os registros forma uma hierarquia ou uma estrutura em árvore. A relação entre os registros é um-para-muitos, uma vez que cada elemento de dado está relacionado somente com um elemento acima dele.

Estrutura multidimensional Modelo de banco de dados que utiliza estruturas muldimensionais (como cubos ou cubos dentro de cubos) para armazenar dados e relacionamentos entre dados.

Estudo de viabilidade Estudo preliminar que investiga as necessidades de informação do usuário final e objetivos, restrições, necessidades básicas de recursos, custo/benefícios e viabilidade dos projetos propostos.

Ética em informática Sistema de princípios que governam as responsabilidades legais, profissionais, sociais e morais de um especialista em informática e de usuários finais.

Ética nos negócios Área da filosofia interessada no desenvolvimento de princípios éticos e na promoção do comportamento e práticas éticas na realização de tarefas nos negócios e nas tomadas de decisão.

Extranet Rede que interliga recursos selecionados de uma empresa com seus clientes, fornecedores e outros parceiros de negócio, utilizando a internet ou redes privadas para interligar as intranets das organizações.

Fabricante de equipamentos compatíveis (*plug-compatible manufacturer* – **PCM)** Empresa que fabrica equipamentos de computador que podem ser conectados em sistemas de computadores existentes sem necessitar de interfaces de *hardware* e *software* adicionais.

Fabricante original de equipamento (*original equipment manufacturer* – **OEM)** Empresa que fabrica e vende computadores por meio da montagem de componentes produzidos por outros fabricantes de *hardware*.

Fatores críticos de sucesso Pequeno número de fatores-chave que executivos consideram críticos para o sucesso de empresa. Trata-se de áreas-chave nas quais um desempenho de sucesso garantirá o sucesso da organização e o alcance de seus objetivos.

Fatores humanos Capacidades de *hardware* e *software* que podem afetar o conforto, a segurança, a facilidade de uso e a personalização pelo usuário de sistemas de informação baseados em computador.

Fax (fac-símile) Transmissão e recepção de imagens de documentos por meio de redes telefônicas ou de computadores utilizando PCs ou máquinas de fax.

Feedback (1) Dado ou informação relacionados aos componentes e à operação de um sistema. (2) Utilização de parte da saída de um sistema como entrada para o sistema.

Ferramentas de comunicação eletrônica *Software* que auxilia na comunicação e colaboração com outros por meio do envio eletrônico de mensagens, documentos e arquivos de dados, texto, voz ou multimídia por internet, intranets, extranets e outras redes de computadores.

Ferramentas de conferência eletrônica *Software* que auxilia usuários de computadores em rede a compartilhar informação e colaborar enquanto trabalham em tarefas conjuntas, não importando onde eles estejam localizados.

Ferramentas de desenvolvimento de sistemas Ferramentas gráficas, textuais e apoiadas por computador e técnicas utilizadas para ajudar na análise, no projeto e na documentação do desenvolvimento de um sistema de informação. São utilizadas para representar (1) os componentes e fluxos de um sistema, (2) a interface de usuário, (3) atributos e relações dos dados e (4) detalhamento dos processos de sistemas.

Ferramentas de gerenciamento de colaboração *Software* que auxilia as pessoas a cumprir ou gerenciar atividades conjuntas.

Ferramentas de programação Pacote de *software* ou módulos que fornecem capacidades de edição e diagnóstico, e outras facilidades para auxiliar o processo de programação.

Fibra óptica Tecnologia que utiliza cabos que consistem em filamentos muito finos de fibra de vidro que podem conduzir a luz gerada por laser para serviços de telecomunicação de alta velocidade.

Fidelização de clientes e fornecedores Construção de relacionamento de valor com clientes e fornecedores para dissuadi-los da ideia de ir para a concorrência ou intimidá-los a aceitar relações menos lucrativas.

Fila (1) Fila de espera constituída por itens em um sistema de espera pelo serviço. (2) Arranjar-se em uma ou formar uma fila.

Firewall Computadores, processadores de comunicações e *software* que protegem redes de computadores de invasão por meio do filtro de todo o tráfego da rede, e atuando como um ponto de transferência seguro para o acesso de entrada e saída para outras redes.

Firmware Utilização de circuitos de memória microprogramada apenas de leitura no lugar de circuitos lógicos programados em *hardware*. Ver também "Microprogramação".

Fita magnética Fita plástica com uma superfície magnética na qual dados podem ser armazenados por meio da magnetização seletiva de porções da superfície.

Flutuação da informação Tempo em que um documento está em trânsito entre o remetente e o destinatário, e, dessa forma, indisponível para qualquer ação ou resposta.

Fluxo de dados transnacionais Fluxo de dados de negócios em redes de telecomunicações pelas fronteiras internacionais.

Fluxograma Representação gráfica na qual símbolos são utilizados para representar operações, dados, fluxos, lógica, equipamentos etc. O fluxograma de um programa ilustra a estrutura e a sequência de operações de um programa, enquanto o de um sistema ilustra os componentes e fluxos dos sistemas de informação.

Forças competitivas Uma empresa deve confrontar (1) rivalidade da competição dentro do seu mercado, (2) ameaças de novos concorrentes entrando em seu mercado, (3) ameaças de novos substitutos de seus produtos, (4) poder de negociação dos clientes e (5) poder de negociação dos fornecedores.

Formatação Arranjo dos dados em um meio.

Fortran: (FORmula TRANslation) Linguagem de programação de alto nível amplamente utilizada para desenvolver programas de computador que executam cálculos matemáticos para aplicações científicas, de engenharia e algumas aplicações nos negócios.

Fórum de discussões Plataforma de rede de discussões em tempo real que encoraja e gerencia discussões com texto em tempo real por um período entre membros de grupos de interesse comum ou grupos de projetos.

Frame Conjunto de conhecimento sobre uma entidade ou outro conceito, que consiste em um pacote complexo com vários compartimentos, isto é, valores de dados que descrevem as características ou os atributos de uma entidade.

Gerações de computadores Principais estágios no desenvolvimento histórico da computação.

Gerador de aplicativo Pacote de *software* que apoia o desenvolvimento de um aplicativo por meio de diálogo terminal interativo, onde o programador/analista define telas, relatórios, cálculos e estruturas de dados.

Gerador de relatórios Característica de pacotes de sistema de gerenciamento de banco de dados que permite a um usuário final rapidamente especificar um formato de relatório para apresentação de informação recuperada de um banco de dados.

Gerador DSS Pacote de *software* para sistema de apoio à decisão que contém módulos para banco de dados, modelos e gerenciamento de diálogos.

Gerar Produzir um programa em linguagem de máquina para executar uma tarefa específica de processamento de dados baseada em parâmetros fornecidos por um programador ou usuário.

Gerenciamento da tecnologia da informação Gerenciamento das tecnologias de informação por meio de (1) desenvolvimento e implementação de estratégias de negócios e de TI por executivos de negócios e de TI, (2) gerenciamento da pesquisa e implementação de novas aplicações nos negócios, e (3) gerenciamento dos processos de TI, profissionais, subunidades e infraestrutura dentro de uma empresa.

Gerenciamento da tecnologia global de *e-business* Gerenciamento da tecnologia da informação em uma empresa global de *e-Business* (negócio eletrônico), considerando os desafios culturais, políticos e geoeconômicos envolvidos no desenvolvimento de estratégias de negócio eletrônico/TI, conjunto de aplicações em *e-business* e *e-commerce* globais, plataformas tecnológicas baseadas em internet e políticas de gerenciamento dos recursos de dados globais.

Gerenciamento das instalações físicas Utilização de uma organização externa de serviços para operar e gerenciar as instalações físicas onde ocorre o processamento de informações de uma organização.

Gerenciamento de arquivos Controle de criar, apagar, acessar e utilizar arquivos de dados e de programas.

Gerenciamento de capacidade Uso de método de planejamento e controle para prever e controlar informação de cargas de processamento de *jobs*, uso de *hardware* e *software* e outras necessidades de recursos do sistema de computador.

Gerenciamento de dados Funções de programas de controle que permitem acessar os conjuntos de dados, forçar as rotinas de armazenamento e regular o uso dos dispositivos de entrada/saída.

Gerenciamento de mudança Gerenciamento do processo de implementação das principais mudanças na tecnologia da informação, em processos de negócios, estruturas organizacionais e atribuição de tarefas para reduzir riscos e custos da mudança e otimizar seus benefícios.

Gerenciamento de projeto Gerenciamento da execução de um projeto de desenvolvimento de sistemas de acordo com um plano preestabelecido, a fim de que o projeto seja completado no tempo e no orçamento planejados e que atenda aos objetivos propostos.

Gerenciamento de recursos de dados Atividade gerencial que aplica tecnologia de sistemas de informação e ferramentas de gerenciamento para a tarefa de gerenciar os recursos de dados da organização. Seus três principais componentes são administração de banco de dados, administração de dados e planejamento de dados.

Gerenciamento de recursos Função do sistema operacional que controla o uso dos recursos de um sistema de computador, como armazenamento primário, armazenamento secundário, processamento de tempo da CPU e dispositivos de entrada/saída por outros *software* de sistemas e pacotes de *software* de aplicação.

Gerenciamento de segurança Proteção da exatidão, integridade e segurança de processos e recursos de um negócio eletrônico de uma empresa contra crimes de informática, destruição acidental ou maliciosa e desastres naturais utilizando medidas de segurança, como criptografia, *firewalls*, *software* antivírus, computadores tolerantes a falha e monitores de segurança.

Gerenciamento de tarefas Função básica do sistema operacional que gerencia a execução de tarefas de computador dos usuários por meio de um sistema de computador.

Gerenciamento de tarefas e projetos Gerenciamento de equipes e grupos de trabalho por meio de agendamento, acompanhamento e mapeamento do *status* de execução das tarefas em um projeto.

Gerenciamento de tecnologia Responsabilidade organizacional de identificar, introduzir e monitorar a assimilação de novas tecnologias de sistemas de informação dentro das organizações.

Gerenciamento dos recursos de informação Conceito de gerenciamento que considera dados, informações e recursos de computadores (*hardware*, *software*, redes e pessoal) como recursos de valor que devem ser gerenciados eficiente, econômica e efetivamente para o benefício de toda a organização.

Gerenciamento eletrônico de documentos (GED) Tecnologia de processamento de imagens na qual um documento eletrônico pode ser composto de anotações de voz digitalizadas e imagens gráficas eletrônicas, bem como imagens digitalizadas de documentos tradicionais.

Gestão da cadeia de suprimentos (*supply chain management*) Integração de práticas de gerenciamento e tecnologia da informação para otimizar o fluxo de informação e produto entre os processos e parceiros de negócios dentro de uma cadeia de suprimentos.

Gestão de qualidade total Planejamento e implementação de programas de melhoria contínua da qualidade, nos quais qualidade é definida como o resultado ou a superação das necessidades e expectativas dos clientes quanto a um produto ou serviço.

Gestão do conhecimento Organização e compartilhamento das várias formas de informação de negócios criada dentro de uma organização. Inclui gerenciamento de projetos e biblioteca de documentos empresariais, banco de dados de discussão, banco de dados em *sites* web de intranets e outros tipos de base de conhecimentos.

Gestão do relacionamento com o cliente (*Customer relationship management* – CRM) Aplicação interfuncional para negócio eletrônico que integra e automatiza muitos dos processos de atendimento ao cliente em vendas, *marketing* direto, contabilidade e outros serviços de apoio e gerenciamento do cliente.

Gigabyte Um bilhão de *bytes*. Mais precisamente, 2 elevado à 30ª potência, ou 1.073.741.824 em notação decimal.

Gigo Sigla de *garbage in*, *garbage out* (lixo entrando, lixo saindo), que enfatiza que os sistemas de informação produzirão saídas erradas e inválidas quando alimentados com dados ou instruções errados ou inválidos.

Globalização Tornar-se uma empresa global pela expansão para mercados globais, utilizando unidades de produção globais, constituindo alianças com parceiros globais etc.

Gráficos Relacionados à entrada ou saída simbólica de um sistema de computador, utilizando monitores de vídeo ou impressoras e *plotters*.

Gráficos de computador Utilização de imagens geradas por computador para analisar e interpretar dados, apresentar informação e fazer desenhos e arte apoiados por computador.

Groupware *Software* que apoia e melhora a comunicação, coordenação e colaboração entre grupos que estejam em rede, incluindo ferramentas de *software* para comunicações eletrônicas, conferências eletrônicas e gerenciamento do trabalho cooperado.

Grupo virtual Grupo cujos membros utilizam internet, intranet, extranet e outras redes para comunicação, coordenação e colaboração entre eles em tarefa e projeto, mesmo que estejam trabalhando em localizações geográficas diferentes e para organizações diferentes.

Hacking (1) Uso obsessivo do computador. (2) Acesso e uso não autorizados de sistemas de computador.

Handshaking Troca de sinais predeterminados quando uma conexão é estabelecida entre dois terminais de comunicações.

Hard copy Meio de dados ou registro de dados que tem um grau de durabilidade e que pode ser lido por pessoas ou máquinas.

Hardware (1) Máquinas e meios. (2) Equipamento físico, o oposto aos programas de computador e métodos de uso. (3) Dispositivos mecânicos, magnéticos, elétricos, eletrônicos ou ópticos. Compare com "*Software*".

Hardware **de entrada/saída** Dispositivos, como portas E/S, barramentos E/S, canais e unidades de controle de entrada/saída, que auxiliam a CPU em suas tarefas de entrada/saída. Esses dispositivos permitem que os modernos sistemas de computadores executem funções de entrada, saída e processamento simultaneamente.

Hash total Soma dos números em um campo de dados que normalmente não são adicionados, como números de conta ou de identificação. É utilizado como um total de controle, especialmente durante operações de entrada/saída de sistemas de processamento em lote.

Header label Registro legível no início de um arquivo que contém dados para identificação e controle do arquivo.

Heurística Relacionada ao método exploratório de resolução de problemas no qual as soluções são encontradas por meio da avaliação do progresso efetuado para o resultado final. Trata-se de uma abordagem exploratória de tentativa e erro orientada por princípios básicos. É o oposto de algoritmo.

Hipermídia Documentos que contêm múltiplas formas de meio, incluindo textos, gráficos, vídeo e som, que podem ser pesquisados interativamente, como hipertexto.

Hipertexto Texto na forma eletrônica que foi indexado e conectado (*hyperlinks*) por um *software* de várias formas de modo que possa ser pesquisado de forma aleatória e interativa por um usuário.

Homeostase Estado de equilíbrio relativamente estável de um sistema.

Hypertext markup language **(HTML)** Linguagem popular para descrição de páginas utilizada para criar documentos hipertexto e hipermídia para servidores web na internet e em intranets.

Ícone Pequena figura em um monitor de vídeo que se parece com elementos ou dispositivos de um escritório, como arquivo de pastas (para armazenamento de um arquivo) ou uma lixeira (para apagar um arquivo).

Implementação de sistemas Estágio do desenvolvimento de sistemas no qual *hardware* e *software* são adquiridos, desenvolvidos e instalados, o sistema é testado e documentado; pessoas são treinadas para operar e usar o sistema e uma organização passa a usar o novo sistema desenvolvido.

Impressora de impacto Impressora que constrói imagens em um papel por meio do pressionamento de um elemento de impressão e fita entintada ou tambor contra uma folha de papel.

Indexado sequencial Método de organização de dados no qual os registros são organizados em uma ordem sequencial e também indicados por um índice. Quando utilizado com dispositivos de acesso direto a arquivos, ele é conhecido como método de acesso com índice sequencial.

Índice Lista ordenada de referência do conteúdo de um arquivo ou documento em conjunto com chaves ou anotações referências para a identificação ou localização de conteúdos.

Indústria de informática Indústria composta de empresas que fornecem *hardware*, *software* e serviços para computadores.

Infomediários Empresas que atuam como intermediárias para juntar compradores e vendedores por meio do desenvolvimento de catálogo eletrônico, mercados de troca e leilões para conseguir transações de *e-commerce*.

Informação Um dado colocado em um contexto útil e com significado para um usuário final.

Infovia Rede de alta velocidade, como a internet, que conecta indivíduos, aparelhos domésticos, empresas, agências de governo, bibliotecas, escolas, universidades e outras instituições por meio de voz, vídeo, dados e comunicações multimídia.

Instrução apoiada por computador (*Computer-assisted instruction* – CAI) Uso de computadores para executar treinamento, praticar exercícios e fornecer tutoriais sequenciais para estudantes.

Instruções Agrupamento de caracteres que especificam uma operação de computador a ser executada.

Instruções macro Instrução em uma linguagem-fonte que é equivalente a uma sequência específica de instruções de máquina.

Integração de aplicações empresariais (*enterprise application integration* – EAI) Aplicação interfuncional de negócio eletrônico para integrar aplicações da linha de frente de um escritório, como a gestão do relacionamento com o cliente, com as aplicações de apoio, como um sistema integrado de gestão.

Integração em larga escala (*large scale integration* – LSI) Método de construção de circuitos eletrônicos no qual milhares de circuitos podem ser colocados em um único chip semicondutor.

Integração em muito alta escala (*very-large-scale integration* – VLSI) Pastilha semicondutora que contém centenas ou milhares de circuitos.

Inteligência artificial (IA) Ciência e tecnologia cujo objetivo é desenvolver computadores que possam pensar, bem como ver, ouvir, falar e sentir. O principal motivador para isso é o desenvolvimento de funções de computador normalmente associadas à inteligência humana, como raciocínio, inferência, aprendizagem e resolução de problemas.

Inteligência de negócios (*Business intelligence* – BI) Expressão principalmente utilizada na indústria e que incorpora uma série de aplicações de apoio à análise e decisão nos negócios, incluindo *data mining*, sistemas de apoio à decisão, sistemas de gestão de conhecimento e processamento analítico em tempo real.

Interface Fronteira compartilhada, como a fronteira entre dois sistemas. Por exemplo, a fronteira entre um computador e seus dispositivos periféricos.

Interface amigável Característica de equipamentos operados por pessoas que os torna seguros, confortáveis e fáceis de usar.

Interface gráfica do usuário Interface de *software* que utiliza ícones, barras, botões, quadros e outras imagens para iniciar tarefas baseadas em computador para os usuários.

Internet A internet é uma rede de computadores, em rápido crescimento, de milhões de redes de empresas, escolas e governos que conectam centenas de milhões de computadores e seus usuários em cerca de 200 países.

Internetworks Redes locais (LANs) e redes remotas (WANs) interconectadas.

Interoperabilidade Capacidade de executar aplicações do usuário final utilizando diferentes tipos de sistemas de computadores, sistemas operacionais e *software* de aplicação, interconectados por diferentes tipos de redes locais e remotas.

Interpretador Programa de computador que traduz e executa cada declaração de uma linguagem-fonte antes de traduzir e executar a próxima.

Interrupção Condição que causa uma interrupção em uma operação de processamento durante a qual outra tarefa é executada. Na conclusão dessa nova tarefa, o controle pode ser transferido de volta ao ponto no qual a operação original de processamento foi interrompida ou para outras tarefas de maior prioridade.

Intranet Rede interna de uma empresa que utiliza as tecnologias da internet. O *software* navegador web fornece fácil acesso aos *sites* da web internos montados por unidades de negócios, grupos ou indivíduos e outros recursos e aplicações de rede.

Investigação de sistemas Classificação, seleção e estudo preliminar de uma proposta de solução de um sistema de informação para um problema de negócio.

Iterativo Relacionado à execução repetida de uma série de etapas.

Janela Seção em uma tela de um monitor de vídeo de múltiplas seções de um computador. Cada seção pode conter informações diferentes umas das outras.

Java Linguagem de programação orientada a objeto desenvolvida para a programação de aplicações em tempo real, interativas e baseadas na web, na forma de *applets* para uso em clientes e servidores na internet, em intranets e extranets.

Job control language **(JCL)** Linguagem para comunicação com o sistema operacional de um computador para identificar um *job* e descrever seus pré-requisitos.

Job Grupo especificado de tarefas identificadas como uma unidade de trabalho para um computador.

Joystick Pequeno conjunto de alavanca em uma caixa utilizada para movimentar o cursor na tela de vídeo de um computador.

K Abreviação para o prefixo "quilo", que representa 1.000 no sistema numérico decimal. Quando se refere à capacidade de armazenamento, é equivalente a 2 elevado à 10ª potência, ou 1.024 em notação decimal.

Largura de banda Faixa de frequência de um canal de telecomunicação, a qual determina sua taxa máxima de transmissão. A velocidade e a capacidade das taxas de transmissão de dados normalmente são medidas em bits por segundo (bps). A largura de banda é uma função do *hardware*, *software* e dos meios de telecomunicação utilizados pelos canais de telecomunicações.

Light pen Dispositivo fotoeletrônico que permite que dados sejam inseridos ou alterados quando alguém toca o monitor de vídeo de um computador.

Linguagem de alto nível Linguagem de programação que utiliza macroinstruções e declarações que são próximas da linguagem humana ou da notação matemática para descrever o problema a ser resolvido ou o procedimento a ser utilizado. Também chamada linguagem de compilador.

Linguagem de consulta estruturada *(structured query language – SQL)* Linguagem de pesquisa que está se tornando um padrão para pacotes de sistemas de gerenciamento de bancos de dados avançados. Um formato básico de uma pesquisa (*query*) é SELECT... . . . FROM . . . WHERE .

Linguagem de máquina Linguagem de programação na qual as instruções são expressas no código binário do computador.

Linguagem de programação Linguagem utilizada para desenvolver as instruções de um programa de computador.

Linguagem montadora Linguagem de programação que utiliza símbolos para representar códigos de operação e locais de armazenamentos.

Linguagem natural Linguagem de programação que é bem próxima da linguagem humana. Também chamada de linguagem de muito alto nível.

Linguagem orientada a objeto Linguagem de programação utilizada para desenvolver programas que criam e utilizam objetos para executar tarefas de processamento de informações.

Linguagem orientada a procedimentos Linguagem de programação projetada para a expressão conveniente de procedimentos utilizada na solução de uma ampla classe de problemas.

Linguagem *query* Linguagem de alto nível, próxima à humana, fornecida por um sistema de gerenciamento de banco de dados que permite ao usuário extrair facilmente dados e informações de um banco de dados.

Linguagens de quarta geração (L4G) Linguagens de programação que são mais fáceis de usar do que aquelas de alto nível, como o Basic, Cobol ou Fortran. Elas também são conhecidas como não procedural, natural ou linguagens de muito alto nível.

Linguagens não procedurais Linguagens de programação que permitem a usuários e profissionais de programação especificar os resultados que desejam sem especificar como resolver o problema.

Lista de controle Relatório detalhado que descreve cada transação que ocorre em um período.

Loja virtual Simulação multimídia *on-line* de uma loja de varejo na internet.

Loop Sequência de instruções em um programa de computador que é executada repetidamente até uma condição de encerramento ser atingida.

Mainframe Sistema de computador de grande porte, com uma unidade central de processamento separada, diferente de sistemas de microcomputadores e minicomputadores.

Manutenção de banco de dados Atividade de manter um banco de dados atualizado adicionando, alterando ou apagando dados.

Manutenção de sistemas Monitoramento, avaliação e modificação de um sistema para efetuar melhorias desejáveis ou necessárias.

Máquina virtual Relacionado à simulação de um tipo de sistema de computador por outro sistema de computador.

Marketing **interativo** Processo colaborativo dinâmico de criar, adquirir e melhorar produtos e serviços que constroem relacionamentos próximos entre uma empresa e seus clientes, utilizando uma variedade de serviços na internet, nas intranets e extranets.

Matriz estratégica de oportunidades Estrutura de planejamento que utiliza uma matriz para auxiliar na identificação de oportunidades com potencial estratégico para o negócio, bem como a habilidade da empresa de explorar tais oportunidades com TI.

Mecanismo de inferência Componente de *software* de um sistema especialista que processa as regras e os fatos relacionados com um problema específico e faz associações e inferências que resultam em cursos de ação recomendados.

Megabyte Um milhão de *bytes*. Mais precisamente, 2 elevado à 20ª potência ou 1.048.576 em notação decimal.

Meio Todos os objetos nos quais são gravados dados.

Memória Ver "Armazenamento".

Memória *cache* Área de armazenamento temporário de alta velocidade na CPU, utilizada para armazenar partes de um programa ou dados durante o processamento.

Memória RAM Um dos tipos básicos de memória semicondutora utilizada para armazenamento temporário de dados ou programas durante o processamento. Cada posição de memória pode ser percebida (lida) ou alterada (escrita) no mesmo intervalo de tempo, independentemente de sua localização no meio de armazenamento.

Memória ROM Tipo básico de memória semicondutora utilizada para armazenamento permanente. Pode apenas ser lida, não "escrita", ou seja, não pode ser alterada. São variações: Memória somente de leitura programável (*Programmable ReadOnly Memory* – PROM) e Memória somente de leitura reprogramável (*Erasable Programmable Read-Only Memory* – EPROM).

Memória semicondutora Circuito microeletrônico de armazenamento entalhado em finas pastilhas de silício ou outro material semicondutor. O armazenamento primário da maioria dos computadores modernos consiste em pastilhas microeletrônicas semicondutoras de armazenamento para memória de acesso direto (RAM) e memória somente de leitura (ROM).

Memória virtual Uso de dispositivos de armazenamento secundário como uma extensão do armazenamento primário do computador, dando a impressão de uma memória maior que a que realmente existe.

Memória volátil Memória (como memória semicondutora) que perde seu conteúdo quando a energia elétrica é interrompida.

Menu Lista de itens (usualmente, os nomes das alternativas de aplicações, arquivos ou atividades) na qual um usuário final faz uma escolha.

Menu dirigido Característica de sistemas de computação interativa que apresenta menus e questões para auxiliar o usuário final a executar um trabalho particular.

Mercados de *e-commerce* **(***e-commerce marketplaces***)** *Sites* de internet, intranet e extranet hospedados por empresas individuais, consórcios de organizações ou intermediários que fornecem catálogos eletrônicos, troca e leilões para unir compradores e vendedores para executar transações de *e-commerce*.

Metadado Dado a respeito de dado; dado que descreve estrutura, elementos de dados, inter-relacionamentos e outras características de um banco de dados.

Método científico Metodologia analítica que envolve (1) reconhecimento de um fenômeno, (2) formulação de uma hipótese sobre as causas ou os efeitos do fenômeno, (3) teste de hipóteses por meio de experimentação, (4) avaliação de resultados de tais experimentos e (5) desenho de conclusões sobre as hipóteses.

Microcomputador Computador muito pequeno, em uma faixa de tamanho que vai de um "computador em um chip" a um *hand-held* (computador de mão), laptop, unidades de mesa e servidores.

Micrográfico Uso de microfilme, microficha e outras microformas para gravar dados em um formato extraordinariamente reduzido.

Microprocessador Unidade central de processamento (CPU) de um microcomputador em um chip. Sem capacidades de entrada/saída ou armazenamento primário na sua maioria.

Microprograma Pequeno conjunto de instruções elementares de controle chamadas de microinstruções ou microcódigo.

Microprogramação Utilização de *software* especial (microprograma) para executar funções em *hardware* especial (circuito eletrônico de controle). Microprogramas armazenados em módulos só de armazenamento de leitura, da unidade de controle, interpretam as instruções de linguagem de máquina de um programa de computador e as decodificam em microinstruções elementares, que são executadas.

Microssegundo Um milionésimo de segundo.

Middleware *Software* que auxilia vários programas de *software* e sistemas de computadores em rede a trabalhar em conjunto, promovendo, assim, sua interoperabilidade.

Milissegundo Um milésimo de segundo.

Minicomputador Tipo de computador de médio porte.

Modelagem analítica Uso interativo de modelos matemáticos baseados em computador para explorar alternativas de decisão utilizando análise "e se", sensitiva, por busca de meta e de otimização.

Modelagem de dados Estrutura conceitual na qual os relacionamentos entre os elementos de dados são identificados e definidos para o desenvolvimento de modelos de dados.

Modelo de dados Estrutura conceitual que define o relacionamento lógico entre os elementos de dados necessários para apoiar processos de negócio.

Modelo de sistema de informação Estrutura conceitual que encara um sistema de informação como um sistema que utiliza recursos de *hardware* (máquinas e meios), *software* (programas e procedimentos), pessoas (usuários e especialistas) e redes (meios de comunicação e redes de apoio) para executar entrada, processamento, saída, armazenamento e atividades de controle que transformam recursos de dados (banco de dados e bases de conhecimento) em produtos de informação.

Modelo empresarial Estrutura conceitual que define as estruturas e a relação dos processos de negócio e os elementos de dados, bem como outras estruturas de planejamento, como fatores críticos de sucesso e unidades organizacionais.

Modelo matemático Representação matemática de um processo, dispositivo ou conceito.

Modelo-base Conjunto organizado de *software* de modelos conceituais, matemáticos e lógicos que expressam relações de negócios, rotinas computacionais ou técnicas analíticas.

Modem (MOdulador-DEModulador) Dispositivo que converte os sinais digitais de dispositivos de entrada/saída em frequências apropriadas em um terminal de transmissão e os converte de volta em sinais digitais em um terminal de recepção.

Monitor *Software* ou *hardware* que observa, supervisiona, controla ou verifica as operações de um sistema.

Monitor de segurança Pacote de *software* que monitora o uso de um sistema de computador e protege seus recursos de uso não autorizado, fraude e vandalismo.

Monitoramento de desempenho (*performance monitor*) Pacote de *software* que monitora o processamento das tarefas dos sistemas de computador, auxilia no desenvolvimento de um plano de operação do computador (*schedule*), que otimize o seu desempenho, e produz estatísticas detalhadas que são utilizadas para o planejamento de capacidade e controle de sistemas de computadores.

Monitoramento por computador Utilização de computadores para monitorar o comportamento e a produtividade de trabalhadores em suas atividades e em seus locais de trabalho.

Monitores de telecomunicações Programas de computadores que controlam e apoiam as comunicações entre os computadores e terminais em uma rede de telecomunicações.

Montador Programa de computador que traduz linguagem montadora em linguagem de máquina.

Mouse Pequeno dispositivo que está conectado eletronicamente a um computador e é movimentado pela mão em uma superfície plana, com o propósito de mover o cursor em uma tela de vídeo na mesma direção. Botões no mouse permitem aos usuários emitir comandos e efetuar respostas ou seleções.

Multiplex Intercalar ou transmitir simultaneamente duas ou mais mensagens em um único canal.

Multiplexador Dispositivo eletrônico que permite a um único canal de comunicação transportar a transmissão de dados de vários terminais.

Multiprocessamento Relacionado à execução simultânea de duas ou mais instruções por um computador ou um computador de rede (*computer network*).

Multiprogramação Relacionada à execução concorrente de dois ou mais programas por um computador por meio da intercalação de sua execução.

Multitarefa Utilização concomitante do mesmo computador para executar várias tarefas diferentes de processamento de informação. Cada tarefa pode necessitar de um programa diferente ou simultaneamente da mesma cópia de um programa utilizado por vários usuários.

Nanossegundo Um bilionésimo de um segundo.

Navegador (*browser*) Ver "Navegador web".

Navegador web *Software* que fornece uma interface de acesso a páginas na internet, intranet e extranet. Os navegadores estão se tornando clientes universais para o envio e recebimento de mensagens eletrônicas, para baixar arquivos, para o acesso a *Java applets*, para a participação em grupos de discussão, desenvolvimento de páginas na web e outras aplicações de internet, intranet e extranet.

Necessidades funcionais Capacidades necessárias dos sistemas de informação para suprir as necessidades de informação dos usuários finais. Também chamadas necessidades do sistema.

Negócio eletrônico (*e-Business*) Utilização de tecnologias de internet para formar redes e tornar mais poderosos os processos de negócios, o *e-commerce* e a comunicação empresarial e a colaboração dentro de uma companhia e com os seus clientes, fornecedores e outros envolvidos no negócio.

Network computer **(computador de rede)** Microcomputador em rede de baixo custo sem ou com um mínimo de armazenamento em disco, que depende da internet ou de servidores de intranets para seu sistema operacional e navegador web, *softwares* habilitados para Java e acesso e armazenamento de dados.

Network computing **(computação em rede)** Concepção de computação centrada na rede, na qual "a rede é o computador", isto é, a concepção de que redes de computadores são os recursos centrais de processamento de qualquer ambiente de computação.

Nó Um ponto terminal em uma rede de comunicações.

Objeto Elemento de dado que inclui dados e métodos ou processos que atuam nesses dados.

Off-line **(fora de linha)** Relacionado a equipamento ou dispositivo que não está sob controle da unidade central de processamento.

Offshoring Uma transferência dos processos de negócios de uma organização para uma localização de custo mais baixo no exterior.

On-line **(em linha)** Relacionado a equipamento ou dispositivo que está sob controle da unidade central de processamento.

Open systems **(sistemas abertos)** Sistemas de informação que utilizam padrões comuns de *hardware*, *software*, aplicações e redes para criar um ambiente de processamento que permita fácil acesso por usuários finais e seus sistemas de computadores em rede.

Operadoras de valor agregado (*value-added carriers* – **VAC**) Empresas que alugam linhas de telecomunicações de operadoras comuns e oferecem uma variedade de serviços de telecomunicações para clientes.

Operando Aquele em que é efetuado uma operação. Parte de uma instrução de computador que é identificada pela parte de endereço da instrução.

Organização direta de dados Método de organização de dados no qual elementos lógicos de dados são distribuídos aleatoriamente em um meio de dados físico. Por exemplo, registros de dados lógicos distribuídos aleatoriamente em uma superfície de um arquivo de disco magnético. Esse método é também conhecido como organização direta.

Organização em lista Método de organização de dados que utiliza índices e ponteiros para permitir a recuperação aleatória de dados.

Organização sequencial de dados Organização lógica dos elementos de dados de acordo com uma sequência preestabelecida.

Outsourcing **(terceirização)** Substituição de toda ou parte da operação de um sistema de informação de uma organização por contratos com empresas externas, conhecidas como integradoras de sistemas ou provedoras de serviços.

Pacote Grupo de dados e informações de controle em um formato específico que é transmitido como uma entidade.

Pacote de *software* Programa de computador fornecido por fabricantes de computadores, empresas independentes de *software* ou outros usuários de computadores. Também conhecido como programas enlatados, *software* proprietário ou pacotes de programas.

Pacote integrado *Software* que combina a habilidade de efetuar várias aplicações de propósito geral (como processamento de texto, planilha eletrônica e gráficos) por meio de um único programa.

Padrões Medidas de desempenho desenvolvidas para avaliar o progresso de um sistema em direção aos seus objetivos.

Página Segmento de programa ou dado, geralmente de extensão fixa.

Paginar Processo que, automática e continuamente, transfere páginas de programas e dados entre o armazenamento primário e os dispositivos de armazenamento de acesso direto. Fornece aos computadores capacidades de multiprogramação e memória virtual.

Palavra (1) Conjunto de caracteres considerados uma unidade. (2) Conjunto ordenado de bits (normalmente maior que um *byte*) manipulado como uma unidade pela unidade central de processamento (CPU).

Papéis gerenciais Gerenciamento como o desempenho de uma variedade de papéis interpessoais, de informação e decisão.

Pascal Linguagem estruturada de programação de alto nível e de propósito geral, assim designada em homenagem ao matemático Blaise Pascal. Foi desenvolvida por Niklaus Wirth, de Zurich, em 1968.

Pensamento sistêmico Reconhecimento de sistemas, subsistemas, componentes de sistemas e inter-relação de sistema em determinada situação. Também conhecido como contexto de um sistema ou visão sistêmica de uma situação.

Personal information manager (PIM) Pacote de *software* que auxilia usuários finais a armazenar, organizar e recuperar dados numérico e textual na forma de notas, listas, memorandos e uma variedade de outros formulários.

Picossegundo Um trilionésimo de segundo.

Pirataria de *software* Fazer cópia não autorizada de *software*.

Planejamento apoiado por computador (*Computer-aided planning* – **CAP**) Uso de pacotes de *software* como ferramentas de apoio aos processos de planejamento.

Planejamento de dados Planejamento corporativo e análise que focam o gerenciamento dos recursos de dados. Inclui a responsabilidade pelo desenvolvimento de uma política abrangente de informação e uma arquitetura de dados para os recursos de dados da empresa.

Planejamento de negócio/TI Processo de desenvolvimento de visão, estratégias e objetivos de negócios de uma empresa e como estes serão apoiados pela arquitetura de tecnologia da informação da empresa e implementados por seus processos de desenvolvimento de aplicações nos negócios.

Planilha eletrônica Aplicativo utilizado como uma ferramenta computadorizada para análise, planejamento e modelagem que permite a entrada e manipulação de dados em uma folha de trabalho com linhas e colunas.

Plotter Dispositivo de impressão que produz desenhos e gráficos em papel ou outro material, em geral com grandes dimensões.

Pointing stick Pequeno dispositivo em formato de botão em um teclado que move o cursor na tela na direção da pressão exercida sobre essa tela.

Ponteiro Elemento de dado associado a um índice, um registro ou outro conjunto de dados que contém um endereço do registro relacionado.

Ponto de verificação Local em um programa onde há uma verificação ou gravação de dados com o propósito de iniciá-lo novamente a partir destes.

Ponto flutuante Relacionado a um sistema de representação numérica no qual cada número é representado por dois conjuntos de dígitos. Um conjunto representa os dígitos mais significativos ou ponto fixo "base" do número, enquanto o outro conjunto de dígitos representa o "expoente", o qual indica a precisão do número.

Porta (1) Circuito eletrônico que fornece um ponto de conexão entre a CPU e os dispositivos de entrada/saída. (2) Um ponto de conexão para uma linha de comunicação, em uma CPU ou outro dispositivo frontal.

Portal de conhecimento da empresa Portal de informações que oferece suporte a um sistema de gestão de conhecimento e fornece aos usuários acesso à base de conhecimento da empresa.

Portal de informações da empresa Interface personalizada baseada em tecnologia da web para intranets e extranets corporativas que dá acesso a usuários qualificados a uma variedade de aplicações de *e-commerce* internas e externas, bancos de dados, ferramentas de *software* e serviços de informação.

Portfólio de aplicações Ferramenta de planejamento utilizada para avaliar aplicações de sistemas de informação presentes e propostos em termos de quantidade de receita ou recursos investidos em sistemas de informação que apoiam as principais funções e os processos de negócios.

Procedimentos Conjunto de instruções utilizadas por pessoas para executar tarefas.

Processador Dispositivo de *hardware* ou sistema de *software* capaz de executar operações em um dado.

Processador *back-end* Um pequeno computador de propósito geral dedicado ao processamento de banco de dados, utilizando um sistema de gerenciamento de banco de dados (SGBD). Também conhecido como máquina ou servidor de banco de dados.

Processador de textos Automação da transformação de ideias e informação em uma forma de comunicação escrita. Envolve o uso de computadores para manipular dados de texto a fim de produzir comunicações na forma de documentos.

Processador *front-end* Um pequeno computador de propósito geral que é dedicado à manipulação de funções de controle de comunicação de dados em uma rede de comunicações, liberando, dessa forma, o computador principal dessas funções.

Processador inter-redes Processadores de comunicações utilizados em redes locais (LANs) para interconectá-las com outras redes locais e redes remotas (WANs). Exemplos incluem *switches*, roteadores, *hubs* e *gateways*.

Processadores de telecomunicações Processadores interredes, como *switches*, roteadores e outros dispositivos, como multiplexadores e controladores de comunicações, que permitem a um canal de comunicações transportar transmissões de dados de muitos terminais. Também podem executar monitoramento de erros, diagnósticos e correção, modulação e demodulação, compressão de dados, codificação e decodificação, comutação de mensagens, contenção de portas e armazenamento em *buffer*.

Processamento analítico *on-line* (*on-line analytical processing* – Olap) Capacidade de alguns sistemas de informação executiva, de apoio à decisão e gerencial que são suporte ao exame e à manipulação interativos de grandes quantidades de dados sob muitas perspectivas.

Processamento *background* (processamento em segundo plano) Execução automática de programas de computador de baixa prioridade quando programas de alta prioridade não estão utilizando os recursos do sistema de computador. Compare com "Processamento *foreground* (processamento em primeiro plano)."

Processamento cooperativo Processamento de informação que permite aos computadores em uma rede de processamento distribuído compartilhar o processamento de partes de uma aplicação de um usuário final.

Processamento da informação Conceito que cobre o conceito tradicional de processamento de dados numéricos e alfabéticos e o processamento de textos, imagens e voz. Enfatiza que a produção de produtos de informação para usuários deveria ser o foco das atividades de processamento.

Processamento de arquivos Organização dos dados em arquivos especiais de registro de dados construídos para processamento exclusivo de programas aplicativos específicos. Compare com "Abordagem de gerenciamento de banco de dados".

Processamento de banco de dados Utilização de um banco de dados para atividades de processamento de dados, como manutenção, recuperação de informação ou geração de relatórios.

Processamento de consultas Processamento de computadores que permitem acesso em tempo real a arquivos de banco de dados *on-line* pelos usuários finais.

Processamento de dados Execução de uma sequência sistemática de operações executadas nos dados para transformá-los em informação.

Processamento de imagem Tecnologia baseada em computador que permite aos usuários finais capturar, armazenar, processar e recuperar eletronicamente imagens que podem incluir dados numéricos, texto, manuscritos, gráficos, documentos e fotografias. O processamento de imagens faz uso pesado de tecnologias de digitalização e discos ópticos.

Processamento de informação humana Estrutura conceitual sobre o processo cognitivo humano que utiliza um contexto de processamento de informação para explicar como os seres humanos capturam, processam e utilizam informação.

Processamento de lista Método de processamento de dados na forma de listas.

Processamento de transações *on-line* Sistema de processamento de transações em tempo real.

Processamento distribuído Forma de descentralização do processamento de informação, possível com o uso de rede de computadores espalhados por toda uma organização. O processamento das aplicações de usuários é executado por vários computadores interconectados por uma rede de telecomunicação, em vez de contar com um grande computador centralizado ou uma operação descentralizada de vários computadores independentes.

Processamento eletrônico de dados (PED) Utilização de computadores eletrônicos para o processamento automático de dados.

Processamento em lote *(batch)* Categoria de processamento na qual os dados são acumulados em lotes e processados periodicamente. Compare com "Processamento em tempo real".

Processamento em tempo real Processamento de dados no qual os dados são processados imediatamente em vez de periodicamente. Também é chamado processamento *on-line*. Compare com "Processamento em lote".

Processamento *foreground* (processamento em primeiro plano) Execução automática de programas de computador que foram projetados para ter prioridade no uso dos recursos computacionais. Compare com "Processamento *Background*".

Processamento interativo Tipo de processamento em tempo real no qual usuários podem interagir com um computador em tempo real.

Processamento manual de dados Processamento que necessita de operação e intervenção humana contínua e que utiliza ferramentas simples de processamento de dados, como formulários de papel, lápis e fichários.

Processamento paralelo Execução de várias instruções ao mesmo tempo, isto é, em paralelo. Ocorre em computadores avançados que utilizam vários processadores de instruções organizados em *clusters* ou redes.

Processamento simultâneo Expressão genérica para a capacidade dos computadores de trabalhar em várias tarefas simultaneamente. Isso pode envolver capacidades específicas, como sobreposição de processamento, multiprocessamento, multiprogramação, multitarefa, processamento paralelo etc.

Produção apoiada por computador (*Computer-aided manufacturing* – CAM) Uso de computadores para automatizar os processos de produção e operação de uma unidade fabril. Também chamada de automação industrial.

Produção integrada por computador (*Computer-integrated manufacturing* – CIM) Conceito abrangente que enfatiza que os objetivos do uso do computador em automação industrial devem ser para simplificar, automatizar e integrar processos de produção e outros aspectos da manufatura.

Produtos inteligentes Produtos industriais e para consumidor com "inteligência" fornecida por meio de microcomputadores ou microprocessadores embutidos, que melhoram significativamente o desempenho e as capacidades de tais produtos.

Programa Conjunto de instruções que faz um computador executar uma tarefa particular.

Programa de computador Série de instruções ou declarações em uma forma aceitável para um computador, preparada com o propósito de atingir certo resultado.

Programa de controle de telecomunicações Programa de computador que controla e apoia as comunicações entre computadores e terminais em uma rede de telecomunicações.

Programa gerador de relatórios (*report program generator* – RPG) Linguagem orientada a problema que utiliza um gerador para construir programas que produzem relatórios e executam outras tarefas de processamento de dados.

Programa tradutor de linguagem Programa que converte as instruções de uma linguagem de programação em um programa de computador em um código de linguagem de máquina. Os principais tipos incluem montadores (*assemblers*), compiladores e interpretadores.

Programa utilitário Conjunto de rotinas padrão que auxilia na operação de um sistema de computador por meio da execução de processos frequentemente necessários, como cópia, classificação ou intercalação de dados.

Programa-fonte Programa de computador escrito em linguagem sujeita ao processo de tradução. Compare com "Programa-objeto".

Programa-objeto Programa compilado ou montado (*assembled*) composto de instruções executáveis de máquina. Compare com "Programa-fonte".

Programação Projeto, codificação e teste de um programa.

Programação estruturada Metodologia de programação que utiliza abordagem de desenvolvimento de cima para baixo (*top-down*) e um número limitado de estruturas de controle em um programa para criar módulos altamente estruturados de código de programa.

Programador Pessoa envolvida principalmente no projeto, na codificação e no teste de programas de computador.

Programas aplicativos de propósito geral Programas que podem executar trabalhos de processamento de informações para usuários de todas as áreas de aplicações. Por exemplo, programas de processamento de texto, de planilhas eletrônicas e gráficos podem ser utilizados por indivíduos em casa, na educação, nos negócios, na ciência e para muitos outros propósitos.

Programas de aplicação específica Pacotes de *software* de aplicação que apoiam aplicações específicas dos usuários finais em um negócio, em ciência, engenharia e outras áreas.

Programas de apoio a sistemas Programas que apoiam operações, gerenciamento e usuários de um sistema de computador por meio do fornecimento de uma variedade de serviços de apoio. Exemplos são sistemas utilitários e monitores de desempenho.

Projeto apoiado por computador (*Computer-aided design* – CAD) Uso de computadores, e *hardware* e *software* gráficos avançados que oferecem assistência interativa aos projetos de engenharia e arquitetura.

Projeto da interface do usuário Projeto das interações entre usuários finais e sistemas de computadores, incluindo métodos de entrada/saída e de conversão de dados entre formas legíveis por pessoas e legíveis por máquinas.

Projeto de dados Projeto da estrutura lógica do banco de dados e arquivos a serem utilizados pelo sistema de informação proposto. Nessa atividade, são produzidas descrições detalhadas de entidades, relacionamentos, elementos de dados e regras de integração para os sistemas de arquivos e banco de dados.

Projeto de sistemas Decidir como um sistema de informações determinado atenderá às necessidades de informação dos usuários finais. Inclui atividades de design lógico e físico, e interface de usuário, dados e atividades de design de processos que produzem as especificações do sistema que satisfazem os requisitos do sistema desenvolvidos na fase de análise de sistemas.

Projeto físico de sistema Desenho da interface do usuário, métodos e produtos, estruturas de banco de dados e procedimentos de processamento e controle de um sistema de informação proposto, incluindo *hardware*, *software* e especificação de pessoal.

Prompt Mensagens que auxiliam um usuário na execução de um trabalho específico. Isso inclui mensagens de erro, sugestões de correção, questões e outras mensagens que orientam um usuário final.

Protocolo Conjunto padronizado de regras e procedimentos para o controle da comunicação em redes.

Prototipagem Rápido desenvolvimento e teste de modelos de trabalho, ou protótipos, de novas aplicações de sistemas de informação em um processo interativo e iterativo que envolve analistas de sistemas e usuários finais.

Protótipo Um modelo de trabalho. Em particular um modelo de trabalho de um sistema de informação que inclui tentativas de versão de entradas e saídas de usuários, banco de dados e arquivos, métodos de controle e rotinas de processamento.

Pseudocódigo Linguagem de projeto informal de programação estruturada que expressa o processamento lógico de um módulo de programa em frases comuns da linguagem humana.

Pull marketing   Método de *marketing* que se apoia no uso de navegadores web pelos usuários finais para o acesso a material e recursos de *marketing* em *sites* na internet, em intranets e extranets.

Push marketing   Método de *marketing* que se apoia em *software* de transmissão via internet para enviar informação de *marketing* e outros materiais para o computador do usuário final.

Quadro branco   Ver "Conferência de dados".

Qualidade da informação   É o grau baseado nas características de conteúdo, forma e tempo que confere o valor da informação a usuários finais específicos.

Quinta geração   Próxima geração de computadores. Principais avanços em processamento paralelo, interface com o usuário e inteligência artificial podem fornecer computadores que serão hábeis para ver, ouvir, falar e pensar.

Raciocínio baseado em caso   Representação do conhecimento em uma base de conhecimento de um sistema especialista na forma de casos, ou seja, de exemplos de desempenho, ocorrência e experiências do passado.

RAID (*redundant array of independent disks*)   Disposição ordenada de discos independentes. Unidades de disco magnéticos que acomodam vários discos rígidos de microcomputadores, provendo, assim, uma grande capacidade e tolerância a falhas.

Realidade virtual   Uso de interfaces multissensoriais para o ser humano/computador que permitem a usuários humanos experimentar objetos, entidades, espaços e "mundos" como se eles existissem realmente.

**Reconhecimento de caracteres em tinta magnética (*magnetic ink character recognition* – MICR*)*   Reconhecimento, por meio de máquina, de caracteres impressos com tinta magnética. Utilizado principalmente pelos bancos para o processamento de cheques.

Reconhecimento de caracteres ópticos (*optical character recognition* – OCR)   Identificação por máquina de caracteres impressos, por meio do uso de dispositivos sensíveis à luz.

Reconhecimento de padrões   Identificação de figuras, formas e configurações por meios automáticos.

Reconhecimento de voz   Conversão direta de dados falados em uma forma eletrônica adequada para ser inserida em um sistema de computador. Também chamado entrada de dados por voz.

Recuperação de desastres   Método para assegurar que uma organização recupere-se de desastres naturais ou de natureza humana que afetaram suas operações baseadas em computador.

Recuperação de informação   Métodos e procedimentos para recuperação de informação específica de dados armazenados.

Rede (*network*)   Sistema de computadores, terminais e canais e dispositivos de comunicação interconectados.

Rede cliente/servidor   Rede de computadores onde as estações de trabalho dos usuários finais (clientes) estão conectadas por meio de *links* de telecomunicações com servidores de rede e possivelmente com superservidores *mainframe*.

Rede local (*local area network* – LAN)   Rede de comunicações que conecta computadores, terminais e outros dispositivos computadorizados dentro de uma área física limitada, como escritório, edifício, fábrica ou outro local de trabalho.

***Rede par a par* (P2P)**   Ambiente de processamento no qual os computadores dos usuários finais conectam-se, comunicam-se e colaboram diretamente uns com os outros por meio da internet ou outras redes de telecomunicações.

Rede privativa virtual (*Virtual private network* – VPN)   Rede segura que usa a internet como seu *backbone* principal de rede para conectar as intranets das localizações diferentes de uma empresa ou estabelecer *links* extranet entre uma empresa e seus clientes, fornecedores ou outros parceiros de negócio.

Redes neurais   Processadores de computadores ou *software* cuja arquitetura é baseada na estrutura de rede de neurônios dos seres humanos. Redes neurais podem processar muitas partes de informação simultaneamente e aprender a reconhecer padrões e programas para resolver problemas sozinhos.

Redes sem fio   Uso de transmissões de rádio ou em infravermelho para conectar dispositivos em uma rede local.

Redundância   No processamento de informações, é a repetição de parte ou de toda uma mensagem para aumentar a chance de a informação correta ser compreendida pelo destinatário.

**Reengenharia de processos de negócios (*business process reengineering* – BPR*)*   Reestruturação e transformação de processos de negócios por meio de profunda revisão e redesenho para atingir grandes melhorias em custo, qualidade velocidade etc.

Registro   Conjunto de campos de dados relacionados entre si que são tratados como uma unidade.

Registro   Dispositivo capaz de armazenar uma quantidade especificada de dados, como uma palavra.

Regra   Declarações que tomam a forma de uma premissa e uma conclusão tal como a regra *if-then* (se então): *if* (condição), *then* (conclusão).

Relatório de edição   Relatório que descreve os erros detectados durante o processamento.

Relatórios de exceções   Relatórios produzidos somente quando condições excepcionais ocorrem ou relatórios produzidos periodicamente que contêm somente informações sobre condições excepcionais.

Relatórios e respostas sob demanda   Informação fornecida toda vez que um gerente ou usuário final necessita dela.

Relatórios periódicos   Fornecimento de informação para os gerentes utilizando um formato pré-especificado em um intervalo regular.

Relatórios pré-especificados   Relatórios cujo formato é especificado dentro de um formato pré-acordado que fornece aos gerentes informações periódicas, excepcionalmente ou por demanda.

Reprografia   Tecnologia e métodos de cópia e duplicação.

Revenda de valor agregado (*value-added reseller* – VAR)   Empresas que fornecem *software* específico de um mercado para uso em sistemas de computadores de certos fabricantes.

Revisão pós-implementação   Monitoramento e avaliação dos resultados de uma solução ou sistema implementados.

Robótica   Tecnologia para construir máquinas (robôs) com inteligência de computador e capacidades físicas similares às dos seres humanos.

Rotina   Conjunto ordenado de instruções de uso geral ou frequente.

Saída   Relacionada a um dispositivo, processo ou canal envolvido com a transferência de dado ou informação em um sistema de processamento de informação. Opõe-se a "Entrada".

Satélite de comunicações   Satélites terrestres posicionados em órbitas estacionárias acima da linha do Equador que servem como estações de retransmissão para sinais de comunicação transmitidos de estações na Terra.

***Scanner* óptico** Dispositivo que varre opticamente caracteres ou imagens e gera suas representações digitais.

Serial Relacionado à ocorrência sequencial ou consecutiva de duas ou mais atividades relacionadas em um único dispositivo ou canal.

Serviços na web Coleção de tecnologias orientadas a web e objetos para ligar eletronicamente as aplicações de diferentes *hardware*, *software*, bancos de dados e plataformas de rede. Por exemplo, serviços na web podem ligar funções-chave de negócios dentro das aplicações que uma empresa compartilha com seus clientes, fornecedores e parceiros de negócios.

Servidor (1) Computador que apoia aplicações e telecomunicações em uma rede, bem como o compartilhamento de dispositivos periféricos, *software* e banco de dados entre estações de trabalho em uma rede. (2) Versões de *software* para a instalação em servidores de rede projetados para controlar e apoiar aplicações em microcomputadores de clientes em uma rede cliente/servidor. Exemplos incluem sistemas operacionais de rede multiusuários e *software* especializado para executar aplicações na web para internet, intranet e extranet, como *e-commerce* e colaboração na empresa.

Servidor de aplicação Sistema de *software* que fornece uma interface intermediária entre um sistema operacional e os programas aplicativos dos usuários.

Setor Subdivisão de uma trilha em uma superfície de um disco magnético.

***Shopping* virtual** Simulação multimídia on-line de um shopping center com *links* para várias lojas virtuais.

Síncrono Característica na qual cada evento, ou desempenho de qualquer operação básica, é forçado a iniciar, e em geral a manter compasso, com sinais de um circuito de referência de tempo. Compare com "Assíncrono".

Sistema (1) Grupo de elementos inter-relacionados ou interativos que formam um todo unificado. (2) Grupo de componentes inter-relacionados que trabalham em conjunto visando a um objetivo comum por meio do aceite de informações de entrada e da produção de saídas em um processo organizado de transformação. (3) Montagem de métodos, procedimentos ou técnicas unificados por interações regulamentadas para compor um todo organizado. (4) Um grupo organizado de pessoas, máquinas e métodos necessários para cumprir um conjunto de funções específicas.

Sistema cibernético Sistema que utiliza informação sobre reações e componentes de controle para conseguir uma capacidade de autoajuste.

Sistema de alocação de custos (*chargeback*) Métodos de alocar custos para o usuário final dos departamentos com base nos serviços de informação oferecidos e nos recursos de sistemas de informação utilizados.

Sistema de apoio à decisão em grupo Sistema de apoio à decisão que fornece apoio para a tomada de decisão por um grupo de pessoas.

Sistema de apoio à operação Sistema de informação que coleta, processa e armazena dados gerados por sistemas de operação de uma organização e produz dados e informações para serem inseridos em um sistema de gerenciamento de informação ou para o controle de um sistema de operações.

Sistema de computador de usuário final Sistema de informação baseado em computador que apoia diretamente ambas as aplicações operacionais e gerenciais dos usuários finais.

Sistema de computador *Hardware* como um sistema de entrada, processamento, saída, armazenamento e componentes de controle. Dessa forma, um sistema de computador consiste em dispositivos de entrada e saída, dispositivos de armazenamento primário e secundário, a unidade central de processamento (CPU), a unidade de controle dentro da CPU e outros dispositivos periféricos.

Sistema de fluxograma Ferramenta gráfica de diagramação utilizada para mostrar o fluxo das atividades de processamento da informação à medida que os dados são processados por pessoas e dispositivos.

Sistema de gerenciamento de banco de dados (SGBD) Conjunto de programas de computadores que controlam a criação, manutenção e utilização de banco de dados de uma organização.

Sistema de informação baseado em conhecimento Sistema de informação que adiciona uma base de conhecimento ao banco de dados e outros componentes encontrados em outros tipos de sistemas de informação baseados em computador.

Sistema de informação executiva (*executive information system* – EIS) Sistema de informação que fornece informações estratégicas elaboradas de acordo com as necessidades dos executivos e de outros tomadores de decisões.

Sistema de operações Subsistema básico de uma empresa que constitui seus componentes de entrada, processamento e saída. Também conhecido como sistema físico.

Sistema de processamento de transações Sistema de informação que processa dados originados na ocorrência de transações de negócios.

Sistema de telefonia celular Tecnologia de radiocomunicação que divide uma área metropolitana em inúmeras células para incrementar fortemente o número de frequências e, dessa forma, o número de usuários que podem tirar vantagem do serviço de telefonia móvel.

Sistema eletrônico de pagamentos Método alternativo ao pagamento em dinheiro ou crédito que utiliza várias tecnologias eletrônicas para o pagamento de produtos e serviços no *e-commerce*.

Sistema especialista (*expert system*) Sistema de informação baseado em computador que utiliza seu conhecimento sobre uma área específica de aplicação complexa para agir como um consultor especializado para os usuários. O sistema consiste em uma base de conhecimento e módulos de *software* que executam inferências sobre o conhecimento e apresentam respostas para as questões dos usuários.

Sistema integrado de gestão (*enterprise resource planning* – ERP) *Software* integrado interfuncional que faz a reengenharia da produção, distribuição financeira e de recursos humanos, e outros processos básicos de negócio de uma empresa para melhorar sua eficiência, agilidade e lucratividade.

Sistema operacional Programa principal de controle de um sistema de computador. Trata-se de um sistema de programas que controla a execução dos programas de computador e pode fornecer agendamento, funções de *debug*, controle de entrada/saída, sistemas de contabilização, compilação, tarefas de armazenamento, gerenciamento de dados e serviços relacionados.

Sistemas com lógica *fuzzy* Sistemas baseados em computador que podem processar dados que estão incompletos ou parcialmente corretos, isto é, dados nebulosos (*fuzzy*). Esses sistemas podem resolver problemas não estruturados com conhecimento incompleto, como faz o ser humano.

Sistemas de apoio à decisão (DSS) Sistema de informação que utiliza modelos de decisão, um banco de dados e percepções do tomador de decisão em um processo de modelagem particular e analítico interativo para atingir uma decisão específica por um específico tomador de decisão.

Sistemas de apoio a grupo Sistema de informação que melhora a comunicação, coordenação, colaboração, tomada de decisão e as atividades de trabalho em grupo.

Sistemas de apoio ao gerenciamento (*management support system* – MSS) Sistema de informação que fornece informações de apoio à tomada de decisões gerenciais. Mais especificamente, um sistema de relatórios de informação, de informação gerencial ou de apoio à decisão.

Sistemas de colaboração Utilizam ferramentas de colaboração e internet, intranet, extranet e outras redes de computadores para apoiar e melhorar a comunicação, coordenação, colaboração e compartilhamento de recursos entre equipes e grupos de trabalho em uma empresa que possua rede de computadores.

Sistemas de computadores multiprocessadores Sistemas de computadores que utilizam uma arquitetura de multiprocessadores no projeto de suas unidades centrais de processamento. Isso inclui o uso de microprocessadores de apoio e processadores de múltiplas instruções, além de projetos com processadores paralelos.

Sistemas de gerenciamento financeiro Sistemas de informação que apoiam gerentes financeiros nas finanças de um negócio e na alocação e no controle de recursos financeiros, incluindo gerenciamento de contas e créditos, controle do orçamento, previsão financeira e planejamento financeiro.

Sistemas de informação (1) Conjunto de pessoas, procedimentos e recursos que coletam, transformam e disseminam informação em uma organização. (2) Sistema que aceita recursos de dados como entrada e os processa em produtos de informação como saída.

Sistemas de informação baseados em computador Sistema de informação que utiliza *hardware* e *software* para executar suas atividades de processamento de informação.

Sistemas de informação de *marketing* Sistemas que apoiam o planejamento, o controle e o processamento de transações necessárias para a execução de atividades de *marketing*, como gerenciamento de vendas, publicidade e promoção.

Sistemas de informação de produção Sistemas de informação que apoiam o planejamento, o controle e a execução de processos de manufatura. Incluem conceitos de manufatura integrada por computador (CIM) e tecnologias de manufatura apoiada por computador (CAM) ou projeto apoiado por computador (CAD).

Sistemas de informação de recursos humanos Sistemas que apoiam o gerenciamento de atividades de recursos humanos, como recrutamento e seleção, recolocação, avaliação de desempenho e treinamento e desenvolvimento.

Sistemas de informação estratégica Sistemas que fornecem a uma empresa produtos e serviços competitivos e uma vantagem estratégica perante seus concorrentes de mercado. Refere-se também a sistemas de informação que promovem inovação nos negócios, melhoram os processos de negócios e constroem recursos estratégicos de informação para a empresa.

Sistemas de informação interfuncionais Sistemas de informação que são combinações integradas de sistemas de informação nos negócios, permitindo, dessa forma, o compartilhamento de recursos de informação por meio das unidades funcionais de uma organização.

Sistemas de informação interorganizacional Sistemas de informação que interconectam uma organização com outras organizações, como uma empresa e seus clientes e fornecedores.

Sistemas de informações contábeis Sistemas de informação que registram e reportam transações de negócio e o fluxo de fundos por meio da organização, além de produzir relatórios financeiros. Fornecem informações para o planejamento e controle das operações do negócio, bem como permitem manter registros histórico e legal.

Sistemas de informações gerenciais (*management information system* – MIS) Sistema de apoio ao gerenciamento que produz relatórios pré-especificados, saídas de vídeo e respostas em intervalos periódicos ou por demanda.

Sistemas de reunião eletrônica (*electronic meeting systems* – EMS) Utilização de sala de reuniões com PCs em rede, tela e projetor e um *software* EMS para facilitar a comunicação, colaboração e tomada de decisão em reuniões de negócios.

Sistemas funcionais de negócios Sistemas de informação dentro de uma organização de negócios que apoia uma das tradicionais funções de negócios, como *marketing*, finanças ou produção. Essess sistemas podem ser de informação de operações ou de gerenciamento.

Sistemas híbridos de inteligência artificial Sistemas que integram várias tecnologias de inteligência artificial, como sistemas especialistas e redes neurais.

Sistemas legados Sistemas de informação antigos, tradicionais e geralmente baseados em *mainframe* de uma organização.

Sistemas tolerantes a falhas Computadores que têm múltiplos processadores centrais, periféricos e sistemas de *software*, e que continuam suas operações mesmo se ocorrer uma falha importante no *hardware* ou *software*.

Sistemas *turnkey* Sistemas de computador nos quais são fornecidos todo o *hardware*, *software* e desenvolvimento de sistemas necessários.

Software Programas e procedimentos de computadores relacionados com a operação de um sistema de informação. Compare com "*Hardware*".

***Software* de aplicação** Programa que especifica as atividades de processamento da informação necessárias para a realização de tarefas específicas dos usuários de computador. Como exemplos, há programas de planilha eletrônica e de processador de texto ou programas de inventário ou folhas de pagamento.

***Software* gráfico** Programa que auxilia os usuários na criação de gráficos e desenhos.

***Softwares* de sistemas** Programas que controlam e apoiam as operações de um sistema de computador. *Softwares* de sistemas incluem uma variedade de programas, como sistemas operacionais, sistemas de gerenciamento de banco de dados, programas de controle de comunicação, programas de serviço e utilitários, e tradutores de linguagem de programação.

Spooling Operação *on-line* simultânea de periféricos. Armazenamento temporário de dados de entrada de dispositivos de baixa velocidade em unidades de armazenamento secundário de alta velocidade, as quais podem oferecer acesso rápido para a CPU. Refere-se também à gravação de dados de saída em alta velocidade em unidades de fitas ou discos magnéticos, a partir dos quais pode-se transferir para dispositivos de baixa velocidade, como uma impressora.

Sub-rotina Uma rotina que pode fazer parte de uma outra rotina de um programa.

Subesquema Transformação ou uso parcial da visão lógica de um esquema de banco de dados que é necessária para um determinado programa aplicativo de um usuário.

Subsistema Sistema que faz parte de um grande sistema.

Suíte de *software* Combinação de pacotes de *software* individuais que compartilham uma interface de usuário comum e são projetados para fácil transferência de dados entre as suas aplicações.

Supercomputador Categoria especial de grandes sistemas de computadores que são os mais potentes disponíveis. São projetados para resolver problemas computacionais de grande escala.

Supercondutor Materiais que podem conduzir eletricidade com resistência praticamente igual a zero. Isso permite o desenvolvimento de circuitos eletrônicos muito rápidos e pequenos, anteriormente possíveis apenas em temperaturas muito baixas, próximas do zero absoluto. Desenvolvimentos recentes prometem materiais supercondutores próximos à temperatura ambiente.

Switch (1) Dispositivo ou técnica de programação para efetuar uma seleção. (2) Computador que controla a comutação de mensagens entre os computadores e terminais em uma rede de telecomunicações.

Tablet **e caneta gráfica** Dispositivo que permite a um usuário final desenhar ou escrever em uma superfície delimitada (*tablet*) e ter seus desenhos ou escrita digitalizados pelo computador e aceitos como entrada.

TCP/IP Conjunto de protocolos de redes de telecomunicações utilizado na internet, em intranets e extranets que se transformou em um padrão de fato de arquitetura de rede para muitas empresas.

Teclar Utilização do teclado de um microcomputador ou terminal de computador.

Tecnologia da informação (TI) *Hardware*, *software*, telecomunicações, banco de dados e outras tecnologias de processamento de informação utilizadas em sistemas de informação baseados em computador.

Tecnologia da informação global Utilização de sistemas baseados em computadores e redes de telecomunicações que usam uma variedade de tecnologias da informação para apoiar as operações e o gerenciamento de empresas globais.

Tecnologias sem fio Uso de tecnologias de ondas e micro-ondas de rádio, infravermelho e laser para transportar comunicações digitais sem fio entre os dispositivos de comunicações. Exemplos incluem micro-ondas terrestres, satélites de comunicações, telefones celulares e PCs, sistemas de pagers, rádio móvel de dados e várias tecnologias internet sem fio.

TEF (transferência eletrônica de fundos) Sistema bancário e de pagamentos que transfere fundos eletronicamente em vez de utilizar caixas ou documentos em papel, como o cheque.

Tela sensível ao toque Dispositivo de entrada que aceita entrada de dados ao colocar-se um dedo na tela de vídeo ou próximo dela.

Telecomunicações Relacionado à transmissão de sinais em longas distâncias, incluindo não só comunicação de dados, mas também transmissão de imagens e voz, utilizando rádio, televisão e outras tecnologias de comunicações.

Teleconferência Uso de videocomunicação para permitir que conferências de negócios sejam realizadas com participantes espalhados por um país, ou pelo mundo.

Telephone tag Processo que ocorre quando duas pessoas que desejam comunicar-se por telefone repetidamente perdem a chamada telefônica uma da outra.

Teleprocessamento Utilização de telecomunicações para o processamento de informações baseadas em computador.

Teletrabalho (*telecommuting*) Uso de telecomunicações para substituir os deslocamentos para o trabalho pelo trabalho em casa.

Tempo de retorno Tempo decorrido entre a submissão de uma tarefa a um centro de computação e o retorno dos resultados.

Tempo real Relacionado à execução de um processamento de dados no exato momento em que um processamento físico ou de negócio transcorre, de forma que os resultados desse processamento possam ser utilizados para apoiar a realização de um processo.

Teoria da cognição Teoria sobre como o cérebro humano trabalha e como os seres humanos pensam e aprendem.

Teoria da informação Ramo do conhecimento preocupado com a possibilidade da transmissão acurada ou com a comunicação de mensagens sujeitas a falhas de transmissão, distorções e ruídos.

Terabyte Um trilhão de *bytes*. Mais precisamente, 2 elevado à 40ª potência, ou 1.009.511.627.776 em notação decimal.

Terminais de transação Terminais instalados em bancos, lojas de varejo e outros locais que são utilizados para capturar dados de transações no ponto de origem. Exemplos são terminais de pontosde-venda (*point-of-sales* – POS) e caixas eletrônicos.

Terminal de computador Qualquer dispositivo de entrada/saída conectado por *links* de telecomunicação a um computador.

Terminal inteligente Terminal com capacidades de um microcomputador que pode assim executar várias funções de processamento de dados, entre outras, sem o acesso a um computador maior.

Terminal POS (*point-of-sales* – pontos de venda) Terminal de computador utilizado em lojas de varejo que funciona como uma caixa registradora que coleta dados de vendas e executa outras funções de processamento.

Texto Palavras, frases, sentenças e parágrafos utilizados em documentos e outras formas de comunicação.

Tinta magnética Tinta com partículas de óxido de ferro que pode ser magnetizada e detectada por sensores.

Totais de controle Acumuladores de totais de dados em múltiplos pontos em um sistema de informação para assegurar o processamento correto de informações.

Trabalhadores do conhecimento Pessoas cujas atividades primárias de trabalho incluem a criação, utilização e distribuição de informação.

Trackball Dispositivo composto por uma bola que gira sobre uma base fixa que é utilizado para movimentar o cursor em uma tela de computador.

Transação Evento que ocorre como parte de um negócio, como venda, compra, depósito, saque, reembolso, transferência, pagamento etc.

Trilha Porção de um meio de armazenamento móvel, tais como um tambor, fita ou disco, que é acessível a uma determinada posição da cabeça de leitura.

Trilha para auditoria (*audit trail*) Presença de meios e procedimentos que permitem uma transação ser investigada em todos os estágios do processamento da informação, começando por seu aparecimento em um documento-fonte e terminando com a sua transformação em informação em um documento final.

Tubo de raios catódicos (TRC) Tubo eletrônico a vácuo (tubo de televisão) que mostra a saída de um sistema de computador.

Unbundling Preço separado de *hardware*, *software* e outros serviços relacionados.

Unidade aritmética lógica(UAL) Unidade de um sistema de computador que contém circuitos que realizam funções matemáticas e operações lógicas.

Unidade central de processamento – CPU (*central processing unit*) A unidade de um sistema de computador que inclui os circuitos que controlam a interpretação e execução de instruções. Em muitos sistemas de computadores, a CPU possui uma unidade lógica aritmética, a unidade de controle e a unidade primária de armazenamento.

Unidade de controle Subunidade da unidade central de processamento (CPU) que controla e comanda as operações em um sistema de computador. A unidade de controle recupera as instruções de computador na sequência correta, interpreta cada instrução e então comanda outras partes do sistema de computador na sua implementação.

URL Código de acesso (como http://www.sun.com) para identificar e localizar arquivos de documentos hipermídia, banco de dados e outros recursos em *sites* web e outros locais na internet, nas intranets e extranets.

User friendly **(amigável)** Característica de equipamentos e sistemas utilizados por seres humanos que os tornam seguros, confortáveis e fáceis de usar.

Usuário final Qualquer um que utilize um sistema de informação ou a informação que ele produz.

Usuário final gerencial Gerente, empreendedor ou profissional de nível gerencial que utiliza pessoalmente sistemas de informação. Refere-se também ao gerente do departamento ou a outra unidade organizacional que se apoia em sistemas de informação.

Vantagem competitiva Desenvolvimento de produtos, serviços, processos ou capacidades que dão a uma empresa uma posição superior nos negócios em comparação à concorrência e a outras forças concorrentes.

Vazão Quantidade total de trabalho útil executado por um sistema de processamento de dados em um dado período.

Viabilidade econômica Expectativa de que a redução de custos, o aumento de receita, o aumento nos lucros e a redução nos investimentos necessários superem os custos de desenvolvimento e operação de um sistema proposto.

Viabilidade operacional Disposição e habilidade de gerentes, empregados, clientes e fornecedores para operar, utilizar e dar apoio a um sistema proposto.

Viabilidade organizacional De que forma um sistema de informação proposto apoia os objetivos de um plano estratégico de uma organização para sistemas de informação.

Viabilidade técnica Verificação se *hardware* e *software* capazes de atender às necessidades de um sistema proposto podem ser adquiridos ou desenvolvidos por uma organização no prazo necessário.

Vídeo interativo Sistema baseado em computador que integra processamento de imagem com tecnologias de processamento de texto, áudio e vídeo, as quais tornam possível a elaboração de apresentações multimídia.

Videoconferência Conferência em vídeo e áudio em tempo real (1) entre usuários de PCs em rede (videoconferência desktop) ou (2) entre participantes em salas de conferência ou auditórios em diferentes localidades (teleconferência). A videoconferência também pode incluir quadro branco e compartilhamento de documentos.

Videoconferência no desktop Utilização do computador do usuário final para realizar conferências com interação simultânea dos participantes, com voz e vídeo.

Vírus ou *worm* de computador Código de programa que copia suas rotinas destrutivas para dentro de um sistema de computador de qualquer um que utilize um sistema de computador que tenha rodado o programa ou qualquer um que utilize cópias dos dados ou programas retirados de tal computador. Isso espalha a destruição de dados e programas entre muitos usuários de computadores. Tecnicamente, um vírus não rodará sozinho e, por isso, precisa ser inserido em um outro programa, enquanto um *worm* é um programa isolado que roda sozinho.

WAN Rede de comunicação de dados que cobre uma ampla área geográfica.

Wand Dispositivo óptico de mão para reconhecimento de caractere utilizado para entrada de dados por muitos terminais de transação.

World Wide Web (WWW) Rede global de *sites* da internet para educação, entretenimento, negócios eletrônicos e *e-commerce*.

XML *(eXtensible Markup Language)* Linguagem de descrição de conteúdo da web que descreve o conteúdo de páginas na internet por meio da aplicação de *tags* (marcas) de identificação ocultas ou etiquetas contextuais aos dados de documentos da web. Por meio de categorização e classificação dos dados da web dessa forma, o XML torna o conteúdo da web fácil de identificar, buscar e analisar, e facilita a troca seletiva de informações entre computadores.

Índice de nomes

Abagnale, Frank W. Jr., 471, 472
Acebo, Alicia, 268
Adelson, Jay, 345
Alber, John, 4
Allason, Tom, 3
Anderson, Dave, 203
Andressen, Marc, 345
Ansip, Andrus, 462
Ayers, Joe, 533, 534

Babbage, Charles, 72
Badavas, Robert, 503
Bailar, Gregor, 273, 274
Balter, Dave, 323
Barkat, Sufel, 355
Barker, Gail, 225
Barr, Jeff, 328
Barretta, Jackie, 17
Barron, Christopher, 55, 56
Barton, Brian, 16
Baudisch, 93
Becker, Bernd, 48
Bellnier, John, 254, 255
Benioff, Marc, 136, 137, 345
Bennett, Patrick, 43, 44
Bergendahl, Johan, 208
Bernardin, Jamie, 73
Bernstein, Stuart, 224
Berry, Dave, 188
Bezos, Jeff, 203, 204, 328
Bishop, Tony, 68, 73, 74
Bolger, Mark, 93
Boole, George, 197
Bowen, Debra, 110
Breckon, Tom, 139
Bregman, Jay, 3
Brin, Sergey, 417, 418
Brinker, Eric, 25
Brooks, Fred, 150, 438
Broughton, Joan, 339
Brown, Alistair, 68
Brown, Brad, 340
Brown, Kevin, 119
Brown, Matthew, 317
Buchanan, Sally, 288
Buisson, Lise, 312
Buresh, Larry, 99
Burke, John, 170
Bush, George W., 473
Buxton, Bill, 93

Calloway, Wayne, 359
Cameron, Craig, 58
Canter, Steve, 259
Caracristi, Bob, 139
Cesconi, Frederico, 3, 4
Chestnut, Robert C., 499
Chung, Anne, 278
Cioffi, Catherine, 222
Cirillo, Guy, 69
Cluley, Graham, 531
Cole, Kenneth, 188
Cooper, Barbra, 503, 504
Copacino, Bill, 7
Cormier, Joe, 481
Coyne, Bill, 7
Cozzone, Perry, 527
Crabb, Gregory, 500
Craig, Mary, 466
Crawford, Scott, 516

Daems, Kurt, 164, 165
Dani, Hemang, 524
Davis, Ellen, 307
Davoren, Ben, 25
de Geus, Arie, 49
de Haaff, Michelle, 185
Dell, Michael, 39
Desdoigts, Xavier, 82, 83
DiCaprio, Leonardo, 471
DiGrazio, Dan, 306
D'Iorio, Joe, 224
Dolmovich, Bob, 268, 269
Dougherty, Kevin, 486
Drecun, Vasco, 49
Dresner, Howard, 353
Duckett, Megan, 39, 40

Edan-Harris, Janet, 323, 324
Ederyd, Wilhelm, 58
Einav, Yohai, 499
Einstein, Albert, 393
Erickson, Bradley, 73
Essas, Joseph, 194

Fanning, Shawn, 465
Fastow, Andrew S., 458
Felman, Frederick, 311
Ferguson, Jack, 276
Flynn, Brian, 480
Foran, David J., 73

Fowler, Jim, 346
Framke, Greg, 492
Fredriksen, Gene, 480, 481
Friedman, Milton, 454
Fujii, Kozo, 85

Ganesan, Dev, 153
Gartner, Jim, 254, 255
Gates, Bill, 143
Gerlach, Jennifer, 324
Gerstner, Lou, 258
Gilmore, John, 474
Giovannone, John, 462
Goldenberg, Barton, 259, 260
Grossman, Jeremiah, 484, 485

Haddad, Ghassan, 406
Hadlock, Kevin, 220
Hagerty, John, 371
Hahn, David, 323
Hanks, Tom, 471
Harley, David, 489
Harris, Alan, 181
Haskings, Dave, 306, 307
Haviv, Yaron, 69
Heinze, Grace, 207
Hernreich, Dennis, 367
Hill, Don, 184
Hinkle, John, 43
Hobgood, Adam, 386
Hollerith, Herman, 72, 75
Holmes, Sherlock, 393
Honerkamp, Jim, 349
Horvitz, Eric, 381
Hostmann, Bill, 370
Hubbert, Evelyn, 26
Hudson, Dick, 458
Huger, Alfred, 466
Hurst, Matthew, 323
Hyndman, Brian, 69
Hynds, Linn, 453

Ignatiev, Nick, 480

Jacob, Robert, 92
Jacquard, Joseph, 72
James, Greg, 521, 522
James, Raymond, 480, 481
Jamison, Mark, 118
Jobs, Steve, 76, 80

John, Elton, 39
John, Steven, 124
Johnston, Paul, 345
Joy, Kevin, 311

Karel, Rob, 527
Karimi, Nariman, 523
Karolak, Dale, 534
Katsinos, John, 362
Kelley, Jack, 207, 208
Kendrick, Wanyonyi, 377
Kerviel, Jerome, 515, 516
Khakhar, Elesh, 514
Khoda, Roman, 500
Khosla, Pradeep, 93
Kiiza, Jeff, 524
Kilby, Jack, 75
Kocher, Paul, 480, 481
Koehler, Michael, 184
Kopcke, John, 371
Kopelev, Sergio, 462
Kopper, Michael, 458
Kornbrust, Alexander, 531, 532
Kortikar, Ani, 330
Krautkremer, Todd, 56
Kruger, Bob, 465
Kurzweil, Ray, 112, 113
Kuvayev, Leo, 500

Lai, Stefan, 105
Lambert, Natalie, 489
Laurie, Rob, 170
Lay, Ken, 457, 458
Lemecha, Darryl, 43
Levin, Vladimir, 461
Levine, Joshua S., 491, 492
Lieberman, Henry, 395
Lipe, Perry, 222
Locussol, Virginie, 532
Lopez, Jennifer, 188
Louderback, Jim, 40
Lyttle, Robert, 459

McAssey, Jim, 22
McGinnis, Matthew, 386
McGinty, Lee, 365
McKenna, Michelle, 51, 52
Mackey, John, 454
McManus, Jeff, 204

Índice de nomes

McNabb, William, 479
McNair, Billy, 345
McNulty, Kathleen, 43
Madonna, 39
Malone, Dan, 185
Maloney, Brian, 529
Mann, Andi, 169
Manning, Christa, 288
Manolis, Eva, 328
Marsden, Brian, 182
Martell, Chuck, 454
Mattlin, Jay, 111
Matula, Alan, 514
Mauger, Jim, 225
Maynard, Brian, 311, 312
Mendel, Gregor, 378
Mengerink, Matthew, 405, 406
Metcalfe, Robert, 206
Miller, Jeff, 22
Milne, Kurt, 424
Mirza, Azam, 521
Miszewski, Matt, 426
Moffat, Bob, 539
Montano, Jesus, 229
Moore, Gordon, 88, 89, 90
Morey, Daryl, 369
Moss, Kate, 188
Mulholland, Nancy, 426
Musilli, John, 169, 170

Nahm, John, 424
Nelson, Zach, 259, 260
Newton, Isaac, 184
Northcutt, Stephen, 453, 454
Novak, Gordon, 150

O'Barr, Dan, 236
Olive, Steve, 43, 44
Oliver, Keith, 278
Ollmann, Gunter, 468
Omidyar, Pierre, 345
O'Reilly, Tim, 203
Orlov, Laurie, 504
Osborn, Ryan, 169, 170
Owens, Brenda, 140

Oxley, Michael G., 473

Pack, Michael, 286
Page, Larry, 417, 418
Palmisano, Sam, 539, 540
Parman, Randall, 184
Pascal, Blaise, 72
Passerini, Filippo, 43
Patel, Falgun, 371
Perdue, Arthur W., 306
Perlman, Beth, 219, 220
Petrucci, Jason, 229
Pfeil, Ken, 489
Phillips, Chet, 371, 372
Phillips, Steve, 349, 350
Pilkington, Michael, 520
Pinhanez, Claudio, 92
Poepsel, Matthew, 413
Pombriant, Denis, 137
Porter, Michael, 42, 52
Preoteasa, Andre, 229
Prevo, Jim, 272
Price, Ken, 336

Raffin, Eric, 26
Rainer, Gebhard, 354
Ramrath, Robert, 281
Rawson, Carol, 221
Reagan, J. R., 515, 516
Reece, John, 453
Reilly, Tom, 500
Reiner, Gary, 123, 124
Riazi, Atefeh, 262
Ried, Jessica, 317
Ring, Mike, 521
Rizza, Mickey North, 123
Rizzo, Mark, 481
Robinson, Danny, 345
Rock, David, 425
Rogers, Boyd, 215
Rogowski, Ron, 405
Roman, Anne, 338
Roosevelt, Franklin D., 473
Rose, Kevin, 345
Rotondo, Rick, 334
Rubinow, Steve, 69

Sammanch, Nick, 278
Sarbanes, Paul, 473
Sarner, Adam, 338
Savage, Sam, 357
Savarese, George, 262
Schambura, William A., 499
Schultz, Kathy, 289
Schulz, Greg, 26
Schwab, Ron, 164, 165
Schwartz, Jeffrey M., 425
Scoggins, Chris, 61, 62
Scott, Robert D., 503, 504
Selitto, Jerry, 400
Selzer, Bill, 336
Senge, Peter, 404
Shaffar, Scott, 375
Shah, Antique, 260
Shankaranarayana, Srikant, 539
Shefer, Issac, 222
Shipley, Greg, 488, 489
Shnier, Cliff, 481
Shore, Michael, 324
Showers, Mark, 378
Singh, Manjit, 297
Skilling, Jeffrey K., 458
Slater, Derek, 281
Smith, Douglas, 151
Snow, John, 363, 364
Sokolowicz, Edgardo, 147
Sparks, Kevin, 425
Spool, Jared, 332, 333
Stallings, Jim, 540
Stallman, Richard, 111, 461
Stanforth, Peter, 334
Steele, Fran, 63
Stefanakis, Mike, 440
Steinhorn, Jeff, 504
Sting, 39
Stonebraker, Michael, 178
Strelow, Matthias, 147
Swinmum, Nick, 346

Talanca, John, 289
Taylor, Don, 306
Thomas, Varghese, 69

Thompson, Scott, 74
Tiu, Carlo, 139
Tomlin, Brian, 306
Tonn, Joe, 288, 289
Toole, Richard, 426
Torvald, Linus, 144, 147
Trimarche, Gregory, 462
Turing, Alan, 376
Tyler, Irving, 350
Tzu, Sun, 438

Vasconi, Kevin, 191
Vermeulen, Al, 203
Vest, Gary, 140
Vollmer, Ken, 140
Volpp, Bryan D., 26
von Hippel, Eric, 203
von Leibniz, Gottfried Wilhlem, 72

Wakefield, Michael, 426
Wallace, Diane S., 503
Walton, Pete, 503, 504
Wang, Ray, 124
Wang, Vera, 188
Warner, Gary, 459
Weinstein, Ronald, 224, 225
Wellman, Michael, 382
Werner, Stephanie, 377
Westgarth, James, 157
Wheeler, Kevin, 525
White, Barbara A., 503
Whiteley, Robert, 236
Whitford, Scott, 293
Whitman, Meg, 203
Willner, Robin, 73
Winfield, Chris, 330
Wirth, Niklaus, 90
Wozniak, Steve, 76
Wright, Christine, 390

Yoshinaga, Darrell, 293
Young, Oliver, 314

Zitting, Shaun, 288
Zlot, Jeff, 487

Índice de empresas

Abagnale and Associates, 471
A-DEC, 272 Adelphia, 473
Adobe, 131 Aetea, 22
AFCOM, 169, 170
Agile, 17, 18
Airbus, 157
Alcoa, 269
Amazon.com, 153, 203, 204, 319, 326, 329, 330, 337, 338, 345, 381, 539
America Online, 474
American Bankers Association, 472
American LaFrance (ALF), 272–273
American Management Association, 464
American Mobile Satellite, 235
AMR Research Inc., 288, 307, 371
The Animal Logic Group, 82, 83
Apple Computer, 76, 80, 92, 146, 326, 464
Applebee's International, 183, 184
Aptara Inc., 153–154
Arby's, 362
Ariba, 319, 335
Arizona Telemedicine Program (ATP), 224
ArvinMeritor Inc., 222
AskMe Corp, 63
Association of Information Technology Professionals (AITP), 458
AT&T, 143, 333, 514
AT&T Mobility, 80
AT&T Solutions, 529
Audio Video Resources Inc., 225
Automatic Data Processing Inc., 137
Availl Inc., 534
Avien, 489
Avnet, 349, 350
Avnet Marshall, 505, 507, 508

Baker Tanks, 293
Banca Popolare di Milano, 147
Bank of London, 461
Banner Health, 289
Barnes & Noble, 319, 339
BarnesandNoble.com, 316, 338
Bauhaus Books and Coffee, 207
BCD Travel, 480, 481
Beagle Research Group, 137
BearingPoint, 515
BellSouth, 486
Berlin Packaging LLC, 259
Bertelsmann, 316

BI Jumpstart, 362
BillPoint, 320
Blizzard Entertainment, 232
Blue Coat, 236
Blue Cross, 425
Blue Prism, 420-421
Blue Shield, 425
Boise Cascade, 318
Bonver, 58
Borders, 338
Borders.com, 337
Bose, 281
Boston Celtics, 369
Brain Saving Technologies Inc., 224
BrainPlay.com, 338
Brand Standards, 312
BrandProtect, 311, 312
Bryan Cave, 4
BSG Concours Group, 504
Bureau of Labor Statistics, 21, 503
Business Objects, 349
Business Software Alliance, 464
BusinessWeek, 457, 499
Buzzlogic, 323, 324
BWXT, 15, 16
BzzAgent, 323

Cablecom, 3, 4
Caffe Ladro, 207
Caldera, 144
Cancer Institute of New Jersey, 73
Capital One Financial Corp., 273, 274
carderplanet, 500
CardingWorld.cc, 499
CareerBuilder.com, 295
Carnegie Mellon University, 93
CAS, 188
Cash America International, 204
Casual Mail Retail Group, 367
CBS News, 470
Center for Creative Leadership, 426
Central Florida Educators' Federal Credit Union (CFEFCU), 486
Channel Advisor, 204
Charles Schwab & Co., 265, 266
Checker Auto Parts, 98
CheckFree, 320
ChemConnect, 335-336
Chemistry.com, 193

Chicago Sun-Times, 110
Chiquita Brands, 297
ChoicePoint, Inc., 43, 482
Churchill Downs Inc., 260
Cingular Wireless, 80
Cisco Systems, 137, 254, 255, 317, 378, 401, 525
Citibank, 461
Citicorp, 539
Clark, Martire, and Bartolomeo, 457
Coca-Cola, 269
Cogent Communications, 169
Cohn LLP, 453
Colgate-Palmolive Co., 270, 271
Colonial, 268
Colorcon Inc., 527
Commerce One, 319, 335
Commodore, 76
Commtouch, 469
Comsat, 235
ComScore Media Metrix, 345
Comshare, 360
Connecticut General, 272
Consolidated Rail, 362
Constellation Energy, 219, 220
Continental Airlines, 267, 268
Con-Way, 17
Corel, 127, 130, 131, 194
Coty, 188–189
CPS Energy, 55
Craigslist, 333
Cryptography Research, 480
CSK Auto Corp., 98, 99
CVS, 188
CybeRe, 521

Daksh eServices, 539
Dasiy Brands, 119
DataSynapse Inc., 68, 73
DeepGreen Financial, 400, 401
Delicious, 314
Dell Computer, 39, 317, 336
Designs for Health Inc., 259
DHL Asia Pacific, 523
Digital Impact, 346
Direct Energy, 362
Disney-ABC, 208
DSW Shoe Warehouse, 479-482
Dunes Technologies, 170

E! Entertainment Television Inc., 43, 44
eBay, 74, 203, 204, 330, 334, 345, 405, 485
eCourier, 3
EDS, 514, 528
eHarmony, 193, 194
Electronic Frontier Foundation, 474
Eli Lilly, 269
Energen, 459
Enron, 457, 458, 473
Enterprise Management Associates (EMA), 169, 516
Epiphany Inc., 260
Ericsson Telephone Co., 208
ETrade Financial Corp., 491, 492
Euroclear, 520
European Portfolio & Index Strategy, 365

Facebook, 172, 206, 314, 323, 469
Fast Search, 214
Federal Bureau of Investigation (FBI), 453, 459
Federal Communications Commission (FCC), 249
Federal Trade Commission (FTC), 474
FedEx, 55, 362
Fidelity, 529
Fidelity Bancshares Inc., 481
First World Corp., 539
Florida Department of Law Enforcement, 140
FMC Technologies, 378
Fonterra, 521, 522
Foot Locker, 413
Ford Motor Company, 96, 97, 246
Forrester Research Inc., 26, 124, 140, 236, 332, 405, 489, 527
Fortiva, 487
Fortune, 539, 540
FoxMeyer Drugs, 272
Freecycle, 333
FreeMarkets Inc., 313, 336
FreeMerchant, 332
Freightliner, 273
F-Secure, 488
Fujitsu, 85

Galderma, 520
Gartner Inc., 43, 353, 370, 466, 486
GE Global Exchange Services, 277
GearWorks, 56
General Electric, 123, 124, 246
General Motors, 281, 314, 529
GetaFreelancer.com, 524
Gillette Company, 110
Global Learning, 525
Global Marine, 458
Goldman Sachs, 539

Gomez, 413
Goodyear, 377
Google, 74, 128, 135, 187, 203, 214, 314, 316, 330, 345, 382, 417, 466, 525
Graham, Lawrence, 229
Green Mountain Coffee Roasters, 272
Greenberg Traurig, 462
GretagMacbeth LLC, 215

H. B. Fuller Co., 124
Hannaford Bros., 18, 19, 482
Harley-Davidson Motor Company, 519
Harrah's Entertainment, 400
Harvard University, 173, 504
Healthways, 385, 386
Heritage Environment Services, 336
Hershey Foods, 16, 272
Hess Corp., 503, 504
Hewlett-Packard Co., 16, 44, 84
Hi-Link Computer Corp., 254, 255
Hillman Group, 349
Hitachi, 390
Honigman Miller Schwartz, 453
HotJobs.com, 295
Hudson & Associates, 458
Hyatt Hotels, 354, 355
HypeWifi, 208

IBM, 73, 75, 83, 84, 93, 96, 105, 134, 143, 148, 175, 177, 178, 241, 258, 321, 384, 430, 464, 468, 528, 539, 540
IBM Research, 92
Industrial and Commercial Bank of China (ICBC), 147
InfoBurst, 349
Informatica Corp., 349, 371
Information & Decision Solutions (IDS), 44
InformationWeek, 479
Infosys Technologies, 448
Intec Engineering Partnership Ltd., 63
Intel Corporation, 88, 169, 170, 336, 464
Intellsat, 235
Internal Revenue Service, 453
International Association for the Advancement of Criminal Activity, 499–500
Intier Automotive Inc., 534
Intuit Corp., 259
iPlanet, 281
ISM, 259, 260
IT Process Institute, 424
ITPI, 427

Japan Aerospace Explorations Agency (Jaxa), 85
JEA, 377
JetBlue Airways, 25
JiWire, 207, 208

John C. Reece and Associates LLC, 453
JourneyTEAM, 164
JPMorgan, 364, 365, 499

KB Online Holdings LLC, 338
KB Toys, 338
Kestrel Institute, 151
Keynote Systems, 412, 413
Kimberly-Clark, 118
Kinaxis, 306
KitchenAid, 312
KPMG International, 63, 125
Kragen Auto Parts, 98

Lands End, 328
Landsend.com, 333
LECG, 462
Lending Tree, 400
Levi Strauss, 362
Lime Brokerage, 68
Linden Labs, 286, 392
LinkedIn, 323
Lloyd's Construction, 56
LMO Insight, 504
Lotus, 127, 132, 134, 178, 194, 285, 483
Louis Vuitton, 539
LVM Insurance, 147

McAfee Inc., 488, 499
McDonalds, 207, 314
McKesson Drugs, 272
Macy's, 412, 413
Macys.com, 332
MarketNet, 317
MarketTools.com, 324
Marketworks, 204
MarkMonitor, 311
Marriott, 318
MasterCard, 321
Mattel, 324
Max Factor, 110
Mayo Clinic, 73
Media REsearch & Intelligence (MRI), 111
MercadoLibre.com, 147
Méridien, 92
MetLife, 229, 262
Metric & Multistandard Components Corp. (MMCC), 254, 255
Metro Future Store, 92
Microsoft Corporation, 92, 93, 96, 127, 128, 130, 131, 132, 134, 142, 143, 147, 155, 156, 164, 175, 178, 179, 194, 219, 241, 269, 318, 321, 330, 370, 393, 411, 420, 462, 464, 468, 483, 485, 499, 525, 540
Microsoft LiveLabs, 323
Microsoft Network, 474
Microsoft Research (MSR), 381

Índice de empresas

Midland HR, 135
Minor Planet Center (MPC), 181
MIT Media Lab, 395
MIT Sloan School of Management, 203
Mits, 76
Monsanto, 378
Monster.com, 295, 482
Moore School of Electrical Engineering, 75
MortgageIT.com, 400
Motorola Inc., 81, 371
MySpace, 206, 314, 323, 345

NameProtect, 311
Nanochip Inc., 105
Nasa, 151, 182
National Association of Securities Dealers (Nasdaq), 69, 487
National Football League, 480
National Institutes of Health (HIH), 73
National Rail Enquiries (NRE), 61, 62
National Retail Federation, 307
Naval Surface Warfare Center, 453
Nemertes Research, 170
Neohapsis, 488
Netflix, 345
Netscape.com, 128
Netscape Communications, 321, 330, 345
NetSuite Inc., 259, 260
Neuro Critical Care Center, 224
Nevada Department of Corrections, 236
New York State Workers' Compensation Board, 426
New York Stock Exchange (NYSE), 69
The New York Times, 463, 465, 539
New Zealand Dairy Board, 521
Nike, 16, 272
Nokia, 269
Norsk Hydro, 393
North Face, 215
Northern California Power Agency (NCPA), 139
Northrop Grumman, 375
Northwest Airlines, 74
Northwestern Mutual Life, 314
Novartis AG., 289, 529
Novell, 241, 483

Oco, 7, 367
oDesk Corp., 524
Office Depot, 336, 337
OfficeDepot.com, 337
Ogilvy & Mather Worldwide, 262
Ohio Law Enforcement, 139, 140
Ohio State University Medical Center (Osumc), 377–378
Olympus, 520
OpenOffice, 130

Oracle Corp., 126, 139, 175, 177, 191, 194, 258, 264, 276, 278, 288, 355
Oregon Health & Science University (Ohsu), 288, 289
The Oregonian, 289
Overstock.com, 74

Palisade System, 480
Paul Revere, 268
PayPal, 74, 320, 405, 406, 499
Paytrust, 320
PC Connection, 276
PC Magazine, 40
PeopleSoft, 259, 273, 274
PepsiCo, 359
Perdue Farms, 306
Peregrine Systems, 473
PerfectMatch, 193
Perot Systems, 529
Perpetual Entertainment Inc., 481
PharMerica, 426
PizzaHut, 470
Plaxo, 206
Ponemon Institute, 482, 515
PortAuthority Technolgoies Inc., 481
The Post and Courier, 273
Presidio Financial Partners, 487
priceline.com, 400
Privacy Rights Clearinghouse, 487
Procter & Gamble Co., 43, 44, 110, 503, 504
Prodigy Biz, 332
Protuo.com, 323, 324
Provident, 268

Quaker Chemical, 350
QuickSource, 313

R. L. Polk & Co., 191
Radio Shack, 76
RAT Systems, 499
Raymond James Financial Inc., 480
Recording Industry Association of America (Riaa), 465
Red Hat, 144
Red-Database Security, 531
Redwood Analytics, 4
REI, 339
Reinsurance Group of America Inc. (RCA), 50
Remington Rand, 75
Reporters Without Borders (RSF), 532
Requisite Technology, 316
Resource Interactive, 317
Resources Inc., 525
Results Coaching System, 415
Reuters, 68
Rite Aid, 338

Royal Bank of Canada, 312
Royal Dutch Shell, 49, 514, 520
RSA Security Inc., 486, 499

Saba Software Inc., 289
Salesforce.com, 135, 136, 137, 293
Sandia National Labs, 377
Sans Technology Institute, 453
SAP, 15, 16, 135, 157, 164, 165
SAP AG, 264, 278
SAP America, 258
SAS, 385, 386
Savvis, 68, 69
Schuck's Auto Supply, 98
Schwan Food Co., 43
Seaport Hotel, 247
Sears, 326
Securities and Exchange Commission (SEC), 473, 487
SeeBeyond, 281
Sew What? Inc., 39, 40
Sheraton, 92
Siebel Systems, 264, 281
Silicon Graphics, 84
SimSciEsscor, 533
Skype, 246–247, 481
Smithsonian Astrophysical Observatory, 182
Société de Transport de Montréal (STM), 440
Société Générale, 515, 516
Software Agents Group, 395
Software Publishers Association, 464
Sony Computer Entertainment America Inc., 288, 539
Sopheon PLC, 49
Sophos, 531
Southwest Airlines, 74, 371
Space Science Institute, 181
Spamhaus, 500
SpecEx.com, 333
Spectrum Bridge, 333, 334
Sprint, 238
Stanford University, 357
Staples, Inc., 326
Starbucks, 207, 208
Starwood Hotels & Resorts, 92
State Farm Insurance Company, 416, 417
The Storage I/O Group, 26
StratBridge Inc., 369, 370
Sun Microsystems, 127, 143, 145, 147, 155, 158
SuperPawn, 204
Supersol, 221
Suse Linux, 144
Sybase, 178
Symantec Corp., 466, 488, 499
Synergy/CM, 534
Syntelllect Interactive Services, 282, 283

Tablus, 481
TAC Worldwide, 503
Tandberg, 224
Target, 188, 539
Telelogic AB, 534
Teradata, 178, 184, 355
Tesco, 110
Texas Department of Transportation, 221, 222
Texas Instruments (TI), 75
T-Health Institute, 225
theftservices.com, 500
Thomson Distributing, 69
3Com Corp., 206
Time Warner Inc., 453
Timex Corp., 48, 49
Toshiba, 225, 390, 539
Toyota Motor Sales USA, 503, 504
TPI, 514
Trans World Entertainment Corp., 43
Travelocity.com, 183, 184, 316
T-Systems, 514
Turbolinux Inc., 147
Twitter, 469
Tyco International Ltd., 288, 289, 473

U. K. National Audit Office, 438
Ucla, 232
UHM Cargo, 499
Umbria, 323, 324
Unisys Global Industries, 529
United Distillers, 390, 391
U. S. Airways, 74
U. S. Department of Defense, 453
U. S. Department of Energy, 15

U. S. Federal Trade Commission, 499
U. S. Justice Department, 411
U. S. Library of Congress, 103
U. S. Postal Inspection Service, 499, 500
U. S. Postal Service, 246, 333
U. S. Secret Service, 499
Universal Orlando Resort, 51, 52
University of Alabama at Birmingham (UAB), 459
University of Arizona College of Public Health, 225
University of California at Berkeley, 178
University of California School of Medicine, 425
University of Georgia, 503
University of Helsinki, 147
University of Maryland, 286
University of Michigan, 382
University of North Carolilna Kenan-Flagler Business School, 306
University of Texas at Austin, 150
University of Utah, 232
Unum Group, 268–269
UPS, 55, 238
User Interface Engineering, 332

VA Office of Information & Technology, 25
Vanguard Group, 479
Vanity Fair, 215
Vendio, 204
Verari Systems Inc, 68
Verio, 332
VeriSign, 321
Verizon Wireless, 333
Vertias Global LLC, 454

VerticalNet, 335
Veterans Administration (VA), 25
Visa International, 125, 126, 321
VistaPrint Ltd., 185
Visual Sciences Inc., 185
Voltaire, 69
Vonage, 247
Vontu Inc., 480, 481

W Group, 22
W. W. Grainger & Co., 316
Wachovia Corporate and Investment Bank, 68, 73
Walgreens, 188
The Wall Street Journal, 172, 454
Walmart, 110, 118, 119, 336, 382, 412, 413
Walmart.com, 412, 499
WCPO-TV, 292
Welch's, 7
Wells Fargo, 314
Westin, 92
WestLB, 489
Whirlpool Corp., 16, 311
White Hat Security, 484–485
Whole Foods Market, 454
Wipro, 539
Wolf Peak International, 164–165
WorldCom, 473

Xerox Corp., 463
XpertRule Software Limited, 391

Yahoo!, 187, 214, 330, 382, 454, 466, 485
YouTube, 172

Zappos, 346, 413

Índice

A

Abordagem de ciclo de vida, 407
Abordagem de conversão direta, 435-436
Abordagem sistêmica, 404-407
   atividades, 404
   definidos, 404
   pensamento sistêmico, 404-407
Acesso de alta velocidade de pacote (HSPA), 208
Acesso sem fio à internet, 237-238
Administradores de bancos de dados (DBAs), 178
Adware, 468-469
Agentes inteligentes, 381, 393-395
   como substituto do *software*, 393
   definição, 393
   exemplo, 395
   exemplos, 394
   gerenciamento de informação, 394
   interface do usuário, 394
   representação gráfica, 393
   software, 394
Algoritmos genéticos, 390-391
   definidos, 390
   exemplo, 390-391
   mutação, 390
   software, 381
Alocação de recursos, 429
Altair 8800, 76
Ambiente, 27, 29
Análise "e-se...", 365-366
Análise de cesta de produtos (MBA), 368-369
   aplicações, 369
   definição, 368
Análise de custo/benefício, 410
Análise de níveis detalhados, 359
Análise de otimização, 365, 367
Análise de requisitos funcionais, 413-414
Análise de sensibilidade, 365, 366
Análise de sistemas, 412-414
   definição, 412
   do sistema atual, 412
   elementos, 412
   lógicos, 413
   organizacionais, 412
   requisitos funcionais, 413-414
Análise e projeto de sistemas (SA&D), 407
Análise lógica, 413
Análise organizacional, 412
Análise orientada a objetos (OOA), 407, 422
Análise por busca e objetivo, 365, 366
Análise por consulta, 369
Analistas de negócios (BA), 22
Analistas de sistemas, 21
Anonymaus remailers (entregadora anônima)
Aplicações empresariais, 258-261
   arquitetura, 258-261
   definição, 258
   interfuncional, 258-262, 300
Aplicações empresariais, 5
   discos ópticos, 109
   papéis, 6, 35
   papéis abrangentes, 8
   razões para, 6
Aplicações empresariais interfuncionais, 258-262, 300
Apoio à decisão, 348-375
   classe executiva, 353
   exploração de dados para, 367-369
   portais empresariais e, 372-374
   processamento analítico *on-line* (Olap), 359-362, 395-396
   sistema de apoio à decisão (DSS), 355-356, 365-370, 396
   sistema de informação executiva (EIS), 370-372, 396
   sistemas de gestão de conhecimento, 374
   sistemas de informação geográfica (GIS), 362-365
   sistemas de informação gerencial (MIS), 357-358, 395
   sistemas de visualização de dados, 362-365
   tendências, 352-355, 395
Apple iPhone, 81
Aprendizagem de máquina, 381
Apresentações de slides, 132
Apresentações gráficas, 132
Armazenamento, 101-104
   acesso direto, 103-104
   acesso sequencial, 104
   capacidades, 103
   de recursos de dados, 34
   definição, 34
   discos magnéticos, 106-107
   discos ópticos, 107-109
   fita magnética, 107
   fundamentos, 102-103
   memória de acesso aleatório (RAM), 102, 103, 104
   memória semicondutora, 104-105
   memória somente de leitura (ROM), 105
   Raid, 107
   sistema de computador, 87
   sistema numérico binário, 103
   tipos de mídia, 101
Arpanet, 232
Arquitetura de aplicativo, 506-507
Arquitetura de rede, 243-247
   definição, 243
   modelo OSI, 243-245
   TCP/IP, 245-246
   VoIP, 246-247
Arquitetura orientada a serviços (SOA), 157
Arquivos
   backup, 489-490
   cookie da web, 331
   definição, 171
   tipos de, 171
Arquivos de *backup*, 489-490
Arquivos de cookie da web, 331
Arquivos de folha de pagamento, 171
Arquivos históricos, 171
Assistentes pessoais digitais (PDAs), 80, 133, 293
Associação por computador, 472
Association of Information Technology Professionals (AITP), 458
Ataques de negativa de serviço (DDOS), 485-486
   defesa, 485
   definição, 485
   exemplo, 486
Ataques de negativa de serviços, 485-486
ATM (modo de transferência assíncrona), 248-249
Auditoria, 494
Automação da equipe de vendas, 287, 292-293
Automação da equipe de vendas baseada na web, 287, 292-293
Avaliação do retorno sobre o investimento (ROI), 300

B

Banco de dados operacionais, 183, 186
Bancos de dado de produção, 156
Bancos de dado de transação, 183
Bancos de dado externos, 187
Bancos de dados, 171-173
   CRM, 265
   definição, 171-172
   desenvolvimento, 178-181, 196, 199
   desenvolvimento de aplicativo, 196, 198
   design, 179-181
   design físico, 180, 181
   design lógico, 180
   distribuído, 183-187
   entidades, 172
   esquemas, 181
   externo, 187
   hipermídia, 187-188
   interrogação, 196-198
   manutenção, 196, 198, 283
   operacional, 183
   relacionamentos, 172
   tipos de, 199
Bancos de dados de área temática (SADB), 183
Bancos de dados de hipermídia, 187-188
Bancos de dados distribuídos. *Ver também* Bancos de dados
   atualização, 187
   definição, 183

580 Índice

desvantagens, 187
processo de duplicação, 187
vantagens, 183–187
Bases de conhecimento, 374, 383
Basic, 149
Benefícios Intangíveis, 410
Benefícios tangíveis, 410
Binário pré-compilado, 144
Blogs, 129–130
Bluetooth, 237

C

C++, 151, 158
Cabo coaxial, 234
Cadeias de valor
  definição, 275
  exemplos, 53
  ilustração, 53
  SI estratégicos e, 52–53
Câmeras digitais, 99
Campos, 168
Canais de banda estreita, 248
Canais de banda larga, 248
canais de velocidade média (banda média), 248
CAPTCHA (Testes de Turing *público completamente automatizado para diferenciação entre computadores e humano*), 376
Caracteres, 168
Carreiras, 19–22
Cavalos de Troia, 469
CD-R (disco compacto gravável), 108
CD-ROM (disco compacto com memória somente de leitura), 107–108
Centros de desenvolvimento, 509
Centros de excelência, 533
Centros de informação, 508
Chaves primárias, 171
Chaves privadas, 483
Chaves públicas, 483
Ciberterrorismo, 461–462
Ciclo de vida do desenvolvimento de sistemas (SDLC)
  atividades interdependentes, 407
  como abordagem do gerenciamento de projetos, 428
  definição, 407
  em desenvolvimento de *software*, 421
  execução de projeto em, 429
  ilustrado, 408
Ciência cognitiva, 379–381
CIO, 510
Clientes, 229, 230
Clientes magros, 230
Cliparts, 131
Cobit (*control objectives for information and related technology*), 517–518, 519
Cobol, 149
código ASCII usado no computador, 102
Código comercial uniforme (UCC), 137
Códigos universais de produto (UPC), 98
Colaboração
  e-commerce, 319
  global, 526
Competição
  nos negócios, 45
  modelo, 42

Compiladores, 158
Comportamento do cliente, 369
Compras por impulso, 332–333
Computação
  baseada em caneta, 94–95
  distribuídos, 86
  grade, 73–74, 86
  nuvem, 135–136
  recursos, 8
  usuário final, 8
Computação baseada em caneta, 94–95
Computação de usuário final, 8
Computação distribuída, 86
Computação em grade, 73–74
  computação em nuvem contra, 136
  definição, 86
  vantagens/desvantagens, 86
Computação em nuvem
  benefícios, 136
  computação em nuvem contra, 136
  definição, 135
Computação em rede, 230–231
computador Apple, 76
Computador e integrador numérico eletrônico (Eniac), 75
Computadores. *Ver também* Tipos específicos de computadores
  em redes de telecomunicação, 223
  rede, 230–231
  velocidades de processamento, 88
Computadores de rede, 80, 230
Computadores pessoais (PCs). *Ver também* Sistemas de microcomputador
  conectividade, 79
  critérios empresariais, 79
  definidos, 77
  desempenho, 79
  equipamento com segurança, 79
  sistema operacional, 79
Computer profiling (determinação de perfis por computador), 472
Comunidades de interesse, 319
Comunidades *on-line*, 323, 324
Comunidades virtuais, 291
Comutação, 248–249
Comutação de pacotes, 248–249
Comutadores, 240
Conhecimento
  descoberta, 367
  engenharia, 387–388
  explícito, 62
  métodos de representação, 382
  tácito, 62
Conhecimento explícito, 62
Conhecimento tácito, 62
Consolidação, 359
Consultas
  gráficas, 198
  naturais, 198
  SQL, 196–197
Consultas de SQL, 196–197
Consultas gráficas, 198
Consultas naturais, 198
Control logs, 494
Control objectives for information and related technology (Cobit), 517–518, 519

Controle
  acesso, 316
  definição, 27
  desempenho do sistema, 34
  desenvolvimento pelo usuário final, 419
  processo, 12, 509
  sistema de apoio a operações, 12
  sistema de computação, 87
  sistema de informação, 28, 493
  sistema de produção, 295
  sistemas, 27
Controle de acesso, 316
Controle de falhas do computador, 491
Controle de processo, 12, 295, 509
Controle numérico, 295
Conversão, 435–437
  direta, 435–436
  em fase, 437
  paralela, 436
  piloto, 436–437
Conversão direta, 435–436
Conversão em fases, 437
Conversão gradual, 437
Conversão paralela, 436
Conversão piloto, 436–437
Cots (*commercial off-the-shelf*), 122
Cots (*commercial off-the-shelf*), 122
Cracking, 460–461
Crescimento exponencial, 206
Crime em informática. *Ver também* Segurança
  adware e *spyware*, 468–469
  ciberterrorismo, 461–462
  cracking, 460–461
  definição, 458
  direito cibernético e, 474–475
  hacking, 459–460
  pirataria de *software*, 464–465
  roubo cibernético, 461
  roubo de propriedade intelectual, 465
  sair do emprego e, 462
  uso não autorizado no trabalho e, 463
  vírus, 466, 467
  worms, 466, 469
Criptografia, 483
CTO, 510, 511
CTO, 510, 511
Cutover em fases, 436
Cutover simples, 436
Cybersquatting, 311

D

Dados
  arquivo, 171
  campo, 168
  caractere, 168
  compressão, 178
  conceitos fundamentais, 168–173
  conversão, 433–434
  dependência, 193
  estáticos, 189–190
  fusõe e, 169–170
  informação contra, 32
  integração, 193
  integridade, 193
  padronização, 193

Índice 581

processamento em informação, 33
processo de modelagem, 180
processo de planejamento, 179
redundância, 193
registro, 168-171
Datas de lançamento, 438
DBMS. *Ver* Sistema de gerenciamento de banco de dados
Decisões
    estruturada, 352
    não estruturada, 352
    nível de gerência, 348
    semiestruturada, 352
decisões estruturadas, 352
Decisões não estruturadas, 352
Decisões semiestruturadas, 352
Defesas de seguranças interligadas por rede. *Ver também* Segurança; Gerenciamento de segurança
    Criptografia, 483
    de ataques de negativa de serviço (DDOS), 485-486
    defesas contra vírus, 487-488
    Firewall, 484
    monitoramento de *e-mail*, 487
Depósito de dados empresariais em tempo real (EDW), 267, 268
Depósitos de dados
    empresarial (EDW), 267, 268
    ilustrado, 190
    repositórios de dados, 189
Desafios de emprego, 475
desafios de gerenciamento, 6
Desafios de individualidade, 476-477
Desafios nas condições de trabalho, 476
Descoberta de fraude, 369
Desempenho de sistema
    controle, 34
    monitores, 509
Desenvolvimento de aplicação
    banco de dados, 196, 198
    gerenciamento, 508-509
    software de gerenciamento de banco de dados (DBMS) em, 198
Desenvolvimento de sistemas
    ágil (ASD), 415
    estágio de investigação, 408
    estratégias, 533
    estudos de viabilidade, 408-409
    global, 533-534
    inicial, 408-411
    offshore, 533
    paralela, 533
    viabilidade de fatores humanos, 411
    viabilidade econômica, 410
    viabilidade operacional, 409-410
    viabilidade política/legal, 411
    viabilidade técnica, 410-411
Desenvolvimento globais ou *offshore*, 533
Desenvolvimento paralelo, 533
Desenvolvimento pelo usuário final, 418-421
    atividades de SI, 418-419
    definição, 418
    encorajando, 421
    exemplo, 420-421
    fazendo, 419-420

ilustrado, 419
medidas de controle, 419
resumo, 443
Design de sistemas, 414-418
    deliverables, 414
    especificações, 418
    físico, 414
    ilustração, 414
    interface de usuário, 416-417
    prototipagem, 414-416
    sites de negócios, 416
Diagramas de dependência, 429
Diagramas de relacionamento de entidades (ERDs), 179, 180
Dicionário de dados, 178, 179
Digitalizadores, ópticos, 97, 98
Dimensão internacional, 520
Diretrizes éticas, 456-457
Discos DVD + RW, 108
Discos DVD-ROM, 108
Discos magnéticos, 106
Discos ópticos
    Aplicações empresariais, 109
    capacidade de armazenamento, 109
    CD-R, 108
    CD-ROM, 107
    CD-RW, 108
    comparação de capacidade, 108
    definição, 107
    DVD+RW, 108
    DVD-ROM, 108
    em processamento de imagem, 109
Discussões com moderador, 130
Dispositivo de armazenamento de acesso direto (DASD), 103
Dispositivo indicador, 91-94
    mouse eletrônico, 91
    pointing stick (também chamado track-point), 91
    tela sensível ao toque, 94
    touchpad, 91-94
    trackball, 91
Dispositivos de digitalização ótica
    bastões, 98
    definidos, 97
    digitalizadores, 97
    digitalizadores OCR, 98
Dispositivos de informação, 80-81
Dispositivos Windows (janelas), icons (ícones), menus (menus) e pointing (dispositivo apontador ou mouse) – que formam a sigla Wimp, 92, 93
Documentação, 434
Documentos
    fonte, 33
    geração, 283
    processamento de texto, 130
DVS. *Ver* Sistemas de visualização de dados

E

EAI. *Ver* Integração de aplicações empresariais (EAI)
e-commerce, 310-373
    âmbito de, 310-315
    ao fechar negócios, 317
    aplicações, 24, 322-340

arquitetura de processo, 315
clicks and bricks, 336-340
colaboração e comércio, 319
consumidor-consumidor (C2C), 314-315
controle de acesso e segurança, 316
definição, 11, 258
empresa-consumidor (B2C), 314, 322-328, 340
empresa-empresa (B2), 315, 333-334, 340
estratégia de opções, 339
expansão de, 21-22
fatores de sucesso, 326
gerenciamento de busca, 316
gerenciamento de catálogo e de conteúdo, 317, 318
gerenciamento de fluxo de atividades, 318
integração, 336-337
introdução ao, 310
mercados, 334-335
notificação de eventos, 319
opções de canais, 339
personalização e traçado de perfil, 316
processos de compra, 318-319
processos de negócios, 313
processos de pagamento eletrônico, 320-321
processos essenciais, 315-319
questões, 322-340
resumo, 340
sistemas, 309-346
tecnologias, 310
tendências, 322
tipos de, 314-315
vantagens, 310
e-commerce, 317
e-commerce B2B. *Ver e-commerce* empresa-empresa (B2B)
e-commerce B2C. *Ver e-commerce* empresa-consumidor (B2C)
e-commerce C2C, 314-315
e-commerce consumidor-consumidor (C2C), 314-315
e-commerce empresa-consumidor (B2C). *Ver também e-commerce*
    anúncios e incentivos, 327
    aspecto e sensação, 327
    atenção pessoal, 327
    comunidades de relacionamento, 327
    desempenho e serviço, 326-327
    fatores de sucesso, 325-328
    ótima comunicação com o cliente, 328
    processos de pagamento de cartão de crédito, 320
    requisitos para loja virtual, 329-333
    resumo, 340
    segurança e confiabilidade, 327-328
    seleções e valores, 325-326
    tendências, 322, 325
e-commerce empresa-empresa (B2B). *Ver também e-commerce*
    definição, 315, 333
    exemplo, 333-334
    implementação de tecnologia, 333
    mercados, 334-335
    operações do setor de segurança, 316
    operações privadas, 336
    operações públicas, 335-336

plataformas de negociação da internet, 319
portais da web, 319, 335
processos de pagamento, 320
resumo, 340
tendências, 322, 325
ECS. *Ver* Sistemas de colaboração empresarial
EIP. *Ver* Portal de informações de empresa
EIS. *Ver* Sistemas de informação executiva
E-mail
abuso no local de trabalho, 463, 464
definição, 128
flame mail, 474
funcionamento, 128–129
junk, 474
monitoramento, 487
software, 129
spam, 469–470, 474
emenda de falsificação e pirataria de *software* de computador, 464
Empregos, 510–511
Empresa construtora do conhecimento, 62–63, 64
Empresas ágeis, 58–60
definição, 58–59
estratégias
resumo, 64
TI e, 60
tornando-se, 58–60
Empresas de hospedagem na internet, 332
Empresas virtuais
definição, 60
estratégias, 60–61
ilustração, 60
resumo, 64
Encapsulamento, 175
Engenharia apoiada por computador (CAE), 296
Engenharia de sistemas apoiada por computador, 434
Engenharia dos fatores humanos, 477
Entrada
definição, 24
dispositivos, 91–99
sistema de computação, 87
Entrada de dados, 283
Equipes da mudança, 441
Equipes de desenvolvimento multinacional, 533
Equipes de processo, 54
Equipes virtuais, 10, 133
Ergonomia, 477, 478
ERP. *Ver* Planejamento de recursos da empresa
ES. *Ver* Sistemas especialistas
Especialistas de SI, 30
Espectro de difusão, 237
Esquemas, 180
Estações de trabalho
definição, 77
profissionais, 77, 78
técnicas, 77, 78
Estações de trabalho profissionais, 77, 78
Estações de trabalho técnico, 77, 78
Estratégia *clicks and bricks*, 336–340
Estratégia da inovação, 46, 47
Estratégia da liderança em custos, 46, 47

Estratégia de diferenciação, 46, 47
Estratégias
competitiva, 42–46
empresa ágil, 59
empresa virtual, 60–61
Estratégias competitivas, 42–46
aliança, 46, 47
crescimento, 46, 47
diferenciação, 46, 47
em reengenharia de processos de negócio, 54
inovação, 46, 47
liderança em custos, 46, 47
TI em implementação de, 47
Estratégias de aliança, 46, 47
Estratégias de crescimento, 46, 47
Estratégias de implementação de negócios/TI
atividades de pós-implementação, 437
conversão de dados, 433–437
desafios, 439
documentação, 434
gerenciamento da mudança, 440–442
gerenciamento de projeto, 424, 428–430
hardware, software, avaliação de serviços, 430–433
implementação de sistemas, 424–442
manutenção de sistemas, 437
resistência e envolvimento do usuário, 439–440
resumo, 443
revisão de pós-implementação, 438
teste, 433
treinamento, 435
visão geral do processo, 443
Estrutura de rede, 173, 174
Estrutura hierárquica, 173, 174
Estrutura multidimensional, 175, 176
Estrutura orientado a objetos, 175–177
Estrutura relacional, 173, 174
Estruturas de banco de dados, 173–177
avaliação de, 177
definição, 173
hierárquico, 173, 174
ilustrado, 173
multidimensional, 175, 176
operações relacionais, 175
orientado a objetos, 175–177
rede, 173, 174
relacional, 173, 174
Estruturas lógicas, 180
Ética, 452–458
de profissionais de negócios, 452–458
negócios, 452–456
responsabilidades, 18, 452–458
sumário, 494–495
tecnologias, 456
Ética nos negócios. *Ver também* Ética
acionista
categorias, 455
definição, 452
teoria das partes interessadas, 455–456
teoria do contrato social, 455
Eventualidades
Evolução da integração em escala muito grande (VLSI), 101
Executivo responsável, 438

Exploração de dados, 190–191
para apoio à decisão, 367–369
software, 367, 368
EXtensible Markup Language. *Ver* XML
Extranets, 217
definição, 220
exemplo de uso, 221–222
ilustrado, 221
papel de, 220–222, 250

F

Falhas no gerenciamento da TI, 515–519.
Fatiamento e agrupamento*(slicing and dicing)*, 359
Fatores críticos de sucesso, 370
Fatores de avaliação, 430–433
definição, 430
hardware, 431
Serviços de SI, 432–433
software, 432
Feedback
definição, 27
monitoramento/avaliação, 34
sistema de informação, 28
Ferramentas Case (*computer-aided software eengineering*), 159
Ferramentas *Case back-end*, 159
Ferramentas *Case front-end*, 159
Ferramentas de comunicação eletrônica, 284
Ferramentas de conferência eletrônica, 284–285
Ferramentas de gerenciamento de colaboração, 286
Fibra óptica, 234
Firewall, 484
Fita magnética, 107
Flame mail, 474
Flat files. *Ver* Arquivos
Fluxo de atividades, 58
exemplo, 58
gerenciamento, 318
mecanismo de *software*, 318
Fluxos de dados transnacionais (TDF), 531
Forças competitivas, 42, 43
Ford Sync, 96–97
Fusões, 169–170

G

Gerenciador de informações pessoais (PIM), 133
Gerenciamento da mudança, 440–442
organizacional, 441
principais dimensões, 441
processo, 441–442
processo ilustrado, 442
resumo, 443
Gerenciamento de arquivo, 141
Gerenciamento de banco de dados, 168
abordagem, 194–198
resumo, 199
software, 195
Gerenciamento de busca, 316
Gerenciamento de catálogo, 317, 318
Gerenciamento de conteúdo, 316–317, 318

Gerenciamento de projeto, 424, 428–430
   controle, 428, 429
   encerramento, 428, 429–430
   execução, 428, 429
   fases, 428
   iniciando e definindo, 428, 429
   planejamento, 428, 429
   processo, 428–430
   projetos, 428
   tamanho do projeto, 438
Gerenciamento de recurso da empresa (ERM), 179
Gerenciamento de recursos, 141
Gerenciamento de recursos humanos (HRM), 295–297
   definição, 295
   exemplo de uso, 297
   internet e, 295
   intranets corporativas e, 296–297
   resumo, 301
   suporte, 296
Gerenciamento de rede, 241–242
   funções, 242
   software, 147
Gerenciamento de segurança, 479–494
   arquivos de *backup*, 489–490
   códigos, 489–490
   controle de falhas do computador, 491
   defesas interligadas por rede, 482–489
   definição, 479
   ferramentas, 479–482
   introdução ao, 479
   monitores, 490
   recuperação de desastres, 493
   resumo, 495
   segurança biométrica, 490–491
   tolerante a falhas, 491–492
Gerenciamento de tarefas, 142
Gerenciamento de TI, 502–519
   componentes, 502, 505
   desenvolvimento de aplicativo, 508–509
   executivos, 510
   fracasso em, 515–519, 535
   funções, 507
   global, 520–535
   operações de SI, 509
   organização, 508–512
   planejamento de negócios/TI, 505–507
   planejamento de pessoal, 510
   serviços do usuário, 511–512
   tecnologia, 511
   terceirização e *offshoring*, 512–515
Gerenciamento de tráfego, 242
Gerenciamento dos recursos de dados, 167–204
   abordagem, 194–198
   depósitos de dados e, 189–191
   exploração de dados e, 189–191
   fundamentos técnicos, 168–182
   processamento de arquivo e, 192–194
   resumo, 199
   tipos de bancos de dados e, 183–189
Gerenciamento estratégico, 348
Gerenciamento global de TI. *Ver também* gerenciamento de TI
   aplicações de TI/negócios, 526–527
   atividades, 520–523

   definidos, 520
   desafios, 520–521
   desafios culturais, 524
   desafios geoeconômicos, 524
   desafios políticos, 524
   desenvolvimento de sistemas, 533–534
   dimensão internacional, 520
   direcionadores de negócios, 526
   estratégias de TI/negócios, 525–526
   internet como plataforma, 529–530
   plataformas, 528–530
   questões de acesso aos dados, 530–531
   resumo, 535
Gerenciamento operacional, 348, 509
Gerenciamento tático, 348
Gestão da cadeia de fornecimento (SCM), 261, 274–280
   benefícios e desafios, 278–279
   cadeias de fornecimento, 274–275
   causas do fracasso, 278–279
   ciclo de vida, 275
   definição, 274
   intercâmbio eletrônico de dados (EDI), 277
   objetivos e metas, 279
   objetivos e resultados, 278
   papel de, 277–278
   resumo, 301
   software, 179
Gestão do conhecimento, 261
   bem-sucedido, 62
   em TI, 63
   níveis, 62
Gestão do relacionamento com o cliente (CRM), 50–51, 165, 261, 263–269
   adquirir, 267
   aprimorado, 267
   banco de dados, 265
   benefícios e desafios, 267
   controle de contas e contatos, 264
   dados e, 259–260
   definição, 264
   falhas, 268
   fases, 266–267
   iniciativas de negócios, 263
   marketing e atendimento, 265
   resumo, 301
   retenção e programas de fidelidade, 265
   reter, 267
   sistemas de informação, 263
   software, 264
   suporte e serviço ao cliente, 265
   vendas, 264–265
Gestão do relacionamento com parceiros (PRM), 261
Gigabytes (GB), 103
Gigahertz (GHz), 88
Gigo (lixo entra, lixo sai), 493
GIS. *Ver* Sistemas de informação geográfica
Globalização, 262
Governança de tecnologia da informação (ITG), 516–518
Groupware. Ver também Software
   definição 133
   equipes virtuais, 10, 133
   recursos de *software*, 134
GUIs. *Ver* Interface gráfica do usuário

H

Hacking. Ver também Crime em informática
   cracking contra, 460
   definidos, 459
   táticas comuns, 460
Hardware, 71–119
   Altair 8800, 76
   Apple, 76
   armazenamento, 101–109
   baseada em caneta, 94–95
   câmeras digitais, 99
   computação em grade e, 73–74, 86
   computadores de rede, 80
   definidos, 2
   digitalização óptica, 97–98
   dispositivo indicador, 91–94
   dispositivos de informação, 80–81
   Eniac, 75
   fatores de avaliação, 431
   grande porte (*mainframe*), 83–86
   história de, 72–76
   IBM PC, 76
   impressoras, 100–101
   microcomputador, 77–81
   monitores de vídeo, 100
   periféricos, 91–104
   reconhecimento da voz, 95–97
   recursos, 30–31
   sistema de médio porte, 81–83
   sistemas de computador, 76–88
   smart cards (cartões inteligentes), 99
   supercomputador, 84
   teclados, 91
   tecnologias de entrada, 91–99
   tecnologias de saída, 99–101
   terminais, 79–80
   Univaci, 75
História de mudança, 442
HRM. *Ver* Gerenciamento de recursos humanos
HTML (Hypertext Markup Language), 152–153, 187
*Hub*s, 240

I

IA *Ver* Inteligência Artificial
IBM PC, 76
Impressoras, 100–101
Impressoras a jato de tinta, 100
Impressoras a laser, 100–101
Informações
   dados contra, 32
   exigências dos tomadores de decisão, 351
   qualidade, 348, 351
Informações de saúde protegidas (PHI), 473
Informações de saúde protegidas eletronicamente (EPHI), 473
Infraestrutura de rede, 33
Iniciativas estratégicas, 46–48
Instrução assistida por computador (CAI), 478
Integração de aplicações empresariais (EAI), 280–281
   definição, 280
   exemplo de uso, 281

funcionamento, 280
software, 148, 280
Integração de dados do cliente (CDI), 269
Inteligência artificial (IA), 9, 150, 376–395
  agentes inteligentes, 393–395
  algoritmos genéticos, 390–391
  aplicações, 379, 380
  atributos de comportamento, 379
  CAPTCHA e, 376, 376
  ciência cognitiva, 379–381
  definição, 376
  domínios, 379–381
  interfaces naturais, 381
  lógica *fuzzy*, 389–390
  nos negócios, 376–395
  realidade virtual (RV), 392–393
  redes neurais, 388–389
  resumo, 396
  robótica, 381
  sistemas especialistas, 382–388
  teste de Turing e, 376
  visão geral, 376–382
Inteligência de negócios (BI), 3
  base de aplicação, 354
  definição, 9
  na tomada de decisão, 354
  sob demanda, 367
Inteligência de negócios sob demanda, 367
Intellect, 150
Intercâmbio eletrônico de dados (EDI), 277
Interface gráfica do usuário (GUI), 127, 138
Interfaces
  definição, 27
  interface gráfica do usuário (GUI), 127, 138
  software, 138
  usuário, 33, 138
  Wimp, 92, 93
Interfaces de usuários, 138, 412
  agentes inteligentes, 394
  computadores de rede, 230
  definição, 33
  design, 416–417
  gráfica (GUI), 127, 138
Interfaces naturais, 381
Internet, 10, 213–217
  abuso no local de trabalho, 463
  acesso, 532
  aplicações, 214
  como plataforma global de TI, 529–530
  como rede principal, 227
  crescimento, 209
  definição, 213
  estatística mundiais de uso, 530
  evolução, 213
  exemplo, 229
  HRM e, 295
  ilustração, 228
  negócio *on-line*, 10
  número de usuários, 209
  plataformas de negociação, 319
  privacidade, 471
  restrições governamentais, 532
  revolução, 213–217, 250
  servidores raiz, 213
  TCP/IP, 245–246

telefonia, 246
usos de negócios, 215
usos populares, 214
valor de negócio, 216–217, 250
Internet, 211–212
Interoperabilidade de rede, 249
Interpretadores, 158
Intranet de autoatendimento do funcionário (ESS), 297
Intranets
  acesso, 217
  autoatendimento do funcionário (ESS), 297
  como plataforma de desenvolvimento/instalação, 219
  definição, 217
  exemplo de uso, 219–220
  gerenciamento de portal, 219
  HRM e, 296–297
  papel de, 217–220, 250
  valor de negócio, 217–219

J

Java, 151
  applets, 155
  benefícios e limitações, 156
  definição, 155
  ferramenta de programação, 158
Junk e-mail, 474

K

Keyword stuffing, 331
Kilobytes (KB), 103

L

LANs, 77, 227
  definição, 227
  ilustração, 228
  servidores de rede, 227
  wireless (WLANs), 237
Largura de banda
  alternativas, 247–248
  capacidade, 248
  definição, 247
Lei cibernética, 474–475
Lei de Metcalfe, 206–209
Lei de Moore, 88–90
  definição, 88
  ilustração, 89
  interpenetração, 89
  previsão, 90, 112
Lei de Responsabilidade e Garantia de Manutenção do Seguro de Saúde (HIPAA), 473
Lei de Wirth, 90
Lesão por esforço repetitivo (LER), 477
Licenças de *site*, 464
Licenciamento, *software*, 137
Linguagem "montadora", 149
Linguagem da web, 152–153
Linguagem de alto nível, 149–150
Linguagem de definição de dados (DDL), 178
Linguagem de máquina, 148–149
Linguagem de programação, 148–152
  geração de códigos, 150–151
  linguagem "montadora", 149

linguagem de alto nível, 149–150
linguagem de máquina, 148–149
linguagem de quarta geração, 150
linguagem orientada a objetos, 151–152
sumário, 159–160
web, 152–155
Linguagem de quarta geração, 150
Linguagem de quinta geração, 150
Linguagem orientada a objetos. *Ver também* Linguages de programação
  definição, 151
  ilustração, 152
  usando, 152
linguagens naturais, 381
Link farms, 331
Linux, 144, 147
Lógica booleana, 197–198
Lógica *fuzzy*. *Ver também* Inteligência Artificial (IA)
  definição, 389
  exemplo de regra, 390
  nos negócios, 390
  terminologia, 389
lojas da web. *Ver também* e-commerce empresa-consumidor (B2C)
  anúncios e incentivos, 327
  arquivos de cookie, 331
  aspecto e sensação, 327
  atenção pessoal, 327
  compras por impulso, 332–333
  comunidades de relacionamento, 327
  criação, 340
  desempenho e serviço, 326–327
  desenvolvimento, 329–330
  FAQs (questões frequentemente perguntadas), 331–332
  fatores de sucesso, 325–328
  gerenciando, 332
  marketing por *e-mail*, 332
  mecanismos de busca, 330–331
  ótima comunicação com o cliente, 328
  principais, 326
  requisitos, 329–333
  segurança e confiabilidade, 327–328
  seleções e valores, 325–326
  serviço ao cliente, 331–332

M

Mac OS X, 145–146
Manutenção adaptativa, 437
Manutenção corretiva, 437
Manutenção de aperfeiçoamento, 437
Manutenção de sistemas, 437
Manutenção pós-implementação, 437
Manutenção preventiva, 437
Máquina analítica, 72
Máquinas virtuais, 142
Marketing direcionado, 291–292
Marketing interativo. *Ver também* Sistemas de *marketing*
  definição, 287
  participação do cliente, 290
  resultados esperados, 291
Marketing na web, 291
Marketing one-to-one, 327
MBA. *Ver* Análise de cesta de produtos

Índice 585

Mecanismos de busca, 128
  otimização (SEO), 330–331
  Propaganda *pay per click* (PPC), 331
  Spamming, 330
Megabytes (MB), 103
Megahertz (MHz), 88
Meio de contato, 264
Meios de armazenamento de acesso sequencial, 104
Meios de comunicação, 32
Memória compartilhada distribuída (DSM)
Memória de acesso aleatório (RAM), 102, 103, 104
Memória somente de leitura (ROM), 105
Mensagem instantânea, 129
Metadados
  definição, 189
  repositórios, 178
Método absurdo, 436
Método de desenvolvimento de sistemas ágil(ASD), 415
Método do caminho crítico (CPM), 429
Micro-ondas terrestres, 235
Microprocessadores, 88
Middleware
  definição, 210
  importância, 210–211
  telecomunicações, 210–211
Minissupercomputadores, 84
MIS. Sistemas de informação gerencial
Modelo de interconexão de sistemas abertos (OSI), 243–245
  camadas, 244–245
  conceito, 243–244
  definição, 243
  ilustração, 244
Modelo lógico, 413
Modelos, 132
Modem, 239–240
monitoramento de rede, 242
Monitoramento por computador, 475–476
Monitores, vídeo, 100
Monitores de cristal líquido (LCD), 100
Monitores de desempenho, 148
Monitores de segurança, 148
Monitores de vídeo, 100
Montadores, 158
Mouse eletrônico, 91
MPP (processamento paralelo intenso), 84
MRP (planejamento de gestão de materiais), 294–295
Multiplexação de divisão de onda densa (DWDM), 234
Multiplexação por divisão de frequência (FDM), 240
Multiplexação por divisão de tempo (TDM), 240
Multiplexadores, 240–241
Multiprocessamento simétrico (SMP), 84
Multitarefa, 142

N

Navegador web, 128
Necessidade competitiva, 49
Negócio
  apoio à decisão em, 348–375
  como sistema organizacional, 28
  competição em, 45
  foco no cliente, 50–51, 64
  papel do *e-commerce* em, 10–11
  processos, 51
  tecnologias de IA em, 376–395
Negócio eletrônico
  aplicações, 10, 24
  global, gerenciamento de tecnologia, 523
  implementação de suíte, 125–126
  papel no negócio, 10–11
Negócio/desafios de TI
  condições de trabalho, 476
  emprego, 475
  individualidade, 476–477
  monitoramento por computador, 475–476
  saúde, 477
Negócios com foco no cliente, 50–51, 64
.NET, 155, 156
Notebook, 78
Notificação de eventos, 319

O

Objetos
  colaboração entre, 422
  definição, 175, 422
Offshoring, 513–514
  controvérsia, 514
  crescimento, 513
  definição, 513
  habilitação, 514
  tendências, 514–515
Olap. *Ver* Processamento analítico *on-line*
OpenOffice.org 3, 145
Operações relacionais, 175
Orçamento de capital, 300
Organização, este livro, 5–6
OSI. *Ver* Modelo de interconexão de sistemas abertos
OSS. *Ver Software* de código aberto

P

P2P. *Ver* redes par a par
Padrão PGP, 483
Padrão RSA, 483
Painéis digitais, 372
Pares de fios trançados, 234
Patrocinadores da mudança, 441
PCs. *Ver* Computadores pessoais
Pedidos de alteração, 437
Perfis de usuário, 316
Periféricos
  armazenamento, 101–104
  definidos, 91
  entrada, 91–99
  lista, 94
  resumo, 113
  saída, 99–101
Periféricos, 31
Personalização em massa, 317
Personalizar, 316
Pert, 429
Phishing, 469–470
Placa de interface de rede, 227
Planejamento da capacidade, 242
Planejamento de negócios/TI, 505–507
  arquitetura de TI, 506–507
  comparação de abordagem, 507
  componentes, 506
  definição, 505
  exemplo, 507
  ilustração do processo, 506
Planejamento de pessoal de TI, 510
Planilhas eletrônicas, 131–132
Planos de ação de mudança, 441
Portais da web, 276, 319, 335
Portal de informações de empresa (EIP), 372–374
  componentes, 373
  definição, 372
  desenvolvimento, 372–374
  ilustrado, 373
  letreiros digitais, 372
  resumo, 396
Portas, 240
PowerXEditor (PXE), 128, 154
Privacidade
  associação por computador e, 472
  difamação e censura na informática e, 474
  direito de, 470
  internet, 471
  leis, 472–473
  questões, 470–474
  roubo de identidade e, 471–472
Procedimentos, 31
Processadores inter-redes, 240
Processamento
  definição, 24
  Informação, 30
  sistema de computador, 87
Processamento analítico *on-line* (Olap), 175, 359–362
  análise de níveis detalhados, 359
  áreas de negócios, 360
  consolidação, 359
  definição, 359
  exemplos, 360–362
  fatiamento e agrupamento, 359
  operações analíticas, 359
  resultados de uso, 361
  sumário, 395–396
Processamento de arquivo, 192, 193
Processamento de consultas, 284
Processamento de imagem, 109
Processamento de informação, 30
Processamento de slots, 12
Processamento de texto, 130
Processamento eletrônico de dados (EDP), 8
Processamento em tempo real (ou *on-line*), 12
  chaves primárias, 171
  comprimento fixo, 171
  comprimento variável, 171
Processamento *on-line* de transações (OLTP), 282
Processamento paralelo, 84
Processamento paralelo intenso (MPP), 84
Processo de negócio, 438
Processos
  e-commerce, 313
  gerenciamento de pedidos, 57
  primários, 52
  suporte, 52

586 Índice

Processos de *carrinho de compra*, 320
Processos de compra, 318–319
Processos de desenvolvimento, 5–6
Processos de elaboração de perfis, 316
Processos de pagamento na web, 320
Processos de suporte, 52
Processos primários, 52
Produção apoiada por computador (CAM), 295
Produção integrada por computador (CIM), 294–295
Produtos
   colocação, 369
   configuração, 317
   global, 526
   software de inovação, 48–49
Profissionais de sistemas de informações
   em desenvolvimento pelo usuário final, 418
   empregos para, 19–20
   mundo de, 20
   recrutadores, 20
   responsável, 456
Profissional responsável, 456
Programação
   contrato, 134
   ferramentas, 158
   orientado a objeto (OOP), 422
   visual, 152
Programação de contrato
Programação orientada a objetos (OOP), 422
Programação visual, 152
Programas de antivírus. *Ver também* Vírus, 471
   definição, 466
   futuro dos, 488-489
Programas de gestão de rendimento
Programas de manutenção de arquivos, 193
Projeto apoiado por computado (CAI), 478
Projeto físico do banco de dados, 180, 181
Projeto orientado a objetos (OOD), 407, 422–423
Projetos, 414, 438
Projetos apoiados por computador (CAD), 77, 82, 175, 294
Promoção por afinidade, 369
Propaganda *pay per click* (PPC), 331
Protocolo de aplicação sem fio (WAP), 237, 238
Protocolo de controle de transmissão/Protocolo internet (TCP/IP)
   Classe A, 245–246
   Classe B, 246
   Classe C, 246
   definição, 245
Protocolo de internet (IP), 246
Protocolo ethernet, 206–209
Protocolos, 243
Prototipagem, 414–415
   definição, 414
   exemplo de desenvolvimento, 415, 416
   processo, 415–416
   projeto da interface de usuário, 416–417
   resumo, 443
Provedor de acesso à internet, 213–214
Provedores de serviços de aplicativos (ASPs, 508
   definição, 134–135
   exemplo ilustrado, 135

licenciamento, 137
uso de, 135

Q
Questões das comunicações de dados internacionais, 528
Questões de saúde, 477

R
Raid (arranjo redundante de discos independentes), 107
Realidade virtual (RV), 380, 381, 392–393
   aplicações, 392–393
   definição, 392
   exemplo, 393
   Telepresença, 392
Reconhecimento da voz, 381
Reconhecimento da voz discreta, 95
Reconhecimento de caracteres em tinta magnética (MICR), 99
Reconhecimento de voz independentes do interlocutor, 96
Reconhecimento óptico de caracteres (OCR), 98
Recuperação de desastres, 493
Recuperação de informações, 380
Recursos, 30–33, 35
   dados, 30, 31–32, 183–199
   dedicados, falta de, 438
   exemplos, 30
   global, 526
   hardware, 30–31
   pessoal, 29, 30
   rede, 32–33
   software, 31
Recursos de dados, 506
   definição, 2
   entrada, 33
   exemplo, 32
   formatos, 31
   tecnologias de gerenciamento, 32
   uso de, 34
Recursos de rede, 32–33
Rede cliente-servidor, 229, 230
Rede Napster, 232
Rede virtual privada (VPN), 227
Redes
   anel, 242
   bus, 242
   cliente-servidor, 229–230
   conceito, 206–209
   definição, 2
   estrela, 242
   internet2, 211–212
   interoperabilidade, 249
   LANs, 227
   Lei de Metcalfe, 206–209
   nós, 206
   par a para (P2Ps), 231–232
   protocolo, 243
   protocolo ethernet, 206–209
   rede virtual privada (VPN), 227–229
   redes de área metropolitana (MANs), 226–227
   redes em área ampla (WANs), 226
   tecnologia digital, 209

   telecomunicações, 206–255
   topologias, 242–243
Redes de área metropolitana (MANs), 226–227
Redes de armazenamento (SANs), 107
Redes de satélites, 235–236
Redes de telecomunicações, 206–255
   alternativas, 223–249
   alternativas de comutação, 248–249
   alternativas de largura de banda, 247–248
   categorias de componentes, 226
   computação em rede, 230–231
   LANs, 227
   modelo, 223–226
   rede cliente-servidor, 229–230
   rede virtual privada (VPN), 227–229
   Redes de área metropolitana (MANs), 226–227
   redes em área ampla (WANs), 226
   redes par a par, 231–232
   resumo, 250
   tipos de, 226–232
Redes em área ampla (WANs), 226
Redes neurais, 388–389
   definição, 388
   exemplo, 388–389
   exemplo de aplicação, 388–389
   neurônios, 388
   treinamento, 389
Redes par a par (P2Ps), 231–232
   definição, 231
   exemplos, 232
   vantagens/limitações, 232
Reengenharia
   definição, 54
   melhoria do negócio contra, 57
   papel da TI em, 54–57
   resumo, 64
   retorno, 54
   suporte, 57
Reestruturação do processo empresarial (BPR). *Ver* Reengenharia
Registros, 168
Registros de comprimento fixo, 171
Regras de hipótese, 387
Relatório periódico, 358
Relatórios
   demanda, 358
   exceção, 358
   geração, 196, 283
   relatório periódico, 358
   status, 429
Relatórios de demanda e resposta, 358
Relatórios de divulgação, 358
Relatórios de exceção, 358
Relatórios de *status*, 429
Repositórios de dados, 189
Representação de conhecimento baseada em caso, 382, 383
Representação de conhecimento baseada em objeto, 382, 383
Representação de conhecimento baseada em regra, 382, 383
Requisitos de negócios, 16
Revisão de pós-implementação, 438
Revisão organizacional, 54

Índice **587**

RFID (identificação de radiofrequência)
  alcance de leitura, 110
  ativa, 109
  chips, 109
  definidos, 109
  identificando os padrões de leitura, 111–112
  leitor, 109
  passiva, 109
  questões de privacidade, 110–111
  segredos do sucesso, 118–119
  sistemas, 110
RFID. *Ver* Identicação por radiofrequência
RFID ativo, 109
RFID passivo, 109
RFP ("requisição de proposta"), 430
RFQ ("requisição de cotação"), 430
Robótica, 381
Roteadores, 484
Roubo cibernético, 461
Roubo de identidade, 471–472
RV. *Ver* Realidade virtual

S

Saída
  definição, 24
  impresso, 100–101
  produtos de informação, 33–34
  sistema de computador, 87
  tecnologias, 99–101
  vídeo, 100
Saída de vídeo, 100
Sarbanes-Oxley (SOX), 20, 473, 519
Satélites de baixa órbita terrestre (LEO), 236
Satélites de comunicação, 235–236
Satélites de comunicação de alta órbita terrestre (HEO), 235
SDLC. *Ver* Ciclo de vida do desenvolvimento de sistemas
Segurança
  auditoria, 494
  como função de gerenciamento de rede, 242
  crime em informática e, 458–470
  e-commerce, 316
  pagamento eletrônico, 321
  SSL, 321, 481
Segurança biométrica, 490–491
Segurança SSL (Secure Sockets Layer), 321, 481
Serviços do cliente, 511
Serviços do usuário, 511
Serviços na web, 155–157
  definição, 155
  etapas ilustradas, 156
  exemplo de uso, 157
  importância, 157
Servidores
  aplicações, 148, 230
  arquivo, 227
  banco de dados, 230
  definição, 229
  rede, 227
Servidores de aplicação, 148, 230
Servidores de arquivo, 227
Servidores de banco de dados, 230

Servidores de rede, 227
Servidores raiz, 213
Shareware, 144, 464, 468
Simulação de Monte Carlo, 357
Sistema de controle de identificação de cliente (CICs), 241
Sistema de gerenciamento de banco de dados (DBMS), 173, 195
  componentes de *software*, 196
  definição, 194
  em desenvolvimento de aplicativo, 198
  em manutenção de banco de dados, 198
  orientado a objetos, 177
  relacional, 177
Sistema de gestão de conhecimento (KMS), 9, 374
  definição, 14, 63
  facilitação, 63
  obstáculos, 439
Sistema de informação baseado na web, 14
Sistema de informação baseado no conhecimento, 382
Sistema de informação para executivos (EIS), 9, 370–372
  definidos, 13, 370
  exemplo, 371–372
  Fatores críticos de sucesso (CSFs), 370
  ilustrado, 371
  recursos, 370–371
  resumo, 396
Sistema de posicionamento global (GPS), 362
Sistema de supercomputador ASCI White, 84–85
Sistema numérico binário, 103
Sistema operacional, 138–147. *Ver também* Software de sistema
  função, 138–142
  gerenciamento de arquivo, 141
  gerenciamento de recursos, 141
  gerenciamento de tarefas, 142
  Interface do usuário, 138
  Linux, 144, 147
  Mac OS X, 145–146
  multitarefa, 142
  OpenOffice.org 3, 145
  rede (NOSs), 227
  resumo, 159
  Unix, 143–144
  Windows, 142
  Windows 2000, 142
  Windows NT, 142
  Windows Server 2008, 143
  Windows Vista, 143
  Windows XP, 142–143
Sistemas. *Ver também* Sistemas de informação
  aberto, 27
  adaptativos, 27
  ambiente, 27
  características, 27–29
  cibernéticos, 27
  controle, 27
  definição, 27
  entrada, 24
  feedback, 27
  funções, 24
  inter-relação entre, 404
  modelo lógico, 413

  organizacional, 28
  pensamento, 404–407
  processamento, 24
  processos de mudança, 404
  saída, 27
  subsistemas, 27
  teste, 433
Sistemas abertos, 27
Sistemas adaptáveis, 27
Sistemas analógicos, 232–233
Sistemas apoio ao gerenciamento, 12–13
Sistemas celulares, 236–237
Sistemas cibernéticos, 27
Sistemas de alocação de custos (*chargeback*), 509
Sistemas de apoio à decisão (DSS), 8
  Análise "ese", 365–366
  análise de otimização, 365, 367
  análise de sensibilidade, 365, 366
  análise por busca e objetivo, 365, 366
  base de modelos, 355
  componentes, 355–356
  definição, 13
  elementos, 352
  exemplo, 355
  pacotes de *software*, 356, 365
  resumo, 396
  uso, 365–370
Sistemas de automação de escritório, 12
Sistemas de computador, 31, 76–88
  armazenamento, 87
  conceito, 86–88
  controle, 87
  definição, 86
  downsizing, 230
  entrada, 87
  grande porte (*mainframe*), 76, 83–86
  ilustrado, 76
  legado, 230
  médio porte, 76, 81–83
  microcomputador, 76, 77–81
  processamento, 87
  resumo, 113
  saída, 87
  tipos de, 76–77
Sistemas de contabilidade *on-line*, 298–299
Sistemas de *e-commerce*, 257–307
  contabilidade, 298–299
  empresa, 258–286
  fabricação, 293–295
  funcionais, 287–300
  gerenciamento financeiro, 300
  gestão da cadeia de fornecimento (SCM), 274–280
  gestão do relacionamento com o cliente (CRM), 263–269
  integração de aplicações empresariais (EAI), 280–281
  introdução aos, 258
  marketing, 287–293
  sistemas de colaboração para empresas (ECS), 284–286
  sistemas de processamento de transações (TPS), 281–284, 300
  sistemas de recursos humanos, 295–297
  sistemas integrados de gestão (ERP), 269–274

588 Índice

Sistemas de execução da produção (MES), 295
Sistemas de gerenciamento de bancos de dados orientados a objeto (SGBDOO), 175
Sistemas de gerenciamento financeiro, 300
Sistemas de grande porte (*mainframe*). *Ver também* Sistemas de computador
   definição, 83
   ilustração, 76
   processamento de informação, 83
   supercomputador, 84–85
   tipos de, 76
Sistemas de informação de recursos humanos (HRIS), 295
Sistemas de informação geográfica (GIS), 362–365
   definição, 362
   ilustração, 363
Sistemas de informação gerencial (MIS), 8, 352, 357–358
   alternativas de relatórios, 358
   definição, 357
   resumo, 395
   uso para tomada de decisão de, 357–358
Sistemas de Informações
   ambiente, 29
   apoio ao gerenciamento, 12–13
   apoio operacional, 11–12
   áreas de conhecimento, 5–6
   atividades, 33–34
   campo, crescimento de, 21
   carreiras, 20
   Classificações gerenciais e operacionais, 11
   componentes, 28, 29–30
   conceitos fundamentais, 2–40
   contabilidade, 298–299
   controle, 493
   definição, 2
   especialista (ES), 9, 14
   estratégico (SIS), 9
   estrutura de áreas, 5
   exemplos, 2–5
   fabricação, 293–297, 301
   feedback e controle, 28
   função, 22–23
   gerenciamento, 352
   gerenciamento de operações, 509
   gestão do conhecimento, 9, 14
   informações estratégicas, 9, 14
   marketing, 287–293, 301
   modelo, 29, 35
   papéis nos negócios, 2
   perspectivas de emprego, 21
   processo de transformação, 28
   reconhecimento, 34
   recursos, 29–33, 35
   recursos humanos, 295–297, 301
   serviços, fatores de avaliação, 432–433
   soluções, 16–17
   sucesso, 15
   tendências em, 8–10
Sistemas de informações estratégicas (SIS), 9, 14
Sistemas de *marketing*, 287–293
   automação da equipe de vendas, 287, 292–293
   direcionado, 291–292
   interativo, 287–291

resumo, 301
tecnologias da informação, 290
tipos de, 287
Sistemas de médio porte. *Ver também* Sistemas de computador
   definição, 81
   ilustração, 76, 82
   tipos de, 76
   usos, 82
Sistemas de pequeno porte (microcomputador). *Ver também* Sistemas de computador
   computadores de rede, 80
   definição, 77
   desktops, 77
   dispositivos de informação, 80–81
   ilustração, 76
   notebook, 77, 78
   tamanhos e formatos, 77
   terminais, 79–80
   tipos de, 76
Sistemas de ponto-de-venda (PDV), 12
Sistemas de processamento de transações (TPS), 198, 281–284
   ciclo, 283–284
   definição, 12, 281
   entrada de dados, 283
   exemplo de uso, 282
   geração de documentos e relatórios, 283
   ilustrado, 282
   manutenção de sistemas, 283
   processamento de consultas, 284
   processamento de transação, 283
   processamento *on-line* de transações (OLTP), 282
   resumo, 300
Sistemas de produção, 293–297
   controle do processo, 295
   controle numérico, 295
   flexível, 294
   função de produção/operação, 293
   integrada por computador, 294–295
   MRP, 294–295
   produção apoiada por computador (CAM), 295
   resumo, 301
   sistemas de execução da produção (MES), 295
Sistemas de reconhecimento de voz
   contínuo, 95, 96
   definição, 95
   discreto, 95
   dispositivos, 96
   Ford Sync, 96–97
   independente do interlocutor, 96
Sistemas de reconhecimento e voz contínua, 95, 96
Sistemas de supercomputador. *Ver também* Sistemas de computador
   arquiteturas de processamento paralelo, 84
   ASCI White, 84–85
   definição, 84
   lançamentos de satélite e, 85
   minissupercomputadores, 84
Sistemas de suporte a operações. *Ver também* Sistemas de Informação
   controle do processo, 12
   definição, 11
   processamento de transação, 12

Sistemas de suporte executivo (ESS), 370
Sistemas de visualização de dados (DVS), 362–365
   definidos, 362
   exemplo, 364–365
   ilustrado, 363
Sistemas digitais, 233
Sistemas empresariais de negócios, 258–286
   aplicações interfuncionais, 258–261
   definição, 10, 12, 284
   exemplo de uso, 286
   ferramentas, 284–286
   ferramentas de comunicação eletrônica, 284
   ferramentas de conferência eletrônica, 284–285
   ferramentas de gerenciamento de colaboração, 286
   funções, 284
   gerenciamento, 262–263
   gestão da cadeia de fornecimento (SCM), 274–280
   gestão do relacionamento com o cliente (CRM), 263–269
   integração de aplicações empresariais (EAI), 280–281
   sistemas de colaboração para empresas (ECS), 284–286
   sistemas de colaboração para empresas (ECS), 284–286
   sistemas de processamento de transações (TPS), 281–284, 300
   sistemas integrados de gestão (ERP), 269–274
Sistemas especialistas (ES), 9, 382–386
   aplicações, 383–384
   base de conhecimento, 383
   benefícios de, 384
   componentes, 382–383
   critérios para aplicações, 387
   definição, 14, 382
   desenvolvimento, 386–388
   em decisões de gerenciamento, 385
   em design/configuração, 385
   em diagnóstico/solução de problemas, 385
   em monitoramento/controle de processo, 385
   em seleção/classificação, 385
   limitações de, 384–385
   recursos de *software*, 383
   resumo, 396
   shells, 383, 386–387
Sistemas funcionais de negócios, 287–300
   contabilidade, 298–299
   exemplos, 290
   fabricação, 293–295
   marketing, 287–293
   recursos humanos, 295–297
   resumo, 301
Sistemas integrados de gestão (ERP), 9, 261, 269–274, 527
   benefícios e desafios, 271–273
   causas do fracasso, 273
   componentes de aplicação, 270
   custos de, 271–272
   definidos 269, 270
   implementação, 271–272
   resumo, 301

software, 54, 270
   sucesso com, 273–274
   valor empresarial de, 271
   visualização em tempo real, 270
Sistemas legados, 230
Sistemas operacionais de rede, 227
Sistemas organizacionais, 28
Sistemas orientados a objeto, 422
Sistemas PCS, 236–237
Sistemas tolerantes a falhas, 491–492
Slam dunk, 436
Smart cards (cartões inteligentes), 99
Sniffer (farejadores) de rede, 321
Sniffers (farejadores), 463
Soap (*simple object access protocol*), 157
Software, 121–165
   agentes inteligentes, 394
   algoritmos genéticos, 381, 390–391
   alternativas, 134–136
   antivírus, 466
   aplicações, 31, 122–125
   apresentações gráficas, 132
   blog, 129–130
   call center, 265
   com serviço, 136–137
   Cots (*off-the-shelf*), 122
   CRM, 264
   Data mining, 367, 368
   definição, 2, 122
   domínio público, 464
   DSS, 356, 365
   EAI, 148, 280
   editoração eletrônica (DTP), 131
   e-mail, 128–129
   ERP, 54, 270
   fatores de avaliação, 432
   fluxo de atividades, 318
   gerenciamento de banco de dados, 195
   Gerenciamento de catálogo, 317, 318
   Gerenciamento de conteúdo, 316–317, 318
   gerenciamento financeiro, 300
   gestão de rendimento, 400
   groupware, 133–134
   ilustração do processo, 125
   inovação de produto, 48–49
   interface gráfica do usuário (GUI), 127, 138
   interfaces, 138
   introdução ao, 122–125
   licenças de *site*, 464
   licenciamento, 137
   linguagem de programação, 148–152
   mensagem instantânea, 129
   navegador web, 122
   offshore, 134
   pacotes, 127
   PIM, 133
   pirataria, 464–465
   planilhas eletrônicas, 131–132
   processamento de texto, 130
   programação, 158
   reconhecimento da voz, 381
   recursos, 31, 383
   resumo, 159
   serviço de assistência técnica (*help desk*), 265
   servidor web, 187
   shareware, 144, 464, 468

   sistema, 31, 138–157
   Sniffer (farejador), 463
   software livre, 125, 144–145
   substitutos, 393
   suítes, 127
   telecomunicações, 223, 241–242
   tipos de, 122
   tradutor de linguagem, 158
Software de aplicação
   Cots (sigla de commercial *off-the-shelf*, ou seja, pronto para comercialização, 122
   definição, 31, 122
   funções específicas, 126
   negócios, 126
   pacotes de produtividade, 122
   para usuários finais, 122-125
   resumo, 159
   software livre, 125
Software de aplicação com funções específicas, 126
Software de *call center*, 265
Software de código-fonte aberto (OSS), 125, 144–145
   definição, 144
   filosofia, 145
Software de domínio público, 464
Software de editoração eletrônica (DTP), 130
Software de planejamento financeiro, 300
Software de serviço de assistência técnica (*help desk*), 265
Software de sistema, 122, 138–157
   definição, 31, 138
   gerenciamento de rede, 147
   monitores de desempenho, 148
   monitores de segurança, 148
   programas de desenvolvimento, 138
   programas de gerenciamento, 138–148
   resumo, 159
   servidores de aplicação, 148
   sistema operacional, 138–147
   sistemas de gerenciamento de banco de dados, 147
   visão geral, 138
Software offshore, 134
Soluções de negócios/TI, 403–449
   abordagem sistêmica, 404–407
   análise de sistemas, 407, 412–414
   análise e projeto orientados a objetos, 421–423
   ciclo de vida do desenvolvimento de sistemas, 407–408
   desenvolvimento de sistemas, 404–423
   desenvolvimento pelo usuário final, 418–421
   design de sistemas, 407, 414–418
   iniciando o processo de desenvolvimento de sistemas, 408–411
   resumo, 443
   social, 477–478
Soluções sociais, 477–478
Spamming, 330, 469–470, 474
Spyware
   características, 469
   definição, 468
   modelo de ética, 468–469
   projeção, 469
Subsistemas, 27

T

Taxa de desempenho, 230
TCP/IP. *Ver* Protocolo de controle de transmissão/Protocolo internet
Teclados, 91
Tecnologia, 24
   ética, 456
   gerenciamento, 511
   infraestrutura, 528
   plataformas, 506
Tecnologia da informação (TI), 5
   arquitetura, 506–507
   companhias ágeis e, 60
   competindo com, 41–69
   desafios, 18
   desafios de carreiras, 19–22
   desafios materiais, 14–23
   desenvolvendo, 24
   eficácia, 15
   em reengenharia, 54–57
   empregos, 510–511
   estratégica, 42
   ética, 18, 452–458
   gerenciamento de segurança, 479–494
   gerenciando, 24
   gestão de conhecimenalto em, 63
   investimentos em, 48
   organização, 507
   organizando, 508–512
   orientada por dados do cliente, 51–52
   resumo, 535
   sucesso e fracasso com, 15
   usos estratégicos, 46–48
Tecnologia de rede digital, 209
Tecnologia de transmissão com fio, 234–235
Tecnologia de transmissão sem fio, 235–238
   acesso sem fio à internet, 237–238
   Bluetooth, 237
   micro-ondas terrestres, 235
   satélites de comunicação, 235–236
   sistemas celulares e PCS, 236–237
   terceira geração (3G), 237
   wireless (WLANs), 237
Tecnólogo empresarial, 20
Tela sensível ao toque, 94
Telecomunicações
   canais, 223
   espectro de serviços, 210
   gerenciamento de rede, 241–242
   internet2 e, 211–212
   meios, 233
   middleware, 210–211
   processadores, 223, 239–241
   sistemas de retransmissão de microondas fixos no solo, 211
   software, 223, 241–242
   tecnologia de transmissão com fio, 234–235
   tecnologia de transmissão sem fio, 235–238
   tendências, 209–211, 249–250
   tendências da indústria, 209–210
   tendências de aplicações empresariais, 211
   tendências em tecnologia, 210–211
   valor de negócio de rede, 212–213

Telepresença, 392
Teoria acionista, 455
Teoria das partes interessadas, 455–456
Teoria do contrato social, 455
Terabytes (TB), 103
Terceirização, 61–62, 512–513
　decisão, 512–513
　definidos, 512
　10 principais, 512
　tendências, 514–515
Terminais burros, 79
Terminais de internet, 79
Terminais de transação, 80
Terminais de vídeo (VDTs), 477
Terminais inteligentes, 79, 80
Terminais Windows, 79
Teste de Turing, 376
TI estratégica, 442
　cadeia de valores e, 52–53
　capacidades, 48
　uso de, 54, 64
Tipos de dados, 177, 179
Tomada de decisão automatizada, 400
Topologias de rede em anel, 242
Topologias de rede em barramento, 242
Topologias de rede em estrela, 242
Touchpad, 91–94
TPS. *Ver* Sistemas de processamento de transações
Trackball, 91
Transação eletrônica segura (SET), 321
Transações, 281
Transferência eletrônica de fundos (TEF), 320–321
Transmissão par a par, 232
Treinamento
　baseado em computador, 478
　como atividade de implementação, 435
　e-commerce, 319
　redes neurais, 389
Treinamento baseado em computador (CBT), 478
Trilha para auditoria, 494
Tubo de raios catódicos (CRTs), 477

U

UDDI (*universal description, discovery, and integration*), 157
Última milha (ou último quilômetro), 234–235
Unidades CD-RW (disco compacto regravável), 108

Unidades centrais de processamento (CPUs), 113, 142
Univac i (calculadora automática universal), 75
Unix, 143–144
Up-selling, 24
Usuário final responsável, 18
Usuários finais
　definidos, 30
　participação, 439–440
　recursos de computação, 8
　resistência, 439
　responsável, 18
　software de aplicação para, 122–125

V

Valor do negócio
　internet, 216–217
　intranets, 217–219
Vantagem competitiva, 49
Vantagem estratégica, 42–64
　ênfase, 48
　fundamentos, 42–53
　TI para, 54–64
VAR (revendedores de valor agregado), 432
Velocidade do *clock*, 88
Venda cruzada, 264, 369
Ver Ataques distribuídos de negativa de serviço (DDOS)
Ver também gerenciamento de TI
　definição, 516
　envolvimento da gerência, 516
　exemplos, 515
　governança de TI, 516–518
　resumo, 535
Ver também Sistemas funcionais de negócios
　definição, 298
　on-line, 298–299
　sumário, 299, 302
Viabilidade
　de tempo, 409–410
　econômica, 410
　estudos de, 408–409
　fatores humanos, 411
　operacional, 409–410
　política/legal, 411
　técnica, 410–411
　tipos de, 409
Viabilidade de fatores humanos, 411
Viabilidade de tempo, 409–410
Viabilidade econômica, 410
Viabilidade operacional, 409–410

Viabilidade política/legal, 411
Viabilidade técnica, 410–411
Virtualização, 146
Virtualização de aplicativo, 146
Vírus. *Ver também* Crime em informática
　cinco famílias principais, 467
　custos de, 467
　defesas, 487–489
　definição, 466
　programas de antivírus e, 466, 488–489
　tendências em, 469–470
Vírus de computador
　cinco famílias principais, 467
　custos de, 467
　defesas, 487–489
　definição, 466
　programas de antivírus e, 466
　tendências em, 469–470
Vírus Klez, 467
Vírus My Doom, 467
Vírus Netsky, 467
Vírus Sasser, 467
Vírus SoBig, 467
Visual Basic, 151, 158
Voz sobre IP (VoIP), 246–247
VSAT (terminal de abertura bem pequena), 236

W

Web 2.0, 314
Wi-Fi, 207–208, 237
Wi-Fi público, 207–208
WiMax, 235
Windows, 142
Windows 2000, 142
Windows NT, 142
Windows Server 2008, 143
Windows XP, 142–143
Wireless (WLANs), 237, 238
World Wide Web (WWW), 214, 295, 310, 394, 470, 471
Worm Conficker, 469
Worms, 466, 469

X

XML (*eXtensible Markup Language*), 153–154, 187
　definição, 153
　em serviços na web, 155
　ilustração do código, 154
　PowerXEditor (PXE), 153–154